은동진 쌤의

KB139689

한국사
능력검정시험

QR(큐알) 한권으로 끝내기

심화(1, 2, 3급)

예문에듀
EDU

머리말

전국의 한국사능력검정시험 수험생 여러분!

만나서 반갑습니다.
한국사를 맛있게 만들어주는 은쌤이 왔습니다.

현장과 인강에서 한국사 강의를 한 지가 어느덧 10년이 훌쩍 넘었습니다. 〈EBS〉, 〈이투스〉, 〈에듀윌〉에서 한국사 대표 강사로 많은 학생을 만나면서 '어떻게 하면 역사의 진정한 의미와 가치를 사람들에게 전해줄 수 있을까?', '어떻게 하면 역사를 재미있고 쉽게 알려줄 수 있을까?'라는 고민을 늘 가지고 있었습니다. 이 고민은 지금도 현재진행형입니다. 이를 해결하기 위해 여러 노력을 하다 보니 자연스럽게 많은 학생들의 사랑을 받으면서 강의를 할 수 있었던 것은 아닌가 싶습니다.

수능 강의, 공무원 강의, 인문학 강연, 방송, 라디오 등 다양한 매체에 참여하여 역사를 쉽고 재미있게 알려주기 위해서 노력해왔는데 가장 큰 사랑을 받았던 곳이 바로 한국사능력검정시험 강의였습니다. 많은 학생들이 주신 사랑에 보답하고자 1년 여 동안 한국사능력검정시험 강의와 책을 준비하였습니다.

그 결과물이 바로 '은동진 쌤의 한국사능력검정시험 QR(큐알) 한권으로 끝내기'입니다. 한국사능력검정시험은 대부분의 문항들이 문제은행식으로 이전 회차에 나왔던 문항들이 반복해서 출제가 됩니다. 그렇기 때문에 다른 그 어떤 시험보다도 핵심 이론 정리와 기출문제 풀이가 중요합니다. 이 책은 꼼꼼하고 깊이가 있는 강의로 혼자 공부를 해도 모든 문제가 풀릴 수 있도록 구성하였습니다.

이 책의 가장 큰 장점은 학생들의 편의를 위해 매 단원에 QR코드를 넣었다는 것입니다. 내가 원하는 단원을 스마트폰으로 QR코드만 찍으면 강의를 바로 볼 수 있습니다.

이 책의 부록으로 한국사 시대별 압축 요약집이 있습니다. 시험에 자주 나오는 개념들을 단 하나도 놓치지 않고 모두 담았습니다. 개념서를 구매하신 학생들이 시험장에서 마지막까지 보는 책이 압축 요약집이 될 수 있도록 알차게 구성하였습니다.

'은동진 쌤의 한국사능력검정시험 QR(큐알) 한권으로 끝내기'가 많은 한국사능력검정시험 수험생들의 합격에 도움이 되길 바랍니다.

저자 은동진

※ 은동진 선생님 방송 및 강연 섭외 등은 이메일과 인스타그램 디엠으로 문의를 남겨주시면 빠른 시일 내에 답변 드리겠습니다. 감사합니다.
- 이메일 edjzzang@naver.com
- 인스타그램 https://www.instagram.com/edjzzang

한국사능력검정시험 가이드

시험 정보

시험 종류 및 인증 등급

시험 종류	심화	기본
인증 등급	1급(80점 이상)	4급(80점 이상)
	2급(70~79점)	5급(70~79점)
	3급(60~69점)	6급(60~69점)
문항 수	50문항(5지 택1형)	50문항(4지 택1형)

※ 100점 만점(문항별 1~3점 차등 배점)

평가 내용

시험 종류	평가 내용
심화	한국사 심화 과정으로서 한국사에 대한 체계적인 이해를 바탕으로 한국사의 주요 사건과 개념을 종합적으로 이해하고, 역사 자료를 분석하고 해석하는 능력, 한국사의 흐름 속에서 시대적 상황 및 쟁점을 파악하는 능력을 평가
기본	한국사 기본 과정으로서 기초적인 역사 상식을 바탕으로 한국사의 필수 지식과 기본적인 흐름을 이해하는 능력을 평가

2024년 시험 일정

구분	원서 접수	추가 접수	시험 일시	합격자 발표
제69회	01.16~01.23	01.30~02.02	02.17	02.29
제70회	04.23~04.30	05.07~05.10	05.25	06.05
제71회	07.09~07.16	07.23~07.26	08.10	08.22
제72회	09.03~09.10	10.01~10.04	10.20	10.31

※ 제70회, 제72회 시험은 심화만 시행

은쌤이 알려주는 **4단계 합격 비법**

STEP 1 은쌤의 전 단원 강의를 QR 코드로 편안하게 만나기!

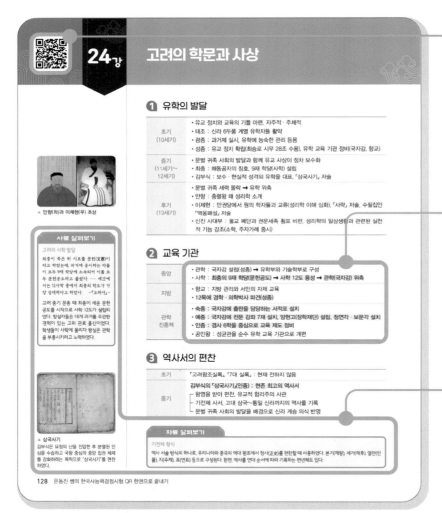

24강 고려의 학문과 사상

❶ 유학의 발달

초기 (10세기)	• 유교 정치와 교육의 기틀 마련, 자주적 · 주체적 • 태조 : 신라 6두품 계열 유학자들 활약 • 광종 : 과거제 실시, 유학에 능숙한 관리 등용 • 성종 : 유교 정치 확립(최승로 시무 28조 수용), 유학 교육 기관 정비(국자감, 향교)
중기 (11세기~ 12세기)	• 문벌 귀족 사회의 발달과 함께 유교 사상이 점차 보수화 • 최충 : 해동공자의 칭호, 9재 학당(사학) 설립 • 김부식 : 보수 · 현실적 성격의 유학을 대표, 『삼국사기』 저술
후기 (13세기)	• 문벌 귀족 세력 몰락 → 유학 위축 • 안향 : 충렬왕 때 성리학 소개 • 이제현 : 만권당에서 원의 학자들과 교류(성리학 이해 심화), 『사략』 저술, 수필집인 『역옹패설』 저술 • 신진 사대부 : 불교 폐단과 권문세족 횡포 비판, 성리학의 일상생활과 관련된 실천적 기능 강조(소학, 주자가례 중시)

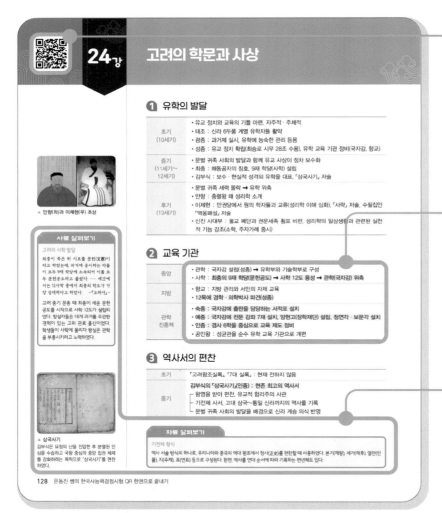
▲ 안향(좌)과 이제현(우) 초상

자료 살펴보기

고려의 사학 발달

최충이 죽은 뒤 시호를 문헌(文憲)이라고 하였는데, 과거에 응시하는 자들이 모두 9재 학당에 소속되어 이를 모두 문헌공도라고 불렀다. …… 세간에서는 12사학 중에서 최충의 학도가 가장 성대하다고 하였다. – 『고려사』

고려 중기 문종 때 최충이 세운 문헌공도를 시작으로 사학 12도가 설립되었다. 창설자들은 대개 과거를 주관하는 경력이 있는 고위 관료 출신이었다. 학생들이 사학에 몰리자 왕실은 관학을 부흥시키려고 노력하였다.

❷ 교육 기관

중앙	• 관학 : 국자감 설립(성종) → 유학부와 기술학부로 구성 • 사학 : 최충의 9재 학당(문헌공도) → 사학 12도 융성 → 관학(국자감) 위축
지방	• 향교 : 지방 관리와 서민의 자제 교육 • 12목에 경학 · 의학박사 파견(성종)
관학 진흥책	• 숙종 : 국자감에 출판을 담당하는 서적포 설치 • 예종 : 국자감에 전문 강좌 7재 설치, 양현고(장학재단) 설립, 청연각 · 보문각 설치 • 인종 : 경사 6학을 중심으로 교육 제도 정비 • 공민왕 : 성균관을 순수 유학 교육 기관으로 개편

❸ 역사서의 편찬

초기	『고려왕조실록』, 『7대 실록』 : 현재 전하지 않음
중기	김부식의 『삼국사기』(인종) : 현존 최고의 역사서 ┌ 왕명을 받아 편찬, 유교적 합리주의 사관 ├ 기전체 서서, 고대 삼국~통일 신라까지의 역사를 기록 └ 문벌 귀족 사회의 발달을 배경으로 신라 계승 의식 반영

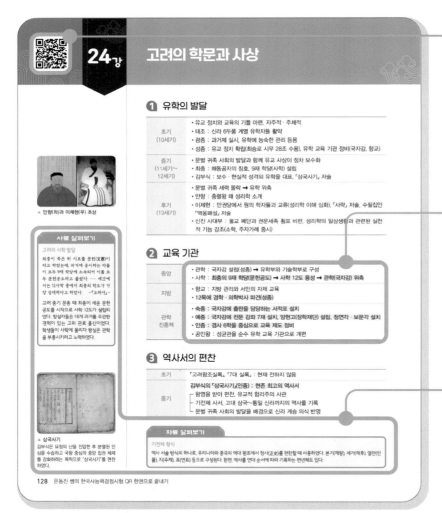
▲ 삼국사기
김부식은 묘청의 난을 진압한 후 분열된 민심을 수습하고 국왕 중심의 중앙 집권 체제를 강화하려는 목적으로 『삼국사기』를 편찬하였다.

자료 살펴보기

기전체 형식

역사 서술 방식의 하나로, 우리나라와 중국의 역대 왕조에서 정사(正史)를 편찬할 때 사용하였다. 본기(제왕), 세가(제후), 열전(인물), 지(주제), 표(연표) 등으로 구성된다. 한편, 역사를 연대 순서에 따라 기록하는 편년체도 있다.

은쌤과 시작부터 끝까지!
1강~70강 이론 및 문제 해설 강의 제공!

시험에 출제되었거나, 중요 키워드에는 형광펜으로 표시하여 효율적인 학습 가능!

핵심이론의 이해를 도와줄 자료 및 사료를 한눈에 파악할 수 있도록 정리!

은쌤의 합격노트

백제의 전성기

☑ 시험에 꼭 나오는 키워드
- 백제의 전성기를 이끈 근초고왕의 업적 알기 ➡ 다른 왕의 오답 선지로 많이 활용, 단독 출제 비율은 낮음
- 침류왕과 문주왕은 다른 왕의 오답 선지로 많이 활용

☑ 최다 빈출 선지
근초고왕
① 평양성을 공격하여 고국원왕을 전사시켰다.
② 고흥에게 서기를 편찬하게 하였다.
③ 왜에 칠지도를 만들어 보냈다.

침류왕
① 동진에서 온 마라난타를 통해 불교가 수용되었다.

문주왕
① 웅진으로 천도하였다.

고구려의 위기

☑ 시험에 꼭 나오는 키워드
고구려의 미천왕과 위기를 겪는 고국원왕과 위기를 극복한 소수림왕 업적 알기 ➡ 소수림왕은 단독 출제, 미천왕과 고국원왕은 다른 왕의 오답 선지로 많이 활용됨

☑ 최다 빈출 선지
미천왕
① 서안평을 공격하여 영토를 확장하였다.
② 낙랑군을 축출하였다.

고국원왕
① 백제의 평양성 공격으로 전사하였다.

소수림왕
① 태학을 설립하고 율령을 반포하였다.
② 전진의 순도를 통해 불교를 공인하였다.

고구려의 전성기

☑ 시험에 꼭 나오는 키워드
고구려의 전성기를 이끈 광개토 대왕과 장수왕 업적 알기 ➡ 두 왕 모두 단독 출제가 잦음

☑ 최다 빈출 선지
광개토 대왕
① 신라에 군대를 파견하여 왜를 격퇴하였다.
② 후연을 격파하고 백제를 공격하였다.

장수왕
① 백제를 공격하여 한성을 함락시켰다.
② 평양으로 천도하고 남진 정책을 본격화하였다.
③ 충주 고구려비를 건립하였다.

신라의 위기

☑ 시험에 꼭 나오는 키워드
신라의 위기를 극복한 내물왕 업적 알기 ➡ 광개토 대왕 문제에 정답이 되거나 다른 왕의 오답 선지로 활용됨

☑ 최다 빈출 선지
내물왕
① 최고 지배자의 칭호가 마립간으로 바뀌었다.
② 고구려의 도움으로 왜를 격퇴하였다.

금관가야의 위기

☑ 시험에 꼭 나오는 키워드
광개토 대왕이 신라에 침입한 왜구 격퇴 이후 가야의 상황 이해하기

☑ 최다 빈출 선지
광개토 대왕의 왜구 격퇴 이후
① 가야 연맹이 대가야 중심으로 재편되었다.
② 후기 가야 연맹을 주도하였다(대가야).

시험에 꼭 나오는 키워드로
다시 한번 복습

최다 빈출 선지로
최신 출제 경향 파악!

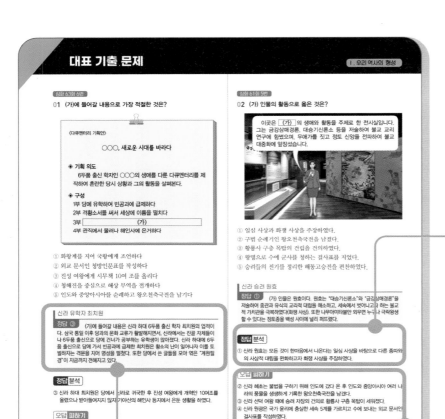

대표 기출 문제

Ⅰ. 우리 역사의 형성

심화 63회 6번

01 (가)에 들어갈 내용으로 가장 적절한 것은?

《다큐멘터리 기획안》

○○○, 새로운 시대를 바라다

◆ 기획 의도
6두품 출신 학자인 ○○○의 생애를 다룬 다큐멘터리를 제작하여 혼란한 당시 상황과 그의 활동을 살펴본다.

◆ 구성
1부 당에 유학하여 빈공과에 급제하다
2부 격황소서를 써서 세상에 이름을 떨치다
3부 (가)
4부 관직에서 물러나 해인사에 은거하다

① 화왕계를 지어 국왕에게 조언하다
② 외교 문서인 청방인문표를 작성하다
③ 진성 여왕에게 시무책 10여 조를 올리다
④ 청해진을 중심으로 해상 무역을 전개하다
⑤ 인도와 중앙아시아를 순례하고 왕오천축국전을 남기다

신라 유학자 최치원

정답 ③ (가)에 들어갈 내용은 신라 하대 6두품 출신 학자 최치원의 업적이다. 삼국 통일 이후 당과의 문화 교류가 활발해지면서, 신라에서는 진골 자제들이나 6두품 출신으로 당에 건너가 공부하는 유학생이 많아졌다. 신라 하대에 6두품 출신으로 당에 가서 빈공과에 급제한 최치원은 황소의 난이 일어나자 이를 토벌하자는 격문을 지어 명성을 떨쳤다. 또한 당에서 쓴 글들을 모아 엮은 "계원필경"이 지금까지 전해지고 있다.

정답 분석
③ 신라 하대 최치원은 당에서 신라로 귀국한 후 진성 여왕에게 개혁안 10여조를 올렸으나 받아들여지지 않자 가야산의 해인사 동지에서 은둔 생활을 하였다.

오답 피하기
① 신라 설총은 이두를 체계적으로 정리했을 뿐 아니라 "화왕계"를 지어 유교적인 도덕 정치를 강조하였다.
② 신라 강수는 당나라에 억류되고 있던 무열왕의 아들 김인문을 보내줄 것을 청하는 글 "청방인문표"를 지어 보냈다.
④ 신라 장보고는 완도에 청해진을 설치하고 해적을 소탕하여 해상 무역을 장악하였다.
⑤ 신라 혜초는 인도와 서역을 순례한 뒤 여러 나라의 풍물을 기록한 "왕오천축국전"을 남겼다.

심화 61회 5번

02 (가) 인물의 활동으로 옳은 것은?

이곳은 (가) 의 생애와 활동을 주제로 한 전시실입니다. 그는 금강삼매경론, 대승기신론소 등을 저술하여 불교 교리 연구에 힘썼으며, 무애가를 짓고 정토 신앙을 전파하여 불교 대중화에 앞장섰습니다.

① 일심 사상과 화쟁 사상을 주장하였다.
② 구법 순례기인 왕오천축국전을 남겼다.
③ 황룡사 구층 목탑의 건립을 건의하였다.
④ 왕명으로 수에 군사를 청하는 걸사표를 지었다.
⑤ 승려들의 전기를 정리한 해동고승전을 편찬하였다.

신라 승려 원효

정답 ① (가) 인물은 원효이다. 원효는 "대승기신론소"와 "금강삼매경론"을 저술하여 중관과 유식의 교리적 대립을 해소하고, 세속에서 벗어나고자 하는 불교적 가치관을 극복하였다(화쟁 사상). 또한 나무아미타불만 외우면 누구나 극락왕생할 수 있다는 정토종을 백성 사이에 널리 퍼뜨렸다.

정답 분석
① 신라 원효는 모든 것이 한마음에서 나온다는 일심 사상을 바탕으로 다른 종파와의 사상적 대립을 완화하고자 화쟁 사상을 주장하였다.

오답 피하기
② 신라 혜초는 불법을 구하기 위해 인도에 갔다 온 후 인도와 중앙아시아 여러 나라의 풍물을 생생하게 기록한 왕오천축국전을 남겼다.
③ 신라 선덕 여왕 때에 승려 자장의 건의로 황룡사 구층 목탑이 세워졌다.
④ 신라 원광은 국가 윤리에 충실한 세속 5계를 가르치고 수에 보내는 외교 문서인 걸사표를 작성하였다.
⑤ 고려 시대 승려 각훈은 삼국 시대 이래의 명승들의 전기를 정리하여 "해동고승전"을 편찬하였으며 그중 일부가 전해진다.

정답의 '이유'를 짚어주는
은쌤의 정답 분석!

오답 선지까지 완벽 분석!
오답 피하기로 학습 능률 UP!

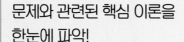

문제와 관련된 핵심 이론을
한눈에 파악!

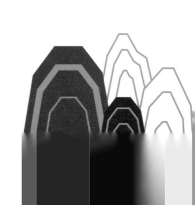

은쌤의 시대별 압축 요약집으로 완벽한 마무리!

1일차 선사 시대~초기 국가 개념정리

키워드 1 구석기 시대와 신석기 시대

구분	구석기 = 약 70만 년 전	신석기 = B.C. 8000년 전~
의식주	• 짐승 가죽(의), 사냥 · 채집 · 어로(식) • 동굴 · 막 집 · 바위그늘(주)	• 가락바퀴 · 뼈바늘(의), 농경과 목축 시작 · 채집 · 사냥(식) • 강가나 바닷가의 움집(주)
사회	이동 생활, 무리 생활, 평등 사회	정착 생활, 부족 사회, 족외혼, 평등 사회
도구	뗀석기 : 주먹도끼, 찍개, 슴베찌르개 등	간석기, 갈판 · 갈돌, 빗살무늬 토기
예술	고래 · 물고기 · 새를 새긴 조각품, 사냥감 번성 기원	원시 종교, 조개껍데기 가면, 치레걸이 등
유적	연천 전곡리, 충남 공주 석장리 등	서울 암사동, 강원 양양 오산리, 제주 고산리 등
유물	▲ 주먹도끼　▲ 찍개　▲ 슴베찌르개	▲ 움집터　▲ 덧무늬 토기　▲ 빗살무늬 토기 ▲ 갈판과 갈돌(간석기)　▲ 가락 바퀴　▲ 조개껍데기 가면

키워드 3 고조선의 건국과 성장

건국	• 기원전 2333년 청동기 문화를 바탕으로 건국 • 단군 신화(삼국유사에서 언급) : 홍익인간 정신, 선민사상, 농경사회, 토테미즘, 제정일치 사회
발전	• 기원전 3세기 : 부왕, 준왕의 왕위 세습, 관직 정비(상 · 대부 · 장군) • 고조선 문화 범위 : 비파형 동검, 미송리식 토기, 탁자식 고인돌 • 8조법 : 노동력, 사유 재산 중시, 형별과 노비 존재
위만 조선	• 위만이 준왕을 몰아내고 왕이 됨(기원전 194) • 철기 문화를 본격적으로 수용 + 중계 무역 독점 • 진번과 임둔을 복속
멸망	• 조선상 역계경이 무리를 이끌고 남쪽 진국으로 남하 • 한의 침략 ➡ 왕검성 함락 후 멸망(기원전 108) ➡ 한 군현 설치

▲ 고조선의 세력 범위

▲ 비파형 동검　▲ 미송리식 토기　▲ 북방식 고인돌

하루에 하나씩 따라가면 자연스럽게 주요 개념이 머릿속에 쏙!

빈출 · 핵심 키워드는 형광펜으로 표시하여 효과적인 학습!

목 차

I

우리 역사의 형성

II

고려 귀족 사회의
형성과 변천

III

조선 유교 사회의
성립과 변화

IV

국제 질서의 변동과
근대 국가 수립 운동

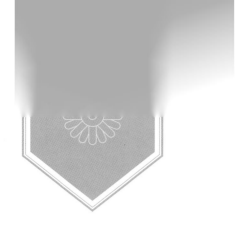

우리 역사의 형성

I

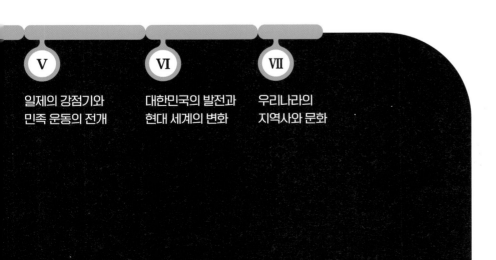

구석기~신석기 시대

▲ 복원된 막집

▲ 단양 금굴(구석기 유적)

❶ 구석기 시대 = 약 70만년 전

의	짐승 가죽
식	사냥 · 채집 · 어로
주	동굴, 바위그늘, 강가 막집
사회	• 이동 생활, 무리 생활 • 평등 사회(지배자 없이 지혜로운 연장자가 지도자 역할을 맡음)
도구	뗀석기 : 사냥 도구(주먹도끼, 찍개, 슴베찌르개 등), 조리 도구(긁개, 밀개)
예술	고래, 물고기, 새를 새긴 조각품 ➡ 사냥감의 번성 기원 예 공주 석장리, 단양 수양개 등
대표 유적지	평양 상원 검은모루 동굴, 청원 두루봉 동굴, 경기도 연천 전곡리, 충남 공주 석장리 등

▲ 주먹도끼
하나의 도구를 여러 용도로 사용

▲ 긁개
쓰임새가 정해진 도구 사용

▲ 슴베찌르개
• 작고 날카로운 석기
• 형태가 같은 여러 돌날격지 제작

❷ 중석기 시대 = 약 1만 년 전

※ 중 · 고등학교 한국사 교과서들 중에서 중석기 시대를 언급하는 경우가 있지만 한국사능력검정시험에서 한 번도 출제된 적이 없음

시기	구석기와 신석기의 중간, 간빙기
생활	작고 날쌘 짐승(토끼, 여우) 사냥
도구	잔석기 사용 ➡ 한 개 내지 여러 개의 석기를 나무나 뼈에 꽂아 쓰는 이음 도구 제작 (창, 활, 작살)
대표 유적지	웅기 부포리, 평양 만달리, 통영 상노대도 조개더미 등

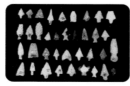

▲ 여러 가지 잔석기

▲ 경상남도 통영시 욕지도의 조개더미

❸ 신석기 시대 = B.C 8000년 전~

의		가락바퀴, 뼈 바늘 ➡ 옷 그물(원시적 수공업)
식	농경	• 농경 시작 : 밭농사 중심(조, 피, 수수) • 돌 농기구 사용 : 돌괭이 · 돌삽 · 돌낫 · 돌칼 등
	사냥	돌화살, 돌창 등을 이용
	채집	목축 시작, 갈돌 · 갈판 이용(도토리)
	어로	이음낚시바늘, 돌 그물추 제작, 조개류 채취
주		• 정착 생활 : 주로 강가나 해안가에 움집을 짓고 생활 • 움집 거주 : 바닥이 원형이나 모서리가 둥근 방형
사회		• 부족 사회(혈연 중심 씨족 사회), 족외혼, 평등 사회 • 원시 신앙 등장 : 애니미즘, 토테미즘, 샤머니즘, 영혼 · 조상 숭배 ┌ 애니미즘 : 농경과 밀접한 자연물, 자연현상에 정령이 있다고 믿고 이를 숭배 (⬛ 태양, 물, 천둥, 번개 등) ├ 토테미즘 : 특정 동식물을 부족 수호신으로 섬김(⬛ 단군신화에 나오는 곰, 호랑이) ├ 샤머니즘 : 하늘이나 영혼을 인간과 연결해주는 무당의 주술을 믿음 └ 영혼 · 조상 숭배 : 사람이 죽어도 영혼은 없어지지 않는다고 믿음
도구		• 간석기, 갈판 · 갈돌, 돌 농기구, 최초로 토기 제작 • 토기 : 이른 민무늬 토기, 덧무늬 토기, 눌러찍기 무늬 토기 ➡ 빗살무늬 토기
예술		조개껍데기 가면, 치레걸이, 짐승 뼈나 이빨로 만든 장신구
대표 유적지		서울 암사동, 부산 동삼동, 강원 양양 오산리, 제주 한경 고산리, 황해 봉산 지탑리(탄화된 좁쌀 발견) 등

▲ 구석기 시대와 신석기 시대의 유적 분포

▲ 신석기 움집 내부 복원

▲ 암사동 원형 움지 주거지(신석기 유적)

▲ 움집터

▲ 덧무늬 토기

▲ 빗살무늬 토기

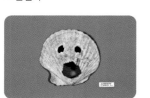

▲ 조개껍데기 가면

▲ 가락바퀴

▲ 갈판과 갈돌

▲ 고기잡이 그물추

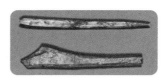

▲ 뼈바늘

은쌤의 **합격노트**

구석기 시대

☑ 시험에 꼭 나오는 키워드

• 구석기 시대 생활상 알기
• 구석기 시대 유물 알기

☑ 최다 빈출 선지

① 주로 동굴이나 강가의 막집에서 살았다.
② 계급이 없는 평등한 공동체 생활을 하였다.
③ 주로 동굴에 살면서 사냥과 채집 생활을 하였다.
④ 주먹도끼, 찍개 등의 뗀석기를 만들기 시작하였다.
⑤ 사냥을 위해 슴베찌르개를 처음 제작하였다.

신석기 시대

☑ 시험에 꼭 나오는 키워드

• 신석기 시대 생활상 알기
• 신석기 시대 유물 알기

☑ 최다 빈출 선지

① 빗살무늬 토기를 제작하여 식량을 저장하였다.
② 가락바퀴와 뼈바늘을 이용하여 옷을 만들었다.
③ 농경과 목축을 시작하여 식량을 생산하였다.
④ 정착 생활이 시작되면서 움집이 등장하였다.
⑤ 계급이 없는 평등한 공동체 생활을 하였다.

심화 63회 1번

01 밑줄 그은 '이 시대'의 생활 모습으로 옳은 것은?

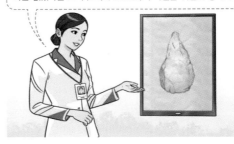

> 이 그림은 한 미군 병사가 경기도 연천군 전곡리에서 이 시대의 대표적인 유물인 주먹도끼 등을 발견하고 그린 것입니다. 그가 발견한 아슐리안형 주먹도끼는 이 시대 동아시아에는 찍개 문화만 존재하고 주먹도끼 문화는 없었다는 모비우스(H. Movius)의 학설을 뒤집는 증거가 되었습니다.

① 소를 이용하여 깊이갈이를 하였다.
② 빗살무늬 토기에 식량을 저장하였다.
③ 지배층의 무덤으로 고인돌을 만들었다.
④ 거푸집을 사용하여 세형동검을 제작하였다.
⑤ 주로 동굴이나 강가의 막집에서 거주하였다.

구석기 시대

정답 ⑤ 　밑줄 그은 '이 시대'는 구석기이다. 경기 연천 전곡리는 대표적인 구석기 유적지로, 이곳에서 구석기 시대 대표 유물인 아슐리안형 주먹도끼가 발견되었다. 1977년까지 고고학계에서는 세계 구석기 문화를 아슐리안 주먹도끼 문화와 찍개 문화로 나누고 있었다. 약 1백 40만 년 전에 아프리카에서 처음 만들어진 아슐리안 주먹도끼가 유럽, 서아시아, 인도 등에서 발견되고, 동아시아에서는 찍개만 나왔기 때문이다. 여기에는 구석기 시대부터 동아시아가 유럽보다 문화적으로 뒤떨어져 있다고 여기는 생각이 깔려 있었다. 찍개보다는 주먹도끼가 좀 더 정밀한 가공이 필요하였기 때문이었다. 그런데 1977년 1월 미군 하사 그레그 보웬이 한탄강을 걷다 우연히 아슐리안 주먹도끼를 발견하였다. 이 발견으로 세계 고고학사는 한꺼번에 무너졌고, 세계 고고학 지도에 전곡리가 표시되었다.

정답 분석

⑤ 구석기인은 추위와 비바람을 피해 주로 동굴이나 막집, 바위 그늘에 살았다.

오답 피하기

① 철기 시대에 소를 이용한 깊이갈이가 시작되었고, 고려 시대에 이르러 소를 이용한 깊이갈이가 일반화되었다.
② 신석기 시대인 기원전 5000년경부터 한반도 중서부 지방에서 빗살무늬 토기가 만들어지기 시작하여 점차 전역으로 퍼져 나갔다.
③ 청동기 시대에 만들어진 거대한 고인돌은 당시 지배층이 누렸던 권력과 부의 크기를 반영한 것으로 이해된다.
④ 철기 시대에 철기 문화가 본격적으로 보급되면서 의식용이나 장식용으로 세형동검이 만들어졌다.

02 밑줄 그은 '이 시대'의 생활 모습으로 옳은 것은?

화면 속 갈돌과 갈판, 빗살무늬 토기는 이 시대의 대표적인 유물로 알려져 있습니다.

농경과 정착 생활이 시작된 이 시대의 사람들은 토기를 만들어 곡식을 저장하고 음식을 조리하기도 하였습니다.

① 소를 이용하여 깊이갈이를 하였다.
② 반량전, 명도전 등의 화폐를 사용하였다.
③ 청동 방울 등을 의례 도구로 이용하였다.
④ 거푸집을 이용하여 세형 동검을 제작하였다.
⑤ 가락바퀴와 뼈바늘을 이용하여 옷을 만들었다.

신석기 시대

정답 ⑤ 밑줄 그은 '이 시대'는 신석기 시대이다. 기원전 8000년 무렵 자연환경과 기후 조건이 오늘날과 거의 비슷하게 변하고 신석기 시대가 시작되었다. 신석기 시대 사람들이 최초로 토기를 만들고, 음식물을 조리하거나 저장하였다. 우리나라 신석기 시대의 대표적인 토기인 빗살무늬 토기는 밑이 뾰족하여 강가의 모래나 흙에 고정할 수 있었다. 이보다 앞선 시기의 토기로는 이른 민무늬 토기, 덧무늬 토기, 눌러찍기무늬 토기 등이 있다.

정답 분석

⑤ 신석기인들은 가락바퀴나 뼈바늘을 이용하여 옷이나 그물을 만들고, 나무를 깎아서 각종 도구나 배를 만들기도 하였다.

오답 피하기

① 철기 시대에 소를 이용한 깊이갈이가 시작되었고, 고려 시대에 이르러 소를 이용한 깊이갈이가 일반화되었다.
② 초기 철기 시대에 사용된 철기와 함께 출토되는 명도전, 반량전 등을 통해 당시 중국과 활발하게 교류했다는 사실을 알 수 있다.
③ 청동기 시대의 지배 세력은 청동 단추나 띠고리로 장식한 화려한 옷을 입고, 청동 거울이나 청동 방울 등 의례 도구를 사용하여 주술적 능력을 과시하였다.
④ 철기 시대에 철기 문화가 본격적으로 보급되면서 의식용이나 장식용으로 세형 동검이 만들어졌다.

03 (가) 시대의 생활 모습으로 옳은 것은?

강원도 양양군 오산리에서 (가) 시대 마을 유적이 발굴되었습니다. 약 8천 년 전에 형성된 집터에서는 (가) 시대를 대표하는 유물인 빗살무늬 토기와 덧무늬 토기를 비롯하여 이음낚시, 그물추 등이 출토되었습니다.

① 주로 동굴이나 막집에 거주하였다.
② 고인돌, 돌널무덤 등을 축조하였다.
③ 명도전을 이용하여 중국과 교역하였다.
④ 농경과 목축을 통하여 식량을 생산하였다.
⑤ 비파형 동검과 거친무늬 거울 등을 제작하였다.

신석기 시대

정답 ④ (가) 시대는 신석기 시대이다. 기원전 8000년 무렵 자연환경과 기후 조건이 오늘날과 거의 비슷하게 변하고 신석기 시대가 시작되었다. 신석기 시대 사람들은 토기를 만들어 음식물을 조리하거나 저장하였다. 우리나라 신석기 시대의 대표적인 토기인 빗살무늬 토기는 밑이 뾰족하여 강가의 모래나 흙에 고정할 수 있었다. 이보다 앞선 시기의 토기로는 이른 민무늬 토기, 덧무늬 토기, 눌러찍기무늬 토기 등이 있다.

정답 분석

④ 신석기 시대에는 인류가 농경과 목축을 시작하여 스스로 식량을 생산하는 단계에 이르렀다(신석기 혁명).

오답 피하기

① 구석기인들은 식량을 찾아다니며 주로 동굴이나 막집, 바위그늘에서 거주하였다.
② 청동기 시대를 대표하는 유적은 지배층의 무덤인 돌널무덤과 고인돌이다.
③ 초기 철기 시대에 사용된 철기와 함께 출토되는 명도전, 반량전 등을 통해 당시 중국과 활발하게 교류했다는 사실을 알 수 있다.
⑤ 청동기 시대에 청동기는 주로 무기나 의식용 도구로 사용되었으며, 대표적인 유물로는 비파형 동검과 거친무늬 거울 등이 있다.

02강

청동기~철기 시대

▲ 청동기 시대 집자리

▲ 고인돌

▲ 고령 장기리 암각화

▲ 울주 대곡리 반구대 암각화

① 청동기 시대 = B.C. 2000년~B.C. 1500년경에 시작

식	• 일부 저습지에서 벼농사 시작(돌 농기구 사용) • 사냥, 고기잡이(비중 약화)
주	• 산간, 구릉 지대에 거주(배산임수) • 목책과 환호로 외부 침입에 대비 • 움집 거주 : 바닥이 직사각형이나 원형, 지상가옥으로 변화
사회	• 계급 사회 : 농경 발달 ➡ 잉여 생산물 발생 ➡ 사유 재산 발생 ➡ 빈부 차이 ➡ 계급 분화, 성 역할 분화 ➡ 사회 규모의 확대로 우리나라 역사상 최초의 국가 고조선 등장 • 지배자인 군장(족장) 출현 　┌ 정치와 제사 모두 주관 = 제정일치의 지배자 　└ 선민 사상(천손 사상) 대두 : 하늘의 자손 표방 • 고인돌 제작 : 지배자의 무덤, 군장의 권력 상징
도구	• 무덤 : 고인돌, 돌널무덤 • 청동기 : 비파형 동검, 거친무늬 거울, 청동 방울 등 • 토기 : 미송리식 토기, 민무늬 토기, 붉은 간 토기 • 농기구 : 반달 돌칼, 홈자귀, 돌괭이, 돌도끼 등 ➡ 청동제 농기구가 아닌 돌 농기구 사용
예술	바위그림 : 울산 울주 대곡리 반구대, 고령 장기리 일대
대표 유적지	충남 부여 송국리(탄화미 발견), 경기 여주 흔암리, 평북 의주 미송리, 강원 평창 하리, 강원 춘천 중도 등

▲ 청동기 시대 집터(환호)

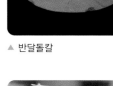

▲ 반달돌칼

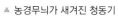

▲ 비파형 동검

▲ 거친무늬 거울

▲ 농경무늬가 새겨진 청동기

▲ 돌널무덤

▲ 미송리식 토기

▲ 민무늬 토기

▲ 고인돌

❷ 철기 시대 = B.C. 5세기 경~

도구	• 철기 사용 　┌ 철제 무기 : 정복 활동이 활발해짐 　└ 철제 농기구 : 쟁기, 쇠스랑 등 사용 • 청동기 의기화 : 세형동검, 잔무늬 거울(의식용 · 제사용) • 한반도에 독자적인 청동기 문화 발전 : 거푸집, 세형동검, 잔무늬 거울
사회	철기 사용 ➡ 정복전쟁 활발, 농업 생산력 급증, 인구 증가 ➡ 연맹 왕국 등장
중국과 활발한 교류	• 한반도에서 중국 화폐 출토 : 명도전, 반량전, 오수전 등 • 한자 사용의 증거 : 경남 창원 다호리의 붓
도구	• 토기 : 민무늬 토기, 덧띠 토기, 검은 간토기 등 • 무덤 : 널무덤, 독무덤

◈ 한반도에 독자적인 청동기 문화 발전

▲ 새형동검

▲ 잔무늬 거울

▲ 세형동검 거푸집

◈ 중국과 활발한 교류

▲ 명도전

▲ 반량전과 오수전

▲ 다호리 유적 출토 붓

▲ 널무덤

▲ 독무덤

▲ 철기 시대 무기

▲ 덧띠 토기

▲ 검은 간토기

▲ 세형동검 거푸집

청동기 말기와 초기 철기 시대에는 청동 제품을 제작하던 틀인 거푸집을 사용하여 청동 제품을 만들었다. 우리나라에서는 돌로 된 거푸집이 주로 사용되었다.

은쌤의 합격노트

청동기 시대

☑ 시험에 꼭 나오는 키워드

• 청동기 시대 생활상 알기
• 청동기 시대 유물 알기

☑ 최다 빈출 선지

① 지배층의 무덤으로 고인돌을 축조하였다.
② 반달 돌칼을 사용하여 벼를 수확하였다.
③ 의례 도구로 청동 거울과 청동 방울을 제작하였다.
④ 지배자와 피지배자가 존재하는 계급 사회였다.
⑤ 미송리식 토기를 사용하였다.
⑥ 거친무늬 거울을 사용하였다.
⑦ 목책과 환호로 외부 침입에 대비하였다.
⑧ 구릉 지대에 취락을 이루며 생활하였다.
⑨ 거푸집을 이용하여 청동검을 제작하였다(청동기 말기~ 초기 철기).

철기 시대

☑ 시험에 꼭 나오는 키워드

• 철기 시대 생활상 알기
• 철기 시대 유물 알기

☑ 최다 빈출 선지

① 명도전, 오수전, 반량전 등의 중국 화폐로 교역하였다.
② 거푸집을 이용하여 세형동검을 제작하였다.
③ 쟁기, 쇠스랑 등의 철제 농기구를 써서 농사를 지었다.
④ 널무덤과 독무덤을 만들었다.
⑤ 사람이 죽으면 독에 넣어 매장하였다(독무덤).

대표 기출 문제

심화 62회 1번

01 (가) 시대의 생활 모습으로 옳은 것은?

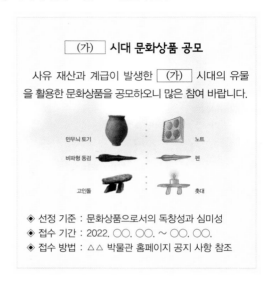

(가) **시대 문화상품 공모**

사유 재산과 계급이 발생한 (가) 시대의 유물을 활용한 문화상품을 공모하오니 많은 참여 바랍니다.

민무늬 토기 / 노트
비파형 동검 / 펜
고인돌 / 촛대

◆ 선정 기준 : 문화상품으로서의 독창성과 심미성
◆ 접수 기간 : 2022. ○○. ○○. ~ ○○. ○○.
◆ 접수 방법 : △△ 박물관 홈페이지 공지 사항 참조

① 반달 돌칼로 벼를 수확하였다.
② 주로 동굴이나 막집에서 거주하였다.
③ 소를 이용한 깊이갈이가 일반화되었다.
④ 호미, 쇠스랑 등의 철제 농기구를 제작하였다.
⑤ 가락바퀴와 뼈바늘을 이용하여 옷을 만들기 시작하였다.

청동기 시대

정답 ①   (가) 시대는 청동기 시대이다. 농경이 발달함에 따라 잉여 생산물이 발생하면서 토지와 생산물에 대한 사유 개념이 나타나 빈부의 차이가 생기고 계급이 분화되었다. 민무늬 토기는 우리나라 청동기 시대를 대표하는 토기로, 표면에 무늬가 없어서 붙여진 이름이다. 비파형 동검은 만주, 한반도 일대에서 널리 사용되었던 대표적인 청동기이다. 거대한 고인돌은 당시 지배층이 누렸던 권력과 부의 크기를 반영한 것으로 이해된다.

정답 분석

① 청동기 시대는 곡식을 추수할 때 썼던 반달 모양의 돌칼인 반달 돌칼로 벼를 수확하였다.

오답 피하기

② 구석기인들은 식량을 찾아다니며 주로 동굴이나 막집, 바위그늘에서 거주하였다.
③ 삼국은 농사에 소를 이용하여 경작하는 우경을 장려하였는데 신라 지증왕 때의 기록에 우경이 처음으로 등장한다.
④ 삼국시대 4~5세기 경 철제 농기구가 농민에게 보급되기 시작하였다. 6세기에 이르러 쟁기, 호미, 괭이 등 철제 농기구가 널리 사용되었다.
⑤ 신석기 시대에 뼈바늘을 비롯하여 실을 뽑는 도구인 가락바퀴도 발견되었는데, 이를 통해 당시 사람들이 옷을 만들어 입었음을 알 수 있다.

02 (가) 시대의 생활 모습으로 옳은 것은?

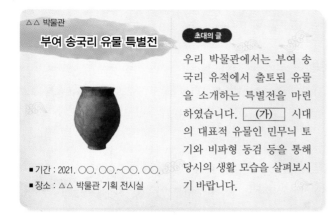

△△ 박물관
부여 송국리 유물 특별전

초대의 글

우리 박물관에서는 부여 송국리 유적에서 출토된 유물을 소개하는 특별전을 마련하였습니다. [(가)] 시대의 대표적 유물인 민무늬 토기와 비파형 동검 등을 통해 당시의 생활 모습을 살펴보시기 바랍니다.

■ 기간 : 2021. ○○. ○○.~○○. ○○.
■ 장소 : △△ 박물관 기획 전시실

① 주로 동굴이나 강가의 막집에서 살았다.
② 계급이 없는 평등한 공동체 생활을 하였다.
③ 오수전, 화천 등의 중국 화폐로 교역하였다.
④ 실을 뽑기 위해 가락바퀴를 처음 사용하였다.
⑤ 의례 도구로 청동 거울과 청동 방울 등을 제작하였다.

청동기 시대

정답 ⑤ 민무늬 토기는 우리나라 청동기 시대를 대표하는 토기로 표면에 무늬가 없어서 붙여진 이름이다. 청동기 시대에 청동으로 만든 무기로는 칼, 창, 도끼 등이 있는데, 비파형 동검은 이 시기의 대표적인 청동기로서 만주에서 한반도, 일본 규슈에 걸쳐 분포한다.

정답 분석

⑤ 청동기 시대 지배자 군장은 청동 단추나 띠고리로 장식한 화려한 옷을 입고, 청동 거울이나 청동 방울 등 의례 도구를 사용하여 주술적 능력을 과시하였다.

오답 피하기

① 구석기인은 추위와 비바람을 피해 주로 동굴이나 막집, 바위 그늘에 살았다.
② 신석기 시대에는 농경을 시작했어도 생산력이 낮아서 형편은 그다지 나아지지 않았다. 따라서 사유 재산이나 계급, 남녀 차별은 있을 수 없었다.
③ 철기 시대에 명도전, 반량전, 오수전 등 중국의 화폐가 출토되었는데, 이는 당시 중국과의 교류가 활발하였음을 보여 준다.
④ 신석기인들 가락바퀴나 뼈바늘을 이용하여 옷이나 그물을 만들고, 나무를 깎아서 각종 도구나 배를 만들기도 하였다.

03 밑줄 그은 ㉠을 뒷받침 할 수 있는 유물로 옳은 것을 〈보기〉에서 고른 것은?

우리나라에서는 기원전 5세기에 접어들면서 철기를 쓰기 시작하였다. 그 이후 철기의 사용과 함께 청동기 문화도 더욱 발달하여 ㉠ 한반도 안에서 독자적 발전을 이룩하였다.

〈보 기〉

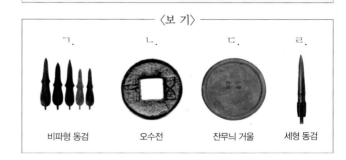

ㄱ. 비파형 동검　　ㄴ. 오수전　　ㄷ. 잔무늬 거울　　ㄹ. 세형 동검

① ㄱ, ㄴ　　② ㄱ, ㄷ　　③ ㄴ, ㄷ　　④ ㄴ, ㄹ　　⑤ ㄷ, ㄹ

철기 시대

정답 ⑤ 철기 시대에 이르러 청동기 문화는 한반도에서 독자적인 발전을 이루었다. 비파형 동검은 세형동검으로, 거친무늬 거울은 잔무늬 거울로 변하였다. 청동 제품을 만드는 틀인 거푸집도 전국 여러 유적에서 발굴되었다.

정답 분석

⑤ ㄷ. 철기 시대에는 청동기 문화가 더욱 발달하면서 거친무늬 거울은 잔무늬 거울로 변해갔다.
　ㄹ. 철기 시대에는 청동기 문화가 더욱 발달하면서 비파형 동검은 세형동검으로 변해갔다. 세형동검은 주로 한반도에서 출토되어서 한국식 동검이라고도 부른다.

오답 피하기

ㄱ. 만주와 한반도에서는 기원전 2000년에서 기원전 1500년경 청동기가 보급되기 시작하였다. 청동기는 주로 무기나 의식용 도구로 사용되었으며, 대표적인 유물로는 비파형 동검과 거친무늬 거울 등이 있다.
ㄴ. 초기 철기 유물과 함께 명도전, 반량전, 오수전 등 중국의 화폐가 출토되었는데, 이는 당시 중국과의 교류가 활발하였음을 보여주지만 한반도 안에서 독자적인 청동기 문화 발전과는 관련이 없다.

03강 고조선과 위만 조선

① 고조선의 건국

(1) 단군왕검의 건국 이야기

고조선 성립의 역사적 사실은 『삼국유사』, 『제왕운기』, 『세종실록지리지』, 『응제시주』, 『동국여지승람』에 수록됨 ➡ 선민사상, 농경 사회, 홍익인간의 건국 이념, 토테미즘, 제정일치 사회

▲ 강화 마니 참성단

『고려사』에는 참성단에서 단군이 하늘에 제사를 지냈다는 이야기가 전하고 있다.

옛날 ①환인의 아들 환웅이 천부인 3개와 3천의 무리를 이끌고 태백산 신단수(神檀樹)
　　　　하늘의 자손임을 내세운 선민사상
밑에 내려왔는데 이곳을 신시(神市)라 하였다. 그는 ②풍백(風師), 우사(雨師), 운사(雲師)
　　　　　　　　　　　　　　　　　　　　　　　　　　　농경 중시 사회
로 하여금 인간의 360여 가지 일을 주관하게 하였는데 그 중에서 곡식, 생명, 질병, 형벌,

선악 등 다섯 가지 일이 가장 중요한 것이었다. 이로써 인간 세상을 교화시키고 ③인간을

널리 이롭게 하였다. 이때 곰과 호랑이가 사람이 되기를 원하므로 환웅은 쑥과 마늘을
홍익인간의 통치 이념　　　　　　　　곰과 호랑이를 수호신으로 삼은 부족들(토테미즘)
주고 이것을 먹으면서 100일간 햇빛을 보지 않는다면 사람이 될 것이라고 하였다. ④곰은

금기를 지켜 21일 만에 여자로 태어났고 환웅과 혼인하여 아들을 낳았다. 이가 곧 ⑤단군
환웅 부족과 곰을 숭배하는 부족의 연합(족외혼)
왕검(檀君王儉)이었다. 　　　　　　　　　　　　　　　　　　　　　　 ─『삼국유사』─
제정일치 사회 = 단군은 제사장, 왕검은 정치적 지배자

---

② 고조선의 성장과 멸망

고조선 건국 (기원전 2333)	• 기원전 2333년 단군왕검이 아사달을 도읍으로 건국 • 청동기 문화를 바탕으로 건국된 우리나라 최초의 국가
기원전 7세기	중국의 제와 교역 ➡ 선진 문물 수용
기원전 5세기 ~ 4세기	• 만주와 한반도에 철기 보급 시작 ➡ 더욱 세력 확장 • 스스로 왕을 칭하며 중국의 연을 공격할 정도로 강성
기원전 3세기 초	• 연의 장수 진개의 공격을 받음 ➡ 서쪽 영토를 상실하고 수도를 왕검성으로 옮김 • 부왕에서 준왕으로 왕위 부자 상속이 이루어짐 • 왕 아래 상, 경, 대부, 장군 등의 관직 설치
위만 조선(B.C.194 ~ 108)	

자료 살펴보기

단군왕검과 단군신화

단군왕검은 당시 지배자의 칭호로 단군은 제사장, 왕검은 정치적 지배자를 뜻한다. 단군신화에는 환웅 부족과 곰 토템 부족의 결합을 통해 이루어진 건국 과정과 지배 계급의 출현, 농경 사회의 모습 등이 반영되어 있다. 이는 고조선이 청동기 문화와 농경 문화를 바탕으로 성립되었음을 보여 준다.

사료 살펴보기

'상'의 영향력

조선의 상 역계경이 우거왕에게 간하였으나 (그의 말이) 받아들여지지 않자 동쪽의 진국으로 갔다. 그때 백성으로서 그를 따라간 자가 2천여 호나 되었다. ─『삼국지』'위서' 동이전─

고조선은 왕 아래에는 상, 경, 대부, 장군을 두었는데, 특히 상이라 불리는 관리는 국가 통치에 큰 영향력을 행사하였다. 이들은 직접 별도의 영역과 주민을 다스리기도 하였으며, 국왕과 국가의 중대사를 논의하였다.

성립	진·한 교체기에 위만이 무리 이끌고 고조선으로 망명(기원전 2세기) ➡ 위만이 준왕을 몰아내고 왕위 차지 ➡ 준왕은 남쪽 진국으로 이동
성장	• 철기 문화의 본격적인 수용 • 중국의 한과 남방의 진 사이에서 중계 무역으로 경제적 이익 획득 • 진번과 임둔을 복속하는 등의 정복 활동을 펼침
멸망	우거왕 때 중국 한 무제의 침략 ➡ 1년간 항쟁 ➡ 지배층의 내분으로 조선상 역계경이 무리를 이끌고 남쪽 진국으로 남하 ➡ 수도 왕검성 함락 ➡ 멸망
멸망 이후	한은 일부 지역에 한사군 설치(낙랑·진번·임둔·현도) ➡ 한사군 설치 이후 법 조항이 60여 조로 확대 ➡ 토착민의 강력한 저항 ➡ 3개 군(진번·임둔·현도)은 쫓겨 가거나 폐지, 낙랑군은 313년에 고구려 미천왕의 공격으로 멸망

자료 살펴보기

위만의 단군 조선 계승 근거
위만은 왕이 된 뒤에도 나라 이름을 그대로 조선이라 했고, 그의 정권에는 토착민 출신으로 높은 지위에 오른 자가 많았다. 이러한 점에서 위만의 조선은 단군의 조선을 계승한 것으로 볼 수 있다.

③ 고조선의 문화 범위

▲ 비파형 동검
만주로부터 한반도 전역에 걸쳐 출토

▲ 미송리식 토기
요하(랴오허 강) 남단에서 대동강 유역 사이에서 출토

▲ 탁자식(북방식) 고인돌
만주와 한강 이북 지역에서 주로 출토

▲ 고조선의 문화 범위

비파형 동검＋미송리식 토기＋탁자식(북방식) 고인돌 분포 지역

고조선은 랴오닝 지방을 중심으로 만주와 한반도 서북부 지역까지 진출 ➡ 비파형 동검, 탁자식 고인돌, 미송리식 토기의 분포를 통해 그 문화 범위를 짐작할 수 있음 ➡ 세 유물의 출토 지역이 겹치는 지역을 고조선의 문화 범위로 추정

④ 고조선의 8조법 (범금 8조, 8조 법금, 금법 8조)

(고조선에는) 백성들에게 금하는 법 8조가 있었다. ①사람을 죽인 자는 즉시 죽이고,
<small>개인의 노동력과 생명 중시, 형벌 존재(사회 질서 엄격)</small>
②남에게 상처를 입힌 자는 곡식으로 갚는다. ③도둑질을 한 자는 노비로 삼는다. 용서
<small>사유 재산 인정, 농경 사회</small> <small>사유 재산 인정, 노비 제도 인정(계급 사회), 화폐 사용</small>
받고자 하는 자는 한 사람마다 50만 전을 내야 한다.

　비록 용서를 받아 보통 백성이 되어도 풍속에 역시 그들은 부끄러움을 씻지 못하여 결혼을 하고자 하여도 짝을 구할 수 없다. 이러해서 백성들은 도둑질을 하지 않아 대문을 닫고 사는 일이 없었다. ④여자들은 모두 정조를 지키고 신용이 있어 음란하고 편벽된
<small>남성 위주의 가부장적 사회</small>
짓을 하지 않았다. 　　　　　　　　　　　　　　　　　　　　　　ー『한서』 지리지 ー

자료 살펴보기

고조선의 8조법(범금 8조)
중국 역사서 "한서"에는 고조선의 사회 모습을 보여 주는 8조법 가운데 3개 조목이 전해진다. 이를 통해 고조선 사회에 권력과 경제력 차이가 생겨나고 노비가 있었으며, 가부장적 사회 질서가 자리 잡기 시작하였음을 알 수 있다. 또한, 지배 계급이 새로운 사회 질서를 유지하고 노동력과 사유 재산을 보호하기 위해 애썼음도 엿볼 수 있다.

은쌤의 합격노트

고조선의 건국과 발전

☑ 시험에 꼭 나오는 키워드

단군 조선(부왕, 준왕)과 위만 조선(위만, 우거왕)의 내용 구분하기 ➡ 단군 조선 단독 문제 출제 시 위만 조선의 내용이 오답으로 들어감

☑ 최다 빈출 선지

① 준왕이 부왕으로부터 왕위를 물려받았다.
② 부왕, 준왕 등 강력한 왕이 등장하여 왕위를 세습하였다.
③ 전국 7웅 중 하나인 연과 대적할 만큼 성장하였다.
④ 연의 장수 진개의 공격을 받아 영토를 빼앗겼다.
⑤ 사회 질서를 유지하기 위해 8조법을 만들었다.

고조선의 사회 모습

☑ 시험에 꼭 나오는 키워드

• 단군신화에 담긴 의미 파악하기
• 범금 8조에 담긴 의미 파악하기

☑ 최다 빈출 선지

단군신화

① 단군왕검은 제사장이면서 정치적 지배자였다.
② 단군신화는 삼국유사, 제왕운기, 세종실록지리지, 응제시주, 동국여지승람 등에 수록되어 있다.

범금 8조

① 신분의 구별이 있었다.
② 형벌 제도가 마련되었다.
③ 사유 재산이 인정되었다.
④ 개인의 노동력이 중시되었다.

위만 조선의 성립과 멸망

☑ 시험에 꼭 나오는 키워드

위만 조선의 내용 숙지하기 ➡ 위만 조선 문제가 단독 출제시 단군 조선의 내용이 오답으로 들어감

☑ 최다 빈출 선지

위만 조선

① 한과 진국 사이에서 중계 무역을 하였다.
② 진번과 임둔을 복속하여 세력을 확장하였다.
③ 우거왕이 왕검성을 침략한 한 무제의 군대에 맞서 저항하였다.
④ 조선상 역계경이 무리를 이끌고 진국으로 갔다.
⑤ 한 무제가 파견한 군대의 공격으로 멸망하였다.
⑥ 살인, 절도 등의 죄를 다스리는 범금 8조가 있었다.
⑦ 준왕을 몰아내고 왕이 되었다(위만).

01 (가) 나라에 대한 설명으로 옳은 것은?

> ○ 좌장군은 [(가)]의 패수 서쪽에 있는 군사를 쳤으나 이를 격파해서 나가지는 못했다. …… 누선장군도 가서 합세하여 왕검성의 남쪽에 주둔했지만, 우거왕이 성을 굳게 지키므로 몇 달이 되어도 함락시킬 수 없었다.
>
> ○ 마침내 한 무제는 동쪽으로는 [(가)]을/를 정벌하고 현도군과 낙랑군을 설치했으며, 서쪽으로는 대완과 36국 등을 병합하여 흉노 좌우의 후원 세력을 꺾었다.

① 동맹이라는 제천 행사를 열었다.
② 신지, 읍차라 불린 지배자가 있었다.
③ 도둑질한 자에게 12배로 배상하게 하였다.
④ 읍락 간의 경계를 중시하는 책화가 있었다.
⑤ 왕 아래 상, 대부, 장군 등의 관직을 두었다.

고조선

정답 ⑤ (가) 나라는 고조선이다. 위만 조선의 우거왕은 한반도 남부 세력들과 한의 교역을 막아 중계 교역의 이익을 독점하려 하였다. 이에 한 무제는 수군과 육군을 보내 위만 조선을 공격하였다. 위만 조선은 우거왕을 중심으로 1년여 동안 잘 저항하였으나, 지배 세력이 분열하여 왕검성이 함락되면서 멸망하였다(기원전 108). 한무제는 고조선의 옛 땅에 낙랑군, 진번군, 임둔군, 현도군 등의 군현을 설치하였다.

정답 분석

⑤ 고조선은 왕 아래에는 상, 경, 대부, 장군을 두었는데, 특히 상이라 불리는 관리는 국가 통치에 큰 영향력을 행사하였다.

오답 피하기

① 고구려는 국왕의 주도로 매년 10월에 수도에서 동맹이라는 제천 행사를 열어 5부의 결속력을 다지기도 하였다.
② 삼한에서는 신지, 읍차 등으로 불리는 군장이 농업 생산에 필요한 물의 관리권을 장악하여 권력을 확대해 나갔다.
③ 부여와 고구려는 법속을 매우 엄격히 하여 도둑질한 자는 12배로 배상하게 하였다.
④ 동예는 다른 부족의 영역을 함부로 침범했을 경우 책화라고 하여 노비나 소, 말로 배상하게 하였다.

02 밑줄 그은 '이 나라'에 대한 설명으로 옳은 것은?

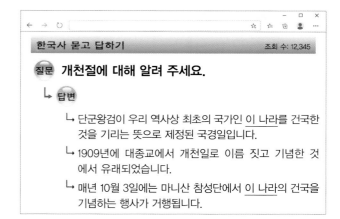

① 백제와 연합하여 금성을 공격하였다.
② 마립간이라는 왕의 칭호를 사용하였다.
③ 빈민을 구제하기 위해 진대법을 실시하였다.
④ 목지국을 압도하고 지역의 맹주로 발돋움하였다.
⑤ 살인, 절도 등의 죄를 다스리는 범금 8조가 있었다.

고조선

정답 ⑤ 밑줄 그은 '이 나라'는 고조선이다. "삼국유사"와 "동국통감"에 따르면 고조선은 단군왕검이 건국하였다(기원전 2333). 또한 "고려사"는 강화도 마니산 참성단에서 단군이 하늘에 제사를 지냈다는 이야기를 전하고 있는데, 지금도 해마다 개천절에 이곳에서 제천 행사가 열리고 있다.

정답 분석

⑤ 고조선은 백성이 하지 말아야 하는 것을 정한 8조법, 범금 8조가 있었다. 이를 통해 고조선 사회에 권력과 경제력 차이가 생겨나고, 노비가 있었으며, 가부장적 사회 질서가 자리 잡기 시작하였음을 알 수 있다. 또한, 지배 계급이 새로운 사회 질서를 유지하고 노동력과 사유 재산을 보호하기 위해 애썼음도 엿볼 수 있다.

오답 피하기

① 백제 아신왕은 가야 및 왜와 연합하여 신라 경주 금성을 공격하였다.
② 신라 내물왕은 왕의 칭호를 이사금에서 대수장(大首長)을 뜻하는 마립간으로 바꾸었다.
③ 고구려 고국천왕은 재상 을파소의 건의를 수용하여 먹을 것이 부족한 봄에 백성에게 곡식을 빌려주고 가을에 갚도록 한 진대법을 시행하였다.
④ 백제 고이왕은 마한의 목지국을 압도하며 이 지역의 맹주로 발돋움하였다

04강 여러 나라의 성장과 발전

① 여러 나라의 성장

(1) 부여

위치	만주 쑹화강 유역 평야 지대
정치	• 5부족 연맹 왕국 : 왕(중앙)과 대가(사출도)들이 다스리는 5부족 연맹체 형성 ┌ 왕 아래 마가, 우가, 구가, 저가 등의 여러 가(加)들이 존재 ├ 대가들은 별도로 저마다 독립된 사출도를 지배 └ 왕권 미약 : 대가들이 왕을 추대하고 정치 · 경제 권력을 소유하고 국가 정책을 결정 • 동부여의 시조는 해부루, 해부루의 아들 금와왕은 유화를 아내로 맞아 주몽을 낳음
경제	농경과 목축 발달, 말 · 주옥 · 모피(특산물)
사회	• 순장 : 왕이 죽으면 사람들과 껴묻거리와 함께 묻음 • 우제점법 : 소를 죽여 발굽의 모양으로 길흉 점침 • 형사취수제 : 형이 죽으면 동생이 형수와 혼인 • 1책 12법 : 남의 물건을 훔쳤을 때 12배 배상
제천 행사	12월 영고 : 수렵 사회 전통 계승

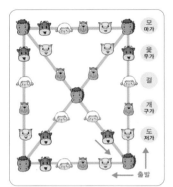

▲ 윷놀이
신채호는 부여의 사출도 또는 고구려 5부족의 전통에서 윷놀이가 시작되었다고 주장했다. 윷의 도는 돼지의 저가, 개는 구가, 윷은 우가, 모는 마가를 표시, 걸은 임금 자리로 보았다.

(2) 고구려

위치	압록강 지류인 동가강 유역의 졸본 지방
정치	5부족 연맹 왕국 : 계루부, 절노부, 소노부, 관노부, 순노부가 연합 ┌ 왕 아래 상가 · 고추가 등 대가들과 사자, 조의, 선인 등의 관직이 있음 ├ 대가들도 각기 사자, 조의, 선인 등의 관리를 거느림 └ 제가회의 : 대가들이 모여 국가 중대사 논의
경제	산악 지대 위치 ➡ 약탈 경제, 집집마다 부경(창고) 설치
사회	• 서옥제 : 남자가 혼인하여 신부 집 뒤편에 작은 별채(서옥)을 지어 생활하다가 자식이 자라면 처자식을 데리고 자기 집으로 돌아가는 혼인 풍속 • 형사취수제 : 부여와 마찬가지로 형이 죽으면 동생이 형수와 혼인 • 1책 12법 : 부여와 마찬가지로 남의 물건을 훔쳤을 때 12배 배상
제천 행사	• 10월 동맹 • 조상신 숭배 : 국동대혈에서 주몽과 유화 부인에 제사를 지냄

▲ 졸본성 정상(중국 랴오닝 성)
고구려의 첫 도읍지인 졸본성으로 추정되는 곳으로 중국에서는 오녀산성이라고 부른다. 산의 높이는 해발 820m에 이른다. 산성은 3면이 절벽으로 둘러싸였으며, 험준한 산길로만 접근이 가능하다.

▲ 국동대혈
고구려의 왕과 신하들이 국동대혈에서 함께 제사를 지냈다.

사료 살펴보기

"삼국지" '위서 동이전'에 기록된 고조선 이후 성장한 여러 나라의 모습
• (부여) 흰 옷을 즐겨 입어, 흰 베로 만든 큰 소매 달린 도포와 바지를 입고 가죽신을 신는다.
• (고구려) 부여의 별종(別種)이라 하는데, 말이나 풍속 따위는 부여와 많이 같지만 기질이나 옷차림이 다르다.
• (옥저) 말은 고구려와 대체로 같지만 경우에 따라 다르기도 하다.
• (동예) 노인들은 예로부터 스스로 일컫기를 고구려와 같은 종족이라고 하였다.
• (삼한) 해마다 5월이면 씨뿌리기를 마치고 귀신에게 제사를 지낸다.

중국의 "삼국지" '위서 동이전'은 3세기 중엽 이전 우리나라의 정치, 제도, 습속, 문물 및 중국과 교류에 대해 광범위한 기록을 보여 주고 있다. 이 때문에 "삼국지"는 "삼국사기"와 함께 3세기 중엽까지 우리나라 고대사의 기본 사료라고 할 수 있다. 그러나 어디까지나 중국인의 눈에 비친 한국 고대 사회의 특성에 대한 기록이다.

(3) 옥저

위치	함경도의 동해안 지방
정치	• 군장 국가 : 읍군, 삼로 등의 군장이 통치 • 연맹 왕국으로 성장하지 못함 ➡ 고구려에 예속
경제	• 해산물 풍부(소금, 어물) ➡ 고구려에 공납 • 토지 비옥, 농경 발달
사회	• 민며느리제 : 혼인을 약속한 여자 아이를 신랑 집에서 성인이 될 때까지 키운 다음 신부 집에 예물을 주고 정식으로 혼인하는 모습 • 가족공동무덤(골장제) : 가족이 죽으면 시체를 가매장했다가 나중에 그 뼈를 추려 무덤에 안치

(4) 동예

위치	강원도 북부 동해안
정치	• 군장 국가 : 읍군, 삼로 등의 군장이 통치 • 연맹 왕국으로 성장하지 못함 ➡ 고구려에 예속
경제	• 특산물: 단궁(활), 과하마, 반어피 • 방직 기술 발달(명주, 삼베)
사회	• 족외혼 : 같은 씨족이 아닌 다른 씨족과 혼인 • 책화 : 다른 부족의 경계를 침범하면 노비, 소, 말 등으로 배상 • 동예 지역에 철(凸)·여(呂)자 모양의 집터 발견
제천 행사	10월 무천

(5) 삼한

위치	• 한반도 토착 세력과 고조선 유이민 세력의 남하를 계기로 삼한 성립(마한, 진한, 변한) • 마한은 54개 소국, 진한과 변한은 각각 12개 소국으로 구성
정치	• 마한의 목지국 지배자('진왕', '마한왕')가 삼한 전체 주도 • 군장 국가 : 신지, 견지, 부례, 읍차 등의 군장이 각 소국 통치 • 제정분리 사회 : 제사장 천군이 신성 구역인 소도를 다스림
경제	• 벼농사 발달 ➡ 저수지 발달(벽골제, 의림지), 철제 농기구 사용 • 변한 : 철 생산하여 낙랑 및 왜에 수출, 철을 화폐처럼 사용
사회	• 두레 : 농사 등 여러 공동 노동을 하는 조직 • 마한 주구묘, 초가지붕이 있는 반움집·귀틀집 • 남녀가 몸에 문신을 새기는 풍습이 있었음(마한은 남자, 진한·변한은 남녀가 새김)
제천 행사	• 5월 수릿날 : 씨를 뿌릴 때 행함 • 10월 계절제 : 추수할 때 행함

▲ 여러 나라의 성장

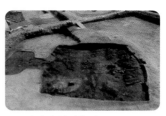

▲ 동예의 여자(呂)형 집터

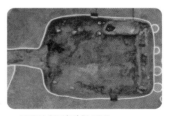

▲ 동예의 철자(凸)형 집터

▲ 솟대

솟대는 삼한의 천군이 다스리는 신성 지역이었던 소도에서 유래하였다.

부여

☑ 시험에 꼭 나오는 키워드

부여의 사회상 파악하기

☑ 최다 빈출 선지

① 12월에 영고라는 제천 행사를 열었다.
② 여러 가(加)들이 별도로 관할하는 사출도가 있었다.
③ 남의 물건을 훔쳤을 때에는 12배로 갚게 하였다.
④ 소를 잡아서 그 발굽으로 길흉을 점쳤다(우제점법).
⑤ 사람을 죽여 순장하는 풍습이 행해졌다.
⑥ 연맹 왕국으로 발전하였다.

 **고구려**

☑ 시험에 꼭 나오는 키워드

고구려의 사회상 파악하기

☑ 최다 빈출 선지

① 혼인 풍습으로 서옥제가 있었다.
② 제가 회의에서 나라의 중요한 일을 결정하였다.
③ 왕 아래 상가, 고추가 등의 대가들이 있었다.
④ 대가들이 사자, 조의, 선인 등의 관리를 거느렸다.
⑤ 10월에 동맹이라는 제천 행사를 열었다.
⑥ 도둑질한 자에게 12배로 배상하게 하였다.
⑦ 집집마다 부경이라는 창고가 있었다.
⑧ 연맹 왕국으로 발전하였다.

 옥저

☑ 시험에 꼭 나오는 키워드

옥저의 사회상 파악하기

☑ 최다 빈출 선지

① 혼인 풍습으로 민며느리제가 있었다.
② 가족의 유골을 한 목곽에 안치하는 풍습이 있었다(골장제).
③ 읍군, 삼로라는 지배자가 읍락을 다스렸다.

 동예

☑ 시험에 꼭 나오는 키워드

동예의 사회상 파악하기

☑ 최다 빈출 선지

① 부족 간의 경계를 중시하는 책화라는 풍속이 있었다.
② 다른 부족의 영역을 침범하면 소나 말로 변상하였다(책화).
③ 10월에 무천이라는 제천행사를 열었다.
④ 단궁, 과하마, 반어피 등의 특산물이 유명하였다.
⑤ 삼로라 불린 우두머리가 읍락을 다스렸다.

 삼한

☑ 시험에 꼭 나오는 키워드

삼한의 사회상 파악하기

☑ 최다 빈출 선지

① 신지, 읍차라고 불린 지배자가 있었다.
② 제사장인 천군과 신성 지역인 소도가 존재하였다.
③ 철이 많이 생산되어 낙랑과 왜에 수출하였다(변한).
④ 씨뿌리기가 끝난 5월과 추수를 마친 10월에 제천행사를 열었다.
⑤ 목지국 등 많은 소국들로 이루어졌다.
⑥ 남녀가 몸에 문신을 새기는 풍습이 있었다.

01 (가) 나라에 대한 설명으로 옳은 것은?

> ○ ___(가)___ 의 풍속에는 가뭄이나 장마가 계속되어 오곡이 영글지 않으면, 그 허물을 왕에게 돌려 "왕을 마땅히 바꾸어야 한다."고 하거나 "죽어야 한다."라고 하였다.
> — 『삼국지』 동이전 —
>
> ○ ___(가)___ 사람들은 …… 활·화살·칼·창으로 무기를 삼았다. 가축의 이름으로 관직명을 지으니 마가·우가·구가 등이 있었다. 그 나라의 읍락은 모두 여러 가(加)에 소속되었다.
> — 『후한서』 동이열전 —

① 영고라는 제천 행사를 열었다.
② 한 무제의 공격으로 멸망하였다.
③ 정사암에 모여 재상을 선출하였다.
④ 읍락 간의 경계를 중시하는 책화가 있었다.
⑤ 제사장인 천군과 신성 지역인 소도가 존재하였다.

부여

정답 ① (가) 나라는 부여이다. 부여는 왕 아래에 가축의 이름을 딴 마가, 우가, 저가, 구가 등의 여러 가들이 있어, 왕은 이들과 협의하여 국가의 중요한 일을 결정하였다. 왕은 5부 가운데 중앙을 다스렸고, 여러 가가 사도를 나누어 다스렸다. 흉년이 들면 왕에게 책임을 물을 정도로 왕권이 여러 가를 압도하지는 못하였다.

정답 분석

① 부여는 매년 12월 영고라는 제천 행사를 열어 각 집단의 결속력을 다졌다.

오답 피하기

② 고조선의 경제·군사적 발전에 불안을 느낀 한 무제의 침공을 받아 멸망하였다.
③ 백제는 정사암 회의에서 귀족들이 모여 대표를 선출하고 국가의 중요 정책을 결정하였다.
④ 동예는 다른 부족의 영역을 함부로 침범했을 때 노비나 소, 말로 배상하게 하는 책화가 있었다.
⑤ 삼한은 정치와 종교가 분리되어 제사장인 천군이 신성 지역 소도에서 농경과 종교에 대한 의례를 주관하였다.

02 밑줄 그은 '이 나라'에 대한 설명으로 옳은 것은?

> _이 나라_에는 왕이 있고 벼슬로는 상가·대로·패자·고추가 주부·우태·승·사자·조의선인이 있으며, 존비에 따라 각각 등급을 두었다. 모든 대가들도 스스로 사자·조의선인을 두었는데, 그 명단은 모두 왕에게 보고하여야 한다. … 범죄자가 있으면 제가들이 모여 회의하여 즉시 사형에 처하고, 그 처자는 노비로 삼는다.
> — 『삼국지』 동이전 —

① 집집마다 부경이라는 창고가 있었다.
② 12월에 영고라는 제천 행사를 열었다.
③ 혼인 풍습으로 민며느리제가 있었다.
④ 읍락 간의 경계를 중시하는 책화가 있었다.
⑤ 제사장인 천군과 신성 지역인 소도가 존재하였다.

고구려

정답 ① 밑줄 그은 '이 나라'는 고구려이다. 고구려는 1세기에 이미 왕호를 사용하였다. 왕 아래에 상가, 패자, 고추가 등의 관료 조직이 있었는데, 5부의 대가들도 사자, 조의, 선인 등을 거느리고 자치권을 행사하였다.

정답 분석

① 고구려에는 집집마다 부경이라는 조그만 창고가 있었으며, 곡식으로 술을 빚기도 하였다.

오답 피하기

② 부여는 해마다 12월에 영고라는 제천 행사를 치렀다. 영고는 '둥둥둥 북을 울리면서 신을 맞이한다.'는 의미를 지니고 있다.
③ 옥저는 결혼 풍습으로는 신부가 될 여자아이를 신랑 집에서 데려다가 성인이 될 때까지 키운 다음, 신부 집에 예물을 주고 정식으로 혼인하는 민며느리제가 유행하였다.
④ 동예는 공동체적 관계가 강하게 남아 있어 다른 읍락의 산이나 하천을 함부로 침범하면 책화라 하여 노비와 소, 말 등으로 배상하게 하였다.
⑤ 삼한의 소국에는 정치적 지배자인 군장과 제사장인 천군이 별도로 존재하였다. 천군은 제천 행사 등 종교 의례를 주관하였는데, 제사를 거행하던 소도는 신성시되어 죄인이 그곳으로 도망가도 잡지 못하였다.

고급 42회 3번

03 (가), (나) 나라에 대한 설명으로 옳은 것은?

> (가) 나라가 작아 큰 나라의 틈바구니에서 압박을 받다가 마침내 고구려에 예속되었다. 고구려는 그 [지역 사람] 중에서 대인(大人)을 두고 사자(使者)로 삼아 함께 통치하게 하였다. 또 대가(大加)로 하여금 조세를 책임지도록 하였고, 맥포(布), 어염(鹽) 및 해산물 등을 천리나 되는 거리에서 짊어져 나르게 하였다.
> – 『삼국지』 동이전 –
>
> (나) 해마다 10월이면 하늘에 제사를 지내는데, 밤낮으로 술 마시며 노래 부르고 춤추니 이를 무천(天)이라 한다. 또 호랑이를 신(神)으로 여겨 제사 지낸다. 낙랑의 단궁이 그 지역에서 산출된다. 바다에서는 반어피가 나며, 땅은 기름지고 무늬 있는 표범이 많고, 과하마가 나온다.
> – 『삼국지』 동이전 –

① (가) – 혼인 풍속으로 민며느리제가 있었다.
② (가) – 읍락 간의 경계를 중시하여 책화가 있었다.
③ (나) – 여러 가(加)들이 별도로 사출도를 주관하였다.
④ (나) – 남의 물건을 훔쳤을 때에는 12배로 갚게 하였다.
⑤ (가), (나) – 제사장인 천군과 신성 지역인 소도가 존재하였다.

옥저-동예

정답 ① (가)는 옥저, (나)는 동예이다.

(가) 옥저와 동예는 부족마다 족장이 있었으나 전체 사회를 통합하는 데까지는 이르지 못하였다. 발전이 늦은 데다 한 군현이나 고구려에 예속되어 성장이 억제되었기 때문이었다. 동예로 헷갈릴 수 있지만 (나)가 명확하게 동예이기 때문에 옥저로 추론할 수 있다.

(나) 동예는 단궁, 과하마, 반어피 등의 특산물이 많이 생산되었다. 동예는 10월에 무천이라는 제천 행사를 하였다.

정답 분석

① 옥저의 민며느리제는 딸을 남자 집으로 보내 그 집안의 일을 거들게 하고, 딸이 시집갈 때 친정에서 대가를 받고 혼인시키는 풍습이다.

오답 피하기

② 동예는 다른 부족의 영역을 함부로 침범했을 때에는 책화라고 하여 노비나 소, 말로 배상하게 하였다.
③ 부여에서는 왕이 중앙을 다스리고 마가, 우가, 저가, 구가라는 4부족장이 지방 행정 구역인 사출도를 다스렸다.
④ 부여와 고구려에는 1책 12법이라는 엄격한 법이 있어 남의 물건을 훔쳤을 때는 훔친 것의 12배를 갚게 하였다.
⑤ 삼한에는 제사장인 천군과 신성 지역인 소도가 있었다. 천군은 농경과 종교에 대한 의례를 주관하였다.

심화 63회 2번

04 밑줄 그은 '이 나라'에 대한 탐구 활동으로 가장 적절한 것은?

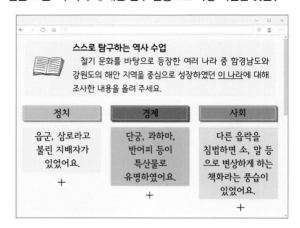

① 신성 지역인 소도의 역할을 알아본다.
② 포상 8국의 난 진압 과정을 찾아본다.
③ 삼국유사에 실린 김알지 신화를 분석한다.
④ 무천이라는 제천행사를 개최한 이유를 파악한다.
⑤ 마가, 우가, 저가, 구가 등이 다스렸던 지역을 조사한다.

동예

정답 ④ 밑줄 그은 '이 나라'는 동예이다. 동예는 함경도 남부의 강원도 지역에 자리 잡고 있었다. 동예는 정치적 성장이 늦어 왕이 없었고, 읍군이나 삼로라고 불린 우두머리가 각자 자신의 읍락을 다스렸다. 단궁이라는 활, 과하마라는 작은 말, 반어피라 불린 바다짐승 가죽 등도 산출되었다. 이곳에서는 공동체적 관계가 강하게 남아 있어 다른 읍락의 산이나 하천을 함부로 침범하면 책화라 하여 노비와 소, 말 등으로 배상하게 하였다.

정답 분석

④ 동예는 10월에 무천(舞天)이라는 제천 행사를 지냈는데 무천은 '하늘을 향해 춤춘다'는 의미를 지니고 있다.

오답 피하기

① 삼한의 천군은 신성한 지역인 소도에서 농경과 종교에 대한 의례를 주관하였다.
② 포상 8국의 난은 3세기 초반 신라 내해왕 때 남부 지방에 위치한 8개의 소국이 아라가야와 신라 등지를 침공한 사건이다.
③ 김알지는 신라 경주 김씨의 시조이다. 본인은 왕위에 오르지는 못했지만 훗날 신라 13대 미추왕이 김알지의 후손으로 처음 왕위에 오르게 된다.
⑤ 부여는 왕이 중앙을 다스리고 마가, 우가, 저가, 구가라는 4부족장이 지방을 다스렸다. 가(加)는 지방 행정구역인 사출도를 다스리고 있었다.

05 (가) 나라에 대한 설명으로 옳은 것은?

① 신성 지역인 소도가 존재하였다.
② 연의 장수 진개의 공격을 받았다.
③ 혼인 풍습으로 민며느리제가 있었다.
④ 여러 가(加)들이 별도로 사출도를 주관하였다.
⑤ 특산물로 단궁, 과하마, 반어피가 유명하였다.

삼한

정답 ① (가) 나라는 삼한이다. 한반도 중·남부 지역에서 마한, 진한, 변한이 성립되었고 이들은 삼한이라는 연맹체로 성장하였다. 마한은 54개의 소국으로 이루어졌고, 진한과 변한은 각각 12개의 소국으로 구성되었다. 삼한은 씨를 뿌린 5월에는 수릿날, 추수를 마친 10월에는 계절제를 열어 하늘에 제사를 지냈다. 삼한에서는 신지, 읍차 등으로 불리는 군장 세력이 성장하였고, 종교적 지배자로는 천군이 있었다.

정답 분석

① 삼한의 천군은 하늘에 대한 제사를 주관하였고, 신성 구역인 소도를 다스렸다. 소도에는 정치적 군장의 세력이 미치지 못하였고 이 지역에 범죄자가 들어가도 잡아갈 수 없었다.

오답 피하기

② 고조선은 기원전 281년 무렵 연나라와 대립하다가 연의 장수 진개의 공격을 받고 서쪽 땅 2,000리 정도를 상실하였다. 이로 인해 고조선의 중심지가 요동에서 평양 지역으로 이동하게 되었다.
③ 옥저의 혼인 풍습으로는 민며느리제가 있었다. 이 풍습은 며느리가 될 여자아이를 남자 집에서 데려다 키운 후, 성인이 되면 남자 쪽에서 여자 쪽에 예물을 건네주고 결혼하는 것이다.
④ 부여는 왕이 중앙만 다스리고 마가·우가·저가·구가 등 제가들이 사출도를 나누어 다스렸다.
⑤ 동예는 토지가 비옥하고 해산물이 풍부하였는데, 특히 단궁, 과하마, 반어피 등의 특산물이 많이 생산되었다.

---

06 (가), (나) 나라에 대한 설명으로 옳은 것은?

(가) 여자의 나이가 열 살이 되기 전에 혼인을 약속하고, 신랑 집에서 맞이하여 장성할 때까지 기른다. 여자가 장성하면 여자 집으로 돌아가게 한다. 여자 집에서는 돈을 요구하는데, 신랑 집에서 돈을 지불한 후 다시 데리고 와서 아내로 삼는다.

(나) 읍마다 우두머리가 있어 세력이 강대하면 신지라 하고, …… 그 다음은 읍차라 하였다. 나라에는 철이 생산되는데 예(濊), 왜(倭) 등이 와서 사간다. 무역에서 철을 화폐로 사용한다.

① (가) – 신성 지역인 소도가 존재하였다.
② (가) – 삼로라 불린 우두머리가 읍락을 다스렸다.
③ (나) – 여러 가(加)들이 별도로 사출도를 주관하였다.
④ (나) – 단궁, 과하마, 반어피 등의 특산물이 유명하였다.
⑤ (가), (나) – 한 무제가 파견한 군대의 공격으로 멸망하였다.

옥저와 삼한

정답 ② (가)는 옥저, (나)는 삼한이다.
(가) 옥저의 민며느리제는 딸을 남자 집으로 보내 그 집안의 일을 거들게 하고, 딸이 시집갈 때 친정에서 대가를 받고 혼인시키는 풍습이다. 일종의 매매혼이라고 할 수 있는데, 주로 가난한 사람들 사이에서 이루어졌다.
(나) 삼한은 세력 크기에 따라 신지, 읍차 등 정치적 지배자가 있었다. 삼한은 철기 문화에 기반을 둔 농경 사회였다. 변한 지역에는 철이 많이 생산되어 화폐처럼 쓰였고 낙랑군과 왜 등에 수출하였다.

정답 분석

② 옥저와 동예는 정치적 성장이 늦어 왕이 없었고, 읍군이나 삼로라고 불린 우두머리가 각자 자신의 읍락을 다스렸다.

오답 피하기

① 삼한의 천군은 신성한 지역인 소도에서 농경과 종교에 대한 의례를 주관하였다. 천군이 다스리는 소도는 군장의 세력이 미치지 못하는 곳이어서, 죄인이라도 도망쳐 이곳에 숨으면 잡아가지 못하였다.
③ 부여는 왕 아래에 가축의 이름을 딴 마가, 우가, 저가, 구가와 대사자, 사자 등의 관리가 있었다. 이들 가(加)는 별도로 사출도를 다스렸다.
④ 동예는 토지가 비옥하고 해산물이 풍부하였는데, 특히 단궁, 과하마, 반어피 등의 특산물이 많이 생산되었다.
⑤ 고조선의 경제·군사적 발전에 불안을 느낀 한 무제는 대규모 군대를 동원하여 침공하였다. 고조선은 1년여 동안 끈질기게 저항했으나, 지배층의 내분으로 멸망하였다.

05강 고대 삼국의 형성과 전개

① 고대 국가의 성립

(1) 중앙 집권 국가로의 발전 과정

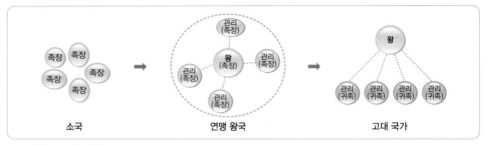

연맹 왕국		중앙 집권 국가
• 여러 소국이 연맹한 나라 • 선출된 왕과는 별도로 족장이 자기 부족을 독자적으로 지배 ➡ 왕권이 미약	• 왕위의 부자 상속 ➡ 왕위 세습 • 율령 반포+관등 체제 ➡ 통치 체제 정비 • 불교 수용 ➡ 집단 간의 통합 강화 • 활발한 정복 활동 ➡ 영토 확장	• 왕권 강화 = 중앙 집권 강화 • 족장의 중앙 귀족화 ➡ 부족의 독자성 해체 ➡ 왕권에 복속됨

▲ 고대 국가의 발전 단계

(2) 삼국의 성립

고구려	주몽(동명성왕) (B.C. 37)	부여 계통 유이민과 압록강 토착민이 결합하여 졸본에서 건국
	유리왕	고구려 2대왕, 졸본에서 국내성으로 천도
백제	온조왕(B.C. 18)	부여 · 고구려 계통 유이민과 한강 유역 토착민과 결합하여 건국
신라	박혁거세 (B.C. 57)	• 경주 일대에서 철기 문화를 바탕으로 형성된 사로 6촌이 박혁거세 집단을 중심으로 사로국을 건국 • 사로국은 뛰어난 철기 기술을 바탕으로 점차 주변의 소국들을 정복하여 신라로 발전 • 신라는 초기에 박 · 석 · 김의 3성이 교대로 왕위를 승계(내물왕 때부터 김씨에 의한 독점적 세습) • 신라의 왕호 변천 거서간 ➡ 차차웅 ➡ 이사금 ➡ 마립간 ➡ 왕 군장(혁거세) ➡ 제사장(남해) ➡ 연장자(유리) ➡ 대수장(내물) ➡ 지증왕 때부터 사용
금관가야	김수로 (B.C. 42)	• 금관가야(가락국)의 시조 • 『삼국유사』의 『가락국기』에 김수로왕의 설화가 전해짐 • 금관가야와 다른 가야 소국들은 독립성이 강해 중앙 집권적 고대 국가로 성장하지 못함

▲ 고구려 장군총

▲ 백제 석촌동 고분

백제 초기 무덤이 고구려의 돌무지무덤을 닮은 것은 백제 건국 중심 세력이 고구려와 같은 계통의 집단임을 나타낸다.

자료 살펴보기

국가의 발전 과정

우측의 '도표'는 소국들이 모여 연맹체를 이루고, 나아가 중앙 집권적 고대 국가로 성장하는 과정을 보여 주는 것이다. 연맹 왕국 단계까지는 독자적 세력을 유지하던 족장들이 고대 국가의 단계에서는 왕권에 복속하고 있는 모습을 볼 수 있다. 고조선 건국 이후 이러한 발전 과정을 거쳐 고대 국가로 성장한 나라는 고구려, 백제, 신라뿐이었다.

고구려와 백제의 돌무지무덤

❷ 1~2세기 : 고구려의 체제 정비

B.C. 57	B.C. 42	B.C. 37	B.C. 18	53	146	179	197
신라 건국	가야 건국	고구려 건국	백제 건국	태조왕 중앙 집권 국가의 기틀 마련		고국천왕 왕위의 부자 상속	

고구려	태조왕 (53~146)	• 계루부 고씨의 왕위 세습(형제 상속) • 5부 체제로 발전 • 현도군(한 군현)을 몰아냄, 옥저 정복
	고국천왕 (179~197)	• 왕위의 부자 상속 확립 • 부족적 성격의 5부를 행정적 성격의 5부로 개편 • 을파소의 건의로 진대법 시행

❸ 3세기 : 고구려의 위기와 백제의 체제 정비

	227	234	248		286
		동천왕 국가의 위기		고이왕 중앙 집권 국가의 기틀 마련	

고구려	동천왕 (227~248)	위나라 관구검의 공격을 받음 ➡ 고구려 세력이 위축됨
백제	고이왕 (234~286)	• 율령 반포 ┌ 관등제 정비 : 6좌평제, 16관등 마련 └ 백관의 공복 제정 • 목지국 병합 : 한반도 중부 지역 확보
금관 가야	전기 가야 연맹 주도 (3세기 이후)	• 김해의 금관가야가 전기 가야 연맹 주도 • 질 좋은 철 생산, 덩이쇠를 화폐처럼 사용 ➡ 철기 문화 보유(철제 농기구 등) ➡ 농업 생산력이 향상됨 • 낙랑과 왜 사이에 중계 무역 : 철(덩이쇠) 수출 • 고구려 광개토 대왕의 침략으로 연맹의 주도권 상실 • 대표 유적지 : 김해 대성동 고분군(왕과 왕족 무덤)

자료 살펴보기

가야의 유물

▲ 덩이쇠

▲ 기마 인물형 토기

▲ 수레바퀴모양 토기

▲ 철갑옷과 말 가리개

가야의 유적지에서는 철로 만든 말 머리 가리개, 철제 갑옷 등이 많이 출토되었다. 이를 통해 가야의 철기 문화가 높은 수준이었음을 알 수 있다.

고구려의 성립과 발전

☑ 시험에 꼭 나오는 키워드

고구려 초기 왕(유리왕, 태조왕, 고국천왕, 동천왕)들의 업적을 구분하기 ➡ 단독 출제보다는 오답 선지로 많이 활용됨

☑ 최다 빈출 선지

유리왕
① 졸본에서 국내성으로 천도하였다.

태조왕
① 옥저를 정복하고 동해안으로 진출하였다.

고국천왕
① 을파소의 건의로 처음 진대법이 마련되었다.
② 방위명을 가진 5부를 두었다.

동천왕
① 관구검이 이끄는 위의 군대의 공격을 받았다.

 백제의 성립과 발전

☑ 시험에 꼭 나오는 키워드

백제 초기 왕(고이왕)의 업적 이해하기 ➡ 오답 선지로 활용

☑ 최다 빈출 선지

고이왕
① 내신좌평, 위사좌평 등 6좌평의 관제를 마련하였다.
② 목지국을 압도하고 지역의 맹주로 발돋움하였다.

 신라의 성립과 발전

☑ 시험에 꼭 나오는 키워드

신라 초기의 왕호 변천 과정 이해하기 ➡ 오답 선지로 활용

☑ 최다 빈출 선지

① 신라 지배자의 칭호가 차차웅으로 바뀌었다(신라 제2대 남해왕의 칭호).
② 박 · 석 · 김의 3성이 교대로 왕위를 계승하였다(이사금, 신라 제3대 유리왕부터 제17대 내물왕 이전까지).

 가야의 성립과 발전

☑ 시험에 꼭 나오는 키워드

금관가야에 대한 내용 숙지하기

☑ 최다 빈출 선지

금관가야
① 김수로왕이 건국하였다고 전해진다.
② 시조 김수로왕의 설화가 삼국유사에 전해진다.
③ 철이 많이 생산되어 왜 등에 수출하였다.
④ 김해 대성동 고분군에서 대형 덩이쇠, 둥근고리 큰 칼, 화살촉 등의 철기 유물이 출토되었다.

01 밑줄 그은 '왕'의 업적으로 옳은 것은?

> 겨울 10월에 왕이 질산 남쪽에서 사냥을 하다가 …… 흉년이 들어 부모를 섬길 수 없다며 우는 사람을 보고 다음과 같은 명령을 내렸다. "아아! 내가 백성의 부모가 되어 백성들을 이 지경에 이르게 했으니, 이는 나의 죄. …… 매년 봄 3월부터 가을 7월까지 관의 곡식을 내어 …… 빌려 주었다가 겨울 10월에 갚게 하는 것을 일정한 법으로 삼도록 하라."
>
> — 『삼국사기』 —

① 당의 침입을 물리쳤다.
② 방위명을 가진 5부를 두었다.
③ 화랑도를 국가적인 조직으로 개편하였다.
④ 국호를 남부여로 바꾸고 중흥을 꾀하였다.
⑤ 22담로를 설치하여 지방에 대한 통제권을 강화하였다.

고구려 고국천왕

정답 ② 밑줄 그은 '왕'은 고국천왕이다. 고구려의 고국천왕은 진대법을 시행하였다. 대부분 농민이었던 백성은 흉년이 들거나 빚을 갚지 못하면 노비로 전락하기도 하였는데 이를 막기 위해 진대법을 시행한 것이다. 진대법은 먹을거리가 부족한 봄에 곡식을 빌려 주었다가 가을에 추수한 것으로 갚도록 한 구휼 제도로 가난한 농민을 구제함으로써 국가 재정과 국방력을 유지하고 귀족 세력이 커지는 것을 막는 기능을 하였다.

정답 분석

② 고국천왕은 체제 개혁을 추진하여 부족적인 전통의 5부를 행정적인 5부로 개편했다. 순노부, 소노부, 관노부, 절노부, 계루부의 5부가 행정적 성격을 지닌 동부, 서부, 남부, 북부, 중부의 5부로 개편되었다.

오답 피하기

① 당 태종은 연개소문의 정변을 구실로 수십만 대군을 이끌고 침략해 왔다. 고구려는 요동성, 백암성이 차례로 무너지는 위기를 맞이하였지만 안시성에서 당 군을 물리쳤다.
③ 신라 진흥왕은 화랑도를 국가적인 조직으로 개편하여 인재를 양성하였다.
④ 성왕은 대외 진출에 유리한 사비로 천도하고, 부여 계승 의식을 내세우며 국호를 남부여로 선포하였다.
⑤ 무령왕은 지방의 22담로에 왕족을 파견함으로써 지방 통제를 강화하였다.

---

02 (가) 나라에 대한 설명으로 옳은 것은?

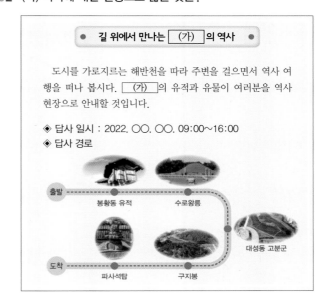

● 길 위에서 만나는 (가) 의 역사 ●

도시를 가로지르는 해반천을 따라 주변을 걸으면서 역사 여행을 떠나 봅시다. (가) 의 유적과 유물이 여러분을 역사 현장으로 안내할 것입니다.

◈ 답사 일시 : 2022. ○○. ○○. 09:00~16:00
◈ 답사 경로

출발 봉황동 유적 · 수로왕릉 · 대성동 고분군
도착 파사석탑 · 구지봉

① 덩이쇠를 화폐처럼 사용하였다.
② 한 무제의 공격으로 멸망하였다.
③ 혼인 풍속으로 민며느리제가 있었다.
④ 골품에 따라 관등 승진에 제한이 있었다.
⑤ 빈민을 구제하기 위해 진대법을 시행하였다.

금관가야

정답 ① (가) 나라는 금관가야이다. 봉황동 유적(경남 김해)은 금관가야의 중심지로서 방어 시설과 더불어 창고, 부두 시설 등이 확인되었다. 금관가야는 김수로가 건국한 것으로 전해진다. 김해 대성동 고분은 대표적인 금관가야 유적지이다. 구지봉은 서기 42년 수로왕이 탄생한 성스러운 장소이다. 김해 호계사의 파사석탑은 허황후가 서기 48년에 서역 아유타국에서 가져온 것으로 전해진다.

정답 분석

① 금관가야는 각종 철제품을 만들던 재료인 덩이쇠를 화폐처럼 사용하기도 하였다.

오답 피하기

② 고조선은 경제 · 군사적 발전에 불안을 느낀 한 무제가 대규모 군대를 동원하여 침공하자 멸망하였다.
③ 옥저의 민며느리제 풍습은 며느리가 될 여자아이를 남자 집에서 데려다 키운 후, 성인이 되면 남자 쪽에서 여자 쪽에 예물을 건네주고 결혼하는 것이다.
④ 신라의 골품제는 개인의 혈통에 따라 관직 승진의 상한선을 정하였고, 사회생활 전반을 규제하였다.
⑤ 고구려의 고국천왕은 재상 을파소의 건의를 수용하여 먹을 것이 부족한 봄에 백성에게 곡식을 빌려주고 가을에 갚도록 한 진대법을 시행하였다.

06강

첫 삼국의 주도권을 잡은 백제(4세기)와 동아시아 패권을 쥔 고구려(5세기)

① 4세기 : 첫 삼국의 주도권을 잡은 백제, 동북아시아의 강자 고구려, 신라의 체제 정비

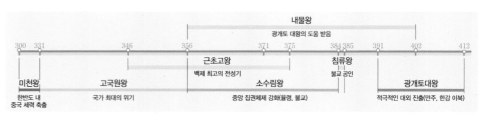

고구려	미천왕 (300~331)	서안평 점령 ➡ 낙랑군과 대방군 축출 ➡ 대동강 이남 지역까지 확보
	고국원왕 (331~371)	• 전연(선비족) 침입으로 수도 국내성 함락 • 백제 근초고왕의 평양성 공격으로 전사(국가적 위기 발생)
	소수림왕 (371~384)	• 불교 수용(중국 전진에서 수용) • 율령 반포 • 태학 설치(유학 교육 실시)

	광개토 대왕
	(391~413)
		• 정복 활동
		   ┌ 백제를 공격하여 한강 이북 점령
		   ├ 요동 지역 확보(후연), 만주 일대 확보(부여, 숙신 등)
		   └ 신라 내물왕의 요청으로 신라에 침입한 왜군 격퇴 ➡ 신라에 대한 영향력 확대
		• '영락' 연호 사용(최초), 스스로 '태왕', '성왕'이라 부르게 함
		• 광개토 대왕릉비 : 아들 장수왕이 아버지 광개토 대왕의 업적을 기리기 위해 건립

백제	근초고왕
	(346~375)
		• 왕위의 부자 상속
		• 정복 활동
		   ┌ 마한 완전 정복
		   └ 고구려의 평양성 공격 ➡ 고국원왕 전사시킴
		• 백제 중심의 해상 교역권 확립
		   ┌ 중국 남조의 동진과 국교
		   ├ 가야에 지배권 행사 ➡ 왜로 가는 교통로 확보
		   └ 중국 요서 지방과 일본 규슈 지방 진출, 왜에 칠지도 하사
		• 고흥이 역사서 『서기』 편찬

	침류왕 (384~385)	불교 수용(중국 동진에서 수용)
신라	내물왕 (356~402)	• 김씨의 왕위 세습 확립 • 왕의 칭호로 '마립간' 사용 • 낙동강 동쪽의 진한 지역 장악 • 고구려 광개토 대왕의 도움으로 왜군 격퇴 ➡ 고구려의 정치적 간섭을 받음

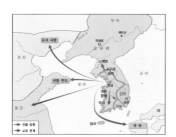

▲ 4세기 백제의 전성기

▲ 칠지도

백제의 왕세자가 왜왕을 위해 만들었다는 내용이 새겨져 있으며, 근초고왕 때 만들어진 것으로 추정된다.

▲ 호우명 그릇

그릇 밑바닥에 '을묘년국강상광개토지호태왕호우십'이란 명문이 새겨진 호우명 그릇은 신라의 무덤인 호우총에서 발견되었다. 이것은 413년 사망한 광개토 대왕의 3년상 행사에 쓰였던 제사 용기로 추정된다. 이를 통해 5세기 고구려가 신라에 많은 영향력을 행사하였음을 짐작할 수 있다.

금관 가야	전기 가야 연맹 붕괴 (4세기 말~ 5세기 초)	5세기 초 가야 연맹은 백제와 왜를 도와 신라 공격 ➡ 신라를 구원하러 온 고구려 광개토 대왕 군대의 공격으로 큰 타격을 입음(낙동강 동쪽 영토 상실) ➡ 금관가야 중심의 전기 가야 연맹 해체 ➡ 대가야를 중심으로 후기 가야 연맹 형성

▲ 가야 연맹의 중심 세력 변화

❷ 5세기 : 동아시아의 패권을 쥔 고구려

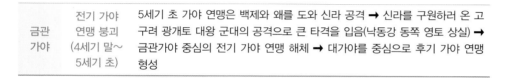

▲ 5세기 고구려 전성기

고구려	광개토 대왕 (391~413)	• 황해도 · 요동 · 만주 차지 • 한강 이북 차지, 신라 내물왕의 요청으로 왜 격퇴
	장수왕 (413~491)	• 남진 정책 : 국내성에서 평양으로 천도(427) 　┌ 백제와 신라는 나 · 제 동맹으로 고구려 남진 견제 　└ 백제의 한성 점령, 백제 개로왕 전사 ➡ 한강 유역 차지 • 광개토 대왕릉비, 충주(중원) 고구려비 건립
백제	비유왕 (427~455)	나 · 제 동맹 체결(433)
	개로왕 (455~475)	• 북위에 고구려 정벌을 요청하는 국서 보냄 • 고구려 장수왕의 공격으로 한성에서 전사
	문주왕 (475~477)	고구려 장수왕의 침입으로 한강 유역 상실 ➡ 아버지 개로왕의 전사 및 수도 한성 함락 ➡ 한성에서 웅진으로 수도 천도(475)
	동성왕 (479~501)	결혼 동맹(493)으로 신라와 동맹 강화
신라	눌지왕 (417~458)	• 나 · 제 동맹 체결(433) • 왕위의 부자 상속
	소지왕 (479~500)	결혼 동맹(493)으로 백제와 동맹 강화
금관 가야	후기 가야 연맹 (5세기 말)	• 고령의 대가야(시조는 이진아시왕)가 후기 가야 연맹 주도 • 질 좋은 철 생산과 좋은 농업 입지를 바탕으로 성장 • 대표 유적지 : 고령 지산동 고분군

▲ 광개토 대왕릉비

▲ 충주(중원) 고구려비

사료 살펴보기

고구려 비문에 나타난 정복 활동

고구려 대왕 할아버지왕의 명령으로 신라 매금(왕)과 더불어 영원토록 형제가 같이 상하가 서로 화합하여 …… 동이 매금의 옷을 내려 주었다.
　　　　　　　　　　　　　　　　　　　　　　　　　　　　　　　　　　- 충주 고구려비 -

고구려 광개토 대왕과 장수왕의 정복 활동은 중국 지린성 지안의 광개토 대왕릉비와 충북의 충주 고구려비에 잘 기록되어 있다. 충주 고구려비에는 장수왕이 중원(충주)을 차지하고 신라 매금(왕)과 종속 관계를 맺는 내용이 있다.

은쌤의 합격노트

백제의 전성기

☑ 시험에 꼭 나오는 키워드
- 백제의 전성기를 이끈 근초고왕의 업적 알기 ➡ 다른 왕의 오답 선지로 많이 활용, 단독 출제 비율은 낮음
- 침류왕과 문주왕은 다른 왕의 오답 선지로 많이 활용

☑ 최다 빈출 선지

근초고왕
① 평양성을 공격하여 고국원왕을 전사시켰다.
② 고흥에게 서기를 편찬하게 하였다.
③ 왜에 칠지도를 만들어 보냈다.

침류왕
① 동진에서 온 마라난타를 통해 불교가 수용되었다.

문주왕
① 웅진으로 천도하였다.

고구려의 위기

☑ 시험에 꼭 나오는 키워드
고구려의 미천왕과 위기를 겪는 고국원왕과 위기를 극복한 소수림왕 업적 알기 ➡ 소수림왕은 단독 출제, 미천왕과 고국원왕은 다른 왕의 오답 선지로 많이 활용됨

☑ 최다 빈출 선지

미천왕
① 서안평을 공격하여 영토를 확장하였다.
② 낙랑군을 축출하였다.

고국원왕
① 백제의 평양성 공격으로 전사하였다.

소수림왕
① 태학을 설립하고 율령을 반포하였다.
② 전진의 순도를 통해 불교를 공인하였다.

 고구려의 전성기

☑ 시험에 꼭 나오는 키워드
고구려의 전성기를 이끈 광개토 대왕과 장수왕 업적 알기 ➡ 두 왕 모두 단독 출제가 잦음

☑ 최다 빈출 선지

광개토 대왕
① 신라에 군대를 파견하여 왜를 격퇴하였다.
② 후연을 격파하고 백제를 공격하였다.

장수왕
① 백제를 공격하여 한성을 함락시켰다.
② 평양으로 천도하고 남진 정책을 본격화하였다.
③ 충주 고구려비를 건립하였다.

신라의 위기

☑ 시험에 꼭 나오는 키워드
신라의 위기를 극복한 내물왕 업적 알기 ➡ 광개토 대왕 문제에 정답이 되거나 다른 왕의 오답 선지로 활용됨

☑ 최다 빈출 선지

내물왕
① 최고 지배자의 칭호가 마립간으로 바뀌었다.
② 고구려의 도움으로 왜를 격퇴하였다.

금관가야의 위기

☑ 시험에 꼭 나오는 키워드
광개토 대왕이 신라에 침입한 왜구 격퇴 이후 가야의 상황 이해하기

☑ 최다 빈출 선지
광개토 대왕의 왜구 격퇴 이후
① 가야 연맹이 대가야 중심으로 재편되었다.
② 후기 가야 연맹을 주도하였다(대가야).

01 밑줄 그은 '왕'에 대한 설명으로 옳은 것은?

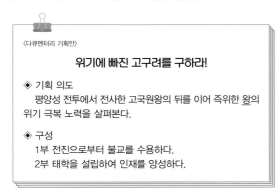

〈다큐멘터리 기획안〉

위기에 빠진 고구려를 구하라!

◆ 기획 의도
  평양성 전투에서 전사한 고국원왕의 뒤를 이어 즉위한 왕의 위기 극복 노력을 살펴본다.

◆ 구성
  1부 전진으로부터 불교를 수용하다.
  2부 태학을 설립하여 인재를 양성하다.

① 평양으로 수도를 옮겼다.
② 병부와 상대등을 설치하였다.
③ 22담로에 왕족을 파견하였다.
④ 고흥에게 서기를 편찬하게 하였다.
⑤ 율령을 반포하여 통치 체제를 정비하였다.

고구려 소수림왕의 업적

정답 ⑤   밑줄 그은 '왕'은 소수림왕이다. 고구려는 고국원왕이 백제 근초고왕의 공격을 받아 전사하는 등 국가적 위기를 맞았다. 이러한 상황에서 즉위한 소수림왕은 내부의 체제 정비를 위해 노력하였다. 4세기 후반 중국 북조의 전진과 교류하면서 불교를 수용하였으며, 태학을 설립하여 인재를 양성하였다.

정답 분석

⑤ 고구려 소수림왕은 율령을 반포하여 국가 체제를 정비하였다. 이러한 개혁으로 고구려의 중앙 집권 체제는 더욱 강화되었다.

오답 피하기

① 고구려 장수왕은 본격적인 남하 정책을 펼치기 위해 도읍을 국내성에서 평양으로 옮겼다.
② 신라 법흥왕은 병부를 설치하여 군사력을 강화하고, 상대등을 설치하여 중앙 집권 체제를 확립하였다.
③ 백제 무령왕은 지방의 22담로에 왕족을 파견하여 지방 통제를 강화하였다.
④ 백제 근초고왕 대에 고흥이 "서기"를 편찬하였다.

02 다음 검색창에 들어갈 왕에 대한 설명으로 옳은 것은?

고구려	왕대별 보기	
	내용	**이미지**
원년	백제의 관미성을 빼앗다	이미지
10년	신라에 침입한 왜를 격퇴하다	이미지
13년	후연을 공격하다	이미지
18년	왕자 거련(巨連)을 태자로 삼다	이미지

① 영락이라는 연호를 사용하였다.
② 태학을 설립하여 인재를 양성하였다.
③ 낙랑군을 축출하여 영토를 확장하였다.
④ 을파소를 등용하고 진대법을 시행하였다.
⑤ 당의 침입에 대비하여 천리장성을 축조하였다.

고구려 광개토 대왕의 업적

정답 ①   다음 검색창에 들어갈 왕은 광개토 대왕이다. 광개토 대왕은 남으로 백제를 압박하고 신라를 도와 왜군을 물리쳤다. 나아가 백제·왜와 연결된 가야를 공격한 뒤 한반도 남부에 군대를 주둔시켰다. 또한, 거란과 후연 등을 격파함으로써 요동과 만주 일대를 장악하였다.

정답 분석

① 동아시아에서 지배권을 확대한 광개토 대왕은 독자적 연호인 '영락(永樂)'을 사용하여 고구려의 높은 위상을 드러냈다.

오답 피하기

② 고구려는 소수림왕 때 태학을 설치하였다(372). 태학에서는 박사들이 유교 경전인 오경과 중국 역사서 등을 가르쳤다.
③ 4세기 초 고구려 미천왕 때에 이르러 중국이 북방 민족의 압박으로 세력이 약해진 틈을 타서 교통 요지 서안평을 점령하고 낙랑군을 정복하였다.
④ 고구려의 고국천왕은 재상 을파소의 건의를 수용하여 먹을 것이 부족한 봄에 백성에게 곡식을 빌려주고 가을에 갚도록 한 진대법을 시행하였다.
⑤ 당 태종이 즉위하면서 침략의 야욕을 드러내자 고구려 영류왕 대에 집권자였던 연개소문은 요동에 천리장성을 쌓아 침략에 대비하였다.

03 밑줄 그은 '이 왕'의 재위 기간에 있었던 사실로 옳은 것은?

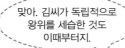

이 왕 때부터 지배자의 칭호가 이사금에서 마립간으로 바뀌었어.

맞아. 김씨가 독립적으로 왕위를 세습한 것도 이때부터지.

① 백제와 혼인 동맹을 맺었다.
② 고구려의 도움을 받아 왜를 물리쳤다.
③ 대가야를 복속하여 영토를 확대하였다.
④ 당항성을 통해 중국과 직접 교류하였다.
⑤ 이차돈의 순교를 계기로 불교를 공인하였다.

신라 내물왕의 업적

정답 ② 밑줄 그은 '이 왕'은 신라 내물왕이다. 신라 내물왕 대에는 왕권이 크게 강화되어 박, 석, 김 3성이 번갈아 계승하던 왕위를 김씨가 독점하였다. 왕호도 '연장자'를 뜻하는 이사금에서 '대군장'을 뜻하는 마립간으로 바뀌었다.

정답 분석

② 신라 내물왕은 왜가 침입하자 고구려 광개토 대왕의 도움을 받아 격퇴하였는데, 이를 계기로 고구려 군대가 신라 영토에 주둔하기도 하였다.

오답 피하기

① 5세기 고구려 장수왕이 남진 정책을 추진하자 신라의 눌지왕은 백제의 비유왕과 나 · 제 동맹을 결성하였다. 이후 고구려의 공세가 강화되자 신라의 소지왕은 백제의 동성왕과 혼인 동맹을 맺고 고구려를 막아냈다.
③ 신라 진흥왕은 대가야를 정복하여 가야 지역 전체를 장악하였다.
④ 신라 진흥왕은 한강 유역을 장악하고 경기도 남양만 쪽에 당항성을 개설하면서 중국과의 직접 교역로가 열리게 되었다.
⑤ 신라 법흥왕은 이차돈의 순교를 계기로 불교를 공인하여 사상적 통합을 도모하였다.

04 다음 자료를 활용한 탐구 활동으로 가장 적절한 것은?

> 경자년에 왕이 보병과 기병 5만 명을 보내어 신라를 구원하게 하였다. [고구려군이] 남거성을 거쳐 신라성에 이르니, 그곳에 왜적이 가득하였다. 고구려군이 막 도착하니 왜적이 퇴각하였다. 그 뒤를 급히 추격하여 임나가라의 종발성에 이르니 성이 곧 항복하였다. …… 예전에는 신라 매금이 몸소 [고구려에 와서] 보고를 하며 명을 받든 적이 없었는데, …… 신라 매금이 …… 조공하였다.

① 백강 전투의 전개 과정을 살펴본다.
② 안동도호부가 설치된 경위를 찾아본다.
③ 백제가 사비로 천도한 원인을 알아본다.
④ 나당 연합군이 결성된 계기를 파악한다.
⑤ 가야 연맹의 중심지가 이동한 배경을 조사한다.

가야 맹주의 변화

정답 ⑤ 전기 가야 연맹을 이끌었던 금관가야는 백제 및 왜와 연대하였다가 고구려 광개토 대왕의 공격을 받고 쇠퇴하였다. 이로 인해 전기 가야 연맹은 붕괴되었다. 대신 경상도 내륙이나 경남 서남부의 소국들이 새로운 주도 세력으로 부상하였다. 이 가운데 고령의 대가야가 주변 소국을 복속시켜 맹주권을 확립하고, 소백산맥을 넘어 호남 동부 지역까지 세력을 확장하여 후기 가야 연맹을 결성하였다.

정답 분석

⑤ 고구려 광개토 대왕이 신라에 침입한 왜를 격퇴하는 과정에서 금관가야까지 공격을 받았고, 큰 타격을 입은 금관가야는 맹주로서 지위를 잃게 되었다.

오답 피하기

① 백제가 멸망하자 복신과 도침, 흑치상지 등이 일본에 가 있던 왕자 풍을 떠받들고 부흥 운동을 일으켰다. 백제 부흥 운동 세력은 한때 200여 성을 회복하였지만, 백강 전투를 마지막으로 모두 진압되었다.
② 한반도를 장악하려는 야심을 품고 있던 당은 백제의 옛 땅과 신라에 각각 웅진도독부와 계림도독부를 두었고, 고구려 멸망 후 평양에 안동도호부를 설치하였다.
③ 백제 성왕은 수도를 웅진에서 대외 진출의 여건이 좋은 사비로 옮겼다.
④ 당으로 건너간 신라의 김춘추는 나 · 당 동맹을 제의하였다. 마침 고구려 정복에 실패한 당 태종은 신라의 도움을 받아 고구려를 다시 공략하고자 신라의 제의를 받아들여 나 · 당 동맹이 성사되었다.

05 다음 검색창에 들어갈 왕에 대한 설명으로 옳은 것은?

① 도읍을 국내성에서 평양으로 옮겼다.
② 낙랑군을 몰아내고 영토를 확장하였다.
③ 을파소의 건의로 진대법을 실시하였다.
④ 영락이라는 독자적 연호를 사용하였다.
⑤ 전진의 순도를 통해 불교를 수용하였다.

고구려 장수왕의 업적

정답 ① 다음 검색창에 들어갈 왕은 장수왕이다. 광개토 대왕의 뒤를 이은 장수왕은 평양으로 천도하여(427) 국내 정세를 안정시켰다. 장수왕은 중국 남북조의 대립을 이용한 실리적 외교 정책을 구사하여 북위와 화친을 맺고 북방 유목 민족들과도 활발히 교류하였다. 또한 남진 정책을 추진하여 백제의 수도 위례성(한성)을 함락시키고(475), 신라를 공격하여 한강 이남까지 영토를 확장하였다.

정답 분석

① 고구려 장수왕은 넓은 영역을 원활하게 운영하고, 남진 정책을 적극 추진하기 위해 평양으로 수도를 옮겼다(427).

오답 피하기

② 고구려 미천왕은 낙랑을 공격하여 중국 세력을 완전히 몰아냈다.
③ 고구려 고국천왕은 연나부의 반란을 진압하고 을파소를 등용하여 진대법을 시행하였다.
④ 고구려 광개토 대왕은 독자적 연호인 '영락(永樂)'을 사용하여 고구려의 높은 위상을 드러냈다.
⑤ 고구려 소수림왕 대에 전진의 승려 순도가 불상과 불경을 가지고 왔고 불교가 수용되었다.

06 (가), (나) 사이의 시기에 있었던 사실로 옳은 것은?

> (가) 왕이 태자와 함께 정예군 3만 명을 거느리고 고구려를 침범하여 평양성을 공격하였다. 고구려왕 사유(斯由)가 필사적으로 항전하다가 날아오는 화살에 맞아 죽었다. 왕이 병사를 이끌고 물러났다.
> ― 『삼국사기』 ―
>
> (나) 고구려왕 거련(巨璉)이 병사 3만 명을 거느리고 와서 한성을 포위하였다. …… 왕은 상황이 어렵게 되자 어찌할 바를 모르다가 기병 수십 명을 거느리고 성문을 나가 서쪽으로 달아났는데, 고구려 병사가 추격하여 왕을 살해하였다.
> ― 『삼국사기』 ―

① 신라의 법흥왕이 불교를 공인하였다.
② 백제의 문주왕이 웅진으로 천도하였다.
③ 고구려의 태조왕이 옥저를 복속시켰다.
④ 고구려의 광개토 대왕이 백제를 공격하였다.
⑤ 백제와 고구려가 동맹을 맺고 신라에 대항하였다.

근초고왕~장수왕 시기 사이에 있었던 사건

정답 ④ (가) 백제 근초고왕은 북쪽으로 고구려 평양을 공격하여 고국원왕을 전사시키고 황해도 일대를 차지하기도 하였다. 고국원왕의 이름은 사유 또는 쇠로 아버지는 미천왕이다.
(나) 고구려 장수왕은 한성을 점령하고 백제의 개로왕을 살해하였다. 고구려의 남쪽 영역은 아산만에서 영일만을 연결하는 지역까지 확대되었다. 장수왕의 이름은 거련으로 아버지는 광개토 대왕이다.

정답 분석

④ 광개토 대왕은 남으로 백제를 압박하고 신라를 도와 왜군을 물리쳤다. 광개토 대왕은 장수왕의 아버지로 (가)와 (나) 시기 사이에 들어갈 수 있다.

오답 피하기

① 신라 법흥왕은 (나) 시기 이후의 왕이다.
② 백제 개로왕이 고구려 장수왕의 공격으로 사망하고 한성이 함락되자 문주왕은 웅진(공주)으로 천도하였다. (나) 시기 이후의 일이다.
③ 고구려는 1세기경 태조왕 때에는 요동 지방으로 진출을 도모했고, 부전고원을 넘어 옥저를 복속하여 경제 기반을 확대하였다. (가) 시기 이전의 일이다.
⑤ 6세기 중반 한강 유역을 차지한 신라는 중국과 직접 교류하면서 삼국 항쟁의 주도권을 확보하였다. 이에 백제는 고구려 및 왜와 교류를 강화하면서 신라를 지속적으로 압박하였다. (나) 시기 이후의 일이다.

중흥을 꾀하는 백제와 한강 유역을 차지한 신라(6세기)

❶ 6C : 중흥을 꾀하는 백제와 한강 유역을 차지한 신라

	무령왕	성왕
	국력 회복	백제 중흥
500 501	514 523	540 553 576
지증왕	법흥왕	진흥왕
신라 발전 주춧돌	국가 체제 완성(율령, 불교)	신라 최고의 전성기

▲ 6세기 신라 전성기

▲ 북한산 순수비
진흥왕이 한강 하류 지역을 순시하며 세운 비석이다. 19세기 초 김정희가 비문을 판독하여 진흥왕 순수비임을 확인했다. 이는 김정희의 "금석과안록"을 통해 볼 수 있다.

▲ 단양 적성비
진흥왕이 한강 중상류 지역의 적성을 차지한 후 세운 비석이다.

	무령왕(사마왕)(501~523)	• 지방에 22담로 설치 ➡ 왕족을 파견하여 지방 통제 • 중국 남조의 양나라와 교류 강화 ➡ 무령왕릉(중국의 남조 양식)
백제	성왕(523~554)	• 국가 조직 재정비 : 중앙 집권 체제 강화 　─ 웅진(공주)에서 사비(부여)로 수도 천도(538) 　─ 국호를 '남부여'로 변경(부여 계승 의식 표방) 　─ 중앙 관청을 22부로 확대 정비 　└ 수도는 5부, 지방은 5방 체제로 정비 • 신라와 연합하여 한강 하류 지역 일시 차지 ➡ 신라 진흥왕의 한강 유역 차지(나ㆍ제 동맹 결렬) ➡ 한강 유역 다시 상실 ➡ 관산성 전투에서 전사 • 중국 남조와 활발한 교류, 일본에 불교 전파
신라	지증왕(500~514)	• 국호를 '신라', 왕호를 '마립간'에서 '왕'으로 변경 • 전국을 주, 군, 현으로 나누고 관리 파견 • 이사부로 하여금 우산국(울릉도) 복속 • 순장 금지, 우경 보급(소를 농사에 이용) • 수도에 시장인 동시를 열고, 관리 기관인 동시전 설치
	법흥왕(514~540)	• 체제 정비 　─ 율령 반포 및 관등제 정비(17관등), 공복 제정 　─ 이차돈의 순교를 계기로 불교 공인 　─ 병부 설치 : 왕이 군사권 장악 　─ '건원' 독자적 연호 사용 　└ 상대등 설치 및 골품제 정비 • 금관가야 병합 : 김구해가 세 아들과 함께 항복
	진흥왕(540~576)	• 체제 정비 　─ 화랑도를 국가적인 조직으로 정비 　─ 품주 설치(조세 관장), '개국'ㆍ'태창'ㆍ'홍제'라는 연호 사용 　└ 황룡사 건립, 거칠부가 『국사』 편찬 • 정복 활동 　─ 한강 하류 지역 차지 ➡ 당항성 축조 　─ 관산성 전투에서 백제 성왕을 전사시킴 　─ 원산만 일대(함경도) 진출 　└ 대가야 정복 ➡ 가야 지역 전체 장악 • 영토 확장 기념 : 단양 신라 적성비와 4개의 순수비(북한산비, 창녕비, 황초령비, 마운령비) 건립

| 후기
가야
연맹 | 멸망 | • 여전히 연맹 왕국 단계에서 중앙 집권 국가로 성장하지 못함
• 멸망
┌ 금관가야 : 신라 법흥왕에 의해 멸망(532)
└ 대가야 : 신라 진흥왕에 의해 멸망(562) |

▲ 고령 지산동 32
호분 출토 판갑
옷과 투구(가야)　▲ 고령 지산동 32호
분 출토 금동관
(가야)

❷ 7C : 강국으로 발전하는 신라

고구려	영양왕(590~618)	• 신라를 공격하던 온달이 아단성 전투에서 전사함 • 을지문덕이 살수에서 수나라 군을 섬멸시킴 • 이문진이 『신집』 편찬
백제	무왕(600~641)	• 서동요 설화의 주인공 • 익산에 미륵사 건립
	의자왕(641~660)	• 신라를 공격해 대야성을 비롯한 여러 성을 점령 • 나·당 연합군의 공격으로 백제 멸망
신라	진평왕(579~632)	원광에게 수나라의 군사를 청하는 걸사표를 짓게 함
	선덕여왕(632~647)	• 신라 최초 여성 왕 • 자장의 건의로 황룡사 9층 목탑 건립 • 첨성대 건립, 비담과 염종이 난을 일으키자 김유신이 진압
	진덕여왕(647~654)	• 삼국 통일 토대 마련, 집사부 설치 • 김춘추를 파견하여 나·당 동맹 체결

▲ 황룡사 9층 목탑지

❸ 삼국의 정치 체제

(1) 중앙 행정 기구

구분	고구려	백제	신라
관등(수상)	10여 관등 대대로(막리지)가 국정 총괄	6좌평, 16관등 상좌평이 국정 총괄	17관등 상대등이 국정 총괄
중앙 관제		22부	14부 (병부, 위화부, 집사부 등)
귀족 합의제	제가 회의	정사암 회의	화백 회의

(2) 지방 제도

구분	고구려	백제	신라
수도 – 지방	5부 – 5방	5부 – 5방 22담로	6부 – 5주
지방관	욕살, 처려근지(도사)	방령, 군장	사신, 도독

사료 살펴보기

삼국의 귀족 회의

(고구려) 모든 대가들 또한 자체적으로 사자, 조의, 선인을 두는데 그 명단은 왕에게 보고한다. …… 감옥이 없고 범죄자가 있으면 제가들이 모여서 의논하여 사형에 처하고 처자는 몰수하여 노비로 삼는다.
– 『삼국지』 위서 동이전 –

(백제) 나라에서 재상을 뽑을 때 후보 이름을 서너 명 써서 상자에 넣어 봉해서 바위 위에 두었다가 얼마 뒤 열어 보고 이름 위에 인(印)이 찍혀 있는 사람을 재상으로 삼았다. 그래서 정사암이라 하였다.
– 『삼국유사』 –

(신라) 큰 일이 있을 때에는 반드시 여러 사람의 의견을 따른다. 이를 화백이라 하는데 한 사람이라도 이의가 있으면 통과되지 못하였다.
– 『신당서』 –

고구려의 제가 회의, 백제의 정사암 회의, 신라의 화백 회의에서 귀족들은 국가의 중대사를 의논하고 귀족들의 대표를 뽑았다. 삼국은 중앙 집권 체제를 정비하면서 왕권을 귀족들은 이러한 회의를 통해 왕권을 견제하였다.

중흥을 꾀하는 백제

☑ 시험에 꼭 나오는 키워드

백제의 중흥을 이끈 무령왕과 성왕의 업적 알기 ➡ 두 왕 모두 단독 출제가 잦음

☑ 최다 빈출 선지

무령왕
① 지방을 통제하기 위하여 22담로에 왕족을 파견하였다.
② 중국 남조의 양과 교류하였다.

성왕
① 사비로 천도하고 국호를 남부여로 고쳤다.
② 신라 진흥왕과 연합하여 한강 하류 지역을 되찾았다.
③ 관산성 전투에서 피살되었다.

 삼국의 통치 체제

☑ 시험에 꼭 나오는 키워드

삼국의 귀족 회의 숙지하기 ➡ 여러 문제에 오답 선지로 활용됨

☑ 최다 빈출 선지

고구려
① 제가 회의에서 나라의 중대사를 결정하였다.
② 욕살, 처려근지 등을 지방관으로 파견하였다.

백제
① 정사암에 모여 국가의 중대사를 논의하였다.

신라
① 만장일치제로 운영된 화백 회의가 있었다.

 한강 유역을 차지한 신라

☑ 시험에 꼭 나오는 키워드

• 신라의 전성기를 만들어 나가는 지증왕, 법흥왕, 진흥왕 업적 알기 ➡ 진흥왕과 법흥왕의 단독 출제 빈도가 높음
• 신라의 선덕여왕, 진덕여왕 업적 알기 ➡ 단독 출제보다는 다른 왕들의 오답 선지로 활용

☑ 최다 빈출 선지

지증왕
① 시장을 감독하는 관청인 동시전을 설치하였다.
② 이사부를 보내 우산국을 복속시켰다.
③ 국호를 신라로 정하고 왕이라는 칭호를 사용하였다.
④ 우경이 시작되어 깊이갈이가 가능해졌다.

법흥왕
① 이차돈의 순교를 계기로 불교를 공인하였다.
② 병부와 상대등을 설치하고 관등을 정비하였다.
③ 병부를 설치하고 율령을 반포하였다.
④ 건원이라는 독자적 연호를 사용하였다.
⑤ 금관가야를 복속하여 영토를 확대하였다.

진흥왕
① 거칠부가 왕명에 의해 국사를 편찬하였다.
② 관산성 전투에서 성왕을 전사시켰다.
③ 화랑도를 국가 조직으로 개편하였다.
④ 대가야를 정복하여 영토를 확장하였다.
⑤ 황룡사를 완공하다.
⑥ 마운령, 황초령 등에 순수비를 세웠다.
⑦ 조세를 관장하는 품주가 설치되었다.
⑧ 개국, 태창이라는 연호를 사용하였다.

선덕여왕
① 자장의 건의로 황룡사 9층 목탑이 건립되었다.
② 첨성대를 세워 천체를 관측하였다.

진덕여왕
① 김춘추가 당과의 군사 동맹을 성사시켰다.

01 (가) 왕의 업적으로 옳은 것은?

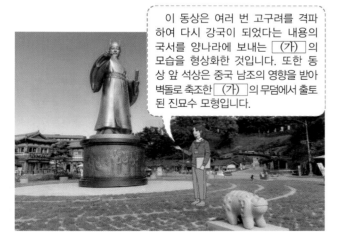

이 동상은 여러 번 고구려를 격파
하여 다시 강국이 되었다는 내용의
국서를 양나라에 보내는 (가) 의
모습을 형상화한 것입니다. 또한 동
상 앞 석상은 중국 남조의 영향을 받아
벽돌로 축조한 (가) 의 무덤에서 출토
된 진묘수 모형입니다.

① 익산에 미륵사를 창건하였다.
② 사비로 천도하고 국호를 남부여로 고쳤다.
③ 지방에 22담로를 두어 왕족을 파견하였다.
④ 평양성을 공격하여 고국원왕을 전사시켰다.
⑤ 동진에서 온 마라난타를 통해 불교를 수용하였다.

백제 무령왕의 업적

정답 ③ (가) 왕은 백제 무령왕이다. 무령왕은 가야 지역으로 진출하는 한
편, 고구려를 잇따라 격파하며 강국이라는 자부심을 되찾았다. 특히 중국의 양과
교류할 때 신라나 가야 사신을 데려가 이들 국가가 백제에 예속된 나라인 것처럼
소개하였다. 무령왕릉의 무덤 입구는 외부 침입자와 사악한 기운을 막아 내는 돼
지 모양의 진묘수가 배치되어 있는데, 그 형태가 중국 남조에서 발견된 것들과 유
사하다.

정답 분석
③ 백제 무령왕은 지방의 22담로에 왕족을 파견함으로써 지방 통제를 강화하였다.

오답 피하기
① 백제 무왕은 왕비의 발원에 따라 익산 미륵사를 지었다.
② 백제 성왕은 대외 진출에 유리한 사비(부여)로 수도를 옮기고, 국호를 일시적으
로 남부여로 바꾸었다.
④ 백제 근초고왕은 고구려의 평양성을 공격하여 고국원왕을 전사시켰고 마한의
남은 세력을 복속시켰다.
⑤ 백제 침류왕 때 동진에서 온 인도 승려 마라난타가 불교를 전하였다.

---

02 밑줄 그은 '왕'의 활동으로 옳은 것은?

> 왕 31년 7월에 신라가 동북쪽 변경을 빼앗아 신주(州)를 설치
> 하였다. …… [이듬해] 7월에 왕이 신라를 습격하려고 몸소 보
> 병과 기병 50명을 거느리고 밤에 구천(狗川)에 이르렀다. 신라
> 의 복병이 일어나 더불어 싸웠으나 [적의] 병사들에게 살해되
> 었다.
>
> ─『삼국사기』─

① 익산에 미륵사를 창건하였다.
② 평양성 전투에서 고국원왕을 전사시켰다.
③ 사비로 천도하고 국호를 남부여로 고쳤다.
④ 북위에 사신을 보내 고구려 공격을 요청하였다.
⑤ 동진에서 온 마라난타를 통해 불교를 수용하였다.

백제 성왕의 업적

정답 ③ 밑줄 그은 '왕'은 백제 성왕이다. 554년 가을, 백제 성왕은 태자로
하여금 신라의 주요 거점인 관산성을 공격하게 하여 유리한 고지를 차지하였다. 이
에 성왕은 태자를 격려하기 위해 직접 관산성에 가다가 신라의 복병에게 살해당하
였다. 여세를 몰아 신라군은 백제군을 크게 물리치고 한강 유역의 지배권을 확고히
하였다.

정답 분석
③ 백제 성왕은 수도를 웅진에서 대외 진출의 여건이 좋은 사비로 옮기고(538), 국
호를 일시적으로 남부여로 바꾸었다.

오답 피하기
① 백제 무왕은 왕비의 발원에 따라 익산 미륵사를 지었다.
② 고구려 고국원왕은 백제 근초고왕의 공격을 받아 평양성 전투에서 전사하였다.
④ 백제 개로왕은 적대 관계였던 신라와 화친을 맺는 한편, 북위에 사신을 보내 고
구려 정벌을 요청하기도 하였다.
⑤ 백제 침류왕 때 동진에서 온 인도 승려 마라난타가 불교를 전하였다(384).

03 밑줄 그은 '왕'의 업적으로 옳은 것은?

> 여러 신하들이 아뢰기를 "…… 신(新)은 '덕업이 날로 새로워진다'는 뜻이고, 라(羅)는 '사방(四方)을 망라한다'는 뜻이므로 이를 나라 이름으로 삼는 것이 마땅하다고 여겨집니다. 또 살펴보건대 옛날부터 국가를 가진 이는 모두 제(帝)나 왕(王)을 칭하는데, 우리 시조께서 나라를 세운 지 지금 22대에 이르기까지 방언으로만 부르고 높이는 호칭을 정하지 못하였으니, 이제 여러 신하들이 한 마음으로 삼가 신라국왕(新羅國王)이라는 칭호를 올립니다."라고 하였다. 왕이 이를 따랐다.
>
> – 『삼국사기』 –

① 병부를 설치하고 율령을 반포하였다.
② 이사부를 보내 우산국을 복속시켰다.
③ 대가야를 병합하여 영토를 확장하였다.
④ 국학을 설립하여 유학 교육을 진흥시켰다.
⑤ 자장의 건의로 황룡사 구층 목탑을 건립하였다.

신라 지증왕의 업적

정답 ② 밑줄 그은 '왕'은 신라 지증왕이다. 신라는 6세기 지증왕 때부터 국가 체제를 정비하였다. 왕이라는 중국식 칭호를 사용하고, 국호를 신라로 정하였다.

정답 분석

② 지증왕 때 이사부를 앞세워 우산국(울릉도 일대)을 복속시켰다.

오답 피하기

① 신라 법흥왕은 병부를 설치하여 군사 지휘권을 확립하고, 율령을 반포하였다.
③ 신라 진흥왕은 한강을 차지하였을 뿐 아니라 대가야를 정복하였다.
④ 신라 신문왕은 국학을 설립하여 왕권을 보좌할 실무 관료를 양성하였다.
⑤ 신라 선덕 여왕 때에 승려 자장의 건의로 황룡사 구층 목탑이 세워졌다.

04 밑줄 그은 '이 왕'에 대한 설명으로 옳은 것은?

> 이것은 국보 제242호인 울진 봉평리 신라비로 병부를 설치하고 율령을 반포한 이 왕 때 건립되었습니다. 이 비석에는 신라 6부의 성격과 관등 체계, 지방 통치 조직과 촌락 구조 등 당시 사회상을 알려주는 내용이 담겨 있습니다.

① 이사부를 보내 우산국을 복속하였다.
② 관료전을 지급하고 녹읍을 폐지하였다.
③ 이차돈의 순교를 계기로 불교를 공인하였다.
④ 인재 등용을 위해 독서삼품과를 시행하였다.
⑤ 거칠부에게 명하여 국사를 편찬하게 하였다.

신라 법흥왕의 업적

정답 ③ 밑줄 그은 '이 왕'은 신라 법흥왕이다. 6세기 초에 세워진 울진 봉평리 신라비에는 법흥왕을 '마립간'을 뜻하는 '매금왕(寐錦王)'으로 부르고 있어 아직 초월적인 왕권의 위상을 완전히 확립하지 못하였음을 보여주기도 한다. 법흥왕은 율령을 반포하고, 골품제를 정비하고, 관리들을 17등급으로 나누어 등급별로 복색을 달리하여 서열을 구분하였다. 또한, 병부를 설치하여 군권을 장악하고, 김해 지역의 금관가야를 병합하였다.

정답 분석

③ 신라 법흥왕은 이차돈의 순교를 계기로 불교를 공인하여 사상적 통합을 도모하였다.

오답 피하기

① 신라 지증왕은 이사부를 앞세워 우산국(울릉도 일대)을 복속시켰다.
② 신라 신문왕은 관리들에게 관료전을 지급하고 녹읍을 폐지하여 귀족들의 경제적 기반을 약화시켰다.
④ 신라 원성왕은 독서삼품과를 실시하여 관리를 채용하였으나 진골 귀족들의 반발로 제대로 시행되지 못하였다.
⑤ 신라 진흥왕은 거칠부로 하여금 "국사"를 편찬케 하였지만 현재 전해지지 않고 있다.

05 밑줄 그은 '왕'의 업적으로 옳은 것은?

> ○ 담당 관청에 명하여 월성의 동쪽에 새 궁궐을 짓게 하였는데, 그곳에서 황룡이 나타났다. 왕이 이것을 기이하게 여기고는 [계획을] 바꾸어 사찰을 짓고, '황룡'이라는 이름을 내려 주었다.
>
> ○ [거칠부가] 왕의 명령을 받들어 여러 문사(文士)를 모아 국사를 편찬하였다.
>
> — 『삼국사기』 —

① 이사부를 보내 우산국을 복속시켰다.
② 예성강 이북에 패강진을 설치하였다.
③ 관료전을 지급하고 녹읍을 폐지하였다.
④ 국가적인 조직으로 화랑도를 개편하였다.
⑤ 이차돈의 순교를 계기로 불교를 공인하였다.

신라 진흥왕의 업적

정답 ④　밑줄 그은 '왕'은 신라 진흥왕이다. 신라의 진흥왕은 불교의 전륜성왕 사상을 받아들여 정복지를 순수할 때 데리고 간 승려들에게 비문을 짓게 하였다. 또한 신라가 국가적 행사를 거행하던 호국 사찰 황룡사를 짓고 인왕백고좌회, 팔관회와 같은 국가적 불교 의식을 거행하였다. 신라의 진흥왕은 거칠부로 하여금 "국사"를 편찬하게 하였지만 현재 이 역사서는 전하지 않는다. 다만 "삼국사기" 등에 그 내용이 남아 있다.

정답 분석

④ 신라 상대 진흥왕은 유능한 인재를 양성하기 위해 국가 차원에서 화랑도의 활동을 장려하여 국가적 조직으로 개편하였다.

오답 피하기

① 신라 상대 지증왕은 이사부를 앞세워 우산국(울릉도 일대)을 복속시켰다.
② 신라 하대 선덕왕은 현재의 황해도 평산에 군진인 패강진을 설치하여 예성강 이북의 땅을 군정 방식으로 통치하도록 하였다.
③ 신라 중대 신문왕은 관리에게 관료전을 지급하고 녹읍을 폐지하여 귀족의 경제적 기반을 약화시켰다.
⑤ 신라 상대 법흥왕은 이차돈의 순교를 계기로 불교를 공인하여 새롭게 성장한 세력들을 포섭하였다.

06 (가) 나라에 대한 탐구 활동으로 가장 적절한 것은?

> 진흥왕이 이찬 이사부에게 명령하여 （가） 을/를 공격하게 하였다. 이때 사다함은 나이가 15~16세였는데 종군하기를 청하였다. …… （가） 사람들이 뜻하지 않은 병사들의 습격에 놀라 막아내지 못하였고, 대군이 승세를 타서 마침내 멸망시켰다.

① 안동도호부가 설치된 경위를 찾아본다.
② 22담로에 왕족이 파견된 목적을 알아본다.
③ 중앙 관제가 3성 6부로 정비된 계기를 파악한다.
④ 최고 지배자의 호칭인 이사금의 의미를 검색한다.
⑤ 고령 지역이 연맹의 중심지로 성장하는 과정을 조사한다.

대가야

정답 ⑤　(가) 나라는 대가야이다. 신라 진흥왕은 이사부에게 명하여 대가야를 토벌케 하였는데, 이때 사다함이 부장이 되었다. 사다함은 5천의 기병을 이끌고 앞서 달려가 흰 깃발을 세우자 성안의 사람들이 두려워서 어찌할 바를 몰랐다. 이때 이사부가 군사를 이끌고 다다르자 일시에 모두 항복하였다. 진흥왕은 고령의 대가야를 병합하여 낙동강 유역을 차지하였으며, 이후 동해안을 따라 북쪽으로 함흥평야까지 진출하였다.

정답 분석

⑤ 전기 가야 연맹은 5세기 무렵 신라를 지원해 온 고구려군의 공격을 받아 쇠퇴했고, 5세기 후반 이후 고령의 대가야를 중심으로 후기 가야 연맹이 형성되었다. 고령의 대가야는 농업 생산 기반과 제철 기술을 바탕으로 주변 소국을 복속시켜 맹주권을 확립하였다.

오답 피하기

① 한반도를 장악하려는 야심을 품고 있던 당은 고구려 멸망 후 평양에 안동도호부를 설치하였다.
② 백제 무령왕은 지방의 22담로에 왕족을 파견함으로써 지방 통제를 강화하였다.
③ 발해의 중앙 정치 조직은 3성 6부를 기본으로 하였다. 이는 당의 제도를 수용한 것이지만 운영과 명칭은 독자적이었다.
④ 신라 초기에는 박, 석, 김의 3성이 교대로 왕위를 차지하였다. 유력 집단의 우두머리는 이사금으로 추대되었고, 주요 집단은 독자적인 세력 기반을 유지하고 있었다. 이사금은 '연장자'를 의미한다.

▲ 6세기 말 ~7세기 동아시아 국제 정세

1 고구려의 대외 항쟁

남북 세력 (돌궐-고구려-백제-왜)	VS	동서 세력 (신라 - 수 · 당)
• 고구려와 돌궐이 연합하여 수에 대항 • 백제는 왜, 고구려와 연합하여 신라에 맞섬		• 수나라는 중국을 통일하고 고구려 압박 • 신라는 한강 유역 차지

2 고구려와 수·당과의 전쟁

	배경	• 전쟁 직전 정세 : 신라와의 아단성 전투에서 온달 장군 전사(590) • 수의 고구려 압박 ➡ 고구려 영양왕의 요서 지방 선제공격

수나라	전개 과정	• 수나라 문제의 침입(1차) : 고구려 침략 실패
		• 수나라 양제의 침입(2차~4차) : 고구려 침략 실패
		• 을지문덕의 살수 대첩(612, 2차 침입)
		  ┌ 수의 수군은 대동강에서 괴멸
		  ├ 수의 육군 113만 대군의 요동성 공략 실패
		  └ 수의 우중문이 이끈 30만 별동대의 평양성 공격
		    ➡ 을지문덕에게 살수(청천강)에서 대패(살수 대첩)

	결과	수나라는 국력 소모와 내란으로 멸망, 당나라 건국

당나라	배경	• 연개소문의 정변(642)
		  ┌ 연개소문은 당의 침입에 대비하여 천리장성 축조 및 감독
		  └ 연개소문은 정변을 일으켜 영류왕을 제거하고 보장왕을 세움
		• 당 태종은 연개소문의 정변을 구실로 고구려 침략

	전개 과정	• 당나라 1차~3차 침입 ➡ 이후에도 수차례 침입하나 실패 • 안시성 전투 승리(645, 1차 침입)
	결과	• 백제, 신라를 중국 세력으로부터 보호 • 오랜 전쟁으로 국력 소모

사료 살펴보기

을지문덕의 시

신묘한 계책은 천문을 꿰뚫어 볼 만하고
오묘한 전술은 땅의 이치를 모조리 알
도다.
전쟁에 이겨서 공이 이미 높아졌으니
만족을 알거든 그만 돌아가시구려.
- 『삼국사기』 -

이 시는 고구려 장군 을지문덕이 수나라 장군 우중문의 별동대를 유인하여 평양성 근처까지 끌어들인 후 작성하여 보낸 것이다. 이 시를 읽은 우중문은 을지문덕의 작전에 속은 것을 깨닫고 서둘러 후퇴하다가 살수(청천강)에서 고구려군에 전멸당하였다.

사료 살펴보기

안시성 전투

여러 장수가 급히 안시성을 공격하였다. …… 밤낮으로 쉬지 않고 무릇 60일에 50만 인을 동원하여 토산을 쌓았다. …… 아군 수백 명이 성이 무너진 곳으로 나가 싸워서 마침내 토산을 빼앗아 차지하고 주위를 깎아 이를 지켰다. …… (황제가) 군사를 돌리도록 명하였다.
- 『삼국사기』 -

당 태종은 연개소문의 정변을 구실 삼아 직접 대군을 이끌고 고구려를 침략하였다. 고구려는 요동성, 개모성, 비사성 등 여러 성이 함락되는 어려움을 겪었으나, 당의 군대를 안시성 싸움에서 물리쳤다(645).

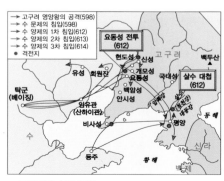

▲ 고구려와 수의 전쟁

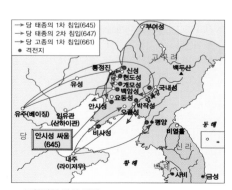

▲ 고구려와 당의 전쟁

❸ 신라의 삼국 통일

(1) 통일 과정

나·당 동맹 (648)	백제의 의자왕이 신라 대야성 등 40여 개 성을 빼앗음 ➡ 신라 김춘추의 고구려 원병 요청 실패 ➡ 신라 김춘추가 당으로 건너가 군사 동맹 체결(진덕여왕) ➡ 나·당 동맹 결성(당에게 대동강 이북 땅 넘기기로 약속)

⬇

백제 멸망 (660)	멸망 전 상황 : 신라와 잦은 전쟁으로 국력 소모, 지배층 분열로 정치 혼란
	금강 하구에서 당 군에 패배, 계백이 이끄는 결사대가 황산벌에서 김유신의 신라군에 맞서 싸우다 패배(황산벌 전투) ➡ 사비성 함락 ➡ 백제 멸망

⬇

백제 부흥 운동의 전개	• 복신과 도침은 왕자 부여풍을 왕으로 추대하고 주류성에서 백제 부흥 운동 전개 • 흑치상지는 임존성에서 부흥 운동 전개(당의 소정방을 물리침) • 백강(금강)전투(663) : 왜의 지원군 합류, 나·당 연합군에 패배 • 결과 : 지배층 내분으로 실패(복신이 도침을 죽이고 부여풍이 복신을 죽임), 많은 백제 유민이 일본으로 망명

⬇

고구려 멸망 (668)	멸망 전 상황 : 수·당과 거듭된 전쟁으로 국력 소모, 연개소문 사후 지배층 분열 ➡ 연남생(연개소문의 맏아들) 당에 투항, 연정토(연개소문의 동생) 신라 투항
	• 고구려의 혼란을 틈타 나·당 연합군 평양성 함락 • 당은 고구려의 평양에 안동 도호부 설치하고, 고구려 유민은 당으로 이주시킴

⬇

고구려 부흥 운동의 전개	• 검모잠은 한성(황해도 재령)에서 안승을 왕으로 추대하여 고구려 부흥 운동 전개 • 고연무는 고구려 유민을 모아 오골성을 근거지로 고구려 부흥 운동 전개 ➡ 안승이 검모잠을 살해하고 신라에 투항함으로써 실패로 끝남 • 신라 문무왕은 당 견제를 위해 안승이 금마저(익산)에 보덕국을 세우도록 하고, 보덕국 왕으로 임명(674) ➡ 신라는 삼국 통일 이후 보덕국을 폐지하고 안승을 진골 귀족으로 편입(684) • 결과 : 지배층 내분으로 부흥 운동 실패, 발해 건국으로 고구려의 전통이 계승됨

⬇

나·당 전쟁 (675~676)	당의 한반도 지배 욕심 : 한반도에 웅진 도독부(백제)·계림 도독부(신라)·안동 도호부(고구려) 설치
	• 매소성 전투(675) : 당의 20만 대군을 매소성에서 물리침 • 기벌포 전투(676) : 금강 하구 기벌포에서 당의 설인귀가 이끄는 수군 격파 • 평양에 있던 안동 도호부를 요동성으로 축출 ➡ 삼국 통일 완성
	• 의의 : 자주적인 성격, 민족 문화 발전 토대 • 한계 : 외세의 도움 빌림, 대동강 이남에 한정된 불완전한 통일, 고려 시대에 편찬된 "삼국사기", "삼국유사"는 통일의 의미를 적극적으로 인정하지 않음

사료 살펴보기

나·당 동맹의 체결

진덕여왕 2년(648) 이찬 김춘추와 아들 문왕을 당 나라에 파견하였다. …… 하루는 태종이 김춘추에게 소원을 물었다. 김춘추가 말했다. "신의 나라가 대국을 섬긴 지 여러 해가 되었습니다. 그러나 백제는 강성하고 교활하여 침략을 일삼아 왔습니다. 만약 폐하에서 군사를 보내 그 흉악한 무리들을 없애지 않는다면 우리나라 백성은 모두 포로가 될 것입니다. 육로와 수로를 거쳐 섬기러 오는 일도 다시는 기대할 수 없을 것입니다." 태종이 크게 동감하고 군사를 보낼 것을 허락하였다. -「삼국사기」-

백제 의자왕이 신라 서부의 군사 요충지인 대야성을 비롯한 서쪽 변경 40여 개의 성을 빼앗자 다급해진 신라는 김춘추를 당에 보냈다. 당은 고구려를 바로 공격하는 것은 어렵다고 보고 신라와 동맹을 맺었다.

▲ 백제와 고구려의 부흥 운동

▲ 나·당 전쟁의 전개

고구려의 대외 항쟁

☑ 시험에 꼭 나오는 키워드

고구려와 수나라, 당나라의 항쟁을 구분하기

☑ 최다 빈출 선지

고구려 vs 수나라
① 을지문덕이 살수에서 수의 군대를 물리쳤다.

고구려 vs 당나라
① 연개소문이 정변을 일으켜 권력을 장악하였다.
② 고구려가 당의 침입에 대비하여 천리장성을 완성하였다.
③ 당의 침입을 안시성에서 물리쳤다.

 신라의 삼국 통일 과정

☑ 시험에 꼭 나오는 키워드

삼국 통일 과정 속에서 일어난 사건들을 시간 순으로 숙지하기

☑ 최다 빈출 선지

나 · 당 동맹 직전 상황
① 의자왕이 신라를 공격하여 대야성을 함락시켰다.

나 · 당 동맹
① 신라가 당과 군사 동맹을 체결하였다.

백제 멸망
① 계백이 이끄는 결사대가 황산벌에서 신라군에 맞서 싸웠다.
② 백제와 신라 사이에 황산벌 전투가 벌어졌다.

백제 부흥 운동
① 흑치상지가 임존성에서 소정방이 지휘하는 당군을 격퇴하였다.
② 복신과 도침이 부여풍을 왕으로 추대하였다.
③ 부여풍이 백강에서 왜군과 함께 당군에 맞서 싸웠다.

고구려 멸망
① 당이 안동도호부를 평양에 설치하였다.

고구려 부흥 운동
① 검모잠이 안승을 왕으로 추대하고 부흥 운동을 전개하였다.
② 안승이 신라에 의해 보덕국 왕으로 임명되었다.

나 · 당 전쟁
① 신라군이 매소성에서 당군을 격파하였다.
② 신라군이 기벌포에서 당군을 격파하였다.
③ 당이 안동도호부를 요동 지역으로 옮겼다.

심화 64회 7번

01 (가) 시기에 있었던 사실로 옳은 것은?

머칠 전 우리 고구려군이 안시성 전투에서 당군을 격퇴했다는 소식을 들었는가?

요동성, 백암성이 함락되는 위기를 맞았지만 안시성에서 끝내 물리쳤다네.

→ (가) →

고구려 집권층 내부에 분열이 생겨 연남건이 자신의 형 연남생을 몰아냈다고 하네.

결국 연남생은 고구려의 여러 성을 당에 바치며 투항했다더군.

① 소수림왕이 율령을 반포하였다.
② 진흥왕이 대가야를 병합하였다.
③ 을지문덕이 살수에서 대승을 거두었다.
④ 김춘추가 당과의 군사 동맹을 성사시켰다.
⑤ 근초고왕이 평양성을 공격하여 고국원왕을 전사시켰다.

삼국 통일 과정(안시성 전투~고구려 멸망)

정답 ④ (가) 시기는 645년 고구려가 당과 벌인 안시성 전투와 666년 연개소문의 맏아들로, 아버지가 죽자 대막리지에 오른 연남생이 형제 간의 정권 다툼 때문에 당나라로 도망친 사건 사이의 시기를 말한다. 645년 당 태종은 연개소문의 정변을 구실로 수십만 대군을 이끌고 침략해 왔다. 고구려는 요동성, 백암성이 차례로 무너지는 위기를 맞이하였지만 안시성에서 당군을 물리쳤다. 665년 연개소문이 죽고 그의 맏아들 연남생이 부친을 대신하여 대막리지가 되었다. 동생 연남산과 연남건이 정변을 일으켜 수도를 장악하였다. 이후 연남생은 휘하의 국내성 등 6개 성의 백성을 이끌고 당나라에 투항하였다.

정답 분석

④ 648년 당으로 건너간 김춘추는 나·당 동맹을 제의하였다. 마침 고구려 정복에 실패한 당 태종은 신라의 도움을 받아 고구려를 다시 공략하고자 신라의 제의를 받아들였고, 나·당 동맹이 성사되었다.

오답 피하기

① 373년 고구려 소수림왕은 율령을 반포하여 백성을 다스리고 국가를 운영할 기준을 마련하였다.
② 562년 신라 상대 진흥왕은 대가야를 정복하여 가야 지역 전체를 장악하였다. 이후 동해안을 따라 함흥 평야 일대까지 진출하였다.
③ 612년 수 양제가 100만이 넘는 대군을 이끌고 고구려를 침공해 왔다. 을지문덕이 이끄는 고구려군은 교묘한 유도 작전을 펼쳐 살수(청천강)에서 수의 군대를 크게 격파하였다(살수대첩).
⑤ 371년 백제 근초고왕은 평양성을 공격하여 고구려 고국원왕을 전사시켰다.

심화 63회 4번

02 다음 상황이 나타난 시기를 연표에서 옳게 고른 것은?

> [당의] 고종이 소정방을 신구도대총관(神丘道大摠管)으로 삼아 군사를 이끌고 바다를 건너 신라와 함께 백제를 정벌하도록 하였다. 계백은 장군이 되어 죽음을 각오한 군사 5천 명을 뽑아 이들을 막고자 하였다. …… 황산의 벌판에 이르러 세 개의 군영을 설치하였다. 신라군을 만나 전투를 시작하려고 하자, [계백은] 여러 사람 앞에서 맹세하며 "지난날 구천(句踐)은 5천 명으로 오(吳)의 70만 무리를 격파하였다. 오늘 마땅히 힘써 싸워 승리함으로써 나라의 은혜에 보답하자."라고 하였다. 드디어 격렬히 싸우니 일당천(一當千)이 아닌 자가 없었다.
>
> – 『삼국사기』 –

612	642	660	668	676	698
(가)	(나)	(다)	(라)	(마)	
살수 대첩	대야성 전투	사비성 함락	안동도호부 설치	기벌포 전투	발해 건국

① (가)　② (나)　③ (다)　④ (라)　⑤ (마)

삼국 통일 과정(황산벌 전투)

정답 ② 다음 상황은 백제 멸망 직전의 상황이다. 제시문의 황산벌 전투는 660년 백제 의자왕 대에 계백이 이끄는 백제군과 김유신이 이끄는 신라군이 벌인 큰 전투이다. 나당 연합군의 침공 소식을 접한 백제 의자왕은 계백에게 5,000명의 결사대를 조직하여 신라군을 공격할 것을 명령했다. 이에 계백은 황산벌로 향했으나, 패하고 말았다.

정답 분석

② 고구려가 수·당과 전쟁을 치열하게 전개하는 동안 642년 백제 의자왕은 신라를 공격하여 대야성(경남 합천)을 비롯한 40여 성을 빼앗았다. 위기를 느낀 신라는 당의 힘을 빌려 백제와 고구려를 물리치려 하였다. 당도 자신의 힘만으로는 고구려를 무너뜨릴 수 없다고 판단하였고, 648년 나·당 동맹이 성사되었다. 나·당 연합군은 먼저 백제를 공격하였다. 백제군은 기벌포(백강) 전투에서 소정방이 이끈 당군에게 패하였고, 계백의 결사대마저 황산벌에서 김유신이 이끈 신라군에 패배하였다. 나·당 연합군이 사비를 함락하자 웅진으로 피신하였던 의자왕은 결국 항복하였다(660).

심화 62회 6번

03 (가), (나) 사이의 시기에 있었던 사실로 옳은 것은?

> (가) 왕은 당과 신라 군사들이 이미 백강과 탄현을 지났다는 소식을 듣고 장군 계백을 시켜 결사대 5천 명을 거느리고 황산으로 가서 신라 군사와 싸우게 하였다. 네 번 싸워서 모두 이겼으나 군사가 적고 힘이 모자라서 마침내 패하고 계백이 사망하였다.
>
> (나) 검모잠이 국가를 부흥하려고 하여 당을 배반하고 왕의 외손 안승을 세워 왕으로 삼았다. 당 고종이 대장군 고간을 보내 동주도 행군총관으로 삼고 병력을 내어 그들을 토벌하게 하니 안승이 검모잠을 죽이고 신라로 달아났다.

① 당이 안동도호부를 요동으로 옮겼다.
② 성왕이 관산성 전투에서 전사하였다.
③ 신라군이 기벌포에서 당군을 격파하였다.
④ 김춘추가 당과의 군사 동맹을 성사시켰다.
⑤ 복신과 도침이 부여풍을 왕으로 추대하였다.

삼국 통일 과정(백제 멸망~고구려 부흥 운동)

정답 ⑤ (가)는 660년 백제 의자왕 대에 계백의 백제군과 김유신의 신라군이 벌인 황산벌 전투, (나)는 670년 고구려 멸망 후 검모잠이 고구려 부흥 운동을 전개하다 안승과의 의견 대립으로 피살되는 상황이다.
(가) 나·당 연합군은 먼저 백제를 공격하였다. 황산벌에서 계백이 이끈 백제의 결사대가 김유신이 지휘한 신라군을 상대로 치열하게 싸웠지만 패배하였다.
(나) 나·당 연합군은 백제 부흥 운동을 진압하고 뒤이어 고구려를 공격하였다. 고구려도 나·당 연합군의 공격을 받아 멸망하였다(668). 고구려는 검모잠과 고연무가 보장왕의 서자 안승을 왕으로 추대하고 고구려 유민을 모아 한성(황해도 재령)과 오골성을 근거지로 부흥 운동을 일으켰다.

정답 분석

⑤ 백제 멸망 이후 각지에서 백제 부흥 운동이 일어났다. 복신, 흑치상지, 도침 등은 왕자 부여풍을 왕으로 추대하고, 주류성과 임존성을 거점으로 군사를 일으켰다.

오답 피하기

① 신라는 나·당 전쟁에서 승리를 거둔 후 당이 평양에 설치한 안동도호부를 요동성으로 밀어내고 삼국 통일을 이루었다. 이는 (나) 이후의 일이다.
② 백제 성왕은 신라 진흥왕의 공격을 받아 한강 유역을 빼앗기고 신라를 공격하였지만 관산성(충북 옥천)에서 크게 패하고 전사하였다. 이는 (가) 이전의 일이다.
③ 신라는 매소성과 기벌포 전투에서 승리하여 당을 몰아내고, 삼국 통일을 이루었다(676). 이는 (나) 이후의 일이다.
④ 신라는 백제에 대야성 등 여러 성을 빼앗겨 위기에 처하자 김춘추를 당에 파견하여 도움을 요청하였고, 나·당 동맹이 체결되었다(648). 이는 (가) 이전의 일이다.

심화 51회 5번

04 다음 사건이 일어난 시기를 연표에서 옳게 고른 것은?

> 검모잠이 국가를 다시 일으키기 위하여 당을 배반하고 왕의 외손 안순[안승]을 세워 임금으로 삼았다. 당 고종이 대장군 고간을 보내 동주도(東州道) 행군총관으로 삼고 병력을 내어 그들이 토벌하니, 안순이 검모잠을 죽이고 신라로 달아났다.
>
> – 『삼국사기』 –

581	612	645	668	675	698
(가)	(나)	(다)	(라)	(마)	
수 건국	살수 대첩	안시성 전투	평양성 함락	매소성 전투	발해 건국

① (가)　　② (나)　　③ (다)　　④ (라)　　⑤ (마)

삼국 통일 과정(고구려 부흥 운동)

정답 ④ 고구려도 평양성이 함락된 뒤 여러 곳에서 부흥 운동이 일어났다. 검모잠은 한성(재령)에서 왕족인 안승을 왕으로 모시고 부흥 운동을 일으켰고 고연무는 요동에서 부흥군을 이끌었다. 검모잠은 신라와 손을 잡고 고연무와 힘을 합치려 하였다. 고구려 부흥 운동은 한때 당이 고구려의 마지막 왕인 보장왕을 요동 도독으로 내세워 무마하려고 할 정도로 거셌다. 그러나 당군의 공격과 내분으로 요동과 한반도에서 부흥 운동은 실패로 돌아갔다.

정답 분석

④ (라) 평양성이 함락되면서 고구려가 멸망하자 검모잠은 고구려 부흥 운동을 일으켰다.

오답 피하기

① (가) 고구려 부흥 운동이 일어나기 전이다.
② (나) 고구려 부흥 운동이 일어나기 전이다.
③ (다) 고구려 부흥 운동이 일어나기 전이다.
⑤ (마) 고구려 부흥 운동이 일어난 이후이다.

05 (가), (나) 사이의 시기에 있었던 사실로 옳은 것은?

> (가) 왕은 당과 신라 군사들이 이미 백강과 탄현을 지났다는
> 소식을 듣고 장군 계백에게 결사대 5천 명을 거느리고
> 황산으로 가서 신라 군사와 싸우게 하였다. 계백은 4번
> 싸워서 모두 이겼으나 군사가 적고 힘이 모자라서 마침
> 내 패하였다.
>
> (나) 사찬 시득이 수군을 거느리고 소부리주 기벌포에서 설인귀
> 와 싸웠는데 연이어 패배하였다. 그러나 이후 크고 작은
> 22번의 싸움에서 승리하여 4천여 명을 죽였다.

① 김흠돌이 반란을 꾀하다 처형되었다.
② 의자왕이 신라를 공격하여 대야성을 함락시켰다.
③ 을지문덕이 살수에서 수의 군대를 크게 물리쳤다.
④ 대조영이 고구려 유민을 이끌고 동모산에서 건국하였다.
⑤ 검모잠이 안승을 왕으로 추대하고 부흥 운동을 전개하였다.

삼국 통일 과정(황산벌 전투~기벌포 전투)

정답 ⑤   (가)는 660년 나·당 연합군의 공격에 맞서 황산벌에서 백제의 계백
이 맞서는 모습, (나)는 676년 신라가 기벌포 전투에서 당의 수군을 무찌르는 모습
이다.
(가) 나·당 연합군은 먼저 백제를 공격하였다. 황산벌에서 계백이 이끈 백제의 결
  사대가 김유신이 지휘한 신라군을 상대로 치열하게 싸웠지만 패배하였다. 이
  어 사비가 함락되면서 백제는 멸망하였다(660).
(나) 당은 백제와 고구려 멸망 이후 신라까지 지배하려고 하였다. 이에 신라는 남침
  해 오던 당의 20만 대군을 매소성에서 격파하였고(매소성 전투), 금강 하구의
  기벌포에서 설인귀가 이끄는 당의 수군을 섬멸하였다(기벌포 해전). 신라는 당
  군을 몰아내고 삼국 통일을 이룩함으로써 대동강에서 원산만에 이르는 영토를
  확정하였다(676).

정답 분석

⑤ 669년 고구려 멸망 이후 검모잠과 고연무가 보장왕의 서자 안승을 왕으로 추대
  하고 고구려 유민을 모아 한성(황해도 재령)과 오골성을 근거지로 부흥 운동을
  일으켰다.

오답 피하기

① 681년 신라 중대 신문왕은 반란을 모의한 장인 김흠돌 세력을 숙청하며 왕권
  강화 의지를 밝혔다. 이는 (가) 시기 이전의 일이다.
② 642년 백제 의자왕은 신라 대야성을 비롯한 서쪽 변경 40여 개의 성을 빼앗았
  다. 이에 신라는 당과 동맹을 맺었다. 이는 (가) 시기 이전의 일이다.
③ 612년 고구려 을지문덕 장군은 청천강 부근에서 평양으로 들어오려는 수의 군
  대를 궤멸하였다(살수대첩). 이는 (가) 시기 이전의 일이다.
④ 698년 대조영은 천문령까지 추격한 당군을 물리치고 만주 동부의 고구려 옛 땅
  인 동모산에 이르러 발해를 세웠다. 이는 (나) 시기 이후의 일이다.

---

06 (가), (나) 사이의 시기에 있었던 사실로 옳은 것은?

> (가) 고구려의 대신 연정토가 12성과 3,500여 명의 백성을
> 거느리고 [신라에] 항복해 왔다. 왕이 연정토와 그를 따
> 르는 관리 24명에게 의복·물품·식량·집을 주었다.
>
> (나) 이근행이 군사 20만 명을 이끌고 매소성에 주둔하였다.
> 신라 군사가 공격하여 달아나게 하고 말 3만여 필을 얻
> 었는데, 남겨 놓은 병장기의 수도 그 정도 되었다.

① 윤충이 대야성을 공격하여 함락하였다.
② 문무왕이 안승을 보덕왕으로 책봉하였다.
③ 김춘추가 당과의 군사 동맹을 성사시켰다.
④ 연개소문이 정변을 일으켜 권력을 장악하였다.
⑤ 부여풍이 왜군과 함께 백강에서 당군에 맞서 싸웠다.

삼국 통일 과정(고구려 멸망~매소성 전투)

정답 ②   (가)는 고구려 멸망 직전의 상황, (나)는 나·당 전쟁 시기의 매소성
전투이다.
(가) 고구려에서는 연개소문이 사망한 뒤 세 아들 간의 권력 다툼이 일어났다. 맏아
  들 연남생이 당에 투항하고, 연개소문의 동생 연정토가 신라에 투항하는 등 혼
  란이 계속되었다. 이 틈을 타 나·당 연합군이 평양성을 공격하여 고구려를 멸
  망시켰다(668).
(나) 백제와 고구려 멸망 이후 당은 신라까지 지배하려고 하였다. 이에 신라는 매소
  성과 기벌포에서 결정적인 승리를 거두어 당군을 몰아내고 삼국 통일을 완수
  하였다(676).

정답 분석

② 674년 신라 문무왕은 당이 한반도 전체를 지배하려는 야욕을 숨김없이 드러내
  자 금마저에 보덕국을 세우고, 안승을 보덕국왕으로 임명하여 고구려 부흥 운동
  을 후원하였다. 이는 (가)와 (나) 사이의 상황이다.

오답 피하기

① 642년 의자왕은 신라 서부의 군사 요충지인 대야성을 비롯한 서쪽 변경 40여
  개의 성을 빼앗았다. 이는 (가) 이전의 상황이다.
③ 648년 신라는 김춘추를 당에 파견하여 도움을 요청하였고, 당이 이를 받아들여
  군사 동맹인 나·당 동맹이 체결되었다. 이는 (가) 이전의 상황이다.
④ 642년 고구려에서는 천리장성 축조 공사를 감독하던 연개소문이 정변을 일으
  켜 영류왕을 죽이고 보장왕을 세웠다. 이는 (가) 이전의 상황이다.
⑤ 백제가 멸망한 후 각지에서 백제 부흥 운동이 일어나자 백제 왕자 부여풍은 왜
  에서 2만 명의 군대를 이끌고 백강 전투에 합류했지만 나·당 연합군에게 패배
  하였다. 이는 (가) 이전의 상황이다.

통일 신라의 발전

1 통일 신라의 발전

구분	제1대 박혁거세~ 제22대 지증왕	제23대 법흥왕~ 제28대 진덕여왕	제29대 무열왕~ 제36대 혜공왕 (무열왕계 직계)	제37대 선덕왕~ 제56대 경순왕 (내물왕계 직계)
삼국사기	상대		중대	하대
삼국유사	상고	중고	하고	

무열왕 (김춘추) (654~661)	• 최초의 진골 출신 왕 ➡ 이후 무열왕계 직계 자손이 왕위 독점 • 백제를 멸망시키고, 삼국 통일의 기반 마련 • 사정부 설치 : 관리들에 대한 감찰과 탄핵을 담당
문무왕 (661~681)	• 고구려 멸망 ➡ 나·당 전쟁 승리(매소성, 기벌포 전투) ➡ 당군 축출(안동도호부를 요동으로 축출) ➡ 삼국 통일 이룩(676) • 외사정 설치 : 지방관의 비행을 감찰하기 위해 외사정 파견 • 문무왕릉(수중릉)
신문왕 (681~692)	• 전제 왕권 강화 　┌ 김흠돌의 난 진압 : 진골 귀족 숙청, 6두품 중용 　├ 문무 관료에게 관료전 지급(687), 녹읍 폐지(689) 　├ 진골 귀족, 상대등 권한 약화 ➡ 6두품 세력 강화 　└ 만파식적 설화 ➡ 강력한 왕권을 상징 • 체제 정비 　┌ 9주 5소경 체제 : 지방 행정 조직을 완성하여 중앙 집권 강화 　├ 9서당 10정 편성 : 9서당(민족 융합)은 중앙군, 10정은 지방군 　└ 국학 설립 : 유학 교육 기관
성덕왕 (702~737)	정전 지급 : 백성 가운데 정(丁)의 연령층에게 주어졌던 토지
경덕왕 (742~765)	• 국학의 명칭을 태학감으로 변경 • 성덕대왕 신종 제작 착수(혜공왕 때 완성) • 진골 귀족 세력의 반발로 녹읍 부활
혜공왕 (765~780)	• 96각간의 난 ➡ 왕위 계승 다툼의 효시, 왕권 약화 • 지속적인 반란 과정에서 살해

▲ 문무왕릉(수중릉)

『삼국사기』에 의하면 문무왕은 죽으면서 불교식 장례에 따라 화장할 것과, 동해에 묻히면 용이 되어 동해로 침입하는 왜구를 막겠다는 유언을 남겼다고 전해진다.

▲ 이견대

신문왕은 이견대에서 용으로부터 세상을 구하고 평화롭게 할 수 있는 옥대와 만파식적이라는 피리를 하나 받았다고 한다.

사료 살펴보기

혜공왕 대의 96각간의 난

혜공왕 4년(768) 7월 3일 대공 각간의 적도가 일어나자 왕도와 5도 및 주군의 각간 96명이 서로 싸워 어지러웠다. 대공 각간의 집이 망하매 그 집에 있던 보물과 비단 등을 왕궁으로 옮겼다. …… 난리는 석 달이 지나서야 그쳤다. 상을 받은 사람도 대단히 많고, 죽임을 당한 사람도 무수하였다.

－『삼국유사』－

신라 중대 경덕왕이 개혁을 마무리하지 못하고 죽은 후 나이 어린 혜공왕이 즉위하자, 진골 귀족들이 반발하여 왕권에 도전하기까지 하였다. 결국 혜공왕은 피살당하고 이후 150여 년 동안 20명의 왕이 바뀌는 혼란이 지속되었다.

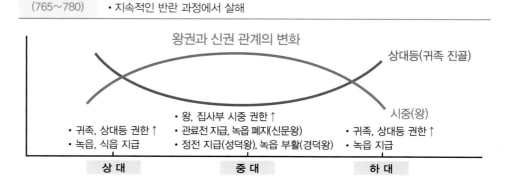

왕권과 신권 관계의 변화

상대등(귀족 진골)

시중(왕)

• 귀족, 상대등 권한 ↑
• 녹읍, 식읍 지급

• 왕, 집사부 시중 권한 ↑
• 관료전 지급, 녹읍 폐지(신문왕)
• 정전 지급(성덕왕), 녹읍 부활(경덕왕)

• 귀족, 상대등 권한 ↑
• 녹읍 지급

상대 **중대** **하대**

2 통일 신라의 통치 체제 정비

중앙 통치 제도	• 집사부 기능 강화 : 진골 귀족 세력 약화 목적 ┌ 왕명 수행 및 기밀 사무 수행하는 집사부 기능 강화 └ 집사부의 장관인 시중의 기능 강화 • 여러 관부의 설치: 위화부를 비롯한 13부를 두고 행정 업무 분담 • 감찰 기구 설치: 관리를 감찰하는 사정부 설치
지방 제도 정비	• 9주 ┌ 옛 고구려 · 백제 · 신라의 땅을 나누어 9주 설치 ├ 주의 밑에는 군 · 현을 두어 중앙에서 관리를 파견 └ 군 · 현의 밑인 촌의 관리는 토착 세력을 촌주로 임명 • 5소경 : 수도 금성(지금의 경주)의 지리적 취약성 보완 목적 ➡ 군사와 행정상의 요지에 설치 • 특수 행정 구역 : 반란을 일으킨 지역이나 정복지에 향 · 부곡을 설치 • 상수리 제도 : 지방 세력을 견제하기 위해 각 주의 향리 1명을 수도 금성의 여러 관청에 보내어 일정 기간 근무하게 함(인질 제도) • 외사정 파견 : 지방관을 감찰하기 위해 감독관 파견
군사 조직 개편	• 중앙군(9서당) ┌ 민족 융합 정책의 일환 └ 신라인, 옛 고구려 · 백제인, 말갈인 등과 함께 편성 • 지방군(10정) ┌ 9주에 1정씩을 둠 └ 국경 지대 한주(漢州)는 2개의 정을 설치
민족 융합 정책 실시	• 옛 고구려 · 백제의 관리를 골품제 안으로 흡수함 • 9서당(중앙군)에 고구려 · 백제 · 말갈인도 포함 • 옛 삼국의 위치를 고려하여 9주 5소경 편성
유교 정치 이념 강화	• 국학 설립 ┌ 신문왕 대에 최고 교육 기관인 국학을 설립 └ 박사와 조교를 두어 유교 경전을 가르침 • 독서삼품과 실시 : 원성왕 때 유학에 대한 이해 수준에 따라 관리를 채용

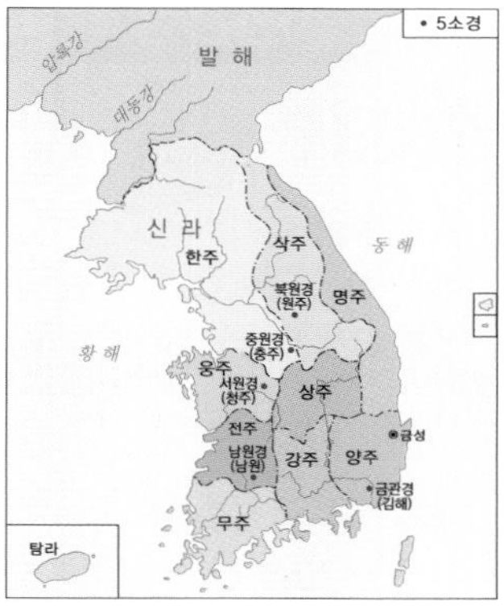

▲ 9주 5소경

▲ 김유신
• 신라에 투항한 금관가야 왕족의 후손
• 진평왕, 선덕여왕, 진덕여왕, 문무왕까지 5명의 신라 왕을 섬김
• 선덕여왕 대에 일어난 비담과 염종의 난을 진압함
• 살아생전 전투에서 단 한 번도 패배한 적이 없음
• 백제와 고구려를 멸망시키는데 큰 공적을 세움
• 사후 163년 뒤 흥덕왕으로부터 흥무대왕이라는 시호를 받음

사료 살펴보기

상수리 제도

(거득공이) 거사의 차림으로 도성을 떠나 …… 무진주를 순행하니, 주의 향리 안길이 그를 정성껏 대접하였다. …… 이튿날 아침 거득공이 떠나면서 말하기를 "…… 도성에 올라오면 찾아오라."하였고, 서울로 돌아와 재상이 되었다. 나라의 제도에 해마다 외주(外州)의 향리 한 사람을 도성에 있는 여러 관청에 올려 보내 지키게 하였다. 지금의 기인이다. 안길이 올라가 지킬 차례가 되어 도성으로 왔다. -『삼국유사』-

신라는 상수리 제도를 통해 지방 세력을 통제하였다. 상수리 제도는 지방 세력가나 그 자제를 일정 기간 수도에 와서 거주하게 한 제도로서 고려 시대에 기인 제도로 계승되었다.

독서삼품과

『춘추좌씨전』과 『예기』, 『문선』을 읽어서 그 뜻에 능통하고, 겸하여 『논어』와 『효경』에 밝은 자를 상품으로하 고, 『곡례』와 『논어』, 『효경』을 읽은 자를 중품으로 하고, 『곡례』와 『효경』을 읽은 자를 하품으로 하였다. -『삼국사기』-

신라 원성왕은 독서삼품과를 마련하여 유교 경전의 이해 수준을 시험함으로써 관리를 채용하고자 하였다. 이 제도는 골품제 때문에 제 기능을 발휘하지 못했지만 유학을 보급하는 데 기여하였다.

은쌤의 합격노트

통일 신라의 발전

☑ 시험에 꼭 나오는 키워드

통일 신라 초기의 왕인 태종 무열왕, 문무왕, 신문왕 업적 숙지하기 ➡ 신문왕은 단독 출제가 잦음, 태종 무열왕과 문무왕은 단독 출제 빈도는 낮지만 오답 선지로 자주 활용됨

☑ 최다 빈출 선지

태종 무열왕(김춘추)
① 진골 출신 최초로 왕위에 올랐다.
② 관리 감찰을 위해 사정부를 두었다.
③ 당에 파견되어 군사적 지원을 이끌어 내는 성과를 거두었다.

문무왕
① 지방관을 감찰하기 위해 외사정을 파견하였다.
② 매소성 전투에서 당의 군대를 격파하였다.
③ 나·당 전쟁에서 승리하여 삼국 통일을 이룩하였다.

신문왕
① 관료전을 지급하고 녹읍을 폐지하였다.
② 김흠돌의 난을 진압하고 진골 귀족을 숙청하여 왕권을 강화하였다.
③ 9서당 10정의 군사 조직을 운영하였다.
④ 9주 5소경의 지방 행정 제도를 갖추었다.

원성왕
① 인재 등용을 위해 독서삼품과를 시행하였다.

성덕왕
① 백성에게 정전을 지급하였다.

통일 신라의 통치 체제의 정비

☑ 시험에 꼭 나오는 키워드

통일 신라 때 정비된 통치 체제 숙지하기

☑ 최다 빈출 선지

① 상수리 제도를 실시하여 지방 세력을 견제하였다.
② 위화부 등 13부를 두어 행정 업무를 분담하였다.
③ 옷깃 색을 기준으로 9개의 부대로 편성되었다(9서당).
④ 9주에 1정씩 배치되고 한주에만 1정을 더 두었다(10정).

심화 59회 7번

01 (가) 왕의 업적으로 옳은 것은?

답사 계획서

- 주제 : (가) 의 자취를 따라서
- 개관 : 삼국통일의 위업을 달성한 (가) 의 발자취를 찾아가는 일정입니다.
- 일시 : 2022년 6월 ○○일 09:00~17:00
- 주요 답사지 소개

월성(반월성)	동궁과 월지
왕이 거처한 궁성	왕이 건설한 별성
감은사지	대왕암
왕을 기리기 위해 아들 신문왕이 완성한 사찰의 터	왕의 수중릉으로 알려진 곳

① 국가적인 조직으로 화랑도를 개편하였다.
② 지방관을 감찰하고자 외사정을 파견하였다.
③ 이차돈의 순교를 계기로 불교를 공인하였다.
④ 인재 등용을 위해 독서삼품과를 실시하였다.
⑤ 자장의 건의로 황룡사 구층목탑을 건립하였다.

신라 문무왕의 업적

정답 ② (가) 왕은 신라 중대 문무왕이다. 신라가 망하는 935년까지 궁궐이 있었던 곳이다. 동궁과 월지는 통일 신라의 별궁이 자리했던 궁궐터이다. 감은사는 신라 30대 문무왕 때 왜구를 막기 위해 짓기 시작하여 31대 신문왕 때 완공되었다. 대왕암은 삼국 통일을 이룩한 문무왕의 수중 왕릉이다.

정답 분석

② 신라 중대 문무왕은 중앙에서 지방을 견제하기 위해 지방관을 감찰하는 외사정을 파견하였다.

오답 피하기

① 신라 상대 진흥왕은 유능한 인재를 양성하기 위해 화랑도를 국가적 조직으로 개편하였다.
③ 신라 상대 법흥왕은 이차돈의 순교를 계기로 불교를 공인하여 새롭게 성장한 세력들을 포섭하였다.
④ 신라 중대 원성왕은 국학의 졸업 시험으로 독서삼품과를 시행하여 성적이 우수한 자에게 관직에 진출할 기회를 주었다.
⑤ 신라 상대 선덕 여왕에게 자장은 황룡사에 9층 탑을 세워 사방의 나라를 제압할 것을 건의하였다.

02 (가)에 들어갈 내용으로 옳은 것은?

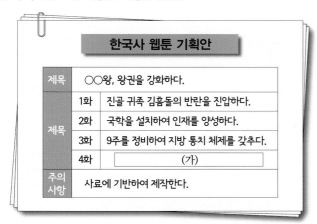

① 관료전을 지급하고 녹읍을 폐지하다.
② 마립간이라는 칭호를 처음 사용하다.
③ 이사부를 보내 우산국을 복속시키다.
④ 화랑도를 국가적 조직으로 개편하다.
⑤ 이차돈의 순교를 계기로 불교를 공인하다.

신라 신문왕의 업적

정답 ① (가)에 들어갈 내용은 신라 중대 신문왕의 업적이다. 신문왕은 김흠돌의 난을 계기로 진골 귀족 세력을 숙청하고 강력한 왕권을 확립하였다. 중앙 정치 기구와 지방 행정 조직을 마련하고, 군사 조직을 정비하였으며, 유학 교육을 실시하여 유교적 소양을 갖춘 인재를 양성하고자 국학을 설립하였다. 또한 중앙 집권 체제를 강화하기 위해 지방의 행정 조직을 9주 5소경으로 정비하였다.

정답 분석

① 신문왕은 전제 왕권을 강화하면서 조세만을 징수할 수 있는 관료전을 지급하고 녹읍을 폐지하였다.

오답 피하기

② 신라 내물왕은 왕의 칭호를 이사금에서 대수장(大首長)을 뜻하는 마립간으로 바꾸었다.
③ 신라 지증왕은 이사부를 앞세워 우산국(울릉도 일대)을 복속시켰다.
④ 신라 진흥왕은 화랑도를 국가적인 조직으로 개편하여 인재를 양성하였다.
⑤ 신라 법흥왕은 이차돈의 순교를 계기로 불교를 공인하여 새롭게 성장한 세력들을 포섭하였다.

03 지도와 같이 행정 구역을 정비한 국가에 대한 설명으로 옳은 것을 〈보기〉에서 고른 것은?

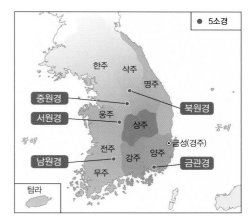

〈 보 기 〉

ㄱ. 9서당 10정의 군사 조직을 운영하였다.
ㄴ. 욕살, 처려근지 등을 지방관으로 파견하였다.
ㄷ. 상수리 제도를 실시하여 지방 세력을 견제하였다.
ㄹ. 북계에 병마사를 파견하여 적의 침입에 대비하였다.

① ㄱ, ㄴ   ② ㄱ, ㄷ   ③ ㄴ, ㄷ   ④ ㄴ, ㄹ   ⑤ ㄷ, ㄹ

통일 신라의 제도

정답 ② 지도와 같이 행정 구역을 정비한 국가는 통일 신라이다. 신라는 중국의 9주제를 본떠 전국을 9개 주로 편성하였는데, 삼국의 옛 땅에 주를 각각 3개씩 두어 대등하게 대하면서 하나로 통합하려는 의지를 드러냈다. 또한 통일 신라는 수도인 금성(경주)이 한쪽에 치우쳐 있어서 이에 낙동강 하구와 소백산맥 외곽의 교통 요지에 5소경을 설치하여 수도의 지리적 한계를 보완하였다.

정답 분석

ㄱ. 통일 신라의 군사 제도는 중앙의 9서당과 지방의 10정으로 조직하였는데, 9서당에는 신라인뿐만 아니라 고구려인, 백제인, 말갈인 등을 포함하여 편성하였다.
ㄷ. 통일 신라는 상수리 제도를 통해 지방 세력을 통제하였다. 상수리 제도는 지방 세력가나 그 자제를 일정 기간 수도에 와서 거주하게 한 제도이다.

오답 피하기

ㄴ. 고구려는 대성(부)−제성−성, 3단계 지방 제도를 갖추었는데 이 가운데 중간 행정 단위인 이상에 지방관과 군사 지휘관을 겸한 욕살, 처려근지 등을 파견하였다.
ㄹ. 고려는 군사적으로 중요한 지역에는 북계와 동계를 두고 병마사를 파견하였다.

10강 신라 하대의 혼란과 후삼국 시대

▲ 신라 하대의 사회 혼란

▲ 합천 해인사 길상탑(경남 합천)
최치원은 "전쟁과 흉년의 두 재앙이 동쪽에 와서 나쁜 중에 더욱 나쁘지 않은 곳이 없다. 굶어 죽고 싸우다 죽은 시신이 들에 즐비하였다."라고 신라 하대의 상황을 탑지에 기록하였다.

▲ 교종 5교와 9산 선문
선종은 호족 세력의 후원을 받으며 빠르게 성장하여 아홉 개의 선종 사원인 9산 선문을 이루었다. 특히 신라에 선종을 제일 먼저 전한 도의선사의 법을 이은 체징이 개창한 가지산문이 대표적이다.

1 신라 하대의 사회 혼란

중앙	• 진골 귀족들 간의 왕위 쟁탈전 심화 ─ 8세기 후반 혜공왕 피살(무열왕계 왕위 세습 끝나고 내물왕계가 왕위 세습) ─ 진골 귀족들의 왕위 다툼(150여 년간 20명의 왕이 교체됨) ─ 왕권 약화, 중앙 정부의 통제력 약화 • 6두품의 반신라화 ─ 당에 유학, 관직 승진의 제한으로 불만(골품제 모순 비판) ─ 호족과 함께 새로운 사회 건설 추구 ─ 최치원(6두품)의 시무 10조 건의 ➡ 진성여왕은 받아들이지 않음
지방	• 지방 : 새로운 세력 등장, 신라 정부의 권위에 도전 • 지방 호족의 등장 : 스스로 성주·장군이라 칭함 ─ 출신 : 토착 촌주, 중앙에서 밀린 귀족, 군진 세력 등 ─ 기반 : 대농장, 군대 보유, 독자적 통치 기구 마련, 지방 행정·군사 장악 ─ 특징 : 6두품 세력과 결탁, 선종 수용 • 계속된 반란 ─ 김헌창의 난(헌덕왕, 822) : 아버지 김주원이 왕위에서 밀리자 웅천주(공주)에서 반란 ─ 장보고의 난(문성왕, 846) : 청해진을 기반으로 왕위 다툼에 개입, 딸을 왕비로 세우려다 실패로 끝나자 반란 • 농민 봉기 : 9세기 말 진성여왕 때 가장 극심 ─ 배경 : 국가 재정 궁핍, 흉년 및 전염병, 귀족·지방 세력가의 수탈 ─ 원종·애노의 난(889, 진성여왕), 적고적의 난(896, 진성여왕), 양길의 난 등
새로운 사상의 등장	• 선종의 유행 ─ 성격 : 참선 수행, 정신 수양 등을 통한 해탈 강조 ─ 특징 : 교종 중심의 전통적인 권위 부정, 개인주의적 성향 ➡ 지방 호족과 농민의 지지 ─ 발전 : 선종의 9개 종파인 9산 선문 성립, 승탑 발전(화순 쌍봉사 철감선사탑) • 풍수지리설의 유행 ─ 특징 : 신라 말 도선에 의해 보급, 지형에 따라 인간의 길흉화복이 정해짐 ─ 영향 : 경주 중심의 지리 개념에서 벗어남, 지방의 중요성 강조 ─ 결과 : 호족의 환영, 신라 정부의 권위 약화, 새로운 국가 건설에 영향 • 미륵 신앙(미륵불 숭배)의 유행 ─ 현재의 고통을 해결해 줄 미륵불이 나타나 중생을 구원 ─ 이상적 세계인 불국토를 건설한다는 사상 ➡ 사회가 혼란스러울 때 유행

사료 살펴보기

신라 말의 농민 봉기
• (진성 여왕 3년) 국내의 여러 주군이 공부를 수납하지 않아 나라의 창고가 비고, 재정이 궁핍해졌다. 이에 왕이사 자를 보내 독촉하니 곳곳에서 도적들이 들고 일어났다. 이때 원종과 애노 등이 사벌주에 웅거하여 반란을 일으켰다. ─『삼국사기』─
• (진성 여왕 10년) 도적이 나라 서남 방면에서 일어나 붉은 바지를 입어 구분하니, 이를 적고적이라 불렀다. ─『삼국사기』─

신라 말 중앙 정부와 지방 세력가에 의한 이중 수탈로 어려움을 겪던 농민들은 진성 여왕 때 '붉은 바지 도적(적고적)'이라고 불리는 무리는 경주까지 들어와 약탈하였고, 상주에서는 원종과 애노가, 원주에서는 양길이, 죽산에서는 기훤이 봉기하였다. 이처럼 전국 각지에서 농민들이 봉기하였다.

② 후삼국의 성립

(1) 후백제

건국	상주 출신의 군인 견훤이 완산주(지금의 전주)에 도읍을 정하고 후백제를 건국(900)
성장	• 황해안의 해상 세력과 농민군을 흡수 • 차령산맥 이남의 충청도와 전라도 지역까지 장악 • 중국의 후당·오월(검교태보의 직을 받음)에 사신을 파견하여 외교 관계 체결 • 막강한 군사력으로 신라 압박 : 대야성 함락(920), 신라 경애왕 살해(927)
한계	• 신라 금성에 침입하여 경애왕을 살해하는 등 신라에 적대적인 자세를 보임 • 농민에게 과도한 세금을 부과하고 호족 세력 포섭에 실패 • 견훤은 장남 신검에 의해 금산사에 유폐된 후 고려에 귀부(935)

▲ 견훤이 유폐당하였던 김제 금산사

(2) 후고구려

건국	• 북원(지금의 원주)의 양길 세력 밑에 있던 궁예(신라 왕족의 후예)가 양길을 몰아내고 세력을 키움 • 송악(개성)에 도읍을 정하고 후고구려 건국(901)
성장	• 체제 정비 ┌ 국호를 후고구려에서 마진으로 바꾸고(904), 철원으로 천도(905) ➡ 다시 국호를 │ 마진에서 태봉으로 변경(911) ├ 광평성 설치 : 최고 중앙 관부, 내정을 총괄 ├ 9관등제 실시 : 골품제를 대신할 신분제 정비 └ 미륵 신앙을 통해 전제 정치 도모 • 영토 확장 ┌ 한강 유역 차지 후 경상북도 상주 일대로 세력 확장 └ 궁예의 신하 왕건이 후백제 배후를 쳐 금성(나주) 점령
한계	• 궁예 스스로 미륵불이라 칭하며 주변 인물을 숙청 • 왕건이 궁예를 몰아내고 신하들의 추대 속에 고려 건국(918)

▲ 삼악산성
태봉국을 세운 궁예가 철원에서 왕건에게 패하고 피신처로 이용했다는 전설이 전해오는 산성이다.

▲ 후삼국 시대

사료 살펴보기

견훤은 후백제를 세우고, 궁예는 후고구려를 세우다.

견훤은 상주 가은현 사람으로 본래의 성은 이씨였는데 후에 견으로 성씨를 삼았다. 아버지는 아자개이니 농사로 자활하다가 후에 가업을 일으켜 장군이 되었다. …… 한 달 사이에 무리가 5천 명에 이르자 드디어 무진주(광주)를 습격하여 스스로 왕이 되었다. …… "지금 내가 도읍을 완산에 정하고 어찌 감히 의자왕의 쌓인 원통함을 씻지 아니하랴."하고 드디어 후백제왕이라 스스로 칭하였다.
ㅡ『삼국사기』ㅡ

궁예는 신라 사람으로 성은 김씨이고, 아버지는 제47대 헌안왕 의정이며, 어머니는 헌안왕의 궁녀였는데 그 성명은 잘 알지 못한다. 혹자는 제48대 경문왕의 아들이라고도 한다. …… 유모가 궁예를 안고 도망하여 숨어서 온갖 괴로움을 겪으며 그를 양육하였다. …… 북원의 도적 집단 괴수 양길에게 의탁하니 …… 군사들과 고생과 즐거움을 함께하며 주고 빼앗는 일에는 공평하여 사사로움이 없었다. …… 왕이라 자칭하고 사람들에게 이르기를 "이전에 신라가 당에 군사를 청하여 고구려를 격파하였기 때문에 옛 도읍 평양은 오래돼 풀만 무성하게 되었으니 내가 반드시 그 원수를 갚겠다."라고 하였다.
ㅡ『삼국사기』ㅡ

10세기 초 신라 말의 혼란을 틈타 지방에서 성장하던 견훤과 궁예는 독자적인 정권을 수립하였다. 견훤은 상주 출신으로, 전라도 지방의 군사력과 지방 호족의 지원을 받아 나주와 무진주를 차례로 점령한 후 완산주(전주)에 도읍을 정하고 후백제를 세웠다(900). 궁예는 신라 왕족 출신으로, 도적의 무리 속에서 힘을 길러 강원도·경기도·황해도 지역까지 세력을 키웠다. 그는 세력이 커지자 송악(개성)에 도읍을 정하고 후고구려를 세웠다(901).

은쌤의 합격노트

✔ 신라 하대의 사회 혼란

☑ 시험에 꼭 나오는 키워드

- 신라 말에 일어났던 사건과 사회상을 묶어서 함께 알기
- 최치원과 장보고는 인물 문제로 단독 출제, 선종과 풍수지리설은 사상 문제로 단독 출제가 되기도 함

☑ 최다 빈출 선지

신라 하대 사회상

① 웅천주 도독 김헌창이 반란을 일으켰다.
② 장보고가 청해진을 거점으로 반란을 도모하였다.
③ 최치원이 국왕에게 시무 10여 조를 건의하였다.
④ 적고적이라고 불리는 도적이 일어났다.

선종의 유행

① 참선과 수행을 통해 깨달음을 얻고자 하였다.
② 도의 선사가 가지산문을 개창한 이래 9산 선문을 형성하였다.
③ 체징이 9산 선문 중 하나인 가지산문을 개창하였다.

✔ 후삼국의 성립

☑ 시험에 꼭 나오는 키워드

- 후백제를 세운 견훤의 업적 숙지하기
- 후고구려를 세운 궁예의 업적 숙지하기

☑ 최다 빈출 선지

견훤

① 후당과 오월에 사신을 파견하였다.
② 신라의 금성을 습격하여 경애왕을 죽게 하였다.
③ 견훤이 후백제를 건국하였다.
④ 금산사에 유폐된 후 고려에 귀부하였다.
⑤ 오월(吳越)에 사신을 보내고 검교태보의 직을 받았다.

궁예

① 광평성을 비롯한 각종 정치 기구를 마련하였다.
② 국호를 마진으로 바꾸고 철원으로 천도하였다.
③ 국호를 마진에서 태봉으로 바꾸었다.
④ 마진이라는 국호와 무태라는 연호를 사용하였다.
⑤ 미륵불을 자칭하며 폭정을 일삼았다.
⑥ 양길의 휘하에서 세력을 키웠다.
⑦ 송악을 도읍으로 정하고 후고구려를 건국하였다.

대표 기출 문제

심화 64회 9번

01 다음 상황 이후에 전개된 사실로 옳은 것은?

> 청해진의 궁복은 왕이 딸을 [왕비로] 받아들이지 않은 것에 원한을 품고 반란을 일으켰다. 조정에서는 장차 그를 토벌하자니 예측하지 못할 환난이 생길까 두렵고, 그대로 두자니 그 죄를 용서할 수 없어서, 우려하면서도 어떻게 해야 할지를 몰랐다. 무주 사람 염장이란 자는 용맹하고 씩씩하기로 당시에 소문이 났는데, 와서 아뢰기를 "조정에서 다행히 신의 말을 들어주신다면 신은 한 명의 병졸도 번거롭게 하지 않고 맨주먹으로 궁복의 목을 베어 바치겠습니다."라고 하였다. 왕이 그의 말을 따랐다.
>
> - 『삼국사기』 -

① 혜공왕이 귀족 세력에게 피살되었다.
② 최치원이 시무책 10여 조를 건의하였다.
③ 왕의 장인인 김흠돌이 반란을 도모하였다.
④ 자장의 건의로 황룡사 구층 목탑이 건립되었다.
⑤ 원광이 화랑도의 규범으로 세속 5계를 제시하였다.

신라 하대의 사회상

정답 ② 다음 상황은 신라 하대 장보고가 자객 염장에게 암살당하기 직전의 상황이다. 828년 장보고는 당 군대의 장교로 활약하다 귀국하여 흥덕왕 때 1만 명이 넘는 군사를 모아 청해진을 설치하였다. 이후 장보고는 신라 하대 중앙의 권력 쟁탈전에 개입하여 신무왕을 왕위에 오르게 하기도 하였다. 아버지 신무왕에 이어 왕위를 계승한 문성왕은 845년 장보고의 딸을 둘째 왕비로 삼으려 했다가 신하들의 반대로 실행하지 않았고, 846년 장보고가 청해진 웅거하며 반기를 들자 무주 사람인 염장을 자객으로 보내 그를 살해했다.

정답 분석

② 신라 하대 최치원은 당에서 신라로 귀국한 후 894년 진성 여왕에게 개혁안 10여 조를 올렸으나 받아들여지지 않자 가야산의 해인사 등지에서 은둔 생활을 하였다.

오답 피하기

① 신라 중대 혜공왕 때 대공이 아우 대렴과 함께 반란을 일으켰다. 이 대공의 난을 시작으로 혜공왕은 96각간의 난으로 상징되는 진골귀족들의 수많은 반란을 겪었고, 결국 780년 반란 중에 피살되었다.
③ 신라 중대 신문왕은 681년 김흠돌의 난을 계기로 진골 귀족 세력을 숙청하고 강력한 왕권을 확립하였다.
④ 신라 상대 선덕여왕은 643년 승려 자장의 건의로 황룡사 9층 목탑을 세웠다.
⑤ 신라 중대 진평왕 대에 원광은 세속 5계를 지어 화랑도가 지켜야 할 행동의 규범을 제시하였다.

02 (가) 인물에 대한 설명으로 옳은 것은?

완산주를 도읍으로 삼아 나라를 세운 (가) 에 대해 말해 볼까요?

신라의 금성을 습격하여 경애왕을 죽게 하였어요.

금산사에 유폐되었다가 탈출하여 고려에 귀부하였어요.

① 공산 전투에서 전사하였다.
② 금마저에 미륵사를 창건하였다.
③ 후당과 오월에 사신을 파견하였다.
④ 김흠돌 등 진골 세력을 숙청하였다.
⑤ 국호를 마진으로 바꾸고 철원으로 천도하였다.

후백제 견훤의 업적

정답 ③ (가) 인물은 후백제의 견훤이다. 지방에서 성장하던 견훤은 완산주(전주)에 도읍을 정하고 후백제를 세웠다. 견훤은 927년 11월 신라의 수도 금성을 기습하여 경애왕을 살해했고, 경애왕의 이종사촌 형제 김부를 임금의 자리에 오르게 하니 그가 바로 경순왕이다. 견훤이 넷째 아들 금강에게 왕위를 물려주자 장남 신검은 양검·용검 등과 함께 반란을 일으켜, 견훤을 금산사에 가두고 사람을 보내 금강을 살해한 뒤 즉위하였다.

정답 분석

③ 후백제 견훤은 중국의 오월과 후당에 외교 사절을 파견하였고, 오월의 왕으로부터 검교태보의 관직을 받았다

오답 피하기

① 후삼국 시대에 고려 태조는 후백제의 공격을 받은 신라를 돕기 위해 출병하였으나, 대구 공산 전투에서 후백제 견훤 군대에 포위를 당하였다. 이때 신숭겸은 태조와 옷을 바꾸어 입고 후백제군을 속여 태조를 구하였지만, 자신은 전사하였다.
② 백제 무왕은 왕비의 발원에 따라 금마저(익산) 미륵사를 지었다.
④ 신라 중대 신문왕은 반란을 모의한 장인 김흠돌 세력을 숙청하며 왕권 강화 의지를 밝혔다.
⑤ 후고구려 궁예는 신라 타도를 표방하며 개성을 수도로 삼고 후고구려를 세웠다. 그 후 철원으로 천도하고 국호를 마진, 태봉 등으로 고쳤다.

---

03 (가) 인물에 대한 설명으로 옳은 것은?

이 사진은 (가) 이/가 세운 태봉의 철원 도성 터에서 촬영된 석등입니다. 일제 강점기에 보물로 지정되기도 했으나 지금은 비무장지대 안에 있어 존재를 확인하기 어렵습니다. 관련 구의 진전을 위해서는 남북한의 협력이 필요합니다.

① 금마저에 미륵사를 창건하였다.
② 후당과 오월에 사신을 파견하였다.
③ 일리천 전투에서 신검의 군대를 격퇴하였다.
④ 폐정 개혁을 목표로 정치도감을 설치하였다.
⑤ 광평성을 비롯한 각종 정치 기구를 마련하였다.

후고구려 궁예의 업적

정답 ⑤ (가) 인물은 궁예이다. 초적의 무리를 이끌던 궁예는 신라 타도를 표방하며 개성을 수도로 삼고 후고구려를 세웠다(901). 그 후 철원으로 천도하고 국호를 마진, 태봉 등으로 고쳤다.

정답 분석

⑤ 후고구려 궁예는 국정을 총괄하는 광평성을 비롯한 여러 관서를 설치하고, 9관 등제를 시행하는 등 골품제를 대신할 새로운 신분 제도를 모색하였다.

오답 피하기

① 백제 무왕은 왕비의 발원에 따라 익산 미륵사를 지었다.
② 후백제 견훤은 중국의 오월과 후당에 외교 사절을 파견하였다.
③ 신검의 후백제군은 일리천 전투에서 왕건의 고려군에게 패하였고, 후백제는 멸망하였다.
④ 고려 충목왕은 고려 사회의 모순과 폐단을 시정하기 위해 정치도감을 설치하였다.

발해의 성장과 멸망

① 발해의 건국과 발전

1	2	3	4	5	6	7	8	9	10
고왕 (698~719)	무왕 (719~737)	문왕 (737~793)	폐왕 원의 (793)	성왕 (793~794)	강왕 (794~809)	정왕 (809~812)	희왕 (812~817)	간왕 (817~818)	선왕 (818~830)
건국	당과 대립	당과 친선	내분 발생						전성기 (해동성국)

▲ 발해 무왕의 당나라 산동반도 공격 추정도

▲ 발해 상경성 터

▲ 발해의 최대 영역

고왕 (대조영)	• 고구려 출신 대조영이 동모산 지역에서 발해 건국(698) • 고구려 계승 의식 표출 • 남북국의 형세 이룸(유득공, 『발해고』) • 주민의 이원적 구성 : 고구려인(지배층), 말갈인(피지배층)
무왕 (대무예)	• 대조영(고왕)의 뒤를 이어 즉위 • 독자적 연호인 '인안' 사용 • 돌궐·일본 등과 교류하며 당과 신라를 견제함 • 정복 활동 　┌ 만주 대부분과 연해주까지 세력 확장 　├ 동생인 대문예로 하여금 흑수 말갈 정벌 시도 　└ 장문휴의 수군으로 당의 산둥 지방 등주(덩저우)를 선제공격
문왕 (대흠무)	• 무왕(대무예)의 뒤를 이어 즉위 • 독자적인 '대흥' 연호 사용 • 정복 활동 : 철리부 등 동북방 말갈 복속 • 당의 3성 6부제를 기반으로 중앙 정치 조직 정비(독자적 운영) • 외교 활동 　┌ 당과 친선 관계 : 당 문물과 제도 수용(3성 6부 수용, 장안성 모방) 　├ 신라와 관계 개선 : 신라와 상설 교통로인 신라도를 통해 교류 　├ 돌궐·일본과도 긴밀하게 교류 　└ 일본에 보낸 외교 문서에 고려 국왕임을 표방(고구려 계승 의식) • 수도 이전 : 동모산 _{무왕}➡ 중경 현덕부 _{문왕}➡ 상경 용천부(755) _{문왕}➡ 동경 용원부 재천도(785) 　➡ 문왕 사후 다시 상경 용천부로 천도
선왕 (대인수)	• 최대 영토 확보 : 옛 고구려 영토 대부분 차지, 대부분 말갈 복속 • 독자적인 '건흥' 연호 사용 • 5경 15부 62주로 지방 제도 완비 • 해동성국이라 불림 : 9세기 무렵 전성기를 맞이한 발해의 국력을 당에서 높이 평가하여 붙인 이름
멸망 (926)	• 귀족들 권력 투쟁 격화로 내분 심화 • 거란의 침략으로 멸망 ➡ 일부 유민 고려로 유입 • 발해 부흥 운동 : 약 200여 년간 전개(후발해, 정안국 등)
발해 성격	• 발해 지배층의 대다수가 고구려가 유민으로 그 지배층은 고구려 계승 의식을 가졌음 • 독자적 연호의 사용 : 인안(무왕), 대흥(문왕), 건흥(선왕)을 사용 ➡ 대외적으로 중국과의 대등함을 강조하고, 대내적으로 왕권의 강대함을 표현

2 발해의 통치 체제 정비

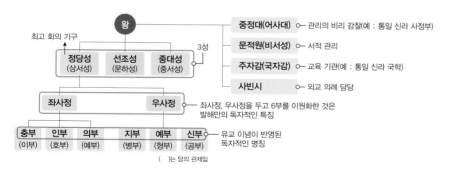

( )는 당의 관제임

중앙 행정 기구	• 당의 제도를 수용하여 3성 6부제 운영
	• 운영과 명칭에서 발해의 독자성 유지
	• 3성
	┌ 최고 행정 기관인 정당성을 중심으로 운영
	└ 정당성을 관장하는 최고 직책 대내상이 선조성 · 중대성 총괄
	• 6부
	┌ 이원적 운영 : 좌사정, 우사정으로 나눔
	└ 6부에 충 · 인 · 의 · 지 · 예 · 신 유교적 명칭 사용(독자적인 명칭)
	• 중정대 : 관리의 비리 감찰을 담당
	• 주자감 : 발해의 최고 교육 기관, 유학을 가르치고, 당에 유학생을 보냄
	• 문적원 : 책과 문서 관리, 비문, 축문, 외교 문서 등의 작성을 담당
	• 사빈시 : 외교 의례 담당
지방 행정 구역	• 선왕 대에 5경 15부 62주로 완비
	• 5경 : 전략적 요충지에 상경 용천부, 중경 현덕부, 동경 용원부, 남경 남해부, 서경 압록부 등 설치
	• 15부 62주 : 부에는 도독, 주에는 자사, 현에는 현승을 지방관으로 파견
군사 조직	• 중앙군으로 10위를 조직하여 도성의 방어를 담당
	• 지방군은 각지의 지방관이 지휘하도록 함

3 발해의 성격

고구려 계승 의식	• 건국 이후 고구려와 부여 계승 의식 표방
	• 지배층의 대다수가 옛 고구려계로 구성('대'씨, '고'씨)
	• 발해와 일본 간에 주고받은 국서에서 '고려 국왕'이라는 명칭을 사용
	• 신라의 발해 관련 기록에도 발해를 고구려 계승 국가로 인식
	• 고구려 문화와의 유사성
	┌ 발해 석등, 연꽃무늬 기와, 온돌, 돌사자상 등
	└ 정혜 공주 묘(굴식 돌방무덤, 모줄임 천장 구조), 이불병좌상 등
	• 멸망 후 왕자 대광현 등 다수가 고려 편입
당나라 문화 수용	• 당의 3성 6부제 수용
	• 당의 장안성을 모방하여 만든 발해의 상경성
	• 정효 공주 묘(벽돌무덤 양식), 영광탑 등

발해

☑ **시험에 꼭 나오는 키워드**

- 발해에 관련된 내용(왕들의 업적, 정치 조직, 사회상 등)을 정리하기
- 대조영(고왕), 무왕, 문왕, 선왕의 업적 정리하기 ➡ 출제율이 높지는 않지만 왕들이 단독으로 출제되기도 함

☑ **최다 빈출 선지**

대조영(고왕)
① 고구려 유민을 이끌고 동모산에서 건국하였다.

무왕
① 장문휴를 보내 등주를 공격하였다.
② 당의 등주를 공격하고 요서에서 격돌하였다.
③ 인안이라는 연호를 사용하였다.

문왕
① 신라도를 통하여 신라와 교류하였다.
② 중앙 관제를 3성 6부로 정비했다.
③ 대흥이라는 독자적인 연호를 사용하였다.
④ 철리부 등 동북방 말갈을 복속시켰다.

선왕
① 전성기에 해동성국이라고도 불렸다.
② 5경 15부 62주의 지방 행정 제도를 마련하였다.
③ 건흥이라는 연호를 사용하였다.

발해의 정치 조직
① 정당성의 대내상이 국정을 총괄하였다.
② 유학 교육 기관으로 주자감을 두었다.
③ 중정대를 두어 관리를 감찰하였다.

심화 62회 7번

01 (가) 국가에 대한 설명으로 옳은 것은?

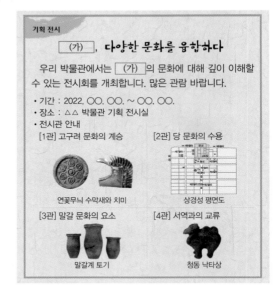

기획 전시

(가), 다양한 문화를 융합하다

우리 박물관에서는 (가) 의 문화에 대해 깊이 이해할 수 있는 전시회를 개최합니다. 많은 관람 바랍니다.

- 기간 : 2022. ○○. ○○. ~ ○○. ○○.
- 장소 : △△ 박물관 기획 전시실
- 전시관 안내

[1관] 고구려 문화의 계승
연꽃무늬 수막새와 치미

[2관] 당 문화의 수용
상경성 평면도

[3관] 말갈 문화의 요소
말갈계 토기

[4관] 서역과의 교류
청동 낙타상

① 후당과 오월에 사신을 파견하였다.
② 주자감을 설치하여 인재를 양성하였다.
③ 9서당과 10정의 군사 조직을 운영하였다.
④ 화백 회의에서 국가의 중대사를 논의하였다.
⑤ 내신좌평, 위사좌평 등 6좌평의 관제를 마련하였다.

발해

정답 ② (가) 국가는 발해이다. 발해의 건국은 고구려의 멸망 이후 30년 만에 고구려를 계승한 국가가 만주를 무대로 일어났다는 점에서 큰 의의가 있다. 고구려 장군 출신 대조영이 고구려인과 말갈인을 이끌고 동모산 근처에 발해를 세웠다. 발해의 상경성은 외성을 쌓고 남북으로 뻗은 주작대로를 내었는데, 당의 장안성과 구조가 비슷하다. 발해와 서역 간에 '담비길'이 있었음도 제기될 정도로 서역의 유물이 많이 발견되고 있다.

정답 분석
② 발해는 상경에 유학과 기술학 등 교육을 담당하는 주자감을 설치하였다.

오답 피하기
① 후백제의 견훤은 중국의 오월과 후당에 외교 사절을 파견하였다.
③ 신라의 신문왕은 9서당 10정을 설치하였다. 9서당은 중앙군으로 신라인뿐만 아니라 고구려, 백제, 말갈인 등 피정복민을 포함시켰고, 지방에는 10정을 두었다.
④ 신라는 귀족 회의인 화백 회의에서 국가의 중대사를 논의하였다. 특히 다른 나라와 달리 만장일치제라는 특징이 있었다.
⑤ 백제 고이왕은 6좌평의 관제를 마련하고 관리의 복색을 제정하는 등 지배 체제를 정비하였다.

02 다음 시나리오에 등장하는 왕의 업적으로 옳은 것은?

> #36. 궁궐 안
> 왕이 분노에 찬 표정으로 대문예에게 말하고 있다.
>
> 왕 : 흑수 말갈이 몰래 당에 조공하였으니, 이는 당과 공모하여 앞뒤로 우리를 치려는 것이다. 군대를 이끌고 가서 흑수 말갈을 정벌하라.
>
> 대문예 : 당에 조공하였다 하여 그들을 바로 공격한다면 이는 당에 맞서는 것입니다. 하루아침에 당과 원수를 지면 멸망을 자초할 수 있습니다.

① 장문휴를 보내 등주를 공격하였다.
② 9서당 10정의 군사 조직을 갖추었다.
③ 사비로 천도하고 국호를 남부여로 고쳤다.
④ 지방관을 감찰하고자 외사정을 파견하였다.
⑤ 고구려 유민을 모아 동모산에서 나라를 세웠다.

발해 무왕의 업적

정답 ①　다음 시나리오에 등장하는 왕은 발해의 무왕이다. 대조영에 이어 즉위한 무왕은 연호를 인안으로 정한 후 영토 확장에 나섰고, 당은 흑수 말갈을 이용하여 발해를 견제하였다. 무왕은 흑수 말갈을 토벌하는 한편, 일본에 국서를 보내 외교적 고립을 탈피하고자 하였다. 또한, 흑수 말갈의 토벌 과정에서 벌어진 당의 조치에 불만을 품고 수군을 보내 산둥 지방을 공격하기도 하였다.

정답 분석

① 당이 발해 동북쪽의 흑수 말갈과 유대를 강화하여 발해를 견제하려 하자, 무왕은 장문휴가 지휘하는 군대로 산둥 반도를 공격하기도 하였다(732).

오답 피하기

② 신라 신문왕은 중앙군과 지방군을 각각 9서당과 10정으로 확대 개편하였다. 특히 9서당에는 신라인은 물론 옛 고구려와 백제인, 말갈인까지 편성하여 민족의 융합을 꾀하였다.
③ 백제 성왕은 대외 진출에 유리한 사비로 천도하고, 부여 계승 의식을 내세우며 국호를 남부여로 선포하였다.
④ 신라 문무왕은 행정 구역의 성격이 강화된 주와 그 아래 군·현에는 지방관을 파견하고, 외사정을 보내 이들을 감찰하였다.
⑤ 대조영과 고구려 유민들은 천문령까지 추격한 당군을 물리치고 만주 동부의 고구려 옛 땅인 동모산에 이르러 발해를 세웠다(698).

---

03 (가) 왕에 대한 설명으로 옳은 것은?

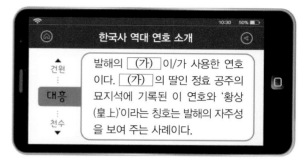

> 한국사 역대 연호 소개
>
> 건원 : 대흥 : 천수
>
> 발해의 (가) 이/가 사용한 연호이다. (가) 의 딸인 정효 공주의 묘지석에 기록된 이 연호와 '황상(皇上)'이라는 칭호는 발해의 자주성을 보여 주는 사례이다.

① 북연의 왕을 신하로 봉하였다.
② 지린성 동모산에서 나라를 세웠다.
③ 신라에 군대를 파견하여 왜를 격퇴하였다.
④ 수도를 상경 용천부로 옮겨 체제를 정비하였다.
⑤ 5경 15부 62주의 지방 행정 조직을 확립하였다.

발해 문왕의 업적

정답 ④　(가) 왕은 발해 제3대 왕 문왕이다. 발해는 중국과 대등한 지위에 있음을 대외적으로 과시하기 위해 독자적인 연호를 사용하였는데 문왕 때는 '대흥'을 사용하였다. 정효 공주는 문왕의 넷째 딸로 젊은 나이에 남편과 어린 딸을 잃고 외롭게 살다 죽었으며, 그 묘지석에는 문왕의 슬픔이 절절하게 묘사되어 있다. 그런데 묘지석의 글귀 중 발해의 연호인 '대흥'과 문왕을 '황상(皇上)'으로 표현한 점이 눈에 띈다. 황상이라는 칭호는 문왕의 둘째 딸 정혜 공주의 묘지석에도 새겨져 있다. 이를 통해 발해가 대내적으로는 황제국 체제를 지향하였음을 알 수 있다.

정답 분석

④ 발해 제3대 왕 문왕은 확대된 영토를 효과적으로 다스리고자 상경 용천부로 수도를 천도하였다.

오답 피하기

① 고구려 왕족 출신의 고운이 중국 후연의 왕위를 찬탈하고 북연을 건국하였다. 고구려 광개토 대왕은 북연의 왕이 고구려 왕족 출신인 것에 근거해 같은 종족으로서 예를 베풀었다.
② 발해 제1대 왕 대조영은 천문령이라는 곳에서 추격하던 당 군을 크게 격파하고, 지금의 지린성 동모산 기슭에 진을 건국하였다.
③ 고구려 광개토 대왕은 신라 내물왕의 요청에 군대를 파견하여 왜를 격퇴하고 한반도 남부에까지 영향력을 확대하였다.
⑤ 발해 제10대 왕 선왕은 5경 15부 62주를 설치하여 지방 행정 체제를 확립하고 전국을 통치하였다.

12강 삼국의 경제, 사회, 문화

① 고대 삼국의 경제

수취 제도	• 조세 : 재산의 정도에 따라 호를 나누어 곡물과 포를 수취 • 공물 : 각 지역의 특산물 납부 • 역 : 15세 이상의 남자를 동원하여 왕궁, 성, 저수지 등을 만듦
농업	철제 농기구 보급, 황무지 개간 장려, 저수지 축조
상업	• 수도 같은 대도시에 시장 형성, 신라의 경우 경주에 시장을 개설하고 시장 감독 관청인 동시전 설치(지증왕) • 수공업 제품을 생산하는 관청을 두고 물품 생산

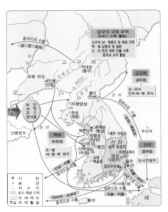

▲ 삼국의 경제 활동

② 고대 삼국의 사회

고구려	• 사회 기풍 : 대외 정복 활동을 전개하는 등 상무적이고 씩씩한 기풍 • 형벌 : 1책 12법 존재, 적에게 항복하거나, 살인자는 사형에 처함 • 혼인 풍습 : 지배층은 형사취수제와 서옥제 등으로 혼인, 평민의 경우 자유로운 교제를 통해 혼인 • 진대법 실시(고국천왕) : 을파소의 건의, 춘대추납의 빈민구제 제도 • 제가 회의 : 국가 중대사를 논의하는 귀족 회의
백제	• 사회 기풍 : 언어, 풍습, 의복, 상무적 기질 등이 고구려와 유사 • 형벌 : 반역자, 전쟁에서 패한 자, 살인자는 사형에 처함, 도둑질한 자는 귀양과 함께 2배로 배상, 관리의 뇌물 수수나 공금 횡령 시 3배를 배상하게 하고, 죽을 때까지 금고형에 처함 • 지배층인 왕족 부여씨와 8성의 귀족은 능숙한 한문을 구사하고, 투호 · 장기 등을 즐김 • 정사암 회의 : 부여의 정사암(천정대)이라는 바위에 모여 국가 중대사를 논의하는 귀족 회의

신라	• 동시전 설치(지증왕), 녹읍과 식읍 지급
	• 화백 회의 : 만장일치제의 귀족 합의제, 국왕과 귀족 간의 권력을 조정하는 기능을 담당
	• 골품제
	  ┌ 출신 성분에 따라 골(骨)과 품(品)으로 등급을 나누는 폐쇄적인 신분 제도
	  └ 관직 진출 제한, 일상생활 규제(가옥 규모, 장식물, 수레 등)
	• 화랑도(국선도, 풍월도)
	  ┌ 원시 사회의 청소년 집단과 원화가 기원
	  ├ 진흥왕 때 국가적 조직으로 정비 ➜ 무예를 닦아 삼국 통일에 기여
	  ├ 진평왕 때 원광의 세속 5계를 행동 규범으로 삼음
	  └ 화랑(귀족)과 낭도(귀족과 평민)로 구성(계층 간 갈등 조절)

관등		골품				공복
등급	관등명	진골	6두품	5두품	4두품	
1	이벌찬					자색
2	이찬					
3	잡찬					
4	파진찬					
5	대아찬					
6	아찬					비색
7	일길찬					
8	사찬					
9	급벌찬					
10	대나마					청색
11	나마					
12	대사					황색
13	사지					
14	길사					
15	대오					
16	소오					
17	조위					

▲ 신라의 골품과 관등표

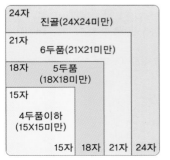

- 24자 진골(24X24미만)
- 21자 6두품(21X21미만)
- 18자 5두품(18X18미만)
- 15자 4두품이하(15X15미만)
- 15자 18자 21자 24자

▲ 신라의 골품에 따른 방의 크기

사료 살펴보기

신라의 골품 제도

공복에 있어서 진골은 자색, 6두품은 비색, 5두품은 청색, 4두품은 황색으로 구분되었다. 집의 각 방의 길이와 넓이도 진골은 24척을 넘지 못하고, 6두품은 21척, 5두품은 18척, 4두품은 15척을 넘지 못하게 하였다. -『삼국사기』-

골품은 개인의 신분뿐만 아니라 친족의 등급을 나타내는 것으로, 개인의 정치·사회적 활동 범위를 결정하였음은 물론, 집과 수레의 크기나 복색 등 일상생활까지 규제하였다.

3 삼국의 학문(유학)

고구려	학교 설립	• 태학(소수림왕, 수도) : 유교 경전과 역사를 가르침 • 경당(장수왕 대로 추정, 지방) : 한학과 무술 교육을 병행
백제	박사 제도 : 5경 박서(유학 경전을 가르침), 의박사 · 역박사(기술 학문을 가르침)	
신라	임신서기석 : 신라 청소년들이 유교 경전을 공부하였다는 내용이 새겨져 있음	

▲ 임신서기석

4 삼국의 역사서 편찬

고구려	『유기』 ➡ 이문진의 『신집』 5권(영양왕)		• 왕과 국가의 위대한 업적을 과시 하고 권위를 높임 • 왕에 대한 충성심과 국가에 대한 자긍심 고취
백제	고흥의 『서기』(근초고왕)	⇨	
신라	거칠부의 『국사』(진흥왕)		

5 삼국의 불교

특징	• 중앙 집권 국가로 발전하는 과정에서 수용 • 새로운 국가 정신의 확립과 왕권 강화(왕즉불 사상, 업설)
고구려	소수림왕 때 중국 전진의 승려 순도를 통해 수용(372)
백제	• 침류왕 때 중국 동진의 마라난타를 통해 수용(384) • 성왕 때 노리사치계를 파견하여 일본에 불교 전파
신라	• 5세기 중엽 고구려의 묵호자를 통해 수용 ➡ 귀족들의 반대로 공인되지 못함 • 법흥왕 때 이차돈의 순교를 계기로 공인(527) • 승려 원광은 세속 5계를 가르치고, 진평왕의 명에 따라 수나라에 걸사표를 지음 • 승려 자장은 선덕 여왕 때 황룡사 9층 목탑 건립 건의

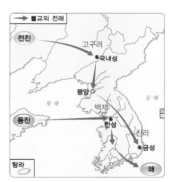

▲ 삼국의 불교 수용

6 삼국의 도교

특징	산천 숭배와 신선 사상이 결합하여 불로장생과 현세의 구복 추구
고구려	• 연개소문 때 도교 장려 ➡ 반대 세력 견제 목적 • 대표 유물 : 강서대묘의 사신도
백제	대표 유물 : 백제 금동 대향로, 산수무늬벽돌, 사택지적비, 무령왕릉 지석
신라	화랑도의 별칭인 국선도, 풍류도, 풍월도에 도교 사상 반영

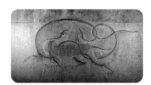

▲ 고구려 강서대묘의 현무도

▲ 백제 금동 대향로

▲ 백제 산수무늬 벽돌

▲ 무령왕릉 지석

▲ 사택지적비

고대 삼국의 경제

☑ 시험에 꼭 나오는 키워드

고구려와 신라의 경제와 관련된 정책 숙지하기 ➡ 오답 선지로 많이 활용됨

☑ 최다 빈출 선지

고구려
① 빈민을 구제하기 위해 진대법을 실시하였다(고국천왕).

신라
① 시장을 관리하는 관청인 동시전이 설치되었다(지증왕).

고대 삼국의 사회

☑ 시험에 꼭 나오는 키워드

• 고대 삼국의 특징적인 사회상을 구분하여 정리하기
• 신라의 화랑 제도와 골품 제도 숙지하기 ➡ 단독 문제로도 출제가 됨

☑ 최다 빈출 선지

고구려
① 제가 회의에서 나라의 중대사를 결정하였다.
② 도둑질한 자에게 12배로 배상하게 하였다(1책 12법).

백제
① 정사암에 모여 국가의 중대사를 논의하였다.
② 왕족인 부여씨와 8성이 귀족이 지배층을 이루었다.

신라
① 만장일치제로 운영된 화백 회의가 있었다.
② 골품에 따라 관등 승진에 제한이 있었다.

화랑 제도
① 화랑도의 규범으로 세속 5계를 제시하였다.
② 진흥왕이 국가적인 조직으로 정비하였다.
③ 원화에 기원을 두고 있다.

골품 제도
① 골품제라는 엄격한 신분제를 마련하였다.
② 골품에 따라 관직 승진에 제한을 두었다.
③ 집과 수레의 크기 등 일상생활을 규제하였다.

고대 삼국의 문화

☑ 시험에 꼭 나오는 키워드

• 고대 삼국의 특징적인 부분(학교, 역사서, 불교 수용 등)을 구분하여 정리하기
• 도교 문제는 단독으로 출제되기도 함 ➡ 도교와 관련된 유물 기억하기

☑ 최다 빈출 선지

고구려
① 이문진이 유기를 간추린 신집을 편찬하였다(영양왕).
② 태학을 설립하여 인재를 양성하였다(소수림왕).
③ 경당을 설치하여 청소년에게 글과 활쏘기를 가르쳤다(장수왕 때 설치된 것으로 추정).

백제
① 고흥에게 서기를 편찬하게 하였다(근초고왕).
② 동진에서 온 마라난타를 통해 불교가 수용되었다(침류왕).
③ 오경박사, 의박사, 역박사 등을 일본에 파견하였다.

신라
① 거칠부가 왕명을 받들어 국사를 편찬하였다(진흥왕).
② 이차돈의 순교를 계기로 불교를 공인하였다(법흥왕).

01 밑줄 그은 '이 제도'에 대한 설명으로 옳은 것은?

> 축하드립니다. 이번에 대아찬으로 승진하셨다고 들었습니다.

> 고맙네. 하지만 6두품인 자네는 이 제도 때문에 아찬에서 더 이상 올라갈 수 없다는 것이 안타깝네 그려.

① 원화(源花)에 기원을 두고 있다.
② 을파소의 건의로 처음 마련되었다.
③ 서얼의 관직 선출을 법으로 제한하였다.
④ 집과 수레의 크기 등 일상생활을 규제하였다.
⑤ 문무 5품 이상 관리의 자손을 대상으로 하였다.

신라의 골품 제도

정답 ④　밑줄 그은 '이 제도'는 신라의 골품 제도이다. 신라는 왕족과 귀족을 골과 품으로 나누고, 귀족은 세력에 따라 6단계로 나눴는데 이를 골품제라 한다. 골품제가 정비되면서 3품 이하는 평민과 같아졌다. 골품에 따라 오를 수 있는 관등이 정해져 있었으며, 그것이 승진을 결정지었다. 장관은 대아찬 이상의 관등을 가져야 했고 차관은 9등 급벌찬에서 6등 아찬의 관등을 갖고 있어야 했다. 따라서 아무리 능력이 뛰어나도 6두품은 장관이 될 수 없었다.

정답 분석

④ 신라 골품 제도는 관직뿐만이 아니라 골품에 따라 방 크기는 물론 섬돌과 담장, 마구간과 화장실 크기까지 정해져 있었다.

오답 피하기

① 신라의 화랑도는 원화에 기원을 둔 청소년 수련 단체로 진흥왕 대에 이르러 국가적인 조직으로 개편되었다.
② 고구려 고국천왕은 을파소의 건의를 받아들여 진대법과 같이 가난한 농민을 구제하기 위한 구휼 제도를 시행하였다.
③ 조선은 양반 첩에게서 태어난 서얼은 문과에 응시하는 것을 금지하였다. 하지만 무과나 기술관을 뽑는 잡과에는 응시할 수 있었다.
⑤ 고려 시대에 공신이나 5품 이상 고위 관료의 자제는 과거를 치르지 않고도 음서를 통해 관직에 임용될 수 있었다.

---

02 다음 기획전에 전시될 문화유산으로 적절한 것을 〈보기〉에서 고른 것은?

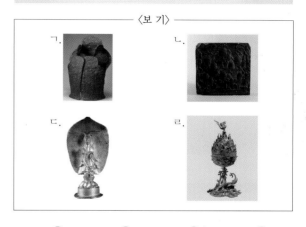

문화유산을 통해 보는 백제의 도교 문화

도교는 삼국 시대에 전래되어 우리나라 문화에 많은 영향을 주었습니다. 우리 △△ 박물관에서는 백제의 도교 문화를 살펴볼 수 있는 특별 기획전을 마련하였습니다. 많은 관람 바랍니다.

■ 기간 : 2019년 ○○월 ○○일~○○월 ○○일
■ 장소 : △△ 박물관 기획 전시실

〈보 기〉

ㄱ.　ㄴ.

ㄷ.　ㄹ.

① ㄱ, ㄴ　② ㄱ, ㄷ　③ ㄴ, ㄷ　④ ㄴ, ㄹ　⑤ ㄷ, ㄹ

도교

정답 ④　도교는 삼국에 전래되어 귀족 사회를 중심으로 유행했으며, 예술에도 많은 영향을 주었다.

정답 분석

④ ㄴ. 백제의 산수무늬 벽돌은 자연 속에서 살고 싶은 마음이나 신선들의 이상 세계를 잘 표현하여 도교 사상을 반영하고 있다.
　 ㄹ. 백제 금동 대향로는 불교 의식에 사용되는 향로 뚜껑에 도교의 신선이 사는 이상 세계를 표현하였다.

오답 피하기

ㄱ. 가야의 철 갑옷이다. 가야는 풍부하게 생산되는 철과 해상 교통에 유리한 점을 이용하여 수준 높은 철기 문화를 발전시켰다.
ㄷ. 고구려의 금동 연가 7년명 여래 입상은 북조 불상의 영향을 받았으며, 직선적이고 강렬한 고구려의 개성이 잘 드러나 있다.

삼국의 고분과 대외교류

▲ 고구려 장군총(돌무지 무덤 양식)

① 삼국의 고분과 벽화

구분	시기	고분 양식	특징
고구려	초기	돌무지 무덤	시신 위에 돌을 덮거나 돌을 깎아 계단식으로 쌓음, 벽화 없음 예 장군총
	후기	굴식 돌방 무덤	• 내부에 돌로 널방을 만들고 통로로 연결함, 모줄임천장 구조 • 벽과 천장에 그림을 그림 ➡ 고분 벽화가 가장 많이 발견됨 예 무용총, 각저총, 강서대묘
고구려 고분 벽화		만주 지린성 집안(국내성) 일대	• 무용총(만주) : 무용도와 수렵도 • 각저총(만주) : 평민들의 씨름도 및 별자리 그림 • 오회분(만주) : 일월성신도
		평안도, 황해도 일대	• 쌍영총(평안남도) : 인물 풍속도 및 사신도 • 강서대묘(평안남도) : 도교의 영향을 받은 사신도 • 안악 3호분(황해도) : 지배층의 행렬 모습과 가옥 모습
백제	초기	돌무지 무덤	고구려의 영향을 받음 ➡ 백제 건국 세력이 고구려 계통임을 보여줌 예 서울 석촌동 고분군
	웅진 시대	굴식 돌방 무덤	예 공주 송산리 고분(1~5호분) : 백제 왕과 왕족들의 무덤

		벽돌 무덤	• 공주 송산리 6호분 : 벽화 있음(사신도, 일월도)
			• 공주 무령왕릉 : 1971년 송산리 6호분 배수로 공사 도중 발견
			  ┌ 백제 고분 중 피장자와 축조 연대가 확인되는 유일한 무덤
			  ├ 중국 남조의 영향을 받아 벽돌로 축조
			  └ 무덤 주인을 알 수 있는 묘지석 발견, 진묘수, 금동제 신발, 금송으로 만든 관 등이 출토

	사비 시대	굴식 돌방 무덤	예 부여 능산리 고분군 : 작은 규모, 벽화 있음, 백제 금동 대향로 출토
신라	초기	돌무지 덧널무덤	나무관(덧널)을 짜 시체를 넣고 그 위에 돌을 쌓은 다음 흙을 덮음 ➡ 도굴이 어려움, 다양한 껴묻거리 발견 예 천마총[천마도(벽화 아님), 금관 등 많은 유물 출토], 호우총(호우명 그릇), 황남대총(서역 관련 유물 출토)

▲ 백제 무령왕릉

▲ 백제 무령왕릉 석수

▲ 신라 천마도
자작나무 껍질을 겹쳐서 만든 말다래에 그려진 것이다.

▲ 신라 천마총

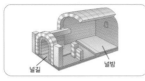

▲ 벽돌무덤
널방을 벽돌로 쌓은 백제 무덤으로 중국 남조의 영향을 받음

▲ 굴식 돌방무덤
돌로 널길과 널방을 짜고 그 위에 흙을 덮어 봉문을 만든 무덤으로, 널방의 벽과 천장에 벽화를 그리거나 모줄임천장 양식이 사용됨

▲ 돌무지 덧널무덤
나무로 덧널을 짜고 그 위에 돌을 쌓은 뒤 흙으로 봉문을 쌓는 무덤이다. 도굴이 어려워 껴묻거리가 많이 남아 있으나, 벽화는 그릴 수 없는 구조임

② 고대 삼국과 가야의 대외 교류

(1) 일본과의 교류

고구려	• 혜자 : 쇼토쿠 태자의 스승 • 담징 : 종이와 먹, 벼루 만드는 기술 전파, 호류 사 금당 　벽화 제작 및 그림 그리는 법 전파
백제	• 일본과 가장 활발하게 교류 ➡ 오경박사, 의박사, 역박사, 　천문박사, 공예기술자 등 파견 • 왕인 : 논어, 천자문 가르침 • 아직기 : 일본 태자에게 한자 교육 • 노리사치계 : 일본에 불교 전파 • 칠지도 : 근초고왕 때 왜왕에게 보낸 칼
신라	조선술, 축제술, 도자기 만드는 기술 전파, 불상·음악 전래
가야	철기 문화(철 수출, 철 갑옷), 토기 문화 전파

➡ 일본의 고대 아스카 문화 형성에 영향

➡ 일본 스에키 문화에 영향

▲ 고구려 수산리 고분 벽화　　▲ 금동 미륵보살 반가사유상　　▲ 일본 다카마쓰 고분 벽화　　▲ 일본 목조 미륵반가상

(2) 중국 및 서역과의 문화 교류

고구려	• 남북조 및 북방의 유목 민족과 무역 • 서역의 아프라시압 궁전 벽화에 고구려 사신 모습 등장 • 고구려 고분 벽화에 서역 계통 인물 등장(각저총, 씨름도)
백제	• 무령왕릉 : 벽돌무덤 양식으로 중국 남조의 영향 • 양직공도 : 중국 남조 양나라와 교류의 증거
신라	• 한강 유역을 차지한 이후 당항성을 통해 직접 중국과 무역 • 황남대총 : 유리그릇, 금제 장식 보검 등 중앙아시아와 페르시아 계통 물품 출토

▲ 아프라시압 궁전 벽화
우즈베키스탄 사마르칸트의 아프라시압 궁전 벽화에는 새 깃털을 단 관을 쓰고 있는 고구려 사신의 모습이 보인다. 고구려가 서역과 직접 교류하였다는 것을 알 수 있다.

▲ 서역에서 온 유리 제품(경주 황남대총 출토)
유리 제품의 질과 모양, 색깔 등으로 보아 서역에 전래된 것으로 보이며, 특히 유리병은 페르시아 계통에서 흔히 볼 수 있는 형태이다.

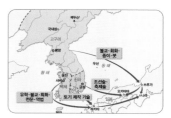

▲ 삼국 문화의 일본 전파

▲ 가야 토기

▲ 일본 스에키 토기

▲ 고구려 각저총 씨름도의 서역인

▲ 양직공도
중국 양나라에 간 백제 사신의 모습이다.

은쌤의 **합격노트**

삼국의 고분과 벽화 및 대외 교류

☑ **시험에 꼭 나오는 키워드**

- 고대 삼국의 대표 무덤과 특징 파악하기
- 백제의 무령왕릉은 단독 출제가 잦음
- 고대 삼국과 가야가 일본·서역과 문화 교류한 증거를 숙지하기

☑ **최다 빈출 선지**

고구려의 굴식 돌방무덤

① 내부의 천장과 벽에 그림을 그리기도 하였다.
② 모줄임천장 구조로 되어 있다.
③ 돌방무덤에 시신을 매장하였다.
④ 당시 생활상을 담은 수렵도 등의 벽화가 남아 있다.

신라의 돌무지덧널무덤

① 나무로 곽을 짜고 그 위에 돌을 쌓았다.
② 돌무지덧널무덤으로 다양한 껴묻거리가 출토되었다
③ 내부에서 천마도가 수습되었다(천마총).
④ 대표적인 무덤으로 황남대총이 있다.

백제의 무령왕릉

① 중국 남조의 영향을 받아 벽돌로 축조하였다.
② 백제의 고분 중 피장자와 축조 연대가 확인되는 유일한 무덤이다.
③ 벽돌무덤으로 중국 양나라와의 문화적 교류를 보여 준다.
④ 진묘수, 금동제 신발, 금송으로 만든 관 등이 출토되었다.
⑤ 매지권이 새겨진 지석과 석수가 출토되었다.

고구려의 대외 교류

① 혜자는 쇼토쿠 태자의 스승이 되었다.

백제의 대외 교류

① 왜에 칠지도를 만들어 보냈다.
② 노리사치계는 불경과 불상을 전해주었다.
③ 왕인은 천자문과 논어를 가르쳤다.
④ 오경박사, 의박사, 역박사 등을 일본에 파견하였다.

신라의 대외 교류

① 조선술과 축제술을 전파하였다(한인의 연못).

가야의 대외 교류

① 스에키 토기의 제작에 영향을 주었다(가야 토기).

심화 54회 5번

01 밑줄 그은 '이 국가'의 벽화로 옳지 <u>않은</u> 것은?

> 이 국가의 고분 벽화는 도읍이었던 지안과 평양 일대에 주로 남아 있는데, 일상생활과 풍속, 신앙과 의례를 묘사한 것으로 유명합니다. 이제 벽화 사진을 바탕으로 제작한 영상을 생생하게 만나 보세요.

① 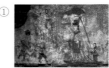   ②

③    ④

⑤

고구려 고분 벽화

정답 ⑤ 밑줄 그은 '이 국가'는 고구려이다. 현재까지 확인된 고구려 벽화 고분은 만주 지역(집안 일대)에 23기, 평양·안악 일대에 68기 등 91기에 이르고 있다.

정답 분석

⑤ 무덤 내부 사방 벽에 그림이 그려져 있는 박익 벽화묘는 조선 초기인 1420년 세종 대에 축조되었다. 무덤의 주인 박익은 고려 말기 문신이다.

오답 피하기

① 고구려 수산리 고분의 교예도이다. 벽화의 주인공은 검은색 관을 쓰고 깃, 끝동, 단에 검은 선을 붙인 누런 겉옷을 입었으며 팔자수염, 턱수염을 기른 둥근 얼굴에 미소를 짓고 교예를 구경하고 있다.
② 고구려 무용총의 접객도이다. 접객도는 묘주의 생활 모습을 통해 투피스 복식, 좌식 생활 등 뿐만 아니라 칠기 그릇을 사용했다는 공예적 부분까지 알 수 있다.
③ 고구려 강서대묘의 현무도이다. 고구려의 사신도 고분 벽화 가운데 가장 빼어난 솜씨를 자랑하는 작품이다.
④ 고구려 각저총 씨름도이다. 고구려인과 서역인이 심판인 듯한 노인이 지켜보는 가운데 치열한 한판승부를 벌이고 있는 모습이 그려져 있다.

02 (가) 문화유산에 대한 설명으로 옳은 것은?

학술 대회 안내

올해는 백제의 고분 중 피장자와 축조 연대가 확인되는 유일한 무덤인 [(가)] 발굴 50주년이 되는 해입니다. 우리 학회는 이를 기념하여 [(가)] 출토 유물로 본 동아시아 문화 교류'를 주제로 학술 대회를 개최합니다.

◆ 발표 주제 ◆
• 진묘수를 통해 본 도교 사상
• 금동제 신발의 제작 기법 분석
• 금송으로 만든 관을 통해 본 일본과의 교류

■ 일시 : 2021년 ○○월 ○○일 13:00~17:00
■ 장소 : □□박물관 강당
■ 주최 : △△ 학회

① 서울 석촌동 고분군에 위치하고 있다.
② 나무로 곽을 짜고 그 위에 돌을 쌓았다.
③ 국보로 지정된 금동 대향로가 출토되었다.
④ 무덤의 둘레돌에 12지 신상을 조각하였다.
⑤ 중국 남조의 영향을 받아 벽돌로 축조하였다.

백제 무령왕릉

정답 ⑤　　(가) 문화유산은 백제의 무령왕릉이다. 무령왕릉은 백제 제25대 무령왕의 벽돌무덤으로 중국 남조에서 유행하던 벽돌무덤을 본떠 만들었고 백제 무덤 가운데 거의 유일하게 도굴을 당하지 않고 발견되었다. 묻힌 사람이 누구인지를 밝히는 묘지석이 나와 삼국 시대 무덤 가운데 유일하게 무덤 주인을 알게 되었다.

정답 분석

⑤ 벽돌무덤은 중국 남조의 영향을 받았는데, 무령왕릉이 대표적이다.

오답 피하기

① 백제 초기 무덤으로 밝혀진 서울 석촌동 고분군은 일제 강점기 때 처음 조사되었는데, 고구려 초기 무덤 양식인 계단식 돌무지무덤이다.
② 신라의 무덤 양식인 돌무지 덧널무덤은 굴식 돌방무덤과 달리 무덤 안으로 들어가는 널길이 없어 도굴을 피할 수 있었다.
③ 백제 금동 대향로는 부여 능산리 고분군에서 출토되었다.
④ 신라의 삼국 통일 이후에는 무덤에 둘레돌을 두르고 그 위에 12지 신상을 조각하는 양식이 나타났다. 이러한 묘제는 고려, 조선의 왕릉에까지 계승되었다.

---

03 (가)~(라)의 문화 전파 내용으로 옳은 것을 〈보기〉에서 고른 것은?

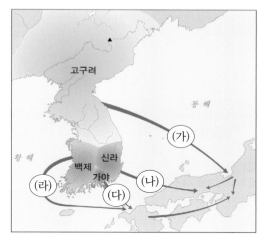

〈보 기〉

ㄱ. (가) - 노리사치계는 불경과 불상을 전해주었다.
ㄴ. (나) - 혜자는 쇼토쿠 태자의 스승이 되었다.
ㄷ. (다) - 스에키 토기의 제작에 영향을 주었다.
ㄹ. (라) - 왕인은 천자문과 논어를 가르쳤다.

① ㄱ, ㄴ　　② ㄱ, ㄷ　　③ ㄴ, ㄷ　　④ ㄴ, ㄹ　　⑤ ㄷ, ㄹ

고대 삼국과 일본과의 교류

정답 ⑤　　삼국과 왜는 활발하게 교류하였고 많은 사람이 일본 열도에 건너갔다. 삼국과 왜는 서로 영향을 주고받았지만 주로 삼국이 문화를 전해 주는 편이었다. 일본은 삼국에서 받아들인 문화를 토대로 7세기 무렵 지방을 중심으로 아스카 문화를 꽃피웠다.

정답 분석

⑤ ㄷ. (다) - 가야는 일본의 철기 문화 발달에 기여했고, 가야 토기는 일본 스에키에 영향을 주었다.
　 ㄹ. (라) - 4세기 백제의 왕인은 일본에 건너가 천자문과 논어를 가르쳤다.

오답 피하기

ㄱ. (가) - 6세기 백제의 노리사치계는 일본에 불경과 불상을 전해주었다.
ㄴ. (나) - 고구려 승려 혜자는 일본의 쇼토쿠 태자의 스승이 되었다.

14강 삼국의 문화 유산

① 삼국의 건축

고구려	• 졸본성(오녀산성) : 고구려의 첫 번째 수도 • 국내성(고구려의 두 번째 수도), 환도산성(국내성의 군사 · 방어성) • 평양의 안학궁 : 장수왕이 국내성에서 평양으로 천도하면서 건립된 궁성
백제	• 공주 공산성 : 웅진 시기의 궁궐터가 있음 • 부여 관북리 유적 : 사비 시기의 왕궁지로 추정되는 궁궐터 • 부여 부소산성 : 백제의 마지막 수도 사비 방어를 위해 축조된 복합식 성곽 • 부여 궁남지 : 백제의 조경 수준을 보여주는 인공 연못 • 익산 미륵사지 : 백제 무왕 때 세워진 백제 최대 규모의 사찰 터
신라	경주 황룡사 : 신라 진흥왕 때 세워짐

▲ 백제 공주 공산성

② 삼국의 과학 기술

고구려	천문학 : 별자리 그린 천문도 발견, 고분 벽화에 별자리 그림
백제	• 칠지도 : 백제 근초고왕이 왜에 보낸 칼, 강철 위에 상감 기법으로 금으로 글자 새겨 넣음 • 백제 금동대향로 　┌ 부여 능산리 고분 인근 절터에서 출토, 백제 왕실의 의례에 사용한 것으로 추정 　└ 도교와 불교의 요소가 복합적으로 표현
신라	• 천문학 : 7세기 선덕여왕의 첨성대 축조(동양에서 가장 오래된 천문대) • 금속 기술 발달 : 화려한 금관 제작

▲ 백제 금동 대향로

③ 삼국의 불교 예술의 발달

고구려	탑	주로 목탑 제작, 현존하는 탑이 없음
	불상	• 금동 연가 7년명 여래 입상 : 경상남도 의령에서 출토 　┌ 고구려의 승려들이 만들어 유포한 천불 중의 하나 　├ 중국 북조 양식에 고구려의 독창성 가미 　└ 불상 뒷면(광배)에 고구려 연호 '연가'가 적혀 있음 ➡ 제작 연대 추정 가능
백제	탑	• 익산 미륵사지 석탑 : 목탑 양식을 반영하여 건립 　┌ 현존하는 삼국 시대 석탑 중 가장 규모가 크고 오래된 탑 　├ 탑의 중심에는 여러 개의 사각형 돌을 수직으로 쌓아 올린 기둥(심주)이 4층까지 연속됨 　├ 석탑 해체 과정에서 발견된 금제 사리 봉안기의 기록을 통해 석탑의 건립 연도가 명확하게 밝혀짐(639) 　└ 일제 강점기 때 시멘트로 보수 • 부여 정림사지 5층 석탑 　┌ 목탑 양식 계승 　└ 1층 탑신에 당의 소정방이 쓴 글이 있어 '평제탑'이라고 불렸음

▲ 신라 첨성대

▲ 신라 금령총 금관

백제	불상	서산 용현리 마애여래 삼존상
		┌ 둥근 얼굴 윤곽에 자비로운 인상을 지녀 '백제의 미소'로 불림 └ 중국을 오가던 사람들의 안녕을 기원하고자 교통로에 만들어진 것으로 추정
신라	탑	• 경주 황룡사 9층 목탑 ┌ 선덕 여왕 때 자장의 건의로 건립 ├ 부처님의 힘을 빌려 주변 아홉 세력 물리치고자 함(호국 불교) └ 고려 시대 몽골의 침입으로 소실(1238) • 분황사 모전 석탑 ┌ 선덕 여왕 때 건립된 것으로 추정 ├ 현재 남아 있는 신라 석탑 중에 가장 오래됨 └ 돌(석재)을 벽돌 모양으로 다듬어 쌓음
	불상	경주 배동 석조여래 입상 : 다정한 얼굴, 온화하고 자비로운 불성을 표현

▲ 신라 황룡사지

▲ 백제 익산 미륵사지 석탑

▲ 백제 부여 정림사지 5층 석탑

▲ 신라 분황사 모전 석탑

▲ 고구려 금동 연가 7년명 여래입상
(좌는 앞면, 우는 뒷면)

▲ 백제 서산 용현리 마애삼존불

▲ 신라 경주 배동 석조여래 입상

▲ 신라 황룡사지 9층 목탑 모형

④ 삼국의 비석

고구려	• 광개토 대왕릉비 : 장수왕이 아버지 광개토 대왕을 기리기 위해 건립 ➡ 고구려 건국 과정, 광개토 대왕의 영토 확장과 왜군 격퇴 과정 등이 기록 • 충주(중원) 고구려비 : 한반도에 유일하게 남아 있는 고구려의 비석 ➡ 고구려 장수왕 때 남한강 유역 진출을 확인할 수 있음
백제	백제 사택지적비 ┌ 의자왕 때의 귀족 사택지적이 절을 짓고 세운 비 └ 도교적 표현이 담겨 있음(무위자연, 인생무상)
신라	• 신라 비문을 통해 신라가 국가 체제를 정비해 나가는 과정을 파악할 수 있음 • 포항 냉수리 신라비 : 지증왕 때의 비석으로 한 인물의 재산 소유와 사후 상속 문제를 기록함 • 울진 봉평 신라비 : 법흥왕 때의 비석으로 율령이 실제로 행해졌음을 증명 • 단양 신라 적성비 : 진흥왕 때 한강 상류로 진출했음을 알려줌 • 북한산 진흥왕 순수비 ┌ 진흥왕이 새롭게 정복한 한강 유역을 돌아본 후 세움 └ 조선 후기 김정희가 『금석과안록』에서 진흥왕 순수비임을 밝힘

▲ 고구려 광개토 대왕릉비

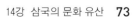

▲ 울진 봉평 신라비

삼국의 문화 유산

☑ 시험에 꼭 나오는 키워드
- 고대 삼국 별로 단독 출제되거나 오답 선지로 활용되는 문화재 정리하기
- 고대 삼국 별로 출제되는 유물, 유적 사진을 자주 보면서 눈에 익히기

☑ 최다 빈출 선지

고구려 금동 연가 7년명 여래 입상
① 연가라는 독자적인 연호를 사용하였다.
② 연가 7년이라는 명문이 새겨져 있어 제작 연대를 추정할 수 있다.

고구려 충주(중원) 고구려비
① 한반도에서 발견된 유일한 고구려 비석이다.

백제 서산 용현리 마애여래 삼존불
① 둥근 얼굴 윤곽에 자비로운 인상을 지녀 '백제의 미소'라고 불린다.

백제 미륵사
① 백제 무왕 때 세워진 백제 최대 규모의 사찰이다.
② 익산에 미륵사를 창건하였다(무왕).

백제 익산 미륵사지 석탑
① 현존하는 삼국 시대 석탑 중 가장 규모가 크며 목탑 양식을 반영하여 건립되었다.
② 금제 사리 봉안기가 발견되었다.

백제 부여 정림사지 5층 석탑
① 1층 탑신에 당의 소정방이 쓴 글이 있어 평제탑이라고 불렸다.
② 백제의 대표적인 5층 석탑이 남아 있다.

백제 금동 대향로
① 도교와 불교의 요소가 복합적으로 표현되었다.
② 부여 능산리 절터에서 출토되었다.

신라 분황사 모전 석탑
① 돌을 벽돌 모양으로 다듬어 쌓았다.
② 현재 남아 있는 신라 석탑 중에 가장 오래되었다.

신라 황룡사 구층 목탑
① 자장의 건의로 황룡사 구층 목탑의 건립하였다.
② 몽골의 침입을 받아 황룡사 구층 목탑이 소실되었다.

심화 55회 3번

01 (가)~(마) 문화유산에 대한 설명으로 옳은 것은?

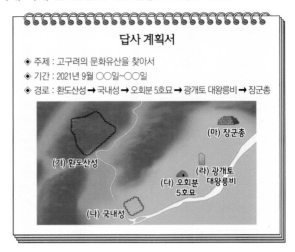

① (가) - 관구검이 이끄는 군대의 공격을 받았다.
② (나) - 고구려가 첫 번째 도읍으로 삼은 곳이다.
③ (다) - 매지권(買地券)이 새겨진 지석과 석수가 출토되었다.
④ (라) - 대가야를 정복하고 순수한 후 세운 것이다.
⑤ (마) - 돌무지덧널무덤으로 축조되었다.

고구려의 문화유산

정답 ① 고구려의 문화유산에 대해 묻는 문제이다.
(가) 환도산성은 고구려의 도성으로 중국 길림성 통화시 집안시에 있다.
(나) 국내성은 고구려의 두 번째 수도로 중국 길림성 통화시 집안시 통구성에 있다.
(다) 오회분 5호묘는 고구려 시대의 벽화 무덤으로 중국 길림성 통화시 집안시에 있다. 무덤 내부의 널방에는 사면에 사신도가 그려져 있다.
(라) 광개토 대왕릉비는 장수왕이 아버지 광개토 대왕이 이룬 업적을 기리기 위해 태왕릉 앞에 세운 거대한 비석이다.
(마) 장군총은 고구려 돌무지 무덤의 꽃으로 장수왕의 무덤으로 추정된다.

정답 분석
① 3세기 전반 고구려 동천왕이 요동의 서안평을 공격하다가 중국 위나라 장군 관구검의 반격을 받아 환도산성이 파괴되었다.

오답 피하기
② 고구려의 첫 번째 도읍으로 삼은 곳은 졸본성이다. 국내성은 고구려의 두 번째 수도이다.
③ 백제 무령왕릉에서 토지신에게 값을 치르고 무덤 터를 산다는 계약서(매지권)가 새겨진 지석이 발견되었다. 무덤 입구에 돼지 모양의 진묘수를 배치하였다.
④ 신라 상대 진흥왕은 대가야 정복 이후 북쪽의 함경도까지 진출하여 황초령 순수비, 마운령 순수비를 세웠다.
⑤ 신라는 거대한 돌무지덧널무덤을 많이 만들었는데, 돌널방이 없이 나무로 곽을 짜고 그 위에 돌을 쌓는 양식이었다.

02 (가)~(마) 문화유산에 대한 설명으로 옳은 것은?

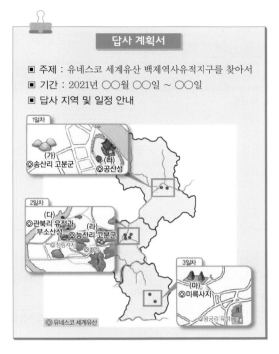

답사 계획서

- ■ 주제 : 유네스코 세계유산 백제역사유적지구를 찾아서
- ■ 기간 : 2021년 ○○월 ○○일 ~ ○○일
- ■ 답사 지역 및 일정 안내

1일차 (가) 송산리 고분군 / (나) 공산성

2일차 (다) 관북리 유적과 부소산성 / 정림사지 / (라) 능산리 고분군 / 왕궁

3일차 (마) 미륵사지

◎ 유네스코 세계유산 / ◎ 왕궁리 유적

① (가) – 백제 금동 대향로가 출토되었다.
② (나) – 온조왕이 왕성으로 삼았다.
③ (다) – 재상을 선출하던 천정대가 있었다.
④ (라) – 무령왕과 왕비의 무덤이 발굴되었다.
⑤ (마) – 석탑 해체 과정에서 금제 사리봉영기가 발견되었다.

백제의 문화유산

정답 ⑤ (가) 송산리 고분군은 공주시에 있는 백제의 발굴된 무덤군이다. (나) 공산성은 충청남도 공주시에 축조된 백제의 성곽이다. (다) 관북리 유적은 사비의 왕궁지로 추정되는 궁궐터이며, 부소산성은 사비 방어를 위해 축조된 성곽이다. (라) 능산리 고분군은 부여군에 있는 백제의 굴식돌방무덤 등이 발굴된 무덤군이다. (마) 미륵사지는 익산시 미륵산 기슭에 위치한 백제의 사찰이다.

정답 분석

⑤ 2009년 발견된 익산 미륵사지 서탑 금제 사리 봉안기에 따르면 무왕의 왕비인 사택 왕후의 발원으로 639년 서탑을 건립하였다고 한다.

오답 피하기

① 백제 금동 대향로는 능산리 고분군에서 출토되었다.
② 온조왕이 왕성으로 삼은 곳은 한강 하류의 하남 위례성이다.
③ 천정대는 백제의 정사암 회의가 열렸던 곳이다. 충청남도 부여군 규암면 호암리에 위치하며, 임금 바위 또는 신하 바위라고 부르는 바위들이 있는 곳이다.
④ 무령왕릉은 송산리 고분군에 있다.

---

03 밑줄 그은 '이 불상'으로 옳은 것은?

국보 제119호인 이 불상은 고구려의 승려들이 만들어 유포한 천불(千佛) 중의 하나로, 경상남도 의령에서 출토되었습니다. 연가(延嘉) 7년이라는 명문이 새겨져 있어 제작 연대를 추정할 수 있습니다.

① ② ③ ④ ⑤

고구려 연가 7년명 금동 여래 입상

정답 ② 밑줄 그은 '이 불상'은 고구려의 연가 7년명 여래입상이다. 고구려의 금동 연가 7년명 여래입상은 청동으로 만들고 금으로 도금하였으며, 뒷면(광배)에는 고구려와 관련된 글인 '연가 7년'이 새겨져 있어 제작 연대를 추정할 수 있다.

정답 분석

② 금동 연가 7년명 여래입상은 6세기 말의 대표적인 고구려 불상이다.

오답 피하기

① 고려 말~조선 초에 제작된 금동 관음보살좌상이다.
③ 발해 상경과 동경의 절터에서 두 부처가 나란히 앉아 있는 모습을 한 발해의 이불병좌상이 발굴되었다.
④ 경주 구황동 금제여래입상은 통일 신라 시대에 성덕왕이 제작한 것으로 추정된다.
⑤ 삼국 시대에 제작된 금동 미륵보살 반가사유상이다.

대표 기출 문제

심화 62회 5번

04 밑줄 그은 '이 탑'으로 옳은 것은?

◆ 유물 이야기 ◆

금제 사리봉영기가 남긴 고대사의 수수께끼

2009년 이 탑의 해체 수리 중에 사리장엄구와 금제 사리봉영기가 발견되었다. 사리봉영기에는 "우리 백제 왕후께서는 좌평 사택적덕의 따님으로 …… 가람을 세우시고 기해년 정월 29일에 사리를 받들어 맞이하셨다."라는 명문이 있어 큰 주목을 받았다. 이 탑을 세운 주체가 삼국유사에 나오는 선화 공주가 아니라 백제 귀족의 딸로 밝혀져 서동 왕자와 선화 공주 설화의 진위 여부에 대한 논란이 일어나기도 하였다.

①
②
③
④
⑤

익산 미륵사지 석탑

정답 ③   밑줄 그은 '이 탑'은 백제 익산 미륵사지 석탑이다. 2009년 발견된 익산 미륵사지 서탑 금제 사리 봉안기에 따르면 무왕의 왕비인 사택 왕후의 발원으로 639년 서탑을 건립하였고, 백제 왕실에서 불교를 신봉한 모습을 엿볼 수 있다.

정답 분석

③ 백제의 익산 미륵사지 석탑이다.

오답 피하기

① 신라의 분황사 모전 석탑이다
② 경주의 정혜사지 13층 석탑이다.
④ 발해의 영광탑이다.
⑤ 신라의 감은사지 3층 석탑이다.

고급 31회 8번

05 (가)에 해당하는 문화유산으로 옳은 것은?

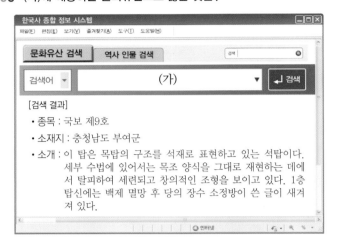

①
②
③
④
⑤

백제 부여 정림사지 5층 석탑

정답 ⑤   (가)에 해당하는 문화유산은 백제의 부여 정림사지 5층 석탑이다. 1층 탑신 면에 당의 장수 소정방이 백제 정벌을 기념하여 새긴 글 때문에 한때 '평제탑'이라고 불리기도 하였다. 하지만 절터 발굴 과정에서 '정림사'라는 글귀가 새겨진 기와가 발견되어 정림사지 5층 석탑으로 불리게 되었다.

정답 분석

⑤ 부여 정림사지 5층 석탑은 충청남도 부여군 정림사터에 있는 백제의 불탑이다.

오답 피하기

① 화엄사 4사자 3층 석탑은 전라남도 구례군 마산면 화엄사에 있는 통일 신라 시기의 불탑이다.
② 경주 불국사 3층 석탑은 통일 신라 시대에 유행하였던 이중 기단 위에 3층 탑을 쌓는 양식으로 만들어졌다.
③ 양양 진전사지 3층 석탑은 강원도 양양군 강현면 둔전리에 있는 진전사터에 세워진 석탑이다.
④ 경주 감은사지 3층 석탑은 통일 신라 신문왕 때 축조되어 동과 서에 동일한 모양의 탑이 마주보고 있다.

06 (가)에 해당하는 문화유산으로 옳은 것은?

국보로 지정된 이 마애불은 둥근 얼굴 윤곽에 자비로운 인상을 지녀 '백제의 미소'라고 불립니다. 6세기 말에서 7세기 초, 중국을 오가던 사람들의 안녕을 기원하고자 교통로에 만들어진 것으로 보입니다.

① ② ③

④ ⑤

백제 서산 용현리 마애여래 삼존상

정답 ④ (가)에 해당하는 문화유산은 백제의 서산 용현리 마애여래 삼존상이다. 서산 용현리 마애여래 삼존상은 백제 말기의 것으로 추정되는 화강암에 조각한 불상으로, 본존 여래 입상을 중심으로 하여 왼쪽에 반가 사유형의 보살 좌상이, 오른쪽에 보살 입상이 안치되어 있다.

정답 분석

④ 서산 용현리 마애 여래 삼존상은 짧은 미소를 띤 온화한 아름다움을 지니고 있어 백제의 미소라고도 불리운다.

오답 피하기

① 안동 이천동 마애여래입상은 경상북도 안동시 이천동에 있는 고려 시대의 불상이다.
② 경주 남산 칠불암 마애불상군은 경상북도 경주시 남산동에 있는 통일 신라 시대의 불상이다.
③ 영암 월출산 마애여래좌상은 전라남도 영암군 영암읍 회문리에 있는 통일 신라 후기에서 고려 초기의 불상이다.
⑤ 파주 용미리 마애이불입상은 한때 고려 초기 불상으로 알려져 있었으나 세조와 정희왕후의 모습을 미륵불로 조각한 것이라는 설도 제기되고 있다.

---

07 (가)에 들어갈 문화유산으로 옳은 것은?

삼국 시대의 탑

국보 제30호로 현재 남아 있는 신라 석탑 중에 가장 오래된 것이다. 돌을 벽돌 모양으로 다듬어 쌓았다는 점이 특징이며, 선덕여왕 3년에 건립된 것으로 추정된다.

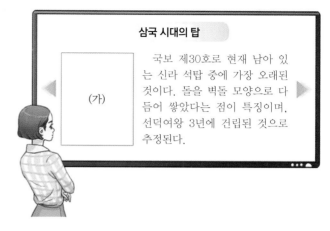

① ② ③

④ ⑤

신라 분황사 모전 석탑

정답 ④ (가)에 들어갈 문화유산은 신라의 분황사 모전 석탑이다. 신라 분황사 모전 석탑은 경상북도 경주시 분황사에 있는 우리나라 최고의 모전석탑이다. 선덕여왕 때 분황사의 창건과 동시에 건립된 것으로, 네모난 단상 위에 돌을 벽돌 모양으로 다듬어 쌓았으며, 원래 9층 정도의 탑으로 추정되나 지금은 3층만이 남아 있다.

정답 분석

④ 돌을 벽돌 모양으로 다듬어 쌓아 올린 신라의 경주 분황사 석탑이다.

오답 피하기

① 영광탑은 현재 온전히 남아 있는 유일한 발해의 탑이다.
② 부여 정림사지 5층 석탑은 1층 탑신 면에 당의 장수 소정방이 백제 정벌을 기념하여 새긴 '대당평백제국비명'이라는 글 때문에 한때 '평제탑'이라고 불리기도 하였다.
③ 안동 법흥사지 7층 전탑은 통일 신라 시대 때 건설된 것으로 추정되며 높이 17m, 너비 7.75m에 이르며, 안동 신세동 7층 전탑이라고도 불리운다.
⑤ 복잡하고 화려하면서도 균형 잡힌 통일 신라의 경주 불국사 다보탑이다.

15강 남북국의 경제와 사회

1 남북국의 경제

(1) 통일 신라

수취 제도	• 조세 : 농업 생산량의 10분의 1 정도를 수취 • 공물 : 촌락 단위로 지역의 특산물 징수 • 역 : 군역(전쟁에 동원)과 요역(건설 등의 노동)을 16~60세의 남자에게 부과
민정 문서 (촌락 문서)	• 일본 도다이사(동대사) 쇼소인(정창원)에서 발견 • 제작 목적 : 조세, 공물, 부역의 징수 및 근거 • 서원경에 속했던 4개 촌락에 대한 기록 　┌ 세금 수취를 위해 촌주가 3년마다 작성 　├ 호구(인구수, 남녀별, 연령별로 구분) 등을 기록 　└ 말과 소의 수, 토지 종류와 면적 등을 기록
토지 제도	• 신문왕 : 귀족들의 식읍 제한, 관료들에게 관료전을 지급하고 녹읍을 폐지 • 성덕왕 : 백성에게 정전 지급(농민 경제 안정 추구) • 경덕왕 : 녹읍이 부활하고 정전이 유명무실화
경제	• 상업 : 경주 인구 증가 ➡ 통일 이전의 동시 외에 서시와 남시가 설치 • 수공업 : 왕실과 귀족의 물품을 전문으로 제작하는 관청 정비

▲ 민정(촌락) 문서

(2) 발해

수취 제도	조세(조 · 콩 · 보리 등)와 공물(베 · 명주 · 가죽 등 특산물)을 걷고, 부역을 동원
경제	• 농업 : 밭농사가 주로 이루어졌고, 일부 지역에서 벼농사를 지음 • 어업 : 고기잡이 도구가 개량되었고, 숭어 · 문어 · 대게 · 고래 등을 잡음 • 목축 발달 : 솔빈부의 말이 주요 수출 품목 • 수렵 : 모피 · 녹용 · 사향 등을 생산하여 수출 • 상업 : 금속 가공업 · 직물업 · 도자기업 등이 발달

2 남북국의 사회

(1) 통일 신라

사회	• 통일 후 　┌ 진골 귀족의 주요 관직 독점 　├ 백제와 고구려의 옛 유민 포섭 　└ 6두품의 성장 : 관직 진출 제한으로 반신라적 성격을 가짐 • 골품제의 변화 : 3두품에서 1두품 사이의 구분이 없어짐 • 신라 하대 : 귀족들의 왕위 쟁탈전, 백성들 조세 부담 가중으로 농민 반란, 호족 세력의 성장 • 수도 금성(경주)의 발전 : 통일 신라의 정치 · 문화의 중심지로서 대도시로 번성

▲ 발해 솔빈부의 옛터로 말을 기르던 곳

(2) 발해

사회	• 이원적 주민 구성 ┌ 지배층 : 왕족 대씨와 귀족 고씨 등 고구려계 사람들 ➡ 주요 관직 차지 └ 피지배층 : 말갈족이 대다수, 토착 세력이 말갈 주민 통치 • 풍습 : 일부일처제, 말타기, 활쏘기, 격구 등 성행

❸ 남북국의 대외 교류

(1) 통일 신라

당나라	• 발해 건국 후 당과 외교 관계를 회복하고 교역 재개 • 유학생(빈공과 응시), 사신, 승려 등 파견 ➡ 당의 선진 문화, 서역 문화 수용 • 수출품(금 · 은 세공품, 인삼 등) ⇄ 수입품(귀족 사치품, 비단, 책) • 당에 신라방 · 신라촌(집단 거주지), 신라소(자치 기구), 신라관(여관), 신라원(절) 등 형성
일본	• 정치적으로는 대립, 경제적으로는 교류 • 수출품(금 · 은 · 철, 서적, 불경) ⇄ 수입품(직물 원료) • 율령, 불교 문화(심상의 화엄경) 전파 ➡ 일본 하쿠호 문화의 성립에 기여
서역	국제 무역항인 울산항을 통해 아라비아, 페르시아 등의 서역 상인들 왕래
장보고 / 활동	• 당에 건너가 군인(무령군 소장)으로 활동 • 귀국 후 흥덕왕 때 완도에 청해진 설치 ➡ 청해진을 중심으로 무역 활동 전개 • 중국 산둥반도에 적산법화원 창건 : 당나라에 거주하던 신라인의 신앙 생활 중심지이자 본국과의 연락소 역할을 함 • 왕위 쟁탈전에 가담하여 신무왕 즉위에 공을 세움 ➡ 문성왕이 자신의 딸을 왕비로 받아들이지 않자 반란을 일으킴 ➡ 문성왕이 보낸 자객에게 살해당함
장보고 / 청해진	• 배경 : 8세기 후반 이후 신라 · 당 · 일본 사이에 무역이 성장 • 활동 : 장보고가 완도에 청해진 설치 후 해적 소탕 ➡ 남해 · 황해의 해상 무역권 장악 ➡ 당나라와 신라 · 일본을 잇는 해상 무역을 주도 • 영향 : 당의 산둥반도에 신라 교민 사회 형성 및 적산법화원 건설

▲ 남북국 시대의 무역

(2) 발해

당	• 초기에는 대립, 8세기 중반 이후 교역 ➡ 유학생(빈공과 응시), 승려 파견 • 산둥반도에 발해관 설치(당이 발해 사신이 이용할 수 있도록 만든 여관) • 수출품(담비 모피, 인삼, 불상 · 자기, 솔빈부의 말 등) ⇄ 수입품(귀족의 수요품인 비단, 책 등) • 영주도를 통해 당나라와 교역 : 당나라 수도 장안으로 직통하는 육로 교통의 간선도로 • 조공도를 통해 당나라와 교역 : 당과의 관계에서 정치적인 목적은 물론 경제적인 교역으로도 많이 이용
신라	신라도를 통해 신라와 교역 : 주로 견직물 교역
일본	일본도를 통해 일본과 교역 : 주로 당에서 들어온 외래품 수출
거란	거란도를 통해 거란과 교역

▲ 경주 원성왕릉 무인 석상
서역인을 모습을 한 석상을 통해 당시 신라와 이슬람 지역의 교류를 짐작할 수 있다.

▲ 발해의 무역로

은쌤의 합격노트

🏮 남북국의 경제·사회

☑ 시험에 꼭 나오는 키워드

- 통일 신라의 특징적인 경제(민정 문서)와 사회적인 부분 숙지하기
- 장보고를 활용한 문제가 자주 출제됨(인물 단독 문제, 청해진, 신라 하대 사회상 문제)
- 발해의 특징적인 경제와 사회적인 부분 숙지하기

☑ 최다 빈출 선지

신라의 민정문서(촌락문서)
① 조세 징수와 노동력 동원을 위해 작성하였다.
② 일본 도다이사 쇼소인에서 발견되었다.
③ 세금 수취를 위해 3년마다 작성되었다.
④ 서원경 부근 4개 촌락의 인구수, 토지 종류와 면적, 소와 말의 수 등을 기록하였다.

신라의 토지 제도
① 관리들에게 관료전이 지급되고 녹읍이 폐지되었다.
② 백성에게 정전을 지급하였다.

신라의 경제
① 울산항, 당항성이 무역항으로 번성하였다.
② 청해진을 중심으로 해상 무역이 전개되었다.
③ 신라방을 형성하여 중국과 활발히 교역하였다.

신라의 사회
① 당에 유학생을 파견하였다.
② 6두품 세력이 골품제를 비판하며 새로운 정치 이념을 제시하였다.
③ 6두품 출신 유학생이 빈공과를 준비하였다.

신라의 장보고
① 완도의 청해진을 중심으로 해상 무역이 전개되었다.
② 산둥반도에 적산 법화원을 창건하였다.
③ 당에 건너가 군인으로 활약하였다.
④ 왕위 쟁탈전에 가담하여 반란을 일으켰다.

발해의 경제
① 솔빈부의 말이 특산물로 거래되었다.
② 거란도, 영주도 등을 통해 주변국과 교류하였다.
③ 신라도를 통해 신라와 교류하였다.

심화 63회 5번

01 (가) 국가의 경제 상황으로 옳은 것은?

촌락 문서

○소장처 : 일본 도다이사 쇼소인
○소개
　이 문서는 조세 수취와 노동력 동원에 활용할 목적으로 작성된 것이다. 여기에는 (가) 의 5소경 중 하나인 서원경 부근 4개 촌락의 인구 현황, 토지의 종류와 면적, 뽕나무와 잣나무 수, 소와 말의 수 등을 3년마다 조사한 내용이 상세히 기재되어 있다.

해외 소재 우리나라 문화유산 카드

① 낙랑군과 왜에 철을 수출하였다.
② 집집마다 부경이라는 창고가 있었다.
③ 활구라고 불리는 은병이 유통되었다.
④ 특산품으로 솔빈부의 말이 유명하였다.
⑤ 울산항, 당항성이 무역항으로 번성하였다.

통일 신라 경제 상황

정답 ⑤　(가) 국가는 통일 신라이다. 민정 문서는 통일 신라 시대 지방 관청에서 촌락의 크기와 인구 등 경제 상황을 조사하여 중앙에 보고한 문서이다. 중앙 정부는 이 문서로 전국의 인구와 경제력을 파악하여 세금을 걷고 노동력을 동원하였다.

정답 분석

⑤ 통일 신라 때 울산항, 청해진, 영암, 당항성(남양만)이 국제 무역항으로 크게 번성하였다.

오답 피하기

① 변한은 철을 많이 생산하여 교역에서 화폐처럼 사용하였고, 낙랑군과 왜 등에 수출하였다.
② 고구려에는 집집마다 부경이라는 작은 창고가 있었으며, 곡식으로 술을 빚기도 하였다.
③ 고려 중기 숙종은 의천의 건의에 따라 주전도감을 설치하고, 삼한통보, 해동통보, 해동중보 등의 동전과 활구(은병)라는 은전을 만들었다.
④ 발해의 여러 특산품 중 최고는 솔빈부의 말이었다. 솔빈부의 말은 바닷길을 통해 당으로 수출되었다.

02 밑줄 그은 '인물'이 활동한 시기의 경제 모습으로 옳은 것은?

이곳은 새롭게 중건된 산둥반도의 적산 법화원입니다. 이 사찰을 창건한 <u>인물</u>에 대해 말해주세요.

ON 대화창
- 당에 건너가 군인으로 활약했어요.
- 왕위 쟁탈전에 가담하여 반란을 일으켰어요.
- 문성왕이 보낸 자객에게 살해당했어요.

글쓰기 |

① 활구라고 불리는 은병이 유통되었다.
② 중국의 농서인 농상집요가 소개되었다.
③ 면화, 고추 등이 상품 작물로 재배되었다.
④ 청해진을 중심으로 해상 무역이 전개되었다.
⑤ 수도의 시전을 감독하기 위해 경시서가 설치되었다.

장보고와 신라의 경제

정답 ④ 밑줄 그은 '인물'은 장보고이다. 장보고는 당 군대의 장교로 활약하다 귀국하여 흥덕왕 때(828) 1만 명이 넘는 군사를 모아 청해진을 설치하였다. 또한 그는 무역 활동으로 확보한 경제력을 배경으로 산둥 성 원덩[文登] 일대에 신라소라는 자치 행정 기관과 법화원이라는 절을 세워 운영하였다.

정답 분석

④ 청해진은 당과 신라, 일본을 연결하는 국제 무역 항로의 중간 지점이었다. 장보고는 이곳을 중심으로 해적들을 소탕하고 당과 신라, 일본을 연결하는 국제 무역을 주도하였다.

오답 피하기

① 고려 중기 숙종은 삼한통보, 해동통보, 해동중보 등의 동전과 활구라는 은병을 만들어 유통하여 사용을 장려하였다.
② 고려 후기 원에서 새로운 문물을 들여오는 사람들도 있었다. 이암은 농업서인 『농상집요』를 소개하여 농업 기술을 체계화하는 데 도움을 주었다.
③ 조선 중기 일본과 중국에서 담배가 전래되었고, 이어서 고구마, 감자, 배추, 옥수수, 호박, 일년감(토마토), 고추 등의 새로운 작물도 농가에 보급되었다.
⑤ 고려는 개경과 서경을 비롯한 대도시에 시전이 설치되었고, 이를 경시서라는 관청이 감독하였다.

---

03 (가) 국가의 경제 상황으로 옳은 것은?

이 지도는 ☐(가)☐ 의 전성기 영역을 나타낸 것입니다. 이 국가에서는 각지에서 말이 사육되었는데, 그중에서도 솔빈부의 말은 당에 수출될 정도로 유명하였습니다. 특히, 고구려 유민 출신으로 산둥 반도 지역을 장악하였던 이정기 세력에게 많은 말을 수출하였습니다.

상경
동경
(가)
중경
서경
남경
동해

① 벽란도를 통해 아라비아 상인과 무역하였다.
② 구황 작물로 감자, 고구마를 널리 재배하였다.
③ 해동통보를 발행하여 화폐 유통을 추진하였다.
④ 시장을 관리하는 관청인 동시전을 설치하였다.
⑤ 거란도, 영주도 등을 통해 주변국과 교역하였다.

발해

정답 ⑤ (가) 국가는 발해이다. 발해의 여러 특산품 중 단연 으뜸은 '솔빈의 말'이었다. 솔빈부는 오늘날 러시아의 체르냐치노 일대로, 넓은 초원이 펼쳐져 있어 튼튼한 말이 잘 자랐다. 솔빈부의 말은 바닷길을 통해 당으로 수출되었다. 고구려 유민 이정기는 당의 군인이었지만 안녹산의 난을 기회로 삼아 독립 왕국을 세웠다. 유민이 결집한 이정기의 나라는 그의 손자 대까지 약 55년간 유지되었다. 발해 문왕은 이정기에게 말을 팔면서 비단을 값싸게 수입하는 한편, 당을 압박하는 일석이조의 효과를 거두었다.

정답 분석

⑤ 발해는 거란도, 영주도, 조공도, 일본도, 신라도 등 5도라 불리는 교역로를 통하여 당, 일본 신라 등과 교역하였다.

오답 피하기

① 고려 시대 예성강 어귀의 벽란도는 중국, 일본, 아라비아 상인들이 드나드는 국제적인 무역항으로 번성하였다.
② 조선 후기 기근에 대비한 구황 작물의 필요성이 높아지자 고구마, 감자 등 새로운 작물이 널리 재배되었다.
③ 고려 중기 숙종은 의천의 건의에 따라 주전도감을 설치하고 삼한통보, 해동통보, 해동중보 등의 동전과 활구(은병)라는 은전을 만들었다.
④ 신라 상대 지증왕은 동시를 개설하고 이를 관리하는 기구인 동시전을 설치하였다.

남북국의 문화 유산

▲ 최지원 초상

1 남북국의 학문(유학)

(1) 통일 신라

교육	• 교육기관 : 국학(신문왕) ➜ 태학감(경덕왕) ➜ 국학(혜공왕) • 독서삼품과(원성왕) 　┌ 국학의 학생을 유교 경전 이해 능력에 따라 상·중·하로 3등급 구분 　└ 성적으로 관리 선발을 하여 유학 보급에 기여
유학	• 김대문(진골귀족 출신) : 『화랑세기』, 『계림잡전』, 『고승전』, 『한산기』 등 저술 ➜ 주체적 문화 의식 반영 • 강수(6두품) : 외교 문서 작성, 김인문 석방 요청서인 『청방인문표』 작성 • **설총(6두품)** : 한자의 음훈을 빌려 우리말을 표기한 이두를 정리, 『화왕계』를 지어 신문왕을 깨우치고자 함 • **최치원(6두품)** 　┌ 당에 유학하여 빈공과에 급제 　├ 당에서 황소의 난이 일어나자 『토황소격문(격황소서)』를 지어 명문장가로 유명해짐 　├ 신라 말의 사회상을 보여주는 『해인사 묘길상탑기』를 남김 　├ 귀국 후 진성 여왕에게 시무 10여 조를 건의하지만 수용되지 않음 　└ 은둔 생활을 하며 『계원필경』 등과 같은 뛰어난 저술과 문장을 남김

(2) 발해

교육	• 주자감 : 중앙 교육 기관으로 유교 경전을 가르침 • 도당 유학생 : 당과 관계 개선 후 많은 유학생을 파견, 빈공과에서 신라 유학생과 경쟁
한문학	• 정혜 공주와 정효 공주 묘지석에 쓰여진 세련된 사륙변려체의 문장 • 외교 사신이나 승려 중에도 한시에 능한 사람이 많음(양태사, 왕효렴, 배정 등)

2 남북국의 불교

(1) 통일 신라

▲ 원효 초상

원효	• 『대승기신론소』, 『금강삼매경론』, 『십문화쟁론』 저술 : 불교의 사상적 이해 기준 확립 및 종파 간의 사상적 대립을 해소 • 일심 사상과 화쟁 사상 제시 : 종파 간의 사상적 대립 극복 노력 • 아미타 신앙 강조 : '나무아미타불'이라고 외우면, 죽어서 극락정토에 갈 수 있다고 전도 ➜ 불교의 대중화에 기여 • 무애가라는 노래를 지어 세상에 퍼트림 • 설총을 낳은 후로는 속인의 옷을 바꾸어 입고 스스로 소성거사라 일컬음
의상	• 당 유학 후 화엄 사상 강조 ➜ 화엄 사상을 바탕으로 화엄종 개창, 부석사 건립 • 관음 신앙 강조 : 현세의 고난 구제 • 『화엄일승법계도』 저술 : 모든 존재가 상호 의존적인 관계에 있으면서 서로 조화를 이룸

▲ 의상이 건립한 영주 부석사

혜초	『왕오천축국전』 저술(인도 구법 여행기) : 당나라 바닷길로 중앙아시아, 인도 등 여러 나라를 순례하고, 각 나라의 풍물을 생생하게 기록
원측	• 당에 가서 현장에서 가르침을 받고 불교 사상을 발전시킴 • 유식의 교의를 담은 『해심밀경소』 저술
선종의 유행	• 수행을 통한 깨달음 중시 ➡ 개인적 정신세계 추구, 실천적 경향 • 선종 9산 선문 성립 ➡ 지방 문화의 근거지 • 선종이 유행하면서 고승의 사리를 봉안하는 승탑이 많이 만들어짐 • 교종 중심의 권위 부정, 호족과 결탁 ➡ 고려 왕조 개창의 사상적 바탕이 됨

(2) 발해

불교	왕실과 귀족 중심, 고구려 불교 계승

③ 남북국의 고분

(1) 통일 신라

특징	통일 후 무덤 규모 축소, 화장 유행(불교 영향)
대표 유적	• 경주 문무대왕릉 : 호국적 성격, 수중릉 • 굴식 돌방무덤(고구려 영향) : 봉토 주위에 둘레돌, 12지 신상 조각 　예 김유신묘, 경주 원성왕릉(괘릉), 성덕대왕릉

▲ 경주 문무대왕릉

▲ 김유신 묘

▲ 김유신 묘의 십이지상

(2) 발해

정혜 공주 묘	굴식 돌방무덤 : 고구려 양식 계승(모줄임 천장 구조), 돌사자상(고구려 문화 계승) 출토, 벽화가 없음
정효 공주 묘	벽돌무덤 : 당과 고구려 양식이 함께 반영, 내부 천장은 고구려 양식 계승, 벽화가 있음

▲ 모줄임 천장 구조

▲ 정효 공주 묘의 벽화

▲ 정효 공주 묘의 벽화(모사도)

▲ 화순 쌍봉사 철감선사 승탑
철감선사는 통일 신라의 선종 승려이다. 신라 말에 선종이 유행하면서 고승의 사리를 봉안하는 승탑이 많이 만들어졌다.

▲ 태종 무열왕릉비
신라 중대 태종 무열왕의 능 앞에 세워진 석비이다. 문무왕 때 건립되었으며, 명필가로 유명했던 태종 무열왕의 둘째 아들 김인문의 글씨로 비문을 새겨 놓았다.

▲ 원성왕릉

▲ 정혜 공주 묘의 돌사자상
　(고구려 문화 계승)

▲ 성덕대왕 신종

경덕왕이 아버지인 성덕왕의 명복을 빌기 위해 만들려다 뜻을 이루지 못하고 죽자, 그 아들인 혜공왕이 완성하였다.

▲ 신라 포석정지

경주 포석정은 신라 하대 헌강왕 대에 조성된 연회 장소이다. 후백제 견훤은 신라를 공격하여 포석정에서 놀고 있던 경애왕을 자살하게 하고, 신라의 마지막 왕 경순왕을 세우고 돌아갔다.

▲ 발해 석등(고구려 문화 계승)

▲ 발해 연꽃무늬 수막새
(고구려 문화 계승)

④ 남북국의 건축

(1) 통일 신라

불교	불국사 : 청운교, 백운교, 석가탑, 다보탑 위치 ➡ 불교의 이상세계 표현
궁궐	동궁과 월지(안압지) : 문무왕 때 조성된 것으로 추정 ┌ 동궁 : 신라의 별궁으로 신라의 태자가 사는 곳 ├ 월지 : 동궁의 연못으로 뛰어난 조경술을 보여 줌 └ 나무로 만든 14면체 주사위(주령구) 출토 : 상류층 음주 문화를 알 수 있음

▲ 불국사

▲ 불국사의 청운교와 백운교

▲ 불국사 경내의 석가탑

▲ 동궁과 월지(서쪽 연못)

▲ 동궁과 월지(동쪽 연못)

▲ 동궁과 월지에서 출토된 주사위

(2) 발해

당의 영향	발해의 수도 상경성은 당시 당의 수도인 장안성을 본떠 건설됨
고구려 계승	발해 석등, 온돌 장치, 발해 치미 및 수막새(기와), 용머리 등

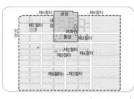

▲ 발해의 상경성 구조(당의 영향)

▲ 발해의 상경성 터(당의 영향)

▲ 발해 삼채(당의 영향)

▲ 발해 온돌 터(고구려 문화 계승)

▲ 발해 치미(고구려 문화 계승)

▲ 발해 용머리(고구려 문화 계승)

5 남북국의 불교 예술의 발달

(1) 통일 신라

탑	중대	• 이중 기단 위에 3층으로 탑을 쌓는 형태 유행 • 감은사지 3층 석탑 : 신라 석탑 양식의 효시, 신문왕이 아버지 문무왕의 은혜에 감사한다는 뜻으로 건립 • 불국사 다보탑 : 틀에 얽매이지 않는 기법, 다보여래 상징 • 불국사 3층 석탑(석가탑) : 현존 세계 최고 목판 인쇄물인 무구정광대다라니경 발견, 석가여래 상징
	하대	• 기단과 탑신에 부조, 승탑(사리 보관) 유행 • 화순 쌍봉사 철감선사 승탑 : 팔각 원당형의 형태, 선종의 유행과 관련 • 양양 진전사지 3층 석탑 : 기단과 탑신에 불상 부조(천인상, 팔부신중) • 화엄사 4사자 3층 석탑 : 변형된 기단(네 마리 석사자)
불상		석굴암 : 인공으로 만든 석굴 사원, 석굴 안에 새겨진 여러 조각들은 본존불을 중심으로 완벽한 통일과 조화를 이룸

▲ 감은사지 3층 석탑

▲ 불국사 다보탑

▲ 불국사 3층 석탑 (석가탑)

▲ 석굴암

(2) 발해

탑	영광탑 : 당의 벽돌탑 양식 영향, 현재 온전히 남아 있는 유일한 발해의 탑
불상	이불병좌상 ┌ 고구려 양식 계승 : 고구려 후기 법화 사상의 전통을 이은 발해 불상 └ 보탑 안의 다보불이 설법하던 석가불을 불러 함께 나란히 앉았다는 법화경의 내용을 형상화

▲ 발해 영광탑 (당의 영향)

▲ 발해의 이불병좌상 (고구려 문화 계승)

▲ 무구정광대다라니경

남아 있는 가장 오래된 목판 인쇄물이다. 1966년 경주 불국사 3층 석탑에서 발견되었다. 전체 길이 약 620cm, 너비 약 8cm로 751년 (경덕왕 10) 무렵에 간행된 것으로 추정된다.

▲ 양양 진전사지 3층 석탑(좌) 구례 화엄사 4사자 3석탑(우)

▲ 정혜사지 십삼층 석탑

통일 신라 시대인 9세기 즈음에 세워졌을 것으로 추측되는 탑이다. 13층이라는 보기 드문 층수로 신라에서는 그 비슷한 예를 찾아볼 수 없는 독특한 모습이다.

남북국의 학문

☑ 시험에 꼭 나오는 키워드

- 통일 신라와 발해의 교육 기관 기억하기
- 시험에 단독 출제(최치원)되거나 오답 선지(김대문, 강수, 설총)로 자주 활용되는 통일 신라 인물 정리하기

☑ 최다 빈출 선지

신라

① 유학 교육을 위하여 국학을 설립하였다(신문왕).
② 인재를 등용하기 위해 독서삼품과를 실시하였다(원성왕).

발해

① 유학 교육 기관으로 주자감을 설치하였다.

최치원

① 진성 여왕에게 시무책 10여 조를 올렸다.
② 황소의 난이 일어나자 격황소서를 지어 이름을 떨쳤다.
③ 당에서 쓴 글을 모은 계원필경을 남겼다.
④ 당에 유학하여 빈공과에 급제하였다.
⑤ 신라 말의 사회상을 보여주는 해인사 묘길상탑기를 남겼다.

김대문

① 진골 귀족 출신으로 화랑세기, 고승전 등을 저술하였다.

강수

① 외교 문서 작성에 능하여 청방인문표를 지었다.

설총

① 한자의 음훈을 빌려 우리말을 표기한 이두를 정리하였다.
② 화왕계를 지어 국왕에게 바쳤다.

남북국의 불교

☑ 시험에 꼭 나오는 키워드

- 시험에 단독 출제되는 원효, 의상, 혜초 업적 정리하고 숙지하기
- 선종은 간혹 단독 출제되기도 하지만 신라 하대 사회상과 연계해서 출제됨

☑ 최다 빈출 선지

원효

① 무애가를 지어 불교 대중화에 기여하였다.
② 금강삼매경론을 저술하였다.
③ 대승기신론소를 저술하다.

④ 종파 간의 사상적 대립을 해소하기 위해 십문화쟁론을 지었다.
⑤ 설총을 낳은 이후 속인의 옷으로 바꾸어 입고 스스로 소성거사라고 하였다.

의상

① 화엄일승법계도를 지어 화엄 사상을 정리하였다.
② 현세의 고난에서 구제받고자 하는 관음 신앙을 강조하였다.
③ 영주 부석사를 창건하다.

혜초

① 인도와 중앙아시아를 다녀와서 왕오천축국전을 남겼다.

원측

① 유식의 교의를 담은 해심밀경소를 저술하였다.

선종

① 참선과 수행을 통해 깨달음을 얻고자 하였다.

남북국의 건축과 불교 예술의 발달

☑ 시험에 꼭 나오는 키워드

- 통일 신라와 발해의 유물 · 유적 중에 단독 출제되거나 오답 선지로 활용되는 문화재 정리하기
- 통일 신라와 발해의 유물, 유적 사진을 자주 보면서 눈에 익히기

☑ 최다 빈출 선지

신라의 김유신 묘

① 무덤의 둘레돌에 12지 신상을 조각하였다.

신라의 감은사지 3층 석탑

① 삼국을 통일한 문무왕의 유업을 이어받아 아들인 신문왕이 완공하였다.
② 삼국 통일 이후 조성된 석탑 양식의 전형을 보여준다.

신라의 석가탑

① 무구정광대다라니경이 발견되었다.
② 불국사 삼층 석탑을 건립하였다(경덕왕).

신라의 동궁과 월지

① 나무로 만든 14면체 주사위(주령구)가 출토되었다.

발해 정효 공주 묘

① 고구려와 당의 양식이 혼합된 벽돌무덤을 만들었다.

발해의 이불 병좌상

① 고구려 후기 법화 사상의 전통을 이은 발해 불상이다.

01 (가)에 들어갈 내용으로 가장 적절한 것은?

〈다큐멘터리 기획안〉

○○○, 새로운 시대를 바라다

◆ 기획 의도

　　6두품 출신 학자인 ○○○의 생애를 다룬 다큐멘터리를 제작하여 혼란한 당시 상황과 그의 활동을 살펴본다.

◆ 구성

　　1부 당에 유학하여 빈공과에 급제하다
　　2부 격황소서를 써서 세상에 이름을 떨치다
　　3부 _____(가)_____
　　4부 관직에서 물러나 해인사에 은거하다

① 화왕계를 지어 국왕에게 조언하다
② 외교 문서인 청방인문표를 작성하다
③ 진성 여왕에게 시무책 10여 조를 올리다
④ 청해진을 중심으로 해상 무역을 전개하다
⑤ 인도와 중앙아시아를 순례하고 왕오천축국전을 남기다

신라 유학자 최치원

정답 ③　　(가)에 들어갈 내용은 신라 하대 6두품 출신 학자 최치원의 업적이다. 삼국 통일 이후 당과의 문화 교류가 활발해지면서, 신라에서는 진골 자제들이나 6두품 출신으로 당에 건너가 공부하는 유학생이 많아졌다. 신라 하대에 6두품 출신으로 당에 가서 빈공과에 급제한 최치원은 황소의 난이 일어나자 이를 토벌하자는 격문을 지어 명성을 떨쳤다. 또한 당에서 쓴 글들을 모아 엮은 "계원필경"이 지금까지 전해지고 있다.

정답 분석

③ 신라 하대 최치원은 당에서 신라로 귀국한 후 진성 여왕에게 개혁안 10여조를 올렸으나 받아들여지지 않자 가야산의 해인사 등지에서 은둔 생활을 하였다.

오답 피하기

① 신라 설총은 이두를 체계적으로 정리했을 뿐 아니라 "화왕계"를 지어 유교적인 도덕 정치를 강조하였다.
② 신라 강수는 당나라가 억류하고 있던 무열왕의 아들 김인문을 보내줄 것을 청하는 글 "청방인문표"을 지어 보냈다.
④ 신라 장보고는 완도에 청해진을 설치하고 해적을 소탕하여 해상 무역을 장악하였다.
⑤ 신라 혜초는 인도와 서역을 순례한 뒤 여러 나라의 풍물을 기록한 "왕오천축국전"을 남겼다.

02 (가) 인물의 활동으로 옳은 것은?

이곳은　(가)　의 생애와 활동을 주제로 한 전시실입니다. 그는 금강삼매경론, 대승기신론소 등을 저술하여 불교 교리 연구에 힘썼으며, 무애가를 짓고 정토 신앙을 전파하여 불교 대중화에 앞장섰습니다.

① 일심 사상과 화쟁 사상을 주장하였다.
② 구법 순례기인 왕오천축국전을 남겼다.
③ 황룡사 구층 목탑의 건립을 건의하였다.
④ 왕명으로 수에 군사를 청하는 걸사표를 지었다.
⑤ 승려들의 전기를 정리한 해동고승전을 편찬하였다.

신라 승려 원효

정답 ①　　(가) 인물은 원효이다. 원효는 "대승기신론소"와 "금강삼매경론"을 저술하여 중관과 유식의 교리적 대립을 해소하고, 세속에서 벗어나고자 하는 불교적 가치관을 극복하였다(화쟁 사상). 또한 나무아미타불만 외우면 누구나 극락왕생할 수 있다는 정토종을 백성 사이에 널리 퍼뜨렸다.

정답 분석

① 신라 원효는 모든 것이 한마음에서 나온다는 일심 사상을 바탕으로 다른 종파와의 사상적 대립을 완화하고자 화쟁 사상을 주장하였다.

오답 피하기

② 신라 혜초는 불법을 구하기 위해 인도에 갔다 온 후 인도와 중앙아시아 여러 나라의 풍습을 생생하게 기록한 왕오천축국전을 남겼다.
③ 신라 선덕 여왕 때에 승려 자장의 건의로 황룡사 구층 목탑이 세워졌다.
④ 신라 원광은 국가 윤리에 충실한 세속 5계를 가르치고 수에 보내는 외교 문서인 걸사표를 작성하였다.
⑤ 고려 시대 승려 각훈은 삼국 시대 이래의 명승들의 전기를 정리하여 "해동고승전"을 편찬하였으며 그중 일부가 전해진다.

03 밑줄 그은 '이 승려'의 활동으로 옳은 것은?

① 무애가를 지어 불교 대중화에 기여하였다.
② 화랑도의 규범으로 세속 5계를 제시하였다.
③ 구법 순례기인 왕오천축국전을 저술하였다.
④ 승려들의 전기를 담은 해동고승전을 집필하였다.
⑤ 화엄일승법계도를 지어 화엄 사상을 정리하였다.

신라 승려 의상

정답 ⑤ 밑줄 그은 '이 승려'는 의상이다. 의상은 화엄종을 형성하여 많은 제자를 양성하였고, 부석사를 비롯한 여러 사원을 건립하여 불교 문화의 폭을 확대하였다. 의상은 아미타 신앙과 함께 현세의 고난을 구제받고자 하는 관음 신앙을 통해 불교 대중화에도 이바지하였다.

정답 분석

⑤ 의상은 당에 유학한 뒤 귀국하여 화엄 사상을 정립하였다. 이는 모든 존재가 상호 의존적인 관계에 있으면서 서로 조화를 이루고 있다는 내용으로 통일 직후 신라 사회를 통합하는 데 크게 기여하였다.

오답 피하기

① 원효는 광대 복장으로 지내며 "화엄경"의 이치를 쉬운 내용으로 담은 "무애가"라는 노래를 지어 민중 속에 퍼뜨려 불교 대중화에 힘썼다.
② 원광은 세속 5계를 지어 화랑도가 지켜야 할 행동의 규범을 제시하였다.
③ 혜초는 인도에 가서 새로운 불교를 연구하였으며, 자신이 여행한 인도와 중앙아시아의 여러 풍물을 기록한 "왕오천축국전"을 남겼다.
④ 승려 각훈은 삼국 시대 이래의 명승들의 전기를 정리하여 "해동고승전"을 편찬하였으며 그중 일부가 전해진다.

04 (가) 인물에 대한 설명으로 옳은 것은?

다큐멘터리 공모 신청서

공모 분야	역사 – 인물 탐사 다큐멘터리
작품명	(가) 의 저서, 위대한 역사 기록이 되다
기획 의도	8세기 인도와 중앙아시아의 실상을 전해주는 중요한 기록을 남긴 신라 승려가 있다. 글로벌 시대를 맞아 (가) 의 기록이 우리에게 남긴 의미를 재조명한다.
차별화 전략	기존에 간과해 왔던 이슬람 세계와 비잔틴 제국에 대한 기록까지도 현지 답사를 통해 고증하고자 한다.
주요 촬영국	중국, 인도, 이란, 아프가니스탄, 우즈베키스탄 등

① 향가 모음집인 삼대목을 편찬하였다.
② 화랑도의 규범인 세속 5계를 제시하였다.
③ 무애가를 지어 불교 대중화에 기여하였다.
④ 구법 순례기인 왕오천축국전을 저술하였다.
⑤ 화엄일승법계도를 지어 화엄 사상을 정리하였다.

신라 승려 혜초

정답 ④ (가) 인물은 통일 신라 승려 혜초이다. 혜초는 밀교를 공부하기 위해 열다섯의 나이에 중국으로 건너갔고, 723년에 부처의 진리를 구하기 위해 뱃길로 구법 기행을 떠났다. 인도의 성지를 순례한 혜초는 서쪽으로 간다라, 페르시아, 아랍을 지나 다시 중앙 아시아를 거쳐 파미르 고원을 넘었고, 쿠차와 둔황을 거쳐 727년 당의 장안(지금의 시안)에 도착하였다.

정답 분석

④ 통일 신라 승려 혜초는 인도와 중앙아시아 등 여러 나라를 돌아보면서 각국의 지리와 역사, 풍속을 기록하였는데, 장장 4년에 걸친 약 2만km의 대장정을 기록한 것이 바로 "왕오천축국전"이다.

오답 피하기

① 신라 하대 진성여왕의 명을 받아 위홍과 대구화상은 "삼대목"이라는 향가집이 편찬하였지만 지금은 전해 오지 않는다.
② 화랑과 낭도는 승려 원광의 세속 5계를 받들며 생활했고, 명산대천을 유람하며 심신을 수련하였다.
③ 통일 신라 승려 원효는 광대 복장으로 지내며 화엄경의 이치를 쉬운 내용으로 담은 "무애가"라는 노래를 지어 민중 속에 퍼뜨려 불교 대중화에 힘썼다.
⑤ 통일 신라 승려 의상은 중국에 유학하여 화엄 교학의 창시자 지엄의 문하에서 수학한 후 화엄 교학의 정수를 "화엄일승법계도"로 체계화하였다.

고급 45회 8번

05 밑줄 그은 '이 종파'에 대한 설명으로 옳은 것은?

> 이것은 전라남도 화순군 쌍봉사에 있는 국보 제57호 철감선사승탑입니다. 승려의 사리를 봉안하는 승탑은 <u>이 종파</u>가 수용된 이후 9세기부터 유행하였습니다. <u>이 종파</u>는 도의 선사가 가지산문을 개창한 이래 산 선문을 형성하였습니다.

① 동경대전을 경전으로 삼았다.
② 단군을 숭배의 대상으로 하였다.
③ 대성전을 세워 옛 성현에 제사를 지냈다.
④ 참선과 수행을 통해 깨달음을 얻고자 하였다.
⑤ 마음속에 한울님을 모시는 시천주를 강조하였다.

선종

정답 ④　밑줄 그은 '이 종파'는 선종이다. 신라 하대에 선종이 유행하면서 고승의 사리를 봉안하는 승탑이 많이 만들어졌다. 그 중 대표적인 승탑 화순 쌍봉사 철감선사탑인데 철감 선사는 통일 신라의 선종 승려이다.

정답 분석

④ 신라 말에는 선종이 크게 유행하였다. 선종은 참선 수행을 통해 각자의 마음 속에 있는 깨달음을 얻는 실천적 경향이 강하였는데, 당시 지방 각지에서 성장하던 호족의 성향과 일치하였다.

오답 피하기

① 최제우의 제자 최시형은 『동경대전』과 『용담유사』라는 두 개의 경전을 정리하여 동학을 종교로 이론화하였다.
② 대한제국 시기 나철, 오기호 등 지식인들은 민족의 위기를 극복하기 위해 전통적인 단군 신앙을 되살릴 것을 주장하며 대종교를 창시하였다.
③ 조선에서는 공공 교육 기관으로 중앙에는 성균관을, 지방에는 향교를 두었는데 이들 시설에는 공자의 위패를 모신 대성전이 있었다.
⑤ 동학은 마음속에 한울님을 모시는 시천주(侍天主)와 '사람이 곧 하늘'이라는 인내천(人乃天) 사상을 강조하였다.

고급 42회 10번

06 (가) 국가의 문화유산으로 옳은 것은?

> **□□신문**
>
> 제△△호　　　　　　　　　○○○○년 ○○월 ○○일
>
> **(가) 의 황후 묘지 발굴**
>
> 순목황후묘 실측도
>
> 중국 지린성 허룽시 룽하이촌 룽터우산 고분군에서 (가) 이/가 황제국이었음을 보여주는 제3대 문왕의 부인 효의황후와 제9대 간왕의 부인 순목황후의 묘지(墓誌)가 발굴되었다. 이와 함께 고구려 양식을 계승한 것으로 보이는 금제 관식도 출토되었다.

① 　② 　③

④ 　⑤

발해 영광탑

정답 ③　(가) 국가는 발해이다. 중국 지린성 허룽시 룽하이 마을 룽터우산 고분군에 발해 제3대 문왕(재위 737~793년)의 황후 효의왕후와 발해 제9대 간왕(재위 817~818년)의 황후 순목황후의 묘지가 출토되었다.

정답 분석

③ 영광탑은 현재 온전히 남아 있는 유일한 발해의 탑이다.

오답 피하기

① 부여 정림사지 5층 석탑은 1층 탑신 면에 당의 장수 소정방이 백제 정벌을 기념하여 새긴 글 때문에 한때 '평제탑'이라고 불리기도 하였다.
② 복잡하고 화려하면서도 균형 잡힌 통일 신라의 경주 불국사 다보탑이다.
④ 고려 후기에 세워진 원 불탑의 영향을 받은 개성 경천사지 10층 석탑이다.
⑤ 조선 초기 세조 때 세운 원각사지 10층 석탑이다.

II

고려 귀족 사회의
형성과 변천

I

우리 역사의 형성

III

조선 유교 사회의
성립과 변화

IV

국제 질서의 변동과
근대 국가 수립 운동

고려 귀족 사회의
형성과 변천

Ⅲ

17강 고려의 건국과 정치 발전

▲ 고려의 후삼국 통일

▲ 태조의 북진 정책

1 고려의 민족 재통일

(1) 통일 과정

고려 건국 (918)	• 궁예가 미륵불을 자칭하며 포악한 정치를 일삼자 신하들이 왕건을 국왕으로 추대 • 고구려 계승을 내세워 국호를 '고려', 연호를 '천수', 도읍을 '송악(개경)'으로 삼음
발해 멸망 (926)	거란의 침입으로 발해 멸망
공산 전투 (927)	후백제가 신라에 침략해 경애왕 피살 ➡ 신라를 돕기 위해 출전한 고려군이 공산(대구 지역)에서 후백제군에게 대패(신숭겸은 왕건의 복장을 하고 대신 싸우다 전사)
고창 전투 (930)	고려군이 후백제군을 고창(안동)에서 크게 격퇴 ➡ 이후 후백제와의 경쟁에서 우위 확보
발해 유민 포용 (934)	발해의 왕자 대광현이 발해 유민을 이끌고 고려로 귀순함
견훤 귀순과 신라 항복 (935)	• 견훤 귀순 : 견훤이 넷째 아들 금강에게 왕위를 물려주려 하자, 장남인 신검이 견훤을 김제 금산사에 유폐함 ➡ 탈출한 견훤은 왕건에 귀순 • 신라 항복 : 후백제 공격에 시달리던 신라 경순왕(김부)이 왕건에 투항 ➡ 경순왕(김부)은 최초의 사심관이 됨
후삼국 통일 (936)	고려군은 일리천 전투, 황산 전투에서 승리하며 신검의 후백제군을 물리치고 후삼국 통일

2 중앙 집권 체제 정비

(1) 태조 왕건

호족 통합	포섭	• 혼인 정책(정략 결혼) : 왕실과 호족, 호족 간에 결혼 장려 • 사성 정책 : '왕'씨 성씨 부여 • 역분전 지급 : 통일 과정에서 공을 세운 사람에게 토지 지급
	견제	• 기인 제도 : 지방 호족 자제를 중앙에 머물게 함 • 사심관 제도 : 지방 호족에게 지역 관할권 부여
북진 정책		• 고구려 계승 의식, 서경(평양) 중시, 거란 강경책(만부교 사건, 거란의 낙타를 굶겨 죽임) • 영토 확장 : 청천강~영흥만 일대 확보
민족 통합		옛 고구려, 백제, 신라 출신 포섭, 발해 유민 수용
민생 안정		• 조세 경감 : 과도한 수취 금지, 조세는 1/10 수취 • 흑창 설치 : 흉년 때 빈민에게 곡식을 빌려주는 빈민 구제 기관
통치 규범		• 훈요 10조 : 후대 왕에게 통치 방향 제시 • 정계 · 계백료서 : 관료들의 올바른 품행을 강조
문화 정책		• 숭불 정책(연등회, 팔관회), 다양한 사상 포섭, 개방적 · 주체적인 외래 문화 수용

(2) 왕위 계승을 둘러싼 갈등(혜종~정종)

배경	태조의 호족 통합을 위한 정략 결혼의 부작용 ➡ 외척 간 왕위 계승을 둘러싼 갈등 초래
왕권 약화	• 혜종(2대) : 왕규의 난 • 정종(3대) : 서경 천도 시도 실패, 광군 설치(거란 침입 대비)

(3) 광종

왕권 강화	• 노비안검법 : 호족이 불법적으로 차지한 노비를 해방시킴 ➡ 호족의 경제적·군사적 기반 약화, 국가 재정 확보 • 과거제 실시 : 쌍기 건의로 시행 ➡ 유교 지식과 능력을 갖춘 인재 등용 • 백관의 공복 제정 : 관리의 복색을 관등에 따라 구분하여 위계질서 확립
칭제 건원	• '황제' 칭호와 '광덕', '준풍' 등의 독자적 연호 사용, 호족 세력 숙청 • 수도 개경을 황도, 서경을 서도로 부름
제도 정비	• 주현 공부법 실시 : 주·현 단위로 조세와 공물, 부역 등을 부과함 • 제위보 설치 : 빈민의 구호 및 질병 치료를 위해 설치 • 중국 후주와 사신을 교환하여 대외 관계의 안정을 꾀함
숭불 정책	• 국사와 왕사 제도 시행 : 혜거를 국사로 삼고 탄문을 왕사로 삼음 • 화엄종 승려 균여를 통해 개경에 귀법사 창건

(4) 경종

제도 정비	• 공신 중용을 통한 안정 추구 : 쌍기를 중심으로 한 신진 세력 제거 • 시정 전시과 실시 : 인품과 관품을 고려하여 전·현직 관료를 대상으로 전지와 시지를 지급

(5) 성종

유교 정치	최승로의 시무 28조 건의 받아들임 ➡ 유교 이념을 바탕으로 한 정치 추진
제도 정비	• 중앙 : 2성 6부제 관제 마련 • 지방 : 주요 지역에 12목을 설치하고 지방관 파견 • 의창 설치(흑창 ➡ 의창) : 빈민 구제 기구 • 상평창 설치 : 개경·서경·12목에 설치, 물가 조절 기관 • 향리 제도 마련 : 지방 호족을 호장과 부호장 등 향리로 강등시켜 지방 세력 견제 • 거란의 1차 침입을 물리침
유학 교육	• 개경에 최고 교육 기관인 국자감 설립 및 정비 ➡ 유학부와 기술학부로 구성 • 12목에 경학박사와 의학박사 파견, 과거 제도 정비

(6) 현종

제도 정비	• 5도 양계 설치 : 전국을 경기와 5도 양계로 나누고 그 밑에 군현을 설치 • 도병마사 설치 : 국방과 군사 문제 처리 • 2군(응양군, 용호군) 설치 : 궁성을 지키는 국왕 친위 부대 • 거란의 2차~3차 침입을 물리침

고려의 통일 과정

☑ 시험에 꼭 나오는 키워드

고려의 통일 과정을 시간 순으로 기억하고 정리하기

☑ 최다 빈출 선지

고려 통일 과정(시간 순으로 나열)
① 궁예가 정변으로 왕위에서 축출되었다.
② 후백제군이 공산 전투에서 고려군을 크게 무찔렀다.
③ 왕건이 고창 전투에서 후백제군을 상대로 승리하였다.
④ 견훤이 금산사에 유폐된 후 왕건에 귀부하였다.
⑤ 고려군이 일리천 전투에서 신검의 군대를 격퇴하였다.

 고려의 중앙 집권 체제 정비

☑ 시험에 꼭 나오는 키워드

고려 초기의 왕들의 업적 정리하기 ➡ 태조 왕건, 광종, 성종은 자주 출제됨, 정종과 경종도 간혹 출제됨

☑ 최다 빈출 선지

태조 왕건
① 경순왕 김부를 경주의 사심관으로 삼았다.
② 개국 공신에게 인품, 공로를 기준으로 역분전을 지급하였다.
③ 빈민을 구제하기 위해 흑창을 처음 설치하였다.
④ 정계와 계백료서를 지어 관리의 규범을 제시하였다.
⑤ 평양을 서경으로 삼아 중시하였다.
⑥ 천수라는 독자적인 연호를 사용하였다.
⑦ 귀순한 김순식에게 왕씨 성을 하사하였다.

정종
① 광군을 조직하여 거란의 침입에 대비하였다.

광종
① 노비안검법을 실시하여 왕권을 강화하였다.
② 쌍기의 건의를 받아들여 과거제를 실시하였다.
③ 광덕, 준풍 등의 독자적인 연호를 사용하였다.
④ 백관의 공복을 제정하여 복색을 4등급으로 구분하였다.
⑤ 개경에 귀법사를 세우고 균여를 주지로 삼았다.
⑥ 후주와 사신을 교환하여 대외 관계의 안정을 꾀하였다.

성종
① 전국에 12목을 설치하고 지방관을 파견하였다.
② 최승로의 시무 28조를 받아들여 통치 체제를 정비하였다.
③ 빈민 구제를 위해 의창이 설치되었다.
④ 지방 세력 통제를 위해 향리제를 정비하였다.
⑤ 국자감을 설립하여 유학 교육 진흥에 힘썼다.

현종
① 도병마사를 설치하여 주요 문제를 논의하였다.
② 5도 양계의 지방 제도를 확립하였다.

01 (가)~(라)를 일어난 순서대로 옳게 나열한 것은?

> (가) 견훤이 크게 군사를 일으켜 고창군(古昌郡)의 병산 아래에 가서 태조와 싸웠으나 이기지 못하였다. 전사자가 8천여 명이었다.
>
> (나) 태조는 정예 기병 5천을 거느리고 공산(公山) 아래에서 견훤을 맞아서 크게 싸웠다. 태조의 장수 김락과 신숭겸은 죽고 모든 군사가 패하였으며, 태조는 겨우 죽음을 면하였다.
>
> (다) [태조가] 뜰에서 신라왕이 알현하는 예를 받으니 여러 신하가 하례하는 함성으로 궁궐이 진동하였다. …… 신라국을 폐하여 경주라 하고, 그 지역을 [김부에게] 식읍으로 하사하였다.
>
> (라) 태조가 …… 일선군으로 진격하니 신검이 군사를 거느리고 막았다. 일리천을 사이에 두고 대치하였다. …… 후백제의 장군들이 고려 군사의 형세가 매우 큰 것을 보고, 갑옷과 무기를 버리고 항복하였다.

① (가) - (나) - (다) - (라)
② (가) - (나) - (라) - (다)
③ (나) - (가) - (다) - (라)
④ (나) - (가) - (라) - (다)
⑤ (다) - (가) - (나) - (라)

후삼국 통일 과정

정답 ③ 후삼국 초기에는 후백제가 고려보다 우세한 모습을 보였다.

(나) 견훤은 금성을 공격하여 경애왕을 죽이고, 신라를 지원하러 온 왕건의 군대를 공산 전투에서 격파하였다. 왕건은 이에 맞서 중국의 5대와 외교 관계를 맺었으며, 고구려 계승 의식을 밝히고 신라에 대해 우호적인 정책을 취하였다.
(가) 결국 왕건이 고창 전투에서 견훤을 크게 무찌른 것을 계기로 강원도와 경상도의 호족들이 왕건에게 복종해 왔다. 한편, 후백제에서는 왕위 계승권을 둘러싸고 내분이 일어났는데 견훤의 큰 아들 신검은 정변을 일으켜 견훤을 가두고 스스로 왕이 되었다. 이에 견훤은 탈출하여 고려에 투항하였다.
(다) 신라의 경순왕도 나라를 지탱할 수 없다고 판단하여 통합을 요청하였다(935).
(라) 이후 고려는 신검이 이끄는 후백제군을 일리천에서 격파하여 후삼국을 통일하였다(936).

---

02 밑줄 그은 '왕'의 정책으로 옳은 것은?

> 왕이 천덕전에 거동하여 백관을 모아놓고 말하기를, "내가 신라와 굳게 동맹을 맺은 것은 두 나라가 길이 우호를 유지하고 각자의 사직(社稷)을 보전하기 위해서였다. 지금 신라왕이 굳이 신하로 있겠다고 요청하고 그대들도 그것이 옳다고 하니, 나의 마음이 매우 부끄러우나 여러 사람의 뜻을 거스르기가 어렵다."라고 하였다. 이에 신라왕이 뜰에서 예를 올리니 여러 신하가 하례하여 함성이 궁궐을 진동하였다. …… 신라국을 없애 경주라 하고, 그 지역을 김부의 식읍으로 하사하였다.

① 빈민 구제 기관인 흑창을 설치하였다.
② 12목을 설치하고 지방관을 파견하였다.
③ 국자감에 7재라는 전문 강좌를 운영하였다.
④ 광덕, 준풍 등의 독자적 연호를 사용하였다.
⑤ 전시과 제도를 마련하여 관리에게 토지를 지급하였다.

고려 태조 왕건의 업적

정답 ① 밑줄 그은 '왕'은 태조 왕건이다. 태조 왕건은 고창 전투의 승리 이후 백제와의 경쟁에서 우위에 서게 되었다. 이후 신라의 경순왕(김부)은 나라를 유지하기 어렵게 되자 고려에 항복하였다(935).

정답 분석

① 고려 초기 태조 왕건은 백성의 조세 부담을 줄이고, 흑창을 설치하여 가난한 백성을 구제하려 하였다.

오답 피하기

② 고려 초기 성종은 먼저 전국의 주요 지역에 12목을 설치하고 지방관을 파견하였다.
③ 고려 중기 예종은 최충의 사학을 본떠 전문 강좌인 7재 및 장학 재단인 양현고 등을 설치하였다.
④ 고려 초기 광종은 국왕의 권위를 높이기 위해 황제를 칭하고, 광덕·준풍 등 독자적인 연호를 사용하였다.
⑤ 고려 초기 경종은 공신의 역할에 따라 토지를 나누어 준 태조 때의 역분전을 고쳐 관직 서열에 따라 토지를 지급하는 전시과 제도를 마련하였다.

03 (가) 왕의 재위 시기에 있었던 사실로 옳은 것은?

❖ 우리 고장의 유적 ❖
충주 숭선사지

유적 발굴 현장

숭선사는 (가) 이/가 어머니인 신명 순성 왕후의 명복을 빌기 위하여 세운 절로, 현재 그 터만 남아 있다. 이곳에서는 '숭선사(崇善寺)'라는 명문이 새겨진 기와 등 다양한 고려 시대 유물이 출토되었다.

(가) 은/는 치열한 왕위 쟁탈전 속에서 외가인 충주 유씨 세력 등 여러 호족의 도움으로 왕위에 올랐다. 하지만 즉위 이후 노비안검법 등 호족을 견제하는 정책을 펼쳤다.

① 최승로가 시무 28조를 건의하였다.
② 광덕, 준풍 등의 연호가 사용되었다.
③ 관리의 규범을 제시한 계백료서가 반포되었다.
④ 쌍성총관부를 공격하여 철령 이북을 수복하였다.
⑤ 지방 세력 견제를 목적으로 한 상수리 제도가 실시되었다.

고려 광종의 업적

정답 ② (가) 왕은 고려 초기 광종이다. 태조의 뒤를 이은 혜종과 정종 때에는 외척 세력이 개입된 왕위 계승 다툼이 벌어져 왕권이 위협을 받았다. 이러한 상황에서 즉위한 광종은 과감한 개혁 정치를 펼쳐 왕권을 강화하고 호족 세력을 약화시키고자 하였다. 광종은 956년 노비안검법을 시행하여, 본래 양민이었으나 후삼국 시대의 혼란기에 호족 세력에 의해 불법으로 노비가 된 자를 다시 양민으로 돌아가게 하였다. 이를 통해 호족 세력의 경제적·군사적 기반을 약화시키고 국가의 재정 기반과 왕권을 안정시켰다.

정답 분석
② 고려 초기 광종은 국왕의 권위를 높이기 위해 황제를 칭하고, 광덕 · 준풍 등 독자적인 연호를 사용하기도 하였다.

오답 피하기
① 고려 초기 성종은 신라 6두품 출신 유학자 최승로가 제시한 시무 28조를 수용하여 유교 정치 이념을 토대로 중앙과 지방의 통치 기구를 정비해 갔다.
③ 고려 초기 태조는 정계와 계백료서를 지어 관리들이 지켜야 할 규범을 제시하였다.
④ 고려 후기 공민왕은 무력으로 쌍성총관부를 공격하여 철령 이북의 영토를 탈환하고 고구려의 옛 땅인 요동 지방을 공략하였다.
⑤ 통일 신라는 지방의 유력자를 중앙으로 데려오는 일종의 인질 제도인 상수리 제도를 시행하였다.

04 (가), (나) 사이의 시기에 있었던 사실로 옳은 것은?

(가) 쌍기가 처음으로 과거 제도의 실시를 건의하였고, 마침내 지공거가 되어 시(詩) · 부(賦) · 송(頌) · 책(策)으로써 진사 갑과에 최섬 등 2인, 명경업(明經業)에 3인, 복업(卜業)에 2인을 선발하였다.

(나) 최승로가 상서하기를, "…… 지금 살펴보면 지방의 세력가들은 매번 공무를 핑계 삼아 백성을 침탈하므로 백성이 그 명을 감당하지 못합니다. 청컨대 외관(外官)을 두소서."라고 하였다.

① 국가 주도로 해동통보가 발행되었다.
② 인사 행정을 담당하던 정방이 폐지되었다.
③ 관학 진흥을 위해 전문 강좌인 7재가 개설되었다.
④ 호구의 정확한 파악을 위해 호패법이 실시되었다.
⑤ 처음으로 직관 · 산관 각 품의 전시과가 제정되었다.

경종

정답 ⑤ (가)는 고려 제4대 왕 광종 대의 일이다. 광종은 후주에서 귀화한 쌍기의 건의를 받아들여 유학을 공부한 인재를 관리로 선발함으로써 자신의 정책을 뒷받침하는 세력으로 삼고자 하였다. (나)는 고려 제6대 왕 성종 대의 일이다. 성종 때 최승로는 유교를 치국의 도로 삼아 고려가 지향할 방향을 제시한 '시무28조'를 왕에게 올렸다.

정답 분석
⑤ 고려는 전시과 제도를 근간으로 하는 토지 제도를 실시하여 지배층의 생활을 안정시켰다. 전시과를 처음 제정한 경종은 고려 제5대 왕이며 (가)와 (나) 사이의 일이다.

오답 피하기
① 고려 중기 숙종은 삼한통보와 해동통보 등 동전과 쌀 수십 석의 가치를 지닌 고가의 화폐인 은병(활구)을 만들었다. (나) 이후의 일이다.
② 고려 후기 공민왕은 권문세족을 억압하고 왕권을 강화하기 위한 정책을 추진하였는데 그 중 하나가 정방을 폐지해 국왕이 인사권을 장악했다. (나) 이후의 일이다.
③ 고려 중기 예종은 국자감을 재정비하여 7재의 전문 교육 과정을 갖추고, 양현고를 설치하여 재정적 지원을 하였다. (나) 이후의 일이다.
④ 조선 초기 태종은 호패법을 실시하여 전국의 인구 동태를 파악하였다. (나) 이후의 일이다.

05 다음 시나리오에 등장하는 왕의 재위 기간에 있었던 사실로 옳은 것은?

> **#11. 궁궐 안**
>
> 과거 급제자 명단을 보며 말한다.
> 왕 : 몇 해 전 교육을 장려하기 위해 지방에 각각 경학박사 1명과 의학박사 1명을 보냈는데, 결과가 어떠하오?
> 신하 : 송승연, 전보인 등 박사들이 정성스레 가르쳐 성과가 있는 듯 하옵니다.
> 왕 : 12목을 설치하고, 지방민에게도 학문을 권장하는 과인의 뜻에 부합하였소. 고생한 송승연에게 국자박사를 제수하고, 전보인에게 공복과 쌀을 하사하시오.
> 신하 : 분부를 따르겠나이다.

① 쌍기의 건의로 과거제를 실시하였다.
② 관학 진흥을 위해 양현고를 설치하였다.
③ 국자감을 성균관으로 개칭하고 유학 교육을 강화하였다.
④ 최승로의 시무 28조를 받아들여 통치 체제를 정비하였다.
⑤ 정계와 계백료서를 지어 관리가 지켜야 할 규범을 제시하였다.

고려 성종의 업적

정답 ④　다음 시나리오에 등장하는 왕은 고려 초기 성종이다. 성종은 전국의 주요 지역에 12목을 설치하고 지방관을 파견하였으며, 지방의 중소 호족을 향리로 편입하여 통제하는 향리 제도를 마련하여 지방 세력을 견제하였다. 또한 유학 교육의 진흥을 위해 국자감을 정비하고, 지방에 유학을 교육하는 경학박사와 의료를 담당하는 의학박사를 파견하였다.

정답 분석

④ 고려 초기 성종은 최승로의 시무 28조를 받아들여 유교 정치 이념을 바탕으로 통치 체제를 정비하였다. 또한 2성 6부의 중앙 관제를 마련하고 12목에 지방관을 파견하여 중앙 집권화의 기초를 세웠다.

오답 피하기

① 고려 초기 광종은 중국 후주에서 귀화한 쌍기의 건의에 따라 과거제를 실시하였다. 과거제는 개인의 능력을 중시하여 유교 경전과 문장 능력을 시험하여 관리를 뽑는 제도였다.
② 고려 중기 예종은 최충의 사학을 본떠 전문 강좌인 7재 및 장학 재단인 양현고 등을 설치하였다.
③ 고려의 교육기관 국자감은 몇 차례의 개편을 거친 끝에 고려 후기 공민왕 때에 이르러 유교 교육을 강화하는 성균관으로 정착되었다.
⑤ 고려 초기 태조 왕건은 정계와 계백료서를 지어 관리들이 지켜야 할 규범을 제시하였다.

06 (가)~(다)를 일어난 순서대로 옳게 나열한 것은?

> (가) 왕규가 광주원군을 옹립하려고 도모하였다. 왕이 깊이 잠든 틈을 타서 그의 무리로 하여금 침실에 잠입시켜 왕을 해하려 하였다.
>
> (나) 왕이 교서를 내려 말하기를, "경전에 통하고 전적(典籍)을 널리 읽은 자들을 선발하여 경학박사와 의학박사로 삼아, 12목에 각각 1명씩 파견하여 돈독하게 가르치고 깨우치게 하라."라고 하였다.
>
> (다) 왕이 한림학사 쌍기를 지공거로 임명하고, 시(詩)·부(賦)·송(頌)과 시무책을 시험하여 진사를 뽑게 하였다. 위봉루에 친히 나가 급제자를 발표하여, 갑과에 최섬 등 2명, 명경에 3명, 복업에 2명을 합격시켰다.

① (가) - (나) - (다)　　② (가) - (다) - (나)
③ (나) - (가) - (다)　　④ (나) - (다) - (가)
⑤ (다) - (나) - (가)

고려 초기의 왕들(혜종, 광종, 성종)

정답 ②　(가)는 945년 고려 제2대 왕 혜종 대에 일어난 왕규의 난, (나)는 983년 고려 제6대 왕 성종이 12목을 설치하고 경학박사와 의학박사를 파견하는 모습, (다)는 958년 고려 제4대 왕 광종이 중국에서 귀화한 쌍기의 건의를 받아들여 과거제를 시행하는 모습이다.

정답 분석

② (가) 태조 왕건이 죽은 후 고려 제2대 왕 혜종과 제3대 왕 정종 때에는 호족 세력이 개입된 왕위 계승 분쟁이 벌어졌다. 특히 혜종 때 왕위 계승을 둘러싸고 왕실의 외척 왕규가 자신의 손자인 광주원군을 왕위에 등극시키기 위해 일으킨 반란을 일으켰다(왕규의 난).
　(다) 고려 제4대 왕 광종 때 쌍기는 후주의 봉책사 설문우를 따라 고려에 왔다가 병이 나 머물게 되었다. 이후 쌍기는 광종의 눈에 들어 후주로부터 허락을 받은 뒤 한림학사에 임명되었고, 광종이 그의 건의를 받아 들여 과거제를 실시하였다. 쌍기는 이후 과거의 총 책임자인 지공거를 3번이나 맡았다.
　(나) 고려 제6대 왕 성종은 먼저 전국의 주요 지역에 12목을 설치하고 지방관을 파견하였으며, 지방의 중소 호족을 향리로 편입하여 통제하는 향리 제도를 마련하여 지방 세력을 견제하였다. 또한 유학 교육의 진흥을 위해 국자감을 정비하고, 지방에 유학을 교육하는 경학박사와 의료를 담당하는 의학박사를 파견하였으며, 과거제를 정비하고 과거 출신지들을 우대하여 유학에 조예가 깊은 인재들의 적극적인 정치 참여를 유도하였다.

18강 고려의 통치 체제 정비

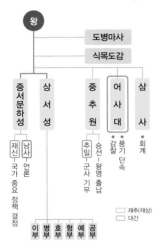

▲ 고려의 중앙 정치 기구

자료 살펴보기

고려의 중앙 정치 기구

재추(재신과 추밀을 합해 재추라 부름)는 도병마사와 식목도감에 참여하여 국방과 법제 등 중요한 일들을 회의를 통해 결정하였다. 국가의 중대사를 합의 결정하는 두 기구는 고려의 독특한 제도로서 귀족 사회의 성격을 잘 보여 준다.

▲ 고려의 지방 편제

1 중앙 정치 제도

2성	중서문하성	국정을 총괄하는 최고 기구(재신과 낭사로 구성, 장관은 문하시중) ┌ 2품 이상의 재신 : 국가 정책을 심의하고 결정함 └ 3품 이하의 낭사 : 정책을 건의하고 잘못을 비판함
	상서성	6부를 통솔하여 중서문하성에서 결정된 정책 집행
6부		실제 행정 실무 담당 : 이부(문관 인사) · 병부(무관 인사, 군사에 대한 일) · 호부(인구 조사, 조세 징수) · 형부(법률과 재판, 노비 문제) · 예부(의례와 학교, 과거) · 공부(토목, 건축)
중추원		• 왕명 전달, 군사 기밀 업무 담당 • 2품 이상의 추밀(군사 기밀)과 3품 이하 승선(왕명 출납)으로 구성
어사대		정치의 잘잘못을 논의하고, 관리의 규찰 및 탄핵
삼사		화폐와 곡식의 출납 및 회계 담당
대간		• 중서문하성의 낭사와 어사대의 관원으로 구성 • 관리 임명에서 동의권을 행사할 수 있는 서경, 왕의 잘못을 지적할 수 있는 간쟁, 잘못된 왕명을 돌려보내는 봉박의 권리를 지님 ➡ 왕권 견제와 권력 균형의 역할

도병마사	식목도감
• 중서문하성의 재신과 중추원의 추밀 등의 고위 관료가 참여하는 회의 기구 • 고려 귀족 정치의 특징과 독자성(독자적 기구)을 보여줌	
• 국방 문제를 담당하던 임시 기구로 설치 • 고려 후기 도평의사사(도당)로 개편 ➡ 모든 정무 관장	대내적인 법제와 격식 제정 및 관장

2 지방 행정 및 군사 조직

(1) 지방 행정 조직 = 이원적 구조

5도	• 5도 : 일반 행정 구역으로 안찰사 파견 • 5도 아래에 주, 군 · 현 설치 ┌ 주군 · 주현 : 지방관을 파견함 ├ 속군 · 속현 : 지방관을 파견하지 않음 ➡ 향리가 실제 행정 담당 └ 고려는 지방관이 파견된 주현보다 파견되지 않은 속현이 더 많음
양계	• 양계(북계와 동계) : 군사 행정 지역으로 병마사 파견 • 양계 아래에 도호부 · 방어군 · 진 설치
특수 행정 구역	• 3경(풍수지리설과 밀접) : 개경, 서경, 동경(➡ 남경) • 향 · 부곡 · 소 : 신분상 양민이나 백정 농민에 비해 차별을 받음 ┌ 향 · 부곡(농업에 종사), 소(광업, 수공업에 종사) ├ 거주 이전의 자유가 없음 └ 일반 양민에 비해 많은 세금을 부담하였음

사료 살펴보기

특수한 수공업품을 생산한 '소'

왕이 명을 내리길, "구리, 철, 자기, 종이, 먹 등 여러 소에서 별공으로 바치는 물건들을 함부로 징수해 장인들이 살기가 어려워 도 망한다. 해당 기관에 연락하여 각 소에서 별공과 상공으로 내는 물건의 많고 적음을 참작하여 결정한 다음, 왕에게 아뢰어 재가 를 받도록 하라."라고 하였다.

ㅡ『고려사』ㅡ

고려 시대에는 전국에 걸쳐 금, 은, 철, 자기, 종이, 기와, 숯, 먹 등을 생산하는 매우 다양한 종류의 소가 있었다. 소의 주민은 일반 군현의 농민과 마찬가지로 양민이었지만, 공물 부담은 더 과중하여 고통받는 경우가 많았다. 이 때문에 소의 주민들은 공주 명학 소의 경우처럼 적극적인 항거를 통해 일반 군현으로 승격해 줄 것을 요구하기도 하였다.

(2) 군사 조직

중앙군	• 2군 6위 : 직업 군인으로 편성, 복무 대가로 군인전을 지급받음 　┌ 2군 : 국왕의 친위 부대로 응양군과 용호군으로 구성 　└ 6위 : 수도와 국경 방어 수행(좌우위, 신호위, 흥위위, 금오위, 천우위, 감문위로 구성) • 중방 : 2군 6위의 상장군과 대장군이 모인 군사 기구
지방군	• 군적에 오르지 못한 일반 농민으로 16세 이상 남자들로 조직 　┌ 주현군 : 5도의 일반 군현에 주둔, 치안 업무와 잡역 담당 　└ 주진군 : 양계에 주둔하는 상비군
특수군	• 광군 : 정종 때 거란의 침입에 대비하기 위해 청천강에 배치한 상비군 ➡ 후에 지방군인 주현군으로 편입 • 별무반 : 숙종 때 윤관의 건의로 조직된 여진 정벌군 • 삼별초 : 야별초를 좌별초와 우별초로 나누고 신의군을 합하여 편성 • 연호군 : 고려 후기 왜구의 침입에 대비하여 농민과 노예로 편성한 예비군

❸ 관리 선발 제도

과거 제도	• 응시 자격 　┌ 법제적으로 양인 이상이면 응시 가능 　└ 실제로 문과는 귀족과 향리 자제가, 잡과는 농민이 응시함 • 구성 　┌ 문과 : 제술과, 명경과로 구성 ➡ 문관 선발 　├ 잡과 : 법률, 회계, 지리 등 실용 기술 시험 ➡ 기술관 선발 　└ 승과 : 교종, 선종 시험으로 구성 ➡ 승관 선발 • 의의 : 능력 중심의 인재 등용, 유교적 관료 장치의 토대 마련 • 한계 : 무과 미실시, 과거 출신자보다 음서 출신자를 더 우대
음서 제도	• 공신·종실 자손·5품 이상 고관 자손은 과거를 거치지 않고 관리로 채용하는 제도 • 고위 관료를 배출한 집안이 관직을 세습하여 귀족 신분을 유지할 수 있는 방편이 됨
교육	• 중앙 : 국자감(최고 교육 기관) ➡ 유학부(국자학, 태학, 사문학)와 기술학부(율학, 서학, 산학)로 구성 • 지방 : 향교(지방 관리 및 서민 자제 교육) • 사학 : 사학 12도(최충의 문헌공도 등)

▲ 고려의 5도 양계
• 초기 : 호족 자치 허용
• 성종 : 12목 설치, 최초 지방관 파견
• 현종 : 4도호부 8목 체제 ➡ 5도 양계 체제로 완비

▲ 제주 항파두리 삼별초 항몽 유적
제주 항파두리 항몽 유적은 고려 조정이 몽골군과 강화를 맺고 강화에서 개경으로 환도하자 이에 맞서 여·몽 연합군에 최후까지 항쟁한 삼별초의 마지막 보루였던 곳이다.

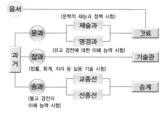

▲ 고려의 관리 등용 제도

중앙 정치 제도

☑ 시험에 꼭 나오는 키워드

- 고려의 중앙 정치 기구의 역할 정리하기 ➡ 조선 시대 중앙 정치 기구의 역할과 차이점 정리하기
- 중서문하성, 대간(낭사+어사대), 도병마사, 식목도감은 단독으로 출제가 됨

☑ 최다 빈출 선지

중서문하성
① 국정을 총괄하는 최고의 중앙 관서였다.
② 원 간섭기에 첨의부로 격하되었다.

중추원
① 왕명 출납과 국가 기밀을 담당하였다.

삼사
① 화폐와 곡식의 출납 회계를 담당하였다.

도병마사
① 중서문하성의 재신과 중추원의 추밀로 구성되었다.
② 중서문하성과 중추원의 고위 관료들이 모여 주로 국방과 군사 문제를 다루었다.
③ 원 간섭기에 도평의사사로 명칭이 바뀌었다.
④ 대내적인 법제와 격식을 관장하는 식목도감과 함께 합의제로 운영되었다.

대간
① 소속 관원이 낭사와 함께 서경권을 행사하였다.
② 간관으로서 간쟁과 봉박을 담당하였다.

 지방 행정 제도 및 군사 조직

☑ 시험에 꼭 나오는 키워드

- 고려의 지방 행정 제도 및 특징 정리하기 ➡ 조선 시대와의 차이점 정리하기
- 고려의 군사 조직은 고려시대 문제의 정답 또는 다른 왕조의 오답 선지로 많이 활용됨

☑ 최다 빈출 선지

고려 지방 행정 제도
① 지방관으로 안찰사를 파견했다.
② 북계에 병마사를 파견하여 적의 침입에 대비하였다.
③ 특수 행정 구역인 소의 주민들이 차별을 받았다.
④ 5도 양계의 지방제도가 확립되었다.

고려 군사 제도
① 중앙군으로 2군 6위를 설치하였다.
② 응양군과 용호군이 함께 궁성을 호위하였다.
③ 소속 군인에게 군인전을 지급하였다.

 관리 선발 제도

☑ 시험에 꼭 나오는 키워드

고려의 특징적인 관리 선발 제도 정리하기 ➡ 음서 제도, 승과 실시

☑ 최다 빈출 선지

과거 제도
① 향리의 자제가 중앙 관직으로 진출하는 통로가 되었다.

음서 제도
① 문무 5품 이상 관리의 자손을 대상으로 하였다.
② 사위, 조카, 외손자에게 적용되기도 하였다.

01 (가) 기구에 대한 설명으로 옳은 것은?

고려의 독자적 정치 기구인 [(가)]에 대해 말해 보자.

중서문하성의 재신과 중추원의 추밀이 참여했어.

고려 후기에 도평의사사로 개편되었어.

① 역사서 편찬과 보관을 주관하였다.
② 주로 국방과 군사 문제를 논의하였다.
③ 화폐, 곡식의 출납과 회계를 담당하였다.
④ 좌사정, 우사정의 이원적인 체제로 운영되었다.
⑤ 최우에 의해 설치되어 인사 행정을 처리하였다.

도병마사

정답 ② (가) 기구는 고려의 독자적인 기구로 국방 문제를 담당하는 '도병마사'이다. 이 기구는 중서문하성과 중추원의 고관인 재신과 추밀의 합의제로 운영되었다. 또한, 도병마사는 충렬왕 때 개편되면서 구성과 기능이 크게 확대되어 고려 후기에 최고 정치 기구의 역할을 하였다. 이와 같은 회의 기구의 존재는 문벌 귀족이 국정을 주도하던 고려 귀족 정치의 특징을 잘 보여 준다.

정답 분석

② 고려 시대 도병마사는 변경의 군사 문제와 국방상 중요한 일을 의논하던 회의 기관이었다.

오답 피하기

① 조선 시대 춘추관이 역사서 편찬과 보관을 담당하였다.
③ 고려 시대 삼사가 화폐와 곡식의 출납 회계를 담당하였다.
④ 발해는 정당성 장관인 대내상이 국정을 총괄하고, 그 아래 좌사정과 우사정이 3부씩 나누어 관할하게 하였다.
⑤ 고려 시대 최우는 자신의 집에 정방을 설치하여 관리의 인사 행정을 담당하게 하였다.

02 (가) 기구에 대한 설명으로 옳은 것은?

> 시정(時政)을 논박하고 풍속을 교정하며 규찰과 탄핵 업무를 담당하였다. 국초에는 사헌대(司憲臺)라 불렸다. 성종 14년에 [(가)](으)로 고쳤으며 [관원으로] 대부, 중승, 시어사, 전중(殿中)시어사, 감찰어사가 있었다.
>
> —『고려사』—

① 국정을 총괄하는 중앙 관서였다.
② 무신 집권기 최고 권력 기구였다.
③ 사간원, 홍문관과 함께 삼사로 불렸다.
④ 원 간섭기에 도평의사사로 명칭이 바뀌었다.
⑤ 소속 관원이 낭사와 함께 서경권을 행사하였다.

어사대

정답 ⑤ (가) 기구는 어사대이다. 어사대는 중서문하성의 하위 기구인 낭사와 함께 언론 기관의 구실을 하였다. 이 밖에도 관리의 비리를 감찰하는 역할을 하였다.

정답 분석

⑤ 어사대는 중서문하성의 낭사와 함께 대간이라 불렸다. 대간은 왕의 잘못을 논하는 간쟁, 잘못된 왕명을 시행하지 않고 되돌려 보내는 봉박, 관리 임명과 법령 개폐에 동의하는 서경 등의 권리를 행사하였다.

오답 피하기

① 고려의 중서 문하성은 최고의 중앙 관서로서 국정을 총괄하였다.
② 고려 후기 무신 집권기에 최충헌은 최고 권력 기구로 교정도감을 설치하여 국정을 장악하였다.
③ 조선의 사헌부와 사간원, 홍문관의 3사는 왕과 대신들을 견제하는 언론 기능을 담당하여 권력의 독점과 부패를 막았다.
④ 고려 후기 원 간섭기에 도병마사는 도평의사사로 명칭이 바뀌었다.

19강 문벌 귀족 사회

▲ 강동 6주

▲ 거란의 침입

1 고려 사회의 변천과 대외 관계

(1) 다원적 국제 질서

송-거란	중국 대륙 지배권을 놓고 거란과 송의 대립
고려-송	친선 관계 유지(고려 거란 견제, 송 거란 견제)
고려-거란	고려의 북진 정책 ➡ 거란과 충돌
고려-여진	고려를 상국으로 섬김 ➡ 사대 외교

(2) 거란과의 항쟁

구분	원인	경과
1차 침입 (성종, 993)	• 고려의 거란 강경책 • 친송 정책	• 소손녕의 80만 대군 침입 • 서희와 소손녕의 외교 담판 ➡ 고려는 송과 관계를 끊고 거란을 적대시하지 않는다는 조건을 제시함 ➡ 강동 6주 획득(압록강 동쪽 이남 영토)
2차 침입 (현종, 1010)	• 강조의 정변 • 친송 정책의 지속 • 강동 6주 반환 거부	• 거란의 대군 침입 ➡ 개경 함락, 현종은 나주로 피신 • 현종 입조 조건으로 거란군 철수 ➡ 양규가 귀주에서 격퇴
3차 침입 (현종, 1018)	• 현종 입조 거부 • 강동 6주 반환 거부	• 소배압의 10만 대군 침입 • 강감찬의 귀주대첩으로 격퇴
결과		• 개경에 나성 축조(1029, 강감찬 건의) : 도성 수비 강화 • 천리장성 축조(1033~1044, 강감찬 건의) : 압록강 입구~동해안 도련포(거란 · 여진 대비) • 초조대장경 조판 : 고려 최초의 대장경, 현종 때 부처의 힘을 빌려 거란을 물리치기 위해 만들기 시작, 대구 부인사에서 보관하다 몽골군의 침입으로 소실

(3) 여진 정벌과 대외 관계

고려 초		• 여진 : 고려를 부모의 나라로 생각 ➡ 말과 가죽 등 바침 • 고려 : 여진에게 식량과 옷, 관직 등을 주어 회유
12세기 초	여진의 남하	천리장성까지 남하 ➡ 기병 중심의 여진족에게 고려군 패배
	고려의 여진 정벌	• 숙종 때 윤관의 건의로 기병 중심의 별무반 편성(신기군+신보군+항마군) • 예종 때 윤관과 별무반이 천리장성을 넘어 여진족 토벌 ➡ 여진족을 북방으로 몰아내고 동북 9성 축조(1107) ➡ 여진족의 주력 부대마저 격파한 후 공험진의 선춘령에 기념비를 세움(1108) ➡ 여진족의 간청으로 9성 환부(1109)
금 건국	금의 사대 요구	• 여진족의 금 건국(1115) ➡ 거란(요) 멸망시키고 송을 남쪽으로 몰아냄 • 금은 고려에 군신 관계 요구 ➡ 이자겸의 사대 외교로 금 요구 수용 ➡ 북진 정책 중단

❷ 문벌 귀족 사회의 동요

(1) 문벌 귀족의 형성

지방 호족, 공신, 6두품 학자	→	중앙 관료	→	문벌 귀족
				• 대표 가문 : 경원 이씨, 해주 최씨, 경주 김씨 등 • 정치적 특권 : 음서, 과거, 왕실과의 통혼 등 • 경제적 특권 : 공음전, 과전, 고리대 사업 등

▲ 강민첨 초상
당시 고려 문벌 귀족의 복식을 잘 보여주고 있다.

(2) 이자겸의 난

배경	거듭된 왕실과 통혼으로 경원 이씨의 정권 독점(왕권 능가) ➡ 인종 및 측근 세력과 대립
과정	이자겸의 세력 강화 ➡ 인종의 이자겸 제거 시도 ➡ 이자겸은 척준경과 함께 군대를 이끌고 궁궐로 들어가 왕의 측근 세력을 제거하고 권력 장악 ➡ 이자겸과 척준경의 불화 발생 ➡ 인종의 사주로 척준경이 이자겸 제거 ➡ 척준경의 몰락 ➡ 실패
결과	• 중앙 지배층 분열, 왕실 권위 하락 • 문벌 귀족 사회의 붕괴 촉진

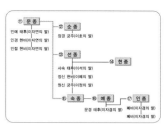

▲ 고려 왕실과 경원 이씨의 혼인 관계도

(3) 묘청의 난

배경	• 풍수지리설을 기반에 둔 서경 천도 여론 등장 • 왕실 권위 추락과 금과 사대 관계에 대한 비판 제기 • 자주적 전통 사상(개혁 세력)과 사대적 유교 정치 사상(보수 세력)의 대립		
정치 세력	**개경파 보수 세력** • 대표 인물 : 김부식, 김인존 등 • 신라 계승 의식 표방 • 주장 : 금과 사대 관계 수용 • 금과의 충돌은 송나라만 이롭다	**대립** vs	**서경파 개혁 세력** • 대표 인물 : 묘청, 정지상 등 • 고구려 계승 의식 표방 • 주장 : 금국 정벌, 칭제 건원 • 금에 대한 사대주의 외교 정책 반대
경과	묘청 등의 서경 천도 추진(풍수지리 사상을 사상적 기반으로 서경 길지설 주장) ➡ 개경파의 반발로 중단 ➡ 묘청 등 서경파의 반란(묘청의 난) ➡ 서경에 '대위국' 건립, '천개' 연호 사용 ➡ 김부식이 이끄는 관군에 의해 진압		
결과	문신 우대와 무신 차별의 심화 ➡ 무신 정변의 원인이 됨		
의의	문벌 귀족 사회 내부의 모순 표출, 지역 세력 간의 대립 자주적 전통 사상과 사대적 유교 정치 사상의 충돌		

사료 살펴보기

묘청의 서경 천도 주장

제가 보건대 서경 임원역의 땅은 풍수지리를 하는 사람들이 말하는 아주 좋은 땅입니다. 만약 이곳에 궁궐을 짓고 옮겨 앉으시면 천하를 다스릴 수 있습니다. 또한, 금이 선물을 바치고 스스로 항복할 것이요, 주변의 36나라가 모두 머리를 조아릴 것입니다.
– 『고려사』 –

묘청 등 서경 세력이 풍수지리설을 앞세워 추진한 서경 천도 운동은 개경의 문벌 귀족과 서경 출신 관료 사이의 대립, 보수적 유교 사상과 풍수지리설의 대립 등으로 일어난 사건이었다.

사료 살펴보기

신채호의 묘청의 서경 천도 평가(조선 역사상 일천년래 제일 대사건)

서경 전투는 곧 낭·불 양가 대 유가의 싸움이며, 국풍파 대 한학파의 싸움이며, 진취 사상 대 보수 사상의 싸움이니, 묘청이 곧 전자의 대표요, 김부식은 곧 후자의 대표였던 것이다. 이 전쟁에서 묘청 등이 패하고, 김부식이 승리하였으므로 조선 역사가 사대적, 보수적, 속박적인 유교 사상에 정복되었으니, 이 전쟁을 어찌 일천년래 제일 대사건이라 하지 아니하랴. – 신채호, 『조선사연구초』 –

민족주의 사학자 신채호는 일제 강점기에 민족정신을 강조하는 측면에서 김부식과 대립시켜 묘청의 서경 천도 운동을 평가하였다. 묘청의 서경 천도 운동을 천년 역사의 가장 큰 사건이라고 평가하였다. 이 운동의 실패로 조선의 역사가 사대적이고 보수적인 유교에 정복되어 결국에는 일제의 식민지가 되었다고 보았다.

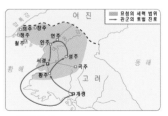

▲ 묘청의 난

은쌤의 *합격노트*

거란, 여진과의 항쟁

☑ 시험에 꼭 나오는 키워드

거란과의 제1~3차 항쟁과 여진 정벌의 순서와 활약 정리하기

☑ 최다 빈출 선지

거란의 제1차 침입
① 서희가 외교 담판으로 강동 6주를 확보하였다.

거란의 제2차 침입
① 강조가 정변을 일으켜 김치양을 제거하고 목종을 폐위하였다.
② 양규가 거란군을 습격하였다.
③ 거란의 침략을 피해 국왕이 나주까지 피란하였다.

거란의 제3차 침입
① 강감찬 등이 귀주에서 거란군을 맞아 싸웠다.
② 초조대장경 간행의 계기가 되었다
③ 거란 침입에 대비하여 개경에 나성을 축조하였다.

윤관의 여진 정벌
① 별무반을 창설하여 군사력을 강화하였다.
② 신기군, 신보군, 항마군 등으로 구성된 별무반을 조직하였다.
③ 여진을 정벌한 후 동북 9성을 축조하였다.

문벌 귀족 사회의 동요

☑ 시험에 꼭 나오는 키워드

• 고려의 지배층 문벌 귀족의 특징 정리하기
• 이자겸의 난은 문벌 귀족 시기의 여러 사건들과 함께 시간 순으로 정리하기 ➡ 연도 흐름 문제로 출제가 됨
• 묘청의 난은 묘청 등의 서경파의 주장과 난의 전개 과정 정리하기

☑ 최다 빈출 선지

이자겸의 난
① 이자겸이 금의 사대 요구 수용을 주장하였다.
② 왕실의 외척인 이자겸이 권력을 독점하였다.
③ 왕실의 외척인 이자겸이 난을 일으켰다.
④ 이자겸과 척준경이 반란을 일으켜 궁궐을 불태웠다.

묘청의 난
① 묘청 등이 중심이 되어 서경 천도를 주장하였다
② 묘청이 칭제 건원과 금국 정벌을 주장하였다.
③ 서경에서 난을 일으키고 국호를 대위로 하였다.
④ 김부식이 서경의 반란군을 진압하기 위해 출정하였다.
⑤ 묘청 일파가 김부식이 이끄는 관군에 의해 토벌되었다.

01 (가) 시기에 있었던 사실로 옳은 것은?

① 묘청이 서경에서 난을 일으켰다.

② 이자겸이 척준경에 의해 축출되었다.

③ 강조가 정변을 일으켜 국왕을 폐위하였다.

④ 김윤후가 처인성에서 살리타를 사살하였다.

⑤ 다인철소의 주민들이 충주에서 항전하였다.

고려와 거란과의 항쟁

정답 ③ (가) 시기에는 고려 시대 거란의 1차 침입과 2차 침입 사이의 일들이 들어갈 수 있다. 고려가 북진 정책과 친송 정책을 추진하자, 거란은 고려에 여러 차례 침입하였다. 1차 침입 때는 서희가 외교 담판으로 압록강 동쪽의 강동 6주를 확보하였고, 거란의 2차 침입 때는 개경이 함락되는 어려움을 겪기도 하였으나 배후에서 양규가 선전하자 거란은 퇴로가 차단될 것을 두려워하여 고려와 강화하고 물러갔다.

정답 분석

③ 거란은 1차 침입 이후 강동 6주의 반환을 요구하였지만 고려가 거부하자 강조의 정변을 구실로 2차 침입을 강행하였다. 강조의 정변(1009)은 고려 목종의 생모 천추 태후와 김치양이 자신들 사이에서 낳은 아들에게 왕위를 계승시키려 하자 서북면 도순검사 강조가 정변을 일으켜 김치양 일파를 죽이고 목종을 폐위시킨 뒤 현종을 세운 사건이다.

오답 피하기

① 묘청은 '금국 정벌'을 주장하며 서경 천도 운동을 펼쳤다. 이는 거란의 2차 침입 이후의 일이다.

② 이자겸은 척준경과 함께 난을 일으켜 왕권을 빼앗으려 하였지만 척준경의 배신으로 쫓겨나게 되었다. 이는 거란의 2차 침입 이후의 일이다.

④ 몽골 2차 침입 때 승려 김윤후는 처인성 전투에서 부곡민들과 합세하여 몽골 장수 살리타를 사살하고 몽골군을 퇴각시키는 큰 전과를 올렸다. 이는 거란의 2차 침입 이후의 일이다.

⑤ 몽골 6차 침입 때 충주성에서는 다인철소의 주민들이 힘을 합쳐 몽골군을 물리 쳤는데, 그 공으로 다인철소는 익안현으로 승격되기도 하였다.

02 다음 상황이 나타난 시기를 연표에서 옳게 오른 것은?

> 거란군이 귀주를 지날 때, 강감찬 등이 동쪽 교외에서 맞아 싸웠다. …… 고려군이 용기백배하여 맹렬하게 공격하니, 거란군이 북으로 도망치기 시작하였다. …… 거란군의 시신이 들판에 널렸고, 사로잡은 포로와 획득한 말, 낙타, 갑옷, 무기는 헤아릴 수 없이 많았다. 살아서 돌아간 자가 겨우 수천 명이었으니, 거란의 패배가 이토록 심한 적이 없었다.
>
> ─ 『고려사』─

① (가)　　② (나)　　③ (다)　　④ (라)　　⑤ (마)

거란 제3차 침입

정답 ② 다음 상황은 거란의 3차 침입이다. 거란은 10만 명의 정예군을 이끌고 고려를 3차 침입을 해왔으나 강감찬, 강민첨 등이 귀주에서 거란군을 크게 격파하여 거의 전멸시켰다(귀주 대첩, 1019).

정답 분석

② (나) 서희의 외교 담판은 거란의 1차 침입(993)과 관련된 사건이다. 서희는 거란의 장수 소손녕과 외교 담판을 벌였다. 고려는 송과의 교류를 단절하고 거란과 교류할 것을 약속하는 대신, 압록강 동쪽의 강동 6주를 획득하였다.

(다) 윤관의 건의로 별무반이 조직되었다(1104). 고려는 기병, 보병, 승병으로 구성된 별무반을 조직하고 국력을 총동원하여 약 17만 명을 여기에 소속시켰다. 이후 윤관은 별무반을 이끌고 여진 정벌을 추진하여 동북 9성을 설치하였다(1107). 따라서 거란의 강감찬이 이끄는 고려군이 귀주에서 거란군을 크게 물리친 귀주 대첩(1019)은 (나)와 (다) 사이의 일이다.

심화 56회 13번

03 (가)~(라)를 일어난 순서대로 옳게 나열한 것은?

> (가) 양규가 무로대에서 거란군을 습격하여 2천여 명을 죽이고, 포로가 되었던 남녀 3천여 명을 되찾았다.
>
> (나) 거란이 장차 침입하려 하므로 군사 30만 명을 선발하여 광군이라 부르고 광군사를 설치하였다.
>
> (다) 왕이 소손녕의 봉산군 공격 소식을 듣고 서희를 보내 화의를 요청하니 소손녕이 침공을 중지하였다.
>
> (라) 강감찬 등이 귀주에서 거란군을 맞아 싸웠다. 고려군이 맹렬하게 공격하니 거란군이 북으로 도망쳤다.

① (가) – (나) – (다) – (라)
② (가) – (나) – (라) – (다)
③ (나) – (가) – (라) – (다)
④ (나) – (다) – (가) – (라)
⑤ (다) – (라) – (나) – (가)

고려의 거란과의 항쟁

정답 ④　(가)는 1011년 거란의 2차 침입 때 개경이 함락되는 어려움 속에 양규가 배후에서 선전하는 모습, (나)는 947년 고려 초기 정종이 거란군의 침입에 대비하여 특수 부대 광군을 조직하는 모습, (다)는 993년 거란의 1차 침입 때 서희가 나서서 적장 소손녕과 외교 담판을 벌여 강동 6주를 획득하는 모습, (라)는 1019년 거란의 3차 침입 때 강감찬이 이끄는 고려군이 강동 6주의 하나인 귀주에서 대승을 거두는 모습이다.

정답 분석

④ (나) 고려 제3대 왕 정종은 중국 후진에 유학하던 중 거란의 포로가 되었던 최광윤이 거란의 고려 침략 계획을 감지한 뒤 이를 고려 조정에 알려오자 광군을 조직하였다. 광군사는 광군을 통제하던 관서이다. 광군의 수는 약 30만에 달했던 것으로 추측된다.

　(다) 고려 제6대 왕 성종 때 거란의 소손녕이 수십 만의 군사를 이끌고 1차 침입을 감행(993)하자 서희는 소손녕과 담판을 시도하였다. 서희는 거란의 1차 목표가 고려가 아니라는 것을 간파하고 거란과 강화를 맺으면서 여진에 대한 협공을 구실로 압록강 근처의 강동 6주를 획득하였다.

　(가) 고려 제8대 왕 현종 때 강조의 정변을 구실로 거란은 2차 침입(1010)을 감행하였다. 이때 개경이 함락되고 현종은 나주까지 피난하였는데, 양규가 이끄는 고려 군사들이 화의를 맺고 돌아가는 거란군에 큰 피해를 입혔다.

　(라) 고려 제8대 왕 현종 때 거란은 2차 침략 당시 고려가 약속한 국왕의 거란 방문과 강동 6주의 반환을 요구하였으나, 고려가 이를 거절하자 3차 침입을 감행(1018)하였다. 이에 강감찬이 이끄는 고려군이 귀주에서 거란군을 크게 물리쳤다(귀주 대첩, 1019).

심화 51회 12번

04 (가)에 대한 고려의 대응으로 옳은 것은?

> 이 그림은 윤관이 (가) 을/를 정벌하고 동북 9성을 설치한 후 고려의 경계를 알리는 비석을 세우는 장면을 그린 척경입비도입니다.

① 화통도감을 두어 화포를 제작하였다.
② 박위를 파견하여 근거지를 토벌하였다.
③ 연개소문을 보내어 천리장성을 축조하였다.
④ 대장도감을 설치하여 팔만대장경을 간행하였다.
⑤ 신기군, 신보군, 항마군 등으로 구성된 별무반을 조직하였다.

윤관의 여진 정벌

정답 ⑤　(가)는 여진이다. "북관유적도첩" 중 '척경입비도'에는 윤관이 여진을 몰아내고 동북 9성을 설치한 후 '고려지경(高麗之境)'이라고 새긴 비석을 세우는 장면이 그려져 있다.

정답 분석

⑤ 윤관의 건의로 창설된 별무반은 기병으로 이루어진 여진의 군대를 상대하기 위해 편성한 고려의 특수 부대였다. 별무반은 신기군(기병), 신보군(보병), 항마군(승려)으로 구성되었다.

오답 피하기

① 최무선은 원의 화약 제조 기술을 습득한 후 고려에 화통도감을 만들 것을 건의하였다. 화통도감에서 만들어진 화약과 화포는 고려 말 왜구를 격퇴하는 데 중요한 역할을 하였다.

② 고려는 왜구를 근본적으로 박멸하고자 박위로 하여금 왜구의 근거지인 대마도를 정벌하도록 하였다.

③ 당 태종이 즉위하면서 침략의 야욕을 드러내자 고구려는 요동에 천리장성을 쌓아 침략에 대비했다. 당시 집권자였던 연개소문이 천리장성 공사를 감독하였다.

④ 고려 고종은 몽골과의 전쟁 시기(무신 집권기)에 대장도감을 설치하여 16년에 걸쳐 재조대장경(팔만대장경)을 새로 판각하였다.

05 밑줄 그은 '반란'이 일어난 시기를 연표에서 옳게 고른 것은?

이것은 경원 이씨 가문의 이자연 묘지명으로, 딸 셋을 모두 문종의 왕비로 보냈다는 내용이 기록되어 있습니다. 훗날 이자연의 손자 또는 딸들을 왕비로 보내 최고 권력을 누렸는데, 이에 위협을 느낀 인종이 그를 제거하려 하자 척준경과 함께 반란을 일으켰습니다.

1104	1135	1170	1196	1270	1351
(가)	(나)	(다)	(라)	(마)	
별무반 조직	묘청의 난	무신 정변	최충헌의 집권	개경 환도	공민왕 즉위

① (가)   ② (나)   ③ (다)   ④ (라)   ⑤ (마)

이자겸의 난

정답 ①   밑줄 그은 '반란'은 1126년 고려 중기에 일어난 이자겸의 난이다. 고려 중기 이자겸은 예종과 인종에게 딸들을 시집보내고, 인종이 왕위에 오르는데 큰 역할을 하면서 최고 권력자가 되었다. 1126년 이자겸의 권력 독점에 위협을 느낀 인종과 측근 세력은 이자겸을 제거하려 하였으나, 이를 눈치 챈 이자겸이 먼저 척준경과 함께 반란을 일으켰다(이자겸의 난). 그러나 인종은 척준경을 이용하여 이자겸을 몰아내고, 이후 척준경마저 정계에서 축출하였다.

정답 분석

① 금과 군신 관계를 맺고 이자겸의 난으로 궁궐이 불타면서, 왕의 권위는 실추되고 민심도 크게 동요하였다. 이러한 상황을 극복하기 위해 이자겸의 난 이후 인종은 승려 묘청과 문신 정지상 등 서경 세력을 이용하여 서경 천도 운동을 추진하였다. 그러나 개경 문벌 귀족의 반대로 서경 천도가 불가능해지자, 1135년 묘청 등은 국호를 '대위', 연호를 '천개'로 정하고 반란을 일으켰다.

06 다음 대화에 나타난 사건에 대한 설명으로 옳은 것은?

서경 천도와 금국 정벌을 주장하며 일어났어.

연호를 천개로 하는 대위국이 선포되었어.

신채호는 '조선 역사상 일천년래 제일 대사건'으로 평가하였어.

① 국왕이 나주까지 피란하였다.
② 초조 대장경 간행의 계기가 되었다.
③ 김부식 등이 이끈 관군에 의해 진압되었다.
④ 이성계가 정권을 장악하는 결과를 가져왔다.
⑤ 여진 정벌을 위한 별무반 편성에 영향을 주었다.

묘청의 서경 천도 운동

정답 ③   다음 대화에 나타난 사건은 묘청의 서경 천도 운동이다. 묘청 등 서경 세력은 풍수지리설을 앞세워 서경 천도를 적극 추진하였다. 이들은 서경으로 도읍을 옮기면 금이 굴복하고 주변의 나라들이 조공을 바칠 것이라며, 스스로 황제라 칭하고 나라의 연호를 정하는 '칭제 건원'과 '금국 정벌'을 주장하였다. 그러나 개경 문벌 귀족의 반대로 서경 천도가 불가능해지자, 묘청 등은 국호를 '대위', 연호를 '천개'로 정하고 반란을 일으켰다(1135). 뒷날 신채호는 묘청의 서경 천도 운동이 실패했기 때문에 조선의 역사가 사대적이고 보수적인 유교에 정복되어 결국에는 일제의 식민지가 되고 말았다고 하였다.

정답 분석

③ 묘청 등의 서경 세력은 서북 지방의 대부분을 점령하는 등 한때 위세를 떨치기도 했지만, 김부식이 이끄는 관군에 1년 만에 진압되었다.

오답 피하기

① 고려는 거란의 2차 침입 때 개경이 함락되고 현종이 나주까지 피란하는 어려움을 겪었으나 양규 등의 활약으로 이를 극복하였다.
② 고려 현종 때 거란의 침입을 받았던 고려는 부처의 힘으로 국난을 극복하고자 초조 대장경을 간행하였다.
④ 중국에서 새로 일어난 명은 고려에 압력을 가하여 철령 이북의 땅을 요구하였다. 이에 고려는 우왕, 최영 등이 중심이 되어 요동 정벌을 추진하였다. 요동 정벌에 반대한 이성계는 압록강의 위화도에서 군대를 되돌려 최영을 제거하고 정치 권력을 장악하였다(위화도 회군).
⑤ 고려 숙종 때 고려군이 기병으로 편성된 여진 군대에 번번이 패하자 별무반이라는 특수 부대를 창설하였다.

1 무신 정변

배경	• 문벌 귀족의 모순 심화, 의종의 실정과 향락 • 문신 우대 · 무신 차별 대우, 군인전 미지급 등 ➡ 하급 군인 불만 고조
과정	의종의 보현원 행차 ➡ 이의방, 정중부 등의 주도하에 무신 정변 발생 ➡ 문신 제거, 의종 귀양 ➡ 무신 정권 수립
결과	중방(최씨 정권 이전의 최고 권력 기구) 중심의 권력 행사 ➡ 주요 관직 독점
영향	• 무신 정권에 대한 저항 : 김보당의 난(1173, 의종 복위 도모), 조위총의 난(1174) 등 • 무신 정권 초기에 무신들 간의 권력 쟁탈전이 치열하게 벌어짐

▲ 무신 정권의 변천

2 최씨 무신 정변

(1) 최충헌

성립	최충헌이 천민 출신 집권자 이의민을 제거하고 정권 장악 ➡ 4대 60여 년간 최씨 정권 지속(최충헌 ➡ 최우 ➡ 최항 ➡ 최의)

정책	• 봉사 10조 제시 : 사회 혼란을 극복하기 위한 사회 개혁안 제시
	• 교정도감
	  ┌ 최씨 정권의 최고 정치 기구 ➡ 국가 주요 정책의 결정 및 집행
	  └ 장관인 교정별감은 최씨 집권자들이 세습
	• 도방의 부활 : 신변 경호를 위한 사병 집단, 경대승의 도방을 본떠 만듦

(2) 최우

정책	• 정방 설치 : 자신의 집에 독자적 인사 행정 기구를 설치하여 인사권 장악
	• 서방 설치 : 문인들의 숙위 기관, 문인들은 무신들의 고문 역할을 맡게 됨
	• 삼별초 : 최우가 치안을 위해 설치한 야별초에서 시작됨
	  ┌ 야별초가 좌별초 · 우별초로 분리됨
	  └ 몽골에 포로로 잡혀갔던 병사로 조직된 신의군이 추가되어 삼별초가 됨

대몽 항쟁	• 최씨 무신 정권은 몽골이 침입하자 강화도로 천도하여 장기 항전 준비 • 대장도감 설치 : 초조대장경을 대신할 재조대장경(팔만대장경) 조판

사료 살펴보기

무신정변

"사람들을 시켜 길에서, '문관의 관을 쓴 사람은 비록 서리라도 모조리 죽이고 씨도 남기지 말라.'라고 외치게 하였다. 사졸들이 봉기하여…… 50여 명을 찾아내어 죽였다." -『고려사』-

고려의 지배층은 문신과 무신으로 구성되었으나 현실적으로 무신은 여러 가지 차별 대우를 받았다. 결국 분노가 폭발한 무신은 정변을 일으켰고, 이 때문에 문벌 귀족이 무너지고 무신 정권이 100여 년간 이어지게 된다.

사료 살펴보기

봉사 10조

선왕의 제도에 의하면 토지는 공전을 제외하고 신민에게 차등 있게 나누어 주었는데, 벼슬 자리에 있는 자들이 탐욕스러워 공전과 사전을 빼앗아 겸병하여 한집이 가진 기름진 옥토가 몇 고을에 걸치게 되었습니다. 그 결과 나라의 조세 수입이 저하되고 군사들이 결핍을 겪게 되었으니, 원컨대 폐하는 해당 기관에 명령하여 공문서를 검증하고, 강탈당한 것은 전부 본래 주인들에게 돌려주도록 하십시오. -『고려사』-

명종 26년(1196)에 최충헌은 봉사 10조라는 개혁안을 올려 무신 정권 초기의 혼란을 수습하려고 하였으나, 제대로 시행되지 못하였다.

▲ 최충헌 가족을 위한 경전
불경은 재난 예방을 위해 간행하였으며, 경갑에 넣어 끈으로 묶어 차고 다니도록 하였다.

❸ 무신 집권기 농민과 천민의 저항

배경	무신 집권자의 수탈, 신분 질서 동요, 향·부곡·소의 차별
집권 초기	김보당의 난(1173), 조위총의 난(1174), 교종 계통 승려들의 반발
농민 저항	• 망이·망소이의 난(1176) : 공주 명학소 주민들이 무거운 조세 부담에 반발하여 봉기 • 김사미·효심의 난(1193) : 운문(청도)과 초전(울산)을 중심으로 경상도 지역에서 봉기
천민 저항	• 만적의 난(1198) : 최충헌의 사노비인 만적이 개경에서 신분 해방 운동 주도(누구나 '공경대부'가 될 수 있다고 주장) • 전주 관노의 난(1182) : 지방관의 횡포에 불만을 품고 봉기
삼국 부흥	고려를 부정하는 삼국 부흥 운동이 일어났지만 모두 실패 ➡ 경주에서 신라 부흥 운동(이비와 패좌, 1202), 서경에서 고구려 부흥 운동(최광수, 1217) 담양에서는 백제 부흥 운동(이연년 형제, 1232)이 전개됨

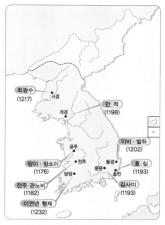

▲ 무신 집권기의 사회적 동요

❹ 몽골과의 항쟁

몽골과의 접촉	몽골이 금을 공격 ➡ 금의 지배를 받던 거란족은 이 틈을 이용하여 반란을 일으킴 ➡ 거란족은 몽골군에 쫓겨 고려 영토로 들어옴 ➡ 강동성에서 고려와 몽골군이 연합하여 거란족을 물리침(강동의 역) ➡ 몽골과 외교 관계를 맺음 ➡ 이후 몽골의 무리한 공물 요구가 계속됨
침입 배경	몽골 사신 저고여의 피살 ➡ 외교 관계 단절 ➡ 몽골의 제1차 침입 발발
제1차 침입 (고종, 1231~1232)	몽골 사신 저고여 피살 사건을 구실로 살리타가 이끄는 몽골군이 침입 ➡ 귀주성에서 박서의 항전, 충주 관노비와 천민들의 항전 ➡ 몽골군의 개경 포위 ➡ 고려 정부는 몽골과 강화를 맺음 ➡ 몽골은 다루가치를 남기고 철수 ➡ 최우의 강화도 천도
제2차 침입 (고종, 1232)	• 고려의 개경 천도와 친조를 요구하며 살리타를 앞세워 재침입 • 처인 부곡의 결사 항전, 김윤후가 처인성(용인) 전투에서 적장 살리타를 사살 • 대구 부인사에 보관 중이던 고려 최초의 대장경 초조대장경이 소실됨
제3차 침입 (고종, 1235~1239)	• 몽골군이 경주까지 침입하여 황룡사 9층 목탑이 소실됨 • 부처의 힘으로 몽골을 물리치고자 팔만대장경(재조대장경) 조판 시작
제4~6차 침입 (고종, 1247~1259)	• 김윤후의 충주성 전투 승리(제5차 침입) • 다인철소 주민들이 고려 정부군의 지원없이 몽골군을 막아냄(제6차 침입)
개경 환도 및 강화	김준이 최의를 몰아내면서 최씨 정권 붕괴 ➡ 몽골과 강화(1259) ➡ 이후 김준, 임연, 임유무로 이어지던 무신 정권은 원종이 임유무를 살해하면서 종료 ➡ 원종은 개경으로 환도(1270) ➡ 원 간섭기가 시작됨

▲ 고려의 대몽 항쟁

삼별초 항쟁	배경	• 삼별초는 대몽 항쟁의 선봉장 역할을 맡음 • 몽골과 강화 및 원종의 개경 환도에 강력히 반발하며 봉기 • 배중손 등이 왕족 '승화후 온'을 왕으로 추대하여 고려 정부에 저항
	전개과정	강화도(배중손) ➡ 진도의 용장산성(배중손) ➡ 제주도 항파두리(김통정)로 근거지를 옮기며 항쟁 ➡ 고려(김방경)와 몽골의 연합군에 의하여 진압됨 ➡ 원은 제주에 탐라총관부와 목마장을 설치함(1273)
	의의	고려의 자주 정신을 보여줌

▲ 삼별초의 항쟁

은쌤의 합격노트

무신 집권기(최씨 무신 정권, 농민과 천민의 저항)

☑ 시험에 꼭 나오는 키워드

- 무신정변 이후 집권한 최충헌, 최우 업적 정리하기
- 무신정변 이후 일어난 사건들을 시간 순으로 정리하기 ➡ 연표 문제로 자주 출제됨
- 무신 집권기의 반란을 정리하기 ➡ 연표 문제로 자주 출제됨

☑ 최다 빈출 선지

무신정변 직후
① 무신 집권기 최고 권력 기구였다(중방).
② 정중부 등이 정변을 일으켜 권력을 장악하였다.
③ 경대승이 정중부 등을 제거하고 권력을 장악하였다.

최충헌
① 봉사 10조를 올려 시정 개혁을 건의하였다.
② 국정을 총괄하는 기구로 교정도감이 설치되었다.
③ 교정별감이 되어 국정 전반을 장악하였다.
④ 이의민을 제거하고, 도방을 설치하였다.

최우
① 강화도로 도읍을 옮겨 장기 항전을 준비하였다.
② 정방을 설치하여 인사권을 장악하였다.
③ 좌·우별초와 신의군으로 삼별초를 조직하였다.
④ 대장도감을 설치하여 팔만대장경을 간행하였다.

무신 집권기 반란
① 공주 명학소에서 망이, 망소이가 난을 일으켰다.
② 만적이 개경에서 신분 해방 운동을 도모하였다.
③ 김사미와 효심이 가혹한 수탈에 저항하여 봉기하였다.
④ 조위총이 군사를 일으켜 정중부 등의 제거를 도모하였다.
⑤ 동북면 병마사 김보당이 의종 복위를 도모하여 난을 일으켰다.

몽골과의 항쟁

☑ 시험에 꼭 나오는 키워드

- 몽골과의 항쟁과 관련된 사건들 정리하기 ➡ 강화도 천도, 김윤후의 활약, 팔만대장경 조판, 황룡사 9층 목탑 소실, 삼별초 항쟁 등
- 삼별초 항쟁 정리하기 ➡ 삼별초 군대 자체를 물어보거나, 몽골에 맞선 삼별초의 항쟁을 물어보는 형태로 출제됨

☑ 최다 빈출 선지

몽골과의 항쟁
① 사신 저고여가 귀국길에 피살되었다.
② 강화도로 도읍을 옮겨 항전하였다.
③ 김윤후가 처인성에서 몽골 장수 살리타를 사살하였다.
④ 다인철소 주민들이 충주 지역에서 저항하였다.
⑤ 외적의 침입을 받아 황룡사 구층 목탑이 소실되었다.
⑥ 대장도감을 설치하여 팔만대장경판을 만들었다.

삼별초
① 최씨 무신 정권의 군사적 기반 역할을 하였다.
② 좌·우별초와 신의군으로 삼별초를 조직하였다.

삼별초의 항쟁
① 개경 환도 결정에 반발하여 봉기하였다.
② 배중손 등이 왕족 '승화후 온'을 왕으로 추대하였다.
③ 배중손이 삼별초를 이끌고 진도에서 항전하였다.
④ 삼별초를 이끌고 진도로 이동하여 대몽 항쟁을 펼쳤다.
⑤ 강화도와 진도에서 배중손, 제주도에서는 김통정을 중심으로 항쟁하였다.
⑥ 김방경의 군대가 탐라에서 삼별초를 진압하였다.

01 다음 사건의 배경으로 가장 적절한 것은?

> 조위총이 동·북 양계(兩界)의 여러 성에 격문을 돌려 군사를 불러 모아 말하기를, "소문에 따르면 개경의 중방(重房)에서 '북계의 여러 성은 거칠고 사나운 무리를 많이 거느리고 있으니 토벌해야 한다.'고 논의하고 이미 많은 병력을 동원했다고 하니 어찌 가만히 앉아서 스스로 죽을 수 있겠는가? 각자 군사와 말을 규합하여 빨리 서경으로 달려와야 한다."라고 하였다.

① 노비 만적이 반란을 모의하였다.
② 정중부, 이의방 등이 정변을 일으켰다.
③ 신돈이 전민변정도감의 판사가 되었다.
④ 망이, 망소이 등이 명학소에서 봉기하였다.
⑤ 최충헌이 교정도감을 설치하여 국정을 총괄하였다.

무신정변

정답 ② 다음 사건은 고려 후기 무신 집권기에 일어난 조위총의 난(1174)이다. 서경 유수 조위총이 무신 정권에 반발하여 서경에서 반란을 일으켰을 때 많은 농민이 가세하였으며, 조위총이 패망한 뒤에도 농민 항쟁이 여러 해 지속되었다.

정답 분석

② 이의방과 정중부 등 무신들은 다수의 문신을 제거하고 의종을 폐하고, 명종을 왕으로 세우고 정권을 장악하였다(무신정변, 1170). 이에 김보당, 조위총 등 문신들과 귀법사 승려들이 저항하였으나 모두 진압되었다.

오답 피하기

① 고려 후기 무신 집권자 최충헌이 정권을 장악한 후에는 그의 노비였던 만적이 신분 해방 운동(1198)을 시도하였다.
③ 고려 후기 공민왕은 신돈을 등용하여 전민변정도감을 설치하고 권문세족이 빼앗은 토지와 노비를 본래의 주인에게 돌려주거나 양민으로 해방시켰다.
④ 고려 후기 무신 집권자 정중부가 권력을 장악하던 시기에 특수 행정 구역 공주 명학소에서 망이·망소이가 봉기(1176)하였다.
⑤ 고려 후기 무신 집권자 최충헌은 국정을 총괄하는 최고 정치 기구로 교정도감을 설치하고, 그 우두머리인 교정별감이 되어 최고의 권력을 행사하였다.

02 다음 검색창에 들어갈 인물에 대한 설명으로 옳은 것은?

시기	내용	원문 이미지
명종 26년 4월	이의민을 제거하다	원문 이미지
명종 26년 5월	봉사 10조를 지어 바치다	원문 이미지
신종 3년 12월	도방을 설치하다	원문 이미지
희종 2년 3월	진강후로 책봉되다	원문 이미지

① 서경에서 난을 일으키고 국호를 대위로 하였다.
② 화약과 화포 제작을 위해 화통도감 설치를 건의하였다.
③ 삼별초를 이끌고 진도로 이동하여 대몽 항쟁을 펼쳤다.
④ 교정별감이 되어 인사, 재정 등 국정 전반을 장악하였다.
⑤ 전민변정도감의 책임자로 임명되어 권문세족을 견제하였다.

최충헌

정답 ④ 무신 정권은 최충헌이 이의민을 몰아내고 권력을 장악하면서 안정되었다. 최충헌은 집권 후 봉사 10조와 같은 사회 개혁을 내세웠지만 실제로 실행하지 않았고, 농민 항쟁을 진압하는 데 적극적으로 나섰다.

정답 분석

④ 최충헌은 교정도감을 설치하고 그 책임자인 교정별감이 되어 자신의 권력을 강화하는 데 치중하였다.

오답 피하기

① 묘청 등은 서경 천도가 불가능해지자, 국호를 '대위', 연호를 '천개'로 정하고 반란을 일으켰다.
② 최무선은 원의 화약 제조 기술을 습득한 후 고려에 화통도감을 만들 것을 건의하였다. 화통도감에서 만들어진 화약과 화포는 고려 말 왜구를 격퇴하는 데 중요한 역할을 하였다.
③ 삼별초가 배중손의 지휘로 반몽 정권을 세우고 강화도에서 진도로 이동하여 저항하였다.
⑤ 공민왕은 신돈을 전민변정도감의 책임자로 임명하여 권문세족이 빼앗은 토지를 원래 주인에게 돌려주고 불법으로 노비가 된 자들을 양인으로 회복시켰다.

03 (가) 인물의 활동으로 옳은 것은?

① 인사 행정 담당 기구로 정방을 설치하였다.
② 봉사 10조를 올려 시정 개혁을 건의하였다.
③ 삼별초를 이끌고 진도 용장성에서 항전하였다.
④ 군사를 일으켜 정중부 등의 제거를 도모하였다.
⑤ 전민변정도감의 책임자로 임명되어 권문세족을 견제하였다.

최우

정답 ①   (가) 인물은 고려 후기 무신 집권자 최우이다. 1231년 몽골은 고려를 침략하였다. 준비가 부족했던 최씨 정권은 서둘러 강화를 맺은 뒤, 수도를 강화도로 옮기고 장기 항전을 준비하였다. 몽골을 피해 개경에서 강화도를 천도한 고려 고종의 홍릉을 중심으로 희종의 석릉, 강종의 비인 원덕 태후의 곤릉, 원종의 왕비인 순경 태후의 가릉 등이 있다.

정답 분석

① 고려 후기 무신 집권자 최충헌의 뒤를 이은 최우는 교정도감 이외에 자신의 집에 정방을 설치하여 인사권을 장악하였다.

오답 피하기

② 고려 후기 무신 집권자 최충헌은 '봉사 10조'와 같은 개혁안을 제시하였지만, 권력 강화에 힘을 쏟았고 농민 봉기를 탄압하였다.
③ 고려 후기 몽골과의 전쟁이 장기화되자 강화를 지지하는 무신들이 당시 집권자 최의를 제거한 후 몽골과 강화를 맺고 개경으로 환도하였다(1270). 그러자 삼별초는 진도 용장성과 제주도 항파 두리성으로 근거지를 옮기면서 장기간 항전하였다.
④ 고려 후기 이의방과 정중부 등 무신들은 다수의 문신을 제거하고 의종을 폐하고, 명종을 왕으로 세우고 정권을 장악하는 무신정변을 일으켰다.
⑤ 고려 후기 공민왕은 신돈을 등용하여 전민변정도감을 설치하고 권문세족이 빼앗은 토지와 노비를 본래의 주인에게 돌려주거나 양민으로 해방시켰다.

04 다음 사건이 일어난 시기를 연표에서 옳게 고른 것은?

> ○ 명학소의 백성 망이·망소이 등이 무리를 모아서 산행병 마사라고 자칭하고는 공주를 공격하여 함락하였다.
> ○ 망이의 고향이 명학소를 충순현으로 승격시키고 양수탁을 현령으로, 김윤실을 현위로 임명하여 그들을 달래었다.

1104	1126	1135	1170	1231	1270
(가)	(나)	(다)	(라)	(마)	
별무반 조직	이자겸의 난	묘청의 난	무신 정변	몽골의 침입	개경 환도

① (가)　　② (나)　　③ (다)　　④ (라)　　⑤ (마)

망이·망소이의 난

정답 ④   다음 사건은 무신 집권기 때 일어난 망이·망소이 난이다. 백성의 봉기는 무신 정변 이후 약 30년 동안 집중적으로 발생하였는데, 향, 소, 부곡 등 특수 행정 구역과 속현에서 많이 일어났다. 공주 명학소에서는 일반 군현보다 무거운 부담에 시달리던 주민들이 망이·망소이를 중심으로 봉기하였다. 정부는 명학소를 충순현으로 승격시켜 무마한 뒤, 결국 무력으로 진압하였다.

정답 분석

④ (라) 정중부, 이의방 등 무신들은 무신 정변을 일으켜 많은 문신을 죽이고 의종을 폐위한 후 명종을 세워 정권을 장악하였다(1170). 하지만 무신들의 과도한 토지 소유와 수탈은 농민과 천민이 곳곳에서 대규모 봉기를 일어나게 하였다. 특히 명종 때 공주 명학소에서 망이·망소이 형제가 과도한 수취에 반발하여 봉기하였다(1176).

05 (가)에 대한 고려의 대응으로 옳은 것은?

> 김윤후가 충주산성 방호별감이 되었는데 (가) 의 군대가 쳐들어 와 충주성을 70여 일간 포위하였다. 군량이 거의 바닥나자 김윤후가 군사들에게 "만약 힘내 싸운다면 귀천을 가리지 않고 모두 관작을 내리겠다."라고 하였다. 마침내 관노비의 문서를 불태우고 노획한 소와 말을 나누어 주었다. 사람들이 모두 죽음을 무릅쓰고 싸우니 적의 기세가 꺾여 남쪽으로 침략하는 것을 막을 수 있었다.

① 윤관을 보내 동북 9성을 축조하였다.
② 박위로 하여금 쓰시마섬을 정벌하게 하였다.
③ 서희가 외교 담판을 통해 강동 6주를 획득하였다.
④ 최우가 강화도로 수도를 옮겨 장기 항전에 대비하였다.
⑤ 최영이 철령위 설치에 반발하여 요동 정벌을 추진하였다.

고려의 대몽 항쟁

정답 ④ (가)는 몽골이다. 몽골은 고려에 여러 차례 침략했는데, 이에 맞서 노비, 부곡민 등 하층 민중도 적극 항전하였다. 처인성에서는 김윤후가 부곡민을 이끌고 몽골 장수 살리타를 사살하였다. 충주성에서는 노비가 주축이 된 군대가 몽골군을 물리쳤으며, 관악산의 초적들이 대몽 항전에 나서기도 하였다.

정답 분석

④ 최우는 장기적인 대몽 항쟁을 결정하고, 강화도로 수도를 옮겨 대비하였다. 그 후 고려는 40년 가까이 몽골과 전쟁을 지속하였다

오답 피하기

① 고려 예종 때 윤관이 별무반을 이끌고 여진을 공격하여 동북 지방을 점령하고 9개의 성을 쌓아 백성을 이주시켰다.
② 고려는 왜구를 근본적으로 박멸하고자 박위로 하여금 왜구의 근거지인 대마도를 정벌하도록 하였다.
③ 거란은 송을 공격하기에 앞서 대군을 이끌고 고려를 침략하였다. 고려는 서희의 담판으로 송과 관계를 끊기로 약속하고, 그 대가로 강동 6주를 획득하였다.
⑤ 명은 원이 직접 지배했던 철령 이북의 땅을 직속령으로 삼겠다고 고려에 통고해 왔다. 이에 반발하여 최영은 요동 정벌을 단행하였다.

---

06 (가) 군사 조직에 대한 설명으로 옳은 것은?

> 처음에 최우가 나라 안에 도적이 많음을 근심하여 용사들을 모아 매일 밤 순행하면서 포악한 짓들을 금하였는데, 이로 인하여 이름을 야별초(夜別抄)라고 하였다. 도적들이 여러 도에서도 일어났으므로 별초를 나누어 보내 이들을 잡게 하였다. 그 군사가 매우 많아 마침내 나누어 좌우로 삼았다. 또 우리나라 사람으로서 몽골로부터 도망쳐 돌아온 자들을 한 부대로 삼아 신의군(神義軍)이라고 불렀는데, 이들이 (가) 이/가 되었다.

① 광군사의 통제를 받았다.
② 정미 7조약에 의해 해산되었다.
③ 4군 6진을 개척해 영토를 확장하였다.
④ 개경 환도 결정에 반발하여 항쟁하였다.
⑤ 유사시에 향토 방위를 담당하는 예비군이었다.

삼별초

정답 ④ (가) 군사 조직은 삼별초이다. 삼별초는 최우가 치안 유지를 위해 설치한 야별초에서 시작되었다. 야별초의 규모가 늘자 좌별초와 우별초로 나누었다. 여기에 몽골군에게 잡혔다가 도망해 돌아온 사람들로 만든 신의군을 합쳐 삼별초가 되었다. 삼별초는 무신 집권자에게 충성을 다하였고 반대파들을 제거하는 데도 앞장섰다. 삼별초는 항몽 전쟁의 마지막 단계에 끝까지 몽골에 대항하여 진도에서 제주도로 옮겨 가면서 싸웠다. 그런 영향으로 삼별초는 항몽 전쟁의 대표적인 존재로 평가받고 있다.

정답 분석

④ 최우가 양성한 삼별초는 몽골과의 강화로 개경 환도가 결정되자 배중손의 지휘 아래 강화도에서 반기를 들었다. 이들은 진도와 제주도로 근거지를 옮기면서 장기간 항전하였으나 고려와 몽골의 연합군에게 진압되었다(1273).

오답 피하기

① 고려 초기 정종 대에 거란이 침입할 것이라는 정보에 따라 편성된 광군을 통할하던 관청이 광군사이다.
② 일제는 고종을 강제 퇴위시키고, 뒤이어 정미 7조약(한 · 일 신협약)을 체결하고 대한 제국 군대를 해산시켰다.
③ 조선 초기 세종 때 최윤덕과 김종서가 4군 6진을 개척해 압록강과 두만강을 경계로 하는 오늘날과 같은 국경선을 확정하였다.
⑤ 조선 시대에는 지역 수비를 보완하기 위해 서리, 신량역천, 공 · 사노비 등이 소속되어 유사시에 대비한 일종의 예비군인 잡색군이 있었다.

21강 공민왕의 개혁 정치와 고려 멸망

1 권문세족의 성장과 원의 간섭

(1) 권문세족의 형성

▲ 고려 후기 원 간섭기의 왕들

친원파, 문벌 귀족, 무신 정권 가문 → 원과의 관계를 배경(친원)으로 성장함 →

권문세족
- 원의 세력을 등에 업고 새로운 지배 세력으로 성장(친원적 성향)
- 도평의사사를 독점하여 국가 중대사를 회의를 통해 결정
- 주로 음서를 통해 관직에 진출
- 불법적으로 토지와 노비 차지, 대토지 농장 소유

(2) 원의 내정 간섭

영토 상실	동녕부, 탐라총관부, 쌍성총관부 충렬왕 때 반환　　　공민왕 때 무력 탈환
관제 격하	• 왕실 호칭 격하 　┌ 조(祖), 종(宗) 대신에 충○왕 사용 　└ 폐하 대신에 전하, 짐 대신에 고, 태자 대신에 세자 사용 • 관제 명칭 격하 　┌ 중서문하성과 상서성을 합하여 첨의부라고 함 　└ 중추원 대신에 밀직사, 6부는 4사라 함
내정 간섭	• 고려 왕자는 원에서 교육, 원의 공주와 혼인(부마국) • 다루가치(감찰관) 파견, 군사 조직 만호부 설치 • 정동행성 설치 : 일본 원정을 위해 설치 ➡ 원정 실패 후 그대로 남아 고려 내정 간섭
인적·물적 수탈	• 공물 징수(금·은·포·자기·인삼 등), 응방을 설치하여 해동청(매) 징수 • 결혼도감 설치 후 공녀 징발 ➡ 조혼 풍습이 생겨남
원 간섭기 왕들의 노력	• 충선왕 : 만권당 설치, 사림원 설치, 각염법(소금 전매제) 시행 • 충목왕 : 정치도감 설치, 응방 폐지, 고리대 금지
영향	• 고려 자주성 상실, 왕권이 원에 좌우, 성리학(주자학)의 전래, 문익점에 의한 목화의 전래 • 몽골풍의 유행 : 고려에 몽골식 의복·장도·연지·은장도·설렁탕·변발 등 유행 • 고려양의 유행 : 몽골에 고려 의복·고려병(떡)·보쌈 등 유행 • 만권당의 설치 : 충선왕이 원의 북경에 만든 학문 연구소(이제현 등 고려 유학자들이 원 유학자들과 교류)

▲ 몽골습래회사
일본에 침략에 나선 고려와 원의 군사들이다.

2 공민왕의 개혁 정치

배경	14세기 중반 이후 원의 국력 쇠퇴(원·명 교체기)
반원 자주정책	• 기철 등의 친원파 제거, 정동행성 이문소 폐지 • 왕실 용어와 격하된 관제 복구 : 첨의부 폐지하고 중서문하성과 상서성을 복구 • 몽골풍 폐지 : 원 연호 폐지, 체두변발 금지, 원 복장·언어 풍습 폐지 • 유인우로 하여금 쌍성총관부 공격(철령 이북 땅 회복)

▲ 공민왕의 영토 수복 지역

왕권 강화	• 정방 폐지 : 왕이 인사권 장악, 신진 사대부 등용 • 전민변정도감 설치(신돈의 주도) : 권문세족이 불법적으로 차지한 토지를 돌려주고, 억울하게 노비가 된 사람을 해방시킴 • 성균관 개편(순수 유교 교육기관으로 정비), 과거제 정비
결과	• 원의 압력과 권문세족의 반발, 개혁 추진 세력의 미약 • 국내외 정세 불안(홍건적과 왜구의 침입) ➡ 신돈 제거, 공민왕 시해 ➡ 개혁 중단

❸ 새로운 세력의 등장과 고려의 멸망

(1) 신흥 무인 세력의 성장

등장	홍건적과 왜구의 침입 ➡ 이성계 등이 활약하며 신흥 무인 세력으로 성장
홍건적의 격퇴	• 홍건적(한족의 농민 반란군)이 원에 쫓기어 고려 국경을 침입 • 1차 침입(공민왕, 1359) : 홍건적의 서경 점령 ➡ 이승경 · 이방실 등의 활약 • 2차 침입(공민왕, 1361) : 개경이 함락되고 공민왕은 2개월 간 복주(안동)으로 피란 ➡ 이승경 · 이방실 · 최영 · 이성계 등의 활약
왜구의 침입	• 왜구들의 약탈 ➡ 조세 운송의 어려움(국가 재정 궁핍) • 최영의 홍산 대첩(1376), 이성계의 황산 대첩(1380, 아지발도 사살), 박위의 쓰시마 섬 (대마도) 정벌(1389) 등의 활약 • 최무선의 화통도감 설치 ➡ 최무선, 나세, 심덕무 등의 진포 대첩(1380)

(2) 신진 사대부의 성장

출신	대부분 향리 출신, 중소 지주층
성장	• 대표 인물 : 정몽주, 정도전 등 • 충선왕, 충목왕의 개혁 정치에 참여 ➡ 공민왕의 개혁 정치에 적극 참여 ➡ 공민왕 대에 개혁 주도 세력으로 성장
성격	• 성리학을 사상적 이념으로 수용, 과거를 통해 중앙 정계 진출 • 권문세족 비판, 토지 개혁 주장, 불교 폐단 비판, 친명 정책을 지지함 • 고려 말 온건 개혁파(정몽주 등이 중심)와 급진 개혁파(정도전 등이 중심)로 나뉨

(3) 고려의 멸망

요동 정벌 계획	명이 철령 이북 땅 요구 ➡ 고려는 명의 요구 거절 ➡ 최영과 우왕은 요동 정벌 추진 ➡ 이성계는 4불가론을 내세워 반대
위화도 회군 (1388)	최영의 지시에 의해 이성계와 원정군 출정 ➡ 압록강 입구의 위화도에서 회군 ➡ 최영 제거, 우왕 폐위 ➡ 이성계의 정치적 · 군사적 실권 장악
과전법 실시 (1391)	목적 : 문란해진 토지 제도를 바로잡고, 신진 사대부의 경제적 기반 마련 결과 : 권문세족의 대농장을 몰수하여 신진 관료에 재분배
조선 건국 (1392)	정몽주 등의 온건파 사대부 제거 ➡ 급진파 사대부들이 이성계를 왕으로 추대 ➡ 조선 건국

▲ 홍건적과 왜구의 격퇴

권문세족의 성장과 원의 간섭

☑ 시험에 꼭 나오는 키워드
- 고려 후기 지배층 권문세족의 특징 정리하기
- 원 간섭기에 나타난 정치, 사회적 변화 정리하기

☑ 최다 빈출 선지

권문세족
① 권문세족이 도평의사사를 장악하였다.

원 간섭기
① 중서문하성과 상서성이 첨의부로 개편되었다.
② 변발과 호복이 지배층을 중심으로 유행하였다.
③ 만권당을 설립하여 원의 학자들과 교류하게 하였다.
④ 원의 요청으로 일본 원정에 참여하였다(충렬왕).
⑤ 사림원을 설치하여 개혁을 실시하였다(충선왕).
⑥ 폐정 개혁을 목표로 정치도감을 설치하였다(충목왕).
⑦ 일본 원정을 위해 정동행성이 설치되었다.

공민왕의 개혁 정치

☑ 시험에 꼭 나오는 키워드

공민왕의 업적 정리하기

☑ 최다 빈출 선지

공민왕
① 유인우, 이자춘 등이 쌍성총관부를 수복하였다.
② 신돈을 등용하여 전민변정도감을 운영하였다.
③ 인사권을 장악하기 위하여 정방을 폐지하였다.
④ 정동행성 이문소를 폐지하였다.
⑤ 대표적 친원 세력인 기철이 숙청되었다.
⑥ 중서문하성과 상서성을 복구하였다.
⑦ 국자감을 성균관으로 개칭하여 유학 교육을 강화하였다.

새로운 세력의 등장과 고려의 멸망

☑ 시험에 꼭 나오는 키워드
- 고려 후기 홍건적과 왜구 격퇴 과정 속에서 활약한 인물들 숙지하기
- 고려 후기 등장한 신진사대부의 특징 정리하기
- 고려 멸망 과정을 큰 사건을 중심으로 순서 흐름 정리하기

☑ 최다 빈출 선지

고려 후기 홍건적과 왜구의 격퇴
① 최무선이 진포에서 왜구를 격퇴하였다.
② 나세, 심덕부 등이 진포에서 왜구를 격퇴하였다.
③ 박위를 파견하여 근거지를 토벌하였다.
④ 최영이 홍산 전투에서 큰 승리를 거두었다.
⑤ 안우, 이방실 등이 홍건적을 격파하였다.

고려의 멸망 과정
① 명의 철령위 설치에 반발하여 요동 정벌을 추진하였다.
② 이성계가 위화도에서 회군하여 정권을 장악하였다.
③ 조준 등의 건의로 과전법을 제정하였다.

대표 기출 문제

심화 62회 15번

01 다음 상황이 나타난 시기의 사회 모습으로 옳은 것은?

> 제국 대장 공주가 일찍이 잣과 인삼을 [원의] 강남 지역으로 보내 많은 이익을 얻었다. 나중에는 환관을 각지에 파견하여 잣과 인삼을 구하게 하였다. 비록 나오지 않는 땅이라 하더라도 강제로 거두니 백성들이 매우 괴로워하였다.

① 원종과 애노가 사벌주에서 봉기하였다.
② 대각국사 의천이 해동 천태종을 개창하였다.
③ 지배층을 중심으로 변발과 호복이 유행하였다.
④ 기근에 대비하기 위해 구황촬요가 간행되었다.
⑤ 국난 극복을 기원하며 초조 대장경이 조판되었다.

고려 후기 원 간섭기의 사회상

정답 ③ 다음 상황이 나타난 시기는 고려 후기 원 간섭기이다. 고려는 오랜 항쟁의 결과 원에 정복당한 다른 나라들과는 달리 원의 부마국이 되었다. 고려 국왕은 원의 공주와 결혼하여 원 황제의 부마가 되었고, 왕실의 호칭과 격은 부마국에 맞는 것으로 비뀌었다. 제국 대장 공주는 중국 원 세조 쿠빌라이의 딸로 1274년(원종 15) 5월에 충렬왕이 세자로서 원나라에 있을 때 혼인하였다.

정답 분석

③ 고려 후기 원 간섭기에는 몽골풍이 유행하여 변발, 몽골 복장, 몽골어가 궁중과 지배층을 중심으로 널리 퍼졌다.

오답 피하기

① 신라 하대에 진성 여왕이 무리하게 조세를 강요하자 원종과 애노의 난과 같은 농민 봉기가 발생하였다.
② 고려 중기 의천은 천태종을 만들어 교종을 중심으로 선종을 통합하여 불교계의 문제를 해결하려 하였다.
④ 조선 중기 명종 대 영양실조로 중태에 빠진 사람들의 구급법 · 대용식물의 조제법 등 흉년에 대비하는 내용의 종합서 "구황촬요"가 편찬되었다.
⑤ 고려 중기 현종 때 거란의 침입을 받았던 고려는 부처의 힘으로 국난을 극복하고자 초조 대장경을 간행하였다.

심화 60회 18번

02 (가), (나) 사이의 시기에 있었던 사실로 옳은 것은?

> (가) 용진현 출신 조휘와 정주 출신 탁청이 화주 이북 지방을 몽골에 넘겨주었다. 몽골은 화주에 쌍성총관부를 설치하고 조휘를 총관으로, 탁청을 천호(千戶)로 임명하였다.
>
> (나) 동북면 병마사 유인우가 쌍성을 함락시키자 총관 조소생, 천호 탁도경이 도망치니 화주, 등주, 정주 등이 수복되었다.

① 최윤덕이 4군을 개척하였다.
② 일본 원정을 위해 정동행성이 설치되었다.
③ 몽골 사신 저고여가 귀국길에 피살되었다.
④ 철령위 설치 문제로 요동 정벌이 추진되었다.
⑤ 서희가 외교담판으로 강동 6주를 획득하였다.

고려 후기 원 간섭기의 사회상(쌍성총관부 설치~수복)

정답 ② (가)는 1258년 고려 후기 원이 쌍성총관부를 설치한 원 간섭기, (나)는 1356년 고려 후기 공민왕이 반원 자주 정책으로 쌍성총관부를 탈환한 시기이다.

(가) 고려와 원의 전쟁이 끝난 후, 원은 일본 원정에 필요한 군대와 물자의 제공을 두 차례 고려에 강요하였다. 또한 화주에 쌍성총관부, 서경에 동녕부, 제주에 탐라총관부를 설치하여 이 지역을 직접 지배하였다.
(나) 공민왕은 14세기 중반 원이 쇠퇴하던 시기를 이용하여 자주성을 회복하는 정책을 추진하였다. 유인우로 하여금 무력으로 쌍성총관부를 공격하여 철령 이북의 영토를 탈환하고 고구려의 옛 땅인 요동 지방을 공략하였다.

정답 분석

② 고려 후기 원은 일본 원정을 위하여 설치했던 정동행성을 계속 유지하여 내정을 간섭하였다.

오답 피하기

① 조선 초기 세종은 압록강 지역에 최윤덕을 파견하여 4군을 설치하였다.
③ 고려 후기 몽골은 사신 저고여 일행이 귀국길에서 피살된 것을 구실로 고려를 침입하였다. 이때부터 몽골은 30여 년 동안 여섯 차례 고려를 침략하였다.
④ 고려 후기 명은 고려에 압력을 가하여 철령 이북의 땅을 요구하자 우왕, 최영 등이 중심이 되어 요동 정벌을 추진하였다.
⑤ 고려 초기 거란의 1차 침입 때 서희는 거란의 장수 소손녕과 외교 담판을 벌여 압록강 동쪽의 강동 6주를 획득하였다.

심화 59회 13번

03 밑줄 그은 '왕'의 재위 시기에 있었던 사실로 옳은 것은?

> 얼마 전에 왕께서 기철과 그 일당들을 반역죄로 숙청하셨다고 하네.

> 나도 들었네. 정동행성 이문소도 철폐하셨다고 하더군.

① 경기에 한하여 과전법이 실시되었다.
② 정지가 관음포에서 승리를 거두었다.
③ 국정 총괄 기구로 교정도감이 설치되었다.
④ 신돈을 중심으로 전민변정 사업이 추진되었다.
⑤ 만권당이 설립되어 원과 고려의 학자가 교유하였다.

고려 공민왕의 업적

정답 ④ 밑줄 그은 '왕'은 고려 후기 공민왕이다. 14세기 후반에 이르러 원이 쇠퇴하자 공민왕은 정치 개혁을 통해 원의 간섭에서 벗어나고자 하였다. 공민왕은 기철을 비롯한 친원 세력을 제거하고 정동행성 이문소를 폐지하였다. 이문소는 고려에서 원과 관계된 범죄를 다스렸던 기구로 정동행성의 부속 기구 가운데 가장 강력하였다.

정답 분석

④ 고려 후기 공민왕은 내정 개혁을 추진하여 승려 신돈을 기용하고 전민변정도감을 설치하여 권문세족이 불법적으로 빼앗은 농토를 원래 주인에게 돌려주고, 노비로 전락한 양민의 신분을 되돌려 주었다.

오답 피하기

① 고려 후기 이성계와 급진 개혁파 세력은 고려 우왕과 창왕을 잇달아 폐하고 공양왕을 세운 후, 전제 개혁을 단행하여 과전법을 실시하였다(1391).
② 고려 후기 우왕 때 최무선의 진포 대첩에 대한 보복으로 왜구가 120척의 군선을 이끌고 침입하자 정지의 함대가 관음포 앞바다에서 왜구를 크게 무찔렀다(관음포 대첩, 1383).
③ 고려 후기 희종 때 최충헌은 인사권, 재정권, 감찰권 등을 행사하는 최고 권력 기구인 교정도감을 설치하여 자신의 권력을 강화하는 데 치중하였다(1209).
⑤ 고려 후기 충선왕은 원의 수도에 만권당을 열어 고려와 원의 학자들이 만나 학문을 교류하는 장으로 만들었다.

심화 54회 17번

04 (가), (나) 사이의 시기에 있었던 사실로 옳은 것은?

> (가) 다루가치가 왕을 비난하면서 말하기를, "선지(宣旨)라 칭하고, 짐(朕)이라 칭하고, 사(赦)라 칭하니 어찌 이렇게 참람합니까?" 라고 하였다. …… 이에 선지를 왕지(王旨)로, 짐을 고(孤)로, 사를 유(宥)로, 주(奏)를 정(呈)으로 고쳤다.
>
> (나) 왕이 시해당하자 태후가 종실에서 [후사를] 골라 세우고자 하니, 시중 이인임이 백관을 거느리고 우왕을 세웠다.
>
> – 『고려사』 –

① 화통도감을 설치하여 화포를 제작하였다.
② 유인우, 이자춘 등이 쌍성총관부를 수복하였다.
③ 정중부 등이 정변을 일으켜 권력을 장악하였다.
④ 최우가 강화도로 도읍을 옮겨 장기 항전을 준비하였다.
⑤ 명의 철령위 설치에 반발하여 요동 정벌을 추진하였다.

고려 후기의 상황(원 간섭기~고려의 우왕)

정답 ② (가)는 1259년 고려와 몽골의 강화 이후 시작되는 원 간섭기, (나)는 1374년 고려 후기 원 간섭기 때 공민왕이 시해당한 상황이다.
(가) 원은 다루가치라는 관리를 두어 고려의 내정에 간섭했으며, 왕실의 호칭이 부마국의 지위에 맞춰 낮아졌고, 관청의 명칭도 원보다 낮은 표현으로 바뀌었다.
(나) 공민왕의 개혁은 홍건적과 왜구의 침략으로 인한 불안정한 정세와 권문세족의 반발로 개혁의 중심인물인 신돈이 제거되고, 이어서 자신마저 시해되며 중단되었다.

정답 분석

② 1356년 공민왕은 동북면 병마사 유인우으로 하여금 쌍성총관부를 공격하여 철령 이북의 땅을 회복하였다. (가)와 (나) 사이의 일이다.

오답 피하기

① 1377년 우왕 때 최무선의 건의로 화통도감이 설치되었다. 이곳에서 대장군포를 비롯한 20여 종의 화기를 생산하였다. (나) 이후의 일이다.
③ 1170년 정중부, 이의방 등 무신들은 무신 정변을 일으켜 많은 문신을 죽이고 의종을 폐위한 후 명종을 세워 정권을 장악하였다. (가) 이전의 일이다.
④ 1231년 최우는 몽골 사신이 귀국길에 피살된 사건을 구실로 몽골이 고려를 침략하자 일단 강화를 맺은 후 수도를 강화도로 옮겼다. (가) 이전의 일이다.
⑤ 1387년 명이 철령 이북의 땅을 자신들이 지배하겠다고 통보하자 최영은 이성계를 시켜 요동 정벌을 단행하였다. (나) 이후의 일이다.

05 (가)~(다)를 일어난 순서대로 옳게 나열한 것은?

> (가) 우왕이 요동을 공격하는 일을 최영과 은밀하게 의논하였다. …… 마침내 8도의 군사를 징발하고 최영이 동교에서 군사를 사열하였다.
>
> (나) 대군이 압록강을 건너서 위화도에 머물렀다. …… 이성계가 회군한다는 소식을 듣고 앞다투어 모여든 사람이 천여 명이나 되었다.
>
> (다) 도평의사사에서 글을 올려 과전을 지급하는 법을 정할 것을 청하니, 그 의견을 따랐다. …… 경기는 사방의 근본이므로 마땅히 과전을 설치하여 사대부를 우대하여야 한다. 무릇 수도에 거주하며 왕실을 지키는 자는 현직, 산직(散職)을 불문하고 각각 과(科)에 따라 받게 한다.

① (가) – (나) – (다)   ② (가) – (다) – (나)
③ (나) – (가) – (다)   ④ (나) – (다) – (가)
⑤ (다) – (나) – (가)

고려의 멸망과 조선의 건국

정답 ①   (가)는 1388년 고려 후기 우왕 때 명나라가 철령 이북의 땅을 차지하려고 하자 고려가 요동 정벌을 준비하는 상황이다.
(나)는 1388년 고려 후기 우왕 때 명나라의 요동을 공략하기 위해 출정했던 이성계 등이 위화도에서 회군하는 상황이다.
(다)는 1391년 고려 후기 공양왕 때 이성계와 신진사대부들의 주도로 과전법이 시행되는 상황이다.

정답 분석

① (가) 1388년 만주를 장악한 명이 함경도와 강원도 경계에 있는 철령 이북 땅이 원래 원에 속하였다는 이유로 이 땅을 관할하는 철령위를 설치하려 하였다. 이에 당시 집권자였던 최영은 요동 정벌을 계획하고 이성계에게 요동을 정벌하도록 지시하였다.
(나) 1388년 이성계는 4불가론을 내세워 요동 출병에 반대하였으나 받아들여지지 않았다. 결국, 이성계는 명으로 들어가는 길목인 압록강 위화도에서 회군하여 개경으로 진격하는 위화도 회군을 단행하였다.
(다) 1391년 위화도 회군으로 권력을 장악한 이성계와 조준 등의 신진 사대부는 권문세족의 대토지 소유로 국가 재정이 어려워지자 이를 해결하기 위해 과전법을 단행하였다. 과전법은 국가 재정을 확보함으로써 새 왕조 개창에 이바지하는 한편, 신진 사대부의 경제적 기반을 다졌다.

06 (가) 시기에 있었던 사실로 옳은 것은?

① 집현전을 계승한 홍문관이 설치되었다.
② 조준 등의 건의로 과전법이 제정되었다.
③ 국가의 기본 법전인 경국대전이 완성되었다.
④ 연분9등법을 시행하여 수취 체제가 정비되었다.
⑤ 음악 이론 등을 집대성한 악학궤범이 간행되었다.

고려의 멸망과 조선의 건국

정답 ②   좌측의 그림은 이성계의 4불가론, 우측의 그림은 조선 건국 초기이다. 만주를 장악한 명은 함경도와 강원도 경계에 있는 철령 이북 땅이 원래 원에 속하였다는 이유로 이 땅을 관할하는 철령위를 설치하려 하였다. 이에 당시 집권자였던 최영은 요동 정벌을 계획하고 이성계에게 요동을 정벌하도록 지시하였다. 이성계는 4불가론을 내세워 요동 출병에 반대하였으나 받아들여지지 않았다. 결국, 이성계는 명으로 들어가는 길목인 압록강 위화도에서 회군하여 개경으로 진격하였다(위화도 회군). 이성계는 최영을 귀양 보내 죽이고, 우왕을 폐위한 후 창왕을 왕위에 세웠다. 이성계와 급진 개혁파 세력은 창왕마저 폐하고 공양왕을 세운 후, 전제 개혁을 단행하여 과전법을 실시하였다(1391). 이후 이성계는 공양왕으로부터 왕위를 물려받고 도평의사사의 인준을 얻어 조선 왕조를 새로 세웠다(1392).

정답 분석

② 고려 후기 이성계와 조준, 정도전 등 급진 개혁파는 우왕과 창왕을 잇달아 폐하고 공양왕을 세운 후, 권문세족의 토지를 몰수해 신진 관리에게 재분배하는 과전법을 단행하였다(1391).

오답 피하기

① 조선 초기 성종은 집현전을 계승한 홍문관을 두어 관원 모두에게 경연관을 겸하게 하였고 경연에 참여할 수 있는 관리의 범위도 확대하였다.
③ 조선 초기 성종은 "경국대전"의 편찬을 완료하고 반포하여 이후 조선 사회의 기본적인 통치 방향과 이념을 제시하였다.
④ 조선 초기 세종은 좀 더 체계적으로 전세를 걷기 위해 토지의 비옥도와 풍흉에 따라 차등 징수하는 전분6등법과 연분9등법을 실시하였다.
⑤ 조선 초기 성종 때 성현은 "악학궤범"을 편찬하여 음악의 원리, 역사, 악기 등을 정리하였다.

22강 고려의 경제 활동

1 고려의 토지 제도 변천

태조	**역분전(940)**
	후삼국 통일 과정의 공로자에게 인품과 공로에 따라 토지(과전) 지급
경종	**시정 전시과(976)**
	관직 고하와 인품을 기준으로 전·현직 관료에게 전지와 시지 지급
목종	**개정 전시과(998)**
	관직만 기준으로 전·현직 관료에게 지급, 지급량 재조정
문종	**경정 전시과(1076)**
	현직 관료에게만 지급, 지급량 감소, 무신 대우 개선

전시과	
특징	• 관리들에게 나라에 봉사한 대가로 토지 지급 • 관직에 따라 18등급으로 구분하여 전지와 시지 지급 • 수조권 지급, 죽거나 관직에서 물러날 때 토지를 국가에 반납
종류	• 국가 직역의 대가 : 과전(문무 관료), 외역전(향리), 군인전(군인) • 지배층 우대 : 구분전(하급 관리나 군인의 유가족), 한인전(하급 관리의 자제로 아직 관직을 갖지 못한 자) ➡ 지배층에 편입된 사람들의 몰락 방지 • 운영 경비 마련 : 내장전(왕실), 공해전(관청), 사원전(사원), 학전(학교)
붕괴	귀족들의 토지 세습과 농장 확대 ➡ 무신 집권기, 원 간섭기 때 심화 ➡ 신진 관료의 생계유지를 위해 녹과전 지급 ➡ 위화도 회군 이후 과전법 시행
민전	매매·상속·기증·임대 등이 가능한 사유지로, 귀족이나 일반 농민이 상속·매매·개간을 통해 형성(생산량의 1/10을 조세로 납부)

2 고려의 경제 활동

(1) 수취 제도

조세	논·밭 비옥도에 따라 3등급으로 나누어 부과
공물	지방의 특산물 주현에 부과, 수공업 제품 거둠
역	16~60세 남자(정남)의 노동력 징발(군역과 요역)

(2) 농업 발달

농업 장려	• 진전, 황무지 개간 시 소작료나 조세 감면 • 연해안의 저습지나 간척지 개간

고려의 토지 분류

국·공유지 (왕실·관청 소유지)

민전 (귀족, 관리, 농민 소유지)

국가가 조세를 거두는 토지	개인(귀족·관리 등)이 조세를 거두는 토지
공전	사전

▲ 고려의 토지 분류

사료 살펴보기

전시과 제도

고려의 토지 제도는 대개 당의 그것과 비슷하였다. 개간된 토지의 수효를 총괄하고 기름지거나 메마른 토지를 구분하여 문무백관으로부터 부병(군인), 한인(閑人)에까지 일정한 과(科)에 따라 모두 토지를 주고, 또 등급에 따라 땔나무를 베어낼 땅을 주었다. 이를 전시과라고 한다. -『고려사』-

고려는 전시과 제도를 근간으로 하는 토지 제도를 실시하여 지배층의 생활을 안정시켰다. 전시과는 관직 복무와 직역의 대가로 수조지를 관리에게 지급한 것으로, 정부는 관리의 지위에 따라 곡물을 수취하는 전지와 땔감을 채취하는 시지를 주었다.

▲ 고려 후기 화령부 호적 관련 고문서 (이성계의 호적)

고려는 신라 말의 문란한 수취 체제를 정비하고 재정을 안정적으로 운영하기 위해 토지와 호구를 조사하였다. 이를 토대로 토지 대장인 양안과 호구 장부인 호적을 작성하고 이것을 근거로 조세, 공물, 역을 부과하였다.

농업 기술 발달	• 수리 시설 확충 : 김제 벽골제, 밀양 수산제 등의 개축
	• 농기구와 종자 개량 : 호미와 보습 등 농기구 개량
	• 농업 기술 ┌ 우경에 의한 심경법(깊이갈이) 확대, 시비법 발달 ➡ 휴경지 축소 ├ 2년 3작의 보급(밭농사), 고려 말 남부 일부 지방에 이앙법 보급(논농사) └ 고려 후기 공민왕 때 문익점이 원에서 목화씨를 가져오면서 목화 재배 시작
	• 농서 : 고려 후기 충정왕 때 이암이 원의 농서인 『농상집요』 소개
농민 몰락	고려 후기 권문세족의 대농장 경영 ➡ 농민은 권문세족의 토지를 경작하거나 노비로 전락

▲ 고려의 교통로와 산업 중심지

(3) 상업 발달

도시	• 개경에 시전 설치, 경시서 설치(시전의 상행위 감독)
	• 관영 상점 설치 : 대도시에 관청의 수공업장에서 생산한 물품을 판매하는 서적점, 약점, 주점, 다점 등
지방	• 관아 근처에서 장시가 열림, 행상의 활동(일용품 판매), 조운로가 상선의 상업로로 이용
	• 사원에서 곡식이나 수공업품을 생산하여 민간에 판매
사원	• 연등회, 팔관회를 거행하면서 사원이 물자 생산을 주도
	• 솜씨 좋은 승려나 사원 소속 노비를 동원하여 직물, 기와, 술 등을 판매
화폐 경제	• 성종 때 건원중보 주조 : 우리나라 최초의 화폐
	• 숙종 때 왕권 강화를 위해 화폐 사용을 적극적으로 추진함 ┌ 의천의 화폐 유통 건의에 따라 주전도감 설치 └ 삼한통보 · 해동통보 · 해동중보 · 은병(활구) 등 주조
	• 한계 : 자급자족적 경제 활동으로 화폐 유통 실패, 일반 거래에서는 여전히 삼베나 곡식 사용

(4) 수공업 발달

고려 전기	• 관청 수공업 : 공장안에 등록된 수공업자와 농민을 부역으로 동원
	• 소 수공업 : 금, 은, 철, 구리, 실, 종이, 먹, 차 등 ➡ 생산 공물로 국가에 납부
고려 후기	• 사원 수공업 : 기술을 가진 승려, 노비들이 베, 모시, 술, 소금 등 생산
	• 민간 수공업 : 농촌 가내수공업 중심, 국가는 삼베나 비단 생산 장려

(5) 대외 무역과 교류

벽란도	예성강 하구의 벽란도가 국제 무역항으로 발전
송	• 가장 활발하게 교류 ➡ 선진 문물 수용, 거란, 여진 견제
	• 수출품(인삼, 나전칠기, 화문석 등) ⇄ 수입품(비단, 서적 등 왕실 · 귀족 사치품)
거란 여진	• 회유책과 강경책을 병행하며 교류
	• 수출품(농기구, 식량 등) ⇄ 수입품(모피, 말, 은 등)
일본	• 외교 관계가 다른 시대보다 활발하지 않음
	• 수출품(인삼, 서적 등) ⇄ 수입품(수은, 유황 등)
아라비아 (대식국)	• 수은, 향료, 산호 등 수입
	• 고려가 '코리아'라는 이름으로 서방 세계에 알려짐

▲ 고려의 대외 무역

은쌤의 **합격노트**

고려의 토지 제도 변천

☑ 시험에 꼭 나오는 키워드

- 전시과는 시험에 간혹 단독 출제가 되기도 함 ➡ 어렵게 출제되면 시정·개정·경정 전시과의 특징을 구분할 수 있어야 함
- 일반적으로 전시과는 고려 경제를 물어보는 문제의 정답 선지로 활용됨

☑ 최다 빈출 선지

전시과
① 관등에 따라 관리에게 전지와 시지를 차등 지급하였다.
② 전지와 시지를 지급하여 수취의 권리를 행사하게 하였다.
③ 관리의 인품과 공복을 기준으로 하여 토지를 지급하였다.(시정 전시과)

 ## 고려의 경제 활동

☑ 시험에 꼭 나오는 키워드

- 고려 시대에 나타난 경제 모습을 정리하기
- 고려 시대의 경제 모습은 조선 후기 경제 활동 문제의 오답 선지로 자주 활용됨

☑ 최다 빈출 선지

고려의 경제
① 예성강 하구의 벽란도가 국제 무역항으로 번성하였다.
② 벽란도에서 송, 아라비아 상인과의 교역이 이루어졌다.
③ 수도의 시전을 감독하기 위해 경시서가 설치되었다.
④ 건원중보가 발행되어 금속 화폐의 통용이 추진되었다.
⑤ 해동통보, 활구 등의 화폐를 발행하였다.
⑥ 활구라고 불리는 은병이 유통되었다.
⑦ 주전도감을 설치하여 해동통보를 발행하였다.
⑧ 전지와 시지를 등급에 따라 지급하였다.
⑨ 중국의 농서인 농상집요가 소개되었다.
⑩ 서적점, 다점 등의 관영 상점이 운영되었다.

01 다음 자료의 토지 제도에 대한 설명으로 옳은 것은?

> 문종 30년, 양반 전시과를 다시 고쳤다. 제1과는 중서령, 상서령, 문하시중으로 전지 100결과 시지 50결을 주며, 제2과는 문하시랑, 중서시랑으로 전지 90결과 시지 45결을 주고, …… 제18과는 한인(閑人), 잡류(雜類)로 전지 17결을 주었다.
>
> －『고려사』－

① 지급 대상 토지를 원칙적으로 경기 지역에 한정하였다.
② 관리가 사망하면 유가족에게 수신전과 휼양전을 지급하였다.
③ 개국 공신에게 인품, 행실, 공로를 기준으로 토지를 분급하였다.
④ 전란으로 국가 재정이 악화되자 관리의 녹봉을 대신하여 지급하였다.
⑤ 현직 관리에게 전답과 임야를 분급하여 수취의 권리를 행사하게 하였다.

고려의 전시과

정답 ⑤ 다음 자료의 토지 제도는 고려의 전시과이다. 고려는 관료 제도가 정비됨에 따라 전시과 제도를 마련하여 관직 복무와 직역에 대한 대가로 토지를 지급하였다. 전시과는 문무 관리, 군인, 한인을 18등급으로 나누어 곡물을 수취할 수 있는 전지와 땔감을 얻을 수 있는 시지를 주는 제도였다.

정답 분석

⑤ 고려는 전시과 제도를 통해 문무 관리, 군인, 향리 등을 18등급으로 나누어, 곡물을 거둘 수 있는 전지(농토)와 땔감을 얻을 수 있는 시지(임야)를 주었다.

오답 피하기

① 고려 후기에 마련된 과전법은 경기 지방의 토지에 한해 관리에게 등급에 따라 수조권을 지급하는 제도였다.
② 과전법이 시행되면서 과전이 수신전, 휼양전의 이름으로 그 가족에게 세습되면서 새로 관직에 나온 이들에게 지급할 토지가 부족해졌다.
③ 고려 태조는 후삼국 통일 과정에서 공을 세운 사람들에게 공로와 인품만을 따져 역분전을 지급하였다.
④ 고려 원종은 관리에게 토지를 지급할 수 없게 되자 녹봉을 대신하여 녹과전을 지급하였다.

02 교사의 질문에 대한 학생의 답변으로 가장 적절한 것은?

① 집집마다 부경이라는 창고가 있었어요.
② 관료전이 폐지되고 녹읍이 지급되었어요.
③ 상평통보가 발행되어 법화로 사용되었어요.
④ 당항성, 영암이 국제 무역항으로 번성하였어요.
⑤ 경시서의 관리들이 시전의 상행위를 감독하였어요.

고려의 경제 상황

정답 ⑤　이 인물들이 활동한 국가는 고려이다. 고려 중기 숙종은 의천의 건의에 따라 주전도감을 설치하고, 삼한통보, 해동통보, 해동중보 등의 동전과 활구(은병)라는 은전을 만들었으나 널리 유통되지는 못하였다. 고려 중기 예종 때 윤관은 별무반을 이끌고 천리 장성을 넘어 여진족을 소탕하고 북방으로 쫓아낸 뒤 동북 지방 일대에 9성을 쌓았다.

정답 분석

⑤ 고려 시대 상행위를 감독하기 위해 경시서를 설치하였고, 조선 시대까지 이어지다 조선 초기 세조 때 평시서로 개칭되었다.

오답 피하기

① 고구려에는 집집마다 부경이라는 작은 창고가 있었으며, 곡식으로 술을 빚기도 하였다.
② 신라 중대 신문왕은 관리에게 관료전을 지급하고 녹읍을 폐지하여 귀족의 경제적 기반을 약화시켰다.
③ 조선 후기 숙종은 영의정 허적의 제의를 받아들여 호조나 상평청 등을 통하여 상평통보를 주조하였다.
④ 통일 신라는 울산항, 청해진, 영암, 당항성(남양만)이 무역항으로 크게 번성하였다.

---

03 (가) 국가의 경제 상황으로 옳은 것은?

조수가 들고나니
오고 가는 배의 꼬리가 이어졌구나
아침에 이 누각 밑을 떠나면
한낮이 되지 않아
돛대는 남만(南蠻)에 이르도다
사람들은 배를 보고
물 위의 역마라고 하지만
바람처럼 달리는 준마도
이보다 빠르지는 못하리

① 송상이 전국 각지에 송방을 두었다.
② 활구라고 불리는 은병을 주조하였다.
③ 동시전을 설치하여 시장을 감독하였다.
④ 담배, 면화, 생강 등 상품 작물을 널리 재배하였다.
⑤ 일본과 교역을 위해 부산포, 염포, 제포를 개항하였다.

고려의 경제 상황

정답 ②　(가) 국가는 고려이다. 고려 건국 이후 개경의 관문으로 예성강 유역의 벽란도가 주목받기 시작하였다. 이곳은 외국의 사신이나 상인이 출입하는 항구였으며, 고려인들이 바다를 통해 외국에 나가는 경우에도 이용되었다. 국가의 조세나 개경의 지주에게 바칠 지대도 이곳을 통해 개경으로 운반되었다. 벽란도는 외국 사절과 상인이 빈번하게 왕래하면서 외국 문물이 유입되는 창구였다. 외국의 고급 정보를 쉽게 얻을 수 있는 장소였으며, 사람의 왕래가 빈번한 만큼 주점, 전당포, 숙박 시설 등도 많았다. 한편, 대식국인이라 불리던 아라비아 상인도 벽란도에 드나들었다. 이들을 통하여 고려의 이름이 서방 세계에 알려지게 되었다.

정답 분석

② 고려 숙종 때 삼한통보, 해동통보, 해동중보 등의 동전과 은병(활구)이 만들어졌다.

오답 피하기

① 조선 후기 송상은 송방이라는 지점을 설치하고 인삼을 재배·판매하였으며, 대외 무역에도 종사하여 부를 축적하였다.
③ 신라 상대 지증왕은 동시를 개설하고 이를 관리하는 기구인 동시전을 설치하였다.
④ 조선 후기 도시 인구가 증가하고 상품 유통이 활발해지면서 인삼, 면화, 담배, 채소 등의 상품 작물 재배가 확대되었다.
⑤ 조선 초기 세종은 일본이 평화적 교역을 간청해 오자, 부산포, 제포(창원), 염포(울산) 등 3포를 개방해 제한된 범위 내에서 교역을 허용하였다.

23강 고려의 사회

① 고려 지배층의 변천

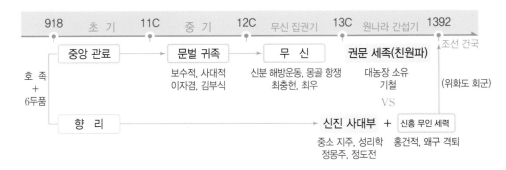

918	초 기	11C	중 기	12C	무신 집권기	13C	원나라 간섭기	1392

호족 + 6두품

중앙 관료 → 문벌 귀족 → 무 신 권문 세족(친원파)
보수적, 사대적 신분 해방운동, 몽골 항쟁 대농장 소유
이자겸, 김부식 최충헌, 최우 기철

VS

향 리 → 신진 사대부 + 신흥 무인 세력
중소 지주, 성리학 홍건적, 왜구 격퇴
정몽주, 정도전

조선 건국
(위화도 회군)

② 고려 신분 제도

귀족	• 구성 : 왕족, 5품 이상의 문무 고위 관료들이 주축 • 특징 : 개경에 거주, 여러 특권 향유(음서, 공음전 등) • 생활 : 별장, 중국에서 수입된 사치품 등으로 화려한 생활 • 지배층의 변화 : 호족 ➡ 문벌 귀족 ➡ 무신 ➡ 권문세족 ➡ 신진 사대부
중류층	• 구성 : 서리(중앙 관청 말단), 남반(궁중 실무), 향리(지방 행정 실무 담당), 군반(하급 장교) 등 • 특징 　─ 지배층과 피지배층 사이의 계층, 지배 기구의 말단 행정 실무 담당 　─ 대개 직역 세습, 직역 대가로 국가에서 토지 지급 • 향리 : 지방 행정을 담당한 대표적인 중류층 　─ 중앙 집권화 과정에서 지방에 남은 호족 출신들 　─ 조세를 거두고 간단한 소송을 처리하였으며, 지역민을 동원하는 공사 등을 담당 　─ 고려 시대에는 지방관이 파견되지 않은 속현이 많았기 때문에 향리의 역할이 컸음 　─ 호장, 부호장 등의 상층 향리는 통혼과 과거 응시에서 하층 향리와는 구별됨
양민	• 구성 : 일반 농민(백정), 상인, 수공업자, 향 · 소 · 부곡민 • 생활 : 민전을 경작하거나 남의 땅을 빌려 생계 유지 • 백정(白丁) : 양민의 대다수인 농민으로 조세 · 공납 · 역을 부담 • 수공업자 : 농민에 비해 천시 • 향 · 소 · 부곡의 주민 　─ 법제적으로 양인이지만 일반 양민보다 낮은 사회적 지위를 가짐 　─ 거주 이전의 자유가 없으며 일반 군현민보다 더 많은 세금 부담 　─ 일반 군현민이 반란을 일으키면 군현을 부곡 등으로 강등시킴 　─ 향 · 소 · 부곡의 거주민이 국가에 공로를 세우면 일반 군현으로 승격시킴
천민	• 구성 : 대부분 노비(공노비와 사노비로 구분), 재인, 기생 등 • 노비 : 매매 · 증여 · 상속 가능, 노비끼리 통혼, 부모 중 한명이 노비이면 자식도 노비 • 공노비 : 입역 노비(관청 잡역에 종사), 외거 노비(관청에 신공 납부) • 사노비 : 솔거 노비(주인과 함께 거주), 외거 노비(주인과 따로 거주, 재산 증식과 본인 토지 소유 가능)

▲ 고려의 신분 제도

▲ 고려의 남녀 모습
고려 말의 문신인 박익의 묘(경남 밀양)에 그려진 벽화이다. 연꽃 장식의 관을 쓴 여성들이 남성들과 함께 제사 용품을 나르고 있다.

자료 살펴보기

백정(白丁)

백(白)은 '없다', '아니다'의 의미를 가진 말이고, 정(丁)은 국가에 대해 군역 등의 특정한 의무를 부담하고 있는 사람들을 말한다. 따라서 고려 시대 백정은 특정한 의무를 지지 않고 농사를 짓는 백성을 의미한다. 조선 시대에는 천민을 일컫는 말이 되었다.

❸ 고려의 사회 제도

(1) 민생 안정 정책

목적	농민 생활 안정을 통한 체제 유지 도모
제위보	기금을 마련한 뒤 그 이자로 빈민 구제
의창	평상시에 곡물을 비치하였다가 흉년이 되면 빈민을 구제하는 데 사용
상평창	개경, 서경, 12목에 설치된 물가 조절 기관
의료기관	• 동서 대비원(개경-환자 진료, 빈민 구휼), 혜민국(의약 담당) • 구제도감, 구급도감(재해 시 백성 구호)

(2) 풍속과 법률

향도	• 매향 활동을 하던 불교의 신앙 조직 • 활동 ┌ 매향 활동 : 향나무를 묻는 활동으로 미륵불을 만나 구원 받음 ├ 불상, 석탑, 사찰 건립 등의 신앙적인 활동에 주도적 역할 └ 후기에 이르러 혼례와 상장례 등 서로 돕고 마을 공동체 의식을 주관하는 농민 조직으로 발전 • 영향 : 조선 시대에 이르러 향도 조직에서 두레가 분화
장례	정부는 유교 규범 권장, 민간에서는 토착 신앙, 불교, 도교 풍속 유행
법률	중국의 당률을 참고하여 형법 제정, 일상생활과 관계된 것은 대부분 관습법으로 처리
명절	정월 초하루, 삼짇날, 단오, 유두, 추석 등이 명절로 중시

(3) 여성의 삶과 가족 제도

혼인 풍습	• 여자는 18세 전후, 남자는 20세 전후에 혼인 • 솔서혼(데릴사위제) · 남귀여가혼이 일반적, 일부일처제 • 주로 같은 계층 내에서 결혼(왕실에서는 근친혼 성행)
상속	• 재산 상속에서 남녀가 동등한 권리를 가짐(자녀 균분 상속) • 아들이 없을 경우 양자를 들이지 않고 딸이 제사를 받듦
가족 제도	• 호적 ┌ 남녀에 따른 차별이 없음, 사위가 처가의 호적에 입적도 함 └ 호적에 아들 · 딸을 태어난 순서대로 기재 • 재가 ┌ 여성의 재가가 비교적 자유로움 └ 재가녀의 소생이 사회적 차별을 받지 않음 • 사위 ┌ 사위가 처가에서 생활하는 경우도 많음 └ 음서의 혜택이 사위 · 외손자에게도 주어짐 • 사회적 영향력 ┌ 가족을 거느리는 호주가 되기도 함, 가정 경제와 자녀 교육의 주도권 장악 └ 남편을 통해 국가 정책에도 영향을 끼쳤지만, 관직에는 취임할 수 없었음

▲ 사천 매향비
매향은 바닷가에 향나무를 묻는 활동으로 이를 통해 미륵불을 만나 구원을 받을 수 있다는 불교 신앙의 하나이다.

은쌤의 합격노트

고려 지배층의 변천과 신분제도

☑ 시험에 꼭 나오는 키워드
- 앞에서 다루었지만 고려의 지배층(문벌 귀족, 무신, 권문세족, 신진 사대부)는 단독으로 출제가 됨
- 간혹 고려의 향리, 양민(백정), 향 · 부곡 · 소민, 노비 등이 출제되기도 함

☑ 최다 빈출 선지

귀족
① 공음전을 경제적 기반으로 삼았다.

향리
① 호장, 부호장 등이 행정 실무를 담당하였다.

향 · 부곡 · 소민
① 다른 지역으로 이주하는 것이 원칙적으로 금지되었다.

노비
① 주인에게 해마다 신공을 바쳤다.

고려의 사회 제도

☑ 시험에 꼭 나오는 키워드
- 고려 시대 민생 안정 정책들 정리하기
- 고려 시대 향도의 특징 정리하기
- 고려 시대 여성의 지위 정리하기 ➡ 조선 중기 이후의 여성 지위와 차이점 구분하기

☑ 최다 빈출 선지

고려의 민생 안정 정책
① 기금을 모아 그 이자로 빈민을 구휼하는 제위보를 운영하였다.
② 물가 조절을 위해 상평창을 설치하였다.
③ 환자 치료와 빈민 구제를 위해 동서 대비원을 두었다.
④ 빈민 구제를 위해 의창이 설치되었다.
⑤ 감염병 확산 등에 대처하기 위해 구제도감을 설치하였다.
⑥ 병자에게 의약품을 제공하는 혜민국이 있었다.

향도
① 불교 신앙을 바탕으로 조직되었다.
② 상호 부조를 위한 공동체로 발전하기도 하였다.

고려 여성의 지위
① 자녀들이 돌아가면서 부모의 제사를 지냈다.
② 사위와 외손자에게도 음서의 혜택이 주어졌다.
③ 아들딸 구별 없이 태어난 순서대로 족보에 기재하였다.

01 다음 상황이 나타난 시기의 사회 시책으로 옳은 것은?

> ○ 왕이 명하였다. "도성 안의 백성들이 역질에 걸렸으니 구제도감을 설치하여 치료하고, 시신과 유골은 거두어 비바람에 드러나지 않게 매장하라."
>
> ○ 중서성에서 아뢰었다. "지난해 관내 서도의 주현에 흉년이 들어 백성이 굶주리고 있습니다. 사창과 공해(公廨)의 곡식을 내어 경작을 원조하고, 가난하여 스스로 살아갈 수 없는 자는 의창을 열어 진휼하십시오."

① 유랑민을 구휼하는 활인서를 두었다.
② 백성들에게 곡식을 빌려주는 진대법을 실시하였다.
③ 국산 약재와 치료법을 소개한 향약집성방을 편찬하였다.
④ 기근에 대비하기 위해 구황촬요를 간행하여 보급하였다.
⑤ 기금을 모아 그 이자로 빈민을 구제하는 제위보를 운영하였다.

고려의 사회 제도

정답 ⑤   다음 상황이 나타난 시기는 고려 시대이다. 고려 정부는 각종 재해가 발생 시 구제도감이나 구급도감 등의 임시 기관을 설치하여 백성을 구호하는 데 힘썼다. 태조 왕건은 흑창을 설치하여 백성을 구제하였으며 이것을 성종이 확충하여 개편한 것이 의창이었다. 의창은 평상시에 곡물을 비치하였다가 흉년이 되면 빈민을 구제하는 데 사용하였다.

정답 분석

⑤ 고려 정부는 기금을 마련한 뒤 그 이자로 빈민을 구제하고 질병을 치료하는 제위보를 설치하였다.

오답 피하기

① 조선 시대 도성 인근에 설치한 동·서 활인서를 통해 도성 부근 서민 환자의 치료와 함께 오갈 곳이 없는 유랑자의 수용과 구휼을 담당하였다.
② 고구려의 고국천왕은 재상 을파소의 건의를 수용하여 먹을 것이 부족한 봄에 백성에게 곡식을 빌려주고 가을에 갚도록 한 진대법을 시행하였다.
③ 조선 초기 세종은 우리 풍토에 알맞은 약재와 치료 방법을 개발하여 정리한 "향약집성방"을 편찬하였다.
④ 조선 중기 명종 때 영양실조로 중태에 빠진 사람들의 구급법·대용식물의 조제법 등 흉년에 대비하는 내용으로 "구황촬요"가 편찬되었다.

---

02 다음 상황이 나타난 시기의 사회 모습으로 옳은 것은?

> 이승장은 어려서 아버지를 여의었는데, 의붓아버지가 집이 가난하다며 공부를 시키려 하지 않았다. 하지만 어머니가 이를 반대하면서 "제가 먹고 사는 것 때문에 수절하지 못했음을 부끄럽게 여겼습니다. 그러나 아이가 다행히 학문에 뜻을 두고 있으니, 아이 아버지의 뒤를 따르게 하는 것이 마땅할 것입니다. 만약 그렇게 못한다면 제가 무슨 얼굴로 지하에서 전남편을 다시 보겠습니까?"라고 말하며, 공을 솔성재에 입학시켰다. …… 봄에 과거에 응시하여 김돈중의 문생으로 진사시에 2등으로 합격하였다.
>
> – 이승장 묘지명 –

① 재산 상속에서 큰아들이 우대받았다.
② 문중을 중심으로 서원과 사우가 세워졌다.
③ 사위와 외손자에게도 음서의 혜택이 주어졌다.
④ 대를 잇기 위해 양자를 들이는 일이 일반화 되었다.
⑤ 혼인 후에 곧바로 남자 집에서 생활하는 경우가 보편화되었다.

고려의 여성 지위

정답 ③   고려 시대에는 남녀 차별이 비교적 적었다. 이승장의 어머니처럼 여성들은 당당하게 전 남편과 사이에 낳은 자식을 가르쳐야 한다고 요구하였다. 새 남편들도 재혼한 부인이 데려온 자식을 자기 자식으로 인정하였다. 이 때문에 이승장은 넉넉지 못한 집안 형편에도 최충이 세운 명문 사립학교인 9재 학당에 입학할 수 있었고, 그 뒤에 과거에 합격하여 출세하였다.

정답 분석

③ 고려 시대는 여성의 재혼이 금지되지 않았을 뿐만 아니라 떳떳하고 자연스러운 것으로 받아들여졌으며, 사위나 외손자도 음서의 혜택을 누릴 수 있었다.

오답 피하기

① 고려 시대에 재산의 상속은 자녀 균분 상속을 원칙으로 하여 딸과 아들이 대등한 권리를 가졌다.
② 조선 후기 전국에 수많은 동족 마을이 만들어지고, 문중을 중심으로 서원, 사우가 세워지게 되었다.
④ 고려 시대는 자녀에게 똑같이 재산이 상속되었고 제사는 자녀가 돌아가면서 맡아 지냈다. 아들이 없어도 보통 양자를 들이지 않고 외손자가 집안을 잇기도 하였다.
⑤ 고려 시대는 혼인한 이후 처가살이를 하는 경우가 많았다.

24강 고려의 학문과 사상

① 유학의 발달

초기 (10세기)	• 유교 정치와 교육의 기틀 마련, 자주적 · 주체적 • 태조 : 신라 6두품 계열 유학자들 활약 • 광종 : 과거제 실시, 유학에 능숙한 관리 등용 • 성종 : 유교 정치 확립(최승로 시무 28조 수용), 유학 교육 기관 정비(국자감, 향교)
중기 (11세기~ 12세기)	• 문벌 귀족 사회의 발달과 함께 유교 사상이 점차 보수화 • 최충 : 해동공자의 칭호, 9재 학당(사학) 설립 • 김부식 : 보수 · 현실적 성격의 유학을 대표, 『삼국사기』 저술
후기 (13세기)	• 문벌 귀족 세력 몰락 ➡ 유학 위축 • 안향 : 충렬왕 때 성리학 소개 • 이제현 : 만권당에서 원의 학자들과 교류(성리학 이해 심화), 『사략』 저술, 수필집인 『역옹패설』 저술 • 신진 사대부 : 불교 폐단과 권문세족 횡포 비판, 성리학의 일상생활과 관련된 실천적 기능 강조(소학, 주자가례 중시)

▲ 안향(좌)과 이제현(우) 초상

사료 살펴보기

고려의 사학 발달

최충이 죽은 뒤 시호를 문헌(文憲)이라고 하였는데, 과거에 응시하는 자들이 모두 9재 학당에 소속되어 이를 모두 문헌공도라고 불렀다. …… 세간에서는 12사학 중에서 최충의 학도가 가장 성대하다고 하였다.　－『고려사』－

고려 중기 문종 때 최충이 세운 문헌공도를 시작으로 사학 12도가 설립되었다. 창설자들은 대개 과거를 주관한 경력이 있는 고위 관료 출신이었다. 학생들이 사학에 몰리자 왕실은 관학을 부흥시키려고 노력하였다.

② 교육 기관

중앙	• 관학 : 국자감 설립(성종) ➡ 유학부와 기술학부로 구성 • 사학 : 최충의 9재 학당(문헌공도) ➡ 사학 12도 융성 ➡ 관학(국자감) 위축
지방	• 향교 : 지방 관리와 서민의 자제 교육 • 12목에 경학 · 의학박사 파견(성종)
관학 진흥책	• 숙종 : 국자감에 출판을 담당하는 서적포 설치 • 예종 : 국자감에 전문 강좌 7재 설치, 양현고(장학재단) 설립, 청연각 · 보문각 설치 • 인종 : 경사 6학을 중심으로 교육 제도 정비 • 공민왕 : 성균관을 순수 유학 교육 기관으로 개편

③ 역사서의 편찬

초기	『고려왕조실록』, 『7대 실록』 : 현재 전하지 않음
중기	김부식의 『삼국사기』(인종) : 현존 최고의 역사서 ┌ 왕명을 받아 편찬, 유교적 합리주의 사관 ├ 기전체 사서, 고대 삼국~통일 신라까지의 역사를 기록 └ 문벌 귀족 사회의 발달을 배경으로 신라 계승 의식 반영

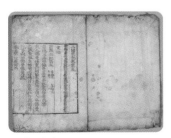

▲ 삼국사기

김부식은 묘청의 난을 진압한 후 분열된 민심을 수습하고 국왕 중심의 중앙 집권 체제를 강화하려는 목적으로 "삼국사기"를 편찬하였다.

자료 살펴보기

기전체 형식

역사 서술 방식의 하나로, 우리나라와 중국의 역대 왕조에서 정사(正史)를 편찬할 때 사용하였다. 본기(제왕), 세가(제후), 열전(인물), 지(주제), 표(연표) 등으로 구성된다. 한편, 역사를 연대 순서에 따라 기록하는 편년체도 있다.

후기
(무신 정변
이후)
	• 특징 : 민족적 자주 의식을 바탕으로 전통문화 이해 노력
	• 각훈의 『해동고승전』: 삼국 시대 이래 승려들의 전기 정리
	• 이규보의 『동명왕편』
	  ┌ 이규보의 문집인 『동국이상집』에 수록됨
	  └ 고구려 건국 시조(주몽)의 일대기를 서사시로 표현, 고구려 계승 의식 반영
	• 일연의 『삼국유사』(충렬왕)
	  ┌ 단군의 고조선 건국 이야기를 최초 수록(단군을 우리 역사의 기원으로 인식)
	  └ 불교사를 중심으로 고대의 민간 설화 등을 수록
	• 이승휴의 『제왕운기』
	  ┌ 고조선부터 충렬왕 때까지의 역사를 서사시로 정리
	  ├ 단군의 고조선 건국 이야기를 수록 ➡ 민족 시조로서 단군 강조
	  ├ 상권에 중국의 역사, 하권에는 우리나라의 역사가 서술
	  ├ 중국과 우리나라의 역대 왕들의 계보가 수록
	  └ 중국과 구별되는 우리 역사의 독자성 강조

말기	• 신진 사대부의 성장으로 대의명분을 중시하는 성리학적 유교 사관 대두 • 이제현의 『사략』: 성리학적 역사관(정통 의식 · 대의명분 강조) 중시

사료 살펴보기

이규보의 『동명왕편』 집필 동기

세상에서 동명왕의 신통하고 이상한 일을 많이 말한다. …… 동명왕의 일은 변화의 신기롭고 이상한 것으로 여러 사람의 눈을 현혹한 것이 아니고 실제 나라를 창시한 신기한 사적이니 이것을 기술하지 않으면 뒷사람들은 앞으로 어떻게 볼 것인가? 그러므로 시를 지어 기록하여 우리나라가 본래 성인의 나라라는 것을 천하에 알리고자 하는 것이다. ─『동국이상국집』─

일연의 『삼국유사』 집필 동기

이로 보건대 삼국의 시조가 모두 신비로운 데에서 탄생하였다고 하여 이상할 것이 없다. 이 책머리에 기이(紀異)편을 싣는 까닭도 바로 여기에 있는 것이다. ─『삼국유사』 제1권─

이승휴의 『제왕운기』 집필 동기

중국은 반고로부터 금(金)까지이고, 우리나라는 단군으로부터 본조(本朝)에 이르기까지, …… 흥망성쇠의 같고 다름을 비교하여 매우 중요한 점을 간추려 운(韻)을 넣어 읊고 거기에 비평의 글을 덧붙였나이다. 요동에 따로 한 천지가 있으니 뚜렷이 중국과 구분되어 나누어져 있도다. ─『제왕운기』─

이 책들은 무신 집권기에 몽골의 침략을 겪은 후 민족의 전통을 강조하기 위해 집필된 역사서이다. 이규보의 『동명왕편』은 고려의 위대함이 고구려를 계승한 데 있음을 강조하였고, 일연의 『삼국유사』와 이승휴의 『제왕운기』는 우리나라 역사의 시작을 단군 조선으로 설정하고, 주체적이고 도덕적인 문화 전통을 자랑스럽게 서술하였다.

④ 고려의 불교

(1) 고려 초기

태조	• 숭불 정책, 개경에 사원 건립, 훈요 10조에서 연등회와 팔관회의 개최 당부 • 연등회 : 연등을 켜서 부처의 덕을 기리고 나라와 왕실의 안녕을 비는 불교 행사 • 팔관회 : 하늘, 산신, 용왕 등의 토속신에 제사를 지내는 일종의 축제
광종	• 승과 제도 실시, 국사 · 왕사 제도 실시, 사원과 토지 지급 • 균여의 활동 : 귀법사에서 화엄 사상 정비(화엄종 성행), 『보현십원가』 저술
성종	최승로의 시무 28조를 수용하여 연등회와 팔관회 중지

▲ 해동고승전
삼국 시대의 승려 30여 명의 전기가 수록된 각훈의 "해동고승전"은 현재 일부만 전해 온다.

▲ 제왕운기
이승휴의 "제왕운기"와 일연의 "삼국유사"는 공통으로 고조선의 단군을 서술하여 우리 역사를 중국사와 대등하게 파악하는 자주성을 나타냈다.

▲ 동국이상집
이규보는 고려의 위대함이 고구려를 계승한 데 있음을 강조하기 위해 "동명왕편"을 저술하였다.

▲ 삼국유사
일연의 "삼국유사"는 고조선에서 후삼국 시대까지의 역사와 불교, 설화 등의 내용을 담고 있다.

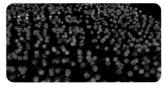

▲ 연등 행렬
고려 시대 불교는 왕실과 귀족부터 일반 서민까지 신봉한 종교였다. 국가는 나라의 안녕과 왕실의 번영을 기원하는 각종 불교 행사를 주관하였다.

▲ 팔만대장경

팔만대장경은 총 8만 장이 넘는 판본이다. 세계에서 가장 우수한 대장경으로 인정받아 2007년 유네스코 세계 기록유산에 등재되었다. 이를 보관하기 위해 지어진 해인사 장경판전은 1995년 유네스코 세계 문화유산으로 등재되었다.

(2) 고려 중기 : 문벌 귀족 사회

대각국사 의천	• 문종의 넷째 아들 ➡ 왕실과 문벌 귀족의 후원을 받음 • 교종 통합 노력 : 흥왕사를 화엄종의 근거지로 통합 운동 전개 • 해동 천태종 창시 ┌ 송 유학 후 개경 국청사를 중심으로 천태종 창시 ➡ 천태교학 강의 시작 └ 교종을 중심으로 선종의 통합 주장 ➡ 교관겸수, 내외겸전 제창 • 교장(속장경) : 초조대장경 보완을 위해 불서 목록집 '신편제종교장총록'을 제작 ➡ 교장도감 설치 ➡ 목록에 따라 4,700여 권의 "교장(속장경)" 간행 • 숙종에게 화폐 유통 건의 ➡ 주전도감 설치하여 삼한통보, 해동통보, 해동중보 등의 동전과 활구(은병)라는 은전을 만들어 유통 • 사후 : 불교 교단 분열, 귀족 중심 불교 지속

(3) 고려 후기 : 무신 집권기(불교 정화 운동)~원 간섭기

보조국사 지눌	• 무신 정권의 후원을 받음 • 수선사 결사 운동 : 정혜결사를 통해 불교 개혁에 앞장섬 ┌ 승려 본연의 자세로 돌아가 독경 · 선 수행 · 노동에 고루 힘쓰자 ├ 송광사를 중심으로 전개, 지방민의 적극적인 호응을 얻음 └ 선종을 중심으로 교종의 통합 주장 ➡ 정혜쌍수(권수정혜결사문), 돈오점수 제창
혜심	• 유 · 불 일치설 주장 : 유교와 불교의 통합 시도 ➡ 성리학 수용의 토대 마련 • 『선문염송집』 편찬 : 여러 절의 옛이야기 1,125칙과 염송을 모아 수록
요세	• 백련사 결사를 통해 불교 정화 운동 전개 • 법화 신앙을 바탕으로 백련 결사를 이끌며 불교의 혁신과 민중 교화에 노력
원 간섭기	• 불교 폐단 극심 : 막대한 토지 소유, 상업과 고리대 관여 • 보우(임제종)의 교단 정비 노력 실패, 신진 사대부의 불교 배척

(4) 대장경

초조대장경	거란의 침입을 물리치고자 간행 ➡ 몽골의 침략 때 소실, 인쇄본 일부만 전해짐
교장 (속장경)	• 『신편제종교장총록』 간행 : 의천이 초조대장경의 부족한 점을 보완하기 위해 송 · 요 · 왜 등지에서 불교 자료를 수집하여 편찬한 목록집 • 교장(속장경) 간행 : 『신편제종교장총록』을 작성하고 10여 년에 걸쳐 제작
팔만대장경 (재조대장경)	• 부처의 힘으로 몽골의 침입을 물리치고자 간행(대장도감에서 간행) • 경남 합천 해인사에 보관, 오자나 탈자가 거의 없음, 정밀하게 제작

5 도교와 풍수지리설

도교	초제 거행, 복원궁(도교 사원) 건립, 수경신 풍습, 팔관회(도교와 민간 신앙, 불교가 어우러짐) 등
풍수지리설	• 미래의 길흉화복을 예측하는 도참사상과 결합 • 서경 길지설(묘청) : 서경 천도와 북진 정책의 이론적 근거 • 한양 명당설 : 문종을 전후한 시기에 대두 ➡ 남경 설치, 한양 천도의 근거

은쌤의 합격노트

유학의 발달

☑ 시험에 꼭 나오는 키워드

- 김부식, 안향, 이제현 등이 인물 문제로 간혹 단독 출제되기도 함
- 고려 시대 사학의 융성에 따른 관학 진흥책 정리하기

☑ 최다 빈출 선지

이제현
① 역사서인 사략을 저술하였다.
② 만권당에서 유학자들과 교류하였다

고려의 유학 교육
① 유학을 비롯하여 율학, 서학, 산학을 교육하였다(국자감).
② 12목에 경학박사를 파견하다(성종).

사학의 융성
① 최충이 9재 학당을 설립하여 유학을 교육하였다.
② 최충의 문헌공도가 설립되었다.
③ 사학 12도가 번창하였다.

관학 진흥책
① 국자감에 서적포를 설치하였다(숙종).
② 국자감에 7재라는 전문 강좌를 개설하였다(예종).
③ 관학을 진흥하고자 양현고를 설치하였다(예종).
④ 청연각과 보문각을 두어 학문 연구를 장려하였다(예종).

역사서의 편찬

☑ 시험에 꼭 나오는 키워드

『삼국사기』, 『동명왕편』, 『삼국유사』, 『제왕운기』의 특징 정리하기

☑ 최다 빈출 선지

삼국사기
① 현존하는 우리나라 최고(最古)의 역사서이다.
② 유교 사관에 입각하여 기전체 형식으로 서술하였다.
③ 본기, 세가, 지, 표, 열전 등으로 구성되었다.

삼국유사
① 불교사를 중심으로 고대의 민간 설화를 수록하였다.
② 불교 중심의 역사적 사실과 함께 민간 설화 등이 수록되었다.
③ 단군을 우리 역사의 기원으로 기록하였다.
④ 단군의 고조선 건국 이야기를 수록하였다.
⑤ 왕력편, 기이편, 흥법편 등 5권 9편으로 구성되었다.

제왕운기
① 단군의 고조선 건국 이야기를 수록하였다.
② 상권에는 중국의 역사가, 하권에는 우리나라의 역사가 서술 되었다.
③ 중국과 우리나라의 역대 왕의 계보가 수록되었다.

동명왕편
① 고구려 건국 시조의 일대기를 서사시로 표현하였다.
② 서사시 형태로 고구려 계승 의식이 반영되었다.
③ 이규보의 문집 동국이상집에 동명왕편이 실려 있다.

해동고승전
① 각훈이 왕명에 의해 고승들의 전기를 기록하였다.
② 승려들의 전기를 담은 해동고승전을 집필하였다.

🏮 고려 불교

☑ 시험에 꼭 나오는 키워드

- 의천, 지눌, 혜심, 요세의 업적 정리하기 ➡ 의천과 지눌은 단독 출제, 혜심과 요세는 오답 선지로 자주 활용
- 대장경의 특징 정리하기 ➡ 교장(속장경)은 의천과 연계해서 자주 출제, 팔만대장경은 단독으로 출제됨

☑ 최다 빈출 선지

균여
① 보현십원가를 지어 불교 교리를 대중에게 전파하였다.

의천
① 국청사를 중심으로 해동 천태종을 창시하였다.
② 신편제종교장총록을 편찬하였다.
③ 불교 경전에 대한 주석서를 모아 교장을 편찬하였다.
④ 교장도감을 설치하여 불교 경전 주석서를 편찬하였다.
⑤ 이론 연마와 수행을 함께 강조하는 교관겸수를 제시하였다.

지눌
① 수행 방법으로 정혜쌍수와 돈오점수를 주장하였다.
② 권수정혜결사문을 작성하여 정혜쌍수를 강조하였다.
③ 정혜결사를 통해 불교 개혁에 앞장섰다.
④ 불교 개혁을 주장하며 수선사 결사를 조직하였다.

요세
① 법화 신앙을 바탕으로 백련 결사를 이끌었다.
② 백련사 결사를 통해 불교 정화 운동을 전개하였다.

혜심
① 유불 일치설을 주장하여 심성의 도야를 강조하였다.
② 선문염송집을 편찬하고 유불 일치설을 주장하였다.

대장경
① 거란의 침략을 물리치기 위해 제작하였다.(초조대장경)
② 대장도감을 설치하여 팔만대장경을 간행하였다.
③ 부처의 힘을 빌려 외침을 막고자 팔만대장경이 조판되었다.

도교
① 하늘에 제사를 지내는 초제를 거행하였다.

심화 63회 13번

01 (가)에 들어갈 내용으로 옳은 것은?

① 독서삼품과를 통해 인재를 등용하였어요.
② 사액 서원에 서적과 노비를 지급하였어요.
③ 중등 교육 기관으로 4부 학당을 설립하였어요.
④ 양현고를 설치하여 장학 기금을 마련하였어요.
⑤ 초계문신제를 시행하여 문신을 재교육하였어요.

고려의 관학 진흥책

정답 ④ (가)에 들어갈 내용은 고려 정부의 관학 진흥책이다. 최충은 관직에서 물러난 후 9재 학당을 설립하여 제자를 양성하였다. 이를 계기로 사학 12도가 등장하여 크게 발전했는데, 사학에서 교육받은 학생이 과거에서 좋은 성적을 거두자 국자감의 관학 교육이 위축되었다. 이에 관학 진흥책이 추진되어 숙종은 서적포와 같은 도서관을 설치하고 예종은 최충의 사학을 본떠 전문 강좌인 7재 등을 설치하였다.

정답 분석

④ 고려 중기 예종은 관학을 부흥시키고자 일종의 장학 재단인 양현고를 설치하여 많은 학생을 수용할 수 있는 학사를 신축하고 국학 교육을 재정적으로 뒷받침하였다.

오답 피하기

① 신라 중대 원성왕은 독서삼품과를 시행하여 유교 경전에 대한 이해 수준을 평가하여 관리를 채용하였다. 이를 통해 유학이 발달하는 토대가 마련되었다.
② 조선 정부는 사액서원을 지정하여 토지와 노비, 서적 등을 지급하고 학문 연구를 장려하였다.
③ 조선 정부는 관리를 양성하고 유교 지식과 윤리를 보급하기 위해 서울에 4부 학당을 설치하였다.
⑤ 조선 후기 정조는 자신의 권력과 정책을 뒷받침하기 위해 규장각을 설치하고 관리를 재교육하는 초계문신제를 실시하였다.

02 밑줄 그은 '그'에 대한 설명으로 옳은 것은?

이것은 개경 흥왕사 터에서 출토된 대각국사의 묘지명 탁본입니다. 여기에는 문종의 넷째 아들인 그가 송에 유학하고 돌아온 후 국청사를 중심으로 천태종을 개창한 내용이 기록되어 있습니다.

① 정혜쌍수와 돈오점수를 주장하였다.
② 무애가를 지어 불교 대중화에 힘썼다.
③ 황룡사 구층 목탑의 건립을 건의하였다.
④ 백련사 결사를 통해 불교 정화 운동을 전개하였다.
⑤ 교장도감을 설치하여 불교 경전 주석서를 편찬하였다.

고려 승려 의천

정답 ⑤ 밑줄 그은 '그'는 고려 중기 승려 의천이다. 문종의 왕자로서 승려가 된 의천이 교단 통합 운동을 펼쳤다. 그는 흥왕사를 근거지로 삼아 화엄종을 중심으로 교종을 통합하려 하였으며, 국청사를 중심으로 천태종을 창시하여 교종의 입장에서 선종을 통합하고자 하였다.

정답 분석

⑤ 의천은 초조대장경의 내용을 보완하기 위해 교장도감을 설치하여 흔히 속장경이라 일컬어지는 불교 경전 주석서인 교장을 편찬하였다.

오답 피하기

① 고려 후기 지눌은 수선사 결사를 제창하고 수행 방법으로 돈오점수와 정혜쌍수를 주장하였다.
② 신라 승려 원효는 광대 복장으로 지내며 "화엄경"의 이치를 쉬운 내용으로 담은 "무애가"라는 노래를 지어 민중 속에 퍼뜨려 불교 대중화에 힘썼다.
③ 신라 상대 선덕 여왕에게 자장은 황룡사에 9층 탑을 세워 사방의 나라를 제압할 것을 건의하였다.
④ 고려 후기 요세의 법화 신앙에 중점을 둔 백련사 결사는 지방민의 적극적인 호응을 얻었다.

03 (가) 인물에 대한 설명으로 옳은 것은?

이곳은 ⎡ (가) ⎦ 이/가 불교계 개혁 운동을 전개한 순천 송광사입니다. 그는 수행 방법으로 돈오점수를 주장하였습니다.

① 승려들의 전기를 담은 해동고승전을 집필하였다.
② 화엄일승법계도를 지어 화엄 사상을 정리하였다.
③ 권수정혜결사문을 작성하여 정혜쌍수를 강조하였다.
④ 불교 경전에 대한 주석서를 모아 교장을 편찬하였다.
⑤ 보현십원가를 지어 불교 교리를 대중에게 전파하였다.

고려 승려 지눌

정답 ③ (가) 인물은 고려 후기 승려 지눌이다. 지눌은 승려 본연의 자세로 돌아가 독경과 참선, 노동에 고루 힘써야 한다는 개혁 운동을 벌여 송광사에서 수선사 결사를 조직하였다. 그는 마음이 곧 부처임을 단번에 깨우치되(돈오), 깨달은 후에도 꾸준히 수행(점수)해야 온전한 경지에 이를 수 있다는 돈오점수를 주장하였다.

정답 분석

③ 지눌은 실천 수행 방법으로 마음을 한곳에 집중하는 선정(禪定)과 사물을 있는 그대로 보고 판단하여 일체의 분별 작용을 없애는 지혜(智慧)를 함께 닦아야 한다는 주장인 정혜쌍수를 내세웠다. 그리하여 선종과 교종의 사상적 갈등을 극복하고, 선종을 중심으로 교종을 포용하는 선·교 일치의 사상 체계를 정립하였다.

오답 피하기

① 고려 후기 승려 각훈이 지은 "해동고승전"은 우리나라 역대 고승의 전기를 기록한 것으로, 현재 일부만 전해 오고 있다.
② 통일 신라 승려 의상은 당에 유학하여 "화엄일승법계도"를 저술하여 화엄 사상을 정립하였다.
④ 고려 중기 승려 의천은 중국 및 우리나라의 불교 관계 저술을 수집하여 목록집 "신편제종교장총록"을 엮었으며, 이에 의거해 "교장"을 만들었다.
⑤ 고려 초기 광종의 왕권 강화 정책과 관련하여 화엄 사상을 정비하고 보살의 실천행을 폈던 균여는 "보현십원가" 등 불교 교리를 담은 향가를 지어 대중에게 전파하는 데 힘썼다.

04 밑줄 그은 '역사서'에 대한 설명으로 옳은 것은?

이번에 왕명을 받아 편찬한 <u>역사서</u>에 대해 설명해 주세요.

이 책은 묘청의 난을 진압한 뒤, 우리 나라의 역사를 좀 더 잘 알아야 한다는 폐하의 말씀에 따라 유교 사관을 바탕으로 삼국의 역사를 충실히 기록하였습니다.

① 남북국이라는 용어를 처음 사용하였다.
② 사초, 시정기 등을 바탕으로 편찬되었다.
③ 단군의 고조선 건국 이야기를 수록하였다.
④ 본기, 열전 등 기전체 형식으로 서술되었다.
⑤ 고구려 건국 시조의 일대기를 서사시로 표현하였다.

삼국사기

정답 ④ 밑줄 그은 '역사서'는 고려 중기 김부식의 "삼국사기"이다. "삼국사기"는 인종 때 김부식이 왕명으로 편찬한 현존하는 가장 오래된 역사서이다. 김부식은 묘청의 난을 진압한 후 분열된 민심을 수습하고 국왕 중심의 중앙 집권 체제를 강화하려는 목적으로 "삼국사기"를 편찬하였다.

정답 분석

④ "삼국사기"는 유교적 합리주의 사관에 기초하여 기전체로 서술되었다. 기전체는 본기(천자의 활동 기록), 세가(제후의 활동 기록), 열전(주요 인물의 전기), 지(제도와 문물의 분야별 기록), 표(주요 사항을 정리한 연표) 항목으로 나누어 역사를 편찬하는 형식이다.

오답 피하기

① 조선 후기 유득공은 "발해고"에서 발해를 본격적으로 우리 역사로 다루어 남북국이라는 용어를 사용하였다.
② 조선은 왕위가 바뀌면 춘추관을 중심으로 실록청을 설치하고, 전왕의 통치 기록인 사초, 시정기, 승정원일기 등을 모두 합하여 "조선왕조실록"을 편찬하였다.
③ 이승휴의 "제왕운기"와 일연의 "삼국유사"는 공통으로 고조선의 단군을 서술하여 우리 역사를 중국사와 대등하게 파악하는 자주성을 나타냈다.
⑤ 이규보의 "동명왕편"은 동명왕의 업적을 칭송한 영웅 서사시로 고구려 계승 의식을 드러내고 있다.

---

05 밑줄 그은 '역사서'에 대한 설명으로 옳은 것은?

이곳은 경상북도 군위군에 위치한 인각사로 승려 일연이 마지막 여생을 보낸 곳입니다. 그는 불교사를 중심으로 민간 설화 등을 수록한 <u>역사서</u>를 저술하였습니다.

① 편년체 형식으로 기술되었다.
② 고조선의 건국 이야기가 서술되었다.
③ 남북국이라는 용어가 처음 사용되었다.
④ 왕명에 의해 고승들의 전기가 기록되었다.
⑤ 고구려 시조의 일대기가 서사시로 표현되었다.

삼국유사

정답 ② 밑줄 그은 '역사서'는 고려 후기 일연의 "삼국유사"이다. 고려 후기 몽골의 침략과 간섭으로 국가가 위기에 처하자 불교적 입장에서 전통문화와 역사를 이해하고 지키려는 노력이 강화되었다. 이에 일연은 불교사를 중심으로 지방의 기록과 민간 설화까지 포함하여 "삼국유사"를 저술하였다. 일연은 최초로 단군을 우리 민족의 시조로 기록함으로써 통합된 민족의식을 표출하였다.

정답 분석

② 고려 후기 승려 일연은 고조선 건국 신화인 단군 신화를 비롯한 설화나 야사를 폭넓게 수록한 "삼국유사"를 편찬하였다.

오답 피하기

① 편년체는 역사 기록을 연·월·일 순으로 정리하는 편찬 체제로 "조선왕조실록", "고려사절요" 등이 대표적이다. "삼국유사"는 기사본말체이다.
③ 조선 후기 유득공은 "발해고"를 통해 발해사를 우리 역사로 체계화할 것을 강조하고 남북국이라는 용어를 처음 사용하였다.
④ 고려 후기 각훈이 지은 "해동고승전"은 우리나라 역대 고승의 전기를 기록한 것으로, 현재 일부만 전해 온다.
⑤ 고려 후기 이규보의 "동명왕편"은 동명왕의 업적을 칭송한 영웅 서사시로 고구려 계승 의식을 드러내고 있다.

06 밑줄 그은 '이 책'에 대한 설명으로 옳은 것은?

> 이승휴가 지은 이 책의 상권에는 중국의 역사가, 하권에는 우리나라의 역사가 서술되어 있습니다.

> 이 책은 중국과 구별되는 우리 역사의 독자성을 강조했다는 평가를 받고 있습니다.

① 남북국이라는 용어를 처음 사용하였다.
② 사초와 시정기를 바탕으로 편집하였다.
③ 단군의 고조선 건국 이야기를 수록하였다.
④ 청주 흥덕사에서 금속 활자본으로 간행되었다.
⑤ 유교 사관이 입각하여 기전체 형식으로 서술하였다.

제왕운기

정답 ③   밑줄 그은 '이 책'은 이승휴의 "제왕운기"이다. 원 간섭기에 편찬된 대표적인 역사서로 일연이 쓴 『삼국유사』와 이승휴가 쓴 『제왕운기』가 있다. 이 두 책은 모두 우리나라 역사의 시작을 단군 조선으로 설정하고, 주체적이고 도덕적인 문화 전통을 자랑스럽게 서술하였다. 특히 단군을 비롯한 역대 시조의 신비스러운 탄생과 업적을 강조하여 고려가 몽골과 다른 독자적인 혈통과 문화를 가지고 있음을 자랑하고 있다.

정답 분석

③ 이승휴의 『제왕운기』와 일연의 『삼국유사』는 공통으로 고조선의 단군을 서술하여 우리 역사를 중국사와 대등하게 파악하는 자주성을 나타냈다.

오답 피하기

① 조선 후기 유득공은 『발해고』에서 발해를 본격적으로 우리 역사로 다루어 남북국이라는 용어를 사용하였다.
② 조선은 왕위가 바뀌면 춘추관을 중심으로 실록청을 설치하고, 전왕의 통치 기록인 사초, 시정기, 승정원일기 등을 모두 합하여 『실록』을 편찬하였다.
④ 고려 청주 후기 흥덕사에서 간행한 『직지심체요절』은 세계에서 가장 오래된 금속 활자본으로 인정받고 있다.
⑤ 인종 때에는 김부식 등이 왕명을 받아 편찬한 『삼국사기』는 유교적 합리주의 사관에 기초하여 쓰인 현존하는 우리나라 최고(最古)의 역사서이다.

---

07 (가)~(마)에 들어갈 내용으로 옳은 것은?

〈한국사 교양 강좌〉

인물로 보는 고려의 성리학

우리 박물관에서는 '인물로 보는 고려의 성리학'을 주제로 한국사를 이해하는 자리를 마련하였습니다. 관심 있는 분들의 많은 참여 바랍니다.

◆ 강좌 순서 ◆

제1강.	안향,	(가)
제2강.	이제현,	(나)
제3강.	이색,	(다)
제4강.	정몽주,	(라)
제5강.	정도전,	(마)

■ 기간: 2021년 ○○월 ○○일~○○월 ○○일
■ 장소: □□대학교 대강당
■ 주최: △△ 박물관

---

① (가) – 봉사 10조를 올려 시정 개혁을 제안하다.
② (나) – 만권당에서 원의 학자들과 교유하다.
③ (다) – 9재 학당을 세워 유학 교육에 힘쓰다.
④ (라) – 경제문감을 저술하고 재상 중심의 정치를 주장하다.
⑤ (마) – 성학십도에서 군주의 도를 도식으로 설명하다.

인물로 보는 고려의 성리학

정답 ②   (가) 성리학은 충렬왕 때 안향이 처음 소개하였다.
(나) 이제현은 만권당에서 원의 학자들과 교류하면서 성리학에 대한 이해를 심화하고, 귀국한 후에 이색 등 제자를 양성하였다.
(다) 이색은 성균관에서 후학을 양성하고 정몽주, 정도전 등에게 학문적 영향을 끼쳐 성리학의 보급과 발전에 기여하였다.
(라) 정몽주를 비롯한 온건 개혁파는 고려 왕조 내에서 점진적인 개혁을 추진하려 하였다.
(마) 조선 건국을 주도한 정도전은 자신이 생각하는 정치 체제를 담아 "조선경국전"을 편찬하였다.

정답 분석

② 만권당은 충선왕이 원의 수도에 머물면서 자신의 집에 세운 서재이자 독서당이다. 이제현은 충선왕의 시종 신하로 만권당에 머물면서 이들과 교유하였다.

오답 피하기

① 최충헌은 집권 후 봉사 10조와 같은 사회 개혁을 내세웠다.
③ 최충은 사립학교인 9재 학당(문헌공도)을 세워 유학 교육에 힘썼다.
④ 정도전은 "조선경국전"과 "경제문감"과 같은 저서에서 재상 중심의 정치와 같은 자신의 정치 구상을 남겨 놓았다.
⑤ 이황은 주자의 이론을 조선의 현실에 반영하여 체계를 세웠고, "주자서절요", "성학십도" 등을 저술하였다.

25강 고려의 문화 유산

▲ 고려의 금속 활자
이규보의 문집에는 1234년에 금속 활자로 상정고금예문을 찍었다는 기록이 있다.

▲ 직지심체요절(프랑스 파리)
'직지심체'는 "참선하여 사람의 마음을 직시하면, 그 심성이 곧 부처의 마음임을 깨닫게 된다."라고 하는 뜻이다. 금속 활자본인 구텐베르크의 성경보다 70여 년 앞서 만들어졌다.

▲ 주심포 양식(좌)과 다포 양식(우)의 비교

▲ 평창 월정사 8각 9층 석탑(송의 영향)

▲ 경천사지 10층 석탑(원의 영향)

1 각종 기술의 발달

천문학	• 천문 : 사천대 설치(천체와 기상 관측) • 역법 : 당의 선명력 ➡ 원의 수시력, 명의 대통력 수용
의학	• 태의감(의료 업무, 의학 교육 실시) 설치, 의과 시행 • 『향약구급방』 : 고려 후기 고종 때 대장도감에서 간행, 현존하는 한국의 의학 서적 가운데 가장 오래된 책, 각종 질병에 대한 우리 풍토에 맞는 처방과 약재 등 소개
인쇄술	• 상정고금예문(1234) : 최초의 금속 활자본(서양보다 200년 앞섬), 현재 전해지지 않음 • 직지심체요절(1377) : 청주 흥덕사에서 간행, 현존하는 가장 오래된 금속 활자본, 프랑스 국립 도서관에서 박병선이 발견, 2010년에 유네스코 세계기록유산 등재
화약	화통도감 설치 : 최무선을 중심으로 화약과 화포 제작 ➡ 최무선, 나세, 심덕부 등이 진포에서 왜구 격퇴(진포 대첩)

2 고려의 건축 문화

고려 전기	• 주심포 양식 : 공포가 기둥 위에만 짜여 있음, 단아하게 보임
	• 안동 봉정사 극락전 : 배흘림 기둥에 주심포 양식으로 축조
	  ┌ 우리나라에서 현존하는 가장 오래된 목조 건물
	  └ 공민왕 때 지붕을 크게 수리했다는 기록을 통해 건축 연대 추정 가능
	• 영주 부석사 무량수전 : 배흘림 기둥에 주심포 양식으로 축조, 건물 내부에 소조 아미타여래 좌상이 봉안되어 있음
	• 예산 수덕사 대웅전 : 배흘림 기둥에 주심포 양식으로 축조

고려 후기	• 다포 양식 : 공포가 기둥 위뿐만 아니라 기둥 사이에도 있음, 웅장한 지붕이나 건물을 화려하게 꾸밀 때 쓰임 • 대표적인 건축물 : 성불사 응진전(황해도 사리원), 석왕사 응진전(함남 안변)

▲ 안동 봉정사 극락전(주심포 양식)

▲ 영주 부석사 무량수전(주심포 양식)

▲ 예산 수덕사 대웅전(주심포 양식)

3 고려의 탑

전기	• 신라 양식 계승 : 현화사 7층 석탑, 불일사 5층 석탑 • 월정사 8각 9층 석탑(강원도 평창) : 송의 영향, 다각 다층탑

후기	경천사지 10층 석탑
	  ┌ 원의 영향을 받은 다각 다층의 대리석 탑
	  ├ 개성에 있었다가 현재 국립 중앙 박물관에 전시되어 있음
	  └ 조선의 원각사지 10층 석탑에 영향을 주었음

| 승탑 | • 팔각 원당형, 석종형 등 다양한 형태 등장
• 고달사지 승탑, 법천사 지광국사 현묘탑 |

4 고려의 불상

| 특징 | • 고려 초기 대형 불상 제작 : 시기와 지역에 따라 독특한 모습, 인체 구성의 불균형, 신라에 비해 조형미 쇠퇴 ➡ 지방 호족의 후원 아래 다양한 지방 문화의 발달을 보여줌
• 논산 관촉사 석조 미륵보살 입상
    ┌ '은진 미륵'이라 불리기도 함
    ├ 불상에서 발견된 기록을 통해 고려 광종 때 만들어진 것으로 추정
    └ 파격적이고 대범한 미적 감각을 인정받아 2018년 국보 제323호로 승격
• 파주 용미리 마애이불 입상
    ┌ 천연 암벽을 이용하여 몸체를 만들고 머리는 따로 만들어 올림
    ├ 눈, 코, 입 등을 크게 만들어 거대한 느낌을 주며 조형미는 다소 떨어짐
    └ 불상 측면에 세조의 비 정의왕후와 성종의 안녕을 기원하는 발원문이 새겨져 있음
• 안동 이천동 마애여래 입상 : 고려 초기 지방화된 불상의 특징을 잘 보여줌
• 신라 양식 계승 : 부석사 소조 아미타여래 좌상, 하남 하사창동 철조 석가여래 좌상 |

▲ 논산 관촉사 석조 미륵보살 입상 (은진 미륵)　▲ 파주 용미리 마애이불 입상

▲ 영주 부석사 소조 아미타여래 좌상　▲ 하남 하사창동 철조 석가여래좌상

5 고려의 자기

전기	순수 청자 : 문종 ~인종 대에 절정(10세기 중반~11세기 중반)
중기	• 상감 청자 : 12세기 중엽~13세기 중엽(강화도 천도기)까지 발전 • 상감 기법 : 겉 부분을 파낸 후에 그 자리에 백토나 흑토를 메우면서 무늬를 만들어 내는 방식 ➡ 다양한 무늬를 표현
후기	원 간섭기 이후 상감청자 퇴조 ➡ 분청사기의 등장

▲ 안동 이천동 마애여래 입상　▲ 청자 상감 운학 모란국화문 매병

6 고려의 공예

| 금속 공예 | • 은입사 발달 : 청동기 표면을 파내고 은을 채워 넣음
• 청동 은입사 포류 수금무늬 정병, 향로 등 |
| 나전 칠기 | • 옻칠한 바탕에 자개를 붙여 무늬를 표현
• 경함, 화장품갑, 문방구 등 |

▲ 청동 은입사 포류 수금무늬 정병　▲ 나전 칠기

7 고려의 예술

그림	• 초기 : 이령의 예성강도 • 후기 : 공민왕의 천산대렵도, 혜허의 관음보살도 · 김우문의 수월관음도, 사경화
글씨	• 초기 : 구양순체가 주류, 왕희지체의 대가인 탄연이 유명 • 후기 : 원의 조맹부 글씨체인 송설체가 유행, 이암이 유명
음악	• 아악 : 송에서 수입된 대성악이 궁중 음악으로 발전 • 향악(속악) : 고유 음악이 당악의 영향으로 발전, 동동 · 한림별곡 · 대동강 등

▲ 공민왕의 천산대렵도

은쌤의 합격노트

고려의 기술 발달 및 건축 문화

☑ 시험에 꼭 나오는 키워드

- 고려 시대에 발달한 각종 기술 및 문화 숙지하기(향약구급방, 화통도감)
- 고려의 금속 활자(상정고금예문, 직지심체요절)는 단독으로 출제됨
- 고려 전기의 주심포 양식과 고려 후기의 다포 양식을 대표하는 건축물과 그 특징 정리하기

☑ 최다 빈출 선지

고려의 각종 기술
① 사천대에서 천체와 기상을 관찰하였다. ,
② 우리의 약재를 소개한 향약구급방을 편찬하였다.
③ 화약과 화포 제작을 위한 화통도감 설치를 건의하였다.

직지심체요절
① 청주 흥덕사에서 직지심체요절이 금속활자로 간행되었다.
② 현존하는 가장 오래된 금속 활자본인 직지심체요절이 간행되었다.

안동 봉정사 극락전
① 우리나라에 현존하는 가장 오래된 목조 건축물이다.
② 공포가 기둥 위에만 있는 주심포 양식의 건물이다.

영주 부석사 무량수전
① 배흘림 기둥에 주심포 양식으로 축조되었다.
② 건물 내부에 소조여래 좌상이 봉안되었다.

고려의 탑, 불상 및 문화

☑ 시험에 꼭 나오는 키워드

- 평창 월정사 8각 9층 석탑과 경천사지 10층 석탑의 특징 숙지하기 ➡ 단독 출제나 오답 선지로 자주 등장함
- 고려 초기 불상의 공통점과 각 불상의 특징 정리하기 ➡ 논산 관촉사 석조 미륵보살 입상, 파주 용미리 마애이불 입상은 단독 출제됨
- 고려의 각종 건축물, 탑, 불상, 상감청자 등의 사진을 보고 눈에 익히기

☑ 최다 빈출 선지

평창 월정사 8각 9층 석탑
① 송의 영향을 받은 다각 다층 석탑을 대표하는 문화유산으로 손꼽힌다.

경천사지 10층 석탑
① 원의 영향을 받은 다각 다층의 대리석 탑이다.
② 원각사지 십층 석탑에 영향을 주었다.

논산 관촉사 석조 미륵보살 입상
① 은진 미륵이라 불리기도 한다.
② 거대하고 투박하면서도 지역적인 특색을 담고 있다.

파주 용미리 마애이불 입상
① 세조의 비 정희 왕후와 성종의 안녕을 기원하는 발원문이 새겨져 있다.

01 (가)에 대한 설명으로 옳은 것은?

국외 소재 우리 문화유산을 찾기 위해 헌신한 박병선 박사를 조명하는 다큐멘터리가 방영될 예정입니다. 그녀는 청주 흥덕사에서 금속 활자로 간행된 [(가)] 을/를 프랑스 국립 도서관에서 발견하였습니다. 또한 외규장각 의궤의 반환을 위해서도 노력하였습니다.

① 군주의 도를 도식으로 설명하였다.
② 세금 수취를 위해 3년마다 작성되었다.
③ 유네스코 세계 기록 유산으로 등재되었다.
④ 거란의 침략을 물리치기 위해 제작하였다.
⑤ 충신, 효자, 열녀를 알리기 위해 간행하였다.

직지심체요절

정답 ③   (가)는 고려의 "직지심체요절"이다. 고려 시대의 기술학 가운데 가장 뛰어난 것은 인쇄술의 발달이었다. 금속 활자 인쇄술은 고려에서 세계 최초로 발명되었다. 현존하는 세계에서 가장 오래된 금속 활자본은 1377년 청주 흥덕사에서 간행한 "직지심체요절"이다. 금속 활자본인 구텐베르크의 성경보다 70여 년 앞서 만들어졌다.

정답 분석

③ 고려의 "직지심체요절"은 2001년 유네스코 세계 기록 유산으로 등재되었다.

오답 피하기

① 조선 중기 선조 때 퇴계 이황은 왕이 성학(성리학)을 쉽게 배울 수 있도록 "성학십도"를 만들었다. "성학십도"는 성리학을 체계적으로 설명하기 위해 10개의 그림과 글로 설명한 것이다.
② 통일 신라의 촌락 문서(민정 문서)는 각 촌락의 인구수, 토지 종류와 면적, 소와 말의 수, 수목의 종류와 수 등을 조사하여 3년에 한 번씩 촌주가 기록한 문서로, 세금 수취의 자료로 활용하였다.
④ 고려 최초의 대장경은 거란의 침입을 받았던 현종 때 부처의 힘을 빌려 이를 물리치기 위해 만든 초조대장경이다.
⑤ 조선 초기 세종 때 모범이 될 만한 충신, 효자, 열녀 등의 행적을 그림으로 그리고 설명을 붙여 "삼강행실도"를 편찬하였다.

02 (가)에 들어갈 내용으로 가장 적절한 것은?

★ 역사 인물 다큐멘터리 기획안 ★

화약 무기 연구의 선구자, ○○○

1. **기획 의도**
   중국의 군사 기밀이었던 화약 제조 기술을 습득해 우리나라 최초로 화약의 자체 생산에 성공한 ○○○. 그의 활동을 통해 국방 과학 기술의 중요성을 되새겨 본다.

2. **장면**
   #1. 중국인 이원에게 염초 제조법을 배우다
   #2.   (가)
   #3. 나세, 심덕부 등과 함께 진포에서 왜구를 크게 격퇴하다
   ⋮

① 신기전과 화차를 개발하다
② 화통도감의 설치를 건의하다
③ 불랑기포를 활용하여 평양성을 탈환하다
④ 조총 부대를 이끌고 나선 정벌에 참여하다
⑤ 발화장치를 활용한 비격진천뢰를 발명하다

고려 무신 최무선

정답 ②   (가)에 들어갈 내용은 최무선의 활약이다. 최무선은 끈질긴 노력 끝에 중국이 비밀에 부쳤던 화약 제조 기술을 터득해 냈다. 이에 정부는 화통도감을 설치하여 화약과 화포를 제작하였다. 최무선은 이 화포를 이용하여 진포(현재 군산) 싸움에서 왜구를 크게 격퇴하였다.

정답 분석

② 고려 후기 최무선의 건의로 화통도감을 설치하였다. 그가 만들기 시작한 화약과 화포는 조선 시대로 이어지며 더욱 발전했고, 국가 위기 극복에 큰 도움이 되었다.

오답 피하기

① 조선 초기 세종 대에 신기전이라는 화살을 개발하였으며, 다양한 종류의 화차가 만들어져 전국에 배치되었다.
③ 조선 후기 임진왜란 때 일본에 함락된 평양성을 되찾기 위해 명군은 불랑기포, 멸로포, 호준포 등 화포를 발사하여 평양성을 공격하였다.
④ 조선 후기 러시아 세력의 침략으로 위협을 느낀 청은 조선에 원병을 요청하였다. 이에 조선에서는 변급, 신유가 두 차례에 걸쳐 조총 부대를 출동시켜 큰 성과를 거두고 돌아왔다.
⑤ 비격진천뢰는 조선 중기 선조 때 이장손이 발명한 폭탄이다. 화약, 철편, 뇌관을 속에 넣고 겉은 쇠로 박처럼 둥글게 싼 것으로, 먼 거리에 쏘아 터지게 하였다.

03 다음 대화에 해당하는 문화유산으로 옳은 것은?

①
안동 봉정사 극락전

②
보은 법주사 팔상전

③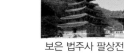
구례 화엄사 각황전

④
예산 수덕사 대웅전

⑤
영주 부석사 무량수전

안동 봉정사 극락전

정답 ① 　고려 시대 13세기 이후에 지어진 주심포 양식의 목조 건물이 현재 일부 남아 있는데, 안동 봉정사 극락전, 영주 부석사 무량수전, 예산 수덕사 대웅전 등이 대표적이다. 이 중 봉정사 극락전은 보수 공사 중에 공민왕 때 중창하였다는 상량문이 나와 가장 오래된 목조 건물임이 확인되었다.

정답 분석

① 고려 시대에 건립된 안동 봉정사 극락전은 주심포 양식이 반영된 현존하는 가장 오래된 목조 건축물이다.

오답 피하기

② 조선 후기에 건립된 충북 보은 법주사 팔상전은 우리나라에 남아 있는 유일한 오층 목탑이다.
③ 조선 후기에 건립된 전남 구례 화엄사 각황전은 현존하는 중층의 불전 중에서 가장 큰 규모이다.
④ 고려 시대에 건립된 예산 수덕사 대웅전은 주심포 양식 목조 건물로 단아하면서도 세련된 아름다움을 보여준다.
⑤ 고려 시대에 건립된 영주 부석사 무량수전은 주심포 양식, 배흘림 기둥, 팔작 지붕이 조화를 이루고 있다.

04 (가)에 들어갈 문화유산으로 옳은 것은?

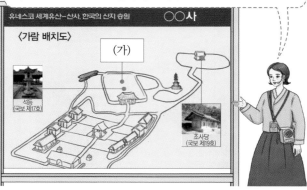

국보 제18호인 (가) 은 고려 시대의 목조 건물로, 배흘림 기둥에 주심포 양식으로 축조되었습니다. 건물 내부에는 국보 제45호인 소조 여래 좌상이 봉안되어 있습니다.

①
공주 마곡사 대웅보전

②
영주 부석사 무량수전

③
예산 수덕사 대웅전

④
구례 화엄사 각황전

⑤
안동 봉정사 극락전

영주 부석사 무량수전

정답 ② 　(가)에 들어갈 문화유산은 영주 부석사 무량수전이다. 무량수전은 배흘림기둥 등의 기법으로 안정된 외관과 세련된 특성을 잘 드러내고 있다. 소조여래좌상은 뛰어난 세련미를 지니고 있어 걸작으로 손꼽히고 있다.

정답 분석

② 주심포 양식이 배흘림 기둥, 팔작 지붕과 조화를 이루고 있다.

오답 피하기

① 백제 의자왕 때 지어진 사찰이다.
③ 주심포 양식 목조 건물로 단아하면서도 세련된 아름다움을 보여주고 있다.
④ 조선 후기에 지어진 불교 건축물이다.
⑤ 주심포 양식이 반영된 현존하는 가장 오래된 목조 건축물이다.

심화 56회 16번

05 다음 구성안의 소재가 된 탑으로 옳은 것은?

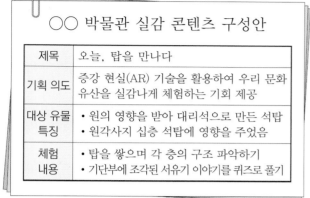

○○ 박물관 실감 콘텐츠 구성안

제목	오늘, 탑을 만나다
기획 의도	증강 현실(AR) 기술을 활용하여 우리 문화 유산을 실감나게 체험하는 기회 제공
대상 유물 특징	• 원의 영향을 받아 대리석으로 만든 석탑 • 원각사지 십층 석탑에 영향을 주었음
체험 내용	• 탑을 쌓으며 각 층의 구조 파악하기 • 기단부에 조각된 서유기 이야기를 퀴즈로 풀기

개성 경천사지 10층 석탑

정답 ⑤　　다음 구성안의 소재가 된 탑은 개성 경천사지 10층 석탑이다. 고려 후기의 개성 경천사지 10층 석탑은 1348년에 세운 대리석탑으로, 원 불탑의 영향을 받은 것이다. 특히 원 대 라마교의 영향을 받은 것으로 알려져 있다. 이 탑은 조선 세조 때 만든 원각사지 10층 석탑에 영향을 주었다.

정답 분석

⑤ 고려 후기에 만들어진 개성 경천사지 10층 석탑은 원의 영향을 받았다.

오답 피하기

① 경주 불국사 3층 석탑은 통일 신라 시대에 유행하였던 이중기단 위에 3층탑을 쌓는 양식이다.
② 화엄사 4사자 3층 석탑은 통일 신라 시기에 화강암으로 네 마리의 석사자를 지주로 삼아 건조한 3층 불탑이다.
③ 양양 진전사지 3층 석탑은 진전사터에 세워진 통일 신라 시대의 대표적인 석탑이다.
④ 평창 월정사 8각 9층 석탑은 고려 초기의 대표적인 석탑이다.

심화 47회 15번

06 (가)에 해당하는 문화유산으로 옳은 것은?

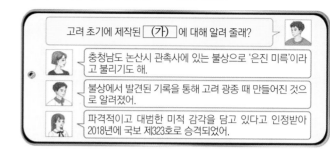

고려 초기에 제작된 [(가)]에 대해 알려 줄래?

충청남도 논산시 관촉사에 있는 불상으로 '은진 미륵'이라고 불리기도 해.

불상에서 발견된 기록을 통해 고려 광종 때 만들어진 것으로 알려졌어.

파격적이고 대범한 미적 감각을 담고 있다고 인정받아 2018년에 국보 제323호로 승격되었어.

① 　② 　③

④ 　⑤

논산 관촉사 석조 미륵보살 입상

정답 ①　　(가)는 논산 관촉사 석조 미륵보살 입상이다. 고려 광종 때에 공사를 시작(986)하여 37년이나 걸려 목종 때에 완성(1006)되었다. 은진미륵으로 널리 알려져 있다.

정답 분석

① 충남 논산 관촉사 석조 미륵보살 입상은 높이가 18m나 되며, 얼굴의 여러 부분을 과장되게 표현하였다.

오답 피하기

② 경산 팔공산 관봉 석조여래좌상은 팔공산 관봉 꼭대기에 만들어진 5.48m 크기의 석조여래좌상이다.
③ 안동 이천동 마애여래입상은 시대의 불상이다.
④ 서산 용현리 마애 여래 삼존상은 짧은 미소를 띤 온화한 아름다움을 지니고 있어 백제의 미소라고도 불리운다.
⑤ 파주 용미리 마애이불입상은 화강암 천연 암벽을 몸통으로 삼아 그 위에 목·머리·갓 등을 따로 만들어 얹은 불상이다.

07 (가)에 해당하는 문화유산으로 옳은 것은?

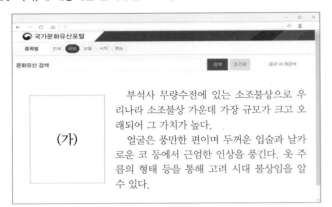

부석사 무량수전에 있는 소조불상으로 우리나라 소조불상 가운데 가장 규모가 크고 오래되어 그 가치가 높다.
얼굴은 풍만한 편이며 두꺼운 입술과 날카로운 코 등에서 근엄한 인상을 풍긴다. 옷 주름의 형태 등을 통해 고려 시대 불상임을 알 수 있다.

①  ②  ③

④  ⑤

▎부석사 소조 여래 좌상

정답 ⑤ (가)에 해당하는 문화유산은 부석사 소조 여래 좌상이다. 진흙으로 만들어 금을 입힌 부석사 소조 여래 좌상은 경상북도 영주시 부석사 무량수전에 있는 불상이다. 고려 초기에 제작된 것으로 추정되며, 우리나라에서 가장 크고 오래된 소조상이다. 이 작품이 고려 초기 불상들과 같은 계열임을 알 수 있다. 부석사 소조 여래 좌상은 균형 잡힌 인체 비례와 정돈된 얼굴로 친근함보다는 근엄함을 느끼게 한다.

정답 분석

⑤ 고려의 부석사 소조 여래 좌상으로 신라 이래의 전통 양식을 계승한 작품이다.

오답 피하기

① 통일 신라의 석굴암 본존불이다.
② 고려의 금동관음보살 좌상이다.
③ 고려의 하남 하사창동 철조 석가여래 좌상이다.
④ 삼국시대의 금동미륵보살반가사유상으로 신라 제작설이 유력하다.

---

08 (가)에 들어갈 불상으로 옳은 것은?

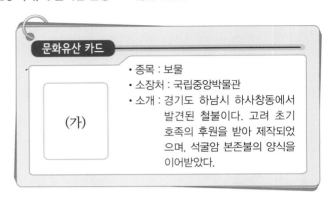

• 종목 : 보물
• 소장처 : 국립중앙박물관
• 소개 : 경기도 하남시 하사창동에서 발견된 철불이다. 고려 초기 호족의 후원을 받아 제작되었으며, 석굴암 본존불의 양식을 이어받았다.

①  ②  ③

④  ⑤

▎하남 하사창동 철조 석가여래 좌상

정답 ② (가)에 들어갈 불상은 하남 하사창동 철조 석가여래 좌상이다. 고려 시대의 불상은 시기와 지역에 따라 독특한 모습을 보여 준다. 고려 초기에는 대형 철불이 많이 조성되었는데, 하남 하사창동 철조 석가여래 좌상이 대표적이다. 당당한 어깨와 두드러진 가슴이 특징이다.

정답 분석

② 고려의 하남 하사창동 철조 석가여래 좌상이다.

오답 피하기

① 고구려의 금동 연가 7년명 여래입상이다.
③ 신라의 경주 남산 장창곡 석조미륵여래삼존상이다.
④ 고려의 금동관음보살 좌상이다.
⑤ 국보 83호 금동미륵보살반가사유상으로 신라 제작설이 유력하다.

09 다음 기획전에 전시될 문화유산으로 적절한 것은?

🌸 **흙으로 빚은 푸른 보물**

이번 기획전에서는 고려 시대 귀족 문화를 보여주는 비색의 순청자와 음각한 부분에 백토나 흑토를 채워 화려하게 장식한 상감 청자가 전시됩니다. 관심 있는 분들의 많은 관람 바랍니다.

- ■ 기간 : 2022년 ○○월 ○○일 ~ ○○월 ○○일
- ■ 장소 : △△ 박물관

①
②
③
④
⑤

상감청자

정답 ③　다음 기획전에 전시될 문화유산은 고려의 상감 청자이다. 12세기에 이르러 청자는 상감 기법이 적용되었다. 상감 기법은 청자의 겉 부분을 파낸 후에 그 자리에 백토나 흑토를 메워 무늬를 만들어내는 방법이다. 이는 고려만의 독창적인 기술이었으며, 이를 통해 상감 청자는 이전보다 다양하고 화려한 무늬를 넣을 수 있게 되었다. 고려청자는 자기를 만드는 데 필요한 흙과 연료가 풍부하고, 바닷길로 운송이 가능한 전라도 강진과 부안 등지에서 많이 만들어졌다.

정답 분석

③ 고려 시대에 만들어진 청자 상감 운학문 매병이다. 상감 기법으로 구름과 학 무늬가 표현되었다.

오답 피하기

① 통일 신라 시기에 만들어진 도기 연유 인화문 항아리이다.
② 고려 시대에 만들어진 청동 은입사 물가풍경무늬 정병이다.
④ 조선 시대에 만들어진 백자 청화 매죽문 항아리이다.
⑤ 조선 시대에 만들어진 분청사기 상감운룡문 항아리이다.

10 밑줄 그은 '문화유산'으로 옳지 <u>않은</u> 것은?

이것은 고려 시대에 만들어진 나전 합입니다. 고려에 온 송의 사신 서긍이 솜씨가 세밀하여 귀하다고 평가할 정도로 고려의 나전칠기 기술은 매우 뛰어났습니다. 이 나전 합을 비롯해 고려 시대에는 다양한 <u>문화유산</u>이 만들어졌습니다.

나전 국화 넝쿨무늬 합

①
청동 은입사
포류수금문 정병

②
부석사
소조여래좌상

③
청자 상감운학
문매병

④
월정사
팔각 구층 석탑

⑤
법주사
팔상전

고려의 문화유산

정답 ⑤　밑줄 그은 '문화유산'은 고려 시대의 문화유산이다. 고려는 옻칠한 바탕에 자개를 붙여 무늬를 내는 나전 칠기 공예가 크게 발달하였다. 원의 왕후는 고려의 나전 칠기 공예를 높이 사 불경을 담는 함을 만들어 달라고 요청하기도 하였다.

정답 분석

⑤ 조선 후기에 만들어진 보은 법주사 팔상전은 우리나라에 남아 있는 유일한 오층 목탑이다. 팔상전은 석가모니 생애를 8개의 그림으로 표현한 팔상도가 있다.

오답 피하기

① 고려는 청동기 표면을 파내고 실처럼 만든 은을 채워 넣어 무늬를 장식하는 은입사 기술이 발달하였다. 대표적으로 청동 은입사 포류수금문 정병이 있다.
② 신라 양식을 계승한 영주 부석사 소조여래좌상은 뛰어난 세련미를 지니고 있어 고려 불상의 걸작으로 손꼽힌다.
③ 청자 상감운학문매병은 고려 청자가 독특한 선을 가지고 있음을 보여 주는 대표적인 작품이다. 날아오르고 내려오는 학과 구름의 모습이 아름답다.
④ 고려는 월정사 팔각 구층 석탑 같은 다각 다층탑을 많이 만들었다.

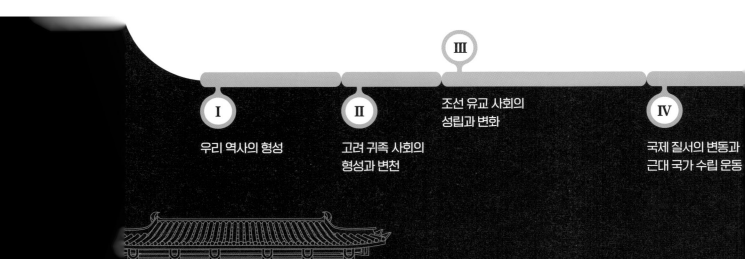

Ⅲ

Ⅰ

Ⅱ

조선 유교 사회의
성립과 변화

Ⅳ

우리 역사의 형성

고려 귀족 사회의
형성과 변천

국제 질서의 변동과
근대 국가 수립 운동

조선 유교 사회의 성립과 변화

III

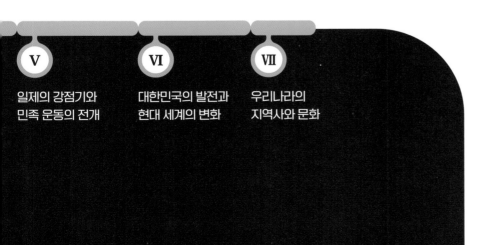

26강 조선의 건국과 초기의 왕들

1 조선의 건국

명의 철령 이북 영토 요구		요동 정벌 추진		위화도 회군		과전법 실시		조선 건국
최영과 이성계의 대립	➡	이성계의 4불가론	➡	정권 장악	➡	신진 사대부의 경제 기반 마련	반대파 제거 ➡	

2 조선 초기 왕들

(1) 태조(이성계)

건국	국호 '조선', 한양 천도(궁궐, 종묘, 사직 등 건설)
정도전	• 호는 '삼봉', 이성계를 도와 조선 건국 주도 • 급진파 신진 사대부의 대표 인물 • 성리학적 통치 이념 확립, 재상 중심의 정치를 강조 • 『조선경국전』(통치 규범 마련), 『경제문감』(정치 조직에 대한 초안), 『불씨잡변』(고려 말 불교 폐단 비판) • 1차 왕자의 난 때 이방원에게 피살당함

(2) 태종(이방원)

집권	2차례 왕자의 난을 통해 집권 ➡ 종친, 외척의 정치 참여 제한
왕권 강화	• 6조 직계제 실시 : 6조에서 의정부를 거치지 않고, 왕에게 직접 보고 • 사간원 독립 : 문하부를 폐지하고 낭사를 사간원으로 독립 ➡ 대신들 견제 • 사병 혁파 : 공신과 왕족의 사병을 없앰 ➡ 군사권 일원화
재정 확충	• 사원전 몰수 : 재정 확충 • 양전 사업 및 호구 조사 • 호패법 실시 : 16세 이상의 모든 남자들이 가지고 다닌 일종의 신분증 ➡ 인구 동태 파악, 조세 징수와 군역 부과에 활용
민생 안정	신문고 제도 실시 : 백성들은 억울한 일이 있으면 신문고라는 북을 쳐 임금에게 알릴 수 있도록 함
문화	• 주자소 설치(활자 주조 담당) ➡ 계미자 주조(조선 최초의 구리 활자) • 혼일강리역대국도지도 : 동양에서 현존하는 가장 오래된 세계 지도

(3) 세종

| 유교 정치 | • 집현전 설치 : 학문 연구 기관
• 경연 활성화 : 왕과 신하가 학문과 정책을 토론
• 의정부 서사제 실시 : 6조에서 보고하는 일을 의정부에서 논의한 후 왕에게 올림 ➡ 왕권과 신권의 조화
• 공법 제도 실시 : 전분 6등법(토지의 비옥도에 따라), 연분 9등법(풍흉에 따라)으로 수취 |

▲ 호패

호패는 조선 시대 신분증 명패로, 신분에 관계없이 16세 이상의 모든 남자에게 지급되었다.

국왕

재가 ↓ ↑ 건의

의정부

명령 ↓ ↑ 보고

6조

▲ 의정부 서사제

대외 관계	• 여진족 　├ 북방 영토 개척 : 4군(최윤덕) 6진(김종서) 설치(1416~1449) 　└ 사민 정책 실시 : 충청도·전라도·경상도의 백성을 함길도·평안도로 이주 장려 • 일본 　├ 대마도(쓰시마 섬) 정벌(1419) : 이종무가 왜구 근거지 정벌 　├ 3포 개항(1426) : 일본의 요청으로 부산포, 제포(창원), 염포(울산) 개항 　└ 계해약조 체결(1443) : 일본인에게 제한된 무역 허가
문화	• 훈민정음 창제·반포 • 갑인자 주조, 앙부일구, 자격루, 측우기, 혼천의 등 제작 • 『삼강행실도』, 『칠정산』, 『향약집성방』, 『의방유취』, 『농사직설』 등 편찬

(4) 세조(수양 대군)

단종	왕권 약화, 재상들이 정치적 실권 장악
권력 장악	계유정난으로 단종을 몰아내고 즉위 ➡ 단종(노산군) 복위 운동을 시도한 성삼문, 박팽년 등의 사육신 처형 ➡ 왕권 중심의 정치 실시
왕권 강화	• 6조 직계제 실시 • 집현전과 경연 제도 폐지 • 경국대전 편찬 시작 : 역대 법전과 각종 명령 등을 종합 • 직전법 실시 : 현직 관리에게만 토지 지급
기타	이시애의 난(1467) : 세조의 정책에 반대하여 함경도의 호족 이시애가 일으킨 반란

사료 살펴보기

6조 직계제

의정부의 서사를 나누어 6조에 귀속시켰다. …… 처음에 왕(태종)은 의정부의 권한이 막중함을 염려하여 이를 혁파할 생각이었지만, 신중하게 여겨 서두르지 않다가 이때에 이르러 단행하였다.
－『태종실록』－

상왕(단종)이 나이가 어려 무릇 조치하는 바는 모두 대신에게 맡겨 논의 시행하였다. 지금 내가 명을 받아 왕통을 물려받아 군국 서무를 아울러 자세히 듣고 헤아리다 조종의 옛 제도를 되살린다. 지금부터 형조의 사형수를 뺀 모든 서무는 6조가 저마다 직무를 맡아 직계한다.
－『세조실록』－

태종과 세조 때 실시된 6조 직계제는 6조가 의정부를 거치지 않고 왕에게 직접 보고하고 명령을 받도록 한 것으로, 왕권 강화를 위한 것이었다.

(5) 성종

통치 체제 확립	• 유교 통치 질서 완성 　├ 홍문관 설치(집현전 계승), 경연 활성화 　└ 경국대전 완성 : 조선 통치 규범 확립(유교적 법치 국가 기틀 마련) • 관수 관급제 실시 : 국가가 직접 토지 관리하고 관리에게 녹봉 지급
편찬 사업	• 『동국통감』(서거정) : 고조선부터 고려까지의 역사 정리(편년체) • 『악학궤범』(성현) : 조선 시대의 의궤와 악보를 정리한 음악서 • 『동국여지승람』(노사신) : 각 도의 풍속과 지리 등을 소개한 지리서 • 『동문선』(서거정) : 역대 문학 작품을 선별하여 수록 • 『해동제국기』(신숙주) : 일본의 정치, 외교관계, 사회, 풍속, 지리 등을 종합 정리

사료 살펴보기

계해약조(1443)

• 대마도주에게 매년 200석의 쌀과 콩을 하사한다.
• 부산포, 제포, 염포 등 3포에 머무르는 날짜는 20일로 한정하고, 단지 상경한 자의 배를 지키는 간수인은 50일로 하고 이들에게 식량을 지급한다.

계해약조는 세종 25년(1443)에 대마도주와 맺은 조약으로, 세견선(무역선)이나 체류 기간 등을 명시하였다.

▲ 경국대전

경국대전은 세조 때 편찬을 시작하여 성종 때 완성된 법전으로 조선 왕조 통치의 기본 규정을 담았다. 6조의 직능에 맞추어 이전, 호전, 예전, 병전, 형전, 공전의 6전 체제로 되어 있다.

▲ 6조 직계제

▲ 해동제국기에 표시된 일본 지도

『해동제국기』 세종 때 일본을 다녀온 신숙주가 성종의 명을 받아 편찬한 책으로, 주로 일본 본토, 쓰시마, 유구에 대한 내용을 담고 있다.

은쌤의 합격노트

🏮 조선 초기의 왕들

☑ 시험에 꼭 나오는 키워드

• 조선 초기 왕들의 업적을 정리하고 숙지하기 ➡ 태조, 태종, 세종, 세조, 성종이 단독으로 출제됨
• 정도전의 활동 숙지하기 ➡ 태조 이성계보다 더 빈번하게 출제됨

☑ 최다 빈출 선지

정도전
① 재상 중심의 정치를 강조하였다.
② 조선경국전을 저술하여 통치 제도 정비에 기여하였다.
③ 불씨잡변을 지어 불교를 비판하였다.
④ 경제문감을 저술하였다.
⑤ 정도전을 중심으로 요동 정벌을 추진하였다.

태조
① 위화도에서 회군하여 정권을 장악하였다.
② 전라도 황산에서 왜구(적장 아지발도)를 크게 격퇴하였다.

태종
① 왕위 계승을 둘러싸고 왕자의 난이 발생하였다.
② 왕권 강화를 위해 6조 직계제를 실시하였다.
③ 주자소가 설치되어 계미자가 주조되었다.
④ 문하부 낭사를 분리하여 사간원으로 독립시켰다.
⑤ 세계 지도인 혼일강리역대국도지도가 만들어졌다.
⑥ 백성의 유망을 막기 위하여 호패법이 실시되었다.

세종
① 4군 6진을 개척하여 영토를 확장하였다.
② 일본과의 무역을 허용하고 계해약조를 체결하였다.
③ 우리 풍토에 맞는 농법을 소개한 농사직설이 편찬되었다.
④ 전세를 풍흉에 따라 9등급으로 차등 과세하였다.
⑤ 전제상정소를 설립하고 전분 6등법을 제정하였다.
⑥ 국산 약재와 치료법을 소개한 향약집성방이 편찬되었다.
⑦ 한양을 기준으로 한 역법서인 칠정산 내편이 제작되었다.
⑧ 금속 활자인 갑인자를 제작하였다.
⑨ 자동 시보 장치를 갖춘 자격루를 제작하였다.
⑩ 이종무를 파견하여 왜구의 근거지인 대마도(쓰시마섬)를 정벌하였다.
⑪ 학문 연구 기관으로 집현전을 설치하였다.

세조
① 왕권 강화를 위해 6조 직계제를 실시하였다.
② 계유정난을 계기로 권력을 장악하였다.
③ 수양대군이 김종서 등을 살해하고 권력을 장악하였다.
④ 성삼문 등이 상왕의 복위를 꾀하다가 처형되었다.
⑤ 단종 복위 운동을 계기로 집현전을 폐지하였다.
⑥ 관리에게만 수조권을 지급하는 직전법이 제정되었다.
⑦ 이시애가 길주를 근거지로 난을 일으켰다.

예종
① 유자광의 고변을 계기로 남이를 처형하였다.

성종
① 조선의 기본 법전인 경국대전을 완성하였다.
② 궁중 음악을 집대성한 악학궤범을 편찬하였다.
③ 국가의 의례를 정비한 국조오례의를 편찬하였다.
④ 집현전을 계승한 홍문관을 설치하였다.
⑤ 신숙주가 일본에 다녀와 해동제국기를 저술하였다.
⑥ 동문선, 동국여지승람, 악학궤범 등을 편찬하였다.

01 (가) 인물의 활동으로 옳은 것은?

1380년 삼도 도순찰사 (가) 이/가 이끄는 고려군이 전라도 황산에서 왜구를 크게 격퇴하였습니다.

1/3

조선 선조 때 이를 기념하여 대첩비를 세웠지만 일제 강점기 일본인들이 파괴하여 파편만 남게 되었습니다.

2/3

그러나 탁본이 남아 있어 적장 아지발도를 죽인 (가) 의 활약상을 상세히 확인할 수 있습니다.

3/3

① 북방에 4군과 6진을 설치하였다.
② 의종 복위를 도모하여 군사를 일으켰다.
③ 위화도에서 회군하여 정권을 장악하였다.
④ 여진을 정벌한 후 동북 9성을 축조하였다.
⑤ 좌·우별초와 신의군으로 삼별초를 조직하였다.

이성계의 업적

정답 ③ (가) 인물은 이성계이다. 고려 후기 왜구가 빈번하게 침입하였는데 1380년 일본의 장수 아지발도가 군사 5,000여 명을 이끌고 전라도에 침입하였다. 이에 조정은 이성계를 양광·전라·경상 삼도순찰사에 임명하여 왜구 대토벌 작전에 나서게 하였다. 이성계가 산 위로 올라가 적을 맞아 싸웠다. 그러자 모든 군사가 총공격을 하여 일대격전을 벌여 아지발도를 두목으로 한 왜구를 크게 물리쳤다. 황산대첩비에는 이성계가 아군보다 10배가 넘는 왜적을 대파함으로써 만세에 평안함을 이루었으며, 이성계의 업적을 기려 이 비를 세운다는 내용 등이 실려 있다.

정답 분석

③ 이성계는 우왕의 명에 따라 군대를 이끌고 요동을 향해 출발하였으나, 위화도에서 군대를 돌려 개경으로 돌아왔다(위화도 회군, 1388). 그는 최영을 제거하고 우왕을 폐위시킨 후 정치적 실권을 장악하였다.

오답 피하기

① 조선 초기 세종 때에는 최윤덕과 김종서가 4군 6진을 개척해 압록강과 두만강을 경계로 하는 오늘날과 같은 국경선을 확정하였다.
② 고려 후기 무신의 집권에 반발하여 동북면 병마사 김보당이 의종의 복위를 꾀하며 난을 일으켰다.
④ 고려 중기 예종 때 윤관은 별무반을 이끌고 천리 장성을 넘어 여진족을 소탕하고 북방으로 쫓아낸 뒤 동북 지방 일대에 9성을 쌓았다.
⑤ 고려 후기 최우는 국가의 공식적인 군사 기구로 좌별초, 우별초, 신의군으로 편성된 삼별초를 설치하여 정권 유지에 활용하였다.

02 다음 가상 인터뷰의 주인공에 대한 설명으로 옳은 것은?

최근 저술한 조선경국전에 대해 설명해 주십시오.

주례의 6전 체제를 참조하였고, 재상 중심의 정치를 강조하였습니다.

① 불씨잡변을 지어 불교를 비판하였다.
② 칭제 건원과 금국 정벌을 주장하였다.
③ 지공거 출신으로 9재 학당을 설립하였다.
④ 최초의 서원인 백운동 서원을 건립하였다.
⑤ 충청도 지역에 대동법을 실시하자고 건의하였다.

정도전

정답 ① 가상 인터뷰의 주인공은 정도전이다. 조선 왕조는 국왕과 신하들이 유교적 민본 사상에 근거한 덕치와 인정을 베풀고, 유교 윤리가 양반 사대부뿐만 아니라 일반 백성 모두에게 생활화된 정치를 지향하였다. 정도전은 이러한 이상을 실현하기 위해 『조선경국전』을 저술하여 민본적 통치 규범을 마련하고, 재상 중심의 정치를 주장하였다.

정답 분석

① 조선 왕조의 건국은 불교 사회에서 유교 사회로의 전환을 가져왔다. 불교에 대한 비판 운동은 고려 말부터 일어났지만, 조선 건국 이후에 이르러서야 정도전이 불교 교리의 핵심이 되는 인과설, 윤회설 등을 비판한 『불씨잡변』을 저술하였다.

오답 피하기

② 고려 중기 이자겸의 난 이후 서경 출신의 정지상과 묘청 등은 정치 혁신을 내세우며, 서경 천도, 칭제 건원, 금국 정벌 등을 주장하였다.
③ 고려 중기 최충은 과거를 주관하는 '지공거' 출신으로 송악산 아래 자하동에 9재 학당(문헌공도)을 마련하였다.
④ 우리나라 최초의 서원은 16세기 중엽 풍기 군수 주세붕이 세운 백운동 서원이다.
⑤ 조선 후기 김육의 강력한 주장으로 대동법을 전라도, 충청도 지역까지 확대하여 실시하였다.

03 (가) 인물에 대한 설명으로 옳은 것은?

> 이것은 마천목을 좌명공신에 봉한다는 녹권입니다. 마천목은 제2차 왕자의 난 당시 회안공 이방간과의 치열한 전투에서 [(가)] 이/가 승리할 수 있도록 앞장섰습니다. 이후 왕위에 오른 [(가)] 은/는 마천목을 3등 공신으로 책봉하였습니다.

① 과전을 혁파하고 직전을 설치하였다.
② 최무선의 건의로 화통도감을 두었다.
③ 어영청을 중심으로 북벌을 추진하였다.
④ 왕권 강화를 위해 6조 직계제를 실시하였다.
⑤ 궁중 음악을 집대성한 악학궤범을 편찬하였다.

조선 태종의 업적

정답 ④   (가) 인물은 조선 초기 태종 이방원이다. 제1차 왕자의 난으로 정안대군(이방원)이 실권을 가지게 되었고 세자 자리를 노리고 있었다. 그러나 회안대군(이방간) 또한 세자 자리를 탐내고 있었고 결국 제2차 왕자의 난이 벌어지게 되었다. 제2차 왕자의 난의 승리로 이방원의 왕위 계승은 가속화되었다. 정종은 하륜 등의 주청으로 상왕 태조의 허락을 얻어 그해(1400년) 음력 2월 이방원을 왕세자로 삼은 뒤 같은 해 음력 11월에 그에게 왕위를 넘겨주었는데, 그가 제3대 태종이다.

정답 분석

④ 조선 초기 태종은 6조 직계제를 시행하여 6조에서 의정부를 거치지 않고 곧바로 왕에게 재가를 받도록 함으로써 의정부의 힘을 약화시켰다.

오답 피하기

① 조선 초기 세조는 과전을 현직 관리에게만 지급하는 직전법을 시행하였다.
② 고려 후기 최무선은 원의 화약 제조 기술을 습득한 후 정부에 화통도감을 만들 것을 건의하였다.
③ 조선 후기 인조는 후금의 침략에 대비하여 국방력을 강화하기 위해 어영청을 설치하였다. 이후 어영청은 효종이 청에 대한 북벌 계획을 준비하면서 크게 강화되었다.
⑤ 조선 초기 성종은 "악학궤범"을 편찬하여 음악의 원리와 역사, 악기, 무용, 의상, 소도구까지 정리하였다.

---

04 밑줄 그은 '왕'의 재위 시기에 있었던 사실로 옳은 것은?

이달의 책

동국정운

이 책의 제목은 우리나라의 바른 음이라는 뜻으로, 집현전 학사인 신숙주, 최항, 박팽년 등이 왕의 명을 받아 편찬하였습니다. 우리나라 한자음을 바로잡아 통일된 표준음을 정하려는 목적으로 만들어진 이 책은 국어 연구 자료로서 높이 평가되고 있습니다.

① 금속 활자인 갑인자가 제작되었다.
② 수도 방어를 위해 금위영이 설치되었다.
③ 훈련 교범인 무예도보통지가 편찬되었다.
④ 국가의 기본 법전인 경국대전이 완성되었다.
⑤ 신진 인사를 등용하기 위해 현량과가 시행되었다.

조선 세종의 업적

정답 ①   밑줄 그은 '왕'은 조선 초기 세종이다. "동국정운"은 1448년 신숙주·최항·박팽년 등이 세종의 명을 받아 저술한 책이다. "동국정운"은 우리나라에서 최초로 한자음을 우리의 음으로 표기하였다는 점에서 큰 의의가 있다.

정답 분석

① 갑인자는 1434년 갑인년에 세종이 만든 금속 활자이다. 조판을 할 때 이전처럼 빈틈을 밀랍으로 메우지 않고 대나무로 메워 글자가 선명하고 아름답다.

오답 피하기

② 조선 후기 숙종 때 금위영이 추가되어 17세기 말에는 5군영의 중앙군 체제를 갖추었다.
③ 조선 후기 정조는 직접 훈련 교범인 "무예도보통지"의 편찬 방향을 잡은 후 규장각 검서관 이덕무·박제가와 장용영 장교 백동수 등에게 명령하여 편찬케 하였다.
④ 조선 초기 성종은 "경국대전"을 편찬하여 조선 사회의 기본적인 통치 방향과 이념을 제시하였다.
⑤ 조선 중종 때 조광조는 현량과를 실시하여 많은 사림을 3사 언관직에 등용해 경연과 언론을 활성화하였다.

05 (가) 왕의 재위 시기에 있었던 사실로 옳은 것은?

□□ 신문

제△△호 ○○○○년 ○○월 ○○일

원각사 창건 당시 작성된 계문(契文) 공개

원각사의 낙성을 축하하는 경찬회 때 (가) 이/가 조정 신하와 백성에게 수륙재 참여를 권하는 내용이 담긴 원각사 계문이 공개되었다. 조선의 임금과 왕실이 불교 행사를 직접 후원하였다는 기록이 희소하기에 의미가 있다.

한명회, 권람 등의 조력으로 김종서, 황보인 등을 제거하고 왕위에 오른 (가) 은/는 간경도감을 설치하여 불경을 한글로 번역, 간행하고 원각사를 창건하는 등 불교를 후원하였다.

① 주자소에서 계미자를 주조하였다.
② 국가의 의례를 정비한 국조오례의를 완성하였다.
③ 삼남 지방의 농법을 소개한 농사직설을 편찬하였다.
④ 현직 관리에게만 수조지를 지급하는 직전법을 시행하였다.
⑤ 우리나라와 중국의 의서를 망라한 동의보감을 간행하였다.

조선 세조의 업적

정답 ④ (가) 왕은 조선 초기 세조이다. 1453년 수양대군은 단종의 보좌 세력이자 원로대신 황보인·김종서 등 수십 인을 살해 및 제거하는 계유정난을 일으켜 정권을 잡고 왕으로 즉위하였다. 세조 때에는 원각사에 탑을 세우고 간경도감을 설치해 불경을 간행하는 등 불교가 일시적으로 중흥의 기회를 맞기도 하였다. 하지만 이후 사림 세력의 비판으로 불교의 사회적 위상은 크게 약화되었다.

정답 분석

④ 조선 초기 세조는 과전법을 운용하는 과정에서 관료에게 지급할 토지가 점점 부족해지자 현직 관료에게만 과전을 지급하는 직전법을 시행하였다.

오답 피하기

① 조선 초기 태종은 주자소를 설치하고 구리로 계미자를 주조하였다.
② 조선 초기 성종은 "국조오례의"를 편찬하여 국가의 여러 행사에 필요한 의례를 정비하였다.
③ 조선 초기 세종은 농민의 실제 경험을 반영하여 우리나라 풍토에 맞는 씨앗의 저장법, 토질의 개량법, 모내기법 등을 소개하는 "농사직설"을 간행하였다.
⑤ 조선 후기 광해군의 명을 받아 허준은 우리의 전통 한의학을 정리하여 "동의보감"을 편찬하였는데, 이는 중국과 일본에서도 간행되었다.

06 밑줄 그은 '전하'의 재위 기간에 있었던 사실로 옳은 것은?

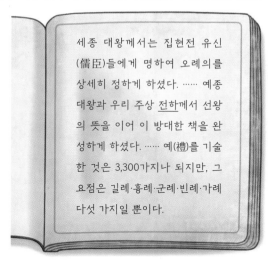

세종 대왕께서는 집현전 유신(儒臣)들에게 명하여 오례의를 상세히 정하게 하셨다. …… 예종 대왕과 우리 주상 전하께서 선왕의 뜻을 이어 이 방대한 책을 완성하게 하셨다. …… 예(禮)를 기술한 것은 3,300가지나 되지만, 그 요점은 길례·흉례·군례·빈례·가례 다섯 가지일 뿐이다.

① 국가의 기본 법전인 경국대전이 완성되었다.
② 성삼문 등이 상왕의 복위를 꾀하다가 처형되었다.
③ 육의전을 제외한 시전 상인의 금난전권이 폐지되었다.
④ 반정 공신의 위훈 삭제를 주장한 조광조가 사사되었다.
⑤ 이조 전랑 임명을 둘러싸고 김효원과 심의겸이 대립하였다.

조선 성종의 업적

정답 ① 밑줄 그은 '전하'는 조선 초기 성종이다. 조선 초기 성종 대에 국가의 여러 행사에 필요한 의례를 정비하여 "국조오례의"를 편찬하였다. "국조오례의"는 제사 의식인 길례, 관례와 혼례 등의 가례, 사신 접대 의례인 빈례, 군사 의식에 해당하는 군례, 상례 의식인 흉례를 정리한 책이다.

정답 분석

① 조선 초기 성종은 "경국대전"을 완성하여 조선의 기본 통치 방향과 유교적 통치 체제를 확립하였다.

오답 피하기

② 조선 초기 세조 대에 일어난 단종 복위 운동은 밀고로 인해 거사를 일으키기도 전에 박팽년, 성삼문, 이개 등을 포함한 수많은 이가 처형당하였다.
③ 조선 후기 정조는 통공 정책을 실시하여 육의전을 제외한 시전 상인의 금난전권을 폐지하였다(신해통공, 1791).
④ 조선 중기 중종 대에 조광조가 중종반정의 공신을 조사하여 부적격한 사람의 공훈을 삭제하자 훈구 세력의 반발을 불러 일으켰고, 조광조를 비롯한 다수의 사림이 중앙 정치에서 제거되었다.
⑤ 조선 중기 선조 대에 이조 전랑 자리를 두고 신진 사림을 대표하는 김효원과 외척 가문 출신의 기성 사림을 대표하는 심의겸이 대립하였다.

조선 초기의 통치 체제 정비(1)

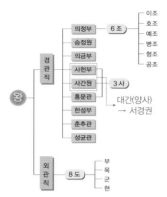

▲ 조선의 중앙 정치 조직

▲ 성균관의 명륜당

❶ 중앙 정치 기구

의정부		• 재상의 합의로 운영 ➡ 국정 총괄 • 3정승(영의정, 좌의정, 우의정)이 모여 주요 정책 결정 • 6조 직계제하에서는 의정부의 기능이 유명무실해짐
6조 (이-호-예-병-형-공)		• 실질적인 주요 행정 업무 담당, 여러 소속 관청을 두고 업무 분담 • 이조(관리 인사), 호조(재정), 예조(교육, 과거, 외교), 병조(군사), 형조(사법), 공조(건설) ➡ 각 조의 수장을 판서라고 부름(이조 판서, 호조 판서 등) ➡ 행정의 전문성과 효율성을 높임
왕권 강화 기구	승정원	• 왕명 출납 담당, 국왕의 비서 기구 • 정원·후원·은대·대언사라고도 불림 • 도승지(수장), 좌승지, 우승지, 좌부승지, 우부승지, 동부승지 등 모두 6인의 승지(은대학사)가 있음
	의금부	국왕 직속 사법 기관 : 반역죄·강상죄 등 중죄인을 처벌
삼사 (언론기관)	사헌원	• 왕의 잘못 지적, 왕을 바른 말로 일깨움 • 간원·미원이라고도 부름 • 수장은 대사간
	사헌부	• 관리 비리 감찰, 풍속 교정 담당 • 수장은 대사헌
	홍문관	• 집현전의 학문 연구 기능을 계승 • 국왕의 자문 역할, 왕명 대필, 경연 주관, 궁중 서적과 문서 관리 담당 • 옥당·옥서·영각이라고도 부름 • 대제학(수장), 부제학 등의 관직이 있음
	삼사 역할	• 왕권의 전제성 견제 및 신권의 독점과 부정 방지 • 고관은 물론 왕이라도 함부로 막을 수 없음 • 벼슬의 등급은 낮음, 학문과 덕망이 높은 사람으로 임명
	양사 (대간)	사간원과 사헌부가 양사, 소속 관원인 대간은 간쟁·봉박·서경권을 가짐 ┌ 간쟁권 : 국왕의 정치를 비판할 수 있는 권한 ├ 봉박권 : 잘못된 왕명을 시행하지 않고 돌려보내는 권한 └ 서경권 : 5품 이하 관리 임명에 대해 심의하는 권한
춘추관		역사서 편찬 및 보관 담당
한성부		수도(한성)의 행정과 치안 담당
성균관		• 국립 대학, 최고 유학 교육 기관, 생원과 진사에게 입학 자격 부여 • 대사성(수장)을 중심으로 좌주, 직강 등의 관직을 두었음
기타		• 사역원 : 외국어(한어·몽어·여진어·왜어 등)를 교육하는 역할, 외국어의 통역(사신 접대, 사행시)과 번역에 관한 업무를 관장 • 관상감(서운관) : 천문학, 지리학·역수(책력)·기상 관측·시계 관리 등의 업무를 담당(오늘날의 기상청 역할) • 장례원 : 공노비·사노비 문서의 관리 관리와 노비 소송을 담당

2 지방 행정 조직

특징	• 전국을 8도로 구분, 그 아래에 지역의 크기에 따라 부 · 목 · 군 · 현 설치 • 고려의 기존 군 · 현의 통합 및 향 · 부곡 · 소 등의 소멸 → 일반 군 · 현으로 승격 • 모든 군 · 현에 지방관(수령) 파견 → 중앙 집권 체제 강화 • 정부의 고관이 출신지의 경재소를 관장하고 유향소 품관을 감독

지방관
파견
	• 조선은 고려와 달리 수령의 권한은 강화, 향리의 지위는 약화됨
	• 관찰사 : 8도에 파견(임기 1년), 대개 종2품 이상의 고위 관리가 임명
	  ┌ 감사, 도백 등으로도 불림
	  ├ 감찰권 · 행정권 · 사법권 · 군사권을 가짐
	  └ 관내 군현의 수령을 감독하고 근무 성적을 평가함
	• 수령 : 부 · 목 · 군 · 현에 파견(임기 5년)
	  ┌ 왕의 대리인으로 현감, 현령, 사또, 목민관으로 불림
	  ├ 파견된 관할 지역의 행정권 · 사법권 · 군사권 행사
	  └ 수령 7사에 따라 근무 성적을 평가받음
	• 향리 : 수령의 행정 실무 보좌, 단안이라는 명부에 등재
	  ┌ 6방(이 · 호 · 예 · 병 · 형 · 공방)으로 구성, 호장, 기관, 장교, 통인 등으로 분류
	  └ 고려 시대에 비해 그 지위가 아전으로 격하, 대대로 직역을 세습

유향소	• 향청, 향사당으로도 불림, 지방 사족(양반)으로 구성된 향촌 자치 기구 • 역할 : 수령 보좌, 향리의 비리 감찰, 백성 교화와 풍속 교정, 지방 여론 수렴 등 • 운영 : 좌수와 별감이라는 향임직을 두어 운영
경재소	• 수도인 한양에 설치, 해당 지방 출신의 고관을 책임자로 임명 • 유향소 감시 · 통제 및 정부와 유향소 간 연락 기능 담당

▲ 조선의 지방 행정 조직

수령 7사(지방 수령의 7가지 임무)

1. 농사와 양잠을 발전시킨다.
2. 가호와 인구를 늘린다.
3. 학교를 크게 일으킨다.
4. 군사 관련 업무를 잘 다스린다.
5. 세금과 부역을 고르게 매긴다.
6. 소송을 간소하고 공정하게 한다.
7. 간사함과 교활함을 없게 한다.

– 『성종실록』 –

수령 7사(守令七事)란 조선 시대 지방 관의 인사 제도와 연관된 수령의 근무 평가 기준이 되는 7가지 임무이다. 조 선은 고려와 달리 모든 군현에 수령이 파견되었는데, 수령은 국왕의 대리인 으로 행정·사법·군사권을 행사하였다.

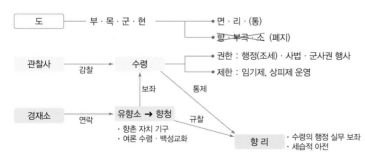

▲ 조선의 지방 행정 조직

3 군사 조직

군역 제도	• 양인개병제(16세 이상 60세 이하인 양인 남자) 및 농병일치 • 정군(실제 복무)과 보인(봉족)으로 구성, 현직 관리 · 학생 · 향리는 면제
중앙군	5위(의흥위, 용양위, 호분위, 충좌위, 충무위) : 궁궐과 수도 경비 담당

지방군	• 육군(병영), 수군(수영)으로 편성 → 병마절도사, 수군절도사가 지휘
	• 방어 체제 : 진관 체제(세조) → 제승방략 체제(명종) → 진관 체제 복구(임진왜란 이후)
	• 잡색군
	  ┌ 정규군 이외의 일종의 예비군으로 유사시에 향토 방위를 담당
	  └ 전직 관료 · 향리 · 노비 · 신량역천인 등으로 구성

조선 초기의 진관 체제

국가에서는 처음에 각 도 군사들을 모 두 진관에 분속시켰다. 이에 변란이 있 으면 각 진관이 소속 군사들을 거느리 고 정돈하여 주장의 호령을 기다렸다. …… 만약 적의 침략으로 진관 하나가 무너지더라도 다음 진관이 군사를 정돈 하여 굳게 지킴으로써 도 전체가 무너 지는 일은 없었다. –『선조수정실록』–

진관 체제는 각지의 군사 요충지를 중 심으로 진관을 편성하고 주변 지역의 군사를 모아 지키도록 한 체제이다.

은쌤의 합격노트

중앙 정치 기구

☑ 시험에 꼭 나오는 키워드

• 조선의 중앙 정치 기구의 역할 정리하기 ➡ 고려의 중앙 정치 기구의 역할과 차이점 정리하기
• 의정부, 승정원, 의금부, 삼사(사간원, 사헌부, 홍문관)는 단독으로 출제됨

☑ 최다 빈출 선지

의정부
① 6조 직계제의 실시로 권한이 약화되었다.

승정원
① 왕의 비서 기관으로 왕명의 출납을 담당하였다.
② 은대라고도 불렸다
③ 도승지, 좌승지, 우승지 좌부승지, 우부승지, 동부승지 모두 6인의 승지가 있었다.

의금부
① 국왕 직속 사법 기구로 반역죄, 강상죄 등을 처결하였다.

한성부
① 수도의 행정과 치안을 담당하였다.

사간원
① 사헌부, 홍문관과 함께 3사로 불렸다.
② 미원이 별칭으로 간쟁과 논박을 담당하였다.

사헌부
① 관리를 감찰하고 풍속을 바로잡는 임무를 맡았다.
② 5품 이하의 관리 임명 과정에서 서경권을 행사하였다.

홍문관
① 사헌부, 사간원과 함께 3사로 불렸다.
② 대제학, 부제학 등의 관직을 두었다.
③ 옥당, 옥서 등의 별칭이 있었다.
④ 집현전의 학문 연구 기능을 계승하였다.
⑤ 왕에게 경서와 사서를 강론하는 경연을 주관하였다.

춘추관
① 실록을 보관하고 관리하는 업무를 맡았다.

대간
① 5품 이하 관리 임명에 서경권을 행사하였다.
② 간관으로 간쟁과 봉박을 담당하였다.

성균관
① 대사성을 중심으로 좨주, 직강 등의 관직을 두었다.
② 생원과 진사에게 입학 자격을 부여하였다.

사역원
① 외국어의 통역과 번역에 관한 업무를 관장하였다.
② 외국으로 가는 사신의 통역을 전담하였다.

관상감(서운관)
① 천문, 지리, 기후 등에 관한 사무를 맡았다.

지방 행정 조직

☑ 시험에 꼭 나오는 키워드

• 조선의 지방 행정 제도의 특징 정리하기 ➡ 고려의 지방 행정 제도의 특징과 차이점 정리하기
• 관찰사, 수령, 유향소는 단독으로도 출제가 됨
• 조선의 군사 조직(진관 체제, 잡색군 등)은 다른 왕조의 오답 선지로 많이 활용됨

☑ 최다 빈출 선지

관찰사
① 감사, 도백, 방백이라고도 불렸다.
② 관내 군현의 수령을 감독하고 근무 성적을 평가하였다.
③ 대개 종2품 이상의 고위 관리가 임명되었다.

수령
① 지방의 행정 · 사법 · 군사권을 행사하였다.

향리
① 호장, 기관, 장교, 통인 등으로 분류되었다.
② 단안이라는 명부에 등재되었다.

유향소
① 좌수와 별감을 선발하여 운영되었다.

정부의 고관
① 출신지의 경재소를 관장하고 유향소 품관을 감독하였다.

군사
① 진관 체제를 실시하여 국방을 강화하였다.
② 양인개병의 원칙에 따라 의무병으로 구성되었다.
③ 유사시에 향토 방위를 맡는 예비군이었다(잡색군).

01 밑줄 그은 '이 기구'에 대한 설명으로 옳은 것은?

이 책은 1870년에 편찬된 은대조례입니다. 서문에서 흥선 대원군은 은대라고 불린 <u>이 기구</u>의 업무 처리 규정을 일목요연하게 정리하였으니 앞으로 승지들의 사무에 나침반이 될 것이라고 밝혔습니다.

① 왕명의 출납을 관장하였다.
② 사간원, 사헌부와 함께 3사로 불렸다.
③ 천문 연구, 기상 관측 등의 일을 맡았다.
④ 실록을 보관하고 관리하는 업무를 담당하였다.
⑤ 국왕 직속 사법 기구로 강상죄, 반역죄 등을 처결하였다.

승정원

정답 ① 밑줄 그은 '이 기구'는 승정원이다. 승정원은 조선 시대 임금의 비서 기관으로 정원(政院)·후원(喉院)·은대(銀臺)·대언사(代言司)라고도 불리었다. 이는 오늘날의 대통령실 또는 대통령 비서실과 비슷한데, 주로 왕명(임금의 명령)을 신하들에게 전달하는 역할을 했다.

정답 분석

① 승정원은 총책임자인 도승지가 이조를 맡고, 좌승지가 호조, 우승지가 예조, 좌부승지는 병조, 우부승지는 형조, 동부승지는 공조를 맡아 6조와 협의하며 왕을 보필하며 왕명을 출납하였다.

오답 피하기

② 조선 3사(사간원, 사헌부, 홍문관)의 언관에는 벼슬 등급은 높지 않으나, 학문과 덕망이 높은 사람이 주로 임명되었다.
③ 조선 시대 기상업무를 담당한 정부 기구로는 관상감 또는 서운관이 있었다. 영의정을 형식상의 대표로 하는 정부 기구로서, 이를 통해 관상감과 서운관을 그만큼 고위 관서로 여겼음을 알 수 있다.
④ 조선은 도덕에 기반한 유교 국가의 면모를 갖추기 위해 역사를 편찬하는 춘추관을 설치하였다.
⑤ 조선의 의금부는 국왕 직속 사법 기구로 강상죄, 반역죄 등을 처결하였다.

02 (가) 기구에 대한 설명으로 옳은 것은?

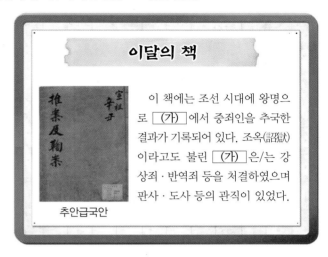

이달의 책

이 책에는 조선 시대에 왕명으로 (가) 에서 중죄인을 추국한 결과가 기록되어 있다. 조옥(認獄)이라고도 불린 (가) 은/는 강상죄·반역죄 등을 처결하였으며 판사·도사 등의 관직이 있었다.

추안급국안

① 국왕 직속의 특별 사법 기구였다.
② 사림의 건의로 중종 때 폐지되었다.
③ 사헌부, 사간원과 함께 삼사로 불리었다.
④ 5품 이하의 관원에 대한 서경권을 행사하였다.
⑤ 서얼 출신의 학자들이 검서관으로 기용되었다.

의금부

정답 ① (가) 기구는 의금부이다. 의금부는 종1품 아문으로, 임금의 명령을 받들어 죄인을 신문·재판하는 특별 사법 관청이었으며, 이에 따라 왕옥, 왕부, 조옥이라는 별칭을 가지고 있었다. 의금부는 조선 시대 관원의 범죄를 단독으로 재판하고 처리하였다. 특히 강상범죄, 반역 사건에 대해서는 중요하게 다루었으며 구체적으로는 왕권의 확립과 유지, 사회 질서를 해치는 일체의 반란 및 음모, 저주, 흉소, 난언 및 요언 등의 사건을 처결했다.

정답 분석

① 의금부는 왕의 특명으로 죄인을 다스렸고, 왕권을 보좌하는 역할을 맡았다.

오답 피하기

② 조선 중기 중종 때 등용된 조광조는 도교 행사를 주관하던 소격서를 폐지하였다.
③ 홍문관, 사헌부, 사간원의 3사는 언론 기구로서 정사를 비판하고 관리의 비리를 감찰하여 권력의 독점과 부정을 방지하였다.
④ 왕에게 진언을 주로 담당하는 사간원, 관리들을 감찰하는 사헌부는 대간이라 하여 5품 이하의 관리 임용에 간여하는 서경권을 행사하였다.
⑤ 조선 후기 정조 때에는 유득공, 이덕무, 박제가 등 서얼 출신이 규장각 검서관으로 등용되어 능력을 발휘할 수 있었다.

03 (가) 기구에 대한 설명으로 옳은 것은?

이 그림은 중종 때 그려진 미원계회도(薇垣契會圖)입니다. '미원'은 [(가)]의 별칭으로 간쟁과 논박을 담당한 관청이었습니다. 소나무 아래에는 계회를 하고 있는 모습이 보이고, 하단에는 참석자들의 관직, 성명, 본관 등이 기록되어 있습니다.

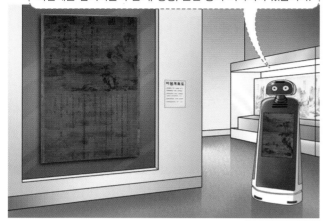

① 왕명의 출납을 관장하였다.
② 수도의 행정과 치안을 담당하였다.
③ 사헌부, 홍문관과 함께 3사로 불렸다.
④ 실록을 보관하고 관리하는 업무를 맡았다.
⑤ 반역죄, 강상죄 등을 범한 중죄인을 다스렸다.

사간원

정답 ③ (가) 기구는 사간원이다. 사간원은 간원(諫院)·미원(薇院)이라고도 불렸다. 사간원은 왕이 잘못을 저질렀을 때 이를 비판하는 일을 하였다. 조선은 왕과 고위 관료를 견제하기 위해 3사의 기능을 강화하였는데, 왕에게 진언을 주로 담당하는 사간원, 관리들을 감찰하는 사헌부는 대간이라 하여 관리 임용에 관여하는 서경권을 행사하였다. 홍문관은 학문적 연구를 토대로 정책 결정을 자문하거나 경연에 참여하였다.

정답 분석

③ 조선 시대 3사는 관리의 비리를 감찰하는 사헌부, 왕에 대한 간언을 맡은 사간원, 왕의 학문적 자문 기관인 홍문관을 말한다.

오답 피하기

① 조선 시대 승정원은 왕권을 뒷받침하는 기구로 왕명 출납을 하였다.
② 조선 시대 한성부는 도성인 한성의 행정을 담당하였다.
④ 조선 시대 춘추관은 역사서의 편찬과 보관을 담당하였다.
⑤ 조선 시대 의금부는 사법 기관으로 반역 등 중대 사건을 다루었다.

---

04 (가) 기구에 대한 설명으로 옳은 것은?

역사 용어 해설

[(가)]

1. 개요

조선 시대에 언론 활동, 풍속 교정, 백관에 대한 규찰과 탄핵 등을 관장하던 기구이다. 대사헌, 집의, 장령, 감찰 등의 직제로 구성되어 있다.

2. 관련 사료

건국 초기에 고려의 제도에 따라 설치하였다. ······『경국대전』에는 "정사를 논평하고, 백관을 규찰하고, 풍속을 바로잡고, 억울함을 풀어주고, 허위를 금지하는 등의 일을 관장한다."라고 하였다.

– 『순암집』 –

① 업무 일지인 내각일력을 작성하였다.
② 고려의 삼사와 같은 기능을 수행하였다.
③ 은대(銀臺), 후원(喉院)이라고도 불리었다.
④ 임진왜란을 거치면서 국정 전반을 총괄하였다.
⑤ 5품 이하의 관리 임명에 대한 서경권을 행사하였다.

사헌부

정답 ⑤ (가) 기구는 사헌부이다. 조선시대 『경국대전』에 법제화된 사헌부의 직무를 살펴보면, 정치의 시비에 대한 언론 활동, 백관에 대한 규찰, 풍속을 바로잡는 일, 원통하고 억울한 일을 펴주는 일, 외람되고 거짓된 행위를 금하는 일 등으로 되어 있다.

정답 분석

⑤ 조선의 사헌부와 사간원은 간쟁·봉박·서경권을 가졌다. 서경권은 5품 이하 관리를 임명할 때, 인물의 경력과 신분 등을 조사하여 그 가부를 승인하는 권한이다.

오답 피하기

① 내각일력은 조선 시대 정조 3년(1779)부터 고종 20년(1883)까지 기록된 규장각의 일기이다.
② 고려의 삼사는 조선의 삼사와는 달리 국가 재정의 출납과 회계 업무를 맡았다.
③ 조선의 승정원은 정원(政院)·후원(喉院)·은대(銀臺)·대언사(代言司)라고도 불리었다.
④ 조선의 비변사는 임진왜란을 계기로 국방뿐 아니라 내정, 인사, 재정, 외교 등 국정 전반을 총괄하게 되었다.

05 (가) 기구에 대한 설명으로 옳은 것은?

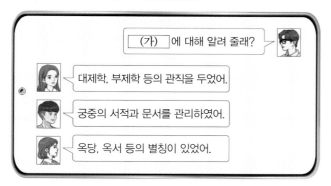

① 수도의 행정과 치안을 맡아보았다.
② 사헌부, 사간원과 함께 3사로 불렸다.
③ 을묘왜변을 계기로 상설 기구화되었다.
④ 왕의 비서 기관으로 왕명의 출납을 담당하였다.
⑤ 국왕 직속 사법 기구로 반역죄, 강상죄 등을 처결하였다.

홍문관

정답 ②　(가) 기구는 조선 시대 홍문관이다. 조선 초기 성종은 집현전을 계승한 홍문관을 설치하고, 사림을 등용하면서 성리학을 장려하였다. 홍문관은 궁중의 경서·사적의 관리, 문한의 처리 및 왕의 자문에 응하는 일을 맡아보던 관청으로 옥당(玉堂)·옥서(玉署)·영각(瀛閣)이라고도 한다. 구성원은 영사·대제학·제학·부제학·직제학 등으로, 3정승을 비롯하여 경연청과 춘추관 등의 관원들이 이를 겸직하였다.

정답 분석

② 사헌부, 사간원, 홍문관의 3사는 언론 기능을 담당하였다. 관리들의 비리를 감찰하고, 정사를 비판하였으며, 국왕의 자문 역할을 맡았다. 3사의 언론 활동은 권력의 독점과 부정을 방지하기 위한 것으로 고관들은 물론 국왕도 막을 수 없었다.

오답 피하기

① 조선의 한성부는 수도의 행정과 치안을 담당하였다.
③ 조선의 비변사는 3포 왜란을 계기로 국방 문제를 논의하기 위한 임시 기구로 설치되었고, 을묘왜변을 계기로 상설 기구화되었다.
④ 조선의 승정원은 왕권을 뒷받침하는 기구로서 왕명 출납을 담당하였다.
⑤ 조선의 의금부는 왕의 특명으로 반역죄, 강상죄 등을 처결하여 왕권을 보좌하는 역할을 맡았다.

06 (가) 기구에 대한 설명으로 옳은 것은?

> ○ 각 지역 출신 가운데 서울에 살며 벼슬하는 자들의 모임을 경재소라고 합니다. 경재소에서는 고향에 사는 유력자 중에서 강직하고 명석한 자들을 선택하여 (가) 에 두고 향리의 범법 행위를 규찰하고 풍속을 유지하였습니다.
>
> ○ (가) 을/를 설치하고 향임을 둔 것은 맡은 바를 중히 여긴 것이다. 수령은 임기가 정해져 있어 늘 바뀌니, 백성의 일에 뜻을 둔다 하여도 먼 곳까지 상세히 살필 겨를이 없다. 그러므로 각 지역에서 충성스럽고 부지런한 사람을 뽑아 그 지역의 기강을 맡도록 하여 수령의 눈과 귀로 삼았다.

① 주세붕이 처음 설립하였다.
② 좌수와 별감을 선발하여 운영하였다.
③ 중앙에서 교수와 훈도를 파견하였다.
④ 대성전을 세워 성현에 제사를 지냈다.
⑤ 흥선 대원군에 의해 대부분 철폐되었다.

유향소

정답 ②　(가) 기구는 유향소이다. 지방에는 관청과는 별도로 지방 양반들로 구성된 유향소가 있었다. 유향소는 지방 양반의 여론을 수렴하고 백성을 교화하였으며, 수령에게 자문을 해 주거나 향리의 비리를 고발하였다.

정답 분석

② 유향소에서는 좌수와 별감을 선출하여 자율적으로 규약을 만들고, 수시로 향회를 소집하여 여론을 수렴하였다.

오답 피하기

① 서원의 시초는 풍기 군수 주세붕이 안향을 추모하기 위해 세운 백운동 서원이다.
③ 조선 정부는 향교의 규모와 지역에 따라 교수나 훈도를 파견하였다.
④ 조선 최고의 교육 기관인 성균관은 공자에게 제사를 지내는 대성전과 학생들을 교육하는 명륜당 등으로 이루어져 있었다.
⑤ 흥선 대원군은 유생들의 강력한 반발을 물리치고 서원을 대폭 정리하여 47개만 남기고 모두 철폐하였다.

28강 조선 초기의 통치 체제 정비(2)

▲ 과거 시험장

① 관리 등용 제도

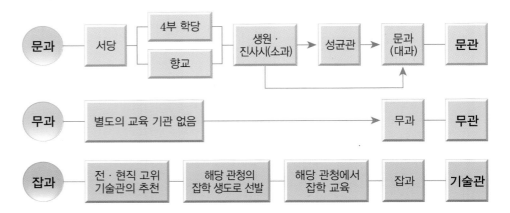

(1) 과거 제도

실시	• 법적으로 양인 이상 응시 가능, 주로 양반이 응시 • 식년시(정기시, 3년마다 시행), 부정기 시험(증광시, 별시, 알성시) • 탐관오리의 아들, 재가한 여자의 아들과 손자, 서얼은 응시 불가
문과	• 문관 선발을 위한 시험, 생진과(소과)와 문과(대과)로 구성 • 생진과(소과) : 생원시 · 진사시 　┌ 합격 시 백패 지급, 합격생을 생원과 진사라 함 　└ 성균관 입학 또는 하급 관리로 진출, 문과 응시 자격 부여 • 문과(대과) 　┌ 초시 · 복시 · 전시의 3단계로 진행 　└ 합격 시 홍패 지급, 최종 33명 선발
무과	• 무관 선발을 위한 시험, 주로 양반과 서얼이 응시 • 초시 · 복시 · 전시의 3단계로 진행(문과와 같은 절차) • 합격 시 홍패 지급, 최종 28명 선발
잡과	• 3년마다 실시, 주로 향리의 자제, 서얼, 중인 계층이 응시 • 기술관 선발 시험 : 역과(통역), 율과(법률), 의과(의학), 음양과(지리) 등 • 초시 · 복시만 시행, 해당 관청에서 주관 합격 시 백패 지급

▲ 북새선은도
함경도 길주에서 시행된 문 · 무과 시험 장면을 왕에게 보고하기 위해 그린 기록화이다.

▲ 백패(좌)와 홍패(우)
생원 · 진사 합격자에게는 백패, 대과 급제자(문과, 무과)에게는 홍패를 주었다.

(2) 관리 등용 제도

음서	• 음서 혜택 폭이 고려보다 좁아짐 ➡ 공신, 고위 관직(2품 이상)의 자제가 대상임 • 과거에 합격하지 않으면 고위 관직 진출이 어려움
취재	간단한 시험을 통해 하급 실무직 선발
천거	• 고관의 추천에 의한 등용, 대부분 기존 관리 대상 • 중종 때 조광조의 건의로 현량과 실시

인사 제도	• 상피제 운영 : 가까운 친인척이 같은 관서에 근무하지 않도록 하거나 출신 지역의 지 방관으로 임명하지 않음 ➡ 권력 집중과 부정 방지 • 서경 제도 실시 : 5품 이하의 관리 임용 시 사헌부와 사간원(양사)에서 동의해야 함 ➡ 인사의 공정성 확보

2 교통 및 통신 제도

조운제	지방(조창)에서 거둔 세금을 강이나 바다를 이용해 수도(경창)로 운반
역참 (역원)제	• 역마를 이용할 수 있는 역과 원을 30리마다 설치하여 공문 전달 및 공물 수송 • 마패 소지자에게 역마를 제공
봉수제	군사적으로 위급한 상황을 낮에는 연기, 밤에는 횃불로 중앙에 전달

3 교육 기관 및 제도

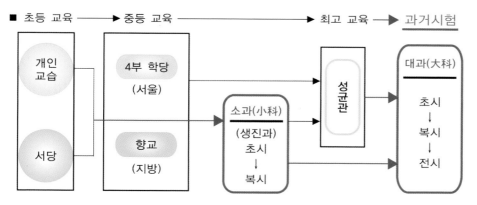

서당	• 사립 초등 교육 기관 • 양반 자제뿐만 아니라 일반 서민 자제까지 문자 교육
4부 학당	• 관립 중등 교육 기관 • 한양에 4부(중학, 동학, 서학, 남학) 설치

향교	• 지방에 설치한 관립 중등 교육 기관
	• 전국의 부·목·군·현에 하나씩 설립
	• 중앙에서 교수나 훈도를 파견하여 교육
	• 공간 구성
	  ┌ 대성전 : 공자를 비롯한 성현의 위패를 봉안하는 제향
	  ├ 명륜당 : 유학을 가르치던 강당
	  └ 동·서재 : 학생들의 기숙사 역할

성균관	• 한양에 설치한 조선 최고 관립 교육 기관 • 원칙적으로 소과에 합격한 생원이나 진사가 입학 • 공간 구성(향교와 동일함) : 대성전(제향 공간), 명륜당(강학 공간), 동·서재(기숙사)

자료 살펴보기

상피제의 적용 범위

상피제는 혈연에 얽매어 공적인 일을 그르칠 우려가 있는 사람들을 관련된 부서에서 같이 근무하지 못하게 하는 제도로 아버지와 아들이 우선적으로 상피의 대상이 되었다. 그리고 삼촌과 외삼촌, 이모부와 고모부가 대상이 되었다. 상피제의 마지막 적용 대상은 사촌이었는데 이 범위를 넘어가면 공적인 관계를 그르칠 만한 친족이 아니라고 생각하였기 때문이다.

▲ 봉수대

▲ 서당

▲ 향교의 대성전

▲ 성균관의 문묘에서 석전제를 올리는 모습

관리 등용 제도

☑ 시험에 꼭 나오는 키워드

• 조선의 특징적인 관리 선발 제도 정리하기
• 조선의 관리 등용 제도 기억하기(상피제, 서경 제도)

☑ 최다 빈출 선지

과거 제도
① 문과 급제자는 홍패를 받았다.
② 제1차 갑오개혁으로 폐지되었다.
③ 잡과를 통해 선발되었다(기술관).
④ 잡과는 해당 관청에서 시행하였다.
⑤ 증광시 등의 부정기 시험이 있었다.
⑥ 하급 실무직을 뽑는 취재가 있었다.

교육 기관 및 제도

☑ 시험에 꼭 나오는 키워드

조선의 교육 기관의 특징 정리하기 ➡ 서당, 4부 학당, 향교, 성균관은 단독으로 출제됨

☑ 최다 빈출 선지

4부 학당
① 수도에 4부 학당을 두었다.

향교
① 전국의 모든 군현에 하나씩 설치되었다.
② 중앙에서 교수나 훈도를 교관으로 파견하였다.
③ 유학 교육을 위해 지방에 설립된 교육 기관이다.
④ 대성전 중심의 제사 공간과 명륜당 중심의 강학 공간으로 이루어졌다.
⑤ 공자와 여러 성현들의 위패를 모셔 놓았다.

성균관
① 소과에 합격한 생원, 진사에게 입학 자격이 부여되었다.
② 대성전과 명륜당을 중심으로 구성되어 있다.
③ 최고의 관립 교육 기관으로 성현의 제사도 지냈다.
④ 공자와 여러 성현들의 위패를 모셔 놓았다.

대표 기출 문제

고급 18회 18번

01 교사의 질문에 대한 학생의 대답으로 옳지 않은 것은?

① 갑 – 광무 개혁으로 폐지되었습니다.
② 을 – 문과 급제자는 홍패를 받았습니다.
③ 병 – 잡과는 해당 관청에서 시행하였습니다.
④ 정 – 증광시 등의 부정기 시험이 있었습니다.
⑤ 무 – 소과 합격자에게 성균관 입학 자격을 주었습니다.

과거 제도

정답 ① 조선 시대 과거는 문관을 뽑는 문과와 무관을 뽑는 무과, 기술관을 뽑는 잡과가 있었다. 과거에 응시할 수 있는 자격은 양인 이상이면 가능하였으나, 실제로 문과 합격자는 대부분 양반의 자제였다. 상민이나 향리의 자제는 주로 무과에 합격하였으며, 잡과에는 기술관이나 향리의 자제가 주로 응시하였다. 과거는 3년마다 시행하는 정기 시험과 나라에 경사가 있거나 특별한 일이 있을 때 수시로 실시하는 특별 시험이 있었다.

정답 분석

① 과거제는 1차 갑오개혁 때 폐지되었다.

오답 피하기

② 문과·무과는 대과의 합격자는 이름과 성적의 등급을 붉은색 종이에 먹으로 써서 나누어 주었기 때문에 이 문서를 보통 홍패(紅牌)라고 부른다.
③ 잡과는 해당 관청에서 별도로 실시되었다.
④ 문과에는 3년마다 정기적으로 시행하는 식년시와 부정기 시험인 증광시, 알성시 등이 있었다.
⑤ 소과 합격자는 성균관에 입학하거나 문과에 응시할 수 있었고, 하급 관리가 될 수도 있었다.

02 (가) 교육 기관에 대한 설명으로 옳은 것은?

이곳은 경기도 수원시에 위치한 조선 시대 지방 교육 기관인 (가) 입니다. 대부분 지방 관아 가까운 곳에 위치하였으며 제향 공간인 대성전, 강학 공간인 명륜당, 기숙사인 동재와 서재 등으로 이루어져 있습니다.

① 전문 강좌인 7재를 운영하였다.
② 풍기 군수 주세붕이 처음 세웠다.
③ 생원과 진사에게 입학 자격을 부여하였다.
④ 중앙에서 교수나 훈도를 파견하기도 하였다.
⑤ 유학을 비롯하여 율학, 서학, 산학을 교육하였다.

향교

정답 ④ (가) 교육 기관은 향교이다. 조선은 관리를 양성하고 유교 지식과 윤리를 보급하기 위해 교육 제도를 정비하였다. 이에 서울에 4부 학당을 설치하고, 지방에는 모든 군현에 향교를 설치하였다. 향교는 성균관과 동일하게 공자에게 제사 지내는 대성전과 학생들을 교육하는 명륜당 등으로 이루어져 있었다.

정답 분석

④ 조선 정부는 향교의 규모와 지역에 따라 교수나 훈도를 파견하였다.

오답 피하기

① 고려는 국자감 교육이 위축되자 국자감 내에 7재와 양현고를 두어 국학의 진흥을 꾀하였다.
② 우리나라 최초의 서원은 16세기 중엽 풍기 군수 주세붕이 세운 백운동 서원이다.
③ 조선의 성균관 입학 자격은 생원과 진사를 원칙으로 하였는데, 성적이 우수한 학생은 문과의 초시를 면제해 주었다.
⑤ 고려는 국자감을 설치하여 국자학, 태학, 사문학의 유학부와 서학, 산학, 율학 등의 기술학부를 두었다.

03 (가) 교육 기관에 대한 설명으로 옳은 것은?

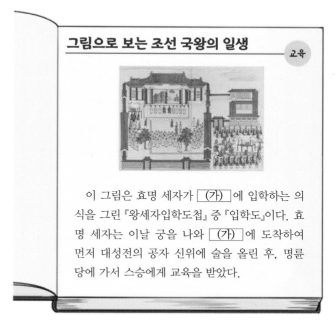

이 그림은 효명 세자가 (가) 에 입학하는 의식을 그린 『왕세자입학도첩』 중 『입학도』이다. 효명 세자는 이날 궁을 나와 (가) 에 도착하여 먼저 대성전의 공자 신위에 술을 올린 후, 명륜당에 가서 스승에게 교육을 받았다.

① 전문 강좌인 7재가 운영되었다.
② 전국의 부·목·군·현에 하나씩 설립되었다.
③ 중앙에서 교관인 교수나 훈도가 파견되었다.
④ 생원시나 진사시의 합격자에게 입학 자격이 부여되었다.
⑤ 한어(漢語), 왜어(倭語), 여진어 등 외국어 교육을 담당하였다.

성균관

정답 ④ (가) 교육 기관은 성균관이다. 조선 시대 왕의 후계자인 세자는 세자 책봉 후 성균관에 입학하여 유교 윤리를 익혔다. 또한, 서연을 담당한 세자시강원에서는 주로 유교 경전과 역사서를 통해 제왕학을 가르쳤다.

정답 분석

④ 성균관의 입학 자격은 생원과 진사를 원칙으로 하였는데, 성적이 우수한 학생은 문과의 초시를 면제해 주었다.

오답 피하기

① 고려는 국자감 교육이 위축되자, 국자감 내에 7재와 양현고를 두어 국학의 진흥을 꾀하였다.
② 조선의 향교는 성현에 대한 제사와 유생 교육, 지방민의 교화를 위해 부·목·군·현에 각각 하나씩 설립하였다.
③ 조선 정부는 향교의 규모와 지역에 따라 교수나 훈도를 파견하였다.
⑤ 조선 시대 잡학은 해당기술 관청에서 직접 교육을 담당하였는데 외국어는 사역원에서 맡았다.

사림의 대두와 붕당 정치의 형성

1 사림의 성장

(1) 조선 건국과 급진 개혁파

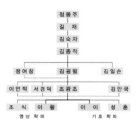
▲ 신진사대부의 분화

	고려 말	조선 초기	성종	연산군 – 명종	선조	조선 중기
신진사대부	혁명파 (정도전, 조준)	관학파 (권근 → 집현전)	훈구파	훈구파	사림파집권	기호 학파 — 서인
			대립 ↕	사화 ↕		
	온건파 (정몽주·길재)	사학파 (김숙자 → 김종직)	정계 진출	사림파	서원, 향약	영남 학파 — 동인

▲ 사림의 계보

정몽주
길재
김숙자
김종직
정여창 김굉필 김일손
이언적 서경덕 조광조 김안국
조식 이황 이이 성혼
영남 학파   기호 학파

급진파(급진 개혁파)	vs	온건파(온건 개혁파)
온건파, 급진파 모두 성리학에 토대를 둔 신진사대부 출신		
정도전, 조준, 권근 등	대표 인물	이색, 정몽주(이방원 등에 의해 선죽교에서 살해), 길재 등
• 고려 왕조 부정, 역성 혁명 주장 • 이성계 세력과 결탁하여 조선 건국	정치 성향	• 고려 왕조의 틀 안에서 개혁 주장 • 조선 건국에 참여하지 않음

(2) 훈구파와 사림파

훈구파(관학파)	vs	사림파(사학파)
15세기 근세 문화 창조	시기	16세기 이후 사상계 주도
정도전, 권근, 신숙주, 정인지 등	인물	김종직, 김일손, 조광조 등
• 급진파 사대부 계승, 세조 집권에 참여 • 중앙 집권과 부국강병 추구 • 성균관, 집현전 통해 등장	성장	• 온건파 사대부 계승, 세조 집권에 반대 • 향촌 자치와 왕도 정치 추구 • 서원과 향약을 통해 성장

(3) 사화와 사림의 정치적 성장

사화 이전의 상황		• 훈구 세력의 권력 장악 : 세조 집권 때 공을 세워 정권 장악 ➡ 고위 관직 독점, 토지 확대 • 사림 세력의 정계 진출 : 성종 때 훈구 세력 견제를 위해 사림 등용(김종직과 문인들) ➡ 전랑과 3사 언관직을 중심으로 훈구 세력의 대토지 소유와 비행 비판 • 사화 발생 : 사림과 훈구 세력 간 갈등 심화 ➡ 4차례 사화 발생
연산군	무오사화 (1498년)	김일손이 사초에 실은 김종직의 『조의제문』을 훈구 세력이 문제 제기 ➡ 이극돈, 유자광 등의 훈구 세력은 사림이 세조의 왕위 찬탈을 비난하였다는 이유로 공격 ➡ 사림 세력 제거 ➡ 김일손 등 사림 세력 몰락, 김종직은 부관참시를 당함
	갑자사화 (1504년)	연산군이 생모 폐비 윤씨가 성종 때 사약을 받고 죽은 사건(폐비 윤씨 사사 사건)을 들춰냄 ➡ 폐비 윤씨 사사 사건에 참여한 훈구 세력 및 사림 세력 제거 ➡ 훈구 · 사림 세력 모두 피해를 입음

중종	중종반정 (1506)		갑자사화 이후 연산군의 폭정으로 신하와 백성들의 반발이 일어남 ➡ 연산군을 축출하고 중종이 왕으로 즉위 ➡ 중종은 개혁 추진 위해 사림파 거두 조광조를 등용
	조광조의 개혁 정치 ➡ 급진적 개혁 ➡ 기묘사화		
	조광조 개혁	현량과 실시	학문과 덕행이 뛰어난 인재를 무시험 추천(천거제의 일종) ➡ 사림파 대거 등용
		유교 윤리 보급	• 향약의 전국적 시행 ➡ 향촌 자치와 성리학적 윤리 강화 • 『소학』, 『주자가례』, 『이륜행실도』 등 보급 • 경연의 활성화, 언론 활동 강화
		소격서 폐지	도교 및 민간 신앙 배척, 불교·도교 행사 금지
		위훈삭제 추진	반정 공신의 위훈 삭제 추진 ➡ 반정 공신 중 자격 없는 인물의 공신호·토지·노비 박탈
	기묘사화 (1519)		조광조의 급진적인 개혁 정치에 대한 훈구 세력의 반발 ➡ 조광조 등 사림 세력 제거
명종	을사사화 (1545)	배경	• 기묘사화 이후 중종이 훈구 세력을 견제하기 위해 다시 사림파를 등용 ➡ 중종 말년에 왕위계승을 둘러싸고, 인종의 외척 윤임(대윤)과 명종의 외척 윤원형(소윤)의 대립 심화 ➡ 중종이 죽고 인종이 즉위하면서 윤임(대윤)이 집권 ➡ 인종이 재위 8개월 만에 죽고, 이어 어린 나이에 명종이 즉위하자 어머니인 문정 왕후가 수렴청정하고 외척 윤원형(소윤)이 집권
		결과	• 명종의 즉위로 권력을 잡은 윤원형(소윤)은 인종의 외척 세력 윤임(대윤)을 제거함(을사사화) • 사림은 대윤과 소윤 두 외척 세력의 다툼에 큰 피해를 입음 • 사회 혼란을 틈 타 임꺽정과 같은 도적들이 출현
	양재역 벽서 사건 (1547)		• 을사사화의 연장으로 정미사화라고도 불림 • 을사사화 때 제거되지 못했던 윤임 일파의 잔여 세력과 사림 세력(이언적 등)이 대거 숙청
	기타		흉년과 기근이 들었을 때 대처하는 방법을 적은 『구황촬요』를 간행

(4) 사림의 정권 장악과 붕당의 형성

정권 장악	• 선조(16세기 후반) 때 사림이 대거 정계에 진출하여 정권 장악 • 사림은 서원과 향약을 바탕으로 성장	
붕당 출현	사림은 유명한 학자를 중심으로 학문과 정치 성향이 같은 사람들끼리 붕당을 이루었음 ➡ 이후 붕당은 중앙 정계의 주도권을 잡기 위해 서로 경쟁	
붕당 형성	명종 때 나타난 외척 정치의 잔재를 청산하는 문제와 인사권을 지닌 이조 전랑의 임명 문제를 둘러싸고 사림 간의 갈등 심화 ➡ 신진 사림을 중심으로 한 동인과 기성 사림을 중심으로 한 서인으로 붕당 형성	
	동인(신진 사림)	서인(기성 사림)
	• 김효원 중심, 척신 정치 청산에 적극적 • 이황, 조식의 학문 계승 ➡ 영남학파	• 심의겸 중심, 척신 정치 청산에 소극적 • 이이, 성혼의 학문 계승 ➡ 기호학파
붕당 발달	• 붕당 간 상호 견제와 비판을 통해 정치 발전 • 여론 중시 ➡ 3사의 언관직과 이조 전랑의 정치적 비중 증가	

사료 살펴보기

조광조의 개혁(현량과)

경연에서 조광조가 중종에게 아뢰기를, "국가에서 사람을 등용할 때 과거 시험에 합격한 사람을 중요하게 여깁니다. 그러나 매우 현명한 사람이 있다면 어찌 꼭 과거 시험에만 국한하여 등용할 수 있겠습니까. 중국 한을 본받아 현량과를 실시하여 덕행이 있는 사람을 천거하여 인재를 찾으십시오." 라고 하였다.. ―『중종실록』―

조광조 등의 사림은 현량과를 설치하여 새로운 인재를 선발하고자 하였다. 현량과는 문장 실력을 보는 과거 시험에서 벗어나 행실 및 과거의 행적을 위주로 관리를 선발하여 도학 정치를 실현하고자 하였다.

▲ 임꺽정이 은거했다고 전해지는 고석정
조선 중기 명종 대에 백정이었던 임꺽정은 신분에 따른 차별 대우와 권세가의 수탈에 항거하였다.

사료 살펴보기

이조 전랑을 둘러싼 사림의 대립

심의겸이 이조 참의로 있을 때 예전의 잘못을 들어 김효원이 전랑이 되는 것에 반대했지만, 뒤에 김효원은 전랑이 되었다. 그 후 어떤 사람이 심의겸의 동생 심충겸을 전랑으로 천거하자, 김효원이 "이조의 관직이 외척의 물건인가? 심씨 집안에서 차지하려 한단 말이냐?" 라고 반대하였다. …… 동인과 서인이라는 말이 여기서 비롯되었으니, 김효원의 집이 동쪽 건천동에 있고 심의겸의 집은 서쪽 정동에 있기 때문이었다. ―『연려실기술』―

이조 전랑은 품계는 그리 높은 편은 아니었지만, 3품 이하 문관의 천거와 3사 청요직의 선발권, 후임 전랑의 추천권 등 여러 특권을 가지고 있었다. 누가 이조 전랑을 차지하느냐에 따라 권력의 향배가 결정되었기 때문에, 이 자리를 놓고 붕당 간의 경쟁이 더욱 심화되었다.

사림의 성장

☑ 시험에 꼭 나오는 키워드

- 무오사화, 갑자사화, 기묘사화, 을사사화의 순서 기억하기
- 각 사화는 단독으로도 출제됨
- 기묘사화는 조광조 인물 문제와 연계되어 출제가 되기도 함
- 붕당이 형성되면서 생긴 사건 이해하기 → 이조 전랑 임명 문제, 동인과 서인의 대립

☑ 최다 빈출 선지

무오사화
① 김종직의 조의제문이 빌미가 되었다.
② 조의제문이 발단이 되어 김일손 등이 처형되었다.

갑자사화
① 폐비 윤씨 사사 사건의 전말이 알려져 김굉필 등이 처형되었다.

중종
① 중종반정으로 연산군이 폐위되었다.

조광조
① 현량과를 실시하여 신진 사림을 등용하고자 하였다.
② 조광조를 비롯한 사림의 건의로 소격서가 혁파되었다.
③ 반정 공신의 위훈 삭제를 주장하였다.

기묘사화
① 위훈 삭제에 대한 훈구 세력의 반발이 원인이었다.
② 남곤 등의 고변으로 조광조 일파가 축출되었다.

을사사화
① 외척 간의 대립으로 윤임이 제거되었다.
② 외척 세력인 대윤과 소윤의 대립으로 일어났다.
③ 외척 사이의 권력 다툼으로 을사사화가 발생하였다.
④ 양재역 벽서 사건으로 이언적 등이 화를 입었다.

명종
① 기근에 대비하기 위해 구황촬요를 간행하였다.
② 임꺽정과 같은 도적들이 출현하였다.

동인과 서인의 분당
① 이조 전랑 임명을 둘러싸고 사림이 동인과 서인으로 나뉘었다.
② 이조 전랑 임명을 둘러싸고 김효원과 심의겸이 대립하였다.

심화 57회 18번

01 (가) 사건에 대한 설명으로 옳은 것은?

> 김종직의 자는 계온이고 호는 점필재이며, 김숙자의 아들로 선산 사람이다. …… 효행이 있고 문장이 고결하여 당시 유학자의 으뜸으로 추앙받았는데, 후학들에게 학문을 장려하여 많은 사람이 학문을 성취하였다. 후학 중에 김굉필과 정여창 같은 이는 도학으로 명성이 있었고, 김일손, 유호인 등은 문장으로 이름을 알렸으며 그밖에도 명성을 얻은 이가 매우 많았다. 연산군 때 유자광, 이극돈 등이 주도한 [(가)]이/가 일어났을 당시 김종직은 이미 세상을 떠났지만, 화가 그의 무덤까지 미치어 부관참시를 당하였다.

① 계유정난의 배경이 되었다.
② 조의제문이 발단이 되어 일어났다.
③ 반정 공신의 위훈 삭제를 주장하였다.
④ 윤임 일파가 제거되는 결과를 가져왔다.
⑤ 동인이 남인과 북인으로 나뉘는 계기가 되었다.

무오사화

정답 ②   (가) 사건은 무오사화이다. 성종에 이어 즉위한 연산군은 훈구 세력과 사림을 누르고 왕권을 강화하고자 하였고, 특히 언론 활동으로 왕권을 견제하는 사림 세력을 탄압하였다. 그 과정에서 훈구 세력들은 김종직의 '조의제문'을 문제 삼아 사림들을 축출하였다(무오사화).

정답 분석

② '조의제문'은 항우가 폐위한 중국 초의 마지막 왕인 의제를 애도하는 글이다. 이는 세조가 단종을 죽인 사실을 항우가 의제를 죽인 것으로 비유하여 세조의 왕위 승계가 유교적 명분에 어긋난다는 사림의 의식을 반영한 것이었다. 이로 인해 이미 죽은 김종직뿐만 아니라 사림 세력이 피해를 겪는 무오사화가 일어났다.

오답 피하기

① 계유정난은 1453년 수양대군이 단종의 보좌 세력이자 원로 대신인 황보인 · 김종서 등 수십 인을 살해 및 제거하고 정권을 잡은 사건이다.
③ 조선 중기 중종 대에 조광조는 중종반정 공신의 책정이 잘못되었다며 이를 시정할 것을 요구하는 위훈 삭제를 주장하다 기묘사화를 겪었다.
④ 윤임은 조선 중기의 문신이자 중종비 장경왕후의 오빠로 1543년부터 그를 대윤, 윤원형을 소윤이라 불렀다. 1545년 명종 대에 소윤은 을사사화를 일으켜 정적인 대윤(윤임) 일파를 숙청하였는데, 이때 윤임은 아들 3형제와 함께 사사되었다.
⑤ 조선 중기 선조 대에 동인은 정여립 모반 사건 등을 계기로 이황 학파의 남인과 서경덕 학파와 조식 학파의 북인으로 분화되었다.

고급 31회 22번

02 (가)에 대한 설명으로 옳은 것은?

> 이곳은 도동 서원으로 김굉필의 위패를 모시고 있습니다. 김굉필은 조의제문이 빌미가 되어 일어난 사건 때 김종직의 제자라는 이유로 유배에 처해졌습니다. 이후 연산군 10년에 일어난 ____(가)____(으)로 인해 많은 사림들이 피해를 입었을 때 그도 참형을 당했습니다.

① 폐비 윤씨 사사 사건이 원인이 되었다.
② 윤임 일파가 제거되는 결과를 가져왔다.
③ 이조 전랑을 둘러싼 동인과 서인의 갈등이 배경이 되었다.
④ 대비의 복상 문제가 붕당의 대립으로 확대되어 일어났다.
⑤ 희빈 장씨 소생의 원자 명호(名號) 문제로 인해 발생하였다.

갑자사화
정답 ① (가)는 갑자사화이다. 1498년(연산군 4) 김일손 등 신진사류가 유자광 중심의 훈구파에게 화를 입은 사건인 무오사화가 일어난 이후 1504년(연산군 10) 연산군의 어머니 윤씨의 복위 문제에 얽혀서 갑자사화가 일어났다.

정답 분석

① 연산군의 생모 윤씨가 폐위된 것을 이유로 이와 관계된 훈구 세력과 사림들이 제거되는 갑자사화를 일으켰다.

오답 피하기

② 을사사화로 윤임 일파가 제거되는 결과를 가져왔다.
③ 사림은 명종 때 나타난 외척 정치의 잔재를 청산하는 문제를 둘러싸고 서로 갈등을 빚었다. 여기에 인사권을 지닌 이조 전랑의 임명 문제로 갈등이 더욱 격화되어, 동인과 서인의 붕당이 등장하였다.
④ 현종 때 효종과 효종비의 국장과 관련해 자의 대비의 상복 문제로 예송이 일어났다.
⑤ 서인은 희빈 장씨 소생의 왕자를 세자로 책봉하는 것에 반대(희빈 장씨 소생의 원자 명호(名號) 문제)하다 기사환국으로 정권에서 밀려났다.

고급 46회 23번

03 다음 사건을 계기로 일어난 사실로 옳은 것은?

> 정국공신을 개정하는 일로 전지하기를, "충신이 힘을 합쳐 나를 후사(後嗣)로 추대하여 선왕의 유업을 잇게 하니, 그 공이 적다 할 수 없으므로 훈적(勳籍)에 기록하여 영구히 남기도록 명하였다. 그러나 초기에 일이 황급하여 바르게 결단하지 못하고 녹공(錄功)을 분수에 넘치게 하여 뚜렷한 공신까지 흐리게 하였으니 …… 이 때문에 여론이 거세게 일어나 갈수록 울분이 더해 가니 …… 내 어찌 공훈 없이 헛되이 기록된 것을 국시(國是)로 결단하지 않을 수 있겠는가? …… 추가로 바로 잡아서 공권(功券)*을 맑게 하라."라고 하였다.
>
> *공권(功券) : 공신에게 지급하던 포상 문서

① 정여립 모반 사건으로 기축옥사가 일어났다.
② 남곤 등의 고변으로 조광조 일파가 축출되었다.
③ 양재역 벽서 사건으로 이언적 등이 화를 입었다.
④ 조의제문이 발단이 되어 김일손 등이 처형되었다.
⑤ 공신 책봉에 불만을 품고 이괄이 반란을 일으켰다.

기묘사화
정답 ② 중종은 유교 정치를 일으키기 위해 사림 세력을 다시 중용하였다. 당시 명망이 높았던 조광조를 비롯한 사림 세력은 왕도 정치를 실현하기 위해 급진적 개혁을 단행하였다. 또한, 중종반정의 공신을 조사하여 부적격한 사람의 공훈을 삭제하였다. 사림의 급진적 개혁은 훈구 세력의 반발을 불러 조광조를 비롯한 다수의 사림이 중앙 정치에서 제거되는 기묘사화가 일어났다.

정답 분석

② 사림의 급진적 개혁은 훈구 세력과 공신들의 반발로 기묘사화가 일어나게 하였고, 조광조를 비롯한 대부분의 사림 세력이 처형되거나 중앙 정계에서 쫓겨났다.

오답 피하기

① 동인과 서인으로 나뉘었던 사림은 정여립 사건을 계기로 동인이 남인과 북인으로 갈라졌다. 정철은 정여립을 역모죄로 몰아가면서 많은 동인 인물들을 모반의 혐의로 박해(기축옥사)를 가하였다.
③ 양재역 벽서 사건은 을사사화의 여파로 1547년(명종 2)에 일어난 사화이며 윤원형 일파가 대윤 세력을 숙청하기 위해 만들어낸 사건이다.
④ 훈구 세력들은 김종직의 '조의제문'을 문제 삼아 사림들을 축출하는 무오사화를 일으켰다.
⑤ 이괄은 인조반정 때의 공신이었으나 적절한 대우를 받지 못한 것에 불만을 품고 반란을 일으켰다(1624).

04 밑줄 그은 '임금'이 재위했던 시기의 사실로 옳은 것은?

자네. 양재역에 벽서가 붙었다는 소문 들었나? 대비께서 권력을 잡고 간신이 설치니 나라가 망한다는 내용이라고 하네.

임금의 상심이 크시겠군. 대비마마와 이기, 윤원형 등이 가만있지 않을 테니. 이로 인해 곧 조정에 큰 변고가 생길까 두렵네.

① 신유박해로 천주교인들이 처형되었다.
② 사림이 동인과 서인으로 나뉘게 되었다.
③ 홍경래 등이 봉기하여 정주성을 점령하였다.
④ 외척 간의 대립으로 을사사화가 발생하였다.
⑤ 자의 대비의 복상 문제로 예송이 전개되었다.

▎을사사화

정답 ④　양재역 벽서 사건은 을사사화의 여파로 1547년(명종 2)에 일어난 윤원형 일파가 대윤 세력을 숙청하기 위해 만들어낸 사건이다. 왕을 비방하는 벽서의 내용을 보고 윤인경, 이기, 정순붕, 허자, 민제인, 김광준, 윤원형이 서로 의논한 뒤에 왕에게 아뢰었다. 그 결과 을사사화 때 제거되지 못했던 윤임 일파의 잔여 세력과 사림 세력이 죽음으로 내몰리게 되었다. 이를 '벽서의 옥' 혹은 정미년에 사림들이 당한 화라 하여 '정미사화'라고 한다.

[정답] 분석

④ 인종이 재위 8개월 만에 죽고, 이어 어린 나이에 명종이 왕위에 오르게 되자 어머니인 문정 왕후가 수렴청정하고 외척 윤원형이 세력을 잡았다. 윤원형 등은 인종의 외척 세력을 제거하였다(을사사화).

[오답] 피하기

① 조선 후기 순조 즉위 직후에 노론 벽파가 집권하면서 이승훈을 비롯한 300여 명의 천주교인이 처형을 당하는 신유박해가 일어났다.
② 동인은 정여립 모반 사건 등을 계기로 이황 학파의 남인과 서경덕 학파와 조식 학파의 북인으로 분화되었다.
③ 조선 후기 홍경래는 그를 따르는 무리와 함께 정주성에서 100일 넘게 버텼다.
⑤ 조선 후기 차남으로 왕위에 오른 효종과 효종의 비(妃)가 죽었을 때, 효종의 계모인 자의 대비 조씨의 상복 입는 기간을 놓고 두 차례의 예송이 일어났다.

05 (가), (나) 사이의 시기에 있었던 사실로 옳은 것은?

> (가) 유자광이 김종직의 조의제문을 구절마다 풀이해서 아뢰기를, "감히 이와 같은 부도한 말을 했으니, 청컨대 법에 의하여 죄를 다스리시옵소서. 이 문집 및 판본을 다 불태워버리고 간행한 사람까지 아울러 죄를 다스리시기를 청하옵니다."라고 하였다.
>
> (나) 박원종 등이 궐문 밖에 진군하여 대비(大妃)에게 아뢰기를, "지금 임금이 도리를 잃어 정치가 혼란하고, 민생은 도탄에 빠지고, 종사는 위태롭습니다. 진성대군은 대소 신민의 촉망을 받은 지 이미 오래이므로, 이제 추대하고자 하오니 감히 대비의 분부를 여쭙니다."라고 하였다.

① 서인이 반정을 일으켜 정권을 장악하였다.
② 위훈 삭제를 주장한 조광조 일파가 제거되었다.
③ 이인좌를 중심으로 한 일부 소론 세력이 난을 일으켰다.
④ 폐비 윤씨 사사 사건을 빌미로 김굉필 등이 처형되었다.
⑤ 희빈 장씨 소생의 원자 책봉 문제로 환국이 발생하였다.

▎사화(무오사화~중종반정)

정답 ④　(가)는 1498년 연산군 때 일어난 무오사화, (나)는 1506년 연산군을 몰아낸 중종반정이다.
(가) 성종에 이어 즉위한 연산군은 훈구 세력과 사림을 누르고 왕권을 강화하고자 하였다. 특히 언론 활동으로 왕권을 견제하는 사림 세력을 탄압하였으며, 그 과정에서 훈구 세력이 김종직의 '조의제문'을 문제 삼아 사림들을 축출하였다(무오사화).
(나) 두 차례의 사화(무오사화, 갑자사화) 이후에도 연산군의 폭정이 계속되자 훈구 세력은 폭정과 사치, 방탕한 생활 등을 이유로 연산군을 몰아내고 중종을 왕으로 세웠다(중종반정).

[정답] 분석

④ 연산군은 생모 윤씨가 폐위된 것을 이유로 이와 관계된 훈구 세력과 김굉필 등의 사림들을 제거하였다(갑자사화, 1504).

[오답] 피하기

① 서인은 인목 대비를 폐위시키는 등 유교 윤리를 어겼다는 이유로 광해군을 몰아내고 인조를 새 왕으로 추대하였다(인조반정, 1623).
② 조광조는 과대평가된 훈구 대신들의 공훈을 삭제하고 그들의 경제 기반을 축소하려다 기묘사화(1519년)가 일어나면서 제거되었다.
③ 조선 후기 영조가 즉위하자 일부 소론 세력이 경종의 사망에 영조가 간여되어 있다는 명분을 내세워 난을 일으켰으나 진압당하였다(이인좌의 난, 1728).
⑤ 조선 후기 숙종 때 서인은 희빈 장씨 소생의 왕자를 세자로 책봉[희빈 장씨 소생의 원자 명호(名號) 문제]하는 것에 반대하다 기사환국(1689년)으로 정권에서 밀려났다.

06 (가)~(라) 사건을 일어난 순서대로 옳게 나열한 것은?

> (가) 갑자년 봄에, 임금은 어머니가 비명에 죽은 것을 분하게 여겨 그 당시 논의에 참여하고 명을 수행한 신하를 모두 대역죄로 추죄(追罪)하여 팔촌까지 연좌시켰다.
>
> (나) 정문형, 한치례 등이 의논하기를, "지금 김종직의 조의제문을 보니, 차마 읽을 수도 볼 수도 없습니다. …… 마땅히 대역의 죄로 논단하고 부관참시해서 그 죄를 분명히 밝혀 신하들과 백성들의 분을 씻는 것이 사리에 맞는 일이옵니다."라고 하였다.
>
> (다) 정유년 이후부터 조정 신하들 사이에는 대윤이니 소윤이니 하는 말들이 있었다. …… 자전(慈殿)*은 밀지를 윤원형에게 내렸다. 이에 이기, 임백령 등이 고변하여 큰 화를 만들어 냈다.
>
> (라) 언문으로 쓴 밀지에 이르기를, "조광조가 현량과를 설치하자고 청한 것도 처음에는 인재를 얻기 위해서라고 생각했더니 …… 경들은 먼저 그를 없앤 뒤에 보고하라."라고 하였다.
>
> *자전(慈殿 : 임금의 어머니

① (가)-(나)-(다)-(라) ② (가)-(나)-(라)-(다)
③ (나)-(가)-(라)-(다) ④ (나)-(다)-(가)-(라)
⑤ (라)-(다)-(나)-(가)

사화의 시간 순서 흐름

정답 ③ 성종에 이어 즉위한 연산군은 훈구 세력과 사림을 누르고 왕권을 강화하고자 하였다. 특히 언론 활동으로 왕권을 견제하는 사림 세력을 탄압하였다. (나) 그 과정에서 훈구 세력들은 김종직의 '조의제문'을 문제 삼아 사림들을 축출하였다(무오사화). (가) 그 후 연산군의 생모 윤씨가 폐위된 것을 이유로 이와 관계된 훈구 세력과 사림들이 제거되었다(갑자사화). 두 차례의 사화 이후 연산군의 폭정이 계속되자 훈구 세력은 연산군을 내쫓고 중종을 왕으로 세웠다(중종반정). 중종은 반정을 주도한 공신들을 견제하기 위해 조광조를 비롯한 사림들을 등용하였다. (라) 조광조는 중종이 왕위에 오를 때 부당하게 공신이 된 일부 훈구 세력의 공훈을 삭제해야 한다고 주장하였는데 이러한 조광조의 급진적인 개혁은 훈구 세력의 반발을 불러일으켰고, 결국 훈구 세력은 사화를 일으켜 조광조를 비롯한 많은 사림을 제거하였다(기묘사화). (다) 이후 명종 때 외척 간의 권력 갈등에 사림들이 가담하면서 그 피해가 사림 세력에게 미친 또 한 차례의 사화가 일어났다(을사사화). 이로 인해 사림은 중앙 정계에서 밀려났지만, 꾸준히 세력을 확대하여 16세기 후반 선조 때에 정권을 장악하였다.

정답 분석

③ (나) – (가) – (라) – (다)

---

07 다음 상황에 대한 설명으로 적절한 것은?

> 김효원이 과거에 장원으로 급제하여 전랑의 물망에 올랐으나, 심의겸은 그가 윤원형의 문객이었다 하여 반대하였다. 그 후에 심충겸이 장원 급제하여 전랑으로 천거되었으나, 외척이라 하여 김효원이 반대하였다. 이때 양쪽 사람들이 다른 주장을 내세우면서 서로 배척하였다.
>
> – 『연려실기술』 –

① 동인, 서인의 분당이 이루어졌다.
② 조광조의 건의로 현량과가 실시되었다.
③ 외척 간의 대립으로 사화가 발생하였다.
④ 왕권 강화를 위하여 탕평책이 실시되었다.
⑤ 세도 가문이 비변사를 통해 권력을 독점하였다.

동인과 서인의 분당

정답 ① 선조가 즉위하면서 사림은 다시 본격적으로 중앙 정계로 진출하여 정국을 주도하였다. 이조 전랑 자리를 두고 신진 사림을 대표하는 김효원과 외척 가문 출신의 기성 사림을 대표하는 심의겸이 대립하였다. 신진 사림은 철저한 척신 정치의 청산을 통해 사림 정치의 실현을 주장하면서 동인을 이루었다. 반면, 사림에 우호적인 척신들을 포용하자고 주장한 기성 사림들은 서인을 형성하였다.

정답 분석

① 사림은 명종 때 나타난 외척 정치의 잔재를 청산하는 문제를 둘러싸고 서로 갈등을 빚었다. 여기에 인사권을 지닌 이조 전랑의 임명 문제로 갈등이 더욱 격화되어, 마침내 동인과 서인의 분당이 이루어졌다.

오답 피하기

② 조광조는 천거제의 일종인 현량과를 통해 자신들의 세력을 확대하였다.
③ 외척 간의 대립으로 을사사화가 발생하였다.
④ 숙종은 공정한 인사 정책으로 정치적 갈등을 해소하려는 탕평책을 제기하였고, 영조와 정조 때 탕평책이 본격적으로 전개되었다.
⑤ 조선 후기 점차 붕당 정치가 변질되면서 세도 가문이 비변사의 고위 관직을 독점하며 권력을 독차지하는 폐단이 나타났다.

30강 성리학의 발달과 조선 초기의 사회

▲ 영주 소수 서원
소수 서원은 왕이 최초로 이름을 지어 내린 사액 서원이자 공인된 사학 기관이었다.

1 서원

시초	• 백운동 서원 　─ 우리나라 최초의 서원으로 중종 때 풍기 군수 주세붕이 건립 　─ 우리나라에 성리학을 처음 도입한 안향을 제사 지냄 　─ 훗날 이황의 건의로 최초의 사액 서원인 소수 서원이 됨 • 사액 서원 : 국왕으로부터 편액과 토지, 노비, 서적 등을 하사 받은 서원
기능	• 설립 주체는 사림 ➡ 사화 이후 사림들의 활동 기반 ➡ 임진왜란 이후 급속히 발전 • 해당 지역에 연고가 있는 선현의 제사를 지냄, 성리학에 대한 연구, 후학 양성 등 담당
영향	• 유교 보급 및 사림 세력을 결집 ➡ 사림 세력의 사회적 위상 강화 • 흥선 대원군에 의해 정리되어 47곳만 남음
기타	대표적인 서원 9곳은 유네스코 세계유산으로 등재(2019)

▲ 향약의 4대 덕목
• 덕업상권 : 좋은 일은 서로 권한다.
• 과실상규 : 잘못한 일은 서로 꾸짖는다.
• 예속상교 : 예의와 풍속은 서로 나눈다.
• 환난상휼 : 재난과 어려움을 겪을 때 서로 돕는다.

2 향약

보급	• 훈구 세력에 대항하여 사림 세력이 보급을 주도 ➡ 조광조의 건의로 시행 ➡ 이황(예안 향약), 이이(서원 향약, 해주 향약)의 노력으로 전국적으로 보급 • 향촌의 자치 규약 : 각각의 지방을 중심으로 실정에 맞는 규약을 만듦
성격	• 운영 : 신분에 관계없이 해당 지역 향민 전원을 대상(강제적) • 전통적 공동 조직과 미풍양속 계승, 삼강오륜 중심의 유교 윤리 가미 • 4대 덕목(덕업상권 · 과실상규 · 환난상휼 · 예속상교)을 바탕으로 규약 제정 • 도약정 · 부약정 등 선출, 상호 부조와 유교 윤리 실천
영향	• 향촌의 자치적 기능 ➡ 사림 세력의 농민 지배력 강화 • 유교 예속을 바탕으로 백성 교화 ➡ 사회 풍속 교화와 향촌 질서 유지 • 폐단 : 사림 세력의 농민 수탈 기구로 전락, 붕당의 기반이 되어 붕당 대립에 영향을 끼침

자료 살펴보기

이기론

일반적으로 '이(理)'란 인간의 심성을 포함한 모든 사물의 생성 변화를 가능하게 하는 원리이고, '기(氣)'는 '이'의 원리가 현실로 구체화되는 데 필요한 현상적 요소이다. 어느 것을 중시하는 나에 따라 주리론과 주기론으로 구분된다.

3 성리학의 발달

• 성리학은 조선 건국 이후 통치의 기본 이념 ➡ 16세기 일상의 생활 윤리로 확대
• 성리학의 선구자(서경덕, 이언적) ➡ 성리학의 융성(이황, 이이 중심)

퇴계 이황(주리론)		율곡 이이(주기론)
• 이기이원론('이' 강조) • 관념적 도덕 세계 중시(인식론)	사상	• 이기일원론('기' 강조) • 경험적 현실 세계 중시(실천론)
• 동방의 주자, 도덕규범 확립 • 예안 향약 보급 • 기대승과 사단 칠정 논쟁	역할	• 수미법(공물을 쌀로 걷자는 조세 개혁안) 등 현실 개혁 주장 • 서원 향약, 해주 향약 보급
• 영남학파 형성, 동인이 주축 • 일본 성리학에 영향	영향	• 기호학파 형성, 서인이 주축 • 사회 개혁론 제시

▲ 이황의 성학십도

168　은동진 쌤의 한국사능력검정시험 QR 한권으로 끝내기

	저서	
『성학십도』, 『주자서절요』		『성학집요』, 『동호문답』, 『격몽요결』

- 이황의 『성학십도』: 군주가 스스로가 성학에 따를 것을 제시
- 이이의 『성학집요』: 현명한 신하가 군주에게 성학을 가르쳐 기질을 변화시킬 것을 주장 ➡ 신하의 적극적 역할 중시

사료 살펴보기

이와 기를 바라보는 이황과 이이의 생각

천하의 사물은 반드시 각각 그렇게 되는 까닭이 있고 바로 그렇게 되어야 하는 법칙이 있는데, 그것을 이(理)라고 한다. …… 무릇 모든 사물은 능히 그렇게 되고 반드시 그렇게 되는 것이니, 이는 사물에 앞서 존재한다. — 『영조실록』 —

이가 아니면 기(氣)가 근거할 곳이 없고, 기가 아니면 이가 의거할 곳이 없다. 이미 두 개의 물건이 아닌즉, 또한 하나의 물건도 아니다. …… 이와 기는 서로 떨어지지 않을 수 없으나 묘하게 결합된 가운데 존재한다. 이는 이이고 기는 기이지만 혼돈 상태여서 틈이 없고 선후가 없으며 떨어졌다 붙었다 하는 일이 없으니, 두 개의 물건이라고 볼 수 없다. — 『율곡집』 이이 —

이황과 이이는 인간의 심성 문제를 깊이 있게 탐구하여 조선 성리학을 한 단계 높은 수준으로 끌어올렸다. 이황은 이(理)가 만물의 근본이며, 사물에 앞서 존재한다고 보았다. 반면 이이는 이와 기의 상호 관련성을 강조하였다

④ 조선의 신분 제도

양천 제도 : 법제화	반상 제도 : 실제적 운영
• 양인과 천민으로 법제적으로 구분 • 양인 : 과거에 응시할 수 있는 자유민, 국가에 조세 · 부역을 바칠 의무가 있음 • 천민 : 비자유민, 개인이나 국가에 소속되어 천역 담당	• 양천 제도는 법적인 구분일 뿐 실제 사회에서는 반상 제도로 운영 • 문무 관직자를 의미하던 양반이 점차 독자적 신분 계층으로 발전 ➡ 점차 양반, 중인, 상민, 천민의 신분 제도로 정착, 양인 내에서 양반과 상민 간의 차별이 뚜렷해짐

구분	특징
양반	• 좁은 의미는 문반과 무반을 지칭, 넓은 의미는 그 가족이나 가문까지 포함 • 지위 : 고위 관직 독점, 국역 면제, 경제적으로 풍요로운 삶, 지방에서 유향소를 통해 향촌 자치를 주도 • 기득권 유지 노력 : 하급 지배층과 중인의 격하, 서얼의 관직 진출 제한

중인	• 좁은 의미는 기술관만 지칭, 넓은 의미는 양반과 상민의 중간 신분 계층을 말함
	• 구성 : 기술관, 서리(중앙 관청의 말단 실무직), 향리, 서얼 등
	  ┌ 기술관 : 잡과로 선발된 의관(의학) · 역관(통역) · 산관(회계) · 율관(법률) 등 ➡ 직역 세습, 신분 내에서 혼인, 관청 근처에 거주
	  └ 서얼 : 양반의 첩에게서 태어난 자손으로 서자와 얼자를 합친 말 ➡ 문과 응시 불가, 무과 또는 잡과를 통해 관직 진출

상민	• 의미 : 대부분의 백성으로 평민 · 양민이라고도 불림
	• 구성
	  ┌ 농민 : 조세, 공납, 역을 부담
	  ├ 수공업자 : 공장 안에 등록되어 수공품을 생산하거나 민영 수공업에 종사
	  ├ 상인 : 시전 상인, 보부상 국가 통제하에 활동
	  └ 신량역천 : 신분은 양인이나 천민의 역을 담당(봉군, 역졸, 나장, 수군 등)

▲ 자운 서원(파주)
율곡 이이의 학문과 덕행을 추모하기 위해 세운 서원이다.

▲ 조식이 차고 다녔던 칼
- 조선 중기 성리학자로 호는 남명임
- 경의(敬義)를 배움의 바탕이라 하면서 '경(敬)'과 '의(義)'를 새긴 칼을 차고 다님
- 성리학을 중시하면서도 천문 · 지리 · 의학 · 병학 등의 여러 분야에 능통함
- 학문의 실천성을 강조하여 정인홍, 곽재우 등의 제자를 배출함

▲ 조선의 신분 제도

사료 살펴보기

중인의 지위

통역관, 의관을 권장하고 장려하고자 능통하고 재주가 있는 자는 동서 양반에 발탁하여 쓰라고 특별히 명령하셨다니 듣고 놀랐습니다. …… 의관, 역관 무리는 모두 미천한 계급 출신으로서 사족이 아닙니다. — 『성종실록』 —

조선의 양반 사대부들은 자신들의 기득권을 지키기 위하여 지배층이 늘어나는 것을 막았다. 이 과정에서 고려 시대와 달리 중인에 대한 신분적 제약이 생겨났다. 양반의 첩에게서 태어난 서얼도 고려에는 없던 개념이었다.

▲ 줄광대(김준근)

백정, 광대, 무당, 기생, 뱃사공, 어부, 묘지기 등은 노비의 신분은 아니었으나 노비와 같은 사회적 차별을 받았다.

▲ 노비 매매 문서

조선 시대 노비 두 명을 45냥에 매매하면서 작성한 문서이다.

구분	특징

천민	• 구성 : 노비, 백정, 광대, 무당, 창기 등
	• 노비 : 장례원에서 관리
	  ┌ 재산으로 취급 : 매매 · 증여 · 상속 가능
	  ├ 일천즉천 원칙 : 부모 중 한쪽이 노비이면 자식도 노비
	  ├ 공노비(입역 노비, 외거 노비)와 사노비(솔거 노비, 외거 노비)로 구분
	  └ 외거 노비는 주인과 따로 거주하며 재산과 토지 소유 가능, 매년 신공을 바침

5 조선 초기의 가족 제도

| 여성의 지위 | • 조선 초기는 여성의 지위가 고려 시대와 비슷함
  ┌ 남녀 구별 없이 자녀에게 재산을 균분 상속
  ├ 아들, 딸 구별 없이 태어난 순서대로 호적에 기재
  ├ 자녀들이 돌아가면서 제사 담당
  └ 아들이 없을 경우 양자를 들이지 않고 딸이 제사 진행 |

6 조선의 사회 제도

목적	농민의 유망 방지 ➡ 신분 질서 유지, 농민 생활 안정
의창	평상시에 곡식을 저장해 두었다가 흉년에 들었을 때 저장한 곡식을 풀어 빈민을 구제
상평창	곡식의 가격이 낮을 때 사들이고, 높을 때 내다 팔아 곡식의 가격을 조절함
사창제	세종 때 향촌 사회에서 양반 지주들이 자치적으로 실시 ➡ 양반 중심의 향촌 사회 질서 유지
의료 시설	• 혜민국, 동서 대비원 : 서울에 사는 가난한 환자에게 약재 판매 및 치료 • 제생원 : 지방 사람들의 구호와 치료 • 동 · 서 활인서 : 유랑자를 수용하고 옷과 음식을 제공

7 조선의 법률 제도

기본법	경국대전과 대명률로 형벌과 민사에 관한 사항 규율
형법	대명률 적용, 반역죄 · 강상죄를 무겁게 취급, 연좌제 시행, 태 · 장 · 도 · 유 · 사의 5형
사법 기관	중앙(사헌부, 의금부, 형조, 한성부, 장례원), 지방(관찰사와 수령이 사법권 행사)
기타	상소 가능, 신문고나 징을 쳐서 임금에 호소 ➡ 일반적으로 시행 안 함

은쌤의 합격노트

서원과 향약 및 성리학의 발달

☑ 시험에 꼭 나오는 키워드

- 서원과 향약은 각각 단독으로 출제가 됨 ➡ 서원의 출제율이 높음
- 이황과 이이는 단독으로 출제가 됨 ➡ 두 인물의 활동 비교하여 정리하기

☑ 최다 빈출 선지

서원

① 중종 때 풍기 군수 주세붕이 처음 백운동 서원을 건립하였다.
② 지방의 사림 세력이 주로 설립하였다.
③ 선현의 제사와 유학 교육을 담당하였다.
④ 국왕으로부터 편액과 함께 서적 등을 받기도 하였다(사액 서원).
⑤ 흥선 대원군에 의해 47개소를 제외하고 철폐되었다.
⑥ 대표적인 9곳이 2019년 유네스코 세계유산으로 등재되었다.

향약

① 풍속 교화와 향촌 자치의 역할을 하였다.
② 예안 향약을 시행하여 향촌 교화를 위해 노력하였다(이황).

이황

① 성학십도에서 군주의 도를 도식으로 설명하였다.
② 백운동 서원의 사액을 조정에 건의하였다.
③ 예안 향약을 시행하여 향촌 교화를 위해 노력하였다.
④ 단양 군수, 풍기 군수, 성균관 대사성 등을 역임하였다.
⑤ 기대승과 사단 칠정 논쟁을 전개하였다.

이이

① 다양한 개혁 방안을 담은 동호문답을 저술하였다.
② 군주가 수양해야 할 덕목과 지식을 담은 성학집요를 집필하였다.
③ 방납의 폐단을 줄이고자 수미법을 주장하였다.
④ 해주 향약 등을 시행하였다.
⑤ 파주 자운 서원에 위패가 모셔져 있다.

조식

① 학문의 실천성을 강조하여 정인홍, 곽재우 등의 제자를 배출하였다.

조선의 신분·가족·사회·법률 제도

☑ 시험에 꼭 나오는 키워드

- 각 신분 계층의 특징 파악하기 ➡ 각 신분 계층을 물어보는 문제가 출제가 됨 ➡ 고려 시대 신분 제도가 오답으로 활용됨 (향 · 부곡 · 소민 등)
- 조선의 사회 제도보다는 고려의 사회 제도가 출제율이 높음

☑ 최다 빈출 선지

중인

① 역관, 의관, 천문관, 율관 등이 포함되었다.
② 조선 후기 시사(詩社)를 조직해 위항 문학 활동을 하였다.
③ 관직 진출 제한을 없애달라는 소청 운동을 전개하였다(서얼).

상민

① 공장안에 등록되어 수공업 제품 생산을 담당하였다.
② 양인이지만 천역을 담당하는 신량역천으로 분류되었다(봉군, 역졸, 나장, 수군 등).

노비

① 매매, 상속, 증여의 대상이 되었다.
② 장례원(掌隷院)을 통해 국가의 관리를 받았다.
③ 소속 관청에 신공(身貢)을 바쳤다.
④ 원칙적으로 과거에 응시할 수 없었다.

01 (가) 교육 기관에 대한 설명으로 옳은 것은?

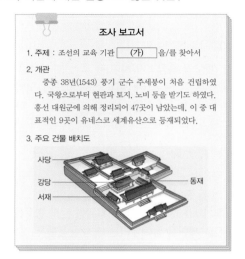

조사 보고서

1. 주제 : 조선의 교육 기관 (가) 을/를 찾아서
2. 개관
   중종 38년(1543) 풍기 군수 주세붕이 처음 건립하였다. 국왕으로부터 현판과 토지, 노비 등을 받기도 하였다. 흥선 대원군에 의해 정리되어 47곳이 남았는데, 이 중 대표적인 9곳이 유네스코 세계유산으로 등재되었다.
3. 주요 건물 배치도

사당 / 강당 / 서재 / 동재

① 전국의 모든 군현에 하나씩 설치되었다.
② 선현의 제사와 유학 교육을 담당하였다.
③ 전문 강좌인 7재가 설치되어 운영되었다.
④ 중앙에서 교수나 훈도를 교관으로 파견하였다.
⑤ 소과에 합격한 생원, 진사에게 입학 자격이 부여되었다.

서원

정답 ② (가) 교육 기관은 서원이다. 서원은 훌륭한 유학자를 제사 지내고 성리학을 연구하는 사립 교육 기관이다. 조선 중기 중종 때 풍기 군수 주세붕이 성리학을 도입한 안향을 기리기 위해 세운 백운동 서원이 시초이며, 이후 사림이 중앙 정계에 진출하면서 서원이 크게 늘었다. 조선 정부는 사액 서원을 지정하여 토지와 노비, 서적 등을 지급하고 학문 연구를 장려하였다. 흥선 대원군은 서원을 전국에 47개만 남기고 600여 개소를 혁파하였다.

정답 분석

② 조선 시대 서원은 각기 다른 선현을 모시고 있어서 학파와 붕당을 결속시키는 구심점이 되었다.

오답 피하기

① 조선 시대 향교는 성현에 대한 제사와 유생 교육, 지방민의 교화를 위해 부·목·군·현에 각각 하나씩 설립하였다.
③ 고려 정부는 국자감 교육이 위축되자, 국자감 내에 7재와 양현고를 두어 국학의 진흥을 꾀하였다.
④ 조선 정부는 향교의 규모와 지역에 따라 교수나 훈도를 파견하였다.
⑤ 조선 시대 성균관 입학 자격은 생원과 진사를 원칙으로 하는데, 성적이 우수한 학생은 문과의 초시를 면제해 주었다.

02 (가) 인물에 대한 설명으로 옳은 것은?

(가) 특별전

〈연보〉
· 1501년 경상도 예안현 출생
· 1534년 문과 급제
· 1552년 성균관 대사성에 임명
· 1561년 도산서당 설립 및 제자 양성
· 1570년 별세

① 기대승과 사단칠정 논쟁을 전개하였다.
② 일본에 다녀와서 해동제국기를 편찬하였다.
③ 양명학을 연구하여 강화학파를 형성하였다.
④ 기축봉사를 올려 명에 대한 의리를 내세웠다.
⑤ 무오사화의 발단이 된 조의제문을 작성하였다.

조선 성리학자 이황

정답 ① (가) 인물은 퇴계 이황이다. 그는 "성학십도"를 지어 왕에게 바치며, 수양을 위해 부단히 노력해야 한다는 점을 강조하였다. 그의 학문은 김성일, 유성룡으로 이어져 영남학파를 형성하였다. 짧은 기간이지만 오늘날의 서울대 총장 격인 성균관 대사성을 역임하였고, 살아생전 도산서당에서 많은 제자를 양성하였다.

정답 분석

① 이황과 기대승은 인간에게 순수한 도덕적 품성(四端)과 인간적 감정(七情)이 어떤 관계에 있으며 어떻게 작용하는가에 관한 고도의 철학적 논쟁인 사단칠정 논쟁을 벌였다.

오답 피하기

② 세종 대에 서장관의 신분으로 일곱 달 동안 일본에 머물렀던 신숙주는 성종의 명령에 따라 견문록인 "해동제국기"를 완성하였다.
③ 양명학은 18세기 초 정제두가 본격적으로 연구하면서 강화학파를 형성하였다.
④ 서인(노론)의 영수인 송시열은 효종 즉위 직후 기축봉사(1649)를 올려 멸망한 명에 대한 의리를 내세우며 북벌 운동을 주도하였다.
⑤ 김종직의 제자였던 사관 김일손이 사초에 조의제문을 실은 것이 문제가 되어 사림 대부분이 사형당하거나 파직되는 무오사화가 일어났다.

03 밑줄 그은 '이 인물'에 대한 설명으로 옳은 것은?

해주향약을 시행하여 향촌 교화에 힘썼던 이 인물에 대해 말해 보자.

동호문답에서 수취 제도 개편 등 다양한 개혁 방안을 제시하였어.

격몽요결을 저술하여 체계적인 성리학 교육에 힘썼어.

① 명에 대한 의리를 내세운 기축봉사를 올렸다.
② 청으로부터 시헌력을 도입하자고 건의하였다.
③ 양반의 허례와 무능을 풍자한 양반전을 저술하였다.
④ 예학을 조선의 현실에 맞게 정리한 가례집람을 지었다.
⑤ 군주가 수양해야 할 덕목과 지식을 담은 성학집요를 집필하였다.

조선 성리학자 이이

정답 ⑤　밑줄 그은 '이 인물'은 조선 중기 율곡 이이이다. 이이는 서원 향약·해주 향약 등을 만들어 이를 발전시켰다. 향약은 유교주의의 도덕률을 강조한 규약이며, 권선징악과 상호 부조를 목적으로 하였다. 이이는 이보다는 기(氣)의 역할을 강조하였으며 그에 따라 현실적이고 개혁적인 성향을 보였다. 이에 통치 체제의 정비와 수취 제도의 개혁 등 현실적인 방안을 제시한 "동호문답"을 편찬하였다. 이이는 학문을 통해 사림의 이념을 확산시키기 위해 아동용 삼강오륜 실천서인 "격몽요결"을 편찬하였다.

정답 분석

⑤ 이이는 "성학집요"를 저술하여 현명한 신하가 왕의 수양을 도와주어야 한다고 주장하였다.

오답 피하기

① 조선 후기 효종 즉위 직후 1649년 서인(노론)의 영수인 송시열은 기축봉사를 올려 멸망한 명에 대한 의리를 내세우며 북벌 운동을 주도하였다.
② 조선 후기 효종 때에는 김육 등의 노력으로 청에서 사용하던 시헌력이 도입되었다. 시헌력은 을미개혁으로 태양력이 채택될 때까지 기본 역법으로 사용되었다.
③ 조선 후기 북학파의 구심점인 박지원은 "호질", "양반전" 등을 저술하여 양반의 위선과 무능을 비판하였다.
④ 조선 중기 선조 대에 김장생은 주자의 "가례"를 기본으로 여러 학자의 예설을 취사선택하여 증보·해석한 "가례집람"을 저술하였다. 이를 통해 예학을 조선의 현실에 맞게 정리하였다.

04 (가) 신분에 대한 설명으로 옳은 것은?

변승업은 사역원 소속의 일본어 역관으로 큰 부자가 된 인물이야.

허생전에 나오는 변 부자는 조선 시대 역관 변승업의 할아버지를 모델로 하고 있다고 해.

변승업과 같은 역관들이 속한 신분을 (가) (이)라고 하는데, 여기에는 의관, 천문관, 율관 등도 포함되었어.

① 소속 관청에 신공(身貢)을 바쳤다.
② 매매, 상속, 증여의 대상이 되었다.
③ 원칙적으로 과거에 응시할 수 없었다.
④ 장례원(掌隷院)을 통해 국가의 관리를 받았다.
⑤ 조선 후기 시사(詩社)를 조직해 위한 문학 활동을 하였다.

중인, 서얼

정답 ⑤　(가) 신분은 중인이다. 중인은 넓은 의미로는 양반과 상민의 중간 신분을 뜻하지만, 좁은 의미로는 잡과를 통해 선발된 역관, 의관 등 기술관을 말한다. 이들은 지배층이 사족 중심의 상급 지배층과 기술관, 서리, 향리 등의 하급 지배층으로 양분되면서 점차 하나의 신분을 이루었다. 조선 시대 역관의 업무는 통역이었지만, 사행 시 필요한 경비를 마련하기 위해 무역을 하기도 하였다. 변승업은 일본어 역관으로, 임진왜란 이후 교류가 끊긴 중국과 일본을 연결하는 중개 무역을 통해 막대한 재산을 축적하였다.

정답 분석

⑤ 시사(詩社)는 원래 양반들이 시를 즐기는 모임이었지만, 조선 후기에 이르러 중인들도 시사를 조직하여 활동하였다.

오답 피하기

① 국가 관청에 속한 공노비는 일정 기간 관청에서 일하거나, 매년 정해진 액수의 신공을 바쳤다.
② 노비는 재산으로 취급되어 매매, 상속, 증여의 대상이 되었다. 또 그 신분이 자손에게 세습되었다.
③ 조선 시대에 과거를 응시할 수 있는 자격은 천인을 제외하고는 특별한 제한이 없었다. 그러나 반역 죄인이나 탐관오리의 아들, 재가한 여자의 아들과 손자, 서얼은 문과에 응시할 수 없었다.
④ 조선 시대 장례원은 노비 문서의 관리와 노비 소송을 맡아보던 곳이다.

조선 초기의 경제

1 조선 초기의 경제

(1) 농업 : 농본주의 경제 정책

농경지 확대	개간 장려, 양전 사업 실시, 농업 기술 개발, 농기구 개량
생산력 확대	• 새로운 농업 기술, 농기구 개발 • 밭농사 : 조 · 보리 · 콩의 2년 3작 확대 • 벼농사 : 남부 일부 지역에 모내기법(이앙법)의 확대에 따라 벼 · 보리의 이모작 가능 • 시비법 발달로 휴경지 소멸, 목화 재배 확대로 의생활 개선
농서	농민의 경험이 반영된 『농사직설』(세종), 기근 대비를 위한 『구황촬요』(명종) 편찬

(2) 상업과 수공업

상공업 통제	자유로운 상업 활동 규제, 사농공상의 직업적 차별 강조 ➡ 16세기 이후 국가 통제력이 약화되면서 상공업과 무역 활동 활발
상업	• 시전 : 국가에서 종로를 중심으로 설치한 상설 시장 • 시전 상인 : 육의전 상인이 대표적 　┌ 왕실이나 관청에 물품을 공급하는 대신 특정 상품의 독점 판매권을 부여 받음 　└ 금난전권(허가 받지 않은 상행위인 난전을 단속할 권리)을 부여 받음 • 경시서 : 시전의 불법적 상행위 통제 및 관리 감독 ➡ 세조 때 평시서로 개칭 • 장시 : 15세기 후반부터 등장 ➡ 일부가 정기시(5일장)로 발전 • 화폐 : 저화(태종), 조선통보(세종) 등을 발행 ➡ 유통 부진 • 대외 무역 : 공무역을 중심으로 전개
수공업	관영 수공업 위주 : 공장안에 등록된 기술자(관장)가 관청에 소속되어 필요 물품 생산, 부역 기간 동안은 책임량을 초과한 생산품 판매(세금 납부) ➡ 16세기 이후 부역제의 해이와 상업의 발전으로 쇠퇴하고 민영 수공업이 발전

(3) 수취 체제의 정비

조세	• 과전법에 따라 수확량의 1/10징수(30두) ➡ 세종 때 전분6등법 · 연분9등법(토지 비옥도와 풍흉에 따라 1결당 4두~20두 징수) • 세종의 공법 제도 실시(1444) : 토지의 비옥도와 풍흉에 따라 세금 차등 부과 　┌ 전분 6등법 : 토지의 비옥도를 6등급(1등전~6등전)으로 나눔 　└ 연분 9등법 : 풍흉에 따라 9등급(상상년 20두~하하년 4두)으로 나눔
공납	각 호를 기준으로 집집마다 토산물 부과(상공 · 별공 · 진상 등) ➡ 빈부 차이 무시, 대납 · 방납 폐단 발생 ➡ 조세보다 큰 부담, 농민 몰락 증가
역	16세 이상~60세 미만 양인(정남) 남자에게 부과 ➡ 군역(직접 군사 복무 또는 해당 비용 부담), 요역(토지 8결 기준 장정 1명, 각종 토목 공사에 동원) ➡ 역의 변질(16세기 이후), 군역 기피 현상 심화 ➡ 대립제(다른 사람을 사서 대신 군역을 시킴), 방군수포제(군 복무 대신에 군포를 받음)가 늘어남 ➡ 군역의 문란

② 토지 제도의 변천

(1) 과전법(고려, 공양왕, 1391)

배경	고려 말 이성계의 위화도 회군 이후 조준 등의 건의로 시행
시행 목적	권문세족의 경제적 기반 약화 → 신진 사대부의 경제적 기반 마련, 국가 재정 확보
특징	• 경기 지방의 토지에 한해서 지급, 농민의 경작권 인정 • 현·퇴직 관리에게 지급 → 사망 및 반역 시 반납이 원칙 • 수신전·휼양전·공신전 등의 명목으로 토지 지급 → 세습 가능
토지 종류	• 수신전 : 과전을 지급받은 관리가 죽은 뒤에도 재혼하지 않은 부인에게 물려준 토지 • 휼양전 : 과전을 받은 부부가 다 죽고 그 자식이 어릴 경우 생계를 유지할 수 있도록 지급한 토지 • 공신전 : 국가에 공훈이 있는 사람에게 지급한 토지

	전시과	과전법
현직	현직	현직·전직
전국	전국	경기도 한정
토지 세습 불가	토지 세습 불가	수신전·휼양전 세습

사료 살펴보기

과전법

경기는 사방의 근본이니 마땅히 과전을 설치하여 사대부를 우대한다. 무릇 서울에 거주하면서 왕실을 시위하는 자는 전·현직을 막론하고 과전을 받는다. …… 토지를 받은 자가 죽은 후, 그의 아내가 자식이 있고 수절하는 자는 남편의 과전을 모두 전해 받고, 자식이 없이 수절하는 자는 반을 감하여 전해 받는다. 부모가 모두 죽고 그 자손이 유약한 자는 마땅히 가엾게 여겨 부양해 주어야 할 것이므로 그 아버지의 과전 전부를 전해 받게 하고, 20세가 되면 본인의 과에 따라 받게 한다. -『고려사』-

고려 말에 과전법이 시행되면서 백성들은 생활이 안정되고, 관리들은 경제 기반이 보장되어 국가의 재정이 유지되었다. 원칙적으로 과전은 경기 지방의 토지로 한정하여 받은 사람이 죽거나 반역을 하면 국가에 반환하도록 하였다. 그러나 수신전과 휼양전으로 자손에게 세습되었다.

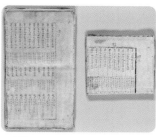

▲ 양안
조세 부과를 목적으로 토지(논밭)를 측량하여 만든 토지 대장이다. 20년마다 작성하는 것이 원칙이었다.

(2) 직전법(세조, 1466)

배경	수신전·휼양전 등 세습 토지의 증가로 신진 관료에게 지급할 토지 부족 → 경기 지방의 과전 부족
시행 목적	토지 부족 문제 해결, 세조의 집권을 돕는 세력의 경제적 기반 강화, 국가 재정 안정
특징	현직 관리에게만 수조권을 지급하고, 기존에 지급된 수신전·휼양전 폐지

(3) 관수 관급제(성종, 1470)

배경	관리의 수조권 과도한 남용 → 과도한 수취로 인해 농민 불만 증대
시행 목적	국가의 토지 지배권 강화
특징	• 국가가 직접 수취하여 현직 관리에게 지급(국가가 직접 수조권 행사) • 수조권을 통한 관리의 농민 지배 불가

(4) 직전법 폐지(명종, 1556)

배경	국가 재정 부족으로 수조권 지급이 어려워짐
시행 목적	관리에게 녹봉만 지급(녹봉제) → 수조권 지급 제도의 폐지
영향	지주 전호제의 확산 → 양반들이 토지를 직접 소유하고자 함

▲ 선농단(서울 동대문)
조선 시대 국왕들은 선농단에 나아가 농업신인 신농씨·후직씨에게 제사를 지냈다. 제사를 지낸 후 왕이 친히 쟁기를 들고 밭을 가는 등 농사짓는 시범을 보였다. 행사 때 모여든 사람들을 대접하기 위해 쇠뼈를 고은 국물에 밥을 말아낸 것이 오늘날의 설렁탕이라고 한다.

은쌤의 합격노트

🏮 조선 초기의 경제

☑ 시험에 꼭 나오는 키워드

• 조선 초기 경제의 특징 정리하기 ➡ 조선 후기 경제 문제가 출제될 때 오답으로 활용됨
• 간혹 시전 상인은 단독으로 출제되기도 함

☑ 최다 빈출 선지

조선 초기 경제
① 풍흉과 비옥도에 따라 차등 부과하였다(전분 6등법, 연분 9등법).
② 경시서의 관리들이 수도의 시전을 감독하였다(경시서는 고려와 조선 모두 존재).
③ 시전이 한양의 종로 거리에 처음 조성되었다.
④ 조선통보를 주조하는 관청 소속 장인
⑤ 군역의 요역화로 대립이 성행하였다(군역의 폐단).

시전 상인
① 특정 상품에 대한 독점 판매권을 부여받았다.
② 시전을 운영하며 관청의 수요품을 조달하였다.

🏮 토지 제도의 변천

☑ 시험에 꼭 나오는 키워드

• 각각의 토지 제도 특징과 폐단 정리하기
• 과전법, 직전법, 관수관급제는 단독으로 출제가 됨 ➡ 출제율은 과전법 > 직전법 > 관수관급제 순임

☑ 최다 빈출 선지

과전법
① 관리가 과전법에 의해 토지의 수조권을 지급받았다.
② 지급 대상 토지를 원칙적으로 경기 지역에 한정하였다.
③ 관리의 사망 시 유가족에게 수신전과 휼양전을 지급하였다.

직전법
① 수신전, 휼양전 등의 명목으로 세습되는 토지를 폐지하였다.
② 현직 관리에게만 토지의 수조권을 지급하였다.
③ 과전을 혁파하고 직전을 설치하였다.

관수관급제
① 세금을 거두어 수조권자에게 분급하였다.

---

01 밑줄 그은 '왕'의 재위 시기에 있었던 사실로 옳은 것은?

> 오늘 왕께서 공법을 윤허하셨습니다. 이 법의 내용은 전품을 6등급으로, 풍흉을 9등급으로 나누어 전세를 수취하는 것입니다. 일찍이 왕께서는 법안을 논의할 때 백성들의 의견을 들어보라 명하셨고, 전제상정소에서 이를 참조하여 마련하였습니다.

공법, 6개 고을 시범 시행

① 음악 이론 등을 집대성한 악학궤범이 완성되었다.
② 민간의 광산 개발을 허용하는 설점수세제가 시행되었다.
③ 우리 풍토에 맞는 농법을 소개한 농사직설이 편찬되었다.
④ 현직 관리에게만 수조권을 지급하는 직전법이 제정되었다.
⑤ 우리나라와 중국의 의서를 망라한 동의보감이 간행되었다.

조선 세종의 업적

정답 ③　밑줄 그은 '왕'은 조선 초기 세종이다. 세종은 농민 부담의 경감과 공평 과세를 위해 토지를 비옥도에 따라 6등급으로 나누고(전분6등법), 풍흉의 정도에 따라 9등급으로 나누어(연분9등법) 조세 액수를 1결당 최고 20두에서 최하 4두를 내도록 하였다.

정답 분석

③ "농사직설"은 조선 초기 세종의 명에 따라 1429년에 간행되었다. 농민의 실제 경험이 반영되어 우리나라 풍토에 맞는 씨앗의 저장법, 토질의 개량법 모내기법 등이 소개되어 있다.

오답 피하기

① 조선 초기 성종 때 성현은 "악학궤범"을 편찬하여 음악의 원리와 역사, 악기, 무용, 의상, 소도구까지 정리하였다.
② 조선 후기 17세기 중엽부터 개인의 광산 개발을 허용하되 세금을 걷는 설점수세제로 전환하였다.
④ 조선 초기 세조는 현직 관리에게 지급할 토지가 부족하게 되자, 현직 관리에게만 과전을 지급하는 직전법을 시행하였다.
⑤ 조선 후기 허준은 광해군의 명을 받아 우리의 전통 한의학을 정리하여 "동의보감"을 편찬하였는데, 이는 중국과 일본에서도 간행되었다.

---

02 (가), (나)에 해당하는 토지 제도에 대한 설명으로 옳은 것은?

> (가) 문종 30년 양반 전시과를 다시 개정하였다. 제1과는 전지 100결, 시지 50결(중서령·상서령·문하시중) ······ 제18과는 전지 17결(한인·잡류)로 한다.
>
> (나) 공양왕 3년 도평의사사에서 글을 올려 과전의 지급에 관한 법 제정을 건의하니 왕이 허락하였다. ······ 1품부터 9품의 산직까지 나누어 18과로 하였다.

① (가) - 조준 등의 건의로 제정되었다.
② (가) - 관등과 인품을 기준으로 수조권을 주었다.
③ (나) - 개국 공신에게 역분전을 지급하였다.
④ (나) - 지급 대상 토지를 원칙적으로 경기 지역에 한정하였다.
⑤ (가), (나) - 수조권 외에 노동력을 징발할 수 있는 권한을 주었다.

전시과와 과전법

정답 ④ (가)는 고려 문종 때 시행된 경정 전시과, (나)는 고려 공양왕 때 시행된 과전법이다.

(가) 경종 때 처음으로 만들어진 시정 전시과는 관직의 높고 낮음 뿐 아니라 인품을 반영하여 토지를 지급하였다. 이후 목종 때 개정 전시과를 시행하여 관직만을 고려하여 토지를 지급하였다. 그러나 관료에게 지급할 토지가 부족해지자 문종 때 다시 현직 관료에게만 토지를 지급하는 경정 전시과를 시행하였다.

(나) 과전법에서 관리들에게 지급한 과전은 토지의 수조권을 지급한 것으로 경기 지방에 한정하였다. 관리가 죽으면 과전은 반납하도록 정해져 있었지만, 수신전·휼양전·공신전 등은 세습이 가능하였다.

정답 분석

④ 고려 후기에 마련된 과전법은 경기 지방의 토지에 한해 관리에게 등급에 따라 수조권을 지급하는 제도였다.

오답 피하기

① 고려 후기 조준 등의 신진사대부는 권문세족의 대토지 소유로 국가 재정이 어려워지자 이를 해결하기 위해 과전법을 단행하였다.
② 고려 초기 경종 때 처음으로 만들어진 시정 전시과는 관직의 높고 낮음 뿐 아니라 인품을 반영하여 토지를 지급하였다.
③ 고려 초기 태조는 후삼국을 통일하는 과정에서 공을 세운 사람들에게 역분전을 지급하였다.
⑤ 신라 녹읍은 농민에게 조세를 수취하고 토지에 딸린 노동력까지 징발할 수 있는 권리가 부여되어 있었다.

03 밑줄 그은 '이 제도'에 대한 설명으로 옳은 것은?

> #### #3. 궁궐 안
>
> 성종이 경연에서 신하들과 토지 제도 개혁을 논의하고 있다.
>
> **성종**: 그대들의 의견을 말해 보도록 하라.
> **김유**: 우리나라의 수신전, 휼양전 등은 진실로 아름다운 것이지만 오히려 일이 없는 자가 앉아서 그 이익을 누린다고 하여 세조께서 과전을 없애고 이 제도를 만드셨습니다.

① 전지와 시지를 등급에 따라 지급하였다.
② 풍흉에 관계없이 전세 부담액을 고정하였다.
③ 현직 관리에게만 토지의 수조권을 지급하였다.
④ 관리에게 녹봉을 지급하고 수조권을 폐지하였다.
⑤ 개국 공신에게 인성, 공로를 기준으로 토지를 지급하였다.

직전법

정답 ③ 밑줄 그은 '이 제도'는 직전법이다. 조선의 토지 제도는 과전법 체제로 운영되었다. 고려 말에 마련된 과전법은 과전을 받은 사람이 죽으면 국가에 반환하는 것이 원칙이었다. 그러나 그 일부가 수신전, 휼양전이란 이름으로 세습되었다. 세습되는 토지가 늘어나면서 새로 관직에 임명된 관리에게 줄 토지가 부족해지자, 세조는 직전법을 실시해 현직 관리에게만 토지를 지급하였다.

정답 분석

③ 조선 초기 세조 때는 과전을 현직 관리에게만 지급하는 직전법을 시행하였다.

오답 피하기

① 고려 경종은 전시과 제도를 마련하여 관품에 따라 관리들을 18등급으로 나누어 전지와 시지를 지급하였다.
② 조선 후기 인조는 풍년과 흉년에 관계없이 전세를 토지 1결당 4두 또는 6두로 고정시키는 영정법을 시행하였다.
④ 조선 중기 16세기에는 직전법마저 폐지되어 관리들은 오직 녹봉만 받게 되었다.
⑤ 후삼국을 통일한 태조 왕건은 공신, 군인 등을 대상으로 그들의 공로에 따라 차등을 두어 역분전을 지급하였다.

조선 초기의 문화 유산

▲ 1932년 출판된 훈민정음 영인본
세종은 새로 만든 문자를 '백성을 가르치는 (訓民) 바른 소리(正音)'라고 하여 훈민정음이라 하였다.

① 훈민정음의 창제

목적	자유롭게 표현할 우리글의 필요성, 피지배층에 대한 도덕적 교화 ➡ 1446년 반포
보급	• 『용비어천가』, 『월인천강지곡』 등을 훈민정음으로 편찬하여 보급 • 유교 윤리 보급, 서리의 행정 실무에 이용
의의	백성들도 문자 생활 가능, 민족 문화 발전의 기반 마련

② 다양한 서적의 편찬

역사서	목적	조선 건국의 정당성 확보

	• 『고려국사』(정도전) : 조선 건국 정당성 옹호
	• 『고려사』 : 세종 때 편찬을 시작하여 문종 때 완성, 기전체 양식(본기, 세가, 열전, 지, 연표 등의 체제)
	• 『동국통감』(성종) : 서거정 등이 단군 조선부터 고려 말까지의 역사를 쓴 통사
	• 『고려사절요』(문종) : 고려 역사를 자주적 입장에서 편년체로 재정리
	• 『조선왕조실록』 : 태조~철종 때까지 25대 왕의 역사 기록
	  ├ 편년체로 서술한 조선 왕조의 역사서
	  ├ 춘추관에 임시 기구인 실록청을 설치하고 춘추관 관원들이 편찬에 참여
	  ├ 사관들이 기록한 사초·시정기 등을 바탕으로 편찬
	  ├ 춘추관 및 사고에 보관(조선 초기 4대 사고 ➡ 임진왜란 후 5대 사고)
	  └ 유네스코 세계 기록 유산에 등재(1997)	

지도와 지리서	목적	국가 통치 및 운영의 자료로 활용

	• 『혼일강리역대국도지도』(태종) : 동양에서 현존하는 가장 오래된 세계 지도
	• 『동국여지승람』(성종)
	  ├ 각 군현 위치와 역사, 면적, 인구, 풍속 등 상세한 정보
	  └ 『팔도지리지』, 『세종실록지리지』 참고
	• 『신증동국여지승람』(중종) : 동국여지승람을 증보한 지리서	

윤리와 예법	목적	유교적 질서 확립
	• 『삼강행실도』(세종) : 충신·효자·열녀 등의 행적을 모아 글과 그림으로 편찬 • 『국조오례의』(성종) : 국가와 왕실의 행사를 유교 예법에 맞게 정함	
의학	목적	국산 약재 및 치료법 정리
	• 『향약집성방』(세종) : 우리 풍토에 맞는 약재, 치료 방법 개발 정리 • 『의방유취』(세종) : 중국의 의서를 종합·분류한 의학 백과사전	
농업	목적	농업 기술 정리
	• 『농사직설』(세종) : 우리의 풍토에 맞는 독자적인 농법을 정리한 우리나라 최초의 농서, 정초·변효문 등이 참여 • 『금양잡록』(성종) : 강희맹이 4계절의 농사와 농작물을 기록 • 『구황촬요』(명종) : 흉년에 대처하기 위한 구황 방법 설명을 기록	

▲ 조선왕조실록

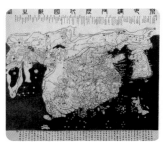

▲ 혼일강리역대국도지도
현존하는 지도 중 동양에서 가장 오래된 세계 지도이다. 중국을 중심으로 서아시아와 아프리카, 유럽까지 그려져 있다. 이 지도에서 조선은 실제보다 훨씬 크게 그려져 있다.

▲ 삼강행실도
유교 덕목에 모범이 될 만한 효자, 열녀, 충신의 이야기를 그림으로 그리고 설명을 달았다.

❸ 과학 기술의 발달

활자 인쇄술	• 태종 : 주자소 설치, 계미자 주조 • 세종 : 갑인자 주조, 인쇄 기술 발달
천문기구	• 천체 관측 기구 　┌ 간의 : 천체의 위치를 측정하는 천문 관측기 　└ 혼의 : 천체의 운행과 그 위치를 측정하던 천문 관측기 • 시간 측정 기구 　┌ 자격루(물시계) : 자동 시보 장치를 갖추어 시간이 되면 자동으로 북이나 종을 침 　└ 앙부일구(해시계) : 물체의 그림자가 햇빛에 의하여 생겼을 때 그림자의 위치로 　　시간 측정 • 강우량 측정 기구 : 측우기(세계 최초) • 세종 때 장영실은 혼천의·간의·앙부일구·자격루 등 제작 참여 　▲ 간의　　▲ 자격루　　▲ 앙부일구　　▲ 측우기
천문도	• 천상열차분야지도(태조) 　┌ 고구려의 천문도를 바탕으로 돌에 새긴 천문도 　└ 조선의 건국이 하늘의 뜻에 따라 이루어졌다는 것을 강조
역법	• 『칠정산』 내·외편(세종) 　┌ 최초로 한양을 기준으로 천체 운동을 계산한 역법서 　├ 일식과 월식, 날짜와 계절의 변화 등을 보다 정확하게 알 수 있음 　└ 원의 수시력과 서역의 회회력 참고 • 세종 때 이순지는 『칠정산 외편』, 갑인자, 천문 기구 제작 등에 참여
무기 제조	• 병서 　┌ 『병장도설』(세종) : 화포 제작 및 사용법, 전쟁사 요약 　└ 『동국병감』(문종) : 한 무제의 고조선 침략부터 고려 말까지 중국과의 항쟁사를 개관 • 화약 무기 : 최무선의 아들 최해산의 활약으로 화포 개량(1,000보 사정거리), 신기 　전(화살 1,000개 발사) 발명

❹ 조선 초기의 건축

15세기	• 궁궐 건축 발달(창덕궁 인정전, 숭례문 등) • 원각사지 10층 석탑(세조) 　┌ 고려의 경천사지 10층 석탑을 계승, 원나라 탑 양식의 영향을 받음 　├ 대리석으로 제작한 다각 다층탑으로 각 면에 화려한 조각이 돋보임 　└ 이 탑 근처에 살던 박지원, 이덕무 등을 백탑파라고도 부름 • 합천 해인사 장경판전 : 팔만대장경판 보관, 유네스코 세계 유산에 등재(1995)
16세기	• 서원 건축 유행 : 자연과의 조화 중시 • 안동 도산 서원(이황), 파주 자운 서원(이이), 경주 옥산 서원(이언적) 등

▲ 갑인자로 찍은 『자치통감』
세종이 갑인년에 만든 금속 활자 갑인자는 조판을 할 때 이전처럼 빈틈을 밀랍으로 메우지 않고 대나무를 이용하여 메워 글자가 선명하고 아름답다.

자료 살펴보기

세종 때 과학 기술의 발전을 이끈 3인의 과학자

이천은 세계적 수준을 자랑하는 천문 기구를 제작하고, 금속 활자의 꽃으로 평가받는 갑인자 제작을 주도하였다. 장영실은 노비 출신이었지만 측우기, 자격루, 앙부일구, 혼천의 등과 갑인자 제작에 참여하였다. 이순지는 천문 역법 사업의 책임자로, 중국과 서역의 천문학을 연구해 독자적인 역법서인 『칠정산』을 편찬하였다.

▲ 천상열차분야지도(태조)

▲ 원각사지 10층 석탑
세조는 불탑뿐만 아니라 간경도감을 설치하여 불경을 간행하고 한글로 번역하여 보급하였다. 이에 일시적으로 불교가 중흥하였다.

▲ 분청사기

▲ 순백자

▲ 신사임당의 초충도

▲ 어몽룡의 매화도

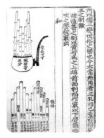

▲ 악학궤범

5 조선 초기의 도자기

분청사기	• 14세기 고려 후기에 제작되어 조선 전기에 유행함 • 16세기 중엽 백자가 본격적으로 생산되면서 덜 만들어지게 됨 • 1930년대에 고유섭은 청자에 분을 발라 장식한 자기라는 뜻의 '분장회청사기'라는 이름을 붙임 • 거친 질감과 소박하고 천진스러운 무늬가 조화를 이루어 우리의 멋이 잘 나타남
순백자	• 16세기 조선 중기 이후부터 크게 유행 • 흰 흙으로 형태를 만들어 투명한 백색 유약을 입힌 것 • 조선의 대표 도자기로 순백의 고상함이 선비들의 취향과 잘 어울림

6 조선 초기의 회화

15세기	강희안의 고사관수도, 안견의 몽유도원도

고사관수도	몽유도원도
• 강희안(관리)이 무념무상의 선비 모습을 표현 • 인간의 내면적 세계 표현	• 안견(전문 화원)이 안평대군 꿈에서 본 장면을 표현(3일 만에 완성) • 현실 세계와 이상 세계를 묘사 • 안평대군의 발문과 당대 20여 명의 명사들이 쓴 제문이 있음

16세기	이정의 묵죽도, 이상좌의 송하보월도, 어몽룡의 매화도, 신사임당의 초충도 등

7 조선 초기의 문화

문학	• 15세기 　┌ 악장 : 『용비어천가』, 『월인천강지곡』 등 조선 건국의 당위성을 강조 　├ 『동문선』(성종) : 서거정이 우리나라의 역대 시문을 모아 편찬 　└ 『금오신화』(김시습) : 최초의 한문 소설 • 16세기 정철의 관동별곡, 사미인곡 등 가사 문학 발달
음악	• 세종 때 박연은 아악을 정리하고, 세종은 『여민락』(백성과 같이 즐긴다)을 작곡 • 『정간보』(세종) : 소리의 장단과 높낮이를 표현할 수 있게 창안한 악보 • 『악학궤범』(성종) : 성현이 음악의 원리와 역사 · 악기 · 무용 · 의상 등을 정리

은쌤의 합격노트

조선 초기 다양한 서적의 편찬

☑ 시험에 꼭 나오는 키워드
- 조선 초기에 편찬된 서적 기억하기 ➡ 조선 후기 서적 문제의 오답으로 활용됨
- 시험에 자주 나오는 서적들은 그 내용과 어떤 왕이 편찬하였는지 정리하기 ➡ 왕의 업적 문제와 연계되어 출제되기도 함

☑ 최다 빈출 선지

용비어천가
① 조선 건국의 정통성을 강조하였다.

동국통감
① 단군 조선부터 고려 말까지의 역사를 다룬 통사이다.

조선왕조실록
① 사초, 시정기 등을 바탕으로 편찬되었다.
② 연대순으로 기록하는 편년체로 서술되었다.

동국여지승람
① 팔도지리지를 참고하여 성종 때 완성되었다.
② 각 도의 지리, 풍속 등이 수록된 동국여지승람이 편찬되었다.

삼강행실도
① 충신, 효자, 열녀를 알리기 위해 간행하였다.

금양잡록
① 강희맹이 손수 농사를 지은 경험과 견문을 종합하여 서술하였다.

각종 서적 및 지리서
① 세계 지도인 혼일강리역대국도지도가 만들어졌다(태종).
② 훈민정음을 창제한 목적을 파악한다(세종).
③ 충신, 효자, 열녀를 알리기 위해 삼강행실도가 간행하였다(세종).
④ 국산 약재와 치료법을 소개한 향약집성방이 간행되었다(세종).
⑤ 우리나라 실정에 맞는 농법을 소개한 농사직설이 간행되었다(세종).
⑥ 국가 의례를 정비한 국조오례의가 완성되었다(성종).
⑦ 기근에 대비하기 위해 구황촬요가 발간되었다(명종).

조선 초기 과학 기술의 발달과 건축

☑ 시험에 꼭 나오는 키워드
- 조선 초기에 제작된 과학 기술 정리하기
- 과학 기술은 왕의 업적 문제와 연계되어 출제됨

☑ 최다 빈출 선지

각종 과학 기술
① 활판 인쇄술의 발달을 가져온 계미자(태종)와 갑인자(세종)가 제작되었다.
② 주자소를 설치하여 계미자를 주조하였다(태종).
③ 주자소에서 갑인자를 제작하였다(세종).
④ 한양을 기준으로 한 역법서인 칠정산 내편이 간행되었다(세종).

원각사지 10층 석탑
① 세조 때 축조하였으며, 현재 국보로 지정되었다.
② 원나라 탑 양식의 영향을 받았으며 화려한 조각이 돋보이는 석탑이다.
③ 대리석으로 만든 이 탑의 각 면에는 부처, 보살, 천인상 등이 새겨져 있다.
④ 이 탑 근처에 살던 박지원, 이덕무 등이 서로 교류하여 이들을 백탑파라고 부르기도 하였다.

조선 초기 도자기, 회화 및 문화

☑ 시험에 꼭 나오는 키워드
- 분청사기와 순백자는 단독으로 출제됨
- 고사관수도와 몽유도원도가 조선 초기 회화인 것을 기억하기

☑ 최다 빈출 선지

분청사기
① 조선 전기에 많이 제작되었다.
② 회색의 태토 위에 맑게 거른 백토로 표면을 분장한 뒤 유약을 씌워 구운 도자기이다.
③ 백자가 본격적으로 생산되면서 덜 만들어지게 되었다.

각종 문화
① 음악 이론 등을 집대성한 악학궤범이 간행되었다(성종).
② 서거정이 역대 문학 작품을 선별하여 동문선을 편찬하였다(성종).
③ 김시습이 금오신화를 저술하였다.

01 밑줄 그은 '이 자료'에 대한 설명으로 옳지 **않은** 것은?

이 자료는 조선 역대 왕들의 역사를 후대에 남기기 위해 실록청에서 편찬되었습니다.

① 기전체 형식으로 서술되었다.
② 태조 왕대부터의 기록이 남아 있다.
③ 사초와 시정기 등을 근거로 편찬되었다.
④ 춘추관 관원들이 편찬 업무에 참여하였다.
⑤ 임진왜란 이전에는 4대 사고에 보관되었다.

조선왕조실록

정답 ① 밑줄 그은 '이 자료'는 조선왕조실록이다. 조선은 성리학의 발달로 역사 기록과 역사책 편찬이 활발하게 이루어졌다. 왕위가 바뀌면 춘추관을 중심으로 실록청을 설치하고 실록을 편찬하였다.

정답 분석

① 조선왕조실록은 태조로부터 철종까지 25대 472년간(1392~1863)의 역사를 연월일 순서에 따라 편년체로 기록한 책으로 총 1,893권 888책으로 되어 있는 오래되고 방대한 양의 역사서이다.

오답 피하기

② 실록은 조선 왕조가 태조부터 철종에 이르기까지 25대, 472년의 역사를 편찬한 사서이다.
③ 전왕의 통치 기록인 사초, 시정기, 승정원일기 등을 모두 합하여 편찬하였다.
④ 춘추관 관원들이 역사서 실록 편찬과 보관을 담당하였다.
⑤ 실록은 4부를 만들어 춘추관과 전주, 성주, 충주 사고에 보관하였다.

---

02 밑줄 그은 '전하'의 재위 기간에 있었던 사실로 옳은 것은?

우리 주상 전하께서는 오방의 풍토가 같지 아니하여 곡식을 심고 가꾸는 데 각기 적당한 방법이 있다고 하셨다. 이에 여러 도의 감사에게 명하기를, 주현의 나이든 농부들을 방문하여 농사지은 경험을 아뢰게 하시고 또 신(臣) 정초에게 그 까닭을 덧붙이게 하셨다. 중복된 것을 버리고, 요약한 것만 뽑아 한 편의 책으로 만들고 제목을 농사직설이라고 하였다.

① 예학을 정리한 가례집람이 저술되었다.
② 국가의 의례를 정비한 국조오례의가 완성되었다.
③ 아동용 윤리 · 역사 교재인 동몽선습이 간행되었다.
④ 효자, 충신 등의 사례를 제시한 삼강행실도가 편찬되었다.
⑤ 군주가 수양해야 할 덕목을 제시한 성학집요가 집필되었다.

조선 세종의 업적

정답 ④ 밑줄 그은 '전하'는 조선 초기 세종이다. 세종은 우리나라의 기후와 토양 조건이 중국과 다르므로 우리 풍토에 맞는 농법을 정리하는 것이 필요하다고 보았다. 이에 조선 정부는 여러 도의 관찰사로 하여금 경험이 많은 농부를 찾아다니며 그 지역의 농사짓는 방법을 물어보도록 하고, 세종은 이를 바탕으로 "농사직설"을 편찬하였다.

정답 분석

④ 조선 초기 세종 때 모범이 될 만한 충신, 효자, 열녀 등의 행적을 그림으로 그리고 설명을 붙여 "삼강행실도"를 편찬하였다.

오답 피하기

① 조선 중기 선조 대에 김장생은 주자의 "가례"를 기본으로 여러 학자의 예설을 취사선택하여 증보 · 해석한 "가례집람"을 저술하였다. 이를 통해 예학을 조선의 현실에 맞게 정리하였다.
② 조선 초기 성종 때 국가와 왕실의 각종 행사를 유교의 예법에 맞게 정한 "국조오례의"가 편찬되었다.
③ 조선 중기 중종 때 박세무는 "동몽선습"을 저술하였다. 이 책은 "천자문" 다음 단계에서 반드시 학습하였던 대표적인 아동 교재이다.
⑤ 조선 중기 이이는 "성학집요"를 저술하여 현명한 신하가 왕의 수양을 도와야 한다고 주장하면서 신하의 적극적인 역할을 중시하였다.

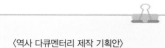

03 (가)에 들어갈 내용으로 옳지 <u>않은</u> 것은?

〈역사 다큐멘터리 제작 기획안〉

15세기 조선, 과학을 꽃 피우다

1. **기획 의도** : 조선 초, 부국강병과 민생 안정을 위해 과학 기술 분야에서 노력한 모습을 살펴본다.

2. **구성**

   1부 태양의 그림자로 시간을 보는 앙부일구

   2부 　　　　　　　　(가)

   3부 외적의 침입에 대비한 신무기, 신기전과 화차

① 기기도설을 참고하여 설계한 거중기

② 국산 약재와 치료법을 소개한 향약집성방

③ 한양을 기준으로 한 역법서인 칠정산 내편

④ 활판 인쇄술의 발달을 가져온 계미자와 갑인자

⑤ 우리나라 설정에 맞는 농법을 소개한 농사직설

조선 초기 과학

정답 ①　15세기 조선 초기에 정부와 사대부들은 과학 기술이 민생 안정과 부국강병에 중요하다고 인식하고 적극적으로 지원하였다. 이에 과학 기술이 크게 발전하였다. 세종 때 과학 기술은 더욱 발전하였다. 천체 운행을 측정하는 혼천의와 물시계인 자격루, 해시계인 앙부일구 등을 만들었고, 화차는 신기전이라고 불리는 화살을 한 번에 100발씩 쏠 수 있는 화약 무기이다.

정답 분석

① 조선 후기 정약용은 서양의 기술 서적인 『기기도설』을 참고해 거중기를 만들어 수원 화성을 축조하는 데 이용했다.

오답 피하기

② 조선 초기 세종은 우리 풍토에 알맞은 약재와 치료 방법을 개발하여 정리한 『향약집성방』을 편찬하였다.

③ 조선 초기 세종 때 중국의 역법을 바탕으로 『칠정산』 내편을 제작하였다. 『칠정산』 내편은 한양의 일출·일몰 시간을 기준으로 하였다.

④ 조선 초기 태종 때에는 계미자, 세종 때 에는 갑인자 등의 정교한 활자가 만들어졌다.

⑤ 조선 초기 세종 때 편찬된 『농사직설』은 중국의 농업 기술을 수용하면서도 우리 풍토에 맞는 독자적 농법을 정리하였다.

---

04 교사의 질문에 대한 학생의 답변으로 옳은 것은?

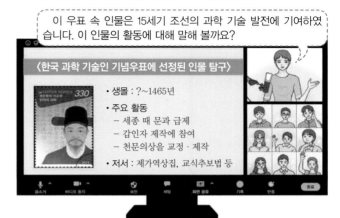

① 종두법을 소개하였습니다.

② 거중기를 설계하였습니다.

③ 동의보감을 완성하였습니다.

④ 칠정산 외편을 편찬하였습니다.

⑤ 대동여지도를 제작하였습니다.

이순지

정답 ④　우표 속 인물은 이순지이다. 조선 세종 때를 전후하여 나라를 부강하게 하고 민생을 안정시키고자 과학 기술을 중요하게 생각하였고, 국가적인 지원을 아끼지 않았다. 또한 기존의 전통문화를 계승하면서 서역과 중국의 과학 기술을 수용하여 종합하고, 장영실, 이천, 이순지 등 능력 있는 기술자들의 발탁에 공을 들였다. 특히 이순지는 천문 역법 사업의 책임자로, 중국과 서역의 천문학을 연구해 독자적인 역법서인 『칠정산』의 편찬과 금속활자 갑인자 제작에 참여하였다.

정답 분석

④ 조선 초기 세종은 일식과 월식을 예측하는 데 뛰어난 이슬람의 역법을 참조하여 "칠정산" 외편을 편찬하였는데 이때 이순지가 참여하였다.

오답 피하기

① 조선 후기 정약용은 박제가와 함께 천연두를 예방하는 종두법을 연구하였다.

② 조선 후기 정약용은 서양의 기술 서적인 『기기도설』을 참고해 거중기를 만들어 수원 화성을 축조하는 데 이용하였다.

③ 조선 후기 허준은 광해군의 명을 받아 우리의 전통 한의학을 정리하여 『동의보감』을 편찬하였다.

⑤ 조선 후기 김정호는 우리나라의 남북을 120리 간격으로 22층으로 구분하고, 동서를 80리 간격으로 끊어 19판으로 구분한 대축척 지도 대동여지도를 제작하였다.

05 밑줄 그은 '왕'의 재위 기간에 있었던 사실로 옳은 것은?

> 왕이 말하였다. "장영실은 공교한 솜씨만 있는 것이 아니라 총명하고 뛰어나 자격루를 만들었다. 이것은 만대에 이어 전할 만한 기물로 그 공이 작지 아니하니 호군의 관직을 더해 주고자 한다." 황희가 "장영실에게만 안 될 것이 있겠습니까?"라고 하니 왕이 그대로 따랐다.

① 주자소가 설치되어 계미자가 주조되었다.
② 훈련 교범인 무예도보통지가 간행되었다.
③ 삼수병으로 구성된 훈련도감이 설치되었다.
④ 전통 한의학을 집대성한 동의보감이 완성되었다.
⑤ 우리 풍토에 맞는 농법을 정리한 농사직설이 편찬되었다.

조선 세종의 업적

정답 ⑤ 밑줄 그은 '왕'은 조선 초기 세종이다. 세종 대에 장영실은 노비 출신이라는 신분의 벽을 뛰어넘어 활약했던 대표적인 기계 기술자로 측우기, 자격루, 앙부일구, 혼천의 등과 갑인자 제작에 참여하였다.

정답 분석

⑤ 조선 초기 세종은 중국의 농업 기술을 수용하면서도 우리 풍토에 맞는 독자적 농법을 정리한 "농사직설"을 간행하였다.

오답 피하기

① 조선 초기 태종은 주자소를 설치하고 구리로 계미자를 주조하였다.
② 조선 후기 정조는 직접 훈련 교범인 "무예도보통지"의 편찬 방향을 잡은 후 규장각 검서관 이덕무 · 박제가와 장용영 장교 백동수 등에게 명령하여 편찬케 하였다.
③ 조선 중기 선조는 임진왜란 초기에 패전을 경험한 후 새로운 군대의 필요성을 절감하여 훈련도감을 설치하였다.
④ 조선 후기 허준은 광해군의 명을 받아 우리의 전통 한의학을 정리한 "동의보감"을 편찬하였다.

---

06 (가)에 해당하는 문화유산으로 옳은 것은?

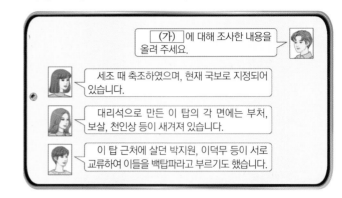

(가)에 대해 조사한 내용을 올려 주세요.

세조 때 축조하였으며, 현재 국보로 지정되어 있습니다.

대리석으로 만든 이 탑의 각 면에는 부처, 보살, 천인상 등이 새겨져 있습니다.

이 탑 근처에 살던 박지원, 이덕무 등이 서로 교류하여 이들을 백탑파라고 부르기도 했습니다.

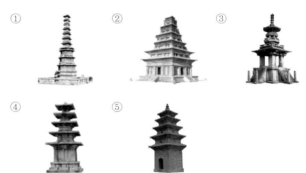

① ② ③ ④ ⑤

원각사지 10층 석탑

정답 ① (가)에 해당하는 문화유산은 서울 원각사지 10층 석탑이다. 조선 초기 15세기에는 궁궐과 관아, 성문, 학교 등이 건축의 중심을 이루었다. 불교 건축물 중에서도 뛰어난 것이 있었다. 특히 조선 초기 세조 때 대리석으로 만든 사리탑인 서울 원각사지 10층 석탑과 고려 후기의 개성 경천사지 10층 석탑은 원의 석탑을 본뜬 것으로 15세기를 대표하는 석탑이다.

정답 분석

① 조선의 서울 원각사지 10층 석탑으로 고려의 개성 경천사지 10층 석탑의 영향을 받았다.

오답 피하기

② 백제의 익산 미륵사지 석탑으로 목탑 양식의 흔적이 남아 있다.
③ 신라 경주 불국사 다보탑으로 복잡하고 화려하면서도 균형이 잡힌 석탑이다.
④ 백제의 부여 정림사지 5층 석탑으로 한때 1층 탑신에 당의 소정방이 쓴 글이 있어 평제탑이라고 불리기도 하였다.
⑤ 발해의 영광탑으로 현재 온전히 남아 있는 유일한 발해의 탑이다.

07 (가)에 해당하는 문화유산으로 옳은 것은?

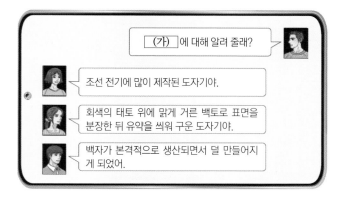

(가) 에 대해 알려 줄래?

조선 전기에 많이 제작된 도자기야.

회색의 태토 위에 맑게 거른 백토로 표면을 분장한 뒤 유약을 씌워 구운 도자기야.

백자가 본격적으로 생산되면서 덜 만들어지게 되었어.

① ② ③ ④ ⑤

분청사기

정답 ④　고려 말에 나타난 분청사기는 청자처럼 화려하고 정교하지는 못하였으나, 자유분방하고 활력이 넘치는 멋을 보였다. 분청사기는 16세기부터 백자가 본격적으로 생산되면서 점차 그 생산이 줄어들었다. 분청사기는 회색 또는 회백색의 바탕흙 위에 정선된 흰색의 흙으로 표면을 바른 뒤 유약을 바르고 구운 도자기이다.

정답 분석

④ 분청사기 조화 쌍어문 편병은 소박하고 정형화되지 않은 멋을 보여준다.

오답 피하기

① 고려 청자 상감 운학문 매병은 고려 상감청자가 독특한 선을 가지고 있음을 보여 주는 대표적인 작품이며 날아오르고 내려오는 학과 구름의 모습이 아름답다.
② 호암 미술관이 소장하고 있는 청화 백자이다. 청화 백자는 백자에 청색 안료로 무늬를 그리고, 그 위에 투명 유약을 입혀 구워 낸 도자기로 조선 시대 전반에 걸쳐 생산되었으나 후기에 들어 널리 보급되었다.
③ 고려 청자 참외 모양 병은 참외 모양을 한 몸체를 주름치마 굽이 받치고 있는 모양으로 순수 청자(순청자)를 대표하는 유물이다.
⑤ 발해 삼채향로는 만주 지역의 영안시 삼령 3호 무덤에서 출토된 향로이다.

---

08 (가)에 들어갈 그림으로 옳은 것은?

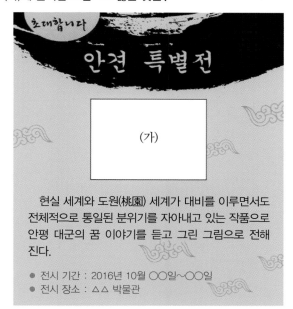

초대합니다

안견 특별전

(가)

현실 세계와 도원(桃園) 세계가 대비를 이루면서도 전체적으로 통일된 분위기를 자아내고 있는 작품으로 안평 대군의 꿈 이야기를 듣고 그린 그림으로 전해진다.

● 전시 기간 : 2016년 10월 ○○일~○○일
● 전시 장소 : △△ 박물관

① ② ③

④  ⑤

몽유도원도

정답 ⑤　(가)에 들어갈 그림은 몽유도원도이다. 조선 초기 전문 화원인 안견의 몽유도원도는 '꿈속에 도원을 노닐다.'라는 뜻에서 알 수 있듯이 안평 대군의 꿈을 바탕으로 그린 것이다.

정답 분석

⑤ 조선 초기 안견의 몽유도원도는 현실세계와 이상세계를 조화롭게 묘사한 신선이 사는 이상세계가 그려져 있다.

오답 피하기

① 조선 후기 정선의 금강전도는 새로운 묘사 기법을 활용하여 그린 진경산수화이다.
② 조선 초기 문인 화가 강희안이 그린 고사관수도이다.
③ 조선 후기 강세황이 그린 영통동구도이다.
④ 조선 후기 전기가 그린 매화초옥도이다.

33강 조선 초기의 대외 관계와 임진왜란

▲ 조선 전기의 대외관계

▲ 이종무의 쓰시마섬 정벌

▲ 임진왜란과 정유재란 당시 관군과
의병의 활동

❶ 조선 초기의 대외 관계

특징	사대교린(중국과는 사대, 일본·여진은 교린)을 외교 정책의 기본으로 삼음	
명나라		• 태조 때 정도전의 요동 정벌 추진으로 긴장 관계 ➡ 태종 이후 왕권 확립과 국가 안정 목적으로 친선 관계 유지 • 사대 외교 　─ 조공 : 경제적·문화적 교류 ➡ 동지사, 성절사 등 매년 정기적·비정기적 사절 교환 　　➡ 선진 문물 수용, 일종의 공무역 　─ 책봉 : 국왕의 지위를 인정(형식적 절차) ➡ 정치 안정에 도움
여진	강경책	• 4군 6진 설치(세종) 　─ 최윤덕(4군), 김종서(6진)의 개척 　─ 압록강~두만강에 이르는 국경선 확정 　─ 사민 정책 : 삼남 지방민을 이주시켜 북방 개척
	회유책	• 여진족의 귀순 장려(토지, 관직, 주택 제공) • 여진의 사신을 위해 한양에 북평관 설치 • 경성·경원에 무역소 설치 : 국경 무역과 조공 무역 실시 • 토착민을 토관으로 임명(토관 제도)
일본	강경책	이종무의 쓰시마섬(대마도) 정벌(세종)
	회유책	• 3포 개항(세종) : 부산포, 제포(창원), 염포(울산) 등 개항 • 계해약조(세종) : 제한된 조공 무역 허용 • 왜관 설치, 한양에 동평관 설치(일본 사신 머문 객잔)
	16세기	3포 왜란(중종, 1510), 을묘왜변(명종, 1555) ➡ 비변사 설치 및 일본과 외교 단절
동남아시아		• 유구(류큐), 시암(타이), 자와(인도네시아) 등과 조공 형식으로 교역 • 유구(류큐) : 가장 적극적 교류, 특히 불경, 유교 경전, 범종, 부채 등을 전해줌

❷ 임진왜란

배경	• 조선 : 양반 사회의 분열(붕당), 군역 제도의 문란(오랜 평화의 지속), 국방력 약화 • 일본 : 도요토미 히데요시의 전국 시대 통일 ➡ 대륙 침략 도모 ➡ 조선에 명 정벌을 가는 길 요구(조선의 거절) ➡ 일본의 16만 대군이 조선 침략(임진왜란)

초기 (왜군 우세)		왜군의 침입 ➡ 부산진(정발)과 동래성(송상현) 함락 ➡ 신립의 충주 탄금대 전투 패배 ➡ 선조의 피란 ➡ 명에 원군 요청 ➡ 한성 함락 ➡ 이순신의 옥포 해전(첫 승리) · 사천포 해전(거북선 첫 투입) · 당포 해전 ➡ 평양성 함락 ➡ 이순신의 한산도 대첩, 금산 전투(조헌, 고경명) ➡ 김시민의 진주 대첩 ➡ 조 · 명 연합군의 평양성 탈환 ➡ 조 · 명 연합군의 벽제관 전투 패배 ➡ 권율의 행주 대첩 ➡ 휴전 회담
반격	수군 활약	이순신이 옥포 · 당포 · 한산도 등에서 승리 ➡ 남해안 제해권 장악(왜군 보급로 차단), 전라도 곡창 지대 수호
	의병 활약	• 익숙한 지리에 알맞은 전술과 전략(매복, 위장, 기습) • 주요 의병장 : 곽재우(의령, 홍의 장군), 고경명(담양), 김천일(나주), 조헌 · 영규(금산), 정문부(길주), 유정(사명대사), 휴정(서산대사) 등
	명군 참전	조선의 요청에 원군 파견 ➡ 조 · 명 연합군의 평양성 탈환
재정비		휴전 회담(3년여 걸쳐 진행) ➡ 선조의 한양 복귀 ➡ 훈련도감 설치, 화포 개량 및 조총 제작 등 ➡ 속오군 체제로 정비 ➡ 이몽학의 난(충청도 홍산 일대에서 일어난 반란) ➡ 정유재란 발발
정유재란		일본의 휴전 협상 제의 ➡ 일본의 무리한 요구로 결렬 ➡ 일본의 재침입(정유재란) ➡ 원균의 칠천량 전투 패배 ➡ 조 · 명 연합군의 직산 전투 승리, 이순신의 명량 전투 승리 ➡ 도요토미 히데요시 사망으로 왜군 철수 ➡ 이순신의 노량 해전
영향	조선	• 국토 황폐화, 인구 감소, 국가 재정 궁핍(공명첩 발급) • 문화재 소실(경복궁, 사고 등), 많은 사람이 일본에 포로로 잡혀감(도공, 성리학자 등)
	일본	• 도요토미 히데요시 정권 붕괴 ➡ 에도 막부 수립(정권 교체) ➡ 국교 재개, 조선에 통신사 파견 요청 • 성리학자(강항)와 도공(이삼평, 아리타 도자기) 등이 끌려가 일본 문화 발전 토대 마련
	중국	명의 국력 쇠퇴, 여진이 성장하여 후금 건국 ➡ 명 · 청 왕조 교체가 이루어지는 계기

❸ 임진왜란 이후 일본과의 대외 관계

국교 재개	• 탐적사(1604, 선조) : 유정(사명대사)이 일본의 정세를 파악하고 전쟁 중에 잡혀 간 피로인 3,000여 명을 데리고 귀국 • 회답 겸 쇄환사(선조 · 광해군 · 인조) : 임진왜란 이후 일본이 보낸 국서에 회답 국서를 전하고 피로인을 쇄환하기 위해 세 차례에 걸쳐 파견한 사절 • 광해군의 기유약조 체결(1609) : 임진왜란 이후 단절되었던 국교 재개
왜관 설치	임진왜란 종결 ➡ 절영도(부산 영도)에 임시 왜관 설치(1601, 선조) ➡ 정식으로 두모포 왜관(부산 수정동) 설치(1607, 선조) ➡ 광해군의 기유약조 체결(1609) 후 두모포 왜관에서 무역 허용(제한된 범위) ➡ 숙종 때 초량 왜관(부산 용두산 일대)을 새롭게 설치(1678)
통신사	• 목적 : 일본은 쇼군이 바뀔 때마다 에도 막부의 권위를 인정받기 위해 요청 • 성격 : 외교 사절의 역할과 일본에 선진 문화 전파(문화 교류) • 특징 : 임진왜란 이후~19세기 초까지 12회 파견(보통 300~500명 파견, 국빈 대우를 받음)
울릉도와 독도	일본 어민이 울릉도와 독도 지역을 자주 침범 ➡ 숙종 때 동래 어부 안용복이 일본으로 건너가 독도가 조선의 영토임을 확인 받음 ➡ 19세기 말 조선 정부는 울릉도 이주 장려 및 관리 파견

사료 살펴보기

임진왜란의 영향

• 이삼평은 임진왜란 때 일본으로 끌려가 사가(佐賀)현 다이묘로부터 '가나가에 산페이'라는 이름을 얻고 도자기를 생산하였다. 이삼평이 생산한 '아리타(有田) 자기'는 유럽에 팔려 나가 큰 인기를 끌었다.

• 도요토미 히데요시는 부하들에게 전공을 세운 표시로 죽은 사람의 목 대신 보관과 운송이 편리한 조선인들의 귀와 코를 잘라 오게 하였다. 그의 부하들은 그것들을 일본으로 가지고 와서 묻었으며, 귀무덤이라 한다.

이삼평을 비롯한 도자기 기술자들은 일본에 끌려가 일본 도자기의 발달에 결정적으로 기여하였기 때문에 임진왜란을 '도자기 전쟁'이라고도 한다. 귀무덤은 일본 교토시 히가시야마구에 있는 무덤으로, 임진왜란과 정유재란 때 왜군이 전리품으로 베어 간 조선 군사와 백성의 코와 귀를 묻은 곳으로 이총(耳塚)이라고도 한다.

▲ 조선 통신사가 간 길

▲ 조선 통신사 행렬도

은쌤의 **합격노트**

조선 초기의 대외 관계

☑ 시험에 꼭 나오는 키워드

- 명나라와 관련된 내용들 정리하기 ➡ 정도전의 요동 정벌, 동지사, 성절사 파견
- 여진과 관련된 내용들 정리하기 ➡ 4군 6진(세종), 북평관 설치, 경성·경원에 무역소 설치
- 일본과 관련된 내용들 정리하기 ➡ 이종무의 쓰시마섬 정벌(세종), 3포 개항(세종), 계해약조(세종), 한양에 동평관 설치

☑ 최다 빈출 선지

명나라
① 하정사, 성절사, 동지사 등 사절단을 보냈다.
② 정도전을 중심으로 요동 정벌을 추진하였다.
③ 매년 정기적으로 사절단을 파견하였다.

여진
① 국경 지역에 4군 6진이 개척되었다.
② 김종서가 6진을 개척하여 영토를 확장하였다.
③ 사절 왕래를 위해 한성에 북평관을 개설하였다.

일본
① 이종무가 적의 근거지인 쓰시마를 정벌하였다.
② 한성에 동평관을 설치하여 무역을 허용하였다.
③ 제한된 범위의 무역을 허용한 계해약조가 체결되었다.

임진왜란

☑ 시험에 꼭 나오는 키워드

- 임진왜란의 중요 사건 시간 순으로 정리하기
- 임진왜란 때 활약한 인물들 정리하기
- 임진왜란의 결과 및 영향 기억하기

☑ 최다 빈출 선지

임진왜란(시간 순으로 배열)
① 정발이 부산진성 전투에서 전사하였다.
② 송상현이 동래성 전투에서 항전하였다.
③ 신립이 탄금대에서 배수의 진을 치고 싸웠다.
④ 이순신이 옥포에서 적선을 격파하였다.
⑤ 이순신이 한산도 대첩에서 승리하였다.
⑥ 김시민이 진주성에서 큰 승리를 거두었다.

⑦ 조·명 연합군이 평양성을 탈환하였다.
⑧ 권율이 행주산성에서 크게 승리하였다.
⑨ 상비군으로 구성된 훈련도감을 설치하였다.
⑩ 휴전 회담의 결렬로 정유재란이 시작되었다.
⑪ 이순신이 명량에서 대승을 거두었다.

의병의 활약
① 곽재우, 고경명 등이 의병장으로 활약하였다.
② 홍의장군으로 불린 곽재우가 의병장으로 활약하였다.
③ 조헌이 금산에서 의병을 이끌고 활약하였다.
④ 정문부가 길주에서 의병을 이끌었다.

임진왜란 이후 일본과의 대외 관계

☑ 시험에 꼭 나오는 키워드

- 국교 재개 이후의 사건들은 오답 선지로 자주 활용됨 ➡ 유정(사명대사)의 일본 정세 파악, 회담 겸 쇄환사(선조·광해군·인조), 광해군의 기유약조
- 통신사는 간혹 단독으로 출제가 됨
- 안용복은 독도 문제와 숙종 문제에 활용이 됨

☑ 최다 빈출 선지

국교 재개 이후 일본과의 관계
① 기유약조를 체결하고 부산에 왜관을 설치하였다.
② 기유약조를 체결하여 무역을 재개하였다.
③ 회답 겸 쇄환사를 파견하였다.
④ 초량 왜관을 통해 일본과 무역하였다.
⑤ 에도 막부의 요청에 따라 통신사를 파견하였다.

01 밑줄 그은 '이 나라'에 대한 조선의 정책으로 옳은 것은?

작품명 : 의순관 영조도

이 나라 사신이 만력제(신종)의 등극을 알리기 위해 압록강을 건너 의주에 있던 의순관에 도착하는 모습을 그렸다. 조선의 관리들이 예를 갖추어 의순관 앞에서 사신 일행을 맞이하고 있다.

① 광군을 조직하여 침입에 대비하였다.
② 한성에 동평관을 두어 무역을 허용하였다.
③ 정도전을 중심으로 요동 정벌을 추진하였다.
④ 기유약조를 체결하고 부산에 왜관을 설치하였다.
⑤ 포로 송환을 위하여 유정을 회답 겸 쇄환사로 파견하였다.

명나라의 대외관계

정답 ③　밑줄 그은 '이 나라'는 명나라이다. 의순관 영조도는 1572년 10월 11일 명의 조사가 신종의 등극을 조선에 알리기 위해 압록강을 건너 의주에 있던 의순관에 도착하던 때의 광경을 그린 것이다. 의순관은 의주성에서 남쪽으로 2리 떨어진 압록강 가에 있는 역관·중국 사신을 맞이하여 접대하기 위해 쓰인 장소이다.

정답 분석

③ 명과는 태조 때 정도전이 중심이 되어 추진한 요동 정벌 준비와 여진 유민 문제 등을 둘러싸고 불편한 적도 있었다.

오답 피하기

① 광군은 고려 초기 정종이 거란군의 침입에 대비하여 조직된 특수군단이다.
② 동평관은 조선 초기에 일본 사신을 대접하기 위하여 마련한 관사로 왜관이라고도 한다.
④ 조선 후기 광해군은 기유약조를 맺고 부산포에 왜관을 설치해 제한된 범위 내에서 무역을 허용하였다.
⑤ 회답 겸 쇄환사는 조선 후기 조선이 일본에서 보낸 국서에 회답 국서를 전하고 피로인을 쇄환하기 위해 세 차례에 걸쳐 파견한 사절이다.

02 다음 전투 이후에 전개된 사실로 옳은 것은?

> 권율이 정병 4천 명을 뽑아 행주산 위에 진을 치고는 책(柵)을 설치하여 방비하였다. ⋯⋯ 적은 올려다보고 공격하는 처지가 되어 탄환도 맞지 못하는데 반해 호남의 씩씩한 군사들은 모두 활쏘기를 잘하여 쏘는 대로 적중시켰다. ⋯⋯ 적이 결국 패해 후퇴하였다.
>
> ─ 『선조수정실록』 ─

① 최영이 홍산에서 대승을 거두었다.
② 이순신이 한산도 대첩에서 승리하였다.
③ 휴전 회담의 결렬로 정유재란이 시작되었다.
④ 이종무가 왜구의 근거지인 쓰시마를 정벌하였다.
⑤ 신립이 탄금대에서 배수의 진을 치고 왜군에 항전하였다.

임진왜란

정답 ③　다음 전투는 임진왜란 때 권율의 행주대첩이다. 임진왜란은 명의 원군이 전쟁에 참여하면서 국제전의 양상을 보였다. 조·명 연합군은 평양을 탈환하였으며, 권율이 이끄는 관군과 백성은 합심하여 행주산성에서 왜군을 물리쳤다. 이러한 반격에 일본은 명에게 휴전을 제의하였다. 휴전 협정이 진행되는 동안 조선은 전열을 정비하여 훈련도감을 비롯한 5군영의 체제를 갖추고, 속오법을 실시하였다. 또한, 화포를 개량하고 조총도 제작하였다.

정답 분석

③ 3년에 걸친 휴전 회담이 결렬되자 왜군은 다시 침입하였다(정유재란, 1597). 조·명 연합군은 왜군을 직산에서 격퇴하였고, 이순신은 명량에서 왜군을 크게 무찔렀다. 임진왜란은 도요토미 히데요시가 죽고, 노량 해전을 끝으로 끝났다.

오답 피하기

① 고려 후기 최영은 내륙 깊숙이 쳐들어온 대규모의 왜구를 홍산에서 크게 물리쳤다.
② 임진왜란 초기 바다에서는 이순신이 이끄는 수군이 옥포에서 처음으로 승리를 거둔 후 사천, 당포, 한산도 등에서도 일본군을 물리쳤다.
④ 조선 초기 세종 때 이종무가 왜구의 소굴인 대마도를 토벌하였다.
⑤ 임진왜란 초기 신립은 충주의 탄금대에서 배수진을 치고 항전하였지만 왜군을 막아내지 못하였다. 결국, 선조는 의주로 피난을 떠났고 한성은 함락되었다.

심화 54회 23번

03 밑줄 그은 '이 전쟁' 중에 있었던 사실로 옳지 않은 것은?

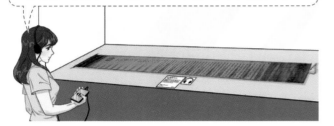

이 자료는 이 전쟁에서 공을 세운 김시민을 선무 2등 공신으로 책봉한 교서입니다. 그는 진주성 전투에서 대승을 거두어 왜군의 보급로를 끊었으며 전라도의 곡창 지대를 지키는 데 기여하였습니다.

① 임경업이 백마산성에서 항전하였다.
② 조명 연합군이 평양성을 탈환하였다.
③ 권율이 행주산성에서 크게 승리하였다.
④ 조헌이 금산에서 의병을 이끌고 활약하였다.
⑤ 이순신이 한산도 앞바다에서 학익진을 펼쳐 승리하였다.

임진왜란

정답 ① '이 전쟁'은 임진왜란이다. 김시민은 1592년 10월 나가오카 휘하의 왜군 3만여 명이 전라도로 진격하기 위해 진주성을 포위공격하자 이에 맞서 조선군 3천여 명은 혈전을 벌였다. 10월 9일에는 왜군의 총공격을 격퇴했으며, 곽재우·최강·이달 등의 의병 부대는 성 밖에 진을 치고 왜군의 배후를 위협했다. 6일간에 걸친 대접전 끝에 조선군은 왜군을 격퇴했으나 전투를 지휘한 김시민은 적의 총탄을 맞고 전사했다. 이 싸움의 결과로 조선군은 경상우도를 보존하고 왜군의 전라도 진출을 저지할 수 있었다.

정답 분석

① 임경업은 병자호란이 일어나자 의주의 백마산성을 굳게 지켰고, 청나라 군대는 백마산성을 피해 남하했다.

오답 피하기

② 임진왜란은 명의 원군이 전쟁에 참여하면서 국제전의 양상을 보였다. 1593년 1월 6일부터 1월 9일까지 조·명 연합군은 평양성 전투의 승리로 평양을 탈환하였다.
③ 1593년 2월 12일 권율이 이끄는 관군과 백성은 합심하여 행주산성에서 왜군을 물리쳤다.
④ 조헌은 1592년 8월 15일부터 16일까지 금산 전투에서 왜군과 맞서 싸웠으나 순절하였다.
⑤ 1592년 7월 8일 이순신은 한산도에서 학이 날개를 펼친 모습으로 왜군을 포위하는 학익진 전법을 펼쳐 크게 승리하였다.

심화 56회 23번

04 밑줄 그은 '이 전란' 이후에 있었던 사실로 옳은 것은?

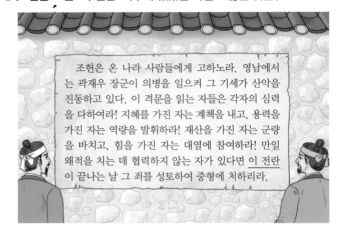

조헌은 온 나라 사람들에게 고하노라. 영남에서는 곽재우 장군이 의병을 일으켜 그 기세가 산악을 진동하고 있다. 이 격문을 읽는 자들은 각자의 심력을 다하여라! 지혜를 가진 자는 계책을 내고, 용력을 가진 자는 역량을 발휘하라! 재산을 가진 자는 군량을 바치고, 힘을 가진 자는 대열에 참여하라! 만일 왜적을 치는 데 협력하지 않는 자가 있다면 이 전란이 끝나는 날 그 죄를 성토하여 중형에 처하리라.

① 유정이 회답 겸 쇄환사로 일본에 파견되었다.
② 나세, 심덕부 등이 진포에서 왜구를 격퇴하였다.
③ 신숙주가 일본에 다녀와 해동제국기를 저술하였다.
④ 조선 정부의 통제에 반발하여 삼포왜란이 일어났다.
⑤ 외침에 대비하기 위해 임시 기구로 비변사가 설치되었다.

임진왜란 이후 조선과 일본과의 관계

정답 ① 밑줄 그은 '이 전란'은 임진왜란이다. 1592년 임진왜란이 시작되자 조선은 20일 만에 한양을 점령당하였다. 이후 평양을 내주고 함경도까지 적에게 유린당하자 조선은 명에 원군을 요청하였고, 명은 전쟁이 자국으로 번지는 것을 막기 위해 참전을 결정하였다. 전쟁 초반 조선에 불리하던 전세는 수군과 전국 각지에서 일어난 의병의 활약으로 점차 바뀌어 갔다. 곽재우, 조헌, 고경명, 정문부 등의 의병장이 이끄는 의병들은 일본군에 큰 타격을 입혔다. 전국 각지에서 일어난 의병은 향토 지리에 밝은 이점을 활용하여 왜군에게 큰 타격을 주었다.

정답 분석

① 임진왜란 이후 유정(사명대사)는 '회답 겸 쇄환사'의 임무를 띠고 국왕의 친서를 가지고 일본으로 건너가 도쿠가와 이에야스와 강화를 맺었다. 그 결과 임진왜란 때 포로로 잡혀간 조선인 3,000여 명이 본국으로 돌아올 수 있었다.

오답 피하기

② 고려 후기 우왕 때 최무선은 화포를 만들어 나세, 심덕부 등과 함께 많은 왜구의 배를 불태웠다(진포대첩).
③ 조선 초기 문신 신숙주가 지은 "해동제국기"는 1443년 서장관으로 일본에 다녀왔을 때의 경험을 바탕으로 일본의 지형과 국내 사정, 외교 절차 등을 정리하여 세종에게 올린 것으로, 1471년 성종 때에 간행되었다.
④ 조선 중기 중종 때 부산포·내이포·염포 등 삼포에서 거주하고 있던 왜인들이 조선 정부의 엄격한 통제에 불만을 품고 대마도 도주의 지원을 받아 삼포왜란을 일으켰다.
⑤ 조선 중기 중종 때 남쪽 해안의 왜구과 북쪽 국경 지대의 여진에 대한 국방 대책을 사전에 마련하기 위해 임시 기구로 비변사를 설치하였다.

05 (가) 국가에 대한 조선의 정책으로 옳은 것은 〈보기〉에서 고른 것은?

그림으로 보는 조선사

외교

이것은 기유약조로 교역이 재개된 (가) 와/과의 무역 중심지인 초량 일대를 그린 그림이다. 그림 아래 부분의 동관 지역은 (가) 상인들과 관리들의 집단 거주지였으며, 거류민 관리와 조선과의 교섭 등을 담당하던 관수의 관사(官숍)도 위치해 있었다.

─── 〈보 기〉 ───

ㄱ. 막부의 요청에 따라 통신사를 파견하였다.

ㄴ. 한성에 동평관을 두어 무역을 허용하였다.

ㄷ. 하정사, 성절사, 동지사 등 사절단을 보내었다.

ㄹ. 어윤중을 서북 경략사로 임명하여 사무를 관장하였다.

① ㄱ, ㄴ　　② ㄱ, ㄷ　　③ ㄴ, ㄷ　　④ ㄴ, ㄹ　　⑤ ㄷ, ㄹ

조선과 일본의 대외 관계

정답 ①　　(가) 국가는 일본이다. 임진왜란으로 큰 피해를 입은 조선은 일본과의 외교 관계를 단절하였다. 그러나 일본은 전쟁 후의 경제적인 어려움을 해결하고 선진 문물을 받아들이기 위해 대마도 도주를 통해 국교를 재개하자고 요청하였다. 이에 조선은 1607년 회답사를 파견하여 국교를 재개하고, 1609년 광해군은 기유약조를 체결하여 무역을 허용하였다.

정답 분석

ㄱ. 임진왜란 이후 일본의 에도 막부는 쇼군이 바뀔 때마다 국제적으로 권위를 인정받고 조선의 선진 문화를 계속해서 받아들이기 위해 사절을 요청하였다. 조선은 일본의 요청에 따라 여러 차례 통신사를 파견하였다.

ㄴ. 동평관은 조선 전기에 일본 사신을 대접하기 위하여 마련한 관사로 왜관이라고도 한다.

오답 피하기

ㄷ. 조선은 중국에 새해 문안을 위한 하정사, 황제의 생일에 보내는 성절사, 연말 동지사 등 삼절사 외에도 다양한 명칭의 사신단을 수시로 보냈다.

ㄹ. 조선 후기 고종은 1882년 청이 간도를 개간한다는 명분으로 조선 정부에 우리 민족의 철수를 요구하자 어윤중을 서북 경략사로 임명하여 이에 대처하도록 하였다.

---

06 밑줄 그은 '이 사절단'에 대한 설명으로 옳은 것은?

이 해사록은 김세렴이 <u>이 사절단</u>의 부사로 일본에 다녀온 후 작성한 책입니다. 여기에는 쓰시마, 교토를 거쳐 에도까지 간 여정, 당시 일본의 지형과 풍속, 쇼군을 만난 내용 등이 담겨 있습니다.

해사록

① 암행어사의 형태로 비밀리에 파견되었다.

② 해국도지, 영환지략을 국내에 소개하였다.

③ 하정사, 성절사, 천추사 등으로 구분되었다.

④ 막부의 요청으로 파견되어 문물을 전하였다.

⑤ 기기국에서 무기 제조 기술을 습득하고 돌아왔다.

통신사

정답 ④　　밑줄 그은 '이 사절단'은 통신사이다. 임진왜란이 끝난 지 9년 뒤인 1607년이 되어서야 조선과 일본 사이에 국교가 재개되었다. 조선은 에도 막부의 요청을 받아들여 회답 겸 쇄환사를 파견하였으며, 이후 19세기 초까지 통신사를 파견하였다. 조선에서 파견한 통신사를 맞이하는 일은 막부의 국제적 지위를 다이묘와 주민에게 과시할 수 있는 기회이기도 하였다.

정답 분석

④ 통신사 일행은 조선의 문화를 일본에 전하여 일본 문화의 발전에 큰 영향을 끼쳤다.

오답 피하기

① 1881년 국내의 개화 반대 여론을 의식하여 비밀리에 파견된 조사 시찰단은 4개월여 동안 일본의 근대 시설과 근대적 법률·조세 제도 등을 살펴보고 돌아왔다.

② 조선 후기에 역관들은 각종 사절단의 통역으로 중국을 자주 왕래하면서 『해국도지』와 『영환지략』같은 각종 서적을 국내에 소개하였다.

③ 조선은 중국에 새해 문안을 위한 하정사, 황제의 생일에 보내는 성절사, 연말 동지사 등 삼절사 외에도 명칭도 다양한 사신단을 수시로 보냈다.

⑤ 1881년 영선사 김윤식의 인솔하에 38명의 기술자를 청에 보내 무기 제조 기술을 배우도록 하였으며, 이를 바탕으로 기기창을 세웠다.

호란의 발생과 북벌 운동

▲ 강홍립 장군의 묘

▲ 정묘호란과 병자호란

① 광해군의 정책과 인조반정

(1) 광해군의 전후 복구

정책	• 무너진 성곽과 무기 수리, 토지 대장 및 호적 정리 ➡ 국가 재정 확충 • 대동법 시행 : 이원익의 건의로 경기도에서 처음 실시 • 허준의 『동의보감』 편찬 : 유네스코 세계 기록 유산 등재(2009) • 기유약조 체결 : 일본의 조공 무역 요청을 허용 • 임진왜란 때 의병 활동에 적극적으로 참여했던 북인이 정국을 주도

(2) 광해군의 실리적 중립 외교

의미	명과 후금 사이에서 실리를 취하는 중립 외교
배경	후금이 명을 공격하자 명은 조선에 원군을 요청
과정	광해군은 강홍립과 1만여 명의 군사를 출병시키면서 실리적으로 대처하도록 지시 ➡ 후금에 거짓 항복 ➡ 의리와 명분을 중시한 서인의 반발
결과	대의명분을 강조한 서인과 남인의 불만 초래 ➡ 인조반정의 원인이 됨

(3) 인조반정(1623)

배경	• 광해군의 중립 외교 ➡ 명에 의리를 저버리는 행위라고 비판 • 영창 대군 살해, 인목 대비 폐위 ➡ 유교 윤리에 어긋난다고 비판
결과	광해군 축출, 북인 숙청 ➡ 인조 즉위, 서인 집권

② 호란의 발발

(1) 정묘호란(1627)

배경	• 인조와 서인의 친명배금 정책 추진 • 이괄의 난(1624) : 이괄이 광해군의 복수를 명분으로 반란을 일으키자, 인조는 공산성(공주)으로 피란 ➡ 반란이 실패하자 잔당들은 후금에 투항하여 인조반정의 부당함을 고발
전개 과정	후금의 조선 침략 ➡ 인조는 강화도로 피신 ➡ 용골산성의 정봉수, 의주 지역의 이립 등 의병 항쟁 승리, 관군의 승리
결과	후금과 강화 성립 ➡ 형제 관계를 체결(청이 형, 조선이 아우가 됨)

(2) 병자호란(1636)

배경	• 후금이 국호를 '청'으로 고침 ➡ 조선에 군신 관계 요구 ➡ 조선의 거절 • 조선 내 주전론(윤집-무력으로 대응하자), 주화론(최명길-외교로 해결하자)의 대립 ➡ 주전론 대세 ➡ 청의 요구 거부

전개 과정	청 태종의 침입 ➡ 왕실은 강화도로 피신, 인조는 남한산성으로 피신 ➡ 강화도에서 김상용의 순절, 임경업의 백마산성 항쟁(청의 군대는 백마산성을 포기하고 남하), 김준룡이 근왕병을 이끌고 항쟁(누르하치의 사위 양고리 사살, 광교산 항전), 홍명구와 유림이 근왕병을 이끌고 항쟁(김화에서 적을 물리침) ➡ 인조는 남한산성에서 45일 간 항전 ➡ 조선의 항복
결과	• 청과 강화 성립(삼전도의 굴욕) ➡ 군신 관계 성립, 명과 국교 단절, 청에 조공 • 두 왕자(소현 세자, 봉림 대군)와 척화론자들을 청에 압송 • 청에 대한 반감 고조 ➡ 북벌론과 북학론의 대두

▲ 삼전도비

삼전도비는 병자호란 이후 청이 조선으로부터 항복 받은 사실을 기억시키기 위해 세운 것이다.

사료 살펴보기

주화론자 vs 척화론자의 대립

"화친을 맺어 국가를 보존하는 것보다 차라리 의를 지켜 망하는 것이 옳다고 하였으나 이것은 신하가 절개를 지키는 데 쓰이는 말입니다. … 자기의 힘을 헤아리지 아니하고 경망하게 큰소리를 쳐서 오랑캐들의 노여움을 도발, 마침내는 백성이 도탄에 빠지고 종묘와 사직에 제사를 지내지 못하게 된다면 그 허물이 이보다 클 수 있겠습니까.　　　ー『지천집』 최명길의 주화론 ー

"화의가 나라를 망친 것은 어제 오늘의 일이 아니고 옛날부터 그러하였으나 오늘날처럼 심한 적은 없습니다. 명나라는 부모의 나라이고 오랑캐(청)는 부모의 원수입니다. 신하된 자로서 부모의 원수와 형제의 의를 맺고 부모의 은혜를 저버릴 수 있겠습니까.　　　ー『인조실록』 윤집의 척화론 ー

후금은 더욱 강성해져 국호를 '청'으로 바꾸고, 조선에 군신 관계를 요구하였다. 이에 조선 조정에서는 외교적 교섭으로 해결하자는 주화론과 무력으로 대응하자는 주전론으로 나누어졌다. 조선에서는 치열한 논쟁 끝에 주전론이 우세하여 청의 군신 관계 요구를 거절하였다. 이에 청 태종은 직접 군대를 이끌고 조선을 다시 한 번 침입하였다(병자호란, 1636).

▲ 김상용 순절비

❸ 호란 이후 청과의 관계

(1) 북벌론

배경	청에 대한 복수심, 서인의 패전 책임 회피와 정권 유지 목적
결과	표면적으로 청과 사대 관계 유지 ➡ 효종 때 청 정벌을 위한 북벌 운동 추진(송시열, 이완 등이 중심) ➡ 어영청을 중심으로 북벌 추진 ➡ 효종의 사망과 청의 성장으로 인해 실행하지 못함

(2) 나선 정벌(효종)

배경	러시아 세력의 남하 ➡ 청의 원병 요청(자주적 성격이 아님, 북벌 계획과는 연관 없음)
결과	• 효종 때 두 차례 조총 부대 투입 ➡ 큰 성과를 거둠 ㅡ 제1차 나선정벌 : 변급 외에 150여 명의 조총군 출병, 쑹화강에서 러시아군 격퇴 ㅡ 제2차 나선정벌 : 신유 외에 200여 명의 조총군 출병, 헤이룽강에서 러시아군 격퇴

▲ 나선 정벌

(3) 북학론

과정	연행사를 통해 청의 발전상 소개 ➡ 18세기 이후 일부 실학자 중심으로 청의 문물 수용 주장

(4) 청과의 간도 문제

간도 문제	• 청이 만주 일대를 출입 금지 지역으로 설정 ➡ 조선과 분쟁 발생 • 백두산정계비 건립(1712) : 숙종 때 조선과 청의 대표가 백두산 일대를 답사한 후 국경 확정 　➡ 서로는 압록강, 동으로 토문강을 경계로 정함

▲ 백두산정계비

은쌤의 합격노트

광해군의 전후 복구

☑ 시험에 꼭 나오는 키워드

광해군 대에 있었던 사건 정리하기 ➡ 기유약조 체결, 대동법 시행, 허준의 『동의보감』 편찬, 중립외교 전개, 인조반정

☑ 최다 빈출 선지

광해군
① 전통 한의학을 집대성한 동의보감이 완성되었다.
② 제한된 무역을 허용한 기유약조가 체결되었다.
③ 명의 요청으로 강홍립의 부대가 파견되었다.
④ 영창 대군이 사사되고 인목 대비가 유폐되었다.
⑤ 북인이 서인과 남인을 배제하고 권력을 장악하였다.
⑥ 서인이 반정을 일으켜 정권을 장악하였다(인조반정).

호란의 발발

☑ 시험에 꼭 나오는 키워드

• 정묘호란은 병자호란 문제의 오답 선지로 활용됨 ➡ 정묘호란의 단독 출제 확률은 극히 낮음
• 병자호란의 주요 사건 및 인물 정리하기

☑ 최다 빈출 선지

이괄의 난(인조반정~정묘호란 사이의 사건)
① 공신 책봉 문제로 이괄이 반란이 일으켰다.
② 왕이 도성을 떠나 공산성으로 피란하였다.

정묘호란
① 정봉수와 이립이 용골산성에서 항쟁하였다.

병자호란
① 임경업이 백마산성에서 항전하였다.
② 김상용이 강화도에서 순절하였다.
③ 김준룡이 근왕병을 이끌고 광교산에서 항전하였다.
④ 홍명구와 유림은 근왕병을 이끌고 김화에서 적을 물리쳤다.
⑤ 소현 세자와 봉림 대군 등이 청에 인질로 끌려갔다.

호란 이후 청과의 관계

☑ 시험에 꼭 나오는 키워드

• 북벌론과 나선 정벌은 단독 출제보다는 효종과 연계해서 출제가 됨
• 북학론은 실학과 연계해서 출제가 됨
• 백두산정계비는 단독 출제 또는 간도 지역 문제가 출제될 때 활용이 됨

☑ 최다 빈출 선지

효종
① 어영청을 중심으로 북벌을 추진하였다.
② 조총 부대를 나선 정벌에 파견하였다.
③ 변급, 신류 등을 파견하여 나선 정벌을 단행하였다.
④ 청에 당한 치욕을 갚자는 북벌론이 전개되었다.

백두산정계비
① 청과의 국경을 정한 백두산정계비를 건립하였다.

01 다음 상황이 나타나게 된 원인으로 옳은 것은?

강홍립이 장계를 올리기를, "신이 배동관령(背東關嶺)에 도착하여 먼저 통역관을 보내어 밀통하기를, '비록 명나라에게 재촉을 당하여 여기까지 오기는 하였으나 항상 진지의 후면에 있어서 접전(接戰)하지 않을 계획이다.'라고 하였기 때문에 전투에 패한 후에도 서로 잘 지내고 있습니다. 만일 화친이 속히 이루어진다면 신들은 돌아갈 수 있을 것입니다."라고 하였다.

① 청에 당한 치욕을 씻고자 북벌을 추진하였다.
② 4군 6진을 설치하여 북방 영토를 확장하였다.
③ 인조 반정 이후 친명 배금 정책을 추진하였다.
④ 명과 후금 사이에서 중립 외교 정책을 추진하였다.
⑤ 명과의 국교를 단절하고 청의 조공 요구를 받아들였다.

광해군

정답 ④　광해군 집권 당시 중국에서는 명의 국력이 쇠퇴하고 압록강 북쪽 지역에서 누르하치가 후금을 건국하였다(1616). 후금이 명을 공격하자, 명은 왜란 때 도와준 것을 내세워 조선에 군사를 요청하였다. 광해군은 명의 요청을 거절할 수도 없고, 강성해진 후금과의 관계를 악화시킬 수도 없었기에 이에 명과 후금 사이에서 중립 외교를 취하였다.

정답 분석

④ 광해군은 명과 후금의 싸움에 말려들지 않고 조선의 사정에 맞추어 실리를 취하는 중립 외교 정책을 펼쳤다. 이에 강홍립에게 후금을 자극하지 말고 휴전을 맺고 돌아오라고 명하였다.

오답 피하기

① 병자호란 이후 청에 인질로 잡혀갔다 돌아와 왕위에 오른 효종은 청에 반대하는 입장을 강하게 내세웠던 송시열, 송준길, 이완 등을 등용하였다.
② 조선 초기 세종 때에는 최윤덕과 김종서가 4군 6진을 개척해 압록강과 두만강을 경계로 하는 오늘날과 같은 국경선을 확정하였다.
③ 광해군과 북인 세력을 몰아낸 인조와 서인 세력은 친명 배금 정책을 추진하였다.
⑤ 조선은 병자호란 이후 청에 굴복하여 군신 관계를 맺었고, 명과 국교를 단절하였다.

---

02 (가) 시기에 있었던 사실로 옳은 것은?

① 나선 정벌에 조총 부대가 동원되었다.
② 권율이 행주산성에서 적군을 격퇴하였다.
③ 정봉수와 이립이 용골산성에서 항쟁하였다.
④ 소현 세자와 봉림 대군 등이 청에 인질로 끌려갔다.
⑤ 외적에 침입에 대비하고자 비변사가 처음 설치되었다.

정묘호란

정답 ③　왼쪽 그림은 광해군의 중립 외교 정책이다. 후금을 세운 여진족의 누르하치가 명을 공격하였다. 이에 명이 조선에 지원병을 보내달라고 요청하자 광해군은 장수 강홍립에게 후금을 자극하지 말고 휴전을 맺고 돌아오라고 명하며 중립 외교 정책을 펼쳤다. 오른쪽 그림은 인조의 병자호란을 겪은 직후의 상황이다. 청으로 국호를 바꾼 후 조선에 군신 관계를 맺자고 요구하였고 조선은 거절하였다. 청 태종은 거절한 조선을 재침공하여 병자호란을 일으켰고, 삼전도에서 굴욕적인 항복을 받아낸 후 삼전도비를 세울 것을 강요하였다.

정답 분석

③ 후금이 침입하면서 정묘호란이 발발하자 인조는 강화도로 피신하여 항전 태세를 갖추었다. 각지에서는 관군과 의병이 합세하여 적을 막았고, 정봉수가 철산의 용골산성에서 적의 보급로를 차단하자 후금은 화의를 맺고 돌아갔다.

오답 피하기

① 효종은 청의 요청으로 조총 부대를 흑룡강 일대로 파견하여 남하하는 러시아군을 정벌하는 나선정벌을 단행하였다.
② 임진왜란 때 권율이 이끄는 관군과 백성은 합심하여 행주산성에서 왜군을 물리쳤다.
④ 청은 병자호란으로 조선이 항복하자 소현 세자와 봉림 대군을 비롯하여 척화를 강경하게 주장했던 신하들을 인질로 데려갔다.
⑤ 중종은 1510년 삼포왜란이 일어나자 그 대책으로 비변사를 설치하였다.

03 (가), (나) 사이의 시기에 있었던 사실로 옳은 것은?

> (가) 왕에게 이괄 부자가 역적의 우두머리라고 고해바친 자가 있었다. 하지만 왕은 "반역은 아닐 것이다."라고 하면서도, 이괄의 아들인 이전을 잡아오라고 명하였다. 이에 이괄은 군영에 있던 장수들을 위협하여 난을 일으켰다.
>
> (나) 최명길을 보내 오랑캐에게 강화를 청하면서 그들의 진격을 늦추도록 하였다. 왕이 수구문(水溝門)을 통해 남한산성으로 향했다. 변란이 창졸 간에 일어났기에 도보로 따르는 신하도 있었고 성안 백성의 통곡 소리가 하늘을 뒤흔들었다. 초경을 지나 왕의 가마가 남한산성에 도착하였다.

① 정봉수가 용골산성에서 항전하였다.
② 이순신이 명량에서 대승을 거두었다.
③ 권율이 행주산성에서 적군을 격퇴하였다.
④ 서인 세력이 폐모살제를 이유로 반정을 일으켰다.
⑤ 정여립 모반 사건을 계기로 기축옥사가 발생하였다.

조선과 호란(이괄의 난~병자호란)

정답 ① (가)는 조선 후기 1624년 인조 때 일어난 이괄의 난, (나)는 조선 후기 1636년 청이 대군을 이끌고 침입한 병자호란이다.
(가) 인조반정으로 집권한 서인은 대외적으로 친명배금 정책을 내세워 후금과의 관계를 단절하였다. 한편, 이괄은 인조반정 때의 공신이었으나 적절한 대우를 받지 못한 것에 불만을 품고 반란을 일으켰다(1624).
(나) 청 태종은 직접 군사를 이끌고 조선을 침략하였다(병자호란, 1636). 청군의 침략으로 한성이 위험해지자 인조와 일부 신하들은 남한산성으로 들어가 청군에 대항하였다. 그러나 결국 45일간의 항전 끝에 청의 요구를 받아들여, 인조가 삼전도에 직접 나가 항복함으로써 전쟁은 끝이 났다.

정답 분석

① 조선 후기 이괄의 난이 평정된 이후 이괄의 잔당은 후금으로 도망가 인조의 즉위가 부당하다고 호소하였다. 이에 후금의 태종은 광해군을 위해 보복한다는 명분을 내세워 3만여 명의 군사를 이끌고 조선을 침략하였다(정묘호란, 1627). 정묘호란이 일어나자 정봉수와 이립 등이 의병을 일으켜 맞서 싸웠다. 이는 (가)와 (나) 사이의 일이다.

오답 피하기

② 조선 중기 선조 때 1597년 정유재란이 일어나자 이순신은 명량에서 울돌목의 특성을 이용하여 13척의 배로 133척의 일본 배를 물리쳤다.
③ 조선 중기 선조 때 임진왜란이 일어나자 1593년 2월 전라도 관찰사 권율은 행주산성에서 왜군을 크게 무찔렀다.
④ 조선 후기 광해군의 실리 외교 정책에 불만을 품은 서인 세력은 '폐모살제'의 죄를 묻는다는 명분으로 반정을 일으켜 광해군을 몰아내고 인조를 세웠다.
⑤ 조선 중기 선조 때 당시 서인이었던 정여립이 동인으로 옮겨 갔다. 이에 정철이 정여립을 역모죄로 몰아가면서 기축옥사가 발생하였다.

04 밑줄 그은 '전란' 중에 있었던 사실로 옳은 것은?

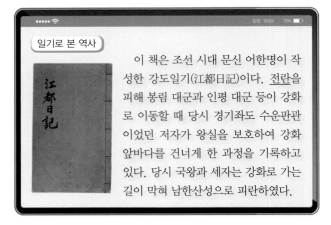

> 일기로 본 역사
>
> 이 책은 조선 시대 문신 어한명이 작성한 강도일기(江都日記)이다. 전란을 피해 봉림 대군과 인평 대군 등이 강화로 이동할 때 당시 경기좌도 수운판관이었던 저자가 왕실을 보호하여 강화 앞바다를 건너게 한 과정을 기록하고 있다. 당시 국왕과 세자는 강화로 가는 길이 막혀 남한산성으로 피란하였다.

① 정문부가 길주에서 의병을 이끌었다.
② 강홍립이 사르후 전투에 참전하였다.
③ 김시민이 진주성에서 적군을 크게 물리쳤다.
④ 임경업이 백마산성에서 적의 침입에 대비하였다.
⑤ 최윤덕이 올라산성에서 이만주 부대를 정벌하였다.

병자호란

정답 ④ 밑줄 그은 '전란'은 병자호란이다. 후금은 강성해지자 국호를 '청'으로 바꾸고, 조선에 군신 관계를 요구하였다. 이에 조선 조정에서는 외교적 교섭으로 해결하자는 주화론과 무력으로 대응하자는 주전론이 대립하였다. 치열한 논쟁 끝에 주전론이 우세하여 조선은 청의 군신 관계 요구를 거절하였다. 이에 청 태종은 직접 군대를 이끌고 조선을 공격하였다(병자호란, 1636). 인조는 남한산성으로 피신하여 항전을 꾀하였지만 청을 물리칠 힘이 없었던 조선은 결국 청과 강화를 맺었다.

정답 분석

④ 병자호란이 일어나자 청군은 임경업이 굳게 지키는 백마산성을 포기하고 직접 한양을 향해 진격하였다.

오답 피하기

① 정문부는 임진왜란 때 회령의 국경인 등이 반란을 일으켜 왜군에 투항하자 산속에 숨었다가 관민 합작의 의병 대장이 되어 경성을 수복하였다.
② 광해군의 명을 받은 강홍립은 명을 지원하기 위해 사르후 전투에 참전하였으나 후금과의 대결을 피해 항복하였다.
③ 임진왜란 때 1592년 10월 진주 목사 김시민과 진주성을 지키는 군대는 왜군을 상대로 7일간의 격전 끝에 제1차 진주성 전투를 승리로 이끌었다.
⑤ 조선 초기 세종 때에는 최윤덕과 김종서가 이만주 부대를 정벌하고, 4군 6진을 개척해 압록강과 두만강을 경계로 하는 오늘날과 같은 국경선을 확정하였다.

05 (가)~(다)를 일어난 순서대로 옳게 나열한 것은?

> (가) 왕은 군사를 일으켜 왕대비를 받들어 복위시킨 뒤 경운궁에서 즉위하였다. 광해군을 폐위시켜 강화로 내쫓고 이이첨 등을 처형한 다음 전국에 대사령을 내렸다.
>
> (나) 용골대 등이 왕을 인도하여 들어가 단 아래에 북쪽을 향해 자리를 마련하고 왕에게 자리로 나아가기를 청하였다. 왕이 세 번 절하고 아홉 번 머리를 조아리는 예를 행하였다.
>
> (다) 왕은 김상용에게 도성의 일을 맡기고 종묘사직의 신주를 받들어 강화로 피난해 들어갔다. 이에 김류, 이귀, 최명길, 김자점 등의 신하들이 모두 따라갔다.

① (가) – (나) – (다) ② (가) – (다) – (나)
③ (나) – (가) – (다) ④ (나) – (다) – (가)
⑤ (다) – (가) – (나)

인조 대의 주요 사건

정답 ② (가) 1623년 서인은 인목 대비를 폐위시키는 등 유교 윤리를 어겼다는 이유로 광해군을 몰아내고 인조를 새 왕으로 추대하였다(인조반정).
(나) 1637년 인조는 병자호란 때 45일 간의 항전 끝에 청의 요구를 받아들여, 삼전도에 직접 나가 항복함으로써 전쟁은 끝이 났다. 조선이 청에 항복한 후 청의 요구로 삼전도비가 세워졌고, 청 황제의 덕을 칭송하는 내용이 새겨져 있다.
(다) 1636년 김상용은 병자호란이 일어나자 묘사의 신주를 받들고 빈궁·원손을 수행해 강화도로 피난을 떠났다. 이듬해 성이 함락되자 김상용은 성의 남문루에 있던 화약에 불을 지르고 순절하였다.

정답 분석

② (가) – (다) – (나)

---

06 (가), (나) 사이의 시기에 있었던 사실로 옳은 것은?

> (가) 정묘년 때 맹약을 잠시라도 지켜서 몇 년이나마 화(禍)를 늦춰야 합니다. 그 사이 어진 정치를 베풀어 민심을 수습하며 성을 쌓고 군량을 비축해야 합니다. 또 방어를 더욱 튼튼히 하고 군사를 집합시켜 일사불란하게 해야 합니다. 그런 다음 적의 허점을 노리는 것이 우리로서는 최상의 계책일 것입니다.
> ─ 『지천집』 ─
>
> (나) 오라총관 목극등이 …… 국경을 정하기 위하여 백두산에 이르렀다. 우리나라에서는 접반사 박권, 함경도 순찰사 이선부, 역관 김경문 등을 보내어 응접하게 하였다. …… 목극등이 중천(中泉)의 물줄기가 나뉘는 위치에 앉아서 말하기를, "이곳이 분수령이라 할 수 있다."라고 하고, 그곳에 경계를 정하고 돌을 깎아서 비를 세웠다.
> ─ 『만기요람』 ─

① 조총 부대가 파견되어 러시아 군대와 교전하였다.
② 명의 요청에 따라 강홍립이 이끄는 부대가 파병되었다.
③ 후금의 침입에 대비하여 이괄이 평안도에 주둔하였다.
④ 용골산성에서 정봉수와 이립이 의병을 이끌고 항전하였다.
⑤ 포수, 살수, 사수의 삼수병으로 구성된 훈련도감이 설치되었다.

병자호란~백두산 정계비 사이의 사건

정답 ① (가)는 인조 때 병자호란을 앞두고 조선에서 주화론자의 주장이다. 정묘호란 이후 청 태종은 스스로 황제라 칭하면서 조선에 군신 관계를 맺을 것을 요구하였다. 이에 대해 조선 조정은 척화론으로 기울어졌고, 이에 청 태종은 10여 만의 군사를 이끌고 쳐들어와 한양을 점령하였다(병자호란, 1636).
(나)는 숙종 때 백두산정계비가 세워지는 모습이다. 이에 조선과 청의 대표는 1712년 백두산 일대를 답사하고 정계비를 세웠다.

정답 분석

① 효종은 두 차례에 걸쳐 조총 부대를 출동시켜 큰 성과를 거두고 돌아왔는데, 이를 나선 정벌이라고 한다. (가)와 (나) 사이의 일이다.

오답 피하기

② 광해군은 명과 후금의 싸움에 말려들지 않고 실리를 취하는 중립 외교 정책을 펼쳤다. (가) 이전의 일이다.
③ 이괄은 인조반정 때의 공신이었으나 적절한 대우를 받지 못한 것에 불만을 품고 1624년 반란을 일으켰다. (가) 이전의 일이다.
④ 1927년 정묘호란이 일어나자 정봉수와 이립 등이 의병을 일으켜 맞서 싸웠다. (가) 이전의 일이다.
⑤ 임진왜란 중에 포수, 살수, 사수의 삼수병으로 구성된 훈련도감이 조직되었다. (가) 이전의 일이다.

35강 조선 후기 정치의 변동

① 붕당 정치의 변화

사료 살펴보기

붕당 정치의 원인

붕당은 싸움에서 생기고, 싸움은 이해관계에서 생긴다. 이해관계가 절실하면 붕당이 깊어지고, 이해관계가 오래될수록 붕당이 견고해진다. 이렇게 되는 이유는 무엇인가? 지금 열 사람이 함께 굶주리고 있는데, 한 그릇 밥을 같이 먹게 되면 그 밥을 다 먹기도 전에 싸움이 일어날 것이다. …… 조정의 붕당도 이와 다르지 않다. …… 과거를 자주 보아 인재를 너무 많이 뽑았고, …… 이것이 이른바 관직은 적은데 써야 할 사람은 많아서 모두 조처할 수 없다는 것이다.

– 『곽우록』 –

양반의 수는 늘어나는데 관직의 수와 그에 따른 권력과 경제력이 한정되어 있기 때문에 붕당 정치가 변질되어 치열한 정쟁이 전개되었다.

선조	• 사림의 집권 ➡ 사림이 동인과 서인으로 나뉘어 붕당 형성

	동인	서인
	이조 전랑 임명과 척신 정치 청산 문제로 동인과 서인으로 분화	
	• 대표 인물 : 김효원 • 신진 사림이 중심 • 서경덕, 이황, 조식의 학문 계승	• 대표 인물 : 심의겸 • 기성 사림이 중심 • 이이와 성혼의 학문 계승

• 동인은 다시 남인과 북인으로 분화

동인		서인
북인	남인	
정여립의 난 · 정철의 건저의 사건으로 동인은 북인과 남인으로 분화		

정여립 모반 사건	서인의 정여립이 동인으로 옮겨감 ➡ 이후 정여립이 관직에서 물러나 고향에서 대동계를 조직하다 역모의 오해를 뒤집어 씀 ➡ 서인의 정철이 기축옥사를 주도하여 정여립과 연루된 이발 등의 동인을 제거(서인에 의한 동인의 축출) ➡ 서인 집권
정철의 건저의 사건	서인의 정철이 광해군을 왕세자로 책봉할 것을 건의 ➡ 선조의 반발 ➡ 동인 집권 ➡ 서인 처벌 문제를 놓고 동인 분화 ➡ 동인이 남인(온건파)과 북인(강경파)로 분화

광해군	북인의 권력 장악, 서인과 남인은 권력에서 배제
인조	인조반정으로 북인 축출 ➡ 서인의 권력 독점(친명배금 정책)
효종	• 서인이 집권 ➡ 북벌 운동 추진 • 북벌 준비 : 송시열, 송준길, 이완 등을 등용하여 군대 양성, 성곽 수리 등을 실시

현종	• 두 차례의 예송 논쟁 발생(전례 문제) : 서인과 남인 대립 격화 　┌ 효종(봉림 대군)이 인조의 차남이기 때문에 정통성 문제가 생김 　└ 효종과 효종비가 죽자 인조의 계비인 자의 대비가 상복을 몇 년 입어야 하는지를 두고 서인과 남인이 벌인 논쟁

서인	남인
• 대표 인물 : 송시열 • 『주자가례』에 따라 왕과 일반 사대부의 예법이 같다고 주장	• 대표 인물 : 허목, 윤휴 • 왕은 일반 사대부의 예법과 똑같이 적용할 수 없다고 주장

• 1차 예송논쟁(1659, 기해예송) : 효종 사후 자의 대비의 상복 입는 기간을 둘러싸고 대립 ➡ 서인은 기년복(1년), 남인은 참최복(3년) 주장 ➡ 서인의 주장이 채택(효종의 정통성 불인정, 신권 강조)
• 2차 예송논쟁(1674, 갑인예송) : 효종비 사후 자의 대비의 상복 입는 기간을 둘러싸고 대립 ➡ 서인은 대공복(9개월), 남인은 기년복(1년) 주장 ➡ 남인의 주장이 채택(효종의 정통성 인정, 왕권 강조)

▲ 허목
• 남인의 핵심 인물
• 1차 예송에서 송시열로 대표되는 서인과 논쟁을 벌임
• 1차 예송에서 서인이 승리함에 따라 좌천
• 2차 예송에서 남인의 주장이 받아들여지면서 우의정에 오름
• 경신환국으로 좌천당한 후 고향에서 후진 양성에 힘씀

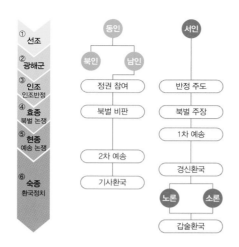

2 정치 구조의 변화

비변사의 기능 확대	• 중종 때 3포 왜란을 계기로 설치(1510) : 여진 · 왜 침입에 대비한 임시 회의 기구, 군사와 관련된 사항을 합의
	• 명종 때 을묘왜변을 계기로 상설 기구로 변화(1555)
	• 임진왜란 이후 : 국정 총괄 기구로 부상
	  ┌ 임진왜란(선조) : 구성원 및 역할이 확대됨
	  ├ 병자호란(인조) : 최고의 정치 기구로 자리잡음
	  └ 세도 정치기 : 세도 가문(외척 세력)의 권력 기반이 됨
	• 결과 : 군사, 외교, 재정, 인사 등 모든 국가 업무 총괄 ➡ 왕권 약화, 의정부 · 6조의 유명무실화 ➡ 흥선 대원군 때 폐지됨

3사의 변질	• 각 붕당의 이해 관계 대변 • 공론 반영보다 자기 세력 유지와 상대 세력 견제에 주력

3 군사 제도의 정비

중앙군 = 5군영	• 개편 : 5위(조선 초기~임진왜란 전) ➡ 5군영(임진왜란 중~17세기 말 완성)
	• 훈련도감(선조, 1593)
	  ┌ 유성룡의 건의에 따라 임진왜란 중에 설치(1593)
	  ├ 포수, 사수, 살수의 삼수병으로 구성
	  ├ 대부분이 급료를 받는 상비군으로 구성
	  └ 군사 훈련, 수도 방위, 국왕 보위
	• 인조 : 후금과의 항쟁 과정에서 설치, 서인의 군사적 기반 역할
	  ┌ 어영청(인조, 1623) : 수도 방어, 왕실 호위, 효종 때 북벌 준비
	  ├ 총융청(인조, 1624) : 경기 일대 방어, 북한산성에 위치
	  └ 수어청(인조, 1626) : 수도 남부 방어, 남한산성에 위치
	• 금위영(숙종, 1682) : 수도 방어, 왕실의 호위 강화

지방군	• 개편 : 진관 체제(15세기) ➡ 제승방략 체제(16세기) ➡ 임진왜란 이후 진관 체제 복구, 속오군 체제로 정비 • 속오군 체제 : 양반부터 노비까지 편제, 평상시 생업에 종사하다 유사시에 동원

자료 살펴보기

산림(山林)

산림은 시골에 은거해 있던 학덕이 높은 학자 가운데 국가의 부름을 받아 특별한 대우를 받던 인물들이다. 각 학파에서 학식과 덕망을 겸비한 인물이 산림이라는 이름으로 재야에서 그 여론을 주재하였다. 서인의 송시열이나 남인의 허목 등은 모두 대표적인 산림이었다.

사료 살펴보기

비변사의 기능 강화

요즘 큰일이건 작은 일이건 모두 비변사에서 처리합니다. 의정부는 이름만 남았고 6조는 할 일을 모두 빼앗기고 말았습니다. (비변사는) 이름은 '변방 방비를 담당하는 것'이라고 하면서 과거 시험에 대한 판정과 왕비나 세자빈의 간택까지 모두 여기서 합니다.

－「효종실록」－

비변사는 원래 16세기 초에 왜구와 여진의 침입에 대비하기 위해 설치한 임시회의 기구였다. 그런데 임진왜란을 거치면서 구성원이 고위 관원으로 확대되었고, 두 차례 호란을 겪으면서 최고 정치 기구로 자리 잡았다.

사료 살펴보기

훈련도감의 설치

임금께서 훈련도감을 설치하여 군사를 훈련시키라고 명하시고 나(유성룡)를 도제조로 삼으시므로, 나는 청하기를 "당속미 1천 석을 군량으로 하되 한 사람당 하루에 2승씩 준다하여 군인을 모집하면 응하는 자가 사방에서 모여들 것입니다."라고 하였다. …… 얼마 안 되어 수천 명을 얻어 조총 쏘는 법과 창칼 쓰는 기술을 가르치고 ……

－「서애집」－

훈련도감은 장시간 근무를 하고 일정한 급료를 받는 상비군의 형태로 유지되었다. 훈련도감의 군병은 기존에 활과 창으로 무장한 부대 이외에 조총으로 무장한 부대를 만들어 포수, 사수, 살수의 삼수병으로 편성하였다.

은쌤의 합격노트

정치 구조의 변화

☑ 시험에 꼭 나오는 키워드

• 비변사의 변천 과정에 대해 정리하기 ➡ 비변사는 단독 문제로 출제가 됨
• 5군영을 만든 왕들 기억하기 ➡ 훈련도감은 단독으로 출제가 됨, 나머지 4개의 군영은 단독 출제가 아니라 인조나 숙종 문제의 정답이 되거나 다른 왕 업적 문제의 오답 선지로 활용됨

☑ 최다 빈출 선지

비변사
① 비국이라고도 불렸다.
② 외침에 대비하기 위해 임시 기구로 설치되었다.
③ 국방 문제를 논의하기 위해 설치되었다.
④ 을묘왜변을 계기로 상설 기구화되었다.
⑤ 임진왜란을 거치면서 국정 최고 기구로 성장하였다.
⑥ 임진왜란 이후 조직과 기능이 확대되었다.
⑦ 세도 정치 시기에 외척의 세력 기반이 되었다.

훈련도감
① 포수, 사수, 살수의 삼수병으로 편제되었다.
② 왜군의 조총 부대에 맞서 조직된 부대이다.
③ 급료를 받는 상비군이 주축을 이루었다.

붕당 정치의 변화

☑ 시험에 꼭 나오는 키워드

• 사림이 동인과 서인으로 분화된 배경과 각 붕당의 특징 정리하기 ➡ 간혹 단독으로 출제가 됨
• 동인이 남인과 북인으로 분화된 배경 정리하기 ➡ 정여립 모반 사건은 예송, 환국의 오답 선지로 자주 활용됨
• 광해군(북인) – 인조(서인) – 효종(서인) 대까지 집권 세력 기억하기
• 예송논쟁의 내용 이해하기

☑ 최다 빈출 선지

사림의 분화
① 사림이 동인과 서인으로 나뉘었다.

동인의 분화
① 동인이 남인과 북인으로 분열되는 결과를 가져왔다.

정여립 모반 사건
① 정여립 모반 사건으로 기축옥사가 일어났다.
② 기축옥사로 이발 등 동인 세력이 제거되었다.
③ 정여립 모반 사건으로 서인이 정국을 주도하였다.

광해군
① 북인이 서인과 남인을 배제한 채 정국을 독점하였다.

예송 논쟁
① 서인과 남인 사이에 발생한 전례 문제이다.
② 자의 대비의 복상 문제로 예송이 전개되었다.
③ 효종 사후 인조의 계비인 자의 대비의 복상 기간을 두고 벌어진 논쟁이다.
④ 기해 예송에서 자의 대비의 기년복을 주장하였다(송시열, 서인).

01 (가) 기구에 대한 설명으로 옳은 것은?

> 오늘에 와서는 큰일이건 작은 일이건 중요한 것으로 취급되지 않는 것이 없어, 의정부는 한갓 헛이름만 지니고 6조는 모두 그 직임을 상실하였습니다. 명칭은 '변방의 방비를 담당하는 것'이라고 하면서 과거 시험에 대한 판하(判下)*나 비빈 간택 등의 일까지도 모두 (가) 을/를 경유하여 나옵니다. 명분이 바르지 못하고 말이 이치에 맞지 않음이 이보다 심할 수가 없습니다. 신의 어리석은 소견으로는 (가) 을/를 고쳐 정당(政堂)으로 칭하는 것이 상책이라 생각합니다.
>
> *판하(判下) : 안건을 임금이 허가하는 것

① 사헌부, 사간원과 함께 3사로 불렸다.
② 서얼 출신 학자들이 검서관에 등용되었다.
③ 흥선 대원군이 집권한 시기에 혁파되었다.
④ 서울과 수원에 설치되어 국왕의 호위를 맡았다.
⑤ 대사성을 수장으로 좨주, 직강 등의 관직을 두었다.

비변사

정답 ③   (가) 기구는 조선의 비변사이다. 비변사는 원래 여진족과 왜구에 대비하기 위해 임시 회의 기구로 설치되었으나 을묘왜변을 계기로 상설화되었다. 이후 임진왜란을 거치면서 외교, 재정, 사회 전반은 물론 고위 관리의 인사 문제까지 관할하였다.

정답 분석

③ 흥선 대원군은 국왕 중심의 통치 질서를 회복하고자 왕권을 제약하던 비변사를 철폐하였다.

오답 피하기

① 조선 시대 사헌부, 사간원, 홍문관의 3사는 언론 기능을 담당하였다. 관리들의 비리를 감찰하고, 정사를 비판하였으며, 국왕의 자문 역할을 맡았다.
② 조선 후기 정조 때에는 유득공, 박제가, 이덕무 등 서얼 출신이 규장각 검서관으로 활약하기도 하였다.
④ 조선 후기 정조는 왕의 친위대 성격을 지닌 장용영을 설치하여 서울과 수원에 배치하였다.
⑤ 조선 최고 교육 기관 성균관을 대표하는 자리로 정3품 당상관인 대사성이 총 책임을 지고, 이어 좨주, 악정, 직강, 전부, 박사 등을 배속시켰다.

---

02 밑줄 그은 '이 부대'에 대한 설명으로 옳은 것은?

> 전시된 그림은 이 부대의 분영인 북일영과 활터의 풍경을 묘사한 김홍도의 작품입니다. 임진왜란 중 류성룡의 건의로 편성된 이 부대는 직업 군인의 성격을 띤 상비군이었습니다.

북일영도

① 용호군과 함께 2군으로 불렸다.
② 진도에서 용장성을 쌓고 항전하였다.
③ 국경 지역인 북계와 동계에 배치되었다.
④ 포수, 살수, 사수의 삼수병으로 편제되었다.
⑤ 국왕의 친위 부대로 수원 화성에 외영을 두었다.

훈련도감

정답 ④   밑줄 그은 '이 부대'는 훈련도감이다. 임진왜란 초기에 패전을 경험한 조정에서는 새로운 군대의 필요성을 절감하여 임진왜란 중에 훈련도감을 설치하였다. 훈련도감은 장시간 근무를 하고 일정한 급료를 받는 상비군의 형태로 유지되었다. 또한, 수도 방위와 국왕 호위의 중요한 임무를 맡아 종래 5위가 담당하던 기능을 대신하였다.

정답 분석

④ 훈련도감의 군병은 기존에 활과 창으로 무장한 부대 이외에 조총으로 무장한 부대를 만들어 포수, 사수, 살수의 삼수병으로 편성하였다.

오답 피하기

① 2군은 고려 시대의 응양군과 용호군을 일컫는 것이다. 6위와 함께 8위로도 불리는 등 고려 중앙군의 핵심 부대였다.
② 진도 용장성은 고려 후기 대몽 항쟁을 위해 삼별초가 구축한 기지이다.
③ 고려 시대 지방군은 국경 지방인 양계(북계, 동계)에 주둔하는 주진군과 5도의 일반 군현에 주둔하는 주현군으로 이루어졌다.
⑤ 조선 후기 정조는 종합적인 도시 계획에 따라 건설된 수원 화성에 행궁과 장용영의 외영을 설치하여 한성을 방어하는 요지의 역할을 하도록 하였다.

붕당 정치 변질과 영·정조의 정치

▲ 송시열
- 서인과 노론의 영수
- 남인에 대해 강경한 입장
- 효종의 스승으로 북벌론을 주장
- 기축봉사를 올려 명에 대한 의리를 내세움
- 예송논쟁 때 신권을 강조하는 상복설 주장
- 남인의 윤휴와 소론의 박세당을 사문난적이라고 비판
- 희빈 장씨 소생의 왕자를 세자로 책봉하는 것에 반대하다 처형 당함(기사환국)

① 숙종의 환국 정치

체제 정비	· 금위영 설치 : 5군영 체제 완성 · 대동법을 황해도까지 확대 시행(잉류 지역을 제외한 전국적 실시) · 상평통보의 전국적 유통(법화로 사용), 백두산 정계비 건립, 안용복의 활동(독도), 부산에 초량 왜관 설치 · 숙종의 편당적 인사로 세 차례 환국 발생 ➡ 일당 전제화 추세
경신환국 (1680)	· 배경 : 남인 허적이 기름 먹인 장막(왕실의 물건)을 허락 없이 사용, 허적의 아들인 허견의 역모설이 발생(삼복의 변) · 전개 : 숙종은 남인을 견제하고자 남인을 축출하고 서인 중용 · 결과 : 남인 몰락(허적 · 윤휴 사사, 허목 낙향)하고 서인이 집권 ➡ 남인의 처분과 정국 운영 방식을 놓고, 서인이 노론(강경파, 송시열)과 소론(온건파, 윤증)으로 분화
기사환국 (1689)	· 배경 : 남인의 희빈 장씨 소생(훗날 경종)의 원자 책봉 문제 · 전개 : 숙종이 희빈 장씨 소생의 어린 아이를 원자로 책봉(원자의 명호를 정함) ➡ 서인은 세자 책봉에 반대 ➡ 서인의 영수 송시열은 관작을 삭탈당하고 유배된 후 사약을 먹고 죽음 ➡ 인현 왕후(서인)가 폐위되고 희빈 장씨(남인)가 왕비로 책봉 · 결과 : 송시열 등 서인 세력이 몰락하고 남인 재집권
갑술환국 (1694)	· 배경 : 서인의 인현 왕후 복위 문제 · 전개 : 숙종이 남인을 견제하자 서인은 인현 왕후 복위 운동 전개 ➡ 남인은 반대하다 숙청 당함 · 결과 : 인현 왕후 복위, 남인 세력 몰락 ➡ 노론과 소론이 연합한 가운데 노론이 정국 주도 ➡ 노론과 소론의 대립 격화

② 영조의 탕평 정치

즉위 과정	숙종 때 노론(영조 지지)과 소론(경종 지지)은 왕위 계승 문제로 대립 ➡ 경종 즉위 후 대리 청정 문제로 대립 ➡ 노론은 경종이 건강상 문제로 정사를 제대로 돌볼 수 없다며 영조의 대리 청정 주장 ➡ 소론이 지지한 경종이 아들 없이 일찍 사망 ➡ 노론의 지지를 받은 세제인 영조(연잉군) 즉위 ➡ 영조는 강력한 왕권을 바탕으로 탕평 정치 전개(조선 역사상 최장기 집권, 52년)
이인좌의 난 (1728)	· 영조 때 이인좌가 중심이 되어 정권에서 배제되었던 소론과 남인의 과격파가 연합하여 일으킨 반란(무신란, 정희량의 난이라고 함) · 경종의 죽음에 의혹이 있고 영조의 혈통에 문제가 있다고 주장하며 난을 일으켰지만 진압 당함
탕평책	· 탕평파 육성 : 붕당을 없애자는 입장에 동의한 인사들을 중심으로 정국 운영 ➡ 노론과 소론의 균형 유지 · 성균관 입구에 탕평비 건립 : 붕당 정치의 폐해를 경계 · 궁중 음식인 탕평채를 즐겨 먹음 : 여러 당파가 잘 협력하자는 탕평책을 논하는 자리에서 처음 등장한 음식 · 붕당 기반 제거 : 산림의 존재 부정, 서원 대폭 정리, 이조 전랑 권한 약화

▲ 탕평채
탕평채라는 음식명은 영조 때 여러 당파가 잘 협력하자는 탕평책을 논하는 자리의 음식상에 처음으로 등장하였다는 데서 유래하였다.

체제 정비	• 민생 안정
	  ┌ 균역법 실시 : 1년에 2필씩 걷던 군포를 1필로 줄임
	  ├ 신문고 부활(태종 때 처음 실시, 연산군 때 폐지)
	  └ 청계천 준설 : 홍수에 대비하여 준천사 신설
	• 형벌 제도 개선 : 가혹한 악형 금지, 사형수 삼심제 시행
	• 편찬 사업 : 『속대전』, 『동국문헌비고』(우리나라의 역대 문물 정리), 『속오례의』 편찬

임오화변 (1762)	• 영조가 사도(장헌)세자를 뒤주 속에 가두어 죽인 사건 • 사도세자 죽음을 놓고 동정적인 시파(남인 · 소론과 일부 노론)와 죽음을 당연시한 벽파(대다수 노론)가 대립
한계	• 왕권의 강화로 붕당 간의 극단적 대립 소멸 • 노론에 의존하여 정치하는 과정에서 외척 세력 성장

사료 살펴보기

영조의 탕평교서

전교하기를, "붕당의 폐단이 요즈음보다 심한 적이 없었다. 처음에는 사문(斯文)에 소란을 일으키더니, 지금에는 한편 사람을 모조리 역당으로 몰고 있다. 세 사람이 길을 가도 역시 어진 사람과 불초한 사람이 있게 마련인데, 어찌 한편 사람이라고 모두가 같은 투일 이치가 있겠는가? …… 우리나라는 본래 치우쳐 있고 작아서 사람을 쓰는 방법 역시 넓지 못한데, 요즈음에 이르러서는 그 사람을 임용하는 것이 모두 당목 가운데 사람이었으니, 이와 같이 하고도 천리의 공에 합하고 온 세상의 마음을 복종시킬 수 있겠는가?

－『영조실록』－

영조는 즉위 후 탕평 교서를 발표하여 숙종, 경종 대의 어지러운 정국을 바로잡고자 탕평파를 적극 육성하고 이들을 중심으로 정국을 운영하였다. 하지만 영조의 탕평책은 강력한 왕권을 통해 정쟁을 억제한 측면이 강하였고, 사실상 노론을 중심으로 국정이 운영되었다. 이에 탕평책의 강력한 후원 세력이었던 외척의 힘이 강해지는 문제점이 발생하였다

❸ 정조의 탕평 정치

탕평책	• 적극적인 탕평책 추진 ➡ 각 붕당의 주장이 옳은지 그른지를 명백히 가림 • 붕당에 관계없이 능력 위주 인사 ➡ 노론, 소론, 남인을 고루 등용

왕권 강화	• 규장각 설치 : 국왕 직속의 학술 및 정책 연구 기관으로 육성
	• 초계문신제 실시 : 유능한 인재 양성 및 재교육
	• 장용영 설치 : 국왕의 친위 부대, 서울과 수원에 배치
	• 수원 화성 건설 : 정치적 이상을 실현하는 도시로 육성
	  ┌ 양주에 있던 사도세자의 묘소를 수원으로 옮겨 현륭원이라 하고 화성 건설 시작
	  ├ 정약용의 활약 : 거중기를 만들어 화성 축조에 이용, 정조의 화성 행차를 위해 한강에 설치하는 배다리 설계
	  ├ 화성에 행궁과 장용영의 외영을 설치
	  └ 공사가 끝난 후 『화성성역의궤』를 편찬하여 경비, 인력, 기계 등을 모두 기록함
	• 서얼 출신의 학자들을 규장각 검서관에 등용(유득공, 이덕무, 박제가 등)
	• 수령의 권한 강화 ➡ 향약 직접 주관, 지방 사림의 향촌 지배력 억제

체제 정비	• 신해통공(1791) 단행 : 육의전을 제외한 시전 상인의 금난전권이 폐지 ➡ 시전 상인의 특권 축소 ➡ 상업 발달 • 『대전통편』(통치 체제 정비), 『무예도보통지』(훈련교범), 『동문휘고』(대외 관계 정리), 『탁지지』(호조의 모든 사례 정리), 『일성록』(정조가 세손 시절부터 쓴 일기) 편찬
한계	• 붕당 간의 대립 완화 ➡ 근본적인 문제 해결은 못함 • 정치 권력이 소수 정치 집단에 집중 ➡ 정조 사후 세도 정치 전개 배경

사료 살펴보기

영조의 탕평비

영조는 『논어』 위정편 14장에 있는 구절을 활용하여 "두루 사랑하고 편당하지 않는 것은 군자의 공정한 마음이며, 편당하고 두루 사랑하지 않는 것은 소인의 사사로운 마음이다."라고 재구성한 내용을 친서하여 비에 새겼다.

영조는 강력한 왕권으로 붕당 간의 균형을 이루고자 하였고, 성균관 유생들에게 탕평책을 알리기 위해 성균관 입구에 탕평비를 건립하였다.

▲ 창덕궁 주합루

1층은 왕실의 도서를 보관하는 규장각이고, 2층은 열람실이었는데 이 열람실을 주합루라고 한다.

▲ 수원 화성

▲ 화성 행차도

정조는 어머니인 혜경궁 홍씨와 함께 수원 화성에 있는 아버지 사도세자의 묘소에 행차하는 장면을 그린 화첩식 의궤도이다.

숙종의 환국 정치

☑ 시험에 꼭 나오는 키워드

- 숙종의 업적과 사건 정리하기 ➡ 금위영 설치, 대동법 확대 시행, 상평통보 전국적 유통, 백두산 정계비
- 환국의 순서 및 자세한 내용 기억하기 ➡ 각각의 환국을 단독으로 물어보기도 하고, 3개의 환국을 동시에 제시된 문제가 출제되기도 함

☑ 최다 빈출 선지

숙종
① 초량 왜관을 통해 일본과 무역하였다.
② 대동법을 황해도까지 확대 시행하였다.
③ 상평통보를 발행하여 법화로 사용하였다.
④ 수도 방어를 위하여 금위영을 창설하였다.
⑤ 청과의 경계를 정한 백두산 정계비를 세웠다.
⑥ 경신환국 등 여러 차례 환국을 통해서 정국을 주도하였다.

경신환국
① 허적과 윤휴 등 남인이 대거 축출되었다.

기사환국
① 희빈 장씨 소생의 원자 책봉 문제로 환국이 발생되었다.
② 인현 왕후가 폐위되고 희빈 장씨가 왕비로 책봉되었다.
③ 남인이 권력을 장악하고 희빈 장씨가 왕비로 책봉되었다.
④ 송시열이 관작을 삭탈당하고 유배되었다.

갑술환국
① 남인이 축출되고 노론과 소론이 정국을 주도하였다.

 영조와 정조의 탕평 정치

☑ 시험에 꼭 나오는 키워드

- 영조의 업적을 기억하기 ➡ 영조는 단독으로 자주 출제가 됨
- 정조의 업적을 기억하기 ➡ 조선의 왕들 중에 출제 비율이 가장 높음
- 영조 문제에서는 정조가 오답 선지로, 정조 문제에서는 영조가 오답 선지로 활용됨

☑ 최다 빈출 선지

영조
① 붕당의 폐해를 경계하기 위한 탕평비를 건립하였다.
② 균역법을 시행하여 백성들의 군역 부담을 줄여주었다.
③ 준천사를 신설하여 홍수에 대비하여 청계천 준설 공사를 하였다.
④ 이인좌를 중심으로 한 소론 세력이 난을 일으켰다.
⑤ 동국문헌비고를 편찬하여 역대 문물을 정리하였다.
⑥ 속대전을 편찬하여 통치 체제를 정비하였다.
⑦ 신문고를 다시 설치하여 백성의 억울함을 듣고자 하였다.

정조
① 국왕의 친위 부대인 장용영을 설치하였다.
② 유능한 인재를 양성하기 위해 초계문신제를 실시하였다.
③ 시전 상인의 특권을 축소하는 신해통공을 단행하였다.
④ 육의전을 제외한 시전 상인의 금난전권이 폐지되었다.
⑤ 서얼 출신 학자들이 검서관에 등용되었다.
⑥ 대전통편을 편찬하여 통치 체제를 정비하였다.
⑦ 훈련 교범인 무예도보통지가 편찬되었다.
⑧ 대외 관계를 정리한 동문휘고를 간행하였다.

01 밑줄 그은 '이 왕'이 추진한 정책으로 옳은 것은?

명릉은 <u>이 왕</u>과 왕비인 인현 왕후의 무덤입니다. <u>이 왕</u>에 대해서 알고 있는 사실을 대화 창에 올려 주세요.

> ON 대화 창
>
> 경신환국 등 여러 차례 환국을 통해서 정국을 주도하였어요.
>
> 대동법을 황해도까지 확대 시행하였어요.
>
> 글쓰기

① 수도 방어를 위하여 금위영을 창설하였다.
② 국가의 통치 규범인 경국대전을 반포하였다.
③ 청의 요청으로 나선 정벌에 조총 부대를 파견하였다.
④ 농민들의 군역 부담을 줄여주고자 균역법을 시행하였다.
⑤ 유능한 인재를 양성하기 위해 초계문신제를 실시하였다.

숙종

정답 ① 밑줄 그은 '이 왕'은 숙종이다. 숙종 때에 이르러 정국을 주도하는 붕당과 견제하는 붕당이 서로 교체됨으로써 정국이 급격하게 전환되는 환국이 나타나기 시작하였다.

정답 분석

① 조선 후기 숙종 때에 금위영이 추가로 설치되어 17세기 말에는 5군영 체제가 갖추어졌다. 5군영은 모두 서울과 경기 지역을 방위하는 군대였다.

오답 피하기

② 조선 초기 성종은 『경국대전』을 완성하고 반포하여 이후 조선 사회의 기본적인 통치 방향과 이념을 제시하였다.
③ 조선 후기 효종은 청의 요청으로 두 차례에 걸쳐 조총 부대를 출동시켜 큰 성과를 거두고 돌아왔는데, 이를 나선 정벌이라고 한다.
④ 조선 후기 영조는 농민들은 1년에 2필씩 내던 군포를 1필만 부담하는 균역법을 시행하였다.
⑤ 조선 후기 정조는 관리를 재교육하는 초계문신제를 실시하였다.

---

02 (가), (나) 사이의 시기에 있었던 사실로 옳은 것은?

> (가) 임금이 전교하기를, "내 생각에는 허적이 혹시 허견의 모반 사실을 알지 못했는가 하였는데, 문안(文案)을 보니 준기를 산속 정자에 숨긴 사실이 지금 비로소 드러났으니, 알고서도 엄호한 정황이 분명하여 감출 수가 없었다. 그저께 허적에게 사약을 내려 죽인 것도 이 때문이다."라고 하였다.
>
> (나) 임금이 명하기를, "국운이 평안하고 태평함을 회복하여 중전이 복위하였으니, 백성에게 두 임금이 없는 것은 고금을 통하는 도리이다. 장씨에게 내렸던 왕후의 지위를 거두고, 옛 작호인 희빈을 내려 주도록 하라. 다만 세자가 조석으로 문안하는 것만은 폐하지 말라."라고 하였다.

① 양재역 벽서 사건이 발생하였다.
② 송시열이 관작을 삭탈당하고 유배되었다.
③ 자의 대비 복상 문제로 예송이 전개되었다.
④ 정여립 모반 사건으로 기축옥사가 일어났다.
⑤ 붕당의 폐해를 막기 위해 탕평비가 세워졌다.

환국(경신환국~갑술환국)

정답 ② (가)는 경신환국 직전의 '삼복의 변', (나)는 갑술환국이다.
(가) 조선 후기 숙종 때인 1680년 남인 정권의 영수 허적의 서자 허견이 왕족 복선군과 역모를 도모했다고 고발되면서 '삼복의 변'이 일어났다. 이후 서인 정권이 집권한 경신환국이 일어났다.
(나) 조선 후기 숙종 때 장희빈이 인현 왕후를 저주했다는 죄목으로 사약을 받게 되고 인현 왕후가 다시 왕후의 자리를 되찾게 되면서 서인이 다시 권력을 잡게 되었다(갑술환국).

정답 분석

② 경신환국 이후 희빈 장씨 소생의 왕자를 세자로 책봉하는 것에 반대하다 송시열, 김수항 등이 처형당한 기사환국이 일어났다. 이는 (가)와 (나) 사이의 일이다.

오답 피하기

① 양재역 벽서 사건은 을사사화의 여파로 1547년(명종 2)에 일어난 사화이며 윤원형 일파가 대윤 세력을 숙청하기 위해 만들어낸 사건이다. 이는 (가) 이전의 일이다.
③ 현종 때 효종과 효종비의 국장과 관련해 자의 대비의 상복 문제로 예송이 일어났다. 이는 (가) 이전의 일이다.
④ 선조 때 정여립 모반 사건으로 기축옥사가 발생하여 동인이 화를 입었다. 이는 (가) 이전의 일이다.
⑤ 영조가 탕평의 의지를 알리기 위해 성균관 앞에 세운 비가 탕평비이다. 이는 (나) 이후의 일이다.

03 (가)~(다)를 일어난 순서대로 옳게 나열한 것은?

> (가) 임금이 궐내에 있던 기름 먹인 장막을 허적이 벌써 가져 갔음을 듣고 노하여 이르기를, "궐내에서 쓰는 것을 마음대로 가져가는 것은 한명회도 못하던 짓이다."라고 하였다. …… 임금이 허적의 당파가 많아 기세가 당당하다는 말을 듣고 그들을 제거하고자 결심하였다.
>
> (나) 비망기를 내려, "국운이 안정되어 왕비가 복위하였으니, 백성에게 두 임금이 없는 것은 고금을 통한 의리이다. 장씨의 왕후 지위를 거두고 옛 작호인 희빈을 내려 주되, 세자가 조석으로 문안하는 예는 폐하지 않도록 하라."라고 하였다.
>
> (다) 임금이 말하기를, "송시열은 산림의 영수로서 나라의 형세가 험난한 때에 감히 원자(元子)의 명호를 정한 것이 너무 이르다고 하였으니, 삭탈 관작하고 성문 밖으로 내쳐라. 반드시 송시열을 구하려는 자가 있겠지만, 그런 자는 비록 대신이라 하더라도 용서하지 않을 것이다."라고 하였다.

① (가) - (나) - (다) ② (가) - (다) - (나)
③ (나) - (가) - (다) ④ (나) - (다) - (가)
⑤ (다) - (나) - (가)

환국(경신·기사·갑술환국)

정답 ②　(가)는 경신환국, (나)는 갑술환국, (다)는 기사환국이다. 조선 후기 숙종 때 여러 차례 환국이 발생하였다. 서인이 남인을 역모로 몰아 정권을 독점한 경신환국(1680) 이후 서인은 노론과 소론으로 나뉘었다. 집권 노론은 기사환국(1689)으로 축출되고 남인이 정권을 잡았으나, 남인은 갑술환국(1694)으로 축출되고 다시 노론과 소론이 재집권하였다.

정답 분석

② (가) 숙종 초에 집권한 남인은 북벌론을 내세워 군사 훈련과 군비 확장에 노력하였다. 서인은 남인 영수 허적이 역모를 꾸몄다고 고발하여 허적과 윤휴를 정계에서 제거하였다(경신환국). 정권을 잡은 서인은 정국 운영 방식을 두고 분열하여 송시열 중심의 노론과 윤증을 영수로 하는 소론으로 나뉘었다.

(다) 노론이 정국을 이끌어 가던 중 숙종은 남인계 후궁인 장희빈이 낳은 왕자(경종)를 세자로 책봉할 것을 고집하면서 이에 반대하는 노론 세력을 몰아내고 남인 정권을 성립시켰다. 이때 송시열, 김수항 등이 처형당하였다(기사환국).

(나) 그러나 숙종은 5년 후 장희빈을 인현 왕후를 저주했다는 죄목으로 사사하면서 인현 왕후가 다시 왕후의 자리를 되찾게 되면서 서인이 다시 권력을 잡게 되었다(갑술환국).

---

04 (가) 왕에 대한 설명으로 옳은 것은?

> 이것은 『어전준천제명첩』에 담긴 어제사언시(御製四言詩)로, (가) 이/가 홍봉한 등 청계천 준설 공사에 공이 있는 신하들의 노고를 치하하며 지은 것이다.
>
> 청계천 준설을 추진한 (가) 은/는 탕평, 균역 등도 자신의 치적으로 거론한 글을 남겼다.

① 나선 정벌에 조총 부대를 파견하였다.
② 경기도에 한해서 대동법을 실시하였다.
③ 삼수병으로 구성된 훈련도감을 창설하였다.
④ 통치 제도를 정비하고자 속대전을 편찬하였다.
⑤ 한양을 기준으로 한 역법서인 칠정산을 만들었다.

조선 영조의 업적

정답 ④　(가) 왕은 조선 후기 영조이다. 영조는 1760년 준천사(濬川司)를 설치하고 장정 21만 5,000명을 동원, 청계천을 준설해 홍수로 인한 범람에 대비했다. 영조는 탕평 정책에 동의하는 온건하고 타협적인 인물을 등용하여 정국을 운영하였다. 탕평 정치를 통해 정국을 안정시킨 영조는 민생 안정과 산업을 진흥하기 위한 개혁을 추진하였다. 균역법을 시행하여 군역의 부담을 줄여 주었다.

정답 분석

④ 조선 후기 영조는 "경국대전" 시행 이후 공포된 법령 중에서 시행할 법령만을 추려서 "속대전"을 편찬하였다.

오답 피하기

① 조선 후기 효종은 청이 러시아와 국경 분쟁이 일어나 조선에 지원군을 요청하자 두 차례에 걸쳐 군사를 보내 나선 정벌을 감행하였다.
② 조선 후기 광해군은 공납의 폐단을 바로잡기 위해 경기도에 대동법을 처음 시행하였다. 이후 점차 확대되어 숙종 때 평안도와 함경도를 제외한 전국에서 시행하였다.
③ 조선 중기 선조는 임진왜란 중에 조총을 주로 사용하는 일본군에 맞서고자 훈련도감을 창설하였다. 훈련도감은 직업 군인으로 구성된 상비 부대로서 삼수병 체제였다.
⑤ 조선 초기 세종은 중국의 수시력과 아라비아의 회회력을 참고하여 "칠정산"을 만들었다.

05 (가) 왕이 추진한 정책으로 옳은 것은?

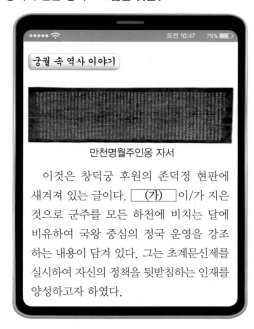

궁궐 속 역사 이야기

만천명월주인옹 자서

이것은 창덕궁 후원의 존덕정 현판에 새겨져 있는 글이다. [(가)]이/가 지은 것으로 군주를 모든 하천에 비치는 달에 비유하여 국왕 중심의 정국 운영을 강조하는 내용이 담겨 있다. 그는 초계문신제를 실시하여 자신의 정책을 뒷받침하는 인재를 양성하고자 하였다.

① 친위 부대로 장용영을 설치하였다.
② 경기도에 한해서 대동법을 실시하였다.
③ 한양을 기준으로 한 역법서인 칠정산을 만들었다.
④ 통치 체제를 정비하기 위해 대전회통을 편찬하였다.
⑤ 직전법을 제정하여 현직 관리에게만 수조권을 지급하였다.

조선 정조의 업적

정답 ① (가) 왕은 조선 후기 정조이다. 정조는 규장각을 설치하여 정책 자문 기구로 삼고, 신진 인물이나 중·하급 관리 중에서 유능한 인재를 재교육하는 초계문신제를 실시하여 개혁 세력을 육성하였다.

정답 분석

① 조선 후기 정조는 친위 부대인 장용영을 설치하여 왕권을 뒷받침하는 군사적 기반을 갖추었다.

오답 피하기

② 조선 후기 광해군은 방납의 폐단을 극복하고 국가 재정을 보충하고자 경기도에서 처음 대동법을 시행하였다.
③ 조선 초기 세종은 한양을 기준으로 천체 운동을 계산한 역법서인 "칠정산"을 만들었다.
④ 근대 개항기 때 흥선 대원군은 "대전회통"을 편찬하여 통치 규범을 재정비하였다.
⑤ 조선 초기 세조는 현직 관리에게만 수조권을 지급하는 직전법을 시행하였다.

06 (가), (나) 왕에 대한 설명으로 옳은 것은?

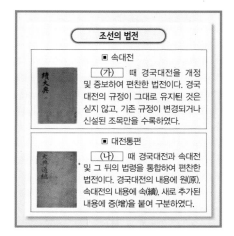

조선의 법전

■ 속대전
[(가)] 때 경국대전을 개정 및 증보하여 편찬한 법전이다. 경국대전의 규정이 그대로 유지된 것은 싣지 않고, 기존 규정이 변경되거나 신설된 조목만을 수록하였다.

■ 대전통편
[(나)] 때 경국대전과 속대전 및 그 뒤의 법령을 통합하여 편찬한 법전이다. 경국대전의 내용에 원(原), 속대전의 내용에 속(續), 새로 추가된 내용에 증(增)을 붙여 구분하였다.

① (가) - 청과의 국경을 정한 백두산정계비를 세웠다.
② (가) - 왕실의 위엄을 높이기 위해 경복궁을 중건하였다.
③ (나) - 이종무를 파견하여 대마도를 정벌하였다.
④ (나) - 국왕의 친위 부대인 장용영을 설치하였다.
⑤ (가), (나) - 나선 정벌에 조총 부대를 파견하였다.

조선 영조와 정조의 업적

정답 ④ (가) 왕은 영조, (나) 왕은 정조이다.
(가) 조선 후기 영조는 통치의 기틀을 마련하여 왕권을 강화하기 위해 "속대전"을 편찬하였다. 조선 전기부터 형법은 중국의 대명률을 따른 탓에 시행상의 모순이 많았는데 "속대전"에서는 그러한 모순을 시정, 우리 실정에 맞는 새로운 형률을 증설하고 형량도 가볍게 하였다.
(나) 조선 후기 정조는 조선 초기 법전인 "경국대전"과 영조의 "속대전"을 종합하고, 그간 바뀐 사회 사정을 감안해 "대전통편"을 편찬하였다.

정답 분석

④ 조선 후기 정조는 왕의 친위대 성격을 지닌 장용영을 설치하여 왕권을 군사적으로 뒷받침하였다.

오답 피하기

① 조선 후기 숙종 대에 조선과 청의 관리들이 백두산 일대를 답사하고 서쪽으로는 압록강, 동쪽으로는 토문강을 경계로 국경선을 확정하여 백두산정계비를 세웠다.
② 흥선 대원군은 왕실의 위엄을 세우기 위해 임진왜란 때 불타버리고 폐허만 남아 있었던 경복궁을 중건하였다.
③ 조선 초기 세종 대에 이종무는 병선 227척과 군사 1만 7천여 명으로 왜구의 소굴인 쓰시마 섬을 토벌하였다.
⑤ 조선 후기 효종은 청나라의 요청을 받아 두 차례에 걸쳐 조총 부대를 출동시켜 송화강과 흑룡강 일대에서 러시아 군을 격퇴하였다(나선 정벌).

세도 정치의 전개와 새로운 사상의 등장

▲ 세도 정치와 세도 가문

① 세도 정치의 전개

전개	• 정조 사후 왕의 외척 등 소수의 특정 가문이 권력 장악 • 순조 – 헌종 – 철종 3대 60여 년 간 안동 김씨와 풍양 조씨가 권력 장악
특징	• 세도 가문의 비변사(정치)와 훈련도감(군사) 장악 : 왕권 약화 초래, 남인 · 소론 등이 권력에서 배제, 붕당의 의미 퇴색 • 정치 기강 해이 : 매관매직의 성행, 탐관오리의 수탈 심화 • 삼정의 문란 심화 ➡ 농민 생활 피폐 ┌ 전정(토지세) : 규정된 세금액보다 훨씬 많은 액수 징수 ├ 군정(군포) : 군역 부과의 부당성(백골징포 · 인징 · 족징 · 황구첨정 등) └ 환곡(구휼 제도) : 세금이 되어 탐관오리의 고리대 구실을 함
폐단	매관매직의 성행, 탐관오리의 수탈, 자연 재해와 기근, 질병 ➡ 삼정의 문란 심화 ➡ 수령과 향리의 수탈 ➡ 농민의 저항 증가

② 세도 정치에 대한 농민의 저항

(1) 농민 봉기

원인	세도 정치, 탐관오리의 부정과 탐학, 삼정 문란, 흉년과 전염병 등
전개	• 소극적 저항 : 벽서, 괘서 등 • 적극적 저항 : 농민 의식 성장, 양반 중심의 통치 체제 붕괴 ➡ 농민 봉기 발생

▲ 홍경래의 난

(2) 홍경래의 난(1811, 순조)

배경	세도 정치와 삼정의 문란, 평안도 지방(서북민)에 대한 부당한 차별 대우
전개	몰락 양반인 홍경래와 서얼 출신 우군칙, 오용진 등이 무기와 군수 물자를 준비 ➡ 영세 농민 · 상인(신흥 상공업 세력) · 광부 · 품팔이꾼 등이 합세하자 평안도 가산에서 봉기 ➡ 열흘 만에 선천, 정주 등 청천강 이북 대부분 지역을 점령 ➡ 정주성 싸움에서 패하면서 5개월 만에 관군에게 진압을 당함
의의	• 탐관오리의 착취와 지방 차별에 반대한 농민 항쟁 • 이후의 농민 봉기에 영향 ➡ 19세기 농민 봉기의 선구적 역할

(3) 임술 농민 봉기(1862, 철종)

배경	세도 정치와 삼정의 문란, 탐관오리의 부정
전개	• 진주에서 몰락 양반 유계춘을 중심으로 경상 우병사 백낙신의 부정부패에 항의하는 농민 봉기 발생(진주 민란) ➡ 관아를 습격하여 한때 진주성을 점령 ➡ 사건 수습을 위해 박규수(박지원의 손자)가 안핵사로 파견 ➡ 박규수의 건의로 삼정이정청이 설치됨 • 진주 민란 이후 삼남 지방의 70여 곳에서 농민들이 봉기 ➡ 곧이어 북쪽의 함흥 지역에서부터 남쪽의 제주도까지 전국적으로 농민 봉기 확산(임술 농민 봉기)

정부의 사태 수습	• 암행어사 파견 : 관리들의 부정과 비리 조사 • 안핵사 파견 : 민란을 수습하기 위해 중앙에서 파견하던 임시 벼슬 • 삼정이정청 설치 : 삼정의 문란을 바로 잡기 위해 임시로 설치한 관청 ➡ 큰 성과를 얻지 못함
의의	삼정의 문란과 탐관오리의 횡포에 항거한 농민의 자각 운동

❸ 새로운 사상의 등장

(1) 천주교

전래	• 16세기 말~17세기 초에 청을 통해 서학(서양의 학문)으로 유입되어 발전 • 18세기 후반 일부 남인 계열 실학자에 의해 점차 신앙으로 수용 • 신자 수 증가 : 세례를 받은 이승훈 귀국, 서양인 선교사의 포교 활동
성격	• 하나님 앞에서의 인간 평등과 내세에서의 영생을 주장 • 조상에 대한 제사 의식 거부
탄압	천주교의 인간 평등사상 전파, 조상에 대한 제사 거부 ➡ 양반 중심 신분 질서 부정, 성리학적 이념 위배 ➡ 조선 정부의 탄압
신해박해 (1791)	정조 때 윤지충이 유교식으로 제사를 지내지 않고 조상의 신주를 불태우고, 어머니가 상을 당하자 장례를 천주교식으로 치름 ➡ 윤지충은 천주교를 버릴 것을 거부하고 처형당함(최초의 천주교도 박해 사건)
신유박해 (1801)	순조 즉위 이후 권력 잡은 노론 강경파가 교세가 확대된 천주교의 많은 신자에게 대대적인 박해와 처형을 가함(정약용, 정약전 등이 유배)
황사영 백서 사건 (1801)	신유박해 당시 황사영이 청의 베이징 주교를 통해 정부의 탄압 상황과 신앙의 자유를 얻기 위해 프랑스 군대의 출병 등을 요청하는 편지 작성 ➡ 조선 정부에 편지가 발각되어 탄압이 더 심해짐

(2) 동학

창시	• 몰락 양반 최제우가 창시(1860, 철종) • 유·불·선 3교 교리를 절충하고, 민간 신앙(주문, 부적)을 결합하여 창시
성격	• 인간의 존엄성과 평등 강조 ┌ 시천주 사상 : 마음속의 한울님을 모심(동학의 근본 사상) └ 인내천 사상 : '사람이 곧 하늘이다.'(인간 존중과 평등 사상) • 보국안민 강조 : '국가를 보호하고 백성을 편안하게 해야 한다.'(외세 침략 배격) • 후천 개벽 강조 : '백성들이 바라는 새로운 세상이 열린다.'
탄압	삼남 지방을 중심으로 급속히 확산되자 백성을 속인다는 죄명(혹세무민)으로 최제우 처형

(3) 예언 사상의 대두

배경	사회 불안 대두 : 신분제 동요, 탐관오리 횡포, 자연재해와 전염병 유행, 이양선 출몰
전개	• 예언 사상 : 말세의 도래, 왕조의 교체, 변란의 예고 ➡ 정감록 유행 • 미륵 신앙 : 미래의 구세주인 미륵의 출현을 기대

▲ 19세기 농민 항쟁

사료 살펴보기

황사영의 백서

전선 수백 척과 정예 병사 5, 6만을 얻어서 대포 등 예리한 무기를 많이 싣고 우리나라 해변에 와서 국왕에게 글을 보내기를 "우리는 전교를 목적으로 온 것이지 재물을 탐하여 온 것이 아니므로 선교사를 용납하여 받아들여 달라."라고 해 주소서.

황사영의 백서 내용이 알려지면서 외국과 내통하여 군대를 끌어들이려 하였다는 명목으로 천주교에 대한 조선 정부의 탄압이 가중되었다.

▲ 동학의 창시자 최제우
19세기 중엽에 경주 출신의 가난한 양반인 최제우는 서학(천주교)에 대항한다는 의미에서 동학을 창도하였다.

▲ 선운사 동불암지 마애여래 좌상
배꼽 부분의 감실에서 비결이 나오면 한양이 망한다는 이야기가 널리 퍼졌다.

은쌤의 **합격노트**

세도 정치의 전개

☑ 시험에 꼭 나오는 키워드
- 세도 정치 시기의 정치, 사회상 정리하기
- 홍경래의 난과 진주 민란은 단독으로 출제됨

☑ 최다 빈출 선지

세도 정치
① 안동 김씨 등 왕실의 외척을 비롯한 소수의 특정 가문이 권력을 독점하였다.
② 세도 가문이 비변사를 중심을 권력을 독점하였다.
③ 군정의 문란으로 농민들이 고통 받았다.
④ 홍경래가 난을 일으켰다.
⑤ 삼정이정청이 설치되었다.
⑥ 삼정의 문란을 해결하고자 삼정이정청을 설치하였다.

홍경래의 난
① 세도 정치기의 수탈과 지역 차별에 반발하여 일어났다.
② 서북인에 대한 차별에 반발하여 일어났다.
③ 홍경래가 주도하여 봉기하였다.
④ 홍경래, 우군칙 등이 주도하였다.
⑤ 선천, 정주 등 청천강 이북의 여러 고을을 점령하였다.
⑥ 홍경래 등이 난을 일으켜 정주성을 점령하였다.

진주 민란
① 몰락 양반 유계춘이 주도하였다.
② 백낙신의 탐학이 발단이 되어 일어났다.
③ 사건 수습을 위해 박규수가 안핵사로 파견되었다.
④ 삼정이정청이 설치되는 계기가 되었다.

새로운 사상의 등장

☑ 시험에 꼭 나오는 키워드
- 천주교의 특징과 신해박해, 신유박해, 황사영 백서 사건 정리하기 ➜ 천주교 박해는 자주 출제됨
- 통학의 특징 정리하기

☑ 최다 빈출 선지

동학
① 최제우가 동학을 창시하였다.
② 마음속에 한울님을 모시는 시천주를 강조하였다.
③ 동경대전과 용담유사를 경전으로 삼았다.
④ 포접제를 활용하여 교세를 확장하였다.
⑤ 유·불·선을 바탕으로 민간 신앙의 요소까지 포함하였다.

천주교
① 청을 다녀온 사신들에 의하여 서학으로 소개되었다.
② 제사와 신주를 모시는 문제로 정부의 탄압을 받았다.
③ 윤지충은 조상의 신주를 불사르고, 어머니의 장례에도 신주를 모시지 않았다(신유박해).
④ 정약종 등이 희생된 신유박해가 일어났다.
⑤ 신유박해로 수많은 천주교인들을 처형하였다.
⑥ 황사영이 외국 군대의 출병을 요청하는 백서를 작성하였다.

예언 사상의 대두
① 이양선이 나타나 통상을 요구하였다.
② 왕조 교체를 예언하는 정감록이 유포되었다.

01 밑줄 그은 '그 시기'에 있었던 사실로 옳지 않은 것은?

> 이 불상은 고창 선운사 동불암지 마애여래좌상입니다. 이 불상 안에 있는 비기(祕記)가 세상에 나오는 날 나라가 망한다는 이야기가 있습니다. 이러한 예언 사상은 안동 김씨 등 왕실의 외척을 비롯한 소수의 특정 가문이 비변사를 중심으로 권력을 독점한 시기에 널리 퍼졌습니다.

① 을사사화가 발생하였다.
② 홍경래가 난을 일으켰다.
③ 삼정이정청이 설치되었다.
④ 최제우가 동학을 창시하였다.
⑤ 이양선이 나타나 통상을 요구하였다.

세도 정치

정답 ① 밑줄 그은 '시기'는 세도 정치 시기이다. 정조가 갑자기 세상을 떠나면서 순조, 헌종, 철종으로 이어진 3대 60여 년 동안, 왕의 외척인 안동 김씨와 풍양 조씨 등 몇몇 가문이 권력을 독점한 세도 정치가 전개되었다. 이러한 분위기 속에서 말세의 도래나 왕조의 교체 등을 예언하는 움직임이 널리 퍼졌다.

정답 분석

① 명종이 왕위에 오르게 되자 어머니인 문정 왕후가 수렴청정하고 외척 윤원형이 세력을 잡았다. 윤원형 등은 인종의 외척 세력을 제거하면서 을사사화가 일어났다.

오답 피하기

② 세도 정치 시기에 일어난 홍경래의 난은 평안도에 대한 지역 차별 정책과 지배층의 수탈에 항거하여 일어난 봉기였다.
③ 세도 정치 시기에 민란이 일어나자 정부는 암행어사를 파견하고 삼정이정청을 설치하여 삼정의 문란을 바로잡고자 했으나, 성과를 거두지 못하였다.
④ 세도 정치 시기에 지배층의 수탈과 서양 세력의 침략적 접근으로 위기의식이 고조되는 가운데, 경주의 몰락 양반인 최제우는 동학을 창시하였다.
⑤ 세도 정치 시기에 이양선이라 불리는 서양 선박이 자주 나타나 해안을 측량하고 통상을 요구하였다.

02 (가) 사건에 대한 설명으로 옳은 것은?

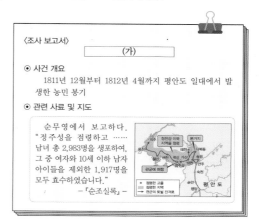

> 〈조사 보고서〉
>
> _____(가)_____
>
> ⊙ 사건 개요
>   1811년 12월부터 1812년 4월까지 평안도 일대에서 발생한 농민 봉기
>
> ⊙ 관련 사료 및 지도
>
> 순무영에서 보고하다. "정주성을 점령하고 …… 남녀 총 2,983명을 생포하여, 그 중 여자와 10세 이하 남자 아이들을 제외한 1,917명을 모두 효수하였습니다."
> ─ 「순조실록」 ─

① 청의 군대에 의해 진압되었다.
② 척왜양창의를 기치로 내걸었다.
③ 선혜청과 일본 공사관을 공격하였다.
④ 사건 수습을 위해 박규수가 안핵사로 파견되었다.
⑤ 세도 정치기의 수탈과 지역 차별에 반발하여 일어났다.

홍경래의 난

정답 ⑤ (가) 사건은 조선 후기 세도 정치기에 일어난 홍경래의 난이다. 몰락 양반인 홍경래와 서얼 출신 우군칙 등은 금광 경영, 인삼 무역 등으로 자금을 마련하고 무기와 군수 물자를 준비하여 영세 농민과 광산 노동자, 품팔이꾼, 노비, 소상인 등 다양한 계층을 끌어모아 1,000여 명의 병력을 가산에서 봉기하였다. 이들은 탐관오리의 수탈과 서북인에 대한 차별 반대를 주장하며 열흘 만에 선천, 정주 등 청천강 이북의 대부분 지역을 점령하였다. 그러나 송림 전투에서 관군에게 패한 후 정주성에서 저항하였으나 5개월 만에 진압되었다.

정답 분석

⑤ 평안도 지역에서 지역 차별과 세도 정치에 저항하여 몰락 양반 홍경래를 중심으로 일어난 농민 봉기는 19세기에 일어난 대규모 농민 봉기의 시작이었다.

오답 피하기

① 임오군란 때 민씨 일파로부터 파병을 요청받은 청은 군대를 출동시켜 군란을 진압하였다. 갑신정변 때 청군이 출동하였고, 정변은 진압되어 개화당 정부는 3일 천하로 막을 내렸다.
② '척왜양창의'는 일본과 서양 세력을 배척하여 의병을 일으킨다는 뜻으로 동학 교도들이 보은 집회에서 처음으로 부르짖었다.
③ 1882년 구식 군인들은 임오군란을 일으켰다. 이들은 선혜청, 별기군을 조련하던 일본인 교관을 살해하고 일본 공사관을 습격하였다.
④ 1862년 세도 정치 시기에 진주 민란이 일어나자 박규수를 수습을 위해 안핵사로 파견되었는데 조정에 백낙신을 파면해 민란을 수습해야 한다고 보고하였다.

03 다음 자료에 나타난 사건에 대한 설명으로 옳은 것은?

> 진주 안핵사 박규수에게 하교하기를, "얼마 전에 있었던 진주의 일은 전에 없던 변괴였다. 관원은 백성을 달래지 못하였고, 백성은 패악한 습관을 버리지 못하였다. 누가 그 허물을 책임져야 하겠는가. 신중을 기하여 혹시 한 사람이라도 억울하게 처벌받는 일이 없게 하라. 그리고 포리(逋吏)*를 법에 따라 처벌할 경우 죄인을 심리하여 처단할 방법을 상세히 구별하라."라고 하였다.
>
> *포리(逋吏) : 관아의 물건을 사사로이 써버린 아전

① 홍경래, 우군칙 등이 주도하였다.
② 남접과 북접이 연합하여 전개되었다.
③ 삼정이정청이 설치되는 계기가 되었다.
④ 우정총국 개국 축하연을 이용하여 일어났다.
⑤ 윤원형 일파가 정국을 주도한 시기에 발생하였다.

진주 민란

정답 ③ 　다음 자료에 나타난 사건은 조선 후기 세도 정치기에 일어난 진주 민란이다. 19세기 중엽 철종 대에 이르러서 삼정의 문란과 세금을 부과하는 부세 제도에 불만을 품은 농민의 저항은 전국적으로 확산되었다. 임술 농민 봉기는 경상도 단성에서 시작되어 진주 지방을 중심으로 전국적으로 확대되었다(1862). 진주의 농민들은 유계춘의 지도로 탐관오리인 백낙신을 징벌하고자 관아를 습격하여 한때 진주성을 점령하기도 하였다. 정부는 안핵사 박규수를 파견하여 실정을 조사하고 삼정이정청을 설치하는 등 농민 부담을 완화하려 하였지만, 근본적으로 해결책이 되지 못하였다.

정답 분석

③ 철종은 진주 민란으로 파견한 안핵사 박규수의 건의를 받아들여 봉기를 진정시키기 위해 삼정의 폐단을 없애는 개혁 기관으로 삼정이정청을 설치하였다.

오답 피하기

① 몰락 양반인 홍경래와 서얼 출신 우군칙 등은 금광 경영, 인삼 무역 등으로 자금을 마련하고 1,000여 명의 병력으로 평안도 가산에서 홍경래의 난을 일으켰다.
② 2차 동학 농민 운동 때 전봉준의 남접 부대와 손병희의 북접 부대는 논산에서 남·북접 연합 부대를 형성한 후 서울을 향해 북상하였다.
④ 김옥균을 중심으로 한 급진 개화파는 우정총국 완공을 축하하는 연회를 이용하여 갑신정변을 일으켰다(1884).
⑤ 어린 나이에 명종이 왕위에 오르게 되자 어머니인 문정 왕후가 수렴청정하고 외척 윤원형이 세력을 잡았다. 윤원형 등은 인종의 외척 세력을 제거하면서 을사사화가 일어났다.

04 (가) 종교에 대한 설명으로 옳은 것은?

□□ 신문

제△△호　　　　　　　　　　○○○○년 ○○월 ○○일

해미순교성지, 국제성지로 지정

해미순교성지가 전 세계에 30여 곳밖에 없는 국제성지 가운데 하나로 지정되었다. 병인박해 당시 　(가)　 신자들이 죽임을 당한 이곳은 한국 근대사에서 중요한 종교적 의미를 지닌 지역이다. 이번 지정을 계기로 남연군 묘 등 여러 역사 유적이 있는 내포 문화권은 더욱 관심을 끌 것으로 기대된다.

① 미륵불이 세상을 구원한다고 예언하였다.
② 동경대전과 용담유사를 경전으로 삼았다.
③ 박중빈을 중심으로 새생활 운동을 전개하였다.
④ 단군 숭배 사상을 통해 민족의식을 고취하였다.
⑤ 청을 다녀온 사신들에 의하여 서학으로 소개되었다.

천주교

정답 ⑤ 　(가) 종교는 천주교이다. 19세기 중엽 이래 프랑스 선교사들이 국내에 들어와 선교 활동을 전개한 결과, 천주교 신자가 2만여 명에 달할 정도로 교세가 확장되었다. 이 무렵에 집권한 흥선 대원군은 러시아의 위협을 막고자 프랑스 선교사를 통해 프랑스 세력을 끌어들이려 하였다. 그러나 교섭은 성사되지 않았으며, 마침 청에서 천주교를 탄압했다는 소식도 전해졌다. 여기에 천주교를 금지해야 한다는 유생들의 주장이 이어지자 흥선 대원군은 9명의 프랑스 선교사와 8천여 명의 신자를 처형하였다(병인박해, 1866).

정답 분석

⑤ 서학이란 이름으로 불린 천주교는 17세기경 베이징을 왕래하던 사신에 의해 서양 문물의 하나로 소개되었다. 학문적 호기심에서 연구되던 서학은 18세기 후반 현실 개혁을 꿈꾸던 남인 계열의 일부 실학자에 의해 점차 신앙으로 받아들여졌다.

오답 피하기

① 조선 후기 지배층의 수탈과 자연재해, 질병 등으로 고통받던 사람들에게 미래 부처가 나타나 중생을 구제한다는 미륵 신앙이 유행하였다.
② 동학의 2대 교주 최시형은 정부의 탄압을 피해 경상도와 강원도 등지에서 오랫동안 숨어 지내면서 동학의 기본 경전인 "동경대전"과 "용담유사" 등을 간행하였다.
③ 박중빈이 창시한 원불교는 허례 폐지, 근검절약, 협동 단결 등 새생활 운동을 전개하였다.
④ 대종교는 단군 숭배 사상을 전파하여 민족의식을 고취하였을 뿐 아니라 독립군을 양성하여 무장 항일 투쟁을 전개하였다.

05 (가)~(다)를 일어난 순서대로 옳게 나열한 것은?

> (가) 한영규가 아뢰기를, "서양의 간특한 설이 윤리와 강상을 없애고 어지럽히니 어찌 진산의 권상연, 윤지충 같은 자가 또 있겠습니까? 제사를 폐하고 위패를 불태웠으며, 조문을 거절하고 그 부모의 시신을 내버렸으니 그 죄가 매우 큽니다."라고 하였다.
>
> (나) 사헌부에서 아뢰기를, "아! 통분스럽습니다. 이가환, 이승훈, 정약용의 죄가 무거우니 이를 어찌 다 처벌할 수 있겠습니까? 사학(邪學)이란 것은 반드시 나라에 흉악한 화를 가져오고야 말 것입니다."라고 하였다.
>
> (다) 의금부에서, "죄인 남종삼은 명백한 근거도 없이, 러시아에 변란이 있을 것이고 프랑스와 조약을 맺을 계책이 있다면서 사람들을 현혹하였습니다. 감히 나라를 팔아 먹고자 몰래 외적을 끌어들이려 하였으니, 그 죄는 만 번을 죽여도 모자랍니다. 죄인이 자백하였습니다."라고 아뢰었다.

① (가) - (나) - (다)　　② (가) - (다) - (나)
③ (나) - (가) - (다)　　④ (나) - (다) - (가)
⑤ (다) - (가) - (나)

천주교

정답 ①　조선 후기 정조는 천주교를 사교로 규정하여 베이징으로부터의 서적 수입을 금하고, (가) 어머니 제사에 신주를 없앤 윤지충을 사형에 처하였다(신해박해). 정조는 천주교를 더 이상 문제 삼지 않았으나, (나) 순조 즉위 직후에는 노론 벽파가 집권하면서 이승훈을 비롯한 300여 명의 천주교인이 처형을 당하였다(신유박해, 1801). 정약용은 신유박해에 연루되어 전라도 강진에서 18년 동안 유배 생활을 하면서 500여 권의 저술을 남겼다. 시간이 흘러 흥선 대원군 때 남하 정책을 추진하던 러시아가 두만강을 건너 통상을 요구하자 그는 프랑스 선교사의 알선으로 프랑스 세력을 끌어들여 러시아의 위협을 막고자 하였으나 실패하였다. 이에 흥선 대원군은 프랑스 선교사 9명과 신자 8천여 명을 처형하였다(병인박해). (다) 남종삼은 러시아의 세력이 침투해 들어오자 선교사를 통해 영국·프랑스와 교섭하여 러시아의 세력을 꺾는 대신 천주교를 공인받기 위해 흥선 대원군과 면담하였지만 병인박해 때 처형되었다.

정답 분석

① (가) - (나) - (다)

---

06 (가) 종교에 대한 설명으로 옳은 것은?

> 경주 사람 최복술은 아이들에게 공부 가르치는 것을 직업으로 삼았다. 그런데 양학(洋學)이 갑자기 퍼지는 것을 차마 보고 앉아 있을 수 없어서, 하늘은 공경하고 순종하는 마음으로 글귀를 지어, [(가)](이)라 불렀다. 양학은 음(陰)이고, [(가)]은/는 양(陽)이기 때문에 양을 가지고 음을 억제할 목적으로 글귀를 외우고 읽고 하였다.

① 배재학당을 세워 신학문 보급에 기여하였다.
② 박중빈을 중심으로 새생활 운동을 추진하였다.
③ 일제의 통제에 맞서 사찰령 폐지 운동을 벌였다.
④ 마음속에 한울님을 모시는 시천주를 강조하였다.
⑤ 황사영이 외국 군대의 병을 요청하는 백서를 작성하였다

동학

정답 ④　(가) 종교는 동학이다. 지배층의 수탈과 서양 세력의 침략적 접근으로 위기 의식이 고조되는 가운데, 경주의 몰락 양반인 최제우는 동학을 창시하였다(1860). 동학은 서양 세력과 연결된 서학을 배격한다는 뜻에서 붙여진 이름이다. 한편 최복술은 최제우의 아명이다.

정답 분석

④ 동학은 마음속에 한울님을 모시는 시천주(侍天主)와 '사람이 곧 하늘'이라는 인내천(人乃天) 사상을 바탕으로 인간의 존엄성과 평등을 강조하였다. 그리하여 양반과 상민을 차별하지 않고, 여성과 어린아이를 존중하는 사회를 추구하였다.

오답 피하기

① 개신교 선교사들은 학교를 설립하였다. 1885년에는 배재 학당, 그 이듬해에는 이화학당, 경신학교 등이 세워졌다.
② 1916년 박중빈이 창시한 원불교는 개간 사업과 저축 운동을 전개하였으며, 허례허식 폐지와 남녀평등 등 새생활 운동을 추진하였다.
③ 일제 강점기에 불교계는 한용운 등이 항일 운동에 참여하면서 불교의 대중화에 노력했고, 일본의 불교 통제에 맞서 사찰령 폐지 운동을 벌였다.
⑤ 황사영 백서 사건은 1801년 신유박해가 일어나자 황사영이 청의 베이징 주교에게 조선에 군대를 보내 달라는 청원서를 보내려다 발각된 사건이다.

조선 후기 수취 체제 개편과 경제 변화

▲ 대동세의 징수와 운송

▲ 호조랑관계회도
조선의 국가 운영을 위해 필요한 재원(인구·세금·토지 등)을 관리한 호조 관리들의 모임을 그린 작품이다.

① 수취 체제의 변화

(1) 대동법(광해군~숙종) : 공납 제도 개편

배경	• 방납의 폐단 ┌ 그 지역에 없는 물품의 배정으로 농민 부담 가중 └ 토지가 많고 적음에 관계없이 호별로 징수하여 농민 부담 가중
시행 과정	• 이이, 유성룡 등이 공물을 쌀로 거두는 수미법 주장 ➡ 시행되지 못함 • 광해군 때 이원익의 건의로 선혜청을 설치하고, 경기도에서 처음으로 대동법 시행(1608) ➡ 기존 방납 관련자와 양반 지주층의 거센 반발 • 효종 때 우의정 김육의 건의로 충청도에서도 대동법 시행(1652) • 숙종 때에 이르러 전국으로 확대 시행 ➡ 국경 지역인 평안도와 함경도, 제주도 등의 잉류 지역은 제외(1708)
내용	• 선혜청에서 시행을 담당하여 선혜법이라고도 부름 • 집집마다 부과하던 토산물(가호 기준)을 토지 결수에 따라 쌀(1결당 쌀 12두)·삼베·동전 등으로 징수 • 특산물 대신에 쌀·무명·돈으로 납부하여 정부가 필요한 물품 구입
결과	• 국가 재정 확충, 지주 부담 증가, 농민 부담 감소 • 공인의 등장 : 정부가 필요한 물품 구입 및 조달 • 상품 화폐 경제의 발달 : 공인은 시장에서 많은 물품 구매, 농민은 토산물 시장에 팔아 대동세 마련
한계	별공과 진상 등은 여전히 존재, 대동세가 소작인에게 전가

(2) 영정법(인조) : 전세 제도의 개편

배경	• 양 난 이후 토지 대장 소실, 농경지의 황폐, 조세의 비효율성 • 공법(전분 6등법, 연분 9등법)의 복잡한 징수 절차로 인한 수취의 어려움
시행	인조(1635) 때 실시
내용	풍흉에 관계없이 토지 1결당 쌀 4~6두 납부
결과	• 전세율이 낮아졌으나, 대다수 농민에게 도움이 되지 못함 • 여러 명목의 수수료, 운송비, 자연 소모 등에 대한 부가세를 농민에 부과

(3) 균역법(영조) : 군역 제도의 개편

배경	군포 징수 과정의 폐단으로 농민의 유망, 군역 기피 증가
시행	영조(1750) 때 실시

내용	• 농민의 군포 부담을 1년에 군포 2필에서 1필로 줄여줌
	• 군포의 1필 감소로 인한 재정 부족 해결 방안
	  ┌ 결작 징수 : 지주에게 토지 1결당 쌀 2두 징수
	  ├ 선무군관포 부과 : 일부 상류층에게 선무군관 칭호를 주고 1년에 1필 징수
	  └ 잡세(어장세 · 염세 · 선박세)의 국고 전환 : 왕실 수입을 정부 재정 수입으로 전환
	  ➡ 균역청에서 관할

결과	농민 부담의 일시적 경감 ➡ 군적 문란, 지주가 결작을 소작농에게 전가 ➡ 농민 부담 다시 가중

2 조선 후기 농촌 경제의 변화

(1) 농업 생산력의 증대

이앙법
(모내기법)
확대
	• 도입 : 고려 후기에 전래, 조선 정부는 가뭄에 취약하여 금지시킴
	• 확산 : 조선 후기에 수리 시설 확충 등으로 전국적 확산
	• 이앙법의 장점
	  ┌ 벼와 보리의 이모작 가능 ➡ 농민 소득 증대
	  ├ 단위 면적당 생산량 증가 ➡ 밭을 논으로 바꾸는 현상 증가
	  └ 잡초 제거(김매기) 노동력 절감 ➡ 1인당 경작지 확대 ➡ 광작 유행

견종법 시행	• 조선 중기 이후에 발달한 밭농사 방법 ➡ 수확량 증대에 기여 • 밭을 갈아 이랑과 고랑을 만든 다음 고랑에 씨를 뿌려 재배
기술 발달	• 수리 시설 확충(보), 시비법 발달, 농기구 개량(소를 이용한 쟁기) • 공동 노동 확대 : 두레, 품앗이
농서 편찬	• 신속의 『농가집성』 : 모내기법 보급에 기여 • 박세당의 『색경』 : 지방의 농사법 연구 • 홍만선의 『산림경제』 : 농업과 일상생활에 대한 생활서 • 서유구의 『임원경제지』 : 실학적 농촌경제 정책서

(2) 농업 경영 방식의 변화

광작 현상	• 배경 : 조선 후기 이앙법의 확대로 노동력이 절감됨 ➡ 광작 현상 확대(1인당 경작 면적 증가) • 영향 : 광작의 유행 ➡ 한 농가당 경작지 규모 확대 ➡ 농민 계층 분화 ➡ 일부 농민은 부농층으로 성장, 대다수 농민은 임노동자층으로 몰락
상품 작물 재배	• 농민들이 장시에 팔기 위한 목화(면화), 채소, 인삼, 담배, 약초 등을 재배하여 농가 수입 증대 • 외국에서 전래된 고구마 · 감자(구황작물), 고추 등을 재배하기 시작

지대 납부	조선 초기 : 타조법이 일반적	조선 후기 : 도조법이 확산됨
	• 수확의 절반을 소작료로 냄 • 신분적 예속의 성격이 강함	• 수확의 일정액을 소작료로 냄 • 경제적 예속의 성격이 강함

▲ 경직도 병풍의 모내기
모내기법의 확대 보급으로 노동력을 덜게 된 농민은 경작지의 규모를 늘려 광작에 나섰다.

은쌤의 합격노트

수취 체제의 변화

☑ 시험에 꼭 나오는 키워드

- 대동법의 특징과 내용 기억하기 ➡ 단독으로 출제되거나 균역법의 오답 선지로 활용됨
- 영정법의 내용 기억하기 ➡ 단독 출제는 거의 되지 않지만 대동법과 균역법의 오답 선지로 자주 활용됨
- 균역법의 특징과 내용 기억하기 ➡ 단독으로 출제되거나 대동법의 오답 선지로 활용됨

☑ 최다 빈출 선지

대동법
① 공납의 폐단을 해결할 목적으로 시행되었다.
② 경기도에 한하여 대동법을 실시하였다.
③ 특산물 대신 쌀, 베, 동전 등으로 납부하게 하였다.
④ 토지 1결당 미곡 12두를 부과하였다.
⑤ 관청에 물품을 조달하는 공인이 등장하는 배경이 되었다.

영정법
① 전세를 1결당 4~6두로 고정하는 영정법을 제정하였다.
② 풍흉에 관계없이 전세 부담액을 고정하였다.

균역법
① 1년에 2필씩 걷던 군포를 1필로 줄였다.
② 부족한 재정의 보충을 위해 선무군관포를 징수하였다.
③ 선무군관에서 1년에 1필의 군포를 징수하였다.
④ 재정을 보충하기 위해 지주에게 결작이 부과되었다.
⑤ 어장세, 염세 등을 국가 재정으로 귀속하였다.

조선 후기 농촌 경제의 변화

☑ 시험에 꼭 나오는 키워드

- 조선 후기 경제 모습 정리하기 ➡ 다음 39강에 나오는 조선 후기 경제 모습과 함께 묶어서 정리하기
- 조선 후기 경제 모습과 뒤에 나올 조선 후기 사회, 문화와도 묶어서 함께 출제되기도 함
- 모내기법(이앙법)은 단독으로 간혹 출제되기도 함

☑ 최다 빈출 선지

모내기법(이앙법)
① 모내기법이 전국적으로 확산되었다.
② 모내기법의 확산으로 벼와 보리의 이모작이 성행하였다.
③ 모내기법 등을 소개한 농가집성이 편찬되었다.

조선 후기 농업
① 인삼, 담배가 상품 작물로 재배되었다.
② 면화, 고추 등이 상품 작물로 재배되었다.
③ 감자, 고구마 등의 구황 작물이 재배되었다.
④ 모내기법이 전국적으로 확산되었다.

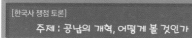

01 밑줄 그은 '이 법'의 영향으로 가장 적절한 것은?

① 관청에 물품을 조달하는 공인이 등장하였다.
② 어염세, 선박세 등이 국가 재정으로 귀속되었다.
③ 전세를 풍흉에 따라 9등급으로 차등 과세하였다.
④ 양반에게도 군포를 징수하는 호포제가 시행되었다.
⑤ 재정을 보충하기 위해 지주에게 결작이 부과되었다.

대동법

정답 ①　밑줄 그은 '이 법'은 대동법이다. 15세기 후반부터 하급 관리나 상인들이 공물을 대납하고 농민들에게 그 대가를 요구하는 방납이 성행하였는데, 방납의 폐해가 나타나자 조선 정부는 국가 재정을 확충하고 농민의 부담을 경감시키려는 목적에서 대동법을 실시하였다. 대동법은 광해군 원년(1608) 경기도에서 시험적으로 시행되고, 이어서 점차 전국으로 확대되었다. 대동법은 종래의 공물 납부 방식 대신 토지의 결수에 따라 쌀, 삼베나 무명, 동전 등으로 납부하게 하는 제도였다.

정답 분석

① 조선 후기 광해군이 대동법을 시행하면서 공인이라는 어용상인이 나타났다. 이들은 선혜청에서 공가를 미리 받아 각 관청에 필요한 물품을 사서 납부하였다.

오답 피하기

② 조선 후기 영조는 균역법을 시행하면서 농민의 군포 부담을 1년에 2필에서 1필로 줄였다. 줄어든 군포 수입은 어염세와 선박세 등을 국가 재정으로 돌려 보충하였다.
③ 조선 초기 세종은 전세를 좀 더 체계적으로 걷기 위해 토지의 비옥도와 풍흉에 따라 차등 징수하는 전분6등법과 연분9등법을 실시하였다.
④ 조선 후기 흥선 대원군은 군정의 폐단을 시정하기 위해 많은 양반의 반대에도 호포제를 실시하여 상민에게만 거두던 군포를 양반에게도 징수하였다.
⑤ 조선 후기 영조가 균역법을 시행하면서 농민의 군포 부담을 1년에 2필에서 1필로 줄였다. 줄어든 군포 수입은 토지 1결마다 2두씩 결작미를 거두어 보충하였다.

---

02 밑줄 그은 '방책'에 해당하는 내용으로 옳은 것은?

① 일부 부유한 양민에게 선무군관포를 징수하였다.
② 풍흉에 따라 전세를 9등급으로 차등 과세하였다.
③ 백성들에게 곡식을 빌려주는 진대법을 시행하였다.
④ 수신전, 휼양전 등의 명목으로 세습되는 토지를 폐지하였다.
⑤ 기금을 모아 그 이자로 빈민을 구제하는 제위보를 운영하였다.

균역법

정답 ①　밑줄 그은 '방책'은 조선 후기 영조가 시행한 균역법이다. 영조는 군역의 폐단을 시정하기 위하여 균역법을 실시하였으며, 이를 위해 먼저 군역의 종류와 배정된 양인의 수를 조사하여 "양역실총"을 편찬하였다. 이를 바탕으로 양인 1명당 1년에 1필씩 내도록 부담을 조정하였다.

정답 분석

① 균역법 시행으로 줄어든 재정을 보충하고자 지주에게 결작이라는 명목으로 토지 1결당 쌀 2두를 부과하였고, 각 아문이나 궁방의 수입이던 어세·염세·선세를 거두어들였다. 또 군역을 면제받던 상층 양인에게 선무군관이라는 칭호를 주고 포 1필을 받았다.

오답 피하기

② 조선 초기 세종은 토지 비옥도와 풍흉의 정도에 따라 전분6등법과 연분9등법을 실시하여 합리적으로 전세를 부과하였다.
③ 고구려 고국천왕은 흉년이나 춘궁기에 곡식을 빌려주었다가 수확 후 갚게 하는 진대법을 실시하였다.
④ 조선 초기 세조는 현직 관리에게 지급할 토지가 부족하게 되자, 현직 관리에게만 과전을 지급하는 직전법을 시행하면서 수신전, 휼양전 등을 폐지하였다.
⑤ 고려는 제위보를 설치하여 기금을 마련한 뒤 그 이자로 빈민을 구제하고 질병을 치료하였다.

조선 후기의 경제 변화와 상품 화폐 경제 발달

▲ 기산풍속도첩 속의 대장장이

▲ 가산풍속도첩 속의 시장

사료 살펴보기

허생전(도고의 성장)

허생은 안성의 한 주막에 자리 잡고서 밤, 대추, 감, 배, 귤 등의 과일을 모두 사들였다. 허생이 과일을 도거리로 사두자, 온 나라가 잔치나 제사를 치르지 못할 지경에 이르렀다. 따라서 과일 값은 크게 폭등하였다. 허생은 이에 10배의 값으로 과일을 되팔았다. 이어서 허생은 그 돈으로 곧 칼, 호미, 삼베, 명주 등을 사 가지고 제주도로 들어가서 말총을 모두 사들였다. 말총은 망건의 재료였다. 얼마 되지 않아 망건 값이 10배나 올랐다. 이렇게 하여 허생은 50만 냥에 이르는 큰돈을 벌었다.

－『연암집』 박지원 －

허생처럼 물건을 매점매석하는 것을 '도고'라고 한다. 이러한 상행위는 상업 자본을 바탕으로 상품을 매점매석하여 가격을 마음대로 조종하여 폭리를 취하는 것이다. 모든 상품마다 도고가 활동하게 되면 영세민과 피지배층이 크게 오른 상품의 가격을 감당할 수 없어 빈부 격차가 더욱 심해질 수밖에 없었다.

① 상품 화폐 경제의 발달

(1) 민영 수공업의 발달

배경	• 조선 초기는 관영 수공업이 일반적 ➡ 조선 후기에 민영 수공업이 발달 • 제품 수요 증가(인구 급증), 대동법 실시 ➡ 상품 화폐 경제 발달 • 공장안 폐지 : 수공업자들이 장인세만 납부하면 자유롭게 수공업품 생산 가능
특징	• 관영 수공업 쇠퇴 ➡ 민간 수공업자는 장인세(납포장)를 납부 후 자유롭게 활동 • 선대제 수공업 유행 : 수공업자들이 공인이나 상인에게 미리 자본과 원료를 받아 제품을 생산하는 체계 ➡ 수공업자가 상업 자본에 예속 • 독립 수공업 등장 : 철기 · 유기 등을 독자적으로 생산하고 판매하는 장인 등장 • 점(店) 운영 : 민간 수공업자들이 철점, 사기점 등의 작업장 운영 ➡ 점촌(수공업 촌락) 형성

(2) 민영 광업의 발달

배경	• 조선 초기는 관영 광업이 일반적(정부가 농민 부역을 동원하여 광물 독점 채굴) ➡ 조선 후기에 민영 광업이 발달 • 민영 수공업 발달로 광물 수요 급증, 대청 무역 확대로 은의 수요 증가 ➡ 은광 · 금광의 활발한 개발, 잠채 성행

특징	• 설점수세제 등장(17세기 이후) : 정부의 허가 아래 민간인의 자유로운 광산 채굴을 허용하고 세금 징수 ➡ 70개소의 은광 개발
	• 덕대제 실시(18세기 이후)
	  ┌ 덕대 또는 혈주가 상인 물주의 자본을 조달 받아 채굴업자와 채굴 노동자를 고용
	  └ 상인 물주(자본가) − 덕대(광산 경영 전문가) − 임노동자(채굴업자, 채굴 · 제련 노동자 등)의 분업에 토대를 둔 협업
	• 불법적인 잠채 성행 : 18세기 중엽 세금을 피하기 위해 몰래 금광과 은광 개발
	• 은광 개발 활발 : 17세기 이후, 청과 무역으로 은 수요 증가
	• 금광 개발 활발 : 18세기 후반부터 사금 채취

(3) 시전 상인과 공인

시전 상인	국가에 필요한 물품을 납부하고 금난전권을 부여받아 사상을 억압 ➡ 정조 때의 신해통공(1791)으로 육의전을 제외한 시전 상인의 금난전권 철폐
공인	• 대동법 실시 이후 정부가 필요로 하는 물품을 대주던 어용상인 • 서울 시전과 지방 장시를 무대로 특정 물품을 대량 취급 ➡ 독점적 도매 상인인 도고로 성장

(4) 사상의 등장과 활동

배경	금난전권의 폐지(신해통공)로 자유로운 상업 활동 보장
특징	칠패 · 송파 등 도성 주변과 개성, 평양, 의주, 동래 등 지방 도시에서 활동 ➡ 각지에 지점을 두어 상권 확장, 지방 장시를 연결하여 물품 교역 ➡ 도고로 성장

| 대표
사상 | • **만상(의주)**
 ┌ 책문 후시 등을 통해 청과의 무역에 종사
 └ 수출(은, 종이, 무명, 인삼) ⟷ 수입(비단, 약재, 문방구)
• **송상(개성)**
 ┌ 전국에 송방이라는 지점망 설치, 사개치부법이라는 독자적인 회계법 창안
 ├ 만상(청)과 내상(일본) 사이에서 중계 무역으로 부 축적
 └ 주로 인삼 재배 및 판매 주도 ➡ 대외 무역에 깊은 관여
• **경강상인(한강)**
 ┌ 한강을 근거지로 선박을 이용한 운송업에 종사
 ├ 미곡 · 소금 · 어물 등의 운송 및 판매 장악, 선박의 건조 등 생산 분야 진출
 └ 경강상인의 활동으로 뚝섬에서 양화진에 이르기까지 많은 나루터가 생김
• **내상(동래)**
 ┌ 왜관(두모포 왜관 ➡ 초량 왜관)을 중심으로 대일 무역 주도
 └ 수출(인삼, 쌀, 무명) ⟷ 수입(은, 구리, 황, 후추)
• 대외 무역의 발달 : 공무역인 개시 무역과 사무역인 후시 무역 발달
 ┌ 청 : 개시 무역(중강, 경원, 회령), 후시 무역(중강, 책문)
 └ 일본 : 동래(부산) 왜관에서 개시와 후시 무역 전개 |

▲ 조선 후기의 상업과 무역 활동

(5) 장시의 발달

등장	15세기 말 남부 지방에서 처음 장시 등장 ➡ 18세기 전국에 1,000여 개의 장시 개설
특징	• 지방민의 교역 장소로 5일장이 일반적, 일부 장시의 상설 시장화 • 인근 장시와 연계하여 지역적 상권 형성 • **보부상의 활발한 활동** ┌ 보부상단을 만들어 결속을 다짐 └ 전국의 지방 장시를 돌아다니며 생산자와 소비자 연결 ➡ 지방 장시를 하나의 유통망 으로 연결시킴 • 대표 장시 : 광주 송파장, 은진 강경장, 덕원 원산장 등

(6) 포구의 발달

특징	• 장시보다 큰 규모의 상거래가 이루어짐 • 선상의 활약 : 선박을 이용한 각 지방 물품 판매, 전국의 포구를 하나의 유통망으로 연결 • 객주 · 여각 : 선상 상품의 매매 중개, 운송 · 보관 · 금융 · 숙박업 등 담당

(7) 화폐 경제의 발달

배경	상공업 발달, 세금과 소작료의 동전 납부 가능
특징	• **상평통보의 전국적 유통(18세기 후반)** : 인조 때 김육, 김신국 등의 건의에 따라 상평창을 설치하고 상평통보를 주조(1663)하여 유통을 시도하지만 실패 ➡ 숙종 때 허적, 권태운 등의 건의에 따라 상평통보 재주조(1678) ➡ 전국적으로 유통이 됨 • 신용 화폐의 등장(환, 어음 등) : 대규모 거래 시 이용 • 전황 발생 : 화폐의 재산 축적 기능만 강조되면서 나타난 현상 ➡ 물가가 내려가고, 화폐 가치는 올라감

▲ 상평통보

은쌤의 합격노트

🔔 상품 화폐 경제의 발달

☑ 시험에 꼭 나오는 키워드

조선 후기 경제 모습 정리하기 ➡ 조선 후기 사회, 문화와 묶어서 출제되기도 함

☑ 최다 빈출 선지

민영 광업
① 덕대가 광산을 전문적으로 경영하였다.
② 광산을 전문적으로 경영하는 덕대가 나타났다.
③ 민간의 광산 개발을 허용하는 설점수세제가 시행되었다.

공인
① 관청에 물품을 조달하는 공인이 활동하였다.
② 공인이 상평통보를 사용하여 물품을 조달하였다.
③ 독점적 도매상인인 도고가 활동하였다.

장시
① 보부상이 장시를 돌아다니며 활동하였다.
② 여러 장시가 하나의 유통망으로 연계되었다.

만상
① 책문 후시를 통해 청과의 무역을 주도하였다.

송상
① 개성상인인 송상은 사개치부법이라는 회계법을 고안하였다.
② 전국 각지에 송방이라는 지점을 설치하였다.
③ 송상, 만상이 대청 무역으로 부를 축적하였다.

경강상인
① 한강을 무대로 정부의 세곡 운송을 주도하였다.
② 강상이라 불리기도 하였다.

내상
① 초량 왜관을 통해 일본과 무역하였다.

화폐 경제
① 상평통보가 시장에서 유통되었다.
② 전황의 발생 원인을 분석한다.

대외 무역
① 책문 후시를 통한 교역이 활발하였다.
② 왜관에서 개시 무역과 후시 무역이 이루어졌다.
③ 국경 지대에서 개시 무역과 후시 무역이 이루어졌다.
④ 중강 개시와 중강 후시를 통한 중국과의 교역이 활발하였다.

심화 63회 25번

01 밑줄 그은 '이 시기'의 경제 상황으로 옳은 것은?

> ### 시(詩)로 만나는 한국사
>
> 이현과 종루 그리고 칠패는
> 도성의 3대 시장이라네
> 온갖 장인들이 살고 일하니
> 사람들이 많아서 어깨를 부딪히네
> 온갖 재화가 이익을 좇아
> 수레가 끊임없네
> 봉성의 털모자, 연경의 비단실
> 함경도의 삼베, 한산 모시
> 쌀, 콩, 벼, 기장, 조, 피, 보리
> ……
>
> [해설] 이것은 한양의 모습을 그린 「성시전도」를 보고 박제가가 지은 시의 일부이다. 시의 내용을 통해 <u>이 시기</u> 생동감 있는 시장의 모습을 엿볼 수 있다.

① 백성에게 정전이 지급되었다.
② 서경에 관영 상점이 설치되었다.
③ 금속 화폐인 건원중보가 주조되었다.
④ 벽란도가 국제 무역항으로 번성하였다.
⑤ 인삼, 담배 등이 상품 작물로 재배되었다.

조선 후기 경제 상황

정답 ⑤ 밑줄 그은 '이 시기'는 조선 후기이다. 조선 후기 실학자 박제가의 시는 지방에서 온 수레가 줄지어 있고 많은 사람이 북적거리는 한양의 시장을 노래하고 있다. 시 속의 종루는 종로 일대, 칠패는 남대문 밖, 배오개는 동대문 부근을 가리킨다. 조선 후기에는 대도시는 물론, 시골에서도 물건을 파는 장사꾼들의 모습을 어렵지 않게 볼 수 있었다.

정답 분석

⑤ 조선 후기에 도시 인구가 증가하고 상품 유통이 활발해지면서 인삼, 면화, 담배, 채소 등의 상품 작물 재배가 확대되었다.

오답 피하기

① 신라 중대 성덕왕은 농민 생활을 안정시키기 위해 백성에게 정전을 지급하였다.
② 고려의 대도시에는 서적점과 약점, 술을 파는 주점, 차를 파는 다점 등 관영 상점이 열렸다.
③ 고려 초기 성종은 철전인 건원중보를 발행하였으나 널리 이용되지는 못하였다.
④ 고려 시대 예성강 어귀의 벽란도는 중국, 일본, 아라비아 상인들이 드나드는 국제적인 무역항으로 번성하였다.

02 다음 기사에 나타난 시기의 경제 상황으로 옳은 것은?

> # 역사 신문
>
> 제△△호　　　　　　　　　　○○○○년 ○○월 ○○일
>
> ## 거상(巨商) 임상옥, 북경에서 인삼 무역으로 큰 수익
>
> 연행사의 수행원으로 북경에 간 만상(灣商) 임상옥이 인삼 무역으로 큰 수익을 거두었다. 북경 상인들이 불매 동맹을 통해 인삼을 헐값에 사려 하자, 그는 가져간 인삼 보따리를 태우는 기지를 발휘해 북경 상인에게 인삼을 높은 가격에 매각하여 막대한 이익을 얻은 것이다.

① 삼한통보, 해동통보가 발행되었다.
② 솔빈부의 말이 특산물로 수출되었다.
③ 초량 왜관을 통해 일본과 교역하였다.
④ 당항성, 영암이 국제 무역항으로 번성하였다.
⑤ 경시서의 관리들이 수도의 시전을 감독하였다.

조선 후기 경제 상황

정답 ③　　다음 기사에 나타난 시기는 조선 후기이다. 임상옥은 조선 후기 무역 상인으로 최초로 국경지대에서 인삼 무역권을 독점하는 천재적인 상업 수완을 발휘하여 막대한 부를 축적하였다. 조선 후기 일부 사상들은 한성을 비롯하여 전국 각지의 장시를 중심으로 도고 상업을 전개하는 상업 자본가로 성장하기도 하였다. 한성의 경강상인, 개성의 송상, 의주의 만상, 동래의 내상 등이 대표적인 사상이다.

정답 분석

③ 조선 후기 숙종 때 설치된 초량 왜관은 조선과 일본의 외교와 무역이 진행된 곳으로 대마도에서 온 500여 명의 성인 남성이 거주하였다.

오답 피하기

① 고려 중기 숙종 때 삼한통보, 해동통보, 해동중보 등의 동전과 은병(활구)이 만들어졌다.
② 발해의 여러 특산품 중 단연 으뜸은 '솔빈의 말'이었다. 솔빈부는 오늘날 러시아의 체르냐치노 일대로, 넓은 초원이 펼쳐져 있어 튼튼한 말이 잘 자랐다.
④ 통일 신라의 당시 무역항으로는 울산항, 청해진, 영암, 당항성(남양만)이 크게 번성하였다.
⑤ 고려 시대 상행위를 감독하기 위해 경시서를 설치하였고, 조선 시대까지 이어지다 조선 초기 세조 때 평시서로 개칭되었다.

03 다음 상황이 나타난 시기에 볼 수 있는 모습으로 적절하지 <u>않은</u> 것은?

> ○집집마다 인삼을 심어서 돈을 물 쓰듯이 한다고 하는데, 재산을 만드는 방법으로는 이보다 나은 것이 없다고 한다.
> ○어제 울타리 밖의 몇 되지기 밭에 담배를 파종하였다.
> ○목화가 풍년이 들었는데, 어제는 시장에서 25근에 100전 이었다고 한다.
>
> 　　　　　　　　　　　　　　　－『노상추일기』－

① 한글 소설을 읽어주는 전기수
② 시사를 조직하여 활동하는 역관
③ 주전도감에서 해동통보를 만드는 장인
④ 왕조 교체를 예언한 정감록을 읽는 양반
⑤ 한강을 무대로 상업에 종사하는 경강상인

조선 후기의 경제 상황

정답 ③　　다음 상황이 나타난 시기는 조선 후기이다. 조선 후기에 상품 작물 재배가 활발해졌다. 상품 화폐 경제의 발달로 농작물의 상품화에 눈을 뜬 농민들은 자급자족에서 벗어나 쌀을 비롯하여 담배, 인삼, 면화, 고추 등의 상품 작물을 재배하였다. 특히 가장 인기 있는 상품 작물은 인삼과 담배였다.

정답 분석

③ 고려 중기 숙종은 의천의 건의에 따라 주전도감을 설치하고 삼한통보, 해동통보, 해동중보 등의 동전과 활구(은병)라는 은전을 만들었다.

오답 피하기

① 조선 후기에 문학의 저변이 서민층까지 확대되면서 누구나 쉽게 읽을 수 있는 한글 소설이 점점 인기를 끌었다.
② 조선 후기에 중인과 서민층의 창작 활동이 활발해지면서 일종의 문학 동호인 모임인 시사가 많이 만들어졌다.
④ 조선 후기 생활이 어려워진 농민들은 세상이 바뀌기를 기대하였고, 이에 따라 새로운 세상에 대한 기대가 담긴 "정감록" 등이 인기를 끌었다.
⑤ 조선 후기 경강상인은 한강을 무대로 운송업에 종사하면서 거상으로 성장하였다.

04 다음 주장이 제기된 시기에 볼 수 있는 모습으로 적절한 것은?

> 우리나라 은화는 연경과의 무역에 모두 써버린다. 하늘이 낸 이 보화를 가지고 비단·식물·그릇·사치품 따위를 멀리서 사들여 와 하루도 못가서 소비해 버린다. 나라에서 생산하는 은이 부족한 까닭에, 일본 은을 들여다가 간신히 채우려고 하지만 나라의 은이 모두 바닥이 난다. 병화(兵禍)가 생긴다면 장차 어떻게 대처할 것인가?
> － 『성호사설』 －

① 염포의 왜관에서 교역하는 상인
② 계해약조의 문서를 작성하는 관리
③ 과전법에 따라 토지를 지급받는 관원
④ 고추, 담배를 상품 작물로 재배하는 농민
⑤ 화통도감에서 화약 무기를 시험하는 군인

조선 후기의 경제

정답 ④ 다음 주장이 제기된 시기는 조선 후기이다. 조선 후기 실학자 이익은 『성호사설』 등의 저서를 통해 개혁안을 제시하였다. 연경은 중국 청나라의 수도 베이징을 말한다.

정답 분석

④ 조선 후기에는 상품 작물 재배도 활발해졌다. 상품 화폐 경제의 발달로 농작물의 상품화에 눈을 뜬 농민들은 자급자족에서 벗어나 쌀을 비롯하여 담배, 인삼, 면화, 고추 등의 상품 작물을 재배하였다.

오답 피하기

① 조선 초기 세종 때 일본이 무역을 간청하자 계해약조를 맺고 제한된 조공 무역을 허락하였다. 이에 따라 교역은 부산포, 제포(진해), 염포(울산)의 3포에서 이루어졌다.
② 조선 초기 1443년 세종이 대마도주와 체결한 계해약조는 세견선(무역선)이나 체류 기간 등을 명시하면서 제한된 범위 내에서만 교역을 허락하였다.
③ 이성계와 급진 개혁파 세력은 공양왕을 세운 후, 전제 개혁을 단행하여 과전법을 실시하였다(1391). 조선 시대에도 관리들의 경제 기반을 보장하기 위해 과전법이 시행되었다.
⑤ 고려 말 최무선의 건의로 화통도감을 설치하였다.

---

05 다음 대화가 이루어진 시기의 경제 상황으로 옳지 <u>않은</u> 것은?

> 며칠 전 전하께서 형조와 한성부에 시전 상인의 금난전권을 철폐하고 이를 어길 경우 처벌하라는 지시를 내리셨다네.

> 나도 들었네. 다만 육의전은 이번 조치에서 제외되었다고 하더군.

① 고액 화폐인 활구가 주조되었다.
② 담배, 면화 등 상품 작물이 재배되었다.
③ 관청에 물품을 조달하는 공인이 활동하였다.
④ 송상, 만상이 대청 무역으로 부를 축적하였다.
⑤ 광산을 전문적으로 경영하는 덕대가 등장하였다.

조선 후기의 경제

정답 ① 다음 대화가 이루어진 시기는 조선 후기이다. 조선 후기 정조는 시전의 독점 판매에 대한 비판 여론이 높아지자 신해통공을 발표하여 육의전을 제외한 시전의 금난전권을 폐지하였다(1791). 이후 자유 상업이 발달하면서 일부 사상은 독점적 도매상인 도고로 성장하였다.

정답 분석

① 고려 숙종은 삼한통보, 해동통보, 해동중보 등의 동전과 활구라는 은병을 만들어 유통하려 하였다.

오답 피하기

② 조선 후기 상품 경제가 발전하면서 시장에 팔기 위한 작물을 재배하는 경우도 많아졌다. 목화, 담배, 채소, 약재와 인삼 등을 많이 심었다.
③ 조선 후기 대동법을 시행하면서 등장한 공인들은 국가 기관에서 미리 받은 공가의 일부를 장인들에게 지급하여 생산품을 독점하였다.
④ 조선 후기 서울의 경강상인, 개성의 송상, 동래의 내상, 의주의 만상, 평양의 유상 등이 유명한 거상들이 등장하였는데 이들은 국제 무역에도 참여하여 많은 이득을 취하였다.
⑤ 조선 후기 광산을 개발하려면 많은 인력을 집중적으로 고용해야 했기 때문에 대규모 자본을 동원할 수 있는 상인이 물주가 되어 덕대에게 경영을 위임하는 형태로 운영되었다.

06 (가), (나)에 대한 설명으로 가장 적절한 것은?

조선 후기에 활동한 상인에 대해 말해 볼까요?

개성 상인인 (가) 은/는 사개치부법이라는 회계법을 고안했어요.

(나) 은/는 한강을 무대로 정부의 세곡 운송을 주도했고, 강상(江商)이라 불리기도 했어요.

① (가) - 혜상공국을 통해 정부의 보호를 받았다.
② (가) - 전국 각지에 송방이라는 지점을 설치하였다.
③ (나) - 책문 후시를 통해 청과의 무역을 주도하였다.
④ (나) - 금난전권을 행사해 사상의 활동을 억압하였다.
⑤ (가), (나) - 근대적 상회사인 대동 상회를 설립하였다.

조선 후기의 사상(송상-경강 상인)

정답 ② (가)는 송상, (나)는 경강 상인이다. 조선 후기 개성, 평양, 의주, 동래 등 지방 도시에서 거상이 등장하였다. 개성의 송상은 인삼과 포목의 도고 상업을 통해 큰 이익을 얻었고, 의주와 동래 상인을 매개로 청·일 간의 중계 무역에도 종사하여 부를 축적하였다. 경강상인은 한강을 근거지로 대동미 등 정부 세곡과 한성 지주들의 소작료 운송을 주도하며 거상으로 성장하였다.

정답 분석

② 송상은 송방이라는 지점을 설치하고 인삼을 재배·판매하였으며, 대외 무역에도 종사하여 부를 축적하였다.

오답 피하기

① 혜상공국은 고종이 1883년에 보부상을 다스리기 위해 설치한 관청이다.
③ 책문 후시는 사신을 따라 간 사상들이 전개한 사무역으로 만상이 주도하였다.
④ 조선 정부는 시전 상인에게 점포세와 상세를 내게 하고 왕실이나 관청에 물품을 공급하도록 하는 대신 특정 상품에 대한 독점 판매권인 금난전권을 인정하였다. 이후 조선 후기 정조 때 신해통공으로 금난전권은 폐지되었다.
⑤ 개항기에 외국 상인의 침탈이 계속되는 가운데 1883년 평안도 상인 20명이 수십만 냥 이상의 자금을 출자해 유통회사 대동상회를 설립하였다.

---

07 다음 자료의 상황이 나타난 시기에 볼 수 있는 모습으로 적절하지 않은 것은?

비변사에서 임금에게 아뢰었다. "삼남에서 특산물로 종이를 바치는 공인이 청원하기를 '승려들의 숫자가 줄어 종이의 양이 부족한 데도 각 지방의 군영과 관아에서 먼저 가져갑니다. 이로 인해 중앙에 공물로 납부할 종이가 부족해 공인이 처벌되는 일이 이어지고 있습니다. …… 송상들이 각 사찰에 출입하며 종이를 몰래 사들여 책문에 가서 시장을 만드는 행위를 엄금해 은밀히 국경을 넘는 폐단을 없애 주십시오.'라고 하였습니다."

① 시사(詩社)를 조직하여 활동하는 중인
② 솔빈부의 특산품인 말을 수입하는 상인
③ 여러 장시를 돌며 물품을 판매하는 보부상
④ 저잣거리에서 한글 소설을 읽어 주는 전기수
⑤ 채소, 담배 등의 상품 작물을 재배하는 농민

조선 후기 경제 상황

정답 ② 다음 자료의 상황이 나타난 시기는 조선 후기이다. 조선 후기 대표적인 사상으로는 개성의 송상, 한강 포구의 경강상인, 의주의 만상, 동래의 내상, 평양의 유상 등이 있었다. 특히 송상은 주로 인삼을 재배하여 판매하였으며, 전국에 송방이라는 지점을 설치하여 장시와 연결을 꾀하였고, 대외 무역에도 깊이 관여하여 부를 축적하였다. 경강상인은 한강을 근거지로 삼아 미곡, 소금, 어물 등의 운송과 판매를 장악하고 부를 축적하여 거상으로 성장하였다.

정답 분석

② 발해의 여러 특산품 중 단연 으뜸은 '솔빈의 말'이었다. 솔빈부는 오늘날 러시아의 체르냐치노 일대로, 넓은 초원이 펼쳐져 있어 튼튼한 말이 잘 자랐다.

오답 피하기

① 조선 후기 중인들은 옥계시사 등 시사를 결성하였으며, 이곳에는 양반 사족층도 함께 참여하여 어울렸다.
③ 조선 후기 장시는 보통 5일마다 열렸으며 보부상은 장시와 장시를 이동하면서 장날의 차이를 이용하여 생산자와 소비자를 이어 주는 중간자 역할을 담당하였다.
④ 조선 후기 문화를 향유하는 계층이 확대되면서 한글 소설이 발달하였다. 이러한 시기에 소설을 읽어 주고 일정한 보수를 받던 직업적인 낭독가인 전기수가 등장하였다.
⑤ 조선 후기에 상품 화폐 경제의 발달로 농작물의 상품화에 눈을 뜬 농민들은 자급자족에서 벗어나 쌀을 비롯하여 담배, 인삼, 면화, 고추 등의 상품 작물을 재배하였다.

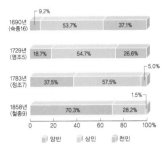

1690년
(숙종16) | 9.2% | 53.7% | 37.1%
1729년
(영조5) | 18.7% | 54.7% | 26.6%
1783년
(정조7) | 37.5% | 57.5% | 5.0%
1858년
(철종9) | 70.3% | 28.2% | 1.5%

0 20 40 60 80 100%

■ 양반 □ 상민 ▨ 천민

▲ 조선 후기의 직역별 인구 변동

조선 후기 호적 대장을 분석해 본 결과, 호적상 유학 등과 같은 양반의 직역을 쓰는 인구의 점유율이 17세기 이후 점차 증가하기 시작하여 18~19세기에는 40~60%에 이를 정도로 급증하였다.

이름을 적는 곳이
비어 있음

▲ 공명첩

이름이 비어 있는 명예 관직 임명장이다. 기부금을 내면 이름을 적어 주었다.

사료 살펴보기

상민층의 신분 상승

근래 세상의 도리가 점점 썩어 가서 돈 있고 힘 있는 백성들이 군역을 피하고자, 간사한 아전, 임장(任掌: 호적을 담당하는 하급 임시직)과 한통속이 되어 뇌물을 쓰고 호적을 위조하여 유학(幼學)이라고 거짓으로 올리고 면역(免役)하거나, 다른 고을로 옮겨 가서 스스로 양반 행세를 한다. 호적이 밝지 못하고 명분이 문란함이 지금보다 심한 적이 없었다.　－「일성록」－

부유한 상민은 공명첩을 사거나, 족보를 구매 또는 위조하는 불법적인 방법으로 양반 신분을 취득하였다. 양반이 되면 군포를 면제받고 지배층의 수탈에서 어느 정도 벗어날 수 있었기 때문이다. 그 결과 상민의 수는 크게 줄어든 반면, 양반의 수가 크게 늘어났다.

조선 후기의 사회 변동

① 조선 후기 신분제의 동요

(1) 양반층의 분화

배경	붕당 정치의 변질(일당 전제화) ➡ 권력에서 밀려난 양반은 향반·잔반으로 몰락
특징	양반의 절대적인 수의 증가, 양반층의 분화
분화	• 권반 : 권력을 장악한 소수의 양반 가문 • 향반 : 정권에 밀려나 낙향하여 지방 세력화된 양반 • 잔반 : 양반 체통을 유지할 수 없고, 농업이나 상업에 종사하면서 생계 유지

(2) 중인층의 신분 상승 운동

특징	중인층의 신분 상승 운동 전개
서얼	• 임진왜란 이후 정부의 차별 완화 ➡ 영·정조 때 등용 확대 • 납속책과 공명첩을 이용하여 관직 진출 • 청요직 진출을 요구하며 서얼에 대한 차별 완화를 주장하는 집단 상소 운동(통청 운동) • 정조 때 서얼 출신 유득공, 이덕무, 박제가 등이 규장각 검서관으로 등용
중인	• 축적한 재산과 실무 경력을 바탕으로 신분 상승 추구 • 철종 때(19세기) 관직 진출 제한을 없애 달라는 대규모 소청 운동을 일으켰으나 실패 • 시를 짓고 즐기기 위한 모임인 시사(詩社)를 조직하여 위항 문학 활동을 통해 자신들의 위상을 높임 • 역관의 활약 : 외래문화 수용, 북학파에 영향(개화 사상 형성에 기여)

(3) 상민의 신분 상승 기회 확대

특징	신분 상승 기회 확대 : 합법(납속책, 공명첩), 불법(족보 매입·위조)을 통한 신분 상승
분화	• 일부 부농층은 납속책, 공명첩 등을 통해 양반으로 신분 상승 • 대부분 농민층은 소작농, 품팔이꾼, 도시 임노동자 전락
영향	• 상민의 신분 상승으로 양반의 수는 증가하고 상민의 수는 감소 • 양반 중심의 신분 체제 동요, 국가 재정의 부족

(4) 노비의 신분 상승

특징	노비의 절대적 수 감소
노비 감소	• 군공·납속책을 통해 신분 상승 시도 및 잦은 도망 • 영조의 노비 종모법 실시 : 노비의 소생은 어머니 신분을 따르도록 함 ➡ 노비의 신분 상승 추세가 촉진됨
공노비 해방	• 배경 : 상민의 수가 감소하면서 군역 대상자가 줄어들어 국가 재정이 부족 • 전개 : 공노비 해방을 통해 상민의 수를 늘려 재정 보완을 시도 ➡ 순조는 중앙 관청의 공노비 6만 6천여 명을 해방(1801)

② 향촌 질서의 변화

양반의 향촌 지배력 약화	• 배경 : 양반 권위의 하락 ┌ 농촌 사회의 분화와 신분제 붕괴 ➡ 부농층의 성장 및 몰락 양반 등장 └ 향전 발생 : 기존 양반(구향)과 새롭게 부상한 부농층(신향) 간의 대립 • 양반 지위를 유지하기 위한 노력 ┌ 족보 · 청금록(서원 및 향교에 출입하는 양반들의 출석부) · 향안(지방 양반의 명단) 등 제작 ├ 향약 · 동계 등을 통해 세력 기반을 유지하고자 함 └ 문중을 중심으로 서원 및 사우 설립을 통해 족적 결합의 강화를 시도
부농층의 성장	• 배경 : 새로 성장한 부농층은 우세한 경제력을 바탕으로 기존 양반이 장악하고 있던 향촌 사회의 지배권에 도전 • 활동 ┌ 수령을 중심으로 한 관권과 결탁하여 향안에 이름을 올리고, 향회 장악 시도 ├ 종래 양반만으로 구성된 향청에 참여하여 향임직에도 진출 └ 종래의 구향을 대신하여 정부의 부세 제도 운영에 참여
관권의 강화	• 배경 : 정부는 재정 위기를 타개하기 위해 새로운 부농층 신향을 적극 활용, 부농층 신향은 관권을 이용하여 자신의 향촌 지배력을 강화하고자 함 • 영향 ┌ 향회는 지방 양반의 이익을 대변하던 자치 기구에서 수령의 부세 자문 기구가 됨 └ 세도 정치 시기에 수령과 향리가 농민들을 수탈하는 배경이 됨
향전의 발생	• 의미 : 부농층 신향과 기존의 전통 양반 구향의 향촌 지배권을 둘러싼 경쟁 • 과정 : 구향의 힘은 약화되었지만 신향 세력이 향촌 사회를 완전히 장악하지 못함 • 결과 : 조선 후기 향촌 사회에서는 사족의 영향력이 약화, 수령과 향리의 권한이 강해지는 결과를 가져옴

③ 가족 제도의 변화

구분	조선 전기	조선 후기(17세기 이후)
가족 제도	부계와 모계의 영향을 함께 받음	• 부계 위주의 동성 마을 형성 • 부계 위주의 족보 편찬 • 아들이 없는 경우 양자 입양이 일반화 • 성리학적 윤리 강조 : 효와 정절 강조
혼인 제도	남자가 여자 집에서 생활	• 친영 제도 정착(남자 집에서 생활) • 부인과 첩 엄격히 구분 • 서얼 차별 : 문과 응시 불가, 제사나 상속 시 차별 대우 • 여성의 재가 엄격히 금지(양난 이후)
상속 제도	균등 상속 ➡ 대를 잇는 자식에게 1/5 추가 상속	• 장남(큰 아들) 위주 상속 • 남녀 차등 상속
제사	형제가 돌아가면서 제사를 분담	장남(큰 아들)이 제사를 전담
공통점	• 유교적 효와 정절 강조 : 과부의 재가 금지(성종 이후), 효자와 열녀 표창 • 일부일처제의 원칙하에 첩을 허용 : 첩과 서얼에 대한 엄격한 차별	

사료 살펴보기

매향의 폐단

매향(향직을 돈 받고 파는 것)에는 여러 가지 방법이 있습니다. 돈을 받고 향임(향청의 직임)이나 군임, 면임에 임명하는가 하면, 향안(양반 명부), 교안(향교 교생 명부)에 올려 줍니다. 여기에 응하는 자는 모두 국가의 군역을 진 상민입니다. …… 한번 향임이나 군임을 지낸 자나 향안, 교안에 오른 자는 대개 군역과 요역에서 벗어납니다. 군정(軍丁)이 부족하면 중첩되게 정하는 문제가 생기고, 요역이 고르지 못하면 한쪽만 치우치게 고통 받는 문제가 생깁니다.　─『정조실록』─

제시된 사료를 통해 향직 매매를 통해 신분이 상승하는 모습을 볼 수 있다. 정부는 국가 재정 확충을 위해 납속이나 향직의 매매를 통해서 부농층이 합법적으로 성장할 수 있는 길을 열어주었다.

향전

지방 고을의 향전은 마땅히 금지해야 할 것이다. …… 반드시 가볍고 무거움에 따라 양쪽의 주동자를 먼저 다스려 진정시키고, 향전을 없애는 것을 위주로 하는 것이 옳다. 이서 가운데 한쪽으로 쏠리는 자가 있으니, 또한 반드시 아전의 우두머리에게 엄하게 타일러야 한다.　─『거관대요』─

조선 후기에 기존의 지배층인 사족의 지위가 흔들리고 새롭게 대두한 신향이 구향과 대립하였다. 이에 수령은 자신의 영향력을 확대하고자 신향을 지원하면서 구향의 세력을 약화시켰다.

▲ 신윤복의 장옷 입은 여인

조선 후기 신분제의 동요

☑ 시험에 꼭 나오는 키워드

- 조선 후기 사회상 숙지하기 ➡ 조선 후기 경제, 문화와 묶어서 출제가 되기도 함
- 조선 후기 신분제 동요를 주제로 단독으로 출제되기도 함

☑ 최다 빈출 선지

양반
① 공명첩, 족보 위조 등으로 그 수가 증가하였다.

중인 – 서얼
① 서얼 출신의 학자들이 규장각 검서관에 기용되었다.
② 서얼이 통청 운동을 전개하였다.
③ 서얼이 청요직 통청을 요구하였다.

중인
① 청요직 진출을 요구하는 상소를 집단으로 올렸다.
② 신분 상승을 위해 소청 운동을 전개하였다.
③ 시사(詩社)를 조직하여 활동하였다.
④ 조선 후기 시사(詩社)를 조직해 위항 문학 활동을 하였다.

상민
① 공명첩을 통해 면역의 혜택을 받았다.
② 상민층이 납속과 공명첩을 이용하여 신분 상승을 꾀하였다.

노비
① 각 궁방과 중앙 관서의 공노비를 해방하였다(순조).
② 일부 노비는 도망, 군공 등의 방법으로 노비 신분에서 벗어났다.

 향촌 질서와 가족 제도의 변화

☑ 시험에 꼭 나오는 키워드

- 조선 후기 향촌 사회에 벌어졌던 상황 정리하기
- 조선 후기 가족 제도의 특징 이해하기 ➡ 고려 시대 가족 제도 문제가 나올 때 오답 선지로 활용됨

☑ 최다 빈출 선지

향촌 사회
① 수령을 중심으로 한 관권이 강화되고 향리의 역할이 커졌다.
② 문중을 중심으로 서원과 사우가 세워졌다.
③ 향회가 수령의 부세 자문 기구로 점차 변화하였다.

가족 제도
① 적장자 위주의 상속 제도가 확립되었다.
② 대를 잇기 위해 양자를 들이는 일이 일반화되었다.
③ 부계 중심의 유교적 종법 질서가 확고해졌다.
④ 재산 상속에서 장자 우대의 원칙이 확산되었다.
⑤ 혼인 후에 곧바로 남자 집에서 생활하는 경우가 보편화되었다.

01 (가) 신분에 대한 설명으로 옳은 것은?

이향견문록

이 책은 [(가)] 출신인 유재건이 지은 인물 행적기로, 위항 문학 발달에 크게 기여하였다. [(가)]은/는 자신들의 신분에 따른 사회적인 차별에 불만이 많았는데, 시사(詩社)를 조직하는 등의 문예 활동을 통해 스스로의 위상을 높이고자 하였다. 책의 서문에는 이항(里巷)*에 묻혀 있는 유능한 인사들의 행적을 기록하여 세상에 널리 알리고자 이 책을 썼다고 밝히고 있다.

* 이항: 마을의 거리

① 매매, 증여, 상속의 대상이 되었다.
② 장례원을 통해 국가의 관리를 받았다.
③ 공장안에 등록되어 수공업 제품 생산을 담당하였다.
④ 양인이지만 천역을 담당하는 신량역천으로 분류되었다.
⑤ 관직 진출 제한을 없애달라는 소청 운동을 전개하였다.

> **중인**
> **정답 ⑤** (가) 신분은 중인이다. 중인은 넓은 의미로는 양반과 상민의 중간 신분을 뜻하지만, 좁은 의미로는 잡과를 통해 선발된 역관, 의관 등 기술관을 말한다. 조선 후기에 이르러 중인들은 시사를 조직하여 활동하였다. 주로 중인층이 지은 한시를 위항시라고 불렀다.

정답 분석

⑤ 19세기 중엽 기술직 중인들은 관직 진출 제한을 없애 달라는 대규모 소청 운동을 벌였으나, 성과를 거두지 못하였다.

오답 피하기

① 노비는 재산으로 취급되어 매매, 상속, 증여의 대상이 되었다.
② 조선 시대 장례원은 노비 문서의 관리와 노비 소송을 맡아보던 곳이다.
③ 조선 초기에 장인을 공장안에 등록해 각 관청에 소속시켜 국가가 필요한 물품을 생산케 하였다.
④ 양인 중에는 신량역천이라고 불리며 천역을 담당하는 계층도 있었다.

---

02 다음 자료의 모습이 나타난 시기의 사회 현상으로 옳지 <u>않은</u> 것은?

○ 옷차림은 신분의 귀천을 나타내는 것이다. 그런데 어찌된 까닭인지 근래 이것이 문란해져 상인·천민들이 갓을 쓰고 도포를 입는 것을 마치 조정의 관리나 선비와 같이 한다. 진실로 한심스럽기 짝이 없다. 심지어 시전 상인들이나 군역을 지는 상민들까지도 서로 양반이라 부른다.
ㅡ 『일성록』 ㅡ

○ 근래 아전의 풍속이 나날이 변하여 하찮은 아전이 길에서 양반을 만나도 절을 하지 않으려 한다. 아전의 아들·손자로서 아전의 역을 맡지 않은 자가 고을 안의 양반을 대할 때 맞먹듯이 너 나하며, 자(字)를 부르고 예의를 차리지 않는다.
ㅡ 『목민심서』 ㅡ

① 정부는 경재소를 설치하여 유향소를 통제하였다.
② 향회가 수령의 부세 자문 기구로 점차 변화하였다.
③ 상민층이 납속과 공명첩을 이용하여 신분 상승을 꾀하였다.
④ 수령을 중심으로 한 관권이 강화되고 향리의 역할이 커졌다.
⑤ 일부 노비는 도망, 군공 등의 방법으로 노비 신분에서 벗어 났다.

> **조선 후기 신분제의 붕괴**
> **정답 ①** 다음 자료의 모습이 나타난 시기는 조선 후기이다. 조선 후기에는 정치적·경제적 변동으로 양반 중심의 신분 질서가 흔들리면서 신분 계층 구조에 변화가 일어났다. 신분 상승을 위해 가장 흔히 이용한 것은 신분 위조나 도망 등 비합법적인 방법이었다.

정답 분석

① 조선 초기 정부는 서울에 경재소를 설치해 유향소와 정부 사이의 연락 기능을 맡겨 유향소를 중앙에서 통제하였다.

오답 피하기

② 조선 후기 사족의 힘이 약화되고 부농층을 중심으로 한 새로운 향촌 세력의 힘도 충분히 강해지지 못한 상황에서, 수령과 향리의 권한이 더욱 강해졌다.
③ 조선 후기 중인과 상민은 납속책과 공명첩을 통해 합법적으로 신분을 상승시킬 수 있었다.
④ 조선 후기 향촌 사회에서는 사족의 영향력이 약화되고 수령과 향리의 영향력이 강화되었다.
⑤ 조선 후기 노비들은 다른 지역으로 도망을 가서 양인으로 행세하거나, 납속책이나 군공을 통해 신분 상승을 이루기도 하였다.

❶ 성리학의 재해석

성리학 절대화	• 인조반정 이후 서인이 집권하면서 대의명분을 강조 ➡ 의리 명분론 강화, 주자 중심의 성리학 절대화 ➡ 성리학 이외의 사상을 모두 배척 • 대표 인물 : 송시열(노론)
성리학 상대화	• 유교 경전에 대한 재해석 ➡ 노론에 의해 사문난적으로 몰림 ┌ 박세당의 『사변록』 : 유학 경전을 주자와 달리 해석 └ 윤휴의 『독서기』 : 유학 경전에 자신의 독특한 주석을 달아 편찬한 저술
호락 논쟁	• '인간의 본성을 어떻게 볼 것인가?'를 둘러싼 호론과 낙론 사이의 논쟁 • 호론 : 인물성이론(인간과 사물의 본성은 다르다) ➡ 위정척사 사상에 영향 • 낙론 : 인물성동론(인간과 사물의 본성은 같다) ➡ 북학파와 개화 사상에 영향
양명학 수용	• 전래 : 임진왜란 이후 일부 소개 ➡ 17세기 후반 일부 소론 학자가 연구 ➡ 18세기 초 정제두가 본격적으로 연구 • 계승 : 정권에 소외된 소론과 정제두 후손들을 중심으로 계승 • 특징 : 성리학의 교조화와 형식화를 비판, 지행합일설(실천 강조) • 정제두 : 『존언』, 『만물일체설』 등을 저술 ➡ 양명학을 체계화하여 강화학파 형성

❷ 실학의 발달

(1) 중농학파(경세 치용 학파, 남인 출신)

성격	• 농촌 사회의 안정 중시 • 토지 제도의 개혁을 통한 자영농 육성 주장
유형원	• 저서 : 『반계수록』 • 균전론 : 자영농 육성을 위해 신분(사·농·공·상)에 따른 토지의 차등 분배 주장 • 자영농 중심의 군사·교육 제도 재정비, 노비 세습제 혁파 주장
이익	• 저서 : 『성호사설』, 『곽우록』 • 유형원을 계승 발전 ➡ 성호(이익)학파 형성(정약용, 안정복 등) • 한전론 : 생계유지에 필요한 토지를 영업전으로 정하여 매매를 금하고 나머지 토지인 매매전만 매매를 허용(토지의 하한선 설정) • 국가를 좀 먹는 6가지 사회 폐단 지적 : 양반 문벌 제도, 노비 제도, 과거 제도, 사치와 미신 숭배, 승려, 게으름 • 고리대와 화폐, 붕당의 폐단 비판(한정된 관직 수를 붕당의 원인으로 봄)
정약용	• 실학을 집대성 : 500여 권의 책을 저술함 ┌ 『목민심서』(지방 행정 개혁안 제시), 『경세유표』(중앙 행정 개혁안 제시) └ 『흠흠신서』(형옥에 관한 법정서), 『마과회통』(홍역에 관한 의서) 등 • 신유박해에 연루되어 18년간 전남 강진에서 유배 생활(다산 초당) • 과학 기술에 관심 : 한강 배다리(수원 화성 행차) 및 거중기(수원 화성 건축) 설계 • 여전론 : 한 마을을 단위로 토지를 공동 소유·경작하여, 노동량에 따라 그 수확량 분 배(공동 농장 제도) ➡ 정전론으로 발전

정약용	• 정전론 주장 : 전국의 토지를 국유화하여 정전(井田)을 편성한 후, $\frac{1}{9}$은 조세로 충당하고 나머지 토지는 농민들에게 분배

(2) 중상학파(이용 후생 학파, 북학파, 경기 노론 출신)

성격	• 청의 선진 문물 수용(북학파) • 상공업의 진흥과 기술의 혁신 중시
유수원	• 저서 : 『우서』 • 사농공상의 직업적 평등화와 전문화 주장, 상공업 진흥과 기술 혁신 강조

홍대용	• 저서 : 『담헌서』, 『을병연행록』
	• 『담헌서』 내집으로 「의산문답」, 「임하경륜」 등이 포함됨
	  ┌ 「의산문답」 : 지전설·무한 우주론을 주장, 중국 중심의 세계관 비판
	  └ 「임하경륜」 : 제도 개혁론을 담고 있음(과거제 폐지, 부병제 등을 주장)
	• 혼천의 제작 : 천체의 운행과 위치를 측정
	• 성리학 극복이 부국강병 근본, 기술 혁신과 문벌 철폐 주장

박지원	• 저서
	  ┌ 『열하일기』 : 청으로 가는 사신을 따라 청에 다녀온 후 쓴 기행문
	  └ 『양반전』, 『허생전』, 『호질』 등 : 양반의 위선과 무능 비판
	• 수레와 선박의 이용, 화폐 유통의 필요성 강조, 서양 문물 도입을 주장

박제가	• 저서 : 『북학의』 • 정조 때 서얼 출신으로 규장각 검서관으로 등용 • 청과의 통상 확대 주장, 수레와 선박 이용 강조, 상공업 육성 강조 • 생산력을 높이고자 절약보다 소비를 권장(소비론, 소비를 우물에 비유) • 무역선을 파견하여 청에서 행해지는 세계 무역에 참여해야 한다고 주장

❸ 국학 운동

(1) 역사

학자	저서	내용	

안정복	『동사강목』	• 이익의 역사 인식 계승, 편년체·강목체의 역사서
		• 우리 역사의 독자적 정통론을 체계화
		  ┌ 삼한 전통론 강조, 고조선~고려 말까지의 역사 기록
		  └ 중국 중심의 역사관 탈피, 고증 사학 토대 마련	

이긍익	『연려실기술』	• 조선의 역사를 기사 본말체로 서술 • 조선의 정치와 문화를 객관적인 서술로 정리	
한치윤	『해동역사』	다양한 500여 종의 외국 자료(중국, 일본 등)를 인용하여 고조선부터 고려 말까지의 역사 정리	
이종휘	『동사』	고구려와 발해 역사 연구	고대사 연구 시야를 만주와 연해주로 확대
유득공	『발해고』	• 발해사를 우리 역사로 체계화할 것 강조 • 남북국 용어 처음 사용	
김정희	『금석과안록』	북한산비가 진흥왕 순수비임을 밝힘	

▲ 연행도

18세기 후반 청의 수도 연경(베이징)에 파견된 연행사의 활동을 자세하게 묘사한 그림이다. 연행사를 따라 청에 다녀온 홍대용, 박지원, 박제가 등은 선진 문물을 두루 살피고 청의 학자들과 교류하였다.

▲ 동사강목

안정복은 『동사강목』에 단군 조선부터 고려 말까지의 역사를 서술하여 한국사의 독자적인 발전 과정을 체계화하였다. 특히 삼한 정통론을 내세워 단군과 기자, 마한을 정통 국가로 내세우고 위만조선과 한의 군현을 제외하였다.

▲ 동국지도 ▲ 대동여지도

구분	조선 초기	조선 후기
지도	혼일강리역대 국도지도(태종)	동국지도 (정상기)
	팔도도 (세종)	대동여지도 (김정호)
	조선방역지도 (명종)	
지리지	팔도지리지 (세조)	아방강역고 (정약용)
	동국여지승람 (성종)	택리지 (이중환)

▲ 조선의 지도와 지리지

(2) 지도

학자	저서	내용
정상기	동국지도	최초로 100리 척 사용, 축척 사용
김정호	대동여지도	• 산맥, 하천, 포구, 도로망 표시가 정밀하게 표시 • 대량 인쇄가 가능한 전체 22첩의 목판본으로 제작 • 도로망에 10리마다 눈금을 표시하여 거리를 쉽게 알 수 있음 • 병풍처럼 접고 펼 수 있는 분첩 절첩식 지도로 제작(휴대와 열람 용이)

(3) 지리서

학자	저서	내용
이중환	『택리지』	• 복거총론에서 거주지의 이상적인 조건 제시 • 각 지역의 환경과 물산, 풍속, 인심 등 서술(인문 지리서)
한백겸	『동국지리지』	한국 지리에 관한 사항을 여러 고서에서 뽑아 엮음 ➡ 삼한의 위치 고증
정약용	『아방강역고』	고대 지명을 새롭게 고증한 역사 지리서
김수홍	『조선팔도 고금총람도』	전국의 지리 정보에 주요 인물과 역사적 사실을 병기
기타	이수광의 『지봉유설』, 신경준의 『강계고』 등	

(4) 한글 연구

음운 연구	• 신경준의 『훈민정음운해』, 최석정의 『경세정운』 등 • 유희의 『언문지』 : 우리말 음운 연구서
어휘 수집	• 이의봉의 『고금석림』 : 우리나라 방언과 해외 언어 연구 • 권문해의 『대동운부군옥』 : 우리나라 지리·역사·인물·문학 등을 총망라하여 분류

(5) 기타

기타	• 정약전의 『자산어보』 : 흑산도 유배 중에 흑산도 주변의 해양 생태계 연구 • 홍봉한의 『동국문헌비고』 : 역대 문물 정리 • 최석정의 『구수략』 : 주역을 바탕으로 수론을 전개한 수학책

은쌤의 **합격노트**

 성리학의 재해석

☑ 시험에 꼭 나오는 키워드

- 박세당과 윤휴는 인물 문제로 간혹 출제됨
- 호락 논쟁은 고급 20회 이후로 출제되지 않고 있음
- 양명학의 특징 기억하기 ➡ 단독 출제보다는 실학, 성리학 문제의 오답 선지로 활용됨

☑ 최다 빈출 선지

박세당
① 유학 경전을 주자와 달리 해석한 사변록을 저술하였다.
② 노론에 의해 사문난적으로 몰려 당시 학계에서 배척당하였다.
③ 색경을 저술하여 농업 기술 발전에 이바지하였다.

윤휴
① 1 · 2차 예송에서 각각 3년설, 1년설을 주장하였다.
② 유교 경전의 재해석을 시도하여 사문난적이라고 비판받았다.
③ 청의 정세 변화를 계기로 북벌을 주장하였다.
④ 경신환국으로 사사되었다.

양명학
① 양명학을 연구하여 강화학파를 형성하였다(정제두).

실학의 발달

☑ 시험에 꼭 나오는 키워드

- 중농학파와 중상학파의 특징 구분해서 정리하기
- 중농학파의 주요 인물의 저서와 주장을 기억하기 ➡ 정약용 > 이익 > 유형원 순으로 출제율이 높음
- 중상학파의 주요 인물의 저서와 주장을 기억하기 ➡ 박제가 > 홍대용 > 박지원 > 유수원 순으로 출제율이 높음

☑ 최다 빈출 선지

유형원
① 반계수록을 저술하였다.
② 자영농 육성을 위해 신분에 따른 토지의 차등 분배를 주장하였다.

이익
① 곽우록에서 토지 매매를 제한하는 한전론을 주장하였다.
② 성호사설에서 사회 폐단을 여섯 가지 좀으로 규정하다.

정약용
① 목민심서에서 지방 행정의 개혁안을 제시하다.
② 여전론을 통해 마을 단위 토지 분배와 공동 경작을 주장하였다.
③ 경세유표를 저술하여 국가 제도의 개혁 방향을 제시하였다.
④ 기기도설을 참고하여 거중기를 설계하였다.
⑤ 홍역에 관한 국내외 자료를 종합하여 의서를 편찬하였다.

유수원
① 우서에서 사농공상의 직업적 평등을 주장하였다.
② 우서에서 사농공상의 직업적 평등과 전문화를 주장하였다.

홍대용
① 의산문답에서 중국 중심의 세계관을 비판하였다.
② 담헌서를 통해 과거제 폐지를 주장하였다.
③ 의산문답에서 무한 우주론을 주장하였다.
④ 천체의 운행과 위치를 측정하는 혼천의를 제작하였다.
⑤ 지전설을 주장하여 중국 중심의 세계관을 비판하였다.
⑥ 지전설과 무한우주론을 주장하였다.

박지원
① 열하일기에서 수레와 선박의 필요성을 강조하였다.
② 열하일기에서 화폐 유통의 필요성을 강조하였다.
③ 양반전을 지어 양반의 허례와 무능을 지적하였다.
④ 북경을 다녀온 후 연행록을 남겼다.
⑤ 연행사를 따라 청에 다녀온 후 열하일기를 집필하였다.

박제가
① 북학의를 저술하여 절약보다 소비를 권장하였다.
② 북학의를 저술하여 수레와 배의 이용을 권장하였다.
③ 서얼 출신으로 정조 때 규장각 검서관으로 활동하였다.

은쌤의 합격노트

🔖 국학 운동

☑ 시험에 꼭 나오는 키워드

조선 후기에 편찬된 저서들 정리하기 ➡ 김정희의 『금석과안록』, 정약전의 『자산어보』, 김정호의 대동여지도는 간혹 단독으로 출제됨

☑ 최다 빈출 선지

동사강목
① 강목체로 고려 왕조의 역사를 정리하였다.

연려실기술
① 이긍익은 조선의 역사를 기사 본말체로 서술하였다.

발해고
① 남북국이라는 용어를 처음 사용하였다.
② 신라와 발해를 남북국으로 지칭하였다.

해동역사
① 한치윤이 500여 종의 자료를 참고하여 편찬하였다.

택리지
① 복거총론에서 거주지의 이상적인 조건을 제시하였다.

동국지도
① 최초로 100리 척이 적용되었다.

대동여지도
① 전체 22첩의 목판본으로 되어 있다.
② 목판으로 인쇄되었으며 10리마다 눈금이 표시되어 있다.

기타
① 주역을 바탕으로 수론을 전개한 구수략을 저술하였다(최석정).
② 우리말 음운 연구서인 언문지를 저술하였다(유희).

고급 44회 30번

01 (가) 인물에 대한 설명으로 옳은 것은?

> 이곳은 [(가)] 이/가 낙향하여 학문 연구에 전념했던 전라북도 부안군의 반계 서당입니다. 그는 이곳에서 제자들을 양성하며 반계수록을 저술하였습니다.

① 정조 때 규장각 검서관으로 활동하였다.
② 동국지리지를 저술하여 삼한의 위치를 고증하였다.
③ 지전설을 주장하여 중국 중심의 세계관을 비판하였다.
④ 연행사를 따라 청에 다녀온 후 열하일기를 집필하였다.
⑤ 자영농 육성을 위해 신분에 따른 토지의 차등분배를 주장하였다.

유형원

정답 ⑤ (가) 인물은 유형원이다. 농업 중심 개혁론의 선구자는 17세기 후반에 활약한 유형원이었다. 그는 농촌에 묻혀 살면서 학문 연구에 몰두하고 『반계수록』을 저술하였다.

정답 분석
⑤ 유형원은 『반계수록』에서 신분에 따라 차등 있게 토지를 분배하자는 균전론을 주장하였다.

오답 피하기
① 조선 후기 정조 때 유득공, 이덕무, 박제가 등 서얼 출신이 규장각 검서관으로 등용되어 능력을 발휘할 수 있었다.
② 조선 후기 국토에 대한 연구도 활발하여 우수한 지리서가 편찬되고 정밀한 지도도 제작되었고, 역사 지리서로는 한백겸의 『동국지리지』가 있다.
③ 김석문은 지전설을 우리나라에서 처음으로 주장하여 우주관을 크게 전환했다. 홍대용은 과학 연구에 힘썼으며 김석문과 같이 지전설을 주장하였다.
④ 박지원은 청에 다녀와 『열하일기』를 저술하고 상공업의 진흥을 강조하였다.

02 (가) 인물에 대한 설명으로 옳은 것은?

이 책은 [(가)]이/가 학문과 사물의 이치를 논한 글과 제자들의 질문에 응답한 내용을 모아 엮은 성호사설입니다. [(가)]은/는 노비 제도의 개혁, 서얼 차별 폐지 등 다양한 개혁안을 제시하였습니다.

성호사설

① 이벽 등과 교류하며 천주교를 받아들였다.
② 북한산비가 진흥왕 순수비임을 고증하였다.
③ 동호문답에서 수취 제도의 개혁 등을 제안하였다.
④ 가례집람을 지어 예학을 조선의 현실에 맞게 정리하였다.
⑤ 곽우록에서 토지 매매를 제한하는 한전론을 주장하였다.

조선 실학자 이익

정답 ⑤   (가) 인물은 성호 이익이다. 이익은 유형원의 사상을 심화 발전시켜 "성호사설"을 비롯한 많은 저술을 남겼다. 이익은 나라를 좀먹는 여섯 가지 폐단으로 노비 제도, 과거제, 양반 문벌 제도, 사치와 미신, 승려, 게으름을 지적하였다. 특히 고리대, 화폐 제도, 환곡 제도의 개선을 강조하였다.

정답 분석

⑤ 이익은 "곽우록"에서 자영농을 육성하기 위해 매 호마다 영업전을 갖게 하고, 나머지 토지는 매매를 허락하여 점진적으로 토지 균등을 이루어 나가자는 한전론을 주장하였다.

오답 피하기

① 이벽, 권철신, 이가환, 정약종 등 남인 계열의 일부 실학자들은 천주교 서적을 읽고 신앙 생활을 시작하게 되었다.
② 김정희는 "금석과안록"을 지어 북한산비가 진흥왕 순수비임을 밝혔다.
③ 이이는 "동호문답"을 지어 통치 체제의 정비와 수취 제도의 개혁 등 현실적인 방안을 제시하였다.
④ 조선 중기 선조 대에 김장생은 주자의 "가례"를 기본으로 여러 학자의 예설을 취사선택하여 증보·해석한 "가례집람"을 저술하였다. 이를 통해 예학을 조선의 현실에 맞게 정리하였다.

03 다음 검색창에 들어갈 인물의 활동으로 옳은 것은?

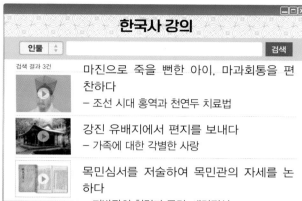

한국사 강의

인물 ▲▼　　　　　　　　　　　검색

검색 결과 3건

마진으로 죽을 뻔한 아이, 마과회통을 편찬하다
– 조선 시대 홍역과 천연두 치료법

강진 유배지에서 편지를 보내다
– 가족에 대한 각별한 사랑

목민심서를 저술하여 목민관의 자세를 논하다
– 지방관의 청렴과 근검, 애민정신

① 지봉유설에서 천주실의를 조선에 소개하였다.
② 의산문답에서 중국 중심의 세계관을 비판하였다.
③ 양반전을 지어 양반의 허례와 무능을 풍자하였다.
④ 경세유표를 집필하여 국가 제도의 개혁 방향을 제시하였다.
⑤ 금석과안록에서 북한산비가 진흥왕 순수비임을 고증하였다.

조선 실학자 정약용

정답 ④   다음 검색창에 들어갈 인물은 정약용이다. 정약용은 마진(홍역)에 대한 연구를 진전시키고 이 분야의 의서를 종합하여 "마과회통"을 편찬하였다. 정약용은 전라도 강진에 유배되어 살면서 방대한 저작을 남겼고, 사회 각 방면의 개혁안을 제시하였다. 근본적 개혁에 앞서 민생 안정을 위해 수령의 행동 지침서인 "목민심서"를 저술하였다.

정답 분석

④ 정약용은 국가 제도 전반에 대한 개혁을 주장한 "경세유표" 등 수많은 저서를 남겼다.

오답 피하기

① 이수광은 "지봉유설"에서 마테오 리치가 지은 "천주실의"를 소개하였다.
② 홍대용은 "의산문답"에서 실옹과 허자의 대담 형식을 빌려 관념적 화이관과 중국 중심 세계관의 허구성을 비판하고 북학의 이론적 틀을 제시하였다.
③ 박지원은 "양반전", "허생전" 등을 통해 양반 사회의 허구성을 비판하였다.
⑤ 김정희는 "금석과안록"을 지어 북한산비가 진흥왕 순수비임을 밝혔다.

04 (가) 인물에 대한 설명으로 옳은 것은?

> (가) 이/가 과학 기술인 명예의 전당에 헌정되었습니다. 그는 천문학에 조예가 깊어 기존의 혼천의를 개량했으며, 그의 학문은 담헌서로 정리되어 오늘날 전해지고 있습니다.
>
> (가) , 과학 기술인 명예의 전당에 헌정

① 의산문답에서 무한 우주론을 주장하였다.
② 기기도설을 참고하여 거중기를 설계하였다.
③ 자동 시보 장치를 갖춘 자격루를 제작하였다.
④ 사상 의학을 정립한 동의수세보원을 편찬하였다.
⑤ 서양의 과학 기술을 정리한 지구전요를 저술하였다.

홍대용

정답 ① (가) 인물은 홍대용이다. 홍대용은 하늘과 대지의 모습을 알기 위해서는 기기를 만들어서 측정해야 한다고 주장하였다. 이에 천체의 운행과 그 위치를 측정하는 기구인 혼천의를 제작하였다.

정답 분석

① 홍대용은 과학 연구에 힘썼으며 김석문과 같이 지전설을 주장하였고, 지구가 우주의 중심이 아니라는 무한 우주론을 내놓았다.

오답 피하기

② 정약용은 수원 화성을 쌓을 때 『기기도설』을 참고하여 만든 거중기를 사용하여 공사 기간을 단축하고 공사비를 줄이는 데 이바지하였다.
③ 세종은 시간을 측정하기 위해 앙부일구(해시계)와 자격루(물시계)도 만들었다.
④ 이제마는 『동의수세보원』을 저술하여 체질에 따라 처방을 달리해야 한다는 사상 의학을 확립하였다.
⑤ 최한기는 우주계의 천체·기상(氣象)과 지구상의 자연 및 인문 지리를 엮은 『지구전요』를 저술하였다.

05 밑줄 그은 '그'에 대한 설명으로 옳은 것은?

> ### 시(詩)로 만나는 실학자
>
> 육지의 재화는 연경과 통하지 않고
> 바다의 상인은 왜의 물건을 실어 오지 않네
> 비유컨대 들판의 우물물과 같아
> 긷지 않으면 저절로 말라 버리네
>
> [해설] 이 시는 연행사의 일원으로 다녀온 그가 청의 발달한 문물을 경험하고 지은 것이다. 서얼 출신으로 규장각 검서관에 발탁된 그는 시의 내용처럼 재화를 우물물에 비유하며 소비 촉진을 통한 생산력의 증대를 주장하였다.

① 기기도설을 참고하여 거중기를 설계하였다.
② 양명학을 연구하여 강화학파를 형성하였다.
③ 북학의에서 수레와 배의 이용을 권장하였다.
④ 열하일기에서 화폐 유통의 필요성을 강조하였다.
⑤ 우서에서 사농공상의 직업적 평등을 주장하였다.

조선 실학자 박제가

정답 ③ 밑줄 그은 '그'는 박제가이다. 조선 후기 정조 때 박제가가는 서얼 출신이었지만 규장각 검서관으로 등용되어 능력을 발휘할 수 있었다. 박제가는 상공업을 진흥시키고 기술의 발전을 강조하였으며, 특히 생산을 촉진하기 위해 적절한 소비를 주장하였다.

정답 분석

③ 박제가는 수레와 선박의 이용 확대 및 소비 촉진을 통한 생산력의 증대를 역설했고, 무역선을 파견하여 청에서 행해지는 세계 무역에도 참여해야 한다고 주장하였다.

오답 피하기

① 정약용은 "기기도설"을 참고하여 만든 거중기를 수원 화성을 쌓을 때 사용하였으며 이를 통해 공사 기간을 단축하고 공사비를 줄이는 데 이바지하였다.
② 18세기 초에 정제두는 양명학을 연구하여 이론 체계를 세웠다. 그의 학문은 집안 후손과 친인척 사이에 가학의 형태로 계승되면서 강화학파로 불리었다.
④ 박지원은 생산과 유통이 중요하다고 보고 수레와 선박의 이용, 화폐 유통의 필요성을 강조하였다.
⑤ 상공업 중심 개혁론의 선구자는 유수원은 "우서"를 저술하여 상공업 진흥을 위해서는 사농공상의 직업적 평등과 전문화가 이루어져야 한다고 주장하였다.

06 (가)에 대한 설명으로 옳은 것은?

이번 경매 물건은 김정호가 당시 조선의 지도 제작 기술을 집대성하여 만든 (가) 입니다. 10리마다 눈금을 표시하여 거리를 알 수 있게 하였고, 개개의 산보다 산줄기를 표시하는 데 역점을 두었습니다. 또한 군현별로 다른 색이 칠해진 채색본으로는 국내에 유일하게 남아 있는 것입니다.

○○월 경매

① 최초로 100리 척이 적용되었다.
② 전체 22첩의 목판본으로 되어 있다.
③ 우리나라에서 제작된 현존 최고(最古)의 지도이다.
④ 각 지방의 연혁, 산천, 풍속 등이 자세히 나타나 있다.
⑤ 전국의 지리 정보에 주요 인물과 역사적 사실을 병기하였다.

대동여지도

정답 ② (가)는 대동여지도이다. 조선 후기 국방에 대한 관심이 높아지고 상업의 발달로 물화의 이동이 활발해지면서 상세한 지도에 대한 수요도 높아졌다. 김정호는 그 영향을 받아 '대동여지도'에서 각종 시설물을 기호로 제시하고 산맥, 하천, 포구, 도로를 정밀하게 묘사하였으며 10리마다 눈금을 매겨 지역 간 거리를 쉽게 알 수 있도록 하였다.

정답 분석

② 1861년 김정호가 제작한 우리나라의 대축척 지도인 '대동여지도'는 우리나라의 남북을 120리 간격으로 22층으로 구분하고, 동서를 80리 간격으로 끊어 19판으로 구분하였다.

오답 피하기

① 정상기의 '동국지도'는 최초로 100리척을 사용하여 제작하였다.
③ 태종은 동양에서 현존하는 가장 오래된 세계 지도인 '혼일강리역대국도지도'를 제작하였다.
④ 16세기 성종 때 발간한 "신증동국여지승람"은 군현의 연혁, 지세, 인물, 풍속, 산물, 교통 등이 자세히 기록되어 있다.
⑤ 김수홍이 만든 세계 지도 '천하고금대총편람도'는 조선시대 우리나라의 각 지역에 대한 역사적인 기록을 수록하여 고금(古今)을 함께 볼 수 있도록 만들었다.

07 (가) 인물에 대한 설명으로 옳은 것은?

(가) 은/는 널리 배워 시를 잘 짓고 전고(典故)에도 밝았다. …… 발해고를 지어서 인물과 군현, 왕실 계보의 연혁 등을 상세하게 잘 엮어서 두루 모아놓으니 기뻐할 만하다. 그런데 그의 말에 왕씨가 고구려의 옛 강역을 회복하지 못하였음을 탄식한 부분이 있다. 왕씨가 옛 강역을 회복하지 못하니 계림과 낙랑의 옛터가 마침내 어두워져 스스로 천하와 단절되었다는 것이다.

① 규장각의 검서관으로 활동하였다.
② 양명학을 연구해 강화학파를 형성하였다.
③ 의산문답에서 중국 중심의 세계관을 비판하였다.
④ 북한산비가 진흥왕 순수비임을 처음으로 밝혀냈다.
⑤ 체질에 따라 치료를 달리하는 사상 의학을 확립하였다.

조선 실학자 유득공

정답 ① (가) 인물은 유득공이다. 1784년 조선 후기 유득공은 "발해고" 서문에서 고려가 발해의 역사를 서술하지 않은 것을 잘못이라고 비판하고, 신라의 역사와 더불어 남북국의 역사로 서술했어야 한다고 주장하였다. 유득공이 '발해고'라는 책에서 "김씨가 남쪽을 영유하자, 대씨가 그 북쪽을 영유하여 발해라고 하였다. 이것이 남북국이다."라고 한 것이 대표적이다.

정답 분석

① 조선 후기 정조는 서얼에 대한 차별을 완화하여 유득공, 박제가 등이 규장각 검서관으로 활약할 수 있었다.

오답 피하기

② 양명학은 18세기 초 정제두가 본격적으로 연구하면서 강화학파를 형성하였다.
③ 홍대용은 '의산문답'에서 실옹과 허자의 대담 형식을 빌려 관념적 화이관과 중국 중심 세계관의 허구성을 비판하고 북학의 이론적 틀을 제시하였다.
④ 김정희는 "금석과안록"을 지어 북한산비가 진흥왕 순수비임을 밝혔다.
⑤ 이제마는 "동의수세보원"을 저술하여 체질에 따라 처방을 달리해야 한다는 사상 의학을 확립하였다.

42강 조선 후기의 문화

▲ 유숙의 수계도권(일부)

선비들이 둥그렇게 둘러앉아 시를 짓거나 감상하는 모습이 표현된 그림이다. 조선 후기에 이르러 중인들도 시사를 조직하여 활동하였다. 주로 중인층이 지은 한시를 위항시라고 불렀다.

▲ 판소리

▲ 양주별산대놀이

▲ 봉산 탈춤

자료 살펴보기

조선 후기의 한글 소설

조선 후기에 서민들이 소설을 즐기는 방법에는 낭독, 세책, 방각본 출판이 있었다. 낭독은 소설을 전문적으로 읽어주는 낭독자인 전기수에 의해 이루어졌다. 세책은 돈을 주고 소설책을 빌려 읽는 방식으로 여성 독자에게 인기가 있었다. 지방에서는 소설을 판각해 인쇄한 방각본 출판이 활발하였다.

1 서민 문화의 발달

배경	• 조선 후기 농업 생산력 증대, 상품화폐 경제의 발달 서민의 경제력 확대 • 서당 교육 보급 서민 의식과 지위 향상	
특징	• 중인층(역관, 서리)과 서민층이 주도 • 인간 감정의 솔직한 표현, 양반의 비리·위선 고발, 사회 모순 풍자	
문학	한글 소설	사회 현실 비판, 평등 의식 향상에 기여, 소설을 읽어주는 전기수가 등장함 예 홍길동전, 춘향전, 사씨남정기, 구운몽, 토끼전 등
	사설 시조	• 일정한 형식에 구애받지 않음 • 서민의 감정을 꾸밈없이 표현(남녀 간의 사랑, 현실 비판 등)
	시사 조직	양반뿐만 아니라 중인·서민층을 중심으로 창작 문학 활동 활발
공연예술	판소리	• 하층민과 양반 모두에게 호응 • 신재효가 판소리를 정리(19세기) 예 춘향가, 심청가, 흥부가, 적벽가, 수궁가 등
	탈놀이	양반 사회의 허구와 위선 풍자 예 봉산 탈춤, 안동 화회 탈춤, 양주 산대놀이 등
그림	풍속화	• 김홍도 : 서민의 일상생활을 익살스럽게 표현('씨름', '서당' 등) • 신윤복 : 양반·부녀자들의 생활 묘사('미인도', '단오풍정' 등) • 김득신 : 김홍도와 비슷한 경향의 풍속화를 남김('파적도' 등)
	민화	• 가장 일상적이고 넓은 저변, 생활 문화를 가진 그림(나무나 동물 등을 소재) • 부유한 중인·상민들이 집안 장식, 민중의 소원 기원

▲ 김홍도의 서당도

▲ 김홍도의 무동도

▲ 김득신의 수전묘식도

▲ 민화 호랑이

▲ 신윤복의 주유청강

▲ 신윤복의 연당의 여인

▲ 민화 문자도

② 예술의 새 경향

문학	한문학 : 이전과 달리 과감한 문체 혁신으로 부조리한 현실을 비판하는 작품 등장 예 양반전, 허생전, 호질, 민옹전 등
회화	• 진경산수화 : 우리 자연의 사실적 반영 　예 정선의 '인왕제색도'와 '금강전도' • 서양화 기법 도입 : 강세황의 '영통골 입구도(영통동구도)' • 문인화 : 김정희의 세한도(제주도 유배 중일 때 사제의 의리를 변함없이 지킨 제자 이상적에게 그려준 그림)
서예	• 18세기 : 이광사의 동국진체 완성 ➡ 우리 정서와 개성 추구, 단아함 • 19세기 : 김정희의 추사체 ➡ 굳센 기운과 다양한 조형감
자기	• 분청사기(조선 초) ➡ 백자(16세기 이후) ➡ 청화 백자(조선 후기) • 청화 백자 : 조선 초기에 생산되어 조선 후기에 널리 보급되어 유행 　┌ 흰 바탕에 푸른 빛깔로 그림을 넣음 　├ 순도 높은 백자에 청색의 코발트 안료(회회청, 토청)로 무늬를 넣고, 투명 유약을 입힘 　└ 문방구, 일상생활 용품 등 다양한 용도로 제작 ➡ 민간에도 널리 사용

▲ 강세황의 영통골 입구도

▲ 김정희 세한도

김정희가 이상적에게 그려 준 그림으로, 청에서 구한 책을 제주도에 유배 중인 자신에게 보내 준 것에 대한 보답이었다. 소나무와 잣나무를 그려 넣은 것은 이상적과의 변치 않는 의리를 표현하기 위해서이다.

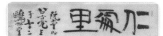
▲ 김정희 추사체

김정희는 우리나라와 중국의 옛 비문을 두루 살핀 후 개성있고 독특한 글씨체를 완성하였다.

▲ 정선의 인왕제색도

▲ 정선의 금강전도

▲ 청화백자

③ 조선 후기의 건축

특징	• 정치적 필요에 의해 대규모 건축물 건립 • 양반, 부농, 상공업 계층 지원 아래 큰 사원 건립
17세기	• 불교의 사회적 지위 향상과 양반 지주층의 경제적 성장으로 규모가 큰 다층 건물이 건축됨 • 김제 금산사 미륵전, 구례 화엄사 각황전 • 보은 법주사 팔상전(5층 목탑) : 국보 제55호 　┌ 정유재란으로 소실되었다가 인조 때 중건됨 　├ 현존하는 유일한 조선 시대 목탑 　└ 석가모니의 생애를 여덟 장면으로 표현한 팔상도가 그려져 있음
18세기	• 부농층의 성장으로 장식성이 강한 사원 건축 • 논산 쌍계사, 평양 대동문, 부안 개암사, 수원 화성
19세기	재건한 경복궁의 근정전 · 경회루 등

▲ 보은 법주사 팔상전(충북 보은)

우리나라에 남아 있는 유일한 5층 목탑이다. 정유재란 때 불탄 것을 사명당 유정 스님이 복원하였으며, 탑 아래 월대와 계단은 통일신라 때 것을 그대로 사용하였다.

▲ 천리경
17세기 청에 있었던 선교사에게서 받아 온 망원경으로, 천체와 해도의 관찰 등에 사용하였다.

④ 과학 기술의 발달

(1) 서양 문물의 수용

전래	• 17세기경 중국에 간 사신들이 서양 선교사를 통해 수용 • 곤여만국전도(세계 지도), 화포, 천리경, 자명종, 서학(천주교) 전래
외국인 표류	• 벨테브레이 : 인조 때 제주도에 표류 귀화, 박연이라는 이름을 가짐 ➡ 서양식 대포의 제조법과 조종법 전수 • 하멜 : 제주도에 표류, 『하멜 표류기』 저술하여 조선의 사정을 서양에 전함

▲ 곤여만국전도

▲ 1920년 네덜란드어판 『하멜표류기』

▲ 홍대용이 만든 혼천의
홍대용은 지구가 둥글다는 것을 인정하고, 중국이 세계의 중심이라는 생각을 비판하였다. 또한 지전설을 펼쳤으며 일식과 월식, 밀물과 썰물, 비, 구름 등의 자연 현상을 과학적으로 설명하였다.

▲ 오늘날 재현한 거중기의 모습

(2) 과학 기술과 각종 저서

천문학	김석문(지전설 최초 주장), 홍대용(지전설·무한 우주론 주장, 혼천의 제작) ➡ 중국 중심 세계관 탈피, 성리학적 세계관을 비판하는 근거
역법	김육 등의 노력으로 청으로부터 서양의 역법인 시헌력 도입
지도	곤여만국전도 전래 ➡ 중국 중심의 세계관 탈피
농서	• 신속의 『농가집성』 : 이앙법 보급에 공헌 • 박세당의 『색경』 : 채소, 과수, 화초의 재배법 등 소개 • 홍만선의 『산림경제』 : 농업과 일상생활에 관한 광범위한 사항을 기술 • 서유구의 『임원경제지』 : 농업 기술 혁신 방안을 제시 • 박지원의 『과농소초』(농업 기술과 정책 논함), 서호수의 『해동농서』 등
의서	• 허준의 『동의보감』 : 조선 최대의 의학서 ⌐ '동양 의학 천년 역사의 정수'라고 평가를 받음 ├ 선조의 명으로 편찬이 시작되어 광해군 때 완성 ├ 한국과 중국의 서적 500여 권을 참조하여 편찬 ├ 각 병증에 대한 고금의 처방을 일목요연하게 정리 └ 세계 최초의 공중 보건 안내서로 평가받아 유네스코 세계기록유산에 등재(2009) • 허임의 『침구경험방』 : 침구술 집대성, 침구에 관한 전문 의서 • 정약용의 『마과회통』 : 마진(홍역)에 대한 연구 진전 • 이제마의 『동의수세보원』 ⌐ 사람의 체질을 연구하여 사상 의학을 확립 └ 질병 치료에 있어 사람 체질을 4개로 구분(소음인, 소양인, 태양인, 태음인)
기술	• 정두원이 명에서 천리경, 자명종, 홍이포 등을 들여옴 • 정약용의 거중기 : 중국의 『기기도설』에 실린 도르래의 원리를 활용하여 거중기 제작 ➡ 수원 화성 축조에 활용 • 최한기의 『지구전요』 : 서양의 과학 기술을 정리

은쌤의 **합격노트**

☑ 시험에 꼭 나오는 키워드

- 조선 후기 서민 문화의 특징 정리하기 ➡ 서민 문화는 단독으로도 출제되지만 조선 후기 경제, 사회와 묶어서 출제되기도 함
- 김홍도, 신윤복, 김득신, 정선, 김정희 그림 눈에 익히기 ➡ 김홍도, 신윤복, 정선, 김정희는 단독으로도 출제가 됨
- 청화백자의 특징 숙지 및 눈에 익히기 ➡ 단독으로도 출제가 됨

☑ 최다 빈출 선지

서민 문화
① 홍길동전, 박씨전 등의 한글 소설이 널리 읽혔다.
  저잣거리에서 한글 소설을 읽어 주는 전기수
② 중인들이 시사를 조직하였다.
  시사를 조직하여 활동하는 중인
③ 양반의 위선을 풍자한 탈춤이 공연되었다.
  장시에서 탈춤 공연을 벌이는 광대
④ 춘향가, 흥보가 등의 판소리가 유행하였다.
  장시에서 판소리를 구경하는 농민
⑤ 권선징악, 기복 등을 기원하는 민화가 유행하였다.

정선
① 우리나라의 산천을 사실적으로 표현한 진경산수화의 대표적인 화가이다.
② 금강전도를 비롯한 뛰어난 작품을 남겼다.

김정희
① 금석과안록에서 북한산비가 진흥왕 순수비임을 고증하였다.
② 역대 명필을 연구하여 추사체를 창안하였다.
③ 제주도 유배 중일 때 사제의 의리를 변함없이 지킨 제자 이상적에게 세한도를 그려주었다.

청화백자
① 회회청 안료를 사용한 청화 백자가 만들어졌다.
  청화 백자를 제작하는 도공

☑ 시험에 꼭 나오는 키워드

- 보은 법주사 팔상전의 특징 기억하기 ➡ 단독으로도 출제가 됨
- 조선 후기와 관련된 과학 기술과 각종 저서 정리하기

☑ 최다 빈출 선지

법주사 팔상전
① 정유재란으로 소실되었다가 인조 때 중건되었다.
② 현존하는 유일한 조선 시대 목탑이다.

김육
① 청으로부터 시헌력 도입을 건의하였다.
② 충청도 지역까지 대동법의 확대 실시를 건의하였다.

각종 저서
① 모내기법 등을 소개한 농가집성이 편찬되었다(신속).
② 농업 기술 혁신 방안을 제시한 임원경제지가 저술되었다(서유구).
③ 우리나라와 중국의 의서를 망라한 동의보감이 간행되었다(허준).
④ 마과회통에서 홍역에 대한 의학 지식을 정리하였다(정약용).
⑤ 침구술을 집대성하여 침구경험방을 저술하였다(허임).
⑥ 사상 의학을 정립한 동의수세보원을 편찬하였다(이제마).

각종 기술
① 명에서 천리경, 자명종, 홍이포 등을 들여왔다(정두원).
② 기기도설을 참고하여 거중기를 설계하였다(정약용).
③ 서양의 과학 기술을 정리한 지구전요를 저술하였다(최한기).

01 밑줄 그은 '시기'의 문화에 대한 설명으로 옳지 <u>않은</u> 것은?

이 그림은 조영석과 김홍도의 풍속화입니다. 인부들이 말발굽에 징을 박는 모습과 기와를 이어가는 모습을 묘사하고 있습니다. 이를 통해 이 그림이 그려진 <u>시기</u> 서민들의 일상생활을 생생하게 살펴볼 수 있습니다.

① 금강전도 등 진경 산수화가 그려졌다.
② 새로운 역법으로 수시력이 도입되었다.
③ 양반 사회를 풍자한 탈춤이 성행하였다.
④ 춘향가, 흥보가 등의 판소리가 유행하였다.
⑤ 홍길동전, 박씨전 등의 한글 소설이 널리 읽혔다.

조선 후기 문화

정답 ② 밑줄 그은 '시기'의 문화는 조선 후기의 문화이다. 조선 후기에는 생활 모습을 사실적으로 표현한 풍속화가 유행하였다. 조영석은 조선 후기 풍속화를 새로운 방향으로 개척한 인물이다. 그는 사·농·공·상 사민들의 시정세속사를 전반적으로 다루기 시작했다. 이후 풍속화는 김홍도와 신윤복에 이르러 새 경지를 이룩하였다. 김홍도는 당시의 서민 문화를 적나라하게 표현하였다.

정답 분석

② 고려는 원의 수시력을 채용하고 천체의 주기적 운행과 시간 계산법에 대한 지식을 넓혀 갔으며, 그 성과는 조선으로 이어졌다.

오답 피하기

① 조선 후기에는 정선이 진경산수화라는 독자적인 화풍을 개척하여 '인왕제색도'와 '금강전도' 등의 뛰어난 작품을 남겼다.
③ 조선 후기에 춤과 노래, 그리고 사설로 엮여 있는 탈춤은 향촌에서 마을 굿의 일부로도 공연되어 널리 인기를 얻었고, 서민 문화의 폭을 크게 확대하였다.
④ 조선 후기에 판소리는 광대가 고수의 장단에 맞추어 이야기를 창과 아니리로 엮어 가기 때문에 감정 표현이 직접적이고 솔직하여 서민을 포함한 넓은 계층으로부터 호응을 받았다.
⑤ 조선 후기에 문학의 저변이 서민층까지 확대되면서 "홍길동전", "박씨전", "춘향전" 등이 유행하여 널리 읽혔다.

02 밑줄 그은 '시기'에 볼 수 있는 모습으로 옳지 <u>않은</u> 것은?

이 그림은 책과 함께 도자기, 문방구 등이 놓인 책가를 그린 책가도입니다. 책가도가 유행한 <u>시기</u>에는 다양한 주제의 민화가 왕실과 사대부뿐만 아니라 서민들에게도 인기를 끌었습니다.

① 판소리를 구경하는 농민
② 탈춤 공연을 벌이는 광대
③ 장시에서 물품을 파는 보부상
④ 한글 소설을 읽어주는 전기수
⑤ 벽란도에서 인삼을 사는 송의 상인

조선 후기 문화

정답 ⑤ 밑줄 그은 '시기'는 조선 후기이다. 조선 후기에는 이름 없는 화가들이 그린 민화도 유행하였다. 민화는 예술성을 추구하기보다는 건강과 장수 등 소박한 소망과 기원을 표현하였다.

정답 분석

⑤ 고려 시대 개경을 연결하는 예성강 입구의 벽란도는 조세와 공물이 통과하는 중요한 통로 역할을 하며 무역과 상업의 중심지로 성장하였다.

오답 피하기

① 조선 후기 서민은 판소리나 탈춤 등을 통해 기쁨과 슬픔을 드러냈다.
② 조선 후기 공연 예술이 활발해지면서 가면극도 크게 성행하였다. 봉산 탈춤과 강령 탈춤, 안동 하회 별신굿이 대표적이다.
③ 조선 후기 교통 요지와 포구 등지에 큰 시장이 형성되었고, 보부상은 장시와 장시를 이동하면서 장날의 차이를 이용하여 생산자와 소비자를 이어 주는 중간자 역할을 담당하였다.
④ 조선 후기에 문화를 향유하는 계층이 확대되면서 한글 소설이 발달하였다. 이러한 시기에 소설을 읽어 주고 일정한 보수를 받던 직업적인 낭독가인 전기수가 등장하였다.

심화 59회 25번

03 밑줄 그은 '이 시기'의 문화에 대한 설명으로 옳은 것은?

춘향전 등 한글소설이 유행했던 <u>이 시기</u>에 대해 이야기 해볼까요?

소설책을 빌려주는 세책가가 성행하였어요.

저잣거리에서 한글 소설을 읽어주는 전기수가 인기를 끌었어요.

① 원각사지 십층 석탑이 건립되었다.
② 인왕제색도 등 진경산수화가 그려졌다.
③ 주자소가 설치되어 계미자가 주조되었다.
④ 표면에 백토를 바른 분청사기가 유행하였다.
⑤ 청주 흥덕사에서 직지심체요절이 간행되었다.

조선 후기 문화

정답 ② 밑줄 그은 '이 시기'는 조선 후기이다. 조선 후기에는 상업이 발달하면서 서민들은 문학을 향유하였으며, 특히 소설을 즐겼다. "춘향전"은 신분을 뛰어넘는 사랑을 그렸다. 서민들이 소설을 즐기는 방법에는 낭독, 세책이 대표적이다. 낭독은 소설을 전문적으로 읽어주는 낭독자 전기수에 의해 이루어졌다. 세책은 돈을 주고 소설책을 빌려다 읽는 방식으로 여성 독자에게 인기가 있었다.

정답 분석

② 조선 후기 그림에서는 정선이 진경산수화라는 독자적인 화풍을 개척하여 '인왕제색도'와 '금강전도' 등의 뛰어난 작품을 남겼다.

오답 피하기

① 조선 초기 세조 때 고려 후기 개성 경천사지 10층 석탑을 본뜬 원각사지 10층 석탑이 건립되었다.
③ 조선 초기 태종은 주자소를 설치하고 구리로 계미자를 주조하였다.
④ 고려 후기부터 소박하고 정형화되지 않은 멋으로 유행하던 분청사기는 조선 초기에도 계속 제작되고 인기를 얻었다.
⑤ 고려 후기 청주 흥덕사에서 만든 "직지"는 오늘날 세계에서 가장 오래된 금속 활자본으로 인정받고 있다.

심화 61회 28번

04 (가) 인물의 작품으로 옳은 것은?

이 작품은 단원 <u>(가)</u> 이/가 그린 추성부도(秋聲賦圖)로, 인생의 허망함과 쓸쓸함을 묘사한 글인 추성부를 그림으로 표현했습니다. 죽음을 앞둔 노년에 자신의 심정을 나타낸 것으로 보입니다. 도화서 화원 출신인 그는 풍속화, 산수화, 인물화 등 다양한 분야에서 뛰어난 작품을 남겼습니다.

① 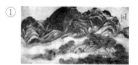 ②

③   ④

⑤

조선 화원 김홍도

정답 ② (가) 인물은 김홍도이다. 단원이라는 호는 김홍도가 대략 1784년 전후에 사용한 것으로 본래 중국 명나라의 문인 화가인 이유방의 호였다. 김홍도는 평소 존경했던 이유방의 호인 단원을 자신의 새로운 호로 삼았던 것이다. 김홍도는 풍속화만 잘 그린 화가는 아니었다. 그는 산수화, 도교와 불교 관련 그림인 도석화, 화조화, 인물화 등 모든 그림의 장르에서 탁월한 기량을 발휘한 조선 후기 최고의 화가였다.

정답 분석

② 김홍도의 '벼타작'이다. 추수한 결과가 좋은지 모두 흥겨워하는 모습이 그려져 있다.

오답 피하기

① 정선의 '인왕제색도'이다.
③ 신윤복의 '단오풍정'이다.
④ 강세황의 '영통동구도'이다.
⑤ 김정희의 '세한도'이다.

05 (가) 인물의 작품으로 옳은 것은?

이 그림은 조선 후기 풍속화가 (가) 이/가 그린 미인도인가요?

혜원 특별전

맞아요. (가) 은/는 이 그림 외에도 양반들의 풍류와 남녀 사이의 애정을 소재로 한 작품을 많이 남겼어요.

① 　② 　③

④ 　⑤

신윤복의 풍속화

정답 ④　(가) 인물은 혜원 신윤복이다. 풍속화는 조선 후기 회화에서 새로이 나타난 또 하나의 중요한 경향으로 대표 화가가 신윤복이다. 제시된 '미인도'는 신윤복이 동그랗고 자그마한 얼굴, 가느다란 눈썹과 쌍꺼풀이 없는 긴 눈을 가진 전통적인 미인상을 섬세하고 깔끔한 선으로 그려낸 그림이다.

정답 분석

④ 신윤복의 '월하정인'이다. 달빛 속에서 늦은 밤 담 모퉁이에서 은밀하게 만난 두 연인이 남몰래 만나 사랑을 속삭이는 장면을 긴장감 있게 묘사하였다.

오답 피하기

① 김홍도의 '씨름도'이다.
② 강희안의 '고사관수도'이다.
③ 김득신의 '파적도'이다.
⑤ 강세황의 '영통동구도'이다.

---

06 (가)에 들어갈 그림으로 옳은 것은?

○○미술관　관람안내　전시　교육　소장품

상설 전시　온라인 전시　특별 전시

△ > 전시 > 온라인 전시

온라인 전시
└ 우리 강산을 그리다
└ 우리 풍속을 만나다

겸재의 시선으로 바라본 우리 강산

겸재 정선은 우리 산천의 아름다움을 사실적으로 표현한 대표적인 화가입니다. 그의 그림을 온라인으로 만나 보세요.

① 　②

③ 　④

⑤

정선의 진경산수화

정답 ③　조선 후기 그림에서는 우리나라의 산천을 사실적으로 표현한 진경산수화가 등장하였다. 특히 정선은 중국의 것을 모방하던 기존의 산수화에서 벗어나 새로운 묘사 기법을 활용하여 '금강전도'와 '인왕제색도' 등의 진경산수화를 그렸다.

정답 분석

③ 정선의 '인왕제색도'이다. 인왕제색도는 비온 뒤 개인 인왕산의 모습을 실제대로 잘 묘사하고 있다. 바위산은 선으로 묘사하고 흙산은 묵으로 묘사하는 기법을 사용하여 산수화의 새로운 경지를 이룩하였다.

오답 피하기

① 강세황의 '영통동구도'이다.
② 김홍도의 '송석원시사야연도'이다.
④ 안견의 '몽유도원도'이다.
⑤ 정수영의 '한임강명승도권'이다.

07 (가) 인물에 대한 설명으로 옳은 것은?

이 작품은 (가) 의 세한도로, 완당이라는 그의 호가 도인(圖印)으로 찍혀 있습니다. 그는 제주도에서 유배 생활을 할 때 청에서 귀한 책을 구해다 준 제자 이상적에게 고마움의 표시로 이 그림을 그려 주었습니다.

특별전
제주에서 다시 만난 세한도

① 남북국이라는 용어를 처음 사용하였다.
② 기기도설을 참고하여 거중기를 설계하였다.
③ 북한산비가 진흥왕 순수비임을 고증하였다.
④ 양명학을 연구하여 강화학파를 형성하였다.
⑤ 안평대군의 꿈을 소재로 몽유도원도를 그렸다.

조선 실학자 김정희

정답 ③ (가) 인물은 조선 후기 실학자 김정희이다. 세한도는 김정희가 이상적에게 그려 준 그림으로, 청에서 구한 책을 제주도에 유배 중인 자신에게 보내준 것에 대한 보답이었다. 소나무와 잣나무를 그려 넣은 것은 이상적과의 변치 않는 의리를 표현하기 위해서였다. 즉 김정희가 제주도에서 유배 생활을 하던 중 그의 제자 이상적이 자신을 대하는 한결같은 마음에 감격하여 그려 보낸 작품이 세한도이다.

정답 분석

③ 김정희는 "금석과안록"을 지어 북한산비에 비문 첫째 줄에 '진흥(眞興)'의 '眞(진)'자를 확인하여 이 비가 무학(無學)의 비가 아니라 진흥왕 순수비임을 고증하였다.

오답 피하기

① 조선 후기 유득공은 "발해고"에서 발해를 본격적으로 우리 역사로 다루고 남북국이라는 용어를 사용하였다.
② 조선 후기 정약용은 "기기도설"을 참고하여 만든 거중기를 수원 화성을 쌓을 때 사용하여 공사 기간을 단축하고 공사비를 줄이는 데 이바지하였다.
④ 조선 후기 정제두는 양명학을 체계적으로 연구하여 강화도를 중심으로 강화 학파를 형성하였다.
⑤ 조선 초기 화원 출신인 안견은 안평대군의 꿈을 소재로 '몽유도원도'를 그렸다.

08 (가)에 해당하는 문화유산으로 옳은 것은?

나
어제, 오전 9시 30분
#국보 #충청북도 #보은군
#조선 시대 #불교 건축 #부처의 생애

(가)

👍 좋아요 6   💬 댓글 2   ↱ 공유

정유재란으로 소실되었다가 인조 때 중건되었다고 해.

현존하는 유일한 조선 시대 목탑이야.

①  법주사 팔상전
②  화엄사 각황전
③ 금산사 미륵전
④ 무량사 극락전
⑤ 마곡사 대웅보전

보은 법주사 팔상전

정답 ① (가)에 해당하는 문화유산은 법주사 팔상전이다. 17세기에는 양반 지주와 부유한 상인의 지원으로 규모가 큰 사원 건축물이 지어졌는데 보은 법주사 팔상전이 이 시기의 대표적인 사원 건축물이다. 법주사 팔상전은 현재 우리나라에 남아 있는 유일한 5층 목탑으로, 이미 통일 신라 시대에 처음 세워졌으나 당시의 자취는 돌로 짠 기단부에만 남아 있고 현재의 건물은 1605년에 재건되고 1626년에 다시 수리한 것이다.

정답 분석

① 보은 법주사 팔상전은 조선 후기 중건된 건축물로 절 안에 석가모니의 일생을 여덟 폭의 그림으로 나누어 그린 팔상도가 있다.

오답 피하기

② 전라남도 구례군 마산면 황전리 화엄사 경내에 있는 조선 후기의 건물이다.
③ 전라북도 김제에 있는 조선 중기의 3층 불전이다.
④ 충청남도 부여군 외산면 무량사에 있는 조선 중기의 중층 불전 건축이다.
⑤ 충청남도 공주시 사곡면 마곡사에 있는 조선 후기 중층으로 조성된 사찰 건물이다.

Ⅳ

국제 질서의 변동과
근대 국가 수립 운동

Ⅰ

우리 역사의 형성

Ⅱ

고려 귀족 사회의
형성과 변천

Ⅲ

조선 유교 사회의
성립과 변화

국제 질서의 변동과
근대 국가 수립 운동

IV

43강 흥선 대원군의 국내외 정치

▲ 흥선 대원군의 영정

▲ 당백전

경복궁 중건을 위해 당백전을 발행하고, 이외에도 성문세, 원납전, 결두전 등을 징수하여 백성들의 많은 원성을 초래했다.

사료 살펴보기

호포제의 실시

대원군은 동포(洞布)라는 법을 제정하였다. 가령 한 동리에 200호가 있으면 매호에 더부살이 호가 약간씩 있는 것을 정밀하게 밝혀내어 계산하고, 군포를 부과하여 고르게 징수하였다. 이 때문에 예전에는 면제되던 자라도 군포를 바치지 않을 수 없게 되었다.
－『근세조선정감』 박제형 －

군정의 폐단을 시정하기 위해 많은 양반의 반대에도 호포제를 실시하여 상민에게만 거두던 군포를 양반에게도 징수하여 조세 납부층을 늘리고 조세 부담을 공평하게 하였다.

사료 살펴보기

서원 철폐

"진실로 백성에게 해가 되는 것이 있으면 비록 공자가 다시 살아난다 해도 용서하지 않겠다. 지금 서원은 도둑의 소굴이 되어버렸으니 말할 것도 없다."

흥선 대원군은 서원 철폐령이 내려진 후 전국 각지의 유생들이 격렬하게 반대 운동을 전개하자 위와 같이 호통을 치며 유생들을 해산시켰다.

1 흥선 대원군의 국내 정치

(1) 흥선 대원군의 집권 무렵 국내외 정세

국내	세도 정치의 폐단(왕권 약화, 삼정의 문란으로 인한 민란 발생) 동학과 천주교 확산
국외	서양에 대한 위기의식 : 러시아의 남하와 연해주 차지, 이양선 출몰, 일본과 중국의 개항

(2) 흥선 대원군의 내정 개혁

배경	• 세도 정치의 폐단, 왕권 약화 • 고종(흥선 대원군의 아들)의 즉위 ➡ 흥선 대원군의 섭정
왕권 강화 정책	• 안동 김씨 세력 축출, 문벌을 가리지 않고 인재 등용 • 정치 기구 개편 : 비변사 축소(이후 폐지) ➡ 의정부와 삼군부 기능 강화(정치·군사 업무 분리) • 법전 정비 : 『대전회통』, 『육전조례』 등 편찬 • 경복궁 중건 : 왕실의 권위 회복 ┌ 경비 마련 : 원납전 징수, 당백전 발행(물가 급등) ├ 양반 묘지림 벌목, 통행세 징수, 백성 부역 동원 └ 결과 : 양반과 농민 모두 반감 고조
서원 철폐	• 배경 : 붕당의 근거지, 국가 재정 부담, 민생 피폐 • 전개 : 전국에 47개소의 서원을 제외한 만동묘(임진왜란 때 도와준 명의 황제인 신종·의종을 위해 세운 사당)를 포함한 600여 개 철폐 ➡ 서원의 토지와 노비 몰수 • 결과 : 왕권 강화, 민생 안정, 국가 재정 확보
영향	• 의의 : 국가 기강 정립, 민생 안정에 이바지 • 한계 : 조선 왕조 체제 내에서 전제 왕권 강화 목표

(3) 흥선 대원군의 수취 체제의 개혁 : 삼정의 문란 시정

배경	삼정의 문란, 민생 피폐
목적	국가 재정 확보, 민생 안정
민생 안정	• 전정 : 양전 사업 실시, 토지 겸병 금지 • 군포 : 호포제 실시 ➡ 양반에게도 군포 부과 ➡ 국가 재정 확충 • 환곡 : 사창제 시행 ➡ 지방관과 토호의 중간 수탈 방지

(4) 흥선 대원군의 국내 정치 평가

의의	국가 기강 정립, 민생 안정에 이바지
한계	조선 왕조 체제 내에서 전제 왕권 강화 목표 ┌ 양반의 불만 : 서원 철폐, 호포제 실시, 원납전 징수 └ 백성의 불만 : 당백전 발행, 통행세 징수, 백성들의 부역

❷ 흥선대원군의 통상 수교 거부 정책과 양요(국외 정치)

(1) 병인박해(1866.1.)

배경	러시아가 연해주를 획득하자 서양 세력에 대한 위기감 고조
전개	흥선 대원군이 러시아 견제를 위해 프랑스 선교사와 교섭을 하지만 실패 ➡ 국내에서 천주교 금지 주장 고조 ➡ 천주교도 탄압(프랑스 선교사 9명, 8천여 명의 천주교도 처형)
결과	병인양요의 구실이 됨

(2) 제너럴 셔먼호 사건(1866.7.)

배경	미국 상선 제너럴 셔먼호가 대동강에서 통상을 요구하다가 평양 주민과 충돌
전개	평양도 관찰사 박규수 지휘 아래 평양 관민이 제너럴 셔먼호를 불태워 침몰
결과	5년 후 신미양요의 구실이 됨

(3) 병인양요(1866.9.)

배경	병인박해 때 프랑스 선교사 처형을 구실로 문호 개방을 요구
전개	조선은 프랑스의 요구를 거부 ➡ 프랑스 로즈 제독이 이끄는 극동 함대가 강화도와 양화진 침입 ➡ 문수산성(한성근), 정족산성(양헌수)의 항전 ➡ 40여일 만에 프랑스군 퇴각 및 철수
결과	프랑스군 철수 ➡ 외규장각 의궤를 비롯한 각종 문화재와 보물을 약탈 당함

(4) 오페르트 도굴 사건(1868.5.)

배경	독일인 상인 오페르트의 2차례 통상 요구 ➡ 조선 정부의 거절
전개	오페르트는 충남 예산의 남연군(흥선 대원군의 아버지) 묘의 유골을 빌미로 통상을 요구하고자 함 ➡ 도굴하려다 미수에 그침
결과	서양에 대한 배척과 흥선 대원군의 통상 수교 거부 정책 강화

(5) 신미양요(1871.4.)

배경	미국의 제너럴 셔먼호 사건에 대한 배상금 지불과 개항 요구
전개	조선은 미국의 요구를 거부 ➡ 미국의 아시아 함대 사령관 로저스 제독이 강화도의 초지진, 덕진진 점령 ➡ 어재연의 항전(광성보 전투) ➡ 미군 퇴각
결과	• 미국 철수 ➡ 어재연 부대의 '수(帥)'자기를 가져감 • 척화비 건립 : 통상 수교 거부 의지를 담음

(6) 전국 각지에 척화비 건립(1871)

척화비 건립	두 차례 양요에서 외세의 침략을 물리친 후 흥선 대원군은 척화비를 전국 각지에 설립

(7) 흥선 대원군의 국외 정치 평가

의의와 한계	서양 세력의 침략을 일시적으로 저지, 근대화를 지연시켜 외세 침탈을 가속화시킴

1866 • 병인박해 1월 시작
제너럴 셔먼호 사건 7월
병인양요 9월

1868 • 오페르트 남연군 묘
도굴 미수 사건

1871 • 신미양요

▲ 흥선대원군과 양요

▲ 병인양요와 신미양요의 전개

▲ 어재연의 장군 깃발
신미양요 때 미군은 광성보 전투에서 깃발 한 가운데 장수를 뜻하는 帥(수)자가 적혀 있는 어재연 장군의 깃발을 전리품으로 가져갔다.

(洋夷侵犯 非戰則和 主和賣國)
"서양 오랑캐가 침범하였을 때 싸우지 않음은 곧 화의하자는 것이요, 화의를 주장함은 나라를 파는 것이다."

▲ 척화비
흥선 대원군은 신미양요 이후 척화비를 세워 서양과의 통상 수교를 거부하는 뜻을 더욱 강하게 밝히고, 이를 실천하기 위해 군비를 강화하였다.

흥선 대원군의 국내 정치

☑ 시험에 꼭 나오는 키워드

- 흥선 대원군이 펼친 국내 정치 및 개혁 정리하기 ➡ 흥선 대원군 인물 문제의 정답으로 활용됨
- 경복궁 중건, 서원 철폐, 호포제는 단독으로 출제됨
- 흥선 대원군의 국외 정치도 함께 묶어서 출제되기도 함

☑ 최다 빈출 선지

흥선 대원군의 국내 정치
① 양반에게도 군포를 징수하는 호포제가 시행되었다.
② 환곡의 폐단을 시정하고자 사창제를 실시하였다.
③ 통치 체제 정비를 위해 대전회통이 편찬되었다.
④ 흥선 대원군에 의해 대부분 철폐되었다(서원).
⑤ 삼군부가 부활하여 군국 기무를 전담하였다.

경복궁 중건
① 왕실의 위엄을 높이기 위해 경복궁을 중건하였다.
② 궁궐 중건 비용을 마련하기 위해 당백전을 발행하였다.
③ 궁궐 중건 비용을 마련하기 위해 원납전이 징수되었다.

 흥선 대원군의 통상 수교 거부 정책과 양요

☑ 시험에 꼭 나오는 키워드

- 병인양요의 배경–전개–결과 정리하기 ➡ 단독으로 출제됨
- 신미양요의 배경–전개–결과 정리하기 ➡ 단독으로 출제됨
- 주요 사건 순서 기억하기(병인박해 ➡ 제너럴 셔먼호 사건 ➡ 병인양요 ➡ 오페르트 도굴 사건 ➡ 신미양요 ➡ 척화비 건립)

☑ 최다 빈출 선지

병인양요
① 병인박해로 천주교 선교사와 신자들이 처형되었다.
② 조선 정부의 프랑스 선교사 처형이 구실이 되어 일어났다.
③ 로즈 제독의 함대가 양화진을 침입하였다.
④ 양헌수 부대가 정족산성에서 프랑스군을 격퇴하였다.
⑤ 외규장각 건물이 불타고 의궤가 약탈당하였다.

오페르트 도굴 사건
① 오페르트가 남연군 묘 도굴을 시도하였다.

신미양요
① 평양 관민이 제너럴 셔먼호를 불태웠다.
② 제너럴 셔먼호 사건을 구실로 미군이 강화도를 침략하였다.
③ 어재연 부대가 광성보에서 항전하였다.
④ 전국 각지에 척화비가 건립되는 결과를 초래하였다.

척화비
① 종로를 비롯한 전국 각지에 척화비를 세웠다.
② 통상 수교 거부 의지를 담은 척화비가 건립되었다.

심화 55회 29번

01 밑줄 그은 '중건' 시기에 있었던 사실로 옳은 것을 〈보기〉에서 고른 것은?

경복궁 영건일기는 한성부 주부 원세철이 경복궁 중건의 시작부터 끝날 때까지의 상황을 매일 기록한 것이다. 이 일기에 광화문 현판이 검은색 바탕에 금색 글자였음을 알려 주는 '묵질금자(墨質金字)'가 적혀 있어 광화문 현판의 옛 모습을 고증하는 근거가 되었다.

〈보 기〉

ㄱ. 비변사가 설치되었다.
ㄴ. 사창제가 실시되었다.
ㄷ. 원납전이 징수되었다.
ㄹ. 대전통편이 편찬되었다.

① ㄱ, ㄴ ② ㄱ, ㄷ ③ ㄴ, ㄷ ④ ㄴ, ㄹ ⑤ ㄷ, ㄹ

흥선 대원군의 업적

정답 ③ 밑줄 그은 '중건' 시기는 흥선 대원군 집권 시기이다. 흥선 대원군은 왕실의 위엄을 회복하기 위해 임진왜란 때 불탄 후 방치되어 있던 경복궁을 중건하였다. 이 과정에서 많은 농민들을 공사에 동원하고, 부족한 자금을 마련하기 위해 원납전을 강제로 거두었으며, 도성문을 출입하는 사람들에게 통행세를 받기도 하였다. 또한, 당백전을 발행하였는데 이로 인해 물가가 급등하는 등 경제가 혼란해졌다. 그리하여 백성의 불만이 점차 높아졌다.

정답 분석

ㄴ. 흥선 대원군은 일부 지역에 양전을 실시하고 환곡 대신 향촌 주민들이 자치적으로 운영하는 사창제를 도입하였다.
ㄷ. 흥선 대원군은 경복궁 중건의 부족한 공사 경비를 마련하기 위해 강제로 원납전과 각종 잡세를 거두었다.

오답 피하기

ㄱ. 비변사는 중종 때 3포 왜란(1510)을 계기로 설치되어 명종 때 을묘왜변(1555)으로 상설 기구화가 되었다. 흥선 대원군은 세도 정치기 핵심 권력 기관이었던 비변사를 사실상 폐지하고 의정부와 삼군부의 기능을 부활시켰다.
ㄹ. 정조는 "경국대전"과 "속대전" 및 그 후의 법령을 통합한 법전인 "대전통편"을 편찬하였다.

심화 56회 30번

02 다음 사건이 일어난 배경으로 옳은 것은?

양헌수가 은밀히 정족산 전등사로 가서 주둔하였다. ······ 산 위에서 매복하고 있다가 한꺼번에 북을 치고 나발을 불며 좌우에서 총을 쏘았다. 적장이 총에 맞아 말에서 떨어지고 서양인 10여 명이 죽었다. 달아나는 서양인들을 쫓아가니 그들은 동료의 시체를 옆에 끼고 급히 본진으로 도망갔다.

① 종로와 전국 각지에 척화비가 세워졌다.
② 오페르트가 남연군 묘 도굴을 시도하였다.
③ 위안스카이가 이끄는 군대가 조선에 상륙하였다.
④ 병인박해로 천주교 선교사와 신자들이 처형되었다.
⑤ 김홍집이 가지고 온 조선책략이 국내에 유포되었다.

병인양요

정답 ④ 다음 사건은 병인양요이다. 1866년 프랑스는 병인박해를 구실로 군함을 보내 조선을 침략하였다. 프랑스군은 강화도에 30일 동안 주둔하면서 약탈과 살인을 자행하였고, 이에 맞서 한성근 부대는 문수산성, 양헌수 부대는 삼랑성(정족산성)에서 프랑스군을 물리쳤다. 결국 프랑스군은 더 견디지 못하고 철수하였다(병인양요). 프랑스군은 물러가면서 주요 시설에 불을 지르고 강화읍에 보관된 외규장각 도서 등 귀중한 문화재와 재물을 약탈하였다.

정답 분석

④ 흥선 대원군은 남하 정책을 추진하던 러시아가 두만강을 건너와 통상을 요구였다. 흥선 대원군은 프랑스 선교사의 알선으로 프랑스 세력을 끌어들여 러시아의 위협을 막고자 하였으나 실패하였다. 당시 천주교를 금지하라는 여론이 높아지자 흥선 대원군은 프랑스 선교사 9명과 신자 8천여 명을 처형하였다(병인박해, 1866).

오답 피하기

① 흥선 대원군은 프랑스(병인양요)와 미국(신미양요) 등 서양 열강의 군사적 도발을 물리친 뒤, 전국 각지에 척화비를 세워 통상 수교 거부의 뜻을 더욱 강하게 밝혔다.
② 병인양요 이후 독일 상인 오페르트는 통상 요구를 강화하기 위해 충남 덕산에 있는 흥선 대원군의 아버지인 남연군 묘를 도굴하려 하였으나 실패하였다(1868).
③ 갑신정변이 일어나자 위안스카이가 이끄는 청군이 출동하였다. 청 군대의 개입으로 개화파 정권은 불과 3일 만에 붕괴하고 말았다.
⑤ 김홍집은 1880년 제2차 수신사로 일본에 다녀오면서 청의 외교관인 황준헌으로부터 조선이 미국과 손을 잡아야 한다는 내용을 담은 "조선책략"을 받아 왔다.

심화 55회 30번

03 밑줄 그은 ㉠이 원인이 되어 발생한 사건에 대한 설명으로 옳은 것은?

> 해군 제독 로즈 귀하
> 당신이 지휘하는 해군 병력에 주저없이 호소합니다. ㉠ 프랑스인 주교 2명과 선교사 9명을 희생시킨 사건이 조선에서 벌어졌습니다. 이에 대한 확실한 복수가 필요합니다. 당신의 지휘로 가능한 모든 수단을 사용하여 조선에 대한 공격을 최대한 빨리 개시하도록 간곡히 요청합니다.
>
> 7월 13일 베이징에서
> 벨로네

① 운요호가 강화도와 영종도를 공격하였다.
② 양헌수 부대가 정족산성에서 승리하였다.
③ 정부가 청군의 출병을 요청하는 계기가 되었다.
④ 사태 수습을 위해 박규수가 안핵사로 파견되었다.
⑤ 흥선 대원군이 톈진으로 압송되는 결과를 가져왔다.

병인양요

정답 ② 밑줄 그은 ㉠이 원인이 되어 발생한 사건은 병인양요이다. 천주교는 19세기에 조선 정부의 금지 조치에도 불구하고 크게 확산되었다. 위기를 느낀 보수 양반층은 성리학적 질서를 위협하는 천주교에 대한 대책을 요구하였다. 때마침 러시아의 남하에 대비하여 흥선 대원군은 프랑스인 선교사를 통해 프랑스를 끌어들이려 하였으나 계획은 어긋나 버렸다. 이에 조선 정부는 1866년 천주교 신도 수천 명과 프랑스 선교사 9명을 처형하면서 병인박해가 일어났다. 이를 구실로 프랑스는 통상 개방을 요구하며 프랑스 극동 함대를 파견하였고, 병인양요가 시작되었다.

정답 분석

② 프랑스는 병인박해를 접하고서 이를 구실로 조선을 무력으로 침략하였다. 한성근 부대가 서울로 진격하던 프랑스군을 문수산성에서 방어하였고, 양헌수 부대가 삼랑성(정족산성)에서 이들을 격퇴하였다. 이 사건을 병인양요라고 한다(1866).

오답 피하기

① 1875년 일본 군함 운요호는 강화도 초지진에서 조선군과 충돌한 후, 강화도에 상륙하여 군사 기지인 영종진을 점령하고 살육과 방화를 저질렀다.
③ 동학 농민군의 전주성 함락 소식에 놀란 조선 정부는 청에 원병을 요청했고, 이에 따라 청군이 아산만에 상륙하였다.
④ 조선 후기 진주 민란을 계기로 봉기가 전국으로 확산되었다(임술 농민 봉기, 1862). 이에 조선 정부는 전주 민란의 수습을 위해 박규수를 안핵사로 파견하여 진상을 조사하였다.
⑤ 임오군란을 진압한 청은 흥선 대원군을 군란의 책임자로 몰아 톈진으로 압송함으로써 일본의 무력 개입 여지를 없애버렸다.

심화 64회 28번

04 밑줄 그은 '이 사건'에 대한 설명으로 옳은 것은?

> **사료로 보는 한국사**
>
> 온 성의 군민이 모두 울분을 품고, …… 총환과 화살을 어지러이 발사하였으며 사생을 잊고 위험을 무릅쓰지 않는 자가 없었으니, 반드시 오랑캐를 도륙하고야 말 태세였습니다. 강 아래 위의 요해처에서 막고, 마침내 화선(火船)으로 불길이 옮겨 붙게 함으로써 모조리 죽여 살아남은 종자가 없게 된 것은 모두 이들이 …… 용감하게 싸운 것에 기인한 것이었습니다.
>
> [해설] 자료는 『환재집』의 일부로, 평양 군민들이 대동강에서 이양선을 격침한 이 사건의 전말을 서술한 것이다. 평안 감사가 여러 차례 조정에 올린 장계를 통해 당시의 생생한 상황을 파악할 수 있다.

① 신유박해가 원인이 되어 발생하였다.
② 신미양요가 일어나는 계기가 되었다.
③ 전개 과정에서 전주 화약이 체결되었다.
④ 외규장각 도서가 국외로 약탈되는 결과를 가져왔다.
⑤ 오페르트의 남연군 묘 도굴 사건을 배경으로 일어났다.

제너럴 셔먼호 사건

정답 ② 밑줄 그은 '이 사건'은 제너럴 셔먼호 사건이다. 1866년 미국의 상선 제너럴 셔먼호가 대동강을 거슬러 평양까지 올라와 통상을 요구하며 횡포를 부렸다. 이에 분노한 평양 관민은 평안 감사 박규수의 지휘하에 제너럴 셔먼호를 불태워 침몰시켰다. 미국은 제너럴 셔먼호 사건을 구실로 여러 차례 배상금 지불과 통상 조약의 체결을 요구하였지만 흥선 대원군은 이를 거부하였다. 그러자 미국의 로저스 제독은 5척의 군함을 이끌고 강화도를 침략하여 신미양요를 일으켰다.

정답 분석

② 미국은 제너럴 셔먼호 사건을 구실 삼아 1871년 통상 개방을 요구하며 조선을 침략하는 신미양요를 일으켰다.

오답 피하기

① 1801년 조선 후기 순조 즉위 직후에 이승훈을 비롯한 300여 명의 천주교인이 처형을 당한 신유박해가 일어났다.
③ 1차 동학 농민 운동 때 외국 군대의 파병 소식을 접한 농민군은 전주에서 정부군과 휴전하고 전주 화약을 체결한 뒤 해산하였다.
④ 병인양요 당시 프랑스군은 강화도를 점령하면서 외규장각에 보관하고 있던 도서들을 약탈해 갔다.
⑤ 병인양요 이후 독일 상인 오페르트는 통상 요구를 강화하기 위해 충남 덕산에 있는 흥선 대원군의 아버지인 남연군 묘를 도굴하려 하였으나 실패하였다.

05 밑줄 그은 '이 사건'이 일어난 시기를 연표에서 옳게 고른 것은?

(가)	(나)	(다)	(라)	(마)
홍경래의 난	고종 즉위	제너럴 셔먼호 사건	오페르트 도굴 사건	척화비 건립	강화도 조약

① (가)　　② (나)　　③ (다)　　④ (라)　　⑤ (마)

신미양요

정답 ④　밑줄 그은 '이 사건'은 신미양요이다. 미국은 제너럴 셔먼호 사건을 구실로 여러 차례 배상금 지불과 통상 조약의 체결을 요구하였지만 흥선 대원군은 이를 거부하였다. 그러자 미국의 로저스 제독은 5척의 군함을 이끌고 강화도를 침략하여 신미양요를 일으켰다. 미국 함대는 초지진과 덕진진을 점령하고 광성보를 공격하였다. 어재연 등이 이끄는 조선의 수비대는 광성보와 갑곶에서 결사적으로 항전하였지만 결국 광성보는 함락되었다. 그러나 미국은 예상과 달리 조선군의 저항이 강하고 조선 정부 역시 외교 교섭에 응하지 않자 결국 철수하였다.

정답 분석

④ 오페르트 도굴 사건(1868)은 신미양요(1871)가 일어나기 3년 전에 일어난 사건이다. 신미양요 이후 흥선 대원군은 각지에 척화비를 세워 서양과의 수교를 거부한다는 의지를 널리 알렸다.

---

06 (가) 사건 이후에 전개된 사실로 옳은 것은?

> 이곳은 어재연 장군과 그의 군사를 기리기 위해 조성된 충장사입니다. 어재연 장군의 부대는 (가) 때 광성보에서 로저스 제독이 이끄는 미군에 맞서 결사 항전하였지만 끝내 함락을 막지 못하였습니다.

① 종로와 전국 각지에 척화비가 세워졌다.
② 평양 관민이 제너럴 셔먼호를 불태웠다.
③ 한성근 부대가 문수산성에서 항전하였다.
④ 신유박해로 많은 천주교도가 처형되었다.
⑤ 오페르트가 남연군 묘 도굴을 시도하였다.

신미양요

정답 ①　(가) 사건은 신미양요(1871)이다. 미국은 제너럴 셔먼호 사건을 구실로 여러 차례 배상금 지불과 통상 조약의 체결을 요구하였지만 흥선 대원군은 이를 거부하였다. 그러자 미국의 로저스 제독은 5척의 군함을 이끌고 강화도를 침략하여 신미양요를 일으켰다. 미국 함대는 초지진과 덕진진을 점령하고 광성보를 공격하였다. 어재연 등이 이끄는 조선의 수비대는 광성보와 갑곶에서 결사적으로 항전하였지만 광성보가 함락되었다.

정답 분석

① 신미양요 이후 흥선 대원군은 전국 각지에 척화비를 세워 서양과의 수교를 거부한다는 의지를 널리 알렸다.

오답 피하기

② 병인양요 직전 미국 상선 제너럴 셔먼호가 평양에서 통상 수교를 요구하며 횡포를 부렸다. 이에 분노한 평양 관민은 평안 감사 박규수의 지휘하에 제너럴 셔먼호를 불태워 침몰시켰다(1866).
③ 병인양요 때 한성근 부대는 서울로 진격하던 프랑스군을 문수산성에서 방어하였다(1866).
④ 조선 후기 순조가 즉위한 이후 이승훈을 비롯한 300여 명의 천주교인들을 처형하는 대대적인 탄압을 받은 신유박해가 일어났다(1801).
⑤ 독일 상인 오페르트는 통상을 요구하며 충남 덕산에 있는 흥선 대원군의 아버지인 남연군 묘를 도굴하려 하였으나 실패하였다(1868).

44강 서양 각국과 조약 체결 및 개항

1 개항과 불평등 체제의 성립

(1) 강화도 조약(조·일 수호 조규, 1876)

배경	• 최익현의 흥선 대원군 하야 상소(계유 상소) ➡ 흥선 대원군 하야(1873) ➡ 고종의 친정 체제 수립, 민씨 일가 집권 • 박규수, 유홍기, 오경석 등의 통상 개화파의 활동 ➡ 서양 문물 소개, 통상 개화 주장 • 일본은 운요호 사건(1875)을 구실로 조선에 문호 개방 요구

▲ 일본의 운요호

〈조약의 내용〉

〈제1관〉 조선국은 자주국이며, 일본국과 평등한 권리를 가진다.
* 청의 종주권 부인 ➡ 청의 간섭 배제
〈제4관〉 조선국은 부산 이외 제5관에서 제시하는 두 곳의 항구를 개항하고 일본인이 왕래 통상함을 허가한다.
* 부산(1876), 원산(1880), 인천(1883)의 순서로 개항 ➡ 부산은 경제적 목적, 인천은 정치적 목적, 원산은 군사적 목적으로 개항시키고 침략을 강화
〈제7관〉 조선국 연해의 섬과 암초는 극히 위험하므로 일본국의 항해자가 자유롭게 해안을 측량하도록 허가한다.
* 해안 측량권 허가 ➡ 주권 침해
〈제9관〉 인민은 각자 임의에 따라 무역을 하고 양국의 관리는 조금도 이에 관여하지 못하며, 제한, 금지하지 못한다.
* 일본 상인들의 자유로운 상업 활동 보장
〈제10관〉 일본국 인민이 조선국이 지정한 각 항구에서 죄를 범할 경우 일본국 관원이 재판한다.
* 치외법권(영사 재판권) 허용 ➡ 주권 침해

▲ 일본의 강화도 조약 강요 무력 시위

성격	최초의 근대적 조약, 불평등 조약(치외법권, 연안 측량권 등)
영향	조약 체결 직후 일본의 근대화된 모습을 파악하기 위해 제1차 수신사 김기수를 파견

▲ 강화도 조약 체결 모습

⬇

강화도 조약을 보완하기 위해 6개월 뒤 부속 조약과 통상 장정 체결 ➡ 일본의 경제적 침략 발판 마련

▲ 연무당 옛터(인천 강화)
강화부 군사들을 훈련시키던 연무당에서 일본과 강화도 조약을 체결하였다.

조 · 일 수호 조규 부록(1876.8.)	조 · 일 무역 규칙 조 · 일 통상 장정(1876. 8)
• 개항장에서 일본인 거류지(조계) 설정 ➡ 간행이정 10리 이내에서 무역 허가(거류지 무역) ➡ 조선인 중개 상인 활동이 활발 • 개항장 내 일본 화폐 유통 허용	• 개항장에서 조선 양곡의 무제한 일본 유출 허용 • 일본 정부 소속 선박은 항세 면제 • 일본 수출입 상품에 대한 무관세 허용

⬇

조 · 일 통상 장정(1883) ➡ 강화도 조약 때보다 개정된 조약 체결

• 일본 상품에 대해 무관세에서 유관세로 전환(관세 부과)
• 무제한 곡물 유출을 막기 위한 방곡령 시행 규정 추가
• 일본에 대한 최혜국 대우 인정 ➡ 일본의 내지 무역이 허용되는 계기가 됨

▲ 조 · 일 통상 장정 체결 기념 연회도

(2) 조·미 수호 통상 조약(1882)

배경	• 청의 알선 ➡ 조선에 대한 종주권 확인 • 2차 수신사 김홍집이 황준헌의 『조선책략』을 갖고 와 유포(1880) ┌ 국내에서 연미론이 대두됨 └ 반발 : 이만손의 영남 만인소(1881)

〈조약의 내용〉

〈제1조〉 제3국이 한쪽 정부에 부당하게 또는 억압적으로 행동할 때에는 다른 한쪽 정부는 원만한 타결을 위해 주선을 한다.

* 거중 조정권 ➡ 다른 나라에 핍박 받을 경우, 돕고 분쟁 해결 주선

〈제4조〉 조선 백성이 미합중국 국민에게 범행을 하면 조선 당국이 조선 법률에 따라 처벌한다. 미합중국 국민이 조선 인민을 때리거나 재산을 훼손하면 미합중국 영사나 그 권한을 가진 관리만이 미합중국 법률에 따라 체포하고 처벌한다.

* 치외법권 인정

〈제5조〉 무역을 목적으로 조선국에 오는 미국 상인 및 상선은 모든 수출입 상품에 대하여 관세를 지불해야 한다.

* 저율의 관세권을 인정받음

〈제14조〉 본 조약에 의하여 부여되지 않은 어떤 권리나 특혜를 다른 나라에 허가할 경우 이와 같은 권리나 특혜는 미국 관민과 상민에게도 무조건 균점된다.

* 최혜국 대우 조항 ➡ 열강들에게 이권 침탈 빌미 제공

성격	서양과 맺은 최초의 조약, 불평등 조약(치외법권, 최혜국 대우 등)
영향	• 다른 서구 열강과의 조약 체결에 영향 • 미국에 사절단으로 보빙사 파견(1883)

사료 살펴보기

조선책략(친 중국, 결 일본, 연 미국)

조선이라는 땅덩어리는 실로 아시아의 요충을 차지하고 있어 그 형세가 반드시 다툼을 불러올 것이다. 조선이 위태로우면 중동(中東)의 형세도 위급해진다. 따라서 러시아가 강토를 공략하려 한다면 반드시 조선이 첫 번째 대상이 될 것이다. …… 러시아를 막을 수 있는 조선의 책략은 무엇인가? 오직 중국과 친하며[親中] 일본과 맺고[結日] 미국과 연합[聯美]함으로써 자강을 도모하는 길뿐이다.

일본에 2차 수신사로 파견된 김홍집이 가져온 『조선책략』은 러시아를 견제하기 위해 미국과의 수교가 필요함을 강조하여 미국과 수교를 맺게 되는 것에 큰 영향을 끼쳤다. 그러나 이만손 등 영남 지방의 유생들은 이 책의 유포에 반발하여 집단 상소문을 올리기도 하였다.

(3) 다른 서양 열강과의 조약 체결

영국(1883)	청의 알선, 최혜국 대우, 내지 통상권	
독일(1883)	청의 알선, 최혜국 대우	불평등 조약 (치외법권과 최혜국 대우 조항 포함)
러시아(1884)	청의 알선 없이 독자적으로 수교	
프랑스(1886)	프랑스와 포교 문제로 지체, 천주교 포교 묵인	
기타	이탈리아, 오스트리아 등과도 통상 조약 체결	
영향	조선은 특별한 준비 없이 제국주의 열강이 주도하는 세계 질서에 편입되어 열강의 침략 야욕에 시달리게 됨	

▲ 조선 책략
중국 외교관 황준헌이 쓴 책이다.

사료 살펴보기

『조선책략』과 개화 정책을 비판하는 영남 만인소(1880년대)

수신사 김홍집이 가져와 유포한 황준헌의 책자를 보노라면 …… 눈물이 흐릅니다. 러시아는 본래 우리와 혐의가 없는 나라입니다. …… 러시아·미국·일본은 같은 오랑캐입니다. 그들 사이에 누구는 후하게 대하고 누구는 박하게 대하기는 어려운 일입니다.   – 『일성록』 –

지방 유생들은 『조선책략』에 반발하여 대대적인 위정척사 운동을 일으켰다. 영남 유생들은 퇴계의 종손인 이만손을 중심으로 만인소를 올렸으며, 이항로의 제자인 홍재학은 강경한 상소를 올려 처형되기도 하였다.

▲ 보빙사 일행
미국과 수교를 맺은 후 파견된 보빙사는 미국 대통령을 만나 고종의 신임장을 전달하였다. 이들의 임무는 미국의 여러 사회상과 제도를 배우는 것뿐만 아니라 조선이 자주독립국임을 천명하는 데 있었다.

자료 살펴보기

최혜국 대우

이미 조약을 체결한 나라가 이후 상대국이 또 다른 나라와 맺은 조약에 자국보다 유리한 내용을 허용할 경우 자동으로 그 내용을 적용받게 되는 규정이다.

은쌤의 **합격노트**

각국과 조약 체결 및 개항

☑ 시험에 꼭 나오는 키워드

- 강화도 조약의 내용과 의미 기억하기 ➡ 단독으로 출제됨
- 조·일 통상 장정 내용 기억하기 ➡ 방곡령과 연계해서 출제됨
- 조·미 수호 통상 조약의 내용과 의미 기억하기 ➡ 단독으로 출제됨
- 조선책략의 내용과 영향 기억하기 ➡ 단독으로 출제되거나 조·미 수호 통상 조약과 연계해서 출제됨

☑ 최다 빈출 선지

강화도 조약
① 일본 군함 운요호가 강화도와 영종도를 공격하였다.
② 운요호 사건을 빌미로 일본이 요구하였다.
③ 부산 외 2곳(원산, 인천)에 개항장이 설치되는 결과를 가져왔다.
④ 조·일 수호 조규의 후속 조치로 체결되었다(조일 수호 조규 부록, 조일 무역 규칙).
⑤ 김기수가 수신사로 일본에 파견되는 결과를 가져왔다.
⑥ 양곡의 무제한 유출 조항을 포함하고 있다(조일 무역 규칙).
⑦ 강화도 조약 체결의 전말을 기록한 심행일기를 남겼다(신헌).

조·일 통상 장정
① 방곡령 시행에 대한 규정을 명시하였다.

조선책략
① 조·미 수호 통상 조약이 체결되는 계기가 되었다.
② 김홍집이 가지고 온 조선책략이 국내에 유포되었다.
③ 조선책략 유포에 반발하여 이만손 등이 영남 만인소를 올렸다.

조·미 수호 통상 조약
① 조선책략의 영향으로 체결되었다.
② 청의 알선으로 서양 국가와 맺은 최초의 조약이다.
③ 거중 조정 조항에 대한 내용을 포함하였다.
④ 외국에 대한 최혜국 대우를 처음으로 규정하였다.
⑤ 보빙사가 미국에 파견되었다.

조·프 조약
① 천주교 포교를 허용하는 조항이 들어 있다.

심화 59회 31번

01 다음 검색창에 들어갈 조약에 대한 설명으로 옳은 것은?

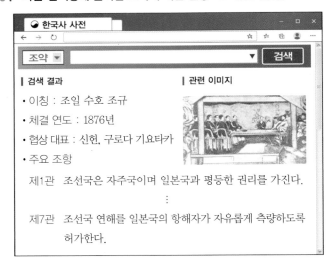

① 최혜국 대우를 최초로 규정하였다.
② 통감부가 설치되는 계기가 되었다.
③ 천주교 포교 허용의 근거가 되었다.
④ 일본 경비병의 공사관 주둔을 명시하였다.
⑤ 부산 외 2곳에 개항장이 설치되는 결과를 가져왔다.

강화도 조약

정답 ⑤ 다음 검색창에 들어갈 조약은 강화도 조약이다. 조선은 일본의 강제적인 요구를 받아들여 1876년 일본과 수호 조규(강화도 조약)를 체결하였다. 강화도 조약은 첫 번째 조항에서 '조선은 자주국이며 일본과 동등한 권리를 가진다.'고 규정하였다. 이는 일본이 강력히 주장한 내용으로, 청의 조선에 대한 종주권 주장을 사전에 차단하기 위한 조항이었다. 또한 조선의 연안에 대한 측량권과 치외법권(영사 재판권)을 인정받아 조선의 주권을 침해하였다.

정답 분석

⑤ 강화도 조약에 따라 부산(1876), 원산(1880), 인천(1883)의 순서로 개항장이 설치되었다. 일본은 서울의 관문으로 정치적, 군사적 요지였던 인천을 개항시켜 침략을 강화하고자 하였다.

오답 피하기

① 조·미 수호 통상 조약에서 최초로 최혜국 대우를 인정하였다.
② 일본은 을사조약을 강제로 체결하고 외교 사항을 관리한다는 명분으로 한국 통감부를 설치하였다.
③ 조·불 수호 통상 조약이 체결되면서 천주교 포교의 자유가 인정되었다.
④ 일본은 제물포 조약을 체결한 후 배상금을 받아내고 일본 경비병을 주둔시켰다.

심화 57회 29번

02 교사의 질문에 대한 학생의 답변으로 옳은 것은?

자료는 이 조약 중 최혜국 대우를 규정한 조항의 일부입니다. 조선이 서양 국가와 최초로 체결한 이 조약에 대해 말해 볼까요?

제14관
······ 미국과 그 상인이 종래 누리지 않았거나 이 조약에 없는 것 또한 미국 관민이 일체 균점하는 것을 승인한다.

① 병인양요 발생의 배경이 되었어요.
② 갑신정변의 영향으로 체결되었어요.
③ 통감부가 설치되는 결과를 가져왔어요.
④ 거중 조정에 대한 내용이 포함되었어요.
⑤ 메가타가 재정 고문으로 부임하는 계기가 되었어요.

조·미 수호 통상 조약

정답 ④　교사가 말한 '이 조약'은 조·미 수호 통상 조약이다. 조·미 수호 통상 조약은 서양 국가와 최초로 체결한 조약이다. 조선이 일본의 압력으로 문호를 개방한 가운데 청은 러시아의 남하 정책을 견제하기 위해 조선에 미국 등 서양과 수교할 것을 권고하였다. 1880년 김홍집이 일본에 수신사로 다녀오면서 가져온 황준헌의 "조선책략"에도 이 같은 내용이 들어 있었다. 이에 따라 1882년 조선은 청의 알선으로 미국과 조·미 수호 통상 조약을 체결하였다.

정답 분석

④ 조·미 수호 통상 조약의 내용 중 가장 큰 특징은 거중 조정 관세 자주권, 최혜국 대우 등이었다. 거중 조정에 대해서 미국은 의례적인 표현으로 생각하였으나, 조선은 미국과의 동맹으로까지 확대하여 받아들였다.

오답 피하기

① 프랑스는 병인박해를 구실로 군함을 보내 조선을 침략하였다(병인양요). 프랑스 군은 강화도에 30일 동안 주둔하면서 약탈과 살인을 자행하였다.
② 갑신정변의 영향으로 청과 일본은 톈진 조약을 체결하였다. 이 조약으로 조선에서 양국의 군대를 철수하고, 앞으로 조선에 군대를 파견할 때 상대국에 미리 알리도록 규정하였다.
③ 일제는 을사늑약으로 대한 제국의 외교권을 빼앗고 통감부를 설치하였다. 초대 통감으로는 이토 히로부미가 부임하였다.
⑤ 일제는 러·일 전쟁 중 한국 내정에 간섭하고자 제1차 한·일 협약을 체결하고 메가타 다네타로를 재정 고문으로 앉혔다.

심화 47회 31번

03 다음 가상 대화 이후 전개된 사실로 옳은 것을 〈보기〉에서 고른 것은?

현재 조선에 가장 시급한 외교 사안이 무엇이라고 생각하십니까?

러시아를 막는 것입니다. 이를 위해서는 중국을 가까이 하고, 일본과 관계를 공고히 하며, 미국과 연계하여 자강을 도모해야 합니다.

김홍집　　　황준헌

〈보 기〉
ㄱ. 운요호 사건이 일어났다.
ㄴ. 전국에 척화비가 건립되었다.
ㄷ. 이만손 등이 영남 만인소를 올렸다.
ㄹ. 조미 수호 통상 조약이 체결되었다.

① ㄱ, ㄴ　　② ㄱ, ㄷ　　③ ㄴ, ㄷ　　④ ㄴ, ㄹ　　⑤ ㄷ, ㄹ

조선책략

정답 ⑤　가상 대화에서 나누고 있는 내용은 『조선책략』에 담겨진 것이다. 1880년 조선 정부는 김홍집을 제2차 수신사로 일본에 파견하였다. 김홍집은 조선으로 돌아올 때 주일 청국 공사관의 외교관 황준헌이 지은 『조선책략』을 가지고 왔다. 이 책의 유입을 계기로 위정척사 운동이 전개되는 한편, 조·미 수호 통상 조약이 체결되었다.

정답 분석

ㄷ. 『조선책략』의 유포를 반대하면서 이만손을 중심으로 영남 유생들이 영남 만인소를 올리는 등 개화 반대 운동은 전국으로 확대되었다.
ㄹ. 조선은 청의 『조선책략』의 영향을 받아 1882년 서양 여러 나라 가운데 가장 먼저 미국과 수교하였다.

오답 피하기

ㄱ. 일본은 1875년 군함 운요호를 보내 강제로 개항시키고자 하였고, 결국 조선은 일본의 강제적인 요구를 받아들여 1876년 일본과 수호 조규를 체결하였다.
ㄴ. 두 차례 양요(병인양요, 신미양요)에서 외세의 침략을 물리친 흥선 대원군은 통상 수교 거부 정책을 널리 알리기 위해 전국 각지에 척화비를 세웠다.

45강 개화 정책의 추진과 반발

1 초기 개화 정책의 추진 : 1880년대 초반

수신사 파견	• 1차 수신사(1876) : 김기수, 일본 근대 시설 시찰 • 2차 수신사(1880) : 김홍집, 『조선책략』 전래, 일본 근대 문물 시찰	
고종의 개화파 등용 ➡ 본격적인 개화 정책의 추진		
제도 개편	관제 개편	• 통리기무아문 설치(1880) : 개화 정책 총괄 기구 • 12사 설치 : 외교, 군사, 통상, 재정 등 개화 행정 담당 부속 기구
	군제 개편	• 기존의 구식 군대 5군영을 통합하여 2영(무위영, 장어영)으로 개편 • 신식 군대 별기군 창설(1881) : 일본인 교관 초빙, 근대식 훈련
해외 사절단 파견	• 조사 시찰단(신사 유람단, 1881) 　┌ 고종은 개화 반대 여론을 의식하여 암행어사 형태로 비밀리에 파견 　├ 박정양, 어윤중, 홍영식 등으로 구성된 수행원 　└ 3개월간 일본의 근대 시설과 제도 등을 보고 돌아옴 ➡ 시찰 보고서 '문견사건' 제출 • 영선사(1881) 　┌ 청의 톈진에 김윤식 등 유학생, 기술자 38명 파견 　├ 청의 근대식 무기 제조술과 근대 군사 훈련법 습득 　├ 기술 습득의 한계, 경비 부족, 임오군란 발생 등으로 1년 만에 조기 귀국 　└ 귀국 후 근대식 무기 제조 공장인 기기창 설치(1883)에 기여 • 보빙사(1883) : 최초로 서양에 파견된 사절단 　┌ 조 · 미 수호 통상 조약 체결 직후 미국 공사 포트의 내한에 대한 답방 　├ 유길준, 민영익, 홍영식, 서광범 등 파견 ➡ 미국 근대 시설 시찰 및 대통령 아서 예방 　└ 유길준은 미국에 남아 유학(귀국 후 『서유견문』, 『노동야학독본』, 『대한문전』 집필) • 기타 : 어윤중을 서북 경략사로 임명(1882) ➡ 함경도 · 평안도 지역의 국경 무역 문제 처리와 지방관의 행정 감독		
근대 시설 설치	• 전환국(1883~1904) : 근대식 화폐 주조 • 기기창(1883~94) : 무기 제작, 영선사의 건의 • 박문국(1883~84, 1885~88) : 한성순보 간행 • 우정국(1884) : 근대 우편 제도 도입 및 관장	

▲ 관제와 군제의 개편

▲ 별기군

1881년에 창설한 신식 군대이다. 구식 군대보다 대우가 좋았고 일본인 교관에게 훈련을 받아 '왜별기'라는 비아냥을 듣기도 하였다. 이러한 차별은 구식 군인들이 임오군란을 일으키는 원인 중 하나로 작용하였다.

▲ 보빙사 일행

앞줄 왼쪽 두 번째부터 홍영식, 민영익, 서광범, 뒷줄 왼쪽에서 세 번째 인물이 유길준이다.

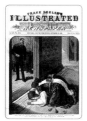

▲ 보빙사가 미국의 아서 대통령을 접견할 때 큰절을 하는 모습

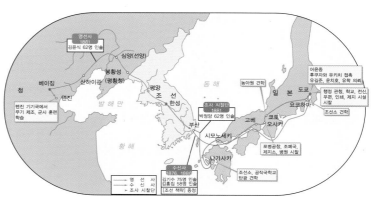

▲ 근대 문물의 시찰

② 개화파 형성과 성장

(1) 개화파의 형성

개화파	• 형성 : 북학 사상 ➡ 통상 개화론자 ➡ 개화파 • 통상 개화론자 : 박규수, 오경석, 유홍기 ➡ 서양 문물 소개, 통상 개화 주장 • 등장 : 김옥균, 박영효, 김윤식 등 양반 지식인 중심, 정계에 진출한 후 개화 정책 추진

(2) 개화파의 분화 = 임오군란 이후 개화의 방법과 속도, 외교 정책 등을 놓고 대립

구분	온건 개화파(사대당, 수구당)	급진 개화파(개화당, 독립당)
주요 인물	김홍집, 김윤식, 어윤중 등	김옥균, 박영효, 홍영식, 서광범 등
개혁 모델	청의 양무운동	일본의 메이지 유신
개화 방법	동도서기론 ➡ 점진적 개혁 전통 유교 사상 유지	문명개화론 ➡ 급진적 개혁 입헌군주제 지향
활동	집권 세력, 민씨 정권과 결탁 청과의 관계 중시(친청 사대)	민씨 정권의 친청 사대 정책 반대
영향	갑오개혁 주도	갑신정변 주도

③ 위정척사 운동의 전개

(1) 위정척사 운동 : 보수적 유생의 주도

의미		• 위정(衛正, 정학과 정도를 지킴), 척사(斥邪, 사악과 이단을 배격) • 옳은 것(성리학)을 지키고 그른 것(성리학 외의 모든 종교와 사상)을 배척하는 운동
배경		정부의 적극적인 개화 정책에 대하여 보수 유생들의 반발 확산
1860년대	배경	서양 열강의 통상 요구, 병인양요, 신미양요 등의 침략 행위가 발생
	전개	• 통상 반대 운동 : 이항로, 기정진 등이 주도 • 척화 주전론 주장, 흥선 대원군의 통상 수교 거부 정책 뒷받침
1870년대	배경	서양과 일본의 문호 개방 압력으로 인해 강화도 조약이 체결
	전개	• 개항 반대 운동 : 최익현, 유인석 등이 주도 • 왜양일체론 주장 : 일본과 서양은 같기 때문에 개항은 절대 불가
1880년대	배경	정부의 개화 정책 추진, 김홍집이 가져 온 『조선책략』 유포
	전개	• 개화 반대 운동 전개 : 이만손, 홍재학 등이 주도 • 이만손 등의 영남 만인소(1881) : 『조선책략』의 주장에 반발하며 개화 정책 추진 반대
1890년대	배경	일본의 침략 행위 심화 ➡ 을미사변, 을미개혁(단발령) 등이 발생
	전개	• 항일 의병 운동 전개 : 유인석, 이소응 등이 주도 • 상소가 아닌 직접적인 항일 의병 운동을 전개함
의의		서양 열강과 일본의 침략에 저항한 반침략 · 반외세 운동
한계		조선 왕조의 전제 정치와 양반 중심의 신분 제도 등 전통적 질서를 고수하려 하였음

▲ 개화파의 형성과 분화

▲ 김옥균(급진 개화파)

사료 살펴보기

이항로의 척화주전론

양이의 화가 금일에 이르러 홍수나 맹수의 해로움보다도 더 심합니다. 전하께서는 부지런히 힘쓰시고 외물(外物)에 견제당하거나 흔들림을 경계하시어 안으로 관리들로 하여금 사학의 무리를 잡아 베게 하시고 밖으로 장병들로 하여금 바다를 건너오는 적을 정벌하게 하소서. – 이항로, 『화서집』–

이항로는 척화 주전론을 내세우며, 흥선 대원군의 통상 수교 거부 정책을 지지하였다. 또한 서구와의 통상이 정치적·경제적·문화적 예속을 가져올 것이라고 경계하였다.

사료 살펴보기

최익현의 강화도 조약 반대 상소

저들이 비록 왜인이라고 하지만 본질적으로는 서양 오랑캐와 다를 것이 없습니다. 강화가 이루어지면 사악한 서적과 천주교가 다시 들어와 사악한 기운이 온 나라를 덮게 될 것입니다 – 최익현, 『면암집』–

1876년 강화도에서 개항 협상이 진행될 때 최익현은 도끼를 들고 가 경복궁 앞에 엎드려 위와 같은 상소를 올렸다. 그는 왜양일체론을 내세우며 일본의 침략에 의한 문호 개방이 경제 파탄과 자주권 손상을 가져올 것이라고 지적하였다.

초기 개화 정책의 추진

☑ 시험에 꼭 나오는 키워드

- 초기 개화 정책들 정리하기 ➡ 수신사 파견, 통리기무아문 설치, 별기군 창설, 사절단 파견, 근대 시설 설치
- 사절단(수신사, 조사 시찰단, 영선사, 보빙사)의 특징 기억하기 ➡ 각각의 사절단이 단독으로 출제됨, 초기 개화 정책 문제에 묶여서 출제되기도 함

☑ 최다 빈출 선지

초기 개화 정책
① 김기수가 수신사로 일본에 파견되었다.
② 통리기무아문과 12사가 설치되었다.
③ 개화 정책을 총괄하는 통리기무아문이 설치되었다.
④ 5군영에서 2영으로 군제를 개편하였다.
⑤ 신식 군대인 별기군이 창설되었다.
⑥ 전환국에서 백동화가 발행되었다.
⑦ 박문국을 설치하여 한성순보를 발행하였다.
⑧ 무기 제조 공장인 기기창이 설립되었다.
⑨ 어윤중을 서북 경략사로 임명하여 사무를 관장하였다.

통리기무아문
① 개화 정책을 총괄하고 담당하였다.

별기군
① 일본인 교관을 초빙하여 군사 훈련을 받았다.

조사시찰단
① 개화 반대 여론으로 인해 비밀리에 출국하였다.
② 암행어사의 형태로 비밀리에 파견되었다.

영선사
① 김윤식을 청에 영선사로 파견하였다.
② 기기국에서 무기 제조 기술을 습득하고 돌아왔다.
③ 무기 제조 공장인 기기창 설립의 계기를 마련하였다.

보빙사
① 미국 공사의 부임에 대한 답례로 파견되었다.
② 미국 대통령 아서를 접견하고 국서와 신임장을 제출하였다.
③ 전권대신 민영익과 부대신 홍영식 등으로 구성되었다.
④ 민영익, 홍영식, 서광범 등이 참여하였다.
⑤ 대륙 횡단 열차를 타고 워싱턴에 도착하였다.
⑥ 보스턴 만국 박람회를 참관하였다.

 위정척사 운동의 전개

☑ 시험에 꼭 나오는 키워드

- 급진 개화파의 주요 인물 및 특징 기억하기 ➡ 급진 개화파 단독 문제보다는 갑신정변과 연계해서 출제가 자주 됨
- 각 시기에 따른 위정척사파의 주장 기억하기(척화 주전론, 왜양일체론, 영남 만인소) ➡ 최익현, 이만손은 인물 문제로도 출제가 됨

☑ 최다 빈출 선지

통상 반대 운동(1860년대)
① 흥선 대원군의 통상 수교 거부 정책을 뒷받침하였다.
② 이항로와 기정진 등이 대표적인 인물이다.

개항 반대 운동(1870년대)
① 지부복궐척화의소를 올려 왜양일체론을 주장하였다(최익현).
② 강화도 조약의 체결에 반대하였다.

개화 반대 운동(1880년대)
① 조선책략 유포에 반발하여 이만손 등이 영남 만인소를 올렸다.
② 미국과의 통상 수교를 반대하였다.

01 다음 서술형 평가의 답안에 들어갈 내용으로 옳은 것은?

서술형 평가   ○학년 ○○반 이름: ○○○

◎ 밑줄 그은 '이 기구'에서 추진한 정책을 서술하시오.

<u>이 기구</u>는 변화하는 국내외 정세에 대응하고 개화 정책을
총괄하기 위해 1880년에 설치되었다. 소속 부서로 외교 업무
를 담당하는 사대사와 교린사, 중앙과 지방의 군사를 통솔하는
군무사, 외국과의 통상에 관한 일을 맡는 통상사, 외국어 번역
을 맡은 어학사, 재정 사무를 담당한 이용사 등 12사가 있었다.

| 답안 | |

---

① 재판소를 설치하여 사법권을 독립시켰다.

② 미국과 합작하여 한성 전기 회사를 설립하였다.

③ 5군영을 2영으로 축소하고 별기군을 창설하였다.

④ 재정 문제를 해결하기 위해 당백전을 주조하였다.

⑤ 교육 입국 조서를 반포하고 외국어 학교 관제를 마련하였다.

통리기무아문

정답 ③   밑줄 그은 '이 기구'는 통리기무아문이다. 강화도 조약 체결 직후 정
부는 일본의 근대화된 모습과 국제 정세를 파악하기 위해 제1차 수신사 김기수를
파견하였다. 이어 정부는 개혁을 추진하기 위해 근대적 행정 기구인 통리기무아문
을 설치하였다(1880).

정답 분석

③ 통리기무아문은 국방을 튼튼히 하기 위해 먼저 군사 제도를 바꾸었다. 종래의
5군영을 2영으로 개편하고, 신식 군대를 양성하기 위해 별기군을 창설하였다
(1881). 별기군은 정부가 초빙한 일본인 교관이 근대식 훈련을 지도하였다.

오답 피하기

① 2차 갑오개혁 때 재판소를 설치해 사법권의 독립을 꾀하였다.

② 한성 전기 회사는 고종이 전액 출자해 1898년에 설립한 회사로, 미국인 콜브란
과 보스트윅이 경영을 맡아 전차, 전등 등을 부설하였다.

④ 흥선 대원군은 경복궁 중건 공사비를 마련하기 위해 당백전이라는 고액 화폐를
발행했는데, 이로 인해 물가가 폭등하였다.

⑤ 2차 갑오개혁 때 교육 입국 조서가 반포되고, 소학교, 외국어 학교, 사범 학교 등
많은 관립 학교가 세워져 근대적 교육 제도가 마련되었다

---

02 (가) 사절단에 대한 설명으로 옳은 것은?

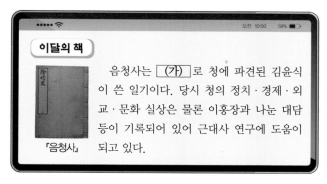

이달의 책

『음청사』

음청사는 [(가)]로 청에 파견된 김윤식
이 쓴 일기이다. 당시 청의 정치·경제·외
교·문화 실상은 물론 이홍장과 나눈 대담
등이 기록되어 있어 근대사 연구에 도움이
되고 있다.

① 기기창 설립의 계기가 되었다.

② 회답 겸 쇄환사로 파견되었다.

③ 조선책략을 처음으로 소개하였다.

④ 민영익, 홍영식, 서광범 등이 참여하였다.

⑤ 개화 반대 여론으로 인해 비밀리에 출국하였다.

영선사

정답 ①   (가) 사절단은 영선사이다. 정부는 근대화를 추진하는 데 필요한 기
술과 정보를 수집하기 위해 각국에 외교 사절단을 파견하였다. 청에는 1881년 영
선사 김윤식과 유학생, 기술자들을 파견하여 무기 제조법과 근대식 군사 훈련법을
배우게 하였다.

정답 분석

① 영선사는 정부의 재정적 뒷받침이 부족하고 국내에서 임오군란이 일어나자 조
기 귀국하였지만, 귀국 후 기기국, 기기창 등을 설치하였다.

오답 피하기

② 조선 후기 임진왜란 직후 회답 겸 쇄환사는 일본 쇼군(장군)의 국서에 회답하고
일본에 잡혀간 포로를 송환하는 임무를 띠고 3차례 파견되었다.

③ 1880년 개항 후 일본의 정세를 탐색하기 위해 수신사로 일본에 갔던 김홍집이
"조선책략"을 들여오면서 국내에 처음 소개되었다.

④ 조선 정부는 1883년에 민영익을 전권대사로 하여 홍영식, 서광범, 유길준 등을
보빙사를 미국에 파견하였다.

⑤ 조선 정부는 당시 국내의 개화 반대 여론을 의식하여 일본에 비밀리에 조사 시
찰단을 파견하였다.

03 (가) 사절단에 대한 설명으로 옳은 것은?

〈한국사 동영상 제작 계획안〉

(가) , 서양의 근대 문물을 직접 목격하다

◈ 기획 의도

미국 공사의 부임에 대한 답례로 파견된 (가) 의 발자취를 통해 근대 문물을 시찰한 과정을 살펴본다.

◈ 장면별 구성

#1. 대륙 횡단 열차를 타고 워싱턴에 도착하다
#2. 뉴욕에서 미국 대통령 아서를 접견하다
#3. 보스턴 만국 박람회를 참관하다
#4. 병원, 전신 회사, 우체국 등을 시찰하다

① 수신사라는 이름으로 보내졌다.
② 조선책략을 들여와 국내에 소개하였다.
③ 기기국에서 무기 제조 기술을 배우고 돌아왔다.
④ 개화 반대 여론을 의식하여 비밀리에 파견되었다.
⑤ 전권대신 민영익과 부대신 홍영식 등으로 구성되었다.

보빙사

정답 ⑤ (가) 사절단은 보빙사이다. 조선 정부는 미국과 수교한 이후 미국 공사 푸트가 서울에 부임한 답례로 미국에 보빙사를 파견하였다(1883). 보빙사 일행은 미국의 대통령을 만나고 박람회, 병원, 신문사, 육군 사관 학교 등을 시찰하고 돌아왔다. 일행 중 유길준은 미국에 남아 유학하였다.

정답 분석

⑤ 1883년 미국으로 파견된 보빙사는 24세의 민영익을 단장으로 하여 모두 11명으로 구성되었다. 일행 중에는 홍영식, 서광범 등 개화파 인사가 포함되어 있었다.

오답 피하기

① 강화도 조약 체결 직후 조선은 김기수를 제1차 수신사, 김홍집을 제2차 수신사로 일본에 파견하였다.
② 김홍집은 제2차 수신사로 일본에 다녀오면서 조선이 미국과 손을 잡아야 한다는 내용이 담긴 황준헌의 『조선책략』을 가져왔다.
③ 영선사 김윤식의 인솔하에 38명의 기술자들이 청의 톈진 기기국에서 무기 제조 기술을 배우고 돌아왔다.
④ 조선 정부는 당시 국내의 개화 반대 여론을 의식하여 일본에 비밀에 조사 시찰단을 파견하였다.

04 (가), (나) 사절단에 대한 설명으로 옳은 것은?

나는 (가) (으)로서 학생과 기술자를 인솔하여 청으로 가서 전기, 화학 등 선진 과학 기술을 배우게 하고, 우리나라와 미국과의 조약 체결에 관한 일을 이홍장과 협의하였습니다.

나는 미국 공사의 부임에 대한 답례와 양국의 친선을 위해 파견된 (나) 의 전권대신으로 홍영식, 서광범 등과 미국 대통령 아서를 접견하고 국서와 신임장을 제출하였습니다.

① (가) – 귀국할 때 조선책략을 가지고 들어왔다.
② (가) – 무기 제조 공장인 기기창 설립의 계기를 마련하였다.
③ (나) – 보고 들은 내용을 해동제국기로 남겼다.
④ (나) – 해국도지, 영환지략을 들여와 국내에 소개하였다.
⑤ (가), (나) – 암행어사 형태로 비밀리에 파견되었다.

영선사와 보빙사

정답 ② (가) 사절단은 영선사, (나) 사절단은 보빙사이다. 조선 정부는 1881년 청에 영선사로 김윤식과 유학생, 기술자들을 파견하여 무기 제조법과 근대식 군사 훈련법을 배우게 하였다. 조선 정부는 1881년 일본에 박정양, 어윤중, 홍영식 등을 조사 시찰단으로 일본에 파견하였다. 당시 국내의 개화 반대 여론을 의식하여 비밀리에 파견된 조사 시찰단은 4개월여 동안 근대 시설과 근대적 법률·조세 제도 등을 살펴보고 돌아와, 개화 정책을 뒷받침하였다.

정답 분석

② 청에 김윤식을 영선사로 삼아 유학생과 기술자들을 파견하였지만 기술에 대한 지식과 정부의 재정 지원이 부족하여 성과를 거두지 못하였다.

오답 피하기

① 김홍집은 제2차 수신사로 일본에 다녀오면서 청의 외교관인 황준헌으로부터 조선이 미국과 손을 잡아야 한다는 내용을 담은 『조선책략』을 받아 왔다.
③ 조선 초기 성종 때 신숙주가 왕명에 따라 쓴 일본에 관한 책이 『해동제국기』이다.
④ 역관이었던 오경석은 청을 왕래하며 『해국도지』 등 세계 정세를 담은 서적들을 들여와 유홍기에게 전하였다.
⑤ 조선 정부는 일본의 정세 파악을 위해 조사 시찰단을 보냈다. 당시 개화에 대한 반대 주장이 거세게 대두되고 있어 시찰단으로 파견할 사람들을 동래 암행어사로 임명하여 부산에 모이게 한 후 비밀리에 파견하였다.

05 (가), (나) 조약 체결 사이의 시기에 있었던 사실로 옳은 것은?

> (가) 제1관   조선국은 자주 국가로서 일본국과 평등한 권리를 보유한다. ……
>
> 　　 제10관   일본국 인민이 조선국 지정의 각 항구에 머무르는 동안 죄를 범한 것이 조선국 인민에게 관계되는 사건은 모두 일본국 관원이 심리하여 판결한다. ……
>
> (나) 제1관   앞으로 대조선국 군주와 대미국 대통령 및 그 인민은 각각 모두 영원히 화평하고 우애 있게 지낸다. ……
>
> 　　 제5관   …… 미국 상인과 상선이 조선에 와서 무역을 할 때 입출항하는 화물은 모두 세금을 바쳐야 하며, 세금을 거두는 권한은 조선이 자주적으로 행사한다. ……

① 공사 노비법이 혁파되었다.
② 통리기무아문이 설치되었다.
③ 한성 전기 회사가 설립되었다.
④ 건양이라는 독자적인 연호가 채택되었다.
⑤ 지방 행정 구역이 8도에서 23부로 개편되었다.

초기 개화 정책(강화도 조약~조·미 수호 통상 조약)

정답 ②　　(가) 조약은 강화도 조약, (나) 조약은 조 · 미 수호 통상 조약이다.

(가) 1876년 강화도 조약에는 조선이 자주국이라고 되어 있지만, 이는 일본이 청의 간섭을 배제하고 침략을 쉽게 하려는 의도가 있었다. 이외에도 조선은 부산 등 3개 항구의 개항, 해안 측량권, 영사 재판권(치외 법권) 등을 인정하였다.

(나) 1882년 조선은 미국과 조 · 미 수호 통상 조약을 체결하였다. 이 조약은 우호 협력을 강조한 거중 조정 조항과 수출입 상품에 대한 관세 조항을 규정하고 있지만, 영사 재판권과 최혜국 대우의 내용을 담은 불평등 조약이었다.

정답 분석

② 1880년 개항 이후 정부는 개화 정책을 총괄하는 통리기무아문을 설치하여 외교, 군사, 산업, 외국어 교육 등의 업무를 담당하였다.

오답 피하기

① 1894년 제1차 갑오개혁은 사회 면에서는 양반과 상민의 신분적 차별을 폐지하고, 공사 노비제를 혁파하였다.
③ 1898년 황실과 미국인의 합작으로 한성 전기 회사가 설립되어 발전소를 세우고 서울에 전등과 전차를 가설하였다.
④ 1895년 을미사변 직후 실시한 을미개혁(제3차 갑오 개혁)으로 1896년부터 '건양'이라는 새 연호를 사용하였다.
⑤ 1895년 제2차 갑오개혁에 따라 종래 지방 제도인 8도를 23부로 개편하였다.

---

06 (가), (나) 사이의 시기에 있었던 사실로 옳은 것은?

> (가) 수신사 김기수가 나와 엎드리니 왕이 말하였다. "전선, 화륜과 농기계에 관하여 들은 것은 없는가? 저 나라에서 이 세 가지 일을 제일 급하게 힘쓰고 있다고 하는데, 그러하던가?" 김기수가 "과연 그러하였습니다."라고 아뢰었다.
>
> (나) 어윤중이 동래부 암행어사로 임명되어 왕에게서 받은 봉해진 서신을 열어보니, "일본 조정의 논의와 정국의 형세, 풍속 · 인물 · 교빙 · 통상 등의 대략을 염탐하는 것이 좋겠다. 그러니 너는 일본으로 건너가 크고 작은 일들을 보고 듣되 시간에 구애받지 말고 낱낱이 탐지해서 별도의 문서로 조용히 보고하라."라는 내용이었다.

① 미국에 보빙사가 파견되었다.
② 통리기무아문과 12사가 설치되었다.
③ 운요호가 강화도와 영종도를 무단 침입하였다.
④ 교원 양성을 위해 한성 사범 학교가 설립되었다.
⑤ 프랑스와 조약을 체결하여 천주교 포교가 허용되었다.

초기 개화 정책(1차 수신사~조사시찰단)

정답 ②　　(가)는 1876년 1차 수신사로 일본에 파견된 김기수가 돌아와 고종에게 보고하는 상황이며, (나)는 1881년 일본의 정세를 파악하고 개화 정책에 대한 정보를 얻기 위해 파견된 조사 시찰단(신사 유람단)의 모습이다.

(가) 1876년 조선 정부는 강화도 조약이 체결되자 1차 수신사를 일본에 파견하였다. 김기수는 일본에서 접한 서양의 새로운 문명과 근대화된 일본의 모습에 매우 놀라 이를 조선 정부에 보고하였다.

(나) 1881년 조선 정부는 조사 시찰단(신사 유람단)을 파견하였다. 당시 국내의 개화 반대 여론을 의식하여 비밀리에 파견된 조사 시찰단은 4개월여 동안 근대 시설과 근대적 법률·조세 제도 등을 살펴보고 돌아왔다.

정답 분석

② 1880년 김홍집은 청의 총리아문을 본떠 군사와 외교를 총괄하는 통리기무아문을 설치하고, 그 밑에 실무를 담당하는 12사를 두었다.

오답 피하기

① 1883년 조선 정부는 조 · 미 수호 통상 조약 이후 미국 공사의 파견에 대한 답례로 전권 대사 민영익 등을 보빙사로 미국에 파견하였다.
③ 1875년 일본 군함 운요호는 강화도 초지진에서 조선군과 충돌한 후, 강화도에 상륙하여 군사 기지인 영종도를 점령하고 살육과 방화를 저질렀다.
④ 1895년 조선 정부는 초등 교육 기관인 소학교를 널리 보급시킬 계획시키고자 한성 사범 학교를 설립하여 교원을 양성하였다.
⑤ 1886년에는 조 · 불 수호 통상 조약이 체결되었으며, 이 조약에서 천주교 포교의 자유가 인정되었다.

46강 임오군란과 갑신정변의 발발

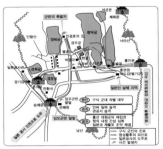

▲ 임오군란의 전개

▲ 청으로 끌려간 흥선 대원군이 톈진의 사진관에서 찍은 사진

▲ 임오군란 이후 조선의 내정에 간섭하는 청의 모습을 나타낸 풍자화

❶ 임오군란(1882)

배경	• 구식 군대의 군인에 대한 차별 대우 ┌ 13개월 치 녹봉 미지급 ➡ 밀린 급료를 겨와 모래가 섞인 쌀로 지급 └ 신식 군대 별기군 우대, 군제 개혁으로 인한 실직 • 흥선 대원군과 민씨 정권 간의 정치적 대립, 개화 세력과 보수 세력의 대립 • 도시 빈민층 반발 : 쌀 값 폭등, 개화 정책에 대한 불만
전개 과정	① 구식 군대 봉기 : 선혜청과 정부 고관(민겸호)의 집 습격 ➡ 정부 고관 살해, 일본인 교관 살해 및 일본 공사관 습격 ② 도시 빈민층 합세 : 궁궐 습격 ➡ 명성 왕후가 충주의 장호원으로 피신 ➡ 고종은 사태 수습을 위해 흥선 대원군에게 도움을 요청 ③ 흥선 대원군 재집권 : 군란 수습을 빌미로 개화 정책을 중단시킴 ➡ 통리기무아문과 별기군을 폐지하고 5군영을 부활시킴 ④ 청의 개입 : 민씨 정권의 요청으로 청의 출병 ➡ 청의 군대 파견으로 군란 진압 ➡ 청은 일본이 조선의 내정에 개입하는 것을 예방하기 위해 흥선 대원군 납치(1885년 귀국) ➡ 충주로 피신하였던 왕비는 다시 궁궐로 돌아옴 ➡ 민씨 정권의 재집권

영향	청	• 청의 내정 간섭 심화 ┌ 청의 위안스카이가 지휘하는 3,000명의 군대 주둔 └ 마건상을 내정 고문, 독일인 묄렌도르프를 외교 고문으로 파견 • 조·청 상민 수륙 무역 장정 체결(1882) ┌ 청의 치외법권 인정 └ 청 상인의 특권 보장(내지 통상권 인정)
	일본	• 제물포 조약 체결(1882) ┌ 조선은 일본에 배상금 지불 └ 일본 공사관의 경비병 주둔 허용 • 조·일 수호 조규 속약(1882) : 일본 상권이 50리로 확대 ➡ 1년 뒤 양화진을 개시하기로 함 ➡ 2년 뒤 100리로 확대 • 3차 수신사 파견(1882) : 박영효, 사과 사절단
	조선	• 흥선 대원군이 중국 톈진으로 압송되는 결과를 가져옴 • 개화파가 온건 개화파와 급진 개화파로 분화 : 청에 대한 입장과 개화 정책의 추진 방법 등을 둘러싸고 분화

사료 살펴보기

조·청 상민 수륙 무역 장정(1882)

제4조 중국 상민은 북경과 한성의 양화진에서의 개잔 무역을 허용하되 양국 상민의 내지 채판(내륙 지방의 시장에 상품을 운반해 판매하는 상업행위)을 금지한다. 단 내지 채판 및 유력이 필요할 경우 지방관의 집조를 받을 것

이 장정은 무역에 관한 협정의 형식을 취하고 있지만 실제로는 조선이 청의 속방임을 강조하고, 청의 치외 법권을 인정하였다. 또한, 청 상인이 서울에서 상점을 개설하고 내륙에서 활동할 수 있도록 규정하였다. 이는 외국 상인이 본격적으로 내륙에 진출하는 계기가 되었다.

사료 살펴보기

제물포 조약(1882)

제1조 금일부터 20일 안에 책임자를 체포하여 처벌한다.
제3조 조선국은 5만원을 내어 해를 당한 일본 관리들의 유족과 부상자에게 주도록 한다.
제5조 일본 공사관에 군인 약간을 두어 경비한다. 그 비용은 조선국이 부담한다.

임오군란으로 일본은 공사관이 습격당하고 인명 피해를 입자 조선 정부에 폭동군의 엄벌과 막대한 배상금 지급 등을 요구하였다. 그 결과 제물포 조약이 체결되었다. 이 조약의 제5조에는 공사관 경비를 위해 약간의 병력을 한성에 주둔시킨다고 하였지만, 실제로는 1개 대대의 대병력을 주둔시키고 그 경비는 조선에 부담시켰다.

❷ 갑신정변(1884)

배경	국내	• 청의 내정 간섭 심화 : 친청 정책, 개화 정책 후퇴 • 급진 개화파의 입지 약화 : 김옥균의 일본 차관 도입 실패
	국외	• 청 · 프 전쟁의 발발로 청의 군대가 조선에서 일부 철수 • 일본 공사의 재정적, 군사적 지원을 약속받음
전개 과정		김옥균, 박영효, 홍영식 등의 급진 개화파가 우정국 개국 축하연을 계기로 정변을 일으킴 ➡ 온건 개화파 인사들 살해 ➡ 고종은 경우궁으로 피신 ➡ 급진 개화파는 개화당 정부 수립 후 입헌 군주제 수립을 추진(14개조 정강 마련) ➡ 청군의 무력 개입으로 3일 천하로 실패(개혁 추진 세력의 기반 미약, 청군의 개입, 일본의 약속 불이행)

갑신정변 14개조 정강

1. 흥선 대원군을 빨리 귀국시키고 종래 청에 대해 행하던 조공의 허례를 폐지한다.
   * 정치 분야 : 청과 종속적 관계 청산 ➡ 자주 독립 국가 확립
2. 문벌을 폐지하고 인민 평등권을 제정하여 능력에 따라 관리를 임명한다.
   * 정치 분야 : 양반 중심의 정치 · 사회 체제 개혁, 인민 평등권 확립
3. 지조법(地租法)을 개혁하여 관리의 부정을 막고 백성을 보호하며 재정을 넉넉히 한다.
   * 경제 분야 : 지조법(토지 세제) 개혁 ➡ 국가 재정 확충, 토지 개혁에 미온적
9. 혜상공국을 혁파한다.
   * 경제 분야 : 특권 상업 체제를 부정하고 상업의 자유로운 발전 도모(민씨 세력의 재정 기반 해체)
12. 모든 재정은 호조에서 관할한다.
   * 경제 분야 : 재정의 일원화
13. 대신과 참찬은 의정부에 모여 정령을 의결하고 반포한다.
   * 정치 분야 : 내각 제도(내각 중심의 정치) 실시 ➡ 군주권 제한 ➡ 입헌 군주제 지향

결과	• 청의 내정 간섭 심화 : 개화 세력 위축, 개화 운동 약화 • 한성 조약 체결(1884, 조선–일본) : 조선이 일본에 배상금 지불, 일본 공사관 신축비 부담 등 • 텐진 조약 체결(1885, 청–일본) : 양국 군대 동시 철수, 조선에 파병 시 상호 통보(동학 농민 운동과 청 · 일 전쟁에 영향)
의의	근대 국민 국가 건설을 목표로 한 최초의 정치 개혁 운동
한계	• 소수 지식인 중심(위로부터의 개혁), 일본에 의존 • 급진적 개혁 방법 채택, 토지 제도 개혁 외면(민중의 지지를 못 얻음)

❸ 갑신정변 이후 한반도를 둘러싼 국제 정세(1880년대 중반)

국제
정세
	• 조선에 대한 청의 내정 간섭 심화, 청과 일본 간의 대립 구도 심화
	• 고종의 자주적 외교 정책 추진 : 조선과 러시아 사이에 비밀 협약 체결 시도
	• 영국의 거문도 불법 점령(1885~1887) : 조 · 러 비밀 협약 체결 시도 ➡ 러시아의 영향력 확대 ➡ 영국은 러시아의 남진을 막는다는 구실로 조선의 허락 없이 거문도를 불법 점령(1885) ➡ 청의 중재로 2년 만에 영국이 거문도에서 철수(1887)
	• 조선 중립화론의 대두
	  ┌ 부들러(Budler, 조선 주재 독일 부영사) : 조선의 독자적인 영세 중립국 선언 제안
	  └ 유길준 : 서구 열강 모두가 보장하는 중립화 주장

▲ 우정총국

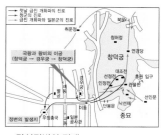

▲ 갑신정변의 전개

▲ 한반도를 둘러싼 열강의 각축

사료 살펴보기

유길준의 중립화론

우리나라가 아시아의 중립국이 되는 것은 러시아를 막는 중요한 계기가 될 것이며, 또 아시아의 여러 대국이 서로 균형을 이루는 전략도 될 것이다. …… 오직 중립 한 가지만이 진실로 우리나라를 지키는 방책이지만, 이를 우리가 먼저 제창할 수 없으니 중국이 이를 맡아서 처리해 주도록 청하는 것이 좋을 것이다. -『중립화론』 유길준 -

유길준은 미국 유학을 통해 세계 정세에 눈뜨게 되었다. 그는 조선이 강대국이 보장하는 중립국이 되면 조선의 안전과 아시아의 안위를 지킬 수 있다고 여겼다. 미국 유학에서 돌아온 후 중국을 중심으로 열강이 조선의 중립을 보장하여 독립을 보존해야 한다는 "중립화론"을 집필하였지만 공표되지 못하였다.

임오군란, 갑신정변, 한반도를 둘러싼 국제 정세

☑ 시험에 꼭 나오는 키워드

- 임오군란의 배경–전개–영향 정리하기
- 갑신정변의 배경–전개–영향 정리하기
- 갑신정변(1884)이후부터 동학 동민 운동(1894)까지 한반도를 둘러싼 주요 사건 정리하기 ➡ 청의 내정 간섭 강화, 조 · 러 밀약, 영국의 거문도 불법 점령, 조선 중립화론 대두
- 유길준은 인물 문제로 단독 출제가 되기도 함

☑ 최다 빈출 선지

임오군란
① 개화 정책에 대한 불만과 구식 군인에 대한 차별 대우로 일어났다.
② 구식 군인들이 일본 공사관을 습격하였다.
③ 선혜청과 일본 공사관을 공격하였다.
④ 고종은 흥선 대원군에게 사태 수습을 맡겼다.
⑤ 흥선 대원군이 다시 집권하는 결과를 가져왔다.
⑥ 청의 군대에 의해 진압되었다.
⑦ 위안스카이가 이끄는 군대가 조선에 상륙하였다.
⑧ 묄렌도르프가 외교 고문으로 파견되었다.
⑨ 조 · 청 상민 수륙 무역 장정이 체결되었다.
⑩ 흥선 대원군을 톈진으로 압송되는 결과를 가져왔다.
⑪ 일본 공사관에 경비병이 주둔하는 계기가 되었다.

조 · 청 상민 수륙 무역 장정
① 외국 상인의 내지 통상권을 최초로 규정하였다.
② 임오군란의 결과로 체결된 협정의 내용을 조사한다.

갑신정변
① 김옥균, 박영효 등이 주도하였다.
② 김옥균 등 개화 세력이 정변을 일으켰다.
③ 우정총국 개국 축하연을 이용하여 일어났다.
④ 입헌 군주제 수립을 목표로 전개되었다.
⑤ 국가 재정을 호조로 일원화하고자 하였다.
⑥ 청의 군대에 의해 진압되었다.
⑦ 3일 만에 실패로 끝나 주동자들이 해외로 망명하였다.
⑧ 한성 조약이 체결되는 결과를 가져왔다.
⑨ 청 · 일 간 톈진 조약 체결의 계기가 되었다.

거문도 불법 점령
① 영국이 거문도를 불법 점령하였다.
② 영국이 러시아의 남진을 막는다는 구실로 점령하였다.
③ 영국이 러시아를 견제하기 위해 거문도를 불법 점령하였다.

유길준
① 조선 중립화론을 주장하였다.
② 서유견문을 집필하여 서양 근대 문물을 소개하였다.
③ 국어 문법서인 대한문전을 편찬하였다.
④ 노동의 중요성을 강조하고 민중을 계몽하기 위해 노동야학독본을 집필하였다.

01 밑줄 그은 '이 사건'에 대한 설명으로 옳은 것은?

> 이것은 구식 군인들이 일으킨 이 사건 당시 민응식이 왕비를 호종(扈從)하며 기록한 자료입니다. 궁궐을 빠져 나온 왕비의 피란 과정과 건강 상태 등이 상세히 기록되어 있습니다.

▲ 임오유월일기

① 전개 과정에서 전주 화약이 체결되었다.
② 통리기무아문이 설치되는 배경이 되었다.
③ 우정총국 개국 축하연을 이용하여 일어났다.
④ 홍범 14조를 개혁의 기본 방향으로 제시하였다.
⑤ 일본 공사관에 경비병이 주둔하는 계기가 되었다.

임오군란

정답 ⑤　　밑줄 그은 '이 사건'은 임오군란이다. 신식 군대인 별기군에 비해 구식 군인에 대한 대우는 매우 열악하였다. 이에 분노한 구식 군인은 마침내 임오군란을 일으켰다(1882). 구식 군인들은 일본인 교관을 죽이고 일본 공사관을 습격하였으며 다음 날 창덕궁으로 쳐들어가 민겸호를 비롯한 고위 관료들을 죽였다. 이에 명성 황후는 충주로 피신하고 일본 공사는 제물포로 도망쳤다. 고종이 흥선 대원군을 불러들여 사태 수습을 맡기자, 군인들은 자진 해산하였다. 그러나 청이 군대를 파견하면서 1개월여 만에 막을 내렸다.

정답 분석

⑤ 일본은 임오군란 직후 조선과 제물포 조약을 체결하여 배상금을 지급하고 공사관 경비 병력의 주둔을 허용하게 하였다.

오답 피하기

① 제1차 동학 농민 운동 때 동학 농민군은 전주성 점령 이후 청군과 일본군이 개입하자 관군과 전주 화약을 맺고 전주성에서 물러났다.
② 1880년대에 들어서면서 조선은 개화 정책을 적극적으로 추진하기 시작하면서 1880년 개화 정책 추진 기구로서 중국의 총리아문을 본떠 통리기무아문을 설치하였다.
③ 1884년 10월 17일 김옥균 등 급진 개화파는 우정총국 개국 축하연을 이용하여 갑신정변을 일으켰다.
④ 1895년 2월 고종은 종묘에서 청과의 관계를 끊고 자주독립하겠다는 독립서고문을 반포하였다. 이 서고문에는 홍범 14조가 포함되어 있었다.

02 다음 상황이 나타난 배경에 대한 탐구 활동으로 가장 적절한 것은?

> 요즘은 공주, 전주 등에도 장이 열리면 청 상인들이 물건을 팔러 온다고 하네.

> 그렇다네. 청 상인들에게 상권을 빼앗긴 조선 상인들이 많다더군.

① 동양 척식 주식회사가 설립된 과정을 정리한다.
② 회사 설립을 신고제로 변경한 목적을 살펴본다.
③ 고종이 러시아 공사관으로 피신한 이유를 찾아본다.
④ 임오군란의 결과로 체결된 협정의 내용을 조사한다.
⑤ 구(舊) 백동화가 제일 은행권으로 교환된 시기를 검색한다.

조·청 상민 수륙 무역 장정

정답 ④　　다음 상황은 조·청 상민 수륙 무역 장정과 관련된 내용이다. 1882년 임오군란을 진압한 청은 '조·청 상민 수륙 무역 장정'을 체결하여 청국 상인의 특권을 보장하였다. 청 상인은 치외 법권, 내지 통상권, 상점 개설권(서울, 양화진) 등을 갖게 되었다. 이는 외국 상인이 본격적으로 내륙에 진출하는 계기가 되었다.

정답 분석

④ 조선을 청의 속국으로 규정한 조·청 상민 수륙 무역 장정을 강제로 체결해 청 상인이 내륙 시장까지 진출할 수 있는 경제적 특권을 보장받았다.

오답 피하기

① 일본은 1908년 동양 척식 주식회사를 설립하여 일본인 이주를 장려하고 싼값에 토지를 사들이거나 국유지를 불하하는 정책을 시행하였다.
② 자본을 축적한 일본 기업은 한국에 진출하여 값싼 자원과 노동력을 활용하려 했고, 조선 총독부는 1920년 허가제인 회사령을 신고제로 전환하였다.
③ 을미사변 이후 1896년 2월 11일 새벽, 고종과 왕세자는 비밀리에 경복궁을 빠져나와 러시아 공사관으로 피신하였다(아관파천).
⑤ 1905년 일본은 화폐 정리 사업을 실시하여 당시 유통되던 백동화를 제일은행권으로 바꾸게 하였다.

03 밑줄 그은 '이 사건'에 대한 설명으로 옳은 것은?

① 보국안민, 제폭구민을 기치로 내걸었다.
② 한성 조약이 체결되는 결과를 가져왔다.
③ 개혁 추진을 위해 교정청을 설치하였다.
④ 구식 군인에 대한 차별 대우가 발단이 되었다.
⑤ 민영익 등이 보빙사로 파견되는 계기가 되었다.

갑신정변

정답 ② 밑줄 그은 '이 사건'은 갑신정변이다. 1884년 10월 17일 김옥균 등 급진 개화파는 우정총국 개국 축하연을 이용하여 정변을 일으켰다. 갑신정변을 주도한 급진 개화파는 14개조로 이루어진 새 정부의 정강을 공표하였다. 개혁 정강에는 청과의 사대 관계를 청산한다는 내용과 인민 평등권 제정, 능력에 따른 인재 등용, 행정 조직 개편, 조세 제도 개혁 등이 담겨 있다.

정답 분석

② 갑신정변의 영향으로 조선과 일본은 배상금 지급과 공사관 신축 비용 부담 등을 내용으로 하는 한성 조약을 체결하였다.

오답 피하기

① 동학 농민군은 고부 백산에서 진용을 갖추고 나랏일을 돕고 백성을 편안하게 한다는 보국안민과 포악한 것을 물리치고 백성을 구원한다는 제폭구민을 기치로 내걸고 봉기하였다.
③ 조선 정부는 전주 화약 이후 동학 농민군의 폐정 개혁 요구를 국정에 반영하고, 계속되는 일본의 내정 개혁 요구에 대응하기 위해 교정청을 만들었다.
④ 구식 군인들은 별기군에 비해 차별 대우를 받던 중에 밀린 급료로 받은 쌀이 양도 모자랄 뿐 아니라 겨와 모래까지 섞여 있자 분개하여 임오군란을 일으켰다.
⑤ 조선은 조·미 수호 통상 조약 이후 미국 공사의 파견에 대한 답례로 전권대사 민영익 등을 보빙사로 미국에 파견하였다.

---

04 다음 상황 이후에 전개된 사실로 옳은 것은?

> 17일에 홍 참판이 우정총국에서 개국 연회를 열었다. 그 동안에 [담장 밖에서] 화재가 발생했다. 민 참판은 양해를 구한 뒤 화재 진압을 돕기 위해 밖으로 나갔다. 바깥에는 연회에 참석한 일본 공사를 호위하기 위해 온 일본 병사들이 두 줄로 늘어서 있었고, 그는 그들을 지나쳤다. 민 참판은 양쪽에서 공격을 받았고, …… 몸 여러 군데에 자상을 입었다.
>
> – 『조지 클레이튼 포크의 일기』 –

① 신식 군대인 별기군이 폐지되었다.
② 김기수를 수신사로 일본에 파견하였다.
③ 이항로와 기정진이 척화주전론을 주장하였다.
④ 왕비가 궁궐을 빠져 나와 장호원으로 피신하였다.
⑤ 개화당 정부가 수립되고 개혁 정강이 발표되었다.

갑신정변 이후의 사실

정답 ⑤ 다음 상황은 갑신정변이다. 급진 개화파는 1884년 10월 우정총국 낙성 기념 축하연을 이용하여 정변을 개시하였다. 혼란을 틈타 민씨 정권의 실세인 민영익을 비롯한 군영의 4영사를 처단하고, 새로운 정권을 수립하였다. 급진 개화파는 국가 전반의 개혁 정책을 담고 있는 14개조 정강을 공포하였다. 그러나 개혁 정책이 실행에 옮겨지기도 전에 수구파 집권 세력의 반격과 청 군대의 개입으로 개화파 정권은 불과 3일 만에 붕괴하고 말았다.

정답 분석

⑤ 1884년 급진 개화파는 우정총국 개국 축하연을 이용하여 정변을 일으켜 정권을 잡고 개화당 정부를 수립한 후 14개조의 혁신 정강을 발표하였다.

오답 피하기

① 1882년 임오군란으로 재집권한 흥선 대원군은 통리기무아문과 별기군을 폐지하고 5군영을 복구하는 등 개화 정책을 중단하였다.
② 1876년 강화도 조약 체결 직후 조선 정부는 제1차 수신사로 김기수를 파견하였다.
③ 1860년대에 이항로와 기정진 등은 통상 반대론을 전개한 데 이어, 서양의 무력 침략에 맞서 싸우자는 척화 주전론을 펼쳤다.
④ 1882년 임오군란이 일어나자 민씨는 궁을 탈출하여 광주와 여주를 거쳐 자신의 근거지인 장호원으로 몸을 피하였다.

05 다음 가상 대화의 상황이 나타난 시기를 연표에서 옳게 고른 것은?

1871	1876	1884	1895	1904	1909
(가)	(나)	(다)	(라)	(마)	
신미 양요	조일 수호 조규	갑신 정변	삼국 간섭	한일 의정서	기유 각서

① (가)　② (나)　③ (다)　④ (라)　⑤ (마)

거문도 불법 점령

정답 ③　다음 가상의 대화는 영국의 거문도 불법 점령과 관련된 것이다. 1884년 갑신정변 이후 청의 내정 간섭이 한층 심해지고 조선과 러시아 사이에 수호 통상 조약이 체결되자, 조선 조정 내에 러시아 세력을 끌어들여 이를 견제하려는 움직임이 일어나고 있었다. 이에 1885년 영국은 러시아의 남하를 견제하기 위해 거문도를 불법 점령하였다. 이 사건이 벌어지자 조선 정부는 영국의 주권 침범에 강력하게 항의하였다. 청은 러시아의 조선 진출을 억제한다는 의미에서 영국의 거문도 점령에 반대하지 않았지만, 러시아가 조선의 영토를 침범하지 않겠다는 약속을 하자 중재에 나섰다. 영국도 거문도 점령에 대한 비판적인 여론이 일어나자 청의 중재를 받아들여 1887년 거문도에서 철수하였다.

정답 분석

③ 영국의 거문도 불법 점령은 1885~1887년까지 있었던 사건이다. 그런데 대화에서 지난 달부터 점령하였다는 것을 통해 1885년인 것을 추정할 수 있다. 그러므로 1884년 갑신정변과 1895년 삼국간섭 사이에 들어갈 수 있다.

06 (가) 인물에 대한 설명으로 옳은 것은?

이 그림은 (가) 이/가 노동의 중요성을 강조하고 민중을 계몽하기 위해 쓴 노동야학독본에 실린 삽화입니다. 그는 처음으로 일본과 미국에 유학하고 서유견문을 집필하기도 하였습니다.

① 조선 중립화론을 주장하였다.
② 갑신정변 실패 직후 일본으로 망명하였다.
③ 미국에서 귀국하여 독립 협회를 창립하였다.
④ 배재 학당을 설립하여 근대 교육을 보급하였다.
⑤ 참정대신 자격으로 관민 공동회에서 연설하였다.

개화파 유길준

정답 ①　(가) 인물은 유길준이다. 조선은 1882년 조·미 수호 통상 조약 이후 미국 공사의 파견에 대한 답례로 1883년 전권 대사 민영익 등을 보빙사로 미국에 파견하였다. 보빙사의 일원인 유길준은 귀국하지 않고 미국에 남아 유학하였는데, 이때의 경험을 담아 쓴 책이 "서유견문"이다.

정답 분석

① 조선을 둘러싸고 열강의 대립이 격화되자, 보빙사를 따라 미국에 갔다 돌아온 유길준은 조선을 중립국으로 하자는 중립화론을 구상하기도 하였다. 유길준은 강대국 모두가 보장하는 중립화를 이루는 것이 필요하다고 주장하였으나 이 방안은 조선 정부와 열강의 무관심으로 수용되지 못하였다.

오답 피하기

② 박영효는 갑신정변이 실패로 돌아간 후 일본으로 망명하였다가 1894년 일본 정부가 주선하여 귀국할 수 있었다.
③ 서재필은 갑신정변 이후 미국으로 망명하였다가 갑오개혁이 진행될 당시 귀국한 후 독립문 건립을 제안하였고, 이를 추진하기 위해 1896년 독립 협회가 출범하였다.
④ 1885년 선교사 아펜젤러에 의해 설립된 근대식 중등 교육기관이 배재 학당이다.
⑤ 1898년 10월 독립 협회의 주도로 열린 관민 공동회는 관료와 시민이 함께 모여 국정 운영 원칙 6개조를 결의하였다. 이때 의정부참정 박정양이 간단한 개막연설을 하였다.

▲ 동학 2대 교주 최시형

▲ 교조 신원 운동

① 농민층의 동요와 동학의 성장

농민층 동요	• 정치 기강 문란 : 지배층의 수탈, 삼정의 문란 • 외국의 경제적 침투 : 곡물의 일본 유출로 쌀값 폭등, 외국 공산품 유입 • 농민 부담 증가 : 각종 배상금, 근대 문물 수용의 비용 부담
동학의 교세 확장	**최시형의 활동** ┌ 『동경대전』, 『용담유사』 편찬 └ 포접제 정비, 포교 활동 ➡ 삼남 지방을 중심으로 교세 확장

② 교조 신원 운동 : 정치 운동으로 발전

삼례 집회(1892)	교조 최제우 신원 운동, 동학 공인 요구, 포교의 자유 주장
복합 상소(1893)	서울 경복궁 앞에서 교조 신원과 동학 공인 요구
보은 집회(1893)	• 교조 신원 운동, 반봉건 · 반외세(척왜양창의) 주장 • 정치적 요구 제기 : 탐관오리 처벌, 신앙의 자유, 보국안민 주창

③ 동학 농민 운동의 전개

(1) 고부 농민 봉기(1894)

배경	고부 군수 조병갑의 횡포 : 만석보라는 저수지 쌓고 수세 강제 징수, 부친 조규순의 송덕비 건립 등
전개 과정	전봉준 등이 2회에 걸쳐 조병갑에게 시정 요구 ➡ 조병갑의 거부 ➡ 전봉준이 사발통문을 돌려 농민을 모음 ➡ 전봉준 등이 고부 관아 습격(창고 양곡 몰수, 조세 장부 불태움, 만석보 파괴) ➡ 군수 축출, 아전 징벌 ➡ 정부는 사태 수습을 위해 고부 군수를 박원명으로 교체, 안핵사 이용태 파견(민란 진상 조사) ➡ 농민군 자진 해산

▲ 사발통문

고부 봉기의 준비 과정을 기록한 문서이다. 오른쪽에 봉기 주모자들이 서명한 부분이 보인다. 주동자를 알 수 없게 둥글게 서명하였다.

(2) 제1차 농민 봉기(1894.1.) = 반봉건

배경	고부 민란 수습 과정에서 안핵사 이용태의 실정 ➡ 이용태는 농민 봉기 관련자를 역적으로 몰아 탄압
전개 과정	전봉준, 김개남, 손화중 등이 농민군을 조직한 후 무장(전북 고창)에서 재봉기 ➡ 곧바로 고부를 점령하고 백산으로 이동 후 4대 강령과 '제폭구민(폭정을 없애고 백성을 구한다.)', '보국안민(나라를 돕고 백성을 편안하게 한다.)'의 내용을 담은 격문을 발표하고 이를 전국에 방송 ➡ 황토현 전투 승리(태인 점령 이후 황토현에서 전라도 감영군 격파) ➡ 이후 전라도 서남쪽으로 방향을 돌려 전라도 주요 지역(정읍, 흥덕, 고창, 무장, 함평 등)을 차례로 점령 ➡ 황룡촌 전투 승리(황룡촌에서 홍계훈의 경군 격파) ➡ 빠른 속도로 북상하여 전라 감영이 있는 전주성 점령

▲ 장태

장태 안에는 볏짚이나 솜을 넣어 총알을 막을 수 있도록 만들었다.

(3) 전주 화약(1894.5.)과 집강소 시기

전주 화약	동학 농민군의 전주성 점령 ➡ 정부는 동학 농민군 진압을 위해 청에 파병 요청 ➡ 청군 출병(아산만 도착) ➡ 일본은 톈진 조약을 구실로 출병(인천 도착) ➡ 청과 일본의 파병으로 인해 정부와 농민군 간에 전주 화약 체결(정부와 농민군 화해) ➡ 전주 화약에서 폐정 개혁 합의 ➡ 정부는 교정청 설치(동학 농민군 요구 일부 반영, 일본 개혁 요구 대응) ➡ 동학 농민군의 집강소 설치
집강소 시기	• 전라도 각 고을에 53개의 집강소(자치 기구) 설치 ➡ 폐정 개혁안 실천 • 농민들의 의사를 모아 집행하였고 치안을 담당 • 농민군은 지방 수령과 손을 잡고, 수탈에 앞장섰던 지주와 부호 처벌

〈폐정개혁안 12개조〉

1. 동학도는 정부와의 원한을 씻고 서정에 협력한다.
2. 탐관오리는 그 죄상을 조사하여 엄징한다.
3. 횡포한 부호를 엄징한다.
4. 불량한 유림과 양반의 무리를 징벌한다.
5. 노비문서를 소각한다.
6. 7종의 천인차별을 개선하고 백정이 쓰는 평량갓을 없앤다.
7. 청상과부의 개과를 허용한다.
8. 무명의 잡세는 일체 폐지한다.
9. 관리 채용에는 지벌을 타파하고 인재를 등용한다.
10. 일본인과 몰래 통하는 자는 엄징한다.
11. 공·사채는 물론이고 기왕의 것은 무효로 한다.
12. 토지를 농민에게 균등하게 분배하라.
* 부패한 봉건 지배 세력 타도(2·3·4조), 봉건적 신분 제도와 악습 철폐(5·6·7·9조), 경제 분야 봉건적 폐단 개선(8·11조), 반외세(10조), 토지 소유의 불균형 해소(12)조를 담고 있음

(4) 제2차 농민 봉기(1894.9.) = 반외세

배경	조선의 청·일 군대 철수 요구 ➡ 일본의 경복궁 무단 무력 점령 ➡ 교정청 폐지, 군국기무처 설치(1차 갑오개혁) ➡ 청·일 전쟁 발발
과정	일본 내정 간섭에 반발 ➡ 삼례에서 동학 농민군 2차 봉기(남접) ➡ 논산에서 동학의 남접(전봉준)과 북접(손병희)이 합세(남·북접 연합 부대 형성) ➡ 공주 우금치 전투에서 일본군에 대패(1주일 간 50여 회의 혈투) ➡ 전봉준, 김개남, 손화중 등 동학 농민군 지도자 체포 및 사형 ➡ 동학 농민 운동 좌절

(5) 동학 농민 운동의 의의와 한계

영향	갑오개혁에 영향을 끼침(신분제 폐지, 과부 재가 허용 등)
의의	• 반봉건 근대화 운동 : 반봉건 성격(신분제 철폐, 조세 제도 개혁 등) ➡ 성리학적 전통 질서 붕괴에 기여 • 반외세 민족 운동 : 일본의 침략을 물리치기 위한 구국 운동 ➡ 일부 농민군 세력이 항일 의병 항쟁에 참여
한계	• 농민층 이외의 지지 기반이 없음 • 근대 국가 건설을 위한 구체적 방안 제시가 없었음 • 근대 무기로 무장한 일본군을 물리치기에는 역부족이었음

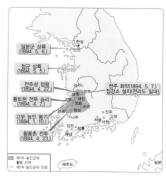

▲ 1차 농민 봉기

▲ 원평 집강소 터(전북 김제)

▲ 전봉준 고택(전북 정읍)

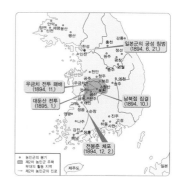

▲ 2차 농민 봉기

▲ 재판정으로 이송 중인 전봉준

농민층의 동요와 동학의 성장

☑ 시험에 꼭 나오는 키워드

교조 신원 운동의 순서와 특징 정리하기 ➡ 단독 출제보다는 다른 문제의 오답 선지로 자주 활용됨

☑ 최다 빈출 선지

동학
① 최시형이 동학의 2대 교주가 되었다.
② 동학의 2대 교주로 교조 신원 운동을 주도하였다(최시형).
③ 척왜양창의를 기치로 내걸었다.
④ 교조 신원을 요구하는 삼례 집회가 개최되었다.
⑤ 서울에서 교조 신원을 위한 복합 상소를 올리다.
⑥ 보은에서 교조 신원을 요구하는 집회가 열렸다.

동학 농민 운동의 전개

☑ 시험에 꼭 나오는 키워드

• 고부 민란~우금치 전투까지의 주요 사건을 시간 순으로 정리하기
• 1차 동학 농민 운동의 주요 사건 정리하기 ➡ 단독으로 출제됨
• 2차 동학 농민 운동의 주요 사건 정리하기 ➡ 단독으로 출제됨

☑ 최다 빈출 선지

고부 민란
① 조병갑의 탐학에 저항하여 고부 관아를 습격하였다.
② 전봉준이 농민들을 이끌고 고부 관아를 습격하였다.
③ 사태 수습을 위해 이용태가 안핵사로 파견되었다.

1차 동학 농민 운동
① 농민군이 백산에서 4대 강령을 발표하였다.
② 보국안민, 제폭구민을 기치로 내걸었다.
③ 농민군이 황토현 전투에서 전라 감영군을 격파하였다.
④ 정부가 청군의 출병을 요청하는 계기가 되었다.
⑤ 정부와 농민군 사이에 전주 화약이 체결되었다.
⑥ 개혁 추진 기구로 교정청을 설치하였다.
⑦ 정부와 약조를 맺고 집강소를 설치하였다.
⑧ 집강소를 중심으로 폐정 개혁안을 실천하였다.
⑨ 토지의 균등 분배를 추진하였다.
⑩ 청·일 전쟁 발발의 원인이 되었다.

2차 동학 농민 운동
① 일본이 군대를 동원하여 경복궁을 점령하였다.
② 남접과 북접이 논산에서 연합하였다.
③ 우금치에서 농민군과 일본군이 격전을 벌였다.
④ 동학 농민군의 지도자 전봉준이 체포되었다.

01 (가) 종교에 대한 설명으로 옳은 것은?

> 외무부 장관께
>
> 몇 달 전부터 서울에서는 [(가)] 교도들에 대한 이야기밖에 없습니다. …… 사흘 전 이들의 대표 21명이 궁궐 문 앞에 모여 엎드려 절하고 상소를 올렸으나 국왕은 상소 접수를 거부하였습니다. 교도들은 처형된 교조 최제우를 복권하고 [(가)]을/를 인정해 줄 것을 정부에 청원하였습니다. …… 그러나 이는 조선 국왕이 들어줄 수 없는 사안들이었습니다.
>
> 조선 주재 프랑스 공사 H. 프랑댕

① 정혜쌍수와 돈오점수를 주장하였다.
② 포접제를 활용하여 교세를 확장하였다.
③ 박중빈을 중심으로 새생활 운동을 추진하였다.
④ 중광단을 조직하여 항일 무장 투쟁을 전개하였다.
⑤ 제사와 신주를 모시는 문제로 정부의 탄압을 받았다.

동학

정답 ② (가) 종교는 동학이다. 1880년대에 들어서자 동학은 급속하게 퍼져 갔다. 이에 힘입어 동학 교도들은 교주 최제우의 억울한 죽음의 원한을 풀고 탄압을 중지해 달라는 교조 신원 운동을 벌였다. 1892년 충청도와 전라도의 교도들이 각각 공주와 삼례에 집결하여 관찰사에게 교조 신원과 동학 탄압 중단을 청원하였다. 이듬해에는 교단 간부들이 궁궐 문 앞에서 상소하기도 하였다. 그래도 뜻이 이루어지지 않자 교도들은 '척왜양'의 깃발을 내걸고 보은에 집결하여 일종의 위력 시위를 벌였다.

정답 분석

② 동학은 1870년대 후반부터 2대 교주 최시형이 조직망인 포접제를 정비하고 포교 활동을 활발히 펼치면서 교세가 크게 확장되었다. 포접제는 동학의 모임 장소인 접소에 책임자인 접주를 두고, 전국을 포와 접으로 나누어 관리한 동학의 교단 조직이다.

오답 피하기

① 고려 후기 승려 지눌은 정혜쌍수를 내세우고, 돈오점수의 방법을 통해 선종을 중심으로 교종을 통합하고자 하였다.
③ 박중빈이 창시한 원불교는 근검저축, 허례 폐지, 미신 타파, 금주 단연 등을 내용으로 하는 새생활 운동과 간척 사업을 전개하였다.
④ 대종교는 단군 숭배 사상을 널리 전파하여 민족의식을 높이고자 하였고, 만주에 중광단을 조직하여 항일 무장 투쟁을 전개하였다.
⑤ 조선 후기 정부는 천주교 신자가 제사를 거부하고 조상의 신주를 없애는 사건이 일어나자, 유교적 질서를 부정한다는 이유로 천주교를 박해하였다.

02 (가) 시기에 전개된 동학 농민군의 활동으로 옳은 것은?

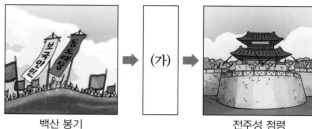

백산 봉기 　　(가)　　 전주성 점령

① 황토현에서 관군에 승리하였다.
② 남접과 북접이 논산에서 연합하였다.
③ 우금치에서 일본군과 관군에 맞서 싸웠다.
④ 집강소를 중심으로 폐정 개혁안을 실천하였다.
⑤ 조병갑의 탐학에 저항하여 고부 관아를 습격하였다.

동학 농민 운동

정답 ① (가) 시기에 들어갈 수 있는 활동은 1차 동학 농민 운동 때 일어난 사건이다. 고부 군수 조병갑은 불필요한 만석보를 짓고 물세를 거두어 착복하는 등 불법 행위를 일삼았다. 이러한 학정에 분노한 군민들이 1894년 1월 전라도 고부에서 농민 봉기를 일으켰다. 정부는 조병갑을 파면하고 새로운 군수를 임명하여 내려보냈다. 이에 농민들도 해산하였다. 그러나 이용태가 안핵사로 내려와 일방적으로 농민에게 책임을 돌리면서 봉기 참가자를 처벌하였다. 무장에서 재봉기한 농민군은 백산에 집결하여 전봉준, 손화중, 김개남을 중심으로 지휘부를 구성하였다. 농민군은 정읍의 황토현에서 관군에 첫 승리를 거둔 후 남쪽으로 진출하였다. 정부는 농민군을 진압하기 위해 한성의 경군 800여 명을 파견하였으나, 농민군은 장성의 황룡촌에서 경군을 격파한 후, 빠른 속도로 북상하여 전라 감영이 있는 전주성을 점령하였다.

정답 분석

① 동학 농민군은 백산 봉기 이후 전라 감영에서 보낸 군대를 황토현에서 격파한 다음 정읍, 고창, 영광, 함평 등 여러 고을을 점령하면서 세력을 키워갔다.

오답 피하기

② 제2차 동학 농민 운동 때 농민군은 논산에서 남접과 북접이 합세하여 북상하였는데, 공주 우금치에서 일본군과 관군의 연합 부대와 대치하면서 크게 패하였다.
③ 제2차 동학 농민 운동 때 전봉준이 이끄는 주력 부대는 공주 우금치에서 일본군과 정부군을 상대로 치열하게 싸웠지만 크게 패하였다.
④ 제1차 동학 농민 운동 때 전주 화약 이후 농민군은 전라도 각지에 농민 자치 조직인 집강소를 설치하고, 폐정 개혁안을 실천에 옮겨 탐관오리 처벌, 조세 개혁, 신분 차별 철폐 등을 위해 노력하였다.
⑤ 조병갑은 농민들에게 불필요한 만석보를 쌓도록 하고 강제로 수세를 거두었다. 이를 견디다 못한 농민들은 동학교도와 함께 고부에서 민란을 일으켰다.

03 (가) 시기에 있었던 사실로 옳은 것은?

① 농민군이 백산에서 4대 강령을 발표하였다.
② 우금치에서 농민군과 일본군이 격전을 벌였다.
③ 일본이 군대를 동원하여 경복궁을 점령하였다.
④ 보은에서 교조 신원을 요구하는 집회가 열렸다.
⑤ 조병갑의 탐학에 저항해 고부에서 농민 봉기가 일어났다.

2차 동학 농민 운동

정답 ③　(가) 시기에는 1차 동학 농민 운동 때의 전주 화약 이후부터 2차 동학 농민 운동 때 남·북접 농민군의 논산 집결 전까지의 사건이 들어갈 수 있다. 제1차 동학 농민 운동 때 동학 농민군이 전주성을 점령하자 놀란 정부는 청에 원병을 요청했고 일본도 제물포 조약을 구실로 군대를 파견하였다. 이에 농민군은 정부와 정치를 개혁할 것을 합의하는 전주 화약을 맺고 전라도 각 지역에 집강소를 설치해 폐정 개혁안을 실천해 나갔다. 정부도 교정청을 설치해 개혁을 추진하면서 청과 일본에 철군을 요구하였으나 일본은 이를 거부하였다. 나아가 무력으로 경복궁을 기습 점령하고, 청·일 전쟁을 일으켰다. 이에 제2차 동학 농민운동이 일어났고, 전봉준의 남접 부대와 손병희의 북접 부대는 논산에서 연합 부대를 형성한 후 서울을 향해 북상하였다.

정답 분석

③ 전주 화약 후 정부는 청·일 양군의 철수를 요구하였다. 그러나 일본군은 경복궁을 침범하고 내정 간섭에 나서는 한편, 청·일 전쟁을 일으켰다.

오답 피하기

① 전봉준은 무장(전북 고창)의 손화중과 함께 농민군을 조직해 봉기하였다. 이어 농민군의 4대 강령과 '제폭구민', '보국안민'이 담긴 백산 격문을 발표하였다.
② 한성으로 진격하기 위해 북상하던 남접의 농민군은 논산에서 북접군과 합류하였다. 농민군은 공주 우금치에서 일본군과 관군의 연합 부대와 격전을 벌였으나 무기의 열세로 패배하였다.
④ 동학은 1893년 전개된 충청도 보은 집회에서 종교적인 요구 외에 외세 배척과 탐관오리 숙청 등을 주장하여 정치, 사회 운동으로 발전하였다.
⑤ 전라도 고부 군수로 부임한 조병갑은 농민들을 수탈하였다. 이에 1893년 말 봉기 계획을 세운 전봉준은 농민을 이끌고 고부 관아를 점령하여 군수를 내쫓고 아전들을 처벌하였다.

04 (가)에 들어갈 내용으로 가장 적절한 것은?

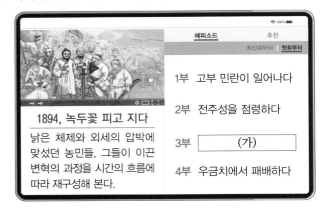

① 남북접이 논산에 집결하다
② 황토현 전투에서 승리하다
③ 백산에 모여 4대 강령을 선포하다
④ 최시형이 동학의 2대 교주가 되다
⑤ 교조 신원을 요구하는 삼례 집회가 열리다

동학 농민 운동

정답 ①　(가)에 들어갈 내용은 1차 동학 농민 운동의 전주성 점령과 2차 동학 농민 운동의 우금치 전투 사이의 일이다. 고부 민란 이후 조선 정부가 보낸 안핵사 이용태가 사건의 모든 책임을 동학교도의 탓으로 돌렸다. 이에 전봉준 등은 무장에서 농민군을 재편성하고 고부를 점령한 후 백산으로 이동하였다(1차 동학 농민 운동). 농민군은 황토현과 황룡촌에서 정부군을 물리치고 전주성까지 점령하였다.

정답 분석

① 2차 동학 농민 운동은 1차 때와는 달리 전봉준의 남접 부대와 손병희의 북접 부대가 논산에서 남·북접 연합 부대를 형성한 후 서울을 향해 북상하였다.

오답 피하기

② 동학 농민군은 출동한 관군을 황토현에서 물리치고 정읍, 고창 등을 차례로 점령하였다. 이후 전주성을 점령하였다.
③ 동학 농민군은 고부를 점령하고 백산으로 이동한 후, 제폭구민, 보국안민의 내용을 담은 격문을 발표하였다. 이후 황토현에서 전라도 감영군을 격파하였다.
④ 교조 최제우가 사형을 당한 뒤 한동안 숨을 죽이던 동학은 2대 교주 최시형을 중심으로 다시 교리를 정리하고 조직을 정비하여 교세를 확장해 나갔다.
⑤ 1880년대에 들어 동학교도들은 교주 최제우의 억울한 죽음의 원한을 풀고 탄압을 중지해 달라는 삼례 집회와 서울 복합 상소에 이어, 충청도 보은에서 대규모 집회를 개최하였다.

심화 50회 33번

05 (가) 운동에 대한 설명으로 옳은 것은?

> 이곳은 공주 우금치 전적으로 [(가)] 당시 남접과 북접 연합군이 북상하던 중 관군과 일본군을 상대로 격전을 벌인 장소입니다. 우금치는 도성으로 올라가는 길목으로 전략상 매우 중요한 지역이었습니다.

① 이소응, 유인석 등이 주도하였다.
② 황토현에서 전라 감영군을 격파하였다.
③ 한성 조약이 체결되는 결과를 가져왔다.
④ 관민 공동회를 개최하여 헌의 6조를 결의하였다.
⑤ 사건 수습을 위하여 박규수가 안핵사로 파견되었다.

동학 농민 운동

정답 ② (가) 운동은 동학 농민 운동이다. 동학 농민군은 2차 봉기 때에는 1차 때와 달리 동학교단 조직 전체가 동원되었다. 전봉준의 남접 부대와 손병희의 북접 부대는 논산에서 남·북접 연합 부대를 형성한 후 서울을 향해 북상하였다. 전봉준이 이끄는 동학 농민군의 주력 부대는 공주 우금치에서 우세한 화력으로 무장한 일본군과 정부군을 상대로 치열하게 싸웠지만 크게 패하였다.

정답 분석

② 동학 농민군은 1차 봉기 때 관군을 황토현에서 물리치고 정읍, 고창 등을 차례로 점령하였다. 이후 전주성을 점령하였다.

오답 피하기

① 을미의병은 유인석, 이소응 등 척사 사상을 가진 보수 유생들이 주도하고, 농민이나 포수, 지방 관리 등이 가담하였다.
③ 갑신정변의 영향으로 조선과 일본은 배상금 지급과 공사관 신축 비용 부담 등을 내용으로 하는 한성 조약을 체결하였다.
④ 독립 협회는 정부 대신들까지 참석하는 관민 공동회를 종로에서 개최하여 헌의 6조를 채택하였다.
⑤ 세도 정치 시기인 1862년 철종은 진주 민란을 수습하기 위해 박규수를 안핵사로 파견되었다.

심화 47회 34번

06 (가)에 들어갈 내용으로 가장 적절한 것은?

> [한국사 동영상 제작 계획안]
>
> ### 제목 : 떨어진 녹두꽃
> ○학년 ○반 ○모둠
>
> ◆ 제작 의도
> 동학 농민 운동의 전개 과정을 시간 순으로 살펴보면서 그들이 추구한 사회의 모습을 알아본다.
>
> ◆ 장면별 구성 내용
> #1. 고부 농민들, 폭정에 항거하여 봉기하다
> #2. 황토현에서 관군을 물리치다
> #3. 동학 농민군이 정부와 전주 화약을 체결하다
> #4. [(가)]
> #5. 동학 농민군의 지도자, 전봉준이 체포되다

① 최시형이 동학의 2대 교주가 되다
② 백산에서 집결하여 4대 강령을 발표하다
③ 우금치에서 관군과 일본군에 맞서 싸우다
④ 황룡촌 전투에서 장태를 이용하여 승리하다
⑤ 서울에서 교조 신원을 위한 복합 상소를 올리다

동학 농민 운동

정답 ③ (가)에 들어갈 내용은 1차 동학 농민 운동 때의 전주 화약과 2차 동학 농민 운동 때 전봉준이 체포되기 전의 사건이다. 1894년 5월 동학 농민군은 전주성 점령 이후 폐정 개혁을 조건으로 관군과 전주 화약을 맺고 전주성에서 물러났다. 1894년 12월 전봉준 등의 농민군 지도부가 체포되고, 이듬해 각지의 농민군도 진압되면서 동학 농민 운동은 막을 내렸다.

정답 분석

③ 2차 동학 농민 운동 때 남접과 북접이 연합한 농민군은 공주 우금치에서 관군 및 일본군에게 대패하였다.

오답 피하기

① 동학은 2대 교주 최시형을 중심으로 조직을 정비하여 교세를 확장해 나갔다. 1차 동학 농민 운동이 일어나기 전의 일이다.
② 동학 농민군은 고부를 점령하고 백산으로 이동한 후, 제폭구민, 보국안민의 내용을 담은 격문을 발표하였다. 전주 화약 이전의 일이다.
④ 동학 농민군은 중앙에서 파견된 정부군을 장성 황룡촌에서 크게 물리쳤으며, 기세를 몰아 전주성까지 점령하였다. 전주 화약 이전의 일이다.
⑤ 1880년대에 들어 동학교도들은 교주 최제우의 억울한 죽음의 원한을 풀고 탄압을 중지해 달라는 삼례 집회와 서울 복합 상소에 이어, 충청도 보은에서 대규모 집회를 개최하였다. 1차 동학 농민 운동이 일어나기 전의 일이다.

48강 갑오개혁과 을미개혁의 추진

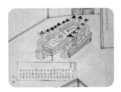

▲ 군국기무처의 회의 모습

군국기무처는 김홍집, 박정양, 김윤식 등의 위원들로 구성되어 제1차 갑오개혁을 주도하였다. 군국기무처는 입법권을 가진 초정부적 회의 기구로서 약 3개월 동안 국정 전 분야에 걸쳐 200건이 넘는 의안을 의결하였다.

▲ 1·2차 갑오개혁 때의 정부 기구

① 제1차 갑오개혁 (1894.7.)

배경	일본의 내정 개혁 강요 ➡ 일본군의 경복궁 점령 ➡ 교정청 폐지, 군국기무처 설치(초정부적 회의 기구) ➡ 제1차 김홍집 내각 성립(표면적으로는 흥선 대원군 섭정)
주도	김홍집 내각, 흥선대원군 섭정
특징	• 일본의 간섭을 받지 않고 자주적으로 추진 ➡ 온건 개화파의 주도 • 추진 기구 : 군국기무처 • 주로 정치·경제·사회 분야를 중심으로 개혁 추진

제1차 갑오개혁의 내용

정치	• 중국 연호 사용을 폐지하고 독자적인 '개국' 연호 사용 : 청과의 사대 관계 청산 • 궁내부 설치 : 왕실 사무와 정부 사무 분리 • 6조를 8아문으로 개편 : 기존 6조를 확대 개편 • 과거제 폐지 : 근대적 관리 임명 마련 • 경무청 설치 : 경찰 제도 시행
경제	• 모든 재정 사무를 탁지아문에서 관리 : 국가 재정의 일원화 • 조세의 금납제, 은본위 화폐 제도 실시 • 도량형 통일, 조세 항목 축소
사회	• 신분제 폐지, 공·사노비 제도 폐지 • 과부의 재가 허용, 조혼 금지, 고문과 연좌제 폐지(봉건적 인습 타파) • 모든 공문서의 국문 또는 국한문 사용

② 제2차 갑오개혁 (1894.12.)

배경	청·일 전쟁에서 승세를 잡은 일본의 본격적인 조선 내정 간섭 ➡ 흥선 대원군 퇴진, 군국기무처 폐지 ➡ 제2차 김홍집 내각 성립(김홍집과 박영효의 연립 내각)
주도	김홍집·박영효의 연립 내각 ➡ 박영효가 주도
특징	• 독립 서고문 발표 : 고종이 나라의 자주 독립을 선포한 일종의 독립 선언문 • 홍범 14조 반포 : 최초의 근대적 헌법의 성격, 정치 혁신의 기본 강령이 담긴 개혁안 ➡ 고종이 종묘에 나가 독립 서고문을 바치고 반포함 • 주로 지방 제도와 군사 제도, 사법 및 교육 분야를 중심으로 개혁

제2차 갑오개혁의 내용

정치	• 중앙 정치 제도 : 의정부를 내각으로 바꿈(내각제 도입), 8아문을 7부로 개편 • 지방 제도 　┌ 지방 행정 구역을 8도에서 23부로 개편 　└ 부·목·군·현 등의 행정구역 명칭을 '군'으로 통일 • 지방관의 사법권·군사권 배제(권한 축소), 재판소 설치(사법권을 행정권에서 분리) • 교육입국 조서 반포 : 한성 사범 학교, 소학교, 외국어 학교 관제 제정 ➡ 근대 교육 제도 마련

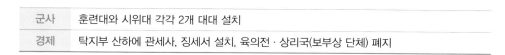

군사	훈련대와 시위대 각각 2개 대대 설치
경제	탁지부 산하에 관세사, 징세서 설치, 육의전 · 상리국(보부상 단체) 폐지

③ 을미개혁(1895.8.)

삼국 간섭 (1895.4.)		일본의 청 · 일 전쟁 승리 ➡ 시모노세키 조약 체결 ➡ 일본은 청으로부터 막대한 배상금과 랴오둥(요동) 반도 획득 ➡ 러시아가 프랑스, 독일을 끌어들여 일본 견제 및 압박 ➡ 일본이 랴오둥 반도를 청에게 돌려줌(삼국 간섭) ➡ 일본 세력 약화, 러시아 영향력 강화 ➡ 친러 내각 수립
을미사변 (1895.8.)		조선 정부의 친러 정책 추진 ➡ 제3차 김홍집 내각(친미 · 친러 내각)구성 ➡ 일본을 배척하는 정책 추진 ➡ 일본은 이를 만회하고자 일본 낭인들을 동원해 명성 황후(민비)를 시해함(1895.8.)
을미 개혁	배경	을미사변 이후 친러 내각이 붕괴 ➡ 친일 관료 중심의 제4차 김홍집 내각(친일 내각)구성

	개혁 내용	• 정치 : '건양' 연호 사용
		• 사회
		  ┌ 행정 업무에서 태양력 사용, 단발령 실시
		  └ 종두법 시행, 우체사 설치(우편 사무 시작), 소학교 설치
		• 군사 : 중앙에 친위대, 지방에 진위대 설치

	중단	을미의병 발생 ➡ 아관파천으로 친일 내각 붕괴 ➡ 개혁 중단(친러 내각 수립)
을미 의병	배경	을미사변(명성 황후 시해), 단발령(을미개혁)에 반발하여 봉기
	주도 세력	• 유인석, 이소응, 허위 등(위정척사 사상을 가진 보수 유생들) • 일반 농민과 동학 농민군 잔여 세력이 가담하여 전국으로 확대
	활동	• 지방 관청과 일본군 공격, 친일 관리와 일본인 처단 • 유인석 부대의 충주성 점령, 이소응 부대는 춘천을 중심으로 활동
	결과	• 고종의 아관파천 이후 단발령 철회 ➡ 고종의 의병 해산 권고 조칙으로 의병장들 자진 해산 • 해산한 일부 잔여 세력은 활빈당을 조직 ➡ 을사 의병에 합류
아관파천 (1896)		조선 정부 내 친러 세력 성장 ➡ 고종은 을미사변 등으로 신변의 위협을 느낌 ➡ 고종이 러시아 공사관으로 처소를 옮김 ➡ 김홍집 내각 붕괴, 을미개혁 중단(단발령도 시행 중지) ➡ 러시아의 내정 간섭(재정 · 군사 고문 파견) 및 열강의 이권 침탈 심화

④ 갑오·을미개혁의 성과

의의	• 갑신정변을 주도한 개화 인사와 동학 농민 운동을 주도한 농민들의 요구 반영 • 봉건적인 전통 질서를 타파하는 자주적 근대 개혁 ➡ 독립 협회와 애국 계몽 운동에 영향
한계	• 위로부터의 개혁 ➡ 토지 개혁 등 민중의 요구 외면 • 일본의 강요와 간섭 아래 추진 ➡ 일본의 침략 기반 마련을 위한 제도 개혁 중심, 군제 개혁은 미흡함

▲ 김홍집(온건 개화파)
• 2차 수신사로 일본에 파견
• 국내에 "조선책략"을 가져옴
• 한성 조약 체결 당시 전권대신을 맡음
• 총리대신으로 1~3차 갑오개혁을 주도함
• 아관파천 후 성난 군중에 의해 살해됨

▲ 명성 황후 국장
1897년 3월 '명성'이라는 시호가 내려지고, 11월 21일 국장이 치뤄졌다. 명성 황후에 대한 평가는 극명하게 엇갈리기도 하지만, 왕비의 신분으로 궁궐 내에서 외세에게 처참하게 살해당한 역사적 비운의 주인공이다.

▲ 단발을 한 고종

▲ 구 러시아 공사관(서울 중구)
지금은 건물 가운데 일부만 남아 있다. 고종은 을미사변 후 러시아 공사관에 1년 동안 피신해 있었다.

은쌤의 **합격노트**

제1차 갑오개혁-제2차 갑오개혁-시모노세키 조약-을미사변-을미개혁-을미의병-아관파천

☑ 시험에 꼭 나오는 키워드

- 제1차 갑오개혁의 특징과 주요 개혁 내용 숙지하기 ➡ 개혁 자체가 단독으로 출제됨. 군국기무처와 김홍집이 단독으로 출제되기도 함
- 제2차 갑오개혁의 특징과 주요 개혁 내용 숙지하기 ➡ 개혁 자체가 단독으로 출제됨. 교육 입국 조서 반포는 단독으로 출제 됨
- 을미개혁의 특징과 주요 개혁 내용 숙지하기 ➡ 개혁 자체가 단독으로 출제됨. 시모노세키 조약-을미사변-을미의병과 연계해서 출제됨(시간 흐름 파악 중요)
- 을미의병의 배경과 주요 의병장 기억하기 ➡ 단독으로 출제되지만 을미개혁과 연계해서 출제됨
- 제1차 갑오개혁~아관파천까지의 주요 사건을 시간 순으로 정리하기

☑ 최다 빈출 선지

제1차 갑오개혁
① 일본이 경복궁을 점령하고 내정 개혁을 요구하였다.
② 근대적 개혁 추진을 위해 군국기무처가 설치되었다.
③ 공사 노비법을 혁파하였다.
④ 과거제를 폐지하였다.
⑤ 청의 연호를 쓰지 않고 개국연호를 사용하였다.
⑥ 행정 기구를 6조에서 80아문으로 개편하였다.
⑦ 조혼을 금지하고, 과부의 재가를 허용하였다.
⑧ 연좌제를 금지하였다.
⑨ 은본위제 채택을 포함한 여러 안건을 처리하였다.
⑩ 탁지아문을 재정으로 일원화하였다.

군국기무처
① 군국기무처를 설치하여 근대적 개혁을 추진하였다.
② 초정부적인 정책 의결 기구였다.
③ 총재는 영의정 김홍집이 겸임하였다.
④ 총재 1명을 포함하여 20명 내외로 구성되었다.
⑤ 약 3개월 동안 201여 건의 법안을 의결하였으나 6개월여 만에 폐지되었다.

제2차 갑오개혁
① 국정 논의를 주도한 군국기무처가 폐지되었다.
② 김홍집과 박영효가 주도하는 내각에서 개혁을 추진하였다.
③ 홍범 14조를 개혁의 기본 방향으로 제시하였다.
④ 교육의 기본 방향을 제시한 교육 입국 조서를 반포하였다.
⑤ 지방 행정 구역을 8도에서 23부로 개편하였다.
⑥ 재판소를 설치하여 사법권을 독립시켰다.

을미개혁
① 건양이라는 독자적인 연호를 사용하였다.
② 태양력을 시행하였다
③ 단발령을 시행하였다.

을미의병
① 을미사변에 반발하여 일어났다.
② 단발령 시행에 반발하여 일어났다.
③ 이소응, 유인석 등이 주도하였다.

아관파천
① 고종이 러시아 공사관으로 거처를 옮겼다.

01 밑줄 그은 '개혁안'의 내용으로 옳은 것을 〈보기〉에서 고른 것은?

> 파리의 외무부 장관 아노토 각하께
>
> 전임 일본 공사는 국왕에게서 사실상 거의 모든 권력을 빼앗고, 개력 위원회[군국기무처]가 내린 결정을 확인하는 권한만 남겨 놓았습니다. …… 이후 개력 위원회[군국기무처]는 매우 혁신적인 <u>개혁안</u>을 발표했습니다. 그런데 일부 위원들이 몇몇 조치에 대해 시의적절하지 않다고 판단하더니 이에 대해 동의하기를 거부했습니다. …… 게다가 조선인들은 이 기구가 왕권을 빼앗고 일본에 매수되었다고 비난하면서, …… 어떤 지방에서는 왕권 수호를 위해 봉기했다고 합니다.
>
> 주 조선 공사 르페브르 올림

〈보 기〉

ㄱ. 건양이라는 연호를 제정하였다.
ㄴ. 탁지아문을 재정으로 일원화하였다.
ㄷ. 양전 사업을 실시하여 지계를 발급하였다.
ㄹ. 조혼을 금지하고 과부의 재가를 허용하였다.

① ㄱ, ㄴ　　② ㄱ, ㄷ　　③ ㄴ, ㄷ　　④ ㄴ, ㄹ　　⑤ ㄷ, ㄹ

제1차 갑오개혁

정답 ④　　밑줄 그은 '개혁안'은 1894년에 시행된 제1차 갑오개혁이다. 일본군의 경복궁 점령으로 민씨 정권이 무너지고 흥선 대원군을 섭정으로 하는 제1차 김홍집 내각이 들어섰다. 친일 정권인 김홍집 내각은 농민의 불만과 개혁 요구를 반영하기 위해 입법권을 가진 초정부적 개혁 기구인 군국기무처를 신설하고 제1차 갑오개혁을 추진하였다. 군국기무처는 7월 28일부터 약 3개월 동안 210건의 개혁 입법을 처리하였다. 이 가운데는 동학 농민군의 요구도 상당수 포함되어 있었다.

정답 분석

ㄴ. 제1차 갑오개혁 때 탁지아문이 재정에 관한 모든 사무를 관장하도록 하여, 왕실을 비롯한 여러 기관에서 독자적으로 세금을 걷는 폐단을 막았다.
ㄹ. 1894년 제1차 갑오개혁 때 사회면에서는 신분 차별과 노비제를 없애고 조혼 금지, 과부의 재가를 허용하였으며 가혹한 고문과 연좌제도 폐지하였다.

오답 피하기

ㄱ. 3차 갑오개혁(을미개혁)으로 음력 1895년 11월 17일이 양력으로 환산되었고, 1896년 1월 1일부터 '건양'이라는 연호를 쓰기 시작하였다.
ㄷ. 대한 제국은 근대 개혁의 일환으로 양전 사업을 실시하였다. 1901년 지계아문을 설치하여 이곳에서 지계를 발급하였다.

02 (가)에 들어갈 내용으로 옳은 것은?

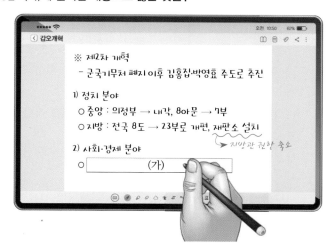

① 지계 발급　　　　　② 태양력 사용
③ 한성순보 발행　　　④ 공사 노비법 폐지
⑤ 교육 입국 조서 반포

제2차 갑오개혁

정답 ⑤　　(가)에 들어갈 내용은 제2차 갑오개혁의 사회·경제 분야 개혁안이다. 청·일 전쟁에서 승기를 잡은 일본은 조선의 내정에 적극 간섭하기 시작하였다. 또한, 흥선 대원군을 물러나게 하고 군국기무처를 폐지하였으며, 박영효 등을 등용하여 김홍집·박영효 연립 내각을 구성하고 제2차 갑오개혁을 단행하였다. 이때 개혁의 기본 강령이라 할 수 있는 홍범 14조를 반포하였다. 이를 통해 청과의 전통적 관계를 끊고 조선이 독립국임을 국내외에 선포하였다.

정답 분석

⑤ 1895년 제2차 갑오개혁 당시 조선 정부는 교육 입국 조서를 반포하여 근대 국가로 나아가기 위한 교육 개혁의 방향을 제시하였다.

오답 피하기

① 1901년 고종은 광무개혁의 일환으로 지계아문을 설치하고 근대적인 토지 소유 문서인 지계를 발급하였다.
② 1895년 을미사변으로 일본이 조선 정부에 대한 영향력을 되찾은 가운데, 다시 구성된 김홍집 내각은 제3차 갑오개혁(을미개혁)을 추진하면서 태양력을 사용하였다.
③ 1883년 조선 정부는 개화 정책을 추진하면서 박문국을 세우고 최초의 신문인 한성순보를 창간하였다.
④ 1894년 제1차 갑오개혁으로 사회 분야에서는 오랫동안 유지되어 온 신분제가 폐지되었다.

03 (가)~(다)를 발표된 순서대로 옳게 나열한 것은?

> (가) 1. 문벌, 양반과 상인들의 등급을 없애고 귀천에 관계없이 인재를 선발하여 등용한다.
> 1. 공노비와 사노비에 관한 법을 일체 혁파하고 사람을 사고파는 일을 금지한다.
>
> (나) 1. 청나라에 의존하는 생각을 끊어 버리고 자주 독립의 기초를 튼튼히 세운다.
> 1. 왕실 사무와 국정 사무는 반드시 분리시켜 서로 뒤섞지 않는다.
>
> (다) 대군주 폐하께서 내리신 조칙에서 "짐이 신민(臣民)에 앞서 머리카락을 자르니, 너희들은 짐의 뜻을 잘 본받아 만국과 나란히 서는 대업을 이루라."라고 하셨다.

① (가) - (나) - (다) ② (가) - (다) - (나)
③ (나) - (가) - (다) ④ (나) - (다) - (가)
⑤ (다) - (나) - (가)

제1차-제2차-을미개혁의 순서 흐름

정답 ① (가)는 제1차 갑오개혁의 개혁안 일부이다. (나)는 제2차 갑오개혁 때 반포한 홍범 14조의 일부이다. (다)는 제3차 갑오개혁(을미개혁)의 일환으로 건양 원년인 1896년(고종 33년) 1월 1일을 기해 전국에 내린 단발령의 내용을 포함한 1월 4일자 『관보(官報)』이다.

정답 분석

① (가) 제1차 갑오개혁은 양반의 특권을 보장한 과거제를 폐지하고 능력 있는 실무 관료를 추천하여 임용하는 제도를 마련하였다. 사회적으로는 노비제 폐지, 과부 재가 허용 등 신분과 여성 차별을 없애고 인권을 개선하는 조치를 시행하였다.
　(나) 제2차 갑오개혁은 고종이 내정 개혁 및 자주 독립을 선포하는 독립 서고문과, 국정 개혁의 기본 강령이라 할 수 있는 홍범 14조를 반포하면서 본격적으로 시작되었다.
　(다) 을미사변 이후 다시 구성된 친일 내각은 태양력 사용, 소학교 설치와 우편 사무 시작, 종두법과 단발령 실시 등을 주요 내용으로 하는 제3차 갑오개혁을 추진하였다.

---

04 다음 사건 이후 추진된 개혁의 내용으로 옳은 것은?

> 일본군의 엄호 속에 사복 차림의 일본인들이 건청궁으로 침입하였다. 그들은 왕과 왕후의 처소로 달려가 몇몇은 왕과 왕태자의 측근들을 붙잡았고, 다른 자들은 왕후의 침실로 향하였다. 폭도들이 달려오자 궁내부 대신은 왕후를 보호하기 위해 두 팔을 벌려 앞을 가로막아 섰다. …… 의녀가 나서서 손수건으로 죽은 왕후의 얼굴을 덮어 주었다.

① 과거제를 폐지하였다.
② 태양력을 시행하였다.
③ 육영 공원을 설립하였다.
④ 공사 노비법을 혁파하였다.
⑤ 통리기무아문을 설치하였다.

을미개혁

정답 ② 다음 사건은 1885년에 일어난 을미사변이다. 이후 추진된 개혁은 을미사변 직후 전개된 을미개혁이다. 1894년 일본이 청·일 전쟁에서 승리한 대가로 시모노세키 조약을 통해 랴오둥 반도를 차지하자 러시아, 프랑스, 독일이 일본에 압력을 가하여 이를 돌려주도록 하였다(삼국 간섭). 이 사건으로 러시아가 동아시아의 새로운 강자로 떠올랐으며, 조선에서도 러시아 세력을 끌어들여 일본을 견제하려는 움직임이 일어났다. 1895년 일본은 이러한 움직임의 배후에 왕비가 있다고 보고 군대와 낭인을 동원하여 왕비를 살해하였다(을미사변). 이후 김홍집을 중심으로 내각이 다시 성립하여 태양력 사용, 단발령 실시 등의 내용을 담은 제3차 갑오개혁(을미개혁)이 추진되었다.

정답 분석

② 1885년 을미사변 이후 전개된 제3차 갑오개혁(을미개혁)은 태양력 사용, 소학교 설치와 우편 사무 시작, 종두법과 단발령 실시 등을 주요 내용으로 하였다.

오답 피하기

① 1894년 제1차 갑오개혁 때 과거제를 폐지하고 근대적 관리 임명 제도를 마련하였다.
③ 1886년 정부가 설립한 육영 공원은 헐버트 등 미국인 교사를 초빙하여 미국식 교육을 실시하였다.
④ 1894년 제1차 갑오개혁 때 사회 면에서는 신분 차별과 노비제를 없애고 조혼을 금지하고 과부의 재가를 허용하였으며 가혹한 고문과 연좌제도 폐지하였다.
⑤ 1880년 개항 이후 조선 정부는 개화 정책을 총괄하는 통리기무아문을 설치하여 외교, 군사, 산업, 외국어 교육 등의 업무를 담당하게 하였다.

심화 58회 32번

05 밑줄 그은 '이 개혁'의 내용으로 옳은 것은?

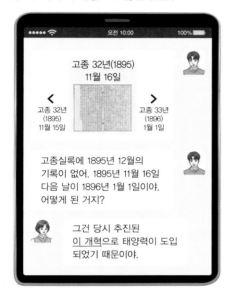

오전 10:00   100%

고종 32년(1895)
11월 16일

＜   ＞

고종 32년
(1895)
11월 15일

고종 33년
(1896)
1월 1일

고종실록에 1895년 12월의
기록이 없어. 1895년 11월 16일
다음 날이 1896년 1월 1일이야.
어떻게 된 거지?

그건 당시 추진된
<u>이 개혁</u>으로 태양력이 도입
되었기 때문이야.

① 지계아문을 설립하였다.
② 대한국 국제를 반포하였다.
③ 건양이라는 연호를 제정하였다.
④ 개혁 추진 기구로 교정청을 설치하였다.
⑤ 군제를 개편하여 5군영을 2영으로 통합하였다.

을미개혁

정답 ③   밑줄 그은 '이 개혁'은 3차 갑오개혁(을미개혁)이다. 을미사변 이후 유길준 등이 김홍집 내각에 적극 참여하면서 제3차 개혁(을미개혁)이 추진되었다. 이후 태양력을 채택하고 단발령을 실시하였으며, 소학교를 설치하였다. 또한 1896년부터 '건양'이라는 새 연호를 쓰고, 군제를 바꾸어 중앙에 친위대, 지방에는 진위대를 각각 두었다.

정답 분석

③ 3차 갑오개혁(을미개혁)으로 음력 1895년 11월 17일이 양력으로 환산되었고, 1896년 1월 1일부터 '건양'이라는 연호를 쓰기 시작하였다.

오답 피하기

① 대한 제국은 1901년에 지계아문을 설치하고 지계를 발급하였다.
② 대한 제국은 개혁 추진을 위해 특별 입법 기구인 법규 교정소를 설치하고 1899년 8월에 대한국 국제를 제정하였다.
④ 조선 정부는 1894년 농민군과 전주 화약을 맺은 후 교정청을 설치하여 자주적으로 개혁을 추진하려 하였다.
⑤ 조선 정부는 1880년 군사력을 강화하고자 종래의 5군영을 무위영과 장어영의 2영으로 통합 개편하고, 신식 군대인 별기군을 따로 두었다.

심화 47회 35번

06 (가)~(다)를 일어난 순서대로 옳게 나열한 것은?

(가) 왕이 경복궁을 나오니 이범진, 이윤용 등이 러시아 공사관으로 옮기게 하였다. 김홍집 등이 군중에게 잡혀 살해되자 유길준, 장박 등은 도주하였다.

(나) 오늘 대군주 폐하께서 내리신 조칙에서 "짐이 신민(臣民)에 앞서 머리카락을 자르니, 너희들은 짐의 뜻을 잘 본받아 만국과 나란히 서는 대업(大業)을 이루라."라고 하셨다.

(다) 광화문을 통해 들어온 일본 병사들은 건청궁으로 침입하였다. …… 일본 장교는 흉악한 일본 자객들이 왕후를 수색하는 것을 도왔다. 자객들은 여러 방을 샅샅이 뒤졌고 마침내 왕후를 찾아내어 시해하였다.

① (가) - (나) - (다)   ② (가) - (다) - (나)
③ (나) - (가) - (다)   ④ (나) - (다) - (가)
⑤ (다) - (나) - (가)

을미개혁-을미사변-아관파천의 순서 흐름

정답 ⑤   (가)는 1896년 2월 11일 아관파천, (나)는 1895년 11월 15일 단발령 반포, (다)는 1895년 10월 8일 을미사변이다.

정답 분석

⑤ (다) 일본은 러시아를 끌어들여 일본을 배척한 배후인물로 명성 황후를 지목하고 무참히 시해하였다(을미사변, 1895).

(나) 을미사변 이후 다시 구성된 친일 내각은 태양력 사용, 소학교 설치와 우편사무 시작, 종두법과 단발령 실시 등을 주요 내용으로 하는 제3차 갑오개혁(을미개혁)을 추진하였다.

(가) 유생과 농민들은 을미사변과 단발령에 분노하여 의병을 일으켰다. 일본군이 의병을 진압하려고 지방으로 출동하자, 경비가 소홀한 틈을 타 고종이 러시아 공사관으로 피신하였다(아관파천, 1896).

▲ 독립신문

▲ 독립문(좌)과 영은문 자리에 남겨진 돌기둥(우)

▲ 시가전으로 번진 만민 공동회

사료 살펴보기

헌의 6조(1898.10.)

1. 외국에 의존하지 말고 관과 민이 협력하여 전제 황권을 공고히 할 것.
   * 자주 국권의 확립
2. 광산, 철도, 석탄, 산림, 차관, 차병(借兵)과 외국과의 조약에 각부 대신과 중추원 의장이 합동으로 서명하지 않으면 시행하지 말 것.
   * 열강의 이권 침탈 방지와 입헌 군주제적 요소
3. 전국의 재정은 모두 탁지부에서 관할하여 정부의 다른 기관이나 사회사(개인 회사)가 간섭하지 못하게 하고 예산과 결산을 인민에게 공포할 것.
   * 재정의 일원화
4. 중대 범죄는 공개 재판을 시행하되, 피고가 자복한 후에 재판할 것.
   * 재판 공개와 피고인의 자백 중시
5. 칙임관(정1품~종2품의 최고 관직)은 황제가 정부의 과반수 동의를 받아 임명할 것.
   * 입헌 군주제적 요소
6. 장정(정해진 규정)을 실천할 것.
   * 법치 행정 중시

---

① 독립 협회

(1) 독립 협회의 활동(1896.7.~1898.12.)

배경	아관파천 이후 국가 위신 추락, 러시아 등 열강의 이권 침탈 심화
창립 과정	서재필이 귀국하여 독립신문 발간(1896.4.) ➜ 독립 협회 창립(서재필이 고문, 이완용이 위원장, 김가진, 이상재, 남궁억 등이 발기인으로 참여) ➜ 전국에 지회 설립 ➜ 독립문 및 독립관 건립, 강연회와 토론회 개최 ➜ 관료, 도시 시민층, 학생, 노동자, 여성, 천민 등 다양한 계층이 참여함
목표	• 민중의 정치 의식을 고취 • 국민들에게 자주 국권 · 자유 민권 · 자강 개혁 사상을 보급
국민 계몽 운동	• 독립신문 발간 : 근대적 지식과 국권 · 민권 사상 소개 • 경연회 · 토론회 개최 : 당면 현안 문제, 계몽적 주제
자주 국권 운동	• 독립문 건립 　┌ 과거 중국 사신을 맞이하던 영은문 자리 부근에 건립 　└ 독립문 건립을 위해 기금을 내면 누구나 독립 협회 회원이 될 수 있었음 ➜ 학생, 여성, 노동자, 상인, 농민 등 광범위한 사회 계층이 기금 마련에 참여, 고종도 비용의 일부를 하사 • 독립관 건립 : 중국 사신을 영접하던 모화관을 개수 • 고종에게 러시아 공사관으로부터의 환궁 요구 ➜ 1년 만에 경운궁으로 환궁 • 구국 운동 상소문을 통해 재정 · 군사 · 인사권에 대한 자주적 행사 주장 • 만민 공동회 개최(1898.3.) : 러시아의 이권 침탈 반대 운동 전개 　┌ 러시아의 군사 교관과 재정 고문 철수 　└ 러시아의 부산 절영도 조차 요구 철회, 한 · 러 은행 폐쇄
자유 민권 운동	• 법률에 의한 신체의 자유, 재산권 보호 운동 전개 • 언론 · 출판 · 집회 · 결사의 자유 요구
자강 개혁 운동	관민 공동회 개최(1898.10.) : 최초의 의회 설립 운동 시도 　┌ 독립 협회에 우호적인 박정양 내각의 관료들이 참여 　├ 헌의 6조 결의 ➜ 고종 황제의 재가를 받음 　├ 고종은 중추원 설치, 신문 조례, 탐관오리 처단, 민폐 처리, 상공 학교 설립 등의 조칙 5조를 추가로 내림 　└ 의회 설립 운동 : 중추원 관제 반포(의장, 부의장, 관선 25명, 민선 25명으로 구성)

(2) 독립 협회의 해산(1898.12.)

해산	보수 세력이 독립 협회가 왕정 폐지와 공화정을 추진한다고 퍼트림 ➜ 고종은 독립 협회 해산 명령 및 주요 간부 구속 ➜ 독립 협회 반발(만민 공동회 개최, 철야 농성 등) ➜ 황국 협회(보부상)와 군대를 동원하여 독립 협회 공격 ➜ 독립 협회 강제 해산(1898.12.)
의의	우리나라 최초의 민주주의 정치 운동, 민중에 의한 자주적 근대화 운동
한계	열강의 침략 의도를 제대로 알지 못함(미국 · 영국 · 일본에 우호적)

❷ 대한 제국과 광무개혁(1897~1904)

(1) 대한 제국의 수립(1897)

배경	아관 파천으로 고종이 러시아 공사관에 머무르면서 국가의 위상이 크게 손상 ➡ 독립 협회를 중심으로 고종의 환궁 요구 여론 증가 ➡ 고종은 환궁 요구에 아관 파천 1년 만에 경운궁(현재 덕수궁)으로 환궁
수립	고종의 경운궁(덕수궁) 환궁(1897.2.) ➡ 연호를 '광무'로 고침(1897.8.) ➡ 환구단에서 황제 즉위식(칭제 건원) ➡ 국호를 '대한 제국'으로 변경 ➡ 대한 제국 수립 및 선포(1897.10.)

(2) 광무개혁

성격	• 구본신참의 원칙 아래 추진 ➡ 점진적 개혁, 복고성과 개혁성 절충 • 구본신참 : 옛 것을 근본으로 하고, 새것을 참조한다. • 황제 직속의 특별 입법 기구인 법규 교정소를 만들어 대한국 국제 제정(1899) • 대한국 국제 : 황제 중심의 전제 군주 국가임을 천명 ➡ 입법, 행정, 사법에 걸친 절대적 권한을 황제에게 부여(황제권의 무한함을 강조)
황제권 강화	• 원수부 설치 : 황제가 직접 육해군 통솔 ➡ 황제의 군권 장악 • 궁내부의 조직과 권한 보강, 내장원의 기능 확대
군사	• 군사력 증강 　┌ 서울 : 기존의 친위대 군사 증원, 시위대 추가 설치 　└ 지방 : 진위대 군사 증원 • 무관 학교 설립 : 장교 양성
경제	• 양전 사업과 지계 발급 : 근대적 토지 소유권 제도의 확립 ➡ 국가 재정 확충 　┌ 양지아문 설치(1898) : 양전 사업 실시 　├ 지계아문 설치(1901) : 근대적 토지 소유 증명서인 지계 발급 　├ 양지아문을 지계아문에 통합하여 운영(1902) : 토지 측량(미국인 기사 고용)과 지계 발급을 병행 　└ 재정 부족으로 러·일 전쟁 발발과 함께 중단됨 • 황실 재정 개선 : 전국의 광산, 철도, 홍삼 제조, 백동화 주조, 수리 관계 등의 사업으로 얻는 수입을 황실 재정으로 사용
사회	• 상공업 진흥책 : 근대적 공장과 회사 설립(섬유·철도·운수·광업 등) • 근대 시설 도입 : 교통, 통신, 전기, 의료 분야에 각종 근대 시설 도입 • 상공 학교, 농림 학교 등 실업·기술 교육 기관 설립 • 근대 산업 기술 습득을 위해 외국에 유학생 파견
외교	• 한·청 통상 조약 체결(1899) : 중국과 대등한 주권 국가임을 강조 • 대한 제국 칙령 제41호 반포(1900) : 독도를 관할 영토로 명시 • 이범윤을 간도 관리사로 파견(1903) : 간도의 토지·호구 조사 및 조선인을 보호하는 영사의 역할을 수행
의의	근대적 토지 소유권 확립, 국방력 강화, 상공업 진흥 등을 통해 근대 자본주의 국가로의 전환 도모
한계	황제권 강화 목적, 재정 부족 및 외국 자본 유입, 집권층의 보수적 성향, 일본의 간섭으로 큰 성과를 거두지 못함

▲ 황궁우(좌)와 환구단(우)
환구단은 황제가 하늘에 제사를 지내는 곳으로, 고종은 이곳에서 1897년 황제 즉위식을 거행하였다. 황궁우는 천지신령의 위패를 모신 곳이다. 일제 강점기에 환구단은 철거되고, 황궁우만 현재까지 남아 있다.

▲ 지계
지계는 토지 소유권을 증명하는 문서로, 근대적 토지 소유권 확립과 조세 수입원을 정확히 파악하기 위해 발급하였다.

사료 살펴보기

대한국 국제(일부)

제1조 대한국은 세계 만국이 공인한 자주독립 제국이다.
제2조 대한국의 정치는 만세 불변의 전제 정치이다.
제3조 대한국의 대황제는 무한한 군권을 누린다.
제5조 대한국 대황제는 육·해군을 통솔한다.
제6조 대한국 대황제는 법률을 제정하여 반포, 집행을 명하고, 대사, 특사, 감형, 복권 등을 명한다.
제7조 대한국 대황제는 행정 각부의 관제를 정하고, 행정상 필요한 칙령을 발한다.
－「관보」광무 3년 8월 22일조 －

대한국 국제를 통해 '대한국은 세계 만국이 공인한 자주 독립국'이며 황제가 전제 정치를 실시한다는 점을 천명하였다. 또한 황제가 군 통수권, 입법권, 행정권, 사법권 등 모든 권한을 갖는다고 규정하였다.

은쌤의 합격노트

독립 협회와 대한 제국의 광무개혁

☑ 시험에 꼭 나오는 키워드

- 독립 협회의 활동 정리하기
- 광무개혁의 주요 개혁들 정리하기

☑ 최다 빈출 선지

독립 협회
① 미국에서 귀국하여 독립 협회를 창립하였다(서재필).
② 서재필 등이 독립신문을 발행하였다.
③ 영은문이 있던 자리 부근에 독립문을 건립하였다.
④ 만민 공동회를 개최하여 민권 신장을 추구하였다.
⑤ 만민 공동회를 열어 열강의 이권 침탈을 저지하였다.
⑥ 러시아의 절영도 조차 요구를 저지하였다.
⑦ 관민 공동회가 개최되어 헌의 6조를 결의하였다.
⑧ 입헌 군주제 수립을 목표로 하였다.
⑨ 중추원 개편을 통해 의회 설립을 추진하였다.

광무개혁
① 대한국 국제가 반포되었다.
② 구본신참을 원칙으로 개혁이 추진되었다.
③ 양전 사업이 실시되어 지계가 발급되었다.
④ 군 통수권 장악을 위하여 원수부를 설치하였다.
⑤ 양지아문을 설치하여 양전 사업을 실시하였다.
⑥ 상공업 진흥에 필요한 인재를 양성하기 위해 상공 학교를 세웠다.
⑦ 이범윤을 간도 관리사로 임명하였다.

대표 기출 문제

심화 57회 31번

01 (가) 단체에 대한 설명으로 옳은 것은?

> 서울시는 고가도로 건립을 위해 독립문 이전을 결정하였습니다. 독립문은 서재필 등이 중심이 되어 창립한 ⎡ (가) ⎤ 이/가 왕실과 국민의 성금을 모아 세웠습니다. 중국 사신을 맞이하던 영은문 자리 부근에 있는 독립문은 이번 결정으로 원래 자리에서 약 70미터 떨어진 공터로 이전할 예정입니다.

독립문 이전 결정

① 만세보를 발행하여 민중 계몽에 앞장섰다.
② 고종의 강제 퇴위 반대 운동을 전개하였다.
③ 여성의 권리 선언문인 여권통문을 공표하였다.
④ 독립운동 자금 마련을 위해 독립 공채를 발행하였다.
⑤ 만민 공동회를 열어 열강의 이권 침탈을 저지하였다.

독립 협회

정답 ⑤ (가) 단체는 독립 협회이다. 대한 제국이 선포되기 1년 전인 1896년에 독립 협회가 창립되었다. 갑신정변 이후 미국으로 망명하였다가 갑오개혁이 진행될 당시 귀국한 서재필이 독립문 건립을 제안하였고, 이를 추진하기 위한 조직으로 독립 협회가 출범하였다. 독립 협회는 과거 중국 사신을 영접하던 영은문 자리에서 독립문 낙성식을 거행하였다. 독립문은 독립 협회가 주도하여 만들었지만, 고종도 건립을 위한 비용의 일부를 하사할 정도로 관심이 많았다.

정답 분석

⑤ 독립 협회는 1898년 3월부터 최초의 근대적 민중 집회인 만민 공동회를 열어 러시아의 내정 간섭과 이권 요구를 규탄하는 자주 국권 운동을 전개하였다.

오답 피하기

① 천도교로 이름을 바꾼 동학은 적극적인 포교 활동을 전개하는 한편, 1906년에 기관지인 만세보를 펴내 민족의식을 고취하는 데도 앞장섰다.
② 대한 자강회는 1907년 고종 퇴위에 반대하는 시위에 일부 회원들이 가담하면서 해산되었다.
③ 1898년 북촌의 양반 부인 300여 명이 '여권통문'을 발표하였다. 여성은 남성과 동등한 권리를 갖고 있으며, 경제적 능력을 갖추어야 한다는 내용이었다.
④ 상하이 대한민국 임시 정부는 독립 운동자금을 마련하기 위해 독립 공채를 발행하거나 의연금을 거두었다.

02 (가)에 들어갈 내용으로 가장 적절한 것은?

〈한국사 동영상 제작 계획안〉

○○○○, 공론의 장을 열다

△학년 △반 △모둠

■ 제작 의도

지식인뿐 아니라 농민, 상인, 노동자 등 다양한 계층이 참여한 집회 등을 통해 공론의 장을 마련한 ○○○○의 활동을 살펴본다.

■ 장면별 구성 내용

#1. 독립문 건립을 위해 성금을 모으다
#2. 러시아의 절영도 조차 요구를 규탄하는 집회를 열다
#3. _____(가)_____
#4. 황국 협회의 습격으로 사망한 구두 수선공의 장례를 치르다

① 평양에 대성 학교를 설립하다
② 고종 강제 퇴위 반대 운동을 주도하다
③ 집강소를 중심으로 폐정 개혁안을 실천하다
④ 관민 공동회를 개최하여 헌의 6조를 결의하다
⑤ 개혁의 기본 방향을 제시한 홍범 14조를 반포하다

독립 협회

정답 ④ (가)에 들어갈 내용은 독립 협회의 활동이다. 독립문은 독립 협회가 주도하여 만들었다. 독립 협회는 1898년 3월부터 만민 공동회를 개최하였다. 러시아의 절영도 조차 요구를 반대하고 군사 교관, 재정 고문, 한ㆍ러 은행의 철수를 요구하는 결의안을 통과시켜 결국 러시아의 진출을 막아내었다. 1898년 12월 고종은 독립 협회가 왕정을 폐지하고 공화정을 실시하려 한다는 소문이 돌자 황국 협회와 군대를 동원하여 강제 해산시켰다.

정답 분석

④ 독립 협회는 정부 대신들까지 참석하는 관민 공동회를 종로에서 개최하여 헌의 6조를 채택하였다.

오답 피하기

① 신민회는 평양에 대성 학교, 정주에 오산 학교 등을 세워 인재를 양성하고 민족주의 교육을 실시하였다.
② 대한 자강회는 고종의 강제 퇴위에 반대하는 시위를 주도하다가 통감부에 의해 해산되었다.
③ 동학 농민군은 전라도 일대에 독자적인 자치 기구인 집강소를 설치하고 각 지역에 임명된 집강소를 중심으로 개혁에 나섰다.
⑤ 제2차 갑오개혁 때 고종은 종묘에 나가 '독립 서고문'을 바치고 국정 개혁의 기본 강령인 홍범 14조를 반포하였다.

03 (가) 시기에 있었던 사실로 옳지 않은 것은?

고종은 이곳 환구단에서 황제 즉위식을 거행하고, 경운궁에서 국호를 (가) (으)로 선포했습니다. 환구단은 일제에 의해 헐려버렸고 지금은 황궁우가 외로이 남아 있습니다.

① 대한국 국제를 반포하였다.
② 황제 직속의 원수부를 설치하였다.
③ 이범윤을 간도 관리사로 파견하였다.
④ 지계아문을 설립하여 지계를 발급하였다.
⑤ 통역관 양성을 목적으로 동문학을 설립하였다.

광무개혁

정답 ⑤ (가) 시기는 대한 제국 시기이다. 아관파천으로 고종이 러시아 공사관에 머무르는 동안 조선에서 러시아의 세력 독점을 견제하려는 국제적 여론이 높아지는 가운데, 안으로는 고종의 환궁을 요구하는 상소가 계속되었다. 이에 고종은 1년여 만에 경운궁(덕수궁)을 수리하여 환궁하였다(1897.2.). 그리고 연호를 광무로 바꾸고, 환구단에서 황제 즉위식을 거행하여 대한 제국의 수립을 선포함으로써 자주 독립국임을 내세웠다(1897.10.).

정답 분석

⑤ 1883년 조선 정부는 외국어 교육 기관인 동문학을 세워 영어, 일본어 등을 교육하였다.

오답 피하기

① 1899년 대한 제국 고종 황제는 독립 협회를 해산한 다음, 황제 직속으로 지금의 헌법에 해당하는 대한국 국제를 제정하였다.
② 1899년 대한 제국 고종 황제는 경운궁 안에 원수부를 설치하고 대원수에 취임하여 군의 통수권을 직접 장악하였다.
③ 1903년 대한 제국 고종 황제는 간도 관리사 이범윤을 파견하고 간도를 함경도의 행정 구역으로 편입하였다.
④ 1901년에 대한 제국 고종 황제는 지계아문을 설치하여 토지 소유자에게 국가에서 공인하는 토지 소유권 증서인 지계(대한 제국 전답 관계)를 발급하였다.

일제의 국권 피탈

▲ 한국 지배를 묵인한 국제 조약

▲ 을사조약 문서

을사조약에는 이름이 없다. 외무대신 박제순의 도장이 있지만 고종의 위임을 받지 않고 찍은 것이다. 외국과 조약 체결권을 가진 고종의 도장과 서명도 없다. 황제의 재가를 받지 않은 이 조약은 원천 무효이다.

사료 살펴보기

을사늑약 (1905. 11.)

제2조
일본국 정부는 한국과 타국 간에 현존하는 조약의 실행을 완수하는 임무를 담당하고 한국 정부는 지금부터 일본국 정부의 중개를 거치지 않고서는 국제적 성질을 가진 어떤 조약이나 약속을 맺지 않을 것을 서로 약속한다.

제3조
일본국 정부는 그 대표자로 한국 황제 폐하 밑에 1명의 통감을 두되, 통감은 오로지 외교에 관한 사항을 관리하기 위하여 경성에 주재하고, 친히 한국 황제 폐하를 만날 수 있는 권리를 가진다.
– 「고종실록」, 1905. 11.–

을사조약은 일본이 대한제국의 외교권 박탈을 위해 강제로 체결한 조약으로 원명은 한·일 협상조약이며, 을사늑약, 제2차 한·일 협약, 을사 보호 조약, 을사5조약이라고도 한다.

---

① 국권 피탈 과정

(1) 러·일 전쟁(1904.2.)

배경	삼국 간섭 이후 한반도를 둘러싼 러시아와 일본의 대립 ➡ 영국과 일본이 러시아를 견제하기 위한 군사 동맹으로 제1차 영·일 동맹 체결(1902) ➡ 일본은 러시아와의 전쟁 준비 ➡ 러시아는 압록강 지역의 삼림 채벌권을 보호한다는 구실로 용암포 점령 후 강제로 조차(1903) ➡ 러시아와 일본의 대립이 더욱 심화 ➡ 고종은 대한제국의 국외 중립을 선언(1904)
발발	일본은 러시아와의 협상이 결렬되자 인천 연안과 요동 반도의 여순항에 정박해 있던 러시아 함대를 기습 공격한 후 러·일 전쟁 선포(1904)
결과	일본은 울릉도 해전에서 러시아 발틱 함대를 격파한 후 전쟁의 주도권을 잡음 ➡ 러시아에서 발발한 페데르스부르크 혁명으로 전쟁이 조기에 종료(1905)

(2) 한·일 의정서 체결(1904.2.)

배경	일본은 러·일 전쟁 도발 직후 군대를 동원하여 서울 점령 후 강제로 체결
내용	• 전쟁 수행에 필요한 경우 일본이 대한 제국의 영토를 마음대로 사용 가능 • 내정 간섭, 외교권 행사 관여(일본의 동의 없이 제3국과 조약 체결 금지)

(3) 제1차 한·일 협약(1904.8.)

배경	일본이 러·일 전쟁에서 승리가 확실시되자 재차 대한 제국 정부에 조약 체결 강요
내용	고문 정치 : 일본이 추천한 고문의 사전 동의 없이는 일체의 재정 및 외교상의 일을 처리할 수 없음 └ 일본인 메가타를 재정 고문, 미국인 스티븐스를 외교 고문으로 초빙 └ 협약에 없는 군부·내부 등 각 부에도 일본인 고문 파견 └ 외국과의 조약 체결이나 그 외 중요 안건은 일본과 협의하여 시행

(4) 열강이 일본의 한국 지배 승인(1905)

가쓰라·태프트 밀약(1905.7.)	미국의 필리핀 지배와 일본의 한반도 지배권 상호 인정
제2차 영일 동맹(1905.8.)	영국의 인도 지배, 일본의 한반도 지배 상호 인정
포츠머스 조약(1905.9.)	러시아 군대의 만주 철수, 일본의 한반도 지배 인정

(5) 제2차 한·일 협약(을사늑약, 1905.11.)

배경	일본은 러·일 전쟁 승리 이후 고종과 대신들을 위협하고 을사 5적의 동의만으로 조약 체결
내용	• 외교권 박탈 : 일본의 보호국화 ➡ 사실상 주권 상실 • 통감 정치 : 통감부 설치 ➡ 초대 통감 이토 히로부미의 내정 장악

(6) 을사조약 반대 투쟁

고종의 노력	• 고종의 조약 무효화 노력(실패) : 헤이그 특사 파견(1907), 미국에 헐버트를 특사로 파견(1907) • 헤이그 특사 파견(1907) : 고종 강제 퇴위의 계기가 됨 ┌ 네덜란드 헤이그에서 열린 만국 평화 회의에 이상설 · 이준 · 이위종 파견 └ 을사조약 무효와 일본의 만행을 알리고자 함 ➡ 일본의 방해로 실패
을사 의병 (1905)	• 을사조약 폐기 및 국권 회복을 위해 의병이 일어남 • 민종식(유생 의병장), 최익현(유생 의병장), 신돌석(평민 의병장)
각종 투쟁	• 상소 운동(이상설, 조병세, 이근명 등), 순국 자결(민영환, 조병세, 이한응 등) • 언론 : 황성신문에 장지연의 '시일야방성대곡' 논설 게재 • 의거 : 나철, 오기호의 5적 암살단(자신회) 조직(1907) ➡ 실패

(7) 한·일 신협약(정미 7조약, 1907.7.)

배경	일제는 헤이그 특사 파견을 문제 삼아 고종을 강제 퇴위시킴 ➡ 순종을 즉위 시킨 후 조약 체결 강요
내용	• 통감의 권한이 더욱 강화 • 차관 정치 : 통감이 추천하는 일본인이 대한제국의 주요 관직 차지 • 군대 해산 : 부속 각서를 체결하여 군대 해산 ➡ 해산된 군인들이 지방 각지의 의병에 가담

(8) 항일 의병 운동과 열사들의 투쟁

정미의병 (1907)	• 고종의 강제 퇴위와 군대 해산에 맞서 의병이 일어남 • 해산 군인 참여로 전투력 강화 ➡ 의병 전쟁으로 발전, 전국적 확산 • 13도 창의군 결성(총대장 이인영, 군사장 허위) ➡ 서울 진공 작전 전개(1907.12.) ➡ 일제에 의해 실패
남한 대토벌 작전 (1909.9.)	서울 진공 작전 실패 후에도 호남 지역을 중심으로 의병 활동 활발 ➡ 일제의 무자비한 탄압 ➡ 의병 활동 위축 ➡ 만주 · 연해주로 의병 이동
의사와 열사의 항일 투쟁	• 미국 샌프란시스코에서 전명운, 장인환의 스티븐스 사살(1908) • 안중근 ┌ 연해주 의병의 우영장으로 국내 진공 작전 전개 ├ 만주 하얼빈에서 초대 통감 이토 히로부미 사살(1909) └ 『동양평화론』 집필 : 의거 이후 중국의 뤼순 감옥에서 집필, 동양평화를 위해 일제의 침략상 비판 및 한 · 중 · 일이 대등한 위치에서 상호 협력 주장 • 서울 명동 성당에서 이재명의 매국노 이완용 처단 시도 실패(1909)

(9) 국권 피탈(1910)

한 · 일 병합	• 기유각서(1909.7.) : 사법권과 감옥에 대한 사무권 강탈 • 각종 악법 제정 : 신문지법(1907.7.) · 보안법(1907.7.) · 출판법(1909.2.) • 경찰권 박탈(1910.6.) : 경찰권 위탁 협정 후 경찰권 강탈 • 한 · 일 병합 조약(1910.8.) : 일진회의 합방 청원서 제출 ➡ 총리 대신 이완용과 통감 데라우치 합의 ➡ 대한제국 주권 상실, 일본 식민지화 ➡ 조선 총독부 설치

▲ 헤이그 특사
왼쪽부터 이준, 이상설, 이위종 열사

▲ 민영환의 유서

사료 살펴보기

한·일 신협약(정미 7조약, 1907. 7.)

제1조 한국 정부는 시정 개선에 관하여 통감의 지도를 받을 것.
제2조 한국 정부의 법령 제정 및 중요한 행정상의 처분은 미리 통감의 승인을 거칠 것.
제4조 한국 고등 관리의 임면은 통감의 동의로써 이를 행할 것.
제5조 한국 정부는 통감이 추천한 일본인을 한국 관리로 임명할 것.
– 「순종 실록」 1907. 7. –

일본은 한·일 신협약에 따라 통감이 대한제국의 내정을 장악하고 일본인들이 각 부의차관에 임명되었다. 그리고 국권 강탈에 가장 큰 걸림돌이 될 수 있는 군대를 해산하였다.

▲ 안중근 의사
이토 히로부미가 러시아 대신과의 회담을 위해 하얼빈을 방문하자 기차에서 내리는 그를 사살하였다.

은쌤의 합격노트

국권 피탈 과정

☑ 시험에 꼭 나오는 키워드

- 국권 피탈 과정 중에 일어난 주요 사건을 시간 순으로 정리하기 ➡ 제1차 영·일 동맹–러시아의 용암포 조차–대한제국 국외 중립 선언–러·일 전쟁–한·일 의정서–제1차 한·일 협약–각종 한국 지배 승인 조약–을사늑약–을사늑약 반대 투쟁–정미 7조약–한·일 병합 조약
- 한·일 의정서의 내용 숙지하기 ➡ 출제율은 낮지만 다른 조약의 오답 선지로 자주 활용됨
- 제1차 한·일 협약의 내용 숙지하기 ➡ 출제율은 낮지만 다른 조약의 오답 선지로 자주 활용됨
- 을사늑약 ➡ 단독으로 출제됨, 을사늑약에 대한 우리 민족의 각종 저항을 물어보는 문제에 활용됨
- 정미 7조약 ➡ 단독으로 출제됨, 정미의병과 연계하여 출제가 되기도 함
- 안중근, 최익현, 신돌석은 인물 문제로 단독 출제됨

☑ 최다 빈출 선지

러·일 전쟁 직전 상황
① 제1차 영일 동맹이 체결되었다.
② 러시아가 용암포를 점령하고 조차를 요구하였다.
③ 고종이 국외 중립을 선언하였다.
④ 러·일 전쟁이 발발하였다.

1차 한·일 협약
① 일본인 재정 고문을 두도록 하는 조항을 담고 있다.
② 메가타가 재정 고문으로 부임하는 근거가 되었다.
③ 스티븐스가 외교 고문으로 부임하는 계기가 되었다.

러·일 전쟁 승리 직후
① 일본과 미국이 가쓰라·태프트 밀약을 체결하였다.

을사늑약
① 통감부가 설치되는 결과를 가져왔다.
② 외교권이 강탈되고 통감부가 설치되었다.
③ 통감부가 설치되고 초대 통감이 부임하였다.

을사늑약의 저항
① 헤이그에서 열린 만국 평화 회의에 특사로 파견되었다.
② 명동 성당 앞에서 이완용을 습격하여 중상을 입혔다.
③ 황성신문에 시일야방성대곡이 게재되었다.
④ 조약 체결에 반대하여 민영환이 자결하였다.

⑤ 친일 인사인 스티븐스를 사살하였다.
⑥ 5적 처단을 위해 자신회를 조직하였다.
⑦ 민영환, 조병세 등이 자결로써 항거하였다.
⑧ 안중근이 하얼빈에서 이토 히로부미를 사살하였다.
⑨ 을사늑약에 반발하여 봉기하였다(을사의병).

헤이그 특사
① 고종이 헤이그 특사를 파견하여 부당성을 알리고자 하였다.
② 고종이 강제로 퇴위당하는 계기가 되었다.

안중근
① 동양 평화론을 저술하였다.
② 하얼빈역에서 이토 히로부미를 사살하였다.

한·일 신협약
① 한·일 신협약이 체결되었다.
② 대한제국의 군대 해산을 규정하였다.

한·일 신협약 이후
① 13도 창의군이 서울 진공 작전을 전개하였다(정미의병).
② 의병 진압을 위한 남한 대토벌 작전이 전개되었다.
③ 기유각서를 통해 일제에 사법권을 박탈당하였다.
④ 초대 총독으로 데라우치가 부임하였다.

01 다음 기사를 활용한 탐구 활동으로 가장 적절한 것은?

해외 언론 보도로 본 민족 운동

THE CALL

Shot Down by Korean Conspirator, Diplomat Stevens Is at Point of Death

오늘 나는 스티븐스를 쏘았다. 그는 대한 제국의 외교 고문에 임명되어 후한 대접을 받고 있음에도 일본의 이익을 위해 한국인에게 온갖 잔인한 일을 자행하였다. …… 나는 어떤 처벌에도 불만이 없으며, 조국의 자유를 위한 투쟁에 도움이 된다면 영광스럽게 죽을 것이다.

① 제1차 한일 협약의 내용을 알아본다.
② 삼국 간섭이 발생한 원인을 분석한다.
③ 일제가 조작한 105인 사건의 영향을 파악한다.
④ 영국이 거문도를 불법 점령한 과정을 조사한다.
⑤ 고종이 러시아 공사관으로 피신한 이유를 찾아본다.

제1차 한·일 협약

정답 ① 다음 기사는 1908년 미국에서 장인환과 전명운이 처단한 친일적인 미국인 스티븐스와 관련된 내용이다. 1908년 3월 미국 샌프란시스코에서 전명운·장인환은 대한 제국의 외교 고문이자 친일적인 미국인 스티븐스가 통감부의 한국 통치를 찬양하자 사살하였다.

정답 분석

① 일본은 러·일 전쟁에서 승기를 잡자 1904년 8월 제1차 한·일 협약 체결을 강요하였다. 일본인과 외국인 각 한 명을 재정 및 외교 고문으로 초빙한다는 내용에 따라 재정 분야에서는 일본인 메가타가, 외교 분야에서는 미국인 스티븐스가 고문으로 임명되었다.

오답 피하기

② 일본이 청·일 전쟁에서 승리한 대가로 1895년 시모노세키 조약을 통해 랴오둥 반도를 차지하자 러시아, 프랑스, 독일이 일본에 압력을 가하여 이를 돌려주도록 하는 삼국 간섭을 하였다.
③ 일제는 1911년 군자금을 모으다 잡힌 안명근 사건을 데라우치 총독 암살 미수 사건으로 확대·조작하였다. 그 결과 신민회 회원 105명을 기소하는 105인 사건이 일어났고, 신민회는 와해되었다.
④ 영국은 1885년 러시아의 남하를 견제한다는 명분을 내세워 거문도를 불법으로 점령하였다.
⑤ 고종은 1896년 을미사변과 단발령에 반대하여 지방 유생들이 대거 봉기하자 그 틈을 타서 러시아 공사관으로 피신하는 아관파천을 단행하였다.

---

02 다음 사건이 전개된 결과로 옳은 것은?

사건 일지

11월 10일 이토, 고종에게 일왕의 친서 전달
11월 15일 이토, 고종을 접견하고 협상 초안 제출
11월 16일 이토, 대한 제국 대신들에게 조약 체결 강요
11월 17일 일본군을 동원한 강압적 분위기 속에서 조약 체결 진행
11월 18일 이토, 외부인(外部印)을 탈취하여 고종의 윤허 없이 조인

① 대한국 국제가 반포되었다.
② 별기군 교관으로 일본인이 임명되었다.
③ 외교권이 박탈되고 통감부가 설치되었다.
④ 고종이 러시아 공사관으로 거처를 옮겼다.
⑤ 제물포에서 러시아 합대가 일본 해군에게 격침되었다.

을사늑약

정답 ③ 다음 사건은 을사늑약이다. 일본은 1905년 11월 대한 제국의 고종과 관료들의 반대를 무시하고 강제로 을사늑약을 체결하였다. 일본은 한국의 외교권을 도쿄에 있는 외무성을 통해 행사할 것을 규정하였고, 한국 정부는 일본의 중개 없이 어떠한 조약이나 약속을 맺지 못하게 하였다. 또한, 외교 사항을 관리한다는 명분으로 한국 통감부를 설치하였다. 이후 한국 통감부는 외교권만이 아니라 내정까지도 간섭하면서 대한 제국을 일본의 보호국으로 만들었다.

정답 분석

③ 강제로 체결된 을사늑약으로 대한 제국의 외교권은 강탈당하였다. 그 후 통감부가 설치되었고, 이토 히로부미가 초대 통감으로 부임해 내정과 외교를 장악하였다.

오답 피하기

① 고종은 독립 협회를 해산시킨 뒤, 대한국 국제를 반포하였다(1899).
② 개화 총괄 기구 통리기무아문은 신식 군대를 양성하기 위해 별기군을 창설하였다(1881).
④ 일본군이 을미의병을 진압하려고 지방으로 출동하자, 경비가 소홀한 틈을 타 고종이 러시아 공사관으로 피신하는 아관 파천을 단행하였다(1896).
⑤ 일본은 인천 연안 제물포와 뤼순항에 정박해 있던 러시아 함대를 기습 공격한 후 전쟁을 선포하였다(1904).

03 밑줄 그은 '특사'가 파견된 배경으로 가장 적절한 것은?

전보 제○○○호

발신인 : 하야시 외무대신(도쿄)

수신인 : 이토 통감(한성)

　　헤이그에서 발행된 평화회의보는 한국 전 부총리대신 이상설 외 2명이 평화회의에 특사로 파견되었다고 보도함. 기사에는 우선 그 한국인이 평화회의 위원으로 한국 황제가 파견한 자라는 것이 기재되었고, 이어서 일본이 한국 황제의 뜻을 배반하고, 병력으로 한국의 법규 관례를 유린하고 동시에 한국의 외교권을 탈취한 점, 그 결과 자신들이 한국 황제가 파견한 위원임에도 불구하고 평화회의에 참여할 수 없음이 유감이라는 점 등이 실렸음

① 임오군란이 일어났다.

② 집강소가 설치되었다.

③ 을사늑약이 체결되었다.

④ 조선 태형령이 제정되었다.

⑤ 대한 제국의 군대가 해산되었다.

헤이그 특사

정답 ③　　밑줄 그은 '특사'는 1907년 고종이 파견한 헤이그 특사이다. 고종은 을사조약이 체결되자, 조약의 무효를 선언하고 일제의 불법적인 국권 강탈을 폭로하여 국제 사회의 지원을 받고자 하였다. 이에 1907년 네덜란드 헤이그에서 열리는 제2회 만국 평화 회의에 이상설, 이준, 이위종을 특사로 파견하였다. 그러나 이들은 일본 등의 방해로 성과를 거두지 못하였고, 일본은 외교권이 없는 상태에서 특사를 보냈다는 이유 등으로 고종을 강제 퇴위시키고 순종을 즉위시켰다.

정답 분석

③ 1907년 고종은 네덜란드 헤이그에 이상설, 이준, 이위종을 특사로 파견하여 을사조약이 무효임을 국제 사회에 알리고자 하였다.

오답 피하기

① 1882년 별기군에 비해 차별 대우를 받던 구식 군인들이 임오군란을 일으켰다.

② 1894년 동학 농민군은 전주 화약을 맺은 후 전라도 각 지역에 집강소를 설치하고 행정과 치안을 담당하면서 개혁을 추진해 갔다.

④ 1912년 일제가 무력을 앞세워 한국을 강점했지만 한국인의 저항이 쉽사리 꺾이지 않자 조선 태형령을 만들어 한국인을 위협·탄압하면서 억압적인 사회 분위기를 만들었다.

⑤ 1907년 일본은 한·일 신협약(정미 7조약)을 시행하기 위한 부속 각서를 체결하여 군대를 해산하였다.

---

04 (가), (나) 조약 사이의 시기에 있었던 사실로 옳은 것은?

(가) 제2조 일본국 정부는 한국과 타국 사이에 현존하는 조약의 실행을 완수하는 책임을 지며 한국 정부는 금후 일본국 정부의 중개를 거치지 않고서는 국제적 성질을 가진 어떤 조약이나 약속을 맺지 않을 것을 약속한다.

제3조 일본국 정부는 그 대표자로서 한국 황제 폐하의 아래에 1명의 통감을 두되, 통감은 오로지 외교에 관한 사항을 관리하기 위하여 서울에 주재하고 직접 한국 황제 폐하를 궁중에서 알현할 권리를 가진다.

(나) 제2조 한국 정부의 법령 제정 및 중요한 행정상의 처분은 미리 통감의 승인을 거친다.

제4조 한국 고등 관리를 임명하고 해임시키는 것은 통감의 동의에 의하여 집행한다.

제5조 한국 정부는 통감이 추천한 일본인을 한국 관리로 임명한다.

① 13도 창의군이 서울 진공 작전을 전개하였다.

② 관민 공동회가 개최되어 헌의 6조를 결의하였다.

③ 동학 농민군이 우금치에서 관군 및 일본군에 맞서 싸웠다.

④ 영국이 러시아를 견제하기 위해 거문도를 불법 점령하였다.

⑤ 고종이 헤이그에서 열린 만국 평화 회의에 특사를 파견하였다.

을사늑약~정미7조약 사이에 있었던 사건

정답 ⑤　　(가)는 을사늑약, (나)는 정미7조약이다.

(가) 열강으로부터 한국에 대한 독점 지배를 인정받은 일본은 한국을 보호국화하는 을사늑약 체결을 강요하였다.

(나) 일본은 헤이그 특사를 구실로 고종을 강제로 퇴위시켰다(1907). 이어서 일본은 정미7조약(한·일 신협약)을 강제로 체결하였다(1907).

정답 분석

⑤ 을사늑약이 체결되자 고종은 1907년 네덜란드 헤이그에서 열린 만국 평화 회의에 이상설, 이준, 이위종을 특사로 파견했으나, 성과를 거두지 못하였다.

오답 피하기

① 1907년 정미7조약으로 대한 제국의 군대가 해산되자 해산 군인들은 1908년 13도 연합 의병 부대(13도 창의군)를 결성하여 서울 진공 작전을 펼쳤다.

② 1898년 10월 29일에 열린 관민 공동회에서 독립 협회는 헌의 6조를 참석한 대신에게 승인하라고 요구하였다.

③ 1894년 전봉준이 이끄는 동학 농민군의 주력 부대는 공주 우금치에서 일본군과 정부군을 상대로 치열하게 싸웠지만 크게 패하였다.

④ 1885년 고종은 청의 내정 간섭이 심해지자 조·러 비밀 협약을 추진하자 러시아와 대립하고 있던 영국은 이를 빌미로 거문도를 불법으로 점령하였다.

05 다음 상황이 전개된 배경으로 옳은 것은?

> 박승환은 병대(兵隊)에 대한 해산 소식을 듣고 통곡하며 부하들에게 말하기를, "이제 국가가 망하였는데도 일본인 하나를 죽이지 못하였으니 죽어도 그 죄를 씻지 못할 것이다. 나는 차마 제군들이 병대를 떠나도록 놓아둘 수 없다. 차라리 내가 죽고 말겠다."라고 하면서 결국 자결하였다.

① 정미 7조약이 체결되었다.
② 일제가 105인 사건을 조작하였다.
③ 초대 총독으로 데라우치가 부임하였다.
④ 기유각서가 일제의 강압에 의해 조인되었다.
⑤ 일진회가 한일 합방을 촉구하는 성명을 발표하였다.

정미 7조약(한일 신협약)

정답 ①　　다음 상황은 1907년 대한 제국의 군대가 해산됨으로써 일본의 침략에 군사적 대응을 하지 못하게 된 상황이다. 1907년 고종이 강제로 퇴위당한 후 곧바로 한 · 일 신협약(정미 7조약)이 체결되었다. 이 조약에 따른 비밀 각서에는 대한 제국의 군대를 해산시킨다는 내용이 담겨 있었다. 이에 따라 서울의 시위대를 시작으로 군대 해산이 진행되었다. 그 과정에서 시위대의 대대장 박승환이 자결하였고 시위대 병사들이 봉기하였다. 이들은 서울 곳곳에서 일본군과 시가전을 벌였고, 이러한 움직임은 지방 진위대에도 이어졌다. 해산된 군인 중 일부는 항일 의병에 참여하였다.

정답 분석

① 1907년 일제는 고종을 강제 퇴위시키고, 뒤이어 한 · 일 신협약(정미 7조약)을 체결한 후 군대를 해산시켰다. 이에 서울과 지방의 해산 군인들 중 일부가 무기를 지닌 채 의병에 대거 가담하였다.

오답 피하기

② 105인 사건은 1911년 9월 데라우치 총독 암살 미수 혐의로 신민회의 주요 활동가들이 검거된 사건이다.
③ 1910년 초대 총독으로 조선 통감이었던 데라우치 마사타케가 임명되었다.
④ 1909년 일본은 기유각서를 통해 사법권을 박탈하고 이어 경찰권까지 탈취하였다.
⑤ 1909년 일본은 한국 병합에 대한 여론을 유도하고, 일진회를 사주하여 합방 청원서를 제출하도록 하였다.

06 (가) 인물에 대한 설명으로 옳은 것은?

> 이곳은 최근 다시 개관한 하얼빈의 (가) 기념관입니다. (가) 동상 위의 시계는 9시 30분에 멈춰 있습니다. 이토 히로부미를 저격한 바로 그 시각입니다.

① 동양 평화론을 저술하였다.
② 친일 인사인 스티븐스를 사살하였다.
③ 5적 처단을 위해 자신회를 조직하였다.
④ 명동 성당 앞에서 이완용을 습격하였다.
⑤ 동양 척식 주식회사에 폭탄을 투척하였다.

독립 운동가 안중근

정답 ①　　(가) 인물은 안중근이다. 안중근은 국내에서 의병 투쟁이 치열하게 전개되던 1907년 연해주로 가서 의병 운동에 참가하였다. 이듬해 대한의군참모중장 겸 특파독립대장 및 아령지구 사령관의 자격으로 100여 명의 부하를 이끌고 국내로 침투하여 일본군과 격전을 벌였다. 1909년 동지 11명과 죽음으로써 구국 투쟁을 벌일 것을 손가락을 끊어 맹세하고 동의단지회를 결성하였다. 그해 10월 26일 중국의 하얼빈에서 조선의 식민지화를 주도한 이토 히로부미를 사살하고 그 즉시 체포되었다.

정답 분석

① 1910년 안중근이 감옥에서 저술한 "동양평화론"에 따르면 랴오둥 반도의 항구인 뤼순을 한, 중, 일 3국이 공동으로 관리하는 군항으로 만들고, 세 나라에서 대표를 파견하여 평화 회의를 조직하자고 하였다.

오답 피하기

② 1908년 장인환과 전명운은 미국 샌프란시스코에서 대한 제국의 외교 고문으로 있었으며, 당시 통감부 고문이던 친일적인 미국인 스티븐스를 처단하였다.
③ 1907년 나철과 오기호 등은 을사 5적을 처단하기 위해 자신회라는 5적 암살단을 조직하여 활동하였다.
④ 1909년 이재명은 매국노를 처단하는 것이 국권 수호의 지름길이라 여기고, 이완용을 칼로 찔러 을사오적을 공포에 떨게 하였다.
⑤ 1926년 의열단원 나석주는 동양 척식 주식회사와 조선 식산 은행에 폭탄을 투척하였다.

51강 항일 의병 투쟁과 애국 계몽 운동

▲ 의병 부대의 활동

▲ 쓰시마 섬으로 압송되는 최익현

▲ 정미의병의 모습

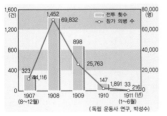

▲ 의병의 전투 횟수

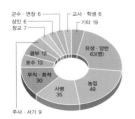

▲ 후기 의병장의 신분·직업별 분포

1 항일 의병 투쟁

(1) 을미의병(1895)

배경	을미사변(명성 황후 시해)과 단발령(을미개혁)에 대한 반발
주도 세력	• 위정척사 사상을 가진 유생들이 주도 : 유인석, 이소응, 허위 등 • 농민과 동학 농민군의 잔여 세력이 가담하여 전국으로 확대
주요 활동	• 지방의 주요 도시 공격, 친일 관리와 일본인 처단 • 유인석 부대 : 제천 지방을 중심으로 활동하여 한때 충주성 점령 • 이소응 부대 : 춘천을 중심으로 활동
결과	• 아관 파천 이후 고종이 단발령을 철회하고, 의병 해산 권고 조칙을 내리자 대부분 해산 • 해산된 일부 농민들은 활빈당을 조직하여 반봉건·반침략 운동 지속 ➡ 친일파 관리 처단, 일본 상인 공격

(2) 을사의병(1905)

배경	을사늑약 체결로 인한 외교권 박탈 등 일제의 침략 행위 본격화
주도 세력	• 양반 유생, 전직 관료 등 유생 의병장이 주도 • 신돌석 등 평민 출신 의병장이 등장하기 시작 • 일반 민중들까지 가세하면서 참여 계층이 확대
주요 활동	• 민종식 부대 : 충남 홍주성 점령 • 최익현 부대 : 전북 태인에서 의병 일으켜 순창으로 진격 ➡ 대한 제국 정부가 보낸 군대와 대치하자 스스로 포로가 됨 ➡ 일본의 대마도로 압송되어 순국 • 신돌석 부대 : 태백산 호랑이로 불림, 경상도 평해와 울진 등지에서 크게 활약

(3) 정미의병(1907)

배경	고종의 강제 퇴위와 한·일 신협약에 따른 대한제국 군대의 강제 해산
주도 세력	• 해산 군인들의 의병 부대 합류(전투력 강화) ➡ 의병 전쟁으로 발전 • 농민·소상인·노동자·승려·화적 등 다양한 계층이 참여 ➡ 전국적 확산 • 양반 유생 출신 의병장 비율이 떨어지고, 평민 출신 의병장이 다수를 차지
주요 활동	• 각국 영사관에 의병을 국제법상 합법적 교전 단체로 승인해 달라고 요청하는 서한을 발송 • 13도 창의군(13도 연합 부대) 결성(1907) ┌ 1만여 명의 의병이 양주에 집결 └ 이인영을 총대장, 허위를 군사장으로 하여 서울 진공 작전을 계획 • 서울 진공 작전(1908) ┌ 총대장 이인영이 부친상으로 이탈하여 허위가 의병을 이끎 └ 허위가 이끄는 선발대가 동대문 밖 30리 지점까지 진격 ➡ 일본군의 선제공격으로 패배(실패)

② 애국 계몽 운동

(1) 애국 계몽 운동의 등장

시기	을사조약(1905) 전후로 활발히 전개
성격	• 사상적으로 사회 진화론의 영향을 받음 • 실력을 양성하여 국권을 되찾고자 함(실력 양성 운동) • 학교 건립(인재 육성), 신문, 잡지 등 창간(국민 계몽), 식산흥업(경제적 실력 양성) 등을 통해 국권 회복 방안 모색
의의	• 국민 계몽과 교육을 통해 장기적인 독립 운동의 인재 양성 • 근대적 민족 산업을 진흥시켜 독립 운동의 경제적 토대 마련에 노력
한계	• 일제에 정치적·군사적으로 예속되어 성과가 미약 • 사회 진화론에 따른 일제의 한반도 통치 인정

(2) 애국 계몽 단체의 활동

보안회 (1904)	• 관료와 유생이 주도 • 일본의 황무지 개간권 요구 반대 운동 ➡ 일본의 요구를 철회시킴
헌정 연구회 (1905)	• 독립 협회 계승 • 의회 설립을 통한 입헌 군주제 실시 주장 • 일진회의 친일 행위 규탄 ➡ 일제의 탄압으로 해산
대한 자강회 (1906)	• 헌정 연구회 계승 • 전국 각지에 지회 설치, 『대한 자강회 월보』 간행, 강연회 개최 • 고종 강제 퇴위 반대 운동 전개 ➡ 통감부의 탄압으로 해산(1907)
대한 협회 (1907)	• 대한 자강회 계승 • 민권 신장을 위해 노력 ➡ 친일적 성격으로 변화

(3) 신민회(1907)

결성	• 을사늑약 체결 이후 통감부의 탄압으로 합법적인 계몽 운동에 한계를 느낀 안창호, 이승훈, 이회영, 양기탁 등이 조직 • 언론인, 종교인, 교사, 학생 등 각계각층이 참여 ➡ 800여 명의 회원을 확보
특징	• 목표 : 국권 회복과 공화 정체를 바탕으로 실력을 키워 근대 국민 국가 건설 • 방안 : 실력 양성 운동(교육 진흥, 국민 계몽, 산업 진흥)과 무장 투쟁을 함께 추진 ➡ 독립 전쟁 준비론
국내 활동	• 교육 : 평양에 대성 학교(안창호), 정주에 오산 학교(이승훈) 등 교육 기관 설립 • 산업 : 자기 회사, 태극 서관, 방직 공장 등 설립 • 문화 : 대한매일신보 발행(신민회의 기관지 역할), 학회와 강연 활동(국민 계몽)
국외 활동	• 남만주(서간도)의 삼원보에 한인 집단 거주 지역 건설 • 국외 독립 운동 기지 건설 : 신흥 강습소 설립(신흥 무관 학교의 전신) ➡ 장기적인 독립 운동 기반 마련
해체	일제가 날조한 105인 사건으로 조직이 와해됨(1911)

한눈에 흐름 파악하기

1904. 보안회 결성
1905. 헌정 연구회 결성
1906. 대한 자강회 결성
1907. 2. 국채 보상 운동 시작
4. 신민회 결성
7. 신문지법 시행 / 보안법 시행
1908. 8. 사립 학교령 시행
1909. 2. 출판법 시행

▲ 대한 자강회 월보

▲ 신민회가 세운 평양의 대성학교

▲ 신민회가 세운 정주의 오산학교

▲ 105인 사건으로 연행되는 신간회 회원들

▲ 서간도와 인접한 압록강 상류 모습

▲ 기호흥학회 월보

▲ 백두산 정계비 위치

백두산 정계비에 '서쪽은 압록강, 동쪽은 토문강으로 국경을 삼는다.'라고 되어 있다. 이후 토문강에 대한 해석상의 차이로 간도 귀속 문제가 발생하였다.

▲ 독도

(4) 교육·언론 활동

교육	• 학회를 중심으로 기관지 발행 및 학교 설립을 통한 대중 계몽 활동 전개 • 서북 학회, 호남 학회, 기호 흥학회, 관동 학회 등 • 사립학교 설립(보성, 양정, 중동, 오산 등), 야학 및 강습소 설립
언론	황성신문, 대한매일신보 등이 일제의 국권 침탈에 항거
의의	애국심 고취, 근대 의식 각성, 경제적 자립 추진, 장기적인 민족 독립 운동의 기반 조성
한계	• 일제의 탄압 : 신문지법 제정, 사립 학교령 공포, 보안법 등 각종 악법 제정 • 한계 : 의병 투쟁 비난, 일부 세력은 일제의 침략과 지배를 필연적으로 인정

③ 간도와 독도

간도 귀속 문제	• 배경 : 백두산정계비 건립(1712, 숙종) ➡ 19세기 후반 토문강의 해석 문제를 두고 청과 간도 귀속 문제 발생 • 대한제국의 정책 : 간도 이주민이 증가 ➡ 간도 관리사 이범윤 파견(간도의 토지와 호구를 조사하고 조선인을 보호하는 영사의 역할을 수행), 간도를 함경도의 행정 구역에 편입(1902) • 간도 협약 체결(1909) : 을사조약 이후 일본이 만주의 철도 부설권을 얻는 대가로 간도를 청의 영토로 인정(일제가 대한제국 외교권 대신 행사한 것으로 법적으로 무효임)
독도 영유권 문제	• '대한 제국 칙령 제41호' 공포(1900) ┌ 대한제국은 개항 이후 일본 어민의 조업이 활발해지자 칙령을 공포 ├ 울릉도를 울도로 개칭하고 울도 군수가 관할하는 지역에 석도(독도) 포함 └ 중앙 관보에 게재하여 독도가 대한 제국의 영토라는 사실을 세상에 공표 • 일제의 강탈 : 일제는 러·일 전쟁 중 '시마네 현 고시 제40호'(1905)를 발표하여 일방적으로 독도를 시마네현에 편입함 • 우리의 땅이라는 증거 : 신라 지증왕 때 우산국 정벌, 「세종실록지리지」의 기록, 안용복의 활동, 「죽도기사」(1726)와 일본 태정관 문서 등

은쌤의 합격노트

🏮 항일 의병 투쟁

☑ 시험에 꼭 나오는 키워드

- 을미의병의 특징과 주요 의병장 기억하기 ➡ 단독으로 출제됨
- 을사의병의 특징과 주요 의병장 기억하기 ➡ 단독으로 출제됨, 최익현은 인물 문제로 출제됨
- 정미의병의 특징과 주요 의병장 기억하기 ➡ 단독으로 출제됨, 허위는 인물 문제로 출제됨

☑ 최다 빈출 선지

을미의병
① 을미사변과 단발령 시행에 반발하여 일어났다.
② 유인석, 이소응 등의 유생들이 주도하였다.
③ 유생 출신 유인석이 이끄는 의병이 충주성을 점령하였다.
④ 고종의 해산 권고 조칙에 따라 해산하였다.

을사의병
① 을사늑약에 반대하여 의병을 일으켰다.
② 최익현, 신돌석 등이 의병을 일으켰다.
③ 최익현, 민종식 등이 주도하였다.
④ 민종식이 이끈 부대가 홍주성을 점령하였다.

최익현
① 지부복궐척화의소를 올려 왜양일체론을 주장하였다.
② 단발령 시행에 반발하여 의병을 일으켰다.
③ 관군에게 체포되어 쓰시마섬에서 순국하였다.

정미의병
① 13도 창의군을 결성하여 서울 진공 작전을 전개하였다.
② 양주에 집결하여 서울 진공 작전을 전개하였다.
③ 국제법상 교전 단체로 승인해 줄 것을 요구하였다.

허위
① 13도 창의군을 이끌고 서울 진공 작전을 전개하였다.

🏮 애국 계몽 운동

☑ 시험에 꼭 나오는 키워드

- 보안회의 활동 기억하기 ➡ 간혹 단독으로 출제됨
- 헌정 연구회, 대한 자강회의 활동 정리하기 ➡ 단독 출제보다는 신민회의 오답 선지로 많이 활용됨
- 신민회의 활동 기억하기 ➡ 단독으로 출제됨

☑ 최다 빈출 선지

보안회
① 일제의 황무지 개간권 요구를 저지하였다.

헌정 연구회
① 입헌 군주제 수립을 목표로 하였다.

대한 자강회
① 고종의 강제 퇴위 반대 운동을 전개하였다.

신민회
① 양기탁 등과 함께 신민회를 조직하였다.
② 대성 학교와 오산 학교를 세워 민족 교육을 전개하였다.
③ 태극 서관을 운영하며 계몽 서적을 보급하였다.
④ 평양에 자기 회사를 설립하였다.
⑤ 남만주 삼원보에 독립운동 기지를 건설하였다.
⑥ 독립군을 양성하기 위하여 신흥 강습소를 설립하였다.
⑦ 일제가 조작한 105인 사건으로 와해되었다

🏮 간도와 독도

☑ 시험에 꼭 나오는 키워드

- 숙종 때 백두산정계비와 고종 때 간도 관리사 파견, 간도 협약 체결 등이 간도 지역과 관련된 내용이라는 것을 숙지하기
- 이사부의 우산국 정벌, 안용복의 활동, 대한제국 칙령 제41호, 러·일 전쟁 중 시마네 현 고시 제40호에 따른 강제 편입 등이 독도와 관련된 내용이라는 것을 숙지하기

☑ 최다 빈출 선지

간도
① 청과의 국경을 정한 백두산정계비를 세웠다(숙종).
② 이범윤을 간도 관리사로 임명하였다(고종).
③ 간도 협약이 체결되었다(고종).

독도
① 이사부가 우산국을 복속시켰다(지증왕).
② 대한제국 칙령 제41호에서 관할 영토로 명시한 곳이다(고종).
③ 일본이 러일 전쟁 중에 불법 편입하였다(고종).

01 밑줄 그은 '의병'에 대한 설명으로 옳은 것은?

> 이곳은 의암 유인석의 위패가 모셔져 있는 충청북도 제천의 자양영당입니다. 이곳에서 유인석은 국모의 원수를 갚고 전통을 보전한다는 복수보형(復讐保形)을 기치로 8도의 유림을 모아 의병을 일으키려는 비밀 회의를 열었습니다.

① 단발령의 시행에 반발하여 봉기하였다.
② 민종식이 이끈 부대가 홍주성을 점령하였다.
③ 국제법상 교전 단체로 승인해 줄 것을 요구하였다.
④ 의병 부대가 연합하여 서울 진공 작전을 전개하였다.
⑤ 조선 총독부에 국권 반환 요구서를 제출하고자 하였다.

을미의병

정답 ①　밑줄 그은 '의병'은 을미의병이다. 을미의병은 유인석, 이소응, 허위 등 위정척사 사상을 가진 유생들이 의병을 주도하였는데, 농민과 동학 농민군의 잔여 세력이 가담하여 전국으로 확대되었다.

정답 분석

① 을미의병은 을미사변과 단발령에 반발하여 전국 각지에서 일어났다.

오답 피하기

② 1905년 을사조약이 체결되자 을사의병이 일어났는데, 민종식은 한때 천여 명에 이르는 의병을 모아 충남 홍주성을 점령하기도 하였다.
③ 정미의병은 외국 영사관에 연락하여 의병 부대를 국제 공법상의 교전 단체로 인정해 줄 것을 요청하기도 하였다.
④ 정미의병은 양주에 집결하여 이인영을 총대장, 허위를 군사장으로 한 13도 창의군을 결성하고 서울 진공 작전을 전개하였다.
⑤ 독립 의군부는 조선 총독부와 일본 정부에 국권 반환 요구서를 보내려고 계획하였다.

02 다음 자료의 인물이 주도한 의병에 대한 설명으로 옳은 것은?

> 이 비는 쓰시마 섬 수선사에 있는 항일 의병장의 순국비이다.
> 그는 제자들과 함께 전라북도 태안에서 의병을 일으켜 정읍·순창 일대를 장악하기도 하였으나, 체포되어 쓰시마 섬으로 끌려왔다. 그는 적(敵)이 주는 음식을 거절하고 단식을 계속하다가 순국하였다고 전해진다.

① 고종의 해산 권고 조칙으로 해산되었다.
② 외교권을 박탈한 조약에 항의하여 일어났다.
③ 해산 군인이 가담하면서 전투력이 강화되었다.
④ 국제법상의 교전 단체로 승인해 줄 것을 요구하였다.
⑤ 13도 창의군을 결성하여 서울 진공 작전을 전개하였다

을사의병

정답 ②　다음 자료의 인물은 최익현으로 그가 주도한 의병은 을사의병이다. 러·일 전쟁 발발 이후 일제의 침략이 본격화되고 을사늑약으로 나라가 큰 위기를 맞게 되자, 수많은 의병이 일어나 항일 구국 투쟁을 전개하였다. 이때에는 유생뿐만 아니라 평민 출신 의병장이 크게 활약했는데, 이를 을사의병이라고 한다. 을사늑약이 강요되자 최익현은 제자들과 봉기하여 정읍·순창 일대를 장악하였다. 그러나 관군이 출동하자 항전을 중지하고 체포되어 일본군에게 넘겨졌고, 쓰시마섬에 유배되어 순국하였다.

정답 분석

② 을사의병은 러·일 전쟁을 기점으로 일제의 침략이 노골화되고 을사늑약으로 외교권을 박탈당하자, 이에 맞서 수많은 의병이 항일 투쟁에 나서면서 시작되었다. 이때에 양반 유생뿐만 아니라 평민 출신의 의병장도 등장하였다.

오답 피하기

① 을미의병은 고종이 단발을 자유의사에 맡기겠다고 발표하면서 의병의 해산을 권유하자 대부분 활동을 중단하였다.
③ 일제는 고종을 강제 퇴위시키고, 뒤이어 한·일 신협약을 체결하고 군대를 해산시켰다. 이에 서울과 지방의 해산 군인들이 의병에 대거 가담하였고, 정미의병의 전력이 강화되었다.
④, ⑤ 1907년 전국의 의병 부대들(정미의병)은 13도 창의군을 결성하고 경기 양주에 집결하였다. 의병 1만여 명은 총대장으로 이인영, 군사장으로 허위를 선출하고 서울 진공 작전을 시도하였다. 이에 앞서 이인영은 외국 영사관에 연락하여 의병 부대를 국제 공법상의 교전 단체로 인정해 줄 것을 요청하기도 하였다.

03 (가)~(다) 학생이 발표한 내용을 일어난 순서대로 옳게 나열한 것은?

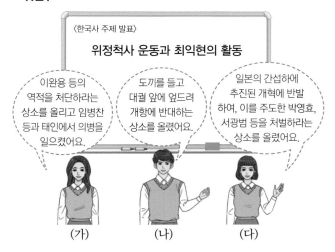

〈한국사 주제 발표〉

위정척사 운동과 최익현의 활동

이완용 등의 역적을 처단하라는 상소를 올리고 임병찬 등과 태인에서 의병을 일으켰어요.

도끼를 들고 대궐 앞에 엎드려 개항에 반대하는 상소를 올렸어요.

일본의 간섭하에 추진된 개혁에 반발하여, 이를 주도한 박영효, 서광범 등을 처벌하라는 상소를 올렸어요.

(가)　　　　(나)　　　　(다)

① (가) – (나) – (다)
② (가) – (다) – (나)
③ (나) – (가) – (다)
④ (나) – (다) – (가)
⑤ (다) – (나) – (가)

위정척사파 최익현

정답 ④　　(가)는 1906년 최익현이 주도한 을사의병, (나)는 1876년 최익현이 올린 일본과의 조약 체결에 반대하며 올린 상소, (다)는 1895년 최익현이 2차 갑오개혁을 주도한 박영효 일당이 실각하자, 일본으로 도주한 박영효, 서광범 등 개화파 인사들을 처벌할 것과 옛 의제의 회복을 주장하는 상소이다.

정답 분석

④ (나) 1876년 강화도 조약 체결을 전후하여 왜양 일체론이 제기되면서 개항 반대 운동이 전개되었다. 1876년 1월 최익현은 도끼를 앞에 놓고 꿇어앉아 일본과의 조약 체결에 적극 반대하는 상소를 올렸다. 자신의 상소를 받아들이든지 아니면 도끼로 자신을 죽여 달라는 단호한 의지를 나타낸 것이다.

(다) 1895년 최익현은 2차 갑오개혁을 주도한 박영효 일당이 실각하고 김홍집이 정권을 잡게 되자, 상소를 올려 일본으로 도주한 박영효, 서광범 등 개화파 인사들을 처벌할 것과 옛 의제의 회복을 주장하였다. 그러나 이 상소는 받아들여지지 않았고, 을미사변 이후 친일 내각은 을미개혁을 단행하여 상투를 자르라는 단발령을 내렸다. 이에 최익현은 강력하게 반발하였다.

(가) 1905년 11월 최익현은 일본과 제멋대로 을사늑약을 체결한 을사 5적에 대해 처벌을 요구하는 상소를 올렸다. 1906년 최익현은 제자들과 전라북도 태인에서 의병을 일으켜 정읍·순창 일대를 장악하였다. 그러나 관군이 출동하자 항전을 중지하고 체포되어 일본군에게 넘겨졌고, 쓰시마 섬에 유배되어 순국하였다.

04 (가)에 대한 설명으로 옳은 것은?

이달의 역사 인물

일제의 침략에 맞서 싸운 의병장

왕산 허위(1854~1908)

경상북도 구미에서 출생하였다. 성균관 박사, 평리원 재판장 등을 역임하였다. 한·일 신협약 체결과 군대 해산에 반발하여 결성된 　(가)　에서 군사장을 맡았다. 　(가)　은/는 각지의 유생 의병장이 중심이 되어 결성한 의병 부대로 총 병력이 1만 여명에 이르렀으며, 총대장에는 대한관동창의대장 이인영을 추대하였다. 군사장 허위는 경기도 양평에서 일본 헌병에게 체포되어 서대문 감옥에서 순국하였다.

① 봉오동 전투에서 일본군을 격퇴하였다.
② 독립 공채를 발행하여 자금을 마련하였다.
③ 고종의 해산 권고 조칙에 따라 해산하였다.
④ 양주에 집결하여 서울 진공 작전을 전개하였다.
⑤ 조선 총독부에 국권 반환 요구서를 제출하려 하였다.

정미의병

정답 ④　　(가)는 정미의병이다. 고종이 퇴위당하고 군대가 해산되자(1907), 한성과 지방의 일부 군인들이 합류하여 정미의병 부대는 화력과 조직력이 보다 강화되었다. 의병 전쟁이 전국적으로 확산되는 가운데 유생 의병장들은 의병 연합 부대(13도 창의군)를 결성하였다(1907.12.).

정답 분석

④ 정미의병은 유생 의병장들이 중심이 되어 13도 연합 의병 부대(13도 창의군)를 결성하였다. 경기도 양주에 집결한 의병은 이인영을 총대장으로 추대하고 서울 진공 작전에 나섰으나, 우세한 화력의 일본군에게 가로막히고 말았다.

오답 피하기

① 1920년 6월 홍범도의 대한 독립군을 중심으로 한 연합 부대는 봉오동 전투에서 매복 작전을 펼쳐 일본군을 크게 물리쳤다.
② 대한민국 임시 정부는 독립운동 자금을 마련하기 위하여 국외 동포에게 독립 공채를 발행하고 의연금을 거두었다.
③ 을미의병은 아관 파천 이후 고종이 단발령을 취소하고 의병 해산 권고 조칙을 내리자 대부분 해산하였다.
⑤ 의병장 출신의 임병찬이 고종의 밀지를 받아 조직한 독립 의군부는 일본 총리와 조선 총독에게 국권 반환 요구서를 보내려고 계획하던 중에 해체되었다.

05 다음 자료를 활용한 탐구 주제로 가장 적절한 것은?

> ### 송수만 등 체포 경위 보고
>
> 송수만은 보안회라는 것을 설립하여 그 회장이 됨. 종로 백목전 도가에서 날마다 회원을 모집하여 집회·논의하고 있는 자임. 오늘 경부와 순사 두 사람이 출장하여 송수만에게 공사관으로 동행하기를 요구하였음. …… 이때 회원과 인민들 약 200명 정도가 떠들썩하게 모여들어 송수만의 동행을 막음

① 시전 상인의 상권 수호 운동
② 급진 개화파의 정치 개혁 운동
③ 백정들의 사회적 차별 철폐 운동
④ 농촌 계몽을 위한 브나로드 운동
⑤ 일본의 황무지 개간권 요구에 대한 반대 운동

보안회

정답 ⑤　다음 자료는 보안회의 활동이다. 일본의 경제 침탈에 저항하여 경제적 구국 운동이 다각도로 전개되었는데, 최초의 움직임은 1904년 보국안민(輔國安民)을 뜻하는 관료·유생 등이 결성한 보안회의 활동이었다. 러·일 전쟁 중 일본이 황무지 개척권을 이양받기 위해 조선 정부에 압력을 넣자 일본 군경과 무력 충돌까지 벌이는 등 맹렬한 반대 운동을 전개하여 정부가 일본의 요구를 거절하게 하였다.

정답 분석

⑤ 1904년 일본이 러·일 전쟁을 빌미로 황무지 개간권을 요구하자 보안회는 반대 운동을 벌여 이를 저지하였다.

오답 피하기

① 1898년 한성의 시전 상인들은 외국 상인들의 한성 진출로 피해를 입자 황국 중앙 총상회를 조직하였다. 이들은 외국 상인들의 불법적인 상업 활동을 엄단할 것을 요구하며 상권 수호 운동을 전개하였다.
② 1884년 급진 개화파는 갑신정변을 일으킨 후 국가 전반의 개혁 정책을 담고 있는 14개조 정강을 공포하였다. 혁신 정강에는 청과의 사대 관계를 청산하고 내각 제도를 수립하며, 문벌을 폐지하여 인민 평등권을 보장하는 내용이 담겨 있었다.
③ 1923년 백정들은 경남 진주에서 조선 형평사를 조직하였다. 이들은 사회적 차별과 편견을 없애기 위한 형평 운동을 전개하였다.
④ 1931년 동아일보는 학생 계몽대 등을 조직하여 한글을 보급하고 농촌을 계몽하는 브나로드 운동을 전개하였다.

---

06 (가) 단체에 대한 설명으로 옳은 것을 〈보기〉에서 고른 것은?

> 이것은 평양에 있던 대성 학교의 교직원과 학생들을 촬영한 사진입니다. 이 학교는 안창호, 양기탁 등이 조직한 (가) 이/가 설립하였습니다.

〈보 기〉

ㄱ. 태극 서관을 운영하였다.
ㄴ. 105인 사건으로 와해되었다.
ㄷ. 이륭양행에 교통국을 설치하였다.
ㄹ. 입헌 군주제 수립을 목표로 하였다.

① ㄱ, ㄴ　② ㄱ, ㄷ　③ ㄴ, ㄷ　④ ㄴ, ㄹ　⑤ ㄷ, ㄹ

신민회

정답 ①　(가) 단체는 신민회이다. 1907년 일본의 탄압이 심해지자 애국 계몽 운동가들은 국권 회복을 위한 비밀 단체로 신민회를 조직하였다. 국권을 상실할 위기에 처하자 신민회의 일부 회원들은 실력 양성 운동의 한계를 깨닫고, 장기적인 무장 독립 투쟁을 위해 독립운동 기지 건설에 나섰다. 이를 위해 만주에 회원을 파견하였으며, 이회영 등은 일가의 전 재산을 처분하여 만주에 신흥 무관 학교 등을 설립하였다.

정답 분석

ㄱ. 신민회는 인재 양성을 위해 평양에 대성 학교, 정주에 오산 학교를 세웠으며, 계몽 서적을 출판하기 위한 태극 서관을 운영하였다. 또한, 평양에 자기 회사를 설립하여 민족 산업 육성을 위해 노력하였고, 민중 계몽을 위한 강연 등에도 힘썼다.
ㄴ. 신민회는 1911년 일제가 조작한 105인 사건으로 사실상 해체되었다. 하지만 신민회에 가담하였던 애국지사들은 국내외에서 활발하게 민족 운동을 전개하였다.

오답 피하기

ㄷ. 1919년 대한민국 임시 정부의 통신 기관인 교통국은 정보의 수집과 분석, 연락 업무 등을 담당하였는데, 이륭양행에 설치된 단동 교통국의 활동이 두드러졌다.
ㄹ. 1905년 헌정 연구회는 의회 설립을 통한 입헌 정치 체제 수립을 목적으로 활동하였다. 신민회는 다른 단체들과는 달리 공화정에 바탕을 둔 근대 국민 국가 건설을 지향하였다.

---

07 (가) 단체의 활동으로 옳은 것은?

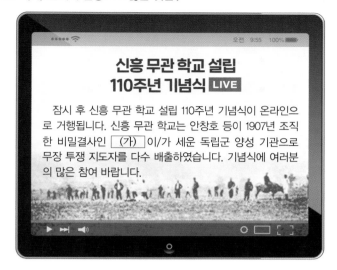

① 한글 맞춤법 통일안을 제정하였다.
② 조선 혁명 선언을 활동 지침으로 하였다.
③ 농촌 계몽을 위한 브나로드 운동을 전개하였다.
④ 독립운동 자금을 마련하기 위해 독립 공채를 발행하였다.
⑤ 대성 학교와 오산 학교를 설립하여 민족 교육을 실시하였다.

신민회

정답 ⑤　　(가) 단체는 신민회이다. 1907년에 이승훈, 양기탁, 이회영, 안창호 등이 주도하여 비밀 결사 형태로 신민회를 조직하였다. 나라가 국권 상실의 위기에 처하자 신민회의 일부 간부들은 국내에서 실력 양성 운동을 전개하기 어렵다고 판단하고, 만주로 망명하여 무장 투쟁을 준비하였다. 그리하여 서간도 지역의 삼원보, 밀산부의 한흥동에 한인들의 집단 거주 지역이자 독립 운동 기지를 개척하고 신흥 무관 학교를 설립하였다.

정답 분석

⑤ 신민회는 실력 양성 운동을 전개하여 민족 교육의 추진하였다. 안창호는 평양에 대성 학교를 이승훈은 정주에 오산 학교를 설립하여 인재를 양성하였다.

오답 피하기

① 조선어 학회는 '한글 맞춤법 통일안'과 '표준어 및 외래어 표기법 통일안'을 제정하는 등 한글 표준화에 기여하였다.
② 의열단은 신채호에게 의뢰하여 작성한 조선 혁명 선언을 활동 지침으로 삼아 일제 요인 암살과 식민 통치 기관 파괴에 주력하였다.
③ 동아일보는 1931년부터 네 차례에 걸쳐 농촌 계몽을 위해 브나로드 운동을 전개하였다.
④ 상하이 대한민국 임시 정부는 독립 운동 자금을 마련하기 위해 독립 공채를 발행하거나 의연금을 거두었다.

---

08 (가) 섬에 대한 설명으로 옳지 않은 것은?

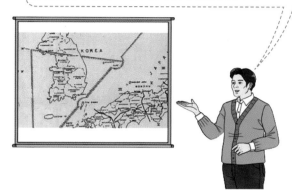

1946년 1월에 작성된 연합국 최고 사령부 문서에는 제주도, 울릉도, (가) 이/가 우리 영토로 표시되어 있습니다. (가) 은/는 우리나라 동쪽 끝에 있는 섬입니다.

① 안용복이 일본에 건너가 우리 영토임을 주장하였다.
② 영국군이 러시아를 견제하기 위해 불법 점령하였다.
③ 러일 전쟁 때 일본이 불법으로 자국 영토로 편입하였다.
④ 대한 제국이 칙령을 통해 울릉 군수가 관할하도록 하였다.
⑤ 1877년 태정관 문서에 일본과는 무관한 지역임이 명시되었다.

독도

정답 ②　　(가) 섬은 독도이다. 제2차 세계 대전이 종결된 이후 연합국은 도쿄에 연합국 최고 사령부를 설치하고 일본이 이웃 나라를 침략하여 빼앗은 모든 영토를 반환하는 작업을 시작하였다. 연합국 최고 사령부는 1946년 1월 29일 연합국 최고 사령부 지령(SCAPIN) 제677호의 군령을 발표하여 제주도·울릉도·독도 등을 일본 주권에서 제외하여 한국에 반환시켰다. 이어서 연합국 최고 사령부가 1946년 6월 22일 최고 사령부 지령 제1033호를 발표하여 일본 어부들이 독도와 그 12해리 수역에 접근하는 것을 엄금하여 독도가 한국 영토임을 명백히 밝혔다.

정답 분석

② 러시아의 남하 정책에 촉각을 곤두세우고 있던 영국은 조·러 밀약을 저지한다는 명목으로 거문도를 불법 점령하였다.

오답 피하기

① 조선 후기 숙종 때 안용복은 울릉도에 출몰하는 일본 어민들을 쫓아내고, 일본에 건너가 울릉도와 독도가 조선의 영토임을 확인받고 돌아왔다.
③ 일본은 러·일 전쟁 중에 독도를 무인도로 규정하고, 일본의 시마네현에 다케시마(竹島)라는 이름으로 불법 편입하였다.
④ 대한 제국은 칙령 제41호에 울릉전도와 죽도, 석도(독도)를 울릉 군수의 관할 영역으로 선포하였다.
⑤ 일본의 국가 최고 기관 태정관은 시마네 현이 올린 문서와 지도를 조사한 끝에 '울릉도 외 한 섬'은 일본과 관계없다고 하였다. '한 섬'이 독도라는 것은 '기죽도 락도'를 통해 확인할 수 있다.

52강 개항 이후 경제적 침탈과 구국 운동

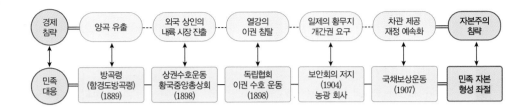

경제 침략	↔	양곡 유출	→	외국 상인의 내륙 시장 진출	→	열강의 이권 침탈	→	일제의 황무지 개간권 요구	→	차관 제공 재정 예속화	→	자본주의 침략
민족 대응	↔	방곡령 (함경도방곡령) (1889)		상권수호운동 황국중앙총상회 (1898)		독립협회 이권 수호 운동 (1898)		보안회의 저지 (1904) 농광 회사		국채보상운동 (1907)		민족 자본 형성 좌절

▲ 부산 두모포
두모포는 조선 시대 부산 기장현의 대표적인
포구이었으며, 해상으로 출입하는 인적 · 물
적 교통의 요충지였다.

▲ 한성의 청 · 일 상인 거주지
조 · 청 상민 수륙 무역 장정이 체결(1882)된
이후 한성에 청과 일본 상인의 거주지가 형
성되어 시전 상인의 상권을 위협하였다.

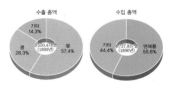

▲ 대일 수출입 상품의 품목별 비율(1890)

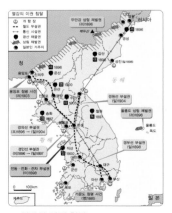

▲ 열강의 이권 침탈

① 열강의 경제 침탈

(1) 개항 초기의 무역(1876~1882)

배경	강화도 조약 체결로 부산 · 원산 · 인천 개항 ➡ 일본 상인 진출
특징	일본 상인의 무역 독점 및 특권 보장(강화도 조약과 속약에 규정)
무역 형태	• 약탈 무역 : 치외법권, 일본 화폐 사용, 상품 무관세 등의 특권 활용 • 중계 무역 : 일본(영국산 면직물 수입) ⇄ 조선(쇠가죽 · 쌀 · 콩 · 약재 · 금 반출) • 거류지 무역 : 개항장 10리 이내로 활동 범위 제한(조계지 내에서만 무역) ➡ 조선인 객주와 여각, 거간, 보부상 등을 매개로 활동
영향	• 곡물 가격 폭등으로 농민 생활 궁핍화, 국내 면직물 산업과 가내 수공업자 타격 • 두모포 수세 사건(1878) : 조일 무역 규칙의 무관세 조항으로 피해를 입자 부산 두모 포에 해관 개설 ➡ 일본과 수출입 무역에 종사하는 조선인에게 세금 징수 ➡ 일본의 강경한 반발에 철회

(2) 청과 일본의 무역 경쟁 심화(1882~1895)

배경	• 임오군란 이후 조 · 청 상민 수륙 무역 장정 체결(1882) : 청 상인의 서울에서의 점포 개설, 내지 통상 허용 ➡ 최혜국 대우를 근거로 다른 외국 상인들도 내륙 진출 • 조 · 일 통상 장정(1883) ➡ 관세 자주권 일부 회복, 최혜국 대우, 방곡령 선포 등
전개	청의 무역량이 증가하면서 일본과 무역 비중 대등 ➡ 청과 일본의 상권 침탈 경쟁 심화 (청 · 일 전쟁 원인) ➡ 청 · 일 전쟁(1894) 이후 일본 상인의 조선 무역 독점
무역 형태	미면 교환 체제 : 청 · 일(영국산 면제품) ⇄ 조선(쌀, 콩 등)
영향	조선의 중개 상인 몰락, 시전 상인들 타격, 지주의 수탈 심화

(3) 제국주의 열강의 이권 침탈(아관파천 이후 1896~)

배경	아관파천 이후 최혜국 대우 내세워 이권 침탈
주요 침탈	• 러시아 : 광산 채굴권, 삼림 채벌권, 용암포 불법 점령 등 침탈 • 미국 : 광산 채굴권, 철도 · 전기 · 전차 부설권 등의 개발권 획득 • 일본 : 경부선 철도 부설권 획득, 철도 부설권 매입(미국의 경인선, 프랑스의 경의선) • 영국 : 거문도 불법 점령(1885~1887)
결과	열강의 원료 공급지 및 자본 투자 대상으로 전락

❷ 일제의 금융 장악과 토지 약탈

(1) 일본의 금융 장악

전개 과정	• 개항 이후 : 전국 주요 도시에 일본 국립 제일 은행 지점 설치 • 러 · 일 전쟁 이후 : 대한 제국의 화폐 정리와 시설 개선의 명목으로 차관 강요 ➜ 대한제국의 재정이 일본에 예속

▲ 제정 고문 메가타

(2) 화폐 정리 사업(1905)

주도	1차 한 · 일 협약(1904)으로 부임한 재정 고문 메가타 주도로 실행
주요 내용	• 일본 제일 은행을 조선의 중앙은행으로 전환 ➜ 대한제국의 화폐 발행권 박탈 • 기존의 조선 화폐(엽전, 상평통보, 백동화 등)를 일본 화폐로 교환 강요 • 교환 기간이 짧고, 소액권은 교환이 되지 않음 • 백동화는 질에 따라 갑, 을, 병으로 나뉘었는데 질 나쁜 병종은 교환에서 제외
결과	대한 제국의 재정이 일본에 예속됨 : 국내 상공업자들은 큰 타격을 입음, 유통 화폐 부족 현상 발생, 국내 은행이 파산하여 일본계 은행으로 흡수

▲ 화폐 정리 사업으로 새롭게 발행된 제일은행 1원권

(3) 일본의 토지 약탈

전개 과정	• 일본 정부 : 철도 부지와 군용지 확보를 명분으로 토지 약탈 ➜ 탈취한 토지를 동양 척식 주식회사(1908) 등에 넘겨 관리 • 일본 상인 : 고리대를 통한 약탈 ➜ 청 · 일 전쟁 이후 전주, 군산, 나주 일대에서 대규모 농장 경영

❸ 경제적 구국 운동

(1) 방곡령

배경	• 조 · 일 통상 장정에 방곡령 규정 마련(1883) • 일본 상인의 곡물 유출 증가로 곡물 가격 폭등, 흉년으로 국내 곡물 부족 ➜ 도시 빈민과 영세 농민의 생활 악화
경과	함경도 감사 조병식의 방곡령(1889), 함경도 관찰사 한장석의 방곡령(1890), 충청도 등지의 관찰사가 선포 ➜ 1894년까지 곡물 수출을 막는 방곡령을 70여 차례 발동
결과	일본은 방곡령을 내리기 1개월 이전에 통보하도록 한 규정을 구실로 방곡령 취소와 배상금 요구 ➜ 조선 정부는 방곡령을 철회하고, 일본에 막대한 배상금 지불

▲ 동양 척식 주식회사

1908년에 일본이 우리나라의 경제를 독점 착취하기 위해 설립한 국책 회사이다. 주로 토지를 강점 · 강매하여 높은 비율의 소작료를 징수하고 많은 양곡을 일본으로 반출하다가, 1917년부터 본점을 일본 도쿄로 옮기고 동양 각지로 사업을 확대하였다.

사료 살펴보기

방곡령

37칙 : 만약 조선국이 국내의 식량 결핍이 염려되어 조선 정부가 잠정적으로 쌀의 수출을 금지하고자 할 때는 그 시기보다 1개월 전에 지방관이 일본 영사관에 알린다.　　　　　　　　　　　　　　　　　　 - 조·일 통상 장정 -

방곡령은 1884년부터 1901년까지 17년간 27회나 발동되었을 만큼 조선의 식량 사정이 좋지 않았다. 일본은 방곡령을 내리기 1개월 이전에 통보하도록 규정되어 있는 조·일 통상 장정을 구실로 방곡령 취소와 배상금을 요구하였고, 조선 정부는 이에 굴복하였다.

▲ 방곡령 선포

방곡령은 곡물 가격을 안정시키고자 어느 지역의 곡물을 다른 곳으로 옮기지 못하도록 하는 조치이다. 조 · 일 통상 장정의 규정에 따라 흉년이 들면 지방관은 직권으로 방곡령을 실시할 수 있었다.

▲ 대한천일은행 본점

1899년에 고종의 지원 아래 설립된 민족 은행이다. 외환 거래도 담당하였으며, 지방의 조세금을 예금으로 받아 상인 등에게 대출해 주었다.

▲ 경제적 침략 저지 운동

▲ 세계 기록 유산으로 등재된 용궁군 국채 보상 취지서

2017년 10월 31일, 유네스코는 국채 보상 운동에 대한 주요 문적 200여 종과 수기, 언론, 정부 기록물 등 2,475건을 세계 기록 유산으로 최종 등재하였다.

▲ 대구 광문사 부사장 서상돈

국채를 갚기 위해 석 달간 담배를 끊어 국채를 갚고자 제안하면서 본인이 먼저 800원을 기부하였다.

(2) 상권 수호 운동

배경	1880년대 외국 상인의 내륙 진출 ➡ 객주 · 여각 · 보부상 타격
목표	외국 상인 철수 요구, 상권 수호를 위한 조약 개정 요구
주요 활동	• 시전 상인 : 철시, 파업 및 상권 시위 수호 운동 등을 전개, 황국중앙총상회 조직(1898) • 객주 : 평양의 대동 상회와 한성의 장통 상회 등의 상회사 설립 • 은행 설립 : 조선 은행(관료 자본이 중심이 된 최초의 민간 은행)과 한성 은행, 천일 은행, 한일 은행 등이 설립

(3) 이권 수호 운동

주요 활동	• 독립협회 : 러시아의 절영도 조차, 프랑스 · 독일의 광산 채굴권 요구 저지 • 보안회 : 일본의 황무지 개간권 요구 반대 운동을 전개 ➡ 일본 요구 철회 • 농광 회사 : 일부 민간인과 관리들이 황무지를 우리 손으로 개간할 것을 주장 • 농민 : 철도 부설 반대 투쟁, 천주교 반대, 영학당 · 활빈당의 봉기 • 노동자 : 운산 금광 광산 노동자들의 채굴 저항(1898), 강원 · 평남 금광의 봉기

(4) 국채 보상 운동(1907)

배경	• 일제의 차관 제공에 의한 경제 예속화 심화 • 일본에 진 빚인 1,300만 원을 갚고자 함
전개 과정	• 대구에서 김광제, 서상돈 등이 중심이 되어 시작 ➡ 국채 보상 기성회 조직(1907) • 모금 운동 전개(술 · 담배 끊기, 패물 헌납 등) ➡ 많은 애국 계몽 운동 단체와 언론 기관(대한매일신보, 황성신문, 제국신문, 만세보 등) 참여 ➡ 전국적인 모금 운동 전개
결과	• 일본 통감부가 친일 단체인 일진회 등을 이용하여 방해 — 큰 성과 없이 중단됨 • 양기탁을 보상금 횡령 누명으로 구속

사료 살펴보기

국채 보상 취지문

국채 1,300만 원은 바로 우리 대한의 존망에 직결된 것이라. 갚으면 나라가 존재하고 갚지 못하면 나라가 망하는 것은 대세가 반드시 그렇게 이르는 것이다. …… 2천만 인이 3개월 동안 담배를 끊고 그 대금으로 1인마다 20전씩 징수하면 1,300만 원이 될 수 있다. …… 우리 2천만 동포 중에 애국 사상을 가진 이는 기어이 이를 실시해서 삼천리강토를 유지하게 되기를 바란다.

－「대한매일신보」1907. 2. 22. －

국채 보상 운동은 국민 스스로의 힘으로 일본에 빚진 국채를 갚자는 것으로 당시 2천만 국민이 금연하여 매달 20전 씩, 3달 동안 모은다면 한 사람당 6원이 되어 국채를 갚을 수 있다고 주장하였다. 그러나 모금액에는 도달하지 못했고, 일본의 방해로 중단되고 말았다.

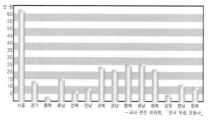

▲ 국채 보상 의연금 집계표

(단위 : 원)

도명	2~5월 모집금	도명	2~5월 모집금
경성	62,735,080	황해	24,286,175
경기	13,916,087	평남	25,083,185
충북	3,778,625	평북	21,277,762
충남	15,669,355	강원	4,258,515
전북	6,341,004	함남	10,505,500
전남	8,408,880	함북	977,400
경북	23,853,031	합계	241,098,913
경남	20,008,314		

(최기영*, 한국독립운동의역사*)

▲ 국채 보상 운동 모금 상황(1907년 2~5월모집금)

은쌤의 **합격노트**

열강의 경제 침탈

☑ 시험에 꼭 나오는 키워드

• 강화도 조약과 부속 조약에 따른 경제 침탈 정리하기
• 조·청 상민 수륙 무역 장정의 배경과 결과 기억하기

☑ 최다 빈출 선지

강화도 조약
① 양곡의 무제한 유출 조항을 포함하고 있다.

조·청 상민 수륙 무역 장정
① 외국 상인의 내지 통상권을 최초로 규정하였다.
② 임오군란의 결과로 체결된 협정의 내용을 조사한다.

일제의 금융 장악과 토지 약탈

☑ 시험에 꼭 나오는 키워드

• 화폐 정리 사업의 전개와 결과 정리하기
• 조·일 통상 장정(1883)과 방곡령의 관계 숙지하기
• 일제에 맞선 상권 수호 운동과 이권 수호 운동 정리하기
• 국채 보상 운동의 배경, 전개, 결과 기억하기

☑ 최다 빈출 선지

화폐 정리 사업
① 메가타의 주도로 화폐 정리 사업이 실시되었다.
② 구 백동화가 제일 은행권으로 교환된 시기를 검색한다.

조·일 통상 장정과 방곡령
① 함경도에서 방곡령이 선포되었다.
② 함경도와 황해도에 방곡령이 선포되는 결과를 가져왔다.

상권 수호 운동
① 상회사인 대동 상회, 장통 상회를 설립하였다.
② 시전 상인들이 철시 투쟁을 전개하였다.
③ 황국 중앙 총상회가 상권 수호 운동을 주도하였다.

이권 수호 운동
① 러시아의 절영도 조차 요구에 반대하였다(독립협회).
② 일본의 황무지 개간권 요구를 저지하였다(보안회).
③ 일본의 토지 침탈을 막고자 농광 회사가 설립하였다.

국채 보상 운동
① 일제로부터 도입한 차관을 갚기 위해 일어났다.
② 일본에 진 빚을 갚자는 국채 보상 운동이 전개되었다.
③ 김광제 등의 발의로 시작되었다.
④ 대구에서 시작되어 전국으로 확산되었다.
⑤ 국채 보상 기성회를 중심으로 전개되었다.
⑥ 국민의 성금을 모아 국채를 갚고자 하였다.
⑦ 대한매일신보의 후원을 받아 전국으로 확산되었다.
⑧ 통감부의 방해와 탄압으로 중단되었다.

01 (가)~(마)에 들어갈 내용으로 옳지 않은 것은?

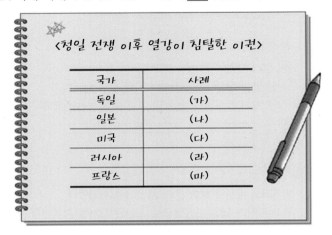

<청일 전쟁 이후 열강이 침탈한 이권>

국가	사례
독일	(가)
일본	(나)
미국	(다)
러시아	(라)
프랑스	(마)

① (가) – 당현 금광 채굴권
② (나) – 경부선 철도 부설권
③ (다) – 운산 금광 채굴권
④ (라) – 울릉도 삼림 채벌권
⑤ (마) – 경인선 철도 부설권

화폐 정리 사업

정답 ⑤ 청·일 전쟁 이후 열강이 침탈한 이권을 물어보는 문제. 청·일 전쟁 이후 제국주의 열강은 본격적으로 조선의 이권을 침탈하였다. 제국주의 열강은 왕실을 보호해 주겠다며 접근하였고, 고종도 열강의 보호를 기대하며 이권을 넘겨주었다.

정답 분석

⑤ 일본은 미국인 모스로부터 경인선 부설권을 인수하여 철도를 완공하였다(1899).

오답 피하기

① 독일은 강원도의 당현 금광 채굴권을 얻어 냈다.
② 일본은 프랑스로부터 경의선 부설권을 넘겨받아 경부선과 함께 러·일 전쟁 중 군용 철도 명목으로 철도를 부설하였다.
③ 미국은 운산 금광 등 광산 채굴권을 비롯하여 철도·전기·전차 등 많은 이권을 차지하였다.
④ 러시아는 울릉도의 삼림 채벌권, 압록강 삼림 채벌권, 두만강 삼림 채벌권 등을 획득하였다.

---

02 다음 자료에 나타난 사업에 대한 설명으로 옳은 것은?

> 한국에서 유통되는 백동화에 대한 처분안을 들어보면,
> 갑(甲) 구 백동화는 1개당 신화폐 2전 5리의 비율로 교환한다.
> 을(乙) 부정한 구 백동화는 1개당 신화폐 1전의 비율로 매수한다. 매수를 바라지 않는 것은 정부가 그것을 절단하여 소유자에게 환부한다.
> 병(丙) 형체와 품질이 화폐라고 인정하기 어려운 것은 정부가 매수하지 않는다.
> ⋮
> 이른바 폐제(幣制) 개혁은 통화를 금절(禁絶)하여 소의 뿔을 바로잡으려다가 소를 죽이는 결과를 가져왔습니다.
> – 『한국 폐제 개혁에 관한 진정서』 –

① 독립 협회가 반대 운동을 전개하였다.
② 재정 고문 메가타의 주도로 시행되었다.
③ 동양 척식 주식회사가 중심이 되어 실시하였다.
④ 은본위제가 본격적으로 실시되는 배경이 되었다.
⑤ 함경도 관찰사 조병식이 방곡령을 선포하는 계기가 되었다.

화폐 정리 사업

정답 ② 다음 자료에 나타난 사업은 화폐 정리 사업이다. 일본은 국권 침탈에 앞서 화폐와 재정부터 장악하였다. 화폐 정리 사업을 시행하여 이전의 엽전과 백동화는 모두 폐지하고 일본 다이이치 은행 한성 지점에서 은행권을 발행하여 한국의 본위 화폐로 유통시켰다. 이 때문에 조선 상인들이 큰 타격을 입었으며 조선은 일본의 화폐권에 편입되었다.

정답 분석

② 제1차 한·일 협약으로 재정 고문이 되었던 메가타는 재정 정리 사업과 화폐 정리 사업을 추진하여 대한 제국 황실 재정을 해체하고 한국의 금융을 장악하였다.

오답 피하기

① 독립 협회는 만민 공동회를 개최하여 러시아의 간섭과 이권 요구를 규탄하였다.
③ 일본은 동양 척식 주식회사를 설립하여 일본인 이주를 장려하고 싼 값에 토지를 사들이거나 국유지를 불하하는 정책을 시행하였다.
④ 제1차 갑오개혁에서는 재정을 한 부서에서 관장하고 은 본위제 화폐 제도를 실시하였다.
⑤ 함경도 관찰사 조병식은 개정된 조·일 통상 장정에 따라 1개월 전에 외교 담당 관청에 통고하고 방곡령을 실시하였다.

03 다음 자료를 활용한 탐구 활동으로 가장 적절한 것은?

> 이달 20일, 함경도 관찰사로부터 보고를 받았는데, 그 내용은 다음과 같았습니다.
> "큰 수해를 당하여 조만간 여러 곡식의 피해가 클 듯한데, 콩 등은 더욱 심하여 모두 흉작이 될 것이라고 고하고 있으니, 궁핍하여 식량난을 겪을 것이 장차 불을 보듯 훤합니다. 도내(道內)의 쌀과 콩 등의 작물에 대해서는 내년 가을 걷이할 때까지를 기한으로 삼아 잠정적으로 유출을 금지하여 백성들의 식량 사정을 넉넉하게 하는 것이 마땅할까 합니다. 바라건대 통촉하시어 유출 금지 시행 1개월 전까지 일본 공사에게 알리시어, 일본의 상민들이 일체 준수하게 해주십시오."

① 화폐 정리 사업의 결과를 분석한다.
② 산미 증식 계획의 실상을 조사한다.
③ 조일 통상 장정 체결의 영향을 살펴본다.
④ 토지 조사 사업의 추진 과정을 파악한다.
⑤ 양지아문과 지계아문을 설치한 목적을 알아본다.

근대 문물의 수용

정답 ③ 다음 자료는 방곡령에 대한 내용이다. 함경도 관찰사 조병식은 개정된 조·일 통상 장정에 따라 1개월 전에 외교 담당 관청에 통고하고 방곡령을 실시하였다(1889). 그러나 일본은 통보를 늦게 받았다는 구실로 조선 정부에 압력을 가해 방곡령을 철회시켰고, 오히려 막대한 배상금까지 받아 냈다.

정답 분석

③ 조선은 1883년 일본과 조일 통상 장정을 개정하여 곡물 수출을 금지할 수 있는 조항인 방곡령을 추가하였다.

오답 피하기

① 일제의 화폐 정리 사업으로 인해 시중에 유통되던 화폐량이 줄어들고, 한국 상인과 은행이 파산하기도 하는 등 큰 타격을 입었다.
② 일제의 산미 증식 계획으로 쌀 생산은 늘었으나 일제가 계획한 양에는 미치지 못하였다. 하지만 일제가 증산된 쌀보다 더 많은 쌀을 가져가면서 한국인은 식량이 부족해졌다.
④ 일제의 토지 조사 사업은 총독이 정한 일정한 기간 안에 토지 소유권자가 직접 신고하여 소유지로 인정받는 신고주의 방식으로 진행되었다.
⑤ 대한 제국은 근대 개혁의 일환으로 양전 사업을 실시하였다. 1898년 전담 기관인 양지아문을 설치하였고, 1901년 지계아문을 설치하여 이곳에서 지계를 발급하였다.

04 다음 자료에 나타난 민족 운동에 대한 설명으로 옳은 것은?

> 우리나라가 채무를 지고 우리 백성이 채노(債奴)*가 된 것이 여러 해가 되었습니다. …… 대황제 폐하께서 진 외채가 1,300만 원이지만 채무를 청산할 방법이 없어 밤낮으로 걱정하시니, 백성된 자로서 있는 힘을 다하여 보상하려고 해도 겨를이 없습니다. …… 우리 동포는 빨리 단체를 결성하여 열성적으로 의연금을 내어 채무를 상환하고 채노에서 벗어나, 머리는 대한의 하늘을 이고, 발은 대한의 땅을 밟도록 해 주시기를 눈물을 머금고 간절히 요구합니다.
>
> *채노(債奴) : 빚을 갚지 못해 노비가 된 사람

① 일제가 치안 유지법을 적용하여 탄압하였다.
② 백정에 대한 사회적 차별 철폐를 요구하였다.
③ 독립문 건립을 위한 모금 활동을 전개하였다.
④ 자작회, 토산 애용 부인회 등의 단체가 활동하였다.
⑤ 대한매일신보 등 당시 언론이 적극적으로 참여하였다.

국채 보상 운동

정답 ⑤ 다음 자료에 나타난 민족 운동은 국채 보상 운동이다. 대한 제국이 일제로부터 빌려온 차관이 대한 제국의 1년 예산과 맞먹는 1,300만 원에 이르렀다. 이에 1907년 2월 김광제 서상돈 등은 일본에서 빌려 온 차관을 갚아 국권을 회복하자는 국채 보상 운동을 제창하였다.

정답 분석

⑤ 대구에서 시작된 국채 보상 운동은 대한매일신보, 황성신문, 제국신문, 만세보 등 언론 기관의 적극적인 홍보에 힘입어 전국으로 확산되었다.

오답 피하기

① 일제는 치안 유지법을 공포하여 사회주의 운동을 대대적으로 탄압하였다.
② 백정들은 신분 차별과 멸시를 타파하기 위해 1923년 경남 진주에서 조선 형평사를 조직하여 형평 운동을 전개하였다.
③ 독립 협회는 청에 대한 자주독립을 상징하는 의미로 영은문 터에 독립문을 건립하였다.
④ 물산 장려 운동은 학생들이 중심이 된 자작회, 부인들의 토산 애용 부인회 등의 단체들이 이끌었다.

53강 근대 문물의 수용

▲ 전화 교환수

▲ 전차

▲ 광혜원

▲ 명동성당

▲ 덕수궁 석조전

▲ 1886년 2월 22일 한성주보
제4호에 실린 우리나라 최초의 광고 '세창양행'

1 근대 문물의 수용

통신	• 전신 : 나가사키~부산(1884, 일본), 서울~인천과 서울~의주(1885, 청), 전보 총국(1885, 전신 업무 관리) • 전화 : 경운궁에 최초로 설치(1898, 미국인) ➡ 서울 시내에 설치(1902) • 우편 : 우정국 설치(1884) ➡ 갑신정변으로 폐지 ➡ 을미개혁 때 다시 운영(우체사 설치) ➡ 만국우편연합에 가입(1900)
교통	• 전차 : 한성 전기 회사(1898, 황실과 미국인 합작) ➡ 서대문~청량리에 전차 개통(1899) • 철도 ┌ 경인선(1899) : 최초의 철도(노량진~제물포), 일본은 미국인 모스에게서 경인선 부설권을 사들인 후(1898) 철도를 개통(1899) └ 경부선(1905), 경의선(1906) : 일본은 경부선 부설권을 확보하고(1898) 프랑스가 반납한 경의선 부설권을 강압적으로 차지한 후(1904) 철도를 개통
의료	• 광혜원(1885, 문을 연지 13일 만에 제중원으로 개칭) ┌ 갑신정변 당시 민영익을 치료한 미국인 선교사 알렌의 제안에 따라 설립 ├ 홍영식의 옛 집에 세워진 우리나라 최초의 서양식 근대 병원 └ 미국 선교부는 제중원을 확대하여 세브란스 병원 설립(1904) • 광제원(1900), 적십자 병원(1905), 대한 의원(1907, 의료 요원 양성), 자혜의원(1909, 지방 도립 병원) 등 설립 • 지석영의 종두법 연구 : 최초의 서양 의학서인 『우두신설』 저술
근대 시설	• 기기창(1883) : 근대식 무기 제조 관청, 청에 파견한 영선사 복귀 후 설치 • 전환국(1883) : 근대 화폐를 주조하는 상설 조폐 기관 • 박문국(1883) : 인쇄 · 출판 사무를 담당 ➡ 한성순보 발행 • 전등 : 경복궁 내 건청궁에 설치(1887)
근대 건축	• 도입 : 1880년대 이후 일본, 서양의 서구식 건축 양식으로 건립 • 서양식 건물 : 정동 교회(1897, 중세 고딕 양식), 손탁 호텔(1902) 등 • 명동 성당(1898) ┌ 중세 고딕 양식으로 지어진 대표적 근대 건축물 ├ 프랑스 신부인 코스트가 설계 및 공사 감독 맡음 └ 순교자 김범우의 집터에 건립, 1970~1980년대 민주화의 성지 • 덕수궁 석조전(1910) ┌ 르네상스 양식의 석조 건물, 고종의 편전이나 침전으로 사용 ├ 미 · 소 공동 위원회의 회의장으로 사용(1946) └ 6 · 25전쟁 이후 국립 중앙 박물관, 궁중 유물 전시관으로 사용

2 신문의 발간

한성순보 (1883~1884)	• 박문국에서 발행한 최초의 근대적 신문 ➡ 열흘(10일)에 한 번씩 발행(순보) ➡ 갑신정변 당시 박문국 파괴로 발행 중단 • 순 한문체, 관보적 성격, 개화 정책 · 국내외 정세 소개

한성주보 (1886~1888)	• 한성순보 계승, 국한문 혼용, 박문국에서 발행 ➔ 일주일에 한번 간행 • 최초로 상업 광고 게재
독립신문 (1896~1899)	• 서재필이 정부의 지원을 받아 창간한 최초의 근대적 민간 신문 • 순한글판, 영문판 발행(창간 당시 한글판 3면과 영어판 1면으로 발행) • 띄어쓰기를 시행하는 등 한글 발전에 기여, 국민 계몽과 외국에 독립 의지 알림
황성신문 (1898~1910)	• 남궁억 발행, 국·한문 혼용, 양반 유생이 주된 독자 • 보안회 활동 지원, 장지연의 '시일야방성대곡' 게재, 국채 보상 운동 지원 • 일제의 침략 정책과 매국노 규탄에 앞장섬
제국신문 (1898~1910)	• 이종일 발행, 순 한글 발행 • 서민과 부녀자들에게 큰 호응 얻음 ➔ 한글과 신교육 중요성 강조
대한매일신보 (1904~1910)	• 영국인 베델과 양기탁이 한·영 합작으로 창간 • 초기에는 순한글로 발행되었으나 1907년부터는 국문, 국한문, 영문 등 세 종류로 발행 • 을사늑약의 부당성을 알림 ➔ 을사늑약 이후 항일 언론 주도 ➔ 최다 독자층 보유 • 일본의 황무지 개간권 요구 반대 운동 및 국채 보상 운동 지원 • 항일 의병 운동에 호의적인 기사를 게재 • 신채호, 박은식 등은 항일 의식 고취를 위해 애국 논설 게재
기타	• 만세보(1906, 천도교 기관지), 경향신문(1906, 천주교 기관지), 해조신문(연해주), 신한민보(미국) 등
시련	일본이 신문지법(1907)을 제정하여 탄압

❸ 근대 교육

1880년대	• 동문학(1883~1886) : 정부가 통역관 양성을 위해 설립, 영어 교육 실시 • 원산학사(1883~1945) : 함경도 덕원 주민들이 설립한 최초의 근대적 사립학교, 근대 학문과 무술 교육 • 육영공원(1886~1894) ┌ 민영익의 건의에 따라 정부가 서울에 세운 최초의 근대식 관립 학교 ├ 헐버트(『사민필지』 저술), 길모어, 벙커 등의 미국인 교사를 초빙하여 가르침 └ 고위 관리 자제나 젊은 현직 관리를 대상으로 외국어와 산수, 국제법 등 교육 • 개신교 선교사들이 세운 사립학교(선교와 근대 학문 교육) ┌ 배재 학당(1885, 아펜젤러), 경신 학교(1886, 언더우드) └ 이화 학당(1886, 스크랜튼 여사), 정신 여학교(1887, 엘레스 여사)
갑오개혁 이후 (1894~)	교육입국 조서 반포(1895) : 근대 교육 제도 마련 ➔ 학부아문 설립(소학교 관제, 사 범 학교 관제 등 수립) ➔ 소학교·외국어 학교 등 관립 학교 설립
광무개혁기 (1897~)	• 한성 중학교 설립(1899), 각종 실업학교, 기술 교육 기관 설립 • 민족 사립 학교(민족 운동가) : 오산학교, 대성학교, 보성학교, 서전서숙 등 ➔ 국권 회복, 민족의식 고취
기타	• 여권통문 발표(1898) : 서울 북촌의 두 여성인 김소사·이소사의 이름으로 발표된 우리나라 최초의 여성 인권 선언문 ➔ 찬양회 설립 계기 • 찬양회(1898) : 우리나라 최초의 여성 단체, 고종에게 여학교 설립을 요구하는 상 소를 올림
시련	일본이 사립 학교령(1908)으로 학교 설립과 운영 통제

▲ 독립신문

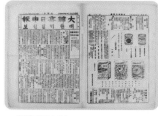

▲ 대한매일신보

양기탁과 베델이 이끄는 대한매일신보는 국채 보상 운동의 중심 역할을 하였다. 이에 일제의 통감부는 영국 정부에 베델을 재판에 회부하게 하고, 국채 보상 기성회의 간사인 양기탁을 성금 횡령 누명을 씌워 구속하였다.

▲ 배재 학당

사료 살펴보기

교육입국 조서

아, 백성을 가르치지 않으면 나라를 굳건히 하기가 매우 어렵다. 세상 형편을 돌아보건대 부유하고 강하여 우뚝이 독립한 나라들은 모두 그 나라 백성들이 개명한 지식을 가지고 있다. 지식이 개명하는 것은 교육이 잘 된 데서 이루어지는 것이다. 교육은 실로 나라를 보존하는 근본이 된다.
- 「고종실록」 -

1895년 고종은 교육입국 조서를 발표하여 근대 교육의 중요성을 강조하였다. 이어 소학교, 사범학교, 외국어 학교 관제 등이 마련되었고, 주요 도시에 각종 관립 학교가 설립되었다.

▲ 주시경과 그가 펴낸 『말의 소리』

주시경은 1907년 대한제국에서 국문 연구소를 설립하자 지석영 등과 함께 우리말과 한글을 연구하면서 『국어 문법』을 저술하여 국문 연구의 새로운 장을 열었다.

▲ 금수회의록

▲ 원각사

대한 제국 말기에 신극 운동이 일어나 우리나라 최초의 서양식 극장인 원각사가 세워지고, 은세계와 치악산 등의 신소설 작품이 무대에 올랐다.

▲ 나철의 구월산 여행에 동행한 대종교 간부들. 앞줄 왼쪽 두 번째가 나철

④ 국학

국어 연구	• **국문 연구소 설립(1907)** : 주시경, 지석영 등을 중심으로 활동 ┌ 한글 연구를 목적으로 학부 아래에 설립된 최초의 국가 기관 └ 국어 문법의 정리와 국어의 이해 체계 확립 • 헐버트는 최초로 한글에 띄어쓰기를 도입 • 국문체 보급 : 갑오개혁 이후 공사 문서에 국·한문 사용 제도화, 언론 기관(독립신문, 제국신문, 대한매일신보)에서 한글 신문 발행
국사 연구	• **신채호** : 『독사신론』을 저술하여 민족주의 역사학의 방향 제시, 『이순신전』, 『을지문덕전』 등의 위인전을 저술하여 애국심 고취 • **박은식** : 『동명왕실기』, 『천개소문전』 등의 위인전을 저술하여 애국심 고취 • 외국의 건국·망국 역사 소개 : 『미국 독립사』, 『이태리 건국 삼걸전』, 『월남 망국사』 등 → 국가 위기 상황에 대한 경각심 고취 • 조선 광문회(1910) : 박은식과 최남선이 함께 조직, 민족 고전 정리 및 간행

⑤ 문예

근대 문학	• 신소설 등장 : 이인직의 『혈의 누』, 이해조의 『자유종』, 안국선의 『금수회의록』 등 • 신체시 발표 : 최남선 「해에게서 소년에게」(근대시의 형식을 새롭게 개척) • 외국 번역 문학 작품 : 『천로 역정』, 『빌헬름 텔』, 『이솝 이야기』, 『걸리버 여행기』 등
예술	• 음악 : 찬송가 보급, 창가 유행(애국가, 독립가 등), 서민층은 여전히 판소리가 유행 • 미술 : 서양식 화풍 소개, 유화 도입, 서민층에서는 민화가 유행 • 연극 : 신극 운동(신소설 등을 각색 연극으로 공연), 활동 사진 상연 • 극장 : 최초의 서양식 극장인 원각사 설립(1908)

⑥ 근대 종교

민족 종교	• **천도교** : 일제가 친일 신도를 이용하여 동학 조직 흡수 → 손병희가 천도교로 개칭(1906), 동학 전통 계승 → '만세보' 등을 간행, 3·1 운동의 중심 역할 • **대종교** : 나철, 오기호 등이 단군 신앙을 발전시켜 창시(1909) → 국권 피탈 이후 교단을 만주 지역으로 옮겨 중광단(이후 북로 군정서로 개편)을 만들고 항일 무장 투쟁 전개
외래 종교	• 개신교 : 선교사의 서양 의술 보급, 학교 설립 등 근대 문물 소개 • 천주교 : 사회 사업(고아원, 양로원 등 설립)과 애국 계몽 운동 전개, 경향 신문 간행
전통 종교	• 불교 : 한용운의 '조선 불교 유신론' 제창 → 불교의 자주성 회복과 근대화 운동 추진 • 유교 : 박은식의 '유교 구신론' 제창 → 유교 개혁 주장, 실천적 유교 강조, 양명학에 주목

> **사료 살펴보기**
>
> 박은식의 유교 구신론
>
> (유교계의) 3대 문제는 무엇인가. …… 셋째는, 우리 대한의 유가에서는 쉽고 정확한 법문(양명학)을 구하지 아니하고 질질 끌고 되어 가는 대로 내버려두는 공부(주자학)를 전적으로 숭상하는 것이다.
>
> 박은식은 실천적인 새로운 유교 정신을 강조하는 유교 구신론을 주창하였다. 박은식을 비롯한 진보 유학자들은 서민적이고 실천성이 강한 양명학에 주목하였다.

근대 문물의 수용, 신문의 발간

☑ 시험에 꼭 나오는 키워드

- 주요 근대 문물 숙지하고 정리하기 ➜ 우정국(1884), 광혜원(1885), 명동성당(1898), 전차(1899), 경인선(1899), 덕수궁 석조전(1910)은 단독으로도 출제되고 연도도 숙지해야 함
- 각 신문의 주요 특징 정리하기 ➜ 독립신문, 황성신문, 대한매일신보는 단독으로 출제됨 ➜ 한성순보, 한성주보는 오답 선지로 활용됨

☑ 최다 빈출 선지

근대 문물
① 무기 제조 공장인 기기창이 설립되었다(1883).
② 전신선을 가설하는 인부(1884)
③ 알렌의 건의로 최초의 서양식 병원인 광혜원이 설립되었다(1885).
④ 제중원에서 치료를 받고 있는 환자(1885)
⑤ 한성 전기 회사가 설립되었다(1898).
⑥ 노량진에서 제물포를 잇는 경인선이 개통되었다(1899).
⑦ 전차 개통식에 참여하는 한성 전기 회사 직원(1899)
⑧ 경부선이 완공되었다(1905).

한성순보
① 박문국에서 발간하였다.
② 박문국을 설치하여 한성순보를 발행하였다.
③ 순 한문 신문으로 열흘마다 발행하는 것이 원칙이었다.

한성주보
① 박문국에서 발간하였다.
② 상업 광고가 처음으로 게재되었다.

독립신문
① 서재필이 창간하였다.
② 우리나라 최초의 민간 신문이었다.

황성신문
① 을사늑약의 부당성을 주장하였다.
② 국채 보상 운동의 확산에 기여하였다.
③ 황성신문에 시일야방성대곡이 게재되었다.
④ 국한문 혼용체의 황성신문이 발간되었다.

제국신문
① 제국신문을 발행하여 민중 계몽에 힘썼다.

대한 매일 신보
① 영국인 베델과 양기탁이 함께 창간하였다.
② 을사늑약의 부당성을 주장하였다.
③ 국채 보상 운동을 적극 후원하였다.
④ 박은식, 신채호 등이 항일 논설을 실었다.
⑤ 외국인이 발행하는 신문으로 일본의 사전 검열을 받지 않았다.

만세보
① 천도교의 기관지로 발행되었다.
② 만세보를 발행하여 민중 계몽에 힘썼다.

근대 교육, 국학, 문예, 근대 종교

☑ 시험에 꼭 나오는 키워드

- 주요 교육 기관의 특징 정리하기 ➜ 동문학, 원산학사, 육영공원, 교육입국 조서는 단독으로 출제됨
- 국문 연구소의 특징 정리하기 ➜ 주시경, 지석영, 헐버트는 인물 문제로도 출제됨
- 신채호, 박은식은 뒤에서 배울 일제 강점기 때 활동과 묶어서 출제됨
- 근대 문학의 특징 정리하기 ➜ 신소설 등장, 신체시 발표, 외국 번역 문학 작품
- 원각사의 특징 정리하기
- 천도교와 대종교는 뒤에서 배울 일제 강점기 때 활동과 묶어서 출제됨
- 한용운의 '조선 불교 유신론', 박은식의 '유교 구신론'의 내용 알기 ➜ 한용운, 박은식 모두 인물 문제로 출제됨

☑ 최다 빈출 선지

문학
① 정부가 외국어 교육 기관인 동문학을 세웠다.

원산학사
① 덕원부의 관민이 힘을 합쳐 설립하였다.
② 우리나라 최초의 근대 학교로 외국어 교육 등을 실시하였다.

육영 공원
① 서양식 근대 교육 기관인 육영 공원을 설립하였다.
② 육영 공원에서 영어를 가르치는 미국인 교사

은쌤의 *합격노트*

개신교 선교사가 세운 사립학교

① 배재 학당을 설립하여 근대 교육을 보급하였다(아펜젤러).

② 이화 학당을 설립하여 근대 여성 교육에 기여하였다(스크랜튼 여사).

③ 여성 교육을 위해 배화 학당을 설립하였다(조세핀 필 캠벨).

갑오개혁 이후

① 교육입국 조서를 반포하고 한성 사범 학교 관제를 마련하였다.

② 교원 양성을 위해 한성 사범 학교가 설립되었다.

③ 최초의 여성 권리 선언문인 여권통문을 공표하였다.

국문 연구소

① 한글 연구를 목적으로 학부 아래에 설립되었다.

② 최초로 한글에 띄어쓰기를 도입하였다(헐버트, 주시경).

③ 주시경을 중심으로 국문을 정리하고 철자법을 연구하였다.

④ 주시경이 국문 연구소를 세워 한글을 체계적으로 연구하였다.

신채호

① 애국심 고취를 위해 을지문덕전을 집필하였다.

박은식, 최남선

① 조선 광문회를 조직하여 민족 고전을 간행하였다.

문예

① '해에게서 소년에게'에서 나타난 신체시의 형식

② 금수회의록을 통해 본 신소설의 소재와 내용

③ 안국선이 신소설 금수회의록을 집필하였다.

원각사

① 은세계, 치악산 등의 신극이 공연되었다.

② 국내 최초의 서양식 극장인 원각사가 건립되었다.

천주교

① 경향신문을 발간하여 민중 계몽에 힘썼다.

천도교

① 만세보를 발행하여 민중 계몽에 힘썼다.

대종교

① 단군을 숭배의 대상으로 하였다.

심화 60회 36번

01 다음 기사가 보도된 이후의 사실로 옳은 것은?

역사 신문

제△△호 　　　　　　　　　　○○○○년 ○○월 ○○일

전차 운행 중 사망 사고 발생

오늘 종로 거리를 달리던 전차에 다섯 살 난 아이가 치여 죽는 사고가 발생하였다. 이를 목격한 사람들이 격노하여 전차를 부수었고, 이어 달려오던 전차까지 전복시켜 파괴하고 기름을 뿌려 불태웠다. 동대문에서 성대한 개통식을 열고 전차를 운행한 지 한 달도 되지 않아 참혹한 사건이 발생한 것이다.

---

① 미국에 보빙사를 파견하였다.

② 베델이 대한매일신보를 창간하였다.

③ 이만손 등이 영남만인소를 올렸다.

④ 신식 군대인 별기군(교련병대)이 창설되었다.

⑤ 통리기무아문을 설치하여 개혁을 추진하였다.

근대 문물의 수용

정답 ② 다음 기사가 보도된 이후는 전차의 개통 이후를 말한다. 1898년에 고종은 전액 자금을 내놓아 한성 전기 회사를 설립하였다. 이 회사는 1899년부터 서대문과 청량리 간 전차 노선을 개통하였으며, 영업용 전등 사업도 벌였다. 전차가 운행되기 직전 송전선 절도 사건이 일어나기도 하였고, 운행 이후 어린아이가 전차에 치이는 사고가 발생하자 성난 군중이 전차에 불을 지르기도 하였다. 전차 개통 이후 이용객은 급속히 늘었고 전차 노선도 빠르게 확대되었다.

정답 분석

② 1904년 대한매일신보는 통감부의 검열을 피하기 위해 영국인 기자 베델을 발행인으로 하여 창간되었다.

오답 피하기

① 1883년 조선 정부는 미국과 수교한 후 공사 파견에 대한 답례로 미국에 보빙사를 파견하였다.

③ 1881년 영남 지방의 유생들은 이만손을 중심으로 만인소를 올려 서양 열강과의 수교 반대와 조선책략을 도입한 김홍집의 처벌을 요구하였다.

④ 1881년 조선 정부는 5군영을 무위영, 장어영 등 2영으로 개편하고, 일본인 교관의 훈련을 받는 신식 군대인 별기군(교련병대)을 창설하였다.

⑤ 1880년 조선 정부는 개혁을 추진하기 위해 근대적 행정 기구인 통리기무아문을 설치하였다.

심화 58회 30번

02 다음 상황 이후의 사실로 옳은 것은?

전화 설비 가설 및 운영권을 가진 한성 전기 회사가 설립되더니 새로운 직업이 생기는군.

새로운 문물이 계속 들어오니 앞으로 더 많은 변화가 나타나겠군.

〈모집 공고〉

전화를 연결해주는 교환수를 모집합니다.

■ 모집 인원 : □□명
■ 지원 자격 : 목소리가 분명하고 신체가 튼튼한 자

광무 6년 ○○월 ○○일

① 알렌의 건의로 광혜원이 세워졌다.
② 박문국에서 한성순보가 발행되었다.
③ 무기 제조 공장인 기기창이 설립되었다.
④ 서울과 부산을 연결하는 경부선이 개통되었다.
⑤ 우편 사무를 관장하는 우정총국이 처음 설치되었다.

근대 문물의 수용

정답 ④　다음 상황 이후의 사실은 1898년 한성 전기 회사 설립 이후에 들어온 새로운 문물을 말한다. 1898년에는 고종이 전액 자금을 내놓아 한성 전기 회사를 설립하였다. 이 회사는 1899년부터 서대문과 청량리 간 전차 노선을 개통하였으며, 영업용 전등 사업도 벌였다.

정답 분석

④ 1905년 일본은 군사적 목적으로 서울과 부산을 연결하는 경부선을 개통하였다.

오답 피하기

① 1885년 조선 정부는 갑신정변 당시 민영익을 치료한 알렌의 제안에 따라 신식 병원인 광혜원(제중원)을 설립하였다.
② 1883년 조선 정부는 박문국에서 최초의 신문인 한성순보를 발행하여 개화 정책을 홍보하고 국내외 정세를 소개하였다.
③ 1883년 조선 정부는 영선사 파견을 계기로 서울에 근대식 무기 제조 공장인 기기창을 세웠다.
⑤ 1884년 조선 정부는 우정총국을 설립하여 근대적인 우편 제도를 실시하려 하였으나 갑신정변으로 인해 중단되었다.

심화 57회 39번

03 밑줄 그은 ⊙ 시기에 볼 수 있는 모습으로 가장 적절한 것은?

이 자료는 ⊙우리나라 최초의 전차가 개통된 해에 한성 전기 회사가 신문에 낸 안전 주의 사항입니다. 낯선 교통 수단인 전차의 운행으로 사고가 날 것을 우려하여 이러한 안내를 하였지만, 전차에 어린이가 치이는 등의 사고가 일어나 사회 문제가 되기도 했습니다.

*뎐거 : 전차

① 북학의를 저술하는 학자
② 대한국 국제를 반포하는 황제
③ 거문도를 불법 점령하는 영국군
④ 집현전에서 학문을 연구하는 관리
⑤ 제너럴 셔먼호를 불태우는 평양 관민

경인선

정답 ②　밑줄 그은 ⊙ 시기는 우리나라 최초의 전차가 개통된 1899년이다. 개항 이후 근대 시설이 갖추어져 국민도 점차 그 혜택을 누렸고 생활 양식도 바뀌었다. 교통 시설에도 큰 변화가 나타나 증기선이 도입되고 전차와 철도가 운행되었다. 미국과의 합작으로 1898년 한성 전기 회사가 세워진 후, 전차 부설 공사가 시작되어 1899년 서대문과 청량리 사이에 전차가 처음으로 운행되었다.

정답 분석

② 1899년 대한 제국은 우리나라 최초의 헌법이라고 할 대한국 국제를 발표하였다.

오답 피하기

① 1778년 박제가는 청에 다녀온 후 "북학의"를 저술하여 청의 문물을 적극 수용하자고 주장하였다.
③ 1885년 러시아가 조선에 접근하는 것에 불안을 느낀 영국은 거문도를 불법으로 점령하였다.
④ 1420년 세종은 집현전을 설치하여 학자들과 많은 토론을 거쳐 정책을 시행하였다.
⑤ 1866년 미국의 상선 제너럴 셔먼호가 대동강을 거슬러 평양까지 올라와 통상을 요구하며 횡포를 부렸다. 이에 분노한 평양 관민은 평안 감사 박규수의 지휘하에 제너럴 셔먼호를 불태워 침몰시켰다.

대표 기출 문제

심화 53회 32번

04 밑줄 그은 '이곳'이 운영되던 시기에 볼 수 있는 모습으로 가장 적절한 것은?

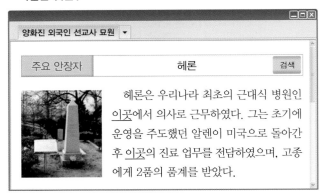

양화진 외국인 선교사 묘원 ▾

| 주요 안장자 | 헤론 | 검색 |

헤론은 우리나라 최초의 근대식 병원인 이곳에서 의사로 근무하였다. 그는 초기에 운영을 주도했던 알렌이 미국으로 돌아간 후 이곳의 진료 업무를 전담하였으며, 고종에게 2품의 품계를 받았다.

① 배재 학당에 입학하는 학생
② 영선사 일행으로 청에 가는 생도
③ 우정총국 개국 축하연에 참석하는 외교관
④ 연무당에서 일본과 조약을 체결하는 관리
⑤ 제너럴 셔먼호의 통상 요구를 거부하는 평양 관민

근대 문물

정답 ①　밑줄 그은 '이곳'은 1885년에 설립된 광혜원이다. 개항 이후 서양 선교사들이 들어오면서 서양 의료 시설과 기술이 본격적으로 수용되었다. 1884년 갑신정변 때 알렌이 자상을 입은 민영익을 치료한 것을 인연으로 조선 정부는 1885년 근대식 병원인 광혜원(후에 제중원)을 설립하고 알렌에게 운영을 맡겼다.

정답 분석

① 배재학당은 1885년 선교사 아펜젤러에 의해 설립된 근대식 중등 교육기관이다.

오답 피하기

② 조선 정부는 1881년 영선사 김윤식의 인솔하에 38명의 기술자를 청에 보내 무기 제조기술을 배우도록 하였다.
③ 1884년 음력 10월 17일 김옥균 등 급진 개화파는 우정총국 개국 축하연을 이용하여 갑신정변을 일으켰다.
④ 강화산성 서문 옆에 위치한 연무당은 강화 유수가 병사들을 열병하던 곳으로, 1876년에는 일본과 강화도 조약을 체결한 곳이기도 하다.
⑤ 1866년 미국 상선 제너럴 셔먼호가 대동강을 거슬러 올라와 통상을 요구하였다. 이들이 계속 위협을 하며 행패를 부리자 평양 관민들이 배를 불태워 버렸다.

심화 56회 35번

05 (가)에 해당하는 신문으로 옳은 것은?

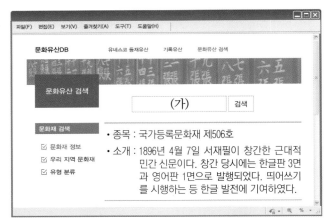

문화유산DB　　유네스코 등재유산　기록유산　문화유산 검색

문화유산 검색

| (가) | 검색 |

문화재 검색
☑ 문화재 정보
☑ 우리 지역 문화재
☑ 유형 분류

• 종목 : 국가등록문화재 제506호
• 소개 : 1896년 4월 7일 서재필이 창간한 근대적 민간 신문이다. 창간 당시에는 한글판 3면과 영어판 1면으로 발행되었다. 띄어쓰기를 시행하는 등 한글 발전에 기여하였다.

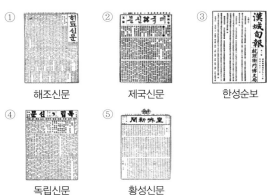

① 해조신문　　② 제국신문　　③ 한성순보
④ 독립신문　　⑤ 황성신문

독립신문

정답 ④　(가)에 해당하는 신문은 독립신문이다. 아관 파천 이후 1896년에 서재필의 주도로 독립신문이 창간되었다. 독립신문은 정부 관리의 부정부패를 비판하고 국민의 권리와 의무, 국제 사회에서 한국의 위치, 열강의 이권 침탈 상황 등을 알렸다. 또한 순 한글을 사용하여 독자층을 늘리고 한글을 일상적인 문자로 격상시켰다.

정답 분석

④ 1869년 미국에서 귀국한 서재필이 정부로부터 자금을 지원받아 독립신문을 발간하였다.

오답 피하기

① 해조신문은 1908년 러시아 블라디보스톡(해외)에서 발행된 최초의 한글 신문이다.
② 제국신문은 대한제국 시기에 발행된 일간 신문으로, 1898년 8월 10일 이종일이 창간했다.
③ 한성순보는 1883년에 창간된 우리나라 최초의 근대 신문이다.
⑤ 황성신문은 대한제국 시기 일간 신문으로, 1898년 남궁억과 나수연 등이 창간했다.

06 (가) 신문에 대한 설명으로 옳은 것은?

경천사지 십층 석탑에 대한 일본인의 약탈 행위에 관해 보도한 (가) 기사를 읽어 보았는가? 보도 내용을 접한 헐버트가 사건 현장을 방문하여 사진을 촬영하고 목격자 의견을 청취했다더군.

일본인의 이런 행위가 알려진 것은 양기탁과 베델이 창간한 (가) 의 노력 덕분이라고 하네.

① 상업 광고를 처음으로 실었다.
② 천도교의 기관지로 발행되었다.
③ 국채 보상 운동의 확산에 기여하였다.
④ 일장기를 삭제한 손기정 사진을 게재하였다.
⑤ 순 한문 신문으로 열흘마다 발행하는 것이 원칙이었다.

대한매일신보

정답 ③ (가) 신문은 대한매일신보이다. 1904년 양기탁이 영국인 베델을 발행인으로 초청하여 대한매일신보를 발행하였다. 1907년 일본 궁내대신 다나카는 무단으로 경천사지 10층 석탑을 해체해 일본으로 가져갔다. 이에 베델은 대한매일신보 1907년 3월 7일자 논설을 통해 일본의 다나카를 거명하며 석탑 약탈을 폭로하였다. 그래도 반환하지 않자 세계 언론에 폭로해 대서특필하는 등 석탑을 반환하도록 촉구했다. 이 같은 세계 여론 때문에 경천사지 10층 석탑은 1918년 다시 한국으로 반환된다.

정답 분석

③ 1907년 대구에서 시작된 국채 보상 운동은 대한매일신보, 황성신문, 제국신문, 만세보 등 언론 기관의 적극적인 홍보에 힘입어 전국으로 확산되었다.

오답 피하기

① 1886년 한성주보는 갑신정변 이후 한성순보가 발행 중단되면서 발간되었고, 우리나라 최초의 신문 광고가 게재되었다.
② 천도교로 이름을 바꾼 동학은 1906년 기관지인 만세보를 펴내 민족의식을 고취하는 데도 앞장섰다.
④ 동아일보는 1936년 베를린 올림픽 경기 대회의 마라톤에서 손기정 선수가 우승하자, 시상식 사진을 게재하면서 그의 유니폼에 그려져 있던 일장기를 삭제하였다.
⑤ 1883년 조선 정부는 개화 정책을 추진하면서 국민을 계몽하기 위해 박문국을 설치하고 최초의 신문인 한성순보를 발간하였다.

07 (가) 인물에 대한 설명으로 옳은 것은?

국어 연구에 앞장선 (가) 에 대해 알려 주세요.

호는 한힌샘으로, 독립신문사의 교보원으로 활동하였습니다. 큰 보자기에 책을 넣고 다니며 학생들에게 국어를 가르쳐 '주보따리'라는 별명을 얻었습니다.

① 국문 연구소의 연구위원으로 활동하였다.
② 조선어 학회 사건으로 구속되어 옥고를 치렀다.
③ 국권 피탈 과정을 정리한 한국통사를 집필하였다.
④ 세계지리 교과서인 사민필지를 한글로 저술하였다.
⑤ 여유당전서를 간행하고 조선학 운동을 전개하였다.

국어학자 주시경

정답 ① (가) 인물은 주시경이다. 을사늑약 이후 민족의 위기에 직면하면서 한글 연구는 또 다른 의미를 지니게 되었는데, 이를 대표하는 인물이 바로 주시경이다. 그는 배재 학당 시절부터 국문 연구에 뛰어났으며, '한글'이란 이름을 만들어 붙였다. 독립 협회 직원으로 근무하던 중에 한글 표기법 통일의 필요성을 절감하고 우리말 문법을 정립하였다. 그는 우리말과 우리글을 지키는 것이 바로 민족을 지키는 것이라 생각하였다.

정답 분석

① 1907년 대한 제국 말기에 학부 안에 국문 연구소가 설립되었고, 지석영과 주시경 등의 주도로 국어 문법의 연구와 정리가 이루어졌다.

오답 피하기

② 일제는 1942년 조선어 학회를 독립 운동 단체로 간주하여 회원들을 대거 검거하고 투옥하였다. 가혹한 고문으로 이윤재, 한징은 옥사하였다.
③ 박은식은 국혼을 강조한 "한국통사"를 지어 일본의 침략 과정을 폭로하였다.
④ 헐버트는 1886년 육영공원 교사로 취임해 세계의 지리 지식과 문화를 소개하는 내용의 교과서 격인 "사민필지"를 저술했다.
⑤ 정인보와 안재홍은 우리 민족 스스로 발전할 수 있는 역량을 가지고 있었다는 사실을 밝히기 위해 정약용 연구를 중심으로 한 조선학 운동을 전개하였다.

Ⅰ

우리 역사의 형성

Ⅱ

고려 귀족 사회의
형성과 변천

Ⅲ

조선 유교 사회의
성립과 변화

Ⅳ

국제 질서의 변동과
근대 국가 수립 운동

일제의 강점기와
민족 운동의 전개

V

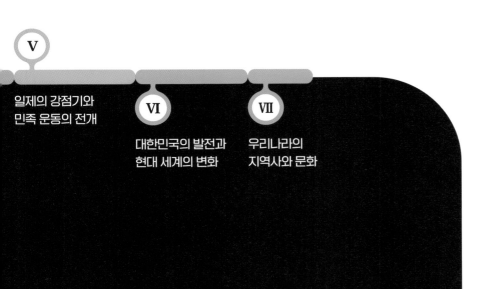

54강 일제의 식민 통치와 경제 수탈

① 1910년대 일제의 무단 통치 (헌병 경찰 통치, 1910~1919)

(1) 조선 총독부 체제

구성	• 조선 총독부 설치(1910) : 일제 식민 통치의 중추 기관 • 총독 ┌ 무관 출신만 임명, 일본 국왕에 직속(일본 내각의 통제를 받지 않음) └ 입법 · 사법 · 행정 · 군 통수권을 장악
중추원	조선 총독의 자문 기구(한국인 회유책, 친일파 우대, 한국인의 실권은 없음)

(2) 헌병 경찰 제도 시행

의미	헌병과 경찰을 동원하여 우리 민족을 무력적으로 탄압하는 공포 정치
구성	• 경무총감(헌병 사령관) ➡ 각 도의 경무부장(헌병 대장) • 전국에 헌병대, 경찰서 설치 및 일본군 주둔
역할	• 경찰 업무 대행, 독립 운동가 색출(105인 사건), 모든 일상생활에 관여 • 범죄 즉결례(1910) : 판결 없이도 경찰의 임의로 처벌 가능 ┐ 조선인만 해당 • 조선 태형령(1912) : 지시 불이행 및 잘못할 경우 매로 때림 ┘

▲ 조선 총독부
일제는 남산에 있던 통감부 건물을 청사로 사용하다가, 식민 통치의 위엄을 높이기 위해 경복궁 자리에 새로운 청사를 지어 1926년 이전하였다.

[조선 총독부 기구표]

조선 총독 — 정무총감, 경무총감 — 경무총감부

사법부 · 농상공부 · 탁지부 · 내무부 · 총무부 · 총독 관방

▲ 조선 총독부 기구표

▲ 함경북도 경무부와 경성 헌병대 본부

▲ 경무부와 헌병대

▲ 태형 기구

▲ 일본 경찰이 조선인에게 태형을 가하는 장면
일제가 무력을 앞세워 한국을 강점했지만 한국인의 저항은 쉽사리 꺾이지 않았다. 이에 일제는 태형과 같은 법령을 만들어 한국인을 위협 · 탄압하면서 억압적인 사회 분위기를 만들었다.

사료 살펴보기

경찰범 처벌 규칙(1912)

제1조 다음의 각호에 해당하는 자는 구류 또는 과료에 처한다.
2. 일정한 주소나 생업 없이 이곳저곳 배회하는 자
20. 불온한 연설을 하거나 또는 불온한 문서, 도서, 시가를 게시, 반포, 낭독하거나 큰 소리로 읊는 자
64. 관공서의 독촉을 받고도 굴뚝의 개조, 수선이나 청소를 게을리 하는 자 　　　－「관보」, 조선총독부, 1912.3.25. －

조선 태형령(1912)

제11조 태형은 감옥 또는 즉결 관서에서 비밀리에 행한다.
제13조 본령은 조선인에 한하여 적용한다.
시행 규칙 1조 태형은 수형자를 형판 위에 엎드리게 하고 그자의 양팔을 좌우로 벌리게 하여 형판에 묶고 양다리도 같이 묶은 후 볼기 부분을 노출시켜 태로 친다. 　　　－「관보」, 조선총독부, 1912.3.13. －

헌병은 본래 군대 경찰이지만 일제는 군대가 아닌 일반인을 대상으로 한 경찰 업무도 헌병에게 맡겼다. 조선을 군대처럼, 조선인을 군인처럼 다스리겠다는 의미이다. 헌병은 군사 업무 외에도 정치 사찰, 사법권 행사, 납세 독촉, 학교 감시 및 예방 접종 업무까지도 담당하였다. 또한, 범죄 즉결례와 경찰범 처벌 규칙을 이용하여 정식 법 절차나 재판을 거치지 않고도 조선인에게 벌금, 구류 등의 처벌을 내릴 수 있었다.

(3) 위압적 분위기

기본권 박탈	• 언론 · 출판 · 집회 · 결사의 자유 제한 ➡ 보안법, 출판법, 신문지법 적용 • 황성신문, 대한매일신보 등 폐간, 애국 운동 단체 신민회 등 해산
위협 통치	학교 교원 및 일반 관리까지도 제복과 대검 착용
교육	• 제1차 조선 교육령(1911) ┌ 목표 : 식민 통치에 순응하고 일본 천황에 충성하는 인간 육성 └ 우민화 교육 : 보통학교 수업 연한 4년, 실업 교육에 치중, 고등 교육 기회 거의 없음 • 사립 학교(사립 학교 규칙, 1911), 서당(서당 규칙, 1918) 등의 교육 기관 탄압

② 1910년대 일제의 경제 수탈

(1) 토지 조사 사업 시행(1912~1918)

목적	• 명분 : 근대적 토지 소유제도 확립, 공정한 지세 부과 • 실제 : 토지의 약탈 및 안정적인 토지세 확보 ➡ 식민 통치에 필요한 기초 자료와 재정 확보
절차	임시 토지 조사국 설치(1910), 토지 조사령 공포(1912) ➡ 소유권 조사, 토지 가격 조사, 지형 · 지목 조사 등 ➡ 임시 토지 조사국에 토지 신고서 제출 ➡ 기한부 신고제와 복잡한 절차를 통해 토지 소유권 인정 ➡ 미신고 토지, 국유지, 공동 소유 토지 등 토지 약탈
결과	• 농민 몰락 : 농민의 관습적 경작권 부정 ➡ 기한부 계약제로 전환(지주 권한 강화, 소작농 권리 약화) ➡ 소작농, 도시 빈민, 화전민으로 전락 ➡ 만주, 연해주 등의 국외 이주 증가 • 조선 총독부 ┌ 수입 증가 : 과세 면적 증가 ➡ 조선 총독부의 토지세 수입 증가 ├ 토지 약탈 : 미신고지 · 공유지 · 소유주가 불분명한 토지 약탈(전체 농경지의 약 10%, 전체 임야의 약 60%) └ 토지 매각 : 약탈한 토지는 동양 척식 주식회사나 일본 기업과 일본인에게 싼 값에 불하 ➡ 일본에서 이주민 급증

(2) 산업 침탈

회사령 제정 (1910)	• 목적 : 한국인의 기업 설립 규제와 민족 자본 성장 저지 • 내용 : 회사 설립 시 총독부의 허가를 받도록 규정(총독의 회사 해산 명령도 가능) ➡ 한국인 회사 설립과 민족 자본의 성장을 억제
자원 약탈	• 특징 : 허가제로 운영하여 천연 자원, 지하 자원 등 각종 자원 약탈 • 삼림령(1911), 임야 조사령(1918) : 산림과 임야 약탈, 전체 삼림의 60% 이상을 국유림화 • 어업령(1911) : 한국의 어업권 부정 및 일본인의 어장 독점 • 광업령(1915) : 일본 기업의 광산 경영 침투, 전체 광산의 75% 이상을 일본인이 점유
기타	• 전매 사업 실시 : 소금, 담배, 아편, 인삼 등을 독점 • 기간 시설 정비 : 철도(경원선, 호남선) · 통신 · 항만 시설 설치 ➡ 자원의 효율적 수탈과 대륙 침략의 발판

▲ 제복을 입고 칼을 찬 일본인 교사

▲ 토지 조사 사업의 토지 측량

사료 살펴보기

토지조사령(1912)

제1조 토지의 조사 및 측량은 본령에 따른다.

제4조 토지 소유자는 조선 총독이 정하는 기간 내에 주소, 씨명, 명칭 및 소유지의 소재, 지목, 자번호, 사표, 등급, 지적, 결수를 임시 토지 조사국장에게 신고해야 한다. 단, 국유지는 보관 관청이 임시 토지 조사국장에게 통지해야 한다.

－「관보」조선 총독부, 1912 －

일제는 식민 통치에 필요한 재정을 마련하고자 토지 조사 사업을 실시하였다. 이에 1920년에는 지세 수입이 1910년에 비해 약 2배로 늘어났다.

▲ 일제가 건설한 간선 철도망

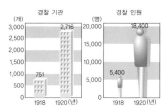

▲ 문화 통치 시기의 경찰력의 강화

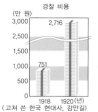

▲ 기사가 삭제된 동아일보

일제는 문화 통치를 내세우며 조선일보, 동아일보 등의 신문과 잡지 창간을 허용하였다. 그러나 실제로는 엄격한 사전 검열을 통해 신문과 잡지의 기사를 통제하였다.

▲ 경성부 협의회 의원 선거

지방 행정의 자문 기관인 평의회와 협의회의 회원을 뽑는 선거에 참여하려면 일정 금액 이상의 세금을 납부해야 했다. 한국에 거주하는 일본인들은 대부분 선거권을 가졌지만, 대다수의 한국인에게는 선거권이 없었다.

❸ 1920년대 일제의 문화 통치 (보통 경찰·민족 분열 통치, 1919~1931)

(1) 문화 통치

배경	3 · 1 운동을 통해 무단 통치의 한계 인식, 일본 내의 민주주의 발전, 국제 여론 악화
의도	• 조선을 문화 민족으로 대우한다는 기만적 회유 정책 • 소수의 친일파를 키워 우리 민족의 분열 꾀함

(2) 문화 통치의 실상

	표면적 모습	실제 모습
총독 임명	문관 출신도 임명 가능	실제로 문관 총독 임명은 1명도 없었음
경찰 제도	• 헌병 경찰 제도 폐지 • 보통 경찰 제도 시행	• 경찰의 인원 · 장비 · 비용 등의 증가 • 1군 1경찰서, 1면 1주재소 체제 • 고등 경찰제 실시
기본권 보장	• 언론 · 출판 · 집회 · 결사의 자유 부분 허용 • 신문 발행 허가 : 조선일보 · 동아일보 창간(1920)	• 식민 통치에 위배되는 사항은 신문 기사 삭제 및 정간 · 폐간 • 치안 유지법 제정(1925) : 일본 천황제와 사유재산 제도를 부정하는 이들을 탄압 ➡ 독립 운동가, 사회주의자 탄압에 적극 활용
교육 정책	제2차 조선 교육령(1922) ┌ 한국인의 교육 기회 확대 ├ 고등 보통학교 증설 └ 수업 연한을 4년에서 6년으로 늘림	• 유상 교육 ➡ 한국인 취학률 저하 • 초등 교육 · 기술 교육만 허용 • 경성 제국 대학 설립(1924)을 계기로 민립 대학 설립 운동 탄압
참정권 부여	• 도 평의회, 부 · 면 협의회 설치 • 자문 기구에 일부 조선인 참여 허용	• 독립 운동을 자치 운동으로 유도 • 의결권 없음, 친일 인사만 의원으로 임명

사료 살펴보기

문화 통치의 실시(1919)

총독은 문무관 어느 쪽이라도 임용될 수 있는 길을 열고, 나아가 헌병에 의한 경찰 제도를 바꿔 보통 경찰에 의한 경찰 제도를 채택할 것이다. 그리고 복제를 개정하여 일반 관리·교원이 제복을 입고 칼을 차던 것을 폐지하고, 조선인의 임용·대우에 더 많이 고려하고자 한다.
　　　　　　　　　　　　　　　　　　　　　　　　　　　　– 사이토 마코토, '시정방침'(1919. 9.) –

문화 통치의 본질인 친일파 양성책(1920)

1. 핵심적인 친일 인물을 골라 그 인물로 하여금 귀족, 양반, 유생, 부호, 교육가, 종교가에 침투하여 계급과 사정을 참작하여 각종 친일 단체를 조직하게 한다.
2. 각종 종교 단체도 중앙 집권화해서 그 최고 지도자에 친일파를 앉히고 고문을 붙여 어용화시킨다.
3. 친일 민간인에게 편의와 원조를 주어 수재교육의 이름 아래 많은 친일 지식인을 긴 안목으로 키운다.

3·1 운동으로 무단 통치의 한계를 느낀 일제는 통치 방식을 전환하였다. 새로 조선 총독에 취임한 사이토 마코토는 "조선의 문화와 관습을 존중하고 조선인의 행복과 이익을 증진한다."라며 이른바 문화 통치를 표방하였다. 그러나 이는 우리 민족의 불만을 달래려는 일제의 기만적인 술책이었다. 또한, 친일 세력을 적극 양성하여 우리 민족을 이간·분열시키는 데 목적이 있었다.

치안 유지법(1925)

제1조 ① 국체(천황제)를 변혁하거나 사유 재산 제도를 부인하는 것을 목적으로 결사를 조직하거나 또는 사정을 알고 이에 가입한 자는 10년 이하의 징역 또는 금고에 처한다.

제7조 이 법은 시행 구역 외에서 죄를 범한 자에게도 적용한다.

일제는 치안 유지법으로 한국인의 사상과 표현의 자유를 억압하고 민족 운동과 사회주의 운동을 탄압하였다. 이 법으로 많은 독립 운동가가 처벌받았다.

▲ 치안 유지법으로 연행되어 가는 한국의 독립운동가들

④ 1920년대 일제의 경제 수탈

(1) 산미 증식 계획(1920~1934)

배경	일본의 공업화 진전에 따른 식량 부족 사태(쌀 수요 증가, 쌀값 폭등)
목표	일본의 부족한 식량을 한국에서 확보
과정	• 쌀 생산량 증대 추진 : 종자 개량, 비료 및 수리 시설 개선 시도 ➡ 농민들에게 수리 조합비, 토지 개량비, 비료 대금 등을 전가시킴 ➡ 추진 과정에서 수리 조합 반대 운동이 일어남 • 증산량이 계획량보다 부진 : 수탈량을 계획대로 추진 ➡ 증산량보다 많은 수탈로 국내 식량 사정 악화
결과	• 국내 식량 사정 악화(한국인의 1인당 쌀 소비량이 감소) : 국내 쌀 부족, 곡물 가격 폭등 ➡ 만주에서 조·수수·콩 등의 잡곡 수입 • 농업 구조의 변화 : 쌀 중심의 단작형 농업 구조로 정착 • 농민의 고통 심화 : 일본의 비호를 받은 지주의 수탈 심화 ➡ 농민층 몰락 ➡ 도시 빈민, 화전민, 국외 이주민 증가 ➡ 소작 쟁의 격화

▲ 쌀이 산더미처럼 쌓인 1920년대 중반 군산 내항

▲ 거적을 두른 토막에 사는 서울 변두리의 도시 빈민

산미 증식 계획이 추진되어 국내 1인당 쌀 소비량은 갈수록 줄어들면서 몰락하는 농민은 갈수록 많아졌고, 궁민(극빈층)의 수가 크게 늘어났다.

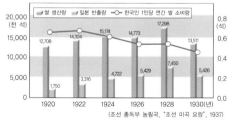
▲ 1920년대 쌀 생산량과 유출량
(조선 총독부 농림국, "조선 미곡 요람", 1937)

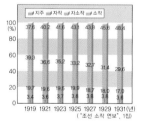
▲ 농가의 경작 형태 비율 변화
("조선 소작 연보", 1집)

산미 증식 계획으로 한국인의 1인당 쌀 소비량은 점차 줄었으며(왼쪽 표), 소작농이 점차 늘어나(오른쪽 표) 농민들의 생활이 어려웠음을 알 수 있다.

(2) 일본 자본의 침투

회사령 철폐 (1920)	• 배경 : 1차 대전 이후 일본의 자본 축적 ➡ 일본 기업의 한국 진출 • 내용 : 회사 설립을 허가제에서 신고제로 전환 ➡ 한국 기업 증가(대부분 영세한 제조업에 한정) ➡ 일본의 대규보 독점 자본의 한반도 침투 가속화
기타	• 관세 폐지(1923) : 조선과 일본 간의 상품 수출에 관세 철폐 ➡ 일본 기업의 상품 유입 가속화 • 신은행령(1928) : 한국인 소유 은행을 강제 합병 ➡ 조선 은행에 예속시킴

회사령 폐지에 관한 건(1920)

회사령은 폐지한다.

– 부칙

1. 이 영은 공포일로부터 시행한다.
2. 구령에 의하여 설립한 회사로 이 영 시행 당시 존재하는 것은 조선 민사령에 의하여 설립한 것으로 본다.

조선 총독부는 회사령을 폐지하여 회사 설립을 허가제에서 신고제로 바꾸었다. 이로써 회사 설립이 한층 쉬워져 자본을 축적한 일본의 대기업들은 값싼 자원과 노동력을 찾아 한국에 본격적으로 진출하였다.

▲ 내선일체 관련 포스터(위)와 내선일체 비석(아래)

일본과 조선이 한 몸과 같다는 뜻으로 일제 강점기 때 일본이 조선인의 정신을 말살하고 조선을 착취하기 위해 만들어 낸 구호이다.

▲ 흥남 질소 비료 공장의 전경
일본 노구치 재벌에서 세운 것이다.

⑤ 1930~1940년대 일제의 민족 말살 통치(황국 신민화 정책, 1931~1945)

(1) 민족 말살 통치

배경	경제 대공황 이후 일본의 침략 전쟁 확대 ➜ 만주 사변(1931) ➜ 중·일 전쟁(1937) ➜ 태평양 전쟁(1941)
의도	일본의 침략 전쟁에 한국인을 원활하게 동원하기 위한 통치 정책 필요

(2) 민족 말살 통치의 전개

황국 신민화 정책	• 황국 신민 서사 암송(1937) : 천황에 충성을 맹세하는 내용을 강제로 외우게 함 • 궁성 요배 : 아침마다 일왕이 있는 도쿄를 향해 감사의 절을 강요 • 신사 참배 : 전국의 읍, 면에 신사를 세우고 매월 1일을 애국일로 정해 참배를 의무화
민족 말살 통치	• 내선일체, 일선 동조론 주장 • 창씨 개명 : 일본식 성과 이름의 사용 강요 • 제3차 조선 교육령(1938) : 한국어·한국사 과목 사실상 폐지, 우리말 사용 금지, 소학교 명칭을 국민 학교로 변경, 수신 교과 강화 • 제4차 조선 교육령(1943) : 수업 연한 단축, 조선어 과목 완전 삭제
각종 탄압 강화	• 조선일보·동아일보 폐간(1940), 진단 학회 해산(1940) • 조선 사상범 보호 관찰령(1936) : 치안 유지법 위반자 출소 시 보호 관찰 • 조선 사상범 예방 구금령(1941) : 체포 없이 독립 운동가들 구금 가능(예비 구속의 합법화) • 조선어 학회 사건(1942) : 독립 운동 단체로 간주하여 강제 해산

▲ 황국 신민 서사를 외우는 학생들

▲ 조선 신궁에 강제로 참배하는 한국 학생들

▲ 일본식 성명을 신고하기 위해 나온 사람들

⑥ 1930~1940년대 일제의 경제 수탈

(1) 병참 기지화 정책 : 전쟁 수행에 필요한 물자 조달을 위한 공업화 정책 시행

만주 사변 이후(1931) : 대륙 침략 전쟁 시작	
배경	경제 대공황 확산(1929), 일본 군국주의 가속화 ➜ 대륙 침략 강행
병참 기지화 정책	• 배경 : 값싼 노동력과 자원 활용 및 전쟁 수행에 필요한 물자 조달 • 내용 : 한반도 북부 지역에 중화학 공업 집중 육성 ➜ 중·일 전쟁 이후 군수 물자 생산 기지화 • 결과 : 산업 불균형 초래(경공업보다 중화학 공업 비중이 큼), 한국인 노동자 착취(노동 쟁의 유발)

남면북양 정책	• 배경 : 대공황 이후 공업 원료 부족에 대비 • 목적 : 한반도를 원료 공급지로 삼아 저렴하게 공업 원료를 생산, 일본 방직 자본가 보호 • 내용 : 한반도 남부 지방에는 면화 재배, 북부 지방에는 양 사육 강요
농촌 진흥 운동 (1932~40)	• 배경 : 농촌 사회의 궁핍으로 소작 쟁의가 확산됨 • 목적 : 농촌 경제의 안정화 • 내용 ┌ 조선 농지령 제정(1934) : 소작지의 임대차 기간을 3년 이하로 할 수 없도록 함 └ 춘궁 퇴치, 부채 박멸, 소비 절약을 통한 농가 자력갱생 주장 ➡ 실효성 없었음 • 실상 : 소작 쟁의를 무마시켜 식민 체제를 안정시키기 위한 정책에 불과

(2) 국가 총동원령(1938) : 침략 전쟁의 확대로 인적·물적 자원 수탈 강화

중 · 일 전쟁 이후(1937)	
배경	침략 전쟁의 확대 및 심화 : 중 · 일 전쟁(1937) ➡ 태평양 전쟁(1941)
생활 통제	국민정신 총동원 연맹을 조직하고, 마을마다 애국반을 편성 ➡ 한국인을 소속시켜 일상생활까지 감시하고 통제
인적 수탈	• 남성 ┌ 지원병제 실시(1938) : 중 · 일 전쟁 이후 청년들을 조직적으로 동원 ├ 학도 지원병제(1943), 징병제(1943) 실시 : 태평양 전쟁 이후 학생 및 청년들을 전쟁터에 동원 └ 국민 징용령(1939), 국민 징용제(1944) 실시 : 전시에 필요한 노동력 강제 동원 ➡ 탄광이나 군수 공장, 군용 활주로 공사 등에 투입 • 여성 ┌ 여자 정신 근로령 발표(1944) : 12세 이상 40세 미만의 여성을 군수 공장에 강제 노동시킴 └ 일본군 '위안부' 동원 : 여성들을 성노예로 강제 동원(반인권적 범죄 자행)
물적 수탈	• 식량 배급제, 미곡 공출 제도, 산미 증식 계획 재개(1938) • 전쟁 물자 공출(금, 군수 광물, 금속류 등)

▲ 강제 동원된 소년병들

▲ 강제 징용된 노동자

▲ 정신대로 끌려가는 소녀들

▲ 일본군 '위안부'로 동원된 여성

▲ 강제 징발된 생활 용품들

▲ 쌀 공출을 강요하는 포스터

▲ 조선인들이 양털로 옷감을 짜는 모습

▲ 농촌 진흥 운동 선전 화보

▲ 애국반 수칙을 적은 홍보 전단
태평양 전쟁이 전개되던 시기에 만들어진 포스터로, 애국반에 호적 미등재자가 없도록 하자는 수칙이 쓰여 있다.

사료 살펴보기

국가 총동원법(1938)

제1조 국가 총동원이란 전시에 국방 목적을 달성하기 위해 국가의 전력을 가장 유효하게 발휘하도록 인적 및 물적 자원을 운용하는 것을 말한다.

제4조 정부는 전시에 국가 총동원상 필요할 때는 칙령이 정하는 바에 따라 제국 신민을 징용하여 총동원 업무에 종사하게 할 수 있다.

제8조 정부는 전시에 국가 총동원상 필요할 때는 칙령이 정하는 바에 따라 물자의 생산·수리·배급·양도 기타의 처분, 사용·소비·소지 및 이동에 관하여 필요한 명령을 내릴 수 있다.

–「조선법령집람」제13집, 조선총독부 (1938) –

일제는 중·일 전쟁이 장기화되자, 의회의 승인 없이 물자나 노동력을 동원할 수 있는 국가 총동원법을 제정하였다.

은쌤의 합격노트

1910년대 일제의 무단 통치와 경제 수탈

☑ 시험에 꼭 나오는 키워드

- 1910년대 일제의 식민 정책 정리 및 관련 사진 기억하기 ➔ 1920년대, 1930~1940년대 식민 정책이 오답 선지로 활용됨
- 토지 조사 사업, 회사령 제정은 단독으로도 출제됨

☑ 최다 빈출 선지

1910년대 일제의 식민 통치
① 강압적 통치를 목적으로 헌병 경찰제가 실시되었다.
② 한국인에 한해 적용되는 조선 태형령을 공포하였다.
③ 조선 태형령 실시를 관보에 게재하는 직원
④ 헌병 경찰에게 태형을 당하는 상인
⑤ 범죄 즉결례에 의해 한국인을 처벌하였다.
⑥ 식민지 교육 방침을 규정한 제1차 조선 교육령을 제정하였다.
⑦ 보통학교 수업 연한을 4년으로 하였다(제1차 조선 교육령).
⑧ 근대적 토지 소유권 확립을 명분으로 토지 조사 사업을 실시하였다.
⑨ 회사 설립 시 총독의 허가를 받도록 하는 회사령을 제정하였다.

1920년대 일제의 문화 통치와 경제 수탈

☑ 시험에 꼭 나오는 키워드

- 1920년대 일제의 식민 정책 정리 및 관련 사진 기억하기 ➔ 1910년대, 1930~1940년대 식민 정책이 오답 선지로 활용됨
- 산미 증식 계획, 회사령 철폐는 단독으로도 출제됨

☑ 최다 빈출 선지

1920년대 일제의 식민 통치
① 제2차 조선 교육령을 시행하였다.
② 경성 제국 대학이 설립되었다.
③ 경성 제국 대학을 다니는 학생
④ 도 평의회, 부·면 협의회 등의 자문 기구를 설치하였다.
⑤ 사회주의 운동을 탄압하기 위한 치안 유지법이 마련되었다.
⑥ 쌀 수탈을 목적으로 하는 산미 증식 계획을 실시하였다.

1930~1940년대 일제의 민족 말살 통치와 경제 수탈

☑ 시험에 꼭 나오는 키워드

- 1930~1940년대 일제의 식민 정책 정리 및 관련 사진 기억하기 ➔ 1910년대, 1920년대 식민 정책이 오답 선지로 활용됨

☑ 최다 빈출 선지

1930~1940년대 일제의 식민 통치
① 황국 신민 서사의 암송이 강요되었다.
② 황국 신민 서사를 암송하는 어린이
③ 국민 징용령이 제정되었다.
④ 국민 징용령에 의해 끌려가는 청년
⑤ 신사 참배에 강제 동원되는 학생
⑥ 조선 사상범 예방 구금령으로 독립 운동을 탄압하였다.
⑦ 독립 운동 탄압을 위한 조선 사상범 보호 관찰령을 공포하였다.
⑧ 소학교의 명칭을 국민학교로 변경하였다.
⑨ 국민학교에서 공부하는 학생
⑩ 일제가 한글 학자들을 구속한 조선어 학회 사건이 일어났다.
⑪ 농민의 자력갱생을 내세운 농촌 진흥 운동을 실시하였다.
⑫ 국가 총동원법을 제정하여 인력과 물자를 강제 동원하였다.
⑬ 여자 정신 근로령을 공포하였다.
⑭ 여자 정신 근로령에 의해 강제로 끌려가는 여성
⑮ 노동력 동원을 위해 국민 징용령을 시행하였다.
⑯ 학도병 출전 권고 연설을 하는 친일파 인사
⑰ 미곡 공출제가 실시되었다.
⑱ 식량 배급 및 미곡 공출 제도를 시행하였다.
⑲ 공출한 놋그릇, 수저를 정리하는 면사무소 관리

01 밑줄 그은 '시기'에 볼 수 있는 모습으로 옳은 것은?

이것은 일제가 임시 토지 조사국을 설치하고 토지 조사 사업을 진행하던 시기에 작성한 지적 원도의 일부입니다. 토지를 측량해 그 위치와 경계 및 지번 등을 표시하였습니다.

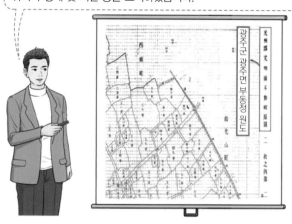

① 경성 제국 대학에서 공부하는 학생
② 근우회의 창립 기사를 작성하는 기자
③ 보빙사 일행으로 미국에 파견되는 관리
④ 조선인에게 태형을 집행하는 헌병 경찰
⑤ 거문도를 불법 점령하고 있는 영국 해군

│ 일제 식민 통치 1기(1910년대)

정답 ④ 밑줄 그은 '시기'는 1910년대 일제 식민 통치 시기이다. 일제는 식민 통치의 기초 자료를 확보하기 위해 1912년에 토지 조사령을 공포하고 본격적으로 토지 조사 사업을 시행하였다. 일제는 토지 조사 사업으로 근대적인 등기 제도를 실시하여 토지 소유권을 보호한다는 구실을 내세웠다. 그러나 실상은 토지 대장에 누락된 토지를 조사하여 식민 통치에 필요한 지세를 안정적으로 확보하고, 왕실과 공공 기관에 속한 토지 및 주인이 불분명한 토지를 총독부가 차지하기 위함이었다.

정답 분석

④ 1912년 총독부가 조선 태형령을 공포하자 헌병 경찰은 합법적으로 우리나라의 독립 운동가는 물론이고 일반 형사범까지도 가혹한 태형으로 다스렸다.

오답 피하기

① 1924년 일제는 경성 제국 대학을 설립하여 한국인의 고등 교육에 대한 열기와 불만을 잠재우려고 하였다.
② 1927년 신간회가 결성되자, 여성들은 이념을 초월한 전국적인 여성 조직으로 근우회를 결성하였다.
③ 1883년 조선 정부는 미국과 수교한 이후 미국의 공사 파견에 대한 답례로 보빙사를 파견하였다.
⑤ 1885년 영국은 러시아의 남하를 견제한다는 명분을 내세워 거문도를 불법으로 점령하였다(거문도 사건).

02 밑줄 그은 '이 시기'에 시행된 일제의 정책으로 옳은 것은?

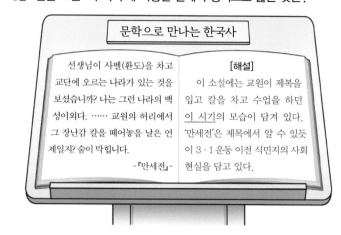

① 애국반을 조직하였다.
② 회사령을 시행하였다.
③ 치안 유지법을 제정하였다.
④ 미곡 공출제를 실시하였다.
⑤ 국가 총동원법을 공포하였다.

│ 일제 식민 통치 1기(1910년대)

정답 ② 밑줄 그은 '이 시기'는 1910년대 일제 식민 통치 시기이다. 1910년대에 일제는 강력한 무단 통치를 실시하였다. 일제는 일반 행정 관리뿐만 아니라 교원까지도 제복을 입고 칼을 차게 하였다. 이는 폭력적이고 위압적인 무단 통치의 모습을 보여 준다.

정답 분석

② 1910년 일제는 회사령을 제정하여 회사를 세울 때는 조선 총독부의 허가를 받게 하였다.

오답 피하기

① 1938년 일제는 국민정신 총동원 연맹을 조직하고, 마을마다 애국반을 편성하여 여기에 한국인을 소속시켜 일상생활까지 감시하고 통제하였다.
③ 1925년 일제는 사회주의 확산을 저지하기 위해 조선에서 치안 유지법을 시행한다고 발표하였다.
④ 1940년 일제는 미곡의 시장 유통을 금지하고 식량 배급 제도와 미곡 공출 제도를 시행하였다.
⑤ 1938년 중 · 일 전쟁 이후 일제는 국가 총동원법을 선포하고 이를 한국에도 적용하였다.

03 다음 기사가 나오게 된 배경으로 적절한 것은?

> 아무리 그럴듯하게 내세워도 이러한 통치 방식은 결국 우리 조선인을 기만하는 거야.

> 총독의 임용 범위를 확장하고, 지방 자치 제도를 실시한다. …… 이로써 관민이 서로 협력 일치하여 조선에서 문화적 정치의 기초를 확립한다.

① 3·1 운동이 전국적으로 전개되었다.
② 조선 사상범 예방 구금령이 시행되었다.
③ 브나로드 운동이 동아일보를 중심으로 추진되었다.
④ 조선 노동 총동맹과 조선 농민 총동맹이 설립되었다.
⑤ 내선일체를 강조한 황국 신민 서사의 암송이 강요되었다.

일제 식민 통치 2기(1920년대)

정답 ①   다음 기사가 나오게 된 배경은 1919년에 일어난 3·1 운동이다. 3·1 운동 이후 무단 통치의 한계를 느낀 일제는 통치 방식을 전환하였다. 새로이 조선 총독에 취임한 사이토는 "조선의 문화와 관습을 존중하고 조선인의 행복과 이익을 증진한다."라며 이른바 문화 통치를 표방하였다. 일제는 무관이 아닌 문관도 총독에 임명될 수 있도록 하였다.

정답 분석

① 3·1 운동을 계기로 일제는 무력만으로는 한국인의 독립 운동을 막을 수 없다고 판단하여 폭압적인 무단 통치를 포기하고 이른바 '문화 통치'를 표방하였다.

오답 피하기

② 일제는 1941년 독립 운동가들을 재판 없이 구금할 수 있는 조선 사상범 예방 구금령을 만들고 잡혀 온 이들에게 친일을 강요하였다.
③ 1931년 동아일보는 네 차례에 걸쳐 브나로드 운동을 전개하였는데, 야학을 개설하여 한글을 가르치는 일과 함께 미신 타파, 근검절약 등을 강조하는 계몽 활동을 병행하였다.
④ 조선 노동 총동맹은 노동 운동의 발전에 따라 1927년 조선 노동 총동맹과 조선 농민 총동맹으로 분리되었다.
⑤ 1936년에 조선 총독으로 부임한 미나미는 황국 신민화 정책을 강화하였고, 1937년부터는 학생은 물론 일반인에게도 황국 신민 서사를 암송하도록 강요하였다.

---

04 다음 자료를 활용한 탐구 활동으로 가장 적절한 것은?

> ○ 내지(內地)는 심각한 식량 부족을 보여 매년 300만 석에서 500만 석의 외국 쌀을 수입하였다. …… 내지에서는 쌀의 증산에 많은 기대를 걸 수 없었다. 반면 조선은 관개 설비가 잘 갖춰지지 않아서 대부분의 논이 빗물에 의존하는 상태였기에, 토지 개량 사업을 시작한다면 천혜의 쌀 생산지가 될 수 있었다.
>
> ○ 대개 조선인들이 생산한 쌀을 내지로 반출할 때, 결코 자신들이 충분히 소비하고 남은 것을 수출하는 것이 아니다. 생계가 곤란하여 먹을 것을 먹지 못하고 파는 것이다. …… 만주산 잡곡의 수입이 증가하는 사실은 조선인의 생활난이 점점 심각해지고 있음을 실증하는 것이다.

① 산미 증식 계획의 실상을 파악한다.
② 화폐 정리 사업의 결과를 분석한다.
③ 보안회의 경제적 구국 운동을 조사한다.
④ 방곡령이 선포된 지역의 분포를 알아본다.
⑤ 동양 척식 주식회사의 설립 과정을 살펴본다.

산미 증식 계획

정답 ①   다음 자료는 산미 증식 계획이다. 일제는 식량을 확보하고자 1920년부터 한국에서 산미 증식 계획을 추진하였다. 이는 품종 개량과 비료 사용 확대, 수리 시설 확충과 개간, 밭을 논으로 만드는 등의 방법으로 쌀 생산을 늘려 일본으로 가져가려는 정책이었다. 산미 증식 계획으로 쌀 생산은 늘었으나 일제가 계획한 양에는 미치지 못하였다. 하지만 일제는 증산된 쌀보다 더 많은 쌀을 가져갔다. 한국인은 식량이 부족해져 만주에서 수입한 잡곡을 먹어야 했다.

정답 분석

① 1920년대 산미 증식 계획으로 쌀 생산량이 늘어났지만 목표치에는 도달하지 못하였다. 그럼에도 불구하고 일제는 처음 계획한 만큼 쌀을 일본으로 가져갔다.

오답 피하기

② 일본은 1905년 화폐 유통 질서를 바로잡는다며 화폐 정리 사업을 실시하였다. 이때 한국 상인과 자본가들은 막대한 재산 피해를 입었다.
③ 일본이 일본인의 이주를 뒷받침하기 위해 황무지 개간권을 요구하자, 이를 막기 위해 1904년 보안회를 조직하여 반대 운동을 전개하였다.
④ 일본으로의 곡물 유출에 흉년까지 들자 1890년대 함경도와 황해도 등 각 지역의 지방관들은 방곡령을 내렸다.
⑤ 동양 척식 주식회사는 1908년 일제가 조선의 토지와 자원을 수탈하고 일본인 농업 이민을 장려할 목적으로 설립한 국책 회사이다.

05 밑줄 그은 '시기'의 일제 정책으로 옳은 것은?

> 부평 공원 내에 있는 이 동상은 일제의 무기 공장인 조병창 등에 강제 동원된 노동자의 모습을 형상화한 작품입니다. 중일 전쟁 이후 침략 전쟁을 확대하던 <u>시기</u>에 일제는 한국인을 탄광, 군수 공장 등으로 끌고 가 열악한 환경에서 혹사시켰습니다.

① 치안 유지법을 공포하였다.
② 토지 조사령을 제정하였다.
③ 헌병 경찰 제도를 실시하였다.
④ 식량 배급 및 미곡 공출제를 시행하였다.
⑤ 보통학교의 수업 연한을 4년으로 정하였다.

일제 식민 통치 3기(1930~1940년대)

정답 ④　밑줄 그은 '시기'는 일제가 1930년대 민족 말살 정책을 시행하던 때이다. 일제는 중·일 전쟁 이후 1938년 국가 총동원법을 제정하여 전쟁에 필요한 인적·물적 자원을 수탈하였다. 1930년대 초부터 젊은 여성들을 '일본군 위안부'로 끌어가 성 노예로 삼았으며, 지원병이라는 이름으로 한국 청년들을 군대에 끌고 갔다. 또한 전쟁 준비에 필요한 노동력을 수탈하고자 국민 징용령을 실시하여(1939) 광산이나 공장, 비행장 등의 전쟁 시설을 세우는 데 한국인을 동원하였다.

정답 분석

④ 중·일 전쟁 이후 전시 체제로 들어간 일제는 1940년 미곡의 시장 유통을 금지하고 식량 배급 제도와 미곡 공출 제도를 시행하였다.

오답 피하기

① 1925년 일제는 사회주의 확산을 저지하기 위해 조선에서도 치안 유지법을 시행한다고 발표하였다. 이후 수많은 사회주의자가 치안 유지법으로 구속되었다.
② 조선 총독부는 1910년 임시 토지 조사국을 설치하고, 1912년 토지 조사령을 공포하여 본격적으로 토지 조사 사업을 시행하였다.
③ 1910년대에 일제는 헌병 경찰 제도를 시행하였는데, 이는 군대의 경찰인 헌병이 경찰을 지휘하고 경찰 업무까지 담당하는 제도였다.
⑤ 1911년 조선 총독부는 한국인과 일본인의 차별 교육을 정당화하는 제1차 조선 교육령을 발표하였다. 이에 따라 보통학교의 수업 연한은 일본보다 짧은 4년으로 하였다.

---

06 밑줄 그은 '시기'에 시행된 일제의 정책으로 옳은 것은?

□□ 신문
제△△호　　　　○○○○년 ○○월 ○○일

나가사키에 원폭 희생자 위령비 세워져

재일본 대한민국 민단 주도로 나가사키에 위령비가 세워졌다. 국민 징용령이 공포된 이후의 <u>시기</u>에 노동자 등으로 끌려갔다가 원폭으로 희생된 한국인을 추모하는 이 비의 건립은 강제 동원과 전쟁의 참상을 기억하려는 노력의 일환으로 평가된다.

① 애국반을 조직하여 한국인의 생활을 통제하였다.
② 강압적 통치를 목적으로 헌병 경찰 제도를 실시하였다.
③ 사회주의자를 탄압하기 위한 치안 유지법을 제정하였다.
④ 회사 설립 시 총독의 허가를 받도록 하는 회사령을 공포하였다.
⑤ 근대적 토지 소유권 확립을 명분으로 토지 조사 사업을 시행하였다.

일제 식민 통치 3기(1930~1940년대)

정답 ①　밑줄 그은 '시기'는 1939년 일본이 국민 징용령을 실시하여 전쟁 준비를 위한 노동력 동원에 열을 올리던 시기이다. 일제는 1937년 중·일 전쟁 이후 침략 전쟁에 조선의 청년들을 조직적으로 동원하였다. 1938년 지원병제를 실시한 일제는 태평양 전쟁으로 전선이 확대되자 1943년 학도지원병제를 실시하여 학생들을 전쟁에 동원하였다. 뒤이어 1944년에는 징병제가 실시되어 일제가 패망할 때까지 약 20만 명의 청년이 전쟁터로 끌려갔다. 일제는 군인뿐만 아니라 전시에 필요한 노동력도 강제로 동원하였다. 1939년 국민 징용령을 통해 징용된 조선인 청장년들은 탄광이나 군수 공장, 군용 활주로 공사 등에 투입되었다.

정답 분석

① 1938년 일제가 조직한 애국반은 조선인을 철저하게 통제하기 위한 것으로 조선인은 일장기 게양, 신사 참배, 일본어 상용, 애국 저금 등을 강요당했고, 각종 명목의 애국 행사에 강제 동원되었다.

오답 피하기

② 1910년대에 일제는 헌병 경찰 제도를 시행하였는데, 이는 군대의 경찰인 헌병이 경찰을 지휘하고 경찰 업무까지 담당하는 제도였다.
③ 1925년 일제는 사회주의의 확산을 저지하기 위해 조선에서도 치안 유지법을 시행한다고 발표하였다. 이후 수많은 사회주의자가 치안 유지법으로 구속되었다.
④ 1910년 일제는 회사령을 제정하여 회사를 세울 때는 조선 총독부의 허가를 받게 하였다.
⑤ 1910년 일제는 임시 토지 조사국을 설치하고, 1912년 토지 조사령을 공포하여 본격적으로 토지 조사 사업을 시행하였다.

55강 3·1 운동과 대한민국 임시 정부

1 3·1 운동

(1) 배경

국외	• 윌슨의 민족 자결주의 제창(1918) : "모든 민족은 스스로 자신의 국가를 세울 수 있다."는 주장 • 레닌의 식민지 민족 해방 운동 지원 선언 : 약소민족에 대한 지원 약속
국내	• 무단 통치에 대한 분노 : 극소수 친일파를 제외한 모든 계층이 피해를 입음 • **고종 황제의 죽음** : 고종의 독살설이 퍼지면서 민족의 반일 감정이 고조됨 • 천도교, 기독교, 불교계 지도자들과 학생 대표들이 대규모 만세 운동 준비
국외 독립 선언	• 대동 단결 선언(1917, 중국 상하이) : 신규식, 박은식, 신채호, 조소앙 등 14명이 발기하여 작성한 선언문 • 대한 독립 선언(1918, 만주 길림) : 39명의 민족 지도자가 '무오 독립 선언서' 발표 • **신한청년당(상하이)** : 파리 강화 회의에 김규식을 파견, 미국에 독립 청원서 제출 • 2·8 독립 선언(1919, 일본 도쿄) : 도쿄에서 유학생들이 조선 청년 독립단의 이름으로 발표

(2) 전개 과정 및 영향

준비	종교계를 중심으로 민족 대표 33인(천도교-손병희, 기독교-이승훈, 불교-한용운)이 대중화·일원화·비폭력의 3대 원칙에 따라 시위 운동의 진행을 결정 ➡ 종교계의 연합, 학생들이 동참
1단계 점화	민족대표 33인이 서울 태화관에 모여 독립 선언서(기미 독립 선언서) 낭독, 자진 체포되어 만세 시위를 주도하지 못함 ➡ 학생들이 탑골 공원에서 독립 선언서 낭독 후 서울에서 비폭력 만세 시위가 시작됨
2단계 도시 확산	• 청년·학생을 중심으로 만세 시위 전개 ➡ 전국 도시로 확산 ➡ 평양, 원산 등 지방 주요 도시에서도 만세 시위 전개 • 학생(휴교), 상인(철시)·노동자(파업)들이 만세 시위 전개
3단계 농촌 확산	• 만세 시위가 농촌·산간으로 확대, 장날에 장터 중심으로 전개 • 토지 조사 사업으로 피해를 입은 농민들이 주도 ➡ 무력적 저항으로 변모 ➡ 식민 통치 기관 파괴, 친일 지주 습격
국외로 확산	만주, 연해주, 미주(필라델피아 한인 자유 대회), 일본(도쿄, 오사카) 등지의 이주 동포들이 만세 시위 전개
일제의 탄압	헌병 경찰, 군대, 소방대 등을 동원하여 총과 칼로 무력 진압 ⑩ 유관순의 순국, 화성 제암리 학살 사건 등
의의 및 영향	• 대한민국 임시 정부 수립 계기 : 민주 공화제 정부의 수립 • 일제 통치 방식 변화 계기 : 무단 통치에서 문화 통치(민족 분열 통치)로 전환 • 독립 운동의 분기점 : 국외 무장 투쟁의 활성화, 국내에서 실력 양성 운동 전개 • 사회주의 사상 유입 : 서구 열강에 대한 실망 ➡ 민족적·계급적 각성 • 아시아 약소민족의 해방 운동에 영향 : 중국의 5·4운동, 인도 비폭력·불복종 투쟁 등

▲ 고종 황제의 장례식 행렬

▲ 2·8 독립 선언을 한 도쿄의 한국인 유학생들

▲ 3·1 운동 봉기 지역

▲ 불에 타 폐허가 된 제암리 학살 현장

시기	발생장소	투쟁형태			
		단순시위	폭력시위		합계
			일제와충돌	일제의발포	
3. 1.~3. 10.	113	97	15	15	127
3. 11.~3. 20.	120	103	23	8	134
3. 21.~3. 31.	214	164	57	24	245
4. 1.~4. 10.	280	173	75	51	299
4. 11.~4. 20.	39	27	5	7	39
4. 21.~4. 30.	4	3	1	–	4
계	770(곳)	567(건)	176(건)	105(건)	848(건)

▲ 3 · 1 운동의 시기별 시위 횟수와 투쟁 형태

▲ 3 · 1운동 수감자 분포

3 · 1 운동 당시 학생들은 동맹 휴학, 상인 · 노동자 · 농민들은 철시, 파업 등으로 일제에 저항하였으며, 다양한 계층이 참여하면서 전국적으로 확산되었다. 만세 시위도 단순 시위에서 폭력 시위에 이르기까지 다양한 형태로 전개되었다.

▲ 미국 필라델피아에서의 행진하는 동포들

② 대한민국 임시 정부 수립과 활동 (1919~1930)

(1) 상하이 임시 정부의 수립과 통합

배경	3 · 1 운동 이후 조직적 · 체계적인 독립 운동의 필요성 대두	
연해주	대한 국민 의회	상하이에 대한민국 임시 정부 수립(1919.9.)
국내	한성 정부	• 배경 : 항일 투쟁의 역량 결집을 위해 통합
상하이	대한민국 임시 정부	• 통합 ─ 한성 정부의 법통 계승 ─ 대한 국민 의회의 조직 흡수

▲ 국내외 임시 정부의 통합

(2) 상하이 임시 정부의 활동

체제	• 최초의 민주 공화제 정부, 대통령 중심제(대통령 이승만, 부통령 이동휘) • 3권 분립에 입각 : 국무원(행정), 임시 의정원(입법), 법원(사법)
연락 조직	• 연통제 설치(비밀 행정 조직) : 임시 정부에 자금 조달, 정부 명령 전달 • 교통국 설치(통신 기관) : 독립 운동 자금 모금, 정보 수집 · 분석
자금 조달	• 의연금 모금, 독립공채(애국공채) 발행 • 독립 운동 자금 유입 과정 : 독립 운동 자금 ➡ 연통제 · 교통국 ➡ 교통국의 거점인 만주의 이륭양행, 부산의 백산상회 경유 ➡ 상하이 대한민국 임시 정부
군사	• 만주를 중심으로 무장 투쟁 지원 • 군무부 직할 군단 편성 : 광복군 사령부, 광복군 총영, 육군 주만 참의부
외교	• 파리 위원부 설치(김규식) : 파리 강화 회의, 독립 청원서 제출 • 구미 위원부 설치(이승만) : 워싱턴 회의, 미국을 상대로 외교 활동 • 이승만이 미국 윌슨 대통령에게 국제 연맹에 의한 위임 통치를 청원함
문화	독립 신문 발행, 임시 사료 편찬회 설치(한 · 일 관계 사료집 간행)

▲ 임시 정부의 조직

▲ 독립공채(애국공채)

사료 살펴보기

대한민국 임시 헌장(1919)

제1조 대한민국은 민주 공화제로 한다.
제2조 대한민국은 임시 정부가 임시 의정원의 결의에 의하여 이를 통치한다.
제3조 대한민국의 인민은 남녀 귀천 및 빈부의 계급이 없고 일체 평등하다.
제4조 대한민국의 인민은 종교, 언론, 저작, 출판, 결사, 집회, 통신, 주소 이전, 신체 및 소유의 자유를 향유한다.
제5조 대한민국의 인민으로 공민 자격이 있는 자는 선거권 및 피선거권을 가진다.

대한민국 임시 헌법은 1919년 4월 11일 제정한 대한민국 임시 헌장을 같은 해 9월 11일 통합 임시 정부를 수립하면서 개정·공포한 것이다. 임시 헌법은 전문에 기미 독립 선언문을 옮겨 놓음으로 3·1 운동 정신을 계승하였음을 밝히고 있다.

▲ 임시 의정원 기념사진

▲ 상하이 임시 정부 청사

▲ 홍커우 공원

▲ 이봉창 의사   ▲ 윤봉길 의사

▲ 홍커우 공원의 상하이 사변 승전 기념 식장

(3) 상하이 임시 정부의 분열과 위기 : 국민 대표 회의(1923)의 소집과 결렬

배경	• 일제의 탄압 : 연통제 · 교통국의 조직 와해, 외교 활동의 성과 미흡 등 • 임시 정부 내부의 갈등 　─ 사상적 대립(민족주의 계열 vs 사회주의 계열) 　─ 독립 운동 노선 차이(무장투쟁론 vs 외교독립론 vs 실력 양성론) 　─ 이승만의 위임 통치 청원서 제출(국제 연맹에 독단적으로 제출)

↓

국민 대표 회의 (1923)	• 목적 : 독립 운동의 새로운 활로 모색

구분	인물	주장
개조파	안창호, 이동휘	• 임시 정부의 개혁과 존속 주장 • 실력 양성을 우선시 하고 외교 활동 강조
창조파	신채호, 박용만	• 임시 정부 해체 후 새 정부 구성 주장 • 무력 항일 투쟁 강조
현상 유지파	김구, 이동녕	임시 정부를 그대로 유지하자고 주장

• 과정 : 창조파와 개조파 등으로 분열
• 결과 : 창조파와 개조파의 대립으로 성과 없이 결렬 ➡ 일부 세력 임시 정부 이탈, 임시 정부 내부 대립 심화 ➡ 독립 운동 세력 분열

↓

회의 결렬 이후	• 이승만 대통령 탄핵 ➡ 2대 대통령 박은식 취임(1925) ➡ 국무령 중심의 내각 책임제(1925) ➡ 국무위원 중심의 집단 지도 체제(1927) • 임시 정부 활동 침체 ➡ 김구 등에 의해 명맥만 유지

❸ 대한민국 임시 정부의 이동과 재정비(1931~1940)

(1) 한인 애국단의 활동(1931)

배경	• 만보산 사건(1931)과 만주사변(1931) 이후 악화된 한 · 중 양 민족 간의 문제 해결과 독립 운동의 새로운 활로 모색 • 국민 대표 회의 결렬 이후 침체된 임시 정부의 활로 모색 강구
조직	김구가 항일 의열 투쟁을 목적으로 조직함(1931)
이봉창 (1932.1.)	• 도쿄에서 일본 히로히토 천황의 마차에 폭탄 투척 ➡ 불발로 실패 • 영향 : 중국 신문사들은 이봉창 의거 실패를 아쉬워하는 논조로 보도 ➡ 일본은 중국의 반일적인 태도를 구실로 상하이 침략(상하이 사변)
윤봉길 (1932.4.)	• 일본의 상하이 사변 전승 기념 및 일왕 생일 축하 행사장인 상하이 홍커우 공원에서 폭탄 투척 ➡ 일본군 장성과 고관들이 죽거나 중상을 입음 • 의의 　─ 침체에 빠진 임시 정부에 활기를 불어 넣음 　─ 중국 국민당 정부가 임시 정부를 적극 지원하는 계기가 됨 　─ 중국 영토 내 무장 독립 투쟁 전개를 승인 받음 • 영향 : 대한민국 임시 정부는 상하이를 떠나 1940년 충칭에 정착할 때까지 중국 각지를 떠돌게 됨

(2) 임시 정부의 이동 : 윤봉길 의거 이후 상하이를 떠나게 됨

- 윤봉길 의거 이후 일제의 검거 시도 ➡ 일제의 탄압과 중국 대륙의 침략 ➡ 중·일 전쟁의 전선에 따라 임시 정부의 이동 (1932~40) ➡ 임시 정부는 민족 혁명당에 참여하지 않고, 한국 국민당 창당(민족 혁명당의 임시 정부 해체 주장에 대항) ➡ 충칭 도착(1940, 재정비)
- 이동 : 상하이 ➡ 항저우(1932) ➡ 전장(1935) ➡ 창사(1937) ➡ 광저우, 류저우(1938) ➡ 구이양, 치장(1939) ➡ 충칭(1940)

❹ 충칭 시기의 대한민국 임시 정부(1940~1945)

(1) 임시 정부의 재정비

배경	중국 정부의 주선 ➡ 중국 충칭에서 임시 정부가 자리 잡음
재정비 과정	• 주석제 개헌(1940) : 김구를 주석으로 하는 단일 지도 체제로 개편 • 한국 독립당 결성(1940) : 김구의 한국 국민당, 지청천의 조선 혁명당, 조소앙의 한국 독립당이 통합 ➡ 김구를 중심으로 하는 새로운 정당 한국 독립당이 결성 • 대한민국 건국 강령 발표(1941) ┌ 조소앙의 삼균주의를 바탕으로 한 독립 운동의 기본 방략 및 미래 조국 건설의 지침 └ 삼균주의 : 정치·경제·교육의 균등을 통해 보통 선거, 국유 재산제, 국비 의무 교육의 실행 강조

(2) 한국광복군의 활동

창설	• 임시 정부의 정규군으로 충칭에서 창설(1940) : 총사령관 지청천, 참모장 이범석 • 한국광복군 행동 준승 9개 항 체결(1941) : 중국 국민당은 재정 지원의 대가로 한국 광복군에 대한 지휘권을 가져감 ➡ 1944년 폐기되면서 임시 정부가 한국광복군의 지휘권을 갖고 독자적인 군사 활동이 가능해짐
활동	• 대일 선전포고(1941) : 태평양 전쟁 발발 직후 선포, 연합군의 일원으로 전쟁 참여 • 김원봉의 조선 의용대 일부 세력 합류(1942) : 한국광복군의 전투력 증강 • 영국군과 미얀마·인도 전선에서 연합군 일원으로 활동(1943) : 직접 전투 외에 정보 수집, 포로 심문, 선전 활동 등에 종사 • 국내 진공 작전 계획(1945) : 미국 전략 정보처(OSS)의 지원 아래 특수 훈련 및 국내 정진군 편성 ➡ 일본 패망으로 무산됨

▲ 홍커우 의거 직후 김구 피난처

▲ 한국광복군 총사령부 성립 전례식

▲ 한국광복군과 영국군

▲ 한국광복군과 미국 OSS 대원

자료 살펴보기

지도 체제의 변천
- 1차 개헌(1919, 상하이) : 대통령제 ➡ 초대 대통령에 이승만
- 2차 개헌(1925, 상하이) : 국무령 내각 책임제 ➡ 국무령에 김구 선임
- 3차 개헌(1927, 상하이) : 국무위원 집단 지도제 ➡ 국무위원 중심의 집단 지도 체제
- 4차 개헌(1940, 충칭) : 주석 중심제 ➡ 주석에 김구 선임
- 5차 개헌(1944, 충칭) : 주석·부주석제 ➡ 주석에 김구, 부주석에 김규식 선임

자료 살펴보기

대한민국 건국 강령(1941)

보통 선거 제도를 실시하여 정권을 균등히 하고, 국유 제도를 채용하여 이권을 균등히 하고, 공비(公費) 교육으로써 학권을 균등히 하며, 국내외에 대하여 민족 자결의 권리를 보장하여서 민족과 국가의 불평등을 고칠 것이니 …… 대산업 기관의 시설을 국유로 하고, 토지, 광산, 어업, 수리, 임업, 소택과 수상·공중의 운수 사업과 은행, 전신, 교통 등과 대규모의 농·공·상, 기업과 성시, 공업 구역의 공공적인 주요 산업은 국유로 하고, 소규모 혹 중소기업은 사영으로 한다.

대한민국 임시 정부는 1941년 11월 조소앙의 삼균주의를 채용한 '대한민국 건국 강령'을 발표하였다. 강령에는 광복 후 정치·경제·교육 각 분야에서 국민이 균등한 권리를 누릴 수 있도록 하겠다는 내용을 담고 있다.

은쌤의 합격노트

3·1 운동

☑ 시험에 꼭 나오는 키워드

3·1 운동의 배경–전개과정–영향 기억하기 ➡ 3·1 운동의 배경과 영향을 물어보는 경우가 많음

☑ 최다 빈출 선지

3·1 운동의 배경 및 전개 과정
① 미국 대통령 윌슨이 민족 자결주의를 제창하였다.
② 유학생들이 중심이 되어 2·8 독립 선언서를 작성하였다.
③ 상하이에서 신규식, 신채호, 조소앙 등 14인의 명의로 대동 단결 선언이 발표되었다.
④ 민족 대표 33인 명의의 독립 선언서가 발표되었다.
⑤ 전개 과정에서 일제가 제암리 학살 등을 자행하였다.

3·1 운동의 영향
① 대한민국 임시 정부 수립의 계기가 되었다.
② 일제의 무단 통치를 완화시키는 배경이 되었다.
③ 일제가 이른바 문화 통치를 실시하는 결과를 가져왔다.
④ 중국의 5·4 운동에 영향을 주었다.

대한민국 임시 정부

☑ 시험에 꼭 나오는 키워드

• 상하이 임시 정부의 활동을 정리하기
• 국민 대표 회의의 내용을 정리하기 ➡ 출제율이 낮지만 출제가 되면 연표 문제로 출제가 많이 됨
• 한인 애국단의 활동 정리하기 ➡ 한인 애국단이 출제되거나, 이봉창, 윤봉길 인물 문제로 출제됨
• 충칭 임시 정부의 활동을 정리하기 ➡ 충칭 임시 정부뿐만 아니라 한국광복군이 단독으로 출제되기도 함, 조소앙이 인물 문제로 출제됨

☑ 최다 빈출 선지

상하이 임시 정부
① 한성, 상하이, 연해주 지역의 임시 정부가 통합되었다.
② 국내 비밀 행정 조직으로 연통제를 두었다.
③ 이륭양행에 교통국을 설치하여 국내와 연락을 취하였다.
④ 백산 상회를 통해 독립운동 자금을 마련하였다.
⑤ 독립운동 자금 마련을 위해 독립 공채를 발행하였다.

⑥ 임시 사료 편찬회에서 한·일 관계 사료집을 편찬하였다.
⑦ 한·일 관계 사료집을 편찬하고 독립신문을 발행하였다.
⑧ 구미 위원부를 설치하여 외교 활동을 전개하였다.
⑨ 무장 투쟁을 위해 육군 주만 참의부를 조직하였다.

국민 대표 회의
① 독립운동의 방략을 논의하고자 국민 대표 회의가 개최되었다.
② 창조파와 개조파 등으로 나뉘어져 격론을 벌였다.
③ 독립운동의 새로운 활로와 방향을 모색하기 위해 상하이에서 개최된 회의이다.

한인애국단
① 대한민국 임시 정부의 주도로 결성되었다.
② 김구에 의해 상하이에서 결성되었다.
③ 김구를 단장으로 하여 활발한 의열 활동을 펼쳤다.
④ 한인 애국단을 결성하여 의거 활동을 전개하였다.
⑤ 도쿄에서 일어난 이봉창 의거를 계획하였다.
⑥ 일왕이 탄 마차에 폭탄을 투척하였다(이봉창).
⑦ 윤봉길, 이봉창 등이 단원으로 활동하였다.
⑧ 윤봉길이 상하이 훙커우 공원에서 의거를 일으켰다.

충칭 임시 정부
① 충칭에서 한국광복군을 창설하였다.
② 충칭에서 지청천을 총사령관으로 하는 한국광복군이 창설되었다.
③ 삼균주의에 입각한 대한민국 건국 강령이 발표되었다.
④ 조소앙의 삼균주의를 기초로 기본 강령을 발표하였다.
⑤ 삼균주의를 제창하여 정치, 경제, 교육의 균등을 강조하였다.
⑥ 대한민국 임시 정부가 대일 선전 성명서를 공포하였다.
⑦ 김원봉의 조선 의용대가 합류하였다(한국광복군).
⑧ 영국군의 요청으로 인도·미얀마 전선에서 활동하였다(한국광복군).
⑨ 미국 전략 정보국(OSS)의 지원을 받았다(한국광복군).
⑩ 미국과 연계하여 국내 진공 작전을 계획하였다(한국광복군).
⑪ 한국광복군이 국내 진공 작전을 준비하였다.
⑫ 일본군에서 탈출한 학도병이 참여하였다(한국광복군).

01 (가) 운동에 대한 설명으로 옳은 것은?

국가보훈처는 광복 73주년을 맞아 독립 유공자를 발굴하여 포상하기로 하였습니다. 이번 포상에는 [(가)]의 1주년에 만세 운동을 전개하다가 체포되어 옥고를 치른 배화 여학교 학생 여섯 명이 포함되었습니다. 이들은 일제 강점기 최대 민족 운동인 [(가)]의 영향을 받아 수립된 대한민국 임시 정부의 활동 소식을 접하면서 민족 의식을 키웠다고 합니다.

김경화 등 6명의 독립운동가, 독립운동 유공 인정

① 김광제 등의 발의로 본격화되었다.
② 순종의 인산일을 기회로 삼아 추진되었다.
③ 제암리 학살 등 일제의 가혹한 탄압을 받았다.
④ 신간회에서 진상 조사단을 파견하여 지원하였다.
⑤ 성진회와 각 학교 독서회에 의해 전국적으로 확산하였다.

3·1 운동

정답 ③ (가) 운동은 3·1 운동이다. 1919년에 일어난 3·1 운동은 제1차 세계 대전 이후 승전국의 식민지에서 일어난 최초의 반제국주의 운동이자 이념과 계급의 차이를 초월하여 전개된 전 민족적 항일 운동이다.

정답 분석

③ 3·1 운동 만세 시위가 전개되자 경기도 화성의 제암리에서는 일본군이 교회 안에 있던 청년들과 교회 뜰에 있던 부녀자들을 학살하였다(제암리 학살).

오답 피하기

① 1907년 김광제, 서상돈 등은 일본에서 빌려 온 차관을 갚아 국권을 회복하자는 국채 보상 운동을 제창하였다.
② 1926년 순종이 승하하자 천도교를 중심으로 하는 민족주의자들과 조선 공산당을 중심으로 하는 사회주의자들은 인산일에 6·10 만세 운동 시위를 계획하였다.
④ 1929년 신간회는 광주 학생 항일 운동이 일어나자 현지에 진상 조사단을 파견하고 진상 보고를 위한 민중 대회를 개최하려고 하였다.
⑤ 1926년 광주고보와 광주농업학교 학생들이 성진회를 조직하였으며, 간부들은 각 학교에 독서회를 만들었다.

---

02 (가)에 대한 설명으로 옳은 것을 〈보기〉에서 고른 것은?

저는 이동녕으로 이곳 충남 천안에서 태어났습니다. 저는 임시의정원 초대 의장으로 삼권 분립에 기초한 [(가)]의 헌법 제정에 기여하였습니다. 또한 국무총리와 주석 등을 역임하였고, [(가)]이/가 상하이를 떠나 이동하는 과정을 함께하며 독립운동에 전념하였습니다.

〈보 기〉

ㄱ. 만세보를 발행하여 민중 계몽에 힘썼다.
ㄴ. 신흥 강습소를 세워 독립군을 양성하였다.
ㄷ. 구미 위원부를 조직하여 외교 활동을 전개하였다.
ㄹ. 이륭양행에 교통국을 설치하여 국내와 연락을 취하였다.

① ㄱ, ㄴ   ② ㄱ, ㄷ   ③ ㄴ, ㄷ   ④ ㄴ, ㄹ   ⑤ ㄷ, ㄹ

대한민국 임시 정부

정답 ⑤ (가)는 대한민국 임시 정부이다. 1919년 9월 이승만을 임시 대통령으로 하고 이동휘를 국무총리로 하는 대한민국 임시 정부가 상하이에서 출범하였다. 임시 정부는 우리 역사상 최초로 삼권 분립에 기초한 민주 공화제를 채택하여 임시 의정원(입법), 국무원(행정), 법원(사법)을 구성하였다. 임시 의정원은 출신 지역별로 선임된 위원으로 구성하고, 직할 조직으로 상하이, 톈진, 만주, 미주 등지에 민단을 두었다.

정답 분석

ㄷ. 대한민국 임시 정부는 미국 워싱턴에 구미 위원부를 두고 이승만을 중심으로 한국 독립 문제를 국제 여론화하는 데 힘썼다.
ㄹ. 대한민국 임시 정부는 국내외 곳곳에 교통국을 설치하여 국내외의 정보 수집과 분석, 연락 업무를 맡겼다. 특히 만주 안동 교통국 이륭양행의 활약이 컸다.

오답 피하기

ㄱ. 천도교계가 발행한 만세보는 여성 교육에도 관심을 가지면서 민중을 계몽했고, 일진회 등의 반민족 행위를 비판하였다.
ㄴ. 신민회는 신흥 강습소(이후 신흥 무관 학교)를 세우고 약 3,000여 명의 독립군을 배출하였다.

03 밑줄 그은 '회의'가 개최된 시기를 연표에서 옳게 고른 것은?

> 이 자료는 대한민국 임시 정부가 침체에 빠지자 독립운동의 새로운 활로와 방향을 모색하기 위해 상하이에서 개최된 회의의 의사일정입니다. 국내외 각지에서 온 대표들은 대한민국 임시 정부에 대한 처리를 둘러싸고 창조파와 개조파 등으로 나뉘어져 격론을 벌였습니다.

1919	1925	1931	1935	1940	1945
(가)	(나)	(다)	(라)	(마)	
대한민국 임시 정부 수립	박은식 대통령 취임	한인 애국단 조직	한국 국민당 창당	김구 주석 취임	8·15 광복

① (가) ② (나) ③ (다) ④ (라) ⑤ (마)

대한민국 임시 정부의 국민대표회의

정답 ① 밑줄 그은 '회의'는 1923년 1월에 열린 국민 대표 회의이다. 1923년 1월 상하이에서 대한민국 임시 정부의 노선과 활동을 재평가하고 분열된 독립 운동 전선을 통일하기 위하여 국민 대표 회의가 개최되고, 이념과 노선을 떠나 국내외 각지에서 활동하고 있던 대부분의 단체 대표가 참가하였다. 회의 참가자들은 대한민국 임시 정부를 완전히 해체하고 새로운 정부를 수립하자는 창조파와 조직만 바꾸자는 개조파로 나누어 팽팽하게 맞섰다. 회의는 5개월 동안 계속되었으나, 창조파와 개조파는 끝내 의견 차이를 좁히지 못하고 실패로 끝나자 수많은 독립 운동가들이 대한민국 임시 정부에서 이탈하였다.

정답 분석

① 1923년 1월 상하이에서 대한민국 임시 정부의 노선과 활동을 재평가하고 새로운 활로를 모색하고자 국민 대표 회의가 개최되었다.

---

04 (가) 단체에 대한 설명으로 옳은 것은?

> 이것은 (가) 소속 최흥식이 관동군 사령관 등을 처단하기 위해 만주에서 활동하던 중 김구에게 보낸 편지라고 하는데, 어떤 역사적 가치가 있나요?

> 김구가 일제의 요인들을 제거하기 위해 만든 (가) 이/가 다양한 의거를 시도하였음을 보여주는 중요한 문서입니다. 그 가치를 인정받아 국가 등록문화재로 지정되었습니다.

곽윤(김구의 가명)

① 중일 전쟁 발발 이후에 조직되었다.
② 조선 혁명 간부 학교를 설립하였다.
③ 이봉창, 윤봉길 등이 단원으로 활동하였다.
④ 대전자령 전투에서 일본군을 상대로 승리하였다.
⑤ 일제가 조작한 105인 사건으로 조직이 해체되었다.

한인애국단

정답 ③ (가) 단체는 한인애국단이다. 1920년대 중반 이후 대한민국 임시 정부는 일제의 감시와 탄압, 내부 분열 그리고 자금과 인력 부족으로 활동이 크게 위축되었다. 이에 임시 정부 국무령이었던 김구는 한인애국단을 조직하였다.

정답 분석

③ 한인 애국단원인 이봉창은 1932년 1월 일본 도쿄에서 히로히토 일왕에게 폭탄을 투척하였다. 1932년 4월 29일에는 윤봉길이 중국 상하이의 홍커우 공원에서 열린 일왕의 생일과 상하이 사변 승전 기념식에서 일본인들을 향해 폭탄을 던졌다.

오답 피하기

① 1931년 말에 김구는 한인 애국단을 조직하여 항일 독립 투쟁의 새로운 활로를 개척하고자 하였다. 중일 전쟁은 1937년에 발발하였다.
② 1930년대에 의열단은 중국 국민당 정부의 지원으로 조선 혁명 간부 학교를 설립하여 군사 훈련을 실시하였다.
④ 한국 독립군 총사령관 지청천은 중국 호로군과 연합하여 쌍성보 전투, 대전자령 전투 등에서 일본군을 상대로 대승을 거두었다.
⑤ 신민회는 1911년 일제가 조작한 105인 사건으로 사실상 해체되었다.

05 (가) 정부에 대한 설명으로 옳은 것은?

> 이것은 [(가)] 요인들의 가족이 중심이 되어 조직한 한국 혁명 여성 동맹의 창립 기념 사진입니다. 이 단체는 충칭에서 대일 선전 성명서를 발표한 [(가)]의 독립운동을 지원하고 교육 활동 등에 주력하였습니다.

① 좌우 합작 7원칙을 발표하였다.
② 한인 자치 기관인 경학사를 조직하였다.
③ 조선 혁명 선언을 활동 지침으로 삼았다.
④ 한글 맞춤법 통일안과 표준어를 제정하였다.
⑤ 삼균주의를 기초로 한 건국 강령을 선포하였다.

대한민국 임시 정부

정답 ⑤ (가) 정부는 충칭 시기 대한민국 임시 정부이다. 1940년에 충칭으로 이동한 대한민국 임시 정부는 김구를 주석으로 선출하였다. 그리고 1940년 9월에 지청천을 사령관으로 하여 한국광복군을 창설하였다. 1943년 한국광복군은 영국군의 요청에 따라 미얀마·인도 전선에 공작대를 파견하여 포로 심문, 정보 수집, 선전 활동 등을 담당하였다. 이후 1945년 8월 미국의 전략 정보국(OSS)과 함께 국내 진공 작전을 추진하였다.

정답 분석

⑤ 1941년 대한민국 임시 정부는 조소앙의 삼균주의에 입각한 대한민국 건국 강령을 발표하였다. 건국 강령은 보통 선거를 통한 민주 공화국 건설, 토지 개혁, 주요 산업 국유화, 남녀평등, 의무 교육 제도의 실시 등의 주장을 담고 있었다.

오답 피하기

① 1946년 7월에 김규식과 여운형의 주도로 좌우 합작 위원회가 구성되고, 10월에 좌우합작 7원칙이 발표되면서 좌우 합작 운동은 활기를 띠게 되었다.
② 1911년 신민회의 이회영, 이상룡 등은 서간도 삼원보에서 경학사를 조직하였다.
③ 1923년 김원봉의 요청으로 신채호가 작성한 '조선 혁명 선언'에는 민중 직접 혁명론이라는 의열단의 노선이 잘 제시되어 있다.
④ 조선어 학회는 "우리말 큰 사전" 편찬을 민족적 대사업의 당면 과제로 삼았다. 이를 위한 준비 작업으로 1933년 한글 맞춤법 통일안을 제정하였다.

---

06 (가) 부대에 대한 설명으로 옳은 것은?

> 이것은 [(가)] 편련 계획 대강의 일부로 병력 모집에 대한 구체적인 계획이 담겨 있습니다. 이를 바탕으로 대한민국 임시 정부는 충칭에서 지청천을 총사령으로 하는 [(가)] 총사령부를 창설하였습니다.

1. 연내에 동북 방면에서 중국 관내로 들어와 화북 각지에 분포되어 있는 독립군 중에서 모집한다.
3. 한국 국내와 동북 지방 각지에 있는 장정들에게 비밀리에 군령을 전하여 그들로 하여금 응모하게 한다.
5. 포로로 잡힌 한인을 거두어 편성한다.

① 미국과 연계하여 국내 진공 작전을 계획하였다.
② 쌍성보, 대전자령 전투에서 일본군을 격파하였다.
③ 조선 민족 전선 연맹의 무장 조직으로 결성되었다.
④ 중국 의용군과 연합하여 영릉가 전투에서 승리하였다.
⑤ 간도 참변 이후 조직으로 정비하고 자유시로 이동하였다.

한국광복군

정답 ① (가) 부대는 대한민국 임시 정부의 한국광복군이다. 1940년에 충칭으로 이동한 대한민국 임시 정부는 지청천을 사령관으로 하여 한국광복군을 창설하였다. 임시 정부는 1941년 일제가 태평양 전쟁을 일으키자, 대일 선전 포고를 하고 연합군과 합동 작전을 전개하였다. 1943년 한국광복군은 영국군의 요청에 따라 미얀마·인도 전선에 공작대를 파견하여 포로 심문, 정보 수집, 선전 활동 등을 담당하였다.

정답 분석

① 1945년 8월 대한민국 임시 정부의 한국광복군은 미국의 전략 정보국(OSS)과 함께 국내 진공 작전을 추진하였으나, 실행에 옮기지 못하였다.

오답 피하기

② 1930년대 초반에 한국 독립군 총사령관 지청천은 중국 호로군과 연합하여 쌍성보 전투, 대전자령 전투 등에서 일본군을 상대로 대승을 거두었다.
③ 1938년 조선 민족 전선 연맹은 조선 의용대를 조직하고 정보 수집, 포로 심문, 후방 교란 등 중국군을 지원하였다.
④ 1930년대 초반에 조선 혁명군 총사령관 양세봉은 중국 의용군과 함께 한·중 연합군을 편성하여 영릉가 전투와 흥경성 전투에서 일본군을 격파하였다.
⑤ 1920년 청산리 대첩 이후 독립군 부대들은 소련령 자유시로 이동하였지만, 1921년 수많은 독립군이 희생되는 자유시 참변을 겪었다.

56강 실력 양성 운동과 대중적 사회 운동

▲ 물산 장려 운동 포스터

▲ 물산 장려 운동 선전지

▲ 조선 민립 대학 기성회 창립 총회

▲ 경성 제국 대학

❶ 실력 양성 운동의 전개 (3·1 운동 이후)

(1) 물산 장려 운동 : 민족주의 계열이 주도, 실력 양성 운동의 일환

배경	• 회사령 철폐(1920) : 일본 대기업이 조선에 진출 ➡ 조선인 민족 자본은 위기를 맞게 됨 • 관세 철폐 움직임 : 일본 상품의 무분별한 침투 우려 증가 ➡ 1923년에 관세 철폐
목표	국산품 애용과 근검·절약을 통한 민족 산업 육성
전개	• 조만식 등이 평양에서 조선 물산 장려회 발기(1920, 시작) ➡ 서울에 조선 물산 장려회 조직(1923) ➡ 전국으로 확대 ➡ 토산물(국산품) 애용 주장, 일본 상품 배척, 소비 절약, 근검·저축 풍토 조성, 금주·금연 실천 • 자작회(학생 중심), 토산 애용 부인회(여성 중심) 등 여러 단체의 설립 및 동참
구호	'내 살림 내 것으로', '조선 사람 조선 것으로', '우리는 우리 것으로 살자' 등
한계	• 사회주의 계열의 비판, 일제의 방해 등으로 큰 성과를 거두지 못함 • 상품 가격 상승 : 일부 자본가와 일부 상인들이 폭리를 취함, 늘어난 수요를 충족하지 못함

사료 살펴보기

조선 물산 장려회 취지서

▲ 물산 장려 운동 포스터

부자와 빈자를 막론하고 우리가 우리의 손에 산업의 권리 생활 제일 조건을 장악하지 아니하면, 우리는 도저히 우리의 생명, 인격, 사회의 발전을 기대하지 못할 것이다. 우리는 이와 같은 견지에서 우리 조선 사람의 물산을 장려하기 위하여, 첫째 조선 사람은 조선 사람이 지은 것을 사 쓰고, 둘째 조선 사람은 단결하여 그 쓰는 물건을 스스로 제작하여 공급하기를 목적하노라.　　　　　－ 산업계(1923. 11.) －

일본 자본 진출과 일본 상품의 대량 유입에 맞서 한국인 자본의 보호와 육성을 위해 자본가 계급이 물산 장려 운동을 주도하였다.

(2) 민립 대학 설립 운동 : 민족주의 계열이 주도, 실력 양성 운동의 일환

배경	• 3·1운동 이후 교육열 고조 ➡ 고등 교육(대학)의 필요성이 확산됨 • 제2차 조선 교육령 제정(1922) : 대학 교육 및 설립에 대한 규정 신설
목표	• 일제의 우민화 교육 등 차별 교육에 저항 • 대학 설립을 통해 민족 인재 양성 ➡ 민족 역량 강화
전개	이상재, 한용운 등이 조직한 조선 교육회(1920)의 주도 ➡ 이상재, 이승훈 등이 조선 민립 대학 기성회 결성(1922) ➡ 국내에서 모금 운동 전개 ➡ 만주, 미국, 하와이 등지에서 모금 운동 전개
구호	'한민족 1천만이 한 사람이 1원씩'
한계	• 가뭄과 수해로 모금 운동 중단 • 일제의 탄압 : 일제는 경성 제국 대학을 설립(1924)하고, 이를 빌미로 민립 대학 설립 운동을 방해함

(3) 문맹 퇴치 운동 : 민족주의 계열이 주도, 실력 양성 운동의 일환

배경	식민지 교육 차별 정책, 일제의 우민화 교육 정책으로 인한 문맹자 증가

전개	• 1910년대 : 개량 서당, 사립학교에서 전개
	• 1920년대 : 야학을 중심으로 전개 ➡ 노동자와 농민을 대상으로 문맹 퇴치
	• 1930년대
	  ┌ 신문사가 주도 : 문자 보급 운동(1929~1934), 브나로드 운동(1931~1934)
	  └ 조선어 학회(1931) : 한글 교재 제작 및 보급, 전국에 조선어 강습회 개최

문자 보급 운동(1929~34년)	브나로드 운동(1931~34년)
• 1920년대 후반 조선일보 주도로 전개 • 전국 규모의 문맹 퇴치 운동 전개 • 『한글원본』 등 한글 교재를 배포 • '아는 것이 힘, 배워야 산다.' 표어 제시	• 1931년부터 동아일보 주도로 전개 • 문맹 퇴치, 미신·구습 제거 등 농촌 계몽 운동 전개 • '민중 속으로' 구호를 걸고 학생 모집 • '배우자 가르치자 다 함께 브나로드' 표어 제시

영향	이광수의 『흙』, 심훈의 『상록수』 등의 계몽 소설이 등장함
결과	일제는 민족의식을 고취하려는 민족 운동이라는 이유를 들어 강제로 중단시킴(1935)

사료 살펴보기

문자 보급 운동(1929~1934년)

▲ 문자 보급 운동 선전 기사 ▲ 문자 보급 운동 교재

오늘날 조선인에게 무엇 하나 필요치 않은 것이 없다. 산업과 건강과 도덕이 다 그러하다. 그중에서도 가장 필요하고 긴급한 것을 들자면 지식 보급을 제외하고는 없을 것이다. 지식이 없이는 산업이나 건강이나 도덕이 발달할 수 없다. …… 전 인구의 2할밖에 문자를 이해하지 못하고, 취학 연령 아동의 3할밖에 학교를 갈 수 없는 오늘날 조선의 현실에서 간단하고 쉬운 문자의 보급은 우리 민족이 해결해야 할 가장 시급한 일이라 하겠다.　　　　　　　　　　－ 조선일보(1934.6.10.) －

조선일보는 '아는 것이 힘, 배워야 산다.'라는 표어를 내걸고 여름 방학을 이용하여 학생들과 함께 문자 보급 운동을 펼쳤다.

(4) 실력 양성 운동의 한계

한계	• 일제의 허용 범위 안에서 전개 ➡ 타협적 민족주의자들 등장 • 물산 장려 운동과 민립 대학 설립 운동 실패 ➡ 자치 운동 주장(1920년대 중반) ➡ 친일화(1930년대)
민족주의 계열의 분화(물산 장려 운동과 민립 대학 설립 운동 실패 이후)	
비타협적 민족주의	• 주요 인물 : 이상재, 안재홍 등 • 주장 : 일제와의 타협 일체 거부 • 활동 : 민족 실력 양성 주장, 타협적 민족주의 비판, 완전 독립 추구 ➡ 사회주의자들과 연대 추진
타협적 민족주의	• 주요 인물 : 이광수, 최린 등 • 주장 : 민족 개조론 주장 • 활동 : 식민 지배를 인정하며 일제와 타협 주장 ➡ 일본이 허용하는 범위 내에서 자치권 획득 추구

▲ 브나로드 운동 포스터

브나로드는 러시아어로 '민중 속으로'라는 뜻이다. 19세기 후반 러시아의 청년 지식인들이 농촌으로 민중 계몽을 위해 들어가면서 제시하였던 슬로건이다.

▲ 심훈의 상록수

1935년에 발표된 심훈의 소설 '상록수'는 1930년대 농촌 계몽 운동을 배경으로 쓰인 소설이다. 조선 총독부는 농촌 계몽 운동이 점차 민족 운동의 성격을 드러내자 1935년부터 전면 금지하였다.

자료 살펴보기

자치 운동론

1920년대 중반 이후 이광수와 최린 등은 일제에 맞서기 보다 일제의 식민 통치를 인정하고 자치권을 확보하여 민족의 실력을 기르자고 주장하였다. 사실상 독립 운동의 포기 선언이었다. 자치 운동가들은 1930년대 이후에는 점차 친일화되었다.

❷ 농민 운동과 노동 운동

(1) 농민 운동(소작 쟁의) : 사회주의 계열이 주도

배경	• 사회주의 사상의 영향으로 농민들의 의식 성장 • 토지 조사 사업과 산미 증식 계획으로 농민들의 고통 심화 • 자작농의 감소와 소작농의 증가 ➡ 고율의 소작료로 농민 부담 가중
단체	조선 노농 총동맹 결성(1924) ➡ 조선 농민 총동맹과 조선 노동 총동맹으로 분화(1927) ➡ 사회주의 계열의 지원을 받아 조직적인 소작 쟁의 전개

1920년대	• 생존권 투쟁 : 지주의 횡포에 저항 ➡ 고율의 소작료 인하, 소작권의 잦은 이동 반대
	• 암태도 소작 쟁의(1923) : 소작료를 70~80%에서 낮추는 성과를 거둠
	  ┌ 전남 신안군 암태도의 소작인들이 친일 지주 문재철의 횡포에 반발
	  └ 소작료 인하, 소작권 이전 반대 등 요구(약 1년 동안 지속) ➡ 성과 얻음

1930년대	• 반제국주의적 항일 투쟁 : 식민지 지주제 철폐, 일제 타도 주장 • 비합법적 · 혁명적 농민 조합 결성 : 비합법적 소작 쟁의 전개 ➡ 항일 투쟁의 성격으로 발전 ➡ 식민지 지주제 타파 주장

(2) 노동 운동(노동 쟁의) : 사회주의 계열이 주도

배경	• 사회주의 사상의 영향으로 노동자들의 의식 성장 • 열악한 노동 조건(저임금 · 민족 차별)에 따른 노동자 불만 가중 ➡ 일제 자본가에 대항
단체	조선 노동 공제회(1920, 서울에서 조직된 최초의 대중적 노동 단체) ➡ 조선 노농 총동맹 결성(1924) ➡ 조선 농민 총동맹과 조선 노동 총동맹으로 분화(1927) ➡ 사회주의 계열 의 지원을 받아 조직적인 노동 쟁의 전개

1920년대	• 생존권 투쟁 : 임금 인상, 노동 조건 개선 요구
	• 경성 고무 여자 직공 조합(1923) : 아사 동맹 결성
	• 원산 총파업(1929)
	  ┌ 라이징 선 석유 회사에서 일본인 감독의 조선인 구타 사건을 계기로 시작
	  ├ 저임금 반대, 노동 조건 개선 등 요구하며 약 4개월 간 파업 ➡ 신간회의 지원
	  └ 중국 · 영국 · 프랑스 등의 국외 노동 단체에서 격려 전문 및 동정금 받음(국제적 연대)

1930년대	• 반제국주의적 항일 투쟁 : 식민지 노동력 수탈 반대, 일제 타도, 노동자 계급의 해방 주장
	• 비합법적, 혁명적 노동 조합 결성 : 비합법적 노동 쟁의 전개 ➡ 항일 투쟁의 성격으로
	  발전
	• 평양 을밀대 지붕 위에서 강주룡의 고공 농성(1931) : 평양 고무 공장 노동자 강주룡이
	  회사 측의 임금 삭감 등에 반대하며 노동 쟁의 주도 ➡ 회사 측은 임금 삭감을 철회함

▲ 암태도 소작 쟁의에 참가한 농민들

▲ 원산 노동자 총파업

▲ 강주룡의 고공 농성
1931년의 평양 고무 공장 파업에서 여성 노동자 강주룡은 임금 삭감에 항의하며, 12m 높이의 평양 을밀대에 올라가 9시간 30분 동안 항의 농성하였다.

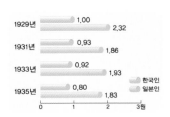
▲ 민족별 노동 임금 차이

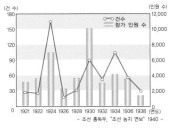
▲ 소작 쟁의 건수 및 인원

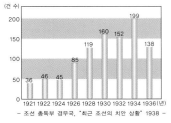
▲ 노동 쟁의의 발생 횟수 변화

은쌤의 합격노트

🏮 실력 양성 운동의 전개

☑ 시험에 꼭 나오는 키워드

- 물산 장려 운동의 배경–전개 과정–결과 정리하기
- 민립 대학 설립 운동 배경–전개 과정–결과 정리하기
- 문맹 퇴치 운동의 내용 정리하기

☑ 최다 빈출 선지

물산 장려 운동
① 회사령 폐지에 영향을 받았다.
② 조만식 등의 주도로 평양에서 시작되었다.
③ 평양에서 조선 물산 장려회 발기인 대회를 개최하였다.
④ 자작회, 토산 애용 부인회 등의 단체가 활동하였다.
⑤ 조선 사람 조선 것이라는 구호를 내세웠다.

민립 설립 대학 운동
① 이상재 등의 주도로 민립 대학 설립 운동을 전개하였다.
② 인재 육성의 일환으로 민립 대학 설립 운동을 전개하였다.
③ 조선 민립 대학 기성회가 창립되었다.
④ 모금 활동을 통한 민립 대학 설립을 목표로 하였다.
⑤ 이상재 등이 모금 활동을 주도하였다.

브나로드 운동
① 농촌 계몽을 위한 브나로드 운동을 전개하였다.
② 동아일보를 중심으로 브나로드 운동이 전개되었다.
③ 배우자 가르치자 다 함께 브나로드 등의 구호를 내세웠다.

🏮 농민 운동과 노동 운동

☑ 시험에 꼭 나오는 키워드

- 암태도 소작쟁의에 대한 내용 기억하기
- 원산 총파업에 대한 내용 기억하기
- 강주룡의 고공 농성에 대한 내용 기억하기

☑ 최다 빈출 선지

농민 운동
① 조선 농민 총동맹이 결성되었다.
② 농민 단체를 결성하여 소작 쟁의를 전개하였다.
③ 조선 노동 총동맹과 조선 농민 총동맹이 창립되었다(1927).

암태도 소작쟁의
① 고액 소작료에 반발하여 암태도 소작 쟁의가 발생하였다.
② 지주 문재철의 횡포에 맞서 농민들이 소작 쟁의를 벌였다.
③ 고율의 소작료를 징수하는 지주 문재철에 맞서 목포까지 나가 단식을 벌였다.
④ 약 1년에 걸친 투쟁으로 소작료를 낮추는 성과를 거두었다.

노동 운동
① 전국 단위의 조직인 조선 노동 공제회가 조직되었다(1920).
② 경성 고무 여자 직공 조합이 아사 동맹을 결성하였다(1923).
③ 조선 노동 총동맹을 중심으로 전개되었다.

원산 총파업(1929)
① 라이징 선 석유 회사의 조선인 구타 사건을 계기로 시작되었다.
② 일본인 감독의 한국인 구타 사건을 계기로 원산 총파업이 일어났다.
③ 노동 조건 개선을 요구하는 원산 총파업이 전개되었다.
④ 중국, 프랑스 등의 노동 단체로부터 격려 전문을 받았다.

강주룡의 고공 농성(1931)
① 평양 을밀대 지붕위에서 고공 농성을 전개하였다.
② 노동자 강주룡이 을밀대 지붕에서 고공 농성을 전개하였다.
③ 평양 을밀대 지붕에서 임금 삭감에 저항하여 농성을 벌였다.
④ 임금 삭감 등에 반대하여 평양 고무 공장 쟁의를 주도하였다.

01 (가) 민족 운동에 대한 설명으로 옳은 것은?

이것은 경성방직 주식회사의 광목 신문 광고야. '우리가 만든 것 우리가 쓰자.'라는 문구가 인상적이야.

그래, 이 광고는 민족 기업을 육성해 경제적 자립을 이루려는 (가) 중에 등장했지.

① 통감부의 탄압으로 중단되었다.
② 국채 보상 기성회를 중심으로 전개되었다.
③ 자작회, 토산 애용 부인회 등이 활동하였다.
④ 한성 은행, 대한 천일 은행 등이 설립되는 계기가 되었다.
⑤ 일본, 프랑스 등지의 노동 단체로부터 격려 전문을 받았다.

물산 장려 운동

정답 ③ (가) 민족 운동은 물산 장려 운동이다. 1920년을 전후해서 평양 메리야스 공장 등 민족 기업들이 설립되었다. 그러나 일본의 자본과 상품이 밀려들자 위기에 빠지게 되고, 이에 실력 양성 운동의 하나로 민족 산업을 육성하여 민족 경제의 자립을 이루자는 물산 장려 운동이 전개되었다.

정답 분석

③ 물산 장려 운동이 시작되자, 서울 등 다른 지역에서도 자작회, 금주 · 단연회 등의 많은 단체가 만들어졌다.

오답 피하기

① 물산 장려 운동은 일제 조선 총독부의 탄압과 소비자들의 외면을 받으면서 큰 성과를 거두지 못하였다.
② 국채 보상 기성회를 중심으로 국민의 성금으로 국채를 갚고 국권을 지키자는 국채 보상 운동이 전개되었다.
④ 대한 제국은 금융 제도의 근대화를 위해 한성 은행을 설립하고, 민간 은행인 대한 천일 은행을 지원하기도 하였다.
⑤ 원산 노동자들이 총파업에 돌입하자 일본의 부두 노동자들이 동조 파업을 전개했으며, 중국, 소련, 프랑스의 노동자들이 격려 전문을 보내왔다.

02 다음 기사에 보도된 민족 운동에 대한 설명으로 옳은 것은?

역사 신문

제△△호 　　　　　○○○○년 ○○월 ○○일

민대총회(民大總會) 개최, 460여 명의 대표 참석

▲ 조선 민립 대학 기성회 발기 총회

조선 민립 대학 기성회 발기 총회(민대총회)가 오후 1시부터 종로 중앙청년회관에서 열렸다. 총회에서는 사업 계획을 확정하고 '이제 우리 조선인도 생존을 위해서는 대학의 설립을 빼고는 다른 길이 없도다. 만천하 동포에게 민립 대학의 설립을 제창하노니, 자매형제는 모두 와서 성원하라.'라는 요지의 발기 취지서를 발표하였다.

① 중국의 5 · 4 운동에 영향을 주었다.
② 사립 학교령 공포의 계기가 되었다.
③ 이상재 등이 모금 활동을 주도하였다.
④ 통감부의 방해와 탄압으로 실패하였다.
⑤ 여성 교육의 중요성을 강조한 여권통문을 발표하였다.

민립 대학 설립 운동

정답 ③ 기사에 보도된 민족 운동은 민립 대학 설립 운동이다. 1922년 이상재 등이 중심이 된 조선 교육회의 제안으로 서울에서 조선 민립 대학 기성 준비회가 조직되었다. 이후 조선 민립 대학 기성회는 대학 설립을 위해 '한민족 1천만이 한 사람이 1원씩'이라는 구호를 내걸고 모금 운동을 전개하였다.

정답 분석

③ 이상재와 이승훈 등이 중심이 된 조선 민립 대학 기성회는 고등 교육 기관인 대학을 설립하기 위해 민립 대학 설립 운동을 시작하였다.

오답 피하기

① 3 · 1 운동은 제1차 세계 대전 이후 승전국의 식민지에서 일어난 최초의 반제국주의 운동으로 중국의 5 · 4 운동 등 아시아의 반제국주의 운동에 자극을 주었다.
② 대한제국 말기에 신민회 등의 정치 단체와 서북 학회 등의 학회가 학교를 설립하자 일제는 1908년 사립 학교령을 내려 민족 교육을 탄압하였다.
④ 일제 통감부는 국채 보상 운동을 배일 운동으로 간주하여, 모금 운동을 주관하던 대한매일신보 사장인 양기탁을 횡령 혐의로 구속하고 탄압하였다.
⑤ 1898년 북촌의 양반 부인 300여 명이 '여권통문'을 발표하였다. 여성은 남성과 동등한 권리를 갖고 있으며, 경제적 능력을 갖추어야 한다는 것이다.

03 (가), (나) 사건에 대한 설명으로 옳은 것을 〈보기〉에서 고른 것은?

> (가) 전라남도 신안군 암태도에서 시작된 소작 쟁의는 지주에 대항하여 일어났다. 지주는 소작인들의 요구를 무시하고 경찰을 동원하여 협박하기까지 하였다. 급기야 소작 농민들은 목포로 나가 법원 마당에서 단식 투쟁을 전개하였다.
>
> (나) 원산에서 일본인 간부의 조선인 노동자 구타가 발단이 되어 원산 총파업이 일어났다. 그러나 자본가와 일제 경찰의 방해 공작으로 파업은 4개월 만에 중단되었다.

〈보 기〉

- ㄱ. (가) - 조선 농민 총동맹이 주도하였다.
- ㄴ. (가) - 참여 농민의 소작료를 낮추는 성과를 거두었다.
- ㄷ. (나) - 국외 노동 단체의 지지를 받았다.
- ㄹ. (나) - 조선 노동 공제회 창립의 계기가 되었다.

① ㄱ, ㄴ   ② ㄱ, ㄷ   ③ ㄴ, ㄷ   ④ ㄴ, ㄹ   ⑤ ㄷ, ㄹ

암태도 소작쟁의, 원산 노동자 총파업

정답 ③ (가)는 암태도 소작 쟁의, (나)는 원산 노동자 총파업이다.
(가) 암태도 소작 쟁의는 전라남도 신안군 암태도의 소작인들이 1923~1924년 전개한 것이다. 당시 지주 문재철이 70% 이상의 소작료를 징수하려 하자 소작인들은 소작료 인하를 요구하면서 수확 거부, 소작료 납부 거부 운동 등을 전개하여 소작료를 낮출 수 있었다.
(나) 원산 노동자 총파업은 1928년 9월 원산 인근의 라이징 선 석유 회사에서 일본인 현장 감독이 한국인 노동자를 자주 구타하는 사건으로 시작되었다. 노동자들은 열악한 노동 조건 개선과 감독 파면을 요구하면서 파업을 벌였다. 이후 원산 지역 노동자 전체가 참여하는 대규모 총파업으로 발전하였다.

정답 분석

- ㄴ. 1923년 전라남도 신안군 암태도의 소작 농민들은 지주와 이를 비호하는 일본 경찰에 맞서 1년 가까이 투쟁을 벌여 소작료를 낮추는 성과를 거두었다.
- ㄷ. 원산 노동자 총파업 소식이 알려지자 일본의 부두 노동자들이 동조 파업을 전개했으며, 중국, 소련, 프랑스의 노동자들이 격려 전문을 보내왔다.

오답 피하기

- ㄱ. 1927년 농민 운동이 더욱 활성화되자 전국적인 농민 운동 단체인 조선 농민 총동맹이 결성되어 보다 조직적으로 농민 운동을 이끌었다.
- ㄹ. 1920년에 노동자 권익 옹호를 목표로 조선 노동 공제회가 만들어졌는데, 이 단체에는 농민 운동을 지원하는 농민부와 소작인부가 설립되어 있었다.

04 밑줄 그은 '이 사건' 이후의 사실로 옳은 것은?

> 이 사진은 을밀대 지붕 위에서 고공 농성을 벌이는 강주룡의 모습입니다. 그녀는 대공황 이후 열악해진 식민지 노동 환경에서 임금 삭감 등에 반대하며 평원 고무 공장 쟁의를 주도하였습니다. 이 사건은 자본가와 일제에 맞선 반제국주의 항일 투쟁이라는 점에서 의미가 있습니다.

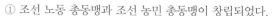

① 조선 노동 총동맹과 조선 농민 총동맹이 창립되었다.
② 전국 단위의 조직인 조선 노동 공제회가 조직되었다.
③ 전시 징용 정책에 반대하여 동방 광산 광부들이 투쟁하였다.
④ 회사 설립 시 총독의 허가를 받도록 하는 회사령이 제정되었다.
⑤ 일본인 감독의 한국인 구타 사건을 계기로 원산 총파업이 일어났다.

강주룡 고공 농성 이후의 사실

정답 ③ 밑줄 그은 '이 사건'은 강주룡의 고공 농성이다. 1931년 평양의 평원 고무 공장 노동자 강주룡은 회사의 일방적인 임금 삭감에 반발하여 여성 노동자 48명과 함께 아사동맹을 조직하고 파업을 벌였다. 그녀는 경찰이 농성 중인 여성 노동자들을 강제로 끌어내자, 약 11m 높이의 을밀대 지붕 위로 올라가 100여 명의 사람들 앞에서 공장주의 횡포를 고발하였다. 9시간 30분 동안 지붕 위에서 버티다 결국 경찰에 체포되어 구속되었다.

정답 분석

③ 1939년 일제는 국민 징용령을 통해 징용된 조선인 청장년들을 탄광이나 군수 공장, 군용 활주로 공사 등에 투입하였다.

오답 피하기

① 조선 노농 총동맹은 노동 운동의 발전에 따라 1927년 조선 노동 총동맹과 조선 농민 총동맹으로 분리되었다.
② 1920년에 출범한 조선 노동 공제회는 우리나라 최초의 노동 대중 단체로 노동 운동과 농민 운동에 큰 영향을 끼쳤다.
④ 1910년 조선 총독부는 회사령을 제정하여 회사를 설립할 때 조선 총독의 허가를 받도록 하였다.
⑤ 1929년 원산 인근의 라이징 선 석유 회사에서 일본인 현장 감독이 한국인 노동자를 자주 구타한 사건을 계기로 원산 노동자 총파업이 일어났다.

▲ 순종의 장례식 행렬

▲ 만세를 외치는 민중들

6·10 만세 운동은 순종의 인산일을 기회로 삼아, 3·1 운동 이후 쌓였던 민족적 울분을 터뜨린 사건이었다.

1 학생 항일 운동과 민족 유일당 운동

(1) 6·10 만세 운동(1926)

배경	• 순종의 죽음으로 인한 민족 감정의 고조 ➡ 순종의 인산일을 계기로 3.1 운동 때와 같은 시위 운동을 준비 • 일제의 식민지 수탈과 차별 교육에 대한 저항 의식 고조 • 사회주의 사상의 영향 : 사회주의 계열의 조선 공학회, 조선 학생 사회 과학 연구회, 서울 학생 구락부, 경성 학생 연맹 등이 조직
전개	사회주의 계열(조선 공산당)의 기획과 민족주의 계열(천도교)의 지원 및 학생 단체들의 만세 시위 계획 ➡ 일제의 사전 발각으로 인해 사회주의 계열 인사가 대거 검거되어 시위에 일부 차질이 생김 ➡ 학생들이 시위 주도 ➡ 순종 인산일에 학생들의 격문 살포 및 만세 시위 전개 ➡ 시민들의 합세 ➡ 일제의 탄압으로 대거 검거

영향	• 민족 유일당 운동(민족 협동 전선 운동)의 계기 : 사회주의 세력과 민족주의 세력이 협력 토대를 마련하여 신간회 결성의 기초를 마련함
	• 학생 운동의 형태가 변화됨
	  ┌ 6·10 만세 운동 이전 : 주로 학내 문제, 일본 교원 배척 등을 내걸고 비조직적 전개
	  └ 6·10 만세 운동 이후 : 독서회나 학생 비밀 결사 조직 결성 ➡ 식민지 교육 제도 철폐와 한국인 본위의 교육 요구 ➡ 항일 민족 운동으로 발전

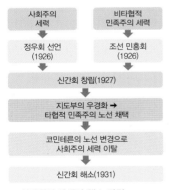

사회주의 세력	비타협적 민족주의 세력
정우회 선언 (1926)	조선 민흥회 (1926)

신간회 창립(1927)

지도부의 우경화 ➡ 타협적 민족주의 노선 채택

코민테른의 노선 변경으로 사회주의 세력 이탈

신간회 해소(1931)

▲ 신간회의 탄생과 해소 과정

(2) 민족 유일당 운동의 전개

배경	• 중국의 제1차 국공 합작 : 사회주의 세력이 민족주의 세력과의 협동 전선 추진 • 민족주의 계열의 분열 : 이광수·최린 등의 타협적 민족주의 등장 ➡ 일제가 허용하는 범위 내에서 자치권과 참정권을 얻고자 주장 • 사회주의 계열의 위기 : 일제의 치안 유지법 제정(1925) ➡ 사회주의 운동 탄압
국내	• 6·10 만세 운동 : 민족주의 계열과 사회주의 계열이 협동에 대한 공감대를 형성함 • 조선 민흥회 결성(1926) : 조선 물산 장려회를 주도한 민족주의 계열 인사와 일부 사회주의 계열 인사들로 구성 ➡ 신간회 창립의 선구적 역할 • 정우회 선언(1926) : 사회주의 계열 단체인 정우회가 사회주의 운동의 새로운 방향을 밝힌 선언 ➡ 민족주의 세력과의 제휴 강조 ➡ 신간회 창립의 중요한 계기가 됨
국외	• 한국 독립 유일당 북경 촉성회 결성(1926) : 민족 유일당 운동을 활발하게 전개 • 만주의 3부 통합 운동 : 이념과 정파의 차이를 넘어 하나로 뭉치자는 통합 운동으로 국민부, 혁신 의회로 재편됨

▲ 신간회 창립의 계기가 된 정우회 선언에 대한 신문 기사

사료 살펴보기

정우회 선언

민족주의적 세력에 대하여는 그 부르주아 민족주의적 성질을 명백하게 인식하는 동시에도 과정적 동맹자적 성질도 충분히 승인하여, 그것이 타락하는 형태로 출현되지 아니하는 것에 한 하여는 적극적으로 제휴하여, 대중의 개량적 이익을 위하여서도 종래의 소극적 태도를 버리고 분연히 싸워야 할 것이다.   - 조선일보(1926. 11. 17) -

사회주의 계열의 사상 단체인 정우회는 1926년 경제 투쟁에서 정치 투쟁으로의 전환, 비타협적 민족주의 세력과의 제휴 등을 내용으로 하는 선언문을 발표하였다. 이는 신간회의 결성을 촉진하는 역할을 하였다.

(3) 신간회(1927~1931)

배경	6 · 10 만세 운동, 조선 민흥회 결성, 정우회 선언 등
결성	• 비타협적 민족주의자와 사회주의자의 협력으로 설립된 합법적 단체 • 국내 최초의 좌우 합작 단체(민족 협동 단체) : 회장 이상재, 부회장 홍명희 • 일제 강점기 국내 최대 규모의 합법적 정치 · 사회 단체(항일 단체) ➡ 전국에 140여개 지회 설치, 4만여 명의 회원
활동	• 강연회 및 연설회 개최 : 민중 계몽 및 민족의식 고취 ➡ 한국인 본위의 교육 실시 및 사회 과학 사상 연구의 보장 주장 • 각종 민족 운동 지원 : 청년 운동, 여성 운동, 형평 운동, 소작 · 노동 쟁의, 동맹 휴학 등 지원 • 광주 학생 항일 운동에 진상 조사단 파견(1929) ➡ 민중 대회 계획 ➡ 일제 탄압으로 실패
한계	• 일제의 탄압 : 민중 대회 추진 과정에서 신간회 간부가 대거 구속됨 • 신간회 해소(1931) : 코민테른(국제 공산당 조직)의 노선 변경 ➡ 식민지에서 진행되던 민족 협동 전선의 해체를 지시 ➡ 신간회의 사회주의자들 이탈

▲ 신간회 창립 총회

신간회는 한때 지회 수 141개, 회원 수 4만 명에 달할 정도로 민중의 열렬한 호응을 받았으며, 각계각층의 사람들이 참여한 최초의 민족 협동 전선 단체였다.

▲ 신간회 해소를 주장하는 팸플릿(1931)

사회주의자들은 '해소를 단순히 단체를 해산하는 것이 아니라 다른 운동 형태로 발전시키는 것이라는 의미로 사용하였다.

사료 살펴보기

신간회 3대 강령

1. 우리는 정치적, 경제적 각성을 촉진한다.   2. 우리는 단결을 공고히 한다.   3. 우리는 기회주의를 일체 부인한다.

신간회 강령에서 '단결을 공고히 한다.'는 비타협적 민족주의와 사회주의 세력 간의 단결을 말하며, '기회주의를 일체 부인한다.'는 자치 운동을 전개하며 일제와 타협하려는 타협적 민족주의자(자치론자 등)들을 배격하려는 것이다.

(4) 근우회(1927~1931)

배경	신간회가 결성되자 여성 운동계에서도 통합론 일어남
결성	• 민족주의 계열과 사회주의 계열 여성 단체의 협력으로 설립된 합법적 단체 • 여성계의 민족 협동 전선 단체 ➡ 국내외에 60여 개의 지회 설치 • 신간회와 연계하여 신간회의 자매단체로 창립
활동	• '조선 여자의 공고한 단결과 지위 향상'을 도모함 • 지방 순회 강연 및 토론회와 야학 개최 : 여성 의식 향상, 여성 해방에 대한 인식 확산 • 광주 학생 항일 운동(1929) 등의 각종 민족 운동 지원 • 기관지 『근우』 발간
한계	내부의 이념 대립과 신간회 해소를 전후하여 해소(1931)

사료 살펴보기

근우회 행동 강령

1. 여성에 대한 사회적·법률적 일체 차별 철폐
2. 일체 봉건적 인습과 미신 타파
3. 조혼 폐지 및 결혼의 자유
4. 인신매매 및 공창(公娼) 폐지
5. 농민 부인의 경제적 이익 옹호
6. 부인 노동의 임금 차별 철폐 및 산전 산후 임금 지불
7. 부인 및 소년공의 위험 노동 및 야업 폐지

근우회는 당시 유력한 여성 인사들이 대부분 참여한 여성계의 민족 협동 전선으로서, 신간회의 여성 자매단체라 할 수 있다.

(5) 광주 학생 항일 운동(1929)

배경	• 일제의 민족 차별과 식민지 차별 교육 • 학생 운동의 조직화 : 전남 광주의 성진회(1926, 광주 학생 항일 운동에서 주도적인 역할)처럼 학생 운동을 지도하는 비밀 결사 형태의 조직들이 만들어짐
전개	광주에서 나주로 가는 통학 열차 안에서 일본인 남학생이 조선인 여학생을 희롱한 사건을 계기로 한일 학생들 간에 충돌 발생 ➡ 일본 경찰과 교육 당국의 편파적인 조치로 광주 일대 학생들 대규모 시위 ➡ 각지에서 동맹 휴학 및 가두시위 전개 ➡ 신간회의 진상 조사단 파견, 민중 대회 계획(실패) ➡ 전국 규모의 항일 투쟁으로 확대(일본 제국주의 타도 주장)
의의	3 · 1 운동 이후 최대 규모의 항일 민족 운동

▲ 광주 학생 항일 운동의 계기가 된 여학생 희롱 사건의 피해자 박기옥(오른쪽)

▲ 어린이날 표어

▲ 형평사 제6회 전국 대회 포스터

▲ 형평사 제8회 전국 대회 포스터

▲ 근우회의 기관지 『근우』

② 다양한 사회 운동의 전개

(1) 소년 운동

배경	어린이의 열악한 사회적 지위 ➡ 어린이를 인격체로서 대우하자는 의식 형성
활동	• 천도교 소년회(1921) : 소년 운동을 적극적으로 전개 ┌ 방정환, 김기전 등이 주도 및 활약 └ 어린이날 제정(1922), 잡지 『어린이』 간행(1923), '어린이' 단어 사용 • 방정환의 주도로 어린이 연구 단체 색동회(1923), 조선 소년 연합회(1927) 결성
한계	일제는 소년 운동을 애국 운동으로 간주하여 탄압 ➡ 중·일 전쟁 이후에는 금지

(2) 형평 운동

배경	1차 갑오개혁으로 신분제가 폐지된 이후에도 백정에 대한 사회적 차별과 불평등 심화
활동	조선 형평사 조직(경남 진주, 1923) : 형평 운동 주도 ┌ 백정에 대한 차별 철폐와 교육 문제 해결 촉구 └ 계급 타파, 모욕적 칭호 폐지, 교육 권장, 상호 친목을 중요 목표로 삼음
전개	백정에 대한 사회적 차별 대우 철폐 주장(백정 인권 운동) ➡ 언론과 사회주의계의 적극적인 지지 ➡ 전국적인 조직으로 성장 ➡ 다른 사회 운동 단체와 연대(파업, 소작 쟁의 등에 참가) ➡ 신분 해방 운동 넘어 항일 민족 운동으로 발전
한계	일제의 탄압, 내부의 이념적 갈등 심화 ➡ 1930년대 중반 이후 경제 이익 향상 운동으로 변화

> **사료 살펴보기**
>
> 조선 형평사 취지문
>
> 공평은 사회의 근본이고 애정은 인류의 본능이다. 그러한 까닭으로 우리는 계급을 타파하고 모욕적 칭호를 폐지하여, 우리도 참다운 인간이 되는 것을 기하자는 것이 우리의 주장이다. 지금까지 조선의 백정은 어떠한 지위와 압박을 받아 왔는가? 과거를 회상하면 종일 통곡하고도 피눈물을 금할 수 없다. …… 직업의 구별이 있다고 한다면, 금수의 생명을 빼앗는 자는 우리만이 아니다.
>
> 백정 출신들은 조선 형평사를 만들어 백정에 대한 차별 철폐과 지위 향상을 도모하는 사회 개혁 운동을 벌였다.

(3) 청년 운동

배경	3·1 운동 이후 민족 의식 고양, 청년의 역할 재인식, 청년 단체 수 증가
활동	조선 청년 총동맹(1924) : 전국 규모의 통합된 청년 사회 운동 조직 ➡ 품성 도야, 지식 개발 등을 주장 ➡ 민족 실력 양성 운동, 민중 계몽 운동 전개

(4) 여성 운동

배경	사회적 대중 운동의 발전과 함께 여성 운동 단체들도 조직
활동	• 1920년대 초 : 조선 여자 교육회, 조선 여자 기독교 청년회(YWCA) 조직 ➡ 여성 교육과 계몽을 중시(문맹 퇴치와 구습 타파) • 1924년 이후 : 사회주의 계열의 여성 운동 단체인 조선 여성 동우회와 중앙 여자 청년 동맹 등이 조직 ➡ 여성 해방을 강조(여자의 단결과 대중적 교양) • 근우회 결성(1927) : 여성들의 의식을 향상시키고 여성 해방에 대한 인식 확산

은쌤의 *합격노트*

학생 항일 운동과 민족 유일당 운동

☑ 시험에 꼭 나오는 키워드

- 6·10 만세 운동의 배경-전개 과정-영향 정리하기 ➡ 신간회와 연계되어 출제됨
- 신간회의 활동 정리하기 ➡ 6·10 만세 운동과 광주 학생 항일 운동과 연계되어 출제됨
- 근우회의 활동 정리하기 ➡ 신간회와 광주 학생 항일 운동과 연계되어 출제됨
- 광주 학생 항일 운동의 배경-전개 과정-의의 정리하기 ➡ 신간회와 연계되어 출제됨

☑ 최다 빈출 선지

6·10 만세 운동
① 순종의 인산일을 계기로 일어났다.
② 사회주의 세력의 주도 아래 계획되었다.
③ 민족주의 계열과 사회주의 계열이 함께 준비하였다.
④ 융희 황제의 인산일에 학생들이 격문을 뿌리고 만세를 외쳤다.
⑤ 국내에서 민족 유일당 운동이 시작되는 계기가 되었다.
⑥ 민족 협동 전선인 신간회 결성에 영향을 미쳤다.

신간회
① 한국 독립 유일당 북경 촉성회가 창립되었다.
② 정우회 선언의 영향으로 결성되었다
③ 민족 유일당 운동의 일환으로 결성되었다.
④ 신간회 중앙 본부가 진상 조사단을 파견하여 지원하였다.
⑤ 진상 조사단을 파견하여 광주 학생 항일 운동을 지원하였다.

근우회
① 민족주의 계열과 사회주의 계열의 여성들이 연합하였다.
② 근우회의 주도로 여성의 권익을 옹호하였다.
③ 조선 여성의 단결과 지위 향상을 목표로 하였다.
④ 광주 학생 운동 이후 전국적으로 확대되는 항일 학생 운동을 지도, 후원하였다.

광주 학생 항일 운동
① 한국인 학생과 일본인 학생 간의 충돌에서 비롯되었다.
② 신간회 중앙 본부가 진상 조사단을 파견하여 지원하였다.
③ 전국 각지에서 일어난 동맹 휴학의 도화선이 되었다.

다양한 사회 운동의 전개

☑ 시험에 꼭 나오는 키워드

- 소년 운동 정리하기 ➡ 단독 출제도 되지만, 1920년대 식민 통치와 연계되어 출제됨
- 형평 운동 정라히기 ➡ 단독 출제도 되지만, 1920년대 식민 통치와 연계되어 출제됨

☑ 최다 빈출 선지

천도교 소년회
① 천도교 세력이 중심이 되어 추진하였다.
② 어린이날을 제정하고 잡지 어린이를 간행하였다.
③ 어린이 등의 잡지를 발간하여 소년 운동을 주도하였다.
④ 색동회가 주도적인 역할을 하였다.

형평 운동
① 조선 형평사의 주도로 전개되었다.
② 조선 형평사를 중심으로 전국으로 확산되었다.
③ 조선 형평사를 조직하여 사회적 차별에 맞섰다.
④ 백정에 대한 사회적 차별 철폐를 목표로 하였다.

01 다음 자료에 나타난 사건의 영향으로 적절한 것은?

판결문

피고인 : 이선호 외 10명

주 문 : 피고인들을 각 징역 1년에 처한다.

이 유

피고인들은 이왕(李王) 전하 국장 의식을 거행할 즈음, 이를 봉송하기 위하여 지방에서 다수 조선인이 경성부로 모이는 기회를 이용하여 조선 독립운동을 선동하는 불온 문서를 비밀리에 인쇄하여 국장 당일 군중 가운데 살포하여 조선 독립 만세를 소리 높여 외쳐 조선 독립의 희망을 달성하고자 기도하였다.

① 13도 창의군이 서울 진공 작전을 전개하였다.
② 복벽주의를 내세운 독립 의군부가 조직되었다.
③ 김광제 등의 발의로 국채 보상 운동이 일어났다.
④ 통상 수교 거부 의지를 담은 척화비가 건립되었다.
⑤ 민족 유일당 운동의 일환으로 신간회가 창립되었다.

6·10 만세 운동

정답 ⑤ 다음 자료에 나타난 사건은 6·10 만세 운동이다. 1926년 순종 이왕이 사망하자 학생들은 좌우익 지도자들과 함께 6월 10일 순종의 인산일에 대규모 군중 시위를 계획하였다. 그러나 이 계획은 사전에 경찰에게 발각되어 지도부가 모두 체포되었다. 하지만 학생들은 일제의 감시를 피해 6월 10일 격문을 뿌리며 시위를 벌였다. 많은 시민들이 시위에 동참하였고 전국 각지의 학생들도 동맹 휴학을 하면서 이에 호응하였다.

정답 분석

⑤ 6·10 만세 운동은 사회주의 세력과 민족주의 세력이 함께 운동을 준비하면서 민족 유일당을 결성할 수 있는 공감대를 형성하였고, 이는 신간회 결성으로 이어졌다.

오답 피하기

① 일제가 한·일 신협약을 체결하고 군대를 해산시키자 의병 간에 연합 전선이 모색되었다. 이에 유생 의병장들이 중심이 되어 13도 연합 의병 부대(13도 창의군)를 결성하였다.
② 독립 의군부는 의병장 출신의 임병찬이 고종의 밀지를 받고 전국 곳곳의 의병장과 유생을 모아 조직하였다.
③ 김광제, 서상돈 등은 일본에서 빌려 온 차관 1,300만 원을 갚아 국권을 회복하자는 국채 보상 운동을 제창하였다.
④ 신미양요 이후 흥선 대원군은 서양과의 통상 수교를 거부하는 정책을 널리 알리기 위해 전국에 척화비를 세웠다.

02 (가) 단체에 대한 설명으로 옳은 것은?

역사 신문

제△△호　　　　　　　　　　○○○○년 ○○월 ○○일

민중 대회 개최 모의로 지도부 대거 체포

허헌, 홍명희 등 [(가)]의 지도부는 광주 학생 항일 운동을 전국적 시위 운동으로 확산시키기 위한 민중 대회 개최를 추진하다가 경찰에 체포되었다. 이 단체는 사건 진상 조사 보고를 위한 유인물 배포 및 연설회 개최를 계획하고, 각 지회에 행동 지침을 내리는 등 시위 확산을 도모하였다.

① 암태도 소작 쟁의를 지원하였다.
② 민족 협동 전선으로 결성되었다.
③ 부민관 폭파 사건을 주도하였다.
④ 조선 혁명 선언을 활동 지침으로 하였다.
⑤ 어린이날을 제정하고 잡지 어린이를 간행하였다.

신간회

정답 ② (가) 단체는 신간회이다. 1927년 비타협적 민족주의자들과 사회주의자들은 신간회를 창립하였다. 신간회는 회장에 이상재, 부회장에 홍명희를 선출하고 3대 강령을 발표하였다. 신간회는 전국을 돌며 순회 강연회 실시, 노동 야학 참여 등 민중 계몽 활동을 벌였으며, 노동·농민·청년·여성·형평 운동 등 여러 사회 운동도 적극적으로 지원하였다. 1929년에 광주 학생 항일 운동이 일어나자 신간회는 현지에 조사단을 파견하고, 진상 보고를 위한 민중 대회를 계획하였다. 그러나 일제가 간부들을 모두 구속하면서 큰 타격을 입었다.

정답 분석

② 신간회는 길지 않은 기간이었지만 사회주의 세력과 비타협적 민족주의 세력이 힘을 합쳐 결성한 국내 최대의 민족 협동 전선 단체였다.

오답 피하기

① 1923년 전남 무안군 암태도에서 발생한 소작 쟁의는 지주 문재철의 횡포에 맞선 것으로 소작 농민들의 요구 대부분이 관철되었다.
③ 1945년 7월 24일 부민관에서 친일 부역자 박춘금 일당이 한국인들을 일본의 침략 전쟁에 동원하기 위한 '아시아민족분격대회'를 개최하자 류만수, 강윤국, 조문기 세 청년 의사가 행사장에 폭탄을 터뜨려 의거를 일으켰다(부민관 폭탄 의거).
④ 1923년 의열단은 신채호에게 의뢰하여 작성한 조선 혁명 선언을 활동 지침으로 삼아 일제 요인 암살과 식민 통치 기관 파괴에 주력하였다.
⑤ 1921년 방정환을 중심으로 천도교 소년회가 조직되면서 본격적으로 소년 운동이 시작되었다. 방정환은 아이들을 인격체로 대접하라는 의미에서 '어린이'라는 용어를 사용하고, 어린이날을 제정하였다.

03 (가) 단체의 활동으로 옳은 것은?

[역사 다큐멘터리 기획안]

(가) , 좌우가 힘을 합쳐 창립하다

◈ 기획 의도

일제 강점기 최대 규모의 사회 단체인 (가) 에 대한 다큐멘터리를 제작하여 그 역사적 의미를 살펴본다.

◈ 장면별 구성 내용

- 정우회 선언을 작성하는 장면
- 이상재가 회장으로 추대되는 장면
- 전국 주요 도시에 지회가 설립되는 장면
- 순회 강연단을 조직하고 농민 운동을 지원하는 장면

① 평양에 자기 회사를 설립하였다.
② 2·8 독립 선언서를 작성하여 발표하였다.
③ 제국신문을 발행하여 민중 계몽에 힘썼다.
④ 어린이날을 제정하고 잡지 어린이를 간행하였다.
⑤ 광주 학생 항일 운동에 진상 조사단을 파견하였다

신간회

정답 ⑤ (가) 단체는 신간회이다. 비타협적 민족주의자들은 1926년 조선 민흥회를 결성하여 사회주의 세력과 연대를 모색하였다. 두 세력의 연대는 사회주의 계열의 사상 단체인 정우회가 1926년 '정우회 선언'을 하면서 구체화되었다. 마침내 1927년 비타협적 민족주의자들과 사회주의자들이 협력하여 신간회 창립 대회를 열고 회장에 이상재, 부회장에 홍명희를 선출하였다. 신간회는 지회를 설치하여 4만 명의 회원을 둔 전국적인 조직으로 발전하였다. 신간회는 전국을 돌며 순회 강연회 실시, 노동 야학 참여 등 민중 계몽 활동을 벌였으며, 노동·농민·청년·여성·형평 운동 등 여러 사회 운동도 적극적으로 지원하였다.

정답 분석

⑤ 신간회는 1929년 광주 학생 항일 운동이 일어나자 신간회는 현지에 조사단을 파견하고 진상 보고를 위한 민중 대회를 열어, 3·1 운동과 같은 전국적인 항일 운동으로 확산시킬 계획을 세웠다.

오답 피하기

① 신민회는 태극 서관과 자기 회사 등을 설립하여 민족 산업을 육성하려 하였다.
② 1919년 일본 도쿄에서도 유학생들이 조선 청년 독립단을 조직하여 2·8 독립 선언으로 일본과 국제 사회에 한국의 독립을 선언하였다.
③ 1898년 이종일이 창간한 제국신문은 대한제국 시대에 발행된 대표적인 민족주의적 성격의 일간신문이다.
④ 1922년 5월 1일 방정환이 활약한 천도교 소년회는 어린이날을 제정하였다.

---

04 (가) 단체에 대한 설명으로 옳은 것은?

【이달의 독립운동가】

민족 독립과 여성 해방을 꿈꾼
박차정(朴次貞)
(1910~1944)

부산 동래 출신. 1927년 신간회의 자매 단체로 결성된 (가) 의 중앙 집행 위원으로 활동하였다. 광주 학생 항일 운동에 동조하여 서울에서 시위를 주도하였다가 불구속으로 나온 후 중국으로 망명하였다. 1938년 조선 의용대의 부녀 복무 단장이 되어 남편 김원봉과 함께 무장 투쟁을 활발히 전개하였다. 이듬해 쿤룬산 전투에서 부상을 당해 후유증으로 순국하였다.

① 상하이에서 대동 단결 선언을 발표하였다.
② 일제의 황무지 개간권 요구를 저지하였다.
③ 여성 교육을 위해 배화 학당을 설립하였다.
④ 조선 여성의 단결과 지위 향상을 목표로 하였다.
⑤ 어린이 등의 잡지를 발간하여 소년 운동을 주도하였다.

근우회

정답 ④ (가) 단체는 근우회이다. 민족주의 계열과 사회주의 계열의 여성 운동 단체들은 신간회의 창립에 발맞추어 1927년 근우회를 조직하였다. 근우회는 국내외에 60여 개의 지회를 설치하고 기관지인 "근우"를 발간하였다.

정답 분석

④ 근우회는 '조선 여자의 공고한 단결을 도모함', '조선 여자의 지위 향상을 도모함' 등의 강령을 내세운, 당시 유력한 여성 인사들이 대부분 참여한 여성계의 민족 협동 전선으로서, 신간회의 여성 자매단체라 할 수 있다.

오답 피하기

① 대동 단결 선언은 1917년 상하이에서 신규식, 박은식, 신채호, 조소앙 등 14명이 발기하여 작성한 선언문이다.
② 보안회는 1904년 일제의 황무지 개간권 요구에 반대하여 유생, 전직 관리 등의 주도로 설립되었다.
③ 배화학당은 1898년 10월 미국 남감리교 여선교사인 캠벨(J. P. Campbell)이 서울에 설립한 한국 근대 여학교이다.
⑤ 방정환이 활약한 천도교 소년회는 1922년 어린이날을 제정하고, 잡지 "어린이"를 간행하였다.

05 밑줄 그은 '이 운동'에 대한 설명으로 옳은 것은?

이것은 '학생의 날' 기념우표이다. 학생의 날은 1929년 한일 학생 간 충돌을 계기로 광주에서 일어나 전국으로 확산된 이 운동을 기리기 위해 1953년에 제정되었다. 우표는 이 운동의 기념탑과 당시 학생들의 울분을 함께 형상화하여 도안되었다. 학생의 날은 2006년부터 '학생 독립운동 기념일'로 명칭이 변경되었다.

① 조선 형평사를 중심으로 전개되었다.
② 순종의 인산일을 기회로 삼아 추진되었다.
③ 대한민국 임시 정부 수립에 영향을 주었다.
④ 국내에서 민족 유일당 운동이 시작되는 계기가 되었다.
⑤ 신간회 중앙 본부가 진상 조사단을 파견하여 지원하였다.

광주 학생 항일 운동

정답 ⑤   밑줄 그은 '이 운동'은 광주 학생 항일 운동이다. 1929년 10월 광주에서 나주로 가는 통학 열차 안에서 일본 남학생이 조선 여학생을 희롱하는 사건이 일어났고, 이를 계기로 조선인과 일본인 학생 사이에 충돌이 발생하였다. 그러나 일본 경찰이 조선 학생들만 구속하자 광주 전역의 모든 학생들이 궐기하였다. 이 소식을 들은 전국 각지 학생들은 독서회 등을 통해 조직적으로 연락하면서 항일 시위에 동참하였다. 전국의 사회 운동 단체들도 적극 가담하면서 전국적인 항일 민족 운동으로 발전하였다.

정답 분석

⑤ 신간회 집행부는 1929년 광주 학생 항일 운동이 발발하자 이를 전국적인 대중 투쟁으로 전환시키기 위해 진상 조사단을 파견하여 민중 대회를 개최하려 하였다.

오답 피하기

① 1923년 4월 백정들은 차별 대우에 항의하여 진주에서 조선 형평사라는 단체를 조직하고 형평 운동을 전개하였다.
② 1926년 4월 순종이 승하하자 천도교를 중심으로 하는 민족주의자들과 조선 공산당을 중심으로 하는 사회주의자들은 인산일에 6·10 만세 운동을 추진하였다.
③ 1919년 3·1 운동의 전개 과정을 통해 통일적 지도부의 필요성과 공화주의에 대한 공감대가 형성되었고, 이러한 움직임은 공화주의에 입각한 대한민국 임시 정부가 수립되는 토대가 되었다.
④ 1926년 6·10 만세 운동은 사회주의 세력과 민족주의 세력이 함께 운동을 준비하면서 민족 유일당을 결성할 수 있다는 공감대를 형성하였다.

06 (가), (나) 격문이 작성된 사이의 시기에 있었던 사실로 옳은 것은?

(가) 왕조의 마지막 군주였던 창덕궁 주인이 53세의 나이로 지난 4월 25일에 서거하였다. …… 지금 우리 민족의 통곡과 복상은 군주의 죽음 때문이 아니고 경술년 8월 29일 이래 사무친 슬픔 때문이다. …… 슬퍼하는 민중들이여! 하나가 되어 혁명 단체 깃발 밑으로 모이자! 금일의 통곡복상의 충성과 의분을 모아 우리들의 해방 투쟁에 바치자!

(나) 조선 청년 대중이여! 궐기하라. 제국주의적 침략에 대한 반항적 투쟁으로서 광주 학생 사건을 지지하고 성원하라. …… 저들은 소위 사법 경찰을 총동원하여 광주 조선 학생 동지 400여 명을 참혹한 철쇄에 묶어 넣었다. 여러분! 궐기하라! 우리들이 흘리는 선혈의 마지막 한 방울까지 조선 학생의 이익과 약소민족의 승리를 위하여 항쟁적 전투에 공헌하라!

① 김상옥이 종로 경찰서에 폭탄을 투척하였다.
② 동아일보를 중심으로 브나로드 운동이 전개되었다.
③ 고액 소작료에 반발하여 암태도 소작 쟁의가 발생하였다.
④ 사회주의 세력의 활동 방향을 밝힌 정우회 선언이 발표되었다.
⑤ 일제가 데라우치 총독 암살 미수 사건을 계기로 105인 사건을 날조하였다.

6·10 만세 운동~광주 학생 항일 운동 사이에 있었던 사건

정답 ④   (가)는 1926년 6·10 만세 운동, (나)는 1929년 광주 학생 항일 운동이다.
(가) 1926년 순종이 사망하자 학생들은 좌우익 지도자들과 함께 6월 10일 순종의 인산일에 시위를 계획하였다. 이 계획은 사전에 경찰에게 발각되어 지도부가 모두 체포되었지만 학생들은 일제의 감시를 피해 시위를 벌였다.
(나) 1929년 발생한 광주 학생 항일 운동은 3·1 운동 이후 최대 규모의 민족 운동으로 전개되었다. 학생들은 교육을 받는 주체가 조선인이므로 교사도 조선인으로, 교육 용어도 조선어로, 바꾸어야 한다고 주장하였다.

정답 분석

④ 1926년 사회주의 계열의 단체 정우회의 '정우회 선언'이 계기가 되어 1927년에 신간회가 창립되었다. (가)와 (나) 사이의 일이다.

오답 피하기

① 1923년 의열단 김상옥은 종로 경찰서에 폭탄 투척을 하였다. (가) 이전의 일이다.
② 1931년부터 동아일보는 학생 계몽대를 조직하여 브나로드 운동을 전개하였다. (나) 이후의 일이다.
③ 1923년 전라남도 신안군 암태도에서 소작인들은 소작료 인하를 요구하면서 암태도 소작쟁의가 일어났다. (가) 이전의 일이다.
⑤ 1911년 일제는 안명근 사건을 데라우치 총독 암살 미수 사건으로 조작하여 105인 사건을 일으켰다. (가) 이전의 일이다.

07 다음 자료에 나타난 사회 운동에 대한 설명으로 옳은 것은?

> **어린 동무들에게**
>
> · 돋는 해와 지는 해를 반드시 보기로 합시다.
> · 어른에게는 물론이고 당신들끼리도 서로 존대하기로 합시다.
> · 뒷간이나 담벽에 글씨를 쓰거나 그림 같은 것을 그리지 말기로 합시다.
> · 길가에서 떼를 지어 놀거나 유리 같은 것을 버리지 말기로 합시다.
> · 꽃이나 풀을 꺾지 말고, 동물을 사랑하기로 합시다.
> · 전차나 기차에서는 어른에게 자리를 사양하기로 합시다.
> · 입은 꼭 다물고 몸은 바르게 가지기로 합시다.
>
> — 1923년 5월 1일 어린이날 기념 선전문 —

① 통감부의 탄압으로 중단되었다.
② 김광제, 서상돈 등이 주도하였다.
③ 서당 규칙을 제정하는 계기가 되었다.
④ 천도교 세력이 중심이 되어 추진하였다.
⑤ 평양에서 시작하여 전국으로 확산되었다

소년 운동

정답 ④ 다음 자료에 나타난 사회 운동은 소년 운동이다. 소년 운동은 1921년에 방정환을 중심으로 천도교 소년회가 조직되면서 본격적으로 시작되었다. 방정환은 아이들을 인격체로 대접하라는 의미에서 '어린이'라는 용어를 사용하였다. 이는 어린이를 소중히 여기고 바르게 키우는 것이 독립 운동의 인재를 양성하는 것이라고 여겼기 때문이다. 이후 천도교 소년회는 어린이날을 제정하였고, 어린이 잡지 『어린이』도 창간하였다.

정답 분석

④ 천도교는 일찍이 "어린아이를 때리지 마라. 한울님을 때리는 것이니라."라고 강조한 2대 교주 최시형의 뜻을 이어받아 소년 운동을 적극 전개하였다.

오답 피하기

① 통감부는 1906년 2월 설치되어 1910년 8월 주권의 상실과 더불어 조선 총독부가 설치될 때까지 4년 6개월 동안 한국의 국정 전반을 사실상 장악했던 식민 통치 준비기구이다.
② 1907년 일본의 강요로 도입한 차관 1,300만원을 갚아 경제적 예속에서 벗어나자는 취지로 대구에서 김광제, 서상돈 등의 주도로 국채 보상 운동이 전개되었다.
③ 1918년 일제는 사립학교를 개량 서당으로 전환하여 탄압을 피하려는 움직임이 나타나자 서당 규칙을 발표하고 서당을 탄압하였다.
⑤ 1920년 조만식 등은 평양에서 조선 물산 장려회를 발기하고 물산 장려 운동을 전개하였다.

08 (가) 운동에 대한 설명으로 옳은 것은?

> 이것은 (가) 을/를 주도한 단체의 제7회 전국대회 포스터입니다. '모히라! 자유평등의 기치하에로'라는 문구가 있으며, '경성 천도교 기념관'에서 개최된다고 알리고 있습니다. 진주에서 시작된 (가) 은/는 '공평은 사회의 근본이요. 애정은 인류의 본량(本良)'이라는 구호 아래 전개되었습니다.

① 통감부의 탄압으로 중단되었다.
② 중국의 5 · 4 운동에 영향을 주었다.
③ 대한 자강회가 결성되는 배경이 되었다.
④ 백정에 대한 사회적 차별 철폐를 주장하였다.
⑤ 여성 교육의 중요성을 강조한 여권통문을 발표하였다.

형평운동

정답 ④ (가) 운동은 1920년대에 전개된 형평 운동이다. 신분제는 1894년 갑오개혁을 통해 법적으로 폐지되었지만, 백정들에 대한 사회적 차별과 천대는 계속되었다. 이에 백정들은 1923년 경남 진주에서 조선 형평사를 조직하고 차별 대우 철폐를 주장하는 형평 운동을 전개하였다. 조선 형평사는 형평 운동에 대한 지지 여론에 힘입어 전국적인 조직으로 성장하였고, 다른 사회 운동 단체들과 연합하여 파업 투쟁과 소작 쟁의 등에 적극 참여하였다.

정답 분석

④ 1923년 경남 진주에서 백정들은 신분 차별과 멸시를 타파하기 위해 조선 형평사를 조직하여 형평 운동을 전개하였다.

오답 피하기

① 1906년 일제는 대한 제국 황실의 안녕과 평화를 유지한다는 명분으로 서울에 통감부를 설치하였다. 통감부는 1910년 조선 총독부가 설치될 때까지 4년 6개월 동안 대한 제국 국정 전반을 장악하였다.
② 1919년 3 · 1 운동은 세계 여러 약소민족의 반제국주의 민족운동에 큰 자극제가 되었다. 중국에서는 5 · 4 운동이 일어났고, 인도에서는 비폭력 · 불복종 운동이 전개되었다.
③ 1906년 을사늑약으로 국권이 상실될 위기에 직면하면서 헌정 연구회는 대한 자강회로 확대 개편되었고, 국권 회복을 위해 교육과 산업의 진흥을 강조하였다.
⑤ 1898년 북촌의 양반 부인 300여 명이 '여권통문'을 발표하였다. 주요 내용은 여성은 남성과 동등한 권리를 갖고 있으며, 경제적 능력을 갖추어야 한다는 것이다.

58강 1910년대 국내외 민족 운동

▲ 대한 제국의 마지막 의병장 채응언

▲ 독립 의군부의 임병찬

▲ 대한 광복회 총 사령관 박상진

❶ 1910년대 국내의 항일 비밀 결사 조직 (3·1 운동 이전)

(1) 항일 운동의 변화

기존 항일 운동	• 항일 의병 운동 : 마지막 항일 의병인 채응언 부대는 서북 지역을 무대로 활동 ➡ 일제의 계속된 의병 토벌 작전으로 진압당함 • 애국 계몽 운동 : 신민회의 활동 ➡ 일제가 날조한 105인 사건으로 해산
1910년대 항일 운동	• 국내 ┌ 비밀 결사 조직과 사립학교·서당·야학 등이 설립 └ 천마산대, 보합단, 구월산대 등이 독립군이 조직되어 일제 군경과 전투를 벌임 • 국외 : 독립 운동가들이 만주·연해주로 이주하여 독립 운동 기지 건설

(2) 독립 의군부(1912~1914)

조직	전라도 지역에서 임병찬(유생 의병장 출신)이 고종의 밀명을 받아 결성
활동	• 목표 : 복벽주의 추구(황제 국가 부활, 고종 복위) • 전국적인 대규모 의병 전쟁 계획 • 일본 정부, 조선 총독부, 일본 총리 대신에게 '국권 반환 요구서' 제출 시도
한계	일제의 의한 지도부의 체포 및 조직 발각으로 해체

(3) 대한 광복회(1915~1918)

조직	대구에서 박상진(총사령), 김좌진(부사령) 등의 주도로 결성
활동	• 목표 : 국권 회복과 공화주의 이념 추구 • 친일 부호와 친일파 처단 활동 전개 • 군자금 모금, 독립군 기지 설립 추진(만주 무관 학교 등)
한계	일제의 의한 조직 발각으로 해체

(4) 송죽회(1913)

조직	평양에서 평양 숭의 여학교 교사와 학생들의 주도로 결성
활동	• 독립 운동 자금을 모금하여 해외로 송금 • 국내에 잠입한 회원에게 숙식비, 여비 지급

(5) 여러 비밀 결사 조직

활동	• 기성단(1914, 평양) : 평양 대성 학교 출신 학생들이 중심 • 조선 국민회(1915, 평양) : 평양의 숭실학교 재학생과 졸업생이 주축 • 자립단(1915, 함경남도 단천) : 민족 경제 진흥과 청년 교육 등 민족 자립을 목적 • 조선 국권 회복단(1915, 대구) : 독립군을 지원하기 위하여 결성

② 1910년대 국외 독립 운동 기지 건설

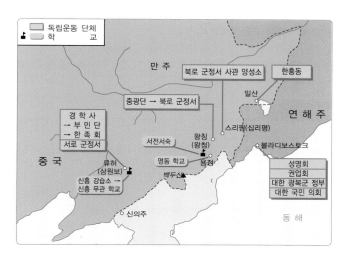

(1) 만주 지역

위치		활동
북간도	명동촌 용정촌	• 서전서숙(1906~07) : 이상설의 주도로 설립, 만주 지역에서 민족 교육을 통해 항일 독립 운동의 기본 방향 제시 • 명동학교(1908~1925) : 김약연의 주도로 설립, 서전서숙의 민족 교육 정신 계승 • 간민회(1913) : 김약연 등이 조직한 한국인 자치 단체 ➡ 문화 계몽 운동, 민족 자치 운동 전개 • 중광단(1911) : 서일 등의 대종교 간부들이 조직 ➡ 3·1 운동 이후 북로 군정 서로 발전하면서 사관 양성소를 세워 독립군 양성
서간도	삼원보	신민회가 서간도의 독립 운동 기지 건설에 앞장섬 ┌ 이회영 형제, 이상룡, 김동삼 등이 남만주 유하현에 삼원보 개척 ├ 경학사 조직 ➡ 부민단, 한족회로 발전하면서 서로 군정서 조직 └ 신흥 강습소(이후 신흥 무관 학교로 발전) 설립 ➡ 독립군 양성
북만주	밀산부	러시아·만주의 접경도시 밀산부에 이상설 등이 독립 운동 기지 한흥동(한인촌) 건설

(2) 연해주(블라디보스토크) 지역

위치	활동
신한촌	• 신한촌(한인 집단 거주지) 건설 : 신한촌을 중심으로 독립 운동 기지 건설 운동 전개 • 성명회(1910) : 유인석, 이상설 등이 조직하여 한·일 병합의 부당함을 규탄 • 권업회(1911) : 한인의 단결과 지위 향상 및 독립 운동의 기반 조성에 노력 ┌ 민족 운동가(이상설, 이동녕)와 의병 세력(유인석)의 주도로 결성 └ 권업 신문을 발간하여 민족의식을 고취 • 대한 광복군 정부(1914) ┌ 러·일 전쟁 10주년을 맞아 러시아인의 반일 감정이 고조되자 권업회가 국외의 무장 독립 단체들을 모아 조직함 └ 이상설과 이동휘를 정·부통령으로 하는 정부 형태의 독립군 단체로 군사 활동을 준비

▲ 서전서숙

1906년 이상설 등이 북간도 용정에 세운 서전서숙은 일제의 탄압으로 1년 만에 문을 닫았으나, 이후 민족 운동에 큰 영향을 미쳤다.

▲ 독립군 양성소 신흥 무관 학교

신흥 강습소로 출발하여 신흥 중학교, 신흥 무관 학교로 바뀌면서 폐교될 때까지 3,000명 이상의 졸업생을 배출했는데, 이들은 무장 독립 전쟁에 중추적인 역할을 하였다.

▲ 최재형

• 대한의군 참모중장으로 국내 진공 작전을 하는 안중근 지원(1908)
• 안중근의 하얼빈 의거를 지원(1909)
• 대동공보 사장으로 취임(1909)
• 권업회 조직 및 권업신문 발간(1911)
• 제2회 전로 한족 대표자 회의에서 명예 회 장에 취임(1918)

▲ 전로 한족회 중앙 총회 결성 장소로 추정되는 건물

▲ 신한촌에서 개최된 3·1 운동 1주년 기념식

▲ 파리 강화 회의에 참석한 김규식(앞줄 오른쪽 끝)

▲ 안창호

▲ 대조선 국민 군단

신한촌	**러시아 혁명(1917)이 일어난 후 ➡ 연해주 지역의 독립 운동이 활발해짐**
	• 전로 한족회 중앙 총회(1917) : 연해주 내 한인 단체를 망라함 ➡ 3·1 운동 직후 임시 정부 형태의 대한 국민 의회로 발전
	• 대한 국민 의회(1918) : 3·1 운동을 계기로 손병희를 대통령으로 하는 정부 수립
	• 한인 사회당(1918) : 하바롭스크에서 사회주의 계열의 이동휘를 중심으로 결성

사료 살펴보기

국외 동포의 동향

국치무망일(國恥無忘日)과 신한촌. 우리가 억만세에 잊지 못할 수치를 당한 날에 신한촌의 거류민들은 …… 밤을 새며 온 촌중에 애통 발분의 기상이 가득하였고, 그 각 사회에서는 권업회 안에 모여 연합 대연설회를 열어 격절 강개한 연설이 있었다더라.
－신한민보(1913. 10. 17.) －

연해주 지역의 한인들은 20세기 들어오면서 신한촌 등 한인 집단 거주 지역을 만들고, 자치 단체와 학교를 세웠다. 한때 일본군의 침입으로 위축되기도 하였지만, 항일 운동의 중심지 역할을 하였다.

(3) 중국 본토

위치	활동
상하이	• 동제사(1912) : 신규식 등이 국권 회복 운동을 위해 조직 ➡ 대동 단결 선언 발표(1917, 3·1 운동의 배경 중 하나), 신한청년당 조직에 기여(1918)
	• 신한청년당(1918)
	┌ 상하이에 대한민국 임시 정부가 수립될 수 있는 기반을 조성함
	└ 제1차 세계 대전이 끝난 후 열린 파리 강화 회의에 독립 청원서를 작성하여 김규식을 대표로 파견(1919)
베이징	신한 혁명당(1915) : 동제사 관계자 일부와 베이징과 상하이 거주 독립 운동가들이 연합하여 결성(신규식, 박은식 등)

(4) 미주 지역

위치	활동
미주 지역	• 1900년 초부터 하와이 사탕수수 농장으로 집단 이민이 이루어지면서 한인 사회가 형성
	• 대한인 국민회(1910) : 동포 사회의 결속과 민족의식 고취
	┌ 장인환과 전명운의 의거(1908) 이후 민족 운동 단체의 통합으로 결성
	├ 안창호, 박용만, 이승만 등의 주도로 결성. 민주 공화국 수립을 주장
	├ 샌프란시스코에 본부로 북미·하와이·멕시코·만주·시베리아에 지회 설치
	├ 독립 운동 자금을 모아 만주와 연해주의 독립군에게 전달
	└ 기관지 신한민보 발행 ➡ 항일 의식을 고취하고 교민 권익을 보호
	• 흥사단(1913) : 안창호가 샌프란시스코에서 창립한 실력 양성 운동 단체
	• 윌로우스 비행사 양성소 : 캘리포니아에서 독립군 비행사를 육성
하와이	대조선 국민 군단(1914) : 대한인 국민회 하와이 지방 총회는 연무부를 두어 군사 훈련 실시 ➡ 연무부에서 박용만이 대조선 국민 군단 결성(독립군 사관 양성을 목적으로 조직된 군대) ➡ 평소에는 생업에 종사하고 저녁에 군사 훈련을 받음
멕시코	숭무 학교(1910) : 이근영, 양귀선, 조병하 등이 멕시코 메리다 중심지에 건립한 한인 무관 양성 학교 ➡ 멕시코에서 동포 독립군 양성

은쌤의 합격노트

1910년대 국내의 항일 비밀 결사 조직

☑ 시험에 꼭 나오는 키워드

독립 의군부와 대한 광복회의 활동 숙지하기 ➡ 두 단체의 공통점과 차이점 정리하기

☑ 최다 빈출 선지

독립의군부
① 고종의 밀지를 받아 결성된 비밀 단체이다.
② 임병찬이 주도하여 독립 의군부를 조직하였다.
③ 복벽주의를 내세우며 의병 전쟁을 준비하였다.
④ 조선 총독부에 국권 반환 요구서를 제출하고자 하였다.

대한 광복회
① 대한 광복회를 조직하여 친일파를 처단하였다.
② 박상진 등이 대한 광복회를 결성하였다.
③ 공화 정체의 국가 건설을 지향하였다.

1910년대 국외 독립 운동 기지 건설

☑ 시험에 꼭 나오는 키워드

• 만주(북간도, 서간도), 연해주, 중국, 미주 지역에서 있었던 독립 운동 단체 정리하기 ➡ 각 단체들의 구체적인 활동이 아닌 각 단체들이 위치한 지역을 물어봄
• 이상설, 이회영, 이동녕, 이동휘, 김규식, 안창호 등은 인물 문제로 출제된 적이 있음

☑ 최다 빈출 선지

북간도
① 서전서숙을 설립하여 민족 교육을 실시하였다.
② 북로 군정서가 조직되어 무장 투쟁을 실시하였다.
③ 중광단을 결성하여 항일 투쟁을 전개하였다.

서간도
① 독립군 양성을 위해 신흥 강습소를 세웠어요.
② 신흥 무관 학교를 세워 독립군을 양성하였다.

연해주
① 해조신문을 발간하여 국권 회복에 힘썼다(1908).
② 한인 자치 단체인 권업회를 조직하였다.
③ 권업회의 기관지로 권업신문을 발간하여 민족의식을 고취하였다.

④ 대한 광복군 정부를 세워 무장 독립 투쟁을 준비하였다.
⑤ 이상설, 이동휘를 정ㆍ부통령에 선임하였다(대한 광복군 정부).
⑥ 신한촌은 1937년 스탈린이 한인을 중앙아시아로 강제 이주시키면서 해체되었다.

상하이
① 상하이에서 대동 단결 선언을 발표하였다(동제사).
② 주권 재민을 천명한 대동 단결 선언서가 작성되었다(동제사).
③ 신한청년당을 결성하여 파리 강화 회의에 대표를 파견하였다.
④ 김규식이 파리 강화 회의에 대표로 파견되었다(신한청년당).

미국
① 대한인 국민회를 중심으로 외교 활동을 펼쳤다.
② 샌프란시스코에서 흥사단을 창립하였다.
③ 한인 비행 학교를 세워 독립군 비행사를 육성하였다.

하와이
① 대조선 국민군단을 조직하여 무장 투쟁을 준비하였다.

멕시코
① 에네켄 농장에서 사실상 노예와 다름없는 생활을 하였다(한인 노동자).
② 숭무 학교를 세워 독립군을 양성하였다.

01 (가) 단체에 대한 설명으로 옳은 것은?

이것은 고종이 임병찬에게 내린 밀지의 일부입니다. 그는 이 밀지를 받고 복벽주의를 내건 [(가)]을/를 조직하였습니다.

애통하다! 일본 오랑캐가 배신하고 합병하니 종사가 폐허가 되고 국민은 노예가 되었다. …… 짐이 믿는 것은 너희들이니, 너희들은 힘써 광복하라.

① 일본 도쿄에서 독립 선언서를 발표하였다.
② 일제가 제정한 치안유지법으로 탄압받았다.
③ 서간도에 신흥 강습소를 세워 독립군을 양성하였다.
④ 독립운동 자금을 모으기 위해 독립 공채를 발행하였다.
⑤ 조선 총독에게 제출하기 위해 국권 반환 요구서를 작성하였다.

독립 의군부

정답 ⑤ (가) 단체는 독립 의군부이다. 1910년대 일제의 무단 통치하에서도 의병이나 비밀 결사의 활동은 계속되었다. 비밀 결사로는 독립 의군부의 활동이 두드러졌다. 독립 의군부는 의병장 출신의 임병찬이 고종의 밀지를 받고 전국 곳곳의 의병장과 유생을 모아 조직하였다(1912). 이 단체는 나라를 되찾은 후 고종을 복위시키려는 목표를 세우고, 전국적인 의병 봉기를 준비하였다.

정답 분석

⑤ 독립 의군부는 일본 총리와 조선 총독에게 국권 반환 요구서를 보내려고 계획하던 중에 조직이 발각되어 해체되었다.

오답 피하기

① 1919년 2월 8일 일본 유학생들로 조직된 조선 청년 독립단은 '일본에 대하여 영원한 혈전'을 선언하는 2·8 독립 선언을 발표하였다.
② 1925년 일제는 사회주의 확산을 저지하기 위해 조선에서 치안 유지법을 시행한다고 발표하였다. 이후 수많은 사회주의자가 치안 유지법으로 구속되었다.
③ 1911년 만주 유하현 삼원보에서는 이회영 등 신민회 회원들이 중심이 되어 신흥 강습소를 설립하였다.
④ 상하이 대한민국 임시 정부는 독립운동 자금을 마련하기 위해 독립 공채를 발행하거나 의연금을 거두었다.

02 (가) 단체에 대한 설명으로 옳은 것은?

□□ 신문

제△△호   2022년 ○○월 ○○일

박상진 의사 유물, 국가등록문화재 등록

옥중 편지 및 상덕태상회 청구서

군자금 모집과 친일파 처단 등의 활동을 전개한 [(가)]의 총사령 박상진 의사의 유물이 국가등록문화재로 등록되었다. 이 유물은 친일 부호 처단 사건으로 체포된 박상진의 옥중 상황과 [(가)]의 비밀 연락 거점이었던 상덕태상회의 규모 등을 보여준다는 점에서 귀중한 가치를 지니고 있다.

① 고종 강제 퇴위 반대 운동을 전개하였다.
② 공화정체의 국민 국가 수립을 목표로 삼았다.
③ 파리 강화 회의에 독립 청원서를 제출하였다.
④ 미군과 연합하여 국내 진공 작전을 계획하였다.
⑤ 만민공동회를 개최하여 민권 신장을 추구하였다.

대한 광복회

정답 ② (가) 단체는 대한 광복회이다. 1915년에 박상진을 총사령으로 하여 결성된 대한 광복회는 군대식 조직을 갖추고, 공화 정부 수립을 목표로 활동하였다. 이들은 만주에 사관 학교를 설립하여 독립군을 양성하고 전쟁을 통해 독립을 달성하려 하였다. 여기에 필요한 군자금을 마련하고자 광산과 우편차 등을 습격하여 일제의 재물을 빼앗고 부호들에게서 의연금을 걷었다. 또 협조하지 않는 친일 부호를 처단하기도 하였다.

정답 분석

② 1915년 대한 광복회는 의병 계열과 애국 계몽 운동 계열의 비밀 결사들이 통합하여 결성되었으며 민주 공화제의 근대 국가 수립을 지향하였다.

오답 피하기

① 1907년 대한 자강회는 고종 강제 퇴위에 반대하는 시위에 일부 회원들이 가담하면서 해산되었다.
③ 1919년 1월에 상하이의 신한 청년당은 한국의 독립을 청원하고자 파리 강화 회의에 김규식을 민족 대표로 파견하였다.
④ 1945년 대한민국 임시 정부의 한국광복군은 미군과 연합하여 국내 진공 작전을 시행하기로 계획하였다.
⑤ 1898년 독립 협회가 주도한 만민 공동회를 통해 자주 국권 운동이 전개되는 과정에서 민중의 정치의식이 성장하였다.

심화 61회 44번

03 (가) 지역에서 있었던 민족 운동으로 옳은 것은?

> ### 해외 독립운동 유적 조사 보고서
>
> ■ **주제** : **(가)** 지역에 서린 항일 독립 정신을 찾아서
>
> ■ **조사 내용**
> 1. 김약연의 명동 학교 설립과 교육활동
> 2. 이상설이 세운 민족 교육의 요람, 서전서숙
> 3. 윤동주와 송몽규의 민족의식이 싹튼 용정촌
>
> ■ **유적 사진**
>
>
>
> 명동학교 　　 서전서숙 기념비 　　 용정촌 윤동주 생가

① 권업회가 설립되어 권업신문을 발간하였다.
② 이봉창이 일왕의 행렬에 폭탄을 투척하였다.
③ 박용만의 주도로 대조선 국민군단이 창설되었다.
④ 북로 군정서가 조직되어 독립 전쟁을 전개하였다.
⑤ 유학생들이 중심이 되어 2·8 독립 선언서를 발표하였다.

북간도 지역의 독립 운동

정답 ④　(가) 지역은 북간도 지역이다. 북간도는 19세기 후반부터 몰락한 농민들이 삶의 터전을 찾아 많이 이주한 지역으로, 일제의 강제 병합을 전후한 시기 이민이 증가하였다. 이주한 동포들은 용정촌, 명동촌 등 한인 집단촌을 형성하고 간민회 등을 만들어 자치적으로 동포 사회를 운영하였다. 간민회는 한인의 법적 보호를 위해 힘썼으며, 서전서숙과 명동 학교 등을 세워 민족 교육에 앞장섰다.

정답 분석

④ 북간도 지역에서 대종교 세력은 서일, 김좌진을 지도자로 하는 북로 군정서를 만들고 사관 연성소를 설립하여 독립군을 양성하였다.

오답 피하기

① 연해주에서 이상설, 이동휘, 유인석 등은 권업회를 조직하여 한인들의 권익 신장을 위해 노력하였다.
② 한인 애국단의 이봉창은 도쿄에서 일본 국왕이 타고 가는 마차 행렬에 수류탄을 던졌다.
③ 하와이에서 박용만은 대조선 국민 군단을 조직하여 군사 훈련을 실시하였다.
⑤ 일본 도쿄에서는 유학생들이 조선 청년 독립단을 조직하여 일본과 국제 사회에 한국의 독립을 선언하였다(2·8 독립 선언).

심화 49회 41번

04 (가) 지역에서 전개된 민족 운동에 대한 설명으로 옳은 것은?

> ### □□신문
>
> 제△△호　　　　　　　　○○○○년 ○○월 ○○일
>
> **허은 지사, 독립 유공자로 서훈**
>
> 대한민국 임시 정부 초대 국무령 석주 이상룡 선생의 손부(孫婦) 허은 지사에게 건국훈장 애족장이 추서되었다. 허 지사는 **(가)** 의 삼원보에서 결성된 서로 군정서의 숨은 공로자였다. 그녀는 기본적인 생계 활동과 공식적인 행사 준비 외에도 서로 군정서 대원들의 군복을 제작·배급하는 등 독립운동에 힘을 보탰다. 허은 지사의 회고록에는 당신의 상황이 생생하게 담겨 있다.

① 해조신문을 발간하여 국권 회복에 힘썼다.
② 신흥 강습소를 설립하여 독립군을 양성하였다.
③ 대한인 국민회를 조직하여 외교 활동을 펼쳤다.
④ 대조선 국민 군단을 창설하여 군사 훈련을 하였다.
⑤ 유학생들이 중심이 되어 2·8 독립 선언서를 발표하였다.

1910년대 서간도의 독립 운동 단체

정답 ②　(가) 지역은 서간도이다. 1909년 남한 대토벌 작전이 전개되면서 의병과 애국지사들이 근거지를 만주와 연해주로 옮겼다. 서간도 유하현 삼원보에서는 신민회의 이회영, 이시영, 이상룡 등이 삼원보를 개척하여 독립 운동 기지로 삼았고, 여기에 자치 기관인 경학사를 조직하였다. 경학사가 흉년과 일제의 탄압, 중국인의 배척 등으로 해산되자, 이상룡 등이 자치 기관인 부민단을 조직하였다. 서간도의 부민단은 1919년 군사 기관인 서로 군정서로 개편되었다.

정답 분석

② 일제의 탄압으로 신민회가 해체되는 과정에도 회원들은 서간도에 경학사라는 항일 독립 운동 단체와 신흥 강습소를 세웠다.

오답 피하기

① 해조신문은 1908년 러시아 블라디보스토크에서 발행된 해외 한인 최초의 한글 신문이다.
③ 미주 지역에서는 1908년 장인환과 전명운의 의거 이후 민족 운동 단체의 통합을 통해 1910년 대한인 국민회가 결성되었다.
④ 1914년 박용만은 하와이에 대조선 국민 군단을 조직하여 군사 훈련을 하였다.
⑤ 2·8 독립 선언은 1919년 일본 도쿄에서는 유학생들이 조선 청년 독립단을 조직하여 일본과 국제 사회에 한국의 독립을 선언한 것이다.

심화 56회 44번

05 (가)에 들어갈 내용으로 옳은 것은?

> 저는 지금 전로 한족회 중앙 총회가 개최된 건물 앞에 나와 있습니다. 이 단체는 이 지역에 거주한 한인들의 대표자 회의였습니다. 이 지역에서 전개된 민족 운동에 대해 올려주세요.

ON 대화창
- 대한 국민 의회를 결성하였어요.
- 대한 광복군 정부를 세웠어요.
- **(가)**

글쓰기

■◀◀ ◀)) 국외 민족 운동의 발자취를 찾아서

① 독립군 양성을 위해 신흥 강습소를 세웠어요.
② 권업회를 조직하여 권업신문을 발행하였어요.
③ 숭무 학교를 설립하여 무장 투쟁을 준비하였어요.
④ 한인 비행 학교를 세워 독립군 비행사를 육성하였어요.
⑤ 대일 항전을 준비하기 위해 조선 독립 동맹을 결성하였어요.

연해주 지역의 독립 운동

정답 ② (가)에 들어갈 내용은 연해주에서 독립 운동을 전개한 단체들의 활동이다. 연해주 지역은 지리적으로 두만강을 사이에 두고 국내와 가까운 위치에 있어 1860년대 초부터 우리 민족은 경제적인 이유로 이주하여 살기 시작하였다. 이곳에서 1911년 한인 집단촌인 신한촌이 건설되고, 1914년에는 이상설을 정통령, 이동휘를 부통령으로 하는 대한 광복군 정부를 조직하였다. 그러나 일제와의 관계 악화를 꺼리던 러시아는 독립군의 무장 활동을 탄압하였다. 1917년 러시아 혁명이 일어난 후 연해주 지역의 독립 운동은 활기를 띠기 시작하였다. 연해주 내 한인 단체를 망라한 전로 한족회 중앙 총회가 결성되었는데, 이 단체는 1919년 3·1운동 직후 임시 정부 형태의 대한국민의회로 발전하였다.

정답 분석

② 연해주에 1911년 한인들의 자치 단체인 권업회가 조직되었다. 권업회는 일제와 러시아의 탄압을 피해 한인의 단결과 지위 향상 및 독립 운동의 기반 조성에 힘썼다. 또한 효과적인 활동을 전개하기 위해 권업신문을 발간하였다.

오답 피하기

① 신민회가 해체되는 과정에도 회원들은 서간도에 신한민촌을 건설하고 경학사라는 항일 독립운동 단체와 신흥 강습소를 세웠다.
③ 1910년 멕시코 이주민들은 숭무 학교를 세워 무장 투쟁을 준비하였다.
④ 1920년 미국 캘리포니아주의 노백린의 노력으로 윌로스에 한인 비행장과 비행 학교가 설립되었다.
⑤ 1942년 중국 화북 지방에서는 조선인 사회주의자들을 중심으로 조선 독립 동맹을 결성하였다.

심화 58회 33번

06 밑줄 그은 '이곳'에서 있었던 민족 운동으로 옳은 것은?

우리 가족의 역사

할머니

옆 사진은 우리 할머니의 젊을 때 모습이에요. 할머니는 19살 때 사진만 보고 할아버지랑 결혼하기로 한 뒤 당시 포와 (布哇)라고 불리던 이곳으로 가셨대요.

갤릭호

할아버지는 이미 1903년에 갤릭호를 타고 이곳으로 가서서 사탕수수 농장에서 일하고 계셨어요. 두 분은 고된 환경에서도 열심히 일해 호놀룰루에 터전을 잡으셨고 지금도 많은 친척이 살고 있어요.

① 대종교 계열의 중광단이 결성되었다.
② 권업회가 조직되어 권업신문을 창간하였다.
③ 사회주의 계열의 한인 사회당이 조직되었다.
④ 독립군 양성을 위한 신흥 무관 학교가 설립되었다.
⑤ 대조선 국민군단이 조직되어 무장 투쟁을 준비하였다.

하와이 지역의 독립 운동

정답 ⑤ 밑줄 그은 '이곳'은 하와이이다. 대한 제국 시기부터 하와이, 미국, 멕시코 등 북중미 지역으로 이주가 시작되었다. 1903년에는 우리나라 최초의 공식 이민단이 하와이에 도착하였다. 100여 명의 하와이 이주 노동자들은 사탕수수 농장, 철도 공사장 등에서 중노동을 하며 점차 한인 사회를 형성하였다. 노동 이민과 함께 '사진 결혼'을 통한 여성들의 이민도 증가하였다.

정답 분석

⑤ 박용만은 하와이에서 독립군 사관을 양성할 목적으로 대조선 국민군단을 주도하여 만들었다(1914).

오답 피하기

① 일제의 탄압으로 북간도로 거점을 옮긴 대종교는 무장 독립 단체인 중광단을 만들고 북로 군정서로 개편하였다.
② 연해주에 한인 집단촌인 신한촌이 건설되고(1911), 한인들의 자치 단체인 권업회가 조직되었다. 효과적인 활동을 전개하기 위해 권업신문을 발간하였다.
③ 연해주에서 러시아 혁명의 영향 아래 이동휘 등이 한인 사회당(1918)을 조직함으로써 사회주의 계열의 민족 운동이 등장하게 되었다.
④ 서간도 지역에서 이회영 등 신민회 간부들이 신흥 무관 학교를 설립하여 수많은 독립군을 양성하였다.

07 (가)에 해당하는 지역을 지도에서 옳게 찾은 것은?

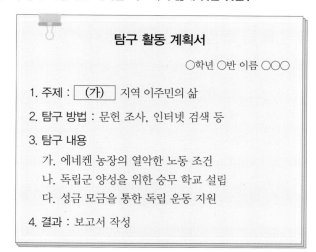

탐구 활동 계획서

○학년 ○반 이름 ○○○

1. 주제 : (가) 지역 이주민의 삶
2. 탐구 방법 : 문헌 조사, 인터넷 검색 등
3. 탐구 내용
   가. 에네켄 농장의 열악한 노동 조건
   나. 독립군 양성을 위한 숭무 학교 설립
   다. 성금 모금을 통한 독립 운동 지원
4. 결과 : 보고서 작성

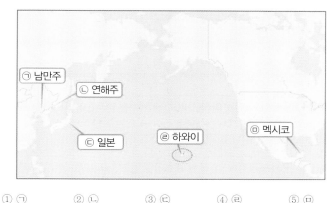

① ㉠ 남만주
② ㉡ 연해주
③ ㉢ 일본
④ ㉣ 하와이
⑤ ㉤ 멕시코

1910년대 멕시코의 독립 운동 단체

정답 ⑤ (가) 지역은 멕시코이다. 멕시코 이민자들은 에네켄 농장에서 일해서 애니깽으로도 불렸는데 이들은 힘들게 번 돈을 모아 우리나라 독립에 보태 달라고 성금을 보내기도 하였다. 한편, 멕시코 이주민들은 숭무 학교를 세우는 등 무장 투쟁을 준비하는 단체들을 세웠다.

정답 분석

⑤ 1910년 멕시코 이주민들은 숭무 학교를 세워 무장 투쟁을 준비하였다.

오답 피하기

① 남만주(서간도) 유하현 삼원보에서는 이회영 등 신민회 회원들이 중심이 되어 경학사와 신흥 강습소를 설립하였다.
② 연해주 블라디보스토크에서는 이동휘 등이 권업회를 조직하고 대한 광복군 정부를 수립하였다.
③ 일본 도쿄에서도 유학생들이 독립 선언서(2·8 독립 선언)를 발표하였다.
④ 박용만은 하와이에 대조선 국민 군단을 조직하여 군사 훈련을 하였다.

---

08 (가)~(마)에 들어갈 내용으로 옳은 것은?

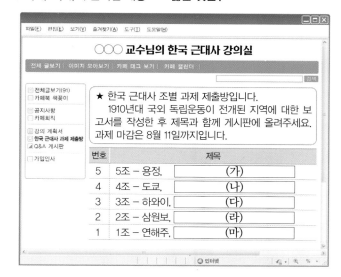

○○○ 교수님의 한국 근대사 강의실

★ 한국 근대사 조별 과제 제출방입니다.
1910년대 국외 독립운동이 전개된 지역에 대한 보고서를 작성한 후 제목과 함께 게시판에 올려주세요. 과제 마감은 8월 11일까지입니다.

번호		제목
5	5조 – 용정.	(가)
4	4조 – 도쿄.	(나)
3	3조 – 하와이.	(다)
2	2조 – 삼원보.	(라)
1	1조 – 연해주.	(마)

① (가) – 신흥 강습소를 세워 독립군을 양성하다
② (나) – 서전서숙을 설립하여 민족 교육에 힘쓰다
③ (다) – 유학생을 중심으로 2·8 독립 선언서를 발표하다
④ (라) – 대조선 국민 군단을 결성하여 군사 훈련을 실시하다
⑤ (마) – 대한 광복군 정부를 수립하여 무장 독립 전쟁을 준비하다

1910년 국외의 독립 운동 단체

정답 ⑤ 1910년대 각 지역에서 전개된 국외 독립 운동의 활동을 물어보는 문제이다. 국권 피탈 이후 민족 지도자들은 국내에서 항일 운동이 어려워지자 우리 동포가 살고 있는 만주와 연해주로 이주하였다. 이들은 장기적인 독립 운동의 기반을 마련하여 독립 전쟁을 수행할 목적으로 독립운동 기지 건설을 추진하였다.

정답 분석

⑤ 연해주에 이상설과 이동휘를 정·부통령으로 하는 대한 광복군 정부가 조직하여 군사 활동을 준비하였다.

오답 피하기

① 서간도에 신흥 강습소(이후 신흥 무관 학교)를 세워 군사 교육과 민족 교육을 통한 독립군 양성에 주력하였다.
② 북간도 연길에 세워진 서전서숙은 일제의 탄압으로 1년만에 문을 닫았으나, 이후 민족 운동에 큰 영향을 미쳤다.
③ 일본 도쿄에서는 유학생들이 조선 청년 독립단을 조직하여 일본과 국제 사회에 한국의 독립을 선언하는 2·8 독립 선언서를 발표하다.
④ 하와이에 대조선 국민 군단을 조직하여 군사 훈련을 하였다.

59강 1920년대 항일 무장 독립 투쟁과 의열 투쟁

① 1920년대 항일 무장 독립 투쟁

| 만주에서의 무장 독립 전쟁 | 봉오동 전투 → 청산리 대첩 → 간도 참변 | 자유시 참변 → 3부 성립 | 참의부 / 정의부 / 신민부 | 국민부 → 조선 혁명군 / 혁신의회 → 한국 독립군 |

독립군 부대들의 국내 진공 작전 전개 → 국경 일대 식민 통치 마비

↓

일제는 독립군에게 일본군이 연패하자 독립군 섬멸을 위한 작전 추진

↓

봉오동 전투 (1920.6)	• 참가 부대 : 대한 독립군(홍범도), 국민회군(안무), 군무도독부(최진동) 등 • 일본군의 독립군 추격 → 독립군은 연합 부대를 결성하여 일본군 추격에 대비 → 매복 작전을 통해 봉오동에서 일본군 수백 명 살상

↓

훈춘 사건 (1920.10)	일제가 만주 출병 구실 만들기 위해 마적단 매수 → 매수된 마적단이 일본 영사관과 일본인 습격 → 일제는 독립군이 저지른 행위로 조작 → 일본군 만주에 투입

↓

청산리 전투 (1920.10)	• 참가 부대 : 북로 군정서군(김좌진), 대한 독립군(홍범도), 국민회군(안무), 의민단(천주교 항일 부대) 등 • 일본은 봉오동 전투 패배 이후 독립군 토벌 작전 수립 → 훈춘 사건을 명분으로 만주에 일본군 투입 → 독립군 부대는 청산리 일대에서 일본군과 6일간 10차례 전투 → 일본군 1,200여 명을 사살하는 대승을 거둠 • 전투 과정 : 백운평 전투 → 완루구 전투 → 천수평 전투 → 어랑촌 전투 → 천보산 전투 → 고동하 전투

▲ 카자흐스탄 크질오르다의 홍범도 장군의 묘

▲ 북로군정서의 청산리 대첩 기념사진 (앞에 앉아 있는 사람이 김좌진)

사료 살펴보기

독립군의 승리 요인

〈청산리 대첩 이후 북로 군정서 총재 서일이 임시 정부에 보고한 내용〉
• 생명을 돌보지 않고 용전분투하는 독립에 대한 군인 정신이 먼저 적의 사기를 압도하였다.
• 양호한 진지를 미리 차지하고, 완전한 준비를 하여 사격 성능을 극도로 발휘할 수 있었다.
• 임기응변의 전술과 예민 신속한 활동이 모두 적의 의표를 찔렀다.
— 독립신문(1921. 2. 25.) —

독립군은 지형과 상황에 맞는 전술을 사용하였고, 의지와 사기가 일본군을 압도하였다. 또한 간도 지역 동포들의 헌신적인 지원으로 전력의 열세에도 불구하고 일본군을 이길 수 있었다.

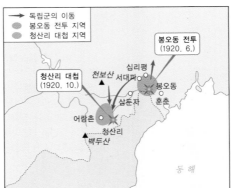

▲ 봉오동 전투와 청산리 대첩

▲ 청산리 대첩 지역

독립군의 봉오동 전투와 청산리 대첩 승리 이후	
간도 참변 (1920~1)	• 독립군 근거지 소탕의 명분 아래 봉오동 · 청산리 전투 보복을 위해 군 투입 • 일본군의 초토화 작전 ➡ 간도 지방 한인촌 무차별 습격 및 보복 살해 ➡ 독립군의 기반인 한인촌이 폐허가 됨
재정비	일제의 만주 독립군 토벌 작전과 간도 참변 이후 독립군 활동이 어려워짐 ➡ 중국과 러시아의 국경 지대에 있는 밀산부에 독립군 주력 부대 집결 ➡ 서일을 총재로 대한 독립 군단 조직(1920) ➡ 소련의 독립 운동 지원 약속에 소련 영내로 이동(1921)

➡

자유시 참변 (1921)	대한 독립 군단은 민족의 독립 운동을 지원하겠다는 러시아 적색군의 약속을 믿고 자유시로 이동 ➡ 자유시에 집결한 독립군 부대 내에서 군 통수권 장악과 관련한 권력 투쟁 발생 ➡ 러시아 적색군(레닌의 군대) 독립군 일부가 독립군의 무장 해제를 요구 ➡ 이에 불응한 독립군이 공격을 당하면서 많은 사상자 발생

자유시 참변 이후 독립군의 만주 귀환 및 조직 재건 ➡ 독립 운동 단체 간 통합 노력	
3부의 성립 (1923~25)	• 3부 ┌ 참의부(1924, 압록강 일대) : 임시 정부의 직할 부대를 표방, 국내 진공 작전 전개 ├ 정의부(1924, 남만주 일대) : 남만주 길림, 봉천 일대를 중심으로 활동 └ 신민부(1925, 북만주 일대) : 대한 독립 군단 일부 합류, 김좌진이 주도적 역할 • 성격 : 공화주의, 삼권 분립(행정 · 입법 · 사법부 구성), 자치 정부적 성격 • 특징 : 민정 기관(동포 사회 자치 담당), 군정 기관(독립군 훈련 및 작전)을 갖춤

➡

미쓰야 협정 (1925)	일제는 독립군에 의한 식민 통치의 불안 요소를 없애고자 함 ➡ 총독부 경무국장 미쓰야와 중국 만주 군벌 장쭤린 사이에 미쓰야 협정 체결 ➡ 이 협정으로 독립 운동가를 체포하면 반드시 일본 영사관에 넘기고, 일제는 그 대가로 상금을 지급하기로 함 ➡ 독립군 활동이 크게 위축됨

➡

미쓰야 협정 체결 등으로 인해 만주의 독립 운동 단체의 통합 필요성 제기 ➡ 민족 유일당 운동의 확산 ➡ 3부 통합 운동 전개 ➡ 1920년대 말 국민부와 혁신 의회의 두 세력으로 재편		
3부 통합 운동 (1920년대 말)	국민부(1929)	혁신 의회(1928)
	• 남만주 지역에 위치 • 조선 혁명당 창설, 조선 혁명군 편성	• 북만주 지역에 위치 • 한국 독립당으로 개편, 한국 독립군 결성

▲ 자유시 참변이 일어났던 스보보드니 역 급수탑

▲ 참의부 대원

▲ 3부의 통합

▲ 1920년대 초반의 독립군 활동

▲ 3부의 관할 지역

▲ 김원봉

▲ 의열단원

▲ 조선 혁명 간부 학교

▲ 신채호의 '조선 혁명 선언'

▲ 일제 주요 감시대상 인물 카드 강우규
(전면)

② 1920년대 의열 투쟁

(1) 의열단

배경	3 · 1 운동 이후 무력 투쟁의 필요성 인식 대두
결성	• 1919년 만주 길림에서 김원봉, 윤세주 등이 중심이 되어 결성 • 본부를 베이징으로 옮긴 뒤 본격적인 의열 투쟁 시작 • 신채호의 조선 혁명 선언(1923)을 활동 지침으로 삼음 ➡ 폭력 투쟁을 통한 민중 직접 혁명 추구
활동	• 주로 일제의 식민 통치 기관 파괴 및 친일파, 일본 고위 관리 처단 활동 • 박재혁(1920) : 부산 경찰서 폭탄 투척 • 최수봉(1920) : 밀양 경찰서 폭탄 투척 • 김익상(1921) : 조선 총독부 폭탄 투척 • 김상옥(1923) : 종로 경찰서 폭탄 투척 • 김지섭(1924) : 일본 왕궁 폭탄 투척 • 나석주(1926) : 동양 척식 주식회사, 조선 식산 은행 폭탄 투척
한계	1920년 후반부터 개인에 의한 의열 투쟁의 한계를 느끼고 새로운 방향 모색

⬇

의열단의 노선 전환 : 조직적인 무장 투쟁 준비

• 황푸(황포) 군관 학교 입교(1926) : 중국 국민당의 도움으로 의열단 단장 김원봉과 단원들 입교 ➡ 군사 교육 및 간부 훈련 받음
• 조선 혁명 간부 학교 설립(1932, 난징) : 조직적 무장 투쟁 준비
  ┌ 중국 국민당의 지원을 받아 의열단 단장 김원봉이 설립
  └ 군사 간부 양성을 위해 3년 동안 운영 ➡ 윤세주, 이육사 등 수많은 졸업생 배출
• 민족 혁명당 결성(1935) : 김원봉의 의열단이 주도하여 중국 관내, 미주의 5개 민족 운동 단체 통합

사료 살펴보기

의열단의 활동 지침 '조선 혁명 선언'

우리는 '외교', '준비' 등의 미련한 꿈을 버리고 민중 직접 혁명의 수단을 취함을 선언하노라. 조선 민족의 생존을 유지하자면 강도 일본을 내쫓을 지며, 강도 일본을 내쫓을 지면 오직 혁명으로써 할 뿐이니, 혁명이 아니고는 강도 일본을 내쫓을 방법이 없는 바이다. …… 우리는 민중 속에 가서 민중과 손을 잡아 끊임없는 폭력, 암살, 파괴, 폭동으로써 강도 일본의 통치를 타도하고 우리 생활에 불합리한 일체 제도를 개조하여 인류로서 인류를 압박치 못하며 사회로서 사회를 약탈하지 못하는 이상적 조건을 건설할 지니라.   -『조선 혁명 선언』 신채호 -

'조선 혁명 선언'은 1923년 신채호가 김원봉의 요청을 받고, 의열단의 독립 운동 이념과 방략을 제시하기 위해 만든 선언서다. 선언서에는 일본의 타도를 위해서는 개별 투쟁을 넘어서 민중의 직접 혁명이 필요함을 역설하여 의열단의 노선이 잘 제시되어 있다.

(2) 단독 의열 투쟁

강우규	• 대한인 노인 동맹단 소속(46세 이상 70세까지의 노인 50여 명이 회원으로 참여) • 서울역에서 사이토 마코토 총독을 저격했지만 미수에 그침(1919)
조명하	타이완의 타이중 시에서 일본 왕의 장인인 육군 대장 구니노 미야를 처단(1928)

1920년대 항일 무장 독립 투쟁

☑ 시험에 꼭 나오는 키워드

- 1920년대 항일 무장 독립 투쟁의 주요 사건 시간 순으로 정리하기 ➡ 봉오동 전투-청산리 전투-간도 참변-자유시 참변-3부 성립-미쓰야 협정-3부 통합 운동
- 봉오동 전투, 청산리 전투의 내용 정리하기 ➡ 각 전투는 단독으로 출제되고, 홍범도와 김좌진은 인물 문제로 출제됨

☑ 최다 빈출 선지

봉오동 전투
① 홍범도가 총사령관으로 활약하였다.
② 봉오동 전투에서 일본군을 격파하였다.
③ 대한 국민회군과 연합하여 봉오동 전투에서 승리하였다.
④ 대한 독립군 등이 봉오동으로 일본군을 유인하여 크게 무찔렀습니다.

청산리 대첩
① 김좌진의 지휘 아래 활동하였다.
② 대한 독립군, 대한 국민군 등이 연합하여 참여하였다.
③ 독립군 연합 부대가 청산리에서 큰 승리를 거두었다.
④ 홍범도 부대와 연합하여 청산리에서 일본군과 교전하였다.
⑤ 북로 군정서 등이 청산리 일대에서 일본군에 대승을 거두었습니다.

간도 참변
① 일본군의 보복으로 간도 참변이 발생하였다.

자유시 참변
① 일본군의 공세를 피해 자유시로 이동하였다.
② 독립군이 전열을 정비하기 위해 자유시로 이동하였다.
③ 간도 참변 이후 조직을 정비하고 자유시로 이동하였다.
④ 자유시 참변으로 큰 타격을 입었다.
⑤ 자유시 참변 이후 세력이 약화되었다.

3부 성립
① 자유시 참변 이후 3부가 조직되었다.
② 참의부, 정의부, 신민부 등 3부가 만주 지역에 성립되었다.
③ 중국 군벌과 일제 사이에 미쓰야 협정이 체결되었다.
④ 일제가 독립군을 탄압하고자 미쓰야 협정을 체결하였다.

 1920년대 의열 투쟁

☑ 시험에 꼭 나오는 키워드

- 의열단의 활동과 주요 인물 기억하기 ➡ 의열단 문제가 출제되면 민족 혁명당 결성까지의 활동이 정답이 됨
- 김원봉, 강우규는 인물 문제로도 출제가 됨

☑ 최다 빈출 선지

의열단
① 김원봉, 윤세주 등이 만주 지린성에서 창설하였다.
② 조선 혁명 선언을 행동 강령으로 삼았다.
③ 신채호의 조선 혁명 선언을 활동 지침으로 삼았다.
④ 김상옥이 종로 경찰서에 폭탄을 투척하였다.
⑤ 나석주가 동양 척식 주식회사에 폭탄을 투척하였다.
⑥ 박재혁이 부산 경찰서에서 폭탄을 투척하는 의거를 일으켰다.
⑦ 단원 일부가 황푸 군관 학교에 입학하여 군사 훈련을 받았다.
⑧ 조선 혁명 간부 학교를 세워 독립군을 양성하였다.
⑨ 민족 혁명당이 결성되었다.

김원봉
① 의열단을 조직하여 단장으로 활동하였다.
② 한국광복군 부사령관으로 활약하였다.

강우규
① 사이토 총독에게 폭탄을 투척하였다.

01 다음 자료와 관련된 전투에 대한 설명으로 옳은 것은?

〈각 부대의 임무와 전투 구역〉

제1 연대 : 봉오골 상촌 부근 연병장에 집합, 작전 명령으로
각 부대의 전투 구역 및 임무 하달

• 제1 중대 중대장 이천오 : 봉오골 상촌 서북단
• 제2 중대 중대장 강상모 : 동산
• 제3 중대 중대장 강시범 : 북산
• 제4 중대 중대장 조권식 : 서산 남단
• 연대장 홍범도, 2개 중대 : 서산 중북단
• 사령관 최진동, 부관 안무 : 동북산 최고봉의 독립수 아래
에서 지휘

① 한 · 중연합작전으로 거둔 승리였다.
② 일본군에서 탈출한 학도병이 참여하였다.
③ 만주에서 활약하던 조선혁명군이 주도하였다.
④ 대한독립군이 일본군을 기습하여 전과를 올렸다.
⑤ 조국광복회의 지원을 받으며 전개한 유격전이었다.

봉오동 전투

정답 ④ 다음 자료와 관련된 전투는 1920년 봉오동 전투이다. 1920년 봄, 대한 독립군을 비롯한 여러 독립군 부대가 연합하여 수차례 국내 진공 작전을 펼쳤다. 이에 일본군은 추격대를 편성하여 독립군 근거지였던 봉오동 지역으로 진격해 왔다. 연합 부대는 추격해 오는 일본군을 봉오동 일대 야산에 매복하고 있다가 기습하여 보오동 전투에서 크게 승리하였다.

정답 분석

④ 의병장 출신인 홍범도가 지휘하던 대한 독립군과 군무 도독부 등이 연합하여 일본 정규군과 벌인 봉오동 전투를 승리로 이끌었다.

오답 피하기

① 1931년 일제의 만주 침략으로 중국 내에서 항일 감정이 높아지자 만주의 독립군 부대(한국 독립군, 조선 혁명군)는 항일 중국인 부대와 연합하여 대일 항전을 추진하였다.
② 1940년 충칭 임시 정부는 한국광복군을 창설하였고, 초모 활동을 전개하여 일본군에서 탈출한 학도병을 받아들였다.
③ 조선 혁명군 총사령관인 양세봉은 중국 의용군과 함께 한 · 중 연합군을 편성하여 1932년 영릉가 전투와 1933년 흥경성 전투에서 일본군을 격파하였다.
⑤ 1937년 조국 광복회는 국내 조직원들과 함께 함경남도 갑산군 혜산진 보천보를 습격하여 일제의 통치 기관을 마비시켰다.

02 (가) 인물에 대한 설명으로 옳은 것은?

저는 지금 카자흐스탄 크질오르다에 있습니다. 이곳은 (가) 이/가 근무하였던 옛 고려 극장 건물입니다. 대한 독립군 총사령관이었던 그는 1937년 옛 소련의 강제 이주 정책에 의해 연해주에서 중앙아시아 지역으로 이주하였습니다. 최근 그의 유해 봉환 문제가 제기되면서 국내외 독립운동가의 예우와 선양 사업에 대한 관심이 높아지고 있습니다.

① 양기탁 등과 함께 신민회를 조직하였다.
② 광복에 대비하여 조선 건국 동맹을 결성하였다.
③ 봉오동 전투에서 일본군을 상대로 승리를 거두었다.
④ 독립군을 양성하기 위하여 신흥 강습소를 설립하였다.
⑤ 독립 투쟁 과정을 정리한 한국독립운동지혈사를 저술하였다.

독립 운동가 홍범도

정답 ③ (가) 인물은 홍범도이다. 1920년 6월 의병장 출신 홍범도는 대한 독립군 이끌고 일본 정규군과 벌인 첫 번째 대규모 전투였던 봉오동 전투를 승리로 이끌었다. 봉오동 전투 뒤 김좌진이 이끄는 북로 군정서와 홍범도의 대한 독립군을 중심으로 한 독립군 연합 부대는 청산리 일대에서 일본군을 크게 격파하였다(청산리 대첩). 홍범도는 간도 참변과 자유시 참변을 겪은 후, 러시아 적군으로 활동하였다. 레닌에게 직접 훈장을 받을 정도로 활약하였지만, 1937년 스탈린에 의해 연해주의 동포들과 함께 중앙아시아로 강제 이주당하였다. 이후 극장 수위로 일하다가 사망하였다고 전해진다.

정답 분석

③ 1920년 6월 홍범도의 대한 독립군과 최진동의 군무 도독부, 안무의 국민회군 등은 일본군을 봉오동 골짜기로 유인하여 무찔렀다(봉오동 전투).

오답 피하기

① 1907년에 이승훈, 양기탁, 이회영, 안창호 등이 주도하여 비밀 결사 형태로 신민회를 조직하였다.
② 1944년 국내에서는 여운형 등이 민족 지도자들이 일제의 패망과 광복에 대비하여 비밀 결사인 조선 건국 동맹을 결성하였다.
④ 신민회 회원들은 서간도 삼원보 지역에 신흥 강습소를 설립하여 독립군 간부를 양성하였다. 이후 신흥 강습소는 신흥 무관 학교로 개편되었다.
⑤ 일제 강점기에 박은식은 민족 정신으로서 국혼을 강조하며 1920년에 "한국독립운동지혈사"를 저술하여 일제의 침략과 민족의 독립 운동 과정을 정리하였다.

심화 50회 38번

03 (가) 전투에 대한 설명으로 옳은 것은?

> 이곳은 부산 해운대에 있는 '애국지사 강근호 길'입니다. 그는 1920년 10월 백운평, 어랑촌, 고동하 등지에서 일본군에 맞서 싸운 (가) 당시 북로 군정서 중대장으로 활약하였습니다.

① 중국 호로군과 협력하여 진행되었다.
② 미국 전략 정보국(OSS)의 지원을 받았다.
③ 대한민국 임시 정부 수립에 영향을 주었다.
④ 조국 광복회의 지원 아래 유격전으로 전개되었다.
⑤ 대한 독립군, 대한 국민군 등이 연합하여 참여하였다.

청산리 대첩

정답 ⑤　　(가) 전투는 1920년 청산리 대첩이다. 봉오동 전투에서 참패한 일제는 훈춘 사건을 조작하여 약 2만 명의 일본군을 만주에 파견하였다. 김좌진이 이끄는 북로 군정서와 홍범도의 대한 독립군을 중심으로 한 독립군 연합 부대는 포위망을 좁혀 오는 일본군에 맞서 백두산 서쪽의 길목인 화룡현 청산리에 집결하였다. 일본군이 포위망을 좁혀오자 1920년 10월 21일부터 26일까지 전투에 유리한 백운평, 완루구, 어랑촌, 고동하 등지에서 일본군과 맞섰다. 10여 차례의 전투에서 1,200여 명의 일본군을 사살하는 독립 전쟁사에서 가장 큰 전과를 올렸다.

정답 분석

⑤ 1920년 김좌진의 북로 군정서, 홍범도의 대한 독립군, 천주교의 항일 조직인 의민단 등 독립군이 청산리에서 일본군과 전투를 벌여 대승을 거두었다.

오답 피하기

① 1930년대 초반 한국 독립군 총사령관인 지청천은 중국 호로군과 연합하여 쌍성보 전투, 대전자령 전투 등에서 일본군을 상대로 대승을 거두었습니다.
② 1945년 임시 정부의 한국광복군은 미국의 전략 정보국(OSS)과 함께 국내 진공작전을 추진하였으나, 일제가 항복하는 바람에 계획을 실행에 옮기지 못하였습니다.
③ 1919년 3·1운동의 전개 과정을 통해 통일적 지도부의 필요성과 공화주의에 대한 공감대가 형성되었고 대한민국 임시 정부가 수립되는 토대가 되었습니다.
④ 1937년 국내 조국 광복회 세력의 지원 아래 항일 유격대의 일부가 함경도 갑산의 보천보로 들어와 경찰 주재소와 면사무소 등을 파괴하였습니다.

심화 59회 36번

04 다음 상황이 나타나게 된 배경으로 가장 적절한 것은?

> 경신년 시월에 일본 토벌대들이 전 만주를 휩쓸어 애국지사들은 물론이고 농민들도 무조건 잡아다 학살하였다. …… 독립군의 성과가 컸기 때문에 그에 대한 보복으로 일본군이 대학살을 감행한 것이었다. 이것이 이른바 경신참변이다. 그래서 애국지사들은 가족들을 두고 단신으로 길림성 오상현, 흑룡강성 영안현 등으로 흩어졌다.
> 　　　　　　　　　　　　　－「아직도 내 귀엔 서간도 바람소리가」－

① 조선의용대가 호가장 전투에서 활약하였다.
② 대한 독립군 등이 봉오동에서 일본군을 격파하였다.
③ 조선혁명군이 영릉가에서 일본군에 승리를 거두었다.
④ 한국 독립군이 대전자령 전투에서 일본군을 격퇴하였다.
⑤ 대한민국 임시 정부가 직할 부대로 참의부를 결성하였다.

간도 참변

정답 ②　　다음 상황은 1920년에 일어난 경신참변(간도 참변)이다. 봉오동 전투와 청산리 대첩에서 대패한 일본군은 독립군의 근거지를 없앤다는 명분으로 간도의 한인 촌락을 습격하여 한인을 학살하고 가옥, 학교, 교회 등에 불을 질렀다. 1920년 10월부터 1921년 봄까지 행해진 일본군의 만행으로 어린이와 부녀자를 비롯하여 민간인 수천 명이 학살당하였다(간도 참변, 1920~1921).

정답 분석

② 1920년 봉오동 전투와 청산리 대첩에서 대패한 일제는 독립군을 토벌한다는 명분으로 간도 출병을 단행하였고 이에 간도 참변이 벌어졌다.

오답 피하기

① 1941년 많은 조선 의용대원이 화북으로 이동하여 조선 의용대 화북 지대로 조직을 개편하고 호가장 전투 등 일본군과 크고 작은 전투를 벌였다.
③ 1930년대 초반 조선 혁명군 총사령관 양세봉은 중국 의용군과 함께 한·중 연합군을 편성하여 영릉가 전투와 흥경성 전투에서 일본군을 격파하였다.
④ 1930년대 초반 한국 독립군 총사령관 지청천은 중국 호로군과 연합하여 쌍성보 전투, 대전자령 전투 등에서 일본군을 상대로 대승을 거두었다.
⑤ 1923년에 결성된 대한민국 임시 정부 직할 부대인 육군 주만 참의부는 지안을 중심으로 동포 사회를 관할하면서 국내 진공 작전을 활발히 전개하였다.

심화 56회 40번

05 (가)~(다) 학생이 발표한 내용을 일어난 순서대로 옳게 나열한 것은?

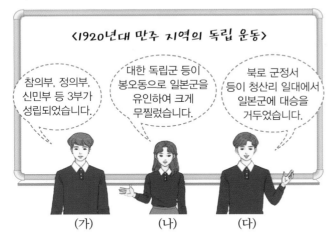

〈1920년대 만주 지역의 독립 운동〉

참의부, 정의부, 신민부 등 3부가 성립되었습니다.

대한 독립군 등이 봉오동으로 일본군을 유인하여 크게 무찔렀습니다.

북로 군정서 등이 청산리 일대에서 일본군에 대승을 거두었습니다.

(가)　　　(나)　　　(다)

① (가) – (나) – (다)　　② (가) – (다) – (나)
③ (나) – (가) – (다)　　④ (나) – (다) – (가)
⑤ (다) – (나) – (가)

1920년대 만주 지역의 항일 무장 투쟁

정답 ④　(가)는 1923~25년에 만주에 수립된 참의부, 정의부, 신민부 등의 3부, (나)는 1920년 6월 대한 독립군 등이 주도한 봉오동 전투, (다)는 1920년 10월 대한 독립군, 북로 군정서 등이 주도한 청산리 대첩이다.

정답 분석

④ (나) 1920년 6월 홍범도의 대한 독립군과 최진동의 군무 도독부, 안무의 국민회군 등은 일본군을 봉오동 골짜기로 유인하여 무찔렀다(봉오동 전투). 이에 일제는 1920년 8월 훈춘 사건을 조작하고, 만주의 독립군 근거지를 공격하였다.

(다) 1920년 10월 북로 군정서와 대한 독립군을 비롯한 독립군 부대들은 이를 피해 백두산 부근으로 이동하다 추격해 온 일본군과 전투를 벌여 백운평 전투를 시작으로, 6일 동안 청산리 일대에서 10여 회의 전투를 벌여 크게 승리하였다(청산리 대첩).

(가) 자유시 참변 이후 만주로 돌아온 독립군은 항일 투쟁을 효과적으로 전개하고자 독립군 단체를 통합하였다. 그 결과 1923년에 참의부, 1924년에 정의부, 1925년에 신민부의 3부가 결성되었다.

심화 52회 44번

06 (가), (나) 사이의 시기에 있었던 사실로 옳지 않은 것은?

> (가) 북간도에 주둔한 아군 7백 명은 북로 사령부 소재지인 봉오동을 향해 행군하다가 적군 3백 명을 발견하였다. 아군을 지휘하는 홍범도, 최진동 두 장군은 즉시 적을 공격하여 120여 명을 살상하고 도주하는 적을 추격하였다.
> – 『독립신문』 –
>
> (나) 조선 혁명군 총사령 양세봉, 참모장 김학규 등은 병력을 이끌고 중국 의용군과 합세하였다. …… 아군은 승세를 몰아 적들을 30여 리 정도 추격한 끝에 영릉가성을 점령하였다.
> – 『광복』 –

① 자유시 참변 이후 3부가 조직되었다.
② 일본군의 보복으로 간도 참변이 발생하였다.
③ 독립군 연합 부대가 청산리에서 큰 승리를 거두었다.
④ 일제가 독립군을 탄압하고자 미쓰야 협정을 체결하였다.
⑤ 스탈린에 의해 많은 한인이 중앙아시아로 강제 이주되었다.

1920~1930년대 초 무장 독립 투쟁 흐름

정답 ⑤　(가)는 1920년 6월 봉오동 전투, (나) 1932년 3월 영릉가 전투이다.

(가) 1920년 6월 일제는 독립군을 공격하고자 추격 부대를 편성하여 훈춘 인근의 봉오동으로 진격하였다. 홍범도의 대한 독립군을 중심으로 한 연합 부대는 매복 작전을 펼쳐 봉오동 전투에서 일본군을 크게 물리쳤다.

(나) 1931년 일제는 만주를 침략하고 이듬해 만주국을 세웠다. 이후 독립군은 중국인 부대와 함께 연합 작전을 전개하였다. 남만주 지역에서는 양세봉이 이끄는 조선 혁명군이 중국 의용군과 연합하여 1932년 영릉가 전투, 1933년 흥경성 전투에서 일본군을 크게 물리쳤다.

정답 분석

⑤ 1937년 스탈린의 소수 민족 통제 정책에 따라 소련 당국이 연해주의 한인들을 중앙아시아로 강제 이주시켰다. (나) 이후의 일이다.

오답 피하기

① 1921년 자유시 참변 이후 독립군 옛 독립운동의 근거지인 만주로 돌아왔다. 1923년에 참의부, 1924년에 정의부, 1925년에 신민부의 3부가 조직되었다. (가)와 (나) 사이의 일이다.

② 봉오동 전투와 청산리 대첩에서 패배한 일제는 이에 대한 보복으로 1920년 10월부터 간도 참변을 저질렀다. (가)와 (나) 사이의 일이다.

③ 봉오동 전투에서 대패한 일본은 대규모 병력을 동원하여 독립군을 공격해 왔다. 이에 독립군은 1920년 10월 21일부터 26일까지 청산리 일대에서 일본군을 크게 무찔렀다. (가)와 (나) 사이의 일이다.

④ 1925년 일제가 만주의 독립군을 탄압하고자 만주 군벌 세력과 미쓰야 협정을 체결하면서 독립군은 큰 어려움을 겪게 되었다. (가)와 (나) 사이의 일이다.

심화 58회 36번

07 (가) 단체에 대한 설명으로 옳은 것은?

> 검사 : 폭탄을 구해 숨겨 놓은 이유가 무엇인가?
>
> 곽재기 : 재작년 3월 이후로 조선 독립을 평화적으로 요청
> 했지만 아무 소용없었다. 그래서 우리는 상하이로
> 가서 육혈포와 폭탄을 구해 피로써 독립을 이루
> 려고 하였다.
>
> 이성우 : 폭탄으로 고위 관리를 죽이고 중요 건물을 파괴
> 하여 독립을 쟁취하려고 하였다. 이것이 중국
> 지린성에서 김원봉과 함께 [(가)]을/를 조
> 직한 이유이다.
>
> – 1921년 6월 7일 밀양 폭탄 사건 공판 기록 –

① 조선 혁명 선언을 활동 지침으로 삼았다.
② 일제의 황무지 개간권 요구를 저지하였다.
③ 복벽주의를 내세우며 의병 전쟁을 준비하였다.
④ 삼균주의를 기초로 하는 건국 강령을 발표하였다.
⑤ 단원인 이봉창이 일왕의 행렬에 폭탄을 투척하였다.

의열단

정답 ① (가) 단체는 의열단이다. 3·1 운동 이후 일제의 통치 기관을 파괴하고 요인을 암살하는 방식의 의열 투쟁을 통해 민족 운동을 전개하는 단체들이 조직되었으며, 이때의 대표적인 단체가 의열단이었다. 1919년 김원봉, 윤세주 등이 중심이 되어 중국 지린에서 조직된 의열단은 조선 총독, 매국노, 친일파 등 일곱 부류에 대한 암살과 조선 총독부, 동양 척식 주식회사, 경찰서와 같은 일제의 중추적인 식민 지배 기관의 파괴를 활동 목표로 삼았다.

정답 분석

① 1923년 의열단 단장 김원봉의 요청으로 신채호가 작성한 '조선 혁명 선언'에는 민중 직접 혁명론이라는 의열단의 노선이 잘 제시되어 있다.

오답 피하기

② 1904년 보안회는 러·일 전쟁 중 일본이 황무지 개간권을 요구해 오자 이에 반대하는 운동을 전개하여 이를 철회시키는 성과를 얻었다.
③ 1912년 항일 의병을 일으켰던 임병찬은 고종의 밀지를 받고 복벽주의를 바탕으로 독립 의군부를 조직하였다.
④ 1941년 대한민국 임시 정부는 삼균주의에 기초한 대한민국 건국 강령을 발표하였다.
⑤ 1932년 한인 애국단원인 이봉창은 일본 도쿄에서 히로히토 일왕에게 폭탄을 투척하였다.

고급 44회 38번

08 다음 상황 이후에 전개된 사실로 옳은 것은?

> 개별적인 의거 활동에 한계를 느낀 김원봉을 비롯한 단원들은 황푸 군관 학교에 입교하여 군사 훈련을 받은 후 새로운 활동 방향을 모색하였다. 이러한 움직임은 '통일적 총지휘 기관'의 확립을 촉구하는 '대독립당 촉성회에 대한 선언'을 선포하는 등 민족 협동 전선의 제창으로 나타났다. 이를 위해 먼저 정기 대표 회의에서 한중 합작으로 군관 학교를 설립하여 '통일적 총지휘 기관'의 전위 투사를 양성하기로 결정하고, 조선 혁명 간부 학교를 설립하였다.

① 민족 혁명당이 결성되었다.
② 조선 혁명 선언이 작성되었다.
③ 한국 독립 유일당 북경 촉성회가 창립되었다.
④ 고종의 밀지를 받아 독립 의군부가 조직되었다.
⑤ 한성, 상하이, 연해주 지역의 임시 정부가 통합되었다.

의열단

정답 ① 1920년대 중반 이후의 의열단 활동을 물어보는 문제이다. 1920년대 중반 의열단은 암살과 파괴 등 개별적인 의거 활동만으로는 민족의 독립을 달성하기 어렵다고 판단하고 활동 방향을 전환하였다. 이에 1926년 중국 황푸 군관 학교에 김원봉을 비롯한 단원들이 입교하였고, 1932년 조선 혁명 간부 학교를 세워 운영하였다. 1935년에는 중국 관내 대부분의 항일 단체와 정당을 통합한 민족 혁명당의 결성에 주도적 역할을 하였다.

정답 분석

① 1935년에 결성된 민족 혁명당은 의열단을 중심으로 한국 독립당, 조선 혁명당 등 민족주의와 사회주의 계열이 협력하여 결성된 것이다.

오답 피하기

② 1923년 김원봉의 요청으로 신채호가 작성한 '조선 혁명 선언'에는 민중 직접 혁명론이라는 의열단의 노선이 잘 제시되어 있다.
③ 중국 관내에서 활동하던 독립 운동 단체들은 일제 축출을 목표로 이념과 노선을 초월한 민족 유일당 건설을 추구하였다. 그 결과 1926년 베이징에서 한국 독립 유일당 북경 촉성회가 결성되었다.
④ 1912년 의병장 출신의 임병찬이 고종의 밀지를 받고 전국 곳곳의 의병장과 유생을 모아 독립 의군부를 조직하였다.
⑤ 1919년 9월 상하이의 대한민국 임시 정부는 한성 정부의 법통을 계승하면서 연해주의 대한 국민 의회를 흡수하여 통합된 대한민국 임시 정부를 수립하였다.

60강 1930~40년대 항일 무장 독립 투쟁

① 1930년대 만주와 중국 본토의 항일 무장 투쟁

(1) 1930년대 전반 만주 지역 : 한·중 연합 작전의 전개

▲ 양세봉 장군

▲ 지청천 장군

▲ 양세봉 흉상(중국 랴오닝 성)

▲ 1932년 9월 한국 독립군이 점령했던 쌍성보 승은문

배경	일제의 만주 사변(1931)과 만주국 수립(1932) ➡ 중국 내 반일 항일 감정 고조 ➡ 한국인과 중국인의 한·중 연합 작전 전개	
	조선 혁명당 – 조선 혁명군	한국 독립당 – 한국 독립군
	조선 혁명군의 활동	한국 독립군의 활동
	• 조선 혁명당의 군사 조직, 총사령관 양세봉 ➡ 남만주 일대에서 활동 • 중국 의용군과 항일 연합 작전 전개 • 영릉가 전투(1932), 흥경성 전투(1933) 등에서 승리	• 한국 독립당의 군사 조직, 총사령관 지청천 ➡ 북만주 지역에서 활동 • 중국 호로군과 항일 연합 작전 전개 • 쌍성보 전투(1932), 사도하자 전투(1933), 대전자령 전투(1933) 등에서 승리
한계	• 투쟁 방법, 전리품 배분, 주도권 등을 놓고 한·중 사이에 갈등 발생 • 1930년대 중반 일제의 대공세 ➡ 중국군의 위축과 독립군의 활동 제약	
	조선 혁명군	한국 독립군
	1934년 양세봉 사망 이후 세력 약화 ➡ 1938년까지 만주에서 항일 투쟁 지속 ➡ 일부는 중국 공산당이 조직한 동북 항일 연군에 참여	1933년까지 만주에서 항일 투쟁 지속 ➡ 이후에는 대부분 중국 관내로 이동 ➡ 대한민국 임시 정부의 한국광복군 창설에 참여

사료 살펴보기

조선 혁명군과 중국 의용군의 합의 내용(1932)

중국과 한국 양국의 군민은 한마음 한 뜻으로 일제에 대항하여 싸우고, 인력과 물자는 서로 나누어 쓰며, 합작의 원칙하에 국적에 관계없이 그 능력에 따라 항일 공작을 나누어 맡는다.
– 「광복」 제4권, 한국광복군 사령부 –

독립군은 본인들의 힘만으로는 일제를 몰아 내고 독립 전쟁에서 승리하는 것을 힘들다고 보았다. 이때 일제가 만주에 본격적으로 침략하여 괴뢰국인 만주국을 수립하자 한·중 연대를 통해 일제와 항일 전쟁에서 승리하고자 하였다.

사료 살펴보기

영릉가 전투를 승리로 이끈 양세봉

때는 해동 무렵이어서 얼음이 풀린 소자강은 수심이 깊었다. 게다가 성애장이 뗏목처럼 흘러내렸다. 하지만 이 강을 건너지 못하면 영릉가로 쳐들어갈 수 없었다. 밤 12시 정각까지 영릉가에 들어가 공격을 알리는 신호탄을 울려야만 했다. 양 사령은 전사들에게 소자강을 건너라고 명령하고 나서 자기부터 먼저 강물에 뛰어들었다. 강을 무사히 건넌 양 사령은 강행군에 거추장스런 바지를 벗어던지고 잠뱅이 차림으로 나섰다. 전사들은 사령을 본받아 다 잠방이만 입고 행군했으나 찬바람이 살을 에었는데……
– 『봉화(중국 조선족 발자취 총서 3)』 –

조선 혁명군 총사령관 양세봉은 부대를 5개 중대로 개편 정비하고 중국 의용군과 연합 전선을 결성한 뒤, 일제와 만주국의 연합군과 활발한 전투를 벌여 영릉가 전투, 흥경성 전투 등에서 승리를 거두었다.

(2) 1930년대 중반 이후 중국 관내 지역 : 중국 본토에서의 무장 독립 전쟁

의열단	대한민국 임시 정부
조직적인 무장 투쟁의 필요성 자각 ➡ 황푸(황포) 군관 학교 입교 ➡ 조선 혁명 간부 학교 설립(1932) ➡ 정당으로 변모	이봉창·윤봉길의 의거 ➡ 중국 영토 내 무장 독립 투쟁 승인 ➡ 일제 탄압으로 임시 정부 이동(1932~40)
참 ⬇ 여	불 ⬇ 참

민족 혁명당(1935)	
배경	일제의 중국 침략 본격화 ➡ 중국 본토 독립 운동 단체들의 연합 전선 추진
결성	중국 난징에서 의열단(김원봉)을 주축으로 신한 독립당(지청천), 조선 혁명당(최동오), 대한 독립당(김규식), 한국 독립당(조소앙) 등 다섯 정당·단체 규합
성격	중국 관내 최대 규모의 연합 전선(민족주의 세력+사회주의 세력)
한계	• 김구와 임시 정부는 참여하지 않고 한국 국민당 창당(1935) • 민족 혁명당 내부에서 김원봉의 독주(의열단 중심의 운영) ➡ 조소앙, 지청천 등 민족주의 계열 일부 탈당

민족 혁명당의 잔류 세력	민족 혁명당의 이탈 세력
민족주의 계열 이탈 이후 ➡ 김원봉 중심의 조선 민족 혁명당으로 개칭(1937) ➡ 조선 민족 전선 연맹 결성(1937) ➡ 산하 무장 조직으로 조선 의용대 창설(1938)	민족 혁명당의 조소앙과 지청천 등의 이탈 ➡ 김구의 한국 국민당에 합류 ➡ 한국 광복 운동 단체 연합회 결성(1937) ➡ 한국 독립당 창당(1940) ➡ 한국광복군 창설(1940)

조선 의용대 창설(1938)	
창립	한커우(우한)에서 김원봉의 주도로 창설된 조선 민족 혁명당 예하의 군사 조직
의의	중국 관내 최초로 결성된 한국인 무장 부대
활동	주로 일본군에 대한 심리전이나 후방 공작 작전, 정보 수집, 시설 파괴 등 전개 ➡ 중국 국민당 부대를 지원함

중국 국민당의 통제와 소극적 항일전에 대한 불만 ➡ 조선 의용대의 분산 이동	
조선 의용대 대부분 병력이 화북 지역으로 이동	**조선 의용대 일부 병력의 잔류**
직접 전투에 참여하기 위해 중국 공산당의 근거지인 화북 지방으로 병력 이동 ➡ 조선 의용대 화북 지대로 재편(1941) 이후 호가장 전투(1941), 반소탕전(1942) 등을 전개 ➡ 조선 독립 동맹 산하 조직인 조선 의용군으로 개편(1942)	최고 지도부와 일부 병력 잔류 ➡ 김원봉의 지휘 아래 대한민국 임시 정부의 한국 광복군에 합류(1942)

(3) 1930년대 후반~1940년대 전반 만주 지역 : 항일 유격 투쟁

배경	사회주의 확산, 한국인과 중국인 농민들의 생존권 요구 투쟁 활발
주요 활동	• 중국 공산당의 항일 유격대 조직과 조선인 사회주의자들은 동북 인민 혁명군 결성(1933) ➡ 이후 민족과 이념을 초월한 동북 항일 연군으로 확대 개편(1936) • 조국 광복회(1936) : 동북 항일 연군 내 조선인들을 기반으로 조직된 반일 민족 통일 전선 단체 ➡ 보천보 전투 등 국내 진공 작전을 여러 차례 단행 ➡ 일제의 대대적인 탄압(1939) ➡ 소련으로 이동(1940)

▲ 조선 의용대 성립 기념사진(1938)

▲ 조선 의용대 이동 경로

▲ 동북 항일 연군

▲ 한국광복군

▲ 광복 직전 건국 준비 세력

▲ 조선 의용군

▲ 여운형과 조선 건국 동맹 동지들

▲ 한인 국방 경비대 관병식

❷ 1940년대 광복 직전의 항일 무장 투쟁

(1) 중국 충칭 : 대한민국 임시 정부

정착	중·일 전쟁 전선에 따라 이동하다 충칭에 정착(1940)
재정비	한국 독립당 결성, 주석제 개헌, 조소앙의 대한민국 건국 강령 발표
한국 광복군	지청천을 총사령관으로 창설(1940) ➡ 대일 선전 포고(1941) ➡ 김원봉의 조선 의용대 세력 일부 합류(1942) ➡ 영국군과 미얀마·인도 전선에서 연합 작전(1943) ➡ 미국의 전략 정보국(OSS)과 함께 국내 진공 작전을 추진하면서 국내 정진군 편성(1945) ➡ 일제의 패망으로 무산

(2) 중국 옌안 : 조선 독립 동맹

결성	중국 공산당에서 활동해 온 한인 사회주의자와 조선 의용대 화북 지대 대원들의 주도로 결성(1942)
주요 활동	• 김두봉을 주석으로 추대 • 일제 패망에 대비해 민주 공화국 수립을 목표로 하는 건국 강령 발표 　┌ 전 국민이 참여하는 보통 선거를 통해 조선 민주 공화국 수립을 목표로 함 　└ 일본 제국주의 타도, 일본인 자산 몰수, 토지 분배, 의무 교육 실시 등을 주장 • 대한민국 임시 정부와 조선 건국 동맹 등과 연계 노력 ➡ 일제 패망으로 통합 논의 중단 • 김두봉을 비롯한 핵심 인물들은 광복 후 북한 정권 수립에 참여(연안파)
조선 의용군	• 조선 독립 동맹의 결성과 함께 조선 의용대 화북 지대는 조선 의용군으로 재편(1942) • 중국 공산당의 팔로군과 연합 전선을 형성하여 태항산 일대에서 항일전 전개 ➡ 부대원의 일부는 일본군 점령지에 잠입하여 정보 수집 및 선전 활동 전개 • 무정 등 조선 의용군 간부들은 국내로 진입을 시도하지만 실패

(3) 국내 : 조선 건국 동맹

결성	• 여운형, 조동호 등의 주도 아래 일제의 패망과 광복에 대비하여 비밀 결사의 형태로 결성(1944) • 이념을 떠나 민족주의자부터 사회주의자까지 모두 참여(좌·우 합작 단체)
주요 활동	• 일제 타도를 위한 대동단결, 민주주의 원칙에 의한 국가 건설 등을 목표로 함 • 일본군의 후방 교란과 노농군 편성을 목적으로 하는 군사 위원회 설치 • 전국 10개 도에 지방 조직을 설치하고, 산하에 농민 동맹을 조직 ➡ 일제의 징용·징병, 식량 공출, 군수 물자 수송 등 방해 • 조선 독립 동맹에 연락원을 파견하여 조선 의용군과의 협동 작전을 계획 • 대한민국 임시 정부와 연계를 추진하지만 연락이 닿기 전 일본의 항복으로 무산
해산	해방 직후 조선 건국 준비 위원회로 발전

(4) 미국 : 재미 한족 연합 위원회

결성	미주 한인 사회의 독립 운동 역량을 결집하기 위하여 9개 단체가 연합(1941)
주요 활동	• 의연금을 모금하여 임시 정부 활동 후원, 한인 국방 경비대(맹호군, 한인 경위대) 조직 • 임시 정부에 대한 미국의 승인을 얻기 위해 노력했지만 실패(미국 정부 외면)

은쌤의 합격노트

 1930년대 만주의 항일 무장 투쟁

☑ 시험에 꼭 나오는 키워드

- 조선 혁명군과 한국 독립군의 한·중 연합 작전 배경 및 활동 정리하기 ➡ 각 독립군은 단독으로 출제됨, 1920년대 독립군 문제의 오답 선지로 활용됨
- 민족 혁명당의 활동 정리하기 ➡ 의열단과 연계해서 출제됨
- 조선 의용대의 활동 기억하기 ➡ 단독으로 출제되며, 임시 정부와 연계해서 출제됨
- 조국 광복회의 보천보 전투는 주로 오답 선지로만 활용됨

☑ 최다 빈출 선지

조선 혁명군
① 양세봉이 총사령관이었다.
② 남만주에서 중국군과 연합 작전으로 항일 전쟁을 벌였다.
③ 중국 의용군과 함께 항일 투쟁을 전개하였다.
④ 중국 의용군과 연합하여 흥경성 전투를 이끌었다.
⑤ 영릉가 전투에서 일본군에게 승리하였다.
⑥ 흥경성에서 일본군을 격퇴하였다.

한국 독립군
① 총사령관 지청천이 이끌었다.
② 북만주 지역에서 활동한 한국 독립당의 산하 부대였다.
③ 쌍성보에서 중국 호로군과 연합 작전을 전개하였다.
④ 대전자령 전투에서 일본군을 격퇴하였다.

조선 의용대
① 중국 국민당과 협력하여 조선 의용대를 창설하였다(민족혁명당).
② 중국 국민당 정부의 지원을 받아 후베이성 우한에서 창설되었다.
③ 중국 관내에서 결성된 최초의 한인 무장 부대였다.
④ 주로 일본군에 대한 심리전이나 후방 공작 활동을 전개하였다.
⑤ 중국 팔로군과 함께 호가장 전투에서 활약하였다(조선 의용대 화북 지대).
⑥ 대원 일부가 한국 광복군에 합류하였다.

동북 항일 연군
① 동북 항일 연군으로 개편되어 유격전을 펼쳤다.
② 조국 광복회의 지원 아래 유격전을 전개하였다.

 1940년대 광복 직전의 항일 무장 투쟁

☑ 시험에 꼭 나오는 키워드

- 한국광복군의 주요 활동 기억하기
- 조선 독립 동맹과 조선 의용군 정리하기 ➡ 단독 출제보다는 다른 독립 단체나 독립군 문제의 오답 선지로 활용됨
- 조선 건국 동맹과 재미 한족 연합 위원회의 활동 정리하기 ➡ 주로 오답 선지로 활용됨
- 전후 처리 회담에서 한국과 관련된 내용 정리하기 ➡ 카이로 회담(최초 한국 독립 언급), 얄타 회담(한반도 신탁통치), 포츠담 회담(한국 독립 재확인)

☑ 최다 빈출 선지

조선 독립 동맹
① 옌안에서 조선 독립 동맹을 결성하였다.
② 조선 독립 동맹을 창립하여 대일 항전을 준비하였다.
③ 중국 팔로군에 편제되어 항일 전선에 참여하였다(조선 의용군).

여운형
① 조선 건국 동맹이 결성되었다.
② 일제 패망과 광복에 대비하여 조선 건국 동맹을 결성하였다.

01 (가) 부대에 대한 설명으로 옳은 것은?

주제 ; (가) 의 무장 독립 투쟁

국민부 산하 군사 조직으로 편성되었다가 이후 여러 부대를 통합하며 재편되었습니다.

총사령에 양세봉, 참모장에 김학규가 임명되어 부대를 이끌었습니다.

만주사변 이후 중국 의용군과 함께 남만주 일대에서 항일 투쟁을 벌였습니다.

① 간도 참변 이후 자유시로 이동하였다.
② 영릉가 전투에서 일본군과 싸워 크게 승리하였다.
③ 조선 독립 동맹 산하의 군사 조직으로 개편되었다.
④ 영국군의 요청으로 인도·미얀마 전선에 투입되었다.
⑤ 중국 국민당 정부의 지원을 받아 우한에서 창설되었다.

│ 조선 혁명군

정답 ② (가) 부대는 양세봉의 조선 혁명군이다. 만주에서는 1929년대 말에 3부 통합 운동이 전개되어 조선 혁명당과 한국 독립당이 결성되었고, 그 산하에 조선 혁명군과 한국 독립군이 조직되었다. 1931년 일제는 만주를 침략하고 이듬해 만주국을 세웠다. 이후 두 독립군은 중국인 부대와 함께 연합 작전을 전개하였다. 특히 남만주의 흥경성과 영릉가 등에서는 양세봉의 조선 혁명군이 중국 의용군과 함께 일본군에 큰 승리를 거두었다.

정답 분석

② 남만주에서 1932년 총사령관 양세봉이 이끄는 조선 혁명군이 중국 의용군과 연합하여 영릉가 전투에서 일본군을 크게 격파하였다. 그 성과로 한·중 연합 전선을 구축하여 1933년 홍경성 일대에서 공격해 오는 일본군을 맞아 큰 전과를 거두었다.

오답 피하기

① 1921년 간도 참변 이후 독립군 부대는 밀산부로 이동하여 대한 독립 군단을 조직하였다. 이들은 민족의 독립 운동을 지원하겠다는 러시아 적군의 약속을 믿고 러시아의 자유시로 옮겨갔다.
③ 1940년대에 조선 독립 동맹의 군사 조직인 조선 의용군은 조선 의용대 화북 지대를 흡수하고 중국 공산당의 팔로군과 함께 일본군과 항쟁하였다.
④ 1943년 대한민국 임시 정부는 미얀마·인도 전선에 한국광복군 공작대를 파견하여 영국군과 공동 작전을 전개하였다.
⑤ 1938년 민족 혁명당은 중국 국민당의 지원을 받아 조선 의용대를 결성하여 주로 정보 수집과 포로 심문, 후방 교란 등의 활동을 벌였다.

02 밑줄 그은 '이 부대'의 활동으로 옳은 것은?

이 건물은 승은문으로, 총사령 지청천이 이끈 이 부대가 길림 자위군과 연합하여 만주국 군대를 격파한 쌍성보 전투의 현장입니다.

① 동북 항일 연군으로 개편되어 유격전을 전개하였다.
② 대전자령 전투에서 일본군을 상대로 승리를 거두었다.
③ 간도 참변 이후 조직을 정비하고 자유시로 이동하였다.
④ 홍범도 부대와 연합하여 청산리에서 일본군과 교전하였다.
⑤ 조선 혁명당의 군사 조직으로 남만주 지역에서 활약하였다.

│ 한국 독립군

정답 ② 밑줄 그은 '이 부대'는 지청천의 한국 독립군이다. 만주의 독립군 부대는 항일 중국인 부대와 연합하여 대일 항전을 추진하였다. 북만주에서는 지청천이 지휘하는 한국 독립군이 중국 호로군과 연합하여 여러 전투에서 승리를 거두었다.

정답 분석

② 북만주에서는 지청천의 한국 독립군이 1932년 중국 호로군과 연합하여 쌍성보 전투에서 일본군을 격퇴하고, 1933년 사도하자 전투와 동경성 전투에서도 일본군을 크게 무찔렀다. 일본군의 총공세에 다시 중국군과 연합 부대를 편성하여 1933년 대전자령 전투에서 일본군을 크게 격파하였다.

오답 피하기

① 1936년 만주 지역 곳곳에 수많은 항일 유격대가 조직되자, 중국 공산당은 이를 규합하여 동북 인민 혁명군(뒤에 동북 항일 연군으로 발전)을 편성하였다.
③ 봉오동과 청산리에서 일본군을 무찌른 이후 간도 참변이 벌어지자 독립군 부대들은 연해주의 자유시로 이동하였고, 소련의 적군에 의해 무장 해제를 당하였다.
④ 김좌진의 북로 군정서, 홍범도의 대한 독립군 등의 독립군 부대들은 청산리 일대에서 일본군과 6일간에 걸친 전투를 치른 끝에 대승을 거두었다.
⑤ 만주의 항일 무장 운동 단체들은 지지하는 계열의 노선에 따라 남만주의 국민부와 북만주의 혁신 의회로 각각 통합되었다. 국민부는 조선 혁명당을 조직하고 그 산하에 무장 부대인 조선 혁명군을 결성하였다.

03 (가) 부대에 대한 설명으로 옳은 것은?

> ### 조선 민족혁명당 창립 제8주년 기념 선언
>
> 우리는 중국의 난징에서 5개 당을 통합하여 전체 민족을 대표하는 유일한 정당인 조선 민족혁명당을 창립하였다. …… 아울러 중국과 한국의 연합 항일 진영을 건립하여야 했다. …… 이 때문에 우리는 1938년 (가) 을/를 조직하고 조선의 혁명 청년들을 단결시켜 장제스 위원장의 영도 아래 직접 중국의 항전에 참가하였고, 각 전쟁터에서 찬란한 전투 성과를 만들어냈다. …… 지난해 가을 (가) 와/과 한국 광복군의 통합 편성을 기반으로 전 민족의 통일을 성공적으로 구현하였다.

① 자유시 참변으로 큰 타격을 입었다.
② 대전자령 전투에서 일본군을 격퇴하였다.
③ 동북 항일 연군으로 개편되어 유격전을 펼쳤다.
④ 김원봉, 윤세주 등이 중국 관내(關內)에서 창설하였다.
⑤ 홍범도 부대와 연합하여 청산리에서 일본군과 교전하였다.

조선 의용대

정답 ④　(가) 부대는 조선 의용대이다. 1937년 중·일 전쟁이 일어나자 민족 혁명당을 계승한 조선 민족 혁명당을 중심으로 통합에 찬성하는 단체들은 조선 민족 전선 연맹을 결성하였다. 1938년 조선 민족 전선 연맹은 중국 국민당 정부의 지원을 받아 군사 조직으로 조선 의용대를 조직하고 정보 수집, 포로 심문, 후방 교란 등 중국군을 지원하는 활동을 하였다.

정답 분석

④ 조선 의용대는 중국 관내에서 결성된 최초의 한인 무장 부대로, 중국의 지원을 받으며 대일 심리전과 후방 공작 활동을 전개하였다.

오답 피하기

① 청산리 대첩 뒤 독립군 부대들은 소련령 자유시로 이동하였지만, 지휘권을 놓고 다툼이 일어나 수많은 독립군이 희생되는 자유시 참변을 겪었다.
② 지청천의 지휘 아래 한국 독립군은 중국 호로군과 함께 쌍성보 전투, 동경성 전투, 대전자령 전투 등에서 큰 전과를 올렸다.
③ 동북 인민 혁명군은 모든 반일 세력을 받아들인다는 원칙을 내세우고 동북 항일 연군으로 개편하여 유격전을 펼쳤다.
⑤ 홍범도가 이끄는 대한 독립군과 김좌진이 이끄는 북로 군정서가 연합하여 청산리에서 일본군에 큰 승리를 거두었다.

04 (가) 부대에 대한 설명으로 옳은 것은?

> ─〈 이달의 독립운동가 〉─
>
> ### 호가장 전투에서 순국한 열사들
>
> 중국 우한에서 창설된 한인 무장 부대의 일부는 화북으로 이동하여 1941년 7월 타이항산에서 (가) 을/를 결성하였다. (가) 의 무장선전대로 활동하던 손일봉, 최철호, 박철동, 이정순은 호가장 전투에서 다른 대원들이 포위망을 벗어날 때까지 일본군과 싸우다 장렬히 순국하였다. 정부는 이들의 공훈을 기려 1993년 애국장을 추서하였다.
>
> 손일봉 1912~1941　 최철호 1915~1941　 박철동 1915~1941　 이정순 1918~1941

① 봉오동 전투에서 일본군을 격파하였다.
② 총사령관 양세봉의 지휘 아래 활동하였다.
③ 미군과 연계하여 국내 진공 작전을 계획하였다.
④ 조선 독립 동맹 산하의 군사 조직으로 개편되었다.
⑤ 간도 참변 이후 조직을 정비하고 자유시로 이동하였다.

조선 의용대 화북 지대

정답 ④　(가) 부대는 조선 의용대 화북 지대이다. 중국 국민당 정부가 항일 투쟁에 소극적인 태도를 보이자 조선 의용대는 중국 공산당 세력이 대일 항전을 벌이고 있는 화베이 지방으로 이동할 것을 결정하였다. 이에 따라 대부분 병력은 조선 의용대 화북 지대를 결성하고 호가장 전투를 치러 큰 전과를 올렸다.

정답 분석

④ 조선 의용대 화북 지대는 호가장 전투, 반소탕전 등 전투를 벌이면서 북상하였고, 1942년 조선 독립 동맹의 군사 조직인 조선 의용군으로 재편되었다.

오답 피하기

① 홍범도가 지휘하던 대한 독립군과 최진동이 이끄는 군무 도독부 등이 연합하여 일본 정규군과 벌인 첫 번째 대규모 전투였던 봉오동 전투를 승리로 이끌었다.
② 조선 혁명군 총사령관 양세봉은 중국 의용군과 함께 한·중 연합군을 편성하여 영릉가 전투와 흥경성 전투에서 일본군을 격파하였다.
③ 한국광복군은 미국의 전략 정보국(OSS)과 함께 국내 진공 작전을 추진하였으나, 일제가 항복하는 바람에 계획을 실행에 옮기지 못하였다.
⑤ 간도 참변을 겪은 독립군 부대들은 소련령 자유시로 이동하였지만, 지휘권을 놓고 다툼이 일어나 수많은 독립군이 희생되는 자유시 참변을 겪었다.

❶ 한국사 연구

(1) 일제의 한국사 왜곡(식민사관)

목적	식민 통치 합리화, 한국사의 자율성 부정, 한국인 독립 의지 약화 목적
주도 단체	• 조선사 편수회(1925) : 식민 사학의 논리에 맞게 『조선사』 37권 편찬 • 청구학회(1930) : 식민 사학의 이론 확립과 보급
식민사관	• 타율성론 : 한국사는 외세 간섭에 의해 타율적 전개 • 정체성론 : 한국 사회는 내적 발전 없이 고대 사회 단계에서 정체 • 당파성론 : 한국 사회의 오랜 당파(붕당) 싸움은 분열성이 강한 민족성에 기인

(2) 민족주의 사학 : 우리 역사의 주체적 발전과 민족 문화의 우수성 강조

신채호	• 역사를 '아(我)와 비아(非我)의 투쟁'이라 정의, 낭가 사상 강조 • 『조선상고사』, 『조선사연구초』 등을 저술 ➡ 민족주의 사학 확립
박은식	• 민족정신을 '혼'으로 강조 • 『한국통사』, 『한국독립운동지혈사』 등을 저술 ➡ 일제의 불법적인 한국 침략에 따른 한국 독립 운동사 정리
조선학 운동	• 다산 정약용 서거 99주년 기념 사업 추진이 계기가 됨 ➡ 민족주의 사학 계승 ➡ 한국 문화의 특색을 학문적으로 체계화(정약용의 실학 등을 연구, 『여유당전서』 간행) • 1930년대 정인보('조선의 얼' 강조), 문일평('조선심(心)' 강조), 안재홍 등이 주도

(3) 사회 경제 사학 : 일제의 식민 사관의 정체성론 극복 노력

백남운	• 마르크스의 유물 사관을 바탕으로 우리 민족의 역사 발전이 세계사의 보편적 발전과 궤를 같이 하고 있음을 주장 • 『조선사회경제사』, 『조선봉건사회경제사』 저술 ➡ 일제의 식민 사관의 정체성론 비판

(4) 실증 사학 : 철저한 문헌 고증을 통한 객관적 역사 연구 강조

특징	• 랑케의 역사학(실증주의)에 기초하여 한국사를 실증적으로 연구(문헌 고증 중심) • 진단 학회 창립(1934) : 이병도, 손진태, 이상백 등이 주도, 『진단학보』 발간, 청구학회에 대항

▲ 신채호

▲ 박은식

▲ 백남운

▲ 이상백

❷ 문학 활동

1910년대	계몽주의적 성격 문학 : 이광수의 『무정』(최초의 근대 소설) 등
1920년대	• 낭만주의 경향 : 『창조』, 『폐허』, 『백조』 등의 동인지 문학(3 · 1 운동을 계기로 발간) • 1920년대 중반 신경향파 문학 등장 : 사회주의 사상의 영향 　┌ 내용 : 식민지 현실의 계급 모순 비판 　└ 카프(KAPF)결성(1925) ➡ 프로 문학으로 발전 • 저항 문학 : 한용운(님의 침묵), 이상화(빼앗긴 들에도 봄은 오는가) 등
1930년대 이후	• 일제의 탄압으로 순수 문학 등장(식민지 현실 외면, 예술성 강조) • 중 · 일 전쟁 이후 친일 문학 등장(최남선, 이광수 등) • 저항 문학 : 윤동주(별 헤는 밤, 서시), 이육사(절정, 광야), 심훈(그날이 오면) 등

❸ 예술 활동

연극	• 토월회(1923) : 본격적인 근대 연극 시작, 신극 운동 전개 • 극예술 연구회(1931) : 유치진의 '토막' 등 공연
영화	• 나운규의 아리랑 제작 · 발표(1926, 단성사) : 민족의 아픔 표현 • 최초의 유성 영화 제작 및 등장(1935)
음악	• 가곡 : 홍난파(1920, 봉선화), 현제명(1931, 고향 생각) • 동요 : 윤극영(반달), 홍난파(고향의 봄) • 안익태의 코리아 환상곡(1936)
미술	• 한국화 : 안중식, 허백련, 박생광, 이상범 등 • 서양화 : 고희동(최초 서양 화가), 김관호, 나혜석(여류 화가) • 이중섭(1940년대) : 소를 통해 불우한 개인 처지, 민족 현실 표현
체육	• 손기정 : 제11회 베를린 올림픽 마라톤 금메달 획득(1936) ➡ 일장기 말소 사건 발생(국내 언론에서 손기정 옷의 일장기를 지워서 게재) • 조선 체육회 설립(1920), 전조선 야구 대회(1920), 경평 축구 대회(1929)
기타	안창남 : 한국 최초의 비행사로 고국 방문 비행(1922)

❹ 종교 활동

불교	사찰령 폐지 운동 전개, 한용운의 조선 불교 유신회 조직(1921)
천도교	• 동학 계승, 제2의 3 · 1 운동 계획 • 문화 운동 전개 : 『개벽』, 『신여성』, 『어린이』, 『별건곤』 등 잡지 간행 • 방정환이 만든 천도교 소년회는 소년 운동을 전개하는데 중심 역할을 함
대종교	• 단군 숭배 사상을 통한 민족 의식 고양 • 만주에서 무장 항일 투쟁 전개(중광단 ➡ 북로 군정서군)
원불교	박중빈이 창시(1916), 새 생활 운동 전개(개간 사업, 저축 운동, 허례허식 폐지 등)
개신교	신사 참배 거부 운동, 사립학교 설립 등 교육 운동, 각종 문화 사업 전개
천주교	사회 사업 실시(고아원, 양로원 등 설립), 만주에 항일 무장 단체 '의민단' 조직

▲ 한용운

▲ 이상화

▲ 윤동주

▲ 이육사

▲ 영화 '아리랑' 출연 배우들과 제작진
아리랑은 나라를 잃은 민중의 울분과 설움을 생생하게 그려내어 큰 호응을 받았다.

▲ 월계관을 쓴 원본 사진(좌측), 일장기가 지워진 사진(우측)
조선중앙일보와 동아일보는 손기정 선수 사진의 일장기를 지워 무기 정간을 당하였다.

▲ 천도교의 잡지 『개벽』(좌측), 『신여성』(우측)

▲ 『한글』 잡지

▲ 『우리말 큰사전』 원고

자료 살펴보기

한국인의 중앙아시아 강제 이주

1937년 스탈린은 소련과 일본 간에 전쟁이 나면 한인들이 일본을 지원할 것이라는 이유로 연해주 지역의 한인들을 중앙아시아로 강제 이주시켰다. 연해주 지역에 살던 수십 만 명의 한국인을 6,000km 이상 떨어진 곳으로 강제 이주를 하는 과정에서 수많은 한국인이 희생을 당하고 재산을 잃었다.

▲ 멕시코 에네켄 농장에서 일하는 한인 노동자

5 국어 연구

(1) 조선어 연구회(1921)

결성	최현배, 이윤재 등을 중심으로 창립 ➡ 주시경의 국문 연구소(1907)의 전통 계승 ➡ 한글의 연구 · 보급 목적
주요 활동	• 조선어 강습회와 강연회 개최 ➡ 한글 보급 운동 및 한글 대중화에 힘씀 • 『한글』 잡지 간행, 한글날의 기원인 '가갸날' 제정(1929)

(2) 조선어 학회(1931)

결성	최현배, 이윤재 등을 중심으로 창립 ➡ 조선어 연구회를 계승 · 발전
주요 활동	• 한글 맞춤법 통일안 제정(1933), 표준어 및 외래어 표기법 통일안 제정(1940) • 『우리말 큰사전』 편찬 시도 ➡ 일제가 조작한 조선어 학회 사건(1942)으로 중단 • 조선어 학회 사건(1942) : 일본은 조선어 학회를 독립 운동 단체로 간주 ➡ 최현배, 이윤재 등 회원을 체포 · 투옥(치안 유지법 적용) ➡ 조선어 학회 강제 해산

6 국외 이주 동포들의 생활

(1) 만주

이주 배경	근대(독립 운동 거점 마련), 일제 강점기(항일 운동, 일제 수탈을 피해 이주)
시련	간도 참변(경신참변, 1920), 미쓰야 협정(1925), 만보산 사건(1931)

(2) 연해주

이주 배경	러시아는 변방 개척 정책을 위해 조선인의 연해주 이주 허용 및 토지 제공 ➡ 이주민 급증, 한인촌(신한촌) 형성
시련	스탈린의 소련 정부에 의한 중앙아시아 강제 이주(1937) ➡ 신한촌이 해체됨

(3) 일본

이주 배경	• 19세기 말 : 유학생, 정치적 망명 • 1920년대(산업 노동자 중심, 유학생), 1930년대(전시 동원 체제에 따른 강제 징용)
시련	관동 대학살(1923) : 일본 정부는 지진으로 인한 사회 불안을 조선인에 돌림

(4) 미주

이주 배경	• 20세기 초 : 하와이 사탕수수 농장, 철도 공사장 노동자 중심 노동 ➡ 이민과 함께 '사진 결혼'을 통한 여성 이민도 증가 • 국권 피탈 후 : 정치적 망명과 유학생 증가
시련	• 하와이 : 사탕수수 농장, 철도 공사장, 개간 사업장 등에서 중노동 • 멕시코, 쿠바 : 에네켄 농장의 노동자로 생활(노동자를 애니깽이라 부름)

은쌤의 **합격노트**

🏮 한국사 연구

☑ 시험에 꼭 나오는 키워드

- 민족주의 사학자 신채호, 박은식의 활동 기억하기 ➡ 두 인물은 단독으로 출제되고, 일제 강점기 이전의 활동도 묶어서 정리해야 함
- 조선학 운동의 내용 정리하기 ➡ 단독 출제보다는 주로 오답 선지로 활용됨
- 사회경제 사학자 백남운의 활동 기억하기 ➡ 출제율이 낮지만 단독으로 출제되고, 신채호와 박은식 문제의 오답 선지로 활용됨
- 실증사학의 내용 정리하기 ➡ 단독 출제보다는 주로 오답 선지로 활용됨

☑ 최다 빈출 선지

식민 사관
① 조선사 편수회를 설치하여 조선사를 편찬하였다.

신채호
① 독사신론을 저술하여 민족주의 사관의 기초를 마련하였다.
② 애국심 고취를 위해 을지문덕전을 집필하였다.
③ 의열단의 활동 강령인 조선 혁명 선언을 작성하였다.
④ 고대사 연구를 바탕으로 조선상고사를 저술하였다.

박은식
① 유교 개혁을 주장하는 유교 구신론을 제창하였다.
② 실천적인 유교 정신을 강조하는 유교 구신론을 저술하였다.
③ 박은식 등이 조선 광문회를 조직하였다.
④ 국혼을 강조하며 민족의식을 고취한 역사학이자 독립 운동가이다.
⑤ 대한민국 임시 정부 제2대 대통령에 취임하였다.
⑥ 국권 피탈 과정을 정리한 한국통사를 저술하였다.
⑦ 한국통사를 저술하고 민족주의 사학의 기초를 닦았다.
⑧ 조선 국혼을 강조하는 한국통사를 저술하였다.
⑨ 독립 투쟁 과정을 정리한 한국독립운동지혈사를 저술하였다.

조선학 운동
① 여유당전서 간행 사업을 계기로 전개되었다.
② 민족의 얼을 강조하고 조선학 운동을 추진하였다.
③ 여유당전서를 간행하고 조선학 운동을 주도하였다.

백남운
① 조선사회경제사에 식민주의 사학의 정체성 이론을 반박하였다.
② 식민 사학을 반박하는 조선봉건사회경제사를 저술하였다.

실증사학
① 진단 학회를 설립하여 실증주의 사학을 발전시켰다.
② 진단 학회를 창립하고 진단 학보를 발행하였다.

🏮 국어 연구, 문학-예술-종교 활동

☑ 시험에 꼭 나오는 키워드

- 조선어 연구회와 조선어 학회의 활동 기억하기 ➡ 단독으로 출제되며, 최근 들어서는 두 단체를 구분하지 않고 묶어서 출제됨
- 사회주의 영향을 받은 신경향파 문학(카프)과 저항 문학 작가들의 작품 정리하기
- 나운규의 아리랑의 연도 기억하기 ➡ 당시 시기(1920년대)의 상황을 물어봄
- 손기정 일장기 말소 사건은 단독 출제보다는 일제의 식민 통치와 연계되어 출제됨
- 천도교와 대종교의 활동 정리하기 ➡ 일제 강점기 이전의 활동까지 묶어서 정리해야 함, 다른 종교는 주로 오답 선지로 활용됨
- 국외 각 지역에서 우리 민족이 겪었던 시련을 정리하기

☑ 최다 빈출 선지

조선어 학회
① 잡지 한글의 간행을 주도하였다.
② 외래어 표기법 통일안을 마련하였다.
③ 한글 맞춤법 통일안과 표준어를 제정하였다
④ 우리말 큰 사전 편찬을 시도하였다.
⑤ 조선어 학회 사건으로 최현배, 이극로 등이 투옥되었다.

문학 및 예술
① 신경향파 문학이 등장하는 배경이 되었다.
② 카프(KAPF)에서 활동하는 신경향파 작가
③ 근대극 형식을 도입한 토월회를 조직하였다.

아리랑
① 나운규가 감독, 주연을 맡아 제작한 영화이다.
② 단성사에서 개봉된 영화 아리랑을 제작하였다(나운규).
③ 식민 지배를 받던 한국인의 고통스런 삶을 표현한 작품이다.

손기정
① 일장기를 삭제한 손기정 사진을 게재하였다(동아일보, 조선일보).

천도교
① 만세보를 발행하여 민중 계몽에 힘썼다.
② 개벽, 신여성 등의 잡지를 간행하여 민족의식을 높였다.
③ 어린이날을 제정하고 소년 운동을 추진하였다.
④ 어린이 등의 잡지를 발간하여 소년 운동을 주도하였다.

대종교
① 단군을 숭배의 대상으로 하였다.
② 중광단을 조직하여 무장 투쟁을 전개하였다.

종교
① 박중빈을 중심으로 새생활 운동을 추진하였다(원불교).
② 일제의 통제에 맞서 사찰령 폐지 운동을 벌였다(불교).
③ 경향신문을 발행하여 민중 계몽을 위해 노력하였다(천주교).
④ 만주에서 의민단을 조직하여 독립 전쟁을 전개하였다(천주교).

연해주
① 스탈린에 의해 많은 한인이 중앙아시아로 강제 이주되었다.
② 신한촌은 1937년 스탈린이 한인을 중앙아시아로 강제 이주시키면서 해체되었다.

심화 60회 35번

01 밑줄 그은 '나'의 활동으로 옳은 것은?

> 나는 일제 침략에 맞서 민족의식을 고취하기 위해, 국난을 극복한 영웅의 전기인 이순신전과 을지문덕전을 집필하였습니다. 또 조선상고사에서는 역사를 아(我)와 비아(非我)의 투쟁으로 정의하였습니다.

① 여유당전서를 간행하고 조선학 운동을 주도하였다.
② 유교의 개혁을 주장하는 유교 구신론을 제창하였다.
③ 조선사편수회에 들어가 조선사 편찬에 참여하였다.
④ 조선사회경제사에서 식민사학의 정체성론을 반박하였다.
⑤ 민중의 직접 혁명을 주장한 조선 혁명 선언을 작성하였다.

독립 운동가 신채호

정답 ⑤ 밑줄 그은 '나'는 신채호이다. 신채호는 "이순신전", "을지문덕전" 등 위인전기를 통해 민족의식을 고취하였다. 또한 "조선사연구초"와 "조선상고사"를 저술하여 일제의 식민 사학에 정면으로 맞섰다. 그는 고대사 연구를 통해 민족 고유의 문화적 전통과 정신을 강조하였다.

정답 분석

⑤ 신채호가 김원봉의 요청으로 작성한 '조선 혁명 선언'에는 민중 직접 혁명론이라는 의열단의 노선이 잘 제시되어 있다.

오답 피하기

① 정인보와 안재홍은 우리 민족 스스로 발전할 수 있는 역량을 가지고 있었다는 사실을 밝히기 위해 정약용 연구를 중심으로 한 조선학 운동을 전개하였다.
② 박은식은 유학을 새롭게 해야 한다는 유교 구신론을 제창하고 대동사상을 강조하여 평등의식을 높이려 하였다.
③ 일제는 우리 역사를 왜곡할 목적으로 정무총감을 위원장으로 하는 조선사편수회를 조직하였다.
④ 백남운은 "조선사회경제사"에서 일제의 정체성론을 반박하였다.

02 다음 인물에 대한 설명으로 옳은 것은?

이달의 역사 인물

혼이 보존되면 국가는 부활할 것이다
○ ○ ○ (1859~1925)

국혼을 강조하며 민족의식을 고취한 역사학자이자 독립운동가이다. 일찍부터 민족 교육의 중요성을 인식하여 서우학회에서 애국 계몽 운동을 펼쳤으며, 국권 피탈 과정을 정리한 『한국통사』를 저술하였다. 1925년에는 대한민국 임시 정부 제2대 대통령에 취임하였다. 정부에서는 그의 공훈을 기리어 건국훈장 대통령장을 추서하였다.

① 진단 학회를 창립하고 진단 학보를 발행하였다.
② 여유당전서를 간행하고 조선학 운동을 전개하였다.
③ 헤이그에서 열린 만국 평화 회의에 특사로 파견되었다.
④ 평양에서 조선 물산 장려회 발기인 대회를 개최하였다.
⑤ 실천적인 유교 정신을 강조하는 유교구신론을 저술하였다.

독립 운동가 박은식
정답 ⑤ 다음 인물은 박은식이다. 서북학회는 서북 협성학교, 수상 야학, 심학 강습소, 농림 강습소 등 많은 학교를 세우고 인재 양성에 힘썼다. 서북학회의 중심 인물은 박은식, 이동휘, 안창호 등이었다. 1925년 박은식은 상하이 대한민국 임시 정부가 이승만 대통령이 탄핵하고 구미 위원부를 폐지한 이후 제2대 대통령으로 선출되었다. 박은식은 대통령제를 내각 중심의 국무령제로 바꾸고 사임하였다.

정답 분석
⑤ 박은식은 1909년 실천적인 유교 정신을 강조하는 "유교구신론"을 써서, 유교도 민중이 중심이 되어야 한다고 주장하였다.

오답 피하기
① 실증 사학의 영향을 받은 이병도 등은 1934년에 진단 학회를 조직하고 "진단 학보"를 발간하여 한국사 연구에 힘썼다.
② 1930년대 안재홍, 정인보 등은 정약용 서거 99주년을 기념하며 "여유당전서"를 간행하면서 조선학 운동을 제창하였다.
③ 1907년 고종은 네덜란드 헤이그에서 열리는 만국 평화 회의에 이상설, 이준, 이위종을 특사로 파견하였다.
④ 1920년대 초 평양에서 조만식을 중심으로 평안도의 경제 · 교육계 인사들이 모여 물산 장려 운동을 전개하였다.

03 (가) 인물의 활동으로 옳은 것은?

도시샤 대학에 있는 이 시비는 민족 문학가인 (가) 을/를 기리기 위해 세워졌습니다. 비석에는 '죽는 날까지 하늘을 우러러'로 시작되는 그의 작품인 서시가 새겨져 있습니다. 북간도 출신인 그는 일본 유학 중 치안 유지법 위반 혐의로 체포되어 옥중에서 순국하였습니다.

① 조선상고사를 저술하였다.
② 소설 상록수를 신문에 연재하였다.
③ 저항시 광야, 절정 등을 발표하였다.
④ 영화 아리랑의 제작과 감독을 맡았다.
⑤ 별 헤는 밤, 참회록 등의 시를 남겼다.

독립 운동가 윤동주
정답 ⑤ (가) 인물은 윤동주이다. 일제의 수탈이 극도에 달한 1940년대에는 저항 문학이 등장하였는데, 이 중 대표적인 시인이 윤동주이다. 그는 만주 북간도의 명동촌에서 태어나 15세 때부터 시를 쓰기 시작하였다. 1941년 11월 윤동주는 그때까지 써놓은 시 중에서 18편을 뽑고 여기에 '서시'를 붙여 "하늘과 바람과 별과 시"라는 제목의 시집을 엮었다. 그러던 중에 1943년 7월 윤동주는 일본에서 고향으로 돌아갈 준비를 하던 중에 송몽규 등과 함께 일본 특고경찰에 체포되었다. 조선인 유학생을 모아놓고 조선의 독립과 민족문화의 수호를 선동했다는 죄목이었다. 1945년 2월 16일 원인 불명의 사인으로 후쿠오카형무소에서 29세의 짧지만 굵은 생을 마감하였다.

정답 분석
⑤ '별 헤는 밤'과 '참회록'은 윤동주가 지은 유작으로 친구 정병욱과 아우 윤일주가 1948년 정리한 "하늘과 바람과 별과 시" 초간본에 실렸다.

오답 피하기
① 신채호는 "조선상고사"를 저술하여 민족사가 주체적으로 발전해 온 과정을 정리하였다.
② '민중 속으로'라는 뜻을 지닌 브나로드 운동을 배경으로 심훈의 "상록수" 같은 계몽 소설이 등장하였다.
③ 이육사의 대표작 '광야'와 '절정'은 식민지하의 민족적 비운을 소재로 삼아 강렬한 저항 의지를 나타내고, 꺼지지 않는 민족정신을 장엄하게 노래하였다.
④ 1926년 나운규가 직접 각본을 쓴 '아리랑'은 나라를 잃은 민중의 울분과 설움을 그려내 큰 호응을 얻었다.

04 밑줄 그은 '이 사건' 이후의 사실로 옳은 것은?

> 이 사진은 베를린 올림픽에서 우승한 손기정 선수의 시상식 모습입니다. 일부 신문들이 손기정 선수의 가슴에 있던 일장기를 삭제했는데, 이 사건으로 해당 신문들은 무기 정간을 당하거나 자진 휴간했습니다.

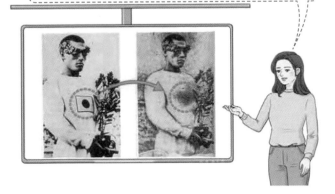

① 일제에 의해 경성 제국 대학이 설립되었다.
② 신경향파 작가들이 카프(KAPF)를 결성하였다.
③ 나운규가 제작한 영화 아리랑이 처음 개봉되었다.
④ 여성 계몽과 구습 타파를 주장하는 근우회가 창립되었다.
⑤ 일제가 한글 학자들을 구속한 조선어 학회 사건이 일어났다.

손기정 일장기 말소 사건 이후의 모습

정답 ⑤　밑줄 그은 '이 사건'은 일장기 말소 사건이다. 1936년 손기정 선수가 베를린 올림픽의 마라톤 대회에서 우승하였다. 조선중앙일보와 동아일보의 기자들은 월계관을 쓰고 시상대에 오른 손기정 선수의 사진에서 일장기를 지워 손기정이 일본인이 아닌 한국인이라는 점을 부각시키려 하였다. 조선 총독부는 해당 기자들을 구속하고, 두 신문을 무기 정간시켰다.

정답 분석

⑤ 1942년 일제는 조선어 학회 사건을 일으켜 조선어 학회를 민족 운동 단체로 규정하고 회원들을 탄압하는 한편, 조선어 학회를 강제로 해산시켰다.

오답 피하기

① 1924년 일제는 한국인을 회유하고 한국 거주 일본인의 고등 교육을 위해 경성 제국 대학을 서둘러 설립하였다.
② 1920년대 중반 이후에는 사회주의의 영향을 받아 신경향파 문학(프로 문학)이 나타났다. 임화, 김기진, 박영희, 최서해 등은 카프(KAPF)라는 문학 단체를 결성하여 계급문학을 확산하였다.
③ 1926년 우리나라 영화의 출발점이자 대표작이라 할 수 있는 나운규의 아리랑이 발표되었다.
④ 1927년 여성 운동 단체들은 신간회의 창립에 발맞추어 '조선 여자의 공고한 단결과 지위 향상'을 목적으로 근우회를 조직하였다.

---

05 (가) 종교에 대한 설명으로 옳은 것은?

> 공의 이름은 인영(寅永)인데, 뒤에 철(喆)로 고쳤다. …… 보호 조약이 체결된 뒤에 동지와 함께 오적(五賊)의 처단을 모의하였는데, 1907년에 계획이 새어 나가 일을 그르쳤다. 뒤에 ▢(가)▢을/를 제창하고 교주를 자임하였는데, 이를 바탕으로 국민을 진흥하려고 하였다. 일찍이 북간도에 가서 그의 무리와 함께 발전을 도모하였다. …… 그의 문인(門人)들은 그를 숭상하여 오백 년 이래 다시 없는 대종사로 여겼다.
>
> － 『유방집』 －

① 사찰령 폐지 운동을 추진하였다.
② 개벽, 신여성 등의 잡지를 발행하였다.
③ 중광단을 결성하여 무장 투쟁을 전개하였다.
④ 배재 학당을 세워 신학문 보급에 기여하였다.
⑤ 박중빈을 중심으로 새생활 운동을 추진하였다.

대종교

정답 ③　(가) 종교는 대종교이다. 1909년 나철, 오기호, 이기 등은 단군 대황조의 신위를 모시고 제천 의식을 거행한 후, 환인, 환웅, 단군을 받드는 삼위일체의 신앙을 선포하였다. 이들은 민족 정신을 보존하는 것이 급선무라고 생각하여 민족의 시조인 단군을 중심으로 한 단군교를 중광하였다. 이들은 대종교는 새로 만들어 낸 것이 아니며, 면면히 내려오던 민족 신앙을 다시 밝힌 것이라고 주장하였다. 단군교는 곧 대종교로 이름을 바꾸었고, 만주, 연해주를 중심으로 교세를 확대하여 독립 운동의 정신적 근거지 역할을 하였다.

정답 분석

③ 북간도로 거점을 옮긴 대종교는 1911년 중광단이라는 무장 독립 단체를 만들었다. 중광단은 3·1 운동 이후 북로 군정서로 발전하면서 사관 양성소를 세워 독립군을 양성하였다.

오답 피하기

① 불교계는 친일화 정책에 대항하여 한용운 등은 사찰령 폐지 운동을 전개하여 총독부의 간섭에서 벗어나려 하였다.
② 동학을 계승한 천도교는 제2의 독립 선언 운동을 계획하였으며, "개벽", "신여성", "어린이", "농민" 등의 잡지를 발간하였다.
④ 배재 학당은 1885년 선교사 아펜젤러에 의해 설립된 근대식 중등 교육기관이다.
⑤ 1916년 박중빈이 창시한 원불교는 불교의 현대화와 생활화를 내세우며, 허례허식 폐지와 남녀평등 등 새 생활 운동을 전개하였다.

심화 59회 39번

06 (가) 종교에 대한 설명으로 옳은 것은?

> 이곳은 동학에서 시작된 종교인 (가) 소속의 방정환, 김기전 등이 인내천 사상을 바탕으로 1922년 '어린이의 날'을 선포한 장소입니다. 그들은 어린이들과 함께 이곳에서 출발하여 거리 행진을 하며 선전문을 배포한 뒤 어린이날 제정 축하 기념회를 열었습니다.

① 만세보를 발행하여 민중 계몽에 힘썼다.
② 중광단을 조직하여 무장 투쟁을 전개하였다.
③ 배재 학당을 세워 신학문 보급에 기여하였다.
④ 박중빈을 중심으로 새생활 운동을 추진하였다.
⑤ 일제의 통제에 맞서 사찰령 폐지 운동을 주도하였다.

천도교

정답 ① (가) 종교는 천도교이다. 소년 운동은 1921년에 방정환을 중심으로 천도교 소년회가 조직되면서 시작되었으며, 아이들을 인격체로 대접하라는 의미에서 '어린이'라는 용어를 사용하였다. 이후 천도교 소년회는 어린이날을 제정하였고, 어린이 잡지인 "어린이"를 창간하였다.

정답 분석

① 1906년 천도교계에서 발행한 만세보는 여성 교육에도 관심을 가지면서 민중을 계몽했고, 일진회 등의 반민족 행위를 비판하였다.

오답 피하기

② 서일 등 대종교 간부들은 항일 독립운동 단체인 중광단을 조직하였고 이후 북로 군정서로 개편하였다.
③ 개신교 선교사 아펜젤러는 근대식 중등 교육기관 배재 학당을 설립하였다.
④ 박중빈이 창시한 원불교는 근검저축, 허례 폐지, 미신 타파, 금주 단연 등을 내용으로 하는 새생활 운동과 간척 사업을 전개하였다.
⑤ 불교계의 한용운 등은 사찰령 폐지 운동을 전개하여 총독부의 간섭에서 벗어나고자 하였다.

심화 63회 39번

07 다음 검색창에 들어갈 단체에 대한 설명으로 옳은 것은?

한국사 강의

단체 ⬍ [   ] 검색

검색 결과

우리말을 힘써 모으다
- 학생들을 통해 시골말, 놀이말, 속담 등 수집

최현배, 이극로 등 다수의 회원이 검거되다
- 사전 편찬 활동 등을 치안 유지법으로 탄압

'조선말 큰사전' 편찬 작업을 재개하다
- 서울역 창고에서 일제에 압수되었던 원고 발견

① 한글 신문인 제국신문을 간행하였다.
② 태극 서관을 설립하여 서적을 보급하였다.
③ 파리 강화 회의에 독립 청원서를 제출하였다.
④ 한글 맞춤법 통일안과 표준어 사정안을 제정하였다.
⑤ 국문 연구소를 두어 한글을 체계적으로 연구하였다.

조선어 학회

정답 ④ 다음 검색창에 들어갈 단체는 조선어 학회이다. 1931년 조선어 연구회는 조선어 학회로 발전하였다. 이들은 조선어 강습회를 개최하는 한편 문자 보급 교재를 만들어 문맹 퇴치 운동에도 적극적으로 참여하였다. 또한 조선어 학회는 조선어 사전 편찬회를 통해 우리말 큰 사전의 편찬을 준비하였다. 일제는 1942년 조선어 학회 사건을 일으켰다. 일제는 조선어 학회를 민족 운동 단체로 규정하고 회원들을 탄압하는 한편, 조선어 학회를 강제로 해산시켰다.

정답 분석

④ 조선어 학회는 한글 맞춤법 통일안과 표준어 및 외래어 표기법 통일안을 제정하여 한글 표준화에 이바지하였다.

오답 피하기

① 1898년 이종일이 창간한 제국신문은 한글 전용을 고수하였다. 제국신문은 하층민과 부녀자를 주된 독자층으로 하여 계몽 활동을 전개하였다.
② 1908년 신민회의 이승훈, 안태국 등은 서적이나 인쇄물의 출판 및 공급을 목적으로 평양에 서점인 태극 서관을 설립하였다.
③ 1919년 중국 상하이에서는 신규식, 여운형이 중심이 된 신한 청년당이 독립 청원서를 작성하고 김규식을 파리 강화 회의에 파견하였다.
⑤ 1907년 대한 제국 말기 학부 안에 국문 연구소가 설립되었고, 지석영과 주시경 등의 주도로 국어 문법의 연구와 정리가 이루어졌다.

I

우리 역사의 형성

II

고려 귀족 사회의
형성과 변천

III

조선 유교 사회의
성립과 변화

IV

국제 질서의 변동과
근대 국가 수립 운동

대한민국의 발전과
현대 세계의 변화

VI

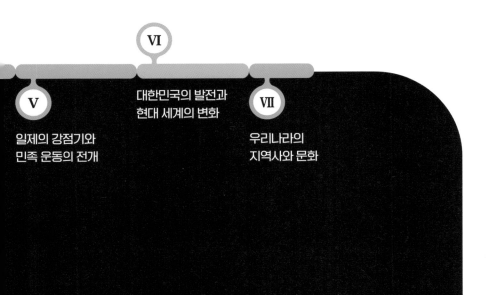

62강 대한민국 통일 정부의 수립 노력

▲ 포츠담 회담
1945년 7월 독일의 포츠담에서 영국의 애틀리, 미국의 트루먼, 소련의 스탈린이 모여 전후 처리 문제를 논의하였다.

▲ 광복 소식에 기뻐하는 사람들

▲ 원자 폭탄 투하 후의 히로시마

▲ 조선 건국 준비 위원회에서 연설하는 여운형

1 8·15 광복과 분단

(1) 광복 직전 건국 준비 활동

대한민국 임시 정부	• 활동 : 1940년 충칭에 정착, 한국광복군 창설 • 강령 : 삼균주의에 기반한 민족의 자유와 독립, 민주주의 국가 건설 등 발표
조선 독립 동맹	• 활동 : 중국 옌안이 거점, 사회주의 계열의 주도아래 건국 준비, 조선 의용군 창설 • 강령 : 민주 공화국 수립, 남녀평등, 토지 분배, 대기업 국유화 등 발표
조선 건국 동맹	• 활동 : 국내에서 여운형, 안재홍 등의 좌·우 합작으로 결성 • 강령 : 민족의 자유와 독립, 민주주의 국가 건설 등 발표
세 단체의 공통점	• 세 단체의 활동 지역은 달랐지만 모두 일제의 패망을 확신하고 건국을 준비 • 세 단체가 만든 건국 강령은 광복 후 민주 공화국을 만든다는 데에 의견이 같음
국제 사회의 한국 독립 약속	• 카이로 회담(1943) : 연합국은 적당한 시기에 한국을 독립시킬 것을 결의 • 얄타 회담(1945) : 한국에 대한 신탁 통치 문제가 언급됨 • 포츠담 회담(1945) : 우리나라의 독립을 결의한 카이로 회담의 내용을 재확인

(2) 8·15 광복(1945)과 38도선 확정

배경	연합국의 독립 약속(카이로 회담, 포츠담 회담) ➡ 연합국의 승리, 우리 민족의 독립 투쟁
과정	원자 폭탄 투하(히로시마, 나가사키) ➡ 소련 참전 ➡ 일본의 무조건 항복(1945.8.15.)
국토 분단	• 미국·영국·소련의 정상들이 얄타에서 회담을 개최하여 소련군의 대일전 참전 결정 (1945.2.) ➡ 소련군 참전(1945.8.) ➡ 남북 분단의 계기를 제공함 • 38도선 설정 : 미국은 소련의 한반도 단독 점령을 막고자 38도선을 경계로 분할 점령 제안 ➡ 미국의 제안을 소련이 수용 ➡ 38도선을 경계로 이북은 소련군이 이남은 미군이 들어와 관리

2 광복 직후의 국내 정세

(1) 조선 건국 준비 위원회

성립	조선 건국 동맹 계승 ➡ 광복 직후 여운형(중도 좌파)과, 안재홍(중도 우파)을 중심으로 조직
활동	• 조선 총독부로부터 행정권과 치안권을 받고 일본인의 귀국을 약속함 • 전국에 145개의 지부 조직 및 치안대 설치 : 치안 및 행정 담당, 사회 질서 유지 • 조선 인민 공화국 수립을 선포(1945.9.) : 미국과 교섭력을 높이기 위해 정부 형태로 전환, 전국의 지부는 인민 위원회로 전환
해체	• 점차 좌익 세력이 실권을 장악하자 일부 우익 세력 이탈(안재홍 등) • 미군정이 인정하지 않자 급속히 와해

(2) 미군과 소련군의 점령

한반도 이북 : 소련군의 사령부 설치	한반도 이남 : 미군의 군정청 설치
• 간접 통치 • 인민 위원회에 행정권을 넘겨줌 • 김일성 등 공산주의 세력 지지, 조만식 등 민족주의 계열 숙청	• 직접 통치 : 조선 총독부로부터 통치권 넘겨받음 • 모든 행정기구와 활동을 인정하지 않음 : 조선 건국 준비 위원회, 조선 인민 공화국·대한민국 임시 정부를 부정함 • 친일 관리와 경찰을 그대로 고용

(3) 다양한 정치 세력의 형성

우익 세력	• 한국 민주당 : 송진우, 김성수 등 주도, 일제 강점기 지주와 자본가 중심 • 독립 촉성 중앙 협의회 : 이승만이 중심, 한국 민주당과 긴밀한 관계 유지 • 한국 독립당 : 김구 등 대한민국 임시 정부의 핵심 정당, 미군정이 인정하지 않음
중도 세력	• 국민당 : 안재홍 등 중도 우익이 신민족주의 등 표방 • 조선 인민당 : 여운형이 조선 인민 공화국 와해 후 결성
좌익 세력	남조선 노동당 : 박헌영 등이 주도, 미군정 탄압으로 조선 공산당에서 개편

❸ 통일 정부 수립 운동과 좌절

(1) 모스크바 3상 회의(1945.12.)

목적	소련의 모스크바에서 미국·영국·소련의 외무 장관이 한반도 문제 등을 논의
결정 내용	• 한국에 임시 민주 정부 수립, 미·소 공동 위원회 설치 • 최대 5년간 신탁 통치 결의 ➡ 미·영·중·소 4개국 공동 관리

신탁 통치에 대한 국내의 반응 = 좌·우익의 대립 심화	
좌익 세력 = 찬탁	우익 세력 = 반탁
• 처음에는 반대 입장 ➡ 찬성으로 입장 선회 • 신탁 통치는 빠른 독립을 위한 지원으로 판단	• 격렬한 반대 ➡ 대다수 국민들의 지지를 얻음 • 신탁 통치는 한국의 자주권을 부정한 결정으로 판단

결과	통일 정부 수립을 두고 좌·우 대립의 심화를 초래함

사료 살펴보기

모스크바 3국 외무 장관 회의 결정서(1945)

1. 한국의 독립을 위하여 한국 임시 민주 정부를 수립한다.
2. 임시 정부 수립을 위하여 미·소 공동 위원회를 설치하고 한국의 정당 및 사회단체와 협의 한다.
3. 미·소 공동 위원회의 임무는 한국의 자치 정부 수립과 독립 국가 건설을 돕고 지원하는 데 있다. 공동 위원회의 제안은 한국 임시 정부의 자문을 거쳐 미국·소련·영국·중국 정부에 제출되어, 최장 5개년간의 4개국 신탁 통치에 관한 협정에 합의하게 될 것이다.

모스크바 3국 외상 회의에서 가장 중요한 내용은 임시 정부를 가급적 빨리 수립한다는 것이었다. 이 임시 정부를 미국과 소련이 공동 위원회를 설치하여 후원을 함으로써 5년 안에 독립 국가를 세우자고 합의한 것이다. 처음 소련은 즉각 독립을, 미국은 30년간 신탁 통치를 제안하였다. 인도 등 식민지가 많았던 영국은 한국 독립에 소극적이었지만 결국 최장 5년에 합의하였다.

▲ 미군과 소련군의 진주

▲ 대한민국 임시 정부 귀국 환영 대회

▲ 모스크바 3국 외상 회의의 결과를 보도한 신문 기사
소련이 신탁 통치 실시를, 미국은 즉각 독립을 주장하였다는 잘못된 내용을 보도하였다.

▲ 신탁통치에 대한 우익 진영 구호 '신탁통치 절대 반대'

▲ 신탁통치에 대한 좌익 진영 구호 '3상 결정 절대 지지'

▲ 제1차 미 · 소 공동 위원회 개최

사료 살펴보기

이승만의 정읍 발언

이제 우리는 무기 휴회된 미·소 공동 위원회가 재개될 기색도 보이지 않으며 통일 정부를 고대하나 여의치 않으니 우리는 남방만이라도 임시 정부 혹은 위원회 같은 것을 조직하여 38 이북에서 소련이 철퇴하도록 세계 공론에 호소하여야 될 것이니 여러분도 결심하여야 될 것이다.

– 이승만, 정읍 발언, 1946. 6. 3. –

이승만은 1차 미·소 공동 위원회의 결렬로 임시 정부 구성이 어려움에 빠지자 단독 정부 수립을 주장하였고, 이에 따라 남북 분단의 가능성은 더욱 커지게 되었다.

▲ 이승만(좌)과 김구(우)

▲ 좌우 합작 위원회의 위원들

▲ 좌우 합작 운동을 풍자한 그림(제3특보, 1946.10.28.)
극좌 세력과 극우 세력이 좌우 합작을 방해하는 모습을 풍자하고 있다. 왼쪽은 여운형, 오른쪽은 김규식이다.

(2) 1차 미·소 공동위원회(1946.3.)

배경	모스크바 3국 외상 회의 결정에 따라 한국에 임시 정부 수립을 위해 개최	
소련의 주장		**미국의 주장**
신탁 통치에 반대하는 우익 단체와 협의할 수 없다고 주장		소련과 달리 우익 단체도 협의 대상에 포함시키자고 주장
결과	정부 수립에 참가하는 단체의 범위를 놓고 논란을 벌이다 무기한 휴회(결렬)	

(3) 이승만의 정읍 발언(1946.6.)

전개 과정	제1차 미 · 소 공동 위원회가 결렬 ➡ 이승만이 정읍에서 38도선 이북의 소련 철퇴 및 남한만이라도 단독 정부를 수립해야 한다고 주장
결과	한국 민주당을 비롯한 우익 세력은 이승만의 단독 정부 수립 주장을 지지

(4) 좌·우 합작 운동(1946.7.~1947.12.)

배경	• 신탁 통치로 인한 좌 · 우익의 대립 격화 ➡ 파국을 막기 위해 중도 세력 형성 • 미군정의 지원, 우익 진영 측에서 단독 정부 수립 움직임(이승만의 정읍 발언)
전개 과정	• 중도 우파인 김규식과 중도 좌파인 여운형을 중심으로 좌 · 우 합작 위원회 결성 ➡ 미군정의 지원 속에 좌 · 우 합작 7원칙 발표 • 좌우 합작 7원칙 발표(1946.10.) : 모스크바 3국 외상 회의 결정 지지, 토지 개혁 실시, 친일파 처리 등이 포함 ➡ 미 군정은 이 원칙을 근거로 남조선 과도 입법 의원을 출범시킴(1946.12.) • 우익의 반응 : 김구과 한국 독립당은 '8 · 15 이후 민족이 거둔 최대 수확'이라며 지지, 이승만과 한국 민주당 등의 우익은 좌익과의 협조 자체를 거부 • 좌익의 반응 : 무상 몰수 · 분배 토지 개혁과 친일파 즉각 청산을 요구하며 반대
결과	좌 · 우 세력의 불참(이승만 · 조선 공산당 등 불참), 냉전 체제 격화에 따른 미군정의 지원 철회, 여운형 암살(1947.7.) 등으로 중단

사료 살펴보기

좌·우 합작 위원회의 활동

1. 모스크바 3국 외상 회의의 결정에 따라 남북의 좌·우 합작으로 민주주의 임시 정부를 수립할 것.
   * 신탁 통치를 반대하는 김구와 이승만이 반대
2. 미·소 공동 위원회의 속개를 요청하는 공동 성명을 발표할 것.
   * 신탁 통치를 반대하는 김구와 이승만이 반대
3. 토지는 몰수, 유조건 몰수, 매수하여 농민에게 무상으로 분배하고, 중요 산업을 국유화할 것.
   * 한국 민주당이 국가 재정의 파탄을 가져온다고 강력히 반대
4. 친일파, 민족 반역자를 처단할 조례를 제정할 것.
5. 정치범을 석방하고 남북, 좌·우의 테러를 중지할 것.
6. 입법 기관의 권한, 구성, 운영 등을 좌·우 합작 위원회에서 작성 실행할 것.
   * 입법 기구는 임시 정부와 조선 공산당에서 반대
7. 언론, 집회, 결사, 출판, 교통, 투표의 자유를 보장할 것.

– 좌·우 합작 7원칙(1946. 10. 7) –

여운형과 김규식 등은 좌익이 제시한 5원칙과 우익이 제시한 8원칙을 절충하여 좌·우 합작 7원칙을 마련하지만 이는 좌·우익 모두에게 반발을 샀다.

(5) 2차 미·소 공동위원회(1947.5.)

결과	1차 미·소 공동위원회 때와 마찬가지로 자국에 우호적인 정부를 세우려는 미·소의 대립으로 결렬됨

(6) 미국의 한국 문제 유엔 상정(1947.10.)

전개 과정	미국이 한국 문제를 유엔에 상정(1947.10.) ➡ 유엔 총회에서 유엔 감시 하 인구 비례에 의한 남북한 총선거를 통한 정부 수립 결의(1947.11.) ➡ 선거 감독을 위한 유엔 한국 임시 위원단 입국(1948.1.) ➡ 북한, 소련의 유엔 한국 임시 위원단의 입북 거부(1948.1.)
결과	유엔 소총회에서 '위원단이 접근 가능한 지역(남한)의 총선거'를 결정(1948.2.)

▲ 유엔 한국 임시 위원단 환영식(1948. 1. 8.)
유엔 총회의 결의에 따라 8개국 대표로 구성된 유엔 한국 임시 위원단(임시 의장 : 인도 대표 메논)이 입국하였다.

사료 살펴보기

국제 연합 총회, 인구 비례로 총선거 실시를 결정하다.

A …… (2) 공정한 선거를 감시하기 위해 한국 전역을 여행·감시·협의할 권한이 부여되는 9개국(호주, 캐나다, 중국, 엘살바도르, 프랑스, 인도, 필리핀, 시리아, 우크라이나)으로 구성된 유엔 한국 임시 위원단(UNTCOK)을 설치한다. B. (1) 1948년 3월 31일까지 임시 위원단 감시 아래 인구 비례에 따라 보통 선거와 비밀 투표로 총선거를 실시한다. - 국제 연합 총회 결의안(요지)(1947.11.14.) -

국제 연합은 한국 독립을 남북한 총선거에 의하도록 하였다. 그러나 소련이 모스크바 3국 외상 회의 결정을 명분으로 위원단의 방북을 불허하자, 한국 문제는 다시 국제 연합으로 넘어갔다.

(7) 남북 협상(1948.4.)

배경	유엔의 남한만의 단독 선거 실시 결정, 단독 정부 수립 운동 전개
전개 과정	김구, 김규식 등이 통일 정부 수립을 위해 남북한 정치 지도자 회담(남북 협상) 제안 ➡ 평양에서 전조선 제정당·사회단체 대표자 연석회의 개최(남북 연석 회의) ➡ 평양에서 김구와 김규식이 김일성, 김두봉 등이 북측 지도자들을 만남(1948.4.) ➡ 외국 군대 즉시 철수, 남한 단독 선거 반대, 조선 정치 회의 구성을 통한 총선거 등의 내용을 포함한 공동 성명을 발표
결과	통일 정부에 대한 시각 차이로 별다른 성과 없이 끝남 ➡ 김구는 5·10 총선거에 불참한 이후 암살됨(1949.6.)

사료 살펴보기

전조선 제정당 사회단체 지도자 협의회 공동 성명(1948.4.)

1. 외국 군대 즉시 철수
2. 내전이 발생할 수 없다는 점을 확인
3. 전조선 정치 회의소집을 통한 임시 정부 수립과 전국 총선에 의한 통일 국가 수립
4. 남조선 단독 선거 절대 반대

남북 협상으로 결의문이 채택되었지만, 냉전 체제라는 현실의 벽을 넘지 못하였다. 남북 협상은 남한의 단독 정부를 수립하려는 세력들에게 환영받지 못하였으며, 유엔이나 미군정의 단독 선거 추진에도 영향을 미치지 못하였다.

사료 살펴보기

김구, 삼천만 동포에게 눈물로써 호소하다.

통일하면 살고 분열하면 죽는 것은 고금의 철칙이니 자기의 생명을 연장하기 위하여 조국의 분열을 연장시키는 것은 전 민족을 죽음의 구렁텅이에 넣은 극악극흉의 위험한 일이다. 이와 같은 위기에 있어서 우리는 우리의 최고 유일의 이념을 재검토하여 국내외에 인식시킬 필요가 있는 것이다. …… 이 육신을 조국이 요구한다면 당장이라도 제단에 바치겠다. 나는 통일된 조국을 건설하려다가 38도선을 베고 쓰러질지언정 일신에 구차한 안일을 취하여 단독 정부를 세우는 데는 협력하지 아니하겠다. 나는 생전에 38도선 이북에 가고 싶다. - 김구, 삼천만 동포에 읍고(泣告)함(서울신문, 1948. 2. 11.) -

김구는 1948년 2월 10일 「삼천만 동포에게 읍고함」이라는 성명서를 발표하고, 통일 정부 수립을 위한 마지막 몸부림으로 남북 협상의 길에 올랐다. 1948년에 접어들며 남북 양쪽에 단독 정부가 들어설 준비가 진행되고 있어서 분단은 이미 기정사실화가 되어가고 있었다.

▲ 남북 협상을 위해 38도선을 넘어가는 김구

🔍 광복 직후의 국내 정세 및 통일 정부 수립 운동

☑ **시험에 꼭 나오는 키워드**

- 조선 건국 준비 위원회의 활동 정리하기 ➡ 조선 건국 동맹, 여운형과 연계해서 간혹 출제됨
- 모스크바 3상 회의부터 다음 장에서 배울 대한민국 정부 수립까지의 큰 사건들을 시간 순으로 정리하기 ➡ 연표 문제로 출제됨
- 모스크바 3상 회의의 주요 내용과 영향 기억하기 ➡ 단독으로 출제됨
- 이승만의 정읍 발언, 좌·우 합작 운동, 남북협상의 내용 정리하기 ➡ 단독으로 출제됨

☑ **최다 빈출 선지**

조선 건국 준비 위원회

① 일제의 패망과 건국에 대비하여 조선 건국 동맹(조선 건국 준비 위원회의 전신)을 결성하였다.
② 여운형이 중심이 되어 조선 건국 준비 위원회를 조직하였다.
③ 조선 인민 공화국을 수립하고 전국 각 지역에 인민 위원회를 조직하였다.

통일 정부 수립 운동의 전개

① 모스크바 3국 외상 회의가 개최되었다.
② 제1차 미·소 공동 위원회가 결렬되었다.
③ 임시 민주 정부 수립을 위한 협의에 참여할 단체의 범위를 놓고 논쟁하였다(제1차 미소 공동 위원회).
④ 정읍에서 남한만의 단독 정부 수립을 주장하였다(이승만의 정읍 발언).
⑤ 좌우 합작 위원회에서 좌우 합작 7원칙이 발표되었다.
⑥ 유엔 총회에서 인구 비례에 따른 남북한 총선거를 결의하였다.
⑦ 유엔 소총회에서 남한만의 단독 총선거가 결의되었다.
⑧ 김구, 김규식 등이 남북 협상에 참석하였다.

남북 협상

① 분단을 막기 위해 남북 협상에 참석하였다.
② 김구, 김규식 등이 남북 협상에 참석하였다.
③ 전조선 정당 사회 단체 지도자 협의회가 성명서를 발표하였다.

01 다음 기자 회견의 배경으로 가장 적절한 것은?

> 군정 장관 아놀드 소장은 12월 29일 오전 10시 30분 군정청 제1회의실에서 신문 기자단과 회견하고 신탁 통치에 관한 질문에 대략 다음과 같은 견해를 표명하고 일문일답을 하였다.
> "…… 신탁 통치는 조선 임시 민주 정부를 수립코자 함이 목적일 것이다. 우선 조선인이 당면한 경제 산업에 있어 유의하여 신탁 관리 문제로 모든 기관이 중지 상태로 들어가지 않기를 요망한다. 현 단계에 이르러 진실한 냉정이 필요할 것이다. 4개국을 믿고 있는 중에 직무에 충실하여야 한다."

① 좌우 합작 7원칙이 발표되었다.
② 제1차 미소 공동위원회가 결렬되었다.
③ 모스크바 삼국 외상 회의가 개최되었다.
④ 반민족 행위 특별 조사 위원회가 구성되었다.
⑤ 유엔 소총회에서 남한만의 단독 총선거가 결의되었다.

모스크바 3국 외상 회의

정답 ③   다음 기자 회견과 관련된 것은 모스크바 3국 외상 회의이다. 1945년 12월 미국, 영국, 소련은 전후 문제를 처리하기 위해 모스크바 3국 외상 회의를 개최하였다. 모스크바에서 열린 세 나라의 외무장관 회의에서 일본이 점령하고 있던 지구의 관리 문제, 한국의 독립 문제 등을 논의하여 결정안을 만들었다. 결정안의 주요 내용은 첫째, 한국을 독립 국가로 재건하기 위해 민주주의적 임시 정부를 수립한다. 둘째, 한국 임시 정부 수립을 위해 미·소 공동 위원회를 설치한다. 셋째, 미국, 영국, 중국, 소련의 4개국이 공동 관리하는 최고 5년 기한의 신탁 통치를 시행한다는 것 등이었다.

정답 분석

③ 1945년 12월 말 모스크바에서 개최된 미·영·소 3국 외무 장관 회의에서 한국의 임시 민주 정부 수립과 이를 위한 미·소 공동 위원회 설치, 최대 5년간의 신탁 통치가 결의되었다.

오답 피하기

① 1946년 7월에 김규식과 여운형의 주도로 좌우 합작 위원회가 구성되고, 10월에 좌우합작 7원칙이 발표되면서 좌우 합작 운동은 활기를 띠게 되었다.
② 1946년 3월 미국과 소련은 모스크바 3국 외상 회의의 결정 사항을 이행하기 위해 제1차 미·소 공동 위원회를 개최하였다.
④ 이승만 정부 수립 후 국회는 '반민족 행위 처벌법'을 제정하고(1948.9.), 국회 직속의 반민족 행위 특별 조사 위원회(반민특위)를 구성하여 친일 반민족 행위자에 대한 조사와 체포에 나섰다.
⑤ 소련이 유엔 한국 임시 위원단의 입북을 거부하자 1948년 2월 유엔은 소총회를 열어 가능한 지역, 즉 38도선 이남 지역만의 단독 선거를 결정하였다.

심화 57회 46번

02 (가), (나) 사이의 시기에 있었던 사실로 옳은 것은?

> (가) 본관(本官)은 본관에게 부여된 태평양 미국 육군 최고 지휘관의
> 권한을 가지고 조선 북위 38도 이남의 지역과 주민에 대하여
> 군정을 설립함. 따라서 점령에 관한 조건을 다음과 같이 포고함
>
> 제1조 조선 북위 38도 이남의 지역과 동 주민에 대한 모든 행
> 정권은 당분간 본관의 권한하에서 시행함
>
> (나) 대한민국 임시 정부는 28일 김구와 김규식의 명의로 '4개국
> 원수에게 보내는 결의문'을 채택하고, 각계 대표 70여 명으로
> 신탁 통치 반대 국민 총동원 위원회를 결성하였다. 여기서 강
> 력한 반대 투쟁을 결의하고 김구·김규식 등 9인을 위원회의
> '장정위원'으로 선정하였다.

① 카이로 선언이 발표되었다.
② 조선 건국 동맹이 결성되었다.
③ 모스크바 삼국 외상 회의가 개최되었다.
④ 좌우 합작 위원회에서 좌우 합작 7원칙을 합의하였다.
⑤ 유엔 총회에서 인구 비례에 따른 남북한 총선거를 결의하였다.

대한민국 정부 수립 과정(미군정 설치~신탁통치 반대운동)

정답 ③　(가)는 1945년 9월 9일 태평양 미 육군 총사령관 맥아더 포고령 제
1호, (나)는 1945년 12월 28일 대한민국 임시 정부가 김구와 김규식의 명의로
「4개국 원수에게 보내는 결의문」을 채택하는 상황이다.
(가) 1945년 9월, 일본 도쿄에 있던 미국 태평양 방면 육군 총사령관 맥아더는 포
고령 제1호를 발표하고 북위 38도선 이남에서 군정을 실시하겠다고 밝혔다.
(나) 1945년 12월 말 모스크바에서 개최된 미·영·소 3국 외무 장관 회의에서 최대
5년간의 신탁 통치가 결의되었다. 이에 대해 대한민국 임시 정부는 12월 28일
김구와 김규식의 명의로 「4개국 원수에게 보내는 결의문」을 채택하였다.

정답 분석

③ 1945년 12월 미국, 영국, 소련의 외무 장관들은 모스크바에서 회의를 열어 전후
처리 문제를 협의하였다. 이 자리에서 한반도에 민주주의 임시 정부를 수립하
고, 최고 5년 동안 미국, 영국, 중국, 소련이 신탁 통치를 실시한다는 결정이 내
려졌다. 이는 (가)와 (나) 사이의 일이다.

오답 피하기

① 1943년 11월 태평양 전쟁이 한창일 때 미·영·중 3국 수뇌는 카이로 선언을
발표하였다. 이는 (가) 이전의 일이다.
② 1944년 국내에서는 여운형 등이 민족 지도자들이 일제의 패망과 광복에 대비하
여 비밀 결사인 조선 건국 동맹을 결성하였다. 이는 (가) 이전의 일이다.
④ 1946년 10월 좌우 합작 위원회는 '모스크바 3국 외무 장관 회의 결정에 따른 통
일 임시 정부 수립, 반민족 행위자 처벌' 등을 주요 내용으로 하는 '좌우 합작 7원
칙'에 합의하였다. 이는 (나) 이후의 일이다.
⑤ 1947년 국제 연합은 인구 비례에 의한 남북한 총선거를 실시하여 통일 정부를
수립하도록 결정하였다. 이는 (나) 이후의 일이다.

심화 60회 41번

03 (가), (나) 사이의 시기에 있었던 사실로 옳은 것은?

(가)	(나)
□□ 일보　제△△호 　○○○○년 ○○월 ○○일 **하지 중장, 특별 성명 발표** 오늘 오전 조선 주둔 미군 최고 사령관 하지 중장은 미소 공동 위원회 무기 휴회에 관한 중대 성명서를 발표하였다. 이는 덕수궁 석조전에서의 역사적인 개막 이후 49일 만의 일이다.	**□□ 일보**　제△△호 　○○○○년 ○○월 ○○일 **제2차 미소 공동위원회 개막** 미소 공동 위원회는 제1차 회의가 무기 휴회된 지 만 1년 16일 만인 오늘 오후 2시 정각에 시내 덕수궁 석조전에서 고대하던 제2차 회의의 역사적 막을 열었다.

① 여수·순천 10·19 사건이 일어났다.
② 모스크바 3국 외상 회의가 개최되었다.
③ 반민족 행위 특별 조사 위원회가 출범하였다.
④ 좌우 합작 위원회가 좌우 합작 7원칙을 발표하였다.
⑤ 유엔 총회에서 인구 비례에 의한 남북한 총선거가 의결되었다.

대한민국 정부 수립 과정(제1차~제2차 미·소 공동위원회)

정답 ④　(가)는 1946년 3월부터 5월까지 개최된 제1차 미·소 공동위원회,
(나)는 1947년 5월부터 10월까지 개최된 제2차 미·소 공동위원회이다. 1946년
3월 제1차 미·소 공동 위원회가 서울에서 열렸고, 여기서 소련은 임시 민주 정부
수립을 위한 협의 대상에 모스크바 3국 외무 장관 회의 결정을 지지하는 세력만 참
여시키자고 한 반면, 미국은 신탁 통치 반대 세력까지 포함시키자고 주장하였다.
회의는 미·소의 주장이 맞서면서 아무런 성과를 거두지 못한 채 무기한 연기되었
다. 제2차 미·소 공동 위원회는 1947년 5월에 재개되었으나 아무런 성과도 없이
끝나고 말았다.

정답 분석

④ 1947년 좌우 합작 운동이 진행되는 중에 제2차 미·소 공동 위원회가 개최되었
으나, 양측의 의견을 좁히지 못한 채 막이 내렸다.

오답 피하기

① 대한민국 정부 수립 후인 1948년 10월에는 여수, 순천 지역에서 군인들이 무장
봉기하는 사건이 일어났다(여수·순천 10·19 사건).
② 1945년 12월에 미국, 영국, 소련의 외무장관은 모스크바에 모여 제2차 세계 대
전의 전후 처리 문제를 논의하였다(모스크바 3국 외상 회의).
③ 1948년 제헌 국회는 국민의 여망에 따라 반민족 행위 처벌법을 제정하고, 반민
족 행위 특별 조사 위원회(반민 특위)를 설치하였다.
⑤ 제2차 미·소 공동 위원회가 결렬되자 미국은 한반도 문제를 국제 연합에 이관
하였다. 1947년 11월 소련이 불참한 가운데 개최된 국제 연합(UN) 총회에서 인
구 비례에 의한 남북한 총선거를 통해 한국에 정부를 수립하기로 결의하였다.

심화 64회 42번

04 (가) 시기에 있었던 사실로 옳은 것은?

① 여수 · 순천 10 · 19 사건이 발생하였다.
② 유엔 한국 임시 위원단이 서울에 도착하였다.
③ 송진우, 김성수 등이 한국 민주당을 창당하였다.
④ 여운형 등의 주도로 좌우 합작 위원회가 발족되었다.
⑤ 조선 건국 준비 위원회에서 조선 인민 공화국을 선포하였다.

대한민국 정부 수립 과정(정읍 발언~제2차 미·소 공동위원회)

정답 ④　(가) 시기는 1946년 6월 이승만이 통일 정부 수립이 어렵다면 남한만이라도 정부를 수립해야 한다고 말한 '정읍 발언'과 1947년 5월 재개된 제2차 미 · 소 공동 위원회 사이의 시기를 말한다. 1946년 제1차 미 · 소 공동 위원회가 결렬되자, 이승만은 통일 정부 수립이 어렵다면 남한만이라도 정부를 수립해야 한다는 '정읍 발언'을 발표하여 큰 반향을 불러일으켰다. 1947년 5월 제2차 미 · 소 공동 위원회가 재개되었지만 제1차 회의와 같이 임시 정부에 참여할 단체 문제로 다시 대립하였다. 결국, 제2차 미 · 소 공동 위원회도 결렬되고 말았다.

정답 분석

④ 1947년 여운형과 김규식은 제1차 미 · 소 공동 위원회 결렬, 이승만의 정읍 발언 등으로 정부 수립이 좌절될 위기를 맞게 되자 이를 극복하기 위해 좌우 합작 위원회를 구성하고, 좌우 합작 7원칙을 발표하였다.

오답 피하기

① 이승만 정부 수립 직후인 1948년 10월에 여수, 순천 지역에서 군인들이 무장 봉기하는 사건이 일어났다(여수 · 순천 10 · 19 사건).
② 1947년 유엔 총회는 인구 비례에 따라 총선거를 실시하고, 이를 기반으로 정부를 수립하자는 미국의 제안을 통과시켰다. 이듬해 초에는 총선거 실시를 위해 유엔 한국 임시 위원단을 결성하여 한국에 파견하였다.
③ 1945년 광복이 되자 송진우, 김성수, 조병옥 등은 한국 민주당을 결성하여 우익 세력의 중심이 되었다.
⑤ 1945년 광복과 동시에 국내에서는 여운형을 중심으로 조선 건국 준비 위원회가 조직되었다. 여운형은 1945년 9월 미군이 진주하기에 앞서 미리 정부 조직을 만들어 두는 것이 좋겠다고 판단하여 조선 인민 공화국의 수립을 선포하였다.

고급 43회 46번

05 (가)와 (나) 사이의 시기에 있었던 사실로 옳은 것은?

> (가) 이제 우리는 무기 휴회된 공위가 재개될 기색도 보이지 않으며 통일 정부를 고대하나 여의치 않게 되었으니, 우리는 남방만이라도 임시 정부 혹은 위원회 같은 것을 조직하여 38도선 이북에서 소련이 철퇴하도록 세계 공론에 호소하여야 될 것이다.
>
> (나) 귀국한 이래 3년이 지난 오늘까지 온갖 잡음을 물리치고 남북통일과 독립을 이루고자 나머지 목숨을 38도선에 내놓은 김구의 얼굴에 이제 아무런 의혹의 티가 없었다. …… 이윽고 김구를 태운 동차는 38도선을 넘어 멀리 평양을 향하여 성원 속에 사라졌다.

① 좌우 합작 7원칙이 발표되었다.
② 조선 건국 준비 위원회가 결성되었다.
③ 모스크바 3국 외상 회의가 개최되었다.
④ 반민족 행위 특별 조사 위원회가 구성되었다.
⑤ 유상 매수, 유상 분배 원칙의 농지 개혁법이 제정되었다.

정읍발언~남북협상 사이에 있었던 사건

정답 ①　(가)는 1946년 6월 이승만의 정읍 발언, (나)는 1948년 4월 김구의 남북 협상이다.
(가) 제1차 미 · 소 공동 위원회가 결렬되자, 이승만은 통일 정부 수립이 어렵다면 남한만이라도 정부를 수립해야 한다는 '정읍 발언'을 발표하여 큰 반향을 불러일으켰다.
(나) 1948년 2월 유엔 소총회에서 5월 10일을 남한만의 선거일로 정하였다. 유엔에서 한반도 문제가 논의되는 동안 김구와 김규식은 김일성과 김두봉에게 남북 협상을 제의하여 1948년 4월 평양에서 남북정치 지도자들이 한자리에 모였다. 이 회의에서 단독 정부 수립 반대 외국 군대 즉시 철수를 요구하는 결의문이 채택되었다.

정답 분석

① 1946년 7월에 김규식과 여운형의 주도로 좌우 합작 위원회가 구성되고, 10월에 좌우합작 7원칙이 발표되면서 좌우 합작 운동은 활기를 띠게 되었다. (가)와 (나) 사이의 일이다.

오답 피하기

② 1945년 8월 15일 광복 당일 여운형은 조선 건국 동맹을 바탕으로 안재홍 등과 함께 좌우익이 참여한 조선 건국 준비 위원회(건준)를 결성하였다. (가) 이전의 일이다.
③ 1946년 3월 미국과 소련은 모스크바 3국 외상 회의의 결정 사항을 이행하기 위해 제1차 미 · 소 공동 위원회를 개최하였다. (가) 이전의 일이다.
④ 정부 수립 후 국회는 '반민족 행위 처벌법'을 제정하고(1948.9.), 국회 직속의 반민족 행위 특별 조사 위원회(반민특위)를 구성하여 친일 반민족 행위자에 대한 조사와 체포에 나섰다. (나) 이후의 일이다.
⑤ 대한민국 정부가 수립된 후인 1949년 6월에 농지 개혁법이 제정되었다. (나) 이후의 일이다.

심화 48회 47번

06 (가), (나) 사이의 시기에 있었던 사실로 옳은 것은?

> (가) 1. 조선의 민주 독립을 보장한 3상 회의 결정에 의하여 남북을 통한 좌우 합작으로 민주주의 임시 정부를 수립할 것.
> 3. 토지 개혁에 있어 몰수, 유조건 몰수, 체감 매상 등으로 토지를 농민에게 무상으로 나누어 주며 시가지의 기지와 큰 건물을 적정 처리하며 중요 산업을 국유화하며 …… 민주주의 건국 과업 완수에 매진할 것.
>
> (나) 3. 외국 군대가 철퇴한 이후 하기(下記) 제 정당·단체들의 공동 명의로써 전 조선 정치 회의를 소집하여 조선 인민의 각층 각계를 대표하는 민주주의 임시 정부가 즉시 수립될 것이며 국가의 일체 정권은 정치, 경제, 문화생활의 일체 책임을 갖게 될 것이다.

① 유상 매수, 유상 분배 원칙의 농지 개혁법이 제정되었다.
② 남한만의 단독 정부 수립을 주장한 정읍 발언이 제기되었다.
③ 유엔 총회에서 인구 비례에 의한 남북 총선거가 의결되었다.
④ 여운형이 중심이 되어 조선 건국 준비 위원회를 조직하였다.
⑤ 국가보안법 개정안을 통과시킨 이른바 보안법 파동이 발생하였다.

좌우 합작 운동~남북협상 사이에 있었던 사건

정답 ③ (가)는 1946년 10월에 발표된 '좌우 합작 7원칙', (나)는 1948년 4월 평양에서 김구, 김규식 등이 참여한 가운데 전조선 제정당 사회단체 지도자 협의회 이름으로 발표된 공동 성명이다(남북협상).
(가) 제1차 미·소 공동 위원회 결렬, 이승만의 '정읍 발언' 이후 여운형과 김규식 등 중도파는 좌우 합작 위원회를 조직하여 '좌우 합작 7원칙'에 합의하였다.
(나) 김구와 김규식은 분단을 막기 위해 북측의 김일성과 김두봉에게 남북 정치 회담을 제의하였다. 1948년 4월 평양에서 남북 정치 지도자 간의 남북 협상이 진행되었다.

정답 분석

③ 소련과 북한이 유엔 한국 임시 위원단의 북한 방문을 거부하자 유엔은 소총회를 열어 남한 지역에서만이라도 총선거를 실시하도록 결의하였다.

오답 피하기

① 대한민국 정부가 수립된 후인 1949년 6월에 농지 개혁법이 제정되었다. (나) 이후의 일이다.
② 1946년 6월 제1차 미·소 공동 위원회가 결렬되자, 이승만은 통일 정부 수립이 어렵다면 남한만이라도 정부를 수립해야 한다는 '정읍 발언'을 발표하였다. (가) 이전의 일이다.
④ 1945년 8월 15일 광복 당일 여운형은 조선 건국 동맹을 바탕으로 안재홍 등과 함께 좌우익이 참여한 조선 건국 준비 위원회(건준)를 결성하였다. (가) 이전의 일이다.
⑤ 1958년 12월 이승만 정부는 공산당의 흉계를 분쇄하여야 한다는 명분으로 언론 규제를 골자로 하는 개정된 국가보안법을 통과시켰다.

심화 58회 39번

07 다음 자료의 상황이 나타나게 된 배경으로 적절한 것은?

> 우리는 조국 흥망의 관두(關頭)*에서 이 위기를 극복하기 위해 오직 민족 자결 원칙에 의하여 조국의 남북통일과 민주 독립을 촉진해야 겠다. 우리 민족자주연맹 중앙집행위원회는 김구 선생과 김규식 박사의 제안에 의하여 실현되는 남북 정치 협상을 전적으로 지지하며, 아울러 그 성공을 위하여 적극적으로 협력할 것을 결의한다.
> *관두 : 가장 중요한 지점

① 허정 과도 정부에서 헌법이 개정되었다.
② 통일 주체 국민 회의에서 대통령이 선출되었다.
③ 유엔 소총회에서 남한만의 단독 총선거가 결의되었다.
④ 유상 매수, 유상 분배 원칙의 농지 개혁법이 제정되었다.
⑤ 국가 보안법 개정안을 통과시킨 보안법 파동이 일어났다.

남북협상

정답 ③ 제시된 자료의 상황은 김구와 김규식은 분단을 막기 위해 1948년 4월 평양에서 주요 정치·사회단체 지도자들과 회담을 개최하는 모습이다. 유엔 총회는 인구 비례에 따른 총선거를 통해 한반도에 정부를 수립하자는 결의안을 채택하고, 유엔 한국 임시 위원단을 파견하였다. 소련이 유엔 한국 임시 위원단의 입북을 거부하자 유엔은 소총회를 열어 가능한 지역, 즉 38도선 이남 지역만의 단독 선거를 결정하였다. 분단의 가능성이 점차 높아지자 김구와 김규식은 이를 막기 위해 북측의 김일성과 김두봉에게 남북 정치 회담을 제의하였다. 그리하여 1948년 4월 평양에서 김구, 김규식 등이 참여한 가운데 남북 제정당 사회단체 연석회의와 남북 정치 지도자 간의 회담이 열렸다(남북 협상).

정답 분석

③ 1948년 2월 유엔 소총회가 열려 선거가 가능한 지역에서만 총선거를 실시하도록 결의하였다. 이에 대해 김구는 통일 정부 수립을 위한 남북 협상을 추진하였다.

오답 피하기

① 1960년 허정 과도 정부는 내각 책임제 개헌안을 제출하였고, 개헌안이 통과됨에 따라 총선거가 실시되었다.
② 1972년 유신 헌법에 따라 박정희는 통일 주체 국민 회의에서 제8대 대통령에 선출되었다. 이후 통일 주체 국민 회의에서 최규하는 제10대 대통령, 전두환은 제11대 대통령으로 선출되었다.
④ 이승만 정부가 들어서자 1949년 6월 농지 개혁법이 제정되어 1950년 3월부터 시행되었다. 그 결과, 한 가구당 3정보를 소유 상한으로 하여 그 이상의 토지는 국가가 유상 매입하고 소작농에게 유상 분배하는 농지 개혁이 이루어졌다.
⑤ 이승만 정부는 제3대 대통령 선거 이후 1958년 야당의 반대에도 불구하고 '대통령을 비난하는 자는 10년 이하의 징역에 처한다.'는 등의 내용을 담은 국가 보안법 개정안을 국회에 상정하여 통과시켰다.

63강 대한민국 정부 수립과 6·25 전쟁

▲ 제주 4 · 3 사건 당시 심문을 받기 위해 대기 중인 제주도민들

▲ 대한민국 정부의 수립

▲ 반란 폭도와 양민으로 나뉜 여수의 주민들

① 대한민국 정부의 수립과 활동

(1) 제주 4·3 사건(1948) : 정부 수립 과정 중의 갈등

전개 과정	제주도의 좌익 세력과 일부 주민들이 단독 정부 수립 반대와 5 · 10 총선거 반대 등을 주장하며 무장 봉기 ➡ 제주도 지역구 2곳에서 5 · 10 총선이 무효화 됨 ➡ 좌익 세력의 유격전 전개 ➡ 진압 과정(군경의 초토화 작전)에서 수만 명의 제주 주민이 희생
영향	제주 4 · 3 사건 진상 규명 및 희생자 명예 회복에 관한 특별법 제정(2000, 김대중 정부)

(2) 5·10 총선거(1948.5.10.)

전개 과정	• 우리나라 역사상 최초의 민주 · 보통 선거(만 21세 이상 모든 국민에게 투표권 부과) • 남한만의 단독 총선거 실시 ➡ 제헌 국회 의원 선출, 38도선 이남 지역에서만 실시 조선 민족 청년단(이범석계) 6석(3%) 대동 청년단(지청천계) 12석(6%) 한국 민주당(김성수계) 29석(14.5%) 대한 독립 촉성 국민회(이승만계) 55석(27.5%) 기타 13석(6.5%) 무소속 85석(42.5%) 총 200석 ▲ 제헌 국회 소속 정당별 의석 수 • 총 200명의 재적 의원 가운데 198명의 제헌 국회의원이 선출(제주도 2곳은 제주 4 · 3 사건으로 선출하지 못함) • 무소속 의원이 가장 많음(정당 정치 미확립) • 이승만의 독립 촉성 국민회가 원내 제1당 ➡ 한국 민주당 등 군소 우익 정당과 연합 ➡ 간접 선거로 이승만이 대통령 당선
영향	• 남북 협상 세력, 좌익 세력, 일부 중도 세력은 선거에 불참 • 제헌 국회 의원 선출(임기 2년) ➡ 제헌 국회 구성

(3) 제헌 헌법 제정 및 공포(1948.7.17.)

제헌 국회	• 국호 대한민국, 삼권 분립, 대통령 중심의 민주 공화정 체제 채택 • 대통령 간선제 : 국회 간접 선거로 정 · 부통령 선출, 대통령 임기 4년

(4) 대한민국 정부 수립(1948.8.15.)

정부 수립	• 초대 대통령에 이승만, 부통령에 이시영 선출 • 유엔 총회에서 대한민국을 한반도의 유일한 합법 정부로 승인(1948.12.)

(5) 여수·순천 10·19사건(1948.10.19.) : 정부 수립 이후의 갈등

전개 과정	제주도 4 · 3사건 진압을 위해 여수에 주둔한 군부대에 출동 명령 ➡ 군대 내 좌익 세력이 제주도 출동 반대 ➡ 통일 정부 수립 등의 구호를 내세우며 봉기(여수 · 순천 일대 점령) ➡ 이승만 정부의 진압(군대 내 좌익 세력 숙청) ➡ 진압 후 일부 반란군이 지리산 등지에서 게릴라 활동 전개
영향	국가 보안법 제정(1948)과 국민 보도 연맹 조직(1949)에 영향을 줌

② 제헌 국회의 활동

(1) 반민족 행위 처벌법 제정(1948.9.)

배경	정부 수립 이후 국민들의 친일파 청산 요구, 미군정의 친일파 청산 외면
전개 과정	• 반민족 행위 처벌법(반민법) 제정(제헌 헌법에서 반민족 행위자를 소급 처벌할 수 있는 근거를 마련) ➡ 일제 강점기의 반민족 행위 처벌, 재산 몰수, 공민권 제한 등의 조항 마련 • 반민족 행위 처벌법에 근거해 반민족 행위 특별 조사 위원회(반민 특위) 구성 ➡ 친일파 조사 및 체포(노덕술, 최린, 최남선, 이광수 등)
결과	친일파 청산 실패 ┌ 반공을 내세운 이승만 정부의 소극적 태도 ├ 국회 프락치 사건, 일부 경찰의 반민 특위 사무실 습격 사건 등 ➡ 반민 특위를 이끌던 국회의원들에게 간첩 협의를 씌워 체포 └ 반민 특위 활동 기한 · 처벌 축소(1949.8.31.) ➡ 약 1년 만에 반민 특위 해체

(2) 농지 개혁법(1950.3.)

배경	국민의 개혁 요구, 북한의 토지 개혁, 산업화 토대 마련
전개 과정	농지 개혁법 공포(1946.6) ➡ 일부 개정 · 시행(1950.3) ➡ 6 · 25 전쟁으로 중단되었다가 전쟁 이후 재개 ➡ 농지 개혁법 완료(1957)
원칙	[도표: 국가 - 지주 - 소작농 관계 지주→국가: 지가증권 / 땅(유상매입) 국가→소작농: 땅(유상분배) / 매년 소출의 30%(5년) 국가: 중심] 경자 유전의 원칙에 따른 유상 매입 · 유상 분배(정부 주도) ┌ 1가구당 농지 소유 면적을 3정보로 제한(농지 소유의 상한선 설정) ├ 지주에게 지가 증권을 발급하고, 5년 동안 그 해 쌀값으로 현금 보상 └ 토지를 분배받은 농민은 1년 평균 생산량의 1.5배를 5년에 걸쳐 분할 상환
결과	농민 중심의 토지 소유제 확립 ➡ 자작농이 증가
한계	• 농지 개혁이 지연되면서 법 시행 이전에 토지를 처분하는 지주들이 증가 • 분배되는 토지 가격이 높아 일부 농민은 농지를 되팔고 다시 소작농이 됨 • 지가 증권 현금화의 어려움, 반민족 행위자의 토지는 몰수 대상에서 제외

사료 살펴보기

농지개혁법(1949)

제5조 정부는 다음에 의하여 농지를 취득한다.
2. 다음의 농지는 본법 규정에 의하여 정부가 매수한다.
(가) 농가 아닌 자의 농지　　　(나) 자경하지 않는 자의 농지　　　(다) 본법 규정의 한도를 초과하는 부분의 농지

정부는 농지 개혁을 실시하여 지주들의 농지를 매입하고 이를 농민들에게 분배하고, 농지 매입 대가로 지주들에게 지가 증권을 발급하였다. 또 1년 소출의 1.5배를 매각 지가로 산정한 다음 농민들에게 매년 소출의 30%씩 5년간 균등 상환하도록 하였다.

사료 살펴보기

반민 특위의 활동

제1조 일본 정부와 통모하여 한·일 합병에 적극 협력한 자, 한국의 주권을 침해하는 조약 또는 문서에 조인한 자와 모의한 자는 사형 또는 무기 징역에 처하고 그 재산과 유산의 전부 혹은 2분지 1 이상을 몰수한다.

제3조 일본 치하 독립 운동자나 그 가족을 악의로 살상 박해한 자 또는 이를 지휘한 자는 사형, 무기 또는 5년 이상의 징역에 처하고 그 재산의 전부 혹은 일부를 몰수한다.
– 반민족 행위 처벌법(1948) –

반민족 행위 처벌법은 일제 강점기 반민족 행위자를 처벌하여 민족정기와 사회정의를 바로 세우려는 목적으로 만든 법이었다. 하지만 이승만 정부의 소극적인 태도와 친일파의 방해로 큰 성과를 거두지 못하였다.

구분	남한	북한
제정	1949년	1946년
제한	3정보 이내	5정보 이내
방식	유상매입 유상분배	무상매입 무상분배

▲ 남한과 북한의 농지 개혁

▲ 지가 증권

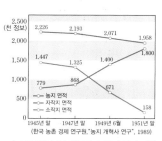

▲ 농지 개혁 실시 전후의 소작지 면적 변화
농지 개혁 이후 자작지 면적이 크게 증가하였다.

▲ 애치슨 라인
1950년 1월 12일 미 국무 장관 애치슨이 미국의 극동 방위선에서 한국을 제외한다고 발표하였다.

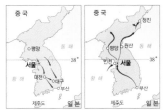

▲ 북한군의 남침　　▲ 국군의 북진

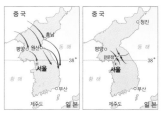

▲ 중국군의 개입　　▲ 전선 교착과 휴전

▲ 인천 상륙 작전

▲ 휴전 협정 체결

❸ 6·25 전쟁

(1) 배경

국외	• 미국과 소련 사이에 냉전 체제의 강화 • 중화 인민 공화국 수립으로 인한 중국의 공산화(1949) • **미국의 애치슨 선언(1950.1.)** : 극동 방위선에서 한반도를 제외하기로 한 선언 • 한·미 상호 방위 원조 협정(1950.1.26) : 한·미 간의 경제 및 군사 원조에 관한 협약 ➡ 이 협정에 의한 미국의 군사 원조는 북한의 6·25 남침 당시 겨우 실현 단계로 침략 저지에 도움이 되지 못함
국내	• 남북 대립 심화 : 38도선 부근 잦은 충돌 발생 • 북한의 전쟁 준비 : 조선 의용군을 인민군에 편입, 소련·중국의 지원으로 군사력 증강, 소련의 북한 남침 계획 승인 • 남한의 정치적 혼란 : 좌익 세력과 이승만 정부에 불만을 가진 세력들로 인한 혼란

(2) 전개 과정

북한군의 남침	북한이 선전포고 없이 기습 공격(1950.6.25.) ➡ 3일 만에 서울 함락 ➡ 이승만 정부 정부는 부산으로 피란 ➡ 한 달여 만에 낙동강 유역까지 후퇴
국군과 유엔군의 반격	미국의 주도하에 안전 보장 이사회에서 유엔군 파견 결의, 16개국으로 구성된 유엔군 파견(1950.7.) ➡ 낙동강을 사이에 두고 치열한 공방전 전개(다부동 전투 등) ➡ 인천 상륙 작전 성공(9.15.) ➡ 전세 역전 ➡ 서울 탈환(9.28.) ➡ 38도선 돌파 ➡ 평양 입성 ➡ 압록강까지 진격(10월 말)
중국군의 개입	• **중국군의 전쟁 개입(1950.10.25.)** ➡ 국군과 유엔군의 최대 북진(11.25.) ➡ 중국군의 대대적인 공세(11월 하순) ➡ 전세 역전 ➡ 흥남 철수(1950.12. 흥남에서 국군과 유엔군, 피란민의 철수) ➡ 1·4 후퇴(1951.1.4. 서울 재함락) • 국민 보도 연맹 사건(전쟁 중에 국민 보도 연맹원들이 군경에 의해 처형), 국민 방위군 사건(1·4후퇴 시기 국군 간부들이 군수품을 빼돌림)
전선의 교착	전열을 정비한 국군·유엔군 서울 탈환(1951.3) ➡ 38도선 부근에서 교착 상태 ➡ 치열한 공방전 지속
휴전 교섭	소련의 휴전 제안으로 미국, 북한, 중국 대표가 참가 ➡ 이승만 정부의 정전 반대, 거제도의 반공 포로 석방 강행(1953.6.) ➡ 군사 분계선, 포로 교환 방식 등으로 대립(북한은 강제 송환, 유엔군은 자유 송환 주장)
휴전 협정 체결	중립국 감시 위원단 설치, 포로의 자유의사 존중, 휴전선 확정, 비무장 지대 설치 등에 합의(1953.7.27.)

(3) 결과

결과 및 영향	• 한·미 상호 방위 조약(1953.10) : 한국과 미국 간에 한반도에 무력 충돌이 발생하는 경우 미국이 즉각 개입한다는 내용을 담은 조약 체결 • 많은 인명과 재산 피해, 수많은 전쟁고아와 이산가족 발생 • 분단 체제 고착화 : 남북한 간의 적대감 심화 • 중국의 영향력 확대, 미국 영향력 강화, 일본의 경제 부흥 • 독재 체제 강화 : 남한(이승만 장기 집권), 북한(김일성 유일 체제)

은쌤의 합격노트

📖 대한민국 정부의 수립과 활동

☑ 시험에 꼭 나오는 키워드

- 앞 강에서 다룬 모스크바 3상 회의부터 대한민국 정부 수립까지의 큰 사건들을 시간순으로 정리하기
- 제주 4·3 사건의 내용 정리하기 ➡ 단독으로 출제됨
- 5·10 총선거의 배경, 전개 과정, 결과 정리하기 ➡ 단독으로 출제되고, 제헌 국회의 활동과 연계해서 출제됨
- 제헌 국회의 활동인 반민족 행위 처벌법과 농지 개혁법 기억하기 ➡ 각각 단독으로 출제됨

☑ 최다 빈출 선지

제주 4·3사건
① 토벌대는 남한만의 단독 선거에 반대하는 세력을 진압한다는 명분으로 초토화 작전을 벌였다.
② 4·3 사건으로 많은 주민이 희생되었다.
③ 제주도의 일부 지역에서 선거가 무효 처리되었다.
④ 희생자들의 명예 회복을 위해 특별법이 제정되었다.

여수·순천 10·19 사건
① 여수·순천 10·19 사건이 일어났다.

5·10 총선거
① 38도선 이남 지역에서만 실시되었다.
② 우리나라 최초의 보통 선거인 5.10 총선거가 실시되었다.
③ 2년 임기의 국회의원이 선출되었다.
④ 미국과 소련의 군정이 종식되는 계기가 되었다.

반민족 행위 처벌법
① 제헌 국회에서 제정되었다.
② 반민족 행위 처벌법이 제정되었다.
③ 반민족 행위 특별 조사 위원회가 구성되었다.
④ 경찰이 반민족 행위 특별 조사 위원회를 습격하였다.
⑤ 반민 특위를 이끌던 국회 의원들에게 간첩 협의를 씌워 체포하였다.

농지 개혁법
① 제헌 국회에서 제정되었다.
② 경자유전의 원칙에 따른 농지 개혁법이 제정되었다.
③ 유상 매수, 유상 분배 원칙의 농지 개혁법이 시행되었다.

📖 6·25 전쟁

☑ 시험에 꼭 나오는 키워드

6·25 전쟁과 관련된 주요 사건을 배경 – 전개 과정 – 결과에 맞춰 시간순으로 정리하기

☑ 최다 빈출 선지

6·25 전쟁의 배경
① 미국과 한·미 상호 방위 원조 협정이 체결되었다.
② 미국의 극동 방위선을 조정한 애치슨 선언이 발표되었다.

6·25 전쟁의 발발
① 북한의 전면적인 남침으로 6·25 전쟁이 발발하였다.
② 국군이 다부동 전투에서 북한군의 공세를 방어하였다.
③ 인천 상륙 작전이 전개되었다.
④ 중국군이 참전하였다.
⑤ 흥남 철수 작전이 전개되었다.
⑥ 부산에서 발췌 개헌안이 통과되었다(6·25 전쟁 도중).

6·25 전쟁의 정전 협정
① 소련의 제안으로 정전 회담이 개최되었다.
② 포로 송환 문제로 인해 체결이 지연되었다.
③ 군사 분계선을 확정하고 비무장 지대를 설정하였다.
④ 판문점에서 6·25 전쟁 정전 협정이 조인되었다.
⑤ 한·미 상호 방위 조약이 체결되었다.

01 밑줄 그은 '군정청'이 있었던 시기의 사실로 옳은 것은?

□□ 신문

제△△호 ○○○○년 ○○월 ○○일

서윤복 선수 환영회, 중앙청 광장에서 개최

중앙청 광장에 모인 환영 인파

제51회 보스턴 세계 마라톤 대회에서 세계 신기록을 세우며 우승한 서윤복 선수의 환영회가 중앙청 광장에서 열렸다. 하지 중장, 헬믹 준장 등 군정청의 주요 인사와 김규식, 여운형, 안재홍 등 정계 인사를 비롯한 수많은 군중이 참석하여, 우리 민족의 의기를 세계에 과시한 서윤복 선수의 우승을 함께 기뻐하였다.

① 한미 상호 방위 조약이 체결되었다.
② 제1차 경제 개발 5개년 계획이 추진되었다.
③ 반민족 행위 특별 조사 위원회가 설치되었다.
④ 신한 공사가 설립되어 귀속 재산을 관리하였다.
⑤ 국가보안법 개정안을 통과시킨 보안법 파동이 일어났다.

미군정 시기의 사회상

정답 ④ 밑줄 그은 '군정청'은 1945년 9월부터 1948년 8월 15일까지 존속하며 남한을 통치한 미국의 군정청이다. 제51회 보스턴 마라톤 대회는 1947년 광복 이후 우리나라 선수로서는 처음으로 'KOREA(코리아)'라는 국호와 태극기를 달고 출전한 국제 대회이다. 서윤복 선수(1923~2017)는 이 대회에서 당시 세계 신기록(2시간 25분 39초)을 세우며 우승한 바 있다.

정답 분석

④ 광복 후 미군정은 신한 공사를 설립하여 과거에 동양 척식 주식회사가 소유했던 재산을 관리하였다.

오답 피하기

① 1953년 6 · 25 전쟁 이후 남한 정부는 미국과의 동맹 관계를 강화하여 한 · 미 상호 방위 조약을 체결하였다.
② 박정희 정부는 장면 내각이 수립해 놓았던 경제 개발 계획을 기초로 하여 제1차 경제 개발 5개년 계획(1962~1966)을 추진하였다.
③ 1948년 9월 친일파를 청산하기 위해 제헌 국회에서 반민족 행위 처벌법을 제정 · 공포하였다.
⑤ 1958년 이승만 정부는 야당의 반대에도 불구하고 국가 보안법 개정안을 국회에 상정하여 통과시켰다.

---

02 (가) 사건에 대한 설명으로 옳은 것은?

기념관에 있는 이 비석은 왜 아무 글자도 새겨져 있지 않은 걸까?

(가) 의 역사적 평가가 아직 마무리되지 못했음을 상징하는 거래. 제주도에서 일어난 (가) 은/는 남한만의 단독 선거를 반대하는 무장대와 이를 진압하는 토벌대 간의 무력 충돌이 있었고, 그 뒤 진압 과정에서 수많은 사람이 희생된 사건이야.

① 유신 헌법의 철폐를 요구하였다.
② 통일 주체 국민 회의가 설치되는 결과를 가져왔다.
③ 희생자들의 명예 회복을 위한 특별법이 제정되었다.
④ 4 · 13 호헌 철폐와 독재 타도 등의 구호를 내세웠다.
⑤ 귀속 재산 처리를 위한 신한 공사 설립의 계기가 되었다.

제주 4·3 사건

정답 ③ (가) 사건은 제주 4 · 3 사건이다. 제주도에서는 1947년 경찰의 3 · 1절 기념 대회 발포 사건을 계기로 무장 봉기가 일어났다. 단독 정부 수립 반대의 분위기가 고조된 1948년 4월 무장 봉기가 확산되어 좌익을 중심으로 한 무장 유격대는 미군 철수, 단독 정부 수립 반대를 주장하며 경찰, 군인 및 우익 청년단체와 맞섰다(제주 4 · 3 사건). 이 과정에서 많은 제주도민이 희생되었고, 제주도 3개 선거구 가운데 두 곳에서는 선거를 치르지 못하였다.

정답 분석

③ 2000년에 「제주 4 · 3 사건 진상 규명 및 희생자 명예 회복에 관한 특별법」이 제정되어 정부 차원의 진상 조사가 진행되었으며, 그해 10월 노무현 대통령은 국가 권력의 과오를 인정하고, 제주도민과 피해자들에게 공식적으로 사과하였다.

오답 피하기

① 민주 세력은 유신 헌법 철폐를 위해 100만인 헌법 개정 청원 운동(1973), 3 · 1 민주 구국 선언(1976) 등 줄기차게 민주화 운동을 전개하였다.
② 1972년 박정희 정부가 만든 유신 헌법은 대통령 선출 방법을 국민의 직접 선거가 아니라 통일 주체 국민 회의에서 뽑도록 바꾸었다.
④ 1987년 전두환 정부는 국민들의 요구를 거스르고 기존 헌법을 고수하겠다는 4 · 13 호헌 조치를 발표하였다.
⑤ 1946년 미군정은 동양 척식 주식회사와 일본인이 남기고 간 귀속 재산을 접수하고 관리하기 위해 신한 공사를 설립하였다.

03 (가), (나) 발표 사이의 시기에 있었던 사실로 옳은 것은?

> (가) 우리는 다음 달에 입국할 유엔 한국 임시 위원단을 환영하는 동시에, 그들로 하여금 우리가 원하는 자주 독립의 통일 정부를 수립하는 임무를 완수하도록 최선을 다하여야 할 것이다. 우리는 어떠한 경우든지 단독 정부는 절대 반대할 것이다.
>
> (나) 올해 10월 19일 제주도 사건 진압 차 출동하려던 여수 제14연대 소속 3명의 장교 및 40여 명의 하사관들은 각 대대장의 결사적 제지에도 불구하고 남로당 계열 분자 지도 하에 반란을 일으켰다. 동월 20일 8시 여수를 점령하는 한편, 좌익 단체 및 학생들을 인민군으로 편성하여 동일 8시 순천을 점령하였다.

① 제1차 미소 공동 위원회가 결렬되었다.
② 모스크바 삼국 외상 회의가 개최되었다.
③ 좌우 합작 위원회에서 좌우 합작 7원칙이 발표되었다.
④ 유상 매수, 유상 분배 원칙의 농지 개혁법이 시행되었다.
⑤ 우리나라 최초의 보통 선거인 5 · 10 총선거가 실시되었다

대한민국 정부 수립 과정(유엔 결정~여수 · 순천 10·19사건)

정답 ⑤ (가)는 1947년 12월 김구가 유엔 한국 임시 위원단의 입국을 앞두고 발표한 단독 정부 수립 반대 성명의 일부분, (나)는 1948년 10월 19일 제주 4 · 3 사건 진압 차 출동하려던 여수 군대의 일부 군인이 무장 봉기를 일으킨 여수 · 순천 10 · 19 사건이다.

(가) 1947년 11월 유엔 총회에서는 인구 비례에 의한 남북 총선거가 의결되었다. 북측이 거부하자 선거가 가능한 지역에서만 총선거를 실시하도록 결의하였다. 이에 대해 김구는 단독 선거는 민족 분단의 길이라며 반대하였다.
(나) 정부 수립 후 제주도에서 일어난 무장 봉기를 진압하기 위해 여수와 순천에 주둔 중이던 국군을 파견하려 하였다. 이때 부대 내에 있던 좌익 세력들이 제주도 출동 반대, 통일 정부 수립 등의 구호를 내세우며 반란을 일으켰다(여수 · 순천 10 · 19 사건).

정답 분석

⑤ 1948년 5월 10일 남한에서 총선거가 실시되었다(5 · 10 총선거). 이는 (가)와 (나) 사이의 사실이다.

오답 피하기

① 1946년 3월 제1차 미소 공동 위원회가 개최되었지만 협의 대상에 대한 의견 차를 좁히지 못하고 1947년 10월 결렬되었다. 이는 (가) 이전의 사실이다.
② 1945년 12월 말 모스크바 3국 외상 회의가 개최되었다. 이는 (가) 이전의 사실이다.
③ 1946년 7월 김규식과 여운형의 주도로 좌우 합작 위원회가 구성되고, 10월에 좌우 합작 7원칙이 발표하였다. 이는 (가) 이전의 사실이다.
④ 1949년 6월 이승만 정부는 유상 매수 · 유상 분배를 내용으로 하는 농지 개혁법을 제정하여 1950년 3월부터 시행하였다. 이는 (나) 이후의 사실이다.

---

04 밑줄 그은 '국회'에 대한 설명으로 옳지 않은 것은?

> 이 우표는 우리나라 최초로 실시된 총선거를 기념하기 위해 발행되었습니다. 보통 · 직접 · 평등 · 비밀 선거 원칙에 따라 치른 이 선거를 통해 구성된 국회에서 활동한 의원의 임기는 2년이었습니다.

① 반민족 행위 처벌법을 제정하였다.
② 의원들의 선거로 대통령을 선출하였다.
③ 민의원과 참의원의 양원제로 운영되었다.
④ 일부 지역의 국회의원이 선출되지 못한 채 출범하였다.
⑤ 일제가 남긴 재산 처리를 위한 귀속 재산 처리법을 만들었다.

제헌국회

정답 ③ 밑줄 그은 '국회'는 제헌 국회이다. 1948년 5월 10일 남한에서 총선거가 실시되었는데, 이는 21세 이상 모든 국민에게 투표권이 부여된 우리나라 최초의 보통 선거였다. 5 · 10 총선거로 구성된 제헌 국회는 1948년 7월 17일 국호를 '대한민국'으로 정하고, 대통령 중심제를 근간으로 한 헌법을 공포하였다. 제헌 국회의원의 임기는 2년이었다.

정답 분석

③ 1960년 4 · 19 혁명으로 이승만이 대통령직을 사퇴한 뒤, 허정은 과도 정부를 구성하였고, 국회는 헌법을 개정하여 내각 책임제와 국회 양원제를 채택하였다.

오답 피하기

① 제헌 국회는 정부 수립 직후 국민적 열망에 따라 반민족 행위 처벌법(반민법)을 제정하였다.
② 제헌 국회 의원들의 간접 선거에 의하여 치러진 제1대 대통령 선거에서 초대 대통령에 이승만, 부통령에 이시영이 선출되었다.
④ 5 · 10 총선거 당시 전체 의석은 200석이었으나 제주도의 2개 선거구에서는 제주 4 · 3 사건으로 인해 국회의원 선출이 불가능하여 198명의 국회의원이 선출되었다.
⑤ 제헌 국회는 귀속 재산 처리법을 제정하였는데 주요 내용은 일본인 소유의 기업, 공장과 주택을 민간인에게 불하하는 것이었다.

05 (가)에 들어갈 내용으로 옳은 것은?

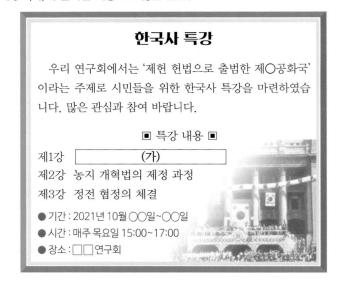

한국사 특강

우리 연구회에서는 '제헌 헌법으로 출범한 제○공화국'
이라는 주제로 시민들을 위한 한국사 특강을 마련하였습
니다. 많은 관심과 참여 바랍니다.

■ 특강 내용 ■

제1강　　　　　　(가)

제2강　농지 개혁법의 제정 과정

제3강　정전 협정의 체결

● 기간 : 2021년 10월 ○○일~○○일
● 시간 : 매주 목요일 15:00~17:00
● 장소 : □□연구회

① 삼청 교육대의 설치
② 새마을 운동의 추진
③ 한일 기본 조약의 비준
④ 지방 자치제의 전면 실시
⑤ 반민족 행위 처벌법의 제정

이승만 정부

정답 ⑤　　(가)에는 제헌 헌법으로 출범한 제1공화국의 활동이 들어가야 한다.
1948년 5 · 10 총선거에서 당선된 국회의원들은 제헌 국회를 구성하였다. 제헌
국회는 국호를 '대한민국'으로 정하고, 헌법을 제정하여 이승만을 대통령으로 선출
하였다. 1948년 8월 15일 이승만 대통령은 대한민국 정부 수립을 대내외에 선포
하였다.

정답 분석

⑤ 1948년 9월 제헌 국회는 일제에 협력하여 한국인에게 피해를 입힌 사람들의 행
적을 조사하여 처벌하고자 반민족 행위 처벌법을 제정하였다

오답 피하기

① 1880년 신군부는 5 · 18 민주화 운동을 진압한 후 사회악을 뿌리 뽑겠다는 명
분으로 사람들을 삼청 교육대로 끌고 가 군대식 훈련과 노동을 강요하였다.
② 1970년 박정희 정부는 공업화 정책과 저곡가 정책으로 도시와 농촌의 소득 격
차가 더욱 커지자 새마을 운동을 시작하였다.
③ 1965년 6월 박정희 정부는 한 · 일 기본 조약을 체결하고 일본과 국교를 정상화
하였다. 또한 일본으로부터 8억 달러의 경제 협력 자금을 제공받기로 합의하였다.
④ 1995년 김영삼 정부는 지방 자치 단체장 선출을 포함한 지방 자치제를 전면적
으로 실시하였다.

06 (가) 전쟁 중에 있었던 사실로 옳지 않은 것은?

대성동 마을은 경기도 파주시에 있으며, 군사 분계선 남쪽 비무장 지대에 위치한 민간인 마을입니다.	(가) 의 정전 협정 체결 직후 비무장 지대에 남북이 민간인 마을을 하나씩만 남긴다는 후속 합의에 따라 마을로 조성되었습니다.	'자유의 마을'로 불리는 대성동 마을은 유엔군 사령부의 관할 지역으로, 외부인은 허락 없이 들어가지 못합니다.
1/3	2/3	3/3

① 애치슨 선언이 발표되었다.
② 부산이 임시 수도로 정해졌다.
③ 흥남 철수 작전이 전개되었다.
④ 인천 상륙 작전 이후 서울을 수복하였다.
⑤ 국회에서 국민 방위군 사건이 폭로되었다.

6·25 전쟁

정답 ①　　(가) 전쟁은 6 · 25 전쟁(1950~1953)이다. 6 · 25 전쟁이 휴전되
고, 대성동의 위치가 군사분계선 남쪽에 속하게 되자 유엔군과 국군은 피난 가지
못하였던 주민들을 다른 곳으로 이주시키지 않고 그곳에 그대로 살게 하였다. 이후
이 마을은 '자유의 마을' 대성동이라는 이름으로 알려지기 시작하였다.

정답 분석

① 6 · 25 전쟁 발발 전인 1950년 1월 한반도와 타이완을 미국의 태평양 방위선에
서 제외한다는 내용이 담긴 애치슨 선언이 발표되었다.

오답 피하기

② 부산은 6 · 25 전쟁이 발발한 1950년 8월 18일~10월 27일, 그리고 1 · 4 후퇴
로 1951년 1월 4일~1953년 7월 27일까지 대한민국 정부의 임시 수도였다.
③ 흥남 철수 작전은 6 · 25 전쟁 중인 1950년 12월 15일부터 12월 26일까지 흥
남에서 미군 10군단과 대한민국 국군 1군단 그리고 피난민 10만여 명이 철수한
작전이다.
④ 국군과 유엔군은 1950년 9월 15일 인천 상륙 작전을 실행하여 6 · 25 전쟁 전
세를 역전하여 서울을 수복하였다.
⑤ 국민 방위군 사건은 6 · 25 전쟁 당시 지휘관들이 군수품을 빼돌리는 바람에,
전쟁 중에 소집된 국민 방위군 중 1,000여 명이 추위와 굶주림으로 사망한 것이
다.

07 (가) 전쟁 중에 볼 수 있는 모습으로 적절하지 <u>않은</u> 것은?

역사 뮤지컬

기적의 항해

한 척의 배로 가장 많은 인명을 대피시킨
메러디스 빅토리호!

(가) 전쟁 중의 흥남 철수 당시
배에 실린 군수물자를 내리고
14,000여 명의 피난민을 구출한
감동적인 이야기가 펼쳐집니다.

◆ 일시 : 2023년 ○○월 ○○일 19:00
◆ 장소 : △△ 문화회관 대극장

① 국민 방위군에 소집되는 청년
② 원조 물자 배급을 기다리는 시민
③ 지가 증권을 싼값에 매각하는 지주
④ 거제도 포로수용소에서 석방되는 반공포로
⑤ 제2차 미소 공동 위원회 개최 소식을 보도하는 기자

6·25 전쟁

정답 ⑤　(가) 전쟁은 1950년에 발발한 6 · 25 전쟁이며, 제시문에서 다루는 역사 뮤지컬은 6 · 25 전쟁 중에 벌어진 흥남 철수 작전이다. 흥남 철수 작전은 중공군이 개입하여 연합군의 전세가 불리해지자, 1950년 12월 14일부터 12월 24일까지 미 제10군단과 국군 제1군단을 흥남항에서 피난민과 함께 선박편으로 남쪽으로 철수시킨 작전이다.

정답 분석

⑤ 1947년 5월 제2차 미 · 소 공동 위원회가 재개되었지만 미국과 소련은 한반도에 자국과 우호적인 정권을 수립하기 위해 한 걸음도 양보하지 않았다. 결국, 제2차 미 · 소 공동 위원회도 결렬되고 말았다.

오답 피하기

① 국민 방위군은 이승만 정부가 6 · 25 전쟁 때 중공군의 개입으로 악화된 전쟁 상황을 타개하기 위하여 만 17세 이상 40세 미만의 장정을 강제 징집하여 조직한 군대이다.
② 6 · 25 전쟁이 발발하자 미국의 본격적인 개입과 동시에 막대한 원조 물자가 도입되었다.
③ 농지 개혁법은 6 · 25 전쟁 발발 3달 전에 시행되었는데, 상당수의 지주가 지가 증권을 헐값에 처분하였기 때문에 산업 자본가로 전환하는 데 실패하였다.
④ 이승만은 6 · 25 전쟁의 휴전 반대 의사를 표현하기 위해 1953년 6월 반공 포로를 석방하였고, 휴전 회담이 한때 위기에 빠졌다.

08 (가) 전쟁 중 있었던 사실로 옳은 것은?

　　국민 보도 연맹 사건은 우리 현대사의 커다란 비극입니다. 좌우 대립의 혼란 속에서 수많은 사람들이 국민 보도 연맹에 가입되었고, (가) 의 와중에 영문도 모른 채 끌려 가 죽임을 당했습니다. 그리고 그 유가족들은 연좌제의 굴레에서 고통받으며 억울하다는 말 한마디 못한 채 수십 년을 지내야만 했습니다. 저는 대통령으로서 국가를 대표해서 당시 국가 권력이 저지른 불법 행위에 대해 진심으로 사과드립니다.

– 「울산 국민 보도 연맹 사건 희생자 추모식에 보내는 편지」 –

① 6 · 3 시위가 발생하였다.
② 애치슨 선언이 발표되었다.
③ 브라운 각서가 체결되었다.
④ 부마 민주 항쟁이 일어났다.
⑤ 인천 상륙 작전이 전개되었다.

6·25 전쟁

정답 ⑤　(가) 전쟁은 6 · 25 전쟁이다. 국민 보도 연맹은 1949년 좌익 운동을 하다 전향한 사람들로 조직한 반공 단체이다. 1949년 말에는 민간인으로까지 확대되어 가입자가 30만 명에 달하였다. 6 · 25 전쟁 직후 보도 연맹원들이 북한에 협조할 수 있다는 이유로 정부는 보도 연맹원을 무차별적으로 집단 학살하였다. 이때 희생된 사람들은 전국적으로 최소 10만 명이 넘을 것으로 추정된다.

정답 분석

⑤ 6 · 25 전쟁 당시 국군과 유엔군은 낙동강 전선에서 격렬한 전투 끝에 북한군의 남하를 저지하였다. 1950년 9월 15일에는 인천 상륙 작전을 실행하여 전세를 역전하여 서울을 수복하였다.

오답 피하기

① 1964년 박정희 정부가 일본 정부의 사과와 배상 없이 국교를 정상화하려한다는 사실이 알려졌다. 대학생과 시민들은 굴욕적인 대일 외교라고 반발하였고 박정희 정부의 퇴진을 요구하는 6 · 3 시위를 전개하였다.
② 1950년 1월 미국은 한반도와 타이완을 미국의 태평양 방위선에서 제외한다는 내용이 담긴 애치슨 선언을 발표하였다. 북한은 이러한 정세를 이용하여 6 · 25 전쟁 준비에 박차를 가하였다.
③ 1966년 박정희 정부는 미국과 브라운 각서를 교환하였다. 각서에 따라 미국은 한국군의 현대화를 지원하였으며, 베트남에 주둔한 한국군의 보급 물자와 장비를 한국에서 구매하도록 하였다.
④ 1979년 박정희 정부의 유신 체제에 대한 국민의 불만이 폭발하면서 부산과 마산에서는 대규모 반정부 시위가 격렬하게 전개되었다(부마 민주 항쟁).

64강   이승만 정부와 장면 내각

▲ 발췌 개헌안 심의(기립 투표)

▲ 사사오입 개헌 모습

▲ 민주당의 유세 차량

민주당이 내건 "못 살겠다. 갈아보자!"라는 구호는 이승만 정부의 독재와 부정부패에 염증을 느낀 국민들의 마음을 잘 표현하고 있다.

1 이승만 정부의 정치

(1) 이승만 정부 집권 초기

집권 당시 국내 정세	제1대 대통령에 이승만 취임(1948) ➡ 이승만 정부의 실정(반민족 행위자 옹호, 농지 개혁에 소홀) ➡ 민심 이탈 ➡ 제2대 국회의원 선거(1950)에서 반 이승만 성향 후보자의 대거 당선 ➡ 계속된 실정(국민보도연맹원 학살, 국민방위군 사건, 거창양민학살 사건 등) ➡ 제2대 대통령 선거에서 이승만의 재선 가능성이 낮아짐

(2) 발췌 개헌(1952.5.7.) : 6·25 전쟁 중 임시 수도 부산에서 이루어진 1차 개헌

배경	제2대 국회의원 선거(1950)에서 반 이승만 성향 후보자 대거 당선 ➡ 이승만 지지 세력이 급감 ➡ 국회 간접 선거(대통령 간선제)로는 이승만 대통령의 재선이 어려워짐
내용	대통령 직선제, 국회 양원제(시행되지 못함) 등
과정	자유당을 창당(1951)한 후 임시 수도 부산 일대에 계엄령 선포 ➡ 야당 국회 의원을 헌병대를 동원해 연행한 후 헌법 개정안을 상정함 ➡ 대통령 직선제를 골자로 하는 개헌안 제출(여당의 대통령 직선제 안과 야당의 내각 책임제 안을 발췌·절충) ➡ 군경이 국회 의사당을 포위한 가운데 토론 없이 국회의원들 기립 표결 방식으로 투표 ➡ 개헌안 통과(계엄하에 통과)
결과	대통령 직선제 방식의 선거를 통해 이승만 대통령이 재선에 성공함(1952)

(3) 사사오입 개헌(1954.11.29.)

배경	제3대 국회 의원 선거(1954)에서 자유당 압승 ➡ 이승만 대통령이 장기 집권 시도
내용	초대 대통령의 중임 제한 철폐 등
과정	'초대 대통령에 한해 중임 제한 조항을 적용하지 않는다.'는 내용의 개헌안 제출(1954.11.) ➡ 재적 203명에 202명이 표결에 참여 ➡ 개헌 통과 정족수에 1표 부족으로 부결 선포 ➡ 이틀 후 자유당이 '사사오입의 논리'를 내세워 개헌안 통과시킴 ➡ 범야당 연합 모임인 호헌 동지회 결성(사사오입 개헌 반대) ➡ 제3대 대통령 선거에 이승만 출마

선거	• 제3대 대통령 선거(1956.5.)

구분		자유당	민주당	무소속(가칭 진보당)
대통령		이승만 (당선)	신익희 (선거 도중 사망)	조봉암(선전) ➡ 이후 진보당 창당
부통령		이기붕	장면(당선)	박기출

• 1956년 대통령 선거 당시 구호
  - 이승만(자유당) : 갈아봤자 별 수 없다. 구관이 명관이다.
  - 신익희(민주당) : 못 살겠다, 갈아보자
  - 조봉암(무소속) : 이것저것 다 보았다. 혁신밖에 살길 없다.

결과	1956년 제3대 정·부통령 선거에서 대통령에 이승만, 부통령에 장면 당선

사사오입

개헌안 제31조 입법권은 국회가 행한다. 국회는 민의원과 참의원으로써 구성한다.
제55조 대통령과 부통령의 임기는 4년으로 한다. 단, 재선에 의하여 1차 중임할 수 있다. 대통령이 궐위된 때에는 부통령이 대통령이 되고 잔임 기간 중 재임한다.
부칙 이 헌법 공포 당시의 대통령에 대하여는 제55조 제1항 단서의 제한을 적용하지 아니한다.
- 헌법 제3호(사사오입 개헌안), 1954. 11.29. -

재선에 성공한 이승만은 장기 집권을 위해 대통령의 3선을 금지하는 내용의 헌법을 고치려 하였다. 이에 사사오입 개헌안의 부칙에 예외 규정을 두어 대통령 중임 제한 조항을 고쳐 초대 대통령에 한하여 횟수의 제한 없이 대통령에 출마할 수 있도록 하였다.

(4) 이승만 정부의 독재 체제 강화 : 3대 대통령 당선 이후

배경	자유당과 이승만 정부의 위기감 고조 : 1956년 선거에서 야당인 민주당의 장면이 부통령에 당선, 무소속 조봉암이 유효 득표의 30%를 차지
내용	• 진보당 사건(1958.1.3.) : 제3대 대통령 선거에서 선전한 조봉암을 중심으로 진보당 창당(1956) ➡ 제4대 총선을 5개월 앞두고 진보당 당수 조봉암(평화 통일론 주장)을 간첩 혐의로 체포(진보당 사건) ➡ 조봉암을 간첩 혐의로 처형(1959) ➡ 2011년 대법원의 무죄 선고로 복권(이명박 정부) • 신국가 보안법(보안법 파동, 2 · 4 파동) 제정(1958.12.24.) : 사회 통제 강화 ➡ 대공 사찰 강화 및 언론 통제 • 경향신문 폐간(1959) : 정부에 비판적인 성향을 보인 경향신문을 폐간하여 언론 탄압

(5) 4·19 혁명(1960)

배경	• 이승만 정부의 장기 독재 체제 강화 : 발췌 · 사사오입 개헌, 3 · 15 부정 선거 등 • 경제 불황 : 1950년대 말 미국의 원조 축소로 경기 침체 및 실업 증가 ➡ 지지율 하락

3 · 15 부정선거 (1960)	• 제4대 정 · 부통령 선거(1960.3.15.)		
	구분	자유당	민주당
	대통령	이승만(당선)	조병옥(선거 도중 사망)
	부통령	이기붕	장면

3 · 15 부정선거 (1960)	• 이승만 대통령이 고령으로 건강 문제가 생기면 부통령이 대통령직을 승계함 ➡ 자유당은 정권 유지를 위해 이기붕 부통령 후보를 당선시키고자 함 ➡ 대대적인 3 · 15 부정 선거를 자행(4할 사전 투표, 3인조 · 9인조 투표, 완장 부대 활용 등)
전개 과정	대구의 2 · 28 민주 운동(야당의 선거 유세장에 못 가도록 일요일에 등교 조치를 하자 시위 전개) ➡ 마산의 3 · 15 의거(부정 선거 규탄 시위) ➡ 경찰이 무력으로 진압하는 과정에서 김주열 학생의 시신이 발견(마산) ➡ 고려대 학생 시위 전개 및 피습(4.18.) ➡ 학생 · 시민 등이 대규모 시위 전개, 비상계엄령 선포(4.19.) ➡ 경무대(당시 대통령 집무실)로 향하던 시위대가 경찰의 총격을 받음(4.19.) ➡ 대학 교수단이 시국 선언 및 시위 동참(4.25.) ➡ 이승만 대통령은 하야 발표 후 미국 망명(4.26.)
결과	• 이승만 대통령 하야 ➡ 허정 과도 정부 수립 ➡ 장면 내각 수립 • 제3차 개정 헌법(1960.6.15.) : 내각 책임제와 국회 양원제(참의원, 민의원) 등을 골자로 개헌

사사오입 개헌의 억지 논리

재적 의원 203명의 2/3는 135.333…… 명이므로, 개헌안이 통과되려면 136명의 찬성이 필요하였다. 실제 투표에서는 135명이 찬성하여 1표 차이로 부결되었다. 이에 자유당 정권은 수학 통계에서 사용하는 사사오입, 즉 반올림하면 135명만으로도 가능하다는 억지 논리를 내세워 변칙적으로 개헌안을 통과시켰다.

▲ 국가보안법 위반 혐의로 재판을 받고 있는 조봉암(오른쪽 두 번째)
1959년 조봉암 사형 판결로 사법부는 이승만의 정적 살해 공동 정범이 되고 말았다. 2011년 이루어진 재심에서 조봉암은 무죄 판결을 받았다.

▲ 시위에 참여한 수송 초등학교 학생들
4 · 19 혁명 당시 수송 초등학교 학생이 경찰이 쏜 총에 맞아 사망하는 사건이 발생하였다. 학교 친구를 잃은 초등학생들은 '부모 형제에게 총부리를 대지 말라.'라는 플래카드를 들고 시위에 참여하였다.

▲ 학생과 시민의 시위
시민들의 힘으로 독재 정권을 무너뜨린 4 · 19 혁명은 이후 민주화 운동의 소중한 밑거름이 되었다.

▲ 3인조 · 9인조 투표

▲ '학생의 피에 보답하라'라는 플래카드를 앞세우고 시위하는 대학 교수들

▲ 인천항에서 미국 원조 식량을 트럭에 옮겨 싣는 모습

▲ 장면 내각 출범

▲ 남북 학생 회담 요구

(6) 이승만 정부의 전후 복구와 원조 경제

전후 복구	• 6 · 25 전쟁으로 전 국토 파괴 ➡ 생필품 부족, 화폐 가치 폭락으로 물가 폭등 • 미국의 경제 원조를 통해 전후 복구 ➡ 한 · 미 원조 협정 체결(1948.12.)
미국의 경제 원조	• 농산물 중심 원조 : 미국의 잉여 농산물 제공, 국내 농산물 가격 하락 ➡ 국내 농업 기반 파괴 • 삼백 산업의 발달(1950년대 후반) 　┌ 생활 필수품과 면화, 밀가루, 설탕 등에 집중 ➡ 제분업, 제당업, 면방직업 발달 　└ 소비재 산업의 발달로 생산재 산업의 발달이 부진 • 결과 : 1950년대 후반 미국의 경제 원조 감소 및 유상 차관으로 전환 ➡ 경제 혼란 가중
귀속 재산 처리 (1949)	• 미군정 시기(대한민국 정부 수립 이전) : 미군정은 귀속 재산 처리를 위해 신한공사 설립(1945~1948) • 배경 : 일제로부터 압류한 시설(귀속 재산)과 미국의 원조 물자를 민간 기업에 넘겨 전후 복구 자금 마련 • 과정 : 귀속 재산과 원조 물자를 민간에 넘기는 과정에서 정경 유착 발생 • 결과 : 정부 재정 확충에 도움이 됨, 각종 특혜 조치에 국민 불만 초래

② 장면 내각(1960~1961)

수립	내각 책임제 개헌(1960.6.) ➡ 총선거에서 민주당 압승(1960.7.) ➡ 내각 책임제에 따라 국무총리(행정 수반)에 장면, 대통령에 윤보선이 선출되어 장면 내각 수립(1960.8.)
정책	• 민주화의 진전 : 언론 활동 보장(국가 보안법 개정, 경향 신문 복간), 민주적인 노동 조합 결성, 학생들의 학원 민주화 운동 • 통일 운동 : 학생, 혁신 계열 정치인은 중립화 통일론 · 남북 협상론 · 남북 교류론 등을 주장, 남북 학생 회담 제의('가자 북으로, 오라 남으로') ➡ 장면 내각은 '선 건설 후 통일' 정책을 내세우며 통일 논의에 소극적 • 경제 : 경제 개발 5개년 계획을 수립하지만 실행은 하지 못함
한계	민주당의 내분(구파와 신파), 각종 개혁의 부진, 3 · 15 부정 선거 책임자 처벌 소홀 등

은쌤의 합격노트

🎙 이승만 정부의 정치

☑ 시험에 꼭 나오는 키워드

- 이승만 정부 시기에 주요 사건을 시간순으로 정리하기
- 발췌 개헌과 사사오입 개헌의 내용 정리하기 ➡ 단독으로 출제됨
- 4·19 혁명의 배경-전개과정-결과 기억하기 ➡ 단독으로 출제됨
- 이승만 정부 시기의 경제 상황 정리하기 ➡ 다른 정부 경제 문제의 오답 선지로 자주 활용됨
- 장면 내각의 특징 정리하기 ➡ 단독 출제보다는 다른 정부 문제의 오답 선지로 자주 활용됨

☑ 최다 빈출 선지

발췌개헌
① 부산에서 발췌 개헌안이 통과되었다.
② 계엄령 아래 국회에서 기립 표결로 통과되었다.
③ 의원 내각제를 골자로 하는 개헌이 이루어졌다.
④ 비상 계엄이 선포된 가운데 발췌 개헌안이 통과되었다.
⑤ 자유당이 정권 연장을 위해 직선제 개헌안을 통과시켰다.
⑥ 정·부통령 직접 선거를 주 내용으로 하는 개헌이 이루어졌다.

사사오입 개헌
① 사사오입 개헌에 반대하기 위해 호헌 동지회가 결성되었다.
② 개헌 당시의 대통령에 한하여 중임 제한이 철폐되었다.

이승만 정부 시기의 사건
① 위수령을 제정하였다.
② 조봉암이 혁신 세력을 규합하여 진보당을 창당하였다.
③ 평화 통일을 주장한 진보당의 조봉암이 처형되었다(진보당 사건).
④ 정부에 비판적인 경향신문을 폐간하는 등 언론을 통제하였다.
⑤ 국가보안법 개정안을 통과시킨 이른바 보안법 파동이 발생하였다.

4·19 혁명
① 대구에서 2·28 민주 운동이 시작되었다(4.19 혁명 배경).
② 여당 부통령 후보 당선을 위해 3·15 부정 선거를 자행하였다(4.19 혁명 배경).
③ 3·15 부정 선거에 항의하는 시위에서 시작되었다.
④ 경무대로 향하던 시위대가 경찰의 총격을 받았다.
⑤ 대통령 하야를 요구하며 대학 교수단이 시위행진을 벌였다.

⑥ 이승만이 대통령직에서 물러나는 결과를 가져왔다.
⑦ 허정 과도 정부가 구성되는 결과를 가져왔다.
⑧ 장면 내각이 출범하는 배경이 되었다.
⑨ 양원제 국회가 출현하는 결과를 가져왔다.
⑩ 대통령 중심제에서 의원 내각제로 바뀌는 계기가 되었다.

이승만 정부의 경제
① 귀속 재산 관리를 위해 신한 공사가 설립되었다(미군정 시기).
② 원조 물자를 가공하는 삼백 산업이 발달하였다.

장면 내각
① 민의원과 참의원의 양원제 국회가 출범하였다.
② 정부 형태가 대통령 중심제에서 내각 책임제로 바뀌었다.

대표 기출 문제

심화 60회 42번

01 다음 사건이 일어난 시기를 연표에서 옳게 고른 것은?

> 이날 본회의는 하오 8시 정각에 개의되어 전원 위원회의 '발췌 조항 전원 합의' 보고를 접수한 후 김종순 의원의 각 조항 설명이 있은 다음, 질의도 대체 토의도 아무것도 없이 …… 표결은 기립 표결로 작정하여 재석 166인 중 163표로써 실로 역사적인 결정을 보았다. 표결이 끝나자 신익희 임시 의장은 정중 침통한 태도로써 "본 헌법 개정안은 헌법 제98조 제3항에 의하여 결정된 것을 선포한다."고 최후의 봉을 힘있게 3타 하였으며 그 음성은 몹시도 떨렸다.

1948	1953	1959	1964	1976	1987
(가)	(나)	(다)	(라)	(마)	
5 · 10 총선거	정전 협정 체결	경향신문 폐간	6 · 3 시위	3 · 1 민주 구국 선언	6 · 29 민주화 선언

① (가) ② (나) ③ (다) ④ (라) ⑤ (마)

이승만 정부의 발췌 개헌

정답 ① 다음 사건이 일어난 시기는 발췌 개헌이 통과된 시기이다. 전쟁 직전에 치러진 제2대 국회 의원 선거에서 이승만 정부를 비판하는 무소속 후보 중 다수가 당선되자, 이승만 대통령과 자유당은 국회에서 대통령을 선출하는 간선제로는 이승만 대통령의 재선이 어렵다고 판단하고 개헌을 시도하였다. 여당인 자유당은 6 · 25 전쟁 중인 1952년 비상 계엄령을 선포하고 개헌에 반대하는 야당 의원들을 폭력 조직과 헌병을 동원하여 협박하였다. 이러한 가운데 대통령 직선제 개헌안(발췌 개헌안)을 통과시켰고, 이후 국민 투표에 의해 이승만이 다시 대통령에 당선되었다.

정답 분석

① 1952년 7월 6 · 25 전쟁 중에 이승만 정부는 대통령 직선제를 골자로 하는 개헌안을 국회에서 기립 표결로 발췌 개헌을 통과시켰다.

고급 45회 46번

02 밑줄 그은 '개헌안'의 시행 결과로 옳은 것은?

> **정부, 개헌안 통과로 인정**
> – 28일 국무 회의 후, 갈 처장 발표 –
>
> 27일 국회에서 개헌안에 대하여 135표의 찬성표가 던져졌다. 그런데 민의원 재적수 203석 중 찬성표 135, 반대표 60, 기권 7, 결석 1이었다. 60표의 반대는 총수의 3분의 1이 훨씬 되지 못하다는 사실을 잘 주의해서 보아야 한다. 민의원의 3분의 2는 정확하게 계산할 때 135⅓인 것이다. 한국은 표결에 있어서 단수(端數)*를 계산하는 데에 전례가 없었으나 단수는 계산에 넣지 않아야 할 것이며 따라서 개헌안은 통과되었다는 것이 정부의 견해이다.
>
> *단수(端數) : '일정한 수에 차고 남는 수'로, 여기에서는 소수점 이하의 수를 의미함

① 대통령 중심제가 의원 내각제로 바뀌었다.
② 통일 주체 국민 회의에서 대통령이 선출되었다.
③ 개헌 당시의 대통령에 한하여 중임 제한이 철폐되었다.
④ 선거 인단이 선출하는 7년 단임의 대통령제가 실시되었다.
⑤ 우리나라 최초의 보통 선거인 5 · 10 총선거가 실시되었다.

사사오입 개헌

정답 ③ 밑줄 그은 '개헌안'은 사사오입 개헌이다. 1953년 총선에서 압승을 거둔 자유당은 초대 대통령에 한하여 연임 제한 규정을 두지 않는다는 내용을 골자로 하는 개헌을 추진하였다. 당시 개헌안 통과를 위해서는 국회 재적 의원 203명 중 3분의 2 이상의 찬성표가 필요하였는데, 실제 투표에서는 135명이 찬성하여 1표 차이로 부결되었다. 이에 자유당 정권은 사사오입의 논리를 이용하여 개헌안 통과를 선포하였다. 결국 1956년 선거에 출마한 이승만은 세 번 연속 대통령에 당선되었다.

정답 분석

③ 1952년 제2대 대통령에 당선된 이승만은 1954년 장기 집권을 목적으로 대통령 중임 제한 조항을 고쳐 초대 대통령에 한하여 횟수의 제한 없이 대통령에 출마할 수 있도록 사사오입 개헌을 단행하였다.

오답 피하기

① 1960년 이승만 정부가 붕괴된 후 곧바로 내각 책임제와 국회 양원제를 근간으로 한 개헌이 이루어졌다.
② 1972년 12월 통일 주체 국민 회의에서 박정희는 99.9%의 득표로 제8대 대통령에 당선되었다(제4 공화국).
④ 1980년 5 · 18 민주화 운동 이후 전두환 정부는 곧바로 대통령 임기 7년 단임과 대통령 선거인단에 의한 간선제 선출 등을 담은 헌법을 마련하였다.
⑤ 1948년 5월 10일 남한에서 총선거가 실시되었다. 이는 21세 이상 모든 국민에게 투표권이 부여된 우리나라 최초의 보통 선거였다.

심화 53회 47번

03 다음 뉴스가 보도된 정부 시기의 사실로 옳지 않은 것은?

> 독립운동가이자 유학자인 김창숙 선생이 오늘 기자 회견을 열었습니다. 회견에서 선생은 자유당이 강도적으로 통과시킨 보안법은 무효이며, 과거 부산 정치 파동 때와 같이 반독재 구국 범국민 투쟁을 전개해야 한다며 여생을 민주주의를 위하여 바치겠다는 결의를 표명하였습니다.

① 평화 통일론을 주장한 진보당의 조봉암을 제거하였다.
② 인민 혁명당 재건위 사건을 조작해 관련자를 탄압하였다.
③ 정부에 비판적인 경향신문을 폐간하는 등 언론을 통제하였다.
④ 여당 부통령 후보 당선을 위해 3 · 15 부정 선거를 자행하였다.
⑤ 반민 특위를 이끌던 국회 의원들에게 간첩 혐의를 씌워 체포하였다.

이승만 정부 시기의 사건

정답 ② 다음 뉴스가 보도된 정부 시기는 이승만 정부이다. 사사오입 개헌에 따라 실시된 제3대 대통령 선거에서 이승만이 대통령에 당선되었다. 이후 1958년 12월 자유당은 야당의 반대에도 불구하고 '대통령을 비난하는 자는 10년 이하의 징역에 처한다.'는 등의 내용을 담은 국가 보안법 개정안을 국회에 상정하여 통과시켰다. 또 정부에 대한 비판적인 기사를 자주 게재하던 경향신문을 폐간시켰다.

정답 분석

② 박정희는 유신 반대를 금지하는 긴급 조치를 연이어 발표했고, 중앙정보부는 인민 혁명당이라는 간첩단을 조작하여 관련자들을 잡아들였다(인혁당 사건).

오답 피하기

① 이승만 정부는 진보당을 창당한 조봉암에게 간첩 혐의를 씌워 1959년 사형에 처하였다.
③ 1959년 4월 이승만 정부는 정부에 대한 비판적인 기사를 자주 게재하던 경향신문을 폐간시켰다.
④ 1960년 3월 15일에는 제4대 정 · 부통령 선거가 실시되었다. 자유당은 대통령에 이승만, 부통령에 이기붕을 내세웠다. 이승만이 고령인 점을 감안하면 야당 후보가 부통령에 당선될 경우 정권이 교체될 수도 있었기 때문이다.
⑤ 1948년 9월 이승만 정부는 친일파를 청산하기 위해 제헌 국회에서 반민족 행위 처벌법을 제정 · 공포하였다.

심화 58회 41번

04 밑줄 그은 '선거' 이후의 사실로 옳은 것은?

> 이번 선거에 자유당, 민주당 후보 등 여러 명이 출마했군.

> 여당은 현 대통령의 3선을, 야당은 정권 교체를 주장하고 있군.

① 국회에서 국민 방위군 사건이 폭로되었다.
② 평화 통일론을 내세우던 진보당이 해체되었다.
③ 경찰이 반민족 행위 특별 조사 위원회를 습격하였다.
④ 조선 건국 준비 위원회 지부가 인민 위원회로 개편되었다.
⑤ 초대 대통령에 한해 중임 제한을 폐지하는 개헌안이 통과되었다.

이승만 정부

정답 ② 밑줄 그은 '선거'는 1956년 제3대 대통령 선거이다. 이승만 정부는 권력 강화를 위해 헌법을 수시로 개정하였다. 1954년에는 장기 집권을 목적으로 대통령 중임 제한 조항을 고쳐 초대 대통령에 한하여 횟수의 제한 없이 대통령에 출마할 수 있도록 하였다(사사오입 개헌). 새 헌법에 기초하여 1956년 5월 제3대 대통령 선거가 치러졌다.

정답 분석

② 1956년 제3대 대통령 선거에서 대통령 후보였던 조봉암이 예상보다 많이 득표하자, 이승만 정부는 간첩죄와 국가 보안법 위반 등을 내세워 평화 통일론을 주장한 조봉암을 비롯한 진보당 간부들을 탄압하였다(진보당 사건).

오답 피하기

① 국민 방위군 사건은 6 · 25 전쟁 중의 1 · 4 후퇴 때 지휘관들이 군수품을 빼돌리는 바람에 국민 방위군 중 1,000여 명이 추위와 굶주림으로 사망한 것이다.
③ 1948년 제헌 국회는 반민족 행위 처벌법을 제정하고 반민족 행위 특별 조사 위원회를 설치하였다. 이승만 정부는 친일파 청산보다는 반공이 우선이라고 주장하였고, 일부 경찰들은 반민 특위 사무실을 습격하기도 하였다.
④ 1945년 9월 조선 건국 준비 위원회는 미군이 한반도에 진주한다는 소식이 알려지자 각 지부를 인민위원회로 바꾸었다.
⑤ 1954년 이승만 정부는 대통령 중임 제한 조항을 고쳐 초대 대통령에 한하여 횟수의 제한 없이 대통령에 출마할 수 있도록 하였다(사사오입 개헌).

대표 기출 문제

심화 60회 43번

05 (가) 민주화 운동에 대한 설명으로 옳은 것은?

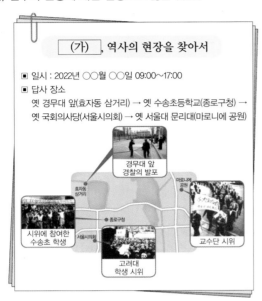

(가), 역사의 현장을 찾아서

■ 일시 : 2022년 ○○월 ○○일 09:00~17:00
■ 답사 장소
옛 경무대 앞(효자동 삼거리) → 옛 수송초등학교(종로구청) →
옛 국회의사당(서울시의회) → 옛 서울대 문리대(마로니에 공원)

① 장면 내각이 출범하는 배경이 되었다.
② 유신 체제가 붕괴되는 결과를 가져왔다.
③ 한일 국교 정상화에 반대하여 일어났다.
④ 신군부의 비상계엄 확대가 원인이 되었다.
⑤ 호헌 철폐와 독재 타도 등의 구호를 내세웠다.

4·19 혁명

정답 ① (가) 민주화 운동은 4·19 혁명이다. 1960년 3월 15일에 실시된 제4대 정·부통령 선거 당일 마산 지역의 학생과 시민들이 부정 선거를 규탄하는 시위를 전개하였다. 4월 19일 학생과 시민들이 대통령과 면담을 요구하며 경무대로 향하자, 경찰이 무차별 총격을 가하여 많은 희생자가 발생했다. 4월 25일에는 대학 교수들도 시국 선언문을 발표하고 시위를 벌였다.

정답 분석

① 4·19 혁명으로 구성된 허정의 과도 정부는 내각 책임제와 양원제를 핵심으로 하는 개헌을 실시하였고, 장면 내각이 출범하였다.

오답 피하기

② 중앙정보부장 김재규가 박정희 대통령을 피살하면서 유신 체제는 막을 내리게 되었다(10·26 사태).
③ 박정희 정부의 한·일 회담이 일본의 사과와 배상 등이 외면된 사실이 폭로되자, 대학생들은 6·3 시위를 벌였다.
④ 신군부 세력은 유신 헌법 철폐를 요구하는 시위운동이 전국적으로 일어나자 비상계엄을 전국으로 확대하였다.
⑤ 전두환 정부가 4·13 호헌 조치를 발표하자 대학생과 일반 시민들은 민주화를 요구하는 6월 민주 항쟁을 전개하였다.

심화 57회 48번

06 민주화 운동에 대한 설명으로 옳은 것은?

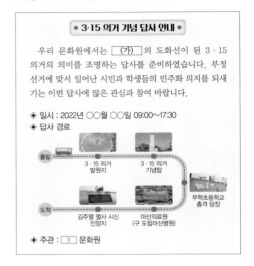

• 3·15 의거 기념 답사 안내 •

우리 문화원에서는 **(가)** 의 도화선이 된 3·15 의거의 의미를 조명하는 답사를 준비하였습니다. 부정 선거에 맞서 일어난 시민과 학생들의 민주화 의지를 되새기는 이번 답사에 많은 관심과 참여 바랍니다.

◆ 일시 : 2022년 ○○월 ○○일 09:00~17:30
◆ 답사 경로

◆ 주관 : □□ 문화원

① 3선 개헌 반대 범국민 투쟁 위원회가 주도하였다.
② 이승만이 대통령직에서 물러나는 결과를 가져왔다.
③ 신군부의 비상계엄 확대와 무력 진압에 저항하였다.
④ 관련 기록물이 유네스코 세계 기록 유산으로 등재되었다.
⑤ 4·13 호헌 조치에 반발하며 호헌 철폐 등의 구호를 내세웠다.

4·19 혁명

정답 ② (가) 민주화 운동은 4·19 혁명이다. 1960년 3월 15일 실시된 정·부통령 선거는 부정으로 얼룩졌다. 대리 투표는 물론 3인조 투표도 각지에서 행해졌고, 일부 지방에서 사전 투표가 발각되었다. 이에 부정 선거에 항의하는 국민 시위가 대구, 부산, 서울, 마산 등 전국의 대도시에서 벌어졌다. 3월 15일 오후 마산에서 학생과 시민들은 부정 선거를 규탄하고 선거 무효를 주장하며 시위를 벌였고, 경찰은 이를 무차별하게 진압하였다. 이 과정에서 실종된 학생 김주열이 약 한 달 뒤 마산 앞바다에 참혹한 시신으로 떠올랐다. 이에 분노한 학생과 시민들은 다시 격렬하게 시위를 일으켰다.

정답 분석

② 1960년 4·19 혁명으로 이승만은 대통령직을 사임하겠다는 성명을 발표하였고, 얼마 뒤 하와이로 망명의 길을 떠났다

오답 피하기

① 1969년 박정희 정부는 경제 발전과 국가 안정을 명분으로 내세워 대통령의 3선을 허용하는 개헌안을 국회에서 편법으로 통과시켰다(3선 개헌).
③ 1980년 5월 18일 광주 지역 대학생들은 신군부에 비상계엄 해제와 민주 헌정 체제의 회복 등을 요구하는 시위를 계속하였다(5·18 민주화 운동).
④ 2011년 국가 폭력에 대한 민중의 저항을 담은 5·18 민주화 운동 관련 기록은 그 의미와 가치가 인정되어 유네스코 세계 기록 유산으로 등재되었다.
⑤ 1987년 전두환 정부는 국민들의 대통령 직선제 개헌 요구를 거스르고 기존 헌법을 고수하겠다는 4·13 호헌 조치를 발표하였다.

심화 62회 44번

07 밑줄 그은 '개헌안'이 발표된 이후의 사실로 옳은 것은?

① 반민족 행위 처벌법이 제정되었다.
② 제2차 미소 공동 위원회가 결렬되었다.
③ 국회가 민의원과 참의원의 양원제로 운영되었다.
④ 평화 통일론을 주장한 진보당의 조봉암이 구속되었다.
⑤ 유상 매수, 유상 분배 원칙의 농지 개혁법이 제정되었다.

장면 내각(제3차 개헌 이후)

정답 ③　밑줄 그은 '개헌안'은 1960년 4ㆍ19 혁명 직후에 이루어진 제3차 개헌이다. 이승만 정부가 붕괴된 후 곧바로 내각 책임제와 국회 양원제를 근간으로 한 개헌이 이루어졌다(1960). 이에 따라 실시된 선거에서는 예상대로 야당이었던 민주당이 승리하여 장면 정부가 출범하였다(제2공화국).

정답분석

③ 1960년 이승만이 대통령직을 사퇴한 뒤, 허정은 과도 정부를 구성하여 부정 선거를 주도한 각료와 자유당 간부를 구속하였다. 국회는 헌법을 개정하여 내각 책임제와 국회 양원제를 채택하였다. 이 헌법에 따라 민의원과 참의원을 선출하는 총선거가 실시되어 장면이 이끄는 민주당이 집권하였다.

오답 피하기

① 1948년 제헌 국회는 국민의 여망에 따라 반민족 행위 처벌법을 제정하고, 반민족 행위 특별 조사 위원회(반민특위)를 설치하였다.
② 1947년 좌우 합작 운동이 진행되는 중에 제2차 미ㆍ소 공동 위원회가 개최되었으나, 양측의 의견을 좁히지 못한 채 막을 내렸다.
④ 1958년 이승만 정부는 대통령 후보였던 조봉암이 예상보다 많이 득표하자, 간첩죄와 국가보안법 위반 등을 내세워 평화 통일론을 주장한 조봉암을 비롯한 진보당 간부들을 탄압하였다(진보당 사건).
⑤ 1948년 대한민국 정부가 수립되자 본격적인 농지 개혁이 진행되어 1949년에 농지 개혁법을 제정하고, 이듬해 3월에 이를 개정하여 시행하였다.

심화 54회 47번

08 (가), (나) 발표 사이의 시기에 있었던 사실로 옳은 것은?

> (가) 첫째는 국민이 원한다면 대통령직을 사임할 것이며, 둘째는 지난번 정ㆍ부통령 선거에 많은 부정이 있었다고 하니, 선거를 다시 하도록 지시하였고, 셋째는 선거로 인연한 모든 불미스러운 것을 없애게 하기 위해서, 이미 이기붕 의장이 공직에서 완전히 물러나겠다고 결정한 것이다.
>
> (나) 1. 반공을 국시의 제일 의(義)로 삼고 지금까지 형식적이고 구호에만 그친 반공 태세를 재정비 강화한다.
>   2. 유엔 헌장을 준수하고 국제 협약을 충실히 이행할 것이며 미국을 위시한 자유 우방과의 유대를 더욱 공고히 한다.
>   ......
>   6. 이와 같은 우리의 과업이 성취되면 참신하고 양심적인 정치인들에게 언제든지 정권을 이양하고 우리들 본연의 임무에 복귀할 준비를 갖춘다.

① 조봉암을 중심으로 진보당이 창당되었다.
② 국가 보위 비상 대책 위원회가 설치되었다.
③ 의원 내각제를 골자로 하는 개헌이 이루어졌다.
④ 유상 매수, 유상 분배를 규정한 농지 개혁법이 제정되었다.
⑤ 긴급 조치 철폐를 요구하는 3ㆍ1 민주 구국 선언이 발표되었다.

4·19 혁명~5·16 군사 정변 사이 시기의 사실

정답 ③　(가)는 1960년 4월 26일 4·19 혁명에 따른 이승만 대통령 하야 발표, (나)는 1961년 5·16 군사 정변 주도 세력이 발표한 '혁명 공약'이다.
(가) 이승만 정부는 1960년 제4대 정·부통령 선거에서 온갖 부정을 저질렀다. 4월 19일 서울에서만 학생과 시민 10만여 명이 참가하는 등 전국적으로 시위가 격화되었다. 결국, 이승만은 4월 26일 대통령에서 물러났다.
(나) 4·19 혁명 이후 구성된 장면 내각은 1961년 5월 16일 박정희를 중심으로 한 5·16 군사 정변으로 출범 9개월 만에 붕괴되었다. 박정희가 정변 직후 발표한 '혁명 공약'은 반공을 국시의 제일로 내걸었으며, 경제 개발과 사회 안정을 정변의 명분으로 제시하였다.

정답분석

③ 1960년 이승만 대통령이 물러난 후 허정이 이끄는 과도 정부가 구성되었다. 국회에서는 양원제 의회 구성과 내각 책임제를 골자로 한 개헌안을 통과시켰다. (가)와 (나) 사이의 일이다.

오답 피하기

① 1959년 조봉암은 평화 통일론을 내세우며 진보당을 창당하였다. (가) 이전의 일이다.
② 1980년 5월 31일 5·18 민주화 운동을 무력으로 진압한 신군부는 전두환을 상임 위원장으로 하는 국가 보위 비상 대책 위원회를 설치하였다. (나) 이후의 일이다.
④ 1949년 6월 이승만 정부는 농지 개혁법을 제정하였고, 1950년 3월부터 국가가 유상 매입하고 소작농에게 유상 분배하는 농지 개혁이 시행되었다. (가) 이전의 일이다.
⑤ 1976년 재야인사들이 명동 성당에 모여 박정희 유신 체제를 정면으로 비판하는 3·1 민주 구국 선언을 발표하였다. (나) 이후의 일이다.

65강　박정희 정부

① 5·16 군사 정변과 군정 시기

(1) 5·16 군사 정변(1961)

배경	장면 정부의 무능과 사회 혼란, 6·25 전쟁 이후 군부 세력의 성장
전개 과정	박정희 중심의 일부 군인들 권력 장악(장면 내각 붕괴) ➡ 전국 비상계엄 선포 ➡ 군사 혁명 위원회 조직, 반공을 국시로 '혁명 공약' 발표

(2) 군정 시기(1961~1963, 2년 6개월)

정책	• 국가 재건 최고 회의 설치 : 5·16 군사 정변 당시 군사 혁명 위원회가 개칭된 것, 초헌법적인 최고 통치 기구(입법·사법·행정의 모든 일을 처리) • 중앙정보부 설치 : 국가 재건 최고 회의 직속으로 발족된 정보·수사기관 • 사회 개혁 : 농어촌 고리채 정리, 화폐 개혁 단행, 농산물 가격 안정 정책 등

② 박정희 정부의 수립과 활동(1963~1972)

(1) 정부 출범 과정

성립	군사 정변 당시 민정 이양을 약속한 군사 정부의 제5차 개헌을 단행(1962.12) ➡ 대통령 중심제와 단원제 국회를 골자로 한 헌법 개정안을 국민 투표를 거쳐 통과 ➡ 민주 공화당 창당(1963.2) ➡ 박정희는 육군 대장으로 전역 후 민주 공화당 후보로 제5대 대통령 선거에 출마 ➡ 박정희가 대통령에 당선(1963)

(2) 한·일 국교 정상화(1965.6)

배경	경제 개발 자금 마련, 미국의 요구(한·미·일 안보 동맹 구축)
전개 과정	• 김종필·오히라 비밀 회담(1962) : 독립 축하금 명목의 후원금 및 차관 등에 대해서 합의하며 한·일 국교 정상화를 추진(청구권 문제를 경제 협력 방식으로 타결) • 6·3 시위(1964) : 식민 통치의 사과나 배상 없이 차관 도입에만 집중한 굴욕적인 대일 외교에 대한 반대 시위 전개 ➡ 박정희 정부는 계엄령과 휴교령 선포하고 시위 진압 • 한·일 협정 체결(1965.6.) : 박정희 정부의 계엄령 선포 ➡ 6·3 시위 탄압 후 협정 체결 ➡ 경제 협력 자금 제공 합의(무상 자금과 차관 제공)
한계	일본의 침략과 지배를 둘러싼 사과와 배상 문제를 명시하지 않음

▲ 5·16군사 정변의 주역들 : 박정희 (가운데)

▲ 6·3 시위

▲ 김종필과 오히라의 비밀 메모

(3) 베트남 파병(1965~1973)

배경	• 미국 : 베트남 전쟁 개입(1964) ➡ 반공 전선을 확고히 하고자 한국에 파병 요청 • 한국 : 미국의 요청과 경제 개발에 필요한 자본을 마련하고자 대규모 파병 결정(연인원 32만 명)
영향	• 브라운 각서 교환(1966) : 국군 현대화를 위한 장비 제공, 경제 발전 지원을 위한 차관 제공, 국군의 보급 물자와 장비를 한국에서 구매, 한국 기업의 베트남 진출 약속 등 • 전쟁 특수(베트남 특수)로 경제 성장 : 베트남에 대한 군수 물자 수출과 건설 사업 참여, 미국 시장 상품 수출 유리, 파병된 군인의 송금 등
한계	국군의 희생과 전쟁 후유증(고엽제 피해), 베트남 민간인의 희생과 라이따이한(한국인 혼혈인) 문제가 발생

▲ 베트남에 파병되는 병사들
1964년 의료진과 태권도 교관이 파견되었고, 1965년부터 1973년까지 전투 부대가 파병되었다. 한국은 미국 다음으로 많은 5만여 명의 군인을 파병하였다.

사료 살펴보기

베트남 파병에 따른 미국의 지원

1. 군사 원조
   • 한국에 있는 대한민국 국군의 현대화 계획을 위하여 수년 동안 상당량의 장비를 제공한다.
   • 베트남 공화국에 파견되는 추가 병력에 필요한 장비를 제공하며, 또한 베트남 파견 추가 병력에 따르는 일체의 추가적 원화 경비를 부담한다.
2. 경제 원조
   • 베트남 주둔 대한민국 부대에 소요되는 보급 물자와 용역 및 장비를 대한민국에서 구매하며, 베트남 주둔 미군과 베트남군을 위한 물자 중 선정된 구매 품목을 한국에 발주한다.
   • 이미 약속한 바 있는 1억 5,000만 달러 차관에 추가하여 차관을 제공한다.

– 브라운각서, 「한국 외교 관계 자료집」, 1966 –

브라운 각서는 1966년 3월 7일 미국 정부가 한국군 월남 증파의 선행조건에 대한 보상 조치를 당시의 주한 미국 대사 브라운을 통하여 한국 정부에 전달한 공식 통고서이다. 미국은 국군 파병의 대가로 경제 개발에 필요한 차관 제공을 약속하였으며, 국군의 현대화와 한국 기업의 베트남 건설 사업 참여 등도 보장하였다.

▲ 베트남 전쟁에 참전한 한국군 모습

▲ 베트남 꾸이년항에서 부두 하역 작업을 지휘하는 기술자

(4) 향토 예비군 창설(1968.4.)

배경	북한의 군사적 도발에 대처 ┌ 김신조를 포함한 북한 무장 간첩들이 청와대 습격 시도 사건(1968.1.21.) └ 미국의 푸에블로호가 북한 영해를 침범하였다는 이유로 북한에 나포(1968.1.23.)
목적	군사 동원 체제를 수립 ➡ 자주적 방위 태세의 강화
창설	'내 고장 내 마을 내가 지킨다', '싸우면서 일하고 일하면서 싸운다'라는 구호를 내걸고 창설

▲ 향토 예비군 창설

(5) 3선 개헌(1969)

배경	경제 발전의 성과를 내세운 박정희가 제6대 대통령에 당선(1967)
과정	여당은 대통령의 3회 연임을 허용하는 헌법 개정 추진 ➡ 국민과 야당은 장기 집권 음모라고 반대 ➡ 정부는 북한의 도발을 빌미로 반대 여론 억압(무고한 사람들이 간첩으로 몰려 실형을 선고받음) ➡ 여당은 야당 의원을 따돌린 채 국회 별관에서 3선 개헌을 편법으로 통과(1969)
결과	제7대 대통령 선거에 박정희 출마 ➡ 야당인 신민당 김대중 후보를 힘겹게 누르고 당선(1971)

▲ 3선 개헌 반대 운동

▲ YH 무역 사건

3 박정희 정부의 유신 체제(1972~1979)

(1) 유신 체제의 성립

배경	• 국내 경제 위축 : 국민들의 불만 증가 ➡ 정권 위기감이 고조됨 • 닉슨 독트린 선언(1969) : 냉전 체제 완화로 반공 정책의 난관 • 지지도 하락 : 7대 대통령 선거에서 야당 김대중에 근소한 차이로 승리
성립	국가 비상사태 선언(1971.12.) ➡ 7 · 4 남북 공동 성명 발표(1972) ➡ 전국에 비상계엄 선포 ➡ 경제 난국 극복과 평화 통일 대비를 명분으로 대통령 특별 선언 선포(10월 유신) ➡ 불법적으로 국회 해산, 모든 정치 활동 금지 ➡ 비상 국무회의에서 유신 헌법 마련 ➡ 국민 투표를 거쳐 확정(1972.11.21.) ➡ 통일 주체 국민 회의를 통해 박정희 대통령 당선(제8대 대통령 선거, 1972.12.23.)
유신 헌법 내용	• 한국적 민주주의 표방 : 대통령이 입법 · 사법 · 행정 모든 권한 장악, 헌법 위에 군림 • 대통령 선출 : 통일 주체 국민 회의에서 간접 선거로 대통령 선출(임기 6년, 중임 제한 없음) • 대통령 권한 : 국회의원 3분의 1 추천, 국회 해산권, 법관 인사권, 초헌법적인 긴급조치권(국민의 기본권 일부 제한) ➡ 비정상적인 권한 강화로 영구 집권 체제를 마련함
유신 반대 운동	• 저항 : 개헌 청원 100만 인 서명 운동(1973), 민청학련 선언(1974), 3.1 민주 구국 선언(1976), 해직된 언론인들은 언론 자유 수호 투쟁 전개 • 탄압 : 정부는 긴급 조치(제1호~제9호)를 발동하여 탄압(개헌 논의 금지), 민청학련 사건 · 인혁당 재건위 사건 등을 통해 유신 반대 시위 탄압
유신 사회상	• 경범죄 처벌법 개정(1973) : 국가가 국민의 일상을 통제하고 억압(장발과 미니스커트 단속, 통금령 등) • 문학과 예술에 대한 정부 검열 강화 ➡ 수많은 금서와 금지곡(양희은의 아침 이슬 등) 양산

▲ 유신 헌법 공포식

▲ 통일 주체 국민 회의

▲ 장발 단속과 미니스커트 단속

(2) 유신 체제의 붕괴

배경	• 경기 침체에 따른 불만 고조, 국제 사회에서 박정희 독재와 인권 탄압 비난 • 일반 국민의 긴급 조치 위반 건수 늘어감 ➡ 국회의원 선거에서 야당인 신민당이 개헌 저지선 확보(1978)
전개	• YH 무역 사건(1979.8.) : YH 무역의 폐업에 항의한 노동자가 경찰의 강제 진압 과정에서 사망 ➡ 야당의 신민당 총재 김영삼이 정치 공세를 강화하자 국회의원직을 제명당함 • 부 · 마 민주 항쟁(1979.10.) : 부산 · 마산 지역에서 유신 체제 반대 시위 전개 ➡ 정부는 계엄령과 위수령 선포로 탄압(유신 체제 몰락의 결정적 계기) • 10 · 26 사태(1979) : 박정희가 중앙 정보 부장 김재규에게 피살당함

④ 박정희 정부의 경제

(1) 제1차(1962~1966), 제2차(1967~1971) 경제 개발 5개년 계획

시행	• 5 · 16 군사 정변 이후 박정희 정부에서 실시(1962) ➡ 자립 경제의 기반 구축이 목표 • 경제 개발 자금 마련 : 서독에 광부와 간호사 파견, 한 · 일 협정 체결, 베트남 파병 등
특징	• 정부 주도형 경제 정책, 수출 주도형 성장 전략 • 노동 집약적인 경공업 위주의 정책 추진(의류 · 가발 · 합판 산업, 식료품 등) ➡ 소비재 수출 산업 육성 • 사회 간접 자본 확충 : 울산에 대규모 산업 시설 건립 착수(1962), 경부 고속 국도 건설 착수(1968~70), 포항 종합 제철 공장 설립 착수(1970~1973)
한계	대외 의존도 심화, 외채 증가 ➡ 1960년대 말 경제 위기 도래

(2) 제3차(1972~1976), 제4차(1977~1981) 경제 개발 5개년 계획

시행	1960년대 말 경제 위기 극복을 위해 추진
특징	• 중화학 공업 중심(기계 · 조선 · 석유 · 화학 · 철강 등), 수출액 100억 달러를 달성(1977) • 중화학 공업의 비중이 경공업의 비중을 앞서기 시작 ➡ 고부가 가치 산업 위주로 산업 구조 개편
경제 위기	• 제1차 석유 파동(1973) : 중동 건설 사업으로 벌어들인 오일 달러로 극복 • 제2차 석유 파동(1978) : 중화학 공업 중복 투자, 경제 성장률 하락 ➡ 국가 재정과 국민 생활의 어려움, 기업 부담이 커짐
기타	8 · 3 사채 동결 조치 : 대통령 긴급명령 형태로 사채를 동결시킨 기업 구제 금융 정책 시행
한계	재벌 중심의 경제 구조 형성(정경 유착), 저임금 · 저곡가 정책, 빈부 격차 심화 등

(3) 새마을 운동(1970) : 근면, 자조, 협동 강조

배경	농촌과 도시 간 격차 심화, 농촌 인구 감소 및 고령화 시작
목표	도시와 농촌의 균형 있는 발전을 통한 농 · 어촌의 근대화 및 소득 증대
과정	농촌 환경 개선 ➡ 농촌 소득 증대 사업 ➡ 도시로 확산 ➡ 도시 · 직장 · 공장으로 확산 ➡ 근면 · 자조 · 협동을 구호로 내세움 ➡ 구호를 생활화하는 전국적인 의식 개혁 운동으로 발전
한계	농촌의 외형 변화에만 치중, 유신 체제를 유지하는 데 이용됨

사료 살펴보기

새마을 운동

1. 새벽종이 울렸네 새 아침이 밝았네. 너도 나도 일어나 새 마을을 가꾸세.
2. 초가집도 없애고 마을길도 넓히고 푸른 동산 만들어 알뜰살뜰 다듬세.
3. 서로서로 도와서 땀흘려서 일하고 소득 증대 힘써서 부자 마을 만드세.
4. 우리 모두 굳세게 싸우면서 일하고 일하면서 싸워서 새 조국을 만드세.
(후렴) 살기 좋은 내 마을 우리 힘으로 만드세.

제시된 자료는 1970년대의 '새마을 운동' 당시에 아침이면 시골 마을마다 울려 퍼진 노래말이다. 박정희 대통령이 새마을 운동 노래 가사를 직접 썼다고 알려져 있다.

▲ 독일에 파견된 탄광 광부

▲ 경부 고속 국도(1970.7.7. 준공)

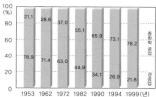
▲ 공업 구조의 변화
1970년대 중화학 공업이 크게 성장하여 2차 산업의 비중이 1차 산업을 능가하게 되었고, 중화학 공업 생산액의 비중이 경공업을 크게 넘어서면서 제조업 중심의 산업 구조를 형성하였다.

▲ 새마을 운동
새마을 운동은 농어촌 근대화에 기여하였으며, 다른 개발 도상국들이 이를 학습할 만큼 농촌을 발전시킨 사례로 평가받고 있다. 이에 새마을 운동 기록물은 2013년 유네스코 세계 기록 유산으로 등재되었다.

▲ 새마을 노래 EP음반

5·16 군사 정변과 박정희 정부의 수립

☑ 시험에 꼭 나오는 키워드

- 5·16 군사 정변 이후 군정 시기의 특징을 기억하기 ➡ 단독 출제보다는 오답 선지로 활용됨
- 박정희 정부 시기의 주요 사건을 시간 순으로 정리하기
- 한·일 국교 정상화, 베트남 파병, 3선 개헌의 주요 내용을 기억하기 ➡ 단독으로 출제됨

☑ 최다 빈출 선지

박정희의 군정 시기
① 반공을 국시로 내건 혁명 공약을 발표하였다.
② 국가 재건 최고 회의를 기반으로 군정이 실시되었다.

한·일 국교 정상화
① 한일 국교 정상화에 반대하는 6·3 시위가 전개되었다.
② 6·3 시위가 전개되고 비상 계엄령이 선포되었다.

베트남 파병
① 미국의 요청에 따라 베트남 파병이 시작되었다.
② 베트남 파병에 관한 브라운 각서가 체결되었다.

3선 개헌
① 대통령의 3선 연임을 허용하는 개헌안이 통과되었다.

박정희 정부의 유신 체제

☑ 시험에 꼭 나오는 키워드

- 유신 체제의 특징을 기억하기 ➡ 단독으로 출제됨
- 유신 체제 때 있었던 주요 사건을 시간 순으로 정리하기

☑ 최다 빈출 선지

유신 헌법
① 국회 해산과 헌법의 일부 효력 정지를 담은 유신이 선포되었다.
② 통일 주체 국민 회의가 조직되었다.
③ 통일 주체 국민 회의 대의원에서 선출되었다.
④ 대통령의 국회의원 1/3 추천 조항을 담고 있다.
⑤ 대통령 선거인단에 의한 간접 선거제를 규정하였다.
⑥ 긴급 조치 9호가 발동되었다.
⑦ 인민 혁명당 재건위 사건을 조작해 관련자를 탄압하였다.

유신 체제에 대한 저항
① YH 무역 노동자들이 폐업에 항의하며 농성하였다.
② YH 무역 노동자들의 농성을 강경 진압하였다.
③ 야당 총재의 국회의원직 제명으로 촉발되었다(부마 민주 항쟁의 배경).
④ 부마 민주 항쟁이 일어났다.
⑤ 유신 체제에 저항하여 부산, 마산 등지에서 시위가 일어났다(부마 민주 항쟁).
⑥ 긴급 조치 철폐를 요구하는 3·1 민주 구국 선언이 발표되었다.
⑦ 유신 체제가 붕괴되는 배경이 되었다(YH 무역 사건, 부마 민주 항쟁).

박정희 정부의 경제

☑ 시험에 꼭 나오는 키워드

- 제1~2차 경제 개발 5개년 계획과 제3~4차 경제 개발 5개년 계획의 특징을 구분하여 정리하기
- 새마을 운동의 특징 정리하기 단독으로 출제됨

☑ 최다 빈출 선지

박정희 정부의 경제
① 경부 고속도로가 개통되었다.
② 포항 제철소 1기 설비가 준공되었다.
③ 제1차 경제 개발 5개년 계획을 추진하였다.
④ 제3차 경제 개발 5개년 계획이 추진되었다.
⑤ 10억 달러 수출을 달성한 지 7년 만에 100억 달러 수출을 이루었다.
⑥ 제2차 석유 파동으로 경제 불황이 심화되었다.
⑦ 8·3 조치로 사채 동결 등의 특혜가 기업에게 제공되었다.
⑧ 한·독 정부 간의 협정에 따라 서독으로 광부가 파견되었다.

새마을 운동
① 근면, 자조, 협동을 구호로 내걸었다.
② 농촌 근대화를 표방하는 새마을 운동이 추진되었다.

01 (가), (나) 문서가 작성된 사이의 시기에 있었던 사실로 옳은 것은?

> (가) 1. 무상 원조에 대해 한국 측은 3억 5천만 달러, 일본 측은 2억 5천만 달러를 주장한 바 3억 달러를 10년에 걸쳐 공여하는 조건으로 양측 수뇌에게 건의함
>
> ⋮
>
> 3. 수출입 은행 차관에 대해 …… 양측 합의에 따라 국교 정상화 이전이라도 협력하도록 추진할 것을 양측 수뇌에게 건의함
>
> (나) 제1조 양 체약 당사국 간에 외교 및 영사 관계를 수립한다.
> 제2조 1910년 8월 22일 및 그 이전에 대한 제국과 일본 제국 간에 체결된 모든 조약 및 협정이 이미 무효임을 확인한다.
>
> ⋮

① 한·미 상호 방위 조약이 체결되었다.
② 6·3 시위가 전개되고 비상 계엄령이 선포되었다.
③ 경찰이 반민족 행위 특별 조사 위원회를 습격하였다.
④ 평화 통일론을 주장한 진보당의 조봉암이 구속되었다.
⑤ 유상 매수, 유상 분배 원칙의 농지 개혁법이 제정되었다

한일 국교 정상화

정답 ② (가)는 1962년 박정희 정부의 중앙정보부장 김종필과 일본 외무 장관 오히라 사이에 이루어진 비밀 교섭, (나)는 1965년 박정희 정부가 체결한 한·일 협정이다.
(가) 박정희 정부는 경제 개발에 필요한 자금을 조달하기 위해 일본과 국교 정상화 회담을 시작하였다. 1962년 김종필과 오히라가 비밀리에 만나 재산 청구권을 경제 협력 방식으로 타결하면서 회담이 시작되었다.
(나) 박정희 정부가 일본과 국교 정상화를 서두르자 국민들은 '굴욕적인 대일 외교'에 반대하였다. 학생들은 1964년 6·3 시위를 전개하지만 이듬해 한·일 협정이 체결되었다.

정답 분석

② 1964년 한·일 회담은 과정에서 일본의 사과와 배상, 약탈 문화재 반환 등이 외면된 사실이 폭로되자 대학생들은 6·3 시위를 벌였다.

오답 피하기

① 1953년 이승만 정부는 6·25전쟁 이후 한·미 상호 방위 조약을 체결하였다. (가) 이전의 일이다.
③ 1948년 국회는 '반민족 행위 처벌법'을 제정하고, 친일 반민족 행위자에 대한 조사와 체포에 나섰다. 이때 일부 경찰들은 반민 특위 사무실을 습격하였다. (가) 이전의 일이다.
④ 1958년 진보당 사건으로 조봉암은 간첩으로 몰려 사형을 당하였고, 진보당은 해체되었다. (가) 이전의 일이다.
⑤ 1949년 6월 이승만 정부는 농지 개혁법을 제정하였다. (가) 이전의 일이다.

02 (가), (나) 사이의 시기에 있었던 사실로 옳은 것을 〈보기〉에서 고른 것은?

> (가) 국군 장교가 위원으로 선출되었으며, 3권을 장악하고 국회의 권한을 행사하는 최고 통치 기구인 국가 재건 최고 회의가 출범하였다.
>
> (나) 국민의 직접 선거로 대의원이 선출되었으며, 통일 정책을 최종 결정하고 대통령 선거권 등을 행사하는 통일 주체 국민 회의가 발족하였다.

〈보 기〉

ㄱ. 장기 집권을 위한 3선 개헌안이 통과되었다.
ㄴ. 제2차 석유 파동으로 경제 불황이 심화되었다.
ㄷ. 베트남 파병에 관한 브라운 각서가 체결되었다.
ㄹ. 대통령 긴급 명령으로 금융 실명제가 실시되었다.

① ㄱ, ㄴ   ② ㄱ, ㄷ   ③ ㄴ, ㄷ   ④ ㄴ, ㄹ   ⑤ ㄷ, ㄹ

군정 시기~유신 체제 사이에 있었던 사건

정답 ② (가) 박정희를 중심으로 한 군부 세력은 1961년 5월 16일 군사 정변을 일으켜 정권을 장악하였다. 군부 세력은 군사 혁명 위원회를 국가 재건 최고 회의로 재편하여 입법 사법 행정의 모든 일을 처리하였고, 국가 운영에 필요한 정보를 수집하기 위해 중앙정보부를 만들었다.
(나) 1972년 10월 박정희 정부는 전국에 비상계엄을 선포한 다음, 국가 안보와 경제 성장을 명분으로 대통령에게 막강한 권력을 부여한 유신 헌법을 내놓았다(10월 유신). 유신 헌법에서 대통령을 통일 주체 국민 회의에서 간선제 방식으로 선출하였기 때문에 당시의 상황을 고려하면 사실상 1인 영구 집권이 가능하였다.

정답 분석

ㄱ. 1969년 박정희 정부는 경제 발전과 국가 안정을 명분으로 내세워 대통령의 3선을 허용하는 개헌안을 국회에서 편법으로 통과시켰다(3선 개헌). (가)와 (나) 사이의 일이다.
ㄷ. 1966년 박정희 정부는 파병의 대가로 국군의 현대화를 위한 장비 제공, 경제 발전을 지원하기 위한 차관 제공, 한국 기업의 베트남 진출과 군수 물자 수출 협력 등을 브라운 각서로 약속받았다. (가)와 (나) 사이의 일이다.

오답 피하기

ㄴ. 1978년 박정희 정부는 제2차 석유 파동으로 한국 경제는 심각한 타격을 입었다. (나) 이후의 일이다.
ㄹ. 1993년 김영삼 정부는 불법 자금의 유통을 차단하고 정확한 과세를 하기 위해 금융 실명제를 실시하였다. (나) 이후의 일이다.

03 밑줄 그은 '현행 헌법'에 대한 설명으로 옳은 것은?

> 오늘의 헌법은 그 개정의 발의권이 사실상 대통령에게만 속해 있는 것이다. 이에 우리 국민은 이와 같이 헌법 개정 발의권으로부터의 소외를 극복하고 우리들의 천부의 권리를 제시하는 방법으로 대통령에게 현행 헌법의 개정을 요구하는 100만인 청원 운동을 전개하는 바이다.

장준하

① 내각 책임제를 채택하였다.
② 대통령의 연임을 3회로 제한하였다.
③ 대통령에게 국회 해산권을 부여하였다.
④ 대통령의 임기를 7년 단임제로 정하였다.
⑤ 국회를 참의원과 민의원의 양원제로 규정하였다.

박정희 정부의 유신 헌법

정답 밑줄 그은 '현행 헌법'은 유신 헌법이다. 박정희 정부의 유신 헌법이 발표된 후에 일본 도쿄에서 반유신 운동을 준비하던 김대중이 괴한들에게 납치되는 사건이 벌어졌다(1973. 8.). 이에 대학가에서는 사건의 해명을 요구하는 시위가 일어났으며, 장준하, 백기완을 비롯한 지식인들이 개헌 청원 1백만인 서명 운동을 추진하는 등 유신 반대 운동이 활발해졌다. 한국광복군 장교 출신 장준하는 유신 반대 운동을 벌이던 1975년 의문사하였다.

정답 분석

③ 박정희 정부의 유신 헌법은 대통령에게 입법, 사법, 행정권을 집중시킨 비민주적인 헌법이었다. 대통령은 국회 해산권, 대법원장과 헌법 위원회 위원장 임명권을 행사하였고 긴급 조치를 통해 반대 세력을 억압하였다.

오답 피하기

① 이승만 정부가 붕괴된 후 곧바로 내각 책임제와 국회 양원제를 근간으로 한 개헌이 이루어졌다(1960).
② 박정희 정부는 경제 발전과 국가 안정을 명분으로 내세워 1969년에 대통령의 3선을 허용하는 개헌안을 국회에서 편법으로 통과시켰다(3선 개헌).
④ 5·18 민주화 운동 이후 전두환 정부는 곧바로 대통령 임기 7년 단임과 대통령 선거인단에 의한 간선제 선출 등을 담은 헌법을 마련하였다.
⑤ 이승만이 대통령직을 사퇴한 뒤, 국회는 헌법을 개정하여 내각 책임제와 국회 양원제를 채택하였다.

---

04 밑줄 그은 '이 정권' 시기에 있었던 사실로 옳지 않은 것은?

> ### 양심 선언문
>
> 들으라! 우리는 유신 헌법의 잔인한 폭력성을, 합법을 가장한 유신 헌법의 모든 부조리와 악을 고발한다. 우리는 유신 헌법의 비민주적 허위성을 고발한다. …… 우리 대한 학도는 민족과 역사 앞에 분연히 선언한다. 이 정권이 끝날 때까지 후퇴치 못하고 이 민족을 끝까지 못살게 군다면 자유와 평등과 정의를 뜨겁게 외치는 이 땅의 모든 시민의 준엄한 피의 심판을 면치 못하리라.

① 신민당사에서 YH 무역 노동자들이 농성을 하였다.
② 민주 회복을 위한 개헌 청원 백만인 서명 운동이 전개되었다.
③ 호헌 철폐, 독재 타도를 내세운 6·10 국민 대회가 개최되었다.
④ 야당 총재의 국회의원직 제명을 계기로 민주 항쟁이 일어났다.
⑤ 긴급 조치 철폐를 요구하는 3·1 민주 구국 선언이 발표되었다.

박정희 정부의 유신 체제

정답 밑줄 그은 '이 정권'은 1972년에 성립된 박정희 정부의 유신 체제이다. 박정희 정부는 장기 독재 체제를 구축하기 위해 대통령 특별 선언을 통해 국회를 해산시키고 정치 활동을 금지한 후, 비상 국무 회의에서 유신 헌법을 만들었다(10월 유신). 유신 헌법은 대통령에게 입법, 사법, 행정권을 집중시킨 비민주적인 헌법이었다. 이 헌법으로 대통령 중심 제한이 철폐되어 영구 집권이 가능해졌고, 대통령 직선제도 통일 주체 국민 회의에 의해 6년마다 선출하는 간선제로 바뀌었다. 나아가 국민의 기본권을 일부 제한할 수 있는 긴급 조치를 통해 반대 세력을 억압하였다.

정답 분석

③ 1987년 전두환 정부가 4·13 호헌 조치를 발표하자 대학생과 일반 시민들은 호헌 철폐와 독재 타도를 외치며 민주화를 요구하는 6월 민주 항쟁을 전개하였다.

오답 피하기

① 1979년 8월 박정희 정부 시기에 YH 무역 여공들은 부당한 공장 폐쇄에 맞서 생존권 보장을 요구하며 신민당사에서 농성을 벌였다. 그러나 경찰이 진압하는 과정에서 농성자 한 명이 사망하는 사건이 발생하자 야당은 박정희 정부를 강력하게 비난하였다.
② 1973년 박정희 정부 시기에 장준하 등 민주 인사들은 개헌 청원 100만인 서명 운동을 벌이며 유신 반대 운동을 전개하였다.
④ 1979년 박정희 정부 시기에 YH 무역 사건을 계기로 신민당 총재 김영삼이 정치 공세를 강화하자, 여당은 국회에서 김영삼 의원을 제명하였다. 이를 계기로 김영삼의 정치적 본거지인 부산과 마산 일대에서 부·마 민주 항쟁이 일어났다.
⑤ 1976년 박정희 정부 시기에 재야 정치 지도자들은 명동 성당에서 3·1 민주 구국 선언을 발표하고 유신 반대 운동을 전개하였다.

05 다음 명령을 실행한 정부의 경제 정책으로 옳은 것은?

이것은 경제 관련 긴급 명령을 발표하는 사진입니다. 경부 고속 도로 개통 등으로 경제 발전에 힘쓰던 당시 정부는 사채에 허덕이는 기업을 구제하기 위해 사채 신고를 독려하고 그 상환을 동결시켜 주었습니다. 이로써 기업의 재무 구조가 개선되었으나 정경 유착이 심해지는 계기가 되기도 하였습니다.

① 제3차 경제 개발 5개년 계획을 추진하였다.
② 미국과 자유 무역 협정(FTA)을 체결하였다.
③ 귀속 재산 처리를 위해 신한 공사를 설립하였다.
④ 최저 임금 결정을 위한 최저 임금 위원회를 설치하였다.
⑤ 금융 거래의 투명성을 확보하고자 금융 실명제를 실시하였다.

박정희 정부

정답 ① 다음 명령을 실행한 정부는 박정희 정부이다. 박정희 정부가 1968년에 착공하여 1970년에 완공한 경부 고속 국도는 산업 발달의 원동력이 되었다. 박정희는 1972년 8월 3일 긴급 명령(8·3 조치)을 발동하였고, 비정상적인 조치로 인해 사채로 어려움을 겪던 대기업은 다시 한 번 자본 축적의 기회를 잡을 수 있었다. 한편, 8·3 조치는 부채를 많이 쓴 기업일수록 큰 특혜를 받는 결과를 초래하였다.

정답 분석

① 박정희 정부는 경공업 제품 수출이 한계에 부딪히자 경제 정책을 대폭 수정하여 기계·조선·석유 화학·철강 등 중화학 공업 중심의 제3차 경제개발 계획(1972~1976)과 제4차 경제 개발 계획(1977~1981)을 추진하였다.

오답 피하기

② 미국과 자유 무역 협정(FTA)을 체결한 것은 노무현 정부, 미국과 자유 무역 협정(FTA)을 비준한 것은 이명박 정부이다.
③ 광복 후 미군정은 신한 공사를 설립하여 과거에 동양 척식 주식회사가 소유했던 재산을 관리하였다.
④ 1987년 7월 30일 전두환 정부는 최저 임금에 관한 중요 사항의 심의를 위해 고용 노동부에 최저 임금 위원회를 설치하였다.
⑤ 1993년 김영삼 정부는 불법 자금의 유통을 차단하고 정확한 과세를 하기 위해 금융 실명제를 실시하였다.

06 (가) 정부 시기의 경제 상황으로 옳은 것은?

① 한미 자유 무역 협정(FTA)이 체결되었다.
② 저유가·저금리·저달러의 3저 호황이 있었다.
③ 원조 물자를 가공하는 삼백 산업이 발달하였다.
④ 대통령 긴급 명령으로 금융실명제가 실시되었다.
⑤ 농촌의 근대화를 표방한 새마을 운동이 전개되었다.

박정희 정부

정답 ⑤ (가) 정부 시기는 박정희 정부이다. 1968년 2월 1일 기공식을 가진 지 2년 5개월 만인 1970년 7월 7일 경부 고속 국도가 개통되었다. 1970년대 포항 제철의 준공으로 산업의 기초가 되는 철강이 대량 생산되어 석유 화학, 조선, 자동차 등 중화학 공업이 비약적으로 발전할 수 있었다. 1977년에는 수출액이 100억 달러를 넘어섰고 연평균 8.9%에 달하는 경제 성장을 이루었다.

정답 분석

⑤ 박정희 정부는 1970년부터 도시와 농촌의 균형 있는 발전을 목표로 '근면, 자조, 협동'을 구호로 내건 새마을 운동을 추진하였다.

오답 피하기

① 미국과 자유 무역 협정(FTA)을 체결은 노무현 정부, 미국과 자유 무역 협정(FTA) 비준은 이명박 정부이다.
② 전두환 정부 시기인 1986년부터 저금리, 저유가, 저달러의 이른바 '3저 호황'이 시작되어 경제 활동에 유리한 환경이 조성되었다.
③ 이승만 정부는 6·25 전쟁 이후 삼백 산업을 중심으로 농산물이나 공업 원료를 가공하는 소비재 산업이 성장할 수 있었다.
④ 김영삼 정부는 1993년 불법 자금의 유통을 차단하고 정확한 과세를 하기 위해 금융 실명제를 실시하였다.

66강 전두환·노태우·김영삼·김대중·노무현·이명박 정부

▲ 서울역에서의 민주화 시위

▲ 5·18 광주 민주화 운동

사료 살펴보기

5·18 민주화 운동 당시 시민군의 궐기문(1980.5.25.)

우리는 왜 총을 들 수밖에 없었는가? 그 대답은 너무나 간단합니다. 너무나 무자비한 만행을 더 이상 보고 있을 수만 없어서 너도나도 총을 들고 나섰던 것입니다. …… 계엄 당국은 18일 오후부터 공수 부대를 대량 투입하여 시내 곳곳에서 학생, 젊은이들에게 무차별 살상을 자행하였으니! …… 이 고장을 지키고자 이 자리에 모이신 시민 여러분! 그런 상황에 우리가 할 수 있는 일은 무엇이겠습니까?

신군부는 5·18 민주화 운동이 일어나자 언론을 통제하여 실상을 보도하지 못하게 하였고, 당시에 이 궐기문도 언론에 보도되지 못하였다.

▲ 프로 야구 출범

① 전두환 정부 (1981~1988)

(1) 신군부의 등장

집권	10·26 사태에 따른 계엄령 선포 ➡ 통일 주체 국민 회의에서 최규하 대통령 선출(1979.12.) ➡ 전두환 등 신군부가 정권 장악(12·12 사태) ➡ 비상계엄령 하에 정치적 영향력 확대
서울의 봄 (1980)	• 의미 : 10·26 사태 이후부터 비상계엄의 전국 확대 조치(5.17.) 전까지의 정치적 과도기를 말함 • 시민들의 민주화 요구 ➡ 서울역 시위(5.15.) ➡ 신군부의 비상계엄 전국 확대(5.17.) ➡ 모든 정치 활동 금지, 민주화 운동 세력과 신군부에 반대하는 사람들 체포 • 학생과 시민들의 요구 사항 ┌ 유신 헌법 폐지, 전두환의 신군부 퇴진 요구 └ 민주 헌정 체제 회복, 언론 자유 보장, 비상계엄 철폐 요구

(2) 5·18 민주화 운동

배경	신군부의 지속적인 민주화 운동 탄압 ➡ 비상계엄의 전국적인 확대(5.17.)
전개 과정	전라남도 광주에서 계엄령 확대에 저항하는 학생들의 시위(5.18.) ➡ 계엄군의 폭력 진압 및 발포(5.21.) ➡ 시위 군중들의 시민군 조직, 계엄군과 대치 무장 ➡ 시민 수습 대책 위원회 구성, 평화적 협상 요구(5.22.) ➡ 계엄군의 무자비한 무력 진압(5.27.)
결과	• 신군부 정권의 정당성과 도덕성에 심각한 타격 • 신군부의 병력 동원에 미국의 방조 반미 운동의 계기
의의	• 아시아 여러 나라의 민주화 운동의 토대가 됨 • 5·18 민주화 운동 기록물이 유네스코 세계 기록 유산으로 등재(2011) • 5·18 진상 규명을 위한 특별법 제정(2018, 문재인 정부)

(3) 전두환 정부의 수립과 정책

수립 과정	5·18 민주화 운동 진압 후 신군부 세력이 정권 장악 ➡ 국가 보위 비상 대책위원회 구성(입법·사법·행정 3권 장악) ➡ 언론인 강제 해직 및 삼청 교육대 운영 ➡ 최규하 대통령의 사임 ➡ 통일 주체 국민 회의를 통해 제11대 대통령으로 전두환이 선출(1980) ➡ 제8차 헌법 개헌(대통령 간접 선거, 임기 7년의 단임제) ➡ 대통령 선거인단을 통한 간접 선거로 제12대 대통령으로 전두환 선출(1981)
강압 정책	• 권위주의적 강권 통치 : 삼청 교육대 운영, 민주화 운동과 인권 탄압 등 • 언론 통제 : 언론사 통폐합, 보도 지침을 통한 기사 검열과 단속 등
유화 정책	• 야간 통행금지 해제, 해외여행 자유화, 컬러텔레비전 방송 시작, 두발·교복 자율화, 과외 금지, 졸업 정원제 시행 • 스포츠 활성화 : 프로 스포츠 도입(야구, 축구), 86 아시아 경기대회 개최, 88 서울 올림픽 유치 등

저항	민주화 추진 협의회 결성(1984.5.18.) : 전두환 정부에 대항하기 위해 김영삼계와 김대중계의 야당 인사들이 연합하여 결성한 재야 정치 단체 ➡ 직선제 개헌을 청원하는 1천만 명 서명 운동 전개 주도(1985.12.)
1980년대 경제	• 경제 위기 극복 : 부실기업 정리, 중화학 공업에 대한 중복 투자 제한 등 • 저금리 · 저유가 · 저달러의 3저 호황(1980년대 중반) • 고도 성장, 기술 집약적 산업 발달(반도체 · 자동차 등)

▲ 민주화 추진 협의회

(4) 6월 민주 항쟁(1987)

배경	• 5 · 18 민주화 운동에 대한 진상 규명 요구, 대통령 직선제를 통한 민주화에 대한 국민들의 열망 • 1985년 총선 이후 신한 민주당이 제1야당이 됨 ➡ 개헌 청원 천만인 서명 운동 전개
전개 과정	야당과 재야 세력 중심으로 대통령 직선제 개헌 추진 ➡ 박종철 고문치사 사건(1987.1.) 등이 발생 ➡ 전두환 정부는 4 · 13 호헌 조치를 발표하며 대통령 직선제 개헌 거부(1987.4.) ➡ 호헌에 저항하는 시위 전개 ➡ 개헌 요구 시위 중 이한열이 최루탄에 맞아 뇌사(1987.6.9.) ➡ 시위의 격화 ➡ 시민과 학생이 6 · 10 대회 선언문을 발표 ➡ 전국 주요 도시에서 시위 전개 전국 주요 도시에서 대대적 시위, '호헌 철폐, 독재 타도, 민주 헌법 쟁취' 등을 구호로 삼음
결과	6 · 29 민주화 선언(1987) : 민주 정의당(여당) 대표이자 대통령 후보였던 노태우가 국민의 민주화 및 대통령 직선제 요구 수용 ➡ 여야 합의를 통해 대통령 직선제, 5년 단임제로 헌법이 개정됨(제9차 개헌, 현행 헌법)

▲ 박종철 고문치사 사건 규탄 시위

▲ 6월 민주 항쟁

사료 살펴보기

6·10 국민 대회 선언문(1987)

국민 합의를 배신한 4·13 호헌 조치는 무효임을 전 국민의 이름으로 선언한다. 오늘 우리는 전 세계의 이목이 우리를 주시하는 가운데 40년 독재 정치를 청산하고 희망찬 민주 국가를 건설하기 위한 거보를 전 국민과 함께 내딛는다. 국가의 미래요, 소망인 꽃다운 젊은이를 야만적인 고문으로 죽여 놓고 그것도 모자라서 뻔뻔스럽게 국민을 속이려 했던 현 정권에 국민의 분노가 무엇인지를 분명히 보여 주고, 국민적 여망인 개헌을 일방적으로 파기한 4·13 폭거를 철회시키기 위한 민주 장정을 시작한다.
– 「선언으로 본 80년대 민족·민주운동」, 신동아 편집실 –

6·10 국민 대회를 통해 4·13 호헌 조치를 철폐하고 직선제 개헌을 통해 민주 정치를 회복하고자 하였다.

② 노태우 정부(1988~1993)

출범	제13대 대통령 선거(1987) : 야권 분열로 노태우 당선			
	여당	야당 후보 ➡ 대선 후보 단일화 실패		
	노태우(당선)	김영삼	김대중	김종필
3당 합당 (1990)	야당이 국회의 과반수 의석 확보 ➡ 야당 우세 국회로 청문회 개최(5 · 18 민주화 운동 진상 규명 등) ➡ 노태우의 민주 정의당은 여소야대 국회를 극복하기 위해 야당인 통일 민주당(김영삼), 신민주 공화당(김종필)과 합당 추진 ➡ 거대 여당인 민주 자유당 출현(1990)			
정책	• 제24회 서울 올림픽 대회 개최(1988), 지방 자치제의 부분적 실시(1991) • 남 · 북한 유엔 동시 가입(1991), 남북 기본 합의서(1991) • 북방 외교(소련 · 중국 · 헝가리 등 공산 국가와 수교)			

▲ 제13대 대통령 후보자별 득표율(1987)

김종필
(신민주 공화당)
8.1%

기타 0.3%

김대중
(평화 민주당)
27%

노태우
(민주 정의당)
36.6%

김영삼
(통일 민주당)
28%

대선
득표율
(1987년)

▲ 금융 실명제의 시행을 알리는 신문
김영삼 정부는 사회 정의 실현과 경제 활성화를 도모한다는 목적 아래 금융 실명제와 부동산 실명제를 도입하였다.

❸ 김영삼 정부 (1993~1998, 문민 정부)

출범	5 · 16 군사 정변 후 30여 년 만의 민간인 대통령(문민정부)
개혁 정책	• 금융 실명제 실시(1993, 대통령 긴급 명령), 지방 자치제 전면적 실시(1995) • '역사 바로 세우기' 운동 : 민주화 운동 진압 관련자 처벌, 옛 조선 총독부 건물 철거 등 • 고위 공직자 재산 등록 의무화, 신군부의 뿌리인 하나회 해체
경제 정책	• 시장 개방의 가속화 : 우루과이 라운드 타결(1993) ➡ 세계 무역 기구(WTO) 출범(1995), 수출 1,000억 달러 돌파(1995) ➡ 경제 협력 개발 기구(OECD) 가입(1996, 세계 경제 발전과 무역 촉진 도모) ➡ 규제 완화, 시장 자율성 확대 • 외환위기 초래(1997) : 외환위기 발생(금융 기관의 부실, 재벌의 방만한 기업 운영, 외국 자본 이탈 등) ➡ 국제 통화 기금(IMF)의 금융 지원 · 관리를 받게 됨

▲ 금 모으기 운동
외환 위기를 맞이하자 민간에서 개인 소유의 금을 모아 부족한 외환(달러)을 메우려는 운동이 일어났다. 이 금 모으기 운동은 제2의 국채 보상 운동이라 불리기도 하였다.

❹ 김대중 정부 (1998~2003, 국민의 정부)

출범	최초의 선거에 따른 평화적인 여야 정권 교체(국민의 정부)
정책	• 국민 기초 생활 보장법 제정(2000), 국가 인권 위원회 설립(2001), 여성 가족부(여가부) 신설(2001), 한 · 일 월드컵 개최(2002), 부산 아시안 게임 개최(2002) • 대북 화해 협력 정책 : 6 · 15 남북 공동 선언(2000) ➡ 한반도의 긴장 완화 공로를 인정받아 김대중 대통령은 노벨 평화상을 수상함(2000) • 외환위기 극복 : 기업의 구조 조정, 노사정 위원회 구성(1998, 대통령 직속 자문 기구), 금 모으기 운동 등 전개 ➡ 국제 통화 기금의 지원금 조기 상환(2001)

▲ 질병 관리 본부 출범

❺ 노무현 정부 (2003~2008, 참여 정부)

정책	• 행정 수도 건설 특별법 제정(2003) ➡ 헌법 재판소의 위헌 결정으로 수도 이전은 하지 못함(2004) • 행정 중심 복합 도시 건설 시작(2003), 경부 고속 철도(KTX) 개통(2004) • 과거사 진상 규명법 제정, 진실 · 화해를 위한 과거사 정리 위원회가 처음으로 출범(2005) • 권위주의 청산, 호주제 폐지, 가족 관계 등록법 시행, 질병 관리 본부 출범(2004), 노인 장기 요양 보험법 제정(2007, 시행은 이명박 정부) • 칠레와 자유 무역 협정(FTA) 체결(2004), 미국과 자유 무역 협정(FTA) 체결(2007, 반대 시위 전개) • 김대중 정부의 남북 화해 협력 정책 계승 : 금강산 육로 관광 시작(2003), 제2차 남북 정상 회담 성사(2007)

▲ 금강산 육로 관광

❻ 이명박 정부 (2008~2013, 실용 정부)

정책	• 여야 정권 교체로 등장, 4대강 사업, 서울에서 G20 정상 회의 개최(2010) • 한 · 미 자유 무역 협정(FTA) 발효(2012) : 노무현 정부 때 국회 비준 실패 이후 이명박 정부 때 양국 국회에서 통과되어 발효 • 1인당 국민 소득 2만 달러, 인구 5,000만 명인 '20–50' 클럽 진입(2012)

▲ G20 정상 회의 개최

전두환 정부(1981~1988)와 6월 민주 항쟁

☑ 시험에 꼭 나오는 키워드

- 5 · 18 광주 민주화 운동의 배경–전개 과정–결과 기억하기 ➡ 단독으로 출제됨
- 전두환 정부의 정책 정리하기 ➡ 단독으로 출제되거나 다른 정부 문제의 오답 선지로 활용됨
- 6월 민주 항쟁의 배경–전개 과정–결과 기억하기 ➡ 단독으로 출제됨

☑ 최다 빈출 선지

5.18 민주화 운동
① 신군부의 비상 계엄 확대가 원인이 되어 일어났다.
② 시민군을 조직하여 계엄군에 대항하였다.
③ 시위 과정에서 시민군이 자발적으로 조직되었다.
④ 신군부의 비상계엄 확대와 무력 진압에 저항하였다.
⑤ 관련 기록물이 유네스코 세계 기록 유산으로 등재되었다.

전두환 정부
① 국가 보위 비상 대책 위원회가 설치되었다.
② 사회 정화를 명분으로 삼청 교육대가 설치되었다.
③ 언론의 통폐합이 단행되고 언론 기본법을 제정하였다.
④ 3저 호황으로 물가가 안정되고 수출이 증가하였다.
⑤ 프로 야구가 6개 구단으로 출범되었다.
⑥ 경기장에서 프로 축구를 관람하는 회사원
⑦ 직선제 개헌을 청원하는 1천만 명 서명 운동이 전개되었다.
⑧ 김영삼과 김대중을 공동 의장으로 한 민주화 추진 협의회가 조직되었다.
⑨ 저유가, 저금리, 저달러의 3저 호황이 있었다.

6월 민주화 항쟁
① 치안본부 대공 분실에서 박종철 고문 치사 사건이 발생하였다.
② 박종철 고문 치사 사건의 진상 규명을 요구하였다.
③ 4 · 13 호헌 조치 철폐를 요구하는 전 국민적인 저항이 벌어졌다.
④ 시위 도중 대학생 이한열이 희생되었다.
⑤ 박종철과 이한열의 희생으로 확산되었다.
⑥ 호헌 철폐와 독재 타도 등의 구호를 내세웠다.
⑦ 호헌 철폐, 독재 타도를 요구하는 6 · 10 국민 대회가 개최되었다.
⑧ 호헌 철폐 등을 내세운 시위로 6 · 29 민주화 선언이 발표되었다.
⑨ 5년 단임의 대통령 직선제 개헌이 이루어졌다.

 노태우 정부, 김영삼 정부, 김대중 정부, 노무현 정부, 이명박 정부

☑ 시험에 꼭 나오는 키워드

각각의 정부의 활동 정리하기 ➡ 단독으로 출제됨

☑ 최다 빈출 선지

노태우 정부
① 3당 합당으로 민주 자유당이 창당되었다.
② 중화 인민 공화국과 국교를 수립하였다.

김영삼 정부
① 대통령의 긴급 명령으로 금융 실명제가 전격 실시되었다.
② 공직자 윤리법을 개정하여 재산 등록을 의무화하였다.
③ 경제 협력 개발 기구(OECD)에 가입하였다.
④ 지방 자치제가 전면 시행되었다.
⑤ 역사 바로 세우기 운동을 전개하였다.

김대중 정부
① 외환위기 극복을 위한 금 모으기 운동이 전개되었다.
② 국제 통화 기금(IMF)의 채무를 조기 상환하였다.
③ 대통령 직속 자문 기구인 노사정 위원회가 구성되었다.
④ 한 · 일 월드컵 축구 대회가 개최되었다.

노무현 정부
① 양성 평등의 실현을 위해 호주제를 폐지하였다.
② 미국과의 자유 무역 협정(FTA)이 체결되었다.
③ 칠레와 자유 무역 협정(FTA)을 체결하였다.
④ 행정 중심 복합 도시 건설을 시작하였다.
⑤ 질병 관리 본부를 설치하였다.
⑥ 남북 간 경제 교류 활성화를 위한 개성 공단이 건설되었다.
⑦ 진실 · 화해를 위한 과거사 정리 위원회가 처음으로 출범하였다.

이명박 정부
① 한 · 미 자유 무역 협정(FTA)을 비준하였다.
② 국제 경제 협의 기구인 G20 정상 회의를 서울에서 개최하였다.

01 다음 자료에 나타난 민주화 운동에 대한 설명으로 옳은 것은?

> ### 전국의 언론인 여러분!
>
> 지금 광주에서는 젊은 대학생들과 시민들이 피를 흘리며 싸우고 있습니다. 대학생들의 평화적 시위를 질서 유지, 진압이라는 명목 아래 저 잔인한 공수부대를 투입하여 시민과 학생을 무차별 살육하였고 더군다나 발포 명령까지 내렸던 것입니다. …… 그러나 일부 언론은 순수한 광주 시민의 의거를 불순배의 선동이니, 폭도의 소행이니, 난동이니 하여 몰아부치고만 있습니다. …… 이번 광주 의거를 몇십 년 뒤의 '사건 비화'나 '남기고 싶은 이야기'들로 만들지 않기 위해, 사실 그대로 보도하여 주시기를 수많은 사망자의 피맺힌 원혼과 광주 시민의 이름으로 간절히, 간절히 촉구하는 바입니다.

① 허정 과도 정부가 출범하는 계기가 되었다.
② 굴욕적인 한일 국교 정상화에 반대하였다.
③ 호헌 철폐, 독재 타도 등의 구호를 외쳤다.
④ 3 · 15 부정 선거에 항의하며 시위가 시작되었다.
⑤ 관련 기록물이 유네스코 세계 기록 유산으로 등재되었다.

5·18 민주화 운동

정답 ⑤ 다음 자료에 나타난 민주화 운동은 5 · 18 민주화 운동이다. 1980년 5월 18일 전라남도 광주에서는 신군부의 비상계엄 확대와 휴교령에 반대하는 시위가 일어났다. 공수 부대원이 무자비하게 진압하자 분노한 시민들이 합류하면서 시위가 확산되었다. 신군부는 5월 21일 시위 진압 과정에서 시민들을 향하여 총을 쏘았고, 이에 맞서 시민들은 시민군을 조직하였다. 5월 27일 계엄군은 탱크와 헬기를 동원하여 시민군을 진압하면서 5 · 18 민주화 운동은 막을 내렸다.

정답 분석

⑤ 5 · 18 민주화 운동 기록물은 2011년 유네스코 세계 기록 유산으로 등재되었다.

오답 피하기

① 4 · 19 혁명으로 이승만 대통령의 하야 직후 허정을 대통령 대행으로 한 과도 정부가 수립되었다.
② 박정희 정부가 일본의 반성과 그에 따른 배상이 제대로 이루어지지 않은 상태에서 굴욕적인 한 · 일 회담을 추진하자 수많은 학생과 시민이 거세게 저항하였다 (6 · 3 시위).
③ 전두환 정부가 4 · 13 호헌 조치를 발표하자 대학생과 일반 시민들은 호헌 철폐와 독재 타도를 외치며 민주화를 요구하는 6월 민주 항쟁을 전개하였다.
④ 이승만 정부가 1960년 3월 15일 제4대 정 · 부통령 선거에서 온갖 부정을 저지르자 부정 선거를 규탄하는 시위가 전개되었고, 4 · 19 혁명이 일어나게 되었다.

---

02 밑줄 그은 '이 정부' 시기에 있었던 사실로 옳지 않은 것은?

> 천주교 정의 구현 전국 사제단과 민주 언론 운동 협의회가 이 정부에서 각 언론사에 하달한 보도지침 자료를 공개하는 기자 회견 장면입니다. 이후 이 사건의 관련자들은 남영동 치안본부 대공분실로 연행되었으며, 국가보안법 위반 등의 죄목으로 기소되어 고초를 겪었습니다.

① 서울 올림픽이 개최되었다.
② 야간 통행 금지가 해제되었다.
③ 박종철 고문 치사 사건이 발생하였다.
④ 프로 야구가 6개 구단으로 출범하였다.
⑤ 남북 이산가족 고향 방문이 최초로 이루어졌다.

전두환 정부

정답 ① 밑줄 그은 '이 정부'는 전두환 정부이다. 개헌 요구가 사회 전반으로 확산되면서 전두환 정부는 큰 위기에 빠졌다. 전국 각지에서 민주화와 전두환 정부의 퇴진을 요구하는 시위가 대규모로 일어났다. 언론이 진실을 외면할 때, 천주교 정의 구현 사제단은 5 · 18 민주화 운동 7주년 추모 미사에서 박종철이 물고문에 의해 사망했고, 정부의 조직적인 사건 축소 음모가 있었음을 폭로하였다.

정답 분석

① 노태우 정부는 1988년 서울 올림픽을 성공적으로 치러 국제적 위상을 높였다.

오답 피하기

② 비정상적인 방법으로 정권을 장악한 전두환 정부는 야간 통행금지 폐지, 두발과 교복 자율화, 프로 야구단 창단 등의 유화 정책을 폈다.
③ 전두환 정부 시기에 개헌 요구가 전국으로 확산되는 가운데 1987년 초 대학생 박종철이 경찰의 고문을 당하여 사망한 사건이 발생하였다.
④ 전두환 정부 시기에 프로 야구를 비롯한 프로 스포츠가 등장하며 다양한 여가 문화가 확산되었다.
⑤ 전두환 정부 시기에 적십자 회담을 통해 예술 공연단의 교환과 이산가족의 고향 방문이 최초로 이루어졌다.

심화 58회 44번

03 (가) 민주화 운동에 대한 설명으로 옳은 것은?

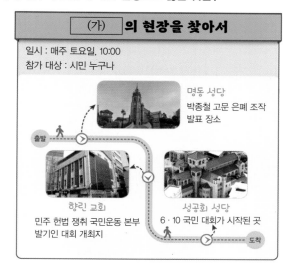

① 신군부의 비상계엄 확대가 원인이 되어 일어났다.
② 관련 기록물이 유네스코 세계 기록 유산으로 등재되었다.
③ 3·15 부정 선거에 항의하며 시위대가 경무대로 행진하였다.
④ 3·1 민주 구국 선언을 통해 긴급 조치 철폐 등을 요구하였다.
⑤ 호헌 철폐와 독재 타도 등의 구호를 내세운 시위가 확산되었다.

6월 민주 항쟁

정답 ⑤　(가) 민주화 운동은 6월 민주 항쟁이다. 전두환 정부 당시 대통령 선거는 대통령 선거인단에 의한 간접 선거로, 사실상 여당 후보의 집권을 보장하는 수단으로 여겨졌다. 이에 민주화 운동 진영은 야당과 연계하여 대통령 직선제 시행을 핵심으로 하는 헌법 개정을 요구하였다. 이 과정에서 대학생 박종철이 고문으로 숨지는 사건이 일어났다(1987). 한편 '민주헌법 쟁취 국민운동 본부'는 선언문을 발표하며 민주화를 요구하는 대규모 시위가 일어났다(6·10 국민 대회).

정답 분석

⑤ 전두환 정부가 7년 단임의 간선제를 고수하는 4·13 호헌 조치를 발표하자 시민들은 민주화를 요구하는 6월 민주 항쟁을 전개하였다.

오답 피하기

① 신군부 세력은 1980년 5월 17일 비상계엄을 전국으로 확대하였다. 이에 광주 지역 대학생들은 5월 18일에도 비상계엄 해제와 민주 헌정 체제의 회복 등을 요구하는 시위를 계속하였다(5·18 민주화 운동).
② 국가 폭력에 대한 민중의 저항을 담은 5·18 민주화 운동 관련 기록은 그 의미와 가치가 인정되어 유네스코 세계 기록 유산으로 등재되었다(2011).
③ 3·15 부정 선거를 계기로 4·19 혁명이 일어났고, 4월 19일 학생과 시민들이 이승만 대통령과 면담을 요구하며 경무대로 향하였다.
④ 함석헌, 김대중 등 민주 인사들은 박정희 정부의 유신 체제에 반발하여 명동 성당에서 3·1 민주 구국 선언을 발표하였다.

심화 64회 46번

04 (가), (나) 민주화 운동에 대한 설명으로 옳은 것은?

① (가) - 굴욕적인 한일 국교 정상화에 반대하였다.
② (가) - 군부 독재를 타도하려 한 민주화 운동이었다.
③ (나) - 대통령 직선제 개헌을 이끌어냈다.
④ (나) - 전개 과정에서 시민군이 자발적으로 조직되었다.
⑤ (가), (나) - 대통령이 하야하는 결과를 가져왔다.

4·19 혁명과 6월 민주 항쟁 정답

정답 ③　(가)는 4·19 혁명 (나)는 6월 민주 항쟁이다.
(가) 1960년 3월 15일 실시된 정·부통령 선거는 부정으로 얼룩졌다. 이에 부정 선거에 항의하는 국민 시위가 전국의 대도시에서 벌어졌다. 4월 19일 학생과 시민들이 대통령과 면담을 요구하며 경무대로 향하자, 경찰이 무차별 총격을 가하여 많은 희생자가 발생했다. 4월 25일에는 대학 교수들도 마침내 4월 26일 이승만은 사퇴하고, 하와이로 망명하였다.
(나) 1980년대 중반 전두환 정부의 강압적 통치에 반대하고 민주화를 요구하는 국민들의 요구는 더욱 거세어졌다. 수십만 명의 시민은 1987년 6월 10일 전국 주요 도시에 모여 호헌 철폐와 독재 타도를 외쳤다(6월 민주 항쟁). 결국 전두환 정부는 특별 선언을 발표하였다(6·29 민주화 선언).

정답 분석

③ 1987년 전두환 정부가 4·13 호헌 조치를 발표하자 국민들은 6월 민주 항쟁을 전개했다. 그 결과 5년 단임의 대통령 직선제 개헌안이 통과되었다.

오답 피하기

① 1964년 박정희 정부가 추진하는 굴욕적인 한·일 회담에 수많은 학생과 시민은 거세게 저항하였다. 이에 6·3 시위를 비롯한 한·일 회담 반대 집회가 대학가를 중심으로 확산되었다.
② 1980년 5월 17일 신군부 세력은 비상계엄을 전국으로 확대하였다. 이에 1980년 5월 18일 광주 지역 대학생들은 시위를 전개하였다(5·18 민주화 운동).
④ 1980년 5·18 민주화 운동을 신군부가 시위 진압하는 과정에서 시민들에게 총을 쏘았고, 이에 맞서 시민들은 무장하여 시민군을 조직하였다.
⑤ 1960년 4·19 혁명으로 이승만 대통령이 하야하였고, 허정을 대통령 대행으로 한 과도 정부가 수립되었다.

심화 61회 49번

05 다음 연설이 있었던 정부 시기의 경제 상황으로 옳은 것은?

> 오늘 우리나라는 OECD 회원국이 되게 되었습니다. …… 한국은 수많은 어려움이 있었음에도 시장 경제 체제의 장점을 살리는 경제 개발 전략을 추진해 왔습니다. 이를 통해 폐허 속에서 한 세대 만에 세계 10위권의 경제 규모를 가진 나라로 성장하였습니다.

① 처음으로 수출액 100억 달러가 달성되었다.
② 대통령 긴급 명령으로 금융 실명제가 실시되었다.
③ 개성 공단 건설을 통해 남북 간 경제 교류가 이루어졌다.
④ 한국과 미국 사이에 자유 무역 협정(FTA)이 체결되었다.
⑤ 경제적 취약 계층을 위한 국민 기초 생활 보장법이 시행되었다.

김영삼 정부

정답 ②　다음 연설이 있었던 정부 시기는 김영삼 정부이다. 김영삼 정부는 우리나라는 선진국들의 모임인 경제 협력 개발 기구(OECD)에 가입하였다. 정부는 거세지는 시장 개방 요구에 대응하여 낙후된 분야의 경쟁력을 높이고자 세계화를 강조하였다. 그러나 집권 말기에 대기업이 연쇄적으로 도산하는 등 경제 불황으로 국제 통화 기금(IMF)의 구제 금융을 받아야 했다.

정답 분석

② 김영삼 정부는 불법 자금의 유통을 차단하고 정확한 과세를 하기 위해 금융 실명제를 실시하였다.

오답 피하기

① 박정희 정부 당시인 1977년에 수출액이 100억 달러를 넘어섰고 연평균 8.9%에 달하는 경제 성장을 이루었다.
③ 노무현 정부는 김대중 정부가 합의한 개성 공단 사업을 실현하여 남북 교류를 확대하였다.
④ 미국과 자유 무역 협정(FTA)을 체결한 정부는 노무현 정부, 미국과 자유 무역 협정(FTA)을 비준한 정부는 이명박 정부이다.
⑤ 김대중 정부는 1999년 국민 기초 생활 보장법을 제정하여 저소득층·장애인·노인 복지를 향상시켰다.

심화 52회 49번

06 다음 문서가 작성된 이후의 사실로 옳은 것은?

> 미셸 캉드쉬 총재 귀하
>
> 1. 첨부된 경제 계획 각서에는 향후 3년 이상 한국이 실행할 정책이 요약되어 있습니다. 이 정책은 현재의 재정적 어려움을 초래한 근본 원인을 해결하여 시장의 신뢰를 회복하며, 한국 경제를 강력하고 지속 가능한 성장의 길로 이끌 수 있을 것입니다. 이 경제 계획을 지원하기 위해 한국 정부는 향후 3년간 특별 인출권(SDR) 155억 달러 규모의 국제 통화 기금(IMF) 대기성 차관을 요청합니다.
>
> ⋮

① 전국 민주 노동조합 총연맹이 창립되었다.
② 저유가, 저금리, 저달러의 3저 호황이 있었다.
③ 제2차 석유 파동으로 경제 불황이 심화되었다.
④ 대통령 긴급 명령으로 금융 실명제가 실시되었다.
⑤ 대통령 직속 자문 기구인 노사정 위원회가 구성되었다.

김대중 정부

정답 ⑤　다음 문서는 김영삼 정부 시기에 작성되었다. 김영삼 정부 말기에 대기업이 연쇄적으로 도산하는 등 경제 불황이 찾아왔다. 또 아시아 각국에 금융 위기가 밀려오는 가운데 1997년 우리나라에도 외환 위기가 닥쳐왔다. 이에 국제 통화 기금(IMF)의 구제 금융을 받아야 했다. 경제 위기 속에서 1997년 말에 대통령 선거가 실시되었다. 이때 야당 후보인 김대중이 대통령에 당선됨으로써 평화적인 정권 교체가 이루어졌다. 김대중 정부는 국제 수준의 기업 투명성 강화와 부채 비율 축소 정책을 추진하였다. 이러한 개혁 끝에 2001년에 국제 통화 기금으로부터 지원받은 차입금을 전액 상환할 수 있었다.

정답 분석

⑤ 1998년 김대중 정부는 외환 위기를 극복하는 과정에서 노동자·사용자·정부의 대표가 협의하는 노사정 위원회를 구성하였다.

오답 피하기

① 1995년 김영삼 정부 때 전국 민주 노동조합 총연맹(민주 노총)이 결성되어 기존의 한국 노동 조합 총연맹(한국 노총)과 함께 양대 노총 체제를 형성하고 노동 운동을 전개하였다.
② 1980년대 중반 전두환 정부는 저환율, 저유가, 저금리의 이른바 3저 호황에 힘입어 고도성장을 기록할 수 있었다.
③ 1979년 박정희 정부는 제2차 석유 파동이 일어나면서 정권의 위기가 표면화되었다.
④ 1993년 김영삼 정부는 불법 자금의 유통을 차단하고 정확한 과세를 하기 위해 금융 실명제를 실시하였다.

07 다음 뉴스가 보도된 정부 시기에 있었던 사실로 옳은 것은?

오늘 헌법재판소는 헌정 사상 초유의 대통령 탄핵 소추 심판청구에 대해 기각을 결정하였습니다. 국회가 제기한 탄핵 사유는 대통령을 파면시킬 만한 '중대한 직무상 위배'라고 보기 어렵다는 판단입니다.

대통령, 63일 만에 직무 복귀

① 서울 올림픽 대회가 개최되었다.
② 국가 인권 위원회가 설립되었다.
③ 전국 민주노동조합 총연맹이 창립되었다.
④ 중국과 자유 무역 협정(FTA)이 체결되었다.
⑤ 친일 반민족 행위 진상 규명 위원회가 출범하였다.

노무현 정부

정답 ⑤　다음 뉴스가 보도된 정부 시기는 노무현 정부 시기이다. 2003년에 출범한 노무현 정부는 '국민과 함께하는 민주주의'를 표방하고 정경 유착 단절, 권위주의 청산을 추구하였다. 그러나 대통령이 임기 중 국회에서 탄핵당하는 헌정 사상 초유의 시련을 겪기도 하였다. 또 공약으로 내세웠던 국가 보안법 폐지와 사립 학교법 개정이 좌절되었고, 국회를 통과한 행정 수도 건설 특별법은 헌법 재판소에서 위헌 판결을 받았다.

정답 분석

⑤ 2005년 노무현 정부는 대통령 직속으로 친일 반민족 행위 진상 규명 위원회를 설치하여 4년 동안 일제 강점하에 친일 반민족 행위 조사 활동을 하였다.

오답 피하기

① 1988년 노태우 정부는 서울 올림픽을 성공적으로 치러 대외적으로 국제적 위상을 높였다.
② 2001년 김대중 정부는 국가 인권 기구 설립에 대한 관심을 토대로 민주화와 인권 개선을 위해 국가 인권 위원회를 설립하였다.
③ 1995년에 김영삼 정부 시기에 전국 민주 노동조합 총연맹(민주 노총)을 결성되어 기존의 한국 노동조합 총연맹(한국 노총)과 함께 양대 노총 체제를 형성하며 노동 운동을 전개하였다.
④ 2015년 박근혜 정부는 중국과 자유 무역 협정(FTA)을 체결하였다.

08 (가)~(다) 학생이 발표한 내용을 일어난 순서대로 옳게 나열한 것은?

〈주제: 세계로 뻗어 가는 대한민국〉

국제 평화와 안전 보장을 목적으로 결성된 유엔에 가입하였습니다.

세계 경제 발전과 무역 촉진을 도모하는 경제 협력 개발 기구(OECD)의 29번째 회원국이 되었습니다.

세계 주요 20개국을 회원으로 하는 국제 경제 협의 기구인 G20 정상 회의를 서울에서 개최하였습니다.

(가)　　(나)　　(다)

① (가) – (나) – (다)　② (가) – (다) – (나)
③ (나) – (가) – (다)　④ (나) – (다) – (가)
⑤ (다) – (가) – (나)

노태우·김영삼·이명박 정부

정답 ①　(가) 노태우 정부는 1990년부터 북한과 여러 차례 고위급 회담을 개최하고, 1991년에 국제 연합(유엔)에 동시 가입하였다.
(나) 김영삼 정부는 1996년 경제 협력 개발 기구(OECD)에 가입하여 선진국 대열에 들어서고자 하였다.
(다) 이명박 정부는 2010년 서울에서 G20 정상 회의를 개최하여 세계 금융 문제 해결에 앞장섰다.

정답 분석

(가) 노태우 정부는 1989년 한민족 공동체 통일 방안을 북한에 제안하였다. 사회주의 국가들의 붕괴로 궁지에 몰린 북한도 남북 대화의 필요성을 느끼게 되었다. 이에 남북 고위급 회담이 시작되고, 1991년에는 남북이 유엔에 동시에 가입하였다.
(나) 김영삼 정부는 1993년 우루과이 라운드가 완전히 타결되고 1995년 세계 무역 기구(WTO)가 출범하면서 무역 개방을 요구받았다. 이에 1996년 경제 협력 개발 기구(OECD)에 가입하여 선진국 대열에 들어서고자 하였다.
(다) 이명박 정부는 2010년에는 아시아 최초로 대한민국 서울에서 G20 정상 회의를 개최하였다. G20은 세계 경제를 이끌던 G7과 유럽 연합(EU) 의장국에 한국, 멕시코, 브라질 등 12개의 신흥 주요 경제국들을 더한 20개 국가의 모임을 나타내는 말이다.

67강 평화 통일을 위한 노력과 사회 변동

사료 살펴보기

7·4 남북 공동 성명 (1972)

쌍방은 다음과 같은 조국 통일 원칙들에 합의를 보았다.

첫째, 통일은 외세에 의존하거나 외세의 간섭을 받음이 없이 자주적으로 해결하여야 한다.

둘째, 통일은 상대방을 반대하는 무력행사에 의거하지 않고 평화적 방법으로 실현하여야 한다.

셋째, 사상과 이념, 제도의 차이를 초월하여 우선 하나의 민족으로서 민족적 대단결을 도모하여야 한다.

7·4 남북 공동 성명은 남북한 정부가 최초로 평화 통일 원칙(자주·평화·민족적 대단결)에 합의하였다. 하지만 이후 남북한에서는 각각 유신 헌법과 사회주의 헌법을 공포함으로써 독재 체제를 강화하였다.

▲ 남북 이산가족 고향 방문단(1985)

▲ 남북한 유엔 동시 가입(1991)

1 남북의 화해와 협력을 위한 노력

이승만 정부	반공 정책 : 6·25 전쟁 이후 철저한 반공 정책을 추진 ➡ 북진 통일론(멸공 통일) 주장
장면 내각	• 정부 : 유엔 감시하의 남북한 총선거, '선 경제 건설, 후 통일' 제시, 민간 차원의 통일 논의 금지 • 학생·혁신 정당 계열 : 남북 협상, 중립화 통일안, 남북 학생 회담 제기 ➡ 장면 내각의 거부

박정희 정부	• 반공 정책 강화(1960년대) : 1·21 청와대 습격 사건(1968), 미국 함정 푸에블로호 나포 사건(1968), 울진·삼척 무장 공비 침투 사건(1968) 등 북한의 잦은 군사 도발
	• 7·4 남북 공동 성명(1972) : 남북 대화의 진전
	  ┌ 배경 : 닉슨 독트린의 발표(1969)에 따른 냉전 체제 완화, 이산가족 상봉을 위한 남북 적십자 회담(1971) 개최
	  ├ 내용 : 자주·평화·민족 대단결 통일의 3대 원칙에 합의
	  ├ 전개 : 평화 통일 실무 협의를 위한 남북 조절 위원회 설치 ➡ 북한의 대화 중단 선언(1973)
	  └ 한계 : 남북의 독재 체제 강화에 이용(남은 유신 헌법, 북은 사회주의 헌법 제정)
	• 6·23 평화 통일 선언(1973) : 남북한 유엔 동시 가입과 모든 국가에 대한 문호 개방 제시 ➡ 북한의 거부 및 남북 대화 중단 선언
	• 남북의 상호 불가침 협정 체결 제안(1974) : 상호 무력 불사용, 상호 내정 불간섭 등

전두환 정부	• 비정치적 교류에 중점 ➡ 정치·군사적 갈등은 여전히 지속 • 민족 화합 민주 통일 방안 제시(1982) : 민족 통일 협의회 구성 등 • 북한의 수해 물자 제공 수용(1984) ➡ 적십자 회담, 남북 경제 회담 등 개최 ➡ 최초의 이산가족 고향 방문(서울과 평양을 처음 방문)과 예술 공연단 교환(1985)

노태우 정부	• 7·7선언(1988) : 북한을 민족자존과 통일 번영을 위한 민족 공동체의 일원으로 인식 ➡ 북방 외교 정책 추진
	• 한민족 공동체 통일 방안 제시(1989) : 7·7선언을 계승하여 민주 공화제의 통일 국가 수립 추구
	• 여러 차례 남북 고위급 회담 개최 : 1990년부터 사회주의 국가들의 붕괴로 궁지에 몰린 북한이 남북 대화에 적극 동참 ➡ 남북한 유엔 동시 가입과 남북 기본 합의서가 채택되는 성과 달성
	• 남북한 유엔 동시 가입(1991.9.) : 유엔 총회에서 남북한을 회원국으로 승인
	• 남북 기본 합의서(1991.12.) : 남북 사이의 화해와 불가침 및 교류 협력에 관한 합의서
	  ┌ 남북한 정부 간에 이루어진 최초의 공식 합의서
	  └ 서로의 체제를 인정하고 상호 불가침에 합의
	• 한반도 비핵화 공동 선언(1992) : 남북한이 핵무기의 실험, 제조, 생산 금지를 약속

김영삼 정부	• 북한의 핵 확산 금지 조약 탈퇴 선언(1993) ➡ 남북 관계 냉각 • 남북 정상 회담 개최 준비 ➡ 김일성 사망(1994)으로 회담 무산 • 한민족 공동체 건설을 위한 3단계 통일 방안 제시(1994) : '화해·협력 단계' – '남북 연합 단계' – '통일 국가 완성 단계'의 3단계 통일 과정을 설정 • 북한의 수재에 쌀 무상 지원(1995), KEDO(한반도 에너지 개발 기구) 설립(1995), 북한 경수로 건설 사업 지원(1996)

김대중 정부	• 대북 화해 협력 정책(햇볕 정책) 추진 : 정주영 회장의 소떼 방북(1998), 해로를 통한 금강산 관광 사업(1998) 등 ➡ 남북 교류 활성화 • 제1차 남북 정상 회담(2000) : 분단 이후 최초의 남북 정상 회담 ┌ 회담 개최 직후 평양에서 6 · 15 남북 공동 선언 발표 └ 이산가족 방문 재개, 개성 공단 조성, 경의선 복구 사업, 금강산 육로 관광(노무현 정부 때 시작) 등을 추진
노무현 정부	• 김대중 정부의 대북 화해 협력 정책 계승 ➡ 대북 포용 정책 추진 • 제2차 남북 정상 회담(2007) : 회담 개최 직후 10 · 4 남북 공동 선언 발표(군사적 대결 종식, 평화 체제 정착에 합의) • 북핵 문제 해결을 위한 6자 회담 추진

▲ 제1차 남북 정상 회담(2000)

▲ 제2차 남북 정상 회담(2007)

사료 살펴보기

남북 기본 합의서(1991)

제1조 남과 북은 서로 상대방의 체제를 인정하고 존중한다.
제4조 남과 북은 상대방을 파괴·전복하려는 일체 행위를 하지 아니한다.
제9조 남과 북은 상대방에 대하여 무력을 사용하지 않으며 상대방을 무력으로 침략하지 아니한다.
제15조 남과 북은 민족 경제의 통일적이며 균형적인 발전과 민족 전체의 복리 향상을 도모하기 위하여 자원의 공동 개발, 민족 내부 교류로서의 물자 교류, 합작 투자 등 경제 교류와 협력을 실시한다.

사회주의 국가들의 붕괴로 궁지에 몰린 북한은 남북 대화의 필요성을 인식하였다. 이에 남북 고위급 회담이 시작되었고, 최초의 공식 합의서인 남북 기본 합의서가 채택되었다. 합의서에는 남북 관계를 잠정적인 특수 관계로 규정하였고, 남북 간 교류도 민족 내 교류로 규정하였다.

6·15 남북 공동 선언(2000)

1. 남과 북은 나라의 통일 문제를 그 주인인 우리 민족끼리 서로 힘을 합쳐 자주적으로 해결해 나가기로 하였다.
2. 남과 북은 나라의 통일을 위한 남측의 연합제 안과 북측의 낮은 단계의 연방제안이 서로 공통성이 있다고 인정하고 앞으로 이 방향에서 통일을 지향시켜 나가기로 하였다.
3. 남과 북은 올해 8·15에 즈음하여 흩어진 가족, 친척 방문단을 교환하며, 비전향 장기수 문제를 해결하는 등 인도적 문제를 조속히 풀어 나가기로 하였다.
4. 남과 북은 경제 협력을 통하여 민족 경제를 균형적으로 발전시키고, 사회, 문화, 체육, 보건, 환경 등 제반 분야의 협력과 교류를 활성화하여 서로의 신뢰를 다져 나가기로 하였다.

2000년 6월 분단 55년 만에 처음으로 남북의 정상인 김대중 대통령과 김정일 국방위원장이 만나게 되었다. 6·15 남북 공동 선언은 대화와 협력·평화와 공존이라는 보편적 가치를 추구하였으며 남북 문제를 당사자끼리 해결하자는 의지를 확실히 하였다.

▲ 남북 기본 합의서 채택(1991)
서울에서 열린 제5차 남북 고위급 회담에서 남북 기본 합의서를 채택하고 서명, 교환했다.

▲ 6 · 15 남북 공동 선언 발표(2000)

❷ 산업화에 따른 사회 변동

(1) 산업화와 도시화

산업화	경제 개발 추진 과정에서 농업 중심 사회에서 공업 중심 산업 사회로 전환
도시화	• 배경 : 산업화의 급속한 진행으로 농촌 인구가 도시로 이동 • 문제점 : 빈민촌, 철거민 문제(달동네, 판자촌 등), 도시 인구 과밀, 농촌 인구 고령화, 전통적인 인간관계 해체(개인주의적, 분업 중시) • 경기도 광주 대단지 사건(1971) : 1968년 서울시는 무허가 판자촌을 정리하면서 철거민을 경기도 광주군(지금의 성남시)에 집단 이주 시킴 ➡ 주민 5만여 명이 정부의 무계획적인 도시 정책(식수나 화장실과 같은 기반 시설 부재, 교통 불편, 약속한 분양가보다 몇 배나 높은 땅 값을 일시불 요구 등)에 반발하여 격렬한 항의 시위 전개 ➡ 일회성으로 끝남

▲ 버스에 올라타고 이동하는 광주 대단지 시위대
경기도 광주 대단지 사건은 빈민 운동의 시발점으로 평가된다.

▲ 함평 고구마 피해 보상 운동

전남 함평 농민들은 생산한 고구마를 모두 농업 협동 조합이 사들인다는 약속을 지키지 않자 피해 보상을 요구하며 격렬하게 항의하였다.

▲ 분신자살한 노동자 전태일의 장례식에서 아들의 영정을 껴안고 오열하고 있는 어머니 이소선씨

▲ 경제 정의 실천 시민 연합 창립 대회

▲ 국민 교육 헌장 선포식(1968)

박정희 정부는 국민 교육 헌장을 모든 교과서에 수록하고 학생들로 하여금 암기하도록 하였다. 학교 시험과 국가 고시, 입사 시험 등에 의무적으로 출제되었다.

(2) 농민 운동

1960~70년대	• 정부의 저곡가 정책 ➡ 곡식 가격 하락 ➡ 도시와 농촌의 격차 심화 • 함평 고구마 피해 보상 운동(1976~78, 유신 체제) : 전남 함평군 농민들이 농협과 정부 당국을 상대로 고구마 피해 보상 투쟁 전개, 가톨릭 농민회의 농성 참여
1980~90년대	우루과이 라운드 협상 발효로 농산물 시장 개방(1995) ➡ 농민들은 농산물 시장 개방 반대 운동 전개

(3) 노동 운동

1960~70년대	• 정부 주도의 성장 위주 경제 정책 ➡ 노동자 증가, 저임금 정책, 노동 운동 탄압 등 열악한 노동 환경 문제 대두 • 전태일 분신 사건(1970, 박정희 정부) : 서울 동대문 평화시장 재단사 전태일이 열악한 노동 환경 개선을 요구하며 분신 항거 자살한 사건(근로 기준법 준수, 작업 환경 개선, 임금 인상, 건강 진단 실시 등 주장) • YH무역 사건(1979, 유신 체제) : 가발 제조업체 YH무역의 폐업 공고에 노동자들이 생존권 보장을 요구하며 농성 ➡ 강제 진압 중 여성 노동자 사망 ➡ 유신 체제 몰락의 한 원인
6월 민주 항쟁 이후	• 대규모 노동 운동 전개 : 민주화와 더불어 노동 운동 활성화(노동 쟁의 증가) • 외환 위기 이후 청년 실업, 비정규직 문제 대두 ➡ 전국 민주 노동조합 총연맹 결성(1995, 김영삼 정부), 노사정 위원회 구성(1998, 김대중 정부)

(4) 사회 운동

시민 운동	경제 정의 실천 시민 연합 창립(1989, 노태우 정부), 전국 민주 노동조합 총연맹 창립(1995, 김영삼 정부)
여성 운동	남녀 고용 평등법 제정(1987, 노태우 정부), 호주제 폐지(2005, 노무현 정부), 가족 관계 등록부 마련(2008, 노무현 정부)
사회 보장 제도	최저 임금법 제정(1986, 전두환 정부), 국민 연금 제도 시행(1988, 노태우 정부), 고용 보험 제도 시행(1995, 김영삼 정부), 국민 기초 생활 보장법 제정(1999, 김대중 정부), 다문화 가족 지원법(2008, 노무현 정부)

(5) 교육 제도

미군정 시기	6 · 3 · 3 학제, 남녀 공학제 도입
이승만 정부	학도 호국단 결성(1949), 문맹국민 완전퇴치 5개년 계획 수립(1954~1958)
박정희 정부	• 국민 교육 헌장 선포(1968) : 국민 모두가 반공 정신을 갖추고 국가에 충성하도록 함(개인보다 국가 발전을 우선시하는 국가주의적 태도가 잘 드러남) • 중학교 무시험 제도(1969), 고교 평준화 제도(1974), 학도 호국단 부활(1975)
전두환 정부	• 신군부 세력의 7 · 30 교육 조치(1980) : 과외 전면 금지 및 본고사 폐지, 대학 졸업 정원제 실시 • 중학교 의무 교육 최초 실시(1985), 학도 호국단 폐지(1985)
김영삼 정부	대학 수학 능력 시험 도입(1993), 국민학교 명칭을 초등학교로 변경(1995)
김대중 정부	수준별 수업 및 학교 정보화 사업 추진(1998), 중학교 의무 교육 전면 실시(2002)

남북의 화해와 협력을 위한 노력

☑ 시험에 꼭 나오는 키워드

각각 정부의 통일 정책 정리하기 ➡ 박정희 정부, 노태우 정부, 김대중 정부, 노무현 정부의 통일 정책은 단독으로 출제됨 ➡ 이승만 정부, 장면 내각, 김영삼 정부의 통일 정책은 주로 오답 선지로 활용됨

☑ 최다 빈출 선지

장면 내각
① 남북 학생 회담 요구 집회가 벌어졌다.

박정희 정부
① 7·4 남북 공동 성명을 발표하였다.
② 남북 조절 위원회를 설치하여 통일 방안을 논의하였다.

전두환 정부
① 최초의 이산가족 고향 방문 실현하였다.
② 최초의 이산가족 고향 방문과 예술 공연단 교환을 실현하였다.

노태우 정부
① 남북 기본 합의서를 채택하였다.
② 남북한이 유엔에 동시 가입하였다.
③ 제1차 남북 적십자 회담을 개최하였다.
④ 한반도 비핵화 공동 선언을 채택하였다.
⑤ 민족자존과 통일 번영을 위한 7·7 선언을 발표하였다.

김대중 정부
① 금강산 관광 사업을 시작하였다.
② 금강산 해로 관광 사업이 시작되었다.
③ 남북 정상 회담을 처음으로 개최하였다.
④ 남북 경제 교류 증진을 위한 경의선 복원 공사가 시작되었다.
⑤ 남북한의 교류 협력을 위한 개성 공업 지구 조성에 합의하였다.

노무현 정부
① 10·4 남북 공동 선언을 발표하였다.
② 제2차 남북 정상 회담을 개최하였다.

 산업화에 따른 사회 변동

☑ 시험에 꼭 나오는 키워드

각각 정부 시기에 있었던 주요 사건들 정리하기

☑ 최다 빈출 선지

박정희 정부
① 전태일이 근로 기준법 준수를 외치며 분신하였다.
② 경기도 광주 대단지 사건이 발생하였다.
③ 함평 고구마 피해 보상 운동이 일어났다.
④ 국민 교육 헌장이 공포되었다.
⑤ 중학교 입시 제도를 폐지하고 무시험 추첨제를 실시하였다.
⑥ 중학교 무시험 진학 제도가 시작되었다.

전두환 정부
① 최저 임금법이 제정되었다.
② 중학교 의무 교육을 처음 도입하기로 하였다.
③ 대학 졸업 정원제가 시행되었다.
④ 대학 입시 본고사를 폐지하고 대학의 졸업 정원제를 실시하였다.
⑤ 과외 전면 금지와 대학 졸업 정원제를 시행하였다.

노태우 정부
① 경제 정의 실천 시민 연합 창립 대회가 개최되었다.

김영삼 정부
① 전국 민주 노동조합 총연맹이 창립되었다.

김대중 정부
① 대통령 직속 자문 기구인 노사정 위원회가 구성되었다.

노무현 정부
① 양성 평등의 실현을 위해 호주제를 폐지하였다.

심화 50회 50번

01 다음 기사의 사건이 일어난 정부 시기의 통일 정책으로 옳은 것은?

□□ 신문

제△△호 ○○○○년 ○○월 ○○일

광주 대단지 주민 5만여 명, 대규모 시위

지난 10일, 경기도 광주시 중부면 광주 대단지에서 5만여 명의 주민들이 차량을 탈취하여 대규모 시위를 벌였다. 이번 시위는 서울 도심을 정비하기 위하여 10만여 명의 주민들을 경기도 광주로 이주시키는 과정에서 발생하였다. 서울시가 처음 내건 이주 조건과 달리, 상하수도나 교통 등 기반 시설이 갖추어지지 않은 채 강제로 이주시켰기 때문이다. 시위 과정에서 관공서와 주유소 등이 불에 탔고, 주민과 경찰 다수가 부상을 입었으며, 일부 주민들이 구속되었다.

① 남북한이 유엔에 동시 가입하였다.
② 10 · 4 남북 공동 선언을 발표하였다.
③ 남북한이 한반도 비핵화 공동 선언에 서명하였다.
④ 남북 조절 위원회를 설치하여 통일방안을 논의하였다.
⑤ 남북한의 교류 협력을 위한 개성공업지구 건설에 착수하였다.

박정희 정부

정답 ④ 다음 기사의 사건은 1971년 박정희 정부 때 일어난 광주 대단지 사건이다. 1960년대 서울시는 철거민 대책으로 정착지 조성을 통한 이주 정책을 시행하였다. 이에 따라 경기 광주 중부면(현재 성남시) 일부가 광주 대단지로 지정되었다. 그러나 서울시는 기반 시설을 전혀 조성하지 않았고, 이주민들은 1971년에 대지 가격 인하 및 분할 상환, 구호 대책 마련 등을 요구하며 대규모 시위를 전개하였다(광주 대단지 사건).

정답 분석

④ 박정희 정부는 1972년 7 · 4 남북 공동 성명 발표 이후 남북 조절 위원회를 설치하였다.

오답 피하기

① 노태우 정부는 1991년 남북 총리급 회담이 개최되어 남북 유엔 동시 가입과 남북 기본 합의서를 채택하는 성과를 이루었다.
② 노무현 정부는 2007년 한 차례의 정상 회담을 열어 10 · 4 남북 공동 선언을 이끌어 냈다.
③ 노태우 정부는 1992년 한반도 비핵화 선언에 합의하였다.
⑤ 노무현 정부는 김대중 정부의 통일 정책을 계승하고, 이전에 합의한 개성 공단 사업을 실현하여 남북 교류를 확대하였다.

심화 56회 50번

02 다음 연설이 있었던 정부 시기의 통일 노력으로 옳은 것은?

나는 3년 전 이 자리에서 서울 올림픽의 감명을 전했습니다. …… 며칠 전 남북한이 다른 의석으로 유엔에 가입한 것은 가슴 아픈 일이지만 통일을 위해 거쳐야 할 중간 단계입니다. 남북한의 두 의석이 하나로 되는 데는 오랜 시간이 걸리지 않을 것으로 믿습니다.

① 남북 정상 회담을 처음으로 개최하였다.
② 한반도 비핵화 공동 선언을 채택하였다.
③ 개성 공단 조성 사업을 추진하기로 하였다.
④ 남북 조절 위원회를 운영하기로 합의하였다.
⑤ 남북 간 이산가족 상봉을 최초로 실현하였다.

노태우 정부

정답 ② 다음 연설이 있었던 정부는 노태우 정부이다. 노태우 정부는 1990년부터 남북 고위급 회담을 여러 차례 개최하였고, 1991년에는 남북한이 유엔(국제 연합)에 동시 가입하였다. 이는 남북 화해와 공존의 가능성을 확인하는 계기가 되었고, 남북 관계의 발전에 새로운 발판이 되었다. 이후 서울과 평양을 오가면서 열린 남북 고위급 회담의 결과 1991년 남북한은 '남북 사이의 화해와 불가침 및 교류 협력에 관한 합의서(남북 기본 합의서)'를 채택하였다.

정답 분석

② 1992년 노태우 정부는 한반도 비핵화 공동 선언에 합의하였다. 한반도 비핵화 공동 선언을 통해 평화와 통일에 유리한 조건과 환경을 조성하였다.

오답 피하기

① 2000년 김대중 정부는 북한을 방문하여 분단 이후 최초의 남북 정상 회담을 개최하였고, 그 결과 6 · 15 남북 공동 선언이 채택되었다.
③ 김대중 정부는 정상 회담의 결과 발표된 6 · 15 남북 공동 선언에 따라 개성 공단 건설 등의 경제 협력 및 사회 · 문화 교류를 추진하였다.
④ 1972년 박정희 정부는 7 · 4 남북 공동 성명을 서울과 평양에서 동시에 발표하였다. 그 후 남북 조절 위원회가 설치되어 평화 통일을 위한 실무자 회의가 개최되었지만 성과를 얻지 못하였다.
⑤ 전두환 정부는 1985년 최초로 이산가족 고향 방문과 예술 공연단 교환을 실현하였으나 일회성 행사로 그치고 말았다.

03 다음 연설문을 발표한 정부의 통일 노력으로 옳은 것은?

> 저는 김정일 국방위원장과 분단 55년 만에 처음 정상 회담을 가졌습니다. 세 차례에 걸친 회담을 통해 우리 두 사람은 민족의 장래와 통일을 생각하는 마음과 열정에 큰 차이가 없으며, 이를 추진하는 방법에 공통점이 많다는 것을 확인했습니다. …… 남북이 열과 성을 모아, 이번의 정상 회담을 성공적으로 마쳐 온 세계를 깜짝 놀라게 했습니다. 남과 북의 화해와 협력을 향한 새 출발에 온 세계가 축복해 주고 있습니다. 불가능해 보였던 남북 정상 회담을 이뤄냈듯이 남과 북이 마음과 정성을 다한다면 통일의 날도 반드시 오리라 저는 확신합니다.

① 남북 교류 협력을 위한 개성 공업 지구 조성에 합의하였다.
② 평화 통일 외교 정책에 관한 6 · 23 특별 성명을 발표하였다.
③ 남북 사이의 화해와 불가침 및 교류 · 협력에 관한 합의서를 채택하였다.
④ 남북 관계 발전과 평화 번영을 위한 10 · 4 남북 정상 선언에 서명하였다.
⑤ 7 · 4 남북 공동 성명을 실천하기 위해 남북 조절 위원회를 구성하였다.

김대중 정부

정답 ① 다음 연설문을 발표한 정부는 김대중 정부이다. 김대중 정부는 평화 정책과 남북 교류 확대를 위한 대북 화해 협력 정책을 추진하였다. 그 결과 2000년 평양에서 최초로 남북 정상 회담이 개최되고 '6 · 15 남북 공동 선언'이 발표되었다. 이로써 이산가족 방문과 서신 교환이 이루어졌고 경의선 철도 복구, 개성 공단 건설 등의 경제 협력 및 사회·문화 교류도 전개되었다.

정답 분석

① 김대중 정부는 2000년 평양에서 최초로 남북 정상 회담을 개최하였고 '6 · 15 남북 공동 선언'을 발표하면서 개성 공업 지구 건설에 합의하였다.

오답 피하기

② 박정희 정부는 1973년 7개 항으로 된 6 · 23 특별 선언을 발표하였다. 이 선언은 남북 적십자 회담과 남북 조절 위원회의 경험을 토대로 통일 여건을 보다 실질적으로 개선하고자 하는 통일 외교의 의지를 담고 있다.
③ 노태우 정부는 1992년 '남북한 사이의 화해와 불가침 및 교류 · 협력에 관한 합의서(남북 기본 합의서)' 및 '한반도 비핵화 공동 선언'을 채택하였다.
④ 노무현 정부는 김대중 정부의 통일 정책을 이어받아 2007년 평양에서 제2차 남북 정상 회담을 개최하고 10 · 4 남북 공동 선언을 발표하였다.
⑤ 박정희 정부는 1972년 7 · 4 남북 공동 성명을 서울과 평양에서 동시에 발표하였다. 그 후 남북 조절 위원회가 설치되어 평화 통일을 위한 실무자 회의가 개최되었지만 성과를 얻지 못하였다.

04 (가) 정부의 통일 노력으로 옳은 것은?

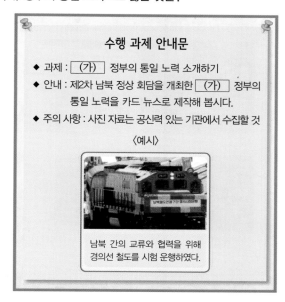

수행 과제 안내문

◆ 과제 : (가) 정부의 통일 노력 소개하기
◆ 안내 : 제2차 남북 정상 회담을 개최한 (가) 정부의 통일 노력을 카드 뉴스로 제작해 봅시다.
◆ 주의 사항 : 사진 자료는 공신력 있는 기관에서 수집할 것

〈예시〉

남북 간의 교류와 협력을 위해 경의선 철도를 시험 운행하였다.

① 남북 기본 합의서를 채택하였다.
② 남북한이 유엔에 동시 가입하였다.
③ 10 · 4 남북 공동 선언을 발표하였다.
④ 남북 조절 위원회를 운영하기로 합의하였다.
⑤ 남북 이산가족 고향 방문단의 교환 방문을 최초로 성사하였다.

노무현 정부

정답 ③ (가) 정부는 노무현 정부이다. 노무현 정부는 대북 화해 협력 정책을 계승하면서 북한에 대한 경제적 · 인도적 지원에 나섰다. 분단 후 끊겼던 경의선과 동해선 철도도 연결하였다. 개성에는 공단을 건설하여 남한의 자본과 북한의 노동력을 활용한 상품 생산이 이루어지게 되었다.

정답 분석

③ 노무현 정부는 김대중 정부의 통일 정책을 이어받아 2007년 평양에서 제2차 남북 정상 회담을 개최하고 10 · 4 남북 공동 선언을 발표하였다.

오답 피하기

① 노태우 정부는 1991년 남북한이 서로를 인정하는 가운데 '남북한 사이의 화해와 불가침 및 교류 협력에 관한 합의서(남북 기본 합의서)'를 채택하였다.
② 노태우 정부 시기인 1990년부터 남북 고위급 회담이 여러 차례 개최되었고, 1991년에 남북한이 유엔에 동시 가입하였다.
④ 박정희 정부는 1972년 7 · 4 남북 공동 성명을 서울과 평양에서 동시에 발표하였다. 그 후 남북 조절 위원회가 설치되었다.
⑤ 전두환 정부는 1985년 최초로 이산가족 고향 방문과 예술 공연단 교환을 실현하였지만 일회성 행사로 그치고 말았다.

고급 40회 50번

05 (가)~(라)의 사건을 일어난 순서대로 옳게 나열한 것은?

사진으로 보는 통일 노력

7·4 남북 공동 성명 발표
(가)

남북 학생 회담 요구 집회
(나)

10·4 남북 공동 선언 채택
(다)

정주영 북한 방문
(라)

① (가) – (나) – (다) – (라)
② (가) – (다) – (라) – (나)
③ (나) – (가) – (라) – (다)
④ (나) – (라) – (가) – (다)
⑤ (다) – (라) – (나) – (가)

여러 정부의 통일 정책

정답 ③ (나)는 장면 내각 때 있었던 남북 학생 회담 요구 집회, (가)는 박정희 정부의 7·4 남북 공동 성명, (라)는 김대중 정부 때 있었던 정주영의 소 떼 방북, (다)는 노무현 정부의 10·4 남북 공동 선언이다.

정답 분석

- (나) 1960년 4·19 혁명으로 반공에 기반한 이승만 독재 정권이 무너지고 장면 내각이 수립되자 민간 차원의 평화적 통일 운동이 분출되었다. 대학생들은 '가자 북으로, 오라 남으로', '이남 전기, 이북 쌀'과 같은 구호를 내세우며 남북 학생 회담을 하자고 주장하였다.
- (가) 박정희 정부는 1972년 남북이 평화 통일의 3대 원칙에 합의한 7·4 남북 공동 성명을 서울과 평양에서 동시에 발표하였다. 그 후 남북 조절 위원회가 설치되어 평화 통일을 위한 실무자 회의가 개최되었지만 성과를 얻지 못하였다.
- (라) 김대중 정부는 대북 화해 협력 정책을 추진하면서 북한과 관계를 개선하고자 하였다. 그 시작은 1998년 현대 그룹 회장 정주영의 '소 떼 방북'이었다.
- (다) 노무현 정부는 지속적인 대북 지원을 통해 2007년 제2차 남북 정상 회담을 성사하였고, 10·4 남북 공동 선언을 채택하였다.

심화 63회 45번

06 다음 뉴스의 사건이 있었던 정부 시기의 사실로 옳은 것은?

오늘 오후 2시경 서울 평화시장에서 있었던 노동자들의 시위 도중 재단사 전태일 씨가 분신하는 사건이 발생하였습니다. 전 씨는 "근로기준법을 지켜라!", "우리는 기계가 아니다!"라고 절규하며 열악한 노동환경 개선을 요구하였습니다.

① 함평 고구마 피해 보상 운동이 전개되었다.
② 저유가·저금리·저달러의 3저 호황이 있었다.
③ 미국과의 자유 무역 협정(FTA)이 체결되었다.
④ 경제 협력 개발기구(OECD) 회원국이 되었다.
⑤ 최저 임금 결정을 위한 최저 임금 위원회가 설치되었다.

박정희 정부

정답 ① 다음 뉴스의 사건이 있었던 정부 시기는 박정희 정부 시기이다. 박정희 정부는 수출 경쟁력을 확보하기 위하여 저임금 정책을 고수하고 노동 운동을 강력히 통제하였다. 이에 항의하여 1970년 11월에 노동자 전태일은 "우리는 기계가 아니다.", "근로 기준법을 준수하라."라고 외치며 분신자살하였다. 이 사건을 계기로 저임금과 장시간 근로, 열악한 작업 환경 등 노동 문제가 사회 문제로 대두하였다. 학생들과 지식인들도 노동 운동에 관심을 가지게 되었다.

정답 분석

① 박정희 정부 시기에 농협 전남 지부와 함평군 농협이 1976년산 고구마를 전량 수매하겠다고 공약하였지만 이를 이행하지 않아 생산 농가들이 고구마를 썩혀 버리거나 헐값으로 출하하여 막대한 피해를 입었다. 이에 농민들은 1976년부터 3년간의 투쟁을 통해 정부로부터 보상을 받아 냈다.

오답 피하기

② 전두환 정부는 1986년부터 저금리·저유가·저달러의 이른바 3저 호황을 맞이하였다. 이에 힘입어 자동차와 반도체, 가전제품, 기계와 철강 등을 중심으로 연평균 성장률이 12%가 넘는 고도성장을 달성하였다.
③ 노무현 정부는 미국과 자유 무역 협정(FTA)을 체결하였고, 이명박 정부는 미국과 자유 무역 협정(FTA)을 비준하였다.
④ 김영삼 정부는 1996년 세계화를 내세우며 경제 협력 개발 기구(OECD)에 가입하는 등 시장 개방 정책을 추진하였다.
⑤ 전두환 정부는 1987년 최저 임금에 관한 중요 사항의 심의를 위해 고용노동부에 최저 임금 위원회를 설치하였다.

07 다음 뉴스가 보도된 정부 시기의 사실로 옳은 것은?

> 오늘 대전에서는 향토 예비군 창설식이 열렸습니다. 1월 21일 북한 무장 공비의 청와대 습격 시도 사건을 계기로 자주적 방위 태세를 강화하기 위한 조치입니다.

① 양성 평등의 실현을 위해 호주제를 폐지하였다.
② 교육의 지표를 제시한 국민 교육 헌장을 선포하였다.
③ 사회 통합을 위한 다문화 가족 지원법을 시행하였다.
④ 공직자 윤리법을 개정하여 재산 등록을 의무화하였다.
⑤ 언론의 통폐합이 단행되고 언론 기본법을 제정하였다.

박정희 정부

정답 ② 다음 뉴스가 보도된 정부 시기는 박정희 정부 시기이다. 1967년 제6대 대통령 선거에서 재선에 성공한 박정희는 북한의 군사적 도발에 대처하고 경제 성장을 지속하려 하였다. 박정희 정부는 군사 동원 체제를 수립하기 위해 1968년 향토 예비군을 창설하였다. 박정희 정부는 향토 예비군 창설에 '내 고장 내 마을 내가 지킨다.', '싸우면서 일하고 일하면서 싸운다.'라는 구호를 내걸었다.

정답 분석

② 박정희 정부는 확고한 안보 의식과 투철한 국가관을 확립한다며 대학에서부터 군사 교육을 확대해 갔다. 나아가 국민 모두가 반공정신을 갖추고 국가에 충성하도록 요구하는 국민 교육 헌장을 제정하였다.

오답 피하기

① 노무현 정부는 양성 평등의 실현과 평등한 가족 관계 형성을 위해 호주제를 폐지하였다.
③ 이명박 정부는 다문화 가족 지원법을 시행하였다.
④ 김영삼 정부는 공직자 윤리법을 개정하여 고위 공무원의 재산 등록을 의무화하였다.
⑤ 전두환 정부는 언론 통제를 위해 언론 통폐합을 단행하고 언론 기본법을 제정하였다. 이후 노태우 정부가 언론 기본법을 폐지하여 언론의 자유가 확대되었다.

---

08 다음 기념사를 발표한 정부 시기에 있었던 사실로 옳은 것은?

> 오늘 국민 교육 헌장 선포 1주년에 즈음하여, 나는 온 국민과 더불어 뜻깊은 이날을 경축하면서 헌장 이념의 구현을 위한 우리들의 결의를 새로이 하게 된 것을 매우 기쁘게 생각하는 바입니다. 국민 교육 헌장은 우리 민족이 지녀야 할 시대적 사명감과 윤리관을 정립한 역사적 장전이며, 조국 근대화의 물량적 성장을 보완, 촉진시켜 나갈 정신적 지표이며, 국가의 백년대계를 기약하는 국민 교육의 실천 지침인 것입니다.

① 국민학교라는 명칭을 초등학교로 변경하였다.
② 과외 전면 금지와 대학 졸업 정원제를 시행하였다.
③ 문맹국민 완전퇴치 5개년 계획을 수립하여 추진하였다.
④ 미국에서 시행되고 있던 6-3-3 학제를 처음 도입하였다.
⑤ 중학교 입시 제도를 폐지하고 무시험 추첨제를 실시하였다.

박정희 정부

정답 ⑤ 박정희 정부는 확고한 안보 의식과 투철한 국가관을 확립한다며 대학에서부터 군사 교육을 확대해 갔다. 나아가 1968년 국민 모두가 반공정신을 갖추고 국가에 충성하도록 요구하는 국민 교육 헌장을 제정하였다. 국민 교육 헌장 선포식을 성대하게 치른 박정희 정부는 국민 교육 헌장을 모든 교과서에 수록하고 학생들로 하여금 암기하도록 하였다.

정답 분석

⑤ 박정희 정부는 1969년 중학교 무시험 추첨제를 도입하고, 1973년 대도시에서의 고등학교 연합고사와 고교 평준화를 실시하였다.

오답 피하기

① 김영삼 정부는 1995년부터 국민학교 대신에 초등학교라는 명칭을 쓰게 하였다.
② 전두환 정부는 과외 전면 금지와 대학 정원의 30%를 더 입학시키는 졸업 정원제를 시행하였다.
③ 이승만 정부는 휴전기인 1953년 다음해 총선을 앞두고 문교부에서는 만 17세 이상 문맹자 240만 명을 대상으로 '문맹국민 완전퇴치운동'을 전개하였다.
④ 미 군정청은 광복 이후 일제의 식민 교육 대신에 민주 시민 양성을 목표로 교육 정책을 추진하였으며, 오늘날의 6-3-3 학제를 도입하였다.

Ⅰ

우리 역사의 형성

Ⅱ

고려 귀족 사회의
형성과 변천

Ⅲ

조선 유교 사회의
성립과 변화

Ⅳ

국제 질서의 변동과
근대 국가 수립 운동

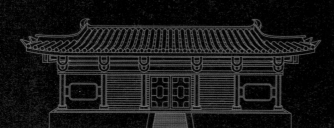

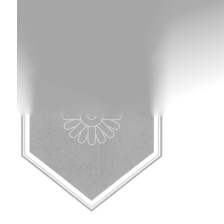

우리나라의
지역사와 문화

VII

68강 우리나라의 주요 지역 역사

1 많은 역사가 담겨 있는 주요 지역

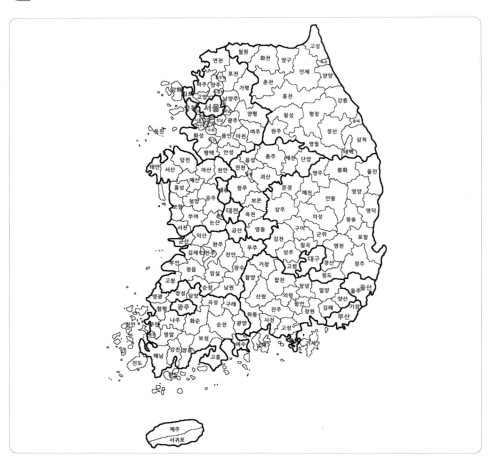

▲ 제주 김정희 유배지

▲ 부산 임시 수도 대통령 관저

광역시와 특별시	
제주	고산리 유적(신석기 시대), 삼별초의 항쟁(김통정 주도), 탐라총관부 설치(원 간섭기), 벨테브레의 표류(인조, 귀화한 후 박연), 하멜 일행의 표류(효종), 김정희의 유배지, 거상 김만덕의 거점(정조, 백성 구휼), 알뜨르 비행장(일제 강점기), 제주 4 · 3 사건으로 많은 주민이 희생됨
부산	• 동삼동 패총(신석기), 왜관 설치(두모포, 초량), 부산진에 일본군 상륙(임진왜란), 부사 송상현과 첨사 정발의 순절(임진왜란), 내상(조선 후기 사상), 개항장(강화도 조약), 러시아의 부산 절영도 조차 요구, 일본의 경부선 부설 • 박재혁의 경찰서 폭탄 투척(의열단), 안희제의 백산 상회(임시 정부 교통국) • 6 · 25 전쟁 당시 임시 수도, 부 · 마 민주 항쟁(유신 반대 시위)
울산	반구대 암각화(선사 시대), 신라의 국제 무역항, 효심의 봉기(고려 무신 집권기)
대구	• 국채 보상 운동 시작(서상돈, 김광제 주도), 대한 광복회(박상진) • 2 · 28 민주 운동 시작(4 · 19 혁명)

광주	광주 학생 항일 운동(일제 강점기), 5 · 18 민주화 운동(신군부)
강화도	• 고인돌 유적(유네스코 세계 문화유산), 참성단(단군에게 제사를 지낸 곳), 고려의 강화 천도(몽골의 침략), 고려 궁지, 삼별초의 항쟁(강화도에서 시작) • 정족산 사고(『조선왕조실록』 보관), 강화학파(양명학, 정제두), 병인양요(양헌수, 외규장각 약탈), 신미양요(어재연), 강화도 조약 체결

▲ 병인양요 때 양헌수 장군이 활약한 강화도 정족산성

경상남도	
거제도	이승만의 반공 포로 석방(6 · 25 전쟁)
창원	다호리 유적의 붓(중국과의 교류 증거), 제포(세종 때 개항한 3포 중 하나)
김해	금관가야(전기 가야 연맹의 중심), 구지봉(금관가야 건국 신화에 등장), 대성동 고분군(금관가야 고분군)
합천	해인사 장경판전(팔만대장경판 보관, 유네스코 세계 문화유산)
진주	김시민의 진주 대첩(임진왜란), 진주 민란(세도 정치 시기), 조선 형평사가 창립된 곳(형평 운동)

경상북도	
경주	• 신라의 도읍(금성), 황룡사 9층 목탑 소실(몽골의 침입) • 경주 역사 유적 지구(유네스코 세계 문화 유산)
안동	• 고창 전투(후삼국 통일 과정), 이천동 마애여래입상(고려 초기), 안동 봉정사 극락전(고려, 현존하는 가장 오래된 목조 건물), 홍건적 침입 때 공민왕의 피난(놋다리밟기) • 도산 서원(이황), 하회 마을(유네스코 세계 문화 유산)
영주	부석사(통일 신라, 의상이 창건), 부석사 무량수전(고려 중기, 주심포 양식 · 배흘림 기둥), 백운동 서원(이황의 건의로 최초의 사액 서원 ➡ 소수 서원)

▲ 안동 도산 서원의 전교당

전라남도	
거문도	영국의 거문도 불법 점령(1885~1887)
완도	장보고의 청해진 설치(해상 무역권 장악)
진도	삼별초 항쟁(배중손 주도, 용장산성)
강진	백련사(요세가 백련 결사 운동을 전개한 곳), 고려청자 도요지, 다산 초당(정약용 유배지)
흑산도	정약전이 유배지에서 『자산어보』 저술(신유박해)
나주	반남면 고분군(마한), 왕건과 견훤이 후삼국의 패권을 놓고 자웅을 겨루었던 지역, 나주역(광주 학생 항일 운동의 도화선)
암태도	지주 문재철의 횡포에 맞선 소작쟁의(일제 강점기)

▲ 강진 다산 초당

전라북도	
정읍	이승만의 정읍 발언(남한만의 단독 정부 수립 주장)
전주	• 후백제 도읍(당시 완산주), 동고산성(후백제 견훤), 관노의 난(고려 무신 정권) • 경기전(태조 이성계의 어진을 모신 사당), 전동 성당(신해박해), 전주 화약(1차 동학 농민 운동)
익산	미륵사지 석탑(백제 무왕), 안승의 보덕국(고구려 부흥 운동), 백제 역사 유적 지구(왕궁리 유적, 미륵사지 유적)

충청북도	
보은	우리나라에 남아 있는 유일한 오층 목탑인 법주사 팔상전(조선 후기), 동학 교도들의 보은 집회(교조 신원 운동)

▲ 전주 경기전의 태조 어진

▲ 충주 탑평리 칠층 석탑

▲ 천안 독립 기념관

▲ 강릉 오죽헌

▲ 개경 선죽교

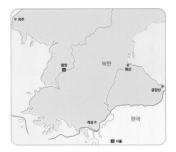

▲ 북한의 주요 지역

청주	신라 민정 문서(서원경), 상당산성(백제 토성), 용두사지 철당간(고려 초기 광종), 흥덕사(현존하는 세계에서 가장 오래된 금속 활자본 직지심체요절 간행)
충주	충주 고구려비(장수왕), 탑평리 칠층 석탑(통일 신라), 창동리 마애 여래상(고려), 김윤후의 충주성 전투(고려 대몽 항쟁), 신립의 탄금대 전투(임진왜란), 임경업 장군의 충절을 기리기 위해 세운 충렬사, 유인석의 충주성 점령(을미의병)

충청남도

부여	백제의 도읍(성왕 때 천도), 백제 금동 대향로 출토, 정림사지 5층 석탑(평제탑)
논산	• 황산벌 전투(백제의 계백), 관촉사 석조 미륵보살 입상(고려 초기), 개태사지(고려) • 돈암 서원(김장생), 동학의 남접(전봉준)과 북접(손병희)이 연합(2차 동학 농민 운동)
공주	• 석장리 유적(구석기), 백제의 도읍(문주왕 때 천도), 무령왕릉(벽돌무덤) • 김헌창의 난(신라 하대 헌덕왕), 망이 · 망소이의 난(공주 명학소, 고려 무신 집권기) • 이괄의 난으로 인조가 피난을 간 곳, 우금치 전투(제2차 동학 농민 운동)
예산	수덕사 대웅전(고려 초기, 주심포 양식), 남연군 묘(흥선 대원군 아버지)
천안	아우내 장터(독립 만세 운동이 일어남), 초혼묘와 사우(유관순 열사 사적지), 망향의 동산(일본군 위안부 묘역), 독립 기념관(국난 극복의 역사)

경기도

화성	제암리 학살 사건(3 · 1 운동)
용인	김윤후의 처인성 전투(대몽 항쟁, 몽골 장수 살리타 사살)
수원	수원 화성(정조), 장용영 외영(정조)

강원도

평창	월정사 8각 9층 석탑(고려 초기, 송의 영향)
철원	후고구려의 도읍지(궁예), 도피안사 철조 비로자나불 좌상(신라 하대), 백마고지 전투(6 · 25 전쟁)
강릉	오죽헌(신사임당과 율곡 이이의 생가), 최초의 한글 소설 홍길동전을 지은 허균과 최고의 여류 문인으로 인정받는 허난설헌의 생가터, 선교장(조선 상류층의 가옥), 강릉대도호부 관아(고려~조선 시대에 걸쳐 중앙의 관리들이 강릉에 내려오면 머물던 건물터)

북한

개경	• 고려의 도읍(개성, 만월대), 만적의 난(고려 무신 정권), 공민왕릉(고려 공민왕의 무덤), 선죽교(고려 시대 돌다리, 정몽주 피살), 송상의 근거지(조선 후기) • 유엔군과 공산군 사이의 첫 번째 정전 회담이 열린 곳(6 · 25 전쟁), 개성 공단 건설(노무현 정부)
평양	• 고구려의 도읍(장수왕, 안학궁터), 안악 3호분 벽화(고구려), 안동 도호부 설치(당나라), 묘청의 서경 천도 운동(고려), 서경 유수 조위총의 반란(고려 무신 정권), 조 · 명 연합군의 평양성 탈환(임진왜란) • 제너럴 셔먼호 사건(박규수), 대성학교(신민회, 안창호), 물산 장려 운동 시작(조만식 주도), 강주룡의 을밀대 지붕에서 고공 농성 전개(일제 강점기) • 남북 정상 회담(김대중 · 노무현 정부), 백화원의 영빈관(북한의 국빈 숙소, 1차 남북 정상 회담 개최)
덕원(원산)	개항장(강화도 조약), 원산 학사(최초의 근대 사립 교육 기관), 원산 노동자 총파업(일제 강점기)
의주	서희의 외교 담판으로 강동 6주 획득(거란의 1차 침입), 위화도 회군(고려 후기, 이성계), 선조 피란(임진왜란), 만상의 근거지(조선 후기), 경의선 부설(일본)

은쌤의 합격노트

많은 역사가 담겨 있는 주요 지역

☑ 시험에 꼭 나오는 키워드

각 지역별 사건 정리하기

☑ 최다 빈출 선지

강화도
① 대몽 항쟁기에 조성된 왕릉을 조사한다.

제주도
① 김만덕의 빈민 구제 활동에 대해 알아본다.
② 4·3 사건으로 많은 주민이 희생되었다.

흑산도
① 정약전이 자산어보를 저술한 곳을 검색한다.

독도
① 지증왕이 이사부를 보내 복속한 지역과 부속 도서를 찾아본다.

거문도
① 러시아의 남하를 견제하기 위하여 영국군이 점령한 장소를 살펴본다.

의주
① 만상이 근거지로 삼아 청과의 무역을 전개하였다.

서울
① 나석주가 조선 식산 은행에 폭탄을 투척하였다.
② 강우규가 총독 사이토에게 폭탄을 투척한 곳을 찾아본다.

개경
① 만적을 비롯한 노비들이 신분 해방을 도모하였다.
② 남북한 경제 협력 사업으로 설치된 공단의 위치를 파악한다.
③ 유엔군과 공산군 사이의 첫 번째 정전 회담이 열린 곳이다.

전주
① 동학 농민군이 정부와 화해하는 약조를 맺었다.
② 태조 이성계의 어진을 모셨던 경기전

부산
① 신석기 동삼동 패총
② 임진왜란 중 부사 송상현과 첨사 정발이 순절하였다.
③ 안희제와 백산 상회
④ 박재혁이 경찰서에서 폭탄을 투척하는 의거를 일으켰다.
⑤ 임시 수도 대통령 관저

공주
① 김헌창이 반란을 일으킨 근거지를 검색한다.

사비
① 성왕이 새롭게 도읍지로 삼은 지역을 파악한다.

충주
① 신립이 배수의 진을 치고 왜군과 맞선 격전지를 조사한다.

평양
① 강주룡이 을밀대 지붕에서 고공 농성을 전개하였다.

천안
① 친일 연구의 선구자 임종국
② 망향의 동산(일본군 '위안부' 묘역)
③ 독립 기념관(국난 극복의 역사)
④ 초혼묘와 사우(유관순 열사 사적지)
⑤ 아우내 장터에서 독립 만세 운동이 일어났다.

수원
① 장용영의 외영이 설치된 곳을 알아본다.

사비
① 성왕이 새롭게 수도를 정한 지역을 조사한다.

진도
① 배중손이 삼별초를 지휘하였던 근거지를 찾아본다.

강화도
① 한성근 부대가 서양 세력에 맞서 항전한 장소를 검색한다.

평양
① 장수왕 때 국내성에서 천도하여 도읍으로 삼은 곳이다.

01 (가) 지역에 대한 탐구 활동으로 가장 적절한 것은?

우리 모둠에서 대한민국 임시 정부 국무령을 역임한 석주 이상룡의 생가인 임청각과 그의 독립운동에 대해서 발표하려고 합니다.

지역사 모둠 발표

(가) 지역의 **역사**와 **문화**

1모둠	2모둠	3모둠
고창 전투와 후삼국 통일 과정	봉정사 극락전과 고려 후기 불교 건축물	도산 서원과 퇴계 이황의 성리학

4모둠
임청각과 이상룡의 독립운동

① 김헌창이 반란을 일으킨 근거지를 파악한다.
② 강주룡이 고공 시위를 전개한 장소를 알아본다.
③ 공민왕이 홍건적의 침입 때 피란한 지역을 찾아본다.
④ 신립이 배수의 진을 치고 전투를 벌인 위치를 검색한다.
⑤ 김사미가 가혹한 수탈에 저항하여 봉기한 곳을 조사한다.

│ 안동 지역의 역사

정답 ③　(가) 지역은 경북 안동이다. 임청각은 대한민국 임시 정부 초대 국무령을 지내고, 신흥 무관 학교를 세워 무장 독립 투쟁의 토대를 마련한 이상룡 선생의 생가이다. 고려 태조 왕건은 고창(안동)에서 후백제의 견훤과 겨루어 승리하여 삼국 통일의 기반을 닦았다. 고려 시대에 건립된 안동 봉정사 극락전은 주심포 양식이 반영된 현존하는 가장 오래된 목조 건축물이다. 조선 중기 퇴계 이황은 고향 안동에 도산 서당을 짓고 많은 제자를 양성하였는데 사후에 정부로부터 사액을 받으면서 도산 서원이 되었다.

정답 분석

③ 1361년 고려 후기 공민왕은 홍건적을 피해 복주(안동)까지 내려갔다.

오답 피하기

① 822년 신라 하대 웅주(공주) 도독 김헌창은 자신의 아버지가 왕위에 오르지 못한 것에 원한을 품어 반란을 일으켰다.
② 1931년 평양의 평원 고무 공장 노동자 강주룡은 회사의 임금 삭감에 반발하여 약 11m 높이의 을밀대 지붕 위로 올라가 시위를 벌였다.
④ 1592년 임진왜란 초기 신립은 충주의 탄금대에서 배수진을 치고 항전하였지만 왜군을 막아내지는 못하였다.
⑤ 1193년 고려 무신 집권기 때 경상도의 운문(청도)과 초전(울산)에서는 각각 김사미와 효심이 지휘하는 농민 봉기가 일어났다.

---

02 다음 지역에 대한 탐구 활동으로 옳은 것은?

○○시 문화유산 홍보 채널
구독자 526명
구독

홈　동영상　재생목록　커뮤니티　채널　정보 ＞

업로드한 동영상 ∨　　　정렬 기준

동고산성에서 찾아보는 후백제의 흔적	6·25 전쟁 중 소실된 전라 감영 복원	순교지에 세워진 전동 성당
7:15	6:05	4:17
조회수 212회	조회수 721회	조회수 1,209회

① 장용영의 외영이 설치된 위치를 파악한다.
② 홍경래가 난을 일으켜 점령한 지역을 알아본다.
③ 인조가 피신하여 청군과 항전을 벌인 곳을 찾아본다.
④ 태조의 어진을 모신 경기전이 건립된 장소를 조사한다.
⑤ 유계춘이 백낙신의 수탈에 맞서 봉기한 지역을 검색한다.

│ 전주 지역의 역사

정답 ④　다음 지역은 전주이다. 전주의 동고산성은 후삼국 시대의 견훤이 세운 성이라는 견해가 있다. 전라 감영은 동학 농민 운동 당시에 동학 농민군이 점령하고 전주 화약이 맺어진 장소이다. 전라 감영 건물들은 일제에 의한 국권 침탈을 겪으면서 대부분의 건물들이 철거되었다. 전동성당은 조선 시대 첫 천주교 순교터에 지어진 성당으로 정조 때 최초 순교자 윤지충(바오로)과 권상연(야고보)이 순교했다.

정답 분석

④ 전주 경기전은 조선 제1대 태조의 어진을 모신 사당이다.

오답 피하기

① 정조 때 수원 화성에는 행궁과 장용영의 외영을 설치하였다.
② 홍경래는 처음에 가산에서 난을 일으켜 선천, 정주 등을 점거하고, 한때는 청천강 이북 지역을 거의 장악하였으나 관군에 의해 5개월 만에 평정되었다.
③ 병자호란이 일어나자 인조는 남한산성으로 피란하여 청군에 맞섰으나, 결국 청에 굴복하고 말았다.
⑤ 진주에서 몰락 양반 유계춘을 중심으로 경상 우병사 백낙신의 부정부패에 항의하는 농민 봉기가 일어나 진주성이 점령되었다.

---

03 (가) 지역에 대한 탐구 활동으로 가장 적절한 것은?

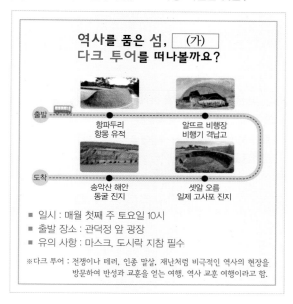

① 정약전이 자산어보를 저술한 곳을 알아본다.
② 프랑스군이 외규장각 도서를 약탈한 장소를 살펴본다.
③ 지주 문재철에 맞서 소작쟁의가 일어난 곳을 찾아본다.
④ 4 · 3 사건으로 많은 주민이 희생된 주요 장소를 조사한다.
⑤ 러시아가 저탄소 설치를 위해 조치를 요구한 곳을 검색한다.

제주도 지역의 역사

정답 ④ (가) 지역은 제주도이다. 삼별초의 대몽 항쟁은 제주 항파두리성이 함락되면서 막을 내렸다. 제주 알뜨르 비행장은 일제가 모슬포 지역의 주민들을 강제 징용하여 만들었다고 알려져 있다. 제주 셋알오름 중턱에 있는 일제의 고사포 진지는 미국의 폭격기 공습에 대비한 것이다. 바닷가의 동굴 진지는 일본군이 해상으로 들어오는 연합군 함대를 공격한 곳이다.

정답 분석

④ 1948년 4월 3일 제주도의 좌익 세력은 5 · 10 총선거를 앞두고 단독 선거 저지와 통일 정부 수립을 내세우며 무장 봉기하였다(제주 4 · 3사건).

오답 피하기

① 조선 후기 순조 대에 정약용의 형 정약전은 유배지 흑산도에서 "자산어보"를 저술하였다.
② 병인양요 당시 프랑스군이 강화도를 점령하면서 외규장각에 보관하고 있던 도서들까지 약탈해 갔다.
③ 1923년 전남 무안군 암태도에서 발생한 소작 쟁의는 지주 문재철의 횡포에 맞선 것으로 소작 농민들의 요구 대부분이 관철되었다.
⑤ 1898년 러시아는 숯과 석탄의 저장 창고를 설치하기 위해 부산 영도(절영도)를 조차하고자 하였다.

04 다음 지역에 대한 탐구 활동으로 가장 적절한 것은?

① 대몽 항쟁기에 조성된 왕릉을 조사한다.
② 김만덕의 빈민 구제 활동에 대해 알아본다.
③ 정약전이 자산어보를 저술한 곳을 검색한다.
④ 지증왕이 이사부를 보내 복속한 지역과 부속 도서를 찾아본다.
⑤ 러시아의 남하를 견제하기 위하여 영국군이 점령한 장소를 살펴본다.

강화도 지역의 역사

정답 ① 다음 지역은 강화도이다. 강화도에서 많은 고인돌이 발견되고 있으며, 고창과 화순 고인돌과 함께 세계 유네스코 문화 유산으로 등재되었다. 강화도 참성단은 단군이 하늘에 제사를 지내기 위해 쌓은 제단이라고 전해진다. 강화도 광성보는 신미양요 당시 어재연이 이끄는 수비대가 미군과 싸웠던 격전지이다.

정답 분석

① 고려 정부는 몽골의 침입을 받자 무신 집권자 최우는 강화도로 천도하였다. 이후 강화도는 40여 년의 대몽 항쟁 기간 동안 고려의 임시 수도였다. 강화에는 두 개의 왕릉과 두 개의 왕비 능이 있다.

오답 피하기

② 조선 후기 정조 때 김만덕은 제주도에 큰 가뭄이 들어 사람들이 죽어갈 때 전 재산을 기부하여 제주민들을 살려냈다.
③ 조선 후기 문신 정약전은 귀양 가 있던 흑산도 연해의 수족을 취급하여 1814년에 "자산어보"를 저술하였다.
④ 신라 상대 지증왕은 이사부를 앞세워 우산국(울릉도 일대)을 복속시켰다.
⑤ 1885년 러시아의 남하 정책을 견제하기 위해 영국은 조 · 러 밀약을 저지한다는 명목으로 거문도를 불법 점령하였다.

우리나라의 유네스코 등재 유산과 조선의 궁궐

① 한국의 유네스코 등재 유산

(1) 한국의 세계 문화유산

정의	세계유산협약이 규정한 탁월한 보편적 가치를 지닌 유산으로서 그 특성에 따라 자연유산, 문화유산, 복합유산으로 분류됨
갯벌, 한국의 조간대 (2021)	• 대한민국 황해의 동부 연안과 서남해안에 있는 서천갯벌, 고창갯벌, 신안갯벌, 보성–순천갯벌 등이 등재 • 전 세계적으로 멸종위기종이나 위협종 22종을 포함하여 2,150종 동식물의 생물 다양성 수준이 매우 높은 곳임
한국의 서원 (2019)	• 조선 시대의 핵심 이념인 성리학 교육 시설의 한 유형으로 사림 세력이 건립 • 영주 소수 서원, 함양 남계 서원, 경주 옥산 서원, 안동 도산 서원, 장성 필암 서원, 달성 도동 서원, 안동 병산 서원, 정읍 무성 서원, 논산 돈암 서원 등 총 9개의 서원이 등재
산사, 한국의 산지 승원 (2018)	• 산사는 산속에 자리 잡고 있는 불교 사찰들로, 대한민국 곳곳에 7~9세기에 걸쳐 지어진 7곳의 산사들이 등재됨 • 한국의 산지형 불교 사찰의 유형을 대표하는 양산 통도사, 영주 부석사, 안동 봉정사, 보은 법주사, 공주 마곡사, 순천 선암사, 해남 대흥사 등이 등재
백제 역사 유적 지구 (2015)	• 백제의 옛 수도였던 공주시, 부여군, 익산시 3개 지역에 분포된 8개 고고학 유적지로 이루어져 있음 • 공주 웅진성과 연관된 공산성과 송산리 고분군, 부여 사비성과 관련된 관북리 유적 및 부소산성, 정림사지, 능산리 고분군, 부여 나성, 사비 시대 백제의 두 번째 수도였던 익산시 지역의 왕궁리 유적, 미륵사지 등으로 구성
남한산성 (2014)	• 서울에서 남동쪽으로 25km 떨어진 산지에 축성(경기 광주 · 성남 · 하남 일대) • 조선 시대에 유사시를 대비하여 임시 수도의 역할을 담당하도록 건설된 산성 • 17세기 초, 청나라의 위협에 맞서 여러 차례 개축 • 병자호란 때 인조가 청의 침입에 맞서 저항한 곳
하회와 양동 (한국의 역사 마을) (2010)	• 14세기~15세기에 조성된 한국을 대표하는 역사적인 씨족 마을 • 전통 건축 양식을 잘 보존하고, 유교적 삶의 양식과 전통 문화를 계승하고 있음 • 마을의 입지와 배치는 조선 시대 초기의 유교적 양반 문화가 반영
조선 왕릉 (2009)	• 1408년~1966년(5세기)에 걸쳐 만들어져 있으며, 18개 지역에 총 40기가 있음 • 왕릉은 선조와 그 업적을 기리고 존경을 표하며, 왕실의 권위를 다지고, 선조의 넋을 보호하고 능묘의 훼손을 막는 역할 • 건축의 조화로운 총체를 보여주는 탁월한 사례로, 유교의 예법을 충실히 구현하여 공간 및 구조물 배치

▲ 경주 옥산서원

▲ 남한산성

▲ 안동 하회마을

▲ 조선의 선릉(선종의 능)

제주 화산섬과 용암동굴 (2007)	• 전 세계에서 이와 유사한 동굴계 중 가장 아름답고 우수한 것으로 평가 • 세계에서 보기 드물게 움직이지 않는 대륙 지각판 위열점에 생성된 대규모 순상 화산 • 다양한 희귀 생물이나 멸종 위기종의 서식지가 분포하고 있어 생태계 연구에 중요한 가치가 있음	
경주 역사 유적 지구 (2000)	• 신라의 1,000년 역사를 간직하고 있는 수도로서 신라 고유의 탁월한 예술성을 확인할 수 있음 • 남산 지구, 월성 지구, 대릉원 지구, 황룡사 지구, 산성 지구로 총 5개 지구로 이루어짐 • 신라 시대의 조각, 탑, 사지, 궁궐지, 왕릉, 산성을 비롯해 여러 뛰어난 불교 유적과 생활 유적이 집중적으로 분포	 ▲ 경주 월성 지구의 첨성대
고창·화순·강화의 고인돌 유적 (2000)	• 기원전 1000년에 만들어진 것으로, 장례 및 제례를 위한 거석문화 유산 • 청동기 시대의 사회와 문화를 잘 보여주는 고인돌이 집중적으로 분포되어 있음 • 세 지역의 고인돌은 세계의 다른 어떤 유적보다 선사 시대의 기술과 사회상을 생생하게 보여 줌	
수원 화성 (1997)	• 정조가 부친의 묘를 옮기면서 개혁 정치의 중심지로 건설 • 주변 지형에 따라 자연스러운 형태로 조성해 독특한 아름다움을 보여줌 • 처음부터 계획되어 신축, 전통적인 축성 기법에 동양과 서양의 새로운 과학적 지식과 기술을 활용함	 ▲ 수원 화성
창덕궁 (1997)	• 경복궁 동쪽에 위치한 조선 왕조의 궁궐 • 태종 때 창건되어 가장 오랜 기간 동안 왕들이 거처하였음 • 임진왜란 때 폐허가 된 후에 재건과 중건 과정 거치면서 정궁의 역할을 함 • 정조 때 후원의 부용지를 중심으로 부용전, 주합루, 서향각이 세워짐 • 일제 강점기에는 순종이 여생을 보낸 궁이기도 함 • 자연 환경과 건축물이 완벽하게 조화를 이루고 있다고 평가받음	 ▲ 불국사
석굴암과 불국사 (1995)	• 경주 토함산의 아름다운 자연환경과 어우러져, 한국 고대 불교 예술의 정수를 보여줌 • 통일 신라 경덕왕 때 김대성이 창건하여 혜공왕 때 완성 • 석굴암은 인공적으로 축조된 석굴과 불상 조각에 나타난 뛰어난 기술과 예술성을 보여줌 • 불국사는 석조 기단과 목조 건축이 잘 조화된 고대 한국 사찰 건축	
종묘 (1995)	• 조선 왕조의 역대 왕과 왕비의 신주를 모신 곳 • 종묘 제례가 거행되며, 종묘 제례악의 음악과 춤이 동반 • 왕을 제사 지내는 유교 사당의 표본으로, 전통 의식과 행사가 잘 이어지고 있음 • 태조가 한양으로 천도한 이후 곧바로 착공, 임진왜란 때 불탔지만 광해군 때 복원함	 ▲ 종묘 정전
해인사 장경판전 (1995)	• 13세기에 제작된 팔만대장경을 봉안하기 위해 지어진 목판 보관용 건축물 • 15세기 조선 초기에 경상남도 합천군 가야산의 해인사에 건립되었으며 대장경 목판 보관을 목적으로 지어진 세계에서 유일한 건축물 • 팔만대장경을 원형 보존하기 위해 온도, 습도 조절 기능에 탁월하도록 설계	 ▲ 합천 해인사 대장경판

(2) 한국의 세계 기록 유산

정의	세계의 귀중한 기록물을 보존·활용하기 위해 선정하는 문화유산
국채 보상 운동 기록물 (2017)	• 일제의 경제적 침략에 맞서 나라의 빚을 갚기 위한 국채 보상 운동의 모든 과정을 보여 주는 기록물(1907~1910) • 주요 문적 200여종과 수기, 언론, 정부 기록물까지 총 2,475건 문건으로 구성 • 국채 보상 운동은 전세계적으로 가장 앞선 시기에 국채를 갚기 위하여 국민의 약 25%가 자발적으로 벌인 모금 운동이라는 점에서 의의가 큼
조선 통신사에 관한 기록 (2017)	• 조선에서 일본 에도 막부의 초청으로 12회에 걸쳐, 일본국으로 파견되었던 외교 사절단에 관한 자료(1607~1811) • 관련 기록물은 외교 문서, 기행문, 일기, 서화 등으로 구성된 종합 사료
조선 왕실 어보와 어책 (2017)	• 어보는 조선 왕실의 의례용 도장으로, 왕과 왕후의 존호를 올릴 때나 왕비·세자·세자빈을 책봉할 때 사용 • 어책은 세자와 세자빈의 책봉, 비와 빈의 직위 하사 때 내린 교서를 의미함 • 어보와 어책은 조선 왕실 구성원의 정통성을 상징하는 의물
KBS 특별생방송 '이산가족을 찾습니다' 기록물 (2015)	• KBS가 1983년 6월 30일 밤 10시 15분부터 11월 14일 새벽 4시까지 '이산가족을 찾습니다'라는 방송에 사용된 문서·사진·영상 등의 기록물을 말함 • 전쟁의 참상을 전 세계에 고발하고 인권과 보편적 인류애를 고취시킨 생생한 기록임 • TV라는 매체가 탄생한 이후 최대 규모의 대중 참여와 접근을 보장한 기록이라는데 역사적 의의가 있으며, 방송 역사상 전례를 찾아볼 수 없는 장기 캠페인임
한국의 유교책판 (2015)	• 조선 시대에 718종의 서책을 간행하기 위해 판각한 책판 • 유교책판은 선현이 남긴 학문의 상징으로 간주되었고, 후대의 학자들은 이를 누대에 걸쳐 보관 및 전승해왔음 • 유교책판은 모두 '공론'에 의해 제작되었고, 책판으로 인쇄된 서책들은 지역 공동체의 주도 아래 간행되었음
새마을 운동 기록물 (2013)	• 1970~1979년까지 전개된 새마을 운동에 대한 문서·사진·영상 등의 기록물(대통령 연설문, 정부 문서, 마을 단위의 기록물, 편지, 새마을 운동 교재, 관련 사진, 영상 등) • 기록물들은 그 동안 기아 극복, 빈곤 퇴치, 농촌 지역 현대화, 여성의 지위 향상을 도모하였던 국제 개발 기구, 개발도상국의 정부 및 해당 정부의 국민들에게 유용하게 이용되어 왔음
난중일기 (2013)	• 이순신 장군이 일본의 조선 침략 당시였던 임진왜란(1592~1598) 때에 진중에서 쓴 친필 일기 • 임진왜란이 발발한 1592년 1월부터 이순신 장군이 노량 해전에서 결정적인 승리를 앞두고 전사하기 직전인 1598년 11월까지 거의 날마다 적은 기록(총 7책 205장)
5·18 민주화 운동 기록물 (2011)	• 1980년 5월 18일부터 5월 27일 사이에 한국 광주에서 일어난 5·18 민주화 운동과 관련한 기록물 • 5·18 민주화 운동은 한국의 민주화에 중추적인 역할을 하였을 뿐만 아니라 민주화를 쟁취함으로써 동아시아의 다른 국가들에도 영향을 미침

▲ 성종비 어보

▲ KBS 특별 생방송 「이산가족을 찾습니다」 방송기념특집 앨범

▲ 새마을 운동 기록물

▲ 5·18 민주화 운동 당시의 군 법재판 자료

일성록 (2011)	• 단 한 부만 편찬되었으므로 남아 있는 편찬본이 유일함 • 정조가 왕위에 오르기 전부터 쓴 일기에서 유래, 즉위 후에는 규장각에서 집필 • 근세 조선의 왕들이 자신의 통치에 대해 성찰하고 나중의 국정 운영에 참고할 목적으로 쓴 일기
동의보감 (2009)	• 1613년 허준이 왕명에 따라 의학 전문가들과 문인들의 협력 아래 편찬한 의학 지식과 치료법에 관한 백과사전적 의서 • 의학 원리와 실천에 관한 최초의 종합 서적으로, 공공 의료와 예방 의학의 이상을 선포한 국가의 혁신적인 지시에 따라 편찬하여 전국에 보급 • '양생(養生)'의 원칙을 바탕으로 의학에서 예방의 중요성을 전면적으로 인식한 세계 최초의 의학 서적
고려대장경판 및 제경판 (2007)	• 『고려대장경』은 13세기 몽골의 침입을 막기 위해 총 81,258판의 목판에 새긴 대장경 • 현재 해인사에 보관되어 있는데, 목판의 판수 때문에 흔히 『팔만대장경』으로 불림 • 제경판은 『대장경』을 보완하기 위해 해인사에서 직접 후원하여 제작한 것으로 1098년~1958년에 조판된 총 5,987판의 목각 제경판이 해인사에 보관되어 있음 • 당대 최고의 인쇄 및 간행 기술의 사례로 문화적 가치가 매우 높음
조선 왕조 의궤 (2007)	• 조선 왕조 500여 년간의 왕실 의례에 관한 기록물 • 조선 왕조의 중요한 행사와 의식에 관해 자세하게 설명하는 글과 그림을 포괄적이고 체계적으로 모아 놓은 문서(3,895권) • 병인양요 때 프랑스군에게 약탈당함
승정원 일기 (2001)	• 조선 시대 국왕의 비서 기관인 승정원에서 모든 국왕의 일상을 날마다 일기로 작성한 것 • 조선 왕조에 관한 방대한 규모(17~20세기 초)의 사실적 역사 기록과 국가 비밀을 담고 있음 • 기관 이름이 수차례에 변경됨에 따라 일기의 명칭도 변경되었지만, 이들 모두를 통틀어 『승정원일기』라고 부름
직지심체요절 (2001)	• 고려 승려 백운화상이 선(禪)의 요체(要諦)를 깨닫는데 필요한 내용을 뽑아 엮은 책 • 상하 2권으로 되어 있었으나, 상권은 아직까지 발견되지 않았고, 하권만 프랑스 국립도서관에 소장되어 있음 • 이 책은 『직지심체요절』, 『직지심체』, 『직지심경』 또는 『직지』 등의 다른 이름으로도 불림 • 세계에서 가장 오래된 금속 활자로 인쇄된 책으로 인류의 인쇄 역사상 매우 중요한 기술적 변화를 보여줌
조선왕조실록 (1997)	• 조선 태조~철종까지의 25대 472년간의 역사를 연월일 순서에 따라 편년체로 기록한 책 • 『사초』, 『시정기』, 『승정원일기』, 『의정부등록』, 『비변사등록』, 『일성록』 등의 자료를 토대로 작성 • 역대 제왕을 중심으로 하여 정치와 군사·사회 제도·법률·경제 등 조선 왕조의 역사와 문화 전반을 포괄하는 매일의 기록임 • 실록은 후임 왕이 전왕의 실록의 편찬을 명하면 최종적으로 편찬이 됨
훈민정음 해례본 (1997)	• 세종이 1443년에 창제된 한글을 공표하는 반포문을 포함하여 집현전 학자들이 해설과 용례를 덧붙여 쓴 해설서 해례본(解例本)을 말함 • 한글은 독특한 민족의 말을 완벽하게 적을 수 있게 하여 민족 문화가 새로운 차원으로 발달할 수 있게 함

▲ 동의보감

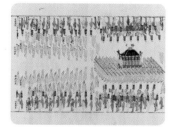

▲ 명성황후 국장도감의궤

▲ 직지심체요절

▲ 조선왕조실록 오대산사고본

▲ 경복궁 근정전

▲ 창경궁 명정전

▲ 덕수궁 전경(위)과 덕수궁 중화전 내부 (아래)

▲ 경희궁의 숭정전

❷ 조선의 궁궐

경복궁	• 조선 태조 때 처음 지어진 조선의 법궁(근정전이 정전 역할을 함) • 정도전이 궁궐과 주요 전각의 명칭을 정함 • '왕과 백성이 태평성대를 누릴 큰 복을 빈다'라는 뜻을 지닌 궁궐(북궐) • 임진왜란 당시 불에 탐 고종 때 흥선 대원군이 중건 • 명성 황후가 일본 낭인들에 의해 시해된 장소(을미사변) • 일제가 조선 물산 공진회(전국 물품을 전시한 박람회) 개최 장소로 활용 • 일제에 의해 궁궐 안에 조선 총독부 건물이 세워짐
창경궁	• 세종 양위 후 태종이 기거하기 위해 창건(처음 이름은 수강궁) • 성종 때에 대비전의 세조의 비 정희왕후, 덕종의 비 소혜왕후, 예종의 계비 안순왕후를 모시기 위해 수강궁을 수리하여 조성한 궁궐(동궐) • 숙종 때 장희빈이 죽은 곳, 영조 때 사도세자가 죽은 곳 • 일제에 의해 동물원 · 식물원이 설치 후 창경원으로 격하되었다가 1980년대에 복원
창덕궁	• 태종 때에 한양 재천도를 위해 경복궁 동쪽에 지은 궁궐(동궐) • 임진왜란 이후 경복궁이 불타면서 왕들이 이곳에서 국정을 돌보았음 • 정조가 규장각으로 사용하였던 주합루가 있음 • 인정전(정전), 돈화문(정문), 연경당(접견실), 부용정과 부용지(정원과 연못)가 있음 • 1997년 유네스코 세계 문화유산에 등재
덕수궁 (경운궁)	• 임진왜란 때 의주로 피난 갔던 선조가 다시 한양으로 돌아와 월산 대군의 집터(성종의 형)를 행궁으로 삼음(정릉동 행궁) • 선조가 승하하고 광해군이 즉위한 곳 ➡ 광해군이 즉위한 후 창덕궁으로 거처를 옮기면서 경운궁이란 이름을 사용, 광해군이 인목대비를 유폐한 곳임 • 고종이 아관파천 후 환궁한 곳 ➡ 고종이 대한제국을 선포한 후 황궁으로서의 규모와 격식을 갖추게 됨 • 고종의 강제퇴위 이후 규모가 축소되면서 덕수궁으로 이름이 바뀌게 됨 • 주요 건물 : 대한문(덕수궁의 정문), 중명전(을사늑약 체결, 러시아 건축가 사바틴이 설계, 고종 황제의 집무실로 사용), 함녕전(고종 황제의 거처), 정관헌(궁궐 안에 남아있는 가장 오래된 서양식 건물), 중화전(대한 제국 황궁의 정전), 석조전(대한 제국의 서양식 건물, 두 차례의 미 · 소 공동 위원회 개최), 석어당(궁궐의 유일한 중층 목조 건물, 광해군이 인목 대비를 유폐한 곳)
경희궁	• 광해군 대에 유사시에 왕이 본궁을 피해 머무는 곳으로 지어짐 • 궁의 규모가 크고 여러 왕이 정사를 본 일이 많고, 도성 내 서쪽에 있어 서궐로 불림 • 인조는 이괄의 난으로 창덕궁과 창경궁이 불타자 경덕궁에서 정사를 봄 • 숙종과 경종이 태어나고, 숙종 · 영조 · 순조가 승하하고 경종 · 정조 · 헌종이 즉위한 곳 • 영조가 경덕궁에서 경희궁으로 궁명을 고침 • 흥선대원군이 경복궁을 복원하면서 경복궁 재료로 사용하여 많은 전각들이 소실됨
운현궁	• 흥선대원군의 개인 저택 • 고종이 출생하여 12세에 왕위에 오르기 전까지 성장한 곳

은쌤의 합격노트

한국의 유네스코 등재 유산과 조선의 궁궐

☑ 시험에 꼭 나오는 키워드

- 한국의 세계 문화유산과 세계 기록 유산의 정리하기 ➜ 간혹 단독으로 출제됨
- 조선의 궁궐에 담긴 주요 역사 정리하기 ➜ 간혹 단독으로 출제됨

☑ 최다 빈출 선지

한국의 세계 문화유산

① 인조가 피신하여 청과 항전을 벌인 과정을 살펴본다(남한산성).
② 역대 국왕과 왕비의 신주가 모셔져 있다(종묘).
③ 익산 왕궁리 유적과 미륵사지 유적은 유네스코 세계 유산에 등재되었다(백제 역사 유적 지구).

세계 기록 유산

① 금속 활자로 직지심체요절이 간행되었다.
② 대장도감을 설치하여 팔만대장경을 간행하였다(고려대 장경판 및 제경판).
③ 사초, 시정기 등을 바탕으로 편찬되었다(조선왕조실록).
④ 춘추관 관원들이 편찬 업무에 참여하였다(조선왕조실록).
⑤ 전통 한의학을 정리한 동의보감이 간행되었다.
⑥ 외규장각 건물이 불타고 의궤가 약탈당하였다(조선 왕조 의궤).
⑦ 정조가 세손 시절부터 쓴 일기에서 유래하였다(일성록).
⑧ 5·18 민주화 운동 관련 기록물이 유네스코 세계 기록 유산으로 등재되었다.
⑨ 새마을 운동 관련 기록물이 유네스코 세계 기록 유산으로 등재되었다.

경복궁

① 조선 태조 때 처음 지어진 조선의 법궁이다.
② 정도전이 궁궐과 주요 전각의 명칭을 정하였다.
③ 군자가 만년토록 큰 복을 누린다라는 뜻을 지닌 궁궐이다.
④ 명성 황후가 일본 낭인들에 의해 시해된 장소이다.
⑤ 조선 물산 공진회 개최 장소로 이용되었다.
⑥ 일제에 의해 경내에 조선 총독부 청사가 세워졌다.

창경궁

① 정희 왕후 등 세 분의 대비를 모시기 위해 수강궁을 수리하여 조성한 궁궐이다.
② 일제에 의해 창경원으로 격하되기도 하였다.

창덕궁

① 왕실 도서관인 규장각이 설치된 곳이다.

덕수궁

① 인목 대비가 광해군에 의해 유폐된 장소이다.
② 고종이 아관 파천 이후 환궁한 곳입니다.
③ 두 차례의 미소 공동 위원회가 개최되었다.
④ 일제의 강압 속에 을사늑약이 체결된 현장입니다.
⑤ 궁궐 안에 남아 있는 가장 오래된 서양식 건물이 있다.

경희궁

① 도성 내 서쪽에 있어 서궐로 불리었다.

01 (가) 문화유산에 대한 설명으로 옳은 것은?

유네스코 세계유산, (가)

• **종목** : 사적 제125호
• **소개**
  태조 이성계가 왕실의 정통성을 확립하고 효를 실천하기 위해 한양으로 천도하면서 가장 먼저 짓기 시작한 공간이다. 건축물들은 임진왜란 때 소실되어 1608년에 중건되었다. 정전은 국보 제227호, 영녕전은 보물 제821호로 지정되었다. 1995년 유네스코 세계유산에 등재되었다.
• **주요 관람 코스**
  향대청 → 재궁 → 전사청 → 정전 → 영녕전

• **안내도**
  영녕전 / 정전 / 전사청 / 재궁 / 향대청

① 역대 국왕과 왕비의 신주가 모셔져 있다.
② 공자와 여러 성현들의 위패를 모셔 놓았다.
③ 신농씨와 후직씨에게 풍년을 기원하는 곳이다.
④ 토지와 곡식의 신에게 제사를 지내는 공간이다.
⑤ 일제에 의해 경내에 조선 총독부 청사가 세워졌다

종묘

정답 ① (가) 문화유산은 종묘이다. 종묘는 1394년 12월 태조가 한양으로 천도할 때 중국의 제도를 본떠 궁궐의 동쪽에 영건을 시작하여 다음 해 9월에 1차 완공하였다. 그 뒤 1546년 명종까지 계속되었으며, 1592년 선조 때 임진왜란으로 소실되었다가 1608년 광해군 때 중건되어 오늘에 이르고 있다.

정답 분석

① 종묘의 정전에는 19실에 19위의 왕과 30위의 왕후 신주를 모셨으며, 영녕전에는 정전에서 조천된 15위의 왕과 17위의 왕후 및 의민황태자 신주를 모셨다.

오답 피하기

② 조선에서는 공공 교육 기관으로 중앙에는 성균관을, 지방에는 향교를 두었는데 이들 시설에는 공자의 위패를 모신 대성전이 있다.
③ 서울 동대문의 선농단은 농경과 관련 있는 신농씨와 후직씨에게 풍년이 들기를 기원하던 제단이다.
④ 서울 종로구 사직동에 위치한 사직단은 토지의 신인 사와 곡식의 신인 직에게 제사를 지내던 제단이다.
⑤ 조선 총독부 청사는 서울의 경복궁에 위치하고 있었는데 광복 이후에는 정부 중앙 청사로 이용되었다가 국립 중앙 박물관으로 사용되었다.

02 (가) 궁궐에 대한 설명으로 옳은 것은?

대왕대비가 전교하였다. " (가) 은/는 우리 왕조에서 수도를 세울 때 맨 처음 지은 정궁이다. 그러나 불행하게도 전란에 의해 불타버린 후 미처 다시 짓지 못하여 오랫동안 뜻있는 선비들의 개탄을 자아내었다. 이 궁궐을 다시 지어 중흥의 큰 업적을 이루려면 여러 대신과 함께 의논해보지 않을 수 없다."

– 『고종실록』 –

① 근정전을 정전으로 하였다.
② 일제에 의해 동물원 등이 설치되었다.
③ 후원에 왕실 도서관인 규장각이 있었다.
④ 도성 내 서쪽에 있어 서궐이라고 불렸다.
⑤ 인목대비가 광해군에 의해 유폐된 장소이다.

경복궁

정답 ① (가) 궁궐은 경복궁이다. 경복궁은 조선 왕조의 개국에 따라 창건되어 초기에 정궁으로 사용되었다. 이후 임진왜란 때 전소된 후 오랫동안 폐허로 남아 있다가 조선 말기 고종 때 중건되어 잠시 궁궐로 이용되었다.

정답 분석

① 근정전은 경복궁 안에 있는 정전으로 조선 시대에 임금의 즉위식이나 대례 따위를 거행하던 곳이다.

오답 피하기

② 일제 강점기에 일제는 창경궁을 동물원으로 조성하였다.
③ 창덕궁 후원에 정조가 지은 2층 누각 주합루는 왕립도서관 격인 규장각의 서고로 쓰였다.
④ 경희궁은 도성 서쪽에 있어 서궐이라고도 하는데 이는 창덕궁과 창경궁을 동궐이라고 불렀던 것과 대비되는 별칭이다.
⑤ 임진왜란 이후 왕의 거처로 삼았던 경운궁은 광해군이 이곳에 인목대비를 유폐하면서 격하되어 '서궁'으로 불리었다.

03 (가) 궁궐에 대한 설명으로 옳은 것은?

① 일제에 의해 동물원 등이 설치되었다.
② 도성 내 서쪽에 있어 서궐이라고 불렸다.
③ 인목 대비가 광해군에 의해 유폐된 장소이다.
④ 정도전이 궁궐과 주요 전각의 명칭을 정하였다.
⑤ 태종이 도읍을 한양으로 다시 옮기며 건립하였다.

창덕궁

정답 ⑤　(가) 궁궐은 창덕궁이다. 돈화문은 창덕궁의 정문이다. 금천교는 돈화문과 진선문 사이에 있는 창덕궁 내부를 흐르는 금천을 건널 수 있는 돌다리다. 인정전은 창덕궁의 정전이다. 낙선재는 왕의 연침 공간 조성을 목적으로 만들어졌다. 부용정은 창덕궁 후원의 정자이다. 연경당은 창덕궁 후원에 있는 사대부가 형식의 건물이다.

정답 분석

⑤ 제2차 왕자의 난을 거치며 왕위에 오른 태종이 개경으로 도읍을 옮겼다가 한양으로 다시 천도하며 경복궁 동쪽에 창덕궁을 지었다.

오답 피하기

① 일제 강점기에 일제는 창경궁을 동물원으로 조성하였다.
② 경희궁은 도성 서쪽에 있어 서궐이라고도 하는데 이는 창덕궁과 창경궁을 동궐이라고 불렀던 것과 대비되는 별칭이다.
③ 임진왜란 이후 왕의 거처로 삼았던 경운궁은 광해군이 이곳에 인목대비를 유폐하면서 격하시켜 '서궁'으로 불리었다.
④ 경복궁을 지을 때 총책임자였던 정도전은 경복궁 전각 하나하나에 자신의 소망을 담은 이름을 붙여 주었다.

04 (가)에 들어갈 내용으로 옳지 않은 것은?

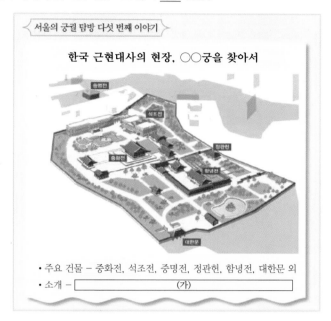

① 고종이 아관파천 이후 환궁한 곳입니다.
② 두 차례의 미소 공동 위원회가 개최되었습니다.
③ 일제의 강압 속에 을사늑약이 체결된 현장입니다.
④ 명성 황후가 일본 낭인들에 의해 시해된 장소입니다.
⑤ 궁궐 안에 남아 있는 가장 오래된 서양식 건물이 있습니다.

덕수궁

정답 ④　(가)는 덕수궁이다. 덕수궁은 조선 시대의 궁궐로 원래 왕가의 별궁인 명례궁이었다. 임진왜란 직후 행궁으로써 정궁 역할을 했으며, 광해군 때 정식 궁궐로 승격 경운궁이 되었고 대한제국 때는 황궁(皇宮)으로 쓰였다. 1907년 고종 퇴위, 순종 즉위 이후 이름이 덕수궁으로 바뀌었다.

정답 분석

④ 명성 황후는 경복궁 건천궁에서 일본 낭인들에 의해 시해되었다.

오답 피하기

① 고종은 아관파천 후 덕수궁(경운궁)으로 환궁하였다.
② 덕수궁 석조전에서 두 차례의 미·소 공동 위원회 개최되었다.
③ 고종 황제의 집무실로 사용된 덕수궁 중명전에서 을사늑약이 체결되었다.
⑤ 덕수궁 정관헌은 궁궐 안에 남아있는 가장 오래된 서양식 건물이다.

70강 우리나라의 세시 풍속과 민속놀이

① 우리나라의 세시 풍속

▲ 복조리

▲ 차전놀이

▲ 연등회

▲ 강릉 단오제

월·일(음력)		명칭	주요 풍숙
1월 (정월)	1일	설날	• 한 해의 시작인 음력 정월 초하루 원일(元日)·원단(元旦)·세수(歲首)·세초(歲初)라고 함 • 이른 아침에 '조리'를 사서 벽에 걸어 '복조리'라고 함 • 일제 강점기에 신정이 등장하면서 구정으로 불림 • 풍속 : 차례, 세배, 성묘, 널뛰기, 윷놀이, 연날리기, 떡국 먹기 등
	15일	정월 대보름	• 가장 큰 보름이라는 뜻의 음력 정월 보름인 1월 15일 • 부럼 깨기(밤, 호두, 잣 등을 깨묾), 귀밝이술을 마시기(귀가 밝아지며 좋은 소식만 듣게 됨), 오곡밥 먹음 • 풍속 : 달맞이, 더위팔기, 부럼깨기, 줄다리기, 놋다리밟기, 차전놀이, 쥐불놀이, 석전, 달집태우기, 지신밟기 등
2월 또는 3월		한식	• 동지로부터 105일째 되는 날(양력 4월 5일경)로 불을 사용하지 않고 찬 음식을 먹음 • 설날·단오·추석과 함께 4대 명절의 하나로 하루 전날을 취숙일이라 함 • 풍속 : 금화(불의 사용 금지), 성묘, 산신제(서울 지역), 개사초, 제기차기, 그네타기, 갈고리 던지기 등
3월	3일	삼짇날	• 강남 갔던 제비가 돌아온다는 날로 완연해진 봄기운을 반영함 • 이 날 머리를 감으면 머리카락이 아름답다고 하여 부녀자들이 머리를 감음 • 풍속 : 화전놀이, 풀각시 놀이, 활쏘기 대회, 화전(진달래꽃 전)·화면(화채)·쑥떡·고리떡 먹기 등
4월	8일	초파일	• 석가모니가 탄생한 날로 '부처님 오신 날'이라 부름 • 불교 신자들은 절에서 큰 재를 올리고 각 전각에 등불을 킴 • 불교의 연중행사 가운데 가장 큰 명절로 불교인이든 아니든 오래 전부터 우리 민족이 함께 즐긴 민속명절로 전승되어 옴
5월	5일	단오	• 수리·천중절·중오절·수릿날이라고도 함 • 부녀자들은 창포물에 머리와 얼굴을 씻고 창포뿌리를 깎아 비녀를 만들어 머리에 꽂음 • 임금이 신하들에게 부채를 나누어 주었으며, 수리취떡을 만들어 먹음 • 강릉 단오제는 인류 무형 문화유산에 등재됨(2005) • 풍속 : 창포물에 머리감기, 씨름, 그네뛰기, 봉산탈춤, 송파산대놀이, 양주별산대놀이, 수박희 등
6월	15일	유두	• 복중(伏中)에 들어 있으며 유둣날이라도 함 • 더운 날씨에 맑은 냇물을 찾아 목욕을 하고 머리를 감음 • 햇밀가루로 국수·떡을 마련하고, 참외·수박으로 차례를 지냄

월·일(음력)		명칭	주요 풍속
7월	7일	칠석	• 헤어져 있던 견우와 직녀가 만나는 날 • 청년들은 학문 연마를 위해 밤하늘의 별을 보며 소원을 빌고, 부녀들은 직녀성을 보며 바느질 솜씨가 좋아지기를 빌었음 • 풍속 : 햇볕에 옷·책을 말림, 여인들이 직녀성에 바느질 솜씨를 비는 걸교, 칠석놀이, 시 짓기, 칠석제 등
	15일	백중	• 백종(百種)·중원(中元), 또는 망혼일(亡魂日), 우란분절(盂蘭盆節)이라고도 함 • 농민들의 여름철 축제로 세벌김매기가 끝난 후 여름철 휴한기에 휴식을 취하는 날임 • 풍속 : 백중놀이, 씨름, 들돌들기, 호미걸이 등
8월	15일	추석	• 우리나라의 대표적 명절로 가배·가위·한가위 또는 중추절이라고도 함 • 신라 유리왕 때 길쌈 시합을 한 뒤 잔치를 연 것에서 유래했다고 전해짐 • 송편, 시루떡, 토란단자, 밤단자를 만들어 먹고, 저녁에 달맞이를 함 • 풍속 : 차례(새로 수확한 곡식이나 과실로 지냄), 성묘(벌초를 함), 강강술래, 거북놀이, 가마싸움, 씨름, 소싸움 등
9월	9일	중양일 (중양절)	• 중양절은 날짜와 달의 숫자가 겹치는 명절로서, 중구(重九)라고도 함 • 제비가 따뜻한 강남으로 돌아간다고 전해지는 세시풍속 • 국화주(국화를 따서 술을 빚음)과 국화전(국화 꽃잎을 따서 찹쌀가루와 반죽)을 먹음
10월		입동	• 겨울이 시작된다는 의미로 24절기 중 9번째 절기 • 노인들을 위로하기 위해 음식을 대접(치계미)하거나 김장을 담금
11월 (동짓달)		동지	• 24절기 중 하나로 일년 중에서 밤이 가장 길고 낮이 가장 짧은 날(양력 12월 22일경)로 '작은설'이라도 함 • 풍속 : 팥죽을 쑤어 먹기, 팥죽을 부엌과 대문짝 기둥에 뿌리기, 새 달력 나누어주기 등
12월 (섣달)		섣달 그믐	• 음력으로 한 해의 마지막 날 • 연말이 가까워지면 세찬(歲饌)이라 하여 친척 또는 친지들 사이에 마른 생선, 육포, 곶감, 사과, 배 등을 주고 받음 • 그믐날(12월 31일) 밤은 지킴이라 하여 집 안팎에 불을 밝히고, 새벽이 될 때까지 자지 않고 밤을 새웠음 • 풍속 : 묵은 세배, 윷놀이, 연말 대청소 등

▲ 남원의 광한루원 오작교
조선 시대 남원 부사 장의국이 견우와 직녀가 오작교에서 만난다는 전설을 형상화한 다리이다.

▲ 추석 차례

▲ 동지 고사 준비(팥죽 쑤기)

❷ 우리나라의 민속 놀이

명칭	주요 내용
줄다리기	• 예로부터 대보름날에 행하는 것이 상례로 되어 있으며, 남녀노소가 함께 참여하는 단체놀이 가운데 규모가 가장 큰 놀이 • 줄다리기는 벼농사와 깊은 관련을 맺고 있어 이긴 쪽의 줄을 가져가 거름에 섞으면 농작물이 잘 여물고, 지붕에 올려놓으면 아들을 낳고, 소를 먹이면 소가 잘 크며 튼튼해진다고 여김 • 인류 무형 문화유산에 등재됨(2015)

▲ 영산 줄다리기

▲ 부산 지역의 전통연인 동래연을 만드는 기술을 지닌 장인

▲ 지신밟기

▲ 강강술래

▲ 놋다리 밟기

▲ 백중놀이

명칭	주요 내용
연날리기	• 바람을 이용해 연을 하늘에 띄우는 놀이 • 주로 초겨울에 시작되어 이듬해 추위가 가시기 전까지 행해지며 본격적인 놀이 시기는 음력 정월 초부터 대보름 사이임
윷놀이	• 대개 정월 초하루부터 보름날까지 즐김 • 도, 개, 걸, 윷, 모는 각각 돼지, 개, 양, 소, 말 등의 동물을 의미함 • 부여의 마가(말), 우가(소), 저가(돼지), 구가(개)에서 유래한 것으로 추정하기도 함
투호	• 궁궐과 양반 집안에서 주로 행해지던 놀이 • 태종, 세종, 세조, 성종 등 조선의 왕들도 즐겼음 • 병을 일정한 거리에 놓고, 그 속에 화살을 던져 넣은 후 그 개수로 승부를 가림
지신 밟기	• 정월 보름날 마을에서 운영되는 풍물패의 주도아래 집집마다 돌면서 행하는 집터 닦기 • 마을의 지신(地神)을 밟아 진정시키고, 잡귀를 쫓아서 연중 무사와 만복이 깃들기를 기원함
차전놀이 (안동)	• 정월 대보름을 전후하여 안동 지방에서 행해지던 민속놀이로 동채 싸움이라고도 불림 • 후백제의 견훤과 고려 태조 왕건의 치른 고창 전투에서 유래되었다는 설이 전해짐
그네뛰기	• 단오의 가장 대중적인 놀이 • 고려 시대에는 궁중이나 상류층, 조선 시대에는 민중 사이에 크게 유행함
강강술래	• 풍작과 풍요를 기원하는 풍속으로 주로 음력 8월 한가위에 행해짐 • 밝은 보름달이 뜬 밤에 수십 명의 마을 처녀들이 모여서 손을 맞잡아 둥그렇게 원을 만들어 돌며, 한 사람이 '강강술래'의 앞부분을 선창하면 뒷소리를 하는 여러 사람이 이어받아 노래를 부름 • 임진왜란 때 이순신 장군이 조선군에 많은 군사가 있는 것처럼 보이기 위해 부녀자들을 동원하여 강강술래를 하게 하였다고 전해짐 • 인류 무형 문화유산에 등재됨(2009)
씨름	• 단오, 추석, 백중 등의 명절놀이로 각저·각력·각희·상박이라고도 함 • 고구려 고분 각저총과 장천 1호 무덤에는 씨름을 하는 모습을 묘사한 벽화 등을 통해 삼국 시대 이전부터 실시된 것으로 추정함
놋다리 밟기	• 경북 안동·의성 등지에서 단장한 젊은 여자들이 공주를 뽑아 자신들의 허리를 굽혀 그 위로 걸어가게 하는 놀이로 기와밟기라고도 함 • 고려 공민왕이 노국공주와 홍건적의 난을 피해 안동 지방으로 피난 가던 중 개울을 건널 때 마을의 소녀들이 나와 등을 굽히고 그 위로 공주를 건너게 한 것을 놀이의 유래로 봄
쥐불놀이	• 정월 들어 첫 번째 드는 쥐날에 들판에 쥐불을 놓으며 노는 풍속으로 서화희, 훈서화라고도 부름 • 횃불을 들고 들판에 나가 논밭두렁의 잡초와 잔디를 태워 해충의 피해를 줄이고자 하는 의도를 담고 있음
백중놀이 (밀양)	• 경상남도 밀양에서 농민들이 논에서 김매기를 마칠 무렵인 백중을 전후하여 놀았던 놀이 • 바쁜 농사일을 끝내고 고된 일을 해 오던 머슴들이 음력 7월 15일경 지주들로부터 하루 휴가를 얻어 흥겹게 놀았음 • 1980년에 중요 무형 문화재 제68호로 지정됨

명칭	주요 내용
농악	• 마을 공동체의 신명을 끌어내고 주민의 화합과 안녕을 기원하기 위해 전국에서 행해짐 • 꽹과리, 징, 장구, 북, 소고 등 타악기를 합주하면서 행진하거나 춤을 추며 연극을 펼치기도 하는 기예가 함께하는 종합 예술 • 인류 무형 문화유산에 등재됨(2014)
아리랑	• 우리나라의 대표적인 민요로 정선, 밀양, 진도 등 여러 지역에서 다양한 형태로 불림 • 단일한 하나의 곡이 아닌 한반도 전역에서 지역별로 다양한 곡조로 전승(약 60여 종, 3,600여 곡) • 나운규는 1926년에 이 민요를 제목으로 한 영화를 제작 • 인류 무형 문화유산에 등재됨(2012)
택견	• 조선 시대부터 한국 문화의 정수와 대중의 기쁨 및 슬픔을 반영하는 전통 무술로 전승 • 유연하고 율동적인 춤과 같은 동작으로 상대를 공격하거나 다리를 걸어 넘어뜨리는 한국 전통 무술 • 인류 무형 문화유산에 등재됨(2011)
매사냥	• 매나 기타 맹금(猛禽)을 길들여서 야생 상태에 있는 사냥감을 잡도록 하는 전통 사냥 • 원나라는 고려에 응방 설치하여 사냥용 매 수탈함 • '시치미를 뗀다.'는 말의 유래 • 인류 무형 문화유산에 등재됨(2010)
줄타기	• 다른 나라와 달리 한국의 줄타기는 음악 반주에 맞추어 줄타기 곡예사와 바닥에 있는 어릿광대가 서로 재담을 주고받음 • 대중의 접근이 쉬우며 공연자와 관객 모두에게 해방감을 느끼게 해줌 • 인류 무형 문화유산에 등재됨(2011)
남사당놀이	• '남자들로 구성된 유랑광대극'으로서 원래 유랑예인들이 널리 행하던 다방면의 한국 전통 민속공연 • 전통적으로 남사당패는 한 곳에 머무르지 않고 떠돌아다니면서 주로 서민 관객들을 위해 공연 • 인류 무형 문화유산에 등재됨(2009)
처용무	• 궁중 무용으로 다섯 사람이 동서남북과 중앙을 상징하는 옷을 제각기 입고 처용 가면을 쓴 채 추는 춤 • 동해 용왕의 아들로 사람 형상을 한 처용이 노래를 부르고 춤을 추어 천연두를 옮기는 역신으로부터 인간 아내를 구해냈다는 설화가 바탕임 • 인류 무형 문화유산에 등재됨(2009)
제주 칠머리당 영등굿	• 제주에서 바다의 평온과 풍작 및 풍어를 기원하기 위해 음력 2월에 시행하는 세시 풍속 • 무당 이외에 해녀들, 선주들이 참여하여 음식과 공양물을 지원 • 인류 무형 문화유산에 등재됨(2009)
널뛰기	• 널뛰기는 정초에 젊은 여자들이 노는 가장 대표적인 놀이로 초판희, 판무, 도판희라고도 부름 • 긴 널빤지의 중간을 괴어 놓고, 양쪽 끝단에 한 사람씩 올라서서 번갈아 구르며 널을 차고 오르는 놀이

▲ 농악

▲ 아리랑

▲ 줄타기

▲ 처용무

▲ 널뛰기

은쌤의 합격노트

🏮 우리나라의 세시 풍속과 민속놀이

☑ 시험에 꼭 나오는 키워드

우리나라의 세시풍속과 민속놀이 정리하기 ➡ 고급에서 심화 체제로 개편되면서 출제율이 극히 낮아짐

☑ 최다 빈출 선지

설날
① 어른에게 세배하고 떡국 먹기

정월 대보름
① 들판에 쥐불을 놓으며 풍년을 기원했다.
② 액운을 물리치고 건강을 기원하는 달집태우기
③ 귀밝이술이라 하여 데우지 않은 술을 나누어 마셨다.
④ 건강을 기원하며 부럼을 깨물고 오곡밥을 지어 먹었다.

한식
① 불을 사용하지 않고 찬 음식 먹기

삼짇날
① 진달래꽃으로 화전 부쳐 먹기
② 노랑나비를 보면 길하다는 풍습이다.

단오
① 창포를 삶은 물로 머리 감기
② 앵두로 화채를 만들어 먹었다.
③ 임금이 신하들에게 부채를 나누어 주었다.
④ 남자는 씨름 경기를 벌이고 여자는 그네뛰기를 하였다.
⑤ 수레바퀴 모양의 떡살로 문양을 만드는 수리취떡 만들기

유두
① 탁족 놀이를 하였다.
② 밀로 구슬 모양의 오색면 만들기
③ 음력 6월 보름날로 이날 동쪽으로 흐르는 물에 머리를 감으면 나쁜 기운이 날아가고, 더위를 타지 않는다고 하였다.

칠석
① 별을 보며 바느질 솜씨를 좋게 해 달라고 빌었다.

백중
① 머슴에게 일손을 쉬게 하고 돈을 주어 하루를 즐기도록 하였다.

추석
① 햇곡식을 빻아 송편 빚어 먹기
② 소원 성취를 기원하는 달맞이하기

입동
① 24절기 중 열아홉 번째 절기로, 이날부터 겨울이 시작된다는 의미를 담고 있다.

동지
① 호랑이 장가가는 날이다.
② 일 년 중 밤이 가장 긴 날이다.
③ 새알심을 넣어 팥죽 만들기

01 (가)에 들어갈 세시 풍속으로 옳은 것은?

검색 결과입니다.

1. 개관

음력 5월 5일로 수릿날이라고도 한다. 1년 중 양기가 가장 왕성한 날이라 여겼다. 무더위를 잘 견디라는 의미로 왕이 이날 신하들에게 부채를 선물하였다는 기록이 있다.

2. 관련 풍습
- 씨름, 그네뛰기
- 수리취떡 만들어 먹기
- 창포물에 머리 감기

(가) 에 대해 검색해 줘.

① 한식   ② 백중   ③ 추석

④ 단오   ⑤ 정월 대보름

단오

정답 ④   (가)에 들어갈 세시 풍속은 단오이다. 단오는 일명 수릿날 · 중오절 · 천중절 · 단양이라고도 한다. 단오의 '단(端)'자는 처음 곧 첫 번째를 뜻하고, '오(午)'자는 오(五), 곧 다섯의 뜻으로 통하므로 단오는 '초닷새'라는 뜻이 된다. 일 년 중에 가장 양기가 왕성한 날이라 해서 큰 명절로 여겨왔고, 여러 가지 행사가 전국적으로 행해지고 있다. 단오의 풍속 및 행사로는 창포물에 머리 감기, 쑥과 익모초 뜯기, 부적 만들어 붙이기, 대추나무 시집보내기, 단오 비녀 꽂기 등의 풍속과 함께 그네뛰기 · 씨름 · 석전 · 활쏘기 등과 같은 민속놀이도 행해졌다. 또한 궁중에서는 이날 단오부채 등을 만들어 신하들에게 하사하기도 하였다.

정답 분석

④ 단오는 1년 중에서 양기가 가장 왕성한 날이라 하여 음력 5월 5일에 지내는 우리나라의 명절이다.

오답 피하기

① 한식은 동지로부터 105일째 되는 날로 설날 · 단오 · 추석과 함께 4대 명절에 해당하는 명절이다.
② 백중은 음력 7월 15일에 해당하며 세벌김매기가 끝난 후 여름철 휴한기에 휴식을 취하는 날로 농민들의 여름철 축제이다.
③ 추석은 음력 팔월 보름을 일컫는 말로 가을의 한가운데 달이며 또한 팔월의 한가운데 날이라는 뜻을 지니고 있는 연중 으뜸 명절이다.
⑤ 정월 대보름은 한 해의 첫 보름이자 보름달이 뜨는 날로 음력 1월 15일에 지내는 우리나라의 명절이다.

02 밑줄 그은 '이날'에 해당하는 세시풍속으로 옳은 것은?

이곳은 남원 광한루원의 오작교입니다. 조선 시대 남원 부사 장의국이 헤어져 있던 견우와 직녀가 오작교에서 만난다는 전설을 형상화하여 만들었습니다. 음력 7월 7일인 <u>이날</u>에는 여인들이 별을 보며 바느질 솜씨가 좋아지기를 비는 풍속이 있었습니다.

① 단오   ② 칠석   ③ 백중   ④ 동지   ⑤ 한식

칠석

정답 ②   칠석은 칠석날 저녁에 은하수의 양쪽 둑에 있는 견우성과 직녀성이 1년에 1번 만난다고 하는 전설에 따라 별에 제사를 올리는 행사이다. 옛날에 견우와 직녀의 두 별이 사랑을 속삭이다가 옥황상제의 노여움을 사서 1년에 1번 칠석 전날 밤에만 은하수를 건너 만날 수 있게 되었다는 전설이 있다. 이때 까치와 까마귀가 날개를 펴서 다리를 놓아 견우와 직녀가 건너는데, 이 다리를 오작교라고 한다.

정답 분석

② 칠석은 전설 속의 견우와 직녀가 만나는 날로, 음력 7월 7일에 각 나라의 전통적인 행사를 지낸다.

오답 피하기

① 단오는 1년 중에서 양기가 가장 왕성한 날이라 하여 음력 5월 5일에 지내는 우리나라의 명절이다.
③ 백중은 음력 7월 15일에 해당하며 세벌김매기가 끝난 후 여름철 휴한기에 휴식을 취하는 날이다.
④ 동지는 흔히 아세 또는 작은설이라 하였고, 태양의 부활이라는 큰 의미를 지니고 있어서 설 다음가는 작은 설로 대접하였다.
⑤ 한식은 동지로부터 105일째 되는 날로 설날 · 단오 · 추석과 함께 4대 명절에 해당하는 명절이다.

부록
시대별 압축 요약집

VIII

키워드 1 **구석기 시대와 신석기 시대**

구분	구석기 = 약 70만 년 전	신석기 = B.C. 8000년 전~
의식주	• 짐승 가죽(의), 사냥 · 채집 · 어로(식) • 동굴 · 막 집 · 바위그늘(주)	• 가락바퀴 · 뼈바늘(의), 농경과 목축 시작 · 채집 · 사냥(식) • 강가나 바닷가의 움집(주)
사회	이동 생활, 무리 생활, 평등 사회	정착 생활, 부족 사회, 족외혼, 평등 사회
도구	뗀석기 : 주먹도끼, 찍개, 슴베찌르개 등	간석기, 갈판 · 갈돌, 빗살무늬 토기
예술	고래 · 물고기 · 새를 새긴 조각품, 사냥감 번성 기원	원시 종교 등장, 조개껍데기 가면, 치레걸이 등
유적	연천 전곡리, 충남 공주 석장리 등	서울 암사동, 강원 양양 오산리, 제주 고산리 등
유물	 ▲ 주먹도끼　　▲ 찍개　　▲ 슴베찌르개	 ▲ 움집터　　▲ 덧무늬 토기　　▲ 빗살무늬 토기 ▲ 갈판과 갈돌(간석기)　▲ 가락 바퀴　▲ 조개껍데기 가면

키워드 3 **고조선의 건국과 성장**

건국	• 기원전 2333년 청동기 문화를 바탕으로 건국 • 단군 신화(삼국유사에서 언급) : 홍익인간 정신, 선민사상, 농경사회, 토테미즘, 제정일치 사회
⇩	
발전	• 기원전 3세기 : 부왕, 준왕의 왕위 세습, 관직 정비(상 · 대부 · 장군) • 고조선 문화 범위 : 비파형 동검, 미송리식 토기, 탁자식 고인돌 • 8조법 : 노동력, 사유 재산 중시, 형벌과 노비 존재
⇩	
위만 조선	• 위만이 준왕을 몰아내고 왕이 됨(기원전 194) • 철기 문화를 본격적으로 수용 + 중계 무역 독점 • 진번과 임둔을 복속
⇩	
멸망	• 조선상 역계경이 무리를 이끌고 남쪽 진국으로 남하 • 한의 침략 ➡ 왕검성 함락 후 멸망(기원전 108) ➡ 한 군현 설치

▲ 고조선의 세력 범위

▲ 비파형 동검　　▲ 미송리식 토기　　▲ 북방식 고인돌

키워드 2   청동기 시대와 철기 시대

구분	청동기 = B.C. 2000년경~B.C. 1500년경에 시작	철기 = B.C. 5세기경~
의식주	벼농사 시작(식), 산간이나 구릉 지대에 거주(주)	
사회	계급 사회, 족장(군장) 출현, 선민의식 등장(천손 사상)	
도구	• 무덤 : 고인돌, 돌넘무덤 • 청동기 : 비파형 동검, 청동 방울, 거친무늬 거울 등 • 토기 : 미송리식 토기 등 • 농기구 : 반달 돌칼 등	• 철기 사용(철제 무기·농기구), 청동기 의기화 • 독자적 청동기 문화 발달 : 세형동검, 거푸집, 잔무늬 거울 • 민무늬 토기(토기), 널무덤, 독무덤
문화	암각화 : 울주 대곡리 반구대, 고령 양전동 일대	중국과 교역 : 오수전, 반량전, 명도전, 붓 출토(한자)
유물	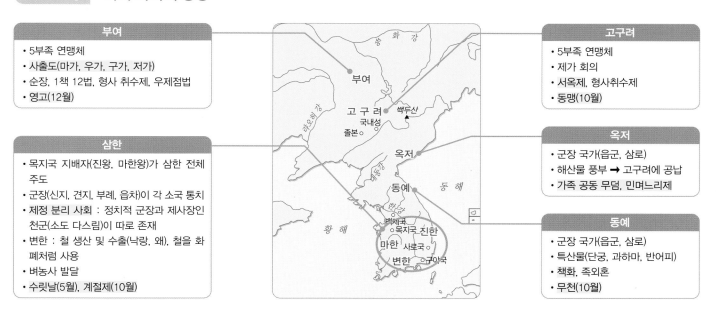 ▲ 반달돌칼 ▲ 비파형 동검 ▲ 고인돌 ▲ 울주 대곡리 반구대 바위그림 ▲ 미송리식 토기 ▲ 거친무늬 거울 ▲ 돌넘무덤 ▲ 장기리 바위그림	▲ 세형동검 ▲ 잔무늬 거울 ▲ 거푸집 ▲ 널무덤 한반도 내에 독자적인 청동기 문화의 발전 ▲ 명도전 ▲ 반량전 ▲ 다호리 붓 ▲ 독무덤 중국과 교류의 증거

키워드 4   여러 나라의 성장

부여
- 5부족 연맹체
- 사출도(마가, 우가, 구가, 저가)
- 순장, 1책 12법, 형사 취수제, 우제점법
- 영고(12월)

삼한
- 목지국 지배자(진왕, 마한왕)가 삼한 전체 주도
- 군장(신지, 견지, 부례, 읍차)이 각 소국 통치
- 제정 분리 사회 : 정치적 군장과 제사장인 천군(소도 다스림)이 따로 존재
- 변한 : 철 생산 및 수출(낙랑, 왜), 철을 화폐처럼 사용
- 벼농사 발달
- 수릿날(5월), 계절제(10월)

고구려
- 5부족 연맹체
- 제가 회의
- 서옥제, 형사취수제
- 동맹(10월)

옥저
- 군장 국가(읍군, 삼로)
- 해산물 풍부 ➡ 고구려에 공납
- 가족 공동 무덤, 민며느리제

동예
- 군장 국가(읍군, 삼로)
- 특산물(단궁, 과하마, 반어피)
- 책화, 족외혼
- 무천(10월)

2일차 삼국 시대 개념정리

키워드 1 삼국의 발전과 쇠퇴

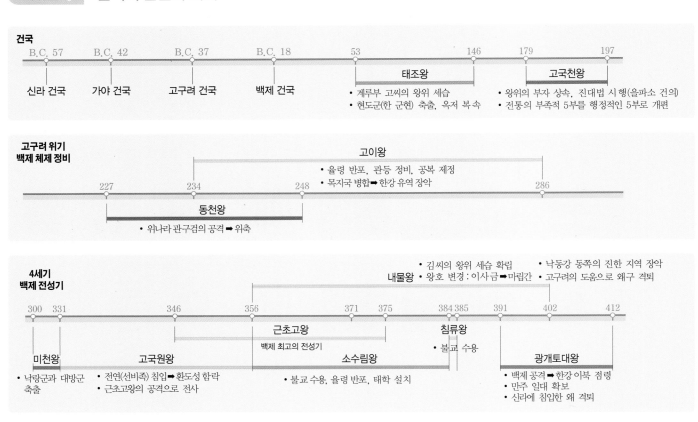

건국

| B.C. 57 | B.C. 42 | B.C. 37 | B.C. 18 | 53 | 146 | 179 | 197 |

신라 건국 · 가야 건국 · 고구려 건국 · 백제 건국

태조왕 (53~146)
- 계루부 고씨의 왕위 세습
- 현도군(한 군현) 축출, 옥저 복속

고국천왕 (179~197)
- 왕위의 부자 상속, 진대법 시행(을파소 건의)
- 전통의 부족적 5부를 행정적인 5부로 개편

**고구려 위기
백제 체제 정비**

| 227 | 234 | 248 | 286 |

고이왕 (234~286)
- 율령 반포, 관등 정비, 공복 제정
- 목지국 병합 ➡ 한강 유역 장악

동천왕 (227~248)
- 위나라 관구검의 공격 ➡ 위축

**4세기
백제 전성기**

내물왕 (356~402)
- 김씨의 왕위 세습 확립 · 낙동강 동쪽의 진한 지역 장악
- 왕호 변경 : 이사금 ➡ 마립간 · 고구려의 도움으로 왜구 격퇴

| 300 | 331 | 346 | 356 | 371 | 375 | 384 | 385 | 391 | 402 | 412 |

미천왕 (300~331)
- 낙랑군과 대방군 축출

고국원왕 (331~371)
- 전연(선비족) 침입 ➡ 환도성 함락
- 근초고왕의 공격으로 전사

근초고왕 (346~375)
백제 최고의 전성기

소수림왕 (371~384)
- 불교 수용, 율령 반포, 태학 설치

침류왕 (384~385)
- 불교 수용

광개토대왕 (391~412)
- 백제 공격 ➡ 한강 이북 점령
- 만주 일대 확보
- 신라에 침입한 왜 격퇴

**5세기
고구려 전성기**

눌지왕 (417~458)
나제동맹

소지왕 (479~500)
결혼동맹

| 413 | 417 | 427 | 455 | 458 | 475 | 479 | 491 | 500 | 501 | 519 |

비유왕 (427~455)
나제 동맹

개로왕 (455~475)
- 장수왕의 공격으로 전사

문주왕 (475~479)
국력 침체기

동성왕 (479~501)
결혼동맹

장수왕 (413~491)
최고의 전성기(남진 정책)

문자(명)왕 (491~519)

**6세기
신라 전성기**

무령왕 (501~523)
- 지방에 22담로 설치 ➡ 왕족 파견하여 지방 통제
- 중국 남조(양)와 교류 강화 예 무령왕릉

성왕 (523~554)
백제 중흥

| 500 | 501 | 514 | 523 | 540 | 553 | 576 |

지증왕 (500~514)
- 국호를 '신라', 왕호를 '왕'이라 칭함
- 우산국 복속, 동시전 설치, 우경 보급

법흥왕 (514~540)
- 율령 반포, 불교 공인(이차돈의 순교), 금관가야 정복
- 상대등·병부 설치, 골품제 정비, 관등 정비, 공복 제정

진흥왕 (540~576)
신라 최고의 전성기

◆ 신라 왕호 변천

거서간	차차웅	이사금	마립간	왕
군장 (혁거세)	제사장 (남해)	연장자 (유리)	대수장 (내물)	지증왕 때부터 사용

◆ 호우명 그릇

광개토 대왕의 3년상 행사에 쓰였던 제사 용기가 신라 무덤 호우총에서 발견 ➡ 5세기 고구려가 신라에 영향력을 행사한 증거임

◆ 백제와 고구려의 돌무지 무덤

▲ 장군총   ▲ 백제 석촌동 고분

백제 초기 무덤이 고구려의 돌무지 무덤을 닮은 것은 백제 건국 중심 세력이 고구려와 같은 계통의 집단임을 나타내는 증거임

◆ 삼국의 전성기

▲ 백제 전성기(4세기)

▲ 고구려 전성기(5세기)

▲ 신라 전성기(6세기)

근초고왕
(346~375)
	• 왕위의 부자 상속
	• 정복 활동
	  ┌ 마한 완전 정복
	  └ 고구려의 평양성 공격 ➡ 고국원왕 전사
	• 백제 중심의 해상 교역권 확립
	  ┌ 중국 남조의 동진과 국교
	  ├ 가야 및 왜와의 교역로 개척
	  └ 중국 요서 지방과 일본 규슈 지방 진출
	• 고흥의 「서기」 편찬

장수왕 (413~491)	• 남진 정책 : 국내성 ➡ 평양 천도(427) • 백제 한성 점령 ➡ 개로왕 살해, 한강 유역 확보 • 충주(중원) 고구려비, 광개토대왕릉비 건립 • 분열된 중국 남북조와 교류
성왕 (523~554)	• 사비(부여)로 수도 천도, 국호를 '남부여'라 함 • 중앙 관청 22개로 정비, 행정 구역 정비(수도 5부, 지방 5방) • 신라와 연합하여 한강 하류 지역 일시 차지 ➡ 신라 기습으로 상실 ➡ 관산성 전투에서 전사
진흥왕 (540~576)	• 화랑도를 국가적인 조직으로 정비 • 백제 성왕을 배신하고 한강 유역 독점 • 대가야 정복, 원산만 일대(함경도) 진출 • 당항성 설치 ➡ 중국과 직접 교류 • 영토 확장 기념 ➡ 단양 신라 적성비와 4개의 순수비를 세움 • 거칠부의 「국사」 편찬

가야의 성장과 멸망

건국	• 변한 계승, 낙동강 일대의 여러 나라가 연합하여 세운 연맹체 • 중앙 집권 국가로 발전하지 못함
전기 가야 연맹 (3세기 이후~5세기 초)	• 전기 가야 맹주 : 김해 금관가야(김수로 건국) 중심 • 중계 무역(낙랑군과 왜의 규슈 연결) • 질 좋은 철 생산, 덩이쇠(화폐로 사용) • 광개토 대왕이 보낸 고구려군의 공격으로 금관가야 쇠퇴
후기 가야 연맹 (5세기 말)	후기 가야 맹주 : 고령의 대가야 중심 ➡ 농업 생산 기반과 제철 기술을 바탕으로 급속히 성장
멸망	• 백제와 신라의 잦은 공격 ➡ 멸망 ┌ 금관가야 : 신라 법흥왕에 멸망(532) └ 대가야 : 신라 진흥왕에 의해 멸망(562)

▲ 김해 대성동 고분군

▲ 고령 지산동 고분군

▲ 가야 연맹의 중심 세력 변화

▲ 덩이쇠

▲ 철 갑옷

▲ 말 가리개

▲ 가야의 금동관

삼국의 사회와 경제

고구려	• 지배층 : 왕족 고씨와 5부 출신 귀족, 제가 회의 • 풍습 : 형사취수제, 서옥제, 엄격한 법률(1책 12법), 상무적인 기풍 • 진대법 실시(고국천왕) : 춘대추납의 빈민 구제 제도
백제	• 지배층 : 부여씨(왕족)와 8성 귀족, 정사암 회의 • 반역 · 살인자는 사형, 도둑질한 자는 귀양, 뇌물받은 관리는 3배로 배상 및 금고형
신라	• 화랑도 : 진흥왕 때 국가적 조직으로 정비 ┌ 구성 : 화랑(진골 귀족의 자제)과 낭도(귀족과 평민) └ 역할 : 계층 간의 대립과 갈등을 조절 및 완화 • 골품제 : 신라에 편입된 부족장 세력의 크기에 따라 등급을 매긴 귀족 신분제 ➡ 정치 · 사회적 활동 범위를 규정, 일상생활 제한 • 화백 회의, 동시전 설치(지증왕), 녹읍과 식읍 지급

등급	관등명	진골	6두품	6두품	두품	공복
1	이 벌 찬					자색
2	이 찬					
3	잡 찬					
4	파 진 찬					
5	대 아 찬					
6	아 찬					비색
7	일 길 찬					
8	사 찬					
9	급 벌 찬					
10	대 나 마					청색
11	나 마					
12	대 사					황색
13	사 지					
14	길 사					
15	대 오					
16	소 오					
17	조 위					

▲ 신라의 관등제와 골품제

키워드 3 수·당의 고구려 침략과 삼국 통일

고구려

수의 침입	수 문제와 양제의 침략 ➡ 을지문덕 살수 대첩 승리(612)
당의 침입	요동에 천리장성 축조, 당 침략 ➡ 안시성 싸움에서 승리(645)

나·당 동맹(648)

백제 의자왕이 대야성 등 40여개 신라 성을 빼앗음
➡ 신라 김춘추 고구려에 구원병 요청(실패)
➡ 김춘추가 당으로 건너가 성사
➡ 당에게 대동강 이북 땅을 넘기기로 약속

백제 멸망(660)

나·당 연합군 공격 ➡ 계백의 황산벌 전투 패배 ➡ 사비성 함락

백제 부흥 운동의 전개

흑치상지, 복신, 도침, 부여풍 주도
➡ 지원 온 왜의 패배(백강 전투)
➡ 지도층의 분열로 실패

고구려 멸망(668)

연개소문 사후 지배층의 권력 다툼, 분열
➡ 나·당 연합군의 공격 ➡ 평양성 함락

고구려 부흥 운동의 전개

고연무, 검모잠, 안승 주도 ➡ 신라는 당 견제를 위해 안승에게 보덕국을 세우게 함

나·당 전쟁(675~676)

• 당의 한반도 지배 욕심 : 웅진 도독부·계림 도독부·안동 도호부 설치
• 매소성 전투(675) : 당의 20만 대군을 매소성에서 물리침
• 기벌포 전투(676) : 금강 하구 기벌포에서 당의 수군 격파
• 삼국 통일 완성(676) : 당군을 몰아내고 대동강 이남 지역 확보

▲ 나·당 전쟁의 전개

키워드 5 삼국의 문화

유학

고구려	• 학교 설립 : 태학(수도), 경당(지방) • 역사서 : 「유기」 ➡ 이문진의 「신집」 5권(영양왕)
백제	• 박사 제도 : 5경 박사 ➡ 유교 경전을 가르침 • 역사서 : 고흥의 「서기」(근초고왕)
신라	• 화랑의 유교 경전 공부 ➡ 임신서기석 내용 • 역사서 : 거칠부의 「국사」(진흥왕)

불교

고구려	소수림왕(372, 전진의 순도)
백제	침류왕(384, 동진의 마라난타)
신라	• 고구려 통해 수용, 법흥왕 때 공인(이차돈 순교) • 불교식 왕명 사용, 왕즉불 사상·업설

과학 기술

천문학	• 고구려 : 별자리를 그린 천문도와 고분 벽화 • 신라 : 첨성대
과학 기술	• 고구려 : 철을 단련하는 고분 벽화 • 백제 : 칠지도 ➡ 백제와 왜의 교류 입증 • 신라 : 금관 제작

도교

특징	산천 숭배와 신선 사상이 결합하여 발달
고구려	강서대묘의 사신도, 연개소문 때 도교 장려 등
백제	금동대향로, 산수무늬벽돌, 사택지적비 등

▲ 현무도

▲ 백제 금동 대향로

▲ 산수무늬 벽돌

▲ 칠지도

▲ 첨성대

키워드 5　삼국의 문화

불상		석탑		

▲ 금동 연가 7년명 여래 입상 (고구려)
불상 뒷면(광배)에 고구려 연호 '연가' 가 적혀 있음

▲ 서산 용현리 마애 여래 삼존상 (백제)
자비로운 인상을 지녀 '백제의 미소' 로 불림

▲ 미륵사지 석탑(백제)
현존하는 석탑 중 가장 규모가 크고 오래된 탑

▲ 정림사지 5층 석탑(백제)
한때 당의 소정방이 쓴 글이 있어 평 제탑이라 불림

▲ 분황사 모전 석탑(신라)
돌(석재)을 벽돌 모양으로 다듬어 쌓음

무덤
고구려	돌무지무덤(장군총) → 굴식 돌방무덤(무용총, 강서 대묘 등)
백제	계단식 돌무지무덤(석촌동 고분) → 벽돌무덤(무령왕릉) → 굴식 돌방무덤
신라	돌무지덧널무덤(천마총) → 굴식 돌방무덤

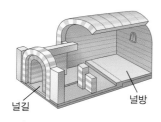

▲ 벽돌무덤
널방을 벽돌로 쌓은 백제 무덤으로 중국 남 조의 영향을 받았다.

▲ 굴식 돌방무덤
돌로 널길과 널방을 짜고 그 위에 흙을 덮어 봉문을 만든 무덤으로, 널방의 벽과 천장에 벽화를 그리거나 모줄임천장 구조를 사용하 기도 하였다.

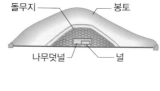

▲ 돌무지 덧널무덤
나무로 덧널을 짜고 그 위에 돌을 쌓은 뒤 흙 으로 봉문을 쌓는 무덤이다. 도굴이 어려워 껴묻거리가 많이 남아 있으나, 벽화는 그릴 수 없는 구조이다.

▲ 백제 무령왕릉

▲ 고구려 평양 진파리 4호분

▲ 신라 천마총

▲ 경주 천마총의 천마도

중국과의 문화 교류	
백제	남조의 영향을 받은 벽돌무덤 양식(무령왕릉), 양직공도(중국 양나라와 교류)
신라	한강 차지 이후에는 당항성을 통해 중국과 직접 교역

▲ 양직공도

▲ 백제 무령왕릉

일본과의 문화 교류		
고구려	승려 혜자(쇼토쿠 태자의 스승), 담징(종이와 먹, 벼루 만드는 기술 전파, 호류 사 금당 벽화)	일본의 고대 국가, 아스카 문화 형성
백제	• 오경박사, 의박사, 역박사, 천문박사 등 파견 • 왕인(논어, 천자문 가르침), 아직기(일본 태자에게 한자 교육), 노리사치계(불경, 불상 전파)	
신라	조선술, 축제술	
가야	철기 문화(철 수출, 철 갑옷), 토기 문화 전파	스에키 토기에 영향

▲ 고구려 수산리 고분 벽화

▲ 금동 미륵보살 반가 사유상

▲ 가야 토기

▲ 일본 다카마쓰 고분 벽화

▲ 일본 고류사 목조 미륵 반가 사유상

▲ 일본 스에키 토기

서역과의 문화 교류	
고구려	• 서역의 아프라시압 궁전 벽화에 고구려 사신 모습 • 고분 벽화에 서역 계통 인물 등장(각저총 씨름도)
신라	신라 무덤에서 유리 그릇, 금제 장식 보검 등 중앙아시아와 페르시아 계통 물품 출토

▲ 아프라시압 궁전 벽화

▲ 서역에서 온 유리 제품(경주 황남 대총 출토)

▲ 각저총 씨름도

남북국 시대 개념정리

키워드 1 　통일 신라의 발전과 전망

신라 중대(7~8세기)	
무열왕(654~661)	최초의 진골 출신 왕, 사정부 설치
문무왕(661~681)	삼국 통일 완성, 외사정 설치, 수중왕릉
신문왕(681~692)	• 왕권 강화 : 김흠돌의 반란 진압(진골 귀족 숙청), 녹읍 폐지 ➡ 관료전 지급 • 제도 정비 : 9주 5소경, 9서당 10정 설치, 국학 설치

신라 하대(9~10세기)	
왕권 약화	진골 귀족들의 왕위 다툼, 지방 세력의 반란 ➡ 김헌창의 난(822), 장보고의 난(846) 등
새로운 세력의 성장	• 호족의 등장 : 반독립적 세력, 지방의 행정 · 군사권 장악 • 6두품의 불만 : 귀족이면서 관직 승진의 제한 ➡ 골품제의 모순 비판, 지방 호족과 연계 • 개혁안 제시 : 최치원의 시무 10조
농민 봉기 발생	진성여왕 시기에 심화, 원종 · 애노의 난, 적고적의 난 등
새 사상의 등장	선종과 풍수지리설의 유행
후삼국의 성립	• 후백제 건국(900) : 완산주(전주), 견훤, 중국의 후당 · 오월에 사신 파견, 신라 경애왕 살해(927) • 후고구려 건국(901) : 송악, 궁예, 국호(마진 ➡ 태봉), 철원 천도(905), 광평성 설치

▲ 9주 5소경

▲ 신라 말의 사회 혼란

키워드 2 　통일 신라의 사회·경제

통일 신라	
사회	• 통일 직후 : 전제 왕권 강화, 골품제 변화 • 신라 말 : 왕권 약화, 호족 등장, 농민 봉기 발생
경제	• 민정 문서 : 조세 징수와 노동력 동원 목적 • 토지 제도 : 관료전 지급, 녹읍 폐지(신문왕) ➡ 정전 지급(성덕왕) ➡ 녹읍 부활(경덕왕)
대외 교류	• 당 : 유학생(빈공과), 신라방 · 신라소 · 신라원 설치 • 청해진 설치 ➡ 장보고의 해상권 장악 • 서역 : 울산항, 아라비아 상인 왕래

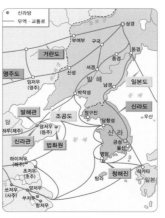

▲ 남북국 시대의 무역로

▲ 무인 석상(서역과 교류)

키워드 **3**　통일 신라의 문화

유학	
유교 이념	• 신문왕 : 국학 설립 • 원성왕 : 독서삼품과 시행 ➜ 시험으로 관리 채용
6두품 학자	• 강수(외교 문서에 능함), 설총(이두 정리) • 최치원 : 진성 여왕에게 개혁 10조 건의 ➜ 실패

불교	
중대	• 교종 유행 : 경전 연구 중심 • 원효 : 「대승기신론소」 저술 ➜ 일심 사상과 화쟁 사상 주장 ➜ 불교 대중화(아미타 신앙 전파) • 의상 : 「화엄일승법계도」 저술, 부석사 창건 ➜ 화엄 사상 정립, 화엄종 개창 ➜ 관음 신앙 전파 • 혜초 : 「왕오천축국전」 저술
하대	선종 유행 : 개인의 깨달음 중시 ➜ 호족 후원, 9산 선문 성립, 승탑 유행(쌍봉사 철감선사 승탑)

문화 유산	
건축	불국사, 석굴암
탑	• 감은사지 3층 석탑 : 신문왕이 아버지 문무왕의 은혜에 감사한다는 뜻으로 건립 • 불국사 다보탑 : 틀에 얽매이지 않는 기법 • 불국사 3층 석탑(석가탑) : 무구정광대다라니경 발견, 무영탑이라고도 불림 • 화순 쌍봉사 철감선사 승탑 : 팔각 원당형의 형태, 선종의 유행과 관련
인쇄물	무구정광대다라니경(현존 최고 목판 인쇄물)
범종	성덕대왕 신종(에밀레종)
고분	둘레돌의 12지 신상 조각(김유신묘), 화장 유행

▲ 감은사지 3층 석탑

▲ 석굴암 본존불(통일 신라)

▲ 불국사 3층 석탑

▲ 불국사 다보탑

▲ 불국사

▲ 안압지

▲ 쌍봉사 철감선사 승탑

▲ 성덕대왕 신종

3일차 남북국 시대 개념정리

발해의 발전과 전망

	발해의 건국과 멸망
대조영	• 동모산에서 발해 건국(698) • 고구려 유민과 말갈인 집단을 이끌고 건국 • 고구려 계승 의식 표방
무왕 (719~737)	• 당과 대립 ➡ 산둥 반도를 선제공격(장문휴의 수군) • 돌궐 · 일본과는 친교, 당 · 신라와는 대립함 • 독자적 연호 '인안' 사용
문왕 (737~793)	• 당과 친선 관계 ➡ 당의 3성 6부제 도입, 장안성 모방 • 신라도 개설, 수도를 상경 용천부로 천도 • 독자적 연호 '대흥' 사용
선왕 (818~830)	• 고구려의 옛 땅 대부분 회복 ➡ 해동성국이라 불림 • 지방 제도 완비 : 5경 15부 62주 • 독자적 연호 '건흥' 사용
멸망(926)	지배층의 분열과 거란족의 침입으로 멸망

▲ 발해의 최대 영역

발해의 사회·경제

	발해
사회	• 지배층 : 고구려인 ➡ 대씨(왕족)과 고씨(귀족)으로 구성 • 피지배층 : 말갈인
경제	• 농업 : 밭농사 중심, 목축 발달(솔빈부의 말) • 수공업 : 금속 공예, 도자기업 발달
대외 교류	• 당 : 문왕(8세기 후반) 이후 교류 시작, 산둥 반도(등주)에 　발해관 설치, 거란도 · 영주도를 통해 교류 • 신라 : 신라도를 통해 교류 • 일본 : 일본도를 통해 교류

▲ 남북국 시대의 무역로

키워드 6 발해의 문화

문화 유산	
특징	고구려 · 당 · 말갈 문화의 융합
고구려 문화 계승	• 일본에 보낸 외교 문서, 온돌 장치 • 굴식 돌방무덤의 모줄임 천장, 돌사자 상 • 연꽃무늬 기와 · 벽돌무늬, 이불병좌상, 발해 석등
유교	• 주자감(유교 경전 교육), 6부의 유교식 명칭 • 당에 유학생 파견, 빈공과 합격(신라와 경쟁)
불교	• 이불병좌상, 영광탑(당의 영향) • 발해 석등(상경에서 출토)
무덤	• 정혜공주 묘 : 굴식 돌방무덤, 모줄임 천장 구조 ➡ 고구려 문화 계승 • 정효공주 묘 : 벽돌무덤 ➡ 당과 고구려 양식이 혼재
건축	상경 용천부 : 당의 수도 장안성을 모방하여 만듦

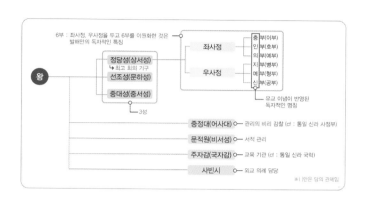

6부 : 좌사정, 우사정을 두고 6부를 이원화한 것은 발해만의 독자적인 특징

왕 — 정당성(상서성) ↳ 최고 회의 기구 — 선조성(문하성) — 중대성(중서성) ┘3성

좌사정 — 충부(이부) · 인부(호부) · 의부(예부)
우사정 — 지부(병부) · 예부(형부) · 신부(공부)

유교 이념이 반영된 독자적인 명칭

중정대(어사대) ○— 관리의 비리 감찰 (cf : 통일 신라 사정부)
문적원(비서성) ○— 서적 관리
주자감(국자감) ○— 교육 기관 (cf : 통일 신라 국학)
사빈시 ○— 외교 의례 담당

※( )안은 당의 관제임

▲ 이불병좌상(발해)

▲ 정혜 공주 묘의 돌사자상

▲ 발해 상경에서 출토된 석등

▲ 정혜 공주 묘의 모줄임천장 구조

▲ 영광탑(발해)

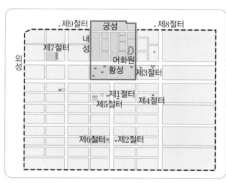

▲ 발해 상경성의 구조

▲ 발해 상경성의 터

키워드 1 고려의 발전과 멸망

후삼국 통일 과정	
고려 건국(927)	• 궁예 실정으로 추대 • 고구려 계승, 국호-고려, 도읍-송악
발해 멸망(926)	발해인 포용
공산 전투(927)	경애왕 피살 ➡ 고려군 대패(신승겸 죽음)
고창 전투(930)	고려군이 후백제군을 고창 크게 격퇴
신라 항복(935)	경순왕 고려에 투항
후백제 멸망 (936)	내분으로 인한 견훤 귀순, 후백제 군 격파 ➡ 후삼국 통일

고려 초기 체제 정비	
왕건	• 호족 회유 : 정략 결혼, 관직 · 토지(역분전) · 성씨 하사 • 호족 견제 : 사심관 제도, 기인 제도 • 흑창(민생 안정), 북진 정책(서경 중시, 국경 확장) • 훈요 10조, 정계 · 계백료서
광종	• 노비안검법 실시, 과거제 실시 • 공복 제정, 공신 숙청, 독자적 연호('광덕' · '준풍') 사용
성종	• 최승로의 시무 28조 건의 수용 • 체제 정비 : 2성 6부제, 12목에 지방관 파견, 향리 제도 시행, 국자감 · 의창 설립, 경학박사 · 의학박사 파견

고려 중기의 대외 관계	
거란(요) (10~11세기)	• 1차 침입(993) : 서희의 외교 담판 ➡ 강동 6주 확보 • 2차 침입(1010) : 강조의 정변, 양규의 분전 • 3차 침입(1018) : 강동 6주 반환 요구 거부 ➡ 강감찬의 귀주 대첩 • 결과 : 나성(개경) 축조, 천리장성(압록강~도련포) 축조
여진(금) (12세기)	• 동북 9성 축조 : 윤관이 별무반 편성(숙종) ➡ 윤관의 여진 정벌(예종) ➡ 윤관의 동북 9성 축조 • 여진의 금 건국(1115) : 동북 9성 반환 ➡ 금 건국 ➡ 금의 군신 관계 요구 ➡ 이자겸 등이 정권 유지를 위해 군신 관계 수용

문벌 귀족 사회의 성립과 동요	
문벌 귀족	음서와 공음전 혜택, 폐쇄적 혼인 관계 형성 ➡ 사회적 모순 대립
이자겸의 난 (1127)	• 배경 : 경원 이씨 가문의 권력 독점 • 과정 : 인종이 이자겸 제거 시도 ➡ 이자겸 반란 ➡ 인종이 반란 진압
묘청의 서경 천도 운동 (1135)	• 배경 : 이자겸의 난, 금의 군신 관계 수용 • 과정 : 묘청 등이 서경 천도 추진(풍수지리설, 칭제건원, 금 정벌 주장) ➡ 실패하자 묘청 세력이 서경에서 반란(국호 대위, 연호 천개 사용) ➡ 김부식의 관군에게 진압

고려 후기의 대외 관계	
몽골 (13세기)	• 1차 침입(1231) : 몽골 사신 저고여의 피살 ➡ 박서의 귀주성 전투 ➡ 몽골과 강화 • 2차 침입(1232) : 최우 정권의 강화도 천도 ➡ 처인성 전투(김윤후와 처인 부곡민의 항전), 살리타 사살 ➡ 이후 팔만대장경 간행 • 김윤후의 충주성 전투 승리(제5차 침입) • 충주 다인철소의 저항(제6차 침입) • 결과 : 개경 환도(1270) • 삼별초의 항쟁 : 개경 환도 반대 ➡ 강화, 진도, 제주도로 이동하며 대몽 항쟁 ➡ 여몽 연합군에 진압됨

▲ 거란의 침입

▲ 고려의 대몽 항쟁

통치 체제의 정비

중앙 정치 조직	• 2성 6부 : 중서문하성(재신+낭사) · 상서성 6부 • 중추원(군사 기밀, 왕명 출납), 어사대(관리 비리 감찰), 삼사(화폐와 곡식의 회계), 대간(낭사+어사대) • 도병마사, 식목도감 : 고려 독자적인 기구, 재추회의 • 도병마사 : 국방 담당, 원 간섭기에 도평의사사로 개편 • 식목도감 : 대내적인 법제와 격식 제정 및 관장
지방 행정 조직	• 체제 : 5도(안찰사 파견)–양계(병마사 파견) • 특수 행정 구역 : 향 · 부곡 · 소(차별적 대우) • 지방관이 파견되지 않은 속현이 주현보다 많음
관리 등용 제도	• 과거제 : 문과(제술과 · 명경과), 잡과, 승과 • 음서제 : 과거를 치르지 않고 관료로 선발(공신 · 종실 · 5품 이상 고관의 자손) ➡ 귀족적 성격을 보여줌

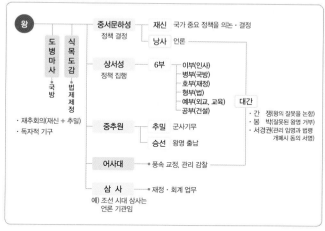

▲ 고려의 중앙 통치 체제

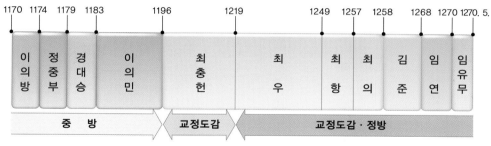

▲ 무신 정권의 변천

▲ 고려의 5도 양계

무신 정권과 하층민의 동요

무신 정변 (1170)	무신에 대한 차별, 군인전을 받지 못한 하급 군인들의 불만 ➡ 정중부, 이의방 등의 정변 ➡ 의종 폐위, 명종 옹립
초기 무신 정권 수립	중방을 중심으로 국정 주도, 무신들 간에 권력 다툼이 벌어짐(이의방 ➡ 정중부 ➡ 경대승 ➡ 이의민)
최씨 무신 정권	• 최충헌 : 봉사 10조 제시, 교정도감 설치, 도방 확대 • 최우 : 정방 설치(인사권), 삼별초 조직
무신 집권기 사회 봉기	• 무신 정권 반발 : 김보당의 난, 조위총의 난 • 농민, 하층민의 봉기 : 망이 · 망소이의 난, 만적의 난, 김사미 · 효심의 난, 전주 관노의 난 등

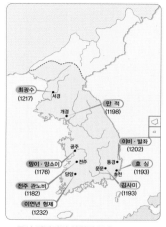

▲ 무신 집권기의 사회적 동요

고려 시대 개념정리

	고려 후기의 정치 변화
권문세족	친원적 성향, 음서로 관직 독점, 대농장 소유, 도평의사사 장악
원 간섭기	• 왕실 용어와 관제 격하, 부마국 • 영토 상실 : 쌍성총관부, 동녕부, 탐라총관부 • 정동행성 설치 : 내정 간섭 기구 • 공녀와 공물 요구, 몽골풍 · 고려양 유행
공민왕	• 반원 자주 : 고려 관제 복구, 정동행성 혁파, 몽골풍 폐지, 친원파 제거, 쌍성총관부 수복 • 왕권 강화 : 전민변정도감 설치(신돈 등용), 정방 폐지, 신진 사대부 등용
신진 사대부	• 지방 향리 출신(중소 지주), 성리학 수용 • 과거를 통해 관직 진출, 권문세족과 대립, 불교 비판, 사회 개혁 주장

▲ 공민왕의 영토 수복 지역

▲ 변발(몽골풍)

	고려 후기의 대외 관계
홍건적의 침입	2차 침입(공민왕, 1361) : 개경이 함락되고 공민왕은 2개월 간 복주(안동)로 피란
왜구의 침입	• 최영의 홍산 대첩(1376), 이성계의 황산 대첩(1380, 아지발도 사살), 박위의 쓰시마섬(대마도) 정벌 등의 활약 • 최무선의 화통도감 설치 ➡ 최무선, 나세, 심덕무 등의 진포 대첩(1380)

▲ 홍건적과 왜구의 격퇴

▲ 족두리(몽골풍)

◈ 고려 멸망 과정

명의 철령 이북 영토 요구	요동 정벌 추진	위화도 회군	과전법 실시	조선 건국
최영과 이성계의 대립	이성계의 4불가론	이성계의 정권 장악	신진사대부 경제 기반 마련	

▲ 위화도

키워드 2 고려의 경제

국가 재정	
중농 정책	개간 장려, 농번기 잡역 금지, 농업 중시
재정 운영	양안(토지 대장), 호적(호구 장부) 작성, 호부와 삼사에서 담당
수취 제도	조세(민전은 생산량의 1/10 원칙), 공물(집집마다 토산물 거둠), 역(16~60세 정남에게 부과)

토지제도

태조
역분전(940)
후삼국 통일 과정의 공로자에게 인품과 공로에 따라 토지(과전) 지급

경종
시정 전시과(976)
관직 고하와 인품을 기준으로 전·현직 관료에게 전지와 시지 지급

목종
개정 전시과(998)
관직만 기준으로 전·현직 관료에게 지급, 지급량 재조정

문종
경정 전시과(1076)
현직 관료에게만 지급, 지급량 감소, 무신 대우 개선

전시과 종류	과전(관리에게 복무의 대가로 지급), 공음전(5품 이상의 관료에게 지급, 세습 가능), 한인전, 구분전, 군인전, 내장전, 공해전, 사원전, 민전(매매, 상속, 기증, 임대 등의 자유로운 개인 소유지) 등

경제 활동	
중농 정책	• 농기구 개량, 우경에 의한 심경법 확대, 시비법 발달, 2년 3작의 보급(밭농사) • 논농사(고려 말 일부 지방에 모내기법 보급), 목화 재배(고려 말), 농상집요 소개(원의 농서)
수공업	• 전기 : 관청 수공업과 소 수공업 중심 • 후기 : 민간 수공업과 사원 수공업 발달
상업	• 도시 : 시전(개경), 관영 상점, 경시서 설치 등 • 지방 : 장시, 행상, 조운로 이용 등 • 화폐 발행 : 건원중보(성종), 삼한통보·해동통보·해동중보·활구(숙종) 등 → 화폐 유통의 부진, 주로 곡식과 삼베 사용
대외 무역	• 송 : 조공 무역과 함께 사무역 전개 • 거란, 여진, 일본 : 11세기 후반부터 내왕 • 아라비아 : 대식국, 고려 이름이 서방에 알려짐 • 벽란도 : 국제 무역항으로 번성(예성강 하구)

▲ 고려의 교통로와 산업 중심지

▲ 고려의 대외 무역

▲ 건원중보　　▲ 삼한통보

▲ 해동통보　　▲ 활구(은병)

4일차 고려 시대 개념정리

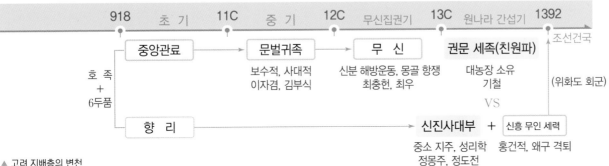

▲ 고려 지배층의 변천

신분 제도	
특징	• 골품제에 비해 개방적, 신분 상승의 기회 존재 • 지배층의 변화 : 호족 ➡ 문벌 귀족 ➡ 무신 ➡ 권문세족 ➡ 신진 사대부
귀족	왕족, 5품 이상의 고위 관료, 음서 · 공음전 혜택
중류층	지배 기구의 말단 행정직, 직역 세습 ➡ 서리, 잡류, 남반, 향리 등
양민	대다수가 농민(백정), 상인, 수공업자, 향 · 부곡 · 소의 주민 ➡ 조세 · 공납 · 역의 의무
천민	대다수가 노비, 공노비(입역 · 외거 노비), 사노비(솔거 · 외거 노비) ➡ 매매 · 증여 · 상속의 대상

▲ 고려의 신분 제도

▲ 벽화 속 남녀의 모습
　(고려 말 문신인 박익의 묘)

사회 제도	
사회 시책	의창(빈민 구휼), 상평창(물가 조절 기관), 동서대비원(환자 진료 및 빈민 구휼), 혜민국(약국), 구제도감 · 구급도감(재해 시 백성 구제), 제위보(기금을 모아 빈민 구제)
향도	• 초기 : 매향 활동, 불상 · 석탑 · 절 건설 주도 • 후기 : 혼례와 상장례, 마을 제사 등 공동체 생활을 주도하는 농민 조직
여성의 지위	• 여성의 재가가 비교적 자유로움 • 음서의 혜택이 사위 · 외손자에게도 적용 • 재산 균분 상속, 태어난 순서대로 호적 기록 • 딸이 제사 지내기도 함, 상 · 제례 비용 균등 부담

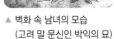

▲ 사천 매향비

키워드 4 **고려의 문화**

	유학
초기	• 과거제 실시, 국자감 설치 • 정치 이념으로 유교 채택, 자주적·주체적
중기	• 귀족적·보수적 성향 • 사학 : 문헌공도 등 사학 12도 번성(9재 학당) ➡ 관학 위축 • 관학 진흥책 : 7재, 서적포·양현고 설치 • 삼국사기(김부식) : 유교적 합리주의, 현존 최고 역사서, 기전체 형식
후기	• 무신 정변 이후 유학 위축 • 고려 말 안향이 성리학 전래 ➡ 신진 사대부의 수용 • 해동고승전(각훈) : 삼국시대 이래 승려들 전기 • 동명왕편(이규보) : 고구려 시조(주몽)의 일대기를 서사시로 표현 • 삼국유사(일연) : 고조선 건국 이야기 최초 수록, 불교사 중심, 고대 민간 설화 등을 수록 • 제왕운기(이승휴) : 고조선 건국 이야기 수록, 상권에 중국 역사, 하권에 우리나라 역사 서술 • 사략(이제현) : 성리학적 역사관(정통의식·대의명분 강조)

	불교·귀족 문화
자기·공예	• 자기 : 순수 청자(10~11세기) ➡ 상감청자(12~13세기, 원 간섭기 이후 쇠퇴) ➡ 분청사기(고려 말~ 조선 초기) • 공예 : 귀족의 생활 도구, 불교 의식 도구, 은입사 기술, 나전칠기
인쇄술	• 목판 인쇄술 : 팔만대장경 • 활판 인쇄술 : 상정고금예문, 직지심체요절
석탑	• 전기 : 월정사 8각 9층 석탑(송의 영향) • 후기 : 경천사지 10층 석탑(원의 영향) ➡ 후에 조선의 원각사지 10층 석탑으로 계승
불상	• 강한 지방색, 개성 있는 대형 불상 유행 • 광주 춘궁리 철불, 논산 관촉사 석조 미륵보살 입상, 영주 부석사 소조여래 좌상 등
건축	• 주심포 양식+배흘림 기둥(초기) : 공포가 기둥 위에 설치(봉정사 극락전, 부석사 무량수전) • 다포 양식(후기) : 기둥 위와 기둥 사이에 공포 설치, 조선 건축에 영향(사리원 성불사 응진전)

	불교
의천	• 교종 입장에서 선종 통합 • 해동 천태종 창시 ➡ 교관겸수 강조
지눌	• 선종 입장에서 교종 통합 • 수선사 결사 운동 ➡ 돈오점수와 정혜쌍수 강조
요세	백련 결사 조직
혜심	유·불 일치설 주장, 선문염송집 편찬
대장경	초조대장경(거란 침입 시 간행) ➡ 교장(의천이 간행) ➡ 팔만대장경(몽골 침입 시 간행)

	도교&풍수지리설
도교	• 민간 신앙·신선 사상·도가·음양오행론의 결합 • 복원궁 건립, 초제 거행, 팔관회
풍수지리설	• 도참사상과 결합하여 유행 • 영향 : 북진 정책, 서경 명당설

▲ 평창 월정사 8각 9층 석탑(송의 영향)

▲ 경천사지 10층 석탑(원의 영향)

▲ 관촉사 석조 미륵보살 입상(대형 석불)

▲ 부석사 소조 아미타여래좌상(신라 양식 계승)

▲ 광주 춘궁리 철불(대형 철불)

▲ 상감청자

▲ 주심포 양식(좌)과 다포 양식(우)의 비교

조선 전기 개념정리

키워드 1 조선의 건국과 통치 체제의 정비

국가 기틀 마련	
태조	• 국호 '조선' 제정, 한양 천도 • 정도전 : 불씨잡변, 조선경국전(재상 중심의 정치)
태종	왕권 강화 : 6조 직계제 실시, 호패법 실시, 사간원 독립, 사병 폐지, 개국 공신 세력 축출
세종	• 왕권과 신권의 조화 ➡ 집현전 설치, 의정부 서사제 실시, 경연 실시 • 왕도 정치 추구 ➡ 유교적 민본 사상 실현, 유교 윤리 보급
세조	왕권 강화 : 6조 직계제 실시, 집현전과 경연 폐지, 직전법 실시, 종친 등용
성종	통치 체제 정비 : 경국대전 완성 반포, 홍문관 설치(집현전 계승), 경연 실시

통치 체제의 정비	
중앙	• 의정부 : 재상 합의에 의한 국정 총괄 • 6조 : 정책 집행 • 승정원 : 왕의 비서 기관, 왕명 출납 • 의금부 : 국왕 직속 사법 기관 • 3사(사헌부, 사간원, 홍문관) ➡ 권력 독점 견제 • 한성부(한성의 행정·치안), 춘추관(역사 편찬 및 보관), 성균관(최고 교육 기관)
지방	• 8도(관찰사 파견) ➡ 부·목·군·현 설치 • 모든 군현에 수령 파견(향·부곡·소 소멸) • 수령의 권한 강화 : 지방의 행정, 군사, 사법권 장악 • 향리의 지위 약화 : 수령의 행정 실무를 보좌하는 세습적 아전으로 전락 • 관찰사, 암행어사 파견 ➡ 수령 감찰 • 유향소 : 지방 양반의 자치 기구 ➡ 수령 보좌, 향리 감찰, 백성 교화
교육 기관	• 서당 : 사립 초등 교육 기관 • 4부 학당 : 관립 중등 교육 기관 • 향교 : 지방에 설치한 관립 중등 교육 기관, 전국의 부·목·군·현에 하나씩 설립, 중앙에서 교수, 훈도 파견 • 성균관 : 조선 최고 관립 교육 기관, 원칙상 소과에 합격한 생원이나 진사가 입학

▲ 호패

▲ 6조 직계제(좌)와 의정부 서사제(우)

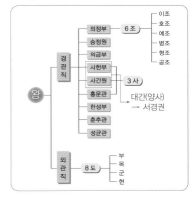

▲ 조선의 중앙 행정 조직

▲ 조선의 지방 행정 조직

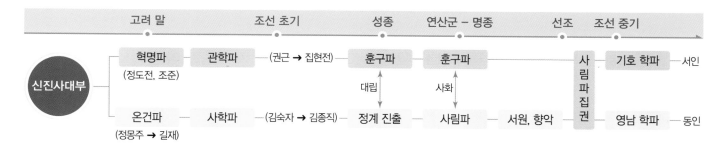

키워드 2 조선의 유교 정치

| 고려 말 | 조선 초기 | 성종 | 연산군 – 명종 | 선조 | 조선 중기 |

신진사대부
- 혁명파 (정도전, 조준) → 관학파 → (권근 ➡ 집현전) → 훈구파 ⇅대립 → 훈구파 ⇅사화 → 사림파집권 → 기호 학파 — 서인
- 온건파 (정몽주 ➡ 길재) → 사학파 → (김숙자 ➡ 김종직) → 정계 진출 → 사림파 → 서원, 향악 → 영남 학파 — 동인

고려 말 신진 사대부의 분화

온건 개혁파	급진 개혁파
• 고려 왕조 내 점진적 개혁 (이색, 정몽주 등) • 전면적인 토지 개혁 반대	• 고려 왕조 부정, 역성혁명 주장 (정도전, 조준 등) • 전면적 토지 개혁 주장(과전법)

VS

사림파	훈구파
• 온건 개혁파 계승 • 향촌 자치, 왕도 정치 강조 ➡ 16세기 이후 정권 장악	• 공신 세력, 중앙 집권 • 성리학 이외 학문 포용 ➡ 15~16세기 전반 정치 주도

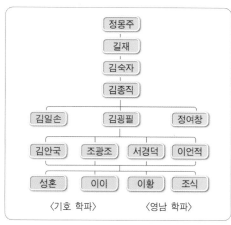

〈기호 학파〉　〈영남 학파〉

▲ 사림 계보도

사림 세력의 성장과 붕당의 출현

성장	성종의 사림 등용(김종직과 그 문인) ➡ 3사 언관직 차지, 훈구 세력 비판
사화	• 연산군 : 무오사화(김종직의 '조의제문'), 갑자사화(폐비 윤씨 사건) • 중종 : 기묘사화(조광조의 개혁 정치가 발단 ➡ 현량과 실시, 소격서 폐지, 위훈 삭제) • 명종 : 을사사화(외척 간의 다툼), 양재역 벽서 사건
붕당의 형성	선조 때 사림이 정국 주도 ➡ 척신 정치의 청산, 이조 전랑 임명 문제 등을 두고 붕당 형성(동인 · 서인)
성리학 발달	• 이황 : '이' 강조, 「성학십도」 저술, 일본 성리학에 영향 • 이이 : '기' 중시, 개혁적 성향, 「성학집요」 저술
서원	선현에 대한 제사 및 교육 기능, 백운동 서원이 시초 ➡ 붕당 형성의 토대
향약	전통적 공동 조직에 유교 윤리를 가미한 향촌의 자치 규약 ➡ 사림의 지방민 통제력 강화

구분	원인
무오사화(1498)	김종직의 '조의제문'
갑자사화(1504)	폐비 윤씨 사건
기묘사화(1519)	조광조의 개혁정치
을사사화(1545)	외척 간의 대립

▲ 사화의 원인

▲ 소수 서원

▲ 이황의 성학십도

키워드 3 　조선의 대외 관계

조선 전기 사대교린 정책	
명 (사대관계)	• 초기 요동 정벌로 대립 → 태종 이후 친선 • 조공, 사신 교환, 선진 문물 수용 → 실리 추구 • 동지사, 성절사 등 정기적 · 비정기적 사절 교환
여진 (교린정책)	• 강경책 : 4군 6진 설치(김종서), 사민 정책 실시 • 회유책 : 토관 제도, 국경 지역에서 무역 허용 • 여진의 사신을 위해 한양에 북평관 설치
일본 (교린정책)	• 강경책 : 쓰시마섬 정벌(이종무) • 회유책 : 3포 개항(세종), 계해약조(세종) • 왜관 설치, 한양에 동평관 설치(일본 사신)
동남아시아	류큐, 시암, 자와 등과 교류, 사신 파견

임진왜란	
정세	• 일본 : 3포 왜란과 을묘왜변을 일으킴 • 조선 : 비변사 설치, 동서 분당으로 의견 대립
전쟁 발발	도요토미 히데요시의 조선 침략 → 부산진(정발)과 동래성(송상현) 함락 → 충주 탄금대 전투에서 패배(신립) → 한양 함락 → 선조 의주 피란, 명에 지원군 요청 → 일본군 평양까지 북상
반격	• 수군 활약 : 이순신의 옥포 · 당포 · 한산도 대첩 승리 • 의병 활약 : 의병 조직(곽재우, 정문부, 유정 등) • 명군의 참전, 육군의 승리(진주 대첩–김시민, 행주 대첩–권율)
정유재란	명과 일본의 휴전 회담 진행 → 결렬 → 정유재란 → 도요토미 히데요시 사망 → 노량해전에서 승리
영향	• 조선 : 국토 황폐화, 인구 감소, 토지 대장 · 호적 손실 • 중국 : 명 쇠퇴 → 여진족 성장 • 일본 : 에도 막부 성립, 문화 발전(도자기, 성리학)

광해군	
전후 복구	토지 조사, 호적 조사, 대동법 시행, 성곽과 무기 수리, 동의보감 편찬(허준)
중립 외교	명과 후금 사이에서 실리적인 외교 정책 추진 → 후금과의 전쟁을 피함
인조반정 (1623)	명에 대한 의리와 명분 강조 → 중립 외교 정책과 광해군의 비윤리적인 정치(영창대군 살해, 인목대비 폐위)에 대한 서인 비판 → 서인의 인조반정 → 광해군 축출 → 인조 즉위, 서인 집권

▲ 4군 6진

▲ 조선 초기의 대외 관계　▲ 이종무의 대마도 정벌

▲ 임진왜란과 정유재란 당시 관군과 의병의 활동

▲ 강홍립 장군 묘

▲ 후금 누르하치에 항복하는 강홍립

호란과 북벌 운동	
정묘호란 (1627)	서인 세력의 친명 배금 정책(후금 자극), 이괄의 난(사회 혼란) ➡ 후금의 조선 침략 ➡ 인조 강화도 피란, 의병 활약(정봉수, 이립) ➡ 화의 맺고 후금 퇴각
병자호란 (1636)	후금이 국호를 청으로 바꾼 뒤 군신 관계 요구 ➡ 주화론과 척화론 대립(척화론 우세) ➡ 조선 정부의 청 요구 거절 ➡ 청의 침략 ➡ 한성 함락, 인조 피란(남한산성에서 항쟁) ➡ 청에 항복, 삼전도에서 화의 체결(군신 관계 체결) ➡ 북벌론, 북학론이 대두됨

▲ 삼전도비

▲ 남한산성

북벌 운동	효종 때 청에 대한 수모 설욕을 위해 북벌 계획 ➡ 송시열, 송준길, 이완 등이 중심이 되어 성곽 수축, 군대 확대 정비 ➡ 청의 국력 강화로 실현하지 못함
나선 정벌	러시아와 청나라 간에 국경 분쟁 ➡ 청이 조선에 원군 요청 ➡ 두 차례 조총 부대 파견 ➡ 승리
북학 운동	청의 선진 문물 수입 주장 ➡ 18세기 후반 북학 운동으로 전개

조선 후기의 대외 관계	
일본	・국교 재개 : 에도 막부의 요청 ➡ 제한적 교류 허용, 회답 겸 쇄환사(유정 파견) ・통신사 파견 : 일본의 막부 교체 시 요청 ➡ 조선의 선진 문물 전파 ・독도 : 숙종 때 안용복이 조선의 영토임을 확인
청	백두산 정계비 건립(1712) : 숙종 때 조선과 청의 대표가 백두산 일대를 답사한 후 국경 확정 ➡ 서로는 압록강, 동으로 토문강을 경계로 정함

▲ 정묘호란과 병자호란

▲ 나선 정벌

▲ 백두산 정계비

▲ 통신사의 파견

조선 전기 개념정리

키워드 4 조선의 경제

	경제
토지제도	• 과전법 : 전 · 현직 관리, 수신전 · 휼양전 세습 • 직전법 : 현직 관리에게만 과전 지급 • 관수관급제 : 국가가 직접 조세를 거두어 지급
수취제도	• 조세 : 전분6등법, 연분9등법(세종, 토지 비옥도 · 풍흉) • 공납 : 각 지역의 토산물 징수 ➡ 대납, 방납 성행 • 역 : 16세 이상 양인 남자에게 부과 ➡ 대립, 방군수포 현상 발생
경제활동	• 농업 : 밭농사(2년 3작 일반화), 논농사(남부 지방에 모내기 보급), 농기구 개량 • 수공업 : 관영 수공업 중심 • 상업 : 시전 상업(육의전 번성, 경시서 설치, 금난전권 부여), 장시(16세기 이후 전국 확대, 보부상 활약), 화폐 주조(조선통보), 무역(사신 왕래 때 공무역 성행)

1391 과전법 실시(고려 말 공양왕)

1466 직전법 실시(조선 세조)

1470 관수관급제 실시(조선 성종)

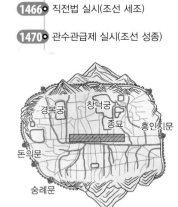

▲ 빗금 친 지역 = 시전 상인의 활동 장소

키워드 5 조선 전기의 사회

	신분 제도
특징	• 법제상 : 양천제(양인, 천인) • 실제상 : 반상제(양반, 중인, 상민, 천민)
양반	문무 관원과 그 자손, 토지와 노비 소유
중인	기술직, 중앙 관청 하급 관리, 향리, 서얼 등
상민	농민, 상인, 수공업자, 신량역천
천민	대부분 노비(일천즉천), 백정, 광대 등

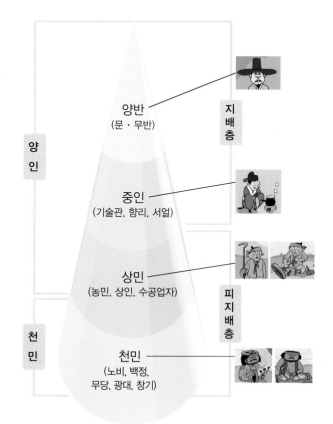

조선 전기의 문화

민족 문화의 발달	
편찬사업	• 훈민정음 반포 : 민족 문화의 기반 확대, 백성들의 문자 생활 가능, 국문학 발달 • 농서 : 농사직설(세종, 우리 현실에 맞는 농업 기술), 금양잡록(성종), 구황촬요(명조) • 의서 : 향약집성방(세종), 의방유취(세종) • 윤리서 · 의례서 : 삼강행실도(세종), 국조오례의 · 악학궤범(성종) • 역사서 : 조선왕조실록, 동국통감(성종, 서거정) • 지리서 · 지도 : 혼일강리역대국도지도(태종), 동국여지승람(성종), 해동제국기(성종) • 인쇄술 : 주자소(태종), 계미자(태종), 갑인자(세종)
과학기술	• 역법서 : 칠정산(세종, 한양을 기준으로 천체 계산) • 천문학 : 천상열차분야지도(태조, 천문도) • 과학기구(세종) : 앙부일구(해시계), 자격루(물시계), 측우기(강우량 측정), 혼천의 · 간의(천체 관측 기구)
예술	• 건축 : 궁궐, 관아, 경복궁, 원각사지 10층 석탑(15세기) ➡ 서원 건축(16세기) • 공예 : 분청사기(15세기) ➡ 백자(16세기) • 그림 : 안견의 '몽유도원도', 강희안의 '고사관수도'(15세기) ➡ 산수화, 사군자 유행(16세기)

▲ 훈민정음 영인본

▲ 조선왕조실록

▲ 삼강행실도

▲ 해동제국기(성종, 신숙주)

▲ 악학궤범

▲ 혼일강리역대국지도

▲ 간의

▲ 자격루

▲ 앙부일구

▲ 측우기

▲ 몽유도원도(안견)

▲ 고사관수도(강희안)

▲ 분청사기

▲ 백자

▲ 천상열차분야지도 각석

▲ 원각사지 10층 석탑

▲ 초충도(신사임당)

▲ 목죽도(이정)

▲ 송하보월도(이상좌)

6일차 조선 후기 개념정리

붕당 정치

붕당의 출현 : 선조

동인	서인
분화 배경 : 명종 때 척신 정치의 잔재 청산과 이조 전랑의 임명을 둘러싸고 사림 세력 분열	
• 김효원 등 신진 사림 • 척신정치 잔재 청산에 적극적 • 이황, 조식, 서경덕 학문 계승	• 심의겸 등 기성 사림 • 척신정치 잔재 청산에 소극적 • 이이와 성혼의 문인

⬇

동인		서인
북인	남인	
분화 배경 : 정여립 모반 사건		

⬇

붕당 정치의 전개 : 광해군

북인	남인	서인
북인 집권 ➡ 전후 복구, 제도 개편 ➡ 인조반정(북인 실각)		

⬇

호란의 발발과 붕당 정치 : 인조+효종

남인	서인
서인 집권, 남인 참여 ➡ 서인과 남인의 공존 ➡ 붕당 연합 체제	

⬇

예송논쟁의 발생 : 현종

남인	서인
효종과 효종비의 사망을 계기로 두 차례 예송 발생(1차는 서인 승리, 2차는 남인 승리) ➡ 서인과 남인의 붕당 간 대립 심화	

⬇

환국의 발생 : 숙종

남인	서인	
	소론	노론

- 숙종이 왕권 안정을 위하여 정국을 주도하는 붕당을 자주 교체하는 환국 단행 ➡ 상대 붕당에 대한 탄압(일당 전제화)
- 경신환국(1680) : 허적의 아들인 허견의 역모설(삼복의 변)이 발생 ➡ 서인 집권, 소론과 노론의 분화
- 기사환국(1689) : 희빈 장씨 소생의 아이가 원자로 책봉, 희빈 장씨가 왕비로 책봉 ➡ 인현 왕후 폐위 ➡ 남인 재집권
- 갑술환국(1694) : 인현 왕후 복위, 남인 세력 몰락

키워드 1 조선 후기의 정치 변화

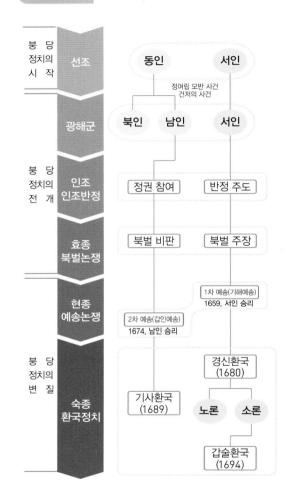

탕평 정치의 전개

영조	• 탕평책 : 탕평비 건립, 탕평파 육성, 서원 대폭 정리, 이조 전랑의 3사 관리 추천 관행 폐지 • 정책 : 균역법 시행, 가혹한 형벌 폐지, 신문고 부활, 「속대전」, 「동국문헌비고」 편찬, 준천사(청계천)
정조	• 왕권 강화 : 규장각 설치, 초계문신제 시행, 장용영 설치, 수원 화성 건설 • 규장각 검서관으로 서얼 등용(박제가, 유득공 등), 통공 정책(신해통공), 「대전통편」, 「탁지지 편찬」

키워드 2 조선 후기의 통치 체제 변화

양난 이후의 제도 변화	
정치 구조	비변사 : 삼포왜란(중종, 임시 기구) ➡ 을묘왜변(명종, 상설 기구화) ➡ 임진왜란(선조, 구성원이 고위 관원) ➡ 호란(인조, 최고 정치 기구) ➡ 군사, 외교, 재정, 인사 등 거의 모든 정무 총괄 ➡ 흥선 대원군 때 혁파
군사 제도	• 중앙군 : 5군영 체제 확립 ➡ 훈련도감(선조, 삼수병 체제, 직업 군인), 어영청·총융청·수어청(인조), 금위영(숙종) • 지방군 : 속오군 체제 ➡ 양반~노비까지 편제, 평상 시 생업에 종사하다가 외적이 침입하면 지역 방어

관청	설립	특징
훈련도감	선조	왜란 중 설치
수어청	인조	청 침략 대비
총융청		
어영청		북벌 준비(효종)
금위영	숙종	• 국왕 호위 • 수도 방위

▲ 6군영

수취 제도의 변화	
대동법 (공납)	• 배경 : 방납의 폐단, 국가 재정 악화 • 내용 : 토지 1결당 쌀(또는 동전, 삼베) 12두 납부 ➡ 상품 화폐 경제 발달(공인의 등장)
영정법 (조세)	• 배경 : 농경지 황폐화, 전세 제도 문란 • 내용 : 풍흉에 관계없이 토지 1결당 쌀 4두로 고정 ➡ 여러 명목의 부과로 농민 부담 증가
균역법 (역)	• 배경 : 농민의 군포 부담 증가 • 내용 : 1년에 군포 1필만 거둠, 보충안[결작, 선무군 관포, 잡세(어장세·염세·선박세)의 국고 전환 등] ➡ 결작 부담은 소작농에게 전가됨

▲ 대동세의 징수와 운송

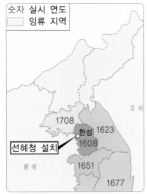

▲ 대동법 시행 시기

▲ 영조가 성균관에 세운 탕평비

▲ 수원 화성

세도 정치의 전개	
배경	정조 사후 외척이 권력 행사(안동 김씨, 풍양 조씨)
전개	소수 가문이 정치 주도, 고위직의 정치 독점(비변사를 장악한 유력 가문이 권력 행사)
폐단	왕권 약화, 정치 기반 축소, 매관매직 성행, 과거 시험 부정, 삼정의 문란(전정·군정·환곡의 문란 심화) 등
저항	홍경래의 난, 임술 농민 봉기(진주민란─백낙신, 유계춘)
수습	암행어사 파견, 안핵사 파견, 삼정이정청 설치(박규수의 건의)

6일차 　조선 후기 개념정리

키워드 3　　조선 후기의 경제 변화

	상품 화폐 경제의 발달
농업	• 모내기법(이앙법) 보급 : 수확량 증가, 노동력 절감(광작 가능 ➡ 부농으로 성장), 이모작(벼와 보리) 가능 • 상품작물 재배 : 면화·인삼·담배 등 재배, 쌀 상품화 • 지대의 변화 : 타조법 ➡ 도조법(소작료 정액화) • 농민층 분화 : 소수 농민의 부농 성장, 농민 대부분 임노동자로 몰락
광업	• 17세기 이후 : 민영 광산 허용 • 민영 광산 발달 : 은광, 금광 개발 활발, 잠채 성행 • 덕대(광산 전문가)가 경영(덕대제)
수공업	• 배경 : 상품 화폐 경제의 발달, 제품 수요의 증가 • 민영 수공업 발달 : 선대제 수공업 유행, 독립 수공업자 등장
상업	• 공인과 사상(만상–청, 송상–중계 무역, 경강상인–한강, 내상–일본)의 대두 ➡ 일부 도고로 성장 • 장시(보부상)와 포구(객주·여각·선상) 상업의 발달 • 상평통보의 전국적 유통 • 국제 무역의 발달 : 개시·후시 무역

▲ 조선 후기의 상업과 무역 활동

키워드 4　　조선 후기의 사회 변화

	신분제의 동요
양반	양반 수의 증가 ➡ 상민들이 공명첩, 납속책 등을 통해 신분 상승
중인	• 신분 상승 운동 전개 • 중인 : 소청 운동 전개 • 서얼 : 집단 상소 운동, 규장각 검서관 등용(정조)
상민	• 상민 수의 감소 • 경제력 상승, 군역 부담 회피 등으로 신분 상승 추구
천민	• 노비 수의 감소 • 군공, 납속, 도망 등으로 신분 해방, 공노비 해방(순조)

▲ 상평통보

▲ 공명첩

이름을 적는 곳이 비어 있음.

	향촌 질서의 변화

• 양반의 향촌 지배 약화 : 양반의 지위 약화 ➡ 향전 발생, 몰락 양반 증가, 부농층 등장(관권과 결탁하여 영향력 확대)
• 농민층 분화 : 부농층(신분 상승 추구), 임노동자(몰락 농민)
• 관권 강화 : 수령 중심의 관권 강화, 향리 역할 증대, 향회가 수령의 자문 기구로 변화

조선 후기의 직역별 인구 변동

	양반	상민	천민
1690년 (숙종16)	9.2%	53.7%	37.1%
1729년 (영조5)	18.7%	54.7%	26.6%
1783년 (정조7)	37.5%	57.5%	5.0%
1858년 (철종9)	70.3%	28.2%	1.5%

▲ 조선 후기의 직역별 인구 변동

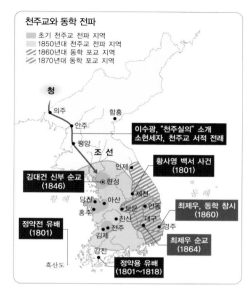

천주교와 동학 전파
- 초기 천주교 전파 지역
- 1850년대 천주교 전파 지역
- 1860년대 동학 포교 지역
- 1870년대 동학 포교 지역

키워드 5   새로운 종교·사상의 유행과 농민 봉기

천주교	
전래	사신을 통해 서학으로 소개(17세기) ➡ 일부 남인 실학자들에 의해 신앙으로 수용(18세기) ➡ 부녀자, 하층민으로 전파
확산 및 탄압	• 인간 평등, 내세 신앙을 바탕으로 교세 확산 ➡ 제사 거부 등 성리학적 질서 부정을 이유로 탄압 • 탄압 : 신유박해, 황사영 백서 사건 등 • 신해박해(1791, 정조) : 윤지충이 조상의 신주를 불태우고, 어머니가 상을 당하자 천주교식으로 장례를 치러 처형을 당함(최초의 천주교도 박해 사건) • 신유박해(1801, 순조) : 노론 강경파가 천주교 신자에게 박해를 가함(정약용, 정약전 등 유배) • 황사영 백서 사건(1801, 순조) : 신유박해 때 황사영이 청의 베이징 주교를 통해 프랑스 군대의 출병을 요청하는 편지 작성 ➡ 정부의 탄압이 더 심해짐

동학	
창시	• 경주 출신 몰락 양반 최제우가 창시 • 유 · 불 · 선과 민간 신앙을 결합
확산	• 인내천 사상(평등사상), 시천주, 후천개벽, 보국안민 • 탄압 : 혹세무민을 이유로 최제우 처형
정비	최시형이 교리 정비(동경대전, 용담유사 편찬), 교단 조직 정비 ➡ 농민층에 확산

◀ 동학 창시자 최제우

예언 사상	
대두	예언 사상 유행(비기 · 도참을 이용한 말세의 도래, 왕조의 교체, 변란 예고, 정감록 등), 미륵 신앙 확산

농민 봉기	
배경	세도 정치로 인한 삼정의 문란
홍경래의 난 (1811)	평안도민에 대한 차별, 세도 정치 ➡ 홍경래의 지도 아래 영세 농민, 중소 상인 광산 노동자 등이 봉기(청천강 이북 지역 장악) ➡ 정부에 진압
임술 농민 봉기 (철종, 1862)	환곡의 문란, 탐관오리(백낙신)의 탐학 ➡ 진주 농민 봉기를 계기로 전국 확대 ➡ 안핵사 박규수 파견(삼정이정청 설치 건의)

▲ 19세기 농민 항쟁

조선 후기 개념정리

키워드 6 · **실학의 발달**

성리학	
성리학의 절대화	성리학의 상대화
• 주자 중심의 성리학 절대화 • 명분론 강화(송시열 등)	• 윤휴 : 경전의 독자적 해석 • 박세당 : 주자 학설 비판

▲ 송시열

▲ 박세당

양명학 수용

일부 소론 학자들이 연구, 성리학의 형식화와 교조화 비판 ➡ 지행합일의 실천성 강조, 강화 학파 성립(정제두)

실학의 등장

배경	성리학 비판, 사회 모순을 개혁하고자 한 학문 경향

중농학파(경세치용 학파)

• 주장 : 농촌 안정을 위한 토지 제도 개혁 주장 ➡ 자영농 육성
• 유형원 : 「반계수록」 저술, 균전론 주장, 양반 문벌 제도 · 노비 제도 비판
• 이익 : 「성호사설」 저술, 한전론 주장(영업전 이외 토지 매매), 여섯 가지 폐단 지적
• 정약용 : 「경세유표」, 「목민심서」, 「흠흠신서」 등 저술, 여전론 · 정전론 주장(공동 경작 · 분배), 거중기 제작

중상학파(이용후생 학파, 북학파)

• 주장 : 상공업 진흥, 기술 혁신, 청 문물 수용
• 유수원 : 「우서」 저술, 사 · 농 · 공 · 상 직업적 평등화 · 전문화 주장
• 홍대용 : 「의산문답」 저술, 기술 혁신, 성리학적 세계관 극복
• 박지원 : 「열하일기」 저술, 수레와 선박 이용, 화폐 유통 주장, 양반 제도 비판
• 박제가 : 「북학의」 저술, 소비 권장(우물론), 청과 통상 강화, 수레와 선박의 이용 강조

국학 연구의 확대

• 역사 : 안정복(동사강목), 유득공(발해고), 이종휘(동사), 이긍익(연려실기술), 한치윤(해동역사)
• 지리지 · 지도 : 이중환(택리지), 정상기(동국지도), 김정호(대동여지도)
• 국어 : 신경준(훈민정음운해), 유희(언문지)
• 백과사전 : 지봉유설(이수광), 동국문헌비고(영조)

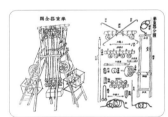
▲ 정약용의 거중기

▲ 홍대용의 혼천의

▲ 정상기의 동국지도

▲ 김정호의 대동여지도

키워드 7   조선 후기의 문화

서민 문화의 발달			
한글 소설	허균의 홍길동전, 춘향전, 심청전, 장화홍련전 등	민화	민중의 미적 감각 표현 → 생활공간을 장식, 소원 기원
사설 시조	자유로운 형식으로 서민들의 감정을 솔직히 표현	판소리	창과 사설로 이야기를 엮어 서민층 호응을 받음
시사 활동	중인층과 서민층이 시사를 조직하여 활동	탈놀이	지배층, 승려들의 부패와 위선 풍자

▲ 김홍도의 무동

▲ 신윤복의 단오 풍정

▲ 민화(까치와 호랑이)

▲ 판소리

예술의 새 경향	
그림	• 진경산수화 : 우리 경치를 사실적으로 묘사 → 정선의 '인왕제색도', '금강전도' • 풍속화 : 김홍도(서민의 생활 모습 묘사), 신윤복(양반·부녀자들의 생활 모습 묘사) • 문인화 : 김정희의 세한도(이상적에게 그려준 그림)
자기	청화백자 유행
건축	• 17세기 : 불교의 사회적 지위 향상, 양반층 지원 → 금산사 미륵전, 화엄사 각황전, 법주사 팔상전(현존 유일한 조선 시대 목탑, 석가모니의 생애를 여덟 장면으로 표현한 팔상도가 그려져 있음) • 18세기 : 부농과 상인의 지원으로 건립 → 논산 쌍계사, 부안 개암사

▲ 신윤복의 미인도

◀ 청화백자

▲ 법주사 팔상전

▲ 정선의 인왕제색도

▲ 정선의 금강전도

▲ 강세황의 영통골 입구도

▲ 김정희의 세한도

▲ 김정희의 추사체

1860~1910년대 개념정리

키워드 1 흥선 대원군의 정책과 양요

흥선 대원군의 국내 정치

왕권 강화	• 안동 김씨 가문 제거, 인재 등용 • 비변사 폐지, 의정부·삼군부 부활 • 「대전회통」, 「육전조례」 편찬
서원 철폐	• 목적 : 붕당의 근거지 제거, 국가 재정 확충 • 결과 : 전국에 47개소만 남기고 모두 철폐 ➡ 국가 재정 확충, 민생 안정, 유생의 반발 초래
삼정 개혁	• 전정 : 양전 실시, 은결 색출, 토지 겸병 금지 • 군정 : 호포법 실시 ➡ 양반에게도 군포 징수 • 환곡 : 사창제 실시 ➡ 지역민의 자치 운영, 관리
경복궁 중건	• 목적 : 왕실의 위엄 회복 • 과정 : 원납전 강제 징수, 당백전 발행, 백성의 강제 노역 ➡ 양반과 백성의 불만 고조

흥선 대원군의 국외 정치

병인양요(1866)

• 배경 : 병인박해(프랑스 신부와 천주교 신자 처형)
• 전개 : 프랑스의 강화도 침략 ➡ 한성근(문수산성), 양헌수(정족산성) 부대 항전 ➡ 프랑스 철수, 외규장각 도서 약탈(의궤)

⬇

오페르트 도굴 사건(1868)

독일 상인 오페르트가 남연군 묘 도굴을 시도하다 실패 ➡ 서양인에 대한 조선인의 반감 확대

⬇

신미양요(1871)

• 배경 : 미국 상선 제너럴셔먼호 선원들이 통상 요구하며 횡포 ➡ 대동강에서 평양 군민이 제너럴셔먼호를 불태움(제너럴셔먼호 사건, 1866)
• 제너럴셔먼호 사건 ➡ 미군이 강화도 침략 ➡ 어재연(광성보) 부대 항전 ➡ 미군 철수, 척화비 건립

▲ 프랑스 함대의 강화 침입로(병인양요)

▲ 신미양요 격전지

키워드 2 19세기 개항과 개화·구국운동

문호 개방

강화도 조약 (1876)	• 배경 : 운요호 사건(1875)으로 일본의 문호 개방 요구, 고종의 친정, 통상 개화론의 대두 • 내용 : 조선을 자주국으로 규정(청의 종주권 배제), 부산(경제)·원산(군사)·인천(정치) 개항, 해안 측량권(불평등), 치외 법권 허용(불평등) • 의의 : 최초의 근대적 조약, 문호 개방, 불평등 조약
부속 조약	• 강화도 조약 부록(조·일 수호 조규 부록, 1876) ➡ 일본인 거류지 설정, 일본 화폐 유통 • 조·일 무역 규칙(조·일 통상 장정, 1876) ➡ 양곡의 무제한 유출, 일본 수출입 상품 무관세
서양 열강과 수교	• 조·미 수호 통상 조약(1882) − 배경 : 조선책략의 유포, 청의 알선 − 내용 : 치외법권, 거중 조정, 최혜국 대우, 관세 있음 • 조·영 수호 통상 조약(1883), 조·독 수호 통상 조약(1883), 조·러 수호 통상 조약(1884), 조·프 수호 통상 조약(1886) ➡ 불평등 조약

개화 정책의 추진

정책 추진	• 개화 정책 담당 : 통리기무아문 설치, 12사 설치 • 군사 제도 : 5군영 ➡ 무위영, 장어영으로 개편, 별기군(신식 군대) 설치 • 사절단 파견 : 1·2차 수신사(김홍집의 「조선책략」), 조사 시찰단(일본), 영선사(청), 보빙사(미국)

임오군란(1882)

배경	구식 군인 차별(별기군 우대), 곡물 가격 폭등
전개	구식 군인의 폭동과 도시 빈민의 합세 ➡ 흥선 대원군의 재집권(통리기무아문과 별기군 폐지) ➡ 청군의 개입(흥선 대원군 납치) ➡ 민씨 세력의 재집권
결과	• 청의 내정 간섭 : 청군 주둔, 마건상·묄렌도르프 파견 • 조·청 상민 수륙 무역 장정 체결 : 청 상인의 내륙 진출 허용 • 제물포 조약 체결 : 일본군 주둔 허용, 배상금 지불

⬇

개화파의 분화

온건 개화파	급진 개화파
• 김홍집, 어윤중, 김윤식 등 • 동도서기론, 점진적 개혁 　➡ 청의 양무운동이 모델 • 친청 사대 유지	• 김옥균, 박영효, 서광범 등 • 문명개화론 　➡ 일본 메이지유신이 모델 • 친청 사대 반대 • 갑신정변 주도

VS

위정척사 운동

1860년대	서양의 통상 요구 ➡ 통상 반대, 척화주전론(이항로, 기정진)
1870년대	강화도 조약 체결 ➡ 개항 반대, 왜양일체론(최익현)
1880년대	조선책략 유포 ➡ 개화 반대, 영남 만인소(이만손, 홍재학)
1890년대	을미사변, 단발령 ➡ 의병 항쟁으로 발전(유인석, 이소응)

갑신정변(1884)

배경	청의 내정 간섭, 개화 정책의 후퇴, 청·프 전쟁으로 청군 철수, 일본의 지원 약속
전개	우정총국 개국 축하연을 이용해 정변 ➡ 민씨 정권 처단 ➡ 개화당 정부 수립(14개조 혁신 개혁 정강 발표) ➡ 청군의 개입 ➡ 3일 만에 실패로 끝남
	14개조 개혁 정강 : 청에 대한 사대 관계 청산, 문벌 폐지, 인민 평등권 확립, 지조법 개혁, 국가 재정의 호조 담당
결과	• 청의 내정 간섭 심화 : 민씨 세력 재집권 • 한성 조약 : 일본 공사관 신축비 부담, 배상금 지불 • 텐진 조약 : 향후 조선 파병 때 사전 통보 약속

갑신정변 이후 국내외 정세

전개	• 거문도 사건(1885) : 영국이 러시아 남하 견제를 빌미로 불법 점령 • 한반도 중립화론 대두 : 독일 부영사 부들러, 유길준이 주장

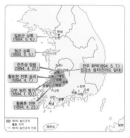
▲ 제1차 동학 농민 운동의 전개

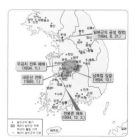
▲ 제2차 동학 농민 운동의 전개

키워드 3　동학 농민 운동

교조 신원 운동	• 교조 최제우의 신원과 동학의 합법화 요구 • 삼례 집회(1892) ➡ 서울에서 복합 상소(1893) ➡ 보은 집회(1893, 탐관오리 숙청, 일본·서양 세력 축출 주장, 정치적 요구 제기)

동학 농민 운동의 전개 과정

고부 민란	배경	고부 군수 조병갑의 탐학 : 만석보 축조, 물세 징수 등
	과정	전봉준이 사발통문을 돌려 농민을 모아 관아 습격 ➡ 정부는 조병갑 파면 이후 후임 군수로 박원명 임명, 안핵사 이용태 파견 ➡ 후임 군수의 회유로 농민들 자진 해산
1차 봉기 = 반봉기	배경	고부 민란 수습 과정에서 안핵사 이용태의 실정 봉기 관련자를 역적으로 몰아 탄압
	과정	전봉준, 김개남, 손화중 등이 무장에서 봉기 ➡ 고부 점령 후 백산 1차 봉기(백산격문–보국안민·제폭구민+4대 강령) ➡ 황토현 전투 승리(감영군) ➡ 황룡촌 전투 승리(정부군) ➡ 전주성 점령(1894. 4.)
전주 화약과 집강소 활동기	배경	정부는 동학군 진압을 위해 청에 원병 요청 ➡ 청군 출병 ➡ 텐진 조약을 빌미로 일본군 출병
	과정	전주 화약 체결 : 정부와 농민군 화해 ➡ 폐정 개혁에 합의 ┌ 농민군 : 전라도 각지에 집강소 설치 ➡ 폐정 개혁안 실천 노력 └ 정부 : 교정청 설치 ➡ 농민군 요구 반영, 일본 개혁 요구 대응
2차 봉기 = 반외세	배경	청·일본 군대에 철수 요구 ➡ 일본의 경복궁 점령 ➡ 교정청 폐지, 군국기무처 설치(1차 갑오개혁) ➡ 청·일 전쟁 발발
	과정	일본 내정 간섭에 반발 ➡ 삼례에서 2차 봉기(남접) ➡ 논산에서 남접(전봉준)·북접(손병희)의 연합 부대 형성, 서울로 북상 ➡ 공주 우금치 전투에서 농민군 패배(1894. 11.) ➡ 전봉준 등 농민군 지도자 체포, 잔여 세력 진압됨
	의의	• 반봉건(1차 봉기, 정치·사회 개혁 요구) ➡ 갑오개혁에 영향 • 반외세(2차 봉기, 일본의 침략에 저항) ➡ 항일 의병 활동에 영향

키워드 4　근대 국가 수립을 위한 노력

갑오 · 을미개혁	
1차 갑오개혁 (1894. 7.)	• 주도 : 군국기무처 설치, 김홍집 내각, 흥선 대원군 섭정 • 추진 : 갑신정변 당시 제기된 혁신 정강과 동학농민군의 폐정 개혁안 일부 수용 • 정치 : 궁내부 설치, 개국기년 사용, 과거제 폐지, 6조를 8아문으로 개편, 경무청 신설 • 경제 : 재정 일원화, 조세 금납화, 도량형 통일 • 사회 : 신분제 폐지, 조혼 금지, 과부 재가 허용
2차 갑오개혁 (1894. 12.)	• 배경 : 청 · 일 전쟁에서 일본 우세, 흥선 대원군 퇴진, 군국기무처 폐지 • 주도 : 홍범 14조 반포, 김홍집 · 박영효 연립 내각 • 행정 개편 : 내각제 및 7부로 개편, 8도를 23부로 개편, 군현제 폐지 • 재판소 설치 : 사법권 독립, 지방관의 권한 축소 • 교육입국 조서 반포 : 근대 교육 제도 마련
3차 갑오개혁 =을미개혁 (1895. 8.)	• 배경 : 청 · 일 전쟁 후 삼국 간섭 ➡ 친러 내각 수립(3차 김홍집 내각) ➡ 을미사변(1895) ➡ 친일 내각 수립(4차 김홍집 내각) • 개혁 : '건양' 연호 제정, 태양력 사용, 단발령 시행, 종두법 실시, 근대적 우편 사무 제도 마련

키워드 5　독립 협회

독립협회	
배경	아관파천 이후 러시아 등 열강의 이권 침탈
성립	서재필이 독립신문 창간 ➡ 독립 협회 조직(1896)
활동	• 민중 계몽 : 독립신문 발간, 독립문 건립, 강연회와 토론회 개최 ➡ 만민 공동회 개최 • 자주 국권 : 만민 공동회 개최 ➡ 열강의 이권 침탈 반대 운동 ➡ 러시아의 절영도 조차 요구 저지, 러시아 군사 교관 · 재정 고문 철수, 한 · 러 은행 폐쇄 • 자유 민권 : 관민 공동회 개최 ➡ 헌의 6조 채택 ➡ 의회 설립 운동(의회식 중추원 관제 반포)
해산	보수 세력이 독립 협회가 공화정을 수립한다고 모함 ➡ 황국 협회와 군대 동원하여 탄압 및 해산

키워드 6　대한 제국의 성립

대한제국	
수립	고종 환궁 요구, 조선을 둘러싼 러 · 일 세력 균형 ➡ 고종이 경운궁(덕수궁)으로 환궁 ➡ 황제 즉위식 거행(1897) ➡ 국호 '대한제국', 연호 '광무' 제정
광무 개혁	• 방침 : 점진적 개혁 추구, 구본신참 • 정치 : 대한국 국제 제정(1899), 궁내부 · 내장원 확대(황실 재정 강화) • 군사 : 원수부 설치, 친위대(중앙)와 진위대(지방) 증강, 무관 학교 설립(장교 육성) • 교육 : 중학교 관제 공포(한성 중학교 설립), 기술 · 실업 교육 강조 ➡ 유학생 파견 • 경제 : 양전 사업 실시 ➡ 지계 발급 • 식산흥업 : 근대적인 공장과 회사 설립, 근대 시설 도입

키워드 7　국권 피탈 과정

국권 피탈
한 · 일 의정서(1904. 2.) : 군사 요충지 사용 가능
⬇
제1차 한 · 일 협약(1904. 8.)
일본이 추천한 고문 초빙(외교 – 스티븐스, 재정 – 메가타)
⬇ 가쓰라 · 태프트 밀약, 제2차 영 · 일 동맹, 포츠머스 조약 ⬇
을사조약(1905)
대한 제국의 외교권 박탈, 통감부 설치

을사조약 항거	• 나철 · 오기호의 오적 암살단 조직 • 을사의병, 상소 및 순국 자결(민영환 등) • 헤이그 특사 파견(이상설, 이준, 이위종) • 황성신문에서 장지연의 '시일야방성대곡' 게재 • 전명운, 장인환의 미국인 외교 고문 스티븐스 사살 • 안중근의 이토 히로부미 사살(1909)

⬇
한 · 일 신 협약(1907)
행정 각 부에 일본인 차관 임명 ➡ 이후 대한 제국 군대 해산
⬇
한 · 일 병합 조약(1910. 8.) : 국권 피탈

▲ 독립신문

▲ 독립문

▲ 황궁우(왼쪽)와 환구단(오른쪽)

▲ 지계

▲ 헤이그 특사 : 왼쪽부터 이준, 이상설, 이위종

키워드 8 국권 피탈에 맞선 항일 의병 운동과 애국 계몽 운동

의병 활동	
을미의병 (1895)	• 배경 : 을미사변, 단발령 계기 • 전개 : 양반 유생 의병장 중심(유인석, 이소응) ➡ 국왕의 해산 권고에 따라 자진 해산
을사의병 (1905)	• 배경 : 을사조약 강요 계기 • 전개 : 유생 의병장(최익현, 민종식)과 함께 평민 의병장(신돌석) 등장
정미의병 (1907)	• 배경 : 고종의 강제 퇴위, 군대 해산 계기 ➡ 전투력 향상, 의병 전쟁으로 확대 • 전개 : 13도 창의군 조직(이인영, 허위) ➡ 서울 진공 작전 전개 ➡ 실패
호남의병	일본의 남한 대토벌 작전(1909)으로 큰 타격

▲ 정미의병의 모습

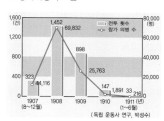
▲ 정미의병 전투 횟수와 참가 수

▲ 의병 부대의 활동

애국 계몽 운동	
성격	• 시기 : 을사조약 전후로 전개, 사회 진화론의 영향 • 주도 : 개화 지식인, 개혁적 유학자, 도시 시민 등 • 목표 : 실력을 양성하여 국권 회복
보안회	일본의 황무지 개간권 요구 반대 운동(1904) ➡ 성공
헌정 연구회	의회 설립을 통한 입헌 군주정 수립 주장(1905)
대한 자강회	• 대한 자강회 월보 간행, 전국 지회 설립 • 고종 퇴위 반대 운동으로 강제 해산(1906)
신민회	• 결성 : 안창호, 양기탁 등, 비밀 결사(1907) • 목표 : 국권 회복과 공화정 추구 • 학교 설립 : 대성 학교, 오산 학교 • 회사 설립 : 태극 서관, 자기 회사 • 독립운동 기지 건설 : 삼원보, 신흥 무관 학교 설립 • 해산 : 105인 사건으로 해산(1911)

▲ 대한 자강회 월보

▲ 신민회가 세운 평양의 대성학교

┏ 한눈에 흐름 파악하기 ┓

1904.	보안회 결성
1905.	헌정 연구회 결성
1906.	대한 자강회 결성
1907. 2.	국채 보상 운동 시작
4.	신민회 결성
7.	신문지법 시행 보안법 시행
1908. 8.	사립 학교령 시행
1909. 2.	출판법 시행

키워드 9 경제적 구국 운동

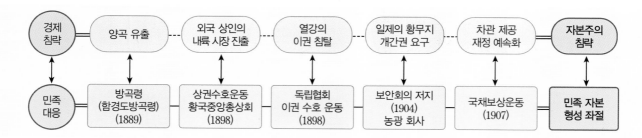

경제 침략	양곡 유출	외국 상인의 내륙 시장 진출	열강의 이권 침탈	일제의 황무지 개간권 요구	차관 제공 재정 예속화	자본주의 침략
민족 대응	방곡령 (함경도방곡령) (1889)	상권수호운동 황국중앙총상회 (1898)	독립협회 이권 수호 운동 (1898)	보안회의 저지 (1904) 농광 회사	국채보상운동 (1907)	민족 자본 형성 좌절

열강의 경제 침탈

일본·청 경제 침탈	• 일본 : 거류지 무역, 미면 교환 체제(쌀 ↔ 면) • 청 : 조·청 상민 수륙 무역 장정 체결(1882) ➡ 청·일 상인의 상권 확대, 조선 중개 상인 타격
열강 이권 침탈	• 아관 파천 이후 러시아의 이권 침탈 본격화 • 최혜국 대우 통해 각종 이권 침탈 ➡ 광산 채굴권 (러시아), 철도 부설권(일본), 삼림 채벌권(러시아)
화폐 정리 사업	화폐 정리와 시설 개선 명목, 대한 제국의 재정 예속 음모 ➡ 재정 고문 메가타 주도, 금본위 화폐제, 국내 상공업자 타격
토지 약탈	황무지 개간권 요구, 철도 부지와 군용지 확보를 구실로 토지 강탈, 동양 척식 주식회사 설립(1908)

경제적 구국 운동의 전개

방곡령	개항 이후 일본 상인에 의한 곡물 유출 ➡ 물가 폭등 ➡ 방곡령 선포(함경도, 황해도) ➡ 일본 요구(조·일 통상 장정의 규정 근거)에 굴복 ➡ 방곡령 철회, 배상금 지불
상권 수호	상인들의 철시 투쟁, 황국 중앙 총상회 조직
이권 수호	러시아 절영도 조차 요구 저지, 한·러 은행 폐쇄
토지 수호	일본의 황무지 개간권 요구 ➡ 보안회 반대 운동
국채 보상 운동	대구에서 서상돈 등이 시작 ➡ 국채 보상 기성회 조직 ➡ 황성신문·대한매일신보 등 언론 기관, 애국 계몽 운동 단체 지원 ➡ 통감부 탄압으로 실패

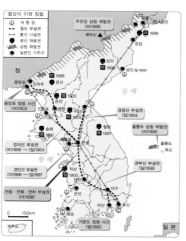

▲ 열강의 이권 침탈

▲ 백동화 : 조선 말기에 널리 쓰인 동전

▲ 화폐 정리 사업으로 새롭게 발행된 제일은행 1원권

▲ 동양 척식 주식회사

▲ 방곡령 선포

▲ 국채 보상 운동의 주역 서상돈(좌)과 김 광제(우)

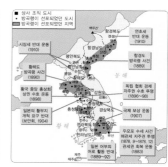

▲ 경제적 침략 저지 운동

(단위 : 원)

도명	2~5월 모집금	도명	2~5월 모집금
경성	62,735,080	황해	24,286,175
경기	13,916.087	평남	25,083.185
충북	3,778.625	평북	21,277.762
충남	15,669.355	강원	4,258.515
전북	6,341.004	함남	10,505.500
전남	8,408.880	함북	977.400
경북	23,853.031	합계	241,098.913
경남	20,008.314		

(최기영, "한국독립운동의 역사")

▲ 국채 보상 운동 모금 상황(1907년 2~5월 모집금)

키워드 10 근대 문화

국학 연구

국사	• 계몽 사학 : 민족 영웅전 편찬, 외국 흥망사 소개 • 신채호 : 「독사신론」, 민족주의 역사학 방향 제시 • 조선 광문회 : 최남선 · 박은식 ➡ 고전 정리 간행
국어	주시경의 국문연구소

예술

예술	창가 유행, 원각사 설립(극장), 서양 화풍 소개
문학	신소설과 신체시 등장, 외국 문학 번역 작품 소개

근대 문물 수용

통신	전신 · 전화 가설(경운궁, 1898), 우정총국(1884)
교통	• 전차 : 한성 전기 회사(1898) ➡ 서대문~청량리 간 가설(1899) • 철도 : 경인선(1899, 일본), 경부선 · 경의선(일본)
전기	전등 가설(1887, 경복궁)
의료	• 광혜원(1885, 후에 제중원 ➡ 세브란스 병원) • 광제원 ➡ 후에 대한 의원
시설	기기창(1883), 박문국(1883), 전환국(1883)
건축	명동성당(1898), 덕수궁 석조전(1910)

근대 교육 기관

근대 교육	• 동문학(1883) : 통역관 양성, 영어 교육 • 원산학사(1883) : 최초 근대적 사립학교 • 육영 공원(1886) : 미국인 교사, 양반 자제 입학
갑오개혁	교육입국조서 반포 ➡ 근대적 교육 제도 마련
대한제국	한성 중학교, 각종 실업학교 등 설립
사립학교	개신교 선교사가 건립 : 배재 학당, 이화 학당

종교

천도교	동학 개칭, '만세보' 등을 간행
대종교	나철 창시, 단군 숭배, 독립운동 전개
천주교	애국 계몽 운동 전개
개신교	서양 의술, 근대 교육 보급
유교	박은식의 유교 구신론
불교	한용운의 조선 불교 유신론

언론 기관

한성순보	순 한문, 최초의 근대 신문, 박문국에서 발행
독립신문	최초의 민간 신문, 한글판 · 영문판 발행, 국민 계몽
제국신문	순 한글, 민중 계몽, 자주 독립 의식 고취
황성신문	국한문 혼용체, 장지연의 '시일야방성대곡' 게재
대한매일신보	• 베델(영국인) · 양기탁이 운영, 강한 항일 논조 • 국채 보상 운동 주도, 의병 투쟁에 호의적
만세보	천도교 기관지, 민중 계몽

▲ 광혜원

▲ 전차

▲ 명동 성당

▲ 덕수궁 석조전

▲ 원각사

▲ 우정총국

▲ 독립신문

▲ 황성신문

▲ 대한매일신보

◀ 1886년 2월 22일 한성주보 제4호에 실린 우리나라 최초의 광고 '세창양행'

8일차 일제 강점기 개념정리

키워드 1 일제의 침략과 식민 통치

	1910년대 일제 무단 통치
공포 통치	• 조선 총독부 : 일제 식민 통치의 중추 기관 • 헌병 경찰 통치 : 헌병이 일반 경찰 업무 대행, 즉결 처분권 · 태형령 제정 • 기본권 박탈 : 언론 · 출판 · 집회 · 결사의 자유 제한 • 제1차 조선 교육령 제정(1911) : 우민화 교육 실시
경제 수탈	• 토지 조사 사업(1910~1918) : 근대적 토지 제도 확립 명분 → 신고주의로 미신고 토지 및 국 · 공유지 등 약탈 → 식민지 지주제 강화, 농민 몰락 • 회사령 제정(허가제) → 민족 자본 성장 억제 • 침탈 : 삼림령, 광업령, 인삼 · 담배 · 소금 전매제 실시, 철도, 도로 등 건설

	1920년대 일제 문화 통치
기만 통치	• 배경 : 3 · 1 운동을 계기로 무단 통치 한계 인식 • 목적 : 친일파를 키워 민족 분열+기만적 통치 • 문관 총독 임명 가능 → 실제로 임명되지 않음 • 보통 경찰제도 시행 → 인원, 장비 수 증가 • 언론 · 출판의 자유 허용 → 검열 강화, 기사 삭제 • 제2차 조선 교육령 : 기회 확대 → 낮은 취학률
경제 수탈	• 산미 증식 계획(1920~1934) : 일본 쌀 부족 해결을 위해 실시 → 식량 사정 악화, 만주산 잡곡으로 보충, 몰락 농민 증가, 국외 이주민 증가 • 회사령 폐지(신고제) → 일본 기업의 한국 진출 유도 → 관세 폐지 → 물산 장려 운동 전개

	1930년대 일제 민족 말살 통치
황국 신민화 정책	• 배경 : 전쟁을 위한 인적 · 물적 자원 수탈 • 조선 · 동아일보 등 한글 신문 폐간, 창씨 개명 • 조선 사상범 보호 관찰령, 조선 사상범 예방 구금령 • 황국 신민 서사 암송, 신사 참배와 궁성 요배, 일선동조론, 내선일체 • 제3차 조선 교육령 : 한국어 · 한국사 과목 사실상 폐지, 우리 말 사용 금지, 소학교 → 초등학교(1941)
경제 수탈	• 병참 기지화 정책 : 전쟁 수행에 필요한 물자 생산 및 공업화 정책 시행 → 남면북양 정책 • 인적 수탈 : 국가 총동원법 제정(1938) → 지원병제, 징병제, 징용령, 일본군 위안부 등 • 물적 수탈 : 미곡 공출, 식량 배급제, 금속 공출 등 • 농촌 진흥 운동, 조선 농지령(1934)

▲ 일본 헌병대

▲ 1910년대 학생과 교사 모습

일제 통
방식

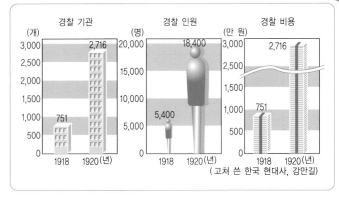

▲ 문화 통치 시기의 보통 경찰의 실제

(고쳐 쓴 한국 현대사, 강만길)

▲ 내선일체 관련 포스터

▲ 황국신민서사를 외우는 학생들

▲ 징용에 끌려간 사람들

▲ 강제 징발된 생활용품들

키워드 2 3·1 운동
수립에 영향 →

	3 · 1 운동
배경	• 국외 : 윌슨의 민족 자결주의, 소련의 약소국 지원, 해외에서 독립 선언(대한독립 선언, 2 · 8 독립 선언) • 국내 : 고종의 죽음, 무단 통치에 대한 반발
전개	민족 대표 33인의 독립 선언 → 서울에서 만세 시위운동 → 학생, 시민들의 만세 시위 → 도시, 농촌, 국외(간도, 연해주, 일본, 미주)로 확산
영향	• 대한민국 임시 정부 수립에 영향 • 중국의 5 · 4 운동, 인도의 반영 운동에 영향 • 독립운동의 체계화 및 조직화, 사회주의 사상 유입 • 일제 통치 방식의 변화 : 무단 통치 → 문화 통치

▲ 대한민국 임시 정부 조직

▲ 애국 공채

▲ 이봉창 의사

▲ 윤봉길 의사와 홍커우 공원의 상하이 사변 승전 식장

▲ 한국광복군과 영국군

▲ 한국광복군과 미국 OSS 대원

키워드 3 대한민국 임시 정부

	대한민국 임시 정부의 초기 활동
수립	• 대한 국민 의회+대한민국 임시 정부+한성 정부 = 상하이 대한민국 임시 정부 • 3권 분립에 입각한 민주 공화제 정부 → 임시 의정원(입법), 국무원(행정), 법원(사법) • 대통령 중심제 : 대통령 이승만, 국무총리 이동휘
활동	• 연통제와 교통국 : 독립운동 자금 모금과 정보 수집 • 행정 : 이룡양행, 백상 상회, 독립 공채(애국 공채) • 외교 : 구미 위원부, 파리 위원부 설치 • 독립신문 발행, 사료 편찬소(한 · 일 관계 사료집)

	대한민국 임시 정부의 위기
위축	연통제, 교통국 조직 붕괴, 외교 활동 미흡 → 신채호 등이 이승만의 위임 통치 청원서 제출 비판
국민 대표회의	• 목적 : 독립운동 전선 통일 및 방향 전환 모색 • 개최(1923) : 창조파와 개조파의 대립 → 결렬 • 결과 : 독립운동가 다수 이탈, 임시 정부 침체

	한인 애국단의 활동
배경	국민 대표 회의 결렬 이후 임시 정부의 침체
결성	김구가 임시 정부의 활로 모색을 위해 설립(1931)
활동	• 일제 요인 암살 및 식민 통치 기관 폭파 위주 • 이봉창 : 도쿄에서 일본 국왕에게 폭탄 투척(1932) → 상하이 사변에 영향 • 윤봉길 : 상하이 훙커우 공원 의거(1932) → 임시 정부에 대한 중국 국민당 정부의 적극적 지원 계기
이동	윤봉길 의거 이후 일본의 탄압 및 중국 침략 → 중국의 국민당 정부 따라 이동 → 충칭에 정착(1940)

	충칭 시기 임시 정부(1940)
정착	• 임시 정부 체제 정비 → 한국 독립당 결성(1940) • 대한민국 건국 강령 발표(1941) : 삼균주의 반영
한국 광복군	• 창설 : 중국 정부의 지원으로 창설(사령관 지청천) • 대일 선전 포고(1941, 태평양 전쟁 발발 직후) • 김원봉의 조선 의용대 합류(1942) • 연합 작전 전개 : 인도, 미얀마 전선에 투입(1943) • 국내 진공 작전 준비(1945) : 미국 전략 정보국(OSS)의 지원하에 국내 정진군 훈련 → 실현 못함

키워드 4 1920~1930년대 국내 민족 운동

민족주의의 계열의 국내 운동 = 실력 양성 운동	
특징	경제, 문화면에서 민족의 근대적 역량 배양
물산장려운동	• 배경 : 회사령 철폐, 관세 철폐 ➡ 민족 자본 위기 • 전개 : 평양에서 조만식 주도, 조선 물산 장려회 조직(1923) ➡ 전국으로 확대 • 한계 : 상품 가격 상승, 사회주의 세력의 비판
민립 대학 설립 운동	• 배경 : 일제의 우민화 교육 • 전개 : 민립 대학 설립 기성회 조직, 모금 운동 • 결과 : 일제의 방해로 실패, 경성 제국 대학 설립

민족주의 세력의 분화	
타협적 민족주의	비타협적 민족주의
자치 운동, 참정권 운동 전개	일제와의 타협 거부

문맹퇴치운동	• 문자 보급 운동(1929) : 조선일보 중심, 한글 교재 • 브나로드 운동(1931) : 동아일보, '민중 속으로'라는 구호, 학생을 모아 문맹 · 미신 타파, 구습 제거 등

사회주의의 계열의 국내 운동	
농민 운동	• 1920년대 : 생존권 투쟁, 암태도 소작 쟁의(1923) • 암태도 소작 쟁의 : 전남 신안군 암태도의 소작인들이 친일 지주 문재철의 횡포에 반발 ➡ 소작료를 약 40%로 낮추는 성과를 거둠 • 1930년대 : 사회주의와 연계된 항일 투쟁 강화
노동 운동	• 1920년대 : 생존권 투쟁, 원산 총파업(1929) • 원산 총파업 : 라이징 선 석유 회사에서 일본인 감독의 조선인 구타 사건 ➡ 신간회 지원, 국외 노동 단체에서 격려 전문 및 동정금 받음(국제적 연대) • 평양 을밀대 지붕에서 강주룡의 고공 농성(1931) • 1930년대 : 사회주의와 연계된 항일 투쟁 강화
단체 조직	조선 노농 총동맹 결성(1924) ➡ 조선 농민 총동맹과 조선 노동 총동맹으로 분화(1927)

사회 운동	
소년 운동	• 방정환이 주도한 천도교 소년회 중심 • 어린이날 제정(1922), 잡지 "어린이" 발간
여성 운동	근우회(1927) : 여성계 민족 유일당 운동 ➡ 여성의 의식 계몽 · 권리 신장 · 사회적 지위 개선
형평 운동	• 백정에 대한 사회적 차별과 편견에 대항 • 조선 형평사 창립(1923) : 진주의 백정들이 주도

▲ 국산품 애용 선전 광고

▲ 물산 장려 운동 선전지 　 ▲ 물산 장려 운동 선전지

▲ 문자 보급을 위한 교재 　 ▲ 브나로드 운동 포스터

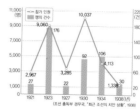
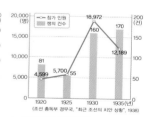

▲ 노동 쟁의 발생 건수 　 ▲ 소작 쟁의 발생 건수

▲ 원산 노동자 총파업 　 ▲ 강주룡의 고공 농성

▲ 어린이날 표어 　 ▲ 근우회의 '근우' 　 ▲ 형평사 전국 대회 포스터

국내 항일 운동

6·10 만세 운동 (1926)	• 배경 : 순종 서거, 일제 수탈, 식민지 교육 정책 • 전개 : 사회주의·천도교 계열, 학생 단체 주도 ➡ 시위 계획 사전 발각 ➡ 순종 인산일에 학생을 중심으로 시위 전개 ➡ 일제 탄압으로 실패 • 의의 : 민족주의·사회주의 계열 간의 연대 계기 ➡ 민족 협동 전선 운동, 민족 유일당 운동으로 발전

민족 유일당 운동의 전개

국외	중국의 1차 국공 합작, 만주의 3부 통합 운동
국내	• 민족주의 세력 : 조선 민흥회 조직(1926) • 사회주의 세력 : 치안 유지법 제정, 정우회 선언

신간회 (1927)	• 배경 : 6·10 만세 운동, 조선 민흥회 결성, 정우회 선언 등 • 활동 : 좌우 합작에 의한 최대 규모의 합법 단체 ➡ 기회주의자 배격 ➡ 각종 노동 쟁의나 소작 쟁의, 동맹 휴학 등을 지원 ➡ 광주 학생 항일 운동 지원 • 해체 : 일제 탄압, 내부 분열, 코민테른 노선 변화

국내 항일 운동

광주 학생 항일운동 (1929)	• 배경 : 식민지 차별 교육, 한·일 학생 간 충돌 • 전개 : 일본 경찰의 한국인 학생 검거로 가두시위 발생 ➡ 동맹 휴학, 시위 전개, 신간회의 지원 ➡ 전국 규모의 항일 투쟁으로 확대 • 의의 : 3·1 운동 이후 최대 민족 운동으로 확산

▲ 순종의 인산 행렬

▲ 광주 학생 항일 운동의 도화선이 된 여학생 희롱 사건 피해자 박기옥(오른쪽)

키워드 5 민족 문화 수호 운동

일제의 한국사 왜곡과 한국사 연구

역사 왜곡	• 식민 통치 합리화 ➡ 타율성론, 정체성론, 당파성론 • 주요 단체 : 조선사 편수회, 청구 학회
민족주의 사학	• 특징 : 우리 역사의 주체적 발전과 자주성 강조 • 신채호 : 고대사 연구, 「조선 상고사」·「조선사연구초」 저술, '낭가 사상' 강조 • 박은식 : 「한국통사」, 「한국독립운동지혈사」 저술, 민족 '혼' 강조 • 계승 : 조선학 운동 ➡ 정인보(얼), 문일평(조선심)
사회경제 사학	백남운 : 유물 사관에 입각하여 세계사적 보편성 속에서 한국사의 역사 발전 법칙 규명 ➡ 일제의 정체성론 비판
실증주의 사학	• 특징 : 랑케 사학 영향, 철저한 문헌 고증을 바탕으로 실증적 역사 연구 • 이병도, 손진태 등이 진단학회 결성, 진단학보 간행

▲ 신채호   ▲ 박은식   ▲ 백남운

민족 문화 수호 운동

국어	• 조선어 연구회(1921) : 가갸날 제정, 잡지 '한글' • 조선어 학회(1931) : 한글 맞춤법 통일안과 표준어 제정, 우리말 큰사전 편찬 시도 ➡ 조선어 학회 사건으로 해산(1942)
문학	1910년대 계몽주의적 경향 ➡ 1920년대 전반 동인지 발간(창조, 폐허) ➡ 1920년대 후반 신경향파 문학(카프) ➡ 1930년대 저항 문학 및 친일 문학 증가
예술	• 영화 : 나운규의 아리랑(1926) • 연극 : 토월회(1923), 극예술 연구회(1930년대)
종교	• 천도교 : 3·1 운동 주도적 역할, 잡지 '개벽', 소년 운동 전개, 제2의 독립 선언 운동 계획 • 대종교 : 북간도에 중광단 결성 ➡ 후에 북로 군정서로 개편 • 불교 : 한용운 등이 민족 불교 전통 수호 노력 • 원불교 : 박중빈이 창시, 새 생활 운동 전개 • 개신교 : 계몽 운동 전개, 신사 참배 거부 운동 • 천주교 : 사회 사업 전개, 의민단 조직, 잡지 '경향'

키워드 6 ## 1910~1940년대 무장 독립 전쟁

1910년대 국내 독립 운동	
독립의군부	• 임병찬(고종의 밀지), 복벽주의 표방 • 의병 전쟁 준비, 국권 반환 요구서 제출
대한광복회	• 박상진, 공화정 지향 • 무관 학교의 설립, 군자금 모금, 친일파 처단
1910년대 국외 독립 운동	
서간도	신민회에서 삼원보 건설 ➡ 경학사(후에 부민단), 신흥 강습소 (신흥 무관 학교) 설립, 서로 군정서군
북간도	• 명동촌, 용정촌 ➡ 명동 학교, 서전서숙 설립 • 중광단(대종교 세력이 중심) ➡ 북로 군정서로 계승
연해주	신한촌, 권업회, 대한 광복군 정부, 대한 국민 의회, 전로 한족회 중앙 총회, 한인 사회당
미주	대한인 국민회(안창호), 대조선 국민군단(하와이)
멕시코	숭무 학교
상하이	신한 청년당

▲ 임병찬

▲ 박상진

▲ 1910년대 국외 독립 운동

1920년대 국외 독립 운동	
봉오동전투 (1920)	일본군이 독립군 근거지인 봉오동 공격 ➡ 대한 독립군(홍범도) 등의 연합 부대가 일본군 기습 공격 ➡ 독립군 승리
훈춘 사건 : 일제가 만주 출병 구실 만들기 위해 마적단 매수	
청산리전투 (1920)	봉오동 전투 패배에 대한 일본군의 보복 공격 ➡ 북로 군정 서군, 대한 독립군 등이 청산리 일대에서 전투를 벌여 대승을 거둠
독립군 시련	간도 참변(1920, 봉오동 · 청산리 전투 패배에 대한 일본군 보복) ➡ 독립군 이동 ➡ 밀산에 대한 독립 군단 조직(총재 서일) ➡ 자유시 이동 후 자유시 참변(1921) ➡ 독립군 희생 ➡ 독립 군 만주 귀환
3부의 성립	만주로 돌아온 독립운동 단체의 통합 ➡ 참의부, 정의부, 신민부 조직(1923~ 1925)
미쓰야 협정(1925) : 일제와 만주 군벌 사이에 체결 ➡ 독립군 체포 및 인도에 합의	
3부의 통합 운동	• 배경 : 독립운동 위축, 민족 유일당 운동 • 북만주 : 혁신 의회(한국 독립당-한국 독립군) • 남만주 : 국민부(조선 혁명당-조선 혁명군)

▲ 1920년대 국외 독립 운동

▲ 1920년대 독립군의 시련

▲ 3부의 통합 운동

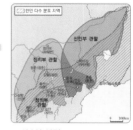
▲ 3부의 성립

1930년대 만주의 국외 독립 운동

한·중 연합 작전 전개	• 배경 : 만주 사변, 만주국 수립 ➡ 중국 내 항일 감정 고조 • 조선 혁명군 : 양세봉 지휘, 중국 의용군과 연합 ➡ 영릉가·흥경성 전투 승리 • 한국 독립군 : 지청천 지휘, 중국 호로군과 연합 ➡ 대전자령·쌍성보·사도하자 전투 승리
항일 유격	• 한인 사회주의자들이 참여 ➡ 항일 유격 투쟁 전개 • 조국 광복회 : 보천보 전투 지원 등

▲ 양세봉

▲ 지청천

▲ 1930년대 초반 한·중 연합군의 항일 투쟁

1920년대 의거 활동

의열단 (1919)	• 결성 : 김원봉·윤세주 등이 만주 지린에서 조직
	• 목표 : 일제 요인 암살, 식민 통치 기관 파괴 등
	• 행동 지침 : 신채호의 '조선 혁명 선언' ➡ 민중의 직접 혁명을 통한 독립 쟁취 주장
	• 활동 : 박재혁(부산 경찰서), 김익상(조선 총독부), 김상옥(종로 경찰서), 김지섭(도쿄 왕궁), 나석주(동양 척식 주식회사) 등의 폭탄 투척 의거
	• 노선 변경 : 조직적·대중적 무장 투쟁 준비
	  ➡ 김원봉 등 단원들이 황푸 군관학교에 입교(1926)
	  ➡ 조선 혁명 간부 학교 설립(1932)
	  ➡ 민족 혁명당 결성 주도(1935)

1921 김익상 조선 총독부에 폭탄 투척

1924 김지섭 일본 왕궁에 폭탄 투척

1920 박재혁 부산 경찰서에 폭탄 투척

1923 김상옥 종로 경찰서에 폭탄 투척

▲ 의열단의 의거

1930년대 중국 본토의 국외 독립 운동

민족혁명당 (1935)	• 결성(난징) : 의열단(김원봉) 주축+조선 혁명당(지청천)+한국 독립당(조소앙) 등의 연합 • 성격 : 중국 관내 최대 규모의 좌우 연합 세력
	조선 의용대 창설(1938)
	• 중국 관내 최초 한인 무장 부대 • (조선)민족 혁명당 산하의 군사 조직 • 일부 세력 화북 지역으로 이동(조선 의용대 화북지대) ➡ 조선 독립 동맹의 조선 의용군으로 개편 • 남은 세력은 대한민국 임시 정부의 한국광복군에 합류(1942)

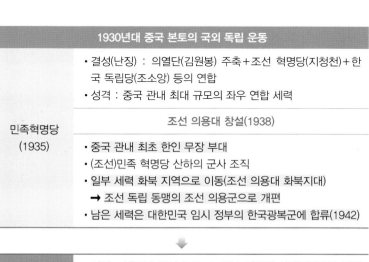

▲ 의열단

▲ 민족 혁명당과 조선 의용대

조선 독립 동맹	• 성립 : 김두봉 등이 주도 ➡ 화북 지역의 사회주의자들 중심 + 조선 의용대 화북 지대 • 조선 의용군의 조직, 민주 공화국 수립 지향

1941. 7. 조선 의용군 화북 지대
1942. 5. 반소탕전
1942. 7. 조선 의용군으로 개편

광복 이후 만주·한국 이동

1944. 9. 옌안으로 이동

1941. 12. 호가장 전투

1941. 3. 조선 의용대 집결 타이항 산으로 이동

1940. 11. 항일 북상 결정

1938. 10. 조선 의용대 창설

▲ 조선 의용대의 이동

대한민국 개념정리

키워드 1 광복과 대한민국 정부 수립 과정

광복 직후	
미 · 소 분할 점령	얄타 회담에 따라 소련이 참전 후 한반도로 진주 ➡ 미국이 소련에 38도선 분할 점령 제안 ➡ 소련이 수용함 ➡ 미 · 소의 영향 아래 군정 실시
조선 건국 준비위원회	• 결성 : 좌우 합작의 형태로 결성된 조선 건국 동맹 계승 · 개편, 우익 세력이 대거 탈퇴 ➡ 영향력 약화 • 활동 : 치안대 설치, 전국 각지에 지부 조직 • 조선 인민 공화국 선포 : 미군 진주에 대비, 각 지방의 지부는 인민 위원회로 전환
미군정 실시	• 미군 진주(1945.9.) ➡ 조선 인민 공화국, 대한민국 임시 정부 불인정, 조선 총독부 관료와 경찰 조직 유지, 국내 우익 세력을 지원 • 신한공사 설립(1946) : 일본의 귀속 재산 처리
광복 후 여러 세력	• 한국 민주당 : 송진우, 김성수, 지주 · 자본가 중심 • 독립 촉성 중앙 협의회 : 이승만 • 한국 독립당 : 김구, 대한민국 임시 정부 핵심 정당 • 조선 공산당 : 박헌영, 미군정의 탄압을 받음

정부 수립 과정	
모스크바 3국 외상 회의	• 내용 : 미 · 영 · 소의 외무 장관이 한반도 문제 논의 • 결정 사항(1945.12.) : 한국의 임시 민주 정부 수립, 미 · 소 공동 위원회 설치, 최고 5년간의 신탁 통치 결의 • 영향 : 우익 계열(신탁 통치 반대)과 좌익 계열(신탁 통치 반대 ➡ 지지) 대립 심화
1차 미 · 소 공동 위원회	• 협의 대상 선정을 둘러싸고 미 · 소의 의견 차이 • 소련은 반탁 단체 제외, 미국은 모든 정치 단체의 포함 주장 ➡ 결렬
정읍 발언	이승만이 정읍에서 남한만의 정부 수립 주장
좌우 합작 운동	• 목표 : 좌우를 아우른 통일 정부 수립 • 활동 : 좌우 합작 위원회 개최(1946.7, 여운형, 김규식 중심, 미군정 지원) ➡ 좌우 합작 7원칙 발표(1946.10.) • 결과 : 좌우익의 견해 차이, 미군정 지지 철회, 여운형 암살 등으로 실패
2차 미 · 소 공동 위원회	협의 대상 선정 문제, 미 · 소 냉전의 심화 ➡ 결렬 ➡ 미국이 한반도 문제를 유엔에 이관

▲ 미군과 소련군의 한반도 점령

▲ 대한민국 임시 정부 귀국 환영 대회

▲ 모스크바 3국 외상 회의 결정안 지지 시위

▲ 미 · 소 공동 위원회

▲ 좌 · 우 합작 위원회

대한민국 정부 수립	
한국 문제 유엔 상정	• 미국이 단독으로 유엔에 상정 • 유엔 총회 결의 : 인구 비례에 의한 남북한 총선거 실시, 유엔 한국 임시 위원단 파견 ➡ 소련이 유엔 한국 임시 위원단의 입북 거부 ➡ 선거가 가능한 지역에서 총선거로 정부 수립
남북 협상	남북 지도자 연석회의(1948.4.) : 김구, 김규식 주도 ➡ 평양에서 개최 ➡ 남한만의 단독 정부 수립 반대, 외국군의 철수 합의
제주 4 · 3 사건	제주 좌익 세력이 단독 정부 수립에 반대하여 일으킨 무장 봉기 ➡ 진압 과정에서 양민까지 희생
5 · 10 총선거	남한만의 총선거(보통 선거) ➡ 제헌 국회의원 선출(임기 2년) ➡ 제헌 국회 구성(반민족 행위 처벌법, 농지 개혁법 제정)
정부 수립	• 제헌 국회에서 헌법 제정(1948.7.) : 국호 '대한민국', 대통령 이승만, 부통령 이시영 선출 • 대한민국 정부 수립 선포(1948.8.15.)

▲ 유엔 한국 임시 위원단 환영식

▲ 김구의 입북

▲ 5 · 10 총선거 포스터

키워드 2 정부 수립 후 체제 정비

정부 수립 후 체제 정비	
여수 · 순천 10 · 19사건	제주 4 · 3 사건 진압에 동원된 여수 주둔의 군대가 반발하여 일으킨 무장 봉기
반민족 행위 처벌법	• 배경 : 제헌 국회에서 제정(1948.9.) • 활동 : 박흥식, 최린, 이광수 등 친일파 기소 • 좌절 : 이승만 정부의 방해 ➡ 국회 프락치 사건, 반민 특위 습격 사건
농지 개혁법	• 배경 : 제헌 국회에서 제정 • 전개 : 3정보 소유 상한선, 유상 매입, 유상 분배 원칙 ➡ 지주제 소멸, 자작농 증가

```
                    국가
        지가증권  ↗      ↖  땅(유상분배)
    땅(유상매입) ↙            ↘  매년 소출의
                                30%(5년)
      지주                      소작농
```

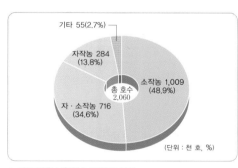
▲ 광복 직후 남한의 농민 계층 구성

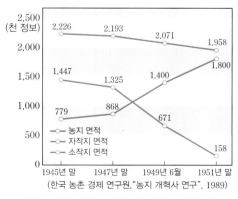
▲ 농지 개혁 실시 전후의 소작 면적 변화(이후 자작 면적이 크게 증가)

키워드 3 6·25 전쟁

배경

- 미국의 애치슨 선언(1950.1.), 중화 인민 공화국 수립
- 주한 미국 철수(1949.6.), 한·미 상호 방위 원조 협정 체결
- 남북 대립 심화(38도선 부근 잦은 충돌 발생)

북한의 전쟁 준비

- 소련·중국의 지원으로 군사력 증강, 조선 의용군을 인민군에 편입
- 소련의 북한 남침 계획 승인

북한군의 남침(1950.6.25.)

북한의 기습 남침 ➡ 3일 만에 서울 함락 ➡ 한 달여 만에 낙동강 선까지 후퇴

▲ 애치슨 선언

국군과 유엔군의 반격

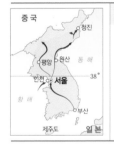

- 유엔의 결의에 따라 유엔군 결성·참전(1950.7.)
- 낙동강을 사이에 두고 치열한 공방전 전개
- 인천 상륙 작전 성공(9.15.) ➡ 전세 역전
- 서울 탈환(9.28.) ➡ 38도선 돌파
- 평양 입성 ➡ 압록강까지 진격(10월 말)

▲ 북한군의 남침

▲ 6·25 발발 직후 한강 철교

중국군의 개입(10.25.)

- 중국군의 대대적인 공세(11월 하순) ➡ 전세 역전
- 흥남 철수, 서울 재함락(1·4 후퇴, 1951)

◀ 미군 진주

전선의 교착

- 전열 정비한 국군·유엔군 서울 탈환(1951.3.)
- 38도선 부근에서 교착 상태 ➡ 치열한 공방전 지속

휴전 교섭

- 소련의 휴전 제안 ➡ 미국, 북한, 중국 대표 참가
- 남한은 휴전 반대 ➡ 이승만의 거제도 반공 포로 석방(1953.6.)
- 군사 분계선, 포로 교환 방식 등으로 대립

휴전 협정 체결(1953.7.27.)

- 중립국 감시 위원단 설치, 포로의 자유의사 존중
- 휴전선 확정, 비무장 지대 설치 등에 합의

◀ 서울에 다시 걸린 태극기

▲ 정전 협정 체결

전쟁의 결과	
피해	많은 인명과 재산 피해, 전쟁고아와 이산가족 발생
국제 질서 변화	• 한미 상호 방위 조약(1953.10.) : 군사 동맹 강화 • 중국의 영향력 확대, 미국 영향력 강화, 일본의 경제 부흥

키워드 4 현대 사회의 발전

이승만 정부(1948~1960)	
독제 체제 강화	• 발췌 개헌(1952) : 대통령 직선제로 개정 • 사사오입 개헌(1954) : 초대 대통령에 한해 중임 제한 철폐 • 자유당 정권의 독재 체제 강화 : 진보당 사건(진보당 조봉암을 간첩 혐의로 사형), 신국가 보안법 통과(1958), 경향신문 강제 폐간(1959) 등
4·19 혁명	• 배경 : 이승만 정부의 독재 강화, 3·15 부정 선거 • 전개 : 마산 시위(3·15 부정 선거 규탄) ➡ 김주열의 시신 발견 ➡ 시위 전국 확산(4.19.) ➡ 정부의 무력 진압 ➡ 대학 교수단 시국 선언(4.25.) ➡ 이승만 하야(4.26.) • 영향 : 허정 과도 정부 수립 ➡ 장면 내각 수립
경제	• 전후 경제 상황 : 생필품 부족, 물가 폭등 • 미국의 경제 원조 : 소비재 중심의 삼백 산업 발전, 잉여 농산물 유입으로 농업 기반 약화 • 귀속 재산 처리 : 기업체의 민간 불하, 기업체에 원조 물자 배정 ➡ 자본주의 정착, 정경유착 발생
통일	반공 정책, 북진 통일론 강조

▲ 발췌 개헌 모습

▲ 사사오입 개헌 모습

▲ 3인조·9인조 투표

▲ 대학 교수단 시위

▲ 학생과 시민의 시위

▲ 하야하는 이승만

장면 내각(1960~1961)	
수립	허정 과도 정부의 개헌 추진 ➡ 양원제 의회, 내각 책임제 개헌 ➡ 대통령에 윤보선, 국무총리에 장면 선출
정부 정책	• 다양한 민주화 요구, 평화 통일 운동 분출, 민주당 구파와 신파의 대립 ➡ 5·16 군사 정변으로 붕괴 • 경제 개발 5개년 계획 마련 ➡ 5·16 군사 정변으로 중단
통일	유엔 감시하의 총선거 실시 주장(정부), 민간의 통일 운동 대두

▲ 장면 내각 출범

▲ 남북학생 회담 요구

박정희 정부(1963~1979)	
5 · 16 군사 정변	군정 실시(국가 재건 최고 회의 구성) ➡ 대통령 중심제와 단원제 국회 구성을 위한 개헌 단행
경제 개발 자금 마련	• 한 · 일 협정 : 굴욕적 대일 외교 ➡ 6 · 3 시위 • 베트남 파병 : 브라운 각서 체결, 경제 개발 관련 기술 및 차관 확보, 베트남 건설 사업 참여
장기 집권 기반 마련	3선 개헌(1969) : 대통령 3선 연임을 허용하는 개헌안 통과
사회	• 새마을 운동 : 농어촌 환경 개선 및 소득 증대 • 전태일 분신 사건(1970), 향토 예비군 창설
유신 체제 수립	• 유신 헌법, 10월 유신 ➡ 유신 체제 수립, 대통령의 권한 강화 • 대통령 간선제(통일 주체 국민 회의에서 선출, 임기 6년), 대통령의 중임 제한 조항 삭제 • 대통령에게 긴급 조치권, 국회 해산권, 국회의원 3분의 1 추천권 부여 ➡ 국민의 기본권과 자유 제한, 대통령이 사법권과 입법권 장악
유신 체제 붕괴	YH 무역 사건 ➡ 김영삼의 국회의원직 제명 ➡ 부 · 마 민주 항쟁 ➡ 10 · 26 사태(1979)
경제	• 제1, 2차 경제 개발 5개년 계획(1960년대) ➡ 외국 차관, 값싼 노동력 결합 ➡ 경공업 발달 • 제3, 4차 경제 개발 5개년 계획(1970년대) ➡ 수출 주도형 중화학 공업 중심 • 경제 위기 : 1차 석유 파동(오일 달러로 극복) ➡ 2차 석유 파동(중화학 공업 과잉 · 중복 투자) • 8 · 3 조치 : 사채 동결과 금리 인하로 대기업의 재무 구조 개선
통일	7 · 4 남북 공동 성명 : 자주, 평화, 민족 대단결의 3대 원칙 ➡ 남북 조절 위원회 구성, 남북한 모두 독재 체제 강화에 이용

전두환 정부(1981~1988)	
수립	12 · 12 사태(1979)로 신군부 권력 장악 ➡ 5 · 18 민주화 운동 진압 ➡ 국가 보위 비상 대책 위원회 설치 ➡ 전두환 정부 수립(통일 주체 국민 회의에서 대통령 선출된 후 헌법 개정 후 7년 단임의 대통령에 재선출)
5 · 18 민주화 운동	• 배경 : 신군부 퇴진, 유신 헌법 폐지 요구 • 전개 : 광주에서 민주화 요구 시위 ➡ 계엄군 발포 ➡ 시민군 조직 ➡ 계엄군 광주 봉쇄 ➡ 무력 진압 • 관련 기록물이 유네스코 세계 기록 유산으로 등재
정부 정책	• 강압책 : 언론 통폐합, 삼청 교육대 운영 등 • 회유책 : 교복과 두발 자율화, 야간 통행 금지 해제, 제적 학생의 복학과 민주 인사의 복권 등
6월 민주 항쟁	• 배경 : 전두환 정부의 권위주의적 통치와 강압적 통제에 대한 반발 전개, 직선제 개헌 요구 • 전개 : 야당 정치인과 재야 세력을 중심으로 대통령 직선제 개헌 운동 전개 ➡ 박종철 고문치사 사건 발생 ➡ 4 · 13 호헌 조치 ➡ 개헌 요구 시위 중 이한열이 최루탄에 맞아 뇌사 ➡ 시위의 격화 ➡ 6 · 10 국민 대회 ➡ 6 · 29 민주화 선언 발표 • 결과 : 5년 단임의 대통령 직선제 개헌(1987.10.)
경제	• 3저 호황으로 경제 성장, 물가 안정 • 최저 임금법 제정 : 국가가 임금의 최저기준을 정함
통일	최초 이산가족 고향 방문, 예술 공연단 교환

▲ 12 · 12 사태의 주역들 　　　▲ 5 · 18 민주화 운동

▲ 6월 민주 항쟁 　　　▲ 남북 이산가족 고향 방문단

▲ 5 · 16 군사 정변의 주역들　　▲ 한 · 일 협정 반대 시위　　▲ 3선 개헌 반대 시위

노태우 정부(1988~1993)

수립	야당 분열로 여당(민주 정의당) 노태우 후보가 대통령에 당선 ➡ 여소야대 정국 전개 ➡ 야당 주도로 5공 청문회 개최 ➡ 3당 합당(민주 자유당)을 통해 여소야대의 정국 개편
정책	• 서울 올림픽 개최, 지방 자치제의 부분적 실시 • 북방 외교 추진 : 소련, 중국 등 공산권과 수교
통일	남북한 고위급 회담 개최 ➡ 남북한 유엔 동시 가입, 남북 기본 합의서 채택, 남북한 비핵화 공동 선언

김영삼 정부(1993~1998)

수립	5·16 군사 정부 이후 첫 민간 정부(문민 정부)
정책	• 역사 바로 세우기 운동 : 전두환·노태우 구속 • 고위 공직자 재산 등록제, 금융실명제, 지방 자치제 전면 실시
경제	경제 협력 개발 기구(OECD) 가입, 외환 위기 발생
통일	북한 경수로 원자력 발전소 건설 사업 지원

김대중 정부(1998~2003)

수립	선거를 통한 최초의 평화적 여야 정권 교체
정책	국민 기초 생활 보장법 제정, 국가 인권 위원회 설립, 여성 가족부(여가부) 신설, 한·일 월드컵 개최, 부산 아시안 게임 개최
경제	외환 위기 극복 : 금 모으기 운동, 노사정 위원회 설치
통일	• 금강산 관광 사업(1998) 시작 • 대북 화해 협력 정책 추진(햇볕 정책) • 남북 정상 회담(2000) : 6·15 남북 공동 선언 • 정상 회담 이후 : 경의선 복구 사업, 개성 공단 건설, 이산가족 상봉 등 추진

노무현 정부(2003~2008)

정책	• 행정 중심 복합 도시 건설, 대통령 탄핵 사태(기각) • 경부고속철도(KTX) 개통, 과거사 진상규명법 제정 • 칠레·미국과 자유 무역 협정(FTA) 체결
통일	• 금강산 육지 관광, 개성 관광, 개성 공단 설치 등 • 2차 남북 정상 회담(2007) : 10·4 남북 공동 선언

이명박 정부(2008~2013)

정책	• 여야 정권 교체로 등장, 4대강 사업 • 서울에서 G20 정상 회의 개최, 한·미 자유 무역 협정(FTA) 발효

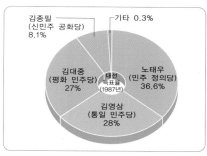

▲ 제13대 대통령 후보자별 득표율(1987)

▲ 남북 고위급 회담

▲ 역사 바로 세우기(조선 총독부 철거)

▲ 제1차 남북 정상 회담(2000)

▲ 제2차 남북 정상 회담(2007)

MEMO

MEMO

MEMO

MEMO

MEMO

MEMO

은동진 쌤의
한국사능력검정시험 QR(큐알) 한권으로 끝내기
심화(1, 2, 3급)

초 판 발 행	2023년 10월 20일
개정1판1쇄	2024년 09월 30일

저　　　자	은동진
발 행 인	정용수
발 행 처	(주)예문아카이브
주　　　소	서울시 마포구 동교로 18길 10 2층
T　E　L	02) 2038 - 7597
F　A　X	031) 955 - 0660
등 록 번 호	제2016 - 000240호
정　　　가	24,000원

홈페이지 http://www.yeamoonedu.com

I S B N　979-11-6386-340-3　[13910]